市区后花园

健身休闲地

服务聚集区

美丽合庆湾

半月湾铁人三项比赛专用赛场

金海游艇俱乐部效果图

高尔夫球场

威海年鉴

WEIHAI YEARBOOK

2011

威海市人民政府主办
威海市地方史志办公室编

方志出版社

图书在版编目（CIP）数据

威海年鉴. 2011/威海市地方史志办公室编. —北京：方志出版社，2011.9
ISBN 978-7-5144-0225-4

Ⅰ.①威··· Ⅱ.①威··· Ⅲ.①威海市—2011—年鉴
Ⅳ.①Z525.23

中国版本图书馆CIP数据核字（2011）第191768号

威海年鉴（2011）

编　　者：威海市地方史志办公室
责任编辑：梅中英
出 版 者：方志出版社
（北京市建国门内大街5号中国社会科学院科研大楼12层）
邮编 100732
网址 http://www.fzph.org
发　　行：方志出版社发行部
(010) 85195814　85196281
经　　销：新华书店总店北京发行所
法律顾问：北京市大禹律师事务所
印　　刷：中华商务联合印刷（广东）有限公司
开　　本：889×1194　1/16
印　　张：27.75
字　　数：1131千
版　　次：2011年9月第1版　2011年9月第1次印刷
印　　数：0001～5000册
ISBN 978-7-5144-0225-4/K·184　定价：158.00元

威海市地方史志编纂委员会
（兼威海年鉴编纂委员会）

名誉主任：	王培廷			
主　　任：	孙述涛			
第一副主任：	张　波			
副 主 任：	姚鸿健	张庆福	夏景华	江连志
	王汝壮	王令臣	宋林继	毕吉玲
委　　员：	刘　军	任慧春	刘光明	王　强
	高同璞	李文基	赵熙强	张言报
	隋永华	连承鹏	王保华	林治刚
	宋修德	单杰锋	刘新波	于文胜
	孙盛川	刘　鹏	戴海波	冷文波

《威海年鉴(2011)》编审人员

主　　审：	张　波				
副 主 审：	姚鸿健	夏景华			
主　　编：	毕吉玲	冷文波			
副 主 编：	赵　刚	李美志	李洪格（执行）		
编　　辑：	(按姓氏笔画排列)				
	于鹏飞	王　瑛	任天庆	闫拥军	宋明岩
	李洪格	沙　鋈	侯志杰	陶晓红	戚可平
数据审核：	王曰瑞				
英文翻译：	于鹏飞	侯志杰			
编　　务：	郑　凯	李传强	姜振丰		

威 海

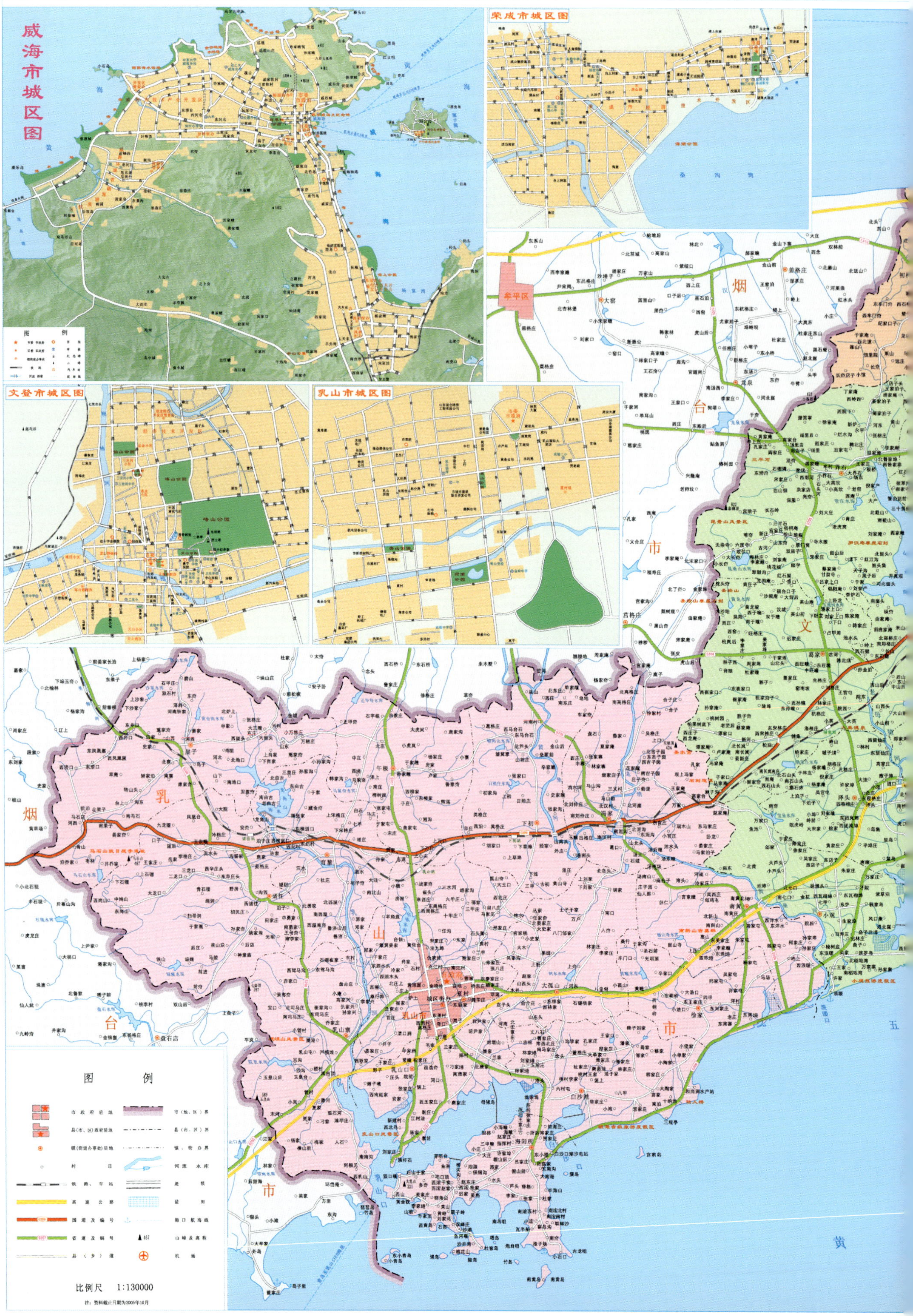

威海市城区图
荣成市城区图
文登市城区图
乳山市城区图
牟平区
烟
台
市
文
乳
山
市
黄
五
图 例
市政府驻地
县(市、区)政府驻地
镇(街道办事处)驻地
村 庄
铁路、车站
高速公路
国道及编号
省道及编号
县(乡)道
市(地、区)界
县(市、区)界
镇、街办界
河流 水库
堤 坝
盐 田
港口 航海线
山峰及高程
机 场
比例尺 1:130000
注：资料截止日期为2005年10月

地图

威海市地图审图号：JS(2006)01—028

威海市城区图
高尔夫
金沙滩海水浴场
山东大学威海分校
哈尔滨工
怡园街办
小石岛
国际海水浴场
高技术产业开发区管委会
毕家疃
海
威海高技术产业开发区
西涝台
东涝台
西河北
九中
东河北
田村小学
海水浴场
世昌大道
后峰西
田村
田和街办
王家庄
黄家沟
影视城
黄
东夼
威海环翠省级旅游度假区
前峰西
柳沟
度假区管委会
皂河北
皂南台
张村镇
柳沟河
张村河
福德庄
康乐岛
海水浴场
烟威一级公路
张村
黄家皂
东莱海
西莱海
姜南庄
双岛大桥
至烟台
桃园
后双岛
和徐疃
刘家疃
姜家疃
双岛港
双岛西山
前双岛
大北山
北上夼
义和
于家夼
大西庄
羊亭镇
鲁东
港南
北小城
北江疃
南小城
图例
市委 市政府
区委 区政府
镇街道办事处
铁路
河流 桥梁
医院
学校
纪念碑
山峰
汽车站
航海线

威海市城区图审图号：JS(2006)01—028

数字威海

面积	5797平方公里
户籍人口	253.61万人
海岸线	985.9公里
耕地面积	19.68万公顷
地区生产总值	1944.70亿元
规模以上固定资产投资	1168.18亿元
外贸进出口总值	139.16亿元
接待国内外游客	2149.30万人次
社会消费品零售总额	683.99亿元
地方财政一般预算收入	118.27亿元
城乡居民储蓄存款余额	949.17亿元
城镇居民人均可支配收入	2.22万元
农民人均纯收入	1.05万元
城镇居民人均居住面积	21.79平方米
农村居民人均居住面积	40.21平方米
城镇居民恩格尔系数	28.79%
农村居民恩格尔系数	35.96%
城市供水总量	1.27亿立方米
全社会用电总量	86.2亿千瓦小时
固定电话普及率	29.5部/百人
移动电话普及率	91.7部/百人
宽带网用户	44.72万户
建成区绿化覆盖率	46.24%

图片专辑

政务活动

6月24日，中共威海市委书记、市人大常委会主任王培廷（右）会见日本驻青岛总领事斋藤法雄

市外办提供

4月9日，中共威海市委副书记、市长孙述涛（左）向中国社会科学院学部委员梁慧星教授颁发聘书

曹术友　摄

5月28日，政协威海市委员会主席刘玉党（左二）带领政协常委视察威海红太阳彩印有限公司

市政协办公室提供

7月26日，威海市人大常委会常务副主任马世和（左二）到环翠区实验小学视察未成年人思想道德建设工作

市人大常委会办公室提供

3月12日，中共威海市委副书记边祥慧（左三）检查环山路环境综合整治工作进展情况

威海高技术产业开发区管委办提供

蓝色经济区建设

《威海蓝色经济区建设总体规划》主要内容是：确立“四个战略定位”，在“一线两区四带”的总体布局中，建设以四大领域为主体的高端产业体系，打造以十大园区为增长点的高端产业聚集区，重点培育“六大海洋优势产业基地”。

水产品加工

威高骨科材料生产线

图片专辑

海上养殖

三进船业

威海新港

获得国家科技进步一等奖的工程子午胎

邹红阳 朱连生 李晓娟 摄

城中村改造

2007年8月，威海市委、市政府决定，用3年时间完成城中村改造任务。3年来，威海市组织实施了威海市城市建设史上投资最多、拆迁量最大、政策最优惠、受益面最广的城中村改造工程，在全省率先解决了市区城中村改造的问题。共完成市区77个城中村的整体改造，完成拆迁340万平方米，开工建设回迁房386万平方米，10万城中村居民真正成为市民，市区范围内实现真正意义上的城市化。

古陌旧村改造后的祥云花园生活小区

阮家寺旧村改造后的洪福庄园

阮家寺村旧貌

天东旧村改造的小城故事生活小区

李传强 裴福凯 摄

农村环境综合整治

农村小花园

农民健身场所

威海市坚持城乡统筹，推进了新型城镇化和新农村建设。“十一五”期间，全市用于“三农”的财政支出累计达到163.1亿元，年均增长39.3%。在全省率先推进了农村住房建设工程，帮助农民新建住房10.8万户，改造危房1.4万户，166个村集中成片开发楼房4.4万户，3年的农房建设任务提前1年超额完成。实施了400个村的环境综合整治，60%的镇建设了垃圾中转站。新建、改建农村公路2444.5公里，改造1500个村的自来水设施，完成了更高标准的村村通油路、通自来水工程。对598个经济薄弱村开展了帮扶活动。

牛角沟村

图片专辑

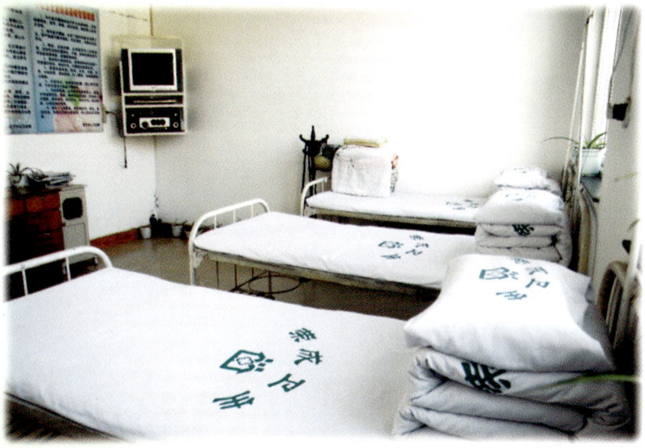

农村医疗室

农家书屋

草岛寨新村

夏志忠 李晓娟 摄

援建北川

至2010年10月，威海市提前8个月全面完成了包括青片乡、安昌镇和新县城建设等在内的三年援建北川任务，向灾区人民展现了威海援建形象，树立了威海援建精神。新县城建设完成了温泉片区安居房、西苑中学、红旗片区安置房、羌族特色商业步行街等项目，全部达到优质工程质量标准，完成建筑面积17.7万平方米、道路总长9.2公里、绿化面积14.3万平方米，实际工程量约占全省援建总任务的10%。所有援建项目均在评比中获奖，其中安昌镇市政基础设施改造工程获得首个“天府杯”金奖和山东省援建项目第一个绵阳市“绵州杯”优质工程奖。

中共威海市委书记、市人大常委会主任王培廷（右一）到威海市援建的北川西苑中学考察

中共威海市委副书记、市长孙述涛（前排右二）考察老北川县城

威海市援建的北川西苑中学

图片专辑

威海市援建的羌族
特色商业步行街

威海市援建的青片乡小学

威海市援建的
温泉安居房

威海市援川工作前线指挥部提供

6月11～13日，首届中国·威海国际食品博览会在威海国际展览中心举办。来自国内外383家企业的720多名采购商到会采购洽谈，达成国际贸易协议1.2亿美元，国内贸易协议13.6亿元。本届食品博览会打响了食品安全放心城市品牌，促进了农产品出口和招商引资。

首届中国·威海国际食品博览会

邹红阳 摄

首届中韩日国际友好文化学术论坛

6月22日，首届中韩日国际友好文化学术论坛在赤山景区举行，来自三国的数十位专家学者阐述了对中韩日三国文化交流的研究与见解。中韩日国际友好文化学术论坛将在中国、韩国、日本循环举办。

苏兆海　摄

市委书记、市人大常委会主任王培廷（左一）陪同省委常委、宣传部部长李群（右二）参观展览

山东省第三届文博会威海分会场

作为第三届山东文博会分会场，从8月23日始，威海市以“2010中韩文化交流月”为载体，按照市场化运作模式，开展了26项富有特色的公益与经营相结合的文化活动，实现了社会效益和经济效益的双赢。

中韩民间艺术品展

摄影展

李晓娟 夏志忠 张书卿 摄

“威海杯”2010年 HOBIE(霍比)世界帆船锦标赛

8月16～30日，“威海杯”2010年HOBIE（霍比）世界帆船锦标赛在威海国际海水浴场举行，来自22个国家和地区的110支船队220名运动员进行了5个级别70场次比赛。这是亚洲首次成功举办HOBIE（霍比）世界帆船锦标赛，也是威海市第一次成功承办世界级单项帆船体育赛事。

李传强 张书卿 摄

2010年威海长距离铁人三项世界杯系列赛

9月25～26日，2010年威海长距离铁人三项世界杯系列赛在威海半月湾——中国铁人三项运动协会专用赛场举办。比赛设27个组别，24个国家和地区387名运动员参加了3公里游泳、80公里自行车骑行、20公里跑步角逐。这是亚洲首次承办经过国际铁人三项联盟批准的长距离铁人三项世界杯赛事。

李传强 王晓 夏志忠 摄

第三届中国（威海）国际渔具博览会

10月14～17日，第三届中国渔具制造业基地（威海）国际博览会在威海国际展览中心举办。国内外参展企业379家，来自52个国家和地区的630名境外采购商和695家国内公司、1115名经销商到会采购，共实现国际贸易成交额8500万美元，国内贸易成交额达2.95亿元。

李传强　摄

固定资产投资

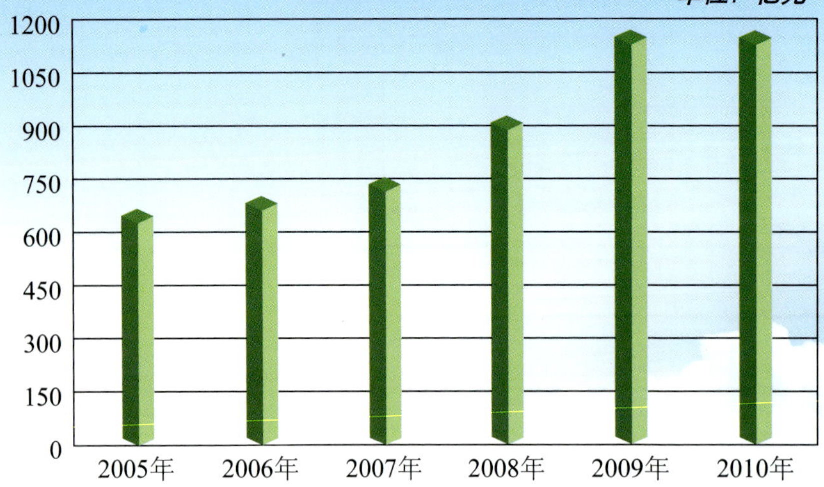

利用外资

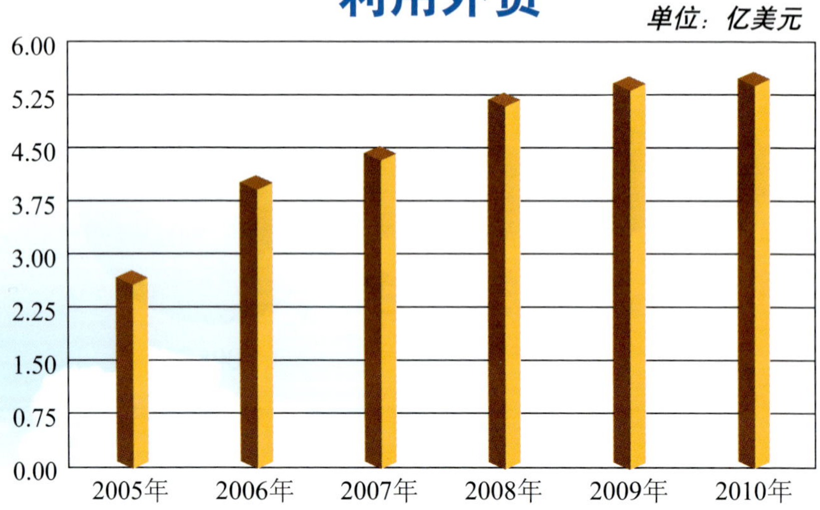

外贸进出口额

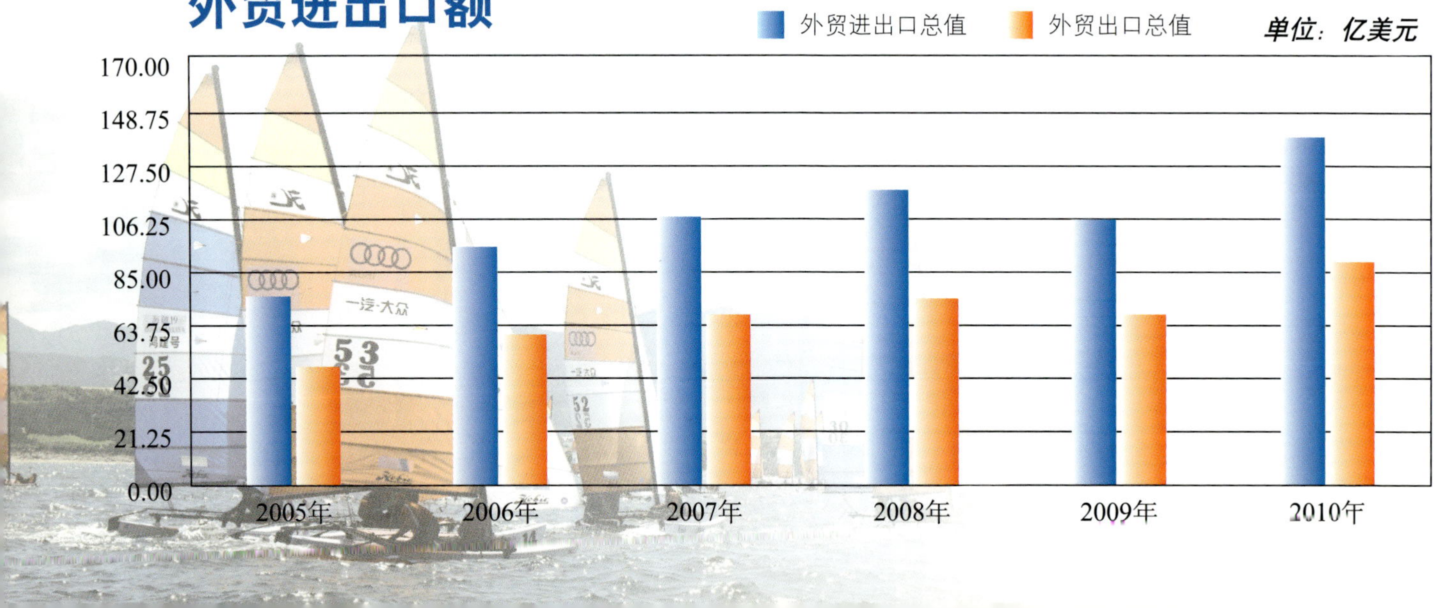

编辑说明

一、《威海年鉴》坚持以马克思列宁主义、毛泽东思想、邓小平理论和“三个代表”重要思想为指导，深入贯彻落实科学发展观，以国务院《地方志工作条例》、《山东省地方史志工作条例》为依据，坚持存真求实、质量第一的原则。

二、《威海年鉴》是威海市人民政府主办的综合性资料年刊，1998年创刊。自创刊以来，《威海年鉴》客观、全面、系统、准确地记载了全市自然、政治、经济、文化、社会等方面发展变化的基本情况，旨在为各级领导科学决策提供市情依据，为各行各业提供信息服务，为国内外各界人士了解威海、研究威海提供窗口和媒介，同时为续修地方志储备资料。

三、《威海年鉴（2011）》是创刊以来的第14册（同时制作电子版光盘），承载2010年度全市各项事业发展的基本情况，重点反映社会主义现代化建设进程中的新成就、新经验、新举措和遇到的新问题。为了增强信息的时效性、保证资料的连续性和完整性，部分资料适当上溯下延。

四、本着与时俱进和科学性原则，对《威海年鉴（2011）》框架作了适当调整。全书设31个类目：特载、大事记、威海概况、政党政务、人民团体、政法、军事、经济监督与管理、农业、海洋与渔业、工业、交通·邮电、城乡建设与环境保护、商贸服务业、对外及港澳台经济贸易、口岸、旅游·会展、财政·税务、金融、科学技术、教育、文化、卫生、体育、社会生活、区市概况、开发区建设、人物、外地传媒中的威海、统计资料、附录。

五、《威海年鉴（2011）》主要分类目、分目、条目三个层次，部分分目下设子目。条目为主要信息载体和基本撰写形式，条目标题用黑体，外加【】。各类目、分目间交叉重复的资料，或区别视角、各有侧重分别记述，或设置参见系统，引导查找。

六、《威海年鉴（2011）》检索方法有目录和索引两种，分设在卷首和卷尾。目录有中、英文两种，中文目录编排到条目，英文目录编排到分目；索引主要采取主题分析法制作，并按主题词首字汉语拼音字母顺序排列。

七、年鉴资料由市直各部门（单位）、各市（区）、中央和省驻威单位负责提供，且均经撰稿单位领导审签。反映全市国民经济和社会发展总体情况的数据，以威海市统计局公布的为准，已经市统计局审核；各项事业中具体数字由各部门（单位）提供，使用时请注意出处。

八、年鉴在编纂过程中，得到各级领导、全市各部门（单位）、各市（区）及有关专家的大力支持，在此谨表诚挚的谢意。因水平所限，错误与纰漏在所难免，恳请广大读者批评指正。

2011年7月

供稿单位审稿人名单

（按供稿单位顺序排列）

姚鸿健	夏景华	任慧春	徐东明	王令臣	江连志
岳连宏	徐东升	赵熙强	吴永刚	姜兆军	孙象清
李忠楠	王　枰	周春杰	张文武	王洪君	宋永建
丛培祥	张言报	张立敏	张振波	于连波	胡　光
孙富林	邱洪京	任怀平	黄晓光	毕礼伟	闫涛蔚
李光华	于富波	贾国哲	张　德	李凤俊	李英春
丛培卿	戴海波	胡禄太	钱启民	张惠民	韩良波
姜修健	时述森	王桂春	周永艳	刘　军	孔祥谦
杨洪臣	毕可德	张建强	单杰锋	于时文	谭安佳
宋宗良	高建斋	王向东	隋秀敏	宋修德	高玉峰
孙世都	于开禄	孙少伟	刘德柏	徐承峰	由发海
许祖强	刘光明	宫志文	张　健	王　晓	连承鹏
李树刚	刘兴东	石永林	于　莉	徐向东	孙茂琰
徐　明	隋永华	周永迪	周艳斌	许洪强	张敏君
毕复安	郭志刚	王忠沂	郭开森	崔方成	王佐凤
王保华	戚黎明	王大虎	王　迪	傅元进	刘建东
孙绪文	王圣冰	董献忠	孔德轩	卞庆军	龚建东
姜宏伟	于文江	于　军	宋修广	孔庆俊	曲吉光
于明文	刘志远	姜　宁	徐程强	陈　杰	路宏梅
姜式经	陈文德	李路炜	鞠世一	刘桂峰	王智华
孙晓东	邹积会	林夕珊	董　海	李洪涛	邹　伟
石　磊	姜　峰	高同璞	宋秀福	唐丰启	王　强
张红卫	陈金钊	梁景凯	金志涛	张学文	任　斌
陈晓燕	李少先	林治刚	于文胜	孙盛川	刘新波
毕吉玲	刘　鹏	鞠立民	邹积峰	刘子忠	林治胜
张凌翔	葛平修	丛卫东	唐会启	蔡新杰	杨子林
隋良杰	邵光明	王　莹	胡张良	于志宏	毕建忠
徐连新					

目　录

特　载

大事记

威海概况

政党政务

人民团体

政 法

军　事

经济管理与监督

农　业

海洋与渔业

工　业

交通·邮电

城乡建设与环境保护

商贸服务业

对外及港澳台经济贸易

口 岸

旅游 · 会展

财政・税务

金　融

科学技术

教 育

文　化

卫　生

体　育

社会生活

区市概况

开发区建设

人　物

外地传媒中的威海

统计资料

附　录

索　引

CONTENTS

Special Issue

Chronicle of Events

General Situation of Weihai

Political Party and Government Affairs

Mass Organizations

Legal System of the Government

Military Affairs

Economic Supervision and Management

Agriculture

Ocean and Aquatic Products Industry

Industry

Communications Post and Telecommunications

Urban and Rural Construction & Environmental Protection

Commercial Trade and Service Trade

Trade and Economic technical Cooperation with foreign countries and Hong Kong, Macao, Taiwan China

Port

Tourism Exhibition

Public Finance Tax

Finance

Science and Technology

Education

Culture

Health

Sports

Social Life

General Situation of the District and County-level Cities

Development Zones Construction

Figures

Weihai in Outside Media

Statistic Materials

Appendices

Index

彩页目录

特　　载

在中共威海市委十三届八次全体会议上的讲话（摘要）

(2010 年 12 月 9 日)

中共威海市委书记　王培廷

一、把思想认识高度统一到中央和省委指示精神上来，坚定不移地推进科学发展、率先发展

"十一五"这五年是威海市成就辉煌、亮点频现的五年。在党中央、国务院和省委、省政府的坚强领导下，经过全市上下的共同努力，我市经济社会发展取得了明显成效。全市经济综合实力明显提高，质量效益大幅攀升，生产总值增长了 0.9 倍，地方财政收入增长 1 倍；传统产业加速升级，海洋特色产业优势更加明显，"四新"和海洋开发等战略性新兴产业开端良好；以自主创新为第一动力的观念深入人心，产学研合作不断深入，"三区"（高层次人才聚集区、产学研结合密集区、科技成果转化汇集区）建设取得突破性进展；项目建设突飞猛进，一批骨干龙头企业快速膨胀，一批新的经济板块强势崛起；基础设施对经济社会发展的支撑作用越来越强，公路升级、铁路提速、机场开放、港口扩建的目标变成了现实；市区城中村拆迁圆满完成，农村环境综合整治快速推进，城乡面貌发生巨大变化；群众的收入水平持续增长，新农合、新农保、城镇居民医保全面推开，城乡低保标准逐年提高，社会保障体系不断健全。今天的威海，呈现出经济繁荣发展、社会和谐进步、人民安居乐业的大好局面。要倍加珍惜来之不易的成绩，增强信心，同心同德，以更强烈的紧迫感和使命感，不断推动全市经济社会在新的起点上取得新的成就。

"十二五"时期，是全面建设小康社会的关键时期，是深化改革开放、加快转变发展方式的攻坚时期。尽管当前国际国内形势发生了深刻变化，但中央对重要战略机遇期的判断没有变，发展作为第一要务的战略决策没有变，聚精会神搞建设、一心一意谋发展仍是当前的中心工作。中央确定"十二五"期间要把科学发展作为主题，把加快转变经济发展方式作为主线；省委强调要坚定不移地以富民强省为目标。各级各部门一定要深刻领会、全面把握中央和省委的指示精神，始终咬住发展不放松，把富民优先坚定不移地放在首位，进一步增强贯彻落实科学发展观的坚定性，增强转方式调结构的自觉性，增强科学发展、率先发展的紧迫性，牢牢抓住大有作为的重要战略机遇期，把转变发展方式贯穿于经济社会发展全过程和各领域，切实做到在发展中促转变、在转变中谋发展，确保圆满完成"十二五"期间经济社会发展的各项目标任务。

二、进一步理清思路、突出重点，坚定不移地推进"十二五"期间经济社会又好又快发展

（一）坚持高端高质高效产业发展方向，加快培育现代产业体系。产业结构调整是转方式调结构的重中之重。要按照五中全会提出的"结构优化、技术先进、清洁安全、附加值高、吸纳就业能力强"的要求，立足我市的资源条件和产业基础，加快产业结构调整步伐，不断提高产业核心竞争力，积极培育具有区域特色的现代产业体系。一是要以高新技术改造传统产业，加快工业升级步伐。传统产业目前仍是我市的主导产业，不论是在增加财政收入，还是在吸纳就业等方面，都起着不可替代的主力军作用。随着国内外市场竞争的加剧，传统产业面临的压力越来越大。在这种形势下，如果不自觉地加快转型升级步伐，在发展先进制造业上下功夫，必然被市场所淘汰。要引导广大工业企业向三角、威高、华东数控、金猴等企业学习，进一步增强转型升级的紧迫感和自觉性，痛下决心转方式，狠下功夫调结构，在技术改造升级、新产品研发、品牌建设和规模膨胀上进一步加大力度，努力抢占行业制高点。省委全会强调，要把集中集约集聚发展作为提高产业核心竞争力的有效途径。我市家纺、地毯、渔具等产业总体规模大、企业数量多，具有集聚发展的基础。要进一步整合资源，加快公共研发、设计、营销等服务体系建设，尽快形成完整的产业链条，促进相关企业抱团发展，推进传统优势产业从“加工基地型”向“核心集散型”转变。二是要以建设蓝色经济区先行区为目标，大力发展海洋特色优势产业。五中全会第一次将“发展海洋经济”写入公报，“十二五”规划建议也拿出专门章节就发展海洋经济作出部署，充分说明了中央对海洋经济的高度重视。全市上下一定要抢抓机遇，乘势而上，科学规划、有序开发、集中集约利用海洋资源，加快推进由渔业大市向海洋经济强市的跨越。海产品生产基地要在以海参为主的海珍品养殖和精深加工上下功夫，船舶修造基地要在提高研发能力和配套水平上求突破，港口物流基地要在错位竞争和战略合作上找出路，滨海旅游休闲度假基地要在拉长产业链条、打造旅游目的地上多创新，新能源基地和石化基地要在项目推进中加大力度，力争“十二五”期间六大基地建设都能取得较大进展，真正把海洋资源优势转化为产业优势和区域竞争的核心优势。三是要以加快规模膨胀为着力点，集中培育战略性新兴产业。最近，国务院作出《关于加快培育和发展战略性新兴产业的决定》，对战略性新兴产业加大财税金融等政策扶持力度。战略性新兴产业是先导性、支柱性产业，未来五年将是战略性新兴产业大发展的关键五年。各级各有关部门要围绕“四新”（新技术、新材料、新工艺、新设备）和海洋开发，加快“十大高端产业园区”膨胀步伐，积极引进和培育新的战略性新兴产业项目，尽快形成规模效应。四是要以新兴服务业为突破口，不断提高服务业的整体发展水平。随着我国金融市场开放步伐的加快、资本市场的日趋完善，发展金融服务业的潜力很大；随着产业分工的日趋细化，三方物流、商务服务、品牌推广等新兴生产性服务业具有广阔前景；随着人民生活水平的不断提高，家政、养老、医疗保健等生活性服务业发展空间很大。要以这些新兴服务业为突破口，认真落实各项扶持政策，优化发展环境，着力抓好重点城区、重点园区、重点企业和重点项目“四大载体”建设，精心策划一批带动作用强的服务业重点项目，增强服务业发展后劲。五是要以提质增效为抓手，大力提升农业的现代化水平。当前，农村劳动力老龄化的趋势越来越明显，必须下大力气提高农业劳动生产率。要紧紧围绕水果、蔬菜、药材、畜牧等特色种养业，加大农业科技普及力度，引导广大农民自觉采用新品种、新技术和新的生产方式，加快劳动过程机械化，促进农业向集约、规模、高效的方向发展。要适应绿色消费、生态环保、安全健康的市场需求，以农产品质量安全区建设为抓手，进一步加大化学投入品源头治理，引导农民群众大力发展无公害食品、绿色食品和有机食品，努力打响农产品质量安全最放心城市的品牌。

（二）坚持加快转变发展方式，不断增强科学发展的动力和活力。加快转变发展方式是“十二五”时期发展的主线，也是一场深刻变革。各级各部门一定要切实增强紧迫感，找准着力点，在“加快”上下功夫，在“转变”中求实效，坚决打好这场攻坚战和持久战。一是要坚定不移地把自主创新作为第一动力。要继续深入开展“自主创新年”活动，认真抓好“三区”建设相关政策的落实，进一步加大人才招揽、产学研结合力度，加快科技成果转化步伐，使自主创新真正成为转方式调结构的第一动力。企业创新平台是企业自主创新的基础，也是承接产学研合作的重要载体。要坚持争用并举，既要积极争取创建国家级、省级工程实验室、企业技术中心、工程研究中心，更要充分发挥好已建各类平台的作用，加快科技成果的研发和产业化，真正让这些平台在研发一代、储备一代、生产一代上发挥作用。二是要坚持不懈地抓好项目建设。项目建设是经济工作的“牛鼻子”，是转方式调结构的重要抓手。当前，谋划项目建设进入关键时期和冲刺阶段，能否使更多的优质项目挤进中央和省“十二五”的大盘子，是对全市各级各有关部门的重大考验。要抓紧搞好项目筛选，只要是符合国家产业政策的项目，对威海“十二五”发展带动性强的项目，都要积极跑部进省，积极汇报沟通，狠抓项目的申报与衔接，锲而不舍，最大限度地争取项目资金支持。项目建设不要一哄而起，决不能搞低水平的重复建设和“两高一资”项目。要进一步激活民间投资，保持投资合理增长，优化投资结构，提高投资的质量和效益。要继续开展项目建设现场观摩活动，互相启发，互相学习，加快推进步伐。三是要提高对外开放的质量和水平。国际金融危机引发了全球经济发展模式、供需关系等一系列深刻变化，对外开放面临着前所未有的挑战。但不管形势怎么变，开放作为威海发展的优势不能削弱，我们抓开放的力度不能动摇。要积极创新招商方式，把利用外资和结构调整结合起来，加大产业招商、战略合作和境外上市力度，引导外资投向高端制造业、高新技术产业、战略性新兴产业和现代服务业。要进一步优化出口贸易结构，推动出口产品向高技术含量、高附加值、高效益转变，引导加工贸易向研发、营销和售后服务领域延伸。四是积极推进体制改革。五中全会强调，改革是加快转变经济发展方式的强大动力，必须以更大决心和勇气全面推进各领域改革。当前，行政体制、财税金融体制、要素市场、国有企业以及医药卫生体制等各方面改革任务都很繁重，各级各部门要按照中央和省里的统一部署，积极稳妥地推进各项改革，确保政策措施不走样。要以“三个有利于”为标准，凡是能够用市场经济的办法、通过市场手段办的事情，都要积极谋划、大胆探索，最大限度地调动社会各方面的积极性和创造性，努力为转方式调结构提供持久动力。

（三）坚持文化改革和发展方向，促进文化的大发展大繁荣。文化是民族凝聚力和创造力的重要源泉，是综合国力竞争的重要因素，不仅代表一个国家和地区的“软实力”，更是一个区域经济社会发展的“硬支撑”。要认真落实全市文化体制改革和文化产业振兴大会的部署，奋力推进文化改革发展实现新的跨越，为完成“十二五”目标任务提供强大的精神动力、思想保证和产业支撑。一是要大力提高城乡整体文明水平。在今年的全国城市公共文明指数测评中，我市在参评的79个地级城市中名列第8位,比去年前移了7个位次。成绩来之不易，但要看到我们与临沂、潍坊的差距。要继续以创建全国文明城市为抓手，紧紧抓住社会主义核心价值体系建设这个根本，大力实施“四德工程”，深入开展群众性文明创建活动，教育引导广大市民自觉养成文明习惯，自觉参与城市管理，自觉维护城市文明形象，进一步巩固创建成果，让广大市民在参与中得到实惠，在参与中得到提高，决不能为创建而创建。二是要进一步深化文化体制改革。在巩固文化管理和执法体制改革的同时，要抓住重点难点，大胆探索创新，积极推进国有文化单位经营体制改革，继续深化公益性文化事业单位内部人事、分配等制度改革，有“时间表”、“路线图”的，要坚决按照上级的进度和要求完成，上级没有明确要求的，也要不等不靠，争取尽早突破、改得彻底、取得实效。三是要大力繁荣发展文化事业。文化改革发展的根本目的，是为了满足人民群众日益增长的精神文化需求。要统筹城乡文化建设，坚持以政府为主导，以基层特别是农村和城市社区为重点，以公益性、基本性、均等性、便利性为原则，加大城乡公益性文化事业投入，深入开展文化惠民工程，高标准地规划建设一批文体设施，到2015年基本建立起覆盖城乡、惠及全民的公共文化服务体系。

（四）坚持城乡统筹发展，加快推进新型城镇化和城乡一体化。明天还要召开全市城市现代化和新型城镇化工作会议，对明年的城乡建设作出部署，各级一定要认真抓好落实。从今年开始，省里组织开展了为期三年的和谐城乡建设行动，每年进行一次专项考核。各级各部门要以开展和谐城乡建设行动为抓手，进一步加大统筹城乡力度，努力使我市的城乡面貌年年有变化、五年大变样。一是要进一步提升精品城市建设水平。经过建市二十多年的发展，中心市区和三市城区都形成了一定的规模，要在提升内涵上狠下功夫，不断提高精品宜居城市建设水平。在外延扩张中，对双岛湾休闲旅游度假城、工业新城、临港产业服务区、五渚河流域生态休闲度假区等重点开发区域，要坚持高起点规划、高标准建设，打造成为城市建设的新亮点。二是要继续加大新农村建设的支持力度。新农村建设面广量大，需要持续不断的投入。各级要进一步加大财政支农力度，宁肯其他方面紧一些，新农村建设的投入不能减。凡是需要市和市（区）财政配套的资金，必须及时足额配套到位。参与包村的部门、单位和企业，要尽己所能地挤出资金，为帮扶村群众多办一些好事、实事。三是要集中力量加快基础设施建设步伐。“十二五”期间是我市基础设施建设项目最集中的时期之一，也是最关键的时期之一。要进一步强化基础设施的超前性，重点抓好交通、水利、电力等项目建设，努力为经济社会的又好又快发展提供强有力的保障。特别是对青荣城际铁路、荣乌高速公路、泊于水库等一批事关威海长远发展的重大基础设施项目，各有关部门要加强与上级部门的沟通和衔接，加大资金筹措力度，争取项目早立项，资金早到位，工程早开工建设；涉及的市区、开发区，都要坚持局部利益服从整体利益，从长远出发，从全局出发，积极主动地做好拆迁和工程建设的配合工作，该出钱的出钱，该出力的出力，努力形成工程建设的强大合力。

三、坚持以人为本、民生为重，切实做好新形势下的群众工作

五中全会提出，要坚持把保障和改善民生作为加快转变经济发展方式的根本出发点和落脚点。这一重要战略部署，为做好“十二五”时期加快转变经济发展方式的各项工作，确立了价值坐标，指明了努力方向。要坚持人民利益高于一切，把富民优先贯穿始终，更加注重以人为本，加快推进以改善民生为重点的社会建设，最大限度地让每一名群众都能共享改革发展的成果。

（一）要进一步强化群众观点。全心全意为人民服务是我们党的根本宗旨，不论是在夺取政权时期，还是在执政以后，都是永远不能变的理念。水能载舟亦能覆舟。只有把群众的利益记在心中、落实在行动上，真心实意地把群众的事情解决好了，让他们苦有处诉、难有人帮，有尊严地快乐工作、幸福生活，不断满足人民群众日益增长的物质文化需求，党群干群关系才能和谐，党的执政基础和地位才能永不动摇。在五中全会上胡锦涛总书记用很大篇幅强调群众工作，指出“党和人民事业能不能顺利发展，关键在我们党能不能始终保持同人民群众的血肉联系，能不能充分调动人民群众的积极性、主动性、创造性”。在全国用群众工作统揽信访工作会议和全省群众工作会议上，周永康书记和姜异康书记对做好新形势下的群众工作又提出了明确要求。我们一定要认真学习领会中央和省委的指示精神，从关系党的生死存亡、事业成败的高度来看待群众工作，把群众满意作为衡量工作的唯一标准，自觉做到在思想上尊重群众、感情上贴近群众、工作上依靠群众。要进一步提高做群众工作的本领，深入研究和把握新形势下群众工作的新特点新要求，扎实做好联系群众、宣传群众、组织群众、服务群众、团结群众的工作，努力使群众工作不断取得新成效，党群干群关系不断取得新进步。

（二）要认真解决事关民生的突出问题。保障和改善民生，是各级党委、政府义不容辞的责任，也是财政投入的重点。“十二五”时期，国家和省将进一步加大民生投入力度。我市作为经济相对发达地区，在民生建设上也要走在全省、全国前列。要进一步强化财政的公共服务保障功能，不断增加对就业、社保、教育、医疗、住房等各项民生建设的投入，确保群众收入水平年年都有新提高、生活质量年年都有新改善。要高度关注困难弱势群体的生产生活，积极探索弱势群体分类施救的途径和办法，从柴米油盐、衣食住行、安危冷暖等最基本的事情抓起，努力让城乡每个角落、每名困难群众都能享受到社会主义大家庭的优越性。要认真完成年初对群众的承诺，对承诺的事，要认真对照检查，看看哪些落实了，哪些还没有落实，哪些还可以做得更好些，切实做到言必信、行必果、诺必践，不让群众失望，不让党和政府的形象受损。对社情民意调查中群众反映的意见和问题，要立说立行、抓紧解决，给群众一个满意的答复。元旦、春节将至，要切实安排好冬季和节日期间的群众生活，尤其要抓好供气供暖供电、稳定消费价格、拆迁户生活保障、困难群众救助等工作，让群众切身感受到党委、政府的关怀和温暖。

（三）要把信访工作作为维护群众利益的重要载体。正确对待群众来信来访，认真解决他们反映的问题，是检验各级领导干部是否尊重群众的“试金石”。要把信访工作作为各级领导干部了解社情民意的“必修课”、培养锻炼干部的“大学校”、检验民心向背的“大考场”，继续完善领导干部接访、机关干部下访制度，真正按照中央领导的要求，“把来访群众当家人，把群众来信当家书，把群众反映的问题当家事，把群众工作当家业”，耐心耐烦地听取群众意见，真心实意地解决问题。从我做起，市级领导和各级领导干部都要认真执行接访制度，亲自接待群众来访，亲自协调解决问题。要继续完善矛盾纠纷排查调处制度，不断拓宽群众诉求渠道，深入开展机关干部大走访活动，把党和政府的政策和工作宣传好，了解群众想什么、需要什么，及时解决群众反映的困难和问题。要继续完善社会稳定风险评估机制，对重大建设项目以及其他涉及群众利益的重大事项，都要列入风险评估范围，凡是群众不满意、超过群众承受能力的事坚决不干。要进一步完善应急反应机制，健全工作预案，出现突发事件和群体事件能及时、快速处理，确保不扩大事态、不引起连锁反应。要深入推进平安威海建设，狠抓社会治安综合治理和安全生产各项措施的落实，下大力气整治群众反映强烈的突出治安问题，不断增强群众的安全感。

四、充分发挥党的领导作用，努力提高领导经济社会发展的能力和水平

党的领导是实现“十二五”期间经济社会发展目标任务的根本保证。各级党组织和广大党员干部要切实增强党的意识、宗旨意识、执政意识、大局意识和责任意识，不断加强执政能力建设和先进性建设，以过硬的本领、优良的作风、扎实的工作，充分调动方方面面的积极性，形成推动经济社会发展的强大力量。

（一）要进一步强化责任意识。推动科学发展、促进社会和谐，圆满完成“十二五”期间各项目标任务，是党和人民赋予各级党组织和广大党员干部的重要职责。从明年开始，市县镇村要陆续换届。各级各部门特别是各级领导干部一定要在其位、谋其政、尽其责，努力做到心不散、劲不减，以昂扬向上的工作精神、百折不挠的工作意志、尽心尽责的工作态度，把心思放到干事业上，把功夫下到抓落实上，把本领用在促发展上。要勇于负责、敢于担当，遇到问题不上推下卸，遇到困难不躲避退却，遇到风险勇于靠前，以高度负责的态度把自己的事情做好。要高点定位、勇争一流，瞄准省内外先进地区，对照同行业一流水平，确定积极可行的目标，把创先争优活动体现在实际行动上、落实到具体工作中，努力在全市上下形成比学赶超、竞相发展的生动局面。

（二）要提高统筹发展的能力。当前我们正处在一个“两难”问题比较多的时期，今后还将遇到这样那样的不确定因素。各级领导干部要切实加强对经济形势的研判，及时掌握经济运行的新态势新动向，宁可把形势考虑得更严峻一些，把困难估计得更充分一些，未雨绸缪，积极应对，牢牢把握经济工作的主动权。要加强对发展的统筹协调，统筹经济与社会、海洋与陆地、城市与农村、开发与保护，不断提高发展的全面性、协调性、可持续性。要做好上级指示与实际相结合的文章，立足基础，挖掘优势，扬长避短，科学谋划发展蓝图，坚持走各具特色的发展路子。当前，各级各部门要在前段工作的基础上，按照中央和省市全会的要求，抓紧对本地本单位的“十二五”规划进行修订完善，提高规划编制的科学化、民主化水平。

（三）要求真务实狠抓落实。目标任务确定之后，关键是要抓好落实。对“十二五”期间全市经济社会发展的各项目标任务，要分解到每个年度，细化到每个项目，落实到每个单位，明确完成时限，提出刚性要求，加强督导考核，确保事事不落空、件件有结果。对重点项目、重点工程和重点工作，都要落实责任制，确定责任单位和责任人，安排领导同志和机关干部分包联系，全程跟踪服务，及时督导检查，直到完成为止。对今年年初确定的各项任务，要逐项对照检查，确保完成；对明年的工作要早安排、早动手，为“十二五”开好头、起好步。要坚持实事求是、崇尚实干，力戒形式主义和做表面文章，多办顺民意、解民忧、增民利的实事，多干打基础、管长远的工作，努力创造经得起实践检验、群众检验、历史检验的业绩。

（四）要切实加强党风廉政建设。各级党政机关要进一步转变职能、转变作风，进一步减负让利、提速增效，全力为群众、为企业、为发展提供优质高效的服务。要严明党的政治纪律，坚定不移地与中央和省委保持高度一致，做到思想统一、行动迅速，确保政令畅通。“十二五”期间，中央和省里对保护土地、节能减排等有更加严格的规定，要加大监督检查力度，严肃查处违法违规行为，确保各项决策部署和政策措施不折不扣地贯彻落实。要全面落实党风廉政建设责任制，不断完善惩治和预防腐败体系。广大党员领导干部要认真执行廉政准则，切实落实廉政承诺，做到堂堂正正做人、清清白白为政、干干净净干事，以廉洁勤政的良好形象赢得群众的信任和支持。

“十一五”的成绩来之不易、饱含艰辛，“十二五”的目标令人鼓舞、催人奋进。全市广大党员干部群众一定要更加紧密地团结在以胡锦涛同志为总书记的党中央周围，深入贯彻落实科学发展观，开拓创新，真抓实干，为实现“十二五”发展目标，建设创新开放宜居幸福的现代化新威海而努力奋斗！

（市委办公室提供）

政府工作报告（摘要）

——在威海市第十五届人民代表大会第五次会议上

(2011 年 1 月 19 日)

威海市市长 孙述涛

一、“十一五”时期政府工作的回顾

“十一五”时期是我市发展历程中极不平凡的五年。在省委、省政府和市委的坚强领导下，市政府团结和带领全市人民，坚持以邓小平理论和“三个代表”重要思想为指导，深入贯彻落实科学发展观，积极作为，科学务实，改革创新，攻坚克难，保持了经济平稳较快发展，保障了民生持续改善，维护了社会和谐稳定，较好地完成了“十一五”规划确定的主要目标任务。

——经济运行质量明显提高。初步统计，全市生产总值由2005年的1020.3亿元提高到2010年的1940亿元，地方财政收入由57.5亿元提高到118.3亿元，年均分别增长13.6%和15.5%。三次产业比重由10.7：58.2：31.1调整为7.5：56.7：35.8,税收、工商税收、“四税”（增值税、营业税、企业所得税、人个所得税）占地方财政收入的比重分别提高2.2个、14.2个和6.9个百分点。经济发展的内生动力和结构性动力明显增强，在应对国际金融危机中表现出较强的抵御风险能力。

——经济发展方式更加集约。支持科技创新的机制进一步健全，企业的自主创新能力切实提高，传统产业改造和新兴产业培植取得突破，高新技术产业产值年均增长27.6%，占工业总产值的比重由24.9%提高到36.5%。万元生产总值能耗、水耗分别下降22%和20%，化学需氧量、二氧化硫排放量分别削减18%和6%，创新发展与绿色发展的理念得到深入落实。

——城乡统筹发展成效显著。城中村改造、农村住房建设和环境综合整治取得突破性进展，城乡基础设施全面完善，园区开发和小城镇建设快速推进，城市建成区面积由161.3平方公里拓展到240.8平方公里，城市化率由53%提高到58.7%，城市现代化和新型城镇化水平进一步提高。

——群众生活水平稳步提升。城镇居民人均可支配收入达到2.2万元，农民人均纯收入达到1万元，年均分别增长12.3%和10.6%。城乡居民人均储蓄存款达到3.7万元，年均增长15.1%。城镇居民人均住房建筑面积达到46.3平方米，农村居民人均住房居住面积达到38.9平方米，分别增加26.4%和24%。家庭轿车由3.3万辆增加到14.1万辆，宽带用户由14.6万户发展到43.2万户。城镇职工养老保险参保人数由45.2万人增加到63.4万人，城镇职工和居民基本医疗保险参保人数由40.9万人增加到122.6万人，新农保和新农合基本实现全覆盖，人民群众在发展中得到更多实惠。

五年来，我们坚持统筹兼顾，真抓实干，无论是抢抓机遇科学发展、和谐发展、率先发展，还是攻坚克难保增长、保民生、保稳定，都把主要精力用在推进转方式调结构上，用在提升发展质量和效益上，用在保障和改善民生上，努力使政府的各项工作更加符合科学发展的要求，更加符合人民群众的期待。

（一）强化结构调整，完善了更具竞争力的特色产业体系。紧紧围绕蓝色经济区和高端产业聚集区建设，积极推进农业提质增效、工业调整振兴、服务业跨越发展。全面加强农产品质量安全监管，推进出口农产品质量安全示范区建设，认证的无公害农产品、绿色食品、有机食品由101个增加到933个；省级以上农业产业化龙头企业由19家发展到50家，农民专业合作社由55家发展到968家；优质苹果、特种毛皮等特色产业形成规模，“威海刺参”、“威海无花果”、“荣成海带”、“文登大樱桃”、“乳山绿茶”等15个农产品注册为地理标志产品；粮食连年增收，总产稳定在100万吨以上，农产品年出口规模达到11亿美元，农业的产业化、品牌化和国际化程度进一步提高。按照新兴产业抓集群、传统产业创品牌的思路，狠抓了八大产业调整振兴，培植了新能源、新材料、新信息、新医药、海洋科技开发等战略性新兴产业，推进了地毯、家纺、海产品3个传统产业核心集散地建设，文登工艺家纺、荣成冷冻调理食品、荣成船舶制造获得山东省优质产品生产基地称号。造船业实现历史性突破，培育了三大造船聚集区和十大造船企业，整船制造能力由40万载重吨提高到400万载重吨，造船完工量由20万载重吨增加到120万载重吨，船舶销售收入和出口额分别扩大7.2倍和7.3倍。汽车整车制造能力由14万辆发展到30万辆，电动汽车产业的关键技术研发和配套能力建设取得突破，汽车及零配件产业集群销售收入由210亿元扩大到350亿元。新能源产业体系快速建立，石岛湾核电站和3个光伏发电项目开工建设，风电装机容量达到42.9万千瓦，新建成能源项目总装机容量达到175万千瓦，超过“十一五”前全市电力装机的总和。坚持以骨干企业、特色园区带动重点产业发展，规划建设了十大高端产业聚集园区，三角集团销售收入达到140亿元；威高集团销售收入突破100亿元，利税达到20亿元；拓展碳纤维产业化园区建成百吨级和千吨级生产线，碳纤维系列产品填补国内空白；IT产业园已有19个项目入驻。坚持陆海统筹，加快建设海洋优势产业六大基地，水产品产量由183万吨增加到210万吨，

港口吞吐量由1821万吨提高到4866万吨，海洋产业增加值占生产总值的比重由25%提高到31%。整合资源推动服务业快速发展，举办了国际人居节、国际建筑设计大奖赛、渔具博览会、中俄滨海旅游度假论坛等展会，创建山东省服务名牌21个；培植了一批服务业龙头企业，家家悦销售收入突破100亿元；社会消费品零售总额达到659亿元，年均增长19.1%；旅游总收入达到221亿元，年均增长16%；服务业增加值达到695亿元，年均增长15.2%。

（二）狠抓项目建设，夯实了经济社会发展的基础。坚持把项目建设作为主攻方向，五年完成固定资产投资4700亿元，年均增长21%；组织实施市级重点项目786个，争取中央、省扩大内需项目240个。一批技术含量高、带动作用强的产业项目建成投产，其中，投资过亿元的577个、过10亿元的140个，服务业、高新技术产业投资比重分别达到45.9%和37.5%。一批具有重要影响和支撑作用的基础设施项目快速推进，青荣城际铁路开工建设，威乳高速建成通车；威海港三、四期工程竣工，客运中心搬迁进展顺利，5万吨级航道建成使用；威海机场改扩建工程基本完工，机场规模扩大1倍；米威调水三期、胶东调水、烟威天然气长输管道、垃圾处理和污水处理设施等工程顺利实施，供电能力扩大1倍，供气能力扩大6.2倍，集中供热面积扩大2倍，污水处理能力扩大7倍，污水集中处理率由81.6%提高到89.3%。一批提升城市品位、增强公共服务能力的城建项目加快建设，启动了宝泉广场、金线顶、环翠楼、江家寨立交桥等区域改造工程；建成了国际展览中心、国际会议中心、文化艺术中心等一批公益设施和悦海公园、幸福公园等一批大型滨海公园；实施了文化路、世昌大道、青岛路、环山路、环海路等五路整治工程，拆除陈旧建筑210万平方米；新建改造城市道路90条、背街小巷150条，市区25条半截路全部打通；新增城市绿地面积2206公顷，衡量城市设施水平的主要指标均位居全省前列。

（三）强化自主创新，增强了区域核心竞争力。连续三年开展“自主创新年”活动，推进了高层次人才聚集区、产学研结合密集区、科技成果转化汇集区建设。累计投入13.7亿元科技创新资金，推动产学研合作，扶持企业创新平台建设。与11所高校建立了产学研战略联盟，成立了4个产业技术创新联盟，实施产学研合作项目300多项。帮助企业新建国家级研发平台8家、省级46家，总数分别达到11家和107家，争创了威高、光威两个国家级工程实验室，建立了好当家、新北洋、金猴等5个国家级企业技术中心和广泰空港国家级工程技术研究中心，新增研发平台的数量、层次和成果转化率都在全省领先。全市累计取得重要科技成果492项，三角集团巨型工程子午胎项目获得国家科技进步一等奖，威高集团聚烯烃材料改性应用等3个项目获得二等奖。高层次创业创新人才引进计划、十百千科技创新型人才培养工程顺利实施，五年引进4.6万名专业技术人才。通过创新资源集聚，一批拥有核心技术和知名品牌的企业迅速成长，新认定高新技术企业85家，科技型中小企业由33家增加到82家；中国名牌产品由8个增加到19个，中国驰名商标由7件增加到20件，三角、威高获得省长质量奖；销售收入过亿元的工业企业由575家增加到1050家，过10亿元的由31家增加到80家。

（四）坚持城乡统筹，推进了新型城镇化和新农村建设。五年来，我们把更多的精力和财力用于解决城乡建设管理中的现实问题，全市用于“三农”的财政支出累计达到163.1亿元，年均增长39.3%。在全省率先解决了城中村问题，用三年时间集中力量完成了市区77个城中村的整体改造，完成拆迁340万平方米，开工建设回迁房386万平方米，让10万城中村居民真正成为市民，市区范围内实现真正意义上的城市化。在改造过程中坚持让利于民，切实保障群众的实际利益和长远生计，并结合工程建设整治周边环境，理顺社区管理体制，使城中村改造真正成为安居工程、宜居工程、民心工程。在全省率先推进了农村住房建设工程，帮助农民新建住房10.8万户，改造危房1.4万户，166个村集中成片开发楼房4.4万户，三年的农房建设任务提前一年超额完成。启动了市区旧生活区综合改造工程，实施了400个村的环境综合整治，60%的镇建设了垃圾中转站。推动城市管理体制创新，集中治理了道路破损、停车秩序、户外广告、五小行业、散流物体运输、建筑垃圾、工地扬尘、机动车尾气、违章建筑等问题。加强了农村基础设施建设，完成了13座大中型、344座小型病险水库除险加固工程，新建农村户用沼气5万户，新增先进适用农业机械2万台，新改建农村公路2444.5公里，改造1500个村的自来水设施，完成了更高标准的村村通油路、通自来水工程。对598个经济薄弱村开展了帮扶活动。

（五）深化改革开放，增强了体制机制活力。实施了市县政府机构改革，率先启动了镇级机构改革，推进了事业单位分配制度改革，在探索大部门体制、理顺职责关系等方面取得实效。推行了部门预算、国库集中支付、政府采购和财政支出绩效评价制度，成立了政府投融资管理中心，促进了财源管理精细化、财政支出效益化、政府融资“借用管还”一体化。强化了社会综合治税，提高了税源监控的信息化水平。健全了企业融资服务机制，成立了金融工作办公室，推进了326个银企对接项目，通过建立续贷过桥周转机制为企业提供拆借资金82.5亿元，开展了小额贷款公司和科技支行试点工作，创办了3家创业投资公司，引进招商银行等23家金融机构，银行贷款余额增长2.4倍，金融生态环境更加优化。企业上市工作取得重大突破，威海广泰、华东数控、天润曲轴、新北洋、泓淋科技等7家公司在境内外上市，累计融资66亿元。理顺了市属重点国有企业和行政事业单位国有资产的管理体制。推进了集体林权和农村土地承包经营权流转制度改革。实施了文化管理体制、医药卫生体制、城市公交运营机制等社会领域改革。积极应对国际金融危机的冲击，不断创新招商方式，强化产业招商责任制，组织国内外招商活动100多次，累计引进外商直接投资25亿美元，实际利用内资1450亿元，其中，投资过千万美元的外资项目157个、过亿元的内资项目320个，美敦力、摩根士丹利、安赛乐·米塔尔、现代、乐天、三星造船等世界500强企业落户威海，招商引资的规模和质量都有新提升。强化国际市场开拓资金等扶持政策，千方百计稳定外需，外贸进出口总额由2005年的75.5亿美元提高到139.2亿美元，出口产品结构和市场结构都得到进一步优化。深入推动企业战略合作，67家企业到境外投资发展，180家企业与国际知名企业战略重组。圆满完成对口援川、援青、援疆等帮扶任务，强化外事、侨务、对台工作的联络功能，区域对接合作更加紧密。

（六）加强区域统筹，构建了协调共进的发展格局。强化战略规划与资源整合，拉开了一体化威海建设的大框架。中心市区启动了双岛湾休闲旅游度假城、临港产业服务区建设。设立了威海工业新区，理顺了管理体制和权限，举全市之力打造新板块，引导城市向腹地拓展、项目向园区集中。工业新区两年完成基础设施投资30多亿元，引进过亿元的大项目160多个，成为外来投资的密集区和产业发展的隆起带。高区加强了科技新城开发，经区推进了临港工业园建设，发展空间都有新拓展，发展层次都有新提升，辐射带动作用都有新提高。荣成石岛管理区、文登南海新区、乳山海湾新区、环翠张村旅游度假区的开发建设都展现出新手笔，聚集功能和集约发展水平明显增强。县域经济的发展活力和综合实力不断提高，13个中心镇加快发展，区域经济格局进一步优化。

（七）重视生态文明，加强了资源环境保护。坚持把生态环境作为最大的竞争优势来保护，把宜居城市作为最靓的品牌来打造。大力推进节能减排，加强了重点用能企业和排污企业的在线监测系统建设，关停“小火电”27.1万千瓦，淘汰落后水泥产能124.3万吨，圆满完成了“十一五”节能减排任务，城市环境综合整治定量考核、污染减排和环境改善考核连续保持全省第一。高度重视资源的保护和集约利用，强化了土地、海域、岸线、沙滩、山体和城市绿地规范化、制度化管理，推进了市区河道、重点流域和饮用水水源地的综合整治，关停整合各类矿山414个。加强了林业病虫害防治，成片造林50万亩。获得“国家森林城市”、“中国人居环境奖”、“全国节水型城市”、“全国绿化模范城市”、“生态省建设先进市”等荣誉称号，荣成市建成国家生态市，文登市、乳山市分别通过验收、评估。

（八）突出文化建设，促进了各项社会事业协调发展。健全了文化产业推进机制和公共文化服务体系，建成16个文化产业示范基地，在文化旅游、广播电视、新闻出版、影视动漫等领域培育了一批重点企业，打造了梦海、神游华夏等文化演艺品牌，刘公岛被命名为“国家文化产业示范基地”。坚持市场化运作，承办了长距离铁人三项世界杯、霍比世界帆船锦标赛和十一届全运会相关项目，以品牌赛事推动体育产业发展，全民健身活动深入开展。实施了五大文化惠民工程，开展了幸福威海系列文化活动和中韩文化交流月活动，加强了镇综合文化站、农村文化大院、农家书屋建设，乳山市徐家镇创建了全国先进基层文化站。深入挖掘史志、档案等文化资源，加强了文物和非物质文化遗产保护。结合创建全国文明城市，开展了形式多样的群众性精神文明创建活动。加强了国防动员、民兵预备役和“双拥”共建工作，获得“全国人民防空先进城市”称号。计划生育奖励扶助政策惠及24万人，继续保持低生育水平，被评为“全国人口和计划生育综合改革示范市”。民族、宗教、地震、气象等事业也取得新成绩。

（九）充分关注民生，完善了民生保障体系。过去的五年，是我市民生政策出台最密集、人民群众得到实惠最多的时期之一。在落实国家、省各项政策的同时，我们充分考虑群众的需求、威海的实际和财政保障能力，最大限度地通过机制创新来扩大覆盖面、提高保障标准。在就业领域，建立健全了失业人员、大龄就业困难群体、大中专毕业生等就业帮扶机制，开展了国家级创业型城市创建活动，完善了鼓励自主创业的税费减免和担保贷款等政策，新增城镇就业22万人，转移农村劳动力10.1万人。在教育领域，出台了加强农村教育、素质教育、学前教育和职业教育等一系列政策措施，新建扩建学校175所、镇中心幼儿园53所，财政性教育经费年均增长27.5%，城乡全面实行了真正的免费义务教育，教育综合水平保持全省前列，被评为“全国义务教育均衡发展工作先进地区”。在社会保障领域，率先在全省实现国家试点标准的新农保全覆盖；率先将大龄城镇居民纳入养老保障范围，惠及5.6万人；率先建立城镇居民医疗保险制度，解决了43.1万人的医保问题。在医疗卫生领域，加强了标准化村卫生室和城市社区卫生服务机构建设，城镇职工医保最高支付限额由13万元提高到24万元，城镇居民医保和新农合最高支付限额分别提高到13万元和5万元。在社会救助领域，健全了困难家庭学生资助、大病救助、住房救助、临时救助等以政府为主导的社会救助体系，城乡低保对象扩大到5.5万人；在全国率先建立起城乡一体化的孤残儿童保障机制，开展了形式多样的慈善救助活动。在住房保障领域，建立了经济适用房配建和廉租房货币化补贴制度，建设经济适用房6078套、廉租住房556套，发放补贴363万元。在保障群众权益领域，强化民主法制建设，推进了普法依法治理、人民调解、仲裁、信访、法律服务、法律援助工作，强化了社会治安综合治理，加强了食品药品和安全生产监管，各类安全事故下降51%；健全了应急管理体系，有效应对甲型H1N1流感、手足口病、问题奶粉、风暴潮、浒苔、海冰等突发事件，保障了人民群众的生命财产安全。

（十）转变政府职能，优化了行政服务环境。结合深入学习实践科学发展观和创先争优活动，扎实开展了“问政于民、问需于民、问计于民”、“向市民承诺、为市民办事、请市民监督”等活动，加强了服务型政府建设。强化“企业创造财富，政府营造环境”、“院内的事企业干，院外的事政府办”的理念，推行领导分包和企业特派员制度，加强了对企业和项目的扶持。制订了扶持企业做大做强、促进中小企业发展、奖励纳税明星和新星企业等政策措施，取消调整收费项目263项，最大限度地减负让利。坚持依法行政，强化了政府信息公开，推进了相对集中部门行政许可权工作，完善了覆盖全市的电子监察网络。健全了廉政风险防范管理制度，加强了政府投资项目等专项督查。自觉接受人大的法律监督、政协的民主监督，定期向人大和政协报告工作，办理人大代表建议和政协委员提案1025件。强化目标绩效管理考核，开展了行风热线、民主评议政风行风工作，严格执行“禁酒令”等纪律规定，机关作风进一步转变。

刚刚过去的一年，全市上下深入贯彻落实科学发展观，把保持经济平稳较快发展与转方式调结构紧密结合起来，紧紧围绕蓝色经济区和高端产业聚集区建设，强化自主创新、项目建设、产业培植和企业扶持，实施了旅游文化产业发展、保护中小企业发展、新型城镇化建设和城市精细化管理“四大行动”，有效巩固和扩大应对国际金融危机冲击成果，经济保持良好的增长势头，各项社会事业和民生保障工作也得到加强。初步统计，全市生产总值增长12.2%，地方财政收入增长15.4%，经济运行质量和效益进一步提高。固定资产投资增长17%，社会消费品零售总额增长18.5%，扩大内需的一系列措施取得积极成效。外商直接投资增长3%，实际利用内资增长12%，利用外资结构进一步优化。外贸进出口增长31.1%，对外贸易总量超过危机前水平。万元生产总值能耗降低4.18%，化学需氧量、二氧化硫排放量分别削减1.5%和1%，资源环境的管理保护机制进一步健全。城镇居民人均可支配收入增长10.5%，农民人均纯收入增长9.2%，在医药卫生、社会保障、教育、文化等领域都推进了体制机制创新，进一步改善了民生，促进了社会和谐稳定。

二、“十二五”时期的指导思想和目标任务

“十二五”时期是全面建设小康社会的关键时期，也是深化改革开放、加快转变经济发展方式的攻坚时期，经济发展长期向好的趋势没有改变，但面临的矛盾和问题也不少，国际金融危机影响并没有结束甚至可能出现反复，我们既面临难得的历史机遇，也面对诸多可以预见和难以预见的风险挑战。为更好地指导“十二五”时期各项工作，按照国家、省的部署和市委的要求，市政府编制了《威海市国民经济和社会发展第十二个五年规划纲要（草案）》。综合考虑各方面因素，确定“十二五”时期我市经济社会发展的指导思想是：高举中国特色社会主义伟大旗帜，以邓小平理论和“三个代表”重要思想为指导，深入贯彻落实科学发展观，以科学发展为主题，以加快转变经济发展方式为主线，以提高质量效益为中心，以建设蓝色经济区和高端产业聚集区为抓手，着力加强自主创新，着力促进产业振兴，着力强化内需驱动，着力深化改革开放，着力统筹城乡发展，着力建设生态文明，着力改善社会民生，力争率先全面建成小康社会，为建设创新开放宜居幸福的现代化新威海奠定坚实基础。

主要目标是：生产总值年均增长11%，三次产业比重调整为4.5∶52.5∶43；地方财政收入年均增长13%；城镇居民人均可支配收入和农民人均纯收入年均分别增长10%；万元生产总值能耗降低17%，化学需氧量、氨氮排放量分别削减12%左右，二氧化硫、氮氧化物排放量分别削减16%左右；固定资产投资年均增长15%，社会消费品零售总额年均增长17%，外贸进出口总额年均增长10%；累计利用外商直接投资30亿美元以上，实际利用内资年均增长15%；城市化率达到65%。

“十二五”时期的政府工作将突出以下几个重点：

第一，坚持以提高质量效益为中心，力争在推进科学发展上有新作为。正确处理速度与质量效益的关系，进一步形成质效优先的经济发展导向，健全完善以提高效益为核心的产业调整、项目建设、企业扶持等政策和目标体系，努力在提高质量效益的前提下保持经济平稳较快发展，把经济发展的成果体现到财税增收、企业增效、居民收入稳步增长上，真正体现科学发展的主题。

第二，坚持以转变发展方式为主线，力争在产业结构升级上有新跨越。围绕建设蓝色经济区和高端产业聚集区，抓好海洋优势产业六大基地、十大高端产业聚集园区建设，加快培育能够发挥比较优势、体现威海特色、具有竞争力的新型产业体系。战略性新兴产业，重点培育新能源、新材料、新信息、生物医药、新能源汽车、节能环保、海洋科技开发等七大产业；区域特色产业，重点发展现代渔业、船舶修造、港口物流、海产品精深加工等四大现代海洋产业；传统优势产业，重点打造地毯、家纺、海产品、渔具、医疗器械等五大核心集散地；现代服务业，重点发展文化、旅游休闲、软件及服务外包、商务会展、金融等五大产业。

第三，坚持以统筹城乡发展为重点，力争在区域发展格局上有新突破。扎实推进城市现代化和新型城镇化，构筑“一核一带三组团”的城镇空间格局，打响“蓝色休闲之都，世界宜居城市”的品牌。中心城市加快推进“两城两区”建设，实施好“一轴三带三中心”等重点工程。荣成市抓好“一城两带三片区”建设，文登市抓好“两大板块三大功能区”建设，乳山市抓好“两城区两新区”建设。搞好小城镇建设，打造沿海千公里城镇带。加快推进新农村建设，切实改善农村生产生活条件，有序推动本地农村人口转移，促进城乡一体化发展。

第四，坚持以科技教育人才为支撑，力争在自主创新能力上有新提升。深入实施科教兴威和人才强市战略，充分发挥科技第一生产力和人才第一资源作用，提高教育现代化水平，深入推进高层次人才聚集区、产学研结合密集区、科技成果转化汇集区建设，推动经济社会发展更多依靠科技进步、劳动者素质提高和管理创新，加快建设创新型城市。

第五，坚持以生态文明建设为基础，力争在人居环境改善上有新进步。牢固树立绿色发展理念，加大节能减排力度，努力降低能源消耗强度和污染物排放强度。健全环境保护和治理机制，实施最严格的资源管理保护制度，强化海洋资源和生态环境保护，加强城乡环境综合整治，争取在全省率先建成国家生态市。

第六，坚持以深化改革开放为动力，力争在增强发展后劲上有新成效。坚持解放思想、改革创新，进一步破除观念障碍，清除体制壁垒，增创发展优势。着力推动经济体制、社会体制和行政体制改革，进一步理顺有利于科学发展、有利于保障民生、有利于促进和谐的体制机制。实行更加积极主动的开放战略，推动对外贸易转型，科学引导外资投向，提高利用外资的质量和效益，在更高层次、更广领域打造对外开放的新优势。

第七，坚持以保障改善民生为导向，力争在公共服务能力上有新提高。注重长效机制建设，着力解决事关人民群众切身利益的民生问题，构建社会化程度更高、覆盖范围更广、保障力度更大的社会保障安全网。强化社会建设，大力推进基本公共服务均等化，协调发展各项社会事业，让人民群众享受更加优质的公共服务。创新社会管理机制，推进平安威海建设，努力化解社会矛盾，促进社会公平正义，维护社会和谐稳定。

第八，坚持以重点项目建设为保障，力争在发展环境上有新改善。深入实施项目带动战略，统筹建设一批基础设施项目，重点实施青荣城际铁路、荣乌高速荣文段、内环快速路等交通项目，泊于水库等水利项目，石岛湾核电站等能源项目以及城市公交、污水垃圾处理等市政设施项目，打造适度超前、功能完善、配套协调、高效安全的支撑保障体系，为科学发展、和谐发展、率先发展创造良好的环境。

2011年1月4日，国务院批复了《山东半岛蓝色经济区发展规划》，山东半岛蓝色经济区正式上升为国家发展战略，这是我市发展进程中的又一重大机遇。我们将深入学习胡锦涛总书记重要论述和国务院批复精神，按照省委、省政府的战略部署，把蓝色经济区建设作为转方式调结构的有效途径，作为提高改革开放水平的强大动力，作为促进区域协调发展的重要举措，发挥优势，抓住关键，高点起步，创新发展，积极探索海洋经济科学发展的新路子、海洋资源科学开发利用的新模式和海洋生态环境保护的新途径，加快培育战略性海洋新兴产业，构筑现代海洋产业体系，提升海洋经济辐射带动能力，努力把我市建设成为全国重要的海洋产业基地、对外开放平台和我国北方独具魅力的滨海休闲度假区。

三、2011 年政府工作安排

今年是中国共产党成立 90 周年，也是实施“十二五”规划的开局之年，做好各项工作意义重大。全年主要预期目标为：生产总值增长 11%，地方财政收入增长 13%，万元生产总值能耗降低 3.66%，化学需氧量、氨氮、二氧化硫、氮氧化物排放量分别削减 2% 左右，固定资产投资增长 17%，社会消费品零售总额增长 17%，外商直接投资稳定增长，实际利用内资增长 15%，外贸进出口总额增长 10%，城镇居民人均可支配收入增长 10%，农民人均纯收入增长 10%。今年政府工作的主要任务是：

（一）加快推进产业结构调整。全力培植支柱产业、特色产业、新兴产业，推动蓝色经济区、高端产业聚集区建设。

提升农业现代化水平。落实好“菜篮子”负责制，稳定粮油蔬菜播种面积，保障农产品有效供给。大力发展特色高效农业，推广苹果提质扩量增效工程，扩大特色农产品规模种植，提高农产品精深加工水平。推进现代畜牧示范区建设，规划建设交易市场，搞好品种改良，提升特种毛皮等特色养殖业的集聚发展能力。推进农超对接、基地直供，完善农产品和农资新型经营服务体系。深入推进出口农产品质量安全示范区建设，新建标准化基地 8 万亩，新认证无公害农产品、绿色食品、有机食品 50 个，树立农产品质量安全最放心城市形象。推广应用先进适用农业机械，进一步提升农机化作业水平。培育壮大一批促进农村就业、带动农民增收的农业龙头企业，鼓励发展农民专业合作社，推动发展休闲观光农业，不断提高农业的产业化、规模化、组织化水平。

推进制造业转型升级。以高端高质高效为发展方向，大力培植战略性新兴产业，改造提升传统产业，培植壮大优势产业集群。新能源产业，重点抓好石岛湾核电站和光伏发电项目，发展核心装备、关键器件等相关配套产业；新材料产业，推进医用高分子材料、碳纤维复合材料、铝镁合金材料、功能玻璃、子午线轮胎等特色材料产业化基地建设；新信息产业，抓好特种打印机、集成电路、通信产品、物联网、软件开发和信息服务业；生物医药产业，建设好华夏、迪沙、达因、文登南海四大医药园区；新能源汽车产业，推进广泰、中航黑豹电动车产业园建设，加快产业化步伐。继续实施好船舶、汽车及零配件、机械装备制造、轻工纺织等八大产业调整振兴规划，推动制造业集中集约集聚发展。强化骨干企业的带动作用和中小企业的配套功能，支持行业龙头企业兼并重组，提高产业集中度、分工层次和整体竞争力。大力实施质量兴市和名牌战略，支持企业加强品牌和标准化建设，引导行业共同打造各类地理标志品牌，提高我市产品的影响力。推动工业化与信息化融合，加快电子商务、现代物流等先进适用技术向传统优势产业渗透，扎实推进五大核心集散地建设，促进优势产业由“加工基地型”向“产业聚散型”转变。

推动现代服务业跨越发展。全面落实扶持政策，按照不低于上年度生产总值万分之一的比例设立引导资金，服务业增加值比重提高 2 个百分点左右。扎实开展旅游文化产业发展行动，科学开发利用文化资源，积极培育新兴文化业态，扶持影视动漫、工业设计、娱乐演艺等创意产业项目。强化旅游规划的指导作用，推进旅游资源整合和产业链建设，加强整体品牌宣传和旅游市场营销，搞好特色旅游产品开发，推动华夏生态园、汤泊温泉、大乳山二期、小汤温泉、西霞口湿地公园、阳光新地等旅游项目建设，实施国际会展中心五星级酒店、荣成万国城、文登华玺等高档酒店项目，加快滨海休闲旅游度假基地建设，旅游总收入增长 15%。办好国际建筑设计大奖赛、第六届国际人居节、第四届渔具博览会、中国时装设计大赛、温泉节等会展活动。大力发展生产性服务业，鼓励企业加快非核心业务剥离，推进高区、经区 2 个省级国际服务外包示范基地建设。加快发展生活性服务业，大力推进“便利消费进社区，便民服务进家庭”工程，积极推进宝泉广场、金线顶、银座商城、九龙城休闲购物广场、高新商贸广场、东城国际、生态汽博城、文登大润发商城等高端商贸项目，培植壮大社区和家庭服务业，进一步扩大消费需求。在园区建设中搞好服务业布局规划和设施配套，抓好服务业的招商引资，支持企业培育服务业品牌。

发展现代海洋产业。强化海洋科技开发和海洋资源保护，加快推进海洋战略性新兴产业、现代海洋渔业、现代海洋制造业和现代海洋服务业基地建设。现代海洋渔业，突出抓好品牌建设，以“威海刺参”为重点，在市场营销、品牌推广、质量监管和产业推进上狠下功夫，打响威海海珍品的品牌；拓展现代渔业发展空间，完善养殖水域滩涂规划，扩大无公害水产品生产规模，抓好水产原良种场和示范基地建设，良种覆盖率提高3个百分点；深入实施渔业资源修复，加大海洋生态牧场的培育力度；支持企业建立综合性远洋渔业基地，提高远洋渔业产业化水平和综合竞争力；加快发展海洋食品、保健品、药品和海洋新材料产业，规划建设海产品交易中心，提高海产品的深加工能力和集散能力。现代海洋制造业，突出抓好造船产业集群培植，推动重点造船企业加强高附加值船型的研发设计，提高本地整船总装比例，加大配套企业的引进力度，提高市场占有率，造船完工量增加15万载重吨。现代海洋服务业，突出抓好临港物流产业，推动港口资源整合与战略合作，统筹抓好威海港、石岛港、龙眼港、蜊江港、张家埠港、乳山口港的发展，推进威海至仁川陆海联运汽车甩挂运输项目和石岛至高雄直航项目，引导对外开放口岸完善设施功能，优化“大通关”环境，港口货物吞吐量增长12%；推进威海港物流中心、荣成冷链物流基地、文登胶东农资物流中心、环翠区临港科技园区等项目，物流业增加值增长10%；建设休闲渔业示范点和海钓、游艇等海上休闲运动基地，促进休闲渔业快速发展。海洋战略性新兴产业，突出抓好海洋科技创新，加强与威海海洋研究院等科研院所的对接，推进海洋先进实用技术开发和核心技术攻关，打造海洋科技开发和科技成果转化的重要基地。

（二）加强重点项目建设。着眼于扩大内需，完善跟踪服务和督查机制，实施383个重点调度项目，年内完成投资898亿元；集中推进100个市级重点项目，年内完成投资268.1亿元；在社会民生等领域筛选19个调控项目，年内完成投资101.5亿元。

高端制造业领域，重点安排29个项目，年内完成投资96亿元。狠抓十大高端产业聚集园区建设，推动威高集团医疗器械园区、拓展碳纤维产业化园区、三角全钢载重子午线轮胎园区、华东数控重型数控机床产业园区、IT产业园区、新船重工黄海造船整船研发及零部件配套生产园区、中航黑豹天润曲轴汽车产业园区等各大园区尽快形成规模优势。组织实施好63个高新技术和现代制造业项目，提升制造业竞争力。

基础设施领域，重点安排14个项目，年内完成投资77亿元。实施青荣城际铁路、威海港国际客运中心、烟海高速乳山段、江家寨立交桥、统一路南延、俚李线改造等交通项目，推进胶东调水配套工程、市区燃气热力工程和4个输变电工程项目，进一步提高基础保障能力。

城建工程领域，安排16项重点工程，年内完成投资153亿元。加快推进双岛湾、工业新城等“两城两区”项目，实施金线顶、国际展览中心绿轴园林、九龙湾、环翠楼等区域开发项目，继续推进世昌大道、青岛路、文化路等综合整治项目，进一步增强承载和服务功能。

社会民生领域，重点安排16个项目。加快城中村改造回迁安置房建设，新开工建设回迁房22.4万平方米，回迁安置6211户，力争年内全部完成回迁安置任务，并做好村改居工作。实施市区25个旧生活区综合改造工程。强化市区路网建设及升级改造，完成古寨东路南延、宫松岭路等47条道路的新建改造。启动市图书馆新馆、方志馆、群众艺术馆等文化设施项目建设，市文化艺术中心投入使用。强化中小学校舍安全工程建设，新建和加固校舍17万平方米，新建扩建城区学校6所，完成威海四中迁建工程，启动中小学校外实践基地建设。

（三）增强自主创新能力。继续深入开展“自主创新年”活动，实施“创新威海科技行动”。

加强科技创新平台建设。继续推进产学研合作，争取再与2所高校建立产学研战略联盟。支持企业间加强研发合作，组建产业技术创新联盟，创建省级以上试点联盟1家。积极争取创新平台列入国家计划，推进寻山集团创建国家海产贝类工程技术研究中心，新增市级以上企业技术中心和工程技术研究中心20家，其中省级4家。强化13个科技创新公共服务平台管理，建立资源集成与开放共享机制，为企业创新创业提供技术支持。

推进科技成果产业化。深入推动科技支行试点工作，培育壮大创新型企业规模，新增高新技术企业8家、科技型中小企业15家、省级以上创新型企业3家。加快建设科技企业孵化器，推进全国先进复合材料高新技术产业化基地建设。组织好国家知识产权试点市建设，实施科技攻关计划和技术创新项目400项。

强化创新人才培养和引进。全面落实人才奖励政策，组织实施62个国外引智项目，搞好留学人员创业园、高校毕业生创业孵化基地等各类载体建设，加快引进战略性新兴产业、现代服务业等领域急需的领军人才和研发团队。扎实推进“金蓝领”培训工程，培养高技能人才3000人。

（四）推进全方位开放。深入实施合作共赢的开放战略，统筹利用国际国内两个市场、两种资源，推动开放型经济转型升级。

深化战略合作，提升招商引资层次。以日韩、欧美、京沪等为重点，组织实施好17次境内外重点招商活动，加强与世界500强企业、上市公司、大型央企民企的合作，支持企业引进战略投资者。鼓励推动企业境外上市，有效利用私募基金，做好产业资本与金融资本结合的文章。进一步改进产业招商办法，有针对性地引进产业链各环节的重点企业和配套企业，助推优势产业集群膨胀。建立选商择资综合评价体系，引导资金投向高端制造业、现代服务业和生态高效农业领域。完善重点项目落地跟踪服务机制，优化投资发展环境。

优化出口结构，转变外贸发展方式。深入实施市场多元化战略，积极开拓新兴市场，巩固传统市场。强化自主品牌建设，加强出口优势产品的包装宣传，提高附加值和竞争力。培育壮大外贸出口主体，进一步提高高新技术产品、机电产品的出口比重。大力发展服务贸易，提高加工贸易的本地化配套比例。引导企业扩大先进技术、关键设备、大宗资源性商品进口。

强化主动对接，推进区域经济合作。积极稳妥地推动企业“走出去”，打造橡胶、木材、矿产等境外资源基地，支持企业收购优质资产、品牌、技术及网络。加强服务平台建设，推进对外工程承包，提升外派劳务层次。积极参与中日韩自贸区建设，争取更多先行先试政策支持。充分利用外事、侨务、对台资源，扩大经贸文化交流。健全与重点区域的合作机制，加强与长三角、珠三角、环渤海经济圈及资源大省的对接，继续做好对口帮扶工作。

（五）深化重要领域改革。坚持以改革创新推动工作开展，进一步理顺有利于科学发展的体制机制。

深化财税体制改革。落实国家财税体制改革各项部署，继续推进预算制度改革，健全财政支出绩效评价机制，推动财政资金向社会民生领域倾斜。发挥融资平台的作用，做好国家、省扶持项目的衔接工作。加强财源建设，完善社会综合治税网络，规范跨区企业税收管理，提高税收征管质量，促进财政收入速度、质量双提高。力争全年地方财政收入占生产总值的比重提高0.1个百分点，税收、工商税收、“四税”占地方财政收入的比重分别提高2个、2个和0.5个百分点。

深化金融体制改革。加强社会信用体系建设，大力推进银企对接，扩大续贷过桥周转机制覆盖面，规范整顿融资性担保公司。引导异地银行积极授信，扩大小额贷款公司试点，争取引进2家外地银行设立分支机构。加快推进农村信用社银行化改革，新设2家村镇银行。加强上市后备资源培育，加快吉威医疗、俚岛海洋科技等企业上市进程，推动上市公司再融资。积极稳妥地参与区域性股权交易市场发展，推进高区“新三板”试点，拓展债券、股权等多元化融资渠道。

深化价格领域改革。全面加强价格调控监管工作，建立完善重要消费品价格的监测、预警和发布制度，做好重要农副产品的储备和市场调控，推进资源环境价格改革，保持区域价格稳定。健全社会救助和保障标准与物价上涨挂钩的联动机制，适时发放临时价格补贴，保障困难群众基本生活。

深化国有企业改革。进一步完善市属国有企业国资监管体制，积极推动企业集团建立现代企业制度，加快推进18户国有集体中小企业改制。健全行政事业单位国有资产管理使用长效机制，实现国有资产保值增值。

深化事业单位改革。按照政事分开、事企分开的原则，积极推进事业单位分类改革。搞好事业单位绩效工资制度改革，进一步完善事业单位岗位管理制度、公开招聘制度和全员聘任制度。

完善中小企业促进机制。扎实开展保护中小企业发展行动，进一步完善政策扶持体系、信用担保体系和社会化服务体系，做好特派员联络中小企业工作，深入实施中小企业成长、小企业培育、技术创新、特色提升“四项计划”，新建10家市级公共技术服务平台，重点培育19处市级小企业创业基地。

（六）加快社会主义新农村建设。坚持统筹城乡一体化发展，切实加大“三农”投入，引导更多的资源向农村倾斜，进一步增加农民收入，改善农村面貌，提升农民的生活质量。

拓宽农民增收渠道。全面落实各项强农惠农政策，健全财政支农稳定增长机制，扩大农业保险实施范围，组织创建10个以上农业科技示范园区，支持农民搞好生产经营。组织实施农民职业技能培训“阳光工程”，提高农民创业创收能力。

推进农村住房建设和环境综合整治。强化财政资金补贴，稳妥推进农村新型集中居住区建设，帮助农民新建住房3.2万户，改造危房2000户，完成300个村的环境综合整治，切实改善农村环境。

加强农村基础设施建设。实施好新一轮农村电网改造升级工程，提高县域电网的供电能力和装备水平。新建小型农田水利工程154项，发展节水灌溉面积6.2万亩。新建沼气综合利用示范基地15个，增加户用沼气3000户。完善农村设施管护长效机制，建立常态化的管护队伍和服务网络，对老化失修的农村公路和自来水工程实施更新改造。继续实施“万村千乡市场工程”和“新农村现代流通服务网络工程”，加快农村社区综合服务中心建设。

完善农村发展体制机制。坚持和完善农村基本经营制度，因地制宜发展多种形式的适度规模经营，继续推进集体林权制度改革，规范海域使用权流转。搭建运作规范、群众信任的土地流转平台，促进土地承包经营权有序流转。

（七）推进新型城镇化建设。深入实施新型城镇化建设行动和城市精细化管理行动，扎实推进和谐城乡建设。

加强园区和小城镇建设。充分发挥规划的引领调控作用，进一步完善城乡规划体系，统筹区域协调发展。中心市区加快“两城两区”开发建设，双岛湾休闲旅游度假城和临港产业服务区在坚持高标准规划的同时，抓紧实施基础设施建设。高区、经区提升发展层次，工业新区加强项目引进。各市区要以强化产业支撑为重点，科学推进城区、新区开发，大力发展县域经济。落实扩权强镇政策，推动1个省级、4个市级试点镇集聚发展。

推动城市精细化管理。理顺城市管理体制，建设城市管理信息平台，在市区70平方公里区域推行网格化的城市管理新模式，实现城市管理的规范化、标准化和信息化。推进市政道路等城市公共设施管理养护体制改革。持续开展停车秩序、机动车尾气、工地扬尘、户外广告等综合整治。建立市区城市建设项目交通压力评估制度，加大投资力度，实施公交优先发展战略，加快建设绿色公交走廊示范项目，进一步改善市民出行环境。强化街道、社区在城市管理中的基础地位，推进城乡和谐社区建设。

（八）强化资源环境保护。实施最严格的节能减排约束机制、最严格的水资源管理制度和最严格的土地矿产资源管理措施，积极转变资源开发利用方式，推进生态文明建设。

大力推进节能减排。综合运用超标准耗能加价、差别电价等调控手段，加强重点用能企业的能源监察审计和重点排污企业的在线监测，强化企业的环境监管。突出抓好工业、建筑、交通、公共机构等领域的节能工作，加快淘汰落后产能，推进电厂脱硫脱氮工程，在生产生活领域推广利用太阳能。完善再生资源回收利用和中水回用网络。加快推进荣成石岛、文登南海、乳山银滩3个污水处理厂建设，推动污水处理厂污泥和垃圾渗滤液处置工程尽快投入运行，积极开展市区生活垃圾分类收集试点，实现垃圾处理的无害化、减量化、资源化。

强化资源保护和集约利用。加快建立健全规划控制机制，加强土地、海域、岸线、沙滩、山体、林地、河流、地热等自然资源保护和统筹利用。完善用海制度，加大海岸带综合管理力度，严厉查处污染海域、破坏沙滩、私搭乱建等违法行为；切实加强围填海项目管理，整治修复重点海域和岸线；规范近岸海域养殖管理，保障群众正常亲海活动。落实耕地保护和节约集约用地制度，加强土地综合整治，实施好城乡建设用地增减挂钩工作，依法清理处置闲置用地。严厉打击非法采砂，关闭市区48家采石场，做好生态修复治理。加强集中式饮用水水源地保护，启动米山水库、崮山水库人工湿地净化工程，抓好母猪河、乳山河流域和市区9条河道的治理。出台管理办法，规范地热资源开发利用秩序。加强城市地下空间规划，提高人防工程综合利用水平。

加强农村环境保护。按照“清洁家园、清洁田园、清洁水源”的要求，切实改善农村生态环境。推进镇级垃圾中转站建设，保证所有镇都建成垃圾中转站，并配齐必要的运输设备，全面实行垃圾“村收集、镇清运、县处理”。强化农村河道的综合整治，推进镇村污水处理设施建设，年底前所有镇驻地的污水全部实现集中处理。加强农村饮用水水源地保护，确保农村饮水安全。进一步加大农村面源污染、养殖污染的治理力度，积极推进秸秆综合利用。

加强生态市建设。注重生态建设与生态产业发展相结合，加快发展循环经济。大力推进造林绿化，集中力量抓好干线公路绿化工程，加强松材线虫、美国白蛾等病虫害防控，新增成片造林8万亩。加快推进荣成大天鹅生态保护区建设。力争通过国家环保模范城市复核，乳山生态市创建工作通过国家验收，高区、经区争创国家生态工业示范园区。

（九）切实保障和改善民生。全力解决好人民群众关心的问题，把发展的目的真正落实到满足人民需要、实现人民利益、提高人民生活水平上。

积极扩大就业。落实鼓励和促进就业创业的各项政策，强化职业技能培训和公共就业服务，促进创业带动就业。完善困难群众就业援助制度，做好大中专毕业生就业工作，全年新增城镇就业3万人，转移农村劳动力8000人，保持就业形势稳定。健全完善企业工资集体协商制度，建立和谐劳动关系。提高企业最低工资标准，强化监察执法服务，保障劳动者的合法权益。

优先发展教育。贯彻落实《国家中长期教育改革和发展规划纲要》，努力办好人民满意教育。强化教师队伍建设，切实提高教育质量。坚持政府主导、社会参与的原则，办好学前教育，大力发展公办幼儿园，推进城镇小区配套幼儿园建设，创建8处市级“农村学前教育示范镇”。推进义务教育高位优质均衡发展，70%的中小学完成标准化学校建设。加强职业教育基础能力建设，做好国家级、省级职业教育改革发展示范学校创建工作，建设5处职业教育示范实训基地。继续加强与山大、哈工大等高校的共建。统一并提高城乡义务教育生均公用经费标准，加大对困难家庭学生资助力度。进一步健全长效机制，切实加强校园安保工作。

提高社会保障水平。继续做好社会保险省级、市级统筹工作，提高新农合补助标准，加快推进各类保险扩面提标，争取在全省率先实现城乡社会保障全覆盖。进一步提高各项社会救助标准，扩大覆盖面，农村低保标准提高到每人每年1650元，城市低保标准提高到每人每月360元，“五保”集中和分散供养标准分别提高800元和400元，确保应保尽保。对先天性心脏病、先天失明孤残儿童和贫困白内障患者继续安排免费手术。

加快医疗卫生事业发展。深化医药卫生体制改革，加快基本药物制度实施进度，政府办基层医疗卫生机构全部实行基本药物零差率销售。改革公立医院管理体制、运行机制和监管机制，引导社会资本进入医药服务市场，创办面向不同消费群体的医疗机构。完善基层医疗卫生服务体系，进一步改善镇村医疗条件，加强农村医生队伍建设。落实扶持中医药事业发展的意见，健全中医药服务体系。实施好妇幼保健、健康教育等基本公共卫生服务项目，加强传染病的防控。

加大住房保障力度。推动房地产行业健康平稳发展，加快保障性住房建设，提供经济适用住房450套、公共租赁住房3000套，新增廉租住房货币化补贴180户，帮助中低收入家庭解决住房困难。

（十）大力发展各项社会事业。进一步健全公共文化服务体系，繁荣广播电视、新闻出版事业，加强文化市场管理和文物保护，继续开展好幸福威海系列文化活动。做好台湾梅花鹿和长鬃山羊接收工作。积极争创全国文明城市，深入开展群众性精神文明创建活动。不断完善体育设施，筹办好第三届市运会、亚洲霍比帆船锦标赛、国际长距离铁人三项世界杯赛，开展好全民健身活动。完善计划生育利益导向机制，保持低生育水平，提高人口素质。做好史志编修工作，加强档案整理开发利用。抓好“双拥”共建和优抚安置，加强国防教育、国防动员、民兵预备役和人民防空建设。进一步做好民族、宗教等各项工作。

全面加强社会管理，推进平安威海建设。全力做好新形势下的群众工作，充分发挥信访、人民调解、仲裁、法律服务和法律援助机构的作用，完善利益诉求机制，保障群众合法权益。加强民主法制建设，抓好“六五”普法工作，积极推动法治市区创建活动，发挥好社会组织和社会工作者的积极作用。强化安全生产监管，实施重点领域安全专项整治，坚决遏制重特大事故发生。建立健全应急管理体系，完善应急救援队伍，加强气象预报、防震防灾等监测预警设施建设和应急救援装备配备，提高自然灾害、事故灾难、公共卫生等领域突发事件的应急处置和救援能力。加强社会治安综合治理，打击各类违法犯罪活动，切实维护社会和谐稳定。

四、切实加强政府自身建设

新形势、新任务对政府工作提出了新的更高要求，我们将牢记宗旨，恪守职责，以创先争优为动力，以制度建设为保障，努力打造更加敢于担当、更加勇于进取、更加精于服务的现代政府。

（一）实施承诺制度，进一步优化行政服务。坚持全心全意为人民服务，健全政府承诺、部门践诺、群众评诺机制，在政府部门进一步推行服务承诺制度，减少审批事项，提高办事效率，改善服务质量，争创机关服务品牌。继续实行领导干部工作联系点制度，积极主动地为企业和群众搞好服务。加强学习型政府建设，以学习助推解放思想，增强履职践诺、服务发展的能力。

（二）实施公开制度，进一步推进依法行政。大力推行阳光政务，深化政府信息公开，严格执行重大决策听证、重要事项公示、重点情况通报等制度，畅通行风热线、市长公开电话、市长信箱、社情民意调查中心等渠道，提高政府工作透明度和公众参与度。完善政府规范性文件制定工作机制。贯彻实施山东省“五五”依法行政规划，进一步提高执法队伍素质，严格落实行政执法责任制，规范行政处罚自由裁量权，切实做到严格执法、公正执法、文明执法。

（三）实施问责制度，进一步提升行政效能。建立健全抓落实的领导机制和工作机制，加强目标绩效管理考核，切实提高政策执行力和工作落实力。严格执行和不断完善行政问责制度，对关键环节和重点难点问题一抓到底，坚决防止行政不作为、慢作为和乱作为，确保政令畅通、令行禁止，加快打造效能政府。

（四）实施监督制度，进一步规范行政行为。坚决执行市委的决议和决策部署，依法接受人大法律监督和政协民主监督，虚心听取民主党派、工商联、无党派人士和各人民团体的意见。尊重司法监督，认真做好行政复议和行政应诉工作，依法纠正违法或不当行政行为。审计、监察部门要依法实施专门监督。重视网络监督，自觉接受社会公众和新闻媒体的舆论监督。

（五）实施廉政制度，进一步打造廉洁政府。严格执行党风廉政建设责任制，深入开展廉政风险防范管理工作，强化电子监察等科技防腐手段，建立健全反腐倡廉的长效机制。严肃查处教育、医疗、食品药品安全、环境保护、征地拆迁、涉农利益等重点领域的突出问题，坚决纠正损害群众利益的不正之风。清理纠正“小金库”，严格执行“禁酒令”和因公出国管理制度，进一步严肃机关纪律作风，树立为民、务实、清廉、高效的政府形象。

（市政府办公室提供）

威海市国民经济和社会发展第十二个五年规划纲要（摘要）

第一章 发展基础与发展环境

一、发展基础

“十一五”期间，全市上下坚持以邓小平理论和“三个代表”重要思想为指导，全面贯彻党的十七大和十七届一中、二中、三中、四中、五中全会精神，牢固树立和认真落实科学发展观，全力以赴保增长、扩内需、转方式、调结构、促改革、惠民生，全市经济社会实现平稳较快发展，“十一五”规划各项任务目标顺利完成。

（一）国民经济较快增长，综合实力稳步提升。2010年，全市地区生产总值达到1944.7亿元，“十一五”期间年均增长13.7%；人均生产总值达到76779元，继续在全省保持领先地位。地方财政收入达到118.3亿元，年均增长15.5%，占生产总值的比重达到6%。城镇居民人均可支配收入22235元，农民人均纯收入10517元，年均分别增长12.3%和11.6%。

（二）产业结构全面优化，运行质量显著提高。三次产业结构调整为7.9 ∶ 55.9 ∶ 36.2。全市粮食总产稳定在100万吨以上，水产品总产量达到213万吨，省级以上农业产业化龙头企业发展到50家，农民专业合作社达到968家。规模以上工业实现增加值1135.7亿元，年均增长14.9%，其中高新技术产业产值比重提高到37%；新增中国名牌产品11个，中国驰名商标13个。现代服务业加快发展，全市实现旅游总收入220亿元，年均增长16%，占GDP比重达到11%；社会消费品零售总额达到684亿元，年均增长19.1%。

（三）投资力度逐年加大，重点项目实现突破。五年累计完成规模以上固定资产投资4700亿元，年均增长21.3%，其中服务业、高新技术投资比重分别达到45.9%和37.5%。实施中央、省扩大内需项目240个，累计争取扶持资金7.4亿元、市县配套10.6亿元。威乳高速、长会口大桥、威海港三期四期、机场二期等项目建成并投入使用，青荣城际铁路、石岛湾核电站、机场三期扩建、江家寨立交桥等项目顺利推进。民间投资占全市固定资产投资的比重达到84.9%。

（四）各项改革继续深化，发展活力持续增强。深化国资监管体制改革，明确国资委的出资人主体地位，推进国有企业改制重组。实现政府融资的借、用、管、还一体化，推进财政支出绩效评价和公务卡制度改革。开展集体林权和农村土地承包经营权流转制度改革，有序推进政府机构改革、文化管理体制、医药卫生体制等多项改革。7家公司在境内外上市，累计融资66亿元。创建市金融服务中心，成立市创业投资公司，批准设立小额贷款公司4家、村镇银行1家。非公有制经济增加值占GDP比重由57%提高至67%。

（五）对外开放进程加快，招商引资取得实效。“十一五”期间，全市外贸进出口总值累计566亿美元，年均增长13%；外贸出口360亿美元，年均增长13.5%，其中机电产品出口比重提高到50.2%。组建了12个产业招商办公室，外汇到账外资累计达到25亿美元，年均增长15.6%；引进国内资金累计达到1460亿元，年均增长14.1%。累计批准总投资过千万美元的外资项目157个、对外战略合作项目180个，过亿元的内资项目达到320个。全市累计完成对外承包工程、劳务合作营业额16亿美元，外派劳务3.8万人次。

（六）自主创新不断强化，科技事业成果丰硕。高层次人才聚集区、产学研结合密集区、科技成果转化汇集区建设深入推进，省级以上研发平台达到118家，其中国家级11家；与11所高校建立了产学研战略联盟关系，与3所高校建立了技术转化中心，成立了威海技术交易中心；创建了4个产业技术创新战略联盟、4个省级国际科技合作平台，新认定高新技术企业85家。全市累计取得重要科技成果648项，其中达到国际先进或领先水平的125项，获得国家科技进步一等奖1项、二等奖3项。连续多年被评为“全国科技进步先进市”，并被确定为国家知识产权试点城市，获得“中国城市综合创新力50强”和“中国最具创新动力城市30强”称号。

（七）城市建设日新月异，人居环境日益改善。设立威海工业新区、文登南海新区，全市城镇化水平由53%提高到58.7%，建成区面积由161.3平方公里拓展至240.8平方公里。市区建设改造90多条城市道路，建成幸福公园、悦海公园等大型滨海公园，全面完成77个城中村拆迁改造任务，在全省率先解决了城中村问题，增加了群众财产性收入，拓展了城市发展空间，完善了城市功能，精品宜居城市形象进一步提升，城市燃气普及率99.85%，集中供热率90.7%，污水集中处理率89.3%，自来水普及率、生活垃圾无害化处理率保持100%，绿化覆盖率达到47.1%。获得“中国人居环境奖”、“国家森林城市”、“全国节水型城市”、“全国绿化模范城市”等荣誉称号，创建了北方第一个“国家级园林城市群”。

（八）节能减排扎实推进，生态建设成效明显。重点实施重大节能技术改造项目180多项、重大循环经济项目56项，对1个园区、14家企业开展了省级循环经济试点工作。淘汰落后水泥产能124.3万吨，关停“小火电”27.1万千瓦。万元生产总值能耗、取水量分别比“十五”末下降22%和20%，化学需氧量、二氧化硫累计分别削减18%和6%，工业固体废弃物综合利用率达到95%以上。荣成市建成国家生态市，文登市、乳山市分别通过了生态建设示范区的考核验收和技术评估。

（九）民生工程深入实施，社会事业协调发展。积极实施惠农工程，基本实现村村通油路、客车、自来水、有线电视，完成13座大中型病险水库、344座小型水库除险加固，新建沼气工程302处、户用沼气池5万座，新建扩建52所镇卫生院、427所村卫生室，新建社区卫生服务机构68处，新建农村住房10.8万户、改造危房1.4万户，完成400个村的环境综合整治。完成6078套经济适用房建设，发放廉租补贴363万元，保障范围内的家庭基本做到应保尽保。免除义务教育阶段学杂费，新建扩建学校175所，建立了经济困难家庭学生财政资助体系。启动实施医药卫生体制改革，基本药物制度覆盖面达到100%。实施五大文化惠民工程，建成16个文化产业示范基地，启动了数字电视整体平移。在全省率先实现失业、医疗、工伤、生育四项社会保险市级统筹和新型农村社会养老保险全覆盖，在全国率先实现职工医保异地就医结算。全市城镇累计新增就业25.8万人，转移农村劳动力10.1万人，城镇登记失业率控制在2%以内。人口自然增长率稳定在零以下。各类安全事故下降51%。圆满完成援川和对口帮扶工作。新闻出版、民族、宗教、外事、侨务、人防、史志、档案、气象、地震、妇女儿童、老龄、残疾人等事业都取得了新成绩。

二、发展环境

“十二五”期间，我市经济社会发展仍将处在重要战略机遇期，但国内外发展环境错综复杂，不确定不稳定因素明显增多，我市面临的机遇和挑战同在，动力与压力并存。

从国际环境看，世界经济形势仍不明朗，国际政治、政策协调博弈更加复杂，但和平、发展、合作仍是时代潮流，世界多极化、经济全球化深入发展，发展中国家和新兴经济体成为拉动经济增长的重要力量。国际产业调整转移将在更广范围、更大规模、更深层次上进行，形成更加错综复杂的国际分工和产业发展格局。全球经济结构进入深度调整阶段，发达国家大力推动“再工业化”，积极抢占科技创新和新兴产业发展的战略制高点，新兴市场和发展中国家加快产业结构调整升级步伐，以资源、能源、科技、人才等为主的新一轮竞争更加激烈。贸易保护主义、人民币升值和应对气候变化等压力也将使我国经济面临更大的挑战。

从国内环境看，我国发展的基本面和长期向好的趋势不会改变，国家实施以转方式调结构为主线的政策取向，将使我国步入科学发展的良性轨道，工业化、信息化、城镇化、市场化、国际化快速推进，产业转型和消费结构升级，生态建设、社会事业和公共服务投入等方面的巨大需求将成为经济快速发展的重要支撑。节能环保、新一代信息技术、生物、高端装备制造、新能源、新材料、新能源汽车等产业将成为我国新的经济增长点。同时，人口结构变化、环境和资源的刚性约束、传统竞争优势的减弱、体制机制改革进入攻坚阶段、维护社会稳定的任务加剧也为我国经济社会发展带来了不少困难。

从我市条件看，世界经济复苏、国际产业转移升级为我市发展营造了良好的外部环境，国家灵活审慎的宏观调控政策为经济社会发展注入了强劲动力与活力，蓝色经济区和高端产业聚集区的建设为我市带来重大发展机遇。我市区位、海洋、生态优势明显，经济基础较好，特别是经过“十一五”期间的快速发展与积累，我市发展方式加速转变、产业结构不断优化、自主创新能力持续增强、城镇化进程加快推进、改革开放全面深化、生态环境明显改善、社会事业全面发展、基础设施更加完善，将为我市经济社会平稳较快发展提供有力保障。同时，我市还面临着区域竞争日趋激烈、要素制约更加严峻、可持续发展的压力加大、社会民生尚需改善等困难和问题。

第二章　总体要求与目标任务

一、指导思想

高举中国特色社会主义伟大旗帜，坚持以邓小平理论和“三个代表”重要思想为指导，深入贯彻落实科学发展观，以科学发展为主题，以加快转变经济发展方式为主线，以提高质量效益为中心，以建设蓝色经济区和高端产业聚集区为抓手，着力加强自主创新，着力促进产业振兴，着力强化内需驱动，着力深化改革开放，着力统筹城乡发展，着力建设生态文明，着力改善社会民生，力争率先全面建成小康社会，为建设创新开放宜居幸福的现代化新威海奠定坚实基础。

二、指导原则

统筹兼顾，协调发展。强化统筹协调理念，加大区域规划和资源整合力度，大力推进新型城镇化，统筹城乡发展。坚持海陆统筹，以海洋开发带动陆域发展，实现海陆资源互补、产业互动、布局优化。坚持内需驱动、稳定外需，统筹国际和国内两个市场。协调发展社会事业，处理好经济建设、人口增长与资源利用、环境保护的关系，实现经济发展与社会建设、生态环境的有机统一。

创新驱动，转型发展。把科技进步和创新作为重要支撑，加快提高自主创新能力，以思路创新、科技创新、制度创新、管理创新引领发展转型，推进创新型城市建设。把建设资源节约型、环境友好型社会作为重要着力点，倡树绿色发展理念，大力发展循环经济和低碳经济，推动形成有利于资源节约和环境保护的增长方式和消费模式。把经济结构战略性调整作为主攻方向，改造提升传统优势产业，培育发展战略性新兴产业，加快发展现代服务业。

深化改革，扩大开放。坚持把改革开放作为加快转变经济发展方式的强大动力。更好地发挥市场配置资源的基础性作用，高度重视政府的引导、调控、服务作用，不断深化重点领域和关键环节改革，构建充满活力、富有效率、有利于科学发展的体制机制，不断增强经济发展的内在动力。全方位、深层次、高水平地加大开放力度，坚持“引进来”与“走出去”战略，完善与国际经济接轨的开放型经济体制和运行机制。

发挥优势，突出特色。立足我市的比较优势，实行重点突破、特色发展，避免产业同构、低效竞争，努力培植一批优势突出的特色产业，尽快形成支撑未来经济发展的强劲增长板块。主动与周边城市、内陆腹地搞好对接，实现资源共享、设施共用、产业衔接，努力形成差别竞争、错位发展、合作共赢的良好局面。

民生优先，共建共享。把保障和改善民生作为根本出发点和落脚点，坚持发展为了人民、发展依靠人民、发展成果由人民共享，最大限度地调动全体人民参与发展的积极性和创造活力，把发展的目的真正落实到满足人民需要、实现人民利益、提高人民生活水平上，努力实现富民与强市的高度统一。

三、发展目标

综合考虑国际国内未来发展趋势和条件，结合我市实际，按照率先全面建成小康社会的要求，确定我市“十二五”时期经济社会发展的目标：

综合实力进一步增强。国民经济平稳较快增长，生产总值年均增长11%，到2015年达到3200亿元以上，人均GDP超过10万元。地方财政收入年均增长13%，达到210亿元以上。规模以上固定资产投资年均增长15%，社会消费品零售总额年均增长17%，内需拉动作用进一步增强。

经济结构进一步优化。产业结构更加合理，三次产业结构调整为4.5∶52.5∶43，战略性新兴产业形成规模，高新技术产业产值比重每年提高1个百分点以上。经济运行质量稳步提升，财政、税收收入占比逐年提高。蓝色经济区建设深入推进，海洋产业增加值占GDP的比重达到35%。民营经济快速发展，非公有制经济增加值占GDP比重提高至70%。

创新能力进一步提升。人才聚集效应进一步扩大，产学研合作更加紧密，创新平台建设取得新进展，科技成果转化步伐明显加快，全市每年引进各类人才1万名以上，省级以上研发平台增加到140家，其中国家级15家以上，职务专利申请量年均增长8%以上，对外技术依存度降低到32%以下。科技投入大幅增长，全社会R&D经费占GDP的比重达到2.2%以上。

改革开放进一步深化。重点领域改革取得较大突破，行政效率明显提高，服务环境进一步优化，各种所有制经济平等竞争、相互促进。国内经济技术交流合作不断深化，利用外资和对外贸易健康平稳发展，累计利用外商直接投资30亿美元以上，引进国内资金年均增长15%，外贸进出口、出口、进口总额年均增长10%。

生态环境进一步优化。资源节约型和环境友好型城市建设步伐加快，低碳经济和循环经济进一步发展，到2015年，全市万元生产总值能耗、取水量分别降低17%、14.5%，化学需氧量、二氧化硫、氮氧化物、氨氮等主要污染物排放总量得到严格控制，主要工业固体废弃物全部综合利用或有效处置，森林覆盖率达到42%；城市建成区绿化覆盖率达到49%，生活垃圾无害化处理率保持100%，污水集中处理率达到92%。

城镇化水平进一步提高。巩固“国家环境保护模范城市”、“全国双拥模范城”、“国家森林城市”、“中国优秀旅游城市”等成果，争创全国文明城市，城乡经济社会发展一体化格局初步形成，城乡公共服务水平基本达到均衡，农民生产生活条件和农村面貌发生根本性变化。到2015年，全市城镇化水平达到65%，城镇自来水普及率保持100%，燃气普及率基本达到100%。

社会事业进一步发展。全市义务教育阶段入学率保持在99%以上，高中阶段教育入学率保持在98%以上，高等教育毛入学率达到50%以上，每千人拥有卫生技术人员数达到5.79人、床位数5.78张，万人拥有文化机构数达到0.3个。平安威海建设扎实推进，治安动态监控覆盖城乡，亿元生产总值生产安全事故死亡率下降35%以上，人民群众对社会治安的不满意率不超过5%。

居民生活进一步改善。城镇居民人均可支配收入和农民人均纯收入年均分别增长10%，城市、农村居民人均住房居住面积达到24和40平方米。人口自然增长率稳定在零左右，人均期望寿命达到78岁。城镇登记失业率控制在2%以内，率先建成创业型城市。社会保障体系进一步健全，城乡低保、农村“五保”和临时困难群众做到应保尽保、应助尽助，保障标准和财政补贴标准高于全省平均水平。

到2020年，全市生产总值突破5000亿元，人均生产总值超过15万元，城镇化水平达到75%左右，发展方式更加科学，经济结构明显优化，市场经济体制不断完善，率先在打造蓝色经济区、建设高端产业聚集区上实现突破，逐步建成创新开放宜居幸福的现代化新威海。

第三章 区域战略与产业布局

按照要素集聚、土地集约、区域协调的原则，立足区域资源、基础优势和产业发展，科学谋划产业布局，合理整合优势资源，集中力量实施重点区域带动战略，推动项目向重点区域集中、资金向重点区域投入、政策向重点区域倾斜，打造引领经济率先发展的强势板块。

一、加快推进蓝色经济区和高端产业聚集区建设

依据《威海市蓝色经济区发展规划》，坚持生态保护与经济发展统筹、海洋资源与陆地资源统筹、海洋产业与关联产业统筹、市内发展与对外开放统筹，科学开发和高效利用海洋资源，培育壮大海洋优势产业，加快推进六大基地建设，组织实施蓝色经济区改革发展试点，在海洋经济发展的重点领域先行先试，积极探索有利于海洋经济科学发展的体制机制，努力构筑生态环境优良、基础设施完善、产业结构合理、区域特色鲜明、科学技术先进的蓝色经济区发展格局，加快打造高端海洋产业集聚区、滨海生态人居示范区和中日韩区域经济合作试验区的先行先试区，积极争当山东半岛蓝色经济区先行区，逐步实现由海洋经济大市向海洋经济强市的转变。海产品生产及精深加工基地，注重巩固优势，做优做强远洋捕捞、名优养殖和海产品精深加工，实施好海洋生物引种育种、渔业资源修复工程，抓紧建立远洋渔业综合基地，海洋牧场达到160万亩，海产品精深加工产值年均增长12%。船舶修造及配套产业基地，注重提升技术创新能力，以核心技术研发和配套企业发展为突破口，支持皂埠湾、俚岛湾和石岛湾三大修造船业聚集区及十大重点造船企业快速发展。港口物流基地，注重上档升级，实施“兴港强市”战略，进一步优化港口布局，整合港口资源，加大资金投入，推进港口、码头及配套工程建设，加强口岸通关查验设施建设，加快口岸对外开放步伐，优化口岸“大通关”环境，力争全市港口年货物吞吐量达到1亿吨，集装箱吞吐量达到120万标箱。滨海旅游休闲度假基地，注重突出特色，进一步整合滨海旅游资源，努力打造成为半岛滨海高端旅游示范区和国内知名滨海休闲度假旅游目的地。新能源及配套产业基地，合理布局、有序开发核电、风电、水电等项目，稳步发展海洋潮汐能、海流能、潮流能和波浪能，建设全国重要的海洋新能源基地。现代石化基地，依托良好的区位、岸线等优势，在荣成镆铘岛、南海新区规划建设大型石化基地项目。

高端产业聚集区，以促进产业高端化、高端产业聚集化为目标，依托地域特色和产业基础，积极实施产业调整和振兴规划，突出发展高新技术、先进制造业、现代服务业、高效生态农业等高端产业，着力推动一、二、三次产业向更高层次攀升，努力建设优势突出、特色鲜明、成长性高、富有活力的高端产业体系。依托优势龙头企业，强化政策支持和要素保障，鼓励有实力的大企业自办园区，重点加快威高集团以高端医用植入器械为重点的医疗器械园区，拓展公司万吨碳纤维产业化园区，三角集团低碳、绿色、环保、高效全钢载重子午线轮胎园区，华东数控集团重型数控机床工业园区，以新北洋特种打印机研发制造基地为主体的IT产业园区，新船重工整船研发及零部件配套生产园区，黄海造船整船研发及零部件配套生产园区，中航黑豹、天润曲轴汽车及零部件配套生产园区，南海新区新能源设备制造园区，环翠区羊亭新能源汽车产业园区等十大高端产业聚集园区建设，争取“十二五”期间全部打造成百亿园区，成为促进和推动全市经济发展的重要引擎。力争到2015年，将我市打造成为技术密集、知识密集、人才密集、金融密集、服务密集的高端产业聚集区。

二、努力构建科学合理的产业布局

坚持海陆统筹、区域统筹、产业统筹，积极实施蓝色经济区和高端产业聚集区发展战略，进一步明确各区域的产业定位和发展重点，加快推动产业发展一体化，形成优势互补、配套协作、分工合理、各具特色的多层次区域产业发展格局。

（一）高技术产业开发区。以电子信息、医疗器械、新材料产业为主导，培育壮大生物医药、高端设备制造、新能源及节能环保等新兴产业，改造提升渔具、家纺服装、皮革制品等轻工纺织业，着力发展商贸、休闲旅游、金融、文化创意等现代服务业，打造国家先进复合材料产业化基地、山东省电子信息产业基地、山东省医疗器械产业基地、全市高新技术产业基地。

（二）经济技术开发区。重点发展船舶制造及配套、汽车及零部件、数控机床及核电设备、电子产品、新材料、生物医药、服装地毯等制造业，加快发展以港口为龙头的港口物流、保税物流及文化体育休闲旅游、现代商贸等现代服务业，打造威海市先进制造业中心、现代商贸中心、物流集散中心、商务运营中心。

（三）工业新区。重点发展新材料、机械设备、电子信息、生物工程等产业，成为全市承接产业转移、拓展城市空间的经济增长极，打造先进制造业基地和生态化工业新城区。

（四）环翠区。重点发展新能源汽车及配件、装备制造、机械电子等先进制造业，金融商务、商贸流通、生态旅游、科研教育、房地产等现代服务业，打造高端服务业中心、城市生活用品和生产资料集散基地、城市物流核心区。

（五）荣成市。重点发展现代渔业、海洋食品及生物技术、修造船及零部件、汽车及机械、滨海旅游、港口物流、核电装备制造、能源石化等产业，打造蓝色经济区先行区、国际滨海旅游度假特色城市及现代渔业、造船、食品及冷链物流、新能源等国家级海洋产业基地。

（六）文登市。重点发展机电工具、汽车及零部件、家纺制革等优势产业，加快培育新能源及节能环保、海洋生物制药、新材料、新信息等战略性新兴产业，打造中国工艺家纺名城、中国机电工具生产基地和汽车及零部件高端产业聚集区。繁荣发展休闲旅游业、商贸物流业，打造区域性物流中心。积极发展皮草、乳业、果品、中药材等特色农业。

（七）乳山市。重点发展金属冶炼

加工、机械机电及零部件、皮具及染纺服装、食品保健品、化工建材、新能源等六大制造业主导产业，旅游休闲养生、现代物流、商贸流通、房地产等服务业以及现代特色农业，打造旅游休闲养生基地。

第四章　产业振兴与发展重点

坚持改造提升传统产业与引进培育新兴产业相结合，大力发展战略性新兴产业，加快用高新技术改造传统产业步伐，努力做大新兴产业，做强优势产业，做优三次产业，构建特色鲜明、具有明显比较优势、高产出高效益、带动能力强的现代产业体系。

一、稳固农业发展基础

强化农业基础地位，确保粮食安全，加快发展经济作物种植业和特色养殖业，着力培育发展高品质、高营养、高安全、高效益的高端农副产品，并进一步延伸产业链条，推动农业向二、三产业发展。

（一）稳定粮油生产。坚持最严格的耕地保护制度和节约集约用地制度，加大土地开发整理复垦投入，大力实施千亿斤粮食田间工程、旱作农业示范、农业综合开发等项目，不断完善农业基础设施，稳定粮食播种面积，提高综合生产能力。依托粮油高产创建、良种繁育基地建设等农业项目，引进、筛选、培育一批适宜的优良品种，加快良种良法配套技术的普及，大力推广测土配方施肥技术，不断提高单产，增加总产。加强油料作物生产，建成全国重要的花生种植加工基地和出口基地。“十二五”期间，全市粮食播种面积保持在220万亩以上，总产量稳定在80万吨以上，大宗作物良种率达到98%以上。

（二）积极发展特色农业。进一步调整优化农业区域布局，引导优势农产品、特色农产品向优势产区集中，大力发展高产、优质、高效、生态农业。深入实施果业提质扩量增效工程，到2015年全市果园总面积达到80万亩，其中苹果面积达到62万亩以上。大力发展直供超市的蔬菜生产基地，加快蔬菜产业振兴，到2015年蔬菜总面积发展到44万亩，年产量达到150万吨以上。积极扶持大姜、高酸苹果、无花果、大根萝卜、茶叶、西洋参、紫甘薯等特色农产品生产，培植新兴优势特色产业。进一步抓好水貂、狐狸等特色养殖业，加快良种引进和培育，改良提升现有水貂品种，积极申报地理标志品牌。积极发展水果采摘、农（渔）家乐、风土民俗、休闲庄园、特色乡村等休闲观光农业。

（三）扶持发展农产品深加工业。充分利用我市丰富的特色农副产品优势，重点发展绿色食品、有机食品、无公害食品和营养保健食品，搞好水果、大姜、西洋参等的深加工，研究开发花生蛋白、花生乳、花生酪、脱脂花生粉、精炼食用油等系列化产品，大力发展速冻蔬菜、脱水蔬菜、净配菜、菜卷、菜汁等绿色环保有机蔬菜制品。扶持培育、引进一批特色农产品加工企业，研发、引进国外先进的种植业和加工技术，实现以鲜货销售为主向精深加工产品系列化转变。到2015年，全市规模以上企业达到310家，其中过亿元企业达到120家。

二、做大做强区域特色产业

围绕蓝色经济区建设，充分发挥海洋资源优势，大力发展现代渔业、船舶修造、港口物流、海产品精深加工等海洋产业。

（一）现代渔业。大力发展生态、高效、品牌渔业，不断提高渔业规模化、标准化、产业化水平，努力实现由数量规模型向质量效益型的转变。着力做强养殖业，重点发展海参、对虾、鲍鱼、扇贝、海带、牡蛎、鲆鲽鱼等海水养殖品种，打造“威海刺参”、“荣成海带”、“乳山牡蛎”等特色品牌，实施开发海底、建设人工鱼礁区、深海养殖等工程，进一步拓展养殖空间；抓好水产原良种场和示范基地建设，争取到2015年，主要增养殖品种全部建立良种场，国家级、省级水产原良种场分别达到6家和15家以上，良种覆盖率超过80%，引进品种种质换代周期缩短到6年以内。着力优化捕捞业，推动近海捕捞由“产量型”向“质量效益型”和“负责任型”转变，大力发展远洋渔业，鼓励企业在海外建立集捕捞、冷藏加工、渔船修造、补给等于一体的综合性远洋渔业基地，远洋捕捞产量力争突破20万吨。着力完善渔业服务业，健全渔技推广服务体系，围绕主导品种和关键技术，加大科技创新和新技术转化，建立完善水产苗种繁育、现代物流等体系。到2015年，全市水产品产量达到220万吨。

（二）船舶修造。以山东省船舶行业技术中心为依托，以“造船总装化、配套本地化、服务社会化”为方向，加快推进骨干造船企业从单一造船为主向造船和自主研发设计并举转变，中型造船企业从造修中小型船舶向制造大中型船舶转变，小型造修船企业从以渔船为主向商用船或配套生产为主转变，形成造修船、船舶配套、海洋工程装备产业协调发展的新型船舶工业体系。大力发展高附加值、高技术含量的船型，打造国家特种、专用修造船基地，重点研发超大型油轮、5000TEU以上集装箱船、冷藏集装箱船、豪华客滚船、大型汽车运输船、游艇运输船、大型不锈钢化学品船、重吊船和邮轮等高附加值船型；加快发展游艇制造业，积极引进游艇配套企业及有关游艇驾驶培训与考核取证、游艇销售、维护保养、游艇展示、游艇俱乐部等项目；加快推进深水半潜式钻井平台、深水浮式生产储卸装置、多功能供应船、大型起重铺管船等海洋工程装备制造；配套发展船用板材、风机、管舾装件等设备，加快生产研制大功率船用中速柴油机、甲板机械、舱室设备、通讯导航及自动控制系统、压载水处理系统、海洋工程装备特殊钢材，形成船舶产业链条和配套产业集群。重视船舶设计研发中心等科研机构在船舶工业发展中的作用，提高技术含量，形成核心竞争力。争取到2015年，全市形成整船制造500万载重吨、船段生产70万载重吨、船舶修理800艘次的能力，实现销售收入500亿元。

（三）港口物流。以较为完善的临港物流网络为依托，进一步密切与腹地的联系，大力拓展外地客货源市场，突出抓好中心港口的大型化、专业化深水码头及港口配套设施、集疏运体系建设，整合现有运输、仓储等物流基础设施，促进各种运输方式的衔接和配套，使港口码头与铁路、机场及公路实现“无缝对接”，逐步形成初具规模的现代物流体系。到2015年，全市具有国内知名品牌的现代物流企业达到5～8

家，物流成本占生产总值的比重下降2个百分点以上。大力发展临港物流，依托港口基础，坚持客货运并举、近海与远洋并举、综合运输与专业运输并举，巩固日韩传统海运市场，开拓东南亚、欧美等新兴市场，大力拓展出口加工区保税物流功能，积极争取保税港区政策，规划建设港口中转型国际临港物流园区。积极实施中韩陆海联运汽车运输项目，形成服务制造业基地和进出口贸易的外向型物流聚集区，同时巩固并拓展面向东北亚地区的海上客运市场，打造东北亚海上客运中心。加强海陆物流体系衔接，积极发展陆地物流，大力推广连锁经营、物流配送等经营模式，抓好威海国际物流园区及其他专业物流园区建设，进一步完善物流网络。扶持壮大第三方、第四方物流，培育一批适应现代制造业物流需要的专业化物流企业，鼓励物流量大的制造业“主辅分离”，实行物流业务外包，促进现代制造业与物流业的合理分工、有机融合、联动发展。

（四）海产品精深加工。发挥荣成中国海洋食品名城的品牌优势，依托20家经营规模大、科技含量高的水产品加工龙头企业，研究开发海洋生物制造和产业化关键技术，以海参、海带、牡蛎、低值鱼贝类为主要原料，重点发展提升海洋“三品”加工业，主要加工以冷冻调理食品、海带食品、罐头食品、休闲食品为主导产品的海洋食品，开发高效低副作用的抗肿瘤类、抗菌抗病毒类、维生素类、防治心脑血管疾病类新型药品，生产DHA、EPA系列鱼油软胶囊、岩藻多糖、海参多糖、海参肽、海参补液等海洋保健品，进一步提高产品技术含量和附加值。争取到2015年，主营业务收入过亿元的海产品加工企业超过35家，其中过5亿元企业达到10家。

三、转型升级传统优势产业

加快推动工业化与信息化的融合，全面改造提升电子产品、机械装备、汽车及零配件、轻工纺织等传统优势产业，加快培育和发展行业高端产品，巩固和抢占行业龙头位置。重点打造数控机床生产基地、专用机械设备制造基地、汽车及零配件生产基地、工艺家纺基地、机织地毯产业基地、渔具生产和集散基地等“六大优势产业基地”。

（一）电子产品。发展壮大计算机外围设备、通信设备、传感器、显示器（屏）、电池及应用五大类优势产品，加快规模膨胀。计算机外围设备，大力发展彩色激光打印机、高速打印机、打印扫描一体机、专用打印机等产品。通信设备，大力发展视频服务器、视频电话机、光纤光缆、塑料光纤、超五类数据缆、光纤连接器等主导产品。传感器，大力发展数字地震传感器及其配套的动测传感器、智能动测仪，研发多领域应用传感器。显示器（屏），大力发展平板显示、户外超大显示屏。电池及应用，大力开发生产碱性蓄电池、镍氢电池、铅酸蓄电池、锂电池、UPS电源、EPS电源等产品。加快太阳能应用系列、半导体照明（LED）、汽车电子、新型元器件和智能终端等产品产业化，形成新的经济增长点。太阳能应用系列，加快发展薄膜太阳能电池组件、光伏建筑一体化、太阳能电池及发电设备等产品。半导体照明，加快发展白光、蓝光、三基色等半导体照明产品，研发生产后道封装等关键技术和专用设备。汽车电子，加快发展车载通信系统、GPS导航系统等产品。新型元器件，加快发展光电子集成器件、绝缘栅双极晶体模块，新型半导体分离器件。智能终端，加快发展电子标签系统、读写器、税控收款机、智能卡读写设备等产品。到2015年，全市电子产品制造业实现主营业务收入1000亿元。

（二）机械装备。以国家重点工程为依托，以重大成套机械设备为主攻方向，集中突破一批核心技术，提高装备自主化水平。数控机床，瞄准国家重点工程建设需求，加快数控龙门移动式镗铣车削复合中心、单柱立式车铣中心、数控锻压机床等重型数控装备生产。专用机械设备，依托骨干优势企业，重点发展重型装备、工程机械、专用设备、电工电器、机电工具等产品，加快打造航空地面设备、节能环保高效风机、高铁风机、高端木工机械、矿山旋流器专用设备、大型食品原料前处理设备、塔机、水泵等生产基地。电机，加快高效、智能、节材型电机的开发，重点突破变频电动机集成、智能电动机、机电一体化技术。争取到2015年，全市机械装备制造业实现主营业务收入1500亿元，骨干企业技术装备达到国际先进水平。

（三）汽车及零配件。把握生产规模化、经营品牌化、技术密集化和节能环保化的发展趋势，集中突破关键技术，加快推进技术改造，不断提高我市汽车工业的规模化、特色化、国际化水平，打造汽车工业新的竞争优势。汽车和专用车，重点发展小排量轿车、轻型卡车、机场地面车、油料输储车、饮用水净化车、移动通讯车、高空作业车、卡丁车、多功能路面除雪车和应急电源车等节能环保型、高附加值特种专用车，大力开拓航天、铁路、油田等新市场。汽车零配件，加大新产品、新工艺、新材料和新装备的开发和应用，大力提高产品集成化和智能化水平，实现产品的系列化、规模化经营，积极发展低碳绿色环保子午胎、重卡系列曲轴和胀断连杆、钢帘线、铝（镁）合金轮毂、刹车片、板簧、车桥类产品等汽车零配件。争取到2015年，全市汽车及零配件产业实现主营业务收入1000亿元，整车产能达到50万辆。

（四）轻工纺织。积极实施“以质取胜”战略和“品牌经营”战略，坚持自主创新和引进、消化、再创新相结合，加快轻工纺织业技术进步，着力培植一批带动能力强、关联程度高、发展潜力大的重点产业、优势企业、品牌产品。渔具，重点抓好钓鱼竿的生产，大力发展碳素鱼竿、碳素管材等拥有自主品牌的高附加值、高市场占有率产品，建成具有国际影响力的渔具生产和集散基地。家用纺织品及纺织面料，发挥文登中国工艺家纺名城的品牌优势，保持家用纺织品全国领先水平，建成抽纱系列产品生产集散地；进一步提高无卷、无梭、无接头和精梳“三无一精”纺织比重，打造世界级的精纺基地。地毯，重点发展仿手工机织地毯、簇绒地毯、工艺地毯等高档产品，建成国内最大的机织地毯特色产业基地。皮革及制品，重点开发多品种、系列化的材料，提高皮革鞣制、毛皮染整的技术水平，发展高技术含量、高附加值、满足环保要求的名牌产品。服装，以自创品牌为主攻方向，重点开发休闲装及各种高档时装，研制开发新纤维、新面料服装和高档环保针织品，打造功能性特种职业被装生产基地。玻璃制品，重点开发生产轻量薄壁、节能、节材型高档玻璃器皿。争取到2015年，全市轻工纺织业实现主营业务收入1000亿元。

四、培育壮大战略性新兴产业

立足我市的产业基础和发展潜力，抢抓国家大力发展战略性新兴产业的机遇，加大新兴产业扶持力度，主攻新能源及配套、新材料及制品、新能源汽车、新信息、生物医药、节能环保、海洋科技开发等产业，尽快形成先导性、支柱性产业，重点打造新能源设备制造基地、碳纤维等新材料基地、医疗器械生产基地、电动汽车生产基地、物联网配套产业基地、低碳环保高效子午胎生产基地等“六大新兴产业基地”，积极抢占未来产业发展制高点。

（一）新能源及配套。以打造清洁能源产业化基地为目标，按照高起点规划、多元化发展、适度超前建设的原则，推进新能源项目建设，着力抓好产业配套，加快构建研发、设计、制造、运营一体化发展的新能源产业体系。风电，合理布局风电场，规范风电项目建设，推进已核准项目建设进度，加快海上风电等项目前期工作，到2015年全市风电装机达到100万千瓦以上。核电，推进石岛湾高温气冷堆核电站示范工程一期、国家大型先进压水堆核电站示范工程建设，择机启动乳山红石顶核电项目前期工作，争取到2015年全市核电装机规模达到20万千瓦。水电，争取文登抽水蓄能电站项目获得国家核准并开工建设，在乳山、荣成等海域规划建设潮汐能、海流能和潮流能发电示范项目。太阳能，推动实施太阳能光伏照明和光伏屋顶、光伏电厂并网电站等项目建设，加快推进文登南海、三角集团、蓝星玻璃等太阳能光伏项目，到2015年全市太阳能发电总装机达到15兆瓦。生物质能，加快推进文登葛家秸秆发电项目，在荣成市中北部和乳山市西北部区域规划开工建设两处秸秆利用发电项目，启动乳山市垃圾发电项目。新能源装备制造及配套。围绕核电建设，重点加快大型核电锻铸件加工、核电压力容器设备、核电风机、核泵生产等项目建设，建立经区和石岛两大核电装备制造园区，建成国家核电技术公司威海核电研发基地，初步形成与核电产业发展相适应的专业化、标准化、规模化、国际化的核电装备研发生产体系，努力打造国内外知名的核电装备制造业基地，争取到2015年全市核电装备制造业产值达到100亿元。围绕风电建设，积极支持新一代风机、风电叶片用碳纤维预浸料、智能变电设备以及风电设备零件加工柔性生产线等设备生产。围绕太阳能综合利用，加快建立新能源工程技术研究中心，加大太阳能电池、高智能太阳能的研发生产力度。

（二）新材料及制品。以国家“863”新材料成果产业化基地为依托，加快推进医用高分子材料、碳纤维复合材料、铝镁合金材料、钛合金材料、功能玻璃、化工新材料、子午线轮胎等特色材料产业化基地建设，重点研发生产复合材料、结构材料、功能材料、金属材料，并加快相关产品的产业化进程。复合材料，加大节能、长寿命、轻量化、环保型、高性能复合材料制品的研究开发力度，重点进行高性能碳纤维材料及其制品研发，加快低成本碳纤维及制品产业化生产，研究开发高性能涂料和工业污水处理技术及产品、高性能橡胶材料及其制品、聚氨酯汽车材料及制品等产品。结构材料，研究开发高性能陶瓷材料、新型建筑材料、弹性体材料及其相关产品。功能材料，研究开发太阳能光伏发电薄膜材料、燃料电池及烧碱用质子膜材料、保温材料、高性能平板显示材料、新型耐热材料、纳米纺织材料技术及其相关产品。金属材料，重点加快铝镁合金材料、耐磨耐蚀材料、非调质钢及其相关产品的产业化进程。争取到2015年，全市新材料及制品产业实现主营业务收入1000亿元。

（三）新能源汽车。坚持“重点突破，以点带面，集中发展”的原则，加大促进产业发展的政策扶持力度，依托初步形成产业聚集效应的文登汽车配套产业园和环翠区羊亭工业园，立足电动公交车、电动载货轻卡、车用电池、电控系统及车用电机等产业现有研发和生产基础，重点突破电池、电机和电控系统三大核心技术，大力支持我市相关企业转型，引进培育整车制造和零部件生产龙头企业，辐射带动形成新能源汽车及相关配套产业链，加快打造电动汽车生产基地。到2015年，全市电动汽车整车产能达到1万辆，新能源汽车及相关产业产值达到200亿元，建成环翠区羊亭和文登经济开发区两大新能源汽车产业园区。

（四）新信息。重点研发生产集成电路、新一代通信和网络、物联网、云计算和应用电子产品，打造数字化、智能化、网络化、集成化为特征的新信息产业。集成电路，以集成电路设计为突破口，重点发展IC专用芯片和大容量存储芯片，发展集成电路设计、封装、测试和相关产品，形成上下游配套完善的集成电路产业链。新一代通信和网络，重点研发新一代移动通信设备、智能终端、宽带多媒体网络设备。物联网，重点研发RFID芯片设计、高频/超高频电子标签设计、生产和封装，完善读写设备产业链。云计算，以云计算和虚拟化科技园为依托，加快嵌入式系统、专用芯片研发，重点推进具有自主知识产权的金融、财税等应用系统设备市场应用。应用电子，研发生产电力、船舶、医疗、工业控制等电子产品，研发新能源汽车领域的车载能源系统、驱动系统、控制系统。争取到2015年，全市新信息产业实现主营业务收入500亿元。

（五）生物医药。进一步壮大威高集团医疗器械生产基地，建设迪沙工业园、达因工业区、华夏药业生态园、文登南海医药生产园区四大医药工业园区，扶持发展化学原料药及制剂、海洋生物及基因工程药、中药及天然药三大类优势产品。高端医疗器械，研究开发新型医疗器械，大力发展心脏监护仪器和设备、心脏封堵伞、电生理导管、血管外周支架、血管内滤器、心脏起博器、心脏瓣膜、心血管冠脉药物涂层支架以及各种心内耗材和膜式氧合器、体外循环管路、透析器、免疫吸附柱、微创脑颅引流系列等高端产品。化学原料药及制剂，重点扩大坎地沙坦酯原料药、维生素AD滴剂、格列吡嗪片、盐酸贝尼地平片等“名、特、新”药的生产能力，加大儿童系列药品的开发力度，形成规模优势。海洋生物及基因工程药，扩大注射用重组人白

介素 -2 冻干粉针剂等现有优势产品的生产能力，加快乙肝疫苗、HPV 基因工程疫苗、人造血浆、蛋白芯片等生物工程药物的研究开发与产业化进程。中药及天然药，搞好对治疗心脑血管、癌症、糖尿病等疑难病症的新药开发，积极推广应用先进的提取、纯化和制剂技术，实现中药生产规模化、集约化、标准化、现代化。争取到 2015 年，全市生物医药产业实现主营业务收入 500 亿元。

（六）节能环保。跟踪国内外节能环保产业发展趋势，以节能节水关键技术、节能环保设备和产品为重点，鼓励节能产品做大规模，大力发展以节能灯为主的绿色高效照明产品及配件，开发推广应用节约替代石油技术、余热余压利用、轮胎生产线充氮代替热水硫化工艺和技术，实施海水淡化和利用海水替代淡水资源工程，加快油田废水原油回收设备、无尾矿分级浓缩新工艺及关键设备、污水净化成套设备、碳素焙烧干法净化除尘系统、远洋船舶压载水物理净化设备的研发及产业化发展，逐步膨胀可降解材料及汽车尾气催化剂产业，扶持一批优势骨干企业和企业集团，尽快将节能环保产业做大做强。

（七）海洋科技开发。充分发挥高校、科研院所和涉海工程技术研究中心、企业研发中心的创新平台作用，科学配置海洋科技资源，通过自主研发、产学研结合、技术引进等方式，加强海洋牧场构建、新型海水淡化设备制造、滨海清洁能源开发与利用、复合污染与生态退化的综合控制与修复、海洋防污防腐（附）环保功能涂料与材料研发、海洋工程科学规划设计等海洋基础研究和核心技术的攻关、开发，承担实施一批重大、关键、共性技术研究项目和成果转化项目，打造海洋科技开发和科技成果转化的重要基地。加快运用现代海洋科技改造提升海洋渔业、盐业及盐化工业、海洋交通运输业、船舶工业等传统海洋产业，争取在海水综合利用、海洋能源开发、海上娱乐休闲、海洋生物资源利用等“四大海洋资源”产业和海洋工程装备、海洋探测监测与信息服务等“两大技术支撑”产业上全面发展，逐步实现海洋经济发展重点由海岸带经济向海床带经济转移，为海洋经济结构升级提供科技支撑。

五、加快发展现代服务业

适应新型工业化和居民消费结构升级的新形势，坚持“壮大总量、拉开空间、提升层次、拓展能级”，优先发展生产性服务业，加快发展生活性服务业，大力培育现代服务业，重点发展文化、旅游休闲、软件及服务外包、商务会展、金融等产业，到 2015 年全市服务业增加值占生产总值比重达到 43%，现代服务业占服务业增加值比重达到 40%。

（一）文化。全面落实鼓励和支持文化产业发展的各项优惠政策，积极推进文化体制改革，设立市级文化产业发展专项资金，降低准入门槛，积极吸引社会资本和外资进入政策允许的文化产业领域，壮大印刷、动漫创意、美术等产业集群，重点发展七大产业。影视服务业，重点建设各种类型的影视拍摄基地，逐步发展壮大影视摄制服务，积极发展电影、电视剧制作，努力使威海成为重要的影视摄制基地；加强电影院线建设，开发移动多媒体广播电视、网络广播电视、数字多媒体广播。出版印刷业，不断壮大报刊等传统出版业，积极发展纸质有声读物、电子书、手机报和网络出版物等新兴出版发行业态；培育发展印刷业，力争把我市建成北方有重要影响、占有较大市场份额的印刷基地和地区性的图书批发流转中心。文化旅游业，进一步保护发掘海权文化、道教文化、乡土建筑历史、红色文化遗产，整合福文化资源，加强旅游与文化的融合，使文化旅游业成为文化产业支柱。网络文化业，加强各类综合性和专业性网站建设，提高公共文化设施数字化建设水平；培育发展动漫产业，支持企业研发图书、报刊、音像制品、舞台剧等动漫新产品，逐步形成动漫产业链。文化娱乐业，完善提高并不断推出各类精品演艺剧目，大力发展演艺中介服务。艺术品及工艺美术业，进一步培育艺术品展览交易市场，鼓励社会资本兴办工艺美术产品生产经营企业，开发高文化含量、高附加值的特色手工艺品。文化用品、设备的产销业，积极引进先进技术设备，开发文化用品和设备。争取到 2015 年，全市文化产业增加值占生产总值的比重达到 5% 以上。

（二）旅游休闲。把旅游业作为全市国民经济的主导产业来培育和发展，着力推进旅游业由传统低端向现代高端转变，由观光型向度假型转变，由单纯重景观建设向重旅游文化精品建设转变，由点式开发向串珠成链、资源整合转变，由重资源开发向重资源开发和市场营销并重转变，推动旅游业特色化发展和可持续发展，到 2015 年全市旅游总收入占生产总值的比重达到 13%。坚持依托山海岛泉城资源优势，以滨海休闲旅游度假基地为核心，整合旅游资源，加快旅游大项目建设，突出发展温泉养生、海上帆船、游艇邮轮、海上垂钓、沙滩运动、高尔夫健身、医疗旅游等新兴高端旅游，推动旅游业上档升级。放宽旅游市场准入，鼓励外资和民营资本进入旅游业，推进旅游投资主体多元化。搞好旅游与相关产业的相互衔接，形成旅游业与工业、农业、海洋、文化、体育、会展、商贸等行业联动发展的新格局，拓展休闲度假旅游产业链。加快建设旅游咨询集散中心及特色餐饮、旅游购物、娱乐休闲等旅游集中消费街区，着力打造文化演艺、餐饮美食、旅游商品等品牌，提升优秀旅游城市的品质。实施整体营销、主题营销品牌战略，重点办好荣成国际滨海度假周、文登国际温泉节、昆嵛山樱桃节、乳山母爱文化节和无花果旅游月等旅游节庆活动，进一步打响旅游形象品牌和“蓝色休闲之都、世界宜居城市”的城市品牌。加大对海外的宣传力度，大力发展入境旅游，力争全市入境游客年均增长 10%。加快旅游业现代化、标准化和信息化服务体系建设，全面提升旅游产业核心竞争力、国际吸引力和服务水平。

（三）软件及服务外包。软件业，继续抓好省级软件产业园区、高区创新创业基地火炬软件专业孵化器等载体建设，优化政策扶持、创业服务、技术支撑、投资融资、人才培训和信息服务体系，吸引国际国内软件业的优秀企业和新产品、人才和资金落户，积极培育软件产业集群。大力发展电子政务、电子商务、信息化、远程教育等行业应用软件，加强汽车电子、信息安全等重点领域嵌入式软件技术和产品的研发和产业化，在新一代通信和网络、物联网、三网融合等新兴信息产业相关软件研发和产业化上取得突破。到2015年，全市软件产业收入达到30亿元，经国家认定的软件企业达到40家，培育60个行业应用名牌产品。服务外包业，大力开拓日韩和欧美市场，重点承接软件开发、研发设计、信息管理、数据处理、动漫影视等外包业务。高标准规划建设服务外包园区，构建特色鲜明、园区聚集的产业发展格局。积极开展多层次、多类型的服务外包专业教育，建立校企、园企结合的人才培训和实验基地。加大服务外包产业引进和扶持力度，努力培育一批具有自主品牌和知识产权的骨干企业。争取到2015年，全市服务外包从业人员超过4万人，企业发展到100家以上。

（四）商务会展。商务服务业，坚持专业化、社会化和市场化的原则，围绕制造业转型升级和产业链延伸，拓展发展空间和专业门类，逐步形成种类齐全、分布广泛、运作规范的商务服务体系。加快发展财务、法律、评估、咨询、人力资源和市场交易等服务业，大力推广代理、代办、经纪、拍卖、担保等中介服务方式，为企业经营管理、居民消费和社会信息沟通提供有效服务。借鉴国际新的服务方式和经营模式，发展一批知识密集型商务企业，引导一般性商务服务企业向“专、精、特、新”方向发展，培育一批在全省、全国有一定知名度的商务服务企业。会展业，坚持以会议和节庆活动带动专业性展览活动，打造“四季会议城市”，积极发展会展节庆经济；坚持以特色优势产业为依托，形成品牌带动、竞相发展格局，选择渔具、海产品、家纺、船舶、地毯、医用器械等有比较优势、代表行业发展方向的潜力会展项目，着力培育中国威海国际食品博览会、中国渔具制造业基地（威海）国际博览会等中小型专业展览；坚持自办与引进相结合，建立品牌会展引进培育机制，积极引进单项或区域性文化体育赛事。到2015年，培育3～5个与威海产业结构关联度高、在国内外有影响的会展品牌。

（五）金融。以金融服务高级化、融资形式多样化、信用手段现代化为重点，加快金融服务创新，尽快形成与现代产业发展相适应的金融服务体系。积极引进商业银行、政策性银行、外资银行在我市设立区域管辖机构和分支机构，支持地方金融机构快速发展壮大。促进地方商业银行跨区域发展，加快农信社改制为农村商业银行步伐，积极稳妥扩大小额贷款公司试点。推动融资性担保公司规范发展，鼓励各类社会资本、民间资本发起设立融资性担保公司。积极发展各类新型农村金融机构，鼓励商业银行发起组建村镇银行，支持符合条件的小额贷款公司改制为村镇银行，鼓励农民和农村小企业自愿入股组成农村资金互助社。积极拓展保险市场，建立覆盖寿险、财险、就业保险、养老保险、医疗保险等多领域的保险体系。加大证券、期货营业机构引进力度，统筹证券营业网点布局，建立区域分布合理、功能相对完善的证券服务体系。积极引进和培育风险投资、私募股权投资和信托投资等各类投资机构，鼓励规模企业设立创投公司，规范和引导典当行、金融租赁公司、财务公司发展，逐步建立形式多、覆盖广的企业融资网络。进一步优化金融生态环境，积极防范和化解金融风险，加强社会信用体系建设，整合信用信息资源，健全覆盖面较广、统一高效的社会征信体系。争取到2015年，新引进股份制商业银行4～6家，保险机构超过40家，证券营业部达到10家。

六、强化重点产业发展支撑

在农业发展方面，认真落实中央、省各项强农惠农政策，加大“三农”投入，做好粮食直补、良种补贴工作，扩大农机具补贴种类，扩大农业保险实施范围。集中投入、集约使用各项农业扶持资金，建设一批规模化的农产品种养基地，创建一批国家级农业标准化示范区，带动农业产业化、规模化、标准化发展。突出地方特色和健康主题，大力发展无公害产品、绿色食品、有机食品，积极开展地理标志产品（商标）保护工作，培育优质、高效、安全、生态名牌农产品。“十二五”期间，全市新认证农业“三品”300个，地理标志产品登记10个。加强农业投入品和农产品质量监管，加快建设国家海产品质量监督检验中心，全力打造农产品质量安全最放心城市。深入推进农民专业合作社规范化建设，扶持发展服务能力强、民主管理好的示范合作社，增强带动农民增收能力，到2015年农民专业合作社达到1200家、成员6万户，带动农户20万户。

在制造业发展方面，重点实施园区带动战略，充分发挥各级各类开发区的作用，引导重点产业和生产要素向园区集中，加强配套能力建设，注重上下游产业的相对集聚，拉长产业链条，打造一批“专业园”、“特色园”，努力使园区成为高端产业的聚集区。认真落实财税扶持政策，进一步完善配套措施，支持重点骨干企业、利税大户、高成长性中小企业加快发展，实施“百企登峰”攻坚计划，鼓励重点优势企业通过经营权和资产转让、联合收购等方式实现兼并重组，集中力量扶持60户市级重点企业，争取到2015年主营业务收入过50亿元的达到20家以上，其中过100亿元的10家以上；实施中小企业成长计划和小企业培育计划，加强社会化服务体系建设，每年新注册私营企业3500家以上，个体工商户1.5万家以上。继续实施质量兴市战略、品牌战略和标准化战略，大力争创省长质量奖、省级以上名牌产品、中国驰名商标，积极采用国际标准和国外先进标准，提高传统产业和新兴产业整体质量水平。

在服务业发展方面，放宽行业准入门槛，凡国家法律法规未明令禁入的服务业领域，全部向外资、社会资本开放，并实行内外资、内外地企业同等待遇。加大财政扶持力度，市级服务业引导资金占上年生产总值的比重达到万分之一，对重点发展的服务业设立专项资金予以扶持。扩大税费优惠范围，在企业科技创新及服务业重点领域和优势产业方面加大扶持力度。支持企业二、三产分离。配套实施金融支持、土地供应等优惠措施，进一步优化发展环境，突出抓好4个中心城区、10个重点园区、10家大型企业、100个重点项目等服务业载体建设。

第五章　区域统筹与城乡建设

坚持统筹城乡发展，大力实施新型城镇化战略，推动全市城镇化由偏重规模扩张向注重内涵提升转变、由偏重经济发展向注重经济社会协调发展转变、由偏重城市发展向注重城乡一体化发展转变，走资源节约、环境友好、经济高效、社会和谐、城乡互促共进、区域协调发展的新型城镇化道路。

一、规范引导区域开发秩序

落实国家、省主体功能区布局，进一步明确我市各类功能区发展定位，并实行分类管理的区域政策，建立科学开发的利益机制。

（一）优化开发区域。主要包括中心城市、区域中心城市、重点镇、中心镇等开发密度已经较高而环境承载能力有所减弱的中心城区，优先保障生产生活、基础设施、旅游服务、高新技术等产业发展，优化调整城市功能和空间布局，提高承载和辐射带动能力。

（二）重点开发区域。主要布局在中心城市、重点城镇外缘及规划建设的各类产业园区，鼓励生产要素向该区域流动，加快推进工业化和城镇化，促进人口集中、经济集聚、城镇拓展。

（三）限制开发区域。包括农村居住区、农业地区和生态经济区，主要用于农业生产生活、基础设施及依法批准的建设活动，杜绝各类违法建设。

（四）禁止开发区域。包括水源涵养区、水土保持区、生物多样性维护区等生态保护区，主要用于保护自然资源、生态、环境、景观等特殊需要，依法实施强制性保护，严格禁止与主导功能不相符的各项建设。

二、科学构建城镇体系

（一）优化城镇空间布局。按照统筹城乡、布局合理、节约土地、功能完善、以大带小的原则，积极构筑“一核一带三组团”的城镇空间格局。“一核”，指威海市中心城市，包括环翠区、高区、经区、工业新区，作为全市经济社会和城镇化发展的核心区。“一带”，指以分布在千公里海岸线上的孙家疃、崮山、港西、成山、虎山、泽库、海阳所等21个镇为依托，以环海公路为纽带，实现串点成线、连线成面，组成沿海千公里城镇带。“三组团”，以成山片区－荣成市区－石岛城区、文登市区－南海新区、乳山市区－银滩旅游度假区为区域中心，形成组合型城镇集群和产业发展极。

（二）提升中心城市地位。坚持市区一体化发展，引导中心城区主体向南拓展，加快与工业新区对接，向文登城区延伸，与南海新区相向发展，逐步形成中部工业城市走廊，东翼重点建设临港产业服务区，并与荣成北部沿海对接发展，打造文化、科技、旅游等高端服务业聚集区，西翼加快推进科技新城和双岛湾休闲旅游度假城建设，全面构建“大威海”的城市新框架。“十二五”期间，按照产业区与居住区有机融合的城市发展理念，统筹产业项目与城市基础设施、公共服务体系一体化建设，同步提升城区软硬环境，形成各具特色、功能完善的新型产业城区。

（三）做强区域中心城市。荣成市，重点实施“一城两带三片区”发展战略，加快改造提升老城区，打造沿海人居产业聚集带和内陆村庄聚合带，建设荣成经济开发区、石岛管理区、成山镇三个发展片区，实现城市空间的有序拓展。文登市，重点实施“两大板块三大功能区”发展战略，加快建设以经济开发区为主体的高端产业示范区、以城市文化商务区为主体的现代服务业聚集区，把南海新区建设成为海洋经济新区。乳山市，重点实施“两城两区”发展战略，高标准改造提升老城区，高水平打造银滩新城区，高起点建设经济开发区和海湾新区。

（四）加快重点城镇聚集发展。实施扩权强镇，加快推进城镇综合改革试点，把城郊镇纳入城市规划，争取将文登南海新区、荣成天鹅湖旅游度假区和乳山银滩旅游度假区等发展成为小城市。加快壮大镇域经济，实施积极的人口迁移政策，引导镇村二、三产业及人口向中心镇集聚，重点发展4个国家级重点镇、10个省级中心镇、12个市级中心镇。

三、加快推进新农村建设

（一）积极推进以城带乡、以工促农。鼓励支持城市商贸、金融、物流、科技、教育、文化、体育、医疗等服务业向农村延伸，加快推进城乡规划、产业布局、基础设施、生态环境、公共服务一体化。积极引导城市资金、科技信息、社会服务等要素向农村流动，鼓励城市企业投资建设现代农业，鼓励城市劳动密集型和资源加工型产业向村镇转移，大力培育有利于解决农民就业、促进农民增收的龙头企业和农村经济合作组织，支持企业以适用的经营模式、合理的分配形式，引导农民积极参与农业产业化经营，鼓励进行集约化、规模化、专业化农业开发。健全农业龙头企业、农村经济合作组织、农户三者之间的利益调节机制和分配关系，最大限度地共享产业化带来的利益成果。完善各类人才到农村服务的政策体系，引导和鼓励高校毕业生到农村任职，加快推进“三支一扶”计划和“一村一名大学生”工程。加强农村劳动力技能培训，实施农村劳动力转移培训“阳光工程”，为农村劳动力就业提供指导和服务。

（二）进一步改善农村居住环境。坚持群众自愿、因地制宜、量力而行、依法推进的原则，在切实保障农民权益的前提下，统筹规划、整合资源、加大投入，积极实施危房改造和农村住房建设。力争到2015年，新建农村住房15万户，改造危房1万户。以“路水电医学热气”为重点，加快推进城市基础设施向农村延伸、公共服务向农村覆盖，逐步形成基础设施城乡一体化的发展格局。大力实施农村环境综合整治工程，每年完成300个村的环境综合整治。推进镇村污水处理设施和镇级垃圾转运站建设，确保所有镇村全面实行垃圾“村收集、镇清运、县处理”。继续推进农村沼气建设工程，全市农村户用沼气达到6万户、小型沼气工程达到400处、大型沼气工程达到20处。加强农村社区建设，选择交通便捷、经济基础较好的中心村，规划建设一批农村社区综合服务中心，确保每个服务中心辐射3至5个村，到2014年实现农村社区建设全覆盖。

四、创新城乡管理机制

进一步理顺城市管理体制，细化城市管理标准，严格落实各区域各环节的管理责任，采取信息技术手段，加快推行网格化管理新模式，进一步提高城市精细化管理水平，逐步实现城市管理的全方位覆盖、全时段监管和高效能管理。建立以控制性详细规划为核心的建设工程规划管理机制，全面实施用地、水体、绿地、历史文化保护、市政公共设施、公共服务设施等“六线”

管理制度，严格控制用地性质和容积率调整。完善政府监管、社会监理、企业负责、群众监督的建设工程质量安全管理体系。以政府投资项目为突破口，加快工程项目建设组织方式改革，全面推行项目管理制度；以重大基础设施、基础产业、连片开发项目为重点，全面推行工程总承包制。以农村住房集中建设改造项目为切入点，逐步实行城乡一体的工程建设管理体制。推进城市管理重心下移，把社区管理摆在城市管理的突出位置，强化各级政府的管理职责，加强社区基础设施建设。到2015年，打造20个城市示范社区，逐步把城乡社区建设成为管理有序、服务完善、文明安全、幸福和谐的社会生活共同体。

第六章 深化改革与扩大开放

坚持改革开放不动摇，围绕经济社会深层次问题和结构性矛盾，进一步完善有利于科学发展的体制机制，积极应对国际经济形势的新变化，全方位提高对外开放水平，不断增强发展活力和动力。

一、扎实推进重要领域和关键环节改革

坚持以市场化改革为方向，以体制创新和制度建设为重点，全面推进经济、社会、政府管理各领域的改革，力争在一些关键领域和重要环节上取得突破。

（一）深化财税物价体制改革。探索增收节支和经营财政的新机制，健全资源有偿使用制度，大力培植财源，拓展增收渠道。创新税源管理机制，完善纳税服务、信息管税和内控监督体系。强化部门预算管理，全面推开公务卡制度，健全财政支出绩效评价机制，大力压缩公用经费和一般性支出。健全价格调控机制，完善价格应急监测预警机制，强化民生价格监管，做好清费治乱减负工作，发挥价格调节基金的作用，保持重要商品价格水平基本稳定。

（二）深化行政体制改革。积极推进各级政府机构改革，不断精减机构、精减人员，真正实现“精简、统一、效能”的目标。继续抓好行政审批制度改革，继续推进相对集中部门行政许可权工作，严格执行行政许可法，努力减少行政许可和审批事项，最大限度地清理各种收费、罚款项目。按照政事分开、事企分开和管办分离的原则，分类推进事业单位改革。积极推进文登市、环翠区张村镇两个省级综合配套改革试点工作。

（三）深化所有制结构改革。进一步理顺国有资产监管体制，加快推进国有企业公司制改造，健全法人治理结构和业绩考核、重大事项监管机制，确保国有资产保值增值。鼓励扩大民间投资，放宽市场准入，支持民间资本进入基础产业、基础设施、市政公用事业、社会事业、金融服务等领域。理顺支持中小企业发展的体制机制，完善中小企业融资担保、技术改造、产业聚集、社会化服务等方面的政策服务体系，促进科技创新、中小企业成长、特色产业提升和小企业培育四个计划的实施。

（四）深化要素市场改革。深化土地管理制度改革，完善土地供给和价格形成机制，创新土地开发整理机制和模式，推进城乡建设用地增减挂钩试点，逐步建立城乡统一的建设用地市场。逐步完善海域使用权的物权化管理，积极稳妥地推进海域使用权招标、拍卖和抵押工作，促进海域使用权流转，培育海域使用权交易市场。理顺电价形成机制，严格落实差别电价实施范围，推进农电体制改革，推行居民用电阶梯价格制度。推进水价、汽价、采暖价格和天然气价格改革，逐步推行农业节水、农业用水计量收费以及供热计量“两部制”收费，建立健全天然气终端与门站价格、煤炭价格与汽价和采暖价格的联动机制。推行城市垃圾和医疗废弃物等处理收费制度，研究建立危险废弃物处理保证金制度。大力发展人力资源市场，促进城乡劳动力合理流动，提高人力资源市场配置效率。

（五）深化社会事业领域改革。认真研究落实中央、省收入分配方面的政策措施，加大财政、税收在收入分配中的调节作用，逐步提高居民收入在国民收入分配中的比重，提高劳动报酬在初次分配中的比重。继续深化新型农村合作医疗制度、最低生活保障制度、新型农村养老保险制度、医药卫生体制等改革，最大限度地实现城乡公共服务均衡。深入推进社会管理创新，搭建社会管理服务新平台，充分运用现代信息技术，不断提高社会管理的效率和水平。

（六）深化农村改革。稳定和完善农村基本经营制度。进一步完善农村土地承包经营权流转机制，在全市普遍建立镇级农村土地流转服务中心，加强土地承包经营权流转管理和服务，促进多种形式的适度规模经营。规范推进“一事一议”筹资筹劳，建立“一事一议”筹资筹劳奖补机制。基本完成集体林权制度改革。推进农村财务管理规范化建设。全面开展农村集体产权制度改革工作。建立农田水利等农村基础设施建设、管护、运营机制。

（七）深化户籍管理制度改革。实行积极的人口迁移政策，促进人口合理有序流动，放宽准入条件和迁移限制，降低农民进城门槛，以合法固定住所为基本落户条件，鼓励农村劳动力就近有序转移。深化住房、就业、社会保障、教育、征兵、退伍安置、优抚、计划生育等与户籍管理相关的配套制度改革，让进城务工人员与城市居民享受同等待遇。

二、全方位高水平扩大开放

进一步树立全球视野，坚持对内对外开放并重，扩大总量与优化结构并举，“引进来”和“走出去”结合，以转型升级为重点，不断提高开放型经济的层次和水平，构建开放型经济体系。

（一）调整优化进出口贸易结构。坚持实施市场多元化战略，巩固提升传统市场，深度开拓南美、非洲及俄罗斯等新兴市场，多措并举拓展多元国际市场。充分发挥国际市场开拓资金的引导作用，对企业开拓国际市场、开展境外营销活动给予支持。组织好境内外重点国际展会，办好在我市举办的各类国际展会，扩大优势出口产品知名度。继续推进出口品牌建设，培育发展“自主技术、自主品牌、自主生产、自主营销”出口产品，不断提高机电产品特别是具有自主知识产权产品的出口比重，支持战略性新兴产业产品出口，严格控制“两高一资”产品出口。坚持科技兴贸和以质取胜，稳步推进加工贸易转型升级，建设一批产业集群优势明显的出口创新基地，壮大一批具有国际竞争力的外贸企业集团。积极拓展服务外包等服务贸易出口。支持有实力的企

业拓展进口业务，鼓励重点资源能源、大宗商品、先进技术和关键设备进口。积极推进跨境贸易人民币结算试点工作。

（二）提高利用外资质量和水平。坚持主攻韩日、扩大台港、拓展欧美，将引资与优化产业结构、提高技术水平相结合，引导外资更多的投向现代物流、服务外包、科技信息、文化旅游、清洁能源、基础设施以及医疗器械、造船、机械、新材料、电子信息等重点行业，加速高端产业国际合作，引进一批技术含量高、产业链条长、带动效应强的外资项目。创新利用外资方式，坚持引资引智并举，积极引进高端人才、先进技术和管理经验，吸引跨国集团设立研发中心、营销网络和企业总部。大力推进企业对外战略合作，支持企业采取并购、跨境换股、交叉持股等方式进行改组改造。

（三）加快实施“走出去”战略。更加注重资本输出、产能转移、技术嫁接等投资方式，不断提高企业“走出去”的层次和水平。鼓励各类企业开发境外渔业、木材、橡胶、矿产等资源，加快建立一批资源项目基地。引导企业将部分生产环节转移到最适宜的国家和地区，优化跨国经营链条。鼓励有条件的企业收购境外企业，利用国际知名品牌、先进技术和营销网络，构建国际生产营销分工体系，提升国际竞争力。扩大境外工程承包非洲市场，开拓东南亚、中东、俄罗斯和拉美市场。制定全市外派劳务发展规划，加大技术型劳务人员外派。争取“十二五”期间，全市累计对外承包劳务营业额完成17.5亿美元，外派劳务4万人次。

（四）加强国内区域经济合作。充分发挥我市区位、资源、产业优势，加大国内经济合作力度，积极探索与重点区域、内陆腹地之间的合作机制，形成优势互补、分工协作、共同发展的良好局面。积极融入环渤海经济圈，扩大与长三角、珠三角等经济发达地区及山西、内蒙古等资源大省的对接，加强与央企、上市公司、民营强企及重点行业协会的沟通与合作，推出符合双方发展方向的合作项目，做好联大、引大文章。主动加强与省内区域特别是山东半岛蓝色经济区的经济交流，推进与青岛、烟台等周边城市在基础设施、产业配套、科技人才、产学研、海洋资源开发等领域开展多层次、全方位分工合作，共同构建区域一体化发展的大格局。扎实做好对口支援工作，实现帮扶与合作双赢。

第七章　资源节约与环境保护

围绕生态市建设，坚持环境保护与资源节约并举，推进资源利用方式从粗放型向集约型转变，促进经济与资源环境的协调发展，加快建设资源节约型、环境友好型社会，走生产发展、生活富裕、生态良好的文明发展道路。

一、建立促进节能减排长效机制

严格落实目标责任制，突出抓好结构减排，继续强化工程减排和管理减排，进一步完善重点用能企业能源利用报告制度，集中抓好电力、建材、化工等重点行业以及建筑、交通、公共机构等重点领域节能减排。严格执行新建建筑节能设计标准，加快既有建筑节能和供热计量改造，达到50%以上节能标准的既有建筑，基本完成供热计量改造并按用热量计价收费。推进太阳能光热与建筑一体化，建设节能省地环保型建筑，实施好蓝星万象城光伏建筑一体化示范工程。积极推进节能型综合交通运输体系建设，鼓励使用节能环保型交通工具和替代燃料。积极推行清洁生产，突出抓好省控重点污染企业的强制性清洁生产审核。严格执行环境影响评价制度，科学论证、控制新上对自然环境产生重大影响的项目，坚决杜绝高污染、高排放项目。加快落后产能和生产工艺设备淘汰步伐，强化对重点用能企业的节能减排监察，确保达标排放。组织实施节能减排科技开发专项，集中精力研发一批重点行业共性、关键节能减排技术，推广一批集约、替代、循环利用和治理污染的先进适用技术。

二、发展循环经济和低碳经济

按照“减量化、再利用、资源化”要求，从企业、产业和园区三个层面，从生产、流通、消费等多个环节，加强资源循环综合利用，大力推广可再生能源开发利用，形成可持续的生产方式和消费模式。加大政策扶持力度，引导鼓励有条件的企业开展资源的循环利用和废弃物的综合利用，加强再生资源回收网络体系建设。积极推动循环经济示范园区、企业建设，不断扩大循环经济规模，争取高区、经区成为国家生态工业示范园区。加大节水新技术、新工艺、新装备的推广力度，积极开发利用雨水、海水等资源，推进农业节水、工业节水和城镇节水，鼓励中水利用，加快城市中水回用管网建设步伐，不断提高中水回用率。推广秸秆综合利用技术，建设一批秸秆综合利用示范点。鼓励畜禽粪便的综合利用和农膜回收利用，推广新技术，降低化肥、农药施用量。加强税收优惠、财政补贴等政策扶持，加大低碳技术的研发投入，发展一批高校实验室、企业研究所等研发机构，鼓励使用绿色产品、能效标识产品、节能节水认证产品和环境标志产品等，促进低碳经济发展。探索建立低碳经济示范区，加快培育以低碳为特征的工业、建筑和交通体系，尽快形成规模和产业优势。大力发展节能环保产业。

三、加强生态环境建设

加快沿海、沿河、沿路等生态林网、经济林网建设，构建区域生态安全屏障。以重点绿化工程为带动，加强沿海防护林带、伟德山系、昆嵛山系、乳山西北区、威海郊区五大重点封山育林的管护，完善以农田林网为重点的防护林体系和以公共绿地和城市公园为重点的城市绿化系统，进一步提高森林城市建设水平。继续着力治理林业有害生物危害、水土流失等生态问题。加大自然保护区和重要生态功能保护区建设力度，强化湿地保护，建设一批生态功能保护区、自然保护区、湿地保护区和海岛保护区。注重生态建设与生态产业发展相结合，推进生态示范园区和基地工程建设。按照“谁开发谁保护、谁受益谁补偿”的原则，多渠道筹集公益林补偿基金，逐步提高对森林生态效益的补偿标准。加强护林队伍建设。

四、加大环境保护力度

加强环保能力建设，突出抓好大气、水、土壤污染综合防治，不断改善生态环境，力争在全省率先建成地级生态市。高度重视环境风险防范，建立建设项目环境风险评估制度，落实环境隐患定期排查制度，强化核与辐射执法监管和环境监测监管能力建设，完善危险废物和医疗废物处置设施，健全环境安全防控体系。加大机动车尾气、建筑扬尘、工业废气、散流物体堆场及道路运输等治理力度，不断提高城区空气质量优良率。加强饮用水源地湿地工程建设，对饮用水源地实施严格保护，恢复和改善水源地上游生态环境功能。抓好河流、海域的保护和治理，逐步实行最严格的水资源管理制度，加大城市河道和重点流域综合整治，强化海洋生态环境的治理与修复，严格控制近海海域污染，建立和完善海洋生态损害补偿和污染赔偿机制。加快城镇污水处理厂、污泥处置设施及配套管网建设，改造提升污水处理工艺，加快垃圾焚烧、渗滤液处理设施建设，积极推行生活垃圾袋装化分类收集。深入开展城市环境综合整治，对无证经营、占道经营或设施简陋、卫生状况差、严重扰民的“五小行业”店坚决予以取缔。积极推进农业面源污染防治，加强农村环境基础设施建设投入，突出抓好农村饮用水安全。加强矿产资源管理，规范地下水及地热资源的开采使用。实施有利于资源开发和保护的经济政策，建立与市场经济相适应的环保投融资体制，逐步健全自然资源有偿使用和生态环境补偿机制，征收相应资源和环境保护税费，实行集中管理，重点用于生态环境和资源保护重点工程的建设。到2015年，全市河流、水库及近岸海域均达到相应的环境功能区标准要求，环境空气质量良好率（优于二级标准）达到96%以上，声环境达到相应的环境功能区标准要求，辐射环境质量水平保持在天然本底涨落范围内。

第八章　科技教育与人才战略

深入实施“科教兴市”和“人才强市”战略，以提升自主创新能力和全民素质为中心，大力发展高新技术产业和教育事业，为我市现代化建设提供强大的智力支持和人才保障。

一、加快推动创新型城市建设

把提高自主创新能力、建设创新型城市作为我市发展战略的核心和提高城市竞争力的关键，进一步加大科技创新投入，不断优化创新环境，深入推进高层次人才聚集区、产学研结合密集区、科技成果转化汇集区建设。

（一）强化创新体系建设。推进企业创建实验室、工程中心、技术中心、院士工作站，鼓励重点行业的骨干企业争创省级以上研发平台，每年增加市级以上研发机构10家以上、省级5家以上、国家级至少1家。重视发挥技术交易平台的作用，引导更多企业引进新技术、新成果，提高科技创新能力。注重知识产权保护，着力推进国家专利试点市建设，加快建设知识产权信息公共服务平台，对知识产权管理制度完善、发明专利产业化成效显著的国家级、省级工程技术研究中心和企业技术中心予以重点支持，到2015年全市专利申请量和授权量总量分别达到18000件和8000件以上，其中发明专利申请达到申请总量的30%，企业和有关组织主持或参与制定、修订国际、国家、行业或地方标准50项以上。进一步加大对山东生产力促进中心、市高新技术创业服务中心等科技服务机构的支持力度，鼓励科技人员和社会力量创办面向中小企业的民营科技中介服务机构，不断强化服务功能，在技术开发、信息咨询、技能培训等领域为社会提供创新服务。

（二）深入推进产学研合作。积极探索多元化的产学研道路，鼓励企业与高校、科研院所、国外科研机构直接挂钩，建立长期科技合作关系，共建产学研合作战略联盟、产业技术创新战略联盟和国际科技合作基地。加强与产学研战略联盟的联系和沟通，积极举办多种形式的产学研合作对接活动，争取到2015年产学研合作联盟达到15家以上。充分发挥产业技术创新战略联盟的示范作用，创造条件吸引更多的高校、科研院所加入，推动相关领域关键技术和产业链延展技术的研发和创新，全市产业技术创新战略联盟达到6家以上。鼓励和支持有条件的大中型企业与科研机构共建实验室、中试基地，对关键技术进行联合攻关。推进企业和研发机构实施“走出去”战略，广泛吸收全球创新资源和最新成果，通过企业并购、技术合作、建立海外研发机构等措施，着力搞好关键技术的引进消化、吸收和再创新，全市外设科研机构达到20家以上。制定优惠政策，吸引知名的研发和设计机构来威落户。

（三）加快科技成果转化步伐。充分发挥好技术转化中心的桥梁作用，加强国家863科技成果转化基地、火炬创新创业基地、海外学人创业园等科技成果转化基地建设，重点在机械设备制造、汽车及零部件制造、新医药创制、海产品生产加工和先进复合材料、医疗器械、计算机外设、高性能电子元器件等领域，建立一批科技示范基地和园区。进一步整合技术创新和产业化资源，组织实施重大高新技术产业化专项，支持一批科技成果转化为具有较强竞争力的高新技术及产品。加强农业各类科技示范园区建设，启动农业现代化科技示范工程，依托农业龙头企业延伸农产品精深加工产业链，大力提高农业科技成果的研发、推广和产业化能力。到2015年，高新技术产业产值占规模以上工业总产值的比重达到42%以上，高新技术产品出口额占工业制成品出口额的比重达到30%以上。

（四）加大科技创新投入力度。逐年增加财政科技投入，确保增幅高于财政经常性收入增幅。充分发挥政府科技引导资金的作用，优化资金投向，启动高技术自主创新行动计划，集中扶持传统优势产业技术提升和战略性新兴产业培育。设立科技型中小企业创新专项资金，培育壮大科技型中小企业集群。引导企业加大研发投入，争取到2015年，规模以上工业企业研发投入占主营业务收入的比重达到1.5%以上，省级以上企业技术中心达到4%以上。鼓励金融机构设立“科技支行”，增加对企业技术创新的信贷投放，优先支持高新技术企业扩大直接融资，多渠道筹集研发资金。认真落实各项奖励扶持政策，对在高层次人才聚集区、产学研结合密集区、科技成果转化汇集区建设中作出重大贡献的给予奖励。

二、继续优先发展教育事业

坚持把教育放在优先发展的战略地位，全面实施素质教育，深化教育改革，提高教育质量，优化教育结构，促进教育公平，构建各类教育、城乡教育协调、优质、均衡发展的现代教育体系。到2015年，在全省率先实现教育现代化，在全国率先实现市域范围内义务教育高位优质均衡发展，并向学前教育、高中阶段教育延伸。

（一）促进各类教育全面发展。按照公益性和普惠性的原则，深化教育体制机制改革，形成政府主导、社会参与、公办民办并举的办学格局。重视发展农村学前教育，加强镇中心幼儿园建设，加快发展城市公办幼儿园，提供“广覆盖，保基本”的学前教育公共服务。积极扶持民办幼儿园特别是面向大众、收费较低的普惠性民办幼儿园发展。加强幼儿园规范化建设，严格幼儿园准入制度。到2015年，公办幼儿园建成比例达到50%，省、市示范园比例达到75%以上，学前三年入园率达到100%。加快中小学布局调整，全面完成中小学办学条件标准化建设，实施特色学校建设工程，推动义务教育优质均衡发展、普通高中优质特色发展。大力发展职业教育。强化校企结合，加大实习实训基地建设投入，突出抓好“威海市示范实训基地”建设。加大“双师型”教师队伍的培养和选拔力度，重视和加强基础知识、基本技能教学，推行工学结合、教产合作、校企一体化、顶岗实习、弹性学制，实行学历证书和职业资格证书“双证书”制度，培养适应经济社会发展需要的高素质劳动者和技能人才。整合职业教育资源，重点建设以培养制造业、交通运输业、服务业、海洋产业、食品医药与医疗器械等技能人才为特色的职业院校。继续提高高等职业教育办学规模和教育质量。到2015年，全市所有中等职业学校均达到市级规范化学校标准，建成1～2所国家级中等职业教育改革发展示范学校、2～3所省级示范性中等职业学校，建成20个省级专业实训中心、20个市级示范实训基地，重点建设1～2个多专业示范性实训中心。积极引进和支持高等教育发展，加强与哈尔滨工业大学（威海）、山东大学威海分校等驻威高校的共建，加快哈尔滨理工大学荣成校区建设，推进南海新区大学科教城项目。引导高校积极开展教育科研和技术攻关，提升在学术领域的影响力和竞争力。到2015年，高等教育办学质量、办学水平和办学效益明显提高，全日制在校生达到8万人。

（二）建立健全教育事业保障机制。强化教育经费保障力度，保证教育财政拨款增长明显高于财政经常性收入增长，逐步提高财政预算内教育经费支出占财政支出的比例，确保明显高于省定标准，到2015年达到国内同类城市先进水平。加强教师队伍建设，优化资源配置，建立校长、教师统筹调配和定期交流机制。认真实施中小学教师素质提高工程，加大全市中小学教师和校长（园长）的全员培训力度，到2015年培训农村骨干教师1000人，重点培养400名“四名”工程人选。强化中小学生校外实践教育，公益性校外教育资源免费向学生开放，威海城区打造1处国内一流的示范性校外实践基地，荣成、文登、乳山实践基地进入省内一流行列。加快推进中小学校舍安全、农村中小学“两热一暖一改”等工程，到2015年省级规范化学校建成率达到60%。全面推进教育信息化建设，完善威海教育宽带网络系统建设，提高教育网主干网带宽和学校校园网接入速率，建成覆盖城乡各级各类学校的数字化教育服务体系，建立开放灵活的教育资源公共服务平台，实现优质教育资源的共建共享。加大贫困家庭学生助学力度，做好义务教育阶段外来务工人员子女入学工作。

三、加强人才工程建设

实施中长期人才发展规划纲要，把人才资源作为第一资源，统筹抓好党政人才、企业经营管理人才、专业技术人才、高技能人才、农村实用人才、社会工作人才等人才队伍建设，培养造就一支高层次和高技能人才队伍。坚持培养人才、引进人才与使用人才并重，重点实施十大人才工程，进一步形成育才、引才、聚才和用才的良好环境。重视创新人才培养开发，设立人才培训专项资金，建立人才培训基地，促进校企合作，加快培养高端技术和技能人才，建立健全以职业技能为重点的在职、在岗和脱产等多种形式的培训体系，全面提高适用型、技能型人才培养的数量和质量。不断加大人才载体建设力度，积极扶持海外人才创新创业基地和园区建设，建立“留学回国绿色通道”，以资金扶持等形式，帮助有条件的企业积极申报建立博士后科研工作站。抓好各类研发平台建设，力争有10名海外高层次人才进入国家“千人计划”和省“万人计划”第一层次。坚持柔性引才机制，认真落实家属安置、子女入学、科研经费补贴等优惠政策，积极推行期权、年薪制、技术入股等分配激励机制，支持回国留学人员及国内外科技专家、企业家来威创办高新技术企业、从事高新技术研究，鼓励有条件的重点骨干企业引进顶尖人才。争取到2015年，全市人才队伍总量达到55万人以上，其中硕士以上人才达到5000人，博士达到600人，市级以上有突出贡献的中青年专家等高层次人才达到160人，高技能人才总量达到5万人，占技能劳动者的比重达到27%；与我市合作的院士达到50名以上，博士后科研工作站达到12家；力争引进海外人才500名，重点实施30个产业化项目推进计划，新增留学人员企业40家。

第九章　和谐社会与民生建设

以建设社会主义和谐社会为目标，坚持富民优先，围绕人民群众最关心、最直接、最现实的利益问题，加快以保障和改善民生为重点的社会建设，推进基本公共服务均等化，促进社会公平正义，实现经济与社会、精神文明、物质文明与政治文明协调发展。

一、调整和完善收入分配格局

深化收入分配制度改革，重点提高城乡居民收入特别是中低收入者的收入水平，积极实施低收入群众增收行动计划，扩大中等收入群体比例，逐步扭转收入分配差距扩大趋势。完善企业工资法律法规和宏观调控体系，全面实施劳动合同制度、集体合同制度和工资集体协商制度，健全企业职工工资正常增长机制和支付保障机制，稳步提高最低工资标准和平均工资水平，促进形成公平合理的收入分配格局。到2015年，生产经营正常企业全部建立工资集体协商制度，劳动力市场工资指导价位各类工种原则上实现全覆盖，基本建立起与经济发展水平相适应、符合我市实际的工资正常增长机制。高度重视农民增收工作，推广城中村改造成功经验，探索农村土地承包经营权流转新模式，多措并举增加农民家庭经营收入、工资性收入、财产性收入和转移性收入，促进农民收入持续较快增长。创造条件让更多群众拥有财产性收入，保护合法收入，逐步形成公开透明、公正合理的收入分配秩序。

二、努力扩大就业

把扩大就业、稳定就业、扶持就业作为重要发展目标，将经济结构调整与就业结构调整相结合，拓宽就业渠道，努力创造公平就业环境。全面落实和实施更加积极的就业政策，加快实施加强就业培训和提高就业创业能力五年规划，健全制度化、专业化、社会化的就业服务体系，建设城乡统一的人力资源市场，加强对就业、失业动态状况的监管、监测分析，抓好企业职工岗位培训、城镇下岗失业人员再就业培训和农民工技能培训。坚持以创业带动就业，加大金融财政政策扶持力度，建立起创业项目开发、风险评估、创业培训、开业指导、创业奖励、创业孵化基地建设等一体化创业扶持体系，鼓励引导城乡劳动者自主创业，努力创建国家级创业型城市。实行就业再就业目标责任制，建立困难群体就业援助制度，认真抓好高校毕业生、农民工和城镇困难群体就业工作。进一步加强基层公共就业服务平台建设，实现基层就业工作全信息化，充分就业社区达到90%以上。“十二五”期间，全市城镇新增就业20万人，城镇失业人员实现再就业4.5万人，引导和帮助5000名大龄失业人员再就业，实现农村劳动力转移就业5万人，城镇登记失业人员控制在9000人左右。

三、完善社会保障体系

加大社会保障投入，健全保障经费自然增长机制，确保保障水平随经济社会发展和城乡居民收入增长不断提高。坚持“广覆盖、保基本、多层次、可持续”的方针，统筹推进城镇养老、医疗、失业、工伤、生育等社会保险和新型农村养老保险工作，继续以非公有制经济组织从业人员、灵活就业人员、农民工为重点，加强社会保险扩面征缴，逐步提高筹资水平和保障能力，加快建立统筹城乡居民的高标准的社会保障体系。继续完善和提高医疗保障标准和水平，做好医疗保险关系转移接续和异地就医结算服务，基本医疗保障制度全面覆盖城乡居民，城乡医疗救助制度覆盖全市所有困难家庭。大力推进城乡最低生活保障规范化建设，完善和实施好物价上涨与提高困难群众生活补贴和保障标准联动机制，实现动态管理下的应保尽保、应退尽退。完善城镇“三无”和农村“五保”供养制度，加快敬老院等社会福利设施建设，打造镇级社会福利综合服务平台。建立孤残儿童保障体系和供养标准自然增长机制，不断提高孤残儿童生活保障水平。完善专项社会救助制度，对低保边缘群体和低收入群体实施临时救助和延伸专项救助，加强流浪乞讨人员救助管理服务网络建设。提升社会保障信息化水平，逐步实现全市社会保障业务“一卡通”。改革社会保障管理体制，完善社会救济、社会福利、社会优抚和社会互助等制度，构筑新型社会保障体系。到2015年，参加城镇基本养老、基本医疗、失业、工伤和生育保险的人数分别达到71万人、124万人、44万人、62万人和52万人，新农保参保人数达到100万人以上，适龄农村居民参保率达到99%以上，新农合参保率保持在95%以上。加快完善促进房地产业健康发展的市场机制和政府保障机制，加大廉租房、公共租赁住房和经济适用房等保障性住房供应，增加主要面对中等收入家庭的普通商品住房供给。

四、大力发展医疗卫生事业

按照保基本、强基层、重预防、建机制的要求，深化医药卫生体制改革，到2015年初步建立覆盖城乡居民的基本医疗卫生制度。编制区域卫生规划，优化卫生资源配置，新增卫生资源重点向农村和城市社区及公共卫生领域倾斜。加强城市重点医疗卫生机构建设，积极稳妥推进公立医院改革，完善县乡村三级医疗卫生服务网络，强化社区公共卫生和基本医疗服务功能，逐步建立分级诊疗和双向转诊制度，形成城市医院与基层医疗机构合理分工和对口协作格局。加强公共卫生机构能力建设，推进国家基本公共卫生服务项目均等化，广泛开展爱国卫生运动，提高全民健康水平。加快建立和完善以国家基本药物制度为基础的药品供应使用和质量安全保障体系，到2011年全市初步建立国家基本药物制度。落实中医药扶持政策，加强名医、名科、名院建设，促进中医药继承和创新。鼓励社会资本以多种形式举办医疗机构，逐步形成多元化办医格局。

五、繁荣发展文化事业

统筹城乡文化建设，坚持以政府为主导，以基层为重点，以公益性、基本型、便利性为原则，加大城乡公益性文化事业投入，到2015年基本建立起覆盖城乡、惠及全民的公共文化服务体系。加快图书馆、博物馆、文化馆、大剧院等大型文化设施以及社区文化活动中心建设，完成市级图书馆新馆、群众艺术馆新馆建设，按人口和服务半径配置公共文化设施，并逐步实施免费开放。加强公共档案馆建设，搞好档案文化传播。推动文化资源向基层倾斜，推进城市社区文化建设，建好镇综合文化站、农村文化大院和农家书屋等基础文化设施，广泛开展群众性文化活动，抓好文化信息资源共享、公益性电影放映、广播电视户户通等惠民工程。鼓励扶持文化艺术产品的创作生产，不断满足人民群众日益增长的精神文化需求。加大文物保护力度，提高文化遗产保护水平。加强文化市场管理，健全市场规则，完善市场准入和退出机制。

六、加快发展体育事业

加强公共体育服务设施建设，重视发展农村体育事业，加快实施幸福海岸健身长廊、社区健身工程和农民体育健身工程。深入实施全民健身计划，广泛开展各种全民健身活动，体育人口比例和国民体质合格率分别达到32%和90%。高度关注青少年身体健康，着力提高青少年身体素质。提高竞技体育水平，加强游泳馆等体育设施建设，积极承接和举办好重大体育赛事。积极培育体育市场，探索体育运动项目面向社会、面向市场良性循环的运行机制，加快体育场馆多元化经营，扩大和引导体育消费。

七、深入推进精神文明建设

以建设社会主义核心价值体系为根本，深入开展爱国主义、集体主义、社会主义思想道德教育，在全社会形成艰苦创业、开拓创新、创先争优的社会主义新风尚。以创建全国文明城市为目标，坚持不懈地开展群众性创建文明城市活动。大力加强未成年人思想道德建设，广泛进行社会公德、家庭美德和职业道德教育，进行思想政治、道德品质、心理健康和法制教育，净化社会文化环境。加强诚信宣传教育，营造社会诚实守信氛围，促进全社会诚信意识、企业信用水平和政府公信力的显著提高。弘扬科学精神、普及科学知识、传播科学思想和方法，抵制封建迷信。深入开展以城市、社区、行业、“窗口”单位和村镇为重点的文明创建活动，不断提高公民的思想道德素质和整体文明水平。

八、强化社会公共安全服务和管理

全方位推进应急管理体制机制、基础能力、预案体系和保障体系建设，建立应急联动机制，强化公共安全基础设施和应急队伍建设，完善突发公共事件专项应急预案、部门应急预案和地方应急预案，提高全社会风险防范和灾害应对能力。创新和加强社会管理，坚持“打防结合、预防为主”的方针，加强社会治安综合治理，着力构建严密的社会治安防控体系，依法严厉打击各种犯罪活动，优化社会治安环境。健全安全生产监管体系，认真落实安全生产责任制和责任追究制，对不具备安全生产条件的企业限期整改、直至关闭，强化企业安全生产主体的责任，重点抓好危险化学品、非煤矿山、烟花爆竹、道路交通、海洋渔业、建筑施工、交通运输、民爆器材等高危行业的安全生产，有效遏制重特大事故发生。推进公共卫生安全体系建设，完善食品、药品安全监管体系，强化对食品、药品安全的检测和管理，确保食品药品安全。加强气象、地震和风暴潮等灾害的基础性研究和监测预报工作，建立重大灾害监测预警和应急服务体系，加快防灾减灾系统现代化建设步伐，提高我市对自然灾害的预警和应急保障能力。加强消防设施建设，突出抓好人员密集场所及高层建筑的安全防范。

九、加强社会主义民主法制建设

健全民主政治制度，丰富民主形式，扩大公民有序的政治参与，保证人民依法实行民主选举、民主决策、民主管理、民主监督。加强基层民主建设，坚持和完善政务公开、厂务公开、村务公开，保证基层群体依法行使选举权、知情权、参与权、监督权。大力推行政府决策民主化和法制化，进一步依法规范政府行政行为，提高重大事项的透明度，健全人大、政协、媒体和社会对政府工作的监督机制。尊重和保障人权，依法管理民族、宗教事务，做好外事、侨务工作。深入做好群众工作，健全完善人民调解、行政调解、司法调解相衔接的矛盾纠纷排查调处机制，加强信访工作，畅通诉求渠道，建立相应的保障机制和纠纷处理的预案与机制，预防和妥善处置群体性、突发性事件。认真做好“六五”普法和依法治理工作，加强司法救助和法律援助工作，着力提高社会法治化管理水平。

十、协调发展其他社会事业

全面加强人口计划生育工作，保持现有生育政策的连续性和稳定性，加强计划生育管理服务能力建设，大力提高出生人口素质，稳定人口低生育水平，确保人口自然增长率维持在1‰以内。积极应对人口老龄化，发展老龄产业，增强社会的老龄服务功能；加快发展养老服务业及居家养老服务，积极构建以居家养老为基础、社区服务为依托、机构照料为补充的养老社会服务体系。贯彻男女平等基本国策，保障妇女合法权益，促进妇女全面发展。坚持儿童优先原则，以优先保护、平等发展、普惠福利为主线，改善儿童成长环境，促进儿童身心健康发展。加强未成年人校外活动场所的规划和建设，积极促进校外活动与学校教育的有效衔接。完善促进残疾人事业发展的政策和措施，健全残疾人社会保障制度，加强残疾人服务体系建设，营造残疾人平等参与的社会环境。大力发展慈善事业，构建政府倡导、社会支持、大众参与的“大慈善”格局。以提高公共管理和服务能力为重点，加强社会组织建设，完善社会事务管理体系。提高全民国防意识，支持军队建设，加强民兵、预备役部队建设和国防动员、人民防空工作，做好“双拥”、优抚和安置工作。依法推进史志二轮修志工作，搞好方志馆、地情资料数据库建设，拓展地方史志公共服务功能。加大科技教育力度，快速提升市民科学素质。

第十章　支撑体系与保障措施

为切实保障规划顺利实施，充分发挥规划对经济社会发展的指导作用，必须加强需求支撑、要素保障、政策配套、工作推动的力度，确保规划落到实处、取得实效，引领经济社会健康平稳持续发展。

一、强化内需拉动作用

促进投资高效稳定持续增长。发挥投资对产业升级、结构调整、改善民生的先导作用，稳步扩大投资规模，调整优化投资结构，强化政府政策扶持和资金支持，引导信贷资金和社会资金更多地投向战略性新兴产业、主导产业、现代服务业、自主创新、环境保护、改善民生等重点领域。加强投资调控与项目管理，综合利用行业规划、产业目录、项目许可、要素供应、环评等多种手段，严控“两高”和产能过剩行业投资，坚决防止盲目投资和低水平重复建设。加强政府投资管理，严格考核监督，切实提高投资质量和效益。深入实施大项目带动战略，每年确定并实施一批投资规模大、科技含量高、产业带动能力强、行业龙头作用突出和关系全局、影响长远的重点项目。“十二五”期间，全市累计完成规模以上固定资产投资8000亿元左右，其中，现代服务业、战略性新兴产业投资年均增长20%和15%以上，“三农”投入年均增长20%左右，民间投资比重达到85%以上。

增强消费对经济增长的拉动作用。积极培育新型消费模式，抓好各类消费政策的贯彻落实，不断扩大休闲旅游、文化娱乐、体育健身等综合性消费，引导汽车、住房、家电等大宗商品消费，积极培育消费热点。深入开展“满意消费惠万家”活动，加快商业信用体系建设，推动“品牌产品下乡”，鼓励商贸流通企业根据市场需求开发自有品牌。加强商业发展规划和政策引导，调整商业布局和业态结构，形成服务功能完善、特色突出、层次分明的市级、区域商业中心。加强农村和农产品流通网络体系建设，启动新一轮“菜篮子”工程，开展全国农产品现代流通综合试点和“农超对接”、“区超对接”示范城市创建工程，加快发展农产品冷链物流，升级改造农产品批发市场和农贸市场，逐步建立主要农产品全过程质量追溯，初步形成产销稳定、渠道畅通、质量安全的农产品现代流通体系；继续实施“万村千乡市场工程”和“新农村现代流通网络工程”，到2015年连锁化农家店覆盖所有乡镇和95%行政村。加强城市生活服务体系建设，实施“双进”工程和“放心早餐”示范工程，建立和完善家政服务网络。大力发展现代流通方式，推进商贸物流配送设施建设，鼓励发展超市、便利店、专卖（业）店连锁经营，推动特许连锁规范发展，建设和完善第三方电子商务平台。进一步规范市场经济秩序，加强价格调控监管，健全产品质量检测体系，切实改善消费环境。“十二五”期间，全市累计实现社会消费品零售总额5500亿元。

二、强化基础设施建设

重点抓好交通、水利、电力等项目建设，进一步强化基础设施的外向性和超前性，建立起立体化的交通、稳定的电力供应网络、完善的给排水网络、高效率的通信网络、配套的市政设施等基础设施体系，为发展提供强有力保障。

交通，加速构建公路、铁路、水路、航空等多种运输方式衔接配套的全方位、立体化、开放型的综合交通运输网络体系。公路，加快建设“一纵一横一环”的高速公路网、“九纵三横一环”的干线公路网和勾连城乡的农村公路网，重点实施荣乌高速荣成至文登段及连接线、荣成至威海高速、文莱高速、烟海高速乳山段、文登南海新港疏港公路、江家寨立交桥、香水河大桥、乳山口大桥等项目。到2015年，全市公路通车里程达到8500公里。其中，高速公路里程达到220公里，国省道干线公路里程达到1400公里以上。港口，积极推进威海湾港区20万吨以上大型石油化工、天然气及干散货专用码头、航道，石岛港区5万吨级航道，靖海湾港区张家埠新港作业区5万吨级通用泊位等工程，在全市形成大型专业化的集装箱、散杂货、石油化工、客货滚装、邮轮游艇码头建设布局和集装箱喂给港运输布局，把威海港建设成为胶东半岛与辽东半岛海峡客滚运输的重要口岸、环渤海地区的集装箱喂给港和面向日韩的重要港口。到2015年，港口适应度基本达到1∶1。铁路，“十二五”期间建成青荣城际铁路项目，打造威海、青岛、烟台1小时经济圈，并与全国快速铁路干线联网；加快桃威铁路改造，推进国铁重组桃威铁路进程，规划建设大型客货运站，延长现有疏港铁路，并贯通至深水泊位港区，规划荣成、文登、乳山疏港铁路；适时推动中韩铁路轮渡项目。机场，加快实施威海机场三期扩建工程（国际航站楼和综合服务区项目），规划建设航空公司过夜基地和航空物流中心，加强机场安全及航管设施建设，争取达到国际中型机场水平；进一步加密现有航线、拓展新航线，大力开展包机航班业务，适时开通威海至日本、韩国、中国香港及其他城市的客货航班，努力开辟新的国内航线。到2015年，旅客吞吐量达到200万人次。

水利，大力推进民生水利，重点实施新建泊于水库工程，完成“南水北调”续建配套工程建设，完善农村饮用水工程，搞好农村小型水利工程基本建设。继续加强母猪河、乳山河等重点河道治理，加快实施青龙河、昌阳河、五渚河等中小河流治理项目，争取46座小（二）型病险水库列入国家除险加固工程规划。抓好防潮堤工程建设，全力推进荣成市鲍村水库工程、青岛棘洪滩水库至荣成市调水工程。加强生态水系建设和综合治理。

电力，加大电网新建改造投资力度，完善电网结构，增强电网供电能力，提高供电可靠性，服务于经济社会发展及新能源、大电源接入需求。实施杜家、文登等220千伏电网新建改造项目13个，新增变电容量192万千伏安、线路555.5公里。市区配电网实施宝泉广场变电站等35千伏、110千伏新建改造项目25个，新增变电容量91.9万千伏安、线路227.5公里。县市配电网加快推进农网改造升级，实施乳山新港变电站等35千伏、110千伏新建改造项目60个，新增变电容量107.5万千伏安、线路424.6公里。到2015年，电网建设累计投资48.2亿元，拥有500千伏变电站1座、220千伏变电站（开关站）16座、110千伏变电站27座、35千伏变电站111座，建成主网坚强、配网灵活、农网可靠的现代化智能电网。

信息网络，围绕“数字威海”建设，以建成具有国内先进水平、功能完备的信息基础设施为目标，重点打造物联网关键技术研发、成果转化、产业孵化基地，大力推进第三代移动通信网、4G网络的建设和应用，加快建设下一代高速宽带互联网络，全面推进有线电视网数字化和双向化升级改造，进一步提升网络支撑能力。到2015年，全市实现移动通信3G网络全覆盖，移动电话用户普及率达到95%，互联网接入家庭普及率超过80%，有线电视家庭接通率超过99%，高清数字电视、数字广播家庭开通率达到50%。扎实推进电信网、计算机网和有线电视网“三网融合”，建成城乡一体、有线无线相结合、高速交互全覆盖的融合性网络。加强城市精细化管理和智能交通管理平台等城市管理信息化建设，建设无线城市应用基础平台和无线政务、城管、商务、生活等四大应用平台，建成高覆盖、高可靠性、多应用的无线城市。积极深化电子政务、电子商务、农业农村信息化服务，党政机关全部接入电子政务网，实现行政办公自动化，95%以上的行政审批事项可网上办理；建成威海市级电子商务平台，形成较为完善的电子商务发展基础、公共配套服务和支撑体系；建成一批农村综合信息服务平台，农业农村信息化服务体系总体建设和应用水平居全国前列。全面推进劳动保障、文化教育、医疗卫生、公共服务等社会各领域信息化工程。

市政设施，以建设精品城市、人居城市为目标，加强城市基础设施和公用设施配套建设，进一步提升城市承载能力。积极实施“公交优先战略”，加快推进绿色公交走廊示范项目，建设公交专用道3条、大型公交综合枢纽4座、标准天然气加气站3座、走廊中间站70～80座以及环山路停保场，加快公交车“油改气”工作，加大电动车推广使用力度，实现城市重点发展区域公交线网全覆盖，构建“以公交走廊为骨干、多层次常规公交为基础、出租车和短途客运为补充”多方式协调发展的城乡一体化公交体系。到2015年，市区快速公交网络基本形成，公交车辆总数达到850辆，天然气公交车占50%以上，公交站点覆盖率大于85%，公交出行分担率达到30%以上。加快城镇供水、排水管网新建改造，加大污水、垃圾处理设施建设力度。加快实施城市热力管网建设工程，组织实施城镇天然气置换工程，推进中国石油天然气管网（青岛－威海段）项目，适时建设威海至镆铘岛干线等天然气主管网工程，逐步实现威海市域城市天然气全覆盖。开展城镇地下管网补测补绘工程，建立完善地下管线信息管理系统。

三、强化资金保障能力

按照“政府引导、市场主导、多元推动”的融资方式，进一步创新融资机制，多渠道筹措建设资金。深入研究和准确把握国家产业政策和资金投向，筛选确定并争取一批事关长远发展的大项目、好项目进入国家、省规划和投资计划，获得上级资金支持。大力开拓资本市场，推动优势企业、科技型中小企业境内外上市，促进上市公司再融资，支持高区争取“新三板”试点，鼓励有条件的企业发行企业债、短期融资券、中期票据以及集合债、集合票据等债券，新增上市企业13家以上。大力推进中小企业信用担保体系建设，丰富信托、保险、融资租赁等多种融资手段，构建多层次、多功能的现代金融体系。发挥政策性创业投资引导基金的作用，积极发展创业投资、股权投资和风险投资。运用好财政贴息等政府资金，健全续贷过桥机制，不断深化银企对接和银地战略合作，鼓励银行业科学控制信贷投放，促进信贷规模合理稳定增长、信贷结构不断优化。落实鼓励和引导民间投资健康发展的政策措施，进一步消除制约民间投资的制度性障碍。

四、强化用地用海支撑

加强规划控制和政策引导，坚持保障发展和保护资源相统一，统筹生产、生活和生态用地，协调区域土地利用关系，优化城乡用地结构和布局，有效控制建设用地总量，优先安排重点产业、重点企业、重点项目建设用地。进一步强化对基本农田的保护，推进耕地保护由重数量向数量、质量和生态全面管护转变，大力推进土地整理复垦，确保补充耕地质量，合理调整各类农用地规模结构。按照“宜耕则耕”、“宜建则建”的原则，合理确定适于开发为耕地的未利用地与适于搞建设的未利用地，统筹做好区域内未利用地的资源保护和开发利用。严格执行土地节约集约利用制度，科学确定开发强度和投资强度，清理整顿批而未供、供而未用的土地和闲置厂房等，鼓励开发利用地上地下空间，促进节约集约利用土地，提高土地利用效率。严格落实工业和经营性用地招标拍卖挂牌出让制度，完善土地市场体系和土地储备制度，增强政府对土地市场的调控能力。严格执行海洋功能区划制度和海域有偿使用制度，大力推进集中集约用海，合理保护利用海岸线和海洋资源，保证重大项目建设需要，促进海洋经济可持续发展。进一步加大执法力度，严肃查处各类违法违规用地用海行为。

五、强化政策扶持力度

进一步增强“企业创造财富，政府营造环境”、“院内的事企业干，院外的事政府办”的意识，加强政策研究，在用好国家和省里相关政策的基础上，围绕财政、税收、土地、信贷、环保、自主创新等，制定完善符合威海产业特点和发展方向的政策措施。按照公共财政服从和服务于公共政策的原则，调整和优化公共财政支出结构，加大对重点支出项目的财政保障力度，重点投向“三农”、科技创新、改善民生、社会事业、公共服务、生态保护、资源环境等关键领域和薄弱环节。充分发挥税收政策的调节作用，制定和完善促进循环经济发展、建立节约型社会、推动就业、发展科技事业和增强自主创新能力，以及有利于其他产业健康发展的税收政策。按照促进产业结构优化升级的要求，改进产业政策，加大产业发展引导资金投入，合理引导产业发展方向和资金投向，支持高端产业及拥有自主知识产权和知名品牌、竞争力强的企业发展；通过严格技术标准、排放标准和建立生态补偿机制等措施，控制高耗能、高污染产业产能的盲目扩张。完善市级领导分包重点企业和联系企业特派员制度，继续实施减负让利、提速增效等措施，积极主动地为企业排忧解难，努力为企业创造更加宽松、更加优越、更加便利的发展环境。

六、强化规划组织实施

加强组织领导。建立完善协调的责任分工体系，建立健全党委领导、政府负责、部门推进的组织领导机制，各级各部门要根据规划纲要及各专项规划，细化分解工作目标和任务，确定责任单位和责任人员，抓好组织推动、规划协调、产业研究、政策实施、行业监测、项目调度等各方面工作，推动规划有效实施。

加强协调指导。加强专项规划、区域规划及其他规划与规划纲要之间的衔接配合，各个规划要服从总体规划纲要，将规划纲要确定的目标、任务和要求进行具体落实，突出建设性、控制性，确保在总体要求上方向一致，在空间配置上相互协调，在时序安排上科学有序，形成规划实施的合力。

加强监督考核。加强对规划实施的监督和评估，建立严格的规划落实机制，通过制定和实施国民经济和社会发展年度计划，每年向市人大报告规划实施情况。推进规划实施的信息公开，健全政府与企业、公众的沟通机制，加强社会对规划实施的监督。健全规划实施中期评估制度，总体规划由市政府组织评估，重点专项规划、区域规划由规划编制部门组织评估，根据评估结果对规划进行调整修订。如遇国内外环境发生重大变化或其他重要原因导致实际运行与规划目标发生重大偏离时，及时提出调整方案，报请市人大常委会审议批准实施。实行规划目标责任制，将其列入政府考核体系。

加强舆论宣传。通过报纸、电视、网站等新闻媒体，向全市广大干部群众全方位、多视角宣传解读“十二五”规划，增强认识，统一思想，明确任务，更好地支持配合经济社会持续快速发展，确保规划目标任务顺利完成。

（市发改委提供）

编辑　闫拥军

大事记

1月

1日

△10点，全国“冬泳日”冬泳表演赛在威海国际海水浴场举行，威海市142名冬泳爱好者齐声高喊“我冬泳、我健康、我快乐”的口号跃入海中，劈波斩浪，迎接新年。

15日

△威海观测到“带食而落”的日环食景观。

18日

△中国人民政治协商会议第十一届威海市委员会第三次会议在威海国际会议中心开幕。有332名政协委员参加。会议历时3天，于20日在威海合庆饭店闭幕。

19日

△威海市第十五届人民代表大会第四次会议在威海国际会议中心开幕。有306名人大代表参加。会议历时3天，于21日在威海国际会议中心闭幕。

20日

△副省长黄胜到威海参加全省义务教育均衡发展现场会，听取了市委书记、市人大常委会主任王培廷关于威海市教育工作情况的汇报。

21日

△全省推进义务教育均衡发展暨2010年度教育工作会议在威海合庆饭店召开。副省长黄胜讲话，省教育厅厅长齐涛主持会议，市委副书记、市长孙述涛致欢迎词。

2月

4日

△市委书记、市人大常委会主任王培廷在东山宾馆会见韩亚银行（中国）总行行长金仁焕一行。

14日

△全市人民以各种方式欢度新春佳节。由市委宣传部和环翠区委宣传部、环翠区文化广电新闻出版局组织的市区新春群众文艺演出在人民广场、华联商厦广场和大润发超市门前广场同时举行。

3月

2日

△“和谐盛世 春暖威海”2010新春灯会拉开帷幕。90多组造型精美的各式花灯竞相绽放，人民广场、幸福门广场流光溢彩。新春灯会至17日落幕。

5日

△由四川省绵阳市赠送给威海的40株珙桐等珍贵苗木正式起运。经过3天的行程，这批苗木落户于刘公岛国家森林公园。

11日

△市委副书记、市长孙述涛在东山宾馆会见韩国现代重工业株式会社常务尹炳秀一行。

14日

△齐鲁联合旅游年票正式在威海发行。2010新版旅游年票使用范围涵盖山东省121家景区以及河南、陕西省的多家景区，市民持旅游年票可享受景区的优惠价格。

19日

△市委副书记、市长孙述涛在东山宾馆会见韩国现代重工业电气电子

系统事业本部本部长金权泰一行。

20日

△韩国现代重工业与大唐山东公司联合投资的风电设备制造项目暨香港世威控股有限公司南海明珠岛项目签字仪式在文登市举行。威海市委书记、市人大常委会主任王培廷等出席签字仪式。

△市委书记、市人大常委会主任王培廷在东山宾馆会见新任中国驻韩国大使张鑫森一行，就威海进一步扩大对韩开放进行了交流。

23日

△9点30分，山东新北洋信息技术股份有限公司股票在深圳证券交易所中小企业板挂牌上市。此次发行3800万股，募集资金达8.58亿元，成为威海市首次上市发行价最高、募集资金量最多的企业。市委副书记、市长孙述涛出席股票上市仪式。

28日

△副省长贾万志到威海市检查指导胶东调水工程建设，市委书记、市人大常委会主任王培廷，市委副书记、市长孙述涛等陪同检查。

4　月

2日

△市委副书记、市长孙述涛在威海合庆饭店会见香港小轮（集团）有限公司总经理何志盛一行。

8日

△市委副书记、市长孙述涛在海悦建国饭店会见日本伊滕忠商事株式会社专务执行董事桑山信雄一行。

9日

△“渝鲁相互支援经济合作展”在重庆市三峡博物馆举办。市委书记、市人大常委会主任王培廷等率领威海市组织的拓展纤维、威高集团、三星电子、新北洋、中玻光电等企业参展，充分展示了威海市经济社会发展成果以及加快建设蓝色经济区和高端产业聚集区的新气象。

14日

△由岳阳市委书记易炼红率领的岳阳市党政考察团一行到威海市考察城市建设和旅游业发展情况。市委书记、市人大常委会主任王培廷等陪同考察。

17日

△在厦门市开幕的“首届中国国际会议产业盛典暨会议产业厦门高峰论坛”上，威海市入选“2009中国十大魅力会议城市”。

19～23日

△市委副书记、市长孙述涛率团赴香港开展系列经贸推介活动。代表团以乡情、亲情、友情为纽带，组织了香港知名人士团拜会、住港全国人大代表和政协委员联谊会、威海卫（香港）警察联谊会、旅游文化产业推介会等活动。在22日举办的威海市旅游文化产业推介会上，孙述涛全面介绍了威海与香港开展旅游文化产业合作的优势条件以及下一步的发展规划。

21日

△全国哀悼日。威海市机关企事业单位全部降半旗，全市社会各界在不同的场合、以不同的方式哀悼青海玉树地震遇难同胞。

△第三次全省出口农产品质量安全示范区现场会在威海市召开。副省长才利民出席会议并讲话，市委书记、市人大常委会主任王培廷作了经验介绍。

5　月

8日

△市委书记、市人大常委会主任王培廷在威海金海湾国际饭店会见香港恒基兆业地产有限公司执行董事叶盈枝一行。

9日

△全国政协常委、经济委员会副主任胡德平，全国妇联副主席、书记处书记洪天慧等与乳山银滩旅游度假区现场8000多名观众共同欣赏中央电视台“欢乐中国行·魅力乳山”大型文艺演出，庆祝第三届中国（乳山）母爱文化节开幕。

10～14日

△市委副书记、市长孙述涛率团参加2010（香港）山东周活动，并以省政府开展的系列活动为平台，有针对性地开展了招商引资活动。

12日

△市委书记、市人大常委会主任王培廷在东山宾馆会见韩国三星电子株式会社IT解决方案事业部长南晟祐一行。

15日

△市委副书记、市长孙述涛在东山宾馆会见日本宇部市市长久保田后子一行。

17日

△国家能源局副局长钱智民一行到荣成市对华能石岛湾核电厂项目进展情况进行调研。副省长李兆前，威海市委书记、市人大常委会主任王培廷等会见了钱智民一行。

28日

△中共中央候补委员、中国科学院副院长詹文龙等一行6人，到威海市就核电产业发展以及国家大型先进压水堆研发中心选址进行了实地考察。副省长李兆前，市委副书记、市长孙述涛等陪同考察。

29日

△首届青年旅游论坛暨2009中国青年喜爱的旅游目的地推介活动颁奖典礼在荣成西霞口举行。威海市获得“2009中国青年喜爱的旅游目的地”称

号，西霞口景区被授予“中国高校传媒联盟大学生旅游实践营核心基地”称号。

6　月

2～4日

△由国家海洋局海洋研究所、中国海洋大学和威海市人民政府联合举办的威海蓝色经济区发展与中国海上风能开发利用研讨会在威海市召开。国家海洋局第二海洋研究所中国工程院院士金翔龙、中国科协发展研究中心常务副主任王康友等出席会议。

4日

△全国人大常委会副秘书长王庆喜一行到威海调研。市委书记、市人大常委会主任王培廷，市委副书记、市长孙述涛分别会见了王庆喜一行。

11日

△首届中国·威海国际食品博览会在威海国际展览中心开幕。来自国内外383家企业的720多名采购商到会采购洽谈，达成国际贸易协议1.2亿美元，国内贸易协议13.6亿元。博览会为期3天，于13日闭幕。

14日

△市委书记、市人大常委会主任王培廷在东山宾馆会见到威海考察的刚果共和国石油公司董事长戈卡纳·丹尼一行。

18～19日

△滨州市委书记、市人大常委会主任邓向阳，市委副书记、市长张光峰率滨州市党政考察团到威海市参观考察。威海市委书记、市人大常委会主任王培廷，市委副书记、市长孙述涛等分别陪同考察。

22日

△首届中韩日国际友好文化学术论坛在赤山景区举行，来自三个国家的数十位专家学者阐述了对中韩日三国文化交流的研究与见解。

24日

△市委书记、市人大常委会主任王培廷在东山宾馆会见参加永旺威海购物中心开业典礼的日本驻青岛领事馆总领事斋藤法雄一行。

25日

△中非合作论坛中方后续委秘书处与非洲驻华使节磋商会在乳山市举行，外交部、商务部等有关部门负责人和47位非洲国家驻华大使或其高级代表出席。副省长才利民会见了外交部副部长翟隽和非洲国家驻华大使及其高级代表。威海市委书记、市人大常委会主任王培廷等会见时在座。

27日

△由烟台市委副书记、市长张江汀率领的烟台市党政考察团到威海市参观考察。威海市委书记、市人大常委会主任王培廷等陪同考察和座谈。

7　月

4日

△于6月29日开幕的“威建杯”2010年国际网联青少年网球巡回赛威海站比赛闭幕，中国、韩国、越南、印度、土库曼斯坦等国家的120多名运动员参加了比赛，中国选手包揽全部冠亚军。

8日

△市委副书记、市长孙述涛会见到威海市考察外贸出口及电子商务应用情况的商务部副部长蒋耀平、中国国际电子商务中心主任刘俊生一行。

△在香港举行的“2010中国城市分类优势排行榜”发布会上，威海市以满足感指数、生活品质指数、生态环境指数、社会文明指数、经济福利指数等多项综合指数积分78.25分，名列“2010中国十佳最具幸福感城市排行榜”第六位。

9日

△省委副书记、省政协主席刘伟在东山宾馆会见了到威海调研农村住房制度建设问题的全国政协常委、经济委员会副主任厉以宁和全国政协常委、经济委员会副主任胡德平一行。省政协副主席齐乃贵，市委书记、市人大常委会主任王培廷，市委副书记、市长孙述涛等会见时在座。

14～15日

△全国人大常委、全国人大农业与农村委员会副主任、民盟中央副主席索丽生一行到威海调研蓝色经济区建设、先进装备制造业、高新技术产业以及生态旅游业发展情况。市委书记、市人大常委会主任王培廷，市委副书记、市长孙述涛等会见了索丽生一行。

18～24日

△2010年全国OP帆船冠军赛在乳山市银滩旅游度假区举行，来自全国各地的17支代表队101名运动员参加了比赛。

23日

△市委、市政府在威海国际会议中心召开市区城中村改造工作总结表彰大会，表彰为城中村改造作出突出贡献的单位和个人。

25日

△在沈阳市召开的“2010中国城市信息化峰会暨AMD杯第二届中国城市信息化50强发布会”上，威海市因在“数字威海”建设中取得的显著成绩，再次入选城市信息化全国50强，并作为5个城市代表之一受邀参加《信息化与城市和谐》高端对话。

27～28日

△省委常委、政法委书记柏继民，副省长郭兆信到威海调研社会治安综合治理、城中村改造、农村住房建设和城建重点工程建设等情况。市委书记、市人大常委会主任王培廷，市委副书记、市长孙述涛等分别陪同调研。

29 日

△全国国土资源调控监测工作座谈会在威海金海湾国际饭店召开。国土资源部副部长、党组副书记、国家土地副总督察鹿心社，副省长才利民，市委书记、市人大常委会主任王培廷等出席会议。

8　月

1 日

△市委书记、市人大常委会主任王培廷在东山宾馆会见了以日本新潟市议会副议长佐藤幸雄为团长的新潟市议会代表团一行。

4 日

△省委副书记、省长姜大明在乳山市会见了卫生部部长陈竺，卫生部党组书记、副部长张茅一行。卫生部副部长王国强、马晓伟、陈啸宏、邵明立、刘谦，中央纪委驻卫生部纪检组组长李熙，副省长王随莲，市委书记、市人大常委会主任王培廷，市委副书记、市长孙述涛等参加会见。

5 日

△市委副书记、市长孙述涛在东山宾馆会见了日本山口县知事二井关成一行。

8 日

△市委副书记、市长孙述涛在威海金海湾国际饭店会见了世界著名数学家、美国科学院院士、哈佛大学终身教授、中国科学院外籍院士丘成桐一行。

9 日

△市委书记、市人大常委会主任王培廷在东山宾馆会见了台湾百货业“龙头”——太平洋集团董事长章启光一行。

12 日

△市委书记、市人大常委会主任王培廷会见了韩国民主党最高议员元惠荣、韩国前国会议员柳寅泰、韩国富川市市长金晚洙、韩国通信科技公司会长权赫燮一行。

13 日

△中共中央政治局委员、国务委员刘延东在省委副书记、省长姜大明，副省长黄胜等陪同下到威海市考察。科技部党组书记、副部长李学勇，教育部副部长李卫红，文化部副部长王文章，国务院研究室副主任汪小娟等随同考察。市委书记、市人大常委会主任王培廷，市委副书记、市长孙述涛等先后陪同考察了光威集团和威高集团。

△副省长李兆前到威海市检查防汛工作，市委副书记、市长孙述涛陪同检查。

13～14 日

△中国科学院副院长江绵恒、阴和俊在副省长李兆前的陪同下，到威海市考察。市委书记、市人大常委会主任王培廷，市委副书记、市长孙述涛等陪同考察。

16 日

△“威海杯”2010 年 HOBIE（霍比）世界帆船锦标赛在威海国际海水浴场海景广场开赛。比赛为期 15 天，来自 22 个国家和地区的 110 支代表队 220 名运动员进行了 5 个级别 70 余场次比赛。

16～17 日

△副省长王军民到威海市调研，并主持召开座谈会，听取威海市关于中韩陆海联运汽车货物运输项目试点工作情况汇报。市委书记、市人大常委会主任王培廷，市委副书记、市长孙述涛等先后陪同调研。

23 日

△山东省第三届文博会威海分会场——2010 中韩文化交流月开幕式在威海文化艺术中心门前广场举行。文化经贸交流活动持续到 9 月 30 日结束，全市举办了 22 项活动，约 30 万人参加。

24 日

△全国人大常委会委员、农业与农村委员会原副主任委员李春亭一行到威海市考察大项目建设和市区城中村改造情况，市委书记、市人大常委会主任王培廷陪同考察。

25 日

△全国出口食品农产品质量安全示范区建设工作座谈会在威海市召开。国家质检总局副局长蒲长城，副省长才利民，市委副书记、市长孙述涛等出席会议。

△到威海市出席全国出口食品农产品质量安全示范区建设工作座谈会的副省长才利民，听取威海市有关接受台湾同胞赠送大陆同胞梅花鹿和长鬃山羊准备工作的情况汇报，并对下一步工作提出了具体要求。市委副书记、市长孙述涛等参加了汇报会。

26 日

△由威海市政府与法国诺本集团联合主办，市会展办、哈尔滨工业大学（威海）协办的“2010 亚洲海上风电发展”高峰研讨会在威海市举行。

9　月

6 日

△副省长才利民在蓝天宾馆会见到威海参加中韩物流合作第五次会议的韩国国土海洋部次官金熙国一行。市委书记、市人大常委会主任王培廷，市委副书记、市长孙述涛等会见时在座。

△由三角集团自主研发的轮胎“巨无霸”40.00R57 巨型工程子午胎成功下线，这是中国拥有完全自主知识产权和自主品牌的最大型号轮胎。

8 日

△副省长才利民在威海金海湾国际饭店会见韩国现代 IT 有限公司首席执行官李辰镐、美中企业家商会会长孙文铁、美国真视觉公司董事长福莱

斯特·福来明一行。市委副书记、市长孙述涛等参加了会见。

9日

△第四届中俄（威海）滨海旅游度假论坛开幕。国家旅游局副局长祝善忠，副省长才利民，俄罗斯联邦体育旅游与青年政策部副部长纳吉娜·娜杰日达·亚历山德罗夫娜，市委书记、市人大常委会主任王培廷等出席开幕式并揭彩。

10日

△首届国际养生产业峰会暨第三届中国威海（文登）国际温泉节在文登汤泊温泉度假区开幕。国家旅游局副局长祝善忠，省人大常委会副主任崔曰臣，省政协副主席齐乃贵，市委书记、市人大常委会主任王培廷等出席开幕仪式。

11日

△市委书记、市人大常委会主任王培廷在东山宾馆会见博茨瓦纳首都哈博罗内市市长尤纳米·沃罗尼卡·莱索利一行。

19日

△市委书记、市人大常委会主任王培廷在东山宾馆会见韩国现代重工株式会社会长闵季植一行。

25日

△2010年威海长距离铁人三项世界杯系列赛开幕式在威海半月湾中国铁人三项运动协会专用赛场举行。这是亚洲首次承办经过国际铁人三项联盟批准的长距离铁人三项世界杯赛事。比赛为期2天，来自24个国家和地区的387名运动员，分成27个组别，进行铁人三项长距离、标准距离、体验距离和家庭接力距离4个竞赛距离的比赛。

26日

△经过88天的激烈角逐，第二十二届山东省运动会在淄博市落下了帷幕。威海市代表团获金牌总数及团体总分排名均居第六位，并获得体育道德风尚奖。青少年组获金牌总数、团体总分排名也均居第六位，创造了历史最好成绩。

27日

△市委副书记、市长孙述涛在文登倪氏海泰大酒店会见香港华润置地（沈阳）有限公司副总裁、山东大区总经理张大为一行。

28～29日

△市委书记、市人大常委会主任王培廷率市党政代表团赴四川省北川县考察指导对口援建工作，并看望威海市援建工作人员。

10　月

8日

△“十一”黄金周8天长假期间，到威海旅游人数达150万人次，比上年增长24%；全市旅游收入12.7亿元，增长28%。

9日

△市委书记、市人大常委会主任王培廷在东山宾馆会见台湾中亚集团董事长刘宝棋、信东集团董事长柯长崎、海峡两岸农业发展促进会理事长黄绍彭，就在农业开发、新材料、医疗器械等领域开展合作事宜进行了交流。

13～15日

△在“九九”重阳佳节到来之际，市委书记、市人大常委会主任王培廷，市委副书记、市长孙述涛等分别深入桥头镇、草庙子镇和初村镇的敬老院，威海老年公寓及部分老人家中走访慰问。

14日

△第三届中国（威海）国际渔具博览会在威海国际展览中心开幕，“幸福威海”嘉年华活动同日启动。博览会为期4天，立足于威海作为国际渔具制造业基地的产业优势，旨在搭建国际渔具贸易新平台，汇集了全球51个国家和地区的1000多名专业贸易商，进一步突出参展、采购、经销的三方对接，强化产业与市场、经贸与旅游的多向互动。

16日

△由贵州省黔东南州州委书记廖少华带领的黔东南州党政考察团到威海市考察，威海市委书记、市人大常委会主任王培廷会见了考察团一行。

16～17日

△青海省副省长高云龙，海北州委书记严金海，海北州委副书记、州长尼玛卓玛率领青海省海北州党政考察团到威海市考察，威海市委书记、市人大常委会主任，市委副书记、市长孙述涛等陪同考察。王培廷代表威海市委、市政府捐赠200万元，支援海北州幼儿园和小学建设。

△湖南省株洲市委副书记、市长王群率党政考察团到威海市考察，威海市委副书记、市长孙述涛陪同考察并座谈。

19日

△市委书记、市人大常委会主任王培廷率领威海市党政考察团赴烟台市学习考察旅游文化产业发展情况。

20～21日

△市委副书记、市长孙述涛带领市经信委、商务局、经济合作局等部门负责人先后到滨州、东营、潍坊市考察学习。

26日

△在北京召开的第六次全国人民防空会议上，威海市被国家国防动员委员会评选为“全国人民防空先进城市”。

28日

△市委副书记、市长孙述涛率团参加在济南开幕的鲁台经贸文化交流周暨2010年山东台湾名品博览会，并以此为平台，有效推进威海蓝色经济区和高端产业聚集区建设，推动威海对台经贸交流与合作。

31 日

△由中国外交学院、中国国际关系学会主办的“深蓝机遇——中日韩合作与威海蓝色产业论坛”在威海市举行。

11　月

1 日

△零点，是第六次全国人口普查的标准时点。1～10 日，威海市人口普查员开展入户登记调查。

9 日

△刘公岛国家森林公园动物园熊猫馆开馆仪式举行，来自四川省雅安市的两只大熊猫“竹灵”和“宁宁”正式与观众见面，约 5000 名游客目睹了大熊猫的风采。

10～12 日

△青岛市人大常委会主任张若飞带领许振超、邵峰晶、杨伟程、纪玉君、莫照兰等部分住青岛的第十一届全国人大代表，视察了荣成、文登市经济社会发展情况，调研蓝色经济区建设情况。威海市委书记、市人大常委会主任王培廷等会见了视察调研组。

16 日

△10 点，泓淋科技集团股票正式在香港联合交易所挂牌交易，此次发行 1.8 亿股，每股发行价 2.8 港元，募集资金总额 5.04 亿港元。这是威海市继威高集团之后第二家成功登陆香港资本市场的企业。

13～21 日

△市委书记、市人大常委会主任王培廷率团赴日本、韩国进行经贸考察，会见了部分政要和知名企业家，考察了相关重点企业，洽谈推动了一批合作项目的签约和达成意向，取得了显著成果。

15～18 日

△市委副书记、市长孙述涛率团赴香港、南京开展经贸推介活动，参加了泓淋科技挂牌上市仪式，考察了部分知名企业，洽谈推进了一批重点项目。

12　月

1 日

△晚，市委书记、市人大常委会主任王培廷等和市直有关部门负责人一起现场倾听 2010 年“向市民承诺、为市民办事、请市民监督”活动群众满意度电话调查，了解民意。

15 日

△市委书记、市人大常委会主任王培廷在东山宾馆会见了日本豪雅株式会社光学事业部部长山条宪人一行。

△国家旅游局（旅发〔2010〕91 号）公布，威海市刘公岛景区被批准为国家 AAAAA 级旅游景区。

21 日

△4 辆威海牌照的底盘挂车驶抵威海港，在办理各种手续后，通过了威海中韩陆海联运口岸。这是中国首例与周边国家开展的陆海联运汽车货物运输项目，也标志着威海港正式成为全国首个开通陆海汽车货物运输项目的试点口岸。

26 日

△荣成农村商业银行揭牌，成为威海市首家改制成功的农村商业银行。荣成农村商业银行股份有限公司前身为荣成市农信联社，是经中国银行业监督管理委员会批准设立的股份制地方性金融机构。

28 日

△第二届山东省省长质量奖颁奖电视电话会召开，威高集团、金猴集团分别获得第二届省长质量奖和提名奖。

编辑　闫拥军

11 月 9 日，刘公岛国家森林公园动物园熊猫馆开馆仪式举行　夏志忠　摄

威海概况

建置沿革

【地理位置】 威海市位于山东半岛东端，地处北纬36° 41′～37° 35′、东经121° 11′～122° 42′。北东南三面濒临黄海，北与辽东半岛相对，东及东南与朝鲜半岛隔海相望，西与烟台市接壤。东西最大横距135公里，南北最大纵距81公里，总面积5797平方公里，其中市区面积777平方公里。海岸线长985.9公里。辖环翠区、文登市、荣成市和乳山市。

【建置隶属】 威海历史悠久，新石器时代中期，境内就有人类聚居。夏、商、周三代，今市境为东方嵎夷之地，有莱夷聚居。北齐天统四年（568年），境内设文登县，今市境尽属之。此后，朝代更替，但隶属文登县未变。

明洪武三十一年（1398年），为防倭寇侵扰，设威海卫，威海即由此而来。清光绪二十四年（1898年），英国强租威海卫。光绪二十六年（1900年），设威海卫行政长官署，属英国殖民部。1930年10月，中国收回威海卫，置威海卫行政区，直属国民政府行政院。

1950年5月，成立文登专区，辖威海、荣成、文登、昆嵛、乳山、海阳、牟平、福山8县。1956年2月，文登专区撤销，今威海地域改属莱阳专区。1958年10月，莱阳专区改为烟台专区，1967年2月，烟台专区更名为烟台地区，今威海地域属之。1983年8月撤销烟台地区，设烟台市（地级），同时威海市改为省辖县级市，由烟台市代管，文登、荣成、乳山3县归烟台市管辖。

1987年6月15日，威海市升为地级市，原县级威海市设为环翠区；烟台市的荣成、文登、乳山3县划归威海市管辖。1988年10月，文登县改为省辖县级市，由威海市代管；11月，荣成县改为省辖县级市，由威海市代管。1993年7月，乳山县改为省辖县级市，由威海市代管。

（市史志办）

【行政区划】 至2010年底，威海市辖环翠区（威海火炬高技术产业开发区、威海经济技术开发区、威海工业新区属于开发区，开发区管理委员会是市政府派出机构）和文登市、荣成市、乳山市。共50个镇、18个街道办事处、2514个村民委员会、395个居民委员会。

（王书清）

自然环境

【地质】 威海市位于山东省胶北断块隆起的东端，其南侧与胶莱坳陷的东部边缘接壤。境内出露地层自老至新有晚太古界的胶东群、中生界上侏罗系莱阳组和白垩系下统青山组及新生界第四系。褶皱构造有乳山—威海复背斜，其轴在乳山台依，向北东经昆嵛山主峰、汪疃、羊亭，在田村倾没，轴向北东。断裂构造有近南北向的双岛断裂，北北东向的金牛山断裂和老母猪河断裂，北东向的牟平—即墨断裂（迹经乳山西部），北西向的望岛断裂、海埠—神道口断裂、俚岛—海西头断裂。岩浆岩主要有元古代的昆嵛山岩体和文登岩体及中生代燕山晚期艾山阶段的伟德山岩体和石岛岩体、崂山阶段的槎山岩体和龙须岛岩体。

（苗丰麟）

【地貌】 威海市属起伏缓和、谷宽坡缓的波状丘陵区。区内除昆嵛山主峰泰礴顶海拔高度923米以外，其他山地丘陵都在700米以下，大部分为200米～300米的波状丘陵，坡度在25度以下。山体主要由花岗闪长岩构成，山基表面多为风化残积物形成的棕壤性土，土层覆盖较薄，但土壤通透性好。山丘中谷地多开阔，多平谷；平原多为滨海平原和山前倾斜平原。其中，低山占土地总面积的15.77%，丘陵占52.38%，平原占27.56%，岛屿占0.28%，滩涂占4.01%。河网密布，河流畅通，地表排水良好。地势中部高，山脉呈东西走向，水系由脊背向南北流入大海。北东南三面环海，海岸类型属于港湾海岸，海岸线曲折，岬湾交错，多港湾、岛屿。

（王文刚）

【气候】 威海市地处中纬度，属于北温带季风型大陆性气候，四季变化和季风进退都较明显。与同纬度的内陆地区相比，具有雨水丰富、年温适中、气候温和的特点。另外，受海洋的调节作用，又具有春冷、夏凉、秋暖、冬温，昼夜温差小、无霜期长、大风多和湿度大等海洋性气候特点。全市历年平均气温 11.9℃，历年平均降水量 730.2 毫米，历年平均日照时数 2538.2 小时。2010 年，全市气温略偏高，降水偏多，日照时数偏少。

（单宝臣　秦俊岭）

【水文】 威海市河流属半岛边沿水系，为季风区雨源型河流。河床比降大，源短流急，暴涨暴落。径流量受季节影响差异较大，枯水季节多断流。全市有大小河流 1000 多条，其中，母猪河、乳山河、黄垒河 3 条较大河流贯穿于文登、乳山市境内，总流域面积约 2783 平方公里，占全市土地总面积的 48%。母猪河流域面积最大，流域面积 1115.18 平方公里，乳山河流域面积 1015.8 平方公里，黄垒河流域面积 652 平方公里。境内河流长度大于 5 公里的有 94 条，其中大于 10 公里的有 44 条。黄垒河最长，全长 69 公里。河网平均密度为 0.22 公里／平方公里。多年平均年径流系数为 0.36 左右，2010 年径流系数为 0.37。

（张明芳）

【土壤】 全市土壤类型有棕壤、潮土、盐土、风沙土、褐土、水稻土、山地草甸土，共 7 个土类。依其各自的发育程度、附加成土过程和土壤属性，又分为棕壤性土、棕壤、潮棕壤、白浆化棕壤、潮土、盐化潮土、褐土、滨海盐土、流动风沙土、半固定风沙土、固定风沙土、潜育水稻土、山地草甸土 13 个亚类、18 个土属、153 个土种。

棕壤土类是全市分布最广、面积最大的土类，遍及全市的山丘地区，占土壤总面积的 83.5%。潮土类为威海市第二位的分布土类，占土壤总面积的 13.2%。

从土壤（耕层）质地可归为三大类：砂性土、轻壤土、中壤土。从土体构型可分为 15 种类型，按其对作物的影响主要归纳为五大类型：均壤质型，均沙、夹沙、夹砾石型，夹黏、均黏型，夹白浆型，硬（酥）石底型。从化学性状看，威海市成土母质大部分为酸性岩风化物，土壤 pH 值为 6.5 ~ 7，一般呈微酸性，有明显的淋溶作用、黏化作用和生物积累作用。

（叶全　陈洪江）

【海域】 威海北、东、南三面为黄海环绕，海岸线总长 985.9 公里，约占山东省的 1/3、全国的 1/18。海岸类型属于港湾海岸，海岸线曲折，沿海有大小港湾 30 多处，岬角 20 多个，并有众多优质海滩分布。全市大小海岛 168 个，其中，面积 500 平方米以上的 98 个，有居民岛屿 6 个。

（市史志办）

自然资源

【土地资源】 2010 年末，全市辖区土地总面积 57.97 万公顷。其中，耕地 19.68 万公顷，比上年减少 223.30 公顷；园地 3.66 万公顷，减少 161.77 公顷；林地 10.93 万公顷，减少 227.71 公顷；草地 1.79 万公顷，减少 613.14 公顷；城镇村及工矿用地 7.20 万公顷，增加 1357.44 公顷；交通运输用地 2.45 万公顷，增加 246.08 公顷；水域及水利设施用地 6.11 万公顷，减少 161.38 公顷；其他土地 6.15 万公顷，减少 216.22 公顷。

（邵锦光）

【水资源】 威海市地处山东半岛最东端，内无大江大河，外无客水入境，水资源主要来源于境内的大气降水。全市年平均降水量 762.9 毫米，年径流量 244.9 毫米，平均地表水资源量为 13.3 亿立方米，地下水资源量为 4.9 亿立方米，扣除两者重复量 2.8 亿立方米，全市多年平均水资源总量为 15.41 亿立方米。

（于贵泉）

【矿产资源】 至 2010 年底，全市已发现矿产 47 种（包括亚矿种），矿（床）点多达 320 余处（不含地下水）。其中，金属矿产 11 种，矿（床）点 120 余处；非金属矿产 33 个矿种（亚矿种），矿（床）点 170 余处；地热、矿泉水 30 处。探明矿产地 103 处，占发现矿（床）点总数的 32%，新探明矿产地明显减少。几种主要矿产探明储量较多。其中，金矿（含伴生金）占全省探明储量的 8.90%，居全省第三位；银矿、玻璃用砂分别占 10.36%、75.7%；全省锆英石（伴生）矿资源储量集中在威海；饰面用花岗岩资源十分丰富，达 7.4 亿立方米。全市以蕴藏非金属矿产为主，金属矿产单一，石油、天然气、煤和化工原

2010年威海市大中型水库蓄水量统计表

表1　　单位：万立方米

日期（月.日）	1.1	2.1	3.1	4.1	5.1	6.1	7.1	8.1	9.1	10.1	11.1	12.1	2011.1.1
大型	6340	7180	7060	7790	7900	7720	8020	9390	13800	15090	15080	14720	14350
中型	6010	4925	4871	5347	5271	5167	5378	5541	8631	11176	10701	10500	10475
大中型合计	12350	12105	11931	13137	13171	12887	13398	14931	22431	26266	25781	25220	24825

注：　大型水库包括米山水库、龙角山水库、八河水库。

料矿产短缺。

（邵锦光）

【生物资源】　威海海域广阔，浅海和潮间带有丰富的生物资源。全市海域平均生物量为353克／平方米，平均生物密度为586个／平方米；有生物资源779种，其中，动物647种、植物132种。动物中，鱼类主要有大黄鱼、小黄鱼、梭鱼、鲻鱼、鲈鱼、鲅鱼、鲳鱼、黄姑、比目鱼等100余种；虾蟹类主要有鹰爪虾、对虾、毛虾、脊尾白虾、三疣梭子蟹等；贝类主要有栉孔扇贝、鲍鱼、泥蚶、文蛤、毛蚶、魁蚶、牡蛎、中国蛤蜊、贻贝、青蛤等；棘皮类中有刺参、海蜇、马粪海胆、海星等。植物中，藻类主要有海带、裙带菜、石花菜、条斑紫菜、大叶藻等。

陆生野生哺乳动物有梅花鹿、狐狸、豹猫、獾、黄鼬、刺猬、野兔、蝙蝠等。鸟类已查到250种，其中，候鸟、旅鸟占70%以上，留鸟种类较少。列入国家保护的野生动物一级的有梅花鹿、中华秋沙鸭、金雕、黑鹳4种，二级的有大天鹅、鸳鸯、灰鹤、苍鹰等12种；其余鸟类及狐狸、豹猫、獾、黄鼬、刺猬等列入山东省重点保护野生动物。野生经济植物有70科248种，如车前、地黄、天麻、黄芩等；野生牧草有12科92种，如马唐、黄背草、白茅草等；木本植物有70科457种，其中，乔木315种，如黑松、刺槐、法桐、苹果、梨、桃、银杏、板栗等；灌木有112种，如紫穗槐、胡枝子等；藤本有30种，如葛藤、紫藤、爬墙虎等。粮食作物主要有小麦、玉米等，经济作物主要有花生、大豆等。

（王吉明）

【旅游资源】　威海市旅游资源丰富，自然资源与人文资源兼备。全市有旅游景区（点）80多处，其中，刘公岛风景区为国家AAAAA级旅游景区，成山头、石岛赤山、乳山银滩、大乳山、天沐·温泉、汤泊温泉、华夏城、仙姑顶8处为国家AAAA级旅游景区。自然资源以“海、岛、滩、湾、泉、山”为特色，全市拥有近1000公里海岸线，沿线沙滩细腻绵延，海水碧蓝纯净，有国际海水浴场、文登金海滩、乳山银滩等10多处天然海水浴场，有威海湾、伴月湾、九龙湾等16个海湾，有刘公岛、海驴岛等大小海岛168个，有9处优质地下温泉，有昆嵛山、圣经山、里口山、铁槎山、大乳山等山地风景区。人文资源以秦汉文化、民俗文化、道教文化、甲午文化、英租文化为代表，全市登录的不可移动文物点1497处，各级文物保护单位120处，其中，全国重点文物保护单位2处，省级文物保护单位29处。中国甲午战争博物馆被评为首批国家一级博物馆之一，天福山起义纪念馆被评为全国爱国主义教育基地。全市初步形成以东夷文化遗存、成山头秦汉遗迹、圣经山摩崖石刻、明清海防遗迹、刘公岛甲午战争纪念地、威海英式建筑、天福山革命遗址等几大板块为主的人文旅游景观体系。

（赵秀宁）

自然灾害

【海冰灾】　1～2月，威海市多次出现强降雪过程，特别是1月，先后2次降暴雪，降水量19.4毫米，同时伴有长期低温现象，日平均气温均在零度以下，持续低温时间和强度仅次于1977年。受连续降雪和寒潮天气的影响，乳山、荣成、文登市和威海经济技术开发区沿岸滩涂、海产品养殖池，冰冻时间接近1个月，海上、池塘结冰面积约1.6万公顷，造成潮间带、滩涂养殖的海产品大面积缺氧死亡，死亡率平均达到30%，海冰冰情为30年来同期最重。此次海冰灾害使海产养殖业遭受较大的影响。全市受灾人口5248人，海产养殖受灾面积8548公顷，直接经济损失约5.86亿元，其中，海产养殖损失4.94亿元，农作物损失8238.2万元，工矿企业损失138万元，基础设施损失429万元，其他损失380万元。

【风雹灾】　7月8日凌晨1点左右，乳山市崖子镇炉上村遭受冰雹袭击，受灾农作物以苹果为主，受灾面积46公顷，受灾人口400余人，直接经济损失700万元。8月14日14点，文登市文登营镇、天福街道办事处等4个镇(街道办）10余个村遭受龙卷风袭击，807户2389间农房受损，受灾人口3000人，无人员伤亡；农作物受灾面积124公顷，主要是苹果、梨树等出现断枝和落果，玉米、蔬菜发生倒伏；39个养殖鸡棚、猪棚不同程度受损，直接经济损失410万元。8月14日20点，荣成市荫子镇、崖西镇部分村遭受龙卷风袭击，受灾人口627人，农作物受灾面积17.3公顷，倒塌房间47间，损坏房屋301间，直接经济损失55万元。

【洪涝灾】　7月18日2点，环翠区、威海工业新区降大到暴雨，降雨量108毫米，降雨过程中正值海潮上涨，使洪水倒灌，部分农田被淹，农作物受灾面积746.7公顷，绝收面积11公顷，受灾人口6650人，直接经济损失205万元。8月23日，威海工业新区遭受洪涝灾害，受灾人口3000人，农作物受灾面积96公顷，倒塌房屋80间，损坏房屋62间，直接经济损失180万元。受第7号台风“圆规”和西风带冷空气共同影响，9月1～3日，荣成市普降大雨局部大暴雨，降雨量146.8毫米。受灾人口937人，农作物受灾面积467公顷，其中，海产养殖受灾面积403公顷，倒塌房屋102间，损坏房屋67间，直接经济损失689.5万元。

【旱灾】　10月13日至12月14日，乳山市因无有效降雨，持续干旱，造成了河流来水偏少、水利工程蓄水不足、地下水位不断下降。自12月15日始，虽降过几次小雪，但降雨量只有0.5毫米，未形成一次农业有效降水，旱情日趋严重，截至12月底，农作物受旱面积达7467公顷，受灾人口约14.3万人。

【雪灾】　受较强冷空气影响，12月29日，荣成市、环翠区、威海工业新区普降大雪，其中，俚岛、孙家疃、草庙子等18个镇遭受了雪灾，受灾人口1289人，农作物受灾面积64.2公顷，损坏房屋161间，直接经济损失2083.4万元。其中，农业损失1274.9万元，工矿企业损失510万元，公益设施损失

15万元，家庭财产损失283.5万元。

（吴　刚）

人口·民族

【人口】 2010年末，威海市户籍总人口2536062人，比上年底增加6385人，人口保持低速增长。其中，市区人口648480人，比上年底增加3119人。所辖荣成市、文登市、乳山市人口分别为670251、584793人、572753人，荣成市、文登市人口比上年底均有不同程度的减少，乳山市人口略有增加。在总人口中，男性为1270991人，女性为1265071人，男女性别比为100.47∶100；全市总户数917831户，户均人口2.76人；全市非农业人口为1299596人，占总人口的51.24%；农业人口1236466人，占总人口的48.8%。人口控制工作成效显著，全市人口自然增长率连续12年负增长。2010年出生人口18411人，出生率为7.27‰；死亡人口21716人，死亡率为8.57‰，全市人口自然增长率为-1.30‰。

（丛　浩）

【民族】 威海市有47个民族：汉族、朝鲜族、满族、佤族、蒙古族、回族、拉祜族、白族、傣族、苗族、土家族、彝族、侗族、藏族、维吾尔族、壮族、布依族、瑶族、哈尼族、哈萨克族、黎族、傈僳族、畲族、高山族、水族、纳西族、景颇族、柯尔克孜族、土族、达斡尔族、仫佬族、羌族、布朗族、毛南族、仡佬族、锡伯族、普米族、塔吉克族、怒族、乌孜别克族、俄罗斯族、鄂温克族、德昂族、独龙族、鄂伦春族、赫哲族、珞巴族。全市有少数民族46个，2.92万人。

（钟建波）

国民经济与社会发展

【国民经济持续稳健增长】 2010年，全市实现地区生产总值（GDP）1944.7亿元，按可比价格计算，比上年增长12.7%。其中，第一产业增加值153.94亿元，增长1.3%；第二产业增加值1087.03亿元，增长11.4%；第三产业增加值707.73亿元，增长17.7%。产业结构继续优化，三次产业结构由上年的7.87∶57.75∶34.38调整为7.92∶55.89∶36.19。按户籍人口计算，全市人均生产总值达到76779元，增长12.4%。

【三次产业协调并进】 农业生产稳定发展　全市实现农林牧渔业总产值300.85亿元，比上年增长1.2%。全年粮食总产量达到106.26万吨，增长1.8%。人工造林面积8042公顷，森林覆盖率达到40%。肉类总产量达到12.27万吨，下降0.3%；奶类总产量22.19万吨，下降2%；禽蛋类总产量11.49万吨，下降4.4%。水产品总产量达到213.17万吨，增长2.2%，其中，水产养殖面积5.79万公顷，养殖产量达到127.54万吨，分别增长10.3%和2.9%；海洋捕捞产量85.63万吨，增长1.1%。

工业生产平稳发展　全市年主营业务收入500万元及以上的工业企业达到2118家，实现增加值1135.71亿元，比上年增长10.5%；实现主营业务收入5185.39亿元，增长13.1%；实现利润总额257.16亿元，增长20.9%；实现利税总额399.75亿元，增长19.9%。产品销售率达到98.69%，比上年略有增加；全员劳动生产率18.30万元/人，增长5.7%。高新技术产业产值达到2028.09亿元，增长20.2%，占总产值的比重达到37.02%，比年初提高2.29个百分点；新认定高技术企业5家，科技型中小企业16家，总数分别达到85家和80家。节能减排工作取得新进展，完成污染减排项目38个，投资额4.2亿元。

服务业繁荣发展　旅游业，全年接待海内外游客2149.26万人次，实现旅游总收入220亿元，分别增长14.9%、16.7%。交通运输业，年末公路通车里程达到6720.3公里（含农村公路）；全年各种运输方式完成客运量1.56亿人次，增长3.1%；货运量4913万吨，增长26.9%；港口货物吞吐量4866万吨，集装箱吞吐量69.5万标准箱，分别增长18.1%和11.8%。

名牌创建迈上新台阶　全市拥有中国名牌产品19个；山东名牌产品新增18个，达到142个，其中服务名牌23个，位居全省前列。中国驰名商标新增4个，达到20个；山东著名商标新增12个，达到75个。

【内需拉动作用增强】 全面贯彻国家宏观调控政策，注重调整优化投资结构，固定资产投资较快增长，全年完成规模以上固定资产投资1168.18亿元，比上年增长18.7%。投资结构日趋合理，第二、三产业投资分别增长12.2%和23.8%，三次产业投资结构优化为3∶38∶59；高新技术产业完成投资143亿元，增长11.8%，占工业投资的比重为33%，提高了7.3个百分点。全年新开工项目957个，其中1亿元以上大项目44个。房地产开发平稳运行，完成投资269.8亿元，增长28.8%，比上年回落10.6个百分点；商品房销售实现大幅增长，销售面积741.7万平方米，销售额279.9亿元，分别增长31.1%和42.6%。消费需求持续繁荣，全年实现社会消费品零售额683.99亿元，增长18.6%，其中，住宿和餐饮业零售额60.46亿元，增长18.4%。城市市场实现消费品零售额494.68亿元，增长18.9%；农村市场实现消费品零售额189.31亿元，增长17.9%。市场物价相对平稳，全年居民消费价格总指数（CPI）累计上涨2.7%，比上年提高了1.7个百分点。其中，食品价格上涨11.7%，是拉动居民消费价格上涨的主要因素；工业品出厂价格累计上涨4.3%；原材料、燃料、动力购进价格累计上涨11%，比上年上升了16.4

个百分点。

【对外经济向好态势明显】 随着国际市场外贸形势逐步回暖，以及各项稳定和促进外贸发展政策措施的逐步落实，全市进出口发展势头良好。全年完成进出口总额139.16亿美元，比上年增长31.1%。其中，进口总额49.93亿美元，增长31.6%；出口总额89.23亿美元，增长30.9%；一般贸易出口额30.26亿美元，增长31.2%；加工贸易出口额58.09亿美元，增长29.9%。从出口商品看，五大类商品出口全面实现两位数增长，其中附加值和出口效益较高的机电产品出口增势最为强劲，出口额达到44.77亿美元，增长35.4%，占出口比重提高到50.2%。从出口市场看，主要出口市场增势平稳，韩、欧、美、日四大贸易市场实现出口额66.67亿美元，增长30.47%，占出口总额的74.7%。

招商引资工作再上新台阶，全市批准外资项目136个，合同外资8.03亿美元，增长42.9%；实际到账外资5.55亿美元，增长3.1%；引进内资项目525个，实际到位资金362.5亿元。"走出去"发展步伐加快，新核准设立境外企业22家，新增中方投资额超过1000万美元的项目5个。全年对外承包劳务业务完成营业额4.22亿美元，增长19.2%。

【财税金融稳健运行】 全市实现财政总收入358.28亿元，比上年增长60.8%；地方财政收入118.27亿元，增长15.4%，占生产总值比重为6.08%；地方财政支出167.93亿元，增长22.7%。收入结构呈现积极变化，工商税收收入、四税收入占地方财政收入的比重分别达到67.06%和42.39%，分别比上年提高7.31和6.89个百分点，实现了总量、质量双提高。税收收入迈上新台阶，全年实现两税收入175.76亿元，增长26.9%。金融业平稳发展。年末全市金融机构本外币存款余额1636.59亿元，比年初增加221.33亿元，增长15.6%；各项人民币贷款余额1150.14亿元，比年初增加166.16亿元，增长16.9%。保险机构实现保费收入43.72亿元，增长28.6%；支付各项赔款和给付10.84亿元，下降3.4%。

【城市建设加快推进】 年末，城市建成区面积达到132平方公里，建成区绿化覆盖率达到47.12%，人均公园绿地面积达到24.45平方米。城市公用事业发展较快，全年发电66.09亿千瓦小时，全社会用电量86.2亿千瓦小时，其中工业用电量58.3亿千瓦小时，比上年增长15.7%；市区天然气用气人口46.7万人，用气普及率99.83%；集中供热面积达到2453万平方米，增长11.1%。城市基础设施不断完善，青烟威荣城际铁路、江家寨立交桥、机场、港口等影响长远的重大工程快速推进。

【各项社会事业协调发展】 *城乡居民收入稳步提高* 全年城镇居民人均可支配收入2.22万元，比上年增长10.5%；农民人均纯收入1.05万元，增长14%。

就业再就业稳中趋好 全市城镇新增就业5.9万人，下岗失业再就业1.7万人，其中，困难群体再就业3000人；新增农村劳动力转移2.3万人，创业培训再就业人员3000人；城镇登记失业率为1.53%。

社会保障体系不断完善 年末，全市有56.1万名职工参加基本养老保险，14.3万名离退休人员享受养老保险，122.6万人参加城镇基本医疗保险，1.8万人领取失业保险金，9483名女职工享受生育津贴待遇。年内，发放政府助学金3750.25万元，救助学生2.59万人，纳入低保对象保障范围5.6万人，发放购买经济适用房货币补贴资格证378个。

科技事业成果丰硕 组织开展了第三个自主创新年活动，实施市级以上各类科技计划341项，取得重要科技成果156项，其中，达到国际领先和先进水平的36项、国内领先的114项，获得市级以上科技奖励的121项，其中省科技进步奖13项。创新体系建设取得新突破，组建了国家现代海水养殖产业技术创新战略联盟，创建了国家海产贝类工程技术研究中心。新认定市级以上工程技术研究中心21家，总数达到133家，其中国家级2家、省级61家；企业建立市级以上技术中心119家，其中国家级8家、省级44家；国家级工程实验室2个，山东省工程实验室3个，山东省企业重点实验室3个。

其他社会事业协调发展 全市人口自然增长率为−1.3‰，连续12年保持负增长；教育、文化、卫生、体育、广播电视、新闻出版、外事、侨务、史志、档案、气象、妇女儿童、老龄、残疾人等事业都取得了新成绩。

（王永澄）

蓝色经济区建设

【概况】 *海产品生产及精深加工基地* 已建成全球最大的海带养殖基地，全国最大的水产品加工基地，山东省最大的海珍品养殖基地与远洋捕捞船队。2010年，全市水产品产量213.2万吨，比上年增长2.2%，占全省的27%、全国的5%。海水养殖面积5.79万公顷。其中，海带养殖面积1万公顷，产量40万吨；海珍品增养殖面积2.67万公顷、新增6666.67公顷。外派远洋渔船460艘，增加205艘，实现产量12.1万吨、产值15.7亿元，分别增长102%、214%。水产品加工企业910家，年加工能力353万吨，加工产值248亿元，增长11.5%。产值过1亿元的渔业企业40多家，国家级和省级农业产业化重点龙头企业分别为5家和20家。海产品生产加工（包括海水养殖、捕捞、加工）产值450.4亿元，增长8.5%。

船舶修造及配套产业基地 威海市拥有3个一类开放港口，天然避风港湾众多，已形成皂埠湾、俚岛湾和石岛湾三大造修船业聚集区，产品涵盖集装箱船、油轮、散货船、远洋渔船、化学品船、游艇等15大类40多个品种。全市有造船企业112家。其中，规模以上企业44家，可建造万吨级以上船舶的企业8家，最大可建造10万吨级船舶。拥有5家省级企业技术中心，被评为国家级船舶出口基地。2010年，整船完工量126万载重吨，比上年增长38%；船段35万吨，增长17%；修

船300艘次，增长21%。全市船舶工业实现主营业务收入130.8亿元，增长30.7%；实缴税金3.9亿元，增长34%；利润12.8亿元，增长60%。出口13.6亿美元、增长48%。

港口物流基地　以东北亚地区为主要目的地，以沿海港口为核心，重点发展集装箱、散杂货、液体化工、客货滚装等运输业务，着力构建海陆相连、港城联动、空地一体的临港物流体系。全市有17个商港，万吨以上泊位25个（年内，威海港三、四期工程新增6个万吨以上泊位），国家一类开放口岸3个、一类开放作业区5个。全市港口开通国际国内航线27条，每周60个航班（新开通国内外航线9条）。全年港口吞吐量4866万吨，集装箱吞吐量69.5万标箱，分别比上年增长18.1%、11.8%；港口旅客吞吐量165万人次，增长13.3%，其中国际旅客77.8万人次，增长26%。

滨海旅游休闲度假基地　充分发挥海、岛、滩、湾、林、温泉等资源优势和文化基础条件，以千公里海岸线为依托，以刘公岛为龙头，以福文化为主题，以“好客山东”品牌为引导，拉长旅游产业链条，努力建成中国北方富有魅力的滨海休闲度假区。2010年，全市加快旅游与文化、体育、商贸和工农业的融合发展。举办了温泉节、母爱文化节、樱桃节、沙雕及采贝节，成功承办了“威海杯”HOBIE（霍比）世界帆船锦标赛、威海长距离铁人三项世界杯系列赛等体育赛事。全年接待海内外游客2149万人次，旅游总收入220亿元，分别增长14.9%、16.7%。接待国外游客37.3万人次，增长15.5%，其中，韩国游客29.3万人次，增长14.9%；俄罗斯游客1.8万人，增长35.3%。18处景区（点）接待游客550万人次，门票收入4.4亿元，分别比上年增长40.1%、44.9%。

新能源及配套产业基地　充分发挥海湾遍布、地质稳定、光照充足、季风特点显著等优势，大力发展新能源产业，构筑起全方位综合性的清洁能源体系。2010年，全市已有11个风力电场并网发电，装机容量42.85万千瓦，正在建设的5个项目核准装机容量25万千瓦，新增装机容量8万千瓦。石岛湾高温气冷堆核电站示范工程，一期20万千瓦级高温气冷堆机组前期工作基本结束。国家核电技术公司投资建设的大型先进压水堆核电站示范工程首台140万千瓦核电机组可研报告通过专家评审。总装机180万千瓦的文登抽水蓄能电站，总投资81亿元，可研报告通过专家评审。已落成的威海文化艺术中心太阳能发电示范项目是山东省最大的建筑一体化非晶硅光电玻璃屋面发电系统。

石化基地　总投资715亿元的荣成镆铘岛石化项目，建设2000万吨／年炼油、1000万吨／年天然气、100万立方米原油储备库、100万立方米成品油储备库、5万吨／年固体以及5万立方米／年液体化工周转库及配套码头的综合性大型石化基地。其中，一期工程规划新建1000万吨／年炼油、350万吨／年天然气、100万立方米原油储备库、100万立方米成品油储备库、原油码头、成品油码头及配套码头工程，配套码头项目已列入山东及威海港口总体规划。计划将在荣成镆铘岛、文登南海新区规划建设大型石化基地项目，重点发展新型合成材料、有机原料、精细化学品等附加值高、产业关联度强、替代进口、填补国内空白的石油深加工产品。

十大高端产业园区　按照高端高质高效原则，引导重点产业和生产要素向园区聚集，促进高端产业集群化发展，建设起一批具有自主知识产权的核心技术和新建创新平台。威高集团在可降解改性聚乳酸、可降解骨科材料、人工心肺等方面取得了较大突破，多项科技成果填补国内空白。拓展纤维公司研制的碳纤维制备军民两用技术打破国际封锁、填补国内空白，成为全国最大的碳纤维产业化基地。黄海造船有限公司生产的中国自行设计、自行建造的客滚船“渤海翡珠”已在渤海轮渡投入使用。三角集团大型工程子午线轮胎技术获得国家科技进步一等奖。2010年，园区实现主营业务收入507亿元，利税68.6亿元，缴税20.9亿元。

（张运鹏）

民营经济

【概况】　经济总量平稳增长　2010年，全市中小企业和民营经济保持了平稳较快的发展态势，规模以上中小企业（工业）2086家，实现增加值924.95亿元，比上年增长9.72%，占全市规模以上工业企业的比重为85.09%。

经济效益全面提升　全市规模以上中小企业（工业）实现营业收入3602.37亿元，利润总额201.23亿元，利税总额300.68亿元，分别比上年增长11.27%、19.21%和20.27%，各项指标分别占全市规模以上工业企业的84.08%、77.43%和79.46%。

出口形势逐步回升　全市规模以上中小企业（工业）完成出口交货值529.5亿元，比上年增长7.89%，四季度增幅比三季度提高了1.66个百分点、比上年同期提高了0.6个百分点。

个体私营经济保持较快增长　全市有个体私营企业9.93万户，注册资金547.11亿元，比上年新增2897户和122.66亿元，增长3%和28.9%。其中，私营企业为2.4万户，注册资金517.89亿元，新增2339户和115.95亿元，增长10.82%和28.85%。全市个体私营企业实缴税金42.24亿元，占全市税收收入的24%，新增15.01亿元，增长55.13%。

中小企业融资难状况明显改善　2010年，全市融资担保机构不断壮大，中小企业信用担保机构发展到40家，注册资金18.44亿元，年末在保贷款余额为63亿元，累计担保额246亿元；全市中小企业贷款总额441.07亿元，比年初增长24.36%，占全市贷款总额的41.46%。

重点企业对经济发展贡献度显著提高　全市144家省成长型中小企业实现营业收入、利润、税金分别为535亿元、34亿元和17亿元。144家省成长型中小企业占全市规模以上中小企业（工业）的比重仅为7%，但营业收入、利润、实缴税金完成额分别占全市规模以上中小企业（工业）的比重为12%、17%和20%。

【持续优化发展环境】 一是在全省率先出台促进中小企业发展政策。认真贯彻落实《国务院关于进一步促进中小企业发展的若干意见》（国发〔2009〕36号）和《山东省人民政府关于贯彻国发〔2009〕36号文件进一步促进中小企业发展的实施意见》（鲁政发〔2009〕127号）文件精神，制定出台了市委、市政府《关于进一步促进中小企业发展的实施意见》，是全省第一个出台相关配套意见的地市，也是威海市出台的第一个专门针对中小企业发展的综合性扶持政策，为推动中小企业发展奠定了政策基础。二是在全省率先召开中小企业发展大会。各市（区）参会人员达500多人。三是在全省率先实施保护中小企业发展行动。市人大常委会对《中华人民共和国中小企业促进法》和《山东省中小企业促进条例》落实情况开展了执法检查，市政协对民营经济和中小企业的发展情况、融资担保情况进行了调研，进一步激发了全社会保护中小企业发展的自觉性和主动性。建立健全了“中小企业特派员制度”，筛选100家成长型中小企业由市直部门处级领导帮扶，针对企业在项目建设、人才引进、资金争取等方面的实际问题和困难，及时出谋划策，帮助排忧解难。最大限度地减少审批事项、审批环节和审批时间，积极清理修改不利于民间投资的政策规定，放开冠威海市级行政区划企业名称限制，放宽个体私营企业出资限制，放宽民营资本投资项目准入限制，为更多的民营企业提供参与竞争机会。利用新闻媒体大力开展保护中小企业发展宣传活动，编发《中小企业民营经济实用政策法律法规汇编》和《韩国中小企业政策汇编》，抓好企业税收优惠政策落实，设立中小企业负担举报电话和网络受理平台，帮助企业维护合法权益。进一步整合财政扶持资金，全市中小企业发展专项资金规模由500万元增至1000万元。不断加大考核力度，将各级扶持中小企业和民营经济发展情况纳入市委年度目标责任制考核，对各市（区）工作百分考核由1分增至4分，包含中小企业民营经济发展指标、专项资金设立和增长、中小企业担保业务、四项计划和服务体系建设等考核指标。对23个市直部门设立了促进中小企业、民营经济发展考核任务，以考核带动各级各部门对中小企业和民营经济发展的重视和支持。四是在全省率先按照《中小企业标准暂行规定》对规模以上中小企业（工业）进行全口径统计，及时调度分析中小企业经济运行动态，进一步强化了经济运行监测和分类指导，不仅实现了在统计大口径上与省相统一，而且是全省唯一与统计部门联合发布规模以上中小企业（工业）统计信息的地市。

【加快推动转调步伐】 实施小企业培育、中小企业成长、科技创新、特色产业提升的“四项计划”（小企业培育计划、中小企业技术创新计划、中小企业成长计划、产业集群提升计划），加快引导民营企业调整产业结构、转变发展方式。一是争取把更多企业纳入“四项计划”培育。按照蓝色经济区和高端产业聚集区建设的战略部署，将民营经济发展纳入全市经济和社会发展的总体规划，立足威海地域特色和产业基础，鼓励民营企业支持“两区”（蓝色经济区和高端产业聚集区）建设，深入实施“四项计划”，引导民营企业大力发展新材料、新信息和新能源产业，重点打造“现代海洋渔业、临海先进制造业、涉海服务业和海洋战略性产业”四大领域的高端产业，并围绕制约民营企业发展的难点问题，深入调研并开展重点服务。编制了《威海市中小企业、民营经济十二五发展规划》，建立完善了中小企业成长、小企业培育信息库，入库省级成长计划企业164家、小企业培育计划企业186家。实施重点中小企业培育制度，从成长计划和小企业培育计划中优选一批产业优化、市场潜力大、发展前景好的小企业和中型企业，集中政策每三年扶持一遍，实现从小企业中培育发展一批规模以上企业，从中型企业中培育发展一批大型骨干企业的目标。二是争取把更多项目列入国家、省扶持计划。切实加强对民营经济运行的动态监测和规划引导，建立全市中小企业实施“四项计划”、推进结构调整重点项目储备调度制度，召开项目发布会重点推介，有126个项目纳入省项目库。加快推进知识产权工作，经上报争取，威海市被确定为全国“中小企业知识产权战略推进工程首批实施单位”。积极推进产业集群发展，研究制定了威海市《中小企业产业集群发展规划》、《中小企业产业集群认定暂行办法》和《特色产业镇（街道办）认定暂行办法》，对全市首批14个中小企业产业集群和19个特色产业镇（街道办）进行了认定和表彰，其中，2个产业集群和9个镇分别进入省级产业集群和特色产业镇。三是为企业发展争取更多扶持资金。抢抓国家和省加大对民营经济和中小企业扶持的政策机遇，全力做好项目、资金争取、汇报与衔接工作，上报项目合格率达100%，为中小企业争取国家、省中小企业服务体系专项补助资金、中小企业发展专项资金和中小企业信用担保业务补助资金1900多万元。

【全力破解融资难题】 *方式创新——搭建融资新平台* 建立各大银行对中小企业贷款情况的季通报制度，督促金融机构进一步落实中小企业融资政策。首次将“成长培育计划”中小企业中的100家纳入市过桥还贷资金扶持，为更多企业开辟临时资金拆借途径，2010年，为企业办理还款与再贷82.5亿元。建立完善贷款风险补偿和奖励机制，引导各类放贷机构加大对民营业户的贷款投放。年内，拨付战略性新兴产业科技贷款风险补偿455万元。推动银行业金融机构积极调整信贷结构，开展科技支行试点工作，全市金融机构拥有4大类68项金融创新产品，为中小企业提供了更为便捷的金融服务。推进“银企保”三方对接机制，编发企业资金需求手册并举办“银企保”融资推介活动，全力为企业提供一站式融资服务。全市中小企业贷款余额411.07亿元，占全市贷款余额的41.5%，比上年增长24.4%。

制度创新——推进担保体系建设 建立了全市担保行业备案、担保机构从业人员职业资格认证和市级担保专项资金绩效评价3项新制度，召开了全市中小企业信用担保工作会议，积极

利用各级民营企业融资担保资金为企业担保机构提供风险补助和奖励，全市担保机构发展到40家，注册资本金18.44亿元，累计担保贷款总额达到246亿元，其中亿元以上担保机构发展到11家，信用担保成为助推民营企业获取融资的重要渠道。

渠道创新——探索融资新模式 积极探索中小企业集合票据这一新型融资渠道，支持符合条件的民营企业发行企业债券，先后与民生银行、省再担保公司及中介服务机构多次对接，筛选4家成长性较好的企业作为意向发行申请人，于10月成功发行，融资规模5.5亿元，是全国中小企业系统发行的首支集合票据，也是唯一一支没有政府补贴、完全按市场运作的票据。威海市组织发行集合票据的典型经验被工信部在全国新型融资方式工作座谈会上交流推广。

【不断完善服务机制】 按照“政府扶持中介，中介服务企业”的思路，积极整合社会资源，不断完善中小企业社会化服务体系。一是强化中小企业创业和公共技术服务。新认定4处创业基地和10处服务平台，市级基地和平台分别达到15处和40处，积极为中小民营企业发展提供全方位服务，重点为高校毕业生、登记失业人员、残疾人、复员退伍军人、农村转移劳动力、返乡农民工、城市困难家庭7类群体提供创业理念、创业知识和创业技能的培训和服务，引导更多人才进入民营经济领域创业。二是强化素质培训服务。2010年，培训企业管理人员5000多人次，筛选25名成长型中小民营企业主要负责人参加复旦大学2010年成长型企业家高级研讨班，取得了较好的效果。组织企业参加全市小型微利企业优惠政策培训示范班、全省成长型中小企业管理者培训班、全省精细化管理培训班等培训班次40余次，进一步提升了民营企业高层管理者的经营水平和综合素质。三是强化市场拓展服务。采取“走出去”和“请进来”方式，全年安排国际市场开拓资金300万元，并争取上级资金450万元，积极引导和帮助企业开拓市场，开展经济合作交流，举办了首届中国（威海）国际家纺服装博览会、中韩中小企业连锁加盟博览会等活动，组织1000多家民营企业参加国内外各类展会110多个。四是强化信息化服务。积极为列入省市成长培育计划企业开展信息技术普及培训，举办3期信息化管理提升活动，推动中小企业加快管理创新、营销创新。完善了中小企业威海网、威海国际电子商务应用平台等网络建设，为企业获取信息搭建了全新平台。五是强化行业协会服务。市海参产业协会组织33家会员单位签订《威海市重点刺参增养殖、加工、营销企业承诺》，组织“威海刺参”地理标志品牌参评首届中国农产品品牌大会，位列全国百强品牌第6名，评估价值45.62亿元，极大增强了品牌知名度。担保协会召开第二届会员大会，积极帮助担保机构解决抵押登记等难题。

（周永平）

【个体私营企业协会工作】 *帮扶企业解困维权* 深入开展“助企促发展”活动，在8个工商登记大厅和65个基层工商所注册服务厅设立了“联保信贷”服务窗口，征集“惠·商卡”特惠商户200家，为7368家个体私营企业发放贷款4.67亿元。开展“助企维权”活动，借助威海红盾信息网设立了“个私协会员维权管理系统”，受理投诉179件，接受法律咨询547人次，为会员企业挽回经济损失62万元。

促进校企互动就业 针对企业“用工难”和大中专毕业生“就业难”的两难问题，结合2010年全省网上人才招聘月活动，协调75家“用工紧缺，愿意优先招录大中专毕业生”的会员企业提供就业岗位725个，帮助1537名大学生成功就业。

（师永伟）

精神文明建设

【全国文明城市创建工作】 围绕创建全国文明城市，积极做好迎接全国城市公共文明指数测评工作。3月，市直有关部门负责人赴河南省许昌市考察全国文明城市创建工作，借鉴许昌市的经验，结合威海市实际，进一步理顺了全市创建工作领导体制和工作机制，成立了新的创建工作领导小组，市委书记、市人大常委会主任王培廷和市长孙述涛任组长，下设了创城办公室、环境综合整治办公室、交通秩序整治办公室、未成年人思想道德建设工作办公室等4个专项办公室，为全面推进创建全国文明城市工作奠定了基础。7月2日，召开了全市创建全国文明城市工作动员大会，会上以市委办和市府办名义下发了《威海市创建全国文明城市工作实施方案》和《2010年全国城市公共文明指数测评任务分解表》，进一步掀起了新一轮创城热潮。在集中整治工作过程中，围绕反映城市公共文明水平的重点内容，制定了关于实施城市公共区域分包的意见、文明交通行动倡议书、文明创建宣传方案、实施门前三包通告，印发了20万份《威海文明不文明——您来评说》宣传册，发放到居民家中，提高了创城的知晓率、参与率和支持率。组织300多名志愿者开展“文明劝导”活动，劝导和纠正不遵守交通规则、乱停车、随地吐痰、乱扔垃圾、乱贴乱画、公共场所吸烟等不文明行为。威海市主要领导先后5次实地检查创城工作，市人大和市政协组织开展了创建全国文明城市视察活动。在2010年全国城市公共文明指数测评中，威海市在全国79个地级市（包括9个全国文明城市）中名列第8位，比上年前移了7位。威海市创建全国文明城市的经验在全省推广，并由省文明委上报中央文明办作为重大典型进行宣传。5月，山东省文明办在威海召开了创建全国文明城市现场观摩会。

【“迎世博迎亚运，讲文明树新风”系列活动】 利用报刊、广播电视、互联网等多种媒体，开展礼仪宣传教育和学习培训。开展了“放飞梦想”绿色手机文化创作传播活动和“迎世博迎亚运”文明短信传递活动。开展了“爱我中华 经典诵读”全民读书活动，打造“书香威海”品牌，全市有67个单位报名参加，经过初赛和决赛，分别评选出个人组和集体组奖项以及优秀组织奖，并在电视台演播大厅举行了颁奖晚会。开展了文明交通行动，联合交警、交通等部门在全市范围内实施“文明交通行动计划”，拟用3年时间整治不文明交通行为。以“我们的节日”为主题，充分利用春节、清明节、端午节、七夕节、中秋节、重阳节等传统节日，在全市范围内开展了形式多样、丰富多彩的文化娱乐活动。继续深入开展文明单位创建活动，年内，全市新增各类市级文明村、文明镇、文明机关、文明单位、文明社区、文明行业等71个，新增省级文明村镇、文明机关、文明单位、文明社区等40个。

【学习宣传道德模范和身边好人活动】 积极开展社会公德、职业道德、家庭美德、个人品德学习宣传活动。市文明办组成全市道德模范巡讲团，成员由全国道德模范杨正权、省级道德模范姚洪波、各市（区）1名道德模范组成，6月下旬，在各市（区）开展了“道德模范基层巡讲”报告会，产生了良好的社会反响。积极参加中央文明办主办的“我推荐、我评议身边好人”活动，全年有7位市民登上“中国好人榜”。分别是：助人为乐好人——荣成俚岛镇马道老干办主任武斌、山东威海正华建工集团董事长郑福玉、乳山下初镇巫山村村民宋修金、威海市行政审批中心物业管理办公室主任刘长城；见义勇为好人——荣成三环北区居民刘明建、荣成人和镇码头村制冰厂工人杨海滨；孝老爱亲好人——荣成港西镇龙家村村民王香玉。11月，召开了全市道德模范表彰大会暨先进事迹报告会，对首届威海市级55名道德模范和25名提名奖获得者进行了表彰，有5名道德模范作了典型发言，推动了“四德工程”建设向纵深发展。

【社会志愿服务活动】 积极推进社会志愿服务活动，倡导志愿者参与文明城市创建、帮困助弱、便民服务以及“迎世博迎亚运　讲文明树新风”等社会公益活动。深入开展“关爱空巢老人”志愿服务活动。4月30日，中央文明办在威海市举行“关爱空巢老人志愿服务”活动启动仪式。通过开展“关爱空巢老人志愿服务”活动，积极为高龄“空巢”老人提供生活照料、心理抚慰、应急救助、健康保健、法律援助等服务。与团市委联合开展了“首届蓝丝带志愿服务形象大使”评选活动，评选出10位形象大使。12月，开展了“红红火火过大年”主题志愿服务活动。

【加强未成年人思想道德建设工作】 加大未成年人思想道德建设工作力度，组织开展了“做一个有道德的人”主题活动。3月，召开了全市未成年人思想道德建设经验交流会。继续开展净化社会文化环境活动，加大了网吧游戏厅、荧屏声频、互联网手机信息和校园周边环境的治理力度。1月8日，开展了“放飞梦想绿色手机文化创作传播活动”启动仪式，9月9日召开了总结表彰大会。活动期间，广大青少年积极参与，创作优秀短信、彩信、动漫作品近4万件，评选出240件优秀作品，10个优秀组织奖。开展了“关爱留守流动儿童”行动，联合市妇联，通过发动各级文明单位捐助的方式，建起了12处流动儿童活动站。开展传唱优秀童谣活动，大力推进乡村少年宫建设。

（郭爱华）

经济体制改革

【农村产权制度改革】 在环翠区开展了农村集体产权制度改革试点工作，出台了《关于环翠区村（居）集体产权制度改革有关问题的指导意见》和《环翠区村（居）集体产权制度改革清产核资工作细则》两个指导性文件。集体林权制度改革全面推开，将约12万公顷集体林地的承包经营权和收益权落实到60多万农户，真正做到了“林定权、树定根、人定心”。以“明晰所有权，放开建设权，搞活经营权”为核心，推进小型水利工程产权制度改革，通过承包、租赁、拍卖、股份合作等形式，改制各类小型水利工程185项。

【深化医药卫生体制改革】 统筹推进医疗保障、基层卫生服务体系建设、公共卫生服务等重点改革，突出抓好基本药物制度的推动实施工作，医药卫生体制改革取得积极进展。出台了《关于实施国家基本药物制度的意见》，全市126个公办基层医疗卫生机构全部实施了基本药物制度，药品价格整体下降40%左右。城镇职工医保、城镇居民医保、新农合参保率分别达到99%、98%、100%，政策范围内住院费用报销比例分别达到88%、65%、60.1%。累计投入资金4537万元，改造、新建了14个列入中央投资计划的基层医疗机构，完成省规划支持的村卫生室建设项目183个。5个重大公共卫生服务项目进展顺利，9个基本公共卫生服务项目全部达到或超过省定目标。在部分公立医院开展了临床路径管理、单病种付费、电子病历等8项单项改革试点。

【行政管理体制改革】 出台了《威海市人民政府机构改革的实施意见》，突出转变职能、理顺关系，明确政府职责78项，取消、下放、转移政府职责23项。深化事业单位改革，重点推动政事分开、事企分开、管办分离和分类管理，确定了市直128个事业单位的岗位设置类别，审理核准4.14万个岗位。出台了《关于事业单位新进工作人员实行面向社会公开招考的意见》，从制度上规范事业单位公开招聘工作。在全省率先启动了深化镇（街道办）机构改革工作。深化相对集中行政处罚权工作，50个市直部门的455项许可审批事项纳入了市行政审批中心，项目集中率达到70%。进一步健全部门间沟通配合机制，稳妥推进相对集中行政处罚权向建制镇延伸。

【统筹城乡改革】 12月10日，召开了全市城市现代化和新型城镇化工作会议，出台了《关于推进新型城镇化若干扶持政策的意见》、《关于加强城市精细化管理的实施意见》和《关于扩权强镇支持小城镇发展的实施意见》等3个统筹城乡发展、推动城市现代化和新型城镇化的政策文件。通过政策整合，破除城市化进程中的体制机制障碍，进一步提高全市城镇的承载能力。通过管理创新，提升城市的精细化管理水平，进一步增强中心城市的辐射带动能力。通过扩权强镇，激活小城镇发展活力，进一步扩大人口吸纳能力。

【财税金融体制改革】 深化行政事业单位国有资产管理改革，出台了《威海市市级行政事业单位国有资产管理暂行办法》，对政府性资产在配置、使用、处置、收益等各环节进行规范管理。创新征管手段，在全市推广应用了“威海市涉税信息共享平台”，实现了涉税信息的“统一采集、分级管理、共享使用”。研究出台了《关于开展科技支行试点工作的意见》，在融资模式、抵质押方式上进行了创新，为企业提供风险补贴和贷款贴息，帮助科技型中小企业加快发展。以股份制、银行化为目标，引导推动农信社向农业商业银行转型，文登、乳山市政府置换两家农信社不良资产9.59亿元。推动设立了威海市首家新型农村金融机构——以鄂尔多斯农村商业银行作为主发起人的乳山天骄村镇银行股份有限公司。

【深化企业改革】 完成了威海市医药采购供应站、威海沿黄医药有限公司等2家企业国有资本转让改制，完成了塑料网丝厂重组，完成了威海热电厂、威海市第二热电厂、威海市公交总公司等3家国有企业公司制改造。

（文　宇）

机　构

【中国共产党威海市委员会】

书　记　王培廷
副书记　孙述涛　边祥慧(女)
常　委　王培廷　孙述涛
　　边祥慧(女) 董天祥
　　于永吉　张　剑　赵熙殿
　　徐东升　董进友　汤光运
　　王学文　万玲瑞
　　刘祖礼(挂职) 高旭光
秘书长　张　剑
市委办公室
主　任　姚鸿健
△市委、市政府信访局
局　长　张　剑* 李忠楠
市委组织部
部　　长　徐东升
常务副部长　王汝壮
市委非公有制经济组织和社会组织工作委员会
书　　记　周春杰
△市委老干部局
局　　长　周春杰* 于东海
市委离退休干部工委
书　　记　毕可珍（女）
编　　办
主　　任　赵熙强
市委宣传部
部　　长　张　剑
常务副部长　王令臣
市委统战部
部　　长　陈乐章
常务副部长　姜兆军
市委政法委（社会治安综合治理委员会办公室与其合署）
书　　记　于永吉
常务副书记　张惠民
社会治安综合治理委员会办公室
主　任　李德平
市委政策研究室
主　任　岳连宏
市委台湾工作办公室（挂市政府台湾事务办公室牌子）
主　任　张建辉* 于连波
市委市直机关工委
书　记　林治刚* 孙象清
市委火炬高技术产业开发区工作委员会
书　记　夏新华
副书记　姜玉毅　刘勤显　王政玉
市委经济技术开发区（出口加工区）工作委员会
书　记　张建军
副书记　刘　伟　郑建新* 宫惠平
市委威海工业新区工作委员会
书　记　徐连新
副书记　宋修德* 王子明　李建军

【威海市人民代表大会常务委员会】

主　　任　王培廷
第一副主任　马世和
副　主　任　邓洪爱　曲展强(女)
　　施章钧(女) 毕礼伟
秘　书　长　张文武
办公室
主　任　张庆福
研究室
主　任　王书国
人事代表工作室
主　任　张栩翊
财政经济工作委员会
主　任　张立成
内务司法工作委员会
主　任　林治华
教育科学文化卫生工作委员会（挂民族侨务外事工作委员会牌子）
主　任　王桂平
农业与农村工作委员会
主　任　李华芬(女)
城乡建设和环境资源保护工作委员会
主　任　崔继海* 曲　宁(女)

【威海市人民政府】

市　　长　孙述涛
副 市 长　赵熙殿　董进友
　　刘祖礼(挂职)
　　汤光运　刘茂德
　　梁　良　唐会礼
　　房德阳　张　波(女)
市长助理　季恩远* 姜玉毅*
　　刘光明* 王保华*
　　朱明华*
秘 书 长　李　丹
市政府办公室
党组书记　李　丹
主　　任　夏景华
发展和改革委员会
主　任　姜玉毅* 任慧春
△物价局
局　长　谭安佳
经信委
主　任　刘光明
市委工业工委
书　记　刘志东
教育局
局　长　李树纯* 王　强
科技局
局　长　高同璞
公安局
局　长　韩良波
政　委　丛培浩

监察局（与纪委机关合署）
局　长　李德嘉* 陈　舰
民政局
局　　长　李富胜
党委书记　李富胜*　于文江
司法局
局　长　王桂春
财政局
局　长　朱明华
人力资源和社会保障局
局　长　张言报
党委书记　赵熙强
国土资源局
局　长　高建斋
城乡建设委（规划局与其合署）
主　任　隋永华
规划局
局　　长　周永迪
党组书记　杨相强
交通运输局
局　　长　王　晓
党委书记　王　晓* 连承鹏
水利局
局　长　张言报* 徐承峰
农业局
局　长　于开禄
林业局
局　长　刘德柏
海洋与渔业局
局　长　汤光仿* 许祖强
商务局
局　长　王保华
文化广电新闻出版局
局　长　王廷琦* 林治刚
体育局
局　长　邹积峰
卫生局
局　长　陈　舰* 吕晓东
人口和计划生育委员会
主　任　刘永忠
审计局
局　长　于时文
党组书记　于时文*　王　晓
环保局
局　长　毕复安
统计局
局　长　吕晓东* 宋修德
旅游局
局　长　高旭光* 于胜涛
安监局
局　长　高玉峰
食品药品监督管理局
局　长　刘向荣* 孙世都
民族宗教事务局
局　长　杨子林
外　办
主　任　张立敏
侨　办
主　任　张振波
国资委
主　任　单杰锋
人防办
主　　任　龙正明* 毕可德
党组书记　邵建业
火炬高技术产业开发区管委
主　　任　夏新华* 姜玉毅
常务副主任　刘勤显
副　主　任　王政玉　雷志敏
　　　　　　侯建平　王　刚
　　　　　　李耀华　许　日
　　　　　　王　涛　秦　克
　　　　　　高荣强* 傅华涛
　　　　　　李家强　吴惠民
经济技术开发区管委（挂出口加工区管委牌子）
主　　任　张建军
常务副主任　刘　伟
副　主　任　郑建新* 宫惠平
　　　　　　王秉刚　吕　伟
　　　　　　张天泉　宋克军
　　　　　　郭传利　王祖友
　　　　　　姚桂礼　谭乐胜
　　　　　　杨万友　梁永波
威海工业新区管委
主　　任　徐连新
常务副主任　宋修德* 王子明
副　主　任　李建军　张向阳
　　　　　　潘世龙　徐　明
　　　　　　吴加友　梅延良
法制办（部门内设机构）
主　任　丛培祥* 宋永建
粮食局（部门内设机构）
局　长　王忠沂
城市管理执法局（部门内设机构）
局　长　蔡洪波
贸易办
主　任　郭志刚
山东省威海监狱
第一政委　王桂春
监 狱 长　李文晓
政　　委　李长文
公安局交警支队（分局）
支队长（局长）　谷昭彬
政　　委　朱玉堂*

【中国人民政治协商会议威海市委员会】

主　席　刘玉党
副主席　姜岱敏　王宾洁(女)
　　　　任怀平　李淑芳(女)
　　　　戚建波　刘亚东(女)
　　　　陈乐章　李凤俊
秘书长　孙富林
办公室
主　任　马学龙* 江连志
研究室
主　任　耿　涛
委员活动工作室
主　任　梁桂华(女)
提案法制委员会
主　任　陈宝玲(女)
经济委员会
主　任　初明起* 祁玉湖
科教文史委员会
主　任　王淑玲(女)*
台港澳侨和民族宗教外事委员会
主　任　秦明强* 王淑玲(女)

【中国共产党威海市纪律检查委员会】

书　　记　董天祥
常务副书记　李德嘉*　陈　舰
副　书　记　姜子敏　邱洪京

【法院、检察院】

威海市中级人民法院
院　长　王继青
副院长　刘德祥　林　琳* 李德平*
　　　　牟　海　时述森　黄宗殿
　　　　于明丽
威海火炬高技术产业开发区人民法院
院　长　李少波
威海经济技术开发区法院
院　长　林　琳*
威海市人民检察院
检 察 长　姜修健(女)
副检察长　邵汝卿　苏金森
　　　　　耿建忠* 杨文昌
　　　　　敖国良　孟　莲(女)
威海火炬高技术产业开发区检察院
检察长　王　健

威海经济技术开发区检察院
检察长　耿建忠

【民主党派】

民革威海市委
主　委　任怀平
民盟威海市委
主　委　黄晓光
民建威海市委
主　任　毕礼伟
民进威海市筹委会
主　任　闫涛蔚
农工党威海市筹委会
主　委　李光华
致公党威海市委
主　委　于富波
九三学社威海市委
主　委　贾国哲

【人民团体】

总工会
主　　席　李凤俊
常务副主席　曹文娟(女)
共青团威海市委
书　记　李英春
妇女联合会
主　席　丛培卿(女)
科学技术协会
主　席　刘宝进* 戴海波
社会科学界联合会（与宣传部合署）
主　席　胡禄太
文学艺术界联合会
主　　席　钱启民
党组书记　于加林
归国华侨联合会（与市政府侨务办公室合署）
主　　席　袁学恩
工商业联合会
主　　席　夏春亭
党组书记　张　德

【市属事业单位、经济组织】

中共威海市委党校
校　　长　王培廷
常务副校长　曲　赓
副　校　长　王　枰* 陈　波
　　　　　　邹智良　连殿武
　　　　　　杨荣华　王绍臣
市行政学院
院　长　曲　赓
副院长　董学军*
市社会主义学院
院　长　陈乐章
威海日报社
总编辑　时述国* 孙盛川
广播电视台
台　长　刘新波
市接待处
处　长　潘好义
市档案馆（挂市档案局牌子）
局长（馆长）　刘　鹏
党组书记　李支润
市委党史研究室
主　任　吴永刚
市政府驻北京办事处
主　任　吴宏飞
市政府驻济南办事处
主　任　李文高
市政府驻深圳办事处
主　任　（缺）
市政府驻韩国办事处
主　任　车路明
威海仲裁委员会秘书处
秘书长　周永艳(女)
市房地产管理局
局　长　周艳斌
市地方铁路管理局
局　长　刘兴东
市经济合作局（挂威海市人民政府对口支援办公室牌子）
局　长　许祖强* 隋秀敏
市公路管理局
局　长　连承鹏
党委书记　连承鹏* 王　清
市港航管理局
局　长　连承良* 李树刚
市民用航空管理局（市民用航空站）
局（站）长　石永林
市畜牧兽医局
局　长　孙象清* 孙少伟
市农业机械管理局
局　长　由发海
中国国际贸易促进委员会威海市委员会（中国国际商会威海商会）
会　长　戚黎明
市中小企业局、民营经济办公室
局　长（主任）徐东明
市职工教育办公室（挂市成人教育局牌子）
主　任（局长）张红卫
刘公岛管理委员会（市景区管理行政执法局）（挂市旅游发展中心牌子）
主　　任　于文江
党委书记　于文江* 袁学恩
局　　长　褚昭晓
文化市场综合执法局
局　　长　于文胜
市级机关事务管理局
局　　长　王洪君
党组书记　孙盛川* 车　良
市行政审批中心管理办公室
主　任　丛培祥
市政府调查研究室
主　任　张宗波
市地方史志办公室
主　任　毕吉玲(女)
市电力开发办公室（市建设投资公司）
主　任（经理）李延茂
市蓝色经济区管理办公室（高端产业聚集区管理办公室）
主　任　韩明秀
威海职业学院（市技术学院）
院　　长　金志涛
党委书记　李树纯
副书记　金志涛　秦国刚
　　　　高亮亭　王　波
副院长　秦国刚　赵宗尹
　　　　孙忠峰　李建刚
　　　　孙思炯　曲桂东
市老年大学
校　长　毕可珍(女)* 徐　科
山东省文登师范学校
校　　长　王培儒
党委书记　宋宗强
山东省乳山幼儿师范学校
校　长　陈福超
市体育运动学校
校　长　隋贵君
市立医院
院　长　王国礼* 侯文金
书　记　侯文金
文登中心医院
院　长　颜祥布
市中医院
院　　长　张川中*
党委书记　鞠立民
市妇女儿童医院（挂市妇幼保健站、市疗养院牌子）

院　长　王福安
市疾病控制中心
主　任　王建新
市残疾人联合会
理事长　蔡新杰
市供销合作社联合社
主　任　郭开森
监事会主任　邹德强
市住房公积金管理中心
主　任　张凌翔
市会展办公室
主　任　于连波
市口岸办公室
主　任　王大虎
市金融上市办公室
主　任　张宗军
市胶东地区引黄调水工程建设局
局　长　马祥太
市政府投融资中心
主　任　李文基
山东省会计干部中等专业学校威海分校（市财政干部教育中心）
校　　长　孙启辉
党委书记　张春晓
市农业综合开发办公室
主　任　于晓绵

【区、市】

中国共产党威海市环翠区委员会
书　记　于海远　孙开连
副书记　孙开连* 王　清* 林红玉
　　　　刘光辉
常　委　于海远　孙开连　王　清*
　　　　林红玉　刘光辉　江　山*
　　　　李　刚　连业礼
　　　　姜文秋(女) 庞允泉*
　　　　苑圣慧　车学辉* 陈学凯
　　　　宋华东　邹建勇　姜洪伟
　　　　邹智敏
威海市环翠区人民代表大会常务委员会
主　任　曲兆平
副主任　邹广利　王远照* 王月臣
　　　　荣玉华* 韩　静(女)
　　　　张仁珠　吴德欣
威海市环翠区人民政府
区　　长　孙开连
副 区 长　刘光辉
　　　　　李　刚　陈学凯　邹建勇
　　　　　柳富胜　隋良杰(女)
　　　　　梁　皓
政协威海市环翠区委员会
主　　席　刘志明
党组书记　王　清*
副 主 席　许德勤　曲静娟(女)
　　　　　李　宁　张栩林　华来义*
　　　　　周　宁　黄福涛　王德贤
中国共产党威海市环翠区纪律检查委员会
书　记　王　清* 宋华东

中国共产党荣成市委员会
书　记　王学文
副书记　侯世超　林红玉* 江　山
常　委　王学文　侯世超　林红玉*
　　　　江　山　战大海　张兴民
　　　　王焕孟　毕兴全　吕劭伟
　　　　张瑞英(女)　田茂庆
　　　　张建亭　许德刚
荣成市人民代表大会常务委员会
主　任　徐东璞* 王秉伟
副主任　周玉萍* 刘介德　刘书国
　　　　王厚安　刘玉清　毕志强
荣成市人民政府
市　长　王　强* 侯世超
副市长　王秉伟* 战大海*
　　　　于志平* 王焕孟　许德刚
　　　　王　莹(女)　王洪晓
　　　　张广强　伯少海　张　涛
政协荣成市委员会
主　席　宋厚永
副主席　汤天才* 于志平　刘建忠
　　　　岳昌锁* 王厚安*
　　　　王　莹(女)　于新壮
　　　　曲　江　郭光远
中国共产党荣成市纪律检查委员会
书　记　张兴民

中国共产党文登市委员会
书　记　王　亮
副书记　张　竞(女)　栾　波
常　委　王　亮　张　竞(女)
　　　　栾　波　吕洪波　张海军
　　　　邹大勇* 董晓阳　崔卫兵
　　　　常红军　毕庶杰　李文勋
　　　　周　华　迟永伟
文登市人民代表大会常务委员会
主　　任　王　亮
第一副主任　乔学模
副　主　任　闫宗超* 孙春显
　　　　　李健夫　房德英(女)*
　　　　　于新路* 丛日俊
　　　　　曲衍安
文登市人民政府
市　长　张　竞(女)
副市长　张海军　董晓阳　周　华
　　　　韩文斐　丛龙海　曲　波
　　　　谭远国
政协文登市委员会
主　席　马端兴
副主席　孙松一* 方崇振　王江炜
　　　　刘昌信* 李世宁* 邓树科
　　　　杨学文　黄梅花（女）
　　　　张吉桥
中国共产党文登市纪律检查委员会
书　记　吕洪波

中国共产党乳山市委员会
书　记　付广照
副书记　李洪义　高书良　隋建波
常　委　付广照　李洪义　高书良
　　　　隋建波　宋修骞
　　　　姜翠萍(女)　张　刚
　　　　傅世涛　姜林凯　王祥芹
　　　　谷建青　陈　文　王　伟
乳山市人民代表大会常务委员会
主　任　付广照
第一副主任　马　泽
副主任　李学考* 赵钧波　张进玉*
　　　　仇保纲　丁进香(女)
　　　　刘航周　邢少波
乳山市人民政府
市　长　高书良
副市长　马　泽* 高　飞* 宋修骞
　　　　王祥芹　王　伟
　　　　陈卫萍(女)　李国徽
　　　　温训昌　隋同朋
政协乳山市委员会
主　席　兰胜强
副主席　李德忠　汪翠英(女)*
　　　　秦　海　陈卫萍(女)
　　　　李新权　丛宝云　冯曰竹
中国共产党乳山市纪律检查委员会
书　记　张　刚

（市委组织部提供）

【中央、省驻威单位】

威海市国家安全局
局　长　刘华明
威海市工商行政管理局

局　长　宋宗良
威海市质量技术监督局
局　长　徐承良* 王向东
威海市气象局
局　长　张丰启
威海市盐务局
局　长　张　健
山东省威海市国家税务局
局　长　黄玉远* 宋修广
威海市地方税务局
局　长　孔庆俊
中华人民共和国威海海关
关　长　王　迪
中华人民共和国荣成海关
关　长　傅元进*
中华人民共和国威海出入境检验检疫局
局　长　商振海
中华人民共和国荣成出入境检验检疫局
局　长　陈俊新
中华人民共和国威海海事局
局　　长　丛培宁* 彭合同
党委书记　刘建军* 李家坤
山东省威海船舶检验局
局　长　许书琪* 龚建东
威海市邮政局
局　长　于德新* 于　莉（女）
中国联合网络通信有限公司威海分公司
总经理　徐向东
中国移动通信集团山东有限公司威海分公司
总 经 理　孙茂琰
党委书记　王　军
中国电信股份有限公司威海分公司
总经理　徐　明
威海供电公司
总经理　程　剑* 许洪强
党委书记　吕学贵
中国银行业监督管理委员会威海监管分局
局　长　于明文
中国人民银行威海市中心支行
行　长　张胜林* 刘贤军
中国工商银行股份有限公司威海分行
行　长　刘志刚* 姜　宁
中国农业银行股份有限公司威海分行
行　长　杨晓生
中国建设银行股份有限公司威海分行
行　长　孙鲁泉
中国银行股份有限公司威海分行
行　长　陈　杰* 王　骏
交通银行股份有限公司威海分行
行　长　姜孔瑞
中信银行威海分行
行　长　陈文德
中国农业发展银行威海市分行
行　长　刘志远
威海市商业银行
董事长　李路炜
行　长　谭先国
监事长　刘　河* 孙保镇
山东省农村信用社联合社威海办事处
主　任　鞠世一
中国邮政储蓄银行威海市分行
行　长　牟秋菠
招商银行威海分行
行　长　王智华
中国人民财产保险股份有限公司威海分公司
总经理　张春茂* 黄　海
中国人寿保险股份有限公司威海分公司
总经理　李洪涛
威海市烟草专卖局（公司）
局　长（经理）　崔方成
中国石油化工股份有限公司山东威海石油分公司
经　　理　王佐凤
党委书记　杨学利
华能威海发电有限责任公司
厂　　长　宫志文
党委书记　崔忠智
山东省威海体育训练基地
主　任　栾凤岩* 孙经国
新华书店
经　理　唐德馨
山东大学威海分校
党 委 书 记　仝兴华
校　　　长　韩圣浩
党委副书记　刘玉殿　柴月禄
副　校　长　陈金钊　韩建新
　　　　　　赵玉璞　陈冠军
哈尔滨工业大学（威海）
党委书记　姜　波
校　　长　冯吉才
副 书 记　王建文
副 校 长　梁景凯　傅石友
　　　　　钟诗胜　马家辰
山东药品食品职业学院
党委书记　张学文
院　　长　林锦兴
副 院 长　张维洲　李爱玲(女)
　　　　　李淑霞(女)　贾　强
山东交通学院海运学院
党总支书记　孙　坚
院　　　长　任　威(女)
山东外事翻译学院（威海）
党委书记　山作启
院　　长　孙承武
哈尔滨理工大学荣成学院
党委书记　张　甦
院　　长　张　甦

注：*表示年内离任
　　△表示部门管理的机构

（各相关单位提供）

编辑　闫拥军

政党政务

中国共产党威海市委员会

【全市中小企业发展大会】 1月14日，全市中小企业发展大会召开。会议要求认真贯彻落实市委、市政府《关于进一步促进中小企业发展的实施意见》，千方百计扶持中小企业发展，努力形成全民创业的浓厚氛围。

会议指出，全市中小企业的发展状况决定了威海经济发展的速度和质量，各级各部门都要把支持和促进中小企业发展作为应对金融危机、实现又好又快发展的主要措施，作为培植财源、增加就业、促进全民创业的主要载体，进一步统一思想，提高认识，增强促进中小企业发展的责任感和紧迫感，努力在全社会营造支持中小企业发展的浓厚氛围。

会议强调，中小企业特别是小企业在发展过程中面临着项目选择、融资、供地、招工、自主创新等方面的困难和问题。各级各部门要进一步加大对中小企业的扶持力度，切实把各级的政策措施不折不扣地落到实处，促进中小企业健康持续发展。金融部门要牢固树立“中小企业发展我发展，我与中小企业共兴衰”的理念，积极创新担保方法，在保障金融安全、防范金融风险的前提下，尽可能多地为中小企业提供必要的发展资金。各级各部门要进一步强化“企业创造财富，政府营造环境”的理念，急事急办，特事特办，并充分发挥好行政审批中心的作用，提高服务水平和工作效率。要坚决制止“三乱”，对涉及企业的各类收费，能不收的不收，能少收的少收，非收不可的要公开收费标准，接受社会监督。要在坚持大企业特派员制度的同时，选择100家具有良好成长性的中小企业派驻特派员，真心实意地帮助解决其自身难以解决的困难和问题。

会议要求，各主流媒体要进一步挖掘中小企业创业成功的典型，加大宣传力度，让广大中小企业学有榜样，干有方向，营造致富光荣、创业有功的浓厚氛围。广大中小企业创业者要进一步解放思想，更新观念，树立干大事、创大业的雄心壮志，永不满足，永不懈怠，靠优惠政策和自身的聪明才智开创事业的辉煌，为全市经济社会又好又快发展作出积极贡献。

【全市旅游产业发展大会】 1月17日，全市旅游产业发展大会召开。会议认真学习贯彻全省旅游工作会议精神，统一思想，抢抓机遇，在新的起点上推进全市文化旅游产业实现新跨越，尽快把文化旅游产业培育成战略支柱产业和人民群众更加满意的服务业。

会议指出，旅游业是公认的“绿色产业”、永不衰退的“朝阳产业”。扎实开展旅游文化产业发展行动，是落实全省战略部署、推进经济转型升级、提升旅游业发展层次的需要。要坚定不移地把文化旅游产业作为战略性支柱产业，加大培育力度，以文化旅游产业的大发展大繁荣带动经济结构的转型升级，推动发展方式的根本转变。

会议要求，要进一步加快项目建设，积极融入海洋文化、历史文化、民俗文化、创新文化，规划建设一批大手笔、有特色、影响大、效益好的高端文化旅游精品项目。要坚持市场化运作、集约化经营，建设一批有特色、上规模的旅游纪念品商场。要把威海城市本身作为一个大的旅游景点，全力推进城建重点工程，使城市面貌和档次品位尽快有一个大的提升。要强化“人人都是旅游环境”的意识，倡导“说文明话、办文明事、做文明市民”，让游客从每个市民的言谈举止中领略到威海人良好的文明素质和道德修养，从待人接物中体验到威海淳朴好客的民风和蓬勃向上的时代风貌。要进一步提升旅行社、景区景点、宾馆酒店、车站码头、商场、出租车等旅游窗口人员的服务水平，做到热情服务、规范服务、文明服务、优质服务。要加大旅游执法力度，强化旅游安全监管，使“走遍四海还是威海”的服务品牌更加名符其实，为“好客山东”旅游品牌增光添彩。

【全市党风廉政建设和反腐败工作会议】 2月1日，全市党风廉政建设和反腐败工作会议召开。会议传达学习了中纪委十七届五次会议和省纪委全会精神，总结了2009年党风廉政建设和反腐败工作，研究部署了2010年的任务。

会议指出，把重视党风廉政建设和反腐败工作，始终摆在事关生死存亡、人心向背、兴衰成败的重要位置。全市各级各部门一定要进一步提高思想认识，切实把思想和行动统一到中纪委、省纪委全会精神上来，统一到中央、省委关于党风廉政建设和反腐败工作的部署上来，坚持反腐倡廉建设常抓不懈，拒腐防变警钟长鸣，进一步增强反腐倡廉建设的自觉性和坚定性。

会议强调，要围绕中心，服务大局，不断开创党风廉政建设和反腐败斗争的新局面。各级纪检监察机关要认真履行《党章》和《行政监察法》赋予的职责，深入开展对各项决策部署、政策措施执行情况的检查，推动各级各部门把扩大投资、促进增长建立在转变发展方式、优化经济结构、增强发展后劲上，积极推进经济社会平稳较快发展。要围绕提高行政效率、经济效益、工作质量等问题，积极开展行政效能监察，规范清理涉企收费，进一步巩固“减负让利促三保”的成果。继续完善电子监察系统，加大对行政不作为和乱作为的问责力度，努力营造行为规范、运转协调、公正透明、便捷高效的政务服务环境。各级领导干部要始终牢记党组织的培养教育、人民群众的养育支持，多做一些换位思考，体会老百姓的难处，真正把人民群众当成自己的父母和兄弟姐妹，满腔热情地多为老百姓办实事、办好事。要加大制度建设和创新力度，努力形成有效的体制机制，最大限度地减少体制障碍和制度漏洞。各级领导干部要牢固树立法律面前人人平等、制度面前没有特权、制度约束没有例外的意识，坚决作执行制度的表率。要进一步抓好党风廉政建设宣传教育基地、反腐倡廉警示教育基地和廉政文化教育基地建设，提高廉政教育的针对性，引导各级领导干部自觉树立正确的权力观、利益观、道德观，兢兢业业立党为公、勤勤恳恳为民执政，全心全意履行职责。要严肃查处领导机关和领导干部滥用职权、贪污腐化、失职渎职等案件，认真查办严重侵害群众利益的案件，集中力量查办一批商业贿赂案件，决不让腐败分子逃脱党纪国法的惩处。要正确处理打击与保护的关系，大力支持和鼓励广大干部锐意改革、大胆创新，全力以赴干事创业、建功立业。

会议要求，各级党委要坚持党要管党、从严治党的方针，严格执行党风廉政建设责任制，支持纪检监察机关全面履行职责，形成齐抓共管的整体合力，全面完成反腐倡廉建设各项任务，努力取得党风廉政建设和反腐败斗争的新成效。

【平安威海建设表彰大会】 2月2日，平安威海建设表彰大会召开。会议学习贯彻了全国政法工作会议和全省政法暨平安山东建设表彰会议精神，总结工作，表彰先进，动员全市真抓实干，把政法综治和平安威海建设提高到新水平。

会议对2009年全市的政法综治和平安建设工作给予了充分肯定。各级各部门要认真学习、深刻领会中央、省委领导的重要讲话精神，充分认识维护社会稳定的长期性、艰巨性和复杂性，切实增强紧迫感、责任感和使命感，始终紧绷政法综治和平安建设这根弦，把维护稳定的各项措施坚决落到实处。

会议强调，服务发展、服务大局是政法稳定和平安建设工作的首要任务。各级各有关部门要坚持保障服务并举，围绕全市的总体经济工作部署，主动帮助企业破解项目建设和经营发展中遇到的执法司法难题，妥善审理各类合同纠纷、股权纠纷、劳资纠纷案件，进一步巩固经济企稳回升势头，推进平稳较快发展。要定期组织开展社会矛盾大排查活动，进一步畅通民意诉求渠道，及时发现和化解各类矛盾纠纷。要加快完善人民调解、行政调解、司法调解三位一体的“大调解”工作体系，尽可能使矛盾纠纷在进入司法渠道前得到有效化解，最大限度地化解社会矛盾，维护公平正义。要深入推进社会管理创新，着力解决好流动人口服务管理、特殊人群帮教管理、重点地区综合治理、网络虚拟社会建设管理和社会组织管理服务等问题，着力防范和打击各类严重刑事犯罪，不断增强人民群众的安全感。要强化基层基础工作，大力加强基层政法综治机构的规范化建设，理顺司法所的管理体制，扎实做好新经济组织、新社会组织综治工作力量建设，加强群防群治组织建设，深化基层平安创建活动，进一步夯实社会和谐稳定的根基。

会议要求，各级党委、政府要加强领导，落实好“一岗双责”，坚持好领导干部大接访和包案等制度，进一步完善社会稳定风险评估机制。要强化目标考核，兑现责任承诺，严格落实影响社会稳定重大问题责任查究制度。要把政法队伍建设摆在更加突出的位置，引导政法干警强化公正廉洁意识，切实提高执法能力、执法水平和执法公信力，为政法综治和平安建设提供坚强有力的保证。

【全市农村工作暨林业改革发展会议】 2月3日，全市农村工作暨林业改革发展会议召开。会议学习贯彻了全省农村工作会议、林业改革与发展工作会议精神，研究部署了“三农”和林业改革发展工作。

会议指出，各级各部门一定要从战略和全局的高度重视“三农”问题，任何时候都不能忽视；在工作部署中认真落实“重中之重”的基本要求，任何时候都不能动摇；始终把增加农民收入放在“三农”工作的突出位置，任何时候都不能放松。要始终怀着对农民群众的浓厚感情，以勇于担当的责任感和时不我待的紧迫感，全力推进农业快速发展、农民持续增收、农村和谐稳定。

会议强调，要千方百计增加农民收入，抓好农业产业化经营，全力推进农产品质量安全区域化管理，提高农业科技和装备水平，加快城乡统筹发展，大力发展农村二三产业，挖掘农民增收潜力，拓宽农民增收空间，构筑农民增收的长效机制。要千方百计改善农村环境，加大扶持力度，积极扎实地推进农村环境综合整治、居住工程和农村社区综合服务中心建设。要千方百计保障民生，加快发展农村教育、卫生、文化等社会事业，统筹解决好农民群众的养老、医保、低保、救助等问题，全力维护农村社会稳定。要千方百计增加“三农”投入，财政支出要优先支持农业基础设施和农村民生工程，引导各金融机构认真落实和完善涉农贷款的各项政策，拿出更多的信贷资金支持“三农”。要千方百计加大帮扶力度，继续

威海市妇女联合会

威海市妇女联合会是全市各族各界妇女联合起来的社会群众团体，是党和政府联系妇女群众的桥梁和纽带。基本职能是：团结动员全市广大妇女参与经济建设和社会发展，代表和维护妇女权益，促进男女平等。多年来，市妇联紧紧围绕党委、政府的工作中心，立足党政所急、妇女所需、妇联所能，团结动员广大妇女积极投身经济、政治、文化、社会和家庭建设，实施了五大工程："巾帼创业促发展工程"带动城乡妇女投身经济建设，"巾帼文明促和谐工程"引领妇女及家庭成员参与文明和谐创建，"巾帼维权促稳定工程"全力保障妇女儿童合法权益，"巾帼成才强素质工程" 推进广大妇女争做时代新女性，"妇联组织强基固本工程"提高服务妇女儿童的能力和水平。

2010年，市妇联获得"全国维护妇女儿童合法权益先进集体"、"全国创建学习型家庭示范城市"、全省"五好文明家庭创建活动先进协调组织"、全省"巾帼星火创业培训工作先进集体"、全市"2010年度工作优秀单位"、"全市未成年人思想道德建设先进单位"、"2010年自主创新年先进单位"等4项国家级、5项省级和6项市级称号。

市领导与孩子们一起欢度"六一"儿童节

市领导观看节能减排家庭小制作产品

组织省级、市级文明单位捐建留守流动儿童活动站

威海火炬高技术产业

威海火炬高技术产业开发区是1991年3月6日经国务院批准成立的国家级高新技术产业开发区，由科技部、山东省政府和威海市政府共同创办，是全国三个火炬高技术产业开发区之一。开发区位于威海市区西北部的文教科研区。全区总面积121.9平方公里，海岸线长30.5公里。辖1个镇，2个街道办事处，36个村民委员会、36个居民委员会。2010年底，全区总人口18.09万人。年内，完成生产总值142亿元，实现工业总产值423亿元，高新技术产业产值239.7亿元，完成财政总收入31.7亿元，其中一般预算收入11.1亿元，完成固定资产投资104.8亿元。实现社会商品零售额62.1亿元。全年专利授权520件。完成农村经济总收入95.1亿元，农民人均纯收入1.08万元。区内水、电、路、暖、通讯等设施完善；政策法规体系完善；各类社会中介服务机构完备，内部管理体制健全，建立了电子政务系统，设有面积为600平方米、14个单位、30个服务窗口的行政服务中心，为投资者提供“一站式”和“一条龙”优质服务。区内商贸设施完善,生产、生活条件良好。拥有国际海水浴场、卧龙山、小石岛钓鱼公园、北海浴场等旅游景点，国际海水浴场被国家海洋局列入10个定期监测海水质量的重点海水浴场之一。先后被科技部等部门授予“先进高新技术产业开发区”、“科技兴贸工作先进单位”、“实施国家科技计划（火炬计划）先进管理单位”等称号，并被认定为“国家高新技术产品出口基地”、“ISO 14000国家示范区”、“国家知识产权试点园区”、“国家（威海）计算机外设产品产业园”、“山东省专利园区”、“山东省首批省级软件产业园区”、“山东省国际服务外包示范基地”。

开发区

威海工业新区——快速

中共山东省委副书记、省长姜大明（前中）到新区考察

中共山东省委书记、省政协主席刘伟(左二)到新区考察

中共威海市委书记、市人大常委会主任王培廷（左二）到新区考察新农村建设

中共威海市委副书记、市长孙述涛（中）到新区考察重点企业

威海工业新区地处山东半岛蓝色经济区和威海城市群的核心区域，始建于2005年初，发展定位是面向东北亚的先进制造业基地和生态化工业新城。几年来，在市委、市政府的正确领导下，全区上下坚持以科学发展观为指导，大力发扬“激情创业不止步，率先发展争一流”的新区精神，主要经济指标增幅持续保持全市领先，被评为中国十大最具投资价值工业区、中国最佳综合实力开发区、山东最佳投资园区、山东省低碳经济十佳开发区之一。“十二五”期间，力争实现生产总值翻两番，固定资产投资累计达到500亿元，实际利用外资累计达到5亿美元，企业当年完成销售收入突破500亿元，努力打造成蓝色经济的核心区、绿色低碳的先行区、生态和谐的示范区。

崛起中的蓝色产业聚集区

高标准、现代化厂区

山东浩然特塑聚砜产品生产线

日本独资新高工业生产线

东方神参深加工生产线

蓬勃发展的中心商务港

风景如画的新农村

威海市无线电管理处

获得全省无线电管理综合考评第一名，在全省工作会议上受到表彰

威海市无线电管理处隶属山东省无线电管理办公室和威海市经济和信息化委员会双重领导。几年来，秉承“内强素质、外树形象、科学管理、和谐发展”的宗旨，以“建设和谐机关，当好电波卫士，争创一流管理处”为目标，忠实履行“电波卫士”的神圣职责，先后获得“省级文明单位”、“省级花园式单位”、“全省无线电管理先进单位”、“市直机关先进基层党组织”、“市直机关文化建设先进单位”等40多个称号和第十一届全运会威海赛区筹办工作特别贡献奖。

管理处从健全内设机构、理顺工作机制入手，积极倡树“管理就是服务、管好为了发展”的理念，全面推行承诺服务制、首问责任制、A—B角工作制、责任追究制等工作制度，将审批时限由规定的20天压缩为7天（内部控制在5天办结）。建立行政审批“绿色通道”，急事急办、特事特办，服务效率、服务质量和服务水平不断提升，始终保持行政许可的“零投诉”，连续5年被评为威海市部门行政审批服务先进窗口（单位）。建设了固定监测站、移动监测站、高山多任务监测站、小型专用监测站，与省监测系统联网，实现对市区范围的全方位监测覆盖，购置综测仪、频谱仪、无线电信号管制系统等技术设施，技术管理能力不断提升，为各类考试、体育赛事、重大节庆活动等提供了有力的无线电安全保障。集中开展无线电台站清理登记、对讲机清理整顿等

《多种无线电发射设备综合测试平台研究》成果鉴定会

开展广场宣传咨询活动

科学管理　务实创新　勇争一流

专项活动，2001年以来共查处各类非法电台上千部，排除有害干扰上百起，使辖区内电磁环境得到明显改善，有力保障了广播电视、航空导航、公众移动和水上安全通信及自来水、路灯、燃气等公用设施无线电业务的正常运行。健全内部激励机制，全力打造团结、务实、高效的无线电管理队伍，深入开展技术研发和工作创新活动，先后获得市科技进步二等奖3个、三等奖1个，2009年在全省系统首家通过ISO 9001质量管理体系认证。2001年以来，在全省无线电系统各类比赛和考评中，成为全省唯一全部获奖的管理处。2010年，获得全省无线电监测／检测技术研讨论文一、二、三等奖各一个及市政府系统优秀调研成果一等奖，连续第三次获得全省系统年度无线电管理综合考评第1名。积极开展联村包扶、慈善捐款和结对帮扶困难职工等爱心捐助活动，累计捐赠各类款项40余万元，被市委评为“帮扶工作先进单位”。

经信委领导到广场宣传现场指导工作

对全国普通高考进行无线电安全保障

威海市公安局

威海市公安局辖荣成、文登、乳山3个县级市局，环翠、高技术产业开发区、经济技术开发区、工业新区、铁路、机场分局6个派出机构，刑侦支队、交警支队、巡警支队、特警队、看守所、拘留所、车辆管理所7个直属机构，边防分局、消防分局、警卫处3个现役部门，内设16个机关业务处室，有民警2999人。几年来，威海市公安局深入贯彻落实科学发展观，忠诚履行“人民公安为人民”的庄严承诺，精心打造“金盾联心、真情为民”服务品牌，紧紧围绕提高人民群众安全感和满意度的目标，全力维护社会和谐稳定、服务经济社会发展、保障人民安居乐业。先后被评为全国信访工作先进集体、全国集中排查化解涉法涉诉信访问题先进集体、全国公安机关专项治理工作先进集体、全省执法规范化建设先进集体、省级文明机关；连续3年被评为全省优秀地市公安局，并在全市绩效考核中被评为优秀单位。

市领导为“金盾联心 真情为民”服务品牌标识揭牌

山东省省长助理，省公安厅党委书记、厅长吴鹏飞（右二）到威海检查指导工作

分局给每个派出所分配的便民警务车

威海市公安局环翠分局

威海市公安局环翠分局为威海市公安局直属分局，有民警305人，其中大专以上文化程度的292人，平均年龄41岁。下设8个科队，11个公安派出所，4个边防派出所。

几年来，环翠分局以科学发展观为指针，大力强化职能，忠诚履行职责，各项工作不断取得突破和发展。分局党委连续14年被中共威海市委、环翠区委授予“优秀基层党委”称号。2009年、2010年，省公安厅厅长吴鹏飞先后到分局考察，对流动人口服务管理、派出所四区改造及公安信息化、执法规范化建设等方面的工作给予充分肯定。先后获得“全省政法系统人民满意单位”、“全省公安派出所工作优秀单位”、“全省公安系统奥运安保先进集体”、“全省‘三基’工程建设先进集体”、“全省公正执法先进单位”等称号。多次被评为全省公安机关执法质量先进单位，全省优秀公安局。连续15年在全区行风评议中位列前3名，其中9年为第一名。

省长助理，省公安厅党委书记、厅长吴鹏飞（左三）到北沟派出所检查指导工作

环翠分局获得2010年度“全省优秀公安局”称号

威海市公安局
高技术产业开发区分局

2010年，威海市公安局高技术产业开发区分局围绕“保增长、保稳定、保民生”的总要求，根据市局部署，以基层基础建设、公安信息化建设、执法规范化建设、构建和谐警民关系为重点，深入推进社会矛盾化解、社会管理创新和公正廉洁执法，圆满地完成了各项公安保卫工作。年内，破获案件637起，刑事拘留嫌疑人345人，逮捕156人，抓获上网逃犯82人，实现了连续5年保持命案破案率100%。处结行政案件856起，行政处罚830人，劳动教养12人，挽回经济损失1203万余元。辖区群众对社会治安的满意率达到98%。先后被评为平安山东建设先进基层单位、2010年度全市优秀公安局、全市依法行政先进单位。

开发区分局局长周军向省长助理，省公安厅党委书记、厅长吴鹏飞（左一），开发区管委会主任姜玉毅（左三）介绍分局为民警专门印制的“警民联系卡”

市公安局局长韩良波（左二）陪同省公安厅副厅长任学增(左一）、省治安总队总队长燕子健（右二）到古寨派出所检查指导工作

民警走访居民宣传法律知识

民警向辖区建筑工人宣传法律知识

威海市公安局
工业新区分局

分局为15名社区民警每人配发一辆便民服务车

威海工业新区党工委书记、管委主任徐连新(右)到分局检查指导工作

威海市公安局局长韩良波（右一）到分局检查指导工作

威海市公安局工业新区分局2008年5月组建，2009年7月正式成立，下设6个队室，3个派出所和1个消防现役大队，有民警65名。

2010年，分局以科学发展观为指导，大力推进公安信息化建设、执法规范化建设、和谐警民关系建设，坚持社会管理创新，不断深化公安基层基础工作，圆满完成全国全省“两会”安保、上海世博会安保等任务。共破获各类刑事案件165起，刑事拘留166人，逮捕97人，挽回经济损失300余万元。先后获得“省级先进集体”和“市级文明单位”称号。实现连续3年群体性事件“零发生”，连续2年被工业新区管委评为先进单位，有4个单位立集体三等功，2人立个人二等功，27人立个人三等功，在全区行风评议中，分局连续3年名列驻区单位第一名。

社区民警走访辖区群众

2009年7月，新区分局正式成立

威海市公安局消防支队

副市长梁良(左三)检查市区高层建筑消防工作

2010年，威海市公安局消防支队共投资近7000万元，改建消防站2处，新建消防站4处。筹资1500余万元，配备了11部各类消防车辆和大批灭火、应急救援器材装备。各级认真落实消防安全责任制，全面启动为期3年的构筑消防安全“防火墙”工程，深入开展社会单位消防安全“四个能力”建设。对3090家消防安全重点单位和8000余家“九小场所”进行监督检查，消除火灾隐患5000余处。广大社会单位群众的消防安全意识、自防自救能力进一步提高，全市火灾形势保持高度稳定，连续第5年实现无较大以上火灾事故的目标。同时，以消防部队为主体的综合应急救援队伍迅速发展，共接警出动1700余起，出动警力 2.1万余人次，抢救被困人员200余人，抢救保护财产价值1.7亿元。

支队被总队评为安全工作先进支队、消防宣传先进支队、消防监督岗位业务比武先进支队、消防安保工作优秀等级单位。获“全市政风行风建设优秀单位”、“争先创优活动先进窗口”等称号。

应急抢险演练

进校园宣传消防知识

易燃化学品抢险演练

威海市城市管理行政执法局

衣着整齐，文明规范的执法人员

副市长房德阳（左二）在局长蔡洪波（右二）、副局长王治强（右一）陪同下检查指导工作

威海市城市管理行政执法局于2005年6月成立，内设6个行政科室、5个执法监察大队，主要担负城市规划区内市容环境卫生、规划、市政、绿化方面违法违章行为和生活环境污染、违章摊点的行政处罚权。几年来，全局上下依法履行各项执法职责，大力实施城市环境综合整治，积极创新执法管理机制，设置便民摊点群22处、摊位600个，高标准更新改造门头招牌4160块，清理野广告120万处，整治“五小”行业扰民问题1300个，拆除违法违章建（构）筑物3200处、28万平方米，优化了城市容貌环境。在队伍建设上，坚定不移地走“和谐城管”之路，牢固树立“爱岗敬业、执法为民、服务社会、促进和谐”的宗旨和“亲情执法、热情服务”的理念，深入开展“精细化城管执法年”、“和谐执法年”等活动，执法效能和市民满意率显著提升。先后获得“全省建设系统法制工作先进单位”、“全省城建行业规范化管理先进单位”和市级“优秀单位”、“优良单位”、“文明单位”、“依法行政工作先进单位”、“帮扶困难村工作先进单位”等称号，摊点管理、“五小”行业整治工作获市级优秀工作成果奖。

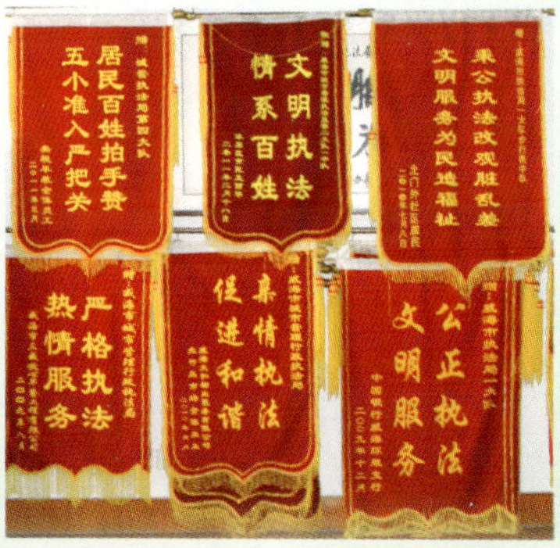

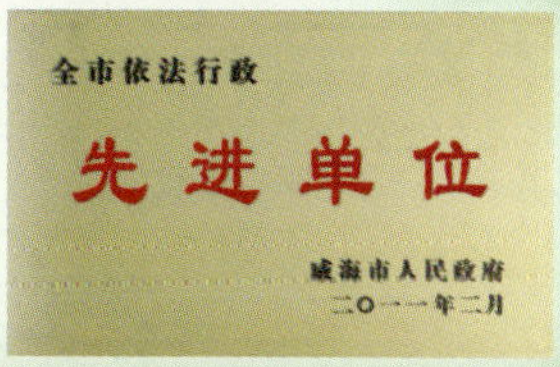

威海工业新区

国家税务局

威海工业新区国家税务局有在编人员17名，主要负责工业新区内所有企业、个体工商户等纳税人的国税税收征管工作。该局以提高征管质量和队伍素质为重点，弘扬“忠诚、法治、尽责、创新、和谐、发展”的核心理念，凝炼倡树“自强厚德，博学笃行，团结实干，敢为人先”的威海国税精神，坚持依法治税、科学管理、务实创新，组织税收收入屡创新高，精细化管理水平进一步提高，“五型机关”建设卓有成效。分别被山东省精神文明建设委员会、威海市委和市政府、威海市国家税务局、威海工业新区管委授予“省级文明机关”、“市级文明单位”、“文明建设先进单位”、“全区年度工作先进单位”等称号。

深入企业进行纳税调研

受理企业纳税申报

现场进行业务指导

抓好机关、企事业单位帮扶困难村活动，引导更多的社会力量参与新农村建设。要进一步加强组织领导，努力调动方方面面的力量，充分发挥基层组织的作用，狠抓各项政策措施的落实，努力推动农村经济社会又好又快发展，让农民群众过上更加美好的生活。

会议要求，要按照上级的决策部署，大力推进林业改革，促进现代林业全面发展。要把林权制度改革作为一项重大而紧迫的任务，明确目标，加强领导，落实政策，确保完成明晰产权、明确经营主体等任务。要以改革为动力，再掀造林绿化新高潮，城市绿化要多出精品，道路绿化要再上水平，村庄绿化要加快普及，荒山荒滩绿化要快速推进，沿海防护林建设要重点突破，水系绿化要迅速启动，林业育苗要跟上，森林管护要抓好，不断提高造林绿化水平。

【全市科技大会】 2月4日，全市科技大会召开。会议总结了2009年自主创新年活动，表彰奖励了活动中涌现出的先进集体、企业和个人，部署了2010年自主创新年活动和科技工作，动员全市不断提高自主创新能力，促进发展方式的转变和经济结构的优化升级。

会议指出，自主创新是转方式调结构的需要，是建设蓝色经济区和高端产业聚集区的需要，是实现经济社会持续快速发展的需要。各级各部门要认真贯彻落实全国和全省科技奖励大会精神，对照先进找差距，进一步提高对自主创新重要性的认识，增强转方式调结构的紧迫感和责任感。要加快产学研合作步伐，带着项目、需求，主动加强与高等院校和科研院所的联系与合作。要进一步完善人才引进的相关政策并抓好落实，对引进的人才工作上支持、生活上关心，切实解决好到威海来的各类人才的后顾之忧，努力为人才发挥作用创造良好的外部条件，让人才既能引得来，又能留得住，更能用得好。要加快研发平台建设，争取再建设一批市级、省级乃至国家级工程技术研究中心或企业技术开发中心，真正做到研发一代、储备一代、生产一代、销售一代。要落实好经费投入，不断提高各级财政对自主创新的投入比例，各企业也要自觉提高研发投入占销售收入的比重。要加强领导，健全机构，强化责任分解，加强督导考核，形成齐抓共管的局面，推动全市自主创新能力不断提高。（参见《科技 · 综述》 第249页）

【全市农村住房建设与危房改造工作会议】 3月18日，全市农村住房建设与危房改造工作会议召开。会议全面总结了2009年的工作，表彰先进单位，部署2010年的任务，动员全市抓住机遇，乘势而上，确保完成农村住房建设与危房改造任务。

会议指出，实施农房建设与危房改造，是党中央、国务院和省委、省政府从经济社会发展大局出发，根据统筹城乡发展的现实需要而积极推动的一项重要民生工程。各级各部门要进一步统一思想，提高认识，增强责任感和紧迫感，坚定抓好农房建设的信心和决心。要抓住国家和省鼓励棚户区、城中村改造和农房建设的政策机遇，深入推进三市城区、城郊村、镇驻地村、富裕村的楼房建设，加快农村危房改造步伐，尽快缩小城乡差距，促进城乡一体化发展。

会议强调，要坚持高标准规划、高质量建设、高水平配套，努力建设精品社区、绿色社区、健康社区、幸福社区。要合理安排新建农房位置、规模、标准和建设顺序，推动农民居住由分散向集中转变、由平房向楼房转变、由村庄向社区转变。要把农房建设与小城镇建设、与农村环境综合整治有机结合，统筹搞好基础设施、公共服务设施以及周边环境的配套建设，完善道路、路灯、供排水管网和垃圾收集等设施，规划建设好农村社区综合服务中心。要留足绿化空间，抓住植树造林的大好时机，努力提高村庄绿化水平。

会议要求，要调动方方面面的积极性，切实把实事办实，好事办好。加大政策扶持和部门帮扶力度，吸引更多的企业和社会资金投入，形成农房建设的合力。要充分尊重群众意愿，取得群众的理解和支持，让农民成为农村住房建设的投入主体和最大受益者。要进一步加强领导，层层落实责任，加强督促检查，加大考核力度，全力以赴加快推进，使农村面貌不断有新变化、农民生活不断有新改善。（参见《城乡建设与环境保护 · 村镇建设》第186页）

【全市深入学习实践科学发展观活动总结大会】 3月19日，全市深入学习实践科学发展观活动总结大会召开。会议学习贯彻了省委会议精神，对全市学习实践活动进行回顾总结，动员全市进一步巩固和扩大学习实践活动成果，深入贯彻落实科学发展观，努力开创科学发展、率先发展的新局面。

会议指出，按照中央和省委的统一部署，在文登市试点的基础上，威海市从2009年3月开始，自上而下开展了两个批次的学习实践科学发展观活动。全市各级党组织和广大党员干部牢牢把握“党员干部受教育、科学发展上水平、人民群众得实惠”的总要求，以“科学发展、富民强市”为主题，坚持在学习讨论中提高认识，在调研走访中体察民情，在分析检查中理清思路，在整改落实中亲民惠民，高质量地完成了各个阶段任务，取得了丰硕的思想成果、实践成果和惠民成果。贯彻落实科学发展观，必须牢牢把握发展这个第一要义，聚精会神搞建设，一心一意谋发展；必须牢牢把握以人为本这个核心，真正使改革发展成果惠及全体人民；必须牢牢把握全面协调可持续发展这个基本要求，统筹推进经济与社会、城市与农村、人与自然等协调发展；必须牢牢把握解放思想这个重要法宝，在新的起点上坚定不移地推进思想解放，推动各方面改革创新；必须牢牢把握干部队伍建设这个根本保证，以改革创新精神全面推进党的建设新的伟大工程。这既是开展学习实践活动的成功经验，也是贯彻落实科学发展观应该努力遵循的重要原则。

会议要求，全市要充分借鉴和运用学习实践活动的成功经验，进一步完善促进科学发展的体制机制，把有效做法制度化、管用经验长效化。要积极顺应科学发展的新形势和人民群众的新期待，努力破解影响和制约科学发展的新矛盾、新问题。要把全市通过学习实践活动焕发出的热情，转化为科学发展、率先发展、和谐发展的坚强决心和强大动力，在科学发展道路上不断创造新的业绩。一要进一步加深对科学发展观的理解，把科学发展观作为管根本管全局管长远的重大战略思想加以坚持，作为抢抓发展机遇、破解发展难题的强大思想武器加以把握，作为提高党的执政能力、保持党的先进性的现实指导加以贯彻。二要自觉地用科学发展观指导实践，奋力推进率先发展，坚决打好转方式调结构这场硬仗，切实保障和改善民生，坚定不移地推动科学发展上新水平。三要不断加强和改进党的建设，努力建设学习型党组织，切实加强基层党组织建设，进一步加强反腐倡廉建设，落实好党建工作责任制，不断提高党的建设科学化水平。

【庆祝建党89周年暨创先争优活动座谈会】 6月29日，庆祝建党89周年暨创先争优活动座谈会召开。来自有关部门和企业、镇村、社区等不同层面的负责人及优秀党员代表联系各自的工作实际，结合开展创先争优活动，谈认识、谈体会、谈成绩、谈经验，共同庆祝中国共产党建党89周年。

会议指出，开展创先争优活动，是中央为巩固和拓展学习实践科学发展观活动成果，进一步加强党的先进性建设做出的一项重大战略部署。同时，开展创先争优活动还是加强党的自身建设的现实需要，是推动各项工作落实的重要举措，对于激发各级党组织的生机和活力，对于充分调动广大党员的积极性和创造性，推动党的建设更好地服务中心工作、促进中心工作具有十分重要的意义。各级各部门要以纪念建党89周年为契机，再进行一次深入发动，进一步统一各级党组织和党员对加强党的自身建设重大意义的认识，增强开展创先争优活动的责任感和紧迫感，以高度的政治责任感履行职责，把创先争优活动精心组织好、扎实有效地开展好。

会议强调，转方式、调结构是经济工作的中心。各级党组织和广大党员干部要把推动科学发展、率先发展作为创先争优活动的重点，努力把方方面面的力量都凝聚到加快转方式调结构、推进经济社会又好又快发展上来；要把创先争优落实到为群众服务、让群众满意上，继续深化“三问”活动成果，继续下大力气抓好农村环境综合整治和农村居住工程；要把创先争优落实到维护稳定、促进和谐上，进一步增强责任意识，健全完善社会稳定风险评估机制，推进社会管理创新，坚持管理预防与打击惩治并重，不断增强人民群众的安全感。要把创先争优落实到加强基层组织、夯实执政基础上，在抓创新、创品牌上下功夫，在抓基层、打基础上下功夫，加大“难点村”和“三类”班子的整治力度。

会议要求，要切实加强对创先争优活动的组织领导，进一步落实责任，坚持“书记抓、抓书记”，把创先争优活动抓实、抓具体、抓出成效。要坚持分类指导，不搞形式主义，不作表面文章。要加强督促检查，及时了解活动进展情况，研究解决遇到的问题，总结推广经验做法，推动活动顺利开展。要大力宣传中央关于开展创先争优活动的要求和部署，宣传各地各单位开展创先争优活动的经验和做法，宣传先进基层党组织和优秀共产党员的典型事迹，进一步激发党组织和广大党员干部参与创先争优活动的热情。要广泛吸引群众参与，以基层党组织和党员的创先争优活动，带动工会、共青团、妇联等群团组织广泛开展创建先进集体、争当先进个人活动，在全社会形成创先争优的浓厚氛围。

【中共威海市第十三届七次全委会】 中国共产党威海市第十三届委员会第七次全体会议于7月22日召开。全委会认真贯彻中央关于加快经济发展方式转变的重大决策部署和省委九届十次全会精神，审议通过了《中共威海市委、威海市人民政府关于加快经济发展方式转变若干重要问题的意见》。

全委会一致认为，加快经济发展方式转变是贯彻落实科学发展观，推动科学发展、促进社会和谐的迫切要求。威海要率先发展，不仅发展速度不能落后，更要争取在质量效益上率先。全市各级各部门要充分认识转方式调结构的重大意义，在发展中加快转变，在转变中调整升级，努力在提高经济运行质量效益上实现新突破，在推进自主创新和改革开放上再上新台阶，在提升人居环境和统筹城乡发展上迈出新步伐，在改善民生和保持社会和谐稳定上取得新进展，加快建设资源节约型和环境友好型社会，全力推进科学发展、和谐发展、率先发展。

全委会审议通过的《中共威海市委、威海市人民政府关于加快经济发展方式转变若干重要问题的意见》，从12个方面对加快经济发展方式转变作了部署。1.充分认识加快经济发展方式转变的重要性和紧迫性，促进经济工作指导转变。2.坚持以自主创新为第一动力，加快“三区”建设步伐。3.认真落实强农政策，加快构建现代农业体系。4.实施高端产业发展战略，促进工业做大做强。5.大力发展现代服务业，不断提高消费对经济增长的拉动作用。6.深度挖掘海洋优势和潜力，争当山东半岛蓝色经济区先行区。7.坚定不移地深化改革，进一步完善转方式调结构的体制机制。8.坚持开放不动摇，在更大空间内加快转方式调结构。9.坚持统筹城乡发展，推进新型城镇化和城乡一体化。10.强化资源节约利用和环境保护工作，努力建设生态市。11.加快以改善民生为重点的社会建设，促进经济社会协调发展。12.加强组织领导，确保各项工作落实。

全委会指出，转方式调结构是中国经济领域的一场深刻变革，各级各部门既要看到这项工作的必要性、紧迫性，在“加快”上狠下功夫，把转方式调结构的各项重点措施进一步落到实处，又要看到这项工作的长期性、复杂性，多做打基础利长远的工作，推动经济社会发展全面步入科学发展的轨道上来。一是要下大力气提高经济运行的质量效益。进一步强化以质量效益为中心的导向，不断提高财税收入比重，坚持实事求是，不搞虚报浮夸，努力创造出经得起实践检验、群众检验、历史检验的业绩。二是要坚定不移地推进项目建设。加快骨干企业膨胀步伐，加大招商引资力度，千方百计解决项目建设的瓶颈制约。三是要加快培育现代产业体系。集中突破战略性新兴产业，积极发展区域特色产业，大力发展现代服务业。四是要不断提高自主创新能力。加大人才培养引进力度，深入开展产学研合作，加快企业研发平台建设，进一步增加科技投入，使自主创新真正成为转方式调结构的第一动力。

全委会要求，各级各部门要把民生建设作为头等大事，经济发展增加的财力要最大限度地用到群众身上，用在促进公共服务均等化上，让人民群众都能享受到改革发展成果。一是要通过增加就业和鼓励创业，千方百计增加群众收入。二是要抓好农村环境综合整治，加快推进农村居住工程，加大包村帮扶力度，下大力气改善农村生产生活条件。三是要以人人享有社会保障为目标，尽快完善全覆盖高标准的社会保障体系。四是要着力解决涉及群众切身利益的问题，加快推进城乡社会事业均衡发展。五是要全力维护社会和谐稳定。

全委会强调，各级各部门要进一步坚定信心，攻坚克难，解放思想，创先争优，始终保持昂扬进取的良好精神状态。要进一步完善观摩、督查、考核相结合的工作推进机制，落实责任，定期调度，兑现承诺，狠抓各项工作落实。要进一步强化服务理念，完善政策体系，巩固减负让利成果，加强舆论宣传，不断优化发展环境。

全委会指出，全市紧紧围绕蓝色经济区和高端产业聚集区建设，强化自主创新、项目建设、产业招商和重点产业培植，大力实施新型城镇化建设、保护中小企业发展、旅游文化产业发展和城市精细化管理“四大行动”，把保持经济平稳较快发展与转方式调结构紧密结合起来，主要指标的增幅基本上恢复到国际金融危机前的水平，各项重点工作都取得了积极进展。要科学判断国内外经济形势，灵活把握宏观调控政策，充分估计经济工作中的困难，提前预防和化解各种不利因素，牢牢把握转方式调结构的主动权。要正确处理好制造业与服务业、新兴产业与传统产业、新项目带动与老企业膨胀、总量扩张与效益提升的关系，强化自主创新推进结构调整，大力推进节能减排和环境保护，提升品牌影响力，深入推进城镇化，强化民生保障，突出环境建设，努力保持经济平稳较快发展。

【市区城中村改造工作总结表彰大会】 7月23日，市区城中村改造工作总结表彰大会召开。会议总结了市区城中村改造的成绩和经验，表彰了为城中村改造作出突出贡献的单位和个人。

会议指出，市区城中村改造，是地级市成立以来城市建设规模最大、投资最多、涉及面最广的重大工程，建设任务之繁重，面临困难之复杂，时间要求之紧迫，前所未有。三年来，市和三区的广大干部群众特别是相关街道办事处、村居广大基层干部，用自己的辛勤汗水和无私奉献，为人居环境的持续改善、城市形象的显著提升和经济社会的又好又快发展奠定了坚实基础。

会议强调，城中村改造的成功经验启示大家，群众利益高于一切，只要一切为了群众，一切依靠群众，真心实意为群众办实事办好事，就能赢得群众的支持和拥护。信心比黄金更重要，只要始终保持良好的精神状态，困难面前不退缩，重压之下不低头，就没有克服不了的困难，就没有办不成的事情。目标一旦确定关键在于落实，只要都把心思用在干事业上，把精力用在抓落实上，就一定能够把好事办好、实事办实。人心齐泰山移，只要团结一心、众志成城，就能攻无不克、战无不胜，全市各项事业就一定能够不断取得新的胜利。

会议要求，充分借鉴城中村改造的成功经验，进一步巩固改造成果，全面加快城市建设步伐，努力推动经济社会又好又快发展。要以“绿色社区、平安社区、健康社区、文明社区、幸福社区”为目标，高质量、高标准地做好城中村改造的后续工作，尽最大努力让群众在最短时间内搬进新居，把城中村改造真正打造成人民群众满意工程。要强化精品意识，按照“内涵提升、外延控制”的要求，高标准地开发好城中村改造后腾出的土地，加快城建重点工程建设，把建成区全部纳入精细化管理范畴，进一步提升城市规划、建设和管理水平。要统筹城乡发展，坚持以城带乡、以工补农，积极推动人居环境建设由城市向农村延伸，使农村面貌尽快发生根本性变化。要坚持以自主创新为第一动力，不断提高经济增长的质量和效益，坚决打好转方式调结构这场硬仗。要坚持以人为本、民生为重，千方百计增加群众收入，努力完善全覆盖高标准的社会保障体系，加快推进城乡社会事业均衡发展，狠抓社会治安综合治理和安全生产各项措施的落实，努力营造稳定和谐的社会环境。（参见《城乡建设与环境保护·房地产开发与管理》 第187页）

【全市教育工作会议】 10月26日，全市教育工作会议召开。主要任务是学习贯彻全国、全省教育工作会议精神，分析形势，交流经验，动员全市落实国家、省《教育规划》纲要，推动教育事业优先发展、科学发展、率先发展，努力为改革开放和现代化建设提供更加有力的人才保证和智力支撑。

会议指出，人才资源是第一资源，教育是开发人才资源、促进人的全面发展的根本途径，在社会转型、改革攻坚、推进科学发展的关键时期，教育和人才的支撑地位更加凸显，全社会对教育的关注度、敏感度、期望值空前提高，办好人民满意教育的任务繁重而艰巨。全市各级各部门、社会各界要继续高度重视教育事业，紧紧围绕“率先在全省实现教育现代化，率先在全国实现义务教育高位优质均衡发展”的目标，以更宽广的视野、更先进的理念、更强烈的紧迫感和使命感，不断提高教育工作科学化水平，努力办好人民满意的教育，推动教育事业在新的历史起点上实现科学发展、率先发展。

会议要求，要进一步加大投入，努力促进城乡教育均衡发展。各级要把农村教育放在更加突出的位置，教育经费、教育设施的新增部分要向农村倾斜，千方百计提升农村中小学的办学条件，进一步稳定农村教师队伍，提高农村教师素质，健全完善城乡学校结对、教师交流等制度，促进农村教学质量不断提高。要认真落实城区学校布局规划，加大对薄弱学校的扶持力度，逐步推动优秀教师、优秀课程等优质教育资源向薄弱学校辐射传播，带动薄弱学校的发展。要充分关注弱势群体，满足特殊人群的教育需求，确保每个孩子不因家庭贫困而失学。要加快教育现代化，全面提高各级各类教育的办学条件。

会议指出，教育质量是教育事业的生命所在、永恒主题，是家长和社会认可教育的重要标准。要树立以提高质量为核心的教育发展观，进一步深化教育改革，推进教育创新，鼓励引导每一所学校办出特色、办出水平、办成品牌，保证每一个孩子都能接受高水平高质量的教育。要坚持德育为先，促进学生全面发展，努力培养合格的社会主义事业建设者和接班人。要认真研究和牢牢把握好各类教育的内在规律，搞好分类指导，不断提高各类教育的质量和水平。要坚持教育大计、教师为本，进一步加强师德教育，强化教师培训，全面提高教师队伍素质，真正使每位教师都成为爱岗敬业的模范、教书育人的模范、终身学习的模范。要不断改善教师的工作、学习和生活条件，让他们全身心地投入到教育教学工作中去。要把学校安全工作放在重中之重，加强学校周边环境的综合整治，抓好学校校舍、饮食、交通的安全预防，坚决杜绝重大事故的发生。

会议强调，率先实现教育现代化，是一项重大系统工程，也是一项艰巨的历史任务，各级党委、政府都要牢固确立教育优先发展的战略地位，以更大的决心办好教育，以更多的财力支持教育。各部门要增强大局意识、责任意识，加强协调，密切配合，形成各负其责、齐抓共管的工作格局。要充分调动全社会的积极性，凝聚推动教育改革发展的强大合力，共同担负起培育下一代的责任，努力在全社会形成关心教育、理解教育、支持教育的浓厚氛围。

【全市文化体制改革和文化产业振兴大会】 10月29日，全市文化体制改革和文化产业振兴大会召开。主要任务是贯彻落实中央关于文化改革发展的决策部署及全省文化体制改革和文化产业振兴大会、文化体制改革工作会议精神，动员全市加快推进文化体制改革和文化产业发展，促进文化大发展大繁荣，进一步提升威海的文化软实力和综合竞争力。

会议指出，文化是民族凝聚力和创造力的重要源泉，是综合国力竞争的重要因素，是经济社会发展的重要支撑。各级各部门一定要深刻认识文化的重要地位和作用，充分认识中央和省委、省政府对文化改革发展的新要求，充分认识加快推进文化改革发展的重大意义，充分认识全市文化改革发展面临的新机遇，切实增强加快文化改革发展的责任感和紧迫感。

会议强调，要认真落实文化改革发展的重点措施，全力推动文化强市建设。要进一步深化文化体制改革，深入推进管理和执法体制改革，加快推进文化单位经营体制改革，积极探索多元化投融资机制，为文化发展增添活力和动力。要着力推动文化产业跨越发展，适应发展方式转变的新要求，更加注重文化产业的集聚发展和规模效应，更加注重文化与科技的深度融合，更加注重提高文化产业的创意水平，积极培育文化创意、网络电视、数字出版、动漫游戏等新兴文化业态，进一步壮大文化旅游、影视服务、出版印刷、工艺美术、娱乐演出、文化会展等传统文化产业，继续实施大项目和大企业带动战略，争取通过5年的努力，使文化产业增加值的比重超过5%，成为真正的支柱产业。要大力繁荣文化事业，加快完善公共文化服务体系，大力活跃群众文化生活，加快文化产品创作，让人民群众享受更加丰富多彩的精神文化生活。要扎实推进精神文明建设，坚持不懈地加强思想道德建设，坚定不移地坚持正确舆论导向，深入扎实地开展精神文明创建活动，不断提高城乡整体文明水平。要加强组织领导、政策扶持和队伍建设，努力开创文化繁荣发展的新局面。

【全市人才工作会议】 10月29日，全市人才工作会议召开。主要任务是传达学习国家和省人才工作会议精神，总结交流人才工作经验，就落实《威海市中长期人才发展规划纲要(2010～2020年)》及做好人才工作进行部署，要求全市进一步解放思想，开拓创新，坚定不移地实施“人才强市”战略，不断开创全市人才工作新局面，加快打造人才高地和优质劳动力富集区。

会议指出，一个国家、一个民族要兴旺发达，关键在人才。随着转方式调结构的不断深入，对人才工作提出了新的更高要求，威海市争当蓝色经济区和高端产业聚集区先行区，最急需、最紧缺、最关键的是人才。各级各有关部门要牢固树立人才是第一资源的理念，把思想和行动高度统一到中央和省委的决策部署上来，充分认识做好人才工作的极端重要性，更加积极主动地做好人才工作，把培养人才、吸引人才、开发人才、用好人才作为加快转方式调结构、推进又好又快发展的基础性工作来抓，不断推动人才工作上台阶、上水平，为经济社会发展提供更加坚实的人才和智力支撑。

会议强调，要紧贴科学发展这个第一要务，坚持正确的人才工作方针，围绕全市中心工作，统筹抓好各类人才队伍建设，以人才的优先发展引领经济社会的科学发展。要围绕提高领导水平和执政能力，进一步创新党政人才选拔机制，坚持不懈地实施大规模的干部教育培训计划，加强党政人才的实践锻炼，加强高素质党政人才队伍建设。要围绕增强自主创新能力，把招才引智与项目建设、企业研发平台、产学研合作结合起来，加强高层次创新型人才队伍建设。要围绕培育骨干企业群体，倍加关心支持企业家创新创业，大力培养引进企业经营管理人才，加强优秀企业经营管理队伍建设，激发各类创业人才的创业潜能。要围绕打造优质劳动力富集区，大力培养高技能人才、优质劳动力群体和农村实用人才，努力建设一支高层次的劳动者队伍。

会议要求，各级党委、政府要坚持党管人才原则，把人才工作纳入经济社会发展的总体规划。各级人才工作领导小组要抓好全局性问题的调研、综合政策的论证、跨部门工作的统筹等工作。各级党政主要负责人要树立强烈的人才意识，像抓招商引资一样抓好招才引智。广大党政干部特别是领导干部要自觉加强学习，主动锻炼，为全市的人才队伍作出表率。要进一步优化人才工作、生活和成长环境，尽快建立起富有特色、切合市情、便于落实、有利于人才事业发展的政策体系，对已经出台的各类引进人才的政策，要不打折扣，认真落实兑现。对人才的学习培训、居住和家属子女就业入学等实际问题，要制定优惠政策，搞好服务。对企业引进人才过程中遇到的各种困难和问题，坚持急事急办、特事特办，设身处地地帮助企业认真妥善解决。广大企业要充分发挥引才用才的主体作用，广揽贤才。要建立统分结合、协调高效的工作机制，加大对人才工作目标责任制的考核力度，各部门、人民团体、企事业单位和社会中介组织要主动配合、加强协作、各负其责，形成加快人才建设的强大合力。

【全市农村环境综合整治工作总结表彰会议】 11月25日，全市农村环境综合整治工作总结表彰会议召开。会议总结成绩，表彰先进，交流经验，确定从2011年开始，争取再用5年时间将全市需要整治的村全部整治一遍，2011年要完成300个村的整治任务。

会议指出，全市把农村环境综合整治提到了更加重要的议事日程，按照“环境＋社区＋产业”的思路综合施策、标本兼治，提前半年完成了市级200个重点村的整治任务。通过环境整治，村容村貌发生了明显变化，方便了群众生活，促进了农村经济的发展，丰富了农民文化生活，让人民群众切身感受到了实实在在的变化，为新农村建设各项工作的顺利推进奠定了坚实基础。

会议要求，各级各部门要提高认识，统一思想，切实增强抓好环境整治、改善群众生活的责任感和紧迫感。要抓住上级有政策、群众有期盼、基层有动力、工作有经验的有利时机，再接再厉，乘势而上，切实把这项得民心、顺民意的实事办实、好事办好，让农村面貌尽快发生较大变化，让农民群众得到更多实惠。要明确任务，落实责任，高标准地做好农村环境综合整治工作，全面实行垃圾“村收集、镇清运、县处理”，对村庄河流和村前塘坝进行清淤治理，发动群众多栽植经济树种，积极实施农村居住工程，规划建设好社区综合服务中心，发展培育特色产业项目。要大幅度增加投入，进一步增加财政资金投入，广泛发动社会力量参与新农村建设，充分调动广大农民群众参与村庄整治的热情。要建立完善管护长效机制，坚持建管并重，加快建设一支常态化的管护队伍和服务网络，确保各项设施长期发挥作用，让农民群众长期受益。要扎实抓好帮扶工作，从最差的村帮起，从群众最急需解决的问题抓起，进一步改善生产生活条件，增强造血功能和持续发展能力。各级各部门要继续把环境整治作为硬任务，作为开展创先争优活动的重要载体，精心组织，周密安排，全力以赴抓好各项任务落实，确保收到实效。

会议强调，要统筹兼顾，扎实工作，全面推进新农村建设再上新台阶。要大力发展现代农业，鼓励引导发展优势特色产业，加大农业龙头企业和农民专业合作社的扶持力度，强化农产品质量安全区域化管理，促进农民持续增收。要加快推进各项社会事业，按照城乡一体化的要求，大力推进农村学校规范化建设和“食暖行”等四大工程，提高镇村卫生院室的设施、诊疗水平，实施文化惠民工程，提高新农合的报销比例和新农保养老金标准，加大对低保、“五保”和临时困难群众的救助力度，不断完善公共服务体系。要加强农村基层组织建设，广大党员和镇村干部充分发挥战斗堡垒作用，以深入开展创先争优活动为契机，努力干好事、干实事、干群众欢迎的事、干群众需要的事，在新农村建设的广阔舞台上不断建功立业。

【中共威海市委十三届八次全委会】 中国共产党威海市第十三届委员会第八次全体会议于12月9日召开。会议深入学习中共十七届五中全会和省委九届十一次全会精神，结合威海市实际研究部署了贯彻落实意见，听取和讨论了市委常委会工作报告，审议通过了《威海市国民经济和社会发展第十二个五年规划纲要（草案)》。

全委会充分肯定了市委十三届六次全会以来常委会的工作，高度评价“十一五”时期全市经济社会发展取得的重大成就。一致认为，“十一五”时期是全市发展历程中极不平凡的五年。全市经济发展更加稳健，自主创新能力进一步提高，节能减排和环境保护取得新成效，改革开放不断深化，民生建设得到新加强，各项社会事业全面进步，较好完成了“十一五”规划确定的主要目标任务，为“十二五”发展奠定了坚实基础。

全委会在深入分析经济社会发展面临新形势的基础上，强调制定“十二五”规划必须高举中国特色社会主义伟大旗帜，坚持以邓小平理论和“三个代表”重要思想为指导，深入贯彻落实科学发展观，以加快转变经济发展方式为主线，加快建设蓝色经济区和高端产业聚集区，以富民强市为目标，着力强化自主创新，着力促进产业振兴，着力加强内需驱动，着力深化改革开放，着力统筹城乡发展，着力建设生态文明，着力改善社会民生，加快打造“蓝色休闲之都、世界宜居城市”，力争率先建成全面小康社会、基本实现现代化，为建设创新开放宜居幸福的现代化新威海奠定坚实基础。要坚持五条基本原则，即坚持统筹兼顾，协调发展；坚持创新驱动，转型发展；坚持深化改革，扩大开放；坚持发挥优势，突出特色；坚持民生优先，共建共享。全委会综合考虑全市未来发展趋势和条件，提出了“十二五”经济社会发展的主要目标。

全委会对“十二五”时期经济建设的主要任务作出了部署。强调，要实施区域带动战略，加快蓝色经济区和高端产业聚集区建设，进一步优化产业布局，形成优势互补、配套协作、分工合理、各具特色的多层次区域产业发展格局。要加快产业结构调整，稳固农业发展基础，做大做强区域特色产业，转型升级传统优势产业，培育壮大战略性新兴产业，加快发展现代服务业，尽快建立起具有威海特色的现代产业体系。要统筹城乡发展，规范引导区域开发秩序，科学构建城镇体系，加强新农村建设，创新城市管理机制，促进城乡一体化发展。要建立促进节能减排的长效机制，大力发展循环经济，加强生态环境保护，努力建设资源节约型、环境友好型社会。要大力实施“科教兴市”和“人才强市”战略，为经济社会发展提供强大的科技、教育和人才保障。

全委会提出，完成“十二五”时期经济社会发展的各项目标任务，必须不断深化改革、扩大开放。要进一步深化财税物价体制改革、行政体制改革、所有制结构改革、要素市场改革、社会事业领域改革、农村改革和户籍管理制度改革，努力为转方式调结构提供持久动力。要进一步调整优化进出口贸易结构，提高利用外资质量和水平，加快实施“走出去”战略，加强国内区域经济合作，在更大范围、更广领域、更高层次扩大全方位开放。

全委会强调，要坚持人民利益高

于一切，把富民优先贯穿始终，更加注重以人为本，加快推进以改善民生为重点的社会建设，最大限度地让每一名群众都能共享改革发展的成果。要高度重视农民增收工作，创造条件让更多群众拥有财产性收入，逐步提高中低收入者的收入水平，扩大中等收入群体比例。要实施更加积极的就业政策，进一步拓宽就业渠道,促进充分就业。要按照“广覆盖、保基本、多层次、可持续”的要求，加快建立城乡统筹的高标准社会保障体系，争取在全省率先实现社会保障全覆盖。要大力发展医疗卫生、文化、体育等各项社会事业，不断满足人民群众日益增长的物质文化需求。要全力做好新形势下的群众工作，加强社会治安综合治理，健全应急管理体系，强化安全生产监管，保障人民群众生命财产安全。

全委会强调，党的领导是实现“十二五”期间经济社会发展目标任务的根本保证。各级党组织和广大党员干部要切实增强党的意识、宗旨意识、执政意识、大局意识和责任意识，不断加强执政能力建设和先进性建设，深入开展创先争优活动，以过硬的本领、优良的作风、扎实的工作，充分调动方方面面的积极性，形成推动经济社会发展的强大力量。要加强对经济形势的研判，提高统筹发展的能力，不断提高发展的全面性、协调性、可持续性。要坚持求真务实，狠抓各项目标任务的分解落实，努力创造经得起实践检验、群众检验、历史检验的业绩。要切实加强党风廉政建设，以廉洁勤政的良好形象赢得群众的信任和支持。

【全市城市现代化和新型城镇化工作会议】 12月10日，全市城市现代化和新型城镇化工作会议召开。会议深入分析了城市现代化和新型城镇化发展的新形势，动员全市以加快推进城市现代化步伐为目标，深入实施新型城镇化建设和城市精细化管理，为加快转方式调结构、保持经济社会平稳较快发展提供动力和保障。

会议指出，威海市城市化步入关键期、经济发展步入转型期、体制改革步入攻坚期、区域竞争步入新周期，要求市政府在政策措施、新型城镇化、城市管理体制、打造新优势等方面有新思路、新举措、新调整和新作为。会议确定，全市推进城市现代化和新型城镇化的目标任务是：通过政策整合，破除城市化进程中的体制机制障碍，进一步提高全市城镇承载能力，力争“十二五”期间，全市城市化率每年提高1个百分点以上，2015年达到65%、2020年达到75%以上。通过管理创新，提升城市精细化管理水平，进一步增强中心城市的辐射带动能力，力争“十二五”期间，中心城区的精细化管理面积达到70平方公里，实现城市管理活动的全方位覆盖、全时段监管、高效能管理。通过扩权强镇，激活小城镇发展活力，进一步扩大人口吸纳能力，力争“十二五”期间，打造4个体制机制顺畅、经济实力雄厚、基础设施完善、辐射能力较强的试点镇，进而带动全市形成一批有活力的新型城镇，促进城乡一体化发展。

会议强调，要全力加快城建重点工程建设，继续实行市级领导分包责任制，坚持依法和谐文明拆迁，坚持高水平规划、高标准建设，加大市场化运作和项目招商力度，确保工程按期推进、高标准建设。要全面推进精细化管理，严格落实城市管理的责任，尽快完善城市管理的监督指挥体系，加大装备投入力度，充实管护队伍，充分调动街道、社区和广大市民的积极性，形成人人关注、人人参与城市精细化管理的良好氛围。要坚持因地制宜、分类指导，高标准推进新农村建设，下大力气改善农村生产生活条件，努力让农村面貌年年有变化、五年大变样。各市（区）要把城市现代化和新型城镇化建设摆到全局工作的重要位置，认真研究面临的新形势、新问题，进一步加大投入力度，把本区域的城乡建设不断推向新水平。各有关部门要从大局出发，充分发挥职能作用，积极支持城乡建设，努力形成加快城市现代化和新型城镇化的整体工作合力，共同建设美好的家园。

【重要决策和部署】 1月31日，市委、市政府印发《关于进一步加快旅游业发展的意见》，提出要全面整合旅游资源，着力优化产业结构，推动旅游业特色化发展和可持续发展，努力把威海打造成国内一流、世界知名的海滨休闲度假旅游目的地。

2月3日，市委、市政府印发《关于进一步促进中小企业发展的实施意见》，围绕营造中小企业良好发展环境、加大财税扶持力度、切实缓解融资困难等出台了相关政策措施。

2月22日，市委、市政府印发《威海市2010年“三农”工作要点》，对2010年“三农”重点工作进行了部署。

3月15日，市委、市政府印发《关于大力推进新型城镇化的意见》，明确了推进新型城镇化的指导思想、原则和发展目标，部署了科学构建城镇体系、大力提升城镇综合承载能力、创新城镇化工作机制等六个方面的任务。

3月18日，市委、市政府印发《2010年全市党风廉政建设和反腐败工作任务分工意见》，按照党风廉政建设责任制和“谁主管、谁负责”的原则，对全市党风廉政建设和反腐败工作提出分工意见。

4月30日，市委、市政府印发《关于认真落实省委要求推动威海率先发展的意见》，明确了率先发展的总体要求和目标任务，部署了推进率先发展的各项重点措施。

5月27日，市委、市政府印发《关于开展反腐倡廉“制度建设年”活动的实施方案》，就反腐倡廉“制度建设年”活动的目标要求、主要内容和责任分工、方法步骤等进行部署。

6月24日，市委印发《关于建立健全推进基层党建工作长效机制巩固和拓展学习实践科学发展观活动成果的意见》，要求从强化理论学习、坚持强基固本、加强党员队伍建设等五个方面入手，不断推动学习实践科学发展观向深度和广度发展，提高基层党建工作科学化水平。

7月22日，市委、市政府印发《关于加快经济发展方式转变若干重要问题的意见》，就落实党中央、国务院和省委、省政府关于加快经济发展方式转变的重大战略部署，坚决打好转方式调结构这场硬仗作出具体部署。

10月20日，市委、市政府印发《关于持续增加农民收入的实施意见》，提出了持续增加农民收入的总体要求、工作重点及政策措施。

10月25日，市委印发《关于认真学习贯彻党的十七届五中全会精神的通知》，就学习贯彻中共十七届五中全会精神提出明确要求。

11月12日，市委、市政府印发《威海市中长期人才发展规划纲要(2010～2020年)》，提出了全市人才工作的指导思想、战略目标和基本原则，对人才战略重点和主要任务及重点人才工程等进行了部署。

11月12日，市委、市政府印发《威海市引进高层次人才创新创业若干规定》，就引进国内外高层次人才到威海创新创业出台了具体的政策措施。

12月31日，市委、市政府印发《关于扩权强镇支持小城镇发展的意见》，就推进扩权强镇工作提出了具体的扶持政策和改革措施。

12月31日，市委、市政府印发《关于加强城市精细化管理的意见》，提出了实施城市精细化管理的总体要求和工作重点，就理顺城市管理体制、建立数字化城市管理新模式、落实城市精细化管理的保障机制等进行了部署。

（许庆耀）

·组织工作·

【学习实践科学发展观活动和创先争优活动】 在巩固扩大第一批学习实践科学发展观活动成果的基础上，继续深入开展第二批学习实践科学发展观活动，进一步促进了干部作风转变。按照上级统一部署，深入开展创先争优活动，教育引导基层党组织和党员以“学赶先进、干事创业、争当先锋”为目标，实行“基层党组织向社会承诺、党员向群众承诺”。各级为基层减轻负担1.78亿元，解决问题1.4万件，办好事实事10.5万件。中组部部长李源潮先后4次对威海市的做法作出批示，给予肯定。

【领导班子和干部队伍建设】 坚持从严要求、从严管理，市委组织部、市纪委成立考察组，运用体现科学发展观要求的考核评价机制，对各市（区）和市直118个县级领导班子、1019名县级领导干部进行了深入全面考察，为市委加强领导班子建设提供了科学依据。2010年初，根据不同情况、采取不同方式，认真搞好2009年度考察反馈工作，对部分群众满意度不高、反映问题较多的班子和干部进行了面对面重点反馈，并逐一制定和落实了整改措施，通过2010年底的考察考核检验，领导班子和干部队伍整体水平明显提升。坚持围绕科学发展选干部配班子，根据工作需要和年度考察考核情况，认真做好县级干部的充实调整工作，一批能力强、作风好、素质高的优秀干部被选拔到县级岗位，班子结构得到进一步优化，凝聚力、战斗力和领导科学发展的能力明显增强，组织好领导干部经济责任审计，全年安排审计项目69个。加大年轻干部实践锻炼力度，完成了第十批市直下派干部工作。认真落实省“基层培养优选计划”，从市、市（区）两级机关新选派了40名干部到村和市（区）信访部门挂职任职。组织开展了“威海市最佳机关工作人员”评选活动。从市直部门专门拿出21个职位，面向基层选调生和具有两年以上基层工作经历的人员考录公务员，树立了重视基层的用人导向。狠抓党政领导干部选拔任用监督制度的学习贯彻，通过举办专题培训班等形式，确保达到“领导干部100%熟知、组工干部100%精通、党员干部100%知晓”的要求。

积极推进干部人事制度改革 深入贯彻中央干部人事制度改革规划纲要和省委《实施意见》，研究制定了威海市实施意见。继续坚持“逢提必争”、“逢进必考”，市直新提拔县级干部全部实行竞争上岗，其中市科协主席等8个正县级职位，分别面向市直和市（区）符合条件的县级干部进行了公开竞争。机关事业单位新录用人员全部实行公开考录，通过考试与考核相结合的方式安置军转干部。结合援青干部选拔和镇（街道办）党政正职调整，进一步深化“两公开四差额”选拔干部办法。全面推行党委常委会任用干部票决制，提拔任职的县级干部全部实行常委会无记名投票表决。

【基层组织建设】 全面落实基层党建工作责任制，坚持“书记抓、抓书记”，实行市（区）党委书记、镇（街道办）党工委书记、村党组织书记三级党建专项述职。确定了2个项目作为省级基层党建创新“县委书记项目”，22个项目作为市级“镇街党委书记项目”，并明确目标要求，实行跟踪督导。不断深化农村干部任期目标管理，抓好村干部待遇落实，加强“难点村”和农村干部班子整治。积极探索创新基层组织设置方式，2010年，已成立农村社区党组织346个，依托农民专业合作社、专业协会和产业链建立党组织875个。全市“两新”组织（新经济组织和新社会组织）七大行业协会党委辖党支部217个，管理党员3076名。建立楼宇党支部124个，建立商贸市场党组织14个。全市投入资金1300多万元，新建、改扩建或购买社区办公和活动场所19所，全市社区办公用房平均使用面积达到407平米，并选好配强工作人员，确保社区党组织有钱办事、有场所办事、有人办事。通过创建“机关服务品牌”和争创“服务发展文明科室”等特色活动，组织广大机关党员踊跃承诺、践诺，不断提高服务水平。市直机关4500多党员作出了目标承诺，参加志愿者服务和社会公益活动8039人次，帮扶困难家庭1593个，向灾区和困难家庭捐款208.4万元。

【人才队伍建设】 召开了全市人才工作会议。研究制定了威海市中长期人才发展规划纲要，出台了引进高层次人才创新创业有关规定，加大了引进力度。推荐了15人次参加国家“千人计划”和省级“万人计划”人选申报，并有2人入选国家和省级第一层次人选。探索建立人才工作目标责任考核机制，进一步加大了人才工作力度。

【干部教育培训工作】 紧紧围绕党委政府中心工作，有针对性地举办了蓝色经济区建设、旅游创新、财政金融和社会稳定等专题培训班66个，培训干部1.9万人次。继续深化干部自主选学工作，2010年，从中央党校、高等院校聘请17位高层次专家到威海市委党校授课，人数创历史最多。组织开展了“名师送教”活动近百场，形成了省送市县、市送县镇、县送镇村的良好局面。建立了调查研学制度，选派27名市委党校教师与27个市直部门定期联系，双向互动，促进了教、学、用相结合。同时，在威高集团、威海监狱、刘公岛和环翠区法院分别成立了4个教育培训基地。

【农村党员干部现代远程教育工作】 利用《威海远教》栏目，加强宣传，积极为创先争优活动的开展营造氛围。推进全省远程教育网络升级改造，累计投入资金70多万元。开展了远程教育站点管理员“1+1互助”活动，加强了管理员培训。依托远程教育网络，组织开展了“价格服务进农村”活动，为基层群众提供贴身服务。全年制作基层党员先进事迹专题片20多部、基层经验专题片16部和各类课件46部。

【联系企业包扶村工作】 联系企业特派员工作　加大对中小企业的服务力度，继续扎实抓好联系企业特派员工作。2010年，全市126名企业特派员帮助211家联系企业争取各类资金13.35亿元，协调减免各类费用1950万元，增加订单2.37亿元，申报各类项目179个，招工4940余人。

包扶贫困村工作　第七轮包扶贫困村工作开展以来，市直215个部门单位累计投入达5381.1万元，是上一轮帮扶投入的1.5倍多。从市直部门选派了100名处级干部担任农村环境综合整治联络员，为联系村争取资金物资累计达140多万元，各类绿化苗木2万多棵，全市200个重点整治村提前半年完成农村环境综合整治任务。

（刘　军）

·宣传工作·

【理论宣传教育】 全市各级党组织以深入学习宣传中共十七届四中、五中全会精神为重点，不断加大中国特色社会主义理论体系的宣传普及。一是精心部署开展创建学习型党组织活动。市委成立了全市建设学习型党组织工作协调小组，制定了《加强学习型党组织建设的意见》和《关于深入开展创建学习型党组织活动的实施意见》，创建学习型党组织活动在全市全面展开、稳步推进。二是切实加强和改进党委中心组理论学习。年初，市委宣传部制定下发了《全市县级以上党委中心组理论学习安排计划》，并及时为各级党组织和广大党员干部配发了《七个怎么看》、《划清“四个重大界限”》等辅导材料。注重加强日常性的督促考核，认真做好市委理论学习中心组的服务工作，推动全党形成浓厚的学习风气。三是广泛开展理论宣传普及。各级各部门利用“威海讲坛”、“热点大家谈”、“威海发展论坛”等理论宣讲平台，通过举办理论报告会、研讨会和刊发重点理论文章等方式，积极宣传理论，深入解读政策，解答干部群众关心的热点难点问题。市委宣传部邀请了6位专家学者举行报告会，在报纸、网站推出了10多个理论专版和100多篇重点文章，组织广大社科工作者，围绕全市经济社会发展面临的重大问题，深入进行调查研究，形成了25篇有较高价值的研究报告，为领导决策提供了参考。

【舆论引导工作】 各级各类新闻媒体围绕中心、服务大局、关注民生，努力为改革发展稳定营造良好的舆论氛围。一是正确把握国际金融危机带来的深层次影响，精心组织应对危机的宣传，着力宣传中央和省委、市委关于经济形势的科学判断，宣传各级各部门有效应对危机的新举措、新成效，引导人们进一步坚定信心，迎难而上，增强加快科学发展的自觉性和主动性。二是围绕市委、市政府转方式调结构、蓝色经济区和高端产业聚集区建设、自主创新、大项目建设、节能减排、农村环境综合整治和城中村改造、争先创优活动等重大部署，配合“威海杯”2010年HOBIE（霍比）世界帆船锦标赛和2010年威海长距离铁人三项世界杯系列赛等重大活动，广泛开展系列主题宣传活动，推出了一批重点报道、评论和专题。三是加大典型宣传，先后推出了优秀警察戚恩雨、退休干部的榜样殷树山、环卫工人李玉坤等先进典型，在社会上引起了强烈反响。四是瞄准大报、大刊、大台，全年在中央和省级主要媒体上刊发重点稿件20多篇。新华社以《威海城中村改造的生活变奏曲》为题对威海城中村改造情况的宣传报道以及《经济日报》介绍威海培育现代产业体系、发展蓝色经济的重点报道，都产生了良好的宣传效应。五是认真组织对社会热点、敏感问题和突发事件的舆论引导，切实加强报纸、广播、电视、网络的宏观管理，加大社会舆情的汇集和研判，始终牢牢把握正确舆论导向。年内，新闻宣传始终保持着积极健康、昂扬向上的良好态势。

【精神文明建设】 坚持以创建全国文明城市为龙头，辐射和带动精神文明建设各方面工作不断向纵深推进。围绕创建全国文明城市，召开了大规模的动员大会，广泛发动，健全机制，扎实开展集中整治活动，解决了城市卫生环境、交通秩序、公共设施、市民行为等方面存在的一系列实际问题。在2010年度全国城市公共文明指数测评中，威海名列地级市第8名，位次比上年前移了7位。围绕加强公民思想道德建设，召开了全市道德模范表彰大会和全市未成年人思想道德建设经验交流会，开展了“迎世博迎亚运讲文明树新风”、学习文明礼仪、全民读书月、“爱我中华·经典诵读”、道德模范基层宣讲、“我推荐我评议身边的好人”、放飞梦想绿色手机文化创作传播、社会志愿服务等一系列宣传教育和主题实践活动，全市有助人为乐好人——荣成市俚岛镇马道老干办主任武斌、见义勇为好人——荣成市人和镇码头村杨海滨等7人荣登“中国好人榜”。围绕深化群众性精神文明创建活动，继续深入开展文明村、文明镇、文明机关、文明企业、文明单位、文明社区、文明行业活动，各类文明单位的覆盖面进一步扩大。年内，全市新增各类市级文明单位71个、各类省级文明单位40个。

【对外宣传】 着眼提升威海的知名度和美誉度，不断拓宽宣传渠道，广泛开展多种形式的对外宣传活动。一是宣传力度加大。围绕市委、市政府的中心工作，配合赴港招商等重大经贸活动及“威海杯”2010年HOBIE（霍比）世界帆船锦标赛和2010年威海长距离铁人三项世界杯系列赛等重大赛事活动，在《香港商报》、《文汇报》、《大公报》、香港亚洲电视、中国网等各类媒体上刊发了一系列专题、专访和专版，制作推出了《与 WEI 一起 HIGH》、《三月的海口 · 九月的威海》等一批宣传画册和宣传折页，宣传展示威海优越的发展环境和美好的发展前景。二是新闻发布日益规范。对 98 个市直部门的新闻发言人和新闻发布联络员进行了统一建档管理，改造装修了高标准的专用新闻发布厅，加大了发布群众关心热点问题的力度。先后就国民经济运行、创建劳动关系和谐企业、慈善捐款接收使用、全市海洋环境保护、刘公岛景区免费开放等题目，举办了 13 场新闻发布会。三是网络宣传份量加大。充分利用威海新闻网、威海传媒网等重点网站，采取开设专栏、图片专题、论坛讨论等形式，加大网络宣传份量。同时，积极借助国内知名网站，大力宣传威海、推介威海，不断扩大威海在网上的知名度。10 月，举办了“网络媒体威海行”活动，有来自人民网、新华网、网易等 50 多家国内知名网络媒体的近百名编辑、记者对威海进行了实地考察采访，刊发各类稿件 600 多篇。

【文化事业】 立足保障群众基本文化权益，大力发展公益性文化事业，活跃群众文化生活，努力满足人民日益增长的精神文化需求。（详见《文化 · 综述》 第 269 页）

【文化体制改革和文化产业发展】 认真落实中共中央、国务院和山东省委、省政府关于加快文化体制改革和发展文化产业的部署要求，着力提升文化软实力。（详见《文化 · 综述》 第 269 页）

（王治国）

· 统战工作 ·

【落实中国共产党领导的多党合作和政治协商制度】 开展践行社会主义核心价值体系活动。下发了《关于在党外人士中开展树立和践行社会主义核心价值体系的通知》，开展了主题教育活动。坚持教育与实际相结合，组织各民主党派主要负责人赴宁波市实地学习多党合作经验，组织新的社会阶层人士赴上海市参观学习。在市社会主义学院举办科级党外干部专题培训班，对 39 名党外干部进行了专题培训。召开党外干部座谈会，市委统战部负责人与党外干部进行了座谈交流。将社会主义核心价值体系纳入社会主义学院课程设置，组织各民主党派市委会班子成员及机关干部、新的社会阶层人士、无党派人士进行了为期一周的核心价值体系教育培训，召开了各民主党派树立和实践社会主义核心价值体系经验交流会。致公党市委开展了“树立和践行社会主义核心价值体系，开展基层组织建设年活动”。民进市委筹委会、民建市委邀请省委领导到威海，就学习社会主义核心价值体系理论向本党成员作了专题报告。协助市委召开了 7 次民主协商会、座谈会、情况通报会，市委书记王培廷主持召开各民主党派、无党派代表人士座谈会，就市委“十二五”规划建议征求党外人士意见。市长孙述涛主持召开党外人士座谈会，就政府工作报告征求各民主党派负责人的意见。市委副书记边祥慧主持召开情况通报会，通报市委七次全委会精神，听取各民主党派的意见和建议。市委统战部召开情况通报会，分别通报了全市党风廉政建设情况、全市经济工作会议精神和“十二五”规划制定情况，举办了统一战线各界人士迎春茶话会。组织各民主党派负责人、社会新阶层联谊会负责人视察了全市城乡规划建设工作、船舶工业发展情况、监狱工作及旅游发展情况，围绕蓝色经济区和高端产业聚集区、新型城镇化建设等问题，提出了意见建议。推进民主党派建设，引导各民主党派健全内部监督机制，加强思想政治建设、能力素质建设、领导班子建设。协助民建召开了成立大会，成立了民建威海市委，增加了机关编制，配齐了机关干部。协助各民主党派做好组织发展工作，对发展对象组织了考察。至 2010 年底，有 5 个民主党派建立了市委会。开展民主党派工作调研，助推民主党派自身建设。拟发了《关于协助民主党派加强自身建设的意见》（威办发〔2010〕21 号文件），从思想建设、素质建设、班子建设、制度建设以及经费保障等方面加强民主党派自身建设，推进多党合作各项政策的落实。市政府办公室印发了《关于加强市政府有关部门与各民主党派对口联系的意见》，建立了长效工作机制。市委统战部印发了《关于协助我市民主党派建立健全述职和民主评议制度的意见》（试行），并于年底组织各民主党派负责人进行述职和民主评议。开展落实多党合作和政治协商制度调研，推进多党合作制度建设。拟发了《中共威海市委同各民主党派、无党派人士政治协商的实施意见》（威办发〔2010〕23 号文件），要求认真做好把握原则、明确内容、规范形式、严格范围、理顺程序、加强保障等各个环节的工作，推进科学决策、民主决策、依法决策。威海市及各市（区）政府工作部门领导班子党外干部配备比例分别达到 26.6% 和 25%，党外副镇长配备比例超过三分之一，并建立了可作不同层次安排的党外后备干部队伍。省委统战部通报表扬威海市是全省唯一一个落实统战政策全部达标的市。

【基层统战工作基础建设】 按照省委统战部的统一部署，开展了“双基建设年”活动（基层、基础建设）。市委常委会听取了市委统战部关于全省统战部长会议精神的汇报，市委书记王培廷就贯彻落实会议精神提出了要求。召开了全市统战部长会议，市委副书记边祥慧出席会议并讲话，市委将“双基”建设情况列入各市（区）科学发展目标责任考核。各市（区）通过召开基层统战工作会议，制定实施意见，将基层统战工作列入党政目标责任考核，加强了“双基”建设的贯彻落实。在文登市和其他市（区）2 ～ 3 个镇（街道办）进行试点。6 月，在文登召开了全市基层统战工作基础建设现场会，交流推广经验，引导各市（区）全面铺开。9 月，市委统战部由主要负责人带队赴各市（区）检查督导，进行调研，推动工作开展。市委办以威办发〔2010〕17 号文件转发《市委统战部、市工商联关于组建镇级商会的意见》，在全市镇（街道办）建立健全商会组织，实现商会向基层的延伸，强化非公有制经济人士统战工作。全市镇（街道办）配备统战委员 72 名，全部建立了统战工作办公室，配备专职统战干事 66 名，村（居委会）配置了 1928 名统战工作联络员。各镇（街道办）建立健全了统战工作制度，形成了基层统战工作的长效机制，开展了统战对象摸底调查，健全了台账资料，建立了各界代表人士队伍，统战工作延伸到基层。省委统战部副部长崔巍到威海调研，对威海的“双基建设年”活动给予了充分肯定。

【为经济建设服务】 组织各民主党派搞好调研，建立健全了党委出题、党派调研、政府采纳、部门落实的民主党派调研工作机制，民盟威海市委《关于我市打造蓝色经济区发展海洋渔业产业的调研报告》、九三学社威海市委《关于发展我市金融服务业的调研报告》、致公党威海市委《我市归国留学人员有关情况的调查》、民建威海市委《关于我市土地执法情况的调查报告》得到市委主要领导批示，实现了成果转化。市委统战部协助民盟中央，在威海对发展蓝色经济和高新技术产业进行了调研。在民主党派成员中，深入开展“双岗建功”活动，对52位先进个人进行了表彰，激发了他们做好本职工作、履行参政议政职能的积极性。在非公有制经济组织中，继续开展学习实践科学发展观活动，完成了学习实践活动指导工作。开展“争当优秀中国特色社会主义事业建设者”、“民企帮村”、“捐资助学”、回报社会感恩行动等活动，积极引导新的社会阶层人士科学发展、回馈社会。乳山、荣成、文登市建立了党外知识分子联谊会，形成了党外知识分子工作的新平台。筹备成立了威海市归国留学人员联谊会，举办了“创业在威海”主题报告会，为归国留学人员服务社会、联谊交友搭建了新的载体，推进了归国留学人员统战工作。在系统调研的基础上，引导市社会新阶层党外知识分子联谊会组织会员向市儿童福利院捐款1万元，捐赠价值3000多元的奶粉和学习用具。组织统一战线的专家学者组成服务队，深入开展“统一战线服务和谐社会直通车活动”，为镇、村、社区的2000余名群众提供义务查体、健康咨询和农技、法律等方面的咨询服务。市委统战部主要负责人和分管负责人先后9次赴联系村调研，与4户困难群众结成了帮扶对子，动员非公有制经济人士捐款20多万元，硬化了村路，建起了健身休闲广场，改造了自来水，无偿提供各类苗木500余株。认真做好“一对一”结对帮扶贫困职工家庭活动，送去慰问金和生活必需品，帮助解决实际困难。

【民族宗教工作】 抓好党的民族宗教政策的贯彻落实，与民族宗教部门联合开展了民族团结进步创建活动，加强了民族团结进步宣传工作力度，引导少数民族群众勤劳致富，巩固了民族团结。中央统战部、国家民委调研组到威海调研，对威海民族宗教工作的做法给予了高度评价。定期召开宗教工作联席会议，对抵御境外宗教渗透工作进行研究部署。指导各爱国宗教团体加强自身建设，定期召开威海市各爱国宗教团体负责人座谈会，加强政策学习和政治引导。开展了“和谐宗教活动场所”创建活动。强化了各级各层次联动机制，做好节庆等各个敏感时段的情况掌握、信息沟通和苗头性事件的预防工作，在制止非法宗教活动、治理私设聚会点和非法组织等方面取得了明显成效。

【民建威海市委成立】 4月18日，民建威海市第一次会员大会在合庆饭店召开。民建中央办公厅发来贺电。民建山东省委主委郭爱玲、副主委王福泰到会祝贺。中共威海市委副书记边祥慧，市政协副主席、市委统战部部长陈乐章出席会议并分别讲话。市政协副主席、民革威海市委主委任怀平代表各民主党派、工商联致贺词。淄博、济宁等民建市委负责人到会祝贺。大会选举产生了民建威海市第一届委员会，毕礼伟当选为民建威海市第一届委员会主委，李青、韩静当选为副主委。会后，中共威海市委书记王培廷在东山宾馆会见了民建山东省委主委郭爱玲一行。

【全市基层统战工作基础建设现场会】 6月10日，全市基层统战工作基础建设现场会在文登市召开。各市（区）委统战部部长、分管副部长等参加会议。会议的主要任务是总结基层统战工作基础建设各项任务的贯彻落实情况，推广文登市加强基层统战工作基础建设的典型经验，研究部署下一阶段基层统战工作的目标任务。与会人员参观了文登市环山街道办事处和界石镇的基层统战工作基础建设现场，文登市委统战部和界石镇介绍了加强基层统战工作基础建设的经验做法，各市（区）党（工）委统战部作交流发言。

【威海市归国留学人员联谊会成立】 10月17日，威海市归国留学人员联谊会成立大会在东山宾馆召开。市直有关部门负责人，各市（区）、各高校党委统战部分管负责人，归国留学人员联谊会理事会员，各民主党派、市工商联、市社会新阶层党外知识分子联谊会负责人参加会议。市律师协会会长、社会新阶层党外知识分子联谊会副会长韩强代表市各民主党派、工商联、社会新阶层党外知识分子联谊会致贺词。市委副书记边祥慧出席会议并讲话。市政协副主席、市委统战部部长陈乐章主持会议。市政协副主席任怀平出席会议。大会通过了《威海市归国留学人员联谊会章程》，选举产生了会长、副会长、秘书长、常务理事。赵玉璞当选为会长。会议期间，召开了归国留学人员“创业在威海”主题报告会。

（孙冬青）

·政策研究·

【概况】 2010年，市委政策研究室组织开展调研活动19次，形成各类调研报告28篇，编发《威海通讯》12期，《参阅件》22期，其中10多期以主要领导批示、相关政策文件、领导讲话等形式进入决策。

【调查研究】 一是系统性调研。围绕海参产业调研，形成了《全市海参产业发展情况调查》、《大连海参文化节考察报告》和《坚持四轮齐动　打造大连海参品牌》系列报告，市委主要领导作了批示，政府常务会议进行了专题研究，并以系列调研为基础，召开了全市海参产业发展现场会议，出台了《关于进一步促进我市海参产业健康发展的意见》，建立了海参产业发展联席会议制度，为调整渔业经济结构，做大做强以海参为重点的海珍品养殖业奠定了基础。围绕低碳经济领域调研，形成了《保定市低碳经济发展情况考察报告》、《我市低碳经济情况调查》、《发达国家发展低碳经济的主要做法》和《低碳经济相关知识》等4篇报告，其中许多观点和建议被全市经济工作会议和“十二五”发展规划吸纳，较好地发挥了“调研一个课题、完成多个成果”，为领导科学决策提供全方位参考的作用。二是政策性调研。历时4个月，深入市区、镇村和市直相关部门进行全方位调查，召开各类座谈会20多次，赴江苏、浙江和省内7个地市考察学习，收集100多万字考察资料，完成了《关于推行新型城镇若干扶持政策的意见》起草撰写任务。三是信息型调研。围绕热点、难点、焦点问题，先后组织开展了新农村建设、创新型城市、中小企业融资、项目发展用地等一系列调研活动，形成信息型调研10多篇，取得了很好的效果。《村级集体资产股份制改革情况调查》，总结了不同类型改制村的主要做法和取得的成效，分析了改制村运行过程中存在的主要矛盾和问题，提出了加快符合条件村集体资产改制的对策建议，得到市委主要领导充分肯定。围绕破解发展用地难题深入调研，形成了《用好城乡增减挂钩政策 破解建设用地瓶颈》的专题报告，被市委主要领导批示。

【协调指导】 深入开展“百题调研”活动。年初，组织力量对社会关注的热点、难点、焦点问题进行了全面梳理和归纳，提出了新农村建设、社会稳定、和谐社会建设等16个方面161个重点课题，通过实行课题“三定”、联合调研等多种形式，组织各级各部门共同合作、分头调研，努力构建全社会广泛参与的大调研格局。活动收到部门和基层调研成果180多篇，经过认真评选，评出特等奖23篇，一等奖40篇，二等奖38篇，调研成果的数量和质量都有了很大提高，较好地发挥了以文辅政的作用。广泛开展联合调研，在蓝色经济区建设、城镇化扶持政策等重大课题调研过程中，采取与相关部门或市区联合攻关的方法，既提高了调研质量，又充分调动了部门的积极性。

【信息交流】 充分发挥《威海通讯》和《参阅件》两个平台的作用。全年编印《威海通讯》12期，刊载各类文章220多篇，及时将全市经济社会发展中的新经验、新做法、新亮点进行刊载。在《参阅件》的编发上，突出时效性，将一些不宜公开发表的调研报告，以参阅件形式及时呈送领导，全年编发《参阅件》22期。

（李庆民）

·机构编制工作·

【行政管理体制改革】 市政府机构改革取得明显成效　组织召开全市政府机构改革工作会议，对市和市（区）政府机构改革工作进行动员部署。研究拟订市政府机构改革方案并认真组织实施，于4月底全部完成了市政府工作机构“三定”工作（定职能、定机构、定编制），取消、下放、转移行政审批管理事项23项，加强关系国计民生职责52项，调整和理顺部门职责91项，建立健全部门间沟通协调机制7项，在优化组织结构、理顺职责关系、规范机构设置等方面取得明显成效。10月初，组织对市政府部门“三定”落实情况进行了现场评估，协调解决存在问题，较好地巩固了改革成果。

扎实推进市（区）政府机构改革工作　在做好市政府机构改革的同时，统筹推进市（区）政府机构改革。拟订《关于市区政府机构改革的意见》，对各市（区）政府机构改革方案进行认真审核，严格把关，对改革进程及时督导。7月中旬，完成了市（区）政府机构改革任务，有效解决了一些制约经济社会发展的突出矛盾和问题。印发《关于对市区政府机构改革开展评估的通知》，部署各市（区）开展改革评估工作。

镇（街道办）机构改革工作进展顺利　市和市（区）政府机构改革结束后，9月10日，召开全市深化镇（街道办）机构改革工作会议，顺势推进深化镇（街道办）机构改革工作，巩固扩大前期改革成果。在充分调研论证的基础上，研究审定了乡镇分类方案，报省备案。在荣成市成山镇探索开展强镇扩权试点工作。指导各市(区)拟订乡镇机构改革方案，12月初，改革方案全部上报市委、市政府批准并组织实施。

【行业管理体制改革】 结合政府机构改革，对工业与信息化、人力资源、文化等方面的职能和机构进行整合优化。调整理顺食品药品、农业综合开发、民用爆破安全、现代物流业和基层司法行政等领域的管理体制，进一步理顺行业管理体制，解决了一批部门职责交叉问题。探索启动了“大就业一条龙”、“大社保一盘棋”管理模式，加强公共就业服务体系和社会保障体系建设，促进社会和谐。

【事业单位改革】 配合推进医药卫生体制改革，经过认真论证和核算，完成了威海市先行实施国家基本药物制度的基层医疗卫生机构人员编制核定工作。积极开展事业单位清理规范工作，组织对全市事业单位职能运转、经费来源、人员编制等情况进行专题调研，基本完成了市直事业单位岗位设置的分类工作，为下一步深化事业单位改革奠定了良好基础。

【机构编制管理】 加强机构编制精细化管理，坚持机关事业单位先核编后进人、先核编后核工资、先核编后拨经费和事业单位先登记后运行的机制，严把机关事业单位进人关口。认真贯彻落实干部选拔任用监督制度，为市直党政群部门和正县级事业单位新核定了领导职数，加强干部职数管理。对部门提报的机构编制事项，一般采取“机构撤一建一、人员编制内部调剂”的办法解决，全市行政机构编制总量一直控制在上级下达的限额内，有效地节约了公共财政开支。围绕服务于重点区域、重点领域和重点项目，为全市蓝色经济区和双岛湾开发建设、公共就业服务、社会保障、环境保护等工作配强充实了力量，完成了市政府驻外办事机构的职责界定和机构编制调整工作，为推动发展、改善民生提供了及时保障。坚持编制管理向基层和工作一线倾斜，加强县级纪检监察、基层物价和农产品成本调查编制配备。

【机构编制监督检查】 认真学习宣传和贯彻落实机构编制政策法规及中纪

委《机构编制违纪行为适用〈中国共产党纪律处分条例〉若干问题的解释》、《关于湖南省处理溆浦县机构编制违纪违规问题的情况通报》等文件精神，健全了机构编制与组织、财政、人力资源与社会保障等部门的协调配合机制。充分发挥“12310”机构编制监督举报电话作用，加强机构编制实名制动态管理，按照市政府部门新的“三定”规定，将市政府工作机构名称、主要职责、内设机构和人员编制变动情况进行了全面更新，通过政府网站及时进行了公示，接受社会监督。完成了2009年度全市机构编制统计工作，顺利通过了省检查组对威海市机构编制管理法规政策执行情况的实地检查。

【事业单位登记监管】 完善事业单位登记管理制度，运用登记年检、实地核查、证书管理等监管手段，加强事业单位登记监管，确保事业单位依法开展工作。召开全市事业单位登记管理工作会议，对事业单位登记年检工作进行专题部署，编印《威海市事业单位登记管理工作指南》，通过广播电视、报纸等新闻媒体，大力宣传事业单位登记年检工作的重要意义。承办两期全省暨全市事业单位监督管理培训班，组织市和市（区）两级登记管理机关参加全员培训，提高了工作人员的素质能力。严格登记年检工作程序，严格审核登记年检材料，严格登记年检公告内容，利用3个月时间完成了全市2000多家事业单位登记年检工作。积极探索开展事业单位网上登记管理工作，全市2000多个事业单位法人数据全部被录入国家登记管理数据库，实现了与省和国家登记管理系统联网运行。

（胡小飞）

·党校工作·

【概况】 2010年，威海市委党校认真贯彻落实《中国共产党党校工作条例》和《2010～2020年干部教育培训改革纲要》，深入开展“争创一流党校，构建和谐校园”为主要内容的创先争优活动，围绕中心，服务大局，各项工作都实现了新发展。年内，党校培训人数达到1.78万人次，是上年的2倍。党校教师97人次到46个部门和单位上门授课，受训人数达5000人次以上。完成各级各类科研成果113项，被省委党校授予“山东省党校系统优秀科研工作组织奖”。

【干部培训】 年内，举办各种进修班、培训班、研讨班等主体班次20个，培训、轮训干部3853人次，包括2期县处级干部任职培训班110人，每期1个月；2期县处级干部进修班90人，每期1个月；1期中青年干部培训班36人，时间3个月；1期科级干部任职培训班27人，时间2个周；1期初任公务员培训班60人，时间2个周；1期党外科级干部培训班39人，时间1个周；1期“两区”建设培训班61人，时间1个周；1期应急管理培训班206人，时间1天；1期纪委派驻机构培训班75人，时间1个周；5期“廉政准则”培训班286人，每期2天；1期基层挂职干部培训班40人，时间1个周；1期政法综治培训班87人，时间1天；1期妇女干部培训班190人，时间1个周；1期团干部培训班146人，时间4天；13期行政执法人员培训班2300人，每期2天；与市委工业工委联合举办1期入党积极分子培训班70人，时间1个周；与市地税局联合举办1期地税干部培训班30人，时间1个周；举办自主选学班次31期，培训学员7629人次；与市纪委、检察院等部门合作新建的预防职务犯罪警示教育基地，先后有141批、6369人次接受了教育。

培训内容更具贴近性 围绕市委市政府工作的中心点、人民群众的关注点、干部成长的需求点开展培训需求调研，把党的需要放在首位，把岗位需要作为重点，同时考虑干部个人需要，科学设置培训专题和课程。继自主选学之后，知识教育内容全部设置为菜单供学员选择，在中青班等调训班次中首次全面推行，进一步贴近了学员需求。

培训平台更加多样 一是用足用好“威海发展论坛”、“威海讲坛”两大品牌阵地；二是与有关部门合作新建了预防职务犯罪警示教育基地，增强了党风廉政教育的生动性与震撼力；三是选择威高集团、环翠区法院、威海监狱、刘公岛管委等4个企事业单位，挂上了“市委党校教研基地”牌子，分别作为学员自主创新、依法行政、警示教育、爱国主义教育基地；四是首次开展了异地培训，5～6月，与临沂市委党校进行了县处级领导干部任职培训班异地交流培训，取得了良好效果。

教师配置更加优化 联系国内名师，建立了400多人的师资库。在用好本校师资力量的基础上，还邀请了25位中央机关、知名高校、中央党校专家，37位市和各市（区）领导干部以及部分企业家授课，党校教学的理论高度更进了一步，实践含量更加丰富，党校师资与外请师资互补性更强。

教学管理更加严密 出台了新的教学管理办法，所有新课程都经过课题竞争、集体备课、小组试讲，年内，举办集体备课、试讲、教学观摩竞赛活动4次。教学评估范围扩大，由只评本校教师，扩大到所有任课教师，包括外请的专家、领导；由只评估调训班次，扩大到自主选学班次；评估结果与教师的聘请与使用紧密挂钩。学员管理更加严格，调训班次的学员在校学习情况向组织部作出报告，中青班考勤在班级公开，出勤率达不到70%的取消学籍，同时通过百分考核和民主投票评选出优秀学员，并通报给学员所在单位和组织部门。召开了全市党校系统教学及学员管理座谈会，中央党校及省党校领导到会并讲话。两次召开教学管理工作座谈会，总结教学管理工作。

【科研工作】 年内，完成各级各类科研成果113项，负责起草的《威海中长期人才发展规划纲要（2010～2020年）》作为市委正式文件发布，“威海经济发展与城乡互动关系研究”等3个重大课题进入市“十二五”规划，“威海市农民专业合作社发展研究”等9个科研成果得到市主要领导批示、在《领导参阅件》等刊物上发表或进入市委理论学习中心组读书会，有80多项成果在地市级以上理论刊物上发表或获奖。

调研平台更加多样 经过长时间的酝酿、沟通，“市委党校教师到市直部门调查研学”制度正式启动，27名教师与市直部门进行了对接，搭起了党校与工作部门联系的平台。构建教师

与学员联系平台，学员入校学习之初，把本校教师的研究方向或科研课题向学员公布，学员根据自己的专长和兴趣，选择自己的论文指导教师，然后师生见面，建立联系，学员发挥实践优势，教师发挥理论优势，共同进行调查研究。威海市委党校开展社会调研的做法得到了省委党校的肯定，在全省党校系统调研工作会议上作典型发言。

调研机制更加灵活 威海市委党校试点成立了虚拟研究机构“威海依法行政法律咨询研究中心”，与市政府法制办等部门建立了定期沟通联络制度、重要工作合作制度、重大案件研讨制度、资源成果共享制度，开展了项目研究、案例编写等活动，为科研机制改革积累了经验。

【信息化建设】 开发并推出新版数字图书馆网站，得到中央党校和省委党校图书馆领导的高度评价。完成自制视频节目6900多分钟，其中34讲、4400多分钟的课程上传到网络视频点播库。

【业务指导工作】 通过召开会议、开展调研督察活动等形式，营造党校良好工作氛围，推进全市党校工作。一是在春季开学典礼上，市委书记、市人大常委会主任王培廷讲了话，就加强党校工作和干部教育培训工作，推进“一流学府”建设和学习型党组织建设进行了研究部署。二是召开了全市党校校长座谈会，具体研究贯彻落实上级党委及党校有关会议和指示精神的具体举措，理清思路，明确目标。三是开展调研督察活动。由市委党校常务副校长带队，校有关职能部门负责人和各市（区）委党校主要负责人参加，就党校贯彻落实《党校工作条例》和省委《实施意见》情况，开展调研督察活动，有效地推动了全市党校又好又快发展。在乳山市委党校举办了全市党校系统首届春季运动会，有159名运动员分13个大项、34个小项进行了比赛。

（刘东明）

·党史资料征集研究·

【概况】 年内，完成了《侵威日军暴行纪实》一书的编辑出版工作。完成了《抗战时期威海人口伤亡人员名录》的编写工作，全书约25万字，整理完成了1万余人的威海平民人口伤亡名录，已交付中央党史出版社。完成了《抗战时期重大惨案（威海卷）》一书的编写工作。该卷收录抗战时期发生在威海的较大惨案11个，近10万字，已交付省委党史研究室。指导各市（区）党史部门有计划地完成社会主义革命和建设时期的资料征集、专题研究工作，加快推进社会主义时期党史专题的研究。积极落实中央党史研究室和省委党史研究室的工作部署，组织和指导各市、区党史部门完成了《抗战时期威海人口伤亡人员名录》和《抗战时期重大惨案（威海卷）》一书的编写工作。本年度各市（区）党史工作者完成了《中共荣成历届党代会》、《中共威海市环翠区大事记》（2001～2010）、《红色记忆》等一批党史书籍。

【《侵威日军暴行纪实》出版发行】 《侵威日军暴行纪实》于10月中旬由中共党史出版社出版发行，全书近30万字。《侵威日军暴行纪实》一书是在《威海抗战时期人口伤亡和财产损失》课题调研的基础上，结合历史档案和文献，对抗战时期威海地区的人口伤亡和财产损失、重大惨案和专题研究等资料进行收集整理研究编写完成。《侵威日军暴行纪实》第一次系统、真实地揭示了抗战时期日本侵略者对威海人民进行政治压迫、经济掠夺、文化奴役、人身迫害等方面的累累罪行，使广大读者对日本军国主义发动侵华战争有一个更全面、准确的认识。

（邵　洁）

·老干部工作·

【离退休干部党支部建设和思想政治建设】 一是完善组织设置，健全离退休干部党建工作网络。立足工作实际，学习借鉴先进地区经验，7月，市委设立离退休干部工作委员会。11月前，各市（区）全部建立离退休干部党工委，为全市离退休干部党建工作奠定坚实组织基础。二是加强班子建设，抓好离退休干部党支部换届工作。对支部换届工作进行及早部署，在换届过程中，严格组织程序，建立工作台账，坚持定期调度，3月底换届工作完成。建立全市离退休干部党支部情况数据库，全面掌握各支部班子详细情况。通过换届，一大批素质高、能力强的老干部充实到支部班子中，班子活力显著增强。三是严格教育考核，强化离退休干部学习培训。各级坚持利用老年大学、老干部党校、老干部活动中心（室）等阵地，以离退休干部党支部为依托，定期组织离退休干部党员进行教育培训、观摩考察，加强教育管理。市委老干部局举办经济形势报告会、上级政策解读、普法知识讲座等培训讲座4次，组织市直离退休干部党支部书记集体学习12次，编发《学习资料选编》6期。全市举办新任支部班子培训班50余场次，举办其它各类专题讲座、形势报告会等200余场次，培训离退休干部党员1.2万余人次。四是积极创先争优，加强离退休干部思想政治建设。下发在全市离退休干部党组织和党员中开展创先争优活动的实施意见，明确“五个好”、“五带头”的目标，以争当“五个先锋”活动为载体，引导离退休干部争做维护发展大局的先锋、加强党性修养的先锋、促进社会和谐的先锋、服务人民群众的先锋，引导离退休干部党支部争做加强基层组织建设的先锋。全市广大离退休干部党组织和党员，立足自身实际，制定承诺目标，公开接受监督，积极践行承诺，重点围绕建言献策、社会监督、帮贫助困、关爱下一代等，承诺事项5000余件，为经济社会发展再立新功。

【学习殷树山先进事迹活动】 深入发掘、总结全国离退休干部先进个人殷树山的先进事迹，4月，市委组织部、市委老干部局联合下发学习活动通知，组织全市离退休干部和老干部工作者开展“向殷树山同志学习活动”。一是召开先进事迹报告会。组建由塔山社区居委会负责人、义工队队长及殷树山本人组成的先进事迹报告团。5月，报告团先后到各市（区）、部门进行巡回报告10余场，激发广大离退休干部及老干部工作者学赶先进的内在动力。

二是制作先进事迹专题片。制作《殷树山同志先进事迹》专题片，在威海电视台连续播出，使广大老干部更加直观地了解先进事迹，感受先进精神，扩大学习活动影响力。三是组织座谈交流会。开展“学先进、找差距、争先锋”大讨论，全市召开老干部交流座谈会30余次，撰写心得体会800余篇，引导广大老干部对照先进典型，查找自身存在不足，找准努力方向。10月，市委老干部局召开市直老干部学习殷树山先进事迹，推进创先争优活动座谈会。四是开设学习活动专栏。在《威海日报》开设《创先争优学先进　余热生辉夕阳红》学习活动专栏，为老干部表达心声开辟平台，刊发专栏7期。同时，在《威海老干部工作信息》编印信息专刊4期，总结推广工作经验，增强学习活动实效。

【老干部亲情服务工作】　一是开展社区服务示范点创建活动，提高亲情服务规范化水平。下发社区服务示范点创建通知，加强分类服务，细化考核细则，科学设置分值，重点围绕离退休干部生活服务、医疗服务、精神慰藉服务等内容，全面开展创建活动。二是健全离休干部遗属困难救助机制，解除老干部后顾之忧。调度各市（区）借鉴《威海市市直离休干部遗属困难救助办法》，结合自身实际，制定具体计划，明确落实时间和责任人，全面制定规范性救助办法。各市（区）老干部工作部门在认真调查摸底的基础上，积极推进工作落实，相继出台规范性意见，使该项工作形成有效机制，确保离休干部遗属无后顾之忧。12月，市委老干部局对市直133名离休干部遗属进行困难救助，赢得了广泛好评。

【老干部窗口阵地建设】　一是基层老干部活动场所建设实现新突破。继续开展优秀老干部活动场所创评活动。4月，召开全市老干部活动场所建设现场经验交流会，对创评工作进行强调部署。年内，分别对第二批、第三批申报活动场所进行验收。全市已有80处活动中心、33处活动室达到市级优秀标准，其中72处镇级老干部活动中心达标率达100%。进一步加强各市（区）级老干部活动中心建设，加大资金投入，改善活动环境，提高服务水平。全市5处省级示范活动中心，全部通过省委老干部局复查验收。二是老年教育事业发展实行新举措。各级老年大学加大师资投入、加强教学管理，着力提高教学水平。市老年大学组织召开全市太极拳教学研讨会，提升专业化教学水平。根据学员特点和需求，科学设置专业，新生总数比上年增长22%。组织举办了建校十周年庆典活动，通过举办书画展、文艺演出、制作纪念画册等，进一步提高学校知名度和影响力。7月，全省老年大学校长培训班在威海市举办。三是老干部文体活动展现新气象。各级根据老干部特点，积极组织举办文艺演出、书画展、门球赛、趣味运动会等活动，丰富老干部精神文化生活。市委老干部局组织举办全市老干部艺术节、第十七届全市老干部门球赛、钓鱼比赛等，为广大老干部老有所学、老有所乐提供平台。年内，各级组织老干部文体活动220多场次，参加活动老干部6000余人次。

【老干部发挥作用】　各级立足工作实际和老干部特点，结合开展创先争优活动，搭建载体，拓展平台，引导老干部发挥作用。一是在推动科学发展中发挥作用。通过建立老干部人才库的方式，引导广大老干部围绕全市经济社会发展中心思路，发挥优势专长，建言献策，推进中心工作。全年收集老干部合理化意见建议800余条。二是在促进社会和谐中发挥作用。组织老干部积极开展“五进”活动（进社区、进军营、进工厂、进农村、进学校），宣传党的方针政策，倡树文明新风。组织老干部参与社会监督、民事调解、治安联防等，为维护社会和谐稳定作贡献。全市1000余名老干部党员认领社区责任岗位，2000余人参与创建文明城活动，600余名老干部与社区贫困家庭结成帮扶对子。三是在关爱下一代中发挥作用。引导老干部开展“关爱下一代”活动，组织老干部与家庭贫困、单亲家庭等情况特殊的学生开展结对帮扶教育，并定期到中小学校进行革命传统教育。全市离退休干部自觉、自愿参与多项社会公益活动，为贫困学生、地震干旱灾区等捐款总额达80余万元。

（王　燕）

·机关党务工作·

【概况】　市直机关党建工作牢牢把握服务市委、市政府的中心工作和建设党员干部队伍两大任务，深入开展创先争优活动，狠抓机关党的思想、组织、作风、制度建设，完成了各项目标任务，2010年度被省直机关工委表彰为全省机关党建工作先进单位。

机关党员干部教育　围绕党员干部思想道德建设，组织了三项大的活动：一是广泛开展创先争优活动，坚持典型引路，用身边的人和事教育党员干部，推动活动的深入开展。发现和总结典型39个，分别于7月和12月召开市直机关党支部书记读书会和市直机关创先争优作表率走在前报告会，推广典型单位的经验。从中选择29个典型，由《威海日报》和广播电视台进行宣传，使机关党组织和广大党员干部学有标杆、干有榜样。二是认真抓好入党积极分子培训。3月下旬，组织90名入党积极分子进行了为期2天的集中培训，进一步端正了入党动机，加深了对党的认识。三是会同市委党校聘请上海工会管理干部学院王连祥教授到威海作专场形势报告，通过对理论热点问题的讲解与分析，使党员干部对复杂多变的国际形势和党的大政方针有了更加清醒的认识。

机关党的基层组织建设　围绕基层组织建设，重点抓了三个方面的工作：一是党员发展工作。全年发展党员85名，转正党员90名，做到严格程序和标准，严把公示政审、谈话等重要关口，确保了党员队伍的纯洁。二是做好基层班子换届工作。先后对52个任期届满的直属机关党组织班子进行了换届选举，一批党性强、品行好、作风正，有敬业、奉献和创新精神的党员干部充实到了新一届领导班子，确保了基层组织工作正常、有序开展。三是在连续两年试点的基础上，于1月下发了《关于在市直机关探索推广党员目标承诺活动的实施意见》，组织市直机关党组织和广大党员，以建设和谐社会、服

务人民群众、永葆党员先进性为根本要求，结合机关实际，开展以共性承诺、岗位承诺、实事承诺为主要内容的党员目标承诺活动。至12月中旬，机关工委负责管理的4500多名党员作出目标承诺2.25万项，有99.5%承诺得到兑现。先后有8039人次参加了志愿者服务和社会公益活动，帮扶救助困难群众家庭1593个，向灾区和困难家庭捐款208.4万元，密切了党群、干群关系，提高了机关党组织的战斗力。

和谐机关和精神文明建设 围绕和谐机关和精神文明建设，举办了三项活动。一是以建设和谐机关为主题，深入开展丰富多彩的机关文化创建活动。坚持用先进的文化理念和现代教育手段，凝聚、激励和引领党员干部艰苦创业、锐意创新，大力倡导以爱岗敬业、诚信服务、依法行政、廉洁奉公为核心的机关精神。按照全市“幸福威海”文化活动总体安排，为充分展示近年来市直机关文化建设的新成果，弘扬革命传统，建设先进文化，引领社会风尚，激发工作热情，于7月的每个周六、周日，在人民广场组织了为期1个月的“机关文化展示月文艺汇演”活动。活动遵循“贴近时代、贴近生活、贴近群众”的原则，80多个单位的500多名干部登台表演了100多个节目，热情歌颂了党、歌颂了祖国、歌颂了新人新事和先进模范，在市直机关和广大群众中引起了强烈反响。二是结合贯彻落实《中华人民共和国体育法》和《全民健身计划纲要》，成功举办了“市直机关第六届乒乓球比赛”，增强了机关干部体质，营造了“奋力拼搏、勇争一流”的浓厚氛围。三是开展争创“服务发展文明科室”活动。坚持以服务中心、服务发展、服务基层、服务群众为根本，以“流程最简、办事最快、收费最低、服务最优”为显著特点，在深入调查研究的基础上，制定并下发了《关于在市直机关开展争创“服务发展文明科室”活动的实施方案》，提出明确的指导思想、参评范围、评选标准、申报办法、考评程序、奖励规定和组织实施具体要求，指导和督促市直各部门联系本部门工作实际，认真制定详细争创活动方案，在科室之间开展竞赛，并把活动开展情况纳入党建目标责任制进行考核。

机关创新工作 一是继续开展争创“优秀工作成果”活动。围绕市委、市政府的重点工作目标，选准优势项目进行选题立项、跟踪培养。2010年，申报优秀工作成果80项，评出优秀工作成果25项，29个单位受到表彰奖励。二是加强市级机关社会测评工作。在总结前几年经验的基础上，进一步规范完善测评的形式、内容和方法，建立社会测评代表信息库，并从代表信息库中随机抽取300名代表参加测评，把评判权和监督权交给人民群众，促使机关各单位更加自觉主动地服务群众、服务企业、服务发展，促进了机关作风的转变。

机关群团组织建设 机关工会组织把维护职工的合法权益、解决职工实际困难、丰富职工业余文化生活作为工作重点。扎实开展“一帮一”特困帮扶活动，满腔热情为困难群众排忧解难。年内，机关各部门结成帮扶对子144个，为困难职工家庭捐款39万多元。团工委和机关青联以“服务社会、服务青年”为宗旨，广泛开展了“青年志愿者”、“青春创业”、“青年文明号”等特色活动，有6个单位获得市级“青年文明号”称号，7个单位获得“威海市先进基层团组织”称号。倾心做好帮扶村工作，筹措资金8.46万元，为乳山市乳山寨镇夏家村新建了村委办公室、村民文化活动室和健身广场，安装了路灯，绿化了村庄，极大改善了村民的生产生活条件。所联系村被威海市评为“农村环境综合整治先进村”，市机关工委被市委表彰为包村工作先进单位。

（丛建国）

·信访工作·

【概况】 2010年，市、区两级党政信访部门受理群众信访事项2751件，其中，来信1830件、来访921起。全市所发生的集体访基本化解在当地，没有发生影响社会稳定的恶性信访案件。在三年一次的全省信访工作表彰中，荣成市、文登市、乳山市、环翠区全部被省委、省政府评为“全省信访工作先进单位”。

深入开展矛盾纠纷排查化解活动 依托各级社会矛盾调处中心和部门行政调处中心、镇级综治维稳中心，坚持抓早、抓小、抓苗头，实行定期排查与集中排查相结合，及时排查化解各类矛盾纠纷，从源头上预防和减少信访问题的发生，努力把矛盾化解在基层，把问题消除在萌芽状态。年内，全市所排查的矛盾纠纷基层化解率达到97%。

切实提高信访事项办理质量 全面开通使用了信访信息系统，建立健全了信访事项录入制度、结案报告制度，进一步规范了信访工作程序。严格按照国务院《信访条例》的有关规定，认真负责办理群众初信初访，坚决落实好信访事项答复意见书制度，初信初访结案率达到99%。按照“依法、公正、事要解决”的原则，认真开展复查复核工作。采取走访座谈、书面审查、实地调查、协商调解等多种方式，认真做好各项工作，促进了信访事项依法终结。同时，通过举办国务院《信访条例》集中宣传等活动，加大信访法规宣传力度，努力形成依法信访、依法做好信访工作的浓厚氛围。

着力解决信访难点问题 继续开展信访积案和重复信访事项专项治理活动。对2009年尚未化解的积案和2010年发生的重复信访进行专项治理，治理范围内的案件全部结案。全市重复访数量比上年下降14%。紧紧围绕“事要解决”的工作目标，加大对重复集体访等复杂疑难信访事项的督办协调力度，对8起未得到妥善处理的重复集体访，提报市联席会议专题研究，落实责任单位，督促认真解决。

加大工作督导力度 坚持日常督导与联合督导相结合，采取工作例会、现场检查、重点抽查等形式，切实加强对信访工作情况的督导检查，确保各项工作措施得到认真落实。市联席办组织两次专项集中督导活动，深入基层督导积案化解、重点时期稳定工作，促进工作措施落实。加大对党政领导阅批来信、公开接访、包案等制度的检查落实力度。对27起领导接访事项组织力量靠上去督办、协调，确保件件有着落、事事有回音，一批群众反映的突出信访问题得到妥善解决。

（蔡云松）

威海市人民代表大会

【概况】 威海市第十五届人民代表大会代表总额为338名，市十五届人大一次会议时，实有代表326名；市十五届人大二次会议时，实有代表325名；市十五届人大三次会议时，实有代表324名；市十五届人大四次会议时，实有代表332名。市人大常委会下设办公室、研究室、人事代表工作室、财政经济工作委员会、内务司法工作委员会、教育科学文化卫生工作委员会（挂民族侨务外事工作委员会的牌子）、农业与农村工作委员会、城乡建设和环境资源保护工作委员会。

【威海市第十五届人民代表大会第四次会议】 威海市第十五届人民代表大会第四次会议于1月19～21日举行。会议听取、审议了市人民政府市长孙述涛作的《政府工作报告》，印发并审议了《关于威海市2009年国民经济和社会发展计划执行情况与2010年国民经济和社会发展计划（草案）的报告》、《关于2009年威海市和市级财政预算执行情况与2010年威海市和市级财政预算（草案）的报告》，听取、审议了市人大常委会常务副主任马世和作的《威海市人大常委会工作报告》、市中级人民法院院长王继青作的《威海市中级人民法院工作报告》、市人民检察院检察长姜修健作的《威海市人民检察院工作报告》，并分别作出了相应的决议。

【常委会会议】 2010年，威海市第十五届人大常委会举行了第17至第23次会议。会议听取、审议了“一府两院”13项专项工作情况的报告，对6项法律法规的实施情况进行了执法检查，决定任免市人大机关和“一府两院”工作人员211人次。

第17次会议　1月12日举行。经过审议，通过了关于市十五届人大四次会议筹备工作相关事宜和市人大常委会2010年工作要点，决定了人事任免事项。

第18次会议　2月5日举行。会议决定了人事任免事项，传达学习了省十一届人大三次会议精神，要求常委会组成人员学习领会好会议精神，更好地发挥地方国家权力机关的作用。

第19次会议　4月26日举行。会议听取、审议了市政府关于蓝色经济区建设情况的汇报，关于贯彻实施《中华人民共和国行政监察法》情况的汇报，决定了人事任免事项。

第20次会议　6月29日举行。会议听取、审议了市政府关于2009年财政预算执行和其他财政收支审计情况的报告，关于2009年威海市和市级财政决算情况的报告，关于社区建设情况的报告，关于外事工作情况的报告，关于贯彻实施《中华人民共和国中小企业促进法》、《山东省中小企业促进条例》和《中华人民共和国渔业法》情况的报告，决定了人事任免事项。

第21次会议　8月30日举行。会议听取、审议了市政府关于2010年国民经济计划和财政预算上半年执行情况以及地方政府债券安排使用意见和市级预算调整方案的报告，关于“五五”普法工作情况的报告，关于病险水库除险加固工作情况的报告，关于贯彻实施《山东省农村公路条例》情况的报告，决定了人事任免事项，补选了省十一届人大代表。

第22次会议　10月28日举行。会议听取、审议了市政府关于农村中小学“食暖行”工程实施情况的汇报，关于贯彻实施《中华人民共和国畜牧法》情况的汇报，市中级法院关于贯彻实施《中华人民共和国法官法》情况的汇报，环保世纪行组委会关于开展“2010威海环保世纪行”活动情况的汇报。审议、通过了《威海市人大常委会关于对重大议题实施跟踪问效的试行办法》。

第23次会议　12月30日举行。会议决定威海市第十五届人民代表大会第五次会议于2011年1月中旬在威海召开。听取、审议了市政府关于代表建议、批评和意见办理情况的汇报，关于“十一五”规划实施情况和“十二五”规划纲要（草案）编制情况的汇报，关于2010年市级财政预算增加财力及安排使用意见的汇报，关于新型农村合作医疗运行情况的汇报，关于农业机械购置补贴政策落实情况的汇报。审议、通过了2010年市级财政预算增加财力及安排使用意见，决定了人事任免事项。

【常委会主要工作】 落实市委的决策部署工作　常委会围绕大局确定思路，行使职权，按照市委的决策部署开展工作，发挥作用。一是齐心协力共谋发展。正确处理坚持党的领导、发扬民主和依法办事的关系，在思想上、政治上、行动上与党中央和省委、市委保持高度一致，确保党的领导贯穿于人大依法履职的全过程，确保市委的决策部署在人大工作中得到贯彻落实。积极服务于发展大局，使人大工作与党委的中心工作相协调，与全市的工作大局相一致，与人民群众的根本利益相统一，思路和目标为发展而确立，监督和审议为发展提供保障，执法检查为发展创造环境。准确把握工作定位，监督、支持、服务互为一体，与党委、政府目标同向、事业同干，同奏发展曲，共唱和谐歌。二是合力创建文明城市。创建全国文明城市，是增强城市发展软实力的重大举措。常委会积极响应，强力推进，组织部分人大代表和政协委员一起，专题视察创建工作，认真听取创建情况汇报，实地查看创建工作细节，动员和激励全市人民把思想和行动统一到市委的决策部署上来，确保实现预期目标。三是攻坚破难抓好整治。按照市委的部署和要求，切实做好青岛路综合整治工作，认真调查摸底，明确责任单位，限定整治时间，抓好协调督查，坚持日巡视、周调度、半月例会、月底检查、半年考核、即时通报，多管齐下，多措并举，协调有关部门全力做好综合整治工作。年内，召开专题会议16次，实地视察和现场办公22次，督促拆除建筑面积18.1万平方米，占应拆除面积的96%。对环翠楼、金线顶、统一路南延等城建重点项目建设情况进行了视察，激励建设系统广大干部职工，继续保持吃苦耐劳、干事创业的激情和干劲，为建设精品城市建功立业。四是真心实意帮扶村、企。对分包的11个企业和重点项目，勤联系，多协调，出主意，解难题，帮助企业提速增效、发展壮大。积极配合农村环境综合整治，常委会市级领导联系的5个村庄，都按时完成了整治任务，其中有2个被评为环境综合整治先进单位。筹资60万元，为机关帮扶的村庄修建水利设施、硬化道路、植树绿化、购置健身器材。筹资近10万元，为联系的敬老院改善生活条件，深得群众的好评。五是依法决定重大事项。坚持急事急办、特事特办的原则，批准有关重点工程项目贷款的议案，化解了城市建设和重点工程融资难题。坚持党管干部和依法任免相结合，对党负责和对人民负责相统一，决定任免人大和“一府两院”工作人员211人次，为全市经济社会发展提供了组织保障。

服务经济发展工作　常委会积极践行科学发展观，抓住经济发展中的重大问题，全力支持和服务发展。一是加强对转变经济发展方式的监督。围绕建设蓝色经济区，调查了部分重点项目建设情况，与20多个单位的负责人和专家学者进行了座谈，听取审议了市政府有关情况的汇报。围绕建设高端产业聚集区，实地视察了三角轮胎、威高集团、新船重工等园区建设情况。围绕推进中小企业发展，有针对性地检查了中小企业促进法、中小企业促进条例执行情况，鼓励中小企业做大做强。二是加强对新农村建设的监督。着眼于调整农业结构、发展现代农业，重点对《中华人民共和国渔业法》、《中华人民共和国畜牧法》实施情况进行了检查，并听取审议了执行情况的汇报。立足于强化农村基础设施建设，听取审议了病险水库除险加固情况的汇报，就落实投入、搞好管护、杜绝隐患等提出了建议。监督检查了农村公路条例执行情况和农机购置补贴政策落实情况，推动了农村生产和生活条件的进一步改善。三是加强对计划和预算执行情况的监督。听取审议了2010年国民经济计划、财政预算上半年执行情况和“十一五”规划实施、“十二五”规划纲要（草案）编制情况的汇报，监督检查了市级预算执行和其他财政收支审计情况，审查批准了2009年度市级财政决算，审议批准了市级预算调整方案、地方政府债券安排使用意见、2010年市级财政预算增加财力及安排使用意见，为完成全年计划和实现预算收支平衡奠定了基础。

维护民生民利民权，促进社会和谐　常委会坚持以民为本、民生为重，全力推动以改善民生为重点的社会建设。一是推动公共服务不断优化。采取明察与暗访、座谈讨论与听取汇报等形式，详细了解了农村部分中小学“食暖行”工程建设情况。重点调查了新农合基金筹集、管理、使用和农民参合等情况，针对基层医疗条件简陋、设施陈旧、技术水平较低、从业人员匮乏、医疗保障标准不高等问题，提出了改进的建议和意见，推动了新农合健康发展。二是促进社会管理科学有序。从提高社区服务和管理功能入手，组织有关人员专门了解了社区建设有关情况，听取审议了市政府工作汇报，建议进一步统筹城乡社区发展，提高基础设施和管理水平，完善社区服务体系和功能，充分发挥社区在构建和谐社会中的重要作用。关注市区停车难问题，专题视察了市区停车场管理办法执行情况，就停车场地的规划建设、改造管理，提出了切实可行的意见。监督检查了外事工作情况，视察了人防、质量监督等工作，推动部门工作取得了新的成效。三是督促依法治理稳步推进。加强对法官法执行情况的检查，要求创新管理机制、提高队伍素质、坚持公正司法、树立法官形象。根据行政机关建设的要求，监督检查了行政监察法执行情况，提出了建议意见。听取审议了“五五”普法工作情况的汇报，对普法工作取得的成绩予以充分肯定，对市政府16件规范性文件进行了备案审查。重视跟踪协调督办，认真做好化解工作。年内，受理群众来信476件，来访594人次，都及时督促有关部门妥善处理。四是助推生态环境持续改善。召开了环保世纪行总结表彰会议，对2009年度环保世纪行涌现出的24个先进集体、14名先进个人进行了表彰，对2010年环保世纪行进行了动员和部署。以“治污减排、净化空气、优化环境”为主题，以边检查、边宣传、边整改为手段，把环保世纪行与创建全国文明城市相结合、与迎接环保模范城复查相结合、与城市和农村环境综合整治相结合，重点对88个单位的建筑扬尘和噪音、机动车尾气和重点烟气脱硫、污水和生活垃圾处理、重点污染企业搬迁等情况进行了检查采访，发表新闻稿件92篇，获得省齐鲁环保世纪行优秀组织奖。

强化人大代表主体地位，充分发挥代表作用　常委会认真研究和改进人大代表工作，着力为人大代表行使职权创造条件，为人大代表发挥作用提供服务。一是以学习培训为载体，努力提高人大代表素质。举办市人大代表和代表小组召集人培训班，聘请市政府有关部门负责人和专家学者授课辅导，培训市人大代表和代表小组召集人80多名。采取多种形式为人大代表提供信息，保障了人大代表的知情知政权。经常走访联系各级人大代表，及时通报国家大政方针和全市工作重点，帮助解决履职中遇到的困难和问题。年内，联系全国和省、市人大代表200多人次。二是以加强代表小组建设为着力点，积极为人大代表履行职责搭建平台。制定了加强代表小组规范化建设的实施细则，集中开展了代表小组建设年活动。经常检查指导代表小组活动室建设情况，培养典型，指导活动。坚持量力而行，以点带面，逐步推开，建立代表小组活动室78个，开展各类活动180多次，提出建议意见1000多条，为所在选区和选民办实事700多件。三是以调查视察为手段，进一步丰富人大代表活动内容。重视对人大代表活动的组织和服务，组织110名市人大代表对68个重点项目进行跨选区交叉视察。组织驻威海市的全国和部分省人大代表听取“一府两院”有关工作情况汇报，分头视察经济社会发展情况。配合驻青岛的全国人大代表到威海视察，就加快山东半岛蓝色经济区建设提出了建议。积极创造条件，为人大代表执行职务提供便利，全年参与行风评议、执法检查、行政效能测评和庭审等活动的人大代表有600多人次。四是以办理人大代表建议为重点，充分发挥人大代表作用。始终把督办人大代表建议作为工作重点，改进办理机制，加强督促检查，实行全程跟踪，提高办理质量，努力推动办理工作从答复型向落实型转变，从办结率向办成率转变。年内，人大代表提出建议、批评和意见57件，已全部办理完毕，代表们对办理情况表示满意。

加强履职能力建设，提升工作水平　常委会结合开展“创先争优”活动，认真学习党和国家的方针政策，深刻理解科学发展观的丰富内涵。召开了全市人大工作座谈会，深入开展调查研究，全年开展调查、视察和执法检查活动30多次，形成调查和执法检查报告25篇，其中落实《中华人民共和国渔业法》、高端产业聚集区建设、农村中小学食暖行、社区建设、环保世纪行等14篇执法检查和专项工作调查报告得到市委主要领导的批示。听取审议“一府两院”21项工作汇报，提出审议意见和建议意见100多条，有7项议题的审议意见得到市政府主要领导的批示。勇于实践探索，制定了《威海市人大常委会关于对重大议题实施跟踪问效的试行办法》。重视理论研究工作和宣传工作，全年完成理论研究文章17篇，有3篇分别获得全省人大系统优秀调研论文一、二、三等奖，有3篇分别获得市级优秀调研成果特等奖和二等奖，有2篇在全国23城市人大联席会议上交流发言，在国家和省级报刊上发表稿件37篇，编印《人大情况交流》14期，进一步扩大了社会影响力。积极配合全国和省人大对《中华人民共和国预算法》、《农产品安全条例》等15部法律法规进行执法检查或立法调研，对4项工作进行协助监督。创建学习型、服务型、和谐型、亲民型、透明型和廉洁型机关，机关服务质量明显提高。加强对各市（区）人大工作的指导，实现全市人大工作整体推进。切实改进接待工作，热情接待到威海考察的客人，达到了交流经验、宣传威海的目的。

（盖悦强）

威海市人民政府

【第15届人民政府常务会议纪要目录】

第35次　1月11日　市长孙述涛主持

1. 朱明华汇报了《2010年市本级财政收支预算安排意见（讨论稿）》。

2. 高同璞汇报了《全市“自主创新年”总结表彰暨动员大会有关事宜》。

3. 刘德柏汇报了《全省林业改革与发展工作会议主要精神及贯彻意见》。

4. 周艳斌汇报了《市区经济适用房建设和销售情况及尚未售出住房处置意见》。

5. 赵熙强汇报了人事任免事项。

第36次　2月20日　市长孙述涛主持

1. 王保华汇报了《关于表彰奖励2009年度全市开放工作先进单位和招商引资大项目的意见》。

2. 钱启民汇报了《关于对文化市场开展相对集中行政处罚权工作的意见》

3. 林强通报了《春节期间有关工作情况》。

第37次　5月4日　市长孙述涛主持

1. 连学敬汇报了《全省防震减灾工作会议精神及我市贯彻意见》。

2. 隋永华汇报了《全省农村住房建设与危房改造现场观摩会议精神及我市贯彻意见》。

3. 褚昭晓汇报了《关于对〈威海市实施刘公岛景区管理相对集中行政处罚权规定〉进行修订的意见》。

第38次　6月13日　市长孙述涛主持

1. 于时文汇报了《关于2009年度市级财政预算执行和其他财政收支的审计结果报告》。

2. 王向东汇报了《威海市市长质量奖管理办法》。

3. 王强汇报了《威海市人民政府关于加强中等职业教育工作的意见（讨论稿）》。

4. 任慧春汇报了《威海市社会保险市级统筹实施意见》。

5. 隋永华汇报了《关于召开威海市区城中村改造工作总结表彰大会的意见》。

6. 于连波汇报了《威海市会展活动管理暂行办法（草案）》和《威海市鼓励会展业发展奖励办法》。

7. 李文基汇报了《关于北洋集团和平路厂区土地补偿的意见》。

8. 吕晓东汇报了《我市统计数据调整情况》。

第39次　6月28日　常务副市长赵熙殿主持

1. 任慧春汇报了人事任免事项。

第40次　8月9日　市长孙述涛主持

1. 隋永华汇报了《关于市区竹岛路293～297号楼居民上访问题的处理意见》。

2. 宋永建汇报了《关于我市与山东高速集团有限公司共同开发威海港以及重组威海港集团相关协议的起草情况》。

3. 任慧春汇报了人事任免事项。

第41次　8月23日　市长孙述涛主持

1. 王洪君汇报了《威海市公共机构节能管理办法（草案）》。

2. 张宗军汇报了《威海市推进企业上市融资暂行办法（草案）》

3. 戚黎明汇报了《第三届中国渔具制造业基地（威海）国际博览会筹备情况》。

第42次　8月27日　市长孙述涛主持

1. 董学军汇报了人事任免事项。

第43次　8月30日　市长孙述涛主持

1. 朱明华汇报了《关于调整市直机关事业单位冬季取暖补贴标准的意见》。

2. 赵熙强汇报了《全省乡镇机构改革工作会议精神及我市贯彻意见》。

3. 谭安佳汇报了《关于调整我市地面附着物及青苗补偿费标准的意见》。

4. 周艳斌汇报了《全省公共租赁住房工作会议精神及我市贯彻意见》。

5. 隋永华汇报了《2010年中国人居环境奖城市复查迎检工作情况》。

6. 隋永华汇报了《威海市区2010～2012年城市路网建设及升级改造实施方案》。

7. 王向东汇报了《威海市关于全面推行和实施标准化战略的意见》和《威海市实施标准化战略奖励办法》。

第44次　9月19日　市长孙述涛主持

1. 林治刚汇报了《全省文化体制改革和文化产业振兴系列会议精神及我市贯彻意见》。

2. 隋永华汇报了《威海市区城市绿化办法（草案）》。

3. 隋永华汇报了《威海市既有建筑供热计量及节能改造工作实施方案》。

4. 姜宏伟汇报了《关于促进全市游艇产业发展的意见》。

第45次 9月30日 市长孙述涛主持

1. 王强汇报了《关于市政府与山东大学“十二五”期间共建山大威海分校的意见》。

2. 蔡洪波汇报了《关于〈威海市实施城市管理相对集中行政处罚权规定〉的修订意见》。

第46次 10月18日 市长孙述涛主持

1. 王强汇报了《全省教育工作会议精神及我市贯彻意见》。

2. 吕晓东汇报了《关于进一步扶持中医药事业发展的意见（草案）》。

3. 林治胜汇报了《威海市吸引海内外高层次人才来威创新创业若干规定（草案）》。

4. 徐承峰汇报了《威海市农村公共供水管理办法（草案）》。

5. 许祖强汇报了《关于进一步促进我市海参产业健康发展的意见》。

第47次 11月1日 市长孙述涛主持

1. 任慧春汇报了《关于扩权强镇支持小城镇发展的意见》。

2. 任慧春汇报了《关于加快服务业跨越发展的若干政策（草案）》。

第48次 11月8日 市长孙述涛主持

1. 隋永华汇报了《威海市和谐城乡建设行动实施方案》。

2. 隋永华汇报了《2011年市区城建重点工程实施方案》。

3. 刘勇汇报了《全省应急救援工作推进会精神及我市贯彻意见》。

4. 张言报汇报了人事任免事项。

第49次 11月15日 市长孙述涛主持

1. 高建斋汇报了《威海市地热资源管理办法（草案）》。

2. 会议同意授予韩国现代重工业（株）会长闵季植“威海市荣誉市民”称号。

第50次 11月22日 市长孙述涛主持

1. 任慧春汇报了《威海市国民经济和社会发展第十二个五年规划纲要（讨论稿）》。

2. 毕可德汇报了《第六次全国人民防空会议精神及我市贯彻意见》。

3. 徐承峰汇报了《威海市河道工程维护管理费征收使用管理办法（草案）》。

4. 张言报汇报了《全省公共卫生与基层医疗卫生事业单位实施绩效工资工作会议精神及我市贯彻意见》。

5. 张言报汇报了《关于对市直其他事业单位预发补贴的意见》。

6. 张言报汇报了《关于推进新型农村社会养老保险国家第二批试点工作的意见》。

第51次 11月29日 市长孙述涛主持

1. 丛培浩汇报了《威海市城市建设项目交通影响评价实施办法（草案）》。

第52次 12月6日 市长孙述涛主持

1. 隋永华汇报了《关于加强城市精细化管理的意见（草案）》。

2. 岳连宏汇报了《关于推进新型城镇化若干扶持政策的意见（草案）》。

3. 高建斋汇报了《部省检查组对我市土地整治和城乡建设用地增减挂钩工作的检查情况》。

4. 谭安佳汇报了《关于稳定全市居民消费价格总水平保障群众基本生活的意见》。

5. 许祖强汇报了《关于规范市区近岸海域养殖管理保障市民及游客正常亲海活动的意见》。

第53次 12月13日 市长孙述涛主持

1. 任慧春汇报了《2011年市级重点项目安排建议方案》。

2. 连承鹏汇报了《2011年全市干线公路绿化工程安排意见》。

3. 邹积峰汇报了《2010年我市两大国际体育赛事筹办工作表彰方案》、《我市参加第二十二届省运会有功单位和先进个人表彰方案》。

第54次 12月20日 市长孙述涛主持

1. 张宗波汇报了《孙述涛市长在威海市第十五届人民代表大会第五次会议上的政府工作报告（讨论稿）》。

2. 朱明华汇报了《关于调整我市部分社会救助项目保障标准及新农保、新农合财政补助标准的建议》。

3. 于开禄汇报了《关于规范村级公益事业一事一议筹资筹劳的意见》，于荣范汇报了《威海市村级公益事业建设一事一议财政奖补试点工作方案》。

4. 许祖强汇报了《关于进一步规范围填海管理的意见》。

5. 王吉会汇报了《关于我市企业退休人员养老金计发问题的处理意见》。

第55次 12月27日 市长孙述涛主持

1. 隋永华汇报了《威海市区旧生活区环境综合整治实施意见》。

2. 周艳斌汇报了《关于对〈威海市区经济适用住房销售和退出管理办法〉实施修订的意见》。

3. 林治胜汇报了人事任免事项。

第56次 12月30日 市长孙述涛主持

1. 朱明华汇报了《2011年市本级财政预算收支安排意见》。

2. 姜玉毅汇报了《威海火炬高技术产业开发区2010年财政预算执行情况及2011年财政预算安排意见的报告》，刘伟汇报了《威海经济技术开发区2010年财政预算执行及2011年财政预算安排情况的报告》。

【重要决策和部署】 1月5日，威政发〔2010〕2号文《威海市人民政府关于印发〈威海市市级行政事业单位国有资产管理暂行办法〉的通知》，要求进一步规范和加强市级行政事业单位国有资产管理，确保国有资产的合理配置和有效利用。

2月2日，威政发〔2010〕6号文《威海市人民政府关于调整城乡居民最低生活保障标准的通知》，对城乡居民最低生活保障标准进行了调整，要求切实保障城乡贫困居民基本生活权益，将城乡居民最低生活保障金按时以社会化、货币化方式发放到户、到人。

2月22日，威政发〔2010〕11号文《威海市人民政府关于印发〈威海市区经济适用住房货币补贴实施办法〉的通知》，要求进一步完善住房保障体系，更好地解决城市低收入家庭的住房困难。

3月29日，威政发〔2010〕17号文《威海市人民政府关于印发〈威海市城乡建设档案管理办法〉的通知》，要求加强城乡建设档案管理，充分发挥城乡建设档案在城乡规划、建设和管理中的作用。

4月12日，威政发〔2010〕19号文《威海市人民政府关于印发〈威海市人民政府法律专家咨询委员会工作规则〉的通知》，确定设立威海市人民政府法律专家咨询委员会，充分发挥法律专家在推进依法行政、建设法治政府中的积极作用，进一步完善科学民主决策机制，提高依法行政水平。

4月29日，威政发〔2010〕21号文《威海市人民政府关于印发〈威海市区住宅专项维修资金管理办法〉的通知》，要求加强住宅专项维修资金管理，保障住宅共用部位、共用设施设备的维修和正常使用，维护业主的合法权益。

5月31日，威政发〔2010〕27号文《威海市人民政府关于印发〈威海市区建筑垃圾管理办法〉的通知》，要求加强城市建筑垃圾管理，维护城市市容和环境卫生。

6月4日，威政发〔2010〕28号文《威海市人民政府关于加强"城中村"改造后社区建设工作的意见》，理顺"城中村"改造后社区管理体制和工作机制，强化基层社会管理，提高政府公共服务水平，切实把"城中村"改造后社区建设成为管理有序、服务完善、文明祥和的社会生活共同体，促进和谐威海建设。

6月17日，威政发〔2010〕31号文《威海市人民政府关于加强中等职业教育工作的意见》，要求加快推进中等职业教育改革与发展，将中等职业教育工作纳入当地经济社会和教育发展总体规划当中，以更好地适应高素质劳动者培养的迫切要求。

6月30日，威政发〔2010〕34号文《威海市人民政府关于印发威海市社会保险市级统筹实施意见的通知》，要求加快社会保障体系建设，提高社会保险统筹层次，增强社会保险基金调剂和抗风险能力，确保社会保险各项待遇的落实。

7月12日，威政发〔2010〕35号文《威海市人民政府关于印发威海市市长质量奖管理办法的通知》，要求大力推进实施质量兴市战略，不断提高全社会质量意识，引导和激励全市各行各业加强质量管理，加快提高产品质量、工程质量和服务质量的总体水平，进一步增强全市经济文化综合竞争力。

9月2日，威政发〔2010〕39号文《威海市人民政府关于印发威海市推进企业上市融资暂行办法的通知》，要求调动企业上市融资的积极性，鼓励企业利用资本市场直接融资，降低融资成本，促进全市经济社会又好又快发展。

9月7日，威政发〔2010〕42号文《威海市人民政府关于开展科技支行试点工作的意见》，要求进一步丰富银企合作内涵，优化科技型中小企业融资环境，助推科技型中小企业做大做强。

9月30日，威政发〔2010〕43号文《威海市人民政府关于印发威海市房屋契税计税价格管理办法的通知》，要求加强房屋契税计税价格管理，科学合理地确定契税计税价格，建立统一公开的契税计税价格核定工作体系，完善契税征管制度，堵塞征管漏洞。

10月15日，威政发〔2010〕45号文《威海市人民政府关于加快构建农村现代经营服务新体系全面推进供销合作社改革发展的实施意见》，要求加快构建农村现代经营服务新体系，全面推进供销合作社改革发展。

10月15日，威政发〔2010〕46号文《威海市人民政府关于全面实施标准化战略的意见》，要求积极营造有利于标准化发展的环境，充分发挥标准在技术创新、产业发展和国际贸易中的重大作用，为提高我市城市竞争力，促进经济社会又好又快发展提供技术保障。

10月15日，威政发〔2010〕47号文《威海市人民政府关于印发威海市实施标准化战略奖励办法的通知》，要求深入实施标准化战略，鼓励和引导有关单位积极开展标准化工作，推动全市经济社会又好又快发展。

10月26日，威政发〔2010〕48号文《威海市人民政府关于加强海岸带管理与保护的意见》，要求加强威海市海岸带综合管理，保护海岸带生态环境，促进海岸带资源可持续利用。

11月1日，威政发〔2010〕50号文《威海市人民政府关于印发〈威海市区城市绿化办法〉的通知》，要求加强城市绿化建设和管理，促进城市绿化事业的发展，改善城市生态，创造良好的人居环境。

11月10日，威政发〔2010〕52号文《威海市人民政府印发关于加快服务业跨越发展的若干政策的通知》，要求研究提出服务业发展战略、规划和政策，统筹协调解决服务业发展中的重大问题。

12月14日，威政发〔2010〕58号文《威海市人民政府关于印发〈威海市农村公共供水管理办法〉的通知》，要求加强农村公共供水管理，保障农村供水用水安全，改善农村居民的生活和生产条件，推进社会主义新农村建设。

12月14日，威政发〔2010〕59号文《威海市人民政府关于印发〈威海市公共机构节能管理办法〉的通知》，要求推动全市公共机构节能，提高公共机构能源利用效率，发挥公共机构在全社会节能中的表率作用，推动全社会节约能源。

12月21日，威政发〔2010〕60号文《威海市人民政府关于进一步扶持中医药事业发展的意见》，要求坚持中西医并重，发挥中医药特色优势，健全中医药医疗保健服务体系，推进中医药科普化进程，加快中医药现代化建设步伐，不断满足人民群众对中医药的需求，为人民群众健康服务，为建设创新开放宜居幸福的现代化新威海服务。

12月27日，威政发〔2010〕62号文《威海市人民政府关于印发〈威海市河道工程维护管理费征收使用管理办法〉的通知》，要求加强河道的维护管理，保障防洪安全，发挥河道综合效益。

12月27日，威政发〔2010〕63号文《威海市人民政府关于进一步加强企业安全生产工作的意见》，要求进一步加强安全生产工作，全面提高企业安全生产水平。

12月30日，威政发〔2010〕65号文《威海市人民政府关于印发〈威海市城市建设项目交通影响评价实施办法〉的通知》，要求维护城市道路交通安全，规范城市道路沿线重大建设项目交通影响评价工作。

【市人大代表建议、市政协委员提案办理】 2010年，市政府系统承办市人大代表建议52件、政协委员提案179件，涉及发展改革、财税金融、经贸科技、交通运输、环境保护、对外开放、文教卫生、农田水利、城乡建设、文化体育等诸多领域，质量较往年大幅提高。经过各承办单位的共同努力，办复率100%，代表、委员满意率、基本满意率均达到100%。

【电子政务工作】 年内，按照“统一规划、专业管理、优化整合”的原则，以党政电子专网升级改造为重点，电子政务工作实现了新突破。一是专网网络覆盖面进一步扩大。基本实现了市、市（区）、镇三级党政机关互联互通，接入各级各类单位712个、终端设备2100多台。二是骨干软件开发进展顺利。完成了威海市党政电子专网网站改版，启用了党政协同办公管理系统，开发推广了市长批示件办理等10个模块，测试完成了值班、公文等10类60多个应用系统。三是专网管理更加严格。制定下发了《关于进一步加强全市党政电子专网管理工作的通知》，组织了一次网情普查，逐级、逐人签订了《安全保密承诺书》，严把接入审批关，确保网络运行和保密安全。在省、市国家安全部门组织的安全检查中，市政府办公室电脑及网络安全管理工作受到了一致好评。四是服务保障工作进一步优化。为各市（区）、部门及基层单位提供技术指导2200多次，组织采购笔记本电脑4台、台式电脑57台，提供设备维修服务1300多台次，上传网上新闻300多期。

【政务信息】 年内，政务信息工作紧紧围绕市委、市政府中心工作，突出重点、聚焦热点、挖掘亮点，积极为各级领导决策提供服务。全年编发《威海政务信息》202期，累计50多万字。其中，有14条信息被国办《专报信息》采用，36条信息被《山东政务信息 · 报国办》采用，7条信息被《山东政务信息 · 要情》采用，4条信息被《山东政务信息 · 特刊》采用，8条信息被《山东政务信息 · 专报》采用，58条信息被《山东政务信息 · 普刊》采用；国务院办公厅领导批示4条，省领导批示13条，市领导批示22条。

【政务调研】 年内，市政府调研室围绕市政府中心工作，积极开展调查研究，全年完成调研报告25个，是年初承诺数量的5倍多。其中，被市委、市政府主要领导批示8件次，被评为山东省政府系统优秀调研成果奖3个，调研报告总量、领导批示件次及成果转化率均创历史之最。

【市长公开电话与网上信箱】 年内，市长公开电话与网上信箱接听处理群众来电、来信10.09万个（件）。其中，办理来电9.7万个，办结率98.9%；处理信箱邮件3890件，办结率96.71%。完成回访5000余次。全年编发《12345市长公开电话简报》23期。群众关注的热点问题主要集中在物业管理、城建管理、交通管理、工商管理、环境保护、劳动保障等方面。对群众反映的问题，牢固树立以人为本、关注民生的服务理念，认真负责、实事求是、快速高效地办理，做到了及时接办、认真落实、快速反馈，解决了许多热点难点问题。市长公开电话的作用得到切实有效的发挥，群众的满意度不断提高。

（丁文升）

【机关事务工作】 公共机构节能工作　制定了《威海市公共机构节能管理办法》，将各单位节能工作落实情况与目标绩效考核和文明单位评选挂钩，定期召开公共机构节能联络员联席会议，加强对节能信息的收集、整理、传递，组织实施了集中办公区域智能化用能监测系统的论证工作，对市级公共机构能源消耗进行了系统分析，并将分析情况和各部门、单位的能耗排名进行了通报。广泛开展节能宣传活动，在公共机构节能宣传周期间，发放自行编印的《公共机构节能宣传手册》和节能宣传画1500多册（幅）。举办了全市中央空调管理及节能运行操作培训班，30多个单位的50多人参加了学习培训。先后两次对18个市直部门和各市（区）的节能工作开展情况进行了专项检查，督促市级公共机构节能减排。

主要工程建设　菊花顶社区服务中心始建于2009年3月，于2010年12月底前竣工，建筑面积1.37万平方米，投资概算为4300多万元，社区居委会、派出所、卫生所等单位入驻该中心，为机关和周边居民提供更为便捷的社区服务。北山路20号工程项目于8月正式开工，12月底工程主体施工任务完成，完工建筑面积1.08万平方米。

机关物业服务　加强职工队伍建设和设备的维护工作，先后对办公楼、生活区居民楼、门球场、机关食堂等进行了整修，对部分供暖管道进行了改造升级，不断提高服务保障能力和质量，为机关办公和生活提供了精细化、全天候的物业服务。获得了全省机关事务系统“五星级”服务品牌、通过了省级“青年文明号”的复查，所管理的菊花顶小区继续保持全国“物业管理示范住宅小区”、省级“花园式小区”的称号。

机关餐饮服务　加强内部管理和成本核算，节约开支，合理配餐，保证了在物价持续走高形势下的餐饮水平。通过召开机关事务工作联络员联席会议和主动走访等途径，加强与用餐者的沟通交流，及时听取机关干部的意见和建议，不断提高服务质量，6月，通过了省A级食堂复查验收。至年底，3个机关餐厅持卡就餐者达1608人，就餐满意率达99%。

机关幼儿教育　继续深化“给我一株苗，还您一棵树”的办园理念，倡导幼儿素质教育。注重师资队伍建设，公开招考幼儿教师，加强教师培训，在园幼儿教师达标测试合格率达100%，教师队伍整体素质不断提升。注重教学科研，先后完成了两个市级课题和一个省级课题的研究，《打造健康之路，彰显品牌特色》课题获山东省特色教育奖。成功举办了建园20周年园庆活动，向“手拉手”幼儿园捐赠图书，选派优秀教师对农村幼儿园进行帮扶指导，充分发挥了机关幼儿园在幼教领域的辐射带动作用。

安全保卫工作　组建了安保部，对录用的32名安保人员进行了系统培训，提高其综合素质，对机关办公区、菊花顶生活区、机关幼儿园等重点区域实施定点安全保卫。对关键交通路口增设和调整了监控设备，加大了所管理区域的安全保卫力度。

（孙　康）

·政府法制·

【规范性文件制定与审查】　紧紧围绕建设蓝色经济区和高端产业聚集区、保障和改善民生等重点，组织制定了市政府2010年度规范性文件制定计划(威政办发〔2010〕11号)，切实提高了制度建设的前瞻性。改进和完善规范性文件制定工作机制，逐步建立公众参与、专家论证和政府决策相结合的工作机制，通过报刊、网站等多种形式，向社会公布与民生关系密切的规范性文件草案2个，召开论证会、座谈会和听证会20余次，收到意见600多条。审查《威海市城市居住小区配套公共服务设施建设管理规定》、《威海市城市建设项目交通影响评价实施办法》等文件草案时，广泛征求了社会各界意见，有效提高了制度建设的民主性和科学性。加强规范性文件备案审查工作，进一步完善备案情况定期通报制度，向省政府和市人大分别报送备案文件12件，登记备案各市（区）、各部门规范性文件41件，有力地保障了法制统一。进一步建立健全了规范性文件实施情况评估和动态清理机制，完成了《威海市烟草制品零售店布局管理规定（试行）》等20余件文件实施情况的评估工作，组织对现行有效的规范性文件进行了全面清理，集中清理及后续清理过程中，清理规范性文件418件。其中，保留389件，废止21件，修改8件，清理结果及时在政府信息公开网站上进行了公开。年内,审查各类文件106件，其中规范性文件18件，提出审查意见1800余条。

【行政复议应诉】　坚持“以人为本、复议为民”的原则,进一步完善办案程序，畅通复议渠道，切实提高了行政复议的办案效率和质量。积极将调解手段引入行政复议，将办理行政复议与法制宣传教育相结合，受理前撤回申请数占申请总数的27.8%，复议中撤回申请数占已结案件总数的45.5%，实现了定纷止争、案结事了的目的，有力地促进了社会和谐。积极推动行政机关首长出庭应诉制度的实施，市政府领导首次于3月2日出庭应诉，引导和带动行政首长出庭应诉，有效推动了行政首长出庭应诉工作的深入开展。评查市直部门行政复议案卷56份，提出整改意见83条，提高了案卷的规范化管理水平。全年收到行政复议申请36件，受理前撤回申请10件，不予受理3件，受理23件，已结22件，其中维持7件，撤销1件,驳回申请4件,撤回申请10件。办理省政府复议案件3件，未结1件，已结2件，全部维持。办理行政应诉案件7件，未结1件，已结6件，其中4件维持，2件撤诉。办理民事案件1件，已调解结案。

【行政执法监督指导】　抓好行政执法责任制的督促落实，将行政执法责任制与日常工作有机结合，指导相关部门建立健全执法依据、执法职权、执法程序、执法责任的随机调整机制，实现行政执法权力与责任相统一。积极推进城市管理相对集中处罚权工作向建制镇延伸，采取制定工作方案（威政办发〔2010〕65号）、召开现场会等方式，督促指导荣成、文登、乳山市把城市管理相对集中行政处罚权延伸到50%以上的建制镇，其中荣成、文登市把此项工作延伸到所有建制镇，有效地提高了城镇管理的执法水平，促进了小城镇建设。扎实推进文化市场综合执法体制改革，积极参与方案起草，反复论证改革方案，认真准备报批材料，为改革方案顺利通过省政府批复提供了有力的法律保障。强化行政执法证件管理，严把行政执法人员准入关和证件审验关，新办行政执法证件300余个，审验执法证件8000余个。全面开展公共法律知识轮训，与市行政学院合作组织了12期培训班，培训市直部门执法人员2000余人，切实提高了行政执法人员的法律素质和执法水平。会同市档案局开展了行政执法案卷评查，从市行政学院聘请专家组成评审组，对市直部门行政执法案卷进行了仔细评查，提出整改意见60余条，提高了行政执法的规范化水平。

【涉法案件处理】　牵头或参与处理“东涝台土地争议”等10余件重大涉法案件，涉及金额高达上亿元，市法制办主要领导组织骨干力量深入调研论证，及时向市委、市政府提出了解决问题的法律意见，依法解决经济纠纷，有效化解社会矛盾。积极参与市政府重大合作项目,审查或起草协议文书6份，为政府重大经济活动提供了可靠的法律保障。筹办成立市政府法律专家咨询委员会，聘请9位法律专家为市政府法律咨询委员，为重大法律案件提供高水平的法律咨询服务，提高了行政决策的科学化水平。全年承办市委、市政府领导批示或交办件12件，政协委员提案1件。

【政府法制宣传培训】　进一步完善领导干部学法制度，积极组织领导干部学法活动，利用召开全市政府法制工作会议之际，邀请北京理工大学谢晖教授作了法治专题辅导讲座。充分利用报纸、简报、网络等新闻媒体，加强对国务院《关于加强市县政府依法行政的决定》、《关于加强法治政府建设的意见》以及有关公共法律法规的宣传，营造推进依法行政的良好舆论氛围。编辑《以案说法》简报5期，通过对行政执法、行政许可等领域典型案例的深刻剖析，指出行政执法过程中容易出现的问题，供各级各部门在行政执法实际工作中学习、借鉴。威海市人民政府法制办公室被山东省人民政府法制办公室评为“全省法制宣传先进单位”。

（徐新合）

·行政审批工作·

【概况】　2010年，进驻市行政审批中心的窗口部门、单位55个，许可审批项目472项，全受理办理行政许可审批服务事项15.37万件，咨询服务事项10.47万件，按期办结率100%，群众满意率99.9%。收到锦旗28面，表扬信200余件。组织建立了中心窗口党支部、团支部、工会、妇委会等组织，有2个窗口获市直机关“青年文明号”、3个窗口获“服务发展文明科室”称号、1个窗口获市级“巾帼文明岗”称号、1个窗口获省级“巾帼文明岗”称号。市行政审批中心被市委通报表彰为“全市帮扶工作先进单位”，被省政府法制办评为全省依法行政宣传工作先进单位，被省人力资源和社会保障厅、省政府办公厅联合表彰为全省依法行政先进单位。

【部门相对集中行政许可权】 根据2009年底部门相对集中行政许可权工作检查验收结果，认真梳理了存在的问题，印发了《关于对中心窗口存在问题进行反馈和整改的通知》，组织制定了《相对集中行政许可权工作标准》，从科室的设置、窗口的授权、事项的办理、责任的追究等方面进行了统一规范。对个别行动不积极、工作不到位的部门（单位），主动上门进行沟通协调，明确提出了整改工作标准与目标要求。先后3次召开部门带队领导和窗口负责人专题会议，逐个窗口督导整改，要求部门（单位）认真按照市政府要求，把许可审批职能全部归并到行政许可科，整建制进驻市行政审批中心办公。建立完善长效运行机制，规范部门内部审批流程，经过认真地清理、整改和验收，市直29个成立行政许可科的部门基本做到了职能归并、项目进驻、人员配备和窗口授权“四到位”，确保进驻市行政审批中心许可审批事项从受理、办理到发证全部在市行政审批中心窗口完成，85%的事项做到了在市行政审批中心现场签批，提高审批效率30%。

【深化行政审批制度改革】 指导工商、税务窗口在全市积极扩大营业执照和税务登记证“一照两证”的“一窗式”并联审批机制，为1.3万余家新增企业提供了服务，累计压缩办件时限8000多个工作日。组织协调市质监局、药监局、经信委、卫生局、人力资源和社会保障局等部门对26个窗口许可审批事项流程重新进行了优化，压缩审批环节55个，缩短办件时间200多个工作日。做好市级重点建设项目跟踪服务工作，组织编制了《2010年度市级“重点项目”许可审批事项目录》和《“重点项目”服务责任书》，将100个市级重点项目许可审批内容与职责任务分解到市行政审批中心窗口单位和各市（区）行政服务中心，通过《服务公开信》主动告知项目单位许可审批手续办理流程，公开相关窗口服务电话，承诺预约服务和上门服务。主动联系项目单位开展并联审批和代办服务，累计上门服务300多人次，先后为27个“重点项目”建设单位办理各类审批服务手续1000余件，节约办件时间900余个工作日。

【窗口监督管理考核】 根据第四轮行政审批制度改革成果，重新理顺市政府公布保留的行政许可、非行政许可审批、备案、年检、收费等事项，对现行有效的行政许可审批项目，从事项名称、依据文件、许可审批条件、申报材料、办理程序、承诺时限、收费依据和标准等进行了全面清理规范，完成了新板《行政许可审批指南》的组稿工作。充分发挥电子审批、电子监察系统的监督功能，运用电子监察系统加强窗口办件情况的督查，坚持通过发放评议卡、电话回访等形式，认真听取服务对象的意见建议，及时督导相关窗口单位改进工作、纠正不足。与市纪委纠风办联合开展了行风评议活动，发放民主行风测评票500份，认真汇总并分析了服务对象对市行政审批中心窗口及部门办事大厅（服务窗口）服务情况的综合评价，及时向窗口单位通报了社会评议结果，提出了改进工作的意见建议。充分发挥市行政审批中心《工作简报》的宣传与督导作用，定期通报市行政审批中心窗口月份、季度考核结果，及时宣传市行政审批中心典型做法，促进窗口改进工作，办件保持了零投诉。

【业务交流与服务协作】 通过定期组织召开市行政审批中心主任联席会、现场观摩会、参观学习等形式，交流工作经验，借鉴工作方法，研究解决难题，促进全市行政审批中心工作共同进步。组织召开了2次全市行政审批中心主任联席会议、2次现场观摩会和1次业务工作座谈会、1次窗口管理考核工作研讨活动。围绕学习借鉴外地市行政审批中心综合平台建设、党群组织建设、窗口管理考核与电子审批系统应用等主题，组织各市（区）行政审批中心主任集体到省内潍坊、泰安、枣庄等市参观考察。组织开展了行政审批制度改革理论研讨工作，系统回顾总结了威海市行政审批制度改革开展情况和各地市行政审批中心的建设情况，研究了工作思路和发展方向，把评选的55篇优秀论文汇编成《行政审批制度改革理论与探索》。针对镇级便民服务中心发展不均衡问题，组织在文登市米山镇召开了“全市深化镇级便民服务中心建设工作现场会”，推广米山镇的工作模式和经验做法，推动镇级便民服务中心的规范化建设。建立市、市（区）两级行政审批中心联审联批和代办服务机制，组织市行政审批中心窗口工作人员到荣成市、文登市和威海经济技术开发区进行了学习交流和业务对接活动，进一步理顺和规范市、市（区）联审联批运行机制，牵头办理市、市（区）联审联批项目217件，压缩审批时限900个工作日。

【电子审批系统建设】 督促、指导各市（区）积极抓好县镇级系统建设工作，通过召开现场会、调度会、技术问题专题会等形式，加强对各地系统建设的业务指导，与市纪委（监察局）联合，多次到各市（区）现场办公，强化组织协调，推进工程进度。除环翠区外，县镇级电子审批系统全部建设完成，并于6月底前通过专家验收并投入使用。针对系统应用中存在的问题，组织召开了县镇级系统应用专题会议，交流推广各地在系统建设应用中的经验做法，总结分析了系统应用过程存在的问题，会同市级项目组逐个研究制定解决方案，并就如何建好市、市（区）、镇三级电子审批系统征求意见。各市（区）有165个部门（单位）、151个行政服务中心窗口、55个乡镇便民服务中心使用县镇级电子审批系统并接受数据监察，系统使用效果良好，受到了基层群众的普遍好评，并得到了市委、市政府主要领导的充分肯定。根据市级电子审批系统的建设情况和三级系统建设需要，研究制定了市级电子审批系统二期建设方案，于10月通过了市级专家的方案审核，并完成了项目建设的各项准备工作。

【部门行政审批服务窗口和办事大厅建设】 对未进市行政审批中心的24个市直部门办事大厅（服务窗口）积极履行指导、监督和考核职能，按照“规范运行，高效服务”的工作要求，加强对部门办事大厅（服务窗口）规范化运行情况的工作检查与督导，坚持每季度组织一次巡察和指导，每半年组织一次跟踪巡察和现场调研，并通过不定期明察暗访、向服务对象开展问卷调查等形式，及时、准确掌握各办事大厅（服务窗口）规范化运行情况。对服务对象提出的批评建议，认真做好调查核实工作，并及时通过《整改通知单》、《整改落实情况反馈》等形式，督导相关部门办事大厅（服务窗口）切实抓好整改落实。年底，结合对部门（单位）行政许可审批工作考核，对市直19个部门办事大厅和5个服务窗口进行了认真考核验收，部门办事大厅（服务窗口）规范化服务水平有了新的提高。市公安局出入境大厅全面推行网上办公，通过开展网上预约、网上申请、网上查询服务，使公民出国办证时间由以往的15个工作日缩短至5个工作日。市人力资源和社会保障公共服务大厅积极创建“满意服务360”服务品牌，被人力资源和社会保障部评为“2008～2010年度全国优质服务窗口”。

（曹术友）

·人力资源工作·

【公务员队伍建设】 公务员考录 坚持“公开、平等、竞争、择优”的原则，扎实稳妥地做好公务员考录工作。2010年，全市各级机关（含参照公务员法管理事业单位）和部分驻威海的省垂直管理部门面向社会公开招考录用公务员（含参照公务员法管理事业单位工作人员）报名人数1.37万人，通过资格审查缴费1.03万人，录取公务员（含参照公务员法管理事业单位工作人员）287名。

公务员管理 年内，承办市政府提请市人大常委会任免的政府工作人员22人次，承办市政府任免的工作人员192人次。坚持“逢提必争”，协调指导市直46个部门和单位295个科级职位的竞争上岗工作，办理科级职务预批手续516人次。建立健全公务员考核评价机制，强化公务员考核结果使用，完成市直3239名公务员和参照公务员法管理事业单位工作人员年度考核工作。

【事业单位人事管理】 公开招聘 2010年，市直事业单位工作人员公开招聘报名人数5130人，通过资格审查4009人，为54个事业单位公开招聘工作人员254人。

科级职务任免预批和备案 全面落实《干部选拔任用工作四项监督制度》的各项要求，对事业单位科级职务任免程序进行了规范整理，对竞争上岗的程序和要求进行了明确。年内，办理事业单位科级职务预批手续25人，其中正科18人，副科7人。办理备案手续43人，其中正科26人，副科17人。

事业单位岗位设置 采取先易后难、分批推进的方法，岗位设置和岗位聘用工作同步进行。至年底，基本完成全市事业单位岗位设置工作，全市应纳入岗位设置管理的事业单位1274个，已正式核准岗位的单位1185个，核准岗位4.52万个，占应纳入岗位设置管理总数的93%，全市事业单位岗位设置的数量和质量均位于全省前列。

人力资源市场管理 对全市范围内职业介绍中介机构数量、经营发展情况、存在的问题等进行摸底调研。加大对职业中介机构违规行为查处工作的力度，对新申报的中介机构申请严格审查，审核批准成立中介机构2家。

【专业技术人才队伍建设】 职称评审 年内，全市组织申报职称1406人，取得相应职务资格1007人。其中，正高级46人、副高级250人、中级511人、初级200人。为符合条件的2046名全日制大中专毕业生确定专业技术职务资格。

继续教育 全面总结专业技术人才知识更新工程实施情况，自2005年开始，实施6年来累计培训专业技术人才22.6万人次。在全市开展《创新案例》公共需求科目培训，培训各类专业技术人才2万人。通过网络教育、派出学习、专家指导、集中授课等多种方式进行知识更新培训，培训专业技术人员6.2万人次。

专家管理 畅通专家联系渠道，会同市委组织部对专家和企业家代表走访慰问，为各类专家发放新年贺卡和专家津贴，组织开展专家医疗保健查体和外出休假考察活动。依托哈尔滨工业大学（威海）图书馆，建立威海市高层次人才电子图书资源服务平台，免费为各类专家和博士后科研工作站开通在线阅读、信息查询、专利检索等服务通道。经积极选拔推荐，全市有1人被国务院批准享受政府特殊津贴，2人被授予“山东省有突出贡献的中青年专家”称号。

博士后工作 新批设立博士后科研工作站3个，全市博士后工作站增至10个，博士后工作企业增至13个，在站博士后科研工作人员11人。市商业银行成为全省金融领域中首个设立博士后工作站的企业，实现山东省该领域零的突破。全市有3人获得省博士后创新项目专项资金资助，其中获二等资助1 人、三等资助2人。

【高技能人才队伍建设】 技师工作站 开展企业技师工作站试点，采取名师带徒、拜师学艺等方式，带动以企业为主的人才培养模式。2010年，在全市12家企业设立首批技师工作站，并予以授牌。

“金蓝领”培训项目 全年培训技师、高级技师488人，完成省计划的128%。在全省“金蓝领”培训的基础上，自行确定在文登和荣成市开展涉及38个工种的“金蓝领”高级技工培训，全年培训1613人，比上年增加1300多人。

职业技能鉴定 在全省率先开展了专项职业能力培训和考核鉴定，结合威海市的实际，开发了20多个特色项目。年内，全市鉴定2.03万人，合格发证1.81万人。

高技能人才选拔 评选产生15名威海市首席技师，推荐9名市首席技师参加省首席技师选拔，其中3人获得山东省首席技师称号，获评人次为历史最多。推荐2人参加2010年度省、市杰出（优秀）青年岗位能手评选。成功举办了威海市数控技能大赛、技工院校技能大赛等各类技能竞赛，388名选手进入决赛，产生了14名市技术能手。

【引进国外智力】 引进国外智力项目 年内，引进国外智力项目65个，高新技术项目占64%。其中，“高模量碳纤维的国产化研究”项目列入国家独联体引智专项，“蓝莓栽培生产与加工关键技术”列入国家引智示范推广项目，“车辆—轮胎力学及应用材料与产品科学”列入省重点引智项目，“变化气候条件下母猪河滨海流域水资源风险导向模型与综合管理研究”等6个项目列入市重点引智项目，“大型复合材料船舶无模具制造技术”等7个项目列入市蓝色经济区专项。

引智示范推广基地建设 建立全市首个“高性能碳纤维及装备产业化技术”国家引智示范单位，建立“山东省引进日本高端苹果生产技术示范推广基地”，评审并建立“法国大菱鲆亲鱼”等10个市级引智成果示范推广基地。

出国培训 严格执行出国（境）培训计划管理办法和出国（境）培训政策规定，认真设计培训项目和培训内容，积极选派符合条件的人员参加相关培训，加快优秀培训成果推广应用，2010年，审批随省团出国（境）培训58人次。

外国专家管理 引进外国专家460人，有14名外国专家获2010年“威海友谊奖”，韩国专家、威海威东航运有限公司社长金成洙获2010年“齐鲁友谊奖”。8家单位获得聘请外国文教专家资格，办理外国专家到华工作证件393件。

【非师范类大中专毕业生就业】 2010年，全市报到登记毕业生1.03万人，实现就业9465人，其中博士40人、硕士469人、本科4553人、专科以下4403人，登记就业率为91.7%。

统筹实施基层服务项目 大力开发适合高校毕业生就业的基层社会管理和公共服务岗位，引导高校毕业生到基层就业，年内，全市组织招募“三支一扶”高校毕业生196名。对服务期满的大学生，落实各项优惠政策，威海市2008年招募2010年服务期满的“三支一扶”大学生76名，其中考取机关事业单位60名，自主择业7名，延长服务期9名。统筹协调“选聘高校毕业生到村任职”、“全科医师培训计划”等基层服务项目，联合市卫生局为乡镇卫生院招聘全科医师10名。

加强就业见习基地建设 进一步规范完善毕业生就业见习基地管理，组织未就业毕业生参加就业见习，建立见习毕业生信息库、见习岗位信息库，指导见习基地与见习人员签订就业见习协议书。根据未就业毕业生的专业分布情况，2010年，征集见习岗位1460个，组织了398名毕业生上岗见习。

完善特困生就业保障机制 对离校未就业的特困生逐人进行登记，实施重点帮扶和就业推荐，对威海市生源的特困生，及时办理就业服务卡，发放一次性求职补贴。为特困生免费提供就业服务，优先安排就业见习，基层服务项目和公益性岗位优先招募特困生，2010年登记的6名特困生全部实现就业。

健全高校毕业生就业服务体系 实行毕业生个人就业状况动态管理，建立了未就业高校毕业生登记制度，设立专门台账和毕业生就业信息数据库，全面掌握返回生源地报到的未就业毕业生的基本情况、就业和培训需求。加强毕业生就业服务信息化建设，积极推广使用高校毕业生就业信息网，提供网上求职、招聘、签订就业协议等“一条龙”服务。免费为用人企业办理毕业生就业信息网注册开户、发布招聘信息、鉴证就业协议等。全市办理毕业生派遣改派手续1.03万人次，整理转递毕业生档案6605份。组织举办“2010年山东半岛制造业基地高校毕业生市场威海招聘会”等各类招聘活动50多场次，参加招聘单位2400多家，累计提供就业岗位2.6万个。

【军队转业干部安置】 2010年，全市接收安置军转干部153人，选择计划安置的111人，选择自主择业安置的42人，计划安置的军队转业干部中正团职9人，副团职17人，营职以下及技术干部85人，接收总数列全省地级市第五位。

军队转业干部教育培训 建立威海市军队转业干部培训制度，印发了《威海市军队转业干部教育培训工作实施细则》（威人社字〔2010〕39号），组织全市2010年安置的112名军转干部进行了为期11天的集中培训。积极开展自主择业军转干部个性化培训，组织2008年度和2009年度的80名自主择业军转干部参加了清华大学网络课堂学习。依托市委党校、山东大学威海分校、哈尔滨工业大学（威海）和清华大学继续教育学院威海教学站开展了个人自主选学，设置课程33门，有65人报名参加。

自主择业军队转业干部管理服务 按月准确及时为全市483名自主择业军转干部核定发放退役金、住房补贴和医疗保险费，为市直管理的205名自主择业军转干部换发了第二代医保卡，为25名自主择业军转干部办理了医疗报销、收入证明等手续。为4名去世的自主择业军转干部亲属发放了丧葬费和抚恤金，为1名去世的自主择业军转干部遗属办理了遗属生活困难补助。

【工资福利】 进一步完善公务员工资制度，为连续两年考核合格的公务员晋升一个工资档次，为符合级别工资套改表规定年限人员晋升一个工资级别，为符合条件的信访工作人员发放了信访补贴和加班补贴。扎实稳妥推进事业单位绩效工资改革，出台了《威海市公共卫生与基层医疗卫生事业单位绩效工资实施意见》（威人社发〔2010〕66号），公共卫生与基层医疗卫生事业单位绩效工资工作完成。

【人才服务】 高层次人才政策 市委、市政府印发了《威海市引进高层次人才创新创业若干规定》（威发〔2010〕16号），在创新创业、子女入学、配偶就业、户籍迁移、社会保障、奖励表彰等方面出台了一系列优惠政策。印发了《威海市中长期人才发展规划纲要（2010～2020年）》（威发〔2010〕15号），提出了威海市未来10年人才发展总体目标、主要任务、重点工程和重大政策。印发了《威海市人才工作目标责任制考核暂行办法（试行）》（威办发〔2010〕29号），把人才工作作为一项重要目标纳入各级党委政府政绩考核。

留学回国创业　11月23～24日，组织27家用人单位参加了中国山东第六届“海内外高端人才交流暨技术项目洽谈会”，与12个海外留学生组织和国内科研院所建立了合作关系，与海内外高层次人才达成技术项目合作意向6个，签订合作协议2个。加大威海海外学人高科技创新园建设，入园留学生企业达到42家。积极支持海外留学回国创业，威海远航科技有限公司王仕伟博士、威海海立欣科技有限公司刘凤鸣博士入选国家引进海外高层次人才“千人计划”和山东省“万人计划”第一层次人选，实现了威海市入选国家“千人计划”和省“万人计划”第一层次人选“零”的突破。

人才引进　10月22日，组织举办了“威海市人才引进校企合作恳谈会”，邀请省内外62所知名高校参会，与全市113家骨干企业开展了人才合作洽谈，签订校地人才合作协议62份，校企人才合作协议114份。广泛开展外出引进人才活动，先后组织带领354家企业到外地高校招聘急需人才，接待求职者5.6万人，达成引进意向8673个。年内，全市引进各类人才1.1万名，其中博士41名，硕士523名。

市场招聘　举办人才集市活动110次，举办“高新技术企业人才招聘会”、“外商投资企业人才招聘专场”等大型公益性现场招聘活动10次，“网络人才招聘月”活动4次；进场招聘单位共计8941家，提供工作岗位7.8万个，入场求职人员8.5万人次，求职者网上投递简历13.3万封，达成就业意向3万多个。

人事代理　至2010年底，全市人才服务机构与5730家单位签订了人事代理协议，管理人事档案10.70万份，其中市人才服务中心为750家用人单位实行了人事代理，代管人事档案1.2万份。

【人事考试】　狠抓考风考纪，严明工作纪律，确保考试安全。年内，组织公务员录用、事业单位招聘、专业技术资格等各类报名、考试52次，报名人数3.59万人，安排考场712个，监考人员1424人次，巡视人员522人次，公安和武警战士111人次，全年实现考试“零事故、零差错、零投诉”。市人事考试中心被授予2010年“全省人事考试工作先进单位”、“威海市市级文明单位”。

（于　鹏）

·外事工作·

【概况】　外事接待　全年接待来访团组41批432人次，其中，包括中国国际友好联络会访问团、中阿产业园项目考察团、外交部非洲司考察团、日本山口县知事代表团、日本宇部市长代表团、中国驻韩新任大使张鑫森、刚果（布）旅游部部长、新西兰渔业部长及驻华大使等重要团组18批210多人次。

友好交往　结合全市涉外战略的需要，选择非洲坦桑尼亚的汤加市、澳大利亚的沃多加市作为结好对象，进一步探讨了双方结好的可能性。与友好城市韩国富川市、日本宇部市进行中学生互访交流达到40多人次，首次组织威海市37名中学生赴英国友好城市彻特纳姆市开展了夏令营活动。与韩国友好城市互派国际交流员2人次，授予韩国友人闵季植“威海市荣誉市民”称号。

因公出国管理　审批因公出国（境）团组495批1367人次，取消不符合出访规定的团组22批93人次，压缩不合理团组13批38人次。颁发因公出国护照等671本，申办签证497批1562人次，代办劳务签证1010人次。为规模大、效益好的民营企业成功申办APEC商务卡11份。

涉外管理　处理或参与处理各类涉外事件22起、境外领事保护事件6起，对外邀请到威海函电1115人次，办理外国人公务护照居留延期3份，会同外专办等部门完成对3所涉外学校的聘用外教资格审查工作，办理领事认证1007份。

【威海市外事工作暨友协第三届理事会】　1月22日，威海市外事工作暨友协第三届理事会会议在蓝天宾馆召开，市直相关部门及教育、科技、企业等各界代表112人参加了会议。会议通报表彰了全市外事系统先进集体和先进个人，传达了全省友城工作30周年纪念暨友城工作会议精神，表决通过了《市友协章程》，选举产生了威海市人民对外友好协会第三届理事会理事和常务理事。

【市政府代表团到法国、意大利考察】　1月25日至2月3日，以副市长张波为团长的市政府代表团一行6人赴法国、意大利进行了考察。为举办“2010年中国威海国际长距离铁人三项世界杯系列赛”，与法国国际体育赛事咨询公司、洛里昂铁人三项赛事组委会等相关部门就赛事的场地设施建设、组织准备、优秀运动员的邀请等事宜进行了认真磋商。

【新任中国驻韩大使张鑫森到威海考察】　3月20日，新任中国驻韩大使张鑫森一行3人在山东省外办副主任李荣陪同下到威海考察，市委书记、市人大常委会主任王培廷在东山宾馆会见了张大使一行，并就威海进一步扩大对韩开放进行了交流。

【市政府代表团到美国、加拿大考察】　3月27日至4月7日，以副市长刘茂德为团长的市政府代表团到美国、加拿大考察，开展了招商促进活动，重点围绕医疗器械、医疗软件、医药、保健品以及农产品、绿色能源、金融等领域进行合作对接，达成合作意向30多个，进一步拓展了美、加市场。

【加拿大中国商会副会长黄伯仁到威海考察】　4月13～14日，应山东省政府特邀咨询孙守璞邀请，加拿大中国商会副会长黄柏仁一行2人到威海，先后考察了环翠区和文登市，对威海市自然条件、资源优势、投资环境给予了高度评价，表示将充分发挥加拿大中国商会联系广泛的优势，积极推介宣传威海，介绍更多的客人到威海参观考察、投资兴业。

【中阿产业园项目考察团到威海考察】　5月5～7日，以中国前驻外大使时延春为团长、海湾阿拉伯国际商业经济投资署北京代表处首席代表刘斌为副团长的中阿产业园项目考察团一行5人，在省外办副主任李荣陪同下到威海考察。考察团先后考察了威海双岛湾区域、威海工业新区、文登南海新区、荣成石岛朝阳山旅游开发项目及威海市城市规划馆等，表示将对其中一些园区和项目进一步予以研究论证，争取早日确定园址和合作项目。

【日本宇部市市长考察威海】 5月15日，以友好城市日本宇部市市长久保田后子为团长的考察团一行4人到威海考察，这是久保田后子自2009年7月就任以后首次到威海。威海市委副书记、市长孙述涛在东山宾馆会见了考察团一行，并接受了宇部市政府赠送威海市的LED路灯一盏，久保田后子表示威海的繁荣景象和美丽的市容市貌给她留下了深刻的印象，回国后将积极推动两市在诸多方面的合作，为两市繁荣发展作出贡献。

【刚果（布）旅游部部长到威海考察】 6月17～18日，刚果（布）旅游部部长卡尼·马夏勒·马蒂约一行到威海市考察。在威海期间，客人一行考察了威海国际合作公司、刘公岛风景名胜区，参观了市容市貌。卡尼·马夏勒·马蒂约表示，对威海美丽的自然风光和丰富的旅游资源留下了深刻的印象，希望能继续加强与威海的交流，在旅游等更多领域谋求合作共赢。

【日本驻青岛总领馆总领事到威海考察】 6月24日，日本驻青岛总领馆总领事斋藤法雄一行到威海考察。威海市委书记、市人大常委会主任王培廷在东山宾馆会见了客人，市委常委、秘书长、宣传部长张剑会见时在座。斋藤法雄表示，威海作为一座现代化的海滨城市，环境优美，区位优势独特，发展潜力巨大，他将向更多的日本友人推介威海，吸引更多的日本企业到威海投资兴业。

【中非合作论坛磋商会在乳山市召开】 6月25日，中非合作论坛中方后续行动委员会秘书处与非洲驻华使节磋商会在乳山市成功举办，来自40多个非洲国家的驻华使节或代表、论坛中方后续委员会部分成员单位有关司局负责人等80多人参加了会议，外交部副部长翟隽出席了会议的有关活动，副省长才利民到会祝贺，威海市多家走进非洲的企业代表与非洲使节进行了交流。此次中非合作论坛磋商会在威海市的成功举办，增加了非洲驻华使节对威海市的了解，扩大了威海市的影响力，对加强威海市与非洲的友好交往、推动威海市企业实施“走出去”战略起到了有力的促进作用。

【陈育明到威海考察】 7月28～31日，外交部外管司司长陈育明一行2人到威海考察。陈育明对威海市的外事工作给予了充分肯定，对威海经济社会等各方面的发展状况给予了高度评价。

【李映周到威海考察】 7月30日至8月1日，韩国总统府外交安保政策顾问、韩国中国政经文化研究院理事长、威海市政府经济顾问李映周博士一行8人到威海考察。30日，副市长刘茂德在东山宾馆会见了客人。客人一行还考察了山东大学威海分校，与山东大学东北亚研究中心负责人签订了开展合作与交流协议书。

【中央外办调研组到威海调研】 7月31日至8月1日，以中央外办秘书行政局局长张连云为团长的调研组一行8人到威海调研，市委副书记、市长孙述涛和副市长刘茂德在东山宾馆会见了客人。调研组了解了威海市外事工作面临的新情况以及基层外事工作遇到的一些难点问题，表示将带回去认真研究。

【外交部授予威海市领事认证自办权】 8月4日，外交部下发文件（领八函〔2010〕897号），正式授予威海市领事认证自办权，于10月1日起正式实施，威海成为全国第二家获此授权的地级城市。此后，市外办可直接向负责山东片区的外国领事馆送达领事认证文书，简化了手续，提高了效率，进一步推动了威海市的对外交流与合作。

【外交部副部长吕国增到威海考察】 8月4～7日，外交部副部长吕国增一行3人到威海考察。市委书记、市人大常委会主任王培廷，市委副书记、市长孙述涛，市委常委、秘书长、宣传部长张剑，副市长刘茂德等会见了客人。在威海期间，吕国增就威海市的经济社会发展状况和外事工作情况进行了调研，并参观了刘公岛甲午战争博物馆、大乳山休闲旅游度假区等。

【日本山口县知事二井关成到威海考察】 8月5～7日，日本山口县知事二井关成一行5人，在省外办副主任李荣的陪同下到威海考察。在威海期间，客人一行考察了荣成泰正藤光食品公司和泰祥公司，并参观游览了赤山法华院、成山头等景区，对威海市的经济社会发展情况和投资环境给予了积极评价，表示会大力宣传威海，鼓励更多企业到威海投资合作。

【韩国丽水市市长到威海考察】 8月22～23日，以市长金忠锡为团长的韩国丽水市政府代表团一行8人到威海考察。23日，代表团一行参加了山东省第三届文博会威海分会场——2010中韩文化交流月开幕式，并考察了韩乐坊项目施工现场。

【博茨瓦纳共和国首都哈博罗内市市长到威海考察】 9月11～14日，博茨瓦纳共和国首都哈博罗内市市长尤娜米·沃罗尼卡·莱索利一行到威海考察。在威海期间，客人一行参观考察了威海市联桥集团、国际合作公司、威建集团、海马地毯等企业。

【日本山口县宇部市日中友好协会代表团到威海考察】 10月14日，日本山口县宇部市日中友好协会会长胁坂宣尚一行24人到威海考察。威海市委常委、常务副市长赵熙殿在威海卫大厦会见了客人一行。在威海期间，客人还参观了威海国际海水浴场、环翠楼公园，并专程参观了宇部市赠送威海市的太阳能路灯。

【市政府代表团到巴西、阿根廷、智利考察】 10月20～31日，以副市长刘茂德为团长的市政府代表团赴巴西、智利、阿根廷等国进行了考察，进一步了解了南美投资贸易环境，建立了沟通渠道和机制，洽谈了一批投资项目，促进了威海市优势产品的出口和南美名优产品的进口，拓展了招商引资和境外投资渠道。

【新西兰渔业部部长到威海考察】 11月19日，新西兰渔业部部长菲尔·西特里一行在新西兰驻华大使伍开文的陪同下到威海考察。副市长刘茂德在东山宾馆会见了客人。考察团主要考察了新西兰桑福德水产公司与韩国东源水产会社在威海的投资企业——威海东源食品公司的经营发展情况，希望威海与新西兰的经贸合作不断拓展，愿意介绍更多的新西兰企业到威海寻求合作。

（毕晓堂）

·侨务工作·

【概况】 联络接待工作　2010年，邀请接待来自美国、法国、南非、奥地利等14个国家和地区的海外侨胞30多个团队740多人次，与30个海外重点侨团、100名重点人士建立密切联系。赴香港拜访12个社团、50多名重点人士。

国内侨务工作　走访在威海居住的华侨、归侨侨眷等110户次。接待来信来访49件次，处结率达100%。办理“三侨考生”13名，办理早期归侨退休补贴、困难补助等8名。落实鲁侨发〔2006〕9号文件精神，新增12名贫困归侨补助，累计有958名无退休金收入的老年归侨每月得到150元困难补助。由市侨联推荐的哈尔滨工业大学（威海）留学博士、教授张廷斌获得“中国侨界创新人才贡献奖”。

为经济建设服务工作　以威海工业新区、文登南海两个华侨华人创业基地和“威海海外学人高科技创业园”为载体，引导海外华商和专业人士来园区投资创业，先后邀请了5个海外团队到威海考察。参与了市政府在香港举办的产业项目推介活动，负责邀请了200多人参加推介会。组织有关企业参加了省侨办举办的“华交会”。首次承办了华东六省一市侨商论坛和经贸洽谈会，120多人相聚文登、乳山市考察，签订了8个合作意向。开展“百侨助百村”活动。2010年，又筛选出44个适合农村帮扶的项目，已有129个适合农村发展的项目对外发布，建立6个“百侨助百村”示范点，有11名侨胞、23家侨资企业、7家侨属企业、3位侨联委员、2个海外侨团以及侨务部门帮扶34个村，结对帮扶80位贫困家庭学生直至大学毕业，资助20户困难归侨的生产和生活，累计为农村经济建设和公益事业发展投入资金520多万元。

侨务捐赠工作　经积极争取和省侨联的帮助，中国侨联兼职副主席、西班牙归侨、宁夏银帝集团董事长朱奕龙已与荣成市斥山完小达成捐赠协议，捐资30万建设侨心学校。全市接受海外侨胞、归侨侨眷捐建的学校已有21所。市侨联为文登市张家产镇大永福村投入帮扶款6万多元，筹措水泥200吨，硬化村内路面1500平方米，为150多位老人进行义诊。

机关自身建设　开展作风纪律整顿工作，开展创先争优活动，以“工作争先、服务争先、绩效争先”为目标，增强机关党组织的创造力、凝聚力和战斗力，保持和发扬党员队伍的先进性。组织开展廉政勤政教育活动，参加干部选拔任用工作监督制度培训和考试，认真贯彻执行党员干部廉洁自律各项规定。

【威海市第七次归侨侨眷代表大会】 1月7日，威海市第七次归侨侨眷代表大会在东山宾馆召开，来自全市125名代表和省市有关部门的领导、海外嘉宾约200人出席了大会。会议作了侨务工作报告，表彰了市侨务工作先进单位和个人，聘请市侨联顾问、海外顾问和名誉委员。选举产生了市侨联第七届委员会62名委员和12名常委，袁学恩当选为威海市新一届侨联主席，叶舟当选为副主席兼秘书长。

【林军到威海调研】 1月15日，中国侨联主席林军在省侨联主席梁波的陪同下到威海调研，市委书记、市人大常委会主任王培廷会见了林军一行。在威海期间，林军听取了相关汇报，考察了侨乡集团，走访慰问了归侨侨眷。

【威海建华外语学校举行建校十年庆祝活动】 5月27日，由旅居英国的山东籍华侨王光启与威海市海外交流协会合作创办的威海建华外语学校建校十年庆祝活动在威海卫大厦举行，董事长王光启主持了庆祝仪式。

【丛树伦率团回乡祭祖】 4月1～8日，香港美利坚饭店有限公司董事长丛树伦率领来自英国、加拿大等国家和中国香港等地区的威海籍人士一行19人，到威海考察、省亲、祭祖。参观了威海老虎山、刘公岛甲午战争博物馆、赤山法华院、青岛奥帆博物馆等地。为表达爱乡之情，为威海老虎山风景区捐赠人民币4万元。

【举行“情暖侨心关爱空巢归侨侨眷”活动启动仪式】 6月24日，威海市侨办（侨联）在乳山市举行“情暖侨心，关爱空巢归侨侨眷活动”启动仪式，省侨联副主席于湖出席仪式并宣布活动启动。乳山市委、市政府领导，各市（区）侨务负责人及乳山侨界代表共120多人参加活动。仪式上，向10户特困空巢家庭发放1万元救助金，乳山华隆食品等4家侨企及10名志愿者向“关爱基金”捐款9万多元，10名志愿者与10名特困空巢归侨侨眷达成帮扶对子，并发放爱心卡。

【高班到威海考察】 7月6～7日，在省侨联副主席于湖的陪同下，南部非洲中原总商会副会长高班一行到威海考察。在威海期间，高班一行考察了文登宋村健悦集团食品加工厂、乳山华隆食品集团等，主要就肠衣收购、加工、销售等项目进行了考察论证。

【纪念《侨法》实施20周年“五侨联席会”】 7月28日，威海市纪念《中华人民共和国归侨侨眷权益保护法》（以下简称《侨法》）实施20周年“五侨联席会”在蓝天宾馆举行，各市（区）侨务部门的负责人、侨界政协委员、归侨侨眷、归国留学人员、侨商及侨务老干部代表等共70人参加会议。与会代表一起学习《侨法》的主要精神，为威海金鹰钮塑有限公司、鲸园小学颁发了“侨法宣传角”牌匾，荣成市侨办、乳山市侨办、山东侨乡集团及威海市侨联的负责人作了交流发言。

【王琳到威海调研】 7月29日，省侨办主任王琳、副主任田西勇一行5人到威海开展侨务引智专题调研。调研组参观考察了威海高技术产业开发区的威高集团科研展厅、火炬创新创业基地的科力斯生物科技和奥博软件等企业，并在哈尔滨工业大学（威海）召开座谈会，与来自英国、日本、韩国的留学生进行交流。

【意大利马尔凯大区华侨华人联谊会组团到威海考察】 8月26日，意大利内政部议员、马尔凯大区常务副主席彻鲁尼·雷米琼斯，意大利马尔凯大区华侨华人联谊总会永远名誉会长陈兆间等一行7人，在省侨联的陪同下到威海，考察了威海的投资环境，希望加强环保产业项目等方面的合作。意大利马尔凯大区华侨华人联谊总会与威海市海外交流协会签定了结为友好社团协议。

【沈勇到威海考察】 8月23～25日，在原美国加州富乐屯市市长沙日香的引荐陪同下，美国医药有限公司执行董事长H.Erich Hunt，B.S.,J.D. 医学博士、总裁沈勇一行首次到威海，考察了威海的投资环境，寻求药业生产厂家合作生产Hunt博士研发的专利药品。

【阿联酋侨联会与威海市海交会签订友好社团协议】 应国务院侨办、山东省政府的邀请，阿联酋华侨华人联合会副主席包有增一行到济南，参加第五届华商企业科技创新合作交流会。9月17日，包有增到威海考察访问。在威海期间，经双方友好协商，阿联酋华侨华人联合会与威海市海外交流协会签订了结为友好社团协议。

【华东侨商论坛暨经贸洽谈会在威海召开】 继10月12日首届"华东侨商论坛暨经贸洽谈会"在东营市拉开帷幕，10月14～16日，威海会场的会议相继在文登、乳山市召开。华东六省一市侨办的领导，威海市和文登市、乳山市领导及有关部门和侨商代表130余人参加会议。山东省侨办党组书记朱绪平、威海市委副书记边祥慧出席会议并致辞。在威海期间，与会侨商考察了文登南海临港产业区和旅游度假区、乳山银滩旅游度假区和海湾新区及部分企业，签订了8个项目的合作意向书。

【张志础到威海考察】 罗马尼亚华商联合总会会长、苏丹太阳渔业有限公司董事长张志础一行4人，于10月11日到威海考察海参养殖项目，与市海洋与渔业局达成了赴苏丹合作开发养殖海参的意向。

【韩国华侨协会到威海考察】 11月14～17日，韩国首尔华侨协会会长杨从升、旅韩文荣同乡会会长张积正、永登浦华侨协会会长乔聚东3个侨团的侨领，首次联合组团一行20人到威海省亲、参观、考察。

【朱奕龙到威海考察】 中国侨联副主席、宁夏银帝集团董事长、宁夏侨联主席朱奕龙一行10人在省侨联主席梁波的陪同下，于12月6～8日到威海出席奕龙侨心学校揭牌仪式及视察工作。7日，朱奕龙出席了"奕龙侨心学校"揭牌庆典，并表示在原捐赠30万元人民币基础上，再为学校捐建电教中心一处。客人在威海期间，参观考察了石岛新港、黄海造船厂、荣成经济开发区、赤山法华院、荣成市规划馆和博物馆，以及威海工业新区、侨乡集团、甲午战争博物馆等地。

（杨肖红）

·对台工作·

【概况】 台胞接待 2010年，到威海台胞1.81万人次，比上年增长7%。市台办为台胞做好事、办实事200件次。普遍走访了全市常住台胞、定居台胞及部分重点台属。受理台胞投诉案件12起，已处结11起，结案率92%。

对台经济 年内，全市批准台资项目16个，总投资3亿美元，合同台资1.6亿美元。

赴台交流 年内，全市应邀赴台交流项目49项、195人。全市累计有212项、864人次赴台考察交流。

涉台宣传教育 年内，向台胞发送各种宣传资料3600多册（份），在《海峡时空》、《威海日报》、《中国台湾网》等各类媒体上发稿500余篇（次），为多家旅行社赴台负责人及带队人作涉台教育讲座，市台办被省台办评为"全省涉台宣传调研工作先进单位"。

【陈云林考察台湾梅花鹿和长鬃山羊入住准备工作】 7月24日，海峡两岸关系协会会长陈云林、副会长李炳才专程赴刘公岛国家森林公园，考察迎接台湾梅花鹿和长鬃山羊的相关准备工作。山东省台办主任倪明元，威海市委书记、市人大常委会主任王培廷，威海市委副书记边祥慧，威海市委常委、秘书长、宣传部长张剑等陪同参加。陈云林实地查看了梅花鹿和长鬃山羊场馆及配套设施建设情况，听取了威海市委、市政府和刘公岛管委会关于迎接工作的情况介绍，并就相关工作作了重要指示。

【参加鲁台经贸文化交流周暨2010山东台湾名品博览会】 10月，筹备组织了由市委副书记、市长孙述涛率团，市台办、贸促会、商务局、发改委、农业局、科技局、旅游局等市直有关部门和各市（区）、台湾园区以及120家采购商共计200多人组成的代表团参加在济南举行的鲁台经贸文化交流周暨2010山东台湾名品博览会，达成采购意向2.8亿元。

【威海市经济文化交流团赴台交流考察】 4月19～26日，以市委副书记边祥慧为团长的威海市经济文化交流团一行10人，赴台湾进行了交流考察。考察了10多家企业，就加快在威海投资相关项目的对接、推进与落实达成共识。拜会、接触了台湾旅行商业同业公会、台北市公共安全协会、台中市杰出农业专家发展协会、台北县中和地区农会等多个公会组织及其负责人，就相关领域合作进行交流洽谈。实地参观考察台北市动物园和台湾最大的梅花鹿野生繁育基地——垦丁自然保护区，就迎接台湾梅花鹿和长鬃山羊有关事项进行对接。

【举办海峡两岸（威海）绘画书法摄影展】 8月24～26日，海峡两岸（威海）

绘画书法摄影展在威海市博物馆举办。参展作品以2008年出版的《海峡两岸绘画、书法、摄影作品集萃》一书为基础，展出作品140余幅，其中台湾艺术家的作品60余幅，融合了海峡两岸书画、摄影界人士的精品佳作。台北市山痴画会理事长、金马台澎两岸交流协会理事长、两岸和平文化艺术联盟总会秘书长、台湾著名画家李沃源于8月22～27日率团专程到威海参展。23日，两岸艺术家举行了两地艺术顾问互聘仪式及交流笔会，台湾6名艺术家被威海画院聘为艺术顾问，威海6名艺术家被两岸和平文化艺术联盟聘为艺术顾问。此项工作被省台办评为优秀对台交流项目。

【举办海峡两岸（威海）教育研讨会】 12月14～17日，市台办、市教育局共同主办了海峡两岸（威海）教育研讨会，威海市教育学会承办。此次活动经国务院台办交流局和山东省台办审批并得到大力支持，列入在威海举行的2010年全国重点规划两岸交流项目，也是威海市首次举办两岸教育研讨活动。12月14日，研讨会在威海东山宾馆举行。台湾中兴大学教授、“中华两岸经贸文教交流发展促进会”理事长陈彩裕博士专程率团到威海参加，来自台湾、威海两地的80余名教育专家和学者参加研讨会。此项工作被省台办评为优秀对台交流项目。

【开展台湾园区建设年活动】 一是建立健全台湾园区机制。协调各市（区）台办、台湾园区成立了由市、市（区）两级台办和台湾园区所在镇、办事处负责人构成的台湾园区协调服务领导小组，理顺与全市6个台湾园区的联络渠道，召开全市台湾园区建设座谈会。二是组团到深圳、东莞、海口等台商聚集区，为台湾园区开展有针对性的招商活动。三是开通台湾园区网站。以威海市台湾同胞投资企业协会名义，开设“山东省(威海)台湾园区网”。四是制作《山东省威海台湾园区简介》宣传光盘。

【威海市经贸交流考察团赴台参加“鲁台经贸文化交流周”】 5月14～21日，以副市长刘茂德为团长的威海市经贸交流考察团赴台参加“鲁台经贸文化交流周”。在岛内组织邀请台商参加“齐鲁经贸文化台湾行——合作论坛”等系列活动，拜访了16家台湾大企业，对接项目10个，签订项目协议2个，协议金额2.7亿美元。

【举办第三届人居环境之旅——台湾大学生中华文化研习营活动】 6月27日至7月5日，来自台湾义守大学、开南大学等10多所大学的70余名台湾师生参加了第三届人居环境之旅——台湾大学生中华文化研习营活动。该活动由海峡两岸关系协会主办，威海市台办承办。活动在威海、烟台、青岛三地举行，主要进行中华文化的学习，与山东大学威海分校、青岛海洋大学座谈交流，考察部分台资企业。

【开展“解矛盾、促和谐”活动】 市台办联合市仲裁委成立威海市台资企业民商事纠纷调解中心，协助企业解决内部劳资矛盾纠纷和外部侵权问题、经济纠纷等。加大与各级法院执行机构协调配合力度，加快对涉台积案的处理进度。组织驻威海的台胞、台商和台资企业负责人举办涉台法律知识讲座，请有关专家授课并现场解答相关问题。走访驻威海的台资企业，帮助解决生产经营中的问题。

（郎松波）

·无线电管理·

【概况】 2010年，市无线电管理处继续保持“省级文明单位”称号，连续第三次获得年度全省无线电管理综合评议考核第一名，连续第五次获得“威海市部门行政审批服务先进办事窗口”称号，获得“泰山杯”监测检测技术研讨征文组织奖和一、二、三等奖各1个。与哈尔滨工业大学（威海）合作完成了《多种无线电发射设备综合测试平台研究》项目研发，顺利通过省科技厅组织的成果鉴定。《威海市无线电管理现状及发展对策思考》软课题项目获市政府系统2010年度优秀调研成果一等奖。

【频率台站管理】 1.更新完善台站数据库资料。2010年底，全市有设台单位2300多个，各类无线电台站1.5万部，比上年增长18.4%。其中，广播电视台23部，高频电台71部，甚高频、特高频电台1410部，集群电台377部，数据电台106部，船舶电台4380部，公众移动通信基站3308个，无线市话基站4501个，微波接力站45个，业余和其他电台774部。2.加强行政审批服务窗口建设，提升服务质量。年内，核发电台执照8000多份，指配频率54个、船舶呼号37个，核发无线电发射设备销售备案证13个，批准设置其他台站58部，停用撤销台站171部，完成行政许可事项78次，收缴无线电管理费146.8万元。3.建立站址审查责任制，对1503个拟建公众通信基站逐一严格审查，按时转报省无线电管理办公室，对已经审批的980个基站按程序进行验收。4.加大非法设台的查处力度。对市区以及周边乡镇范围内的商场酒店、建筑工地、物业管理等单位、场所进行拉网式检查，对公众通信基站广播电视发射设备进行专项核查。全年查处擅自设置使用无线电台的单位84家，对讲机362部，GPS无线链路发射机5部。立案2起，分别依法给予吊销电台执照、没收设备的处罚。

【监测监听工作】 严格落实监听工作责任制，重点加强航空导航、广播电视、公众通信、水上生产和铁路等重要频段的监测，认真排查可能存在的干扰信号，确保通信安全畅通。重要节日和重大活动期间，严格按上级要求实行24小时值班，全面落实应急处置预案，确保一旦发生突发事件，能够立即进行处置。年内，累计监测监听1.77万多个小时，通过监听发现并查处非法使用频率12起，完成65个预指配频率监听任务。编写监测月报近10万字，8月份的监测月报被省无线电管理办公室在全省推广，月报评比总分名列全省第一。制定了《各类考试无线电保障工作规范》，对保障工作实施程序作了周密细致的要求，先后为公务员考试、普通高考等12类考试进行无线电安全保障，其中对1个可疑作弊信号及时进行无线电压制、阻断，保障了各类考试的顺利进行。完成了春节、省“两会”、国庆节和中共十七届五中全会以及"威海杯"2010年HOBIE（霍比）世界帆船锦标赛和2010年威海长距离铁人三项世界杯系列赛等重要节日和重大活动期间的无线电保障任务。指配临时频率58个，审批无线电设备326台（套），赛时投入保障人员50多人次，投入保障车辆20多台次，投入保障设备4台（套），查处违法设置使用无线电台4部、未经批准带入赛场的无线电设备7部，排除无线电设备故障1起，未发生无线电干扰事件，各类无线电通信设备使用正常，无线电频率安全畅通。

【检测测试工作】 年内，累计检测各类无线电设备1110台套，为7家单位14个站点进行电磁环境测试，为台站审批提供技术依据。受理干扰投诉7起，及时有效予以排除。自筹资金40多万元，新购置一台矢量信号源和USB接口转换器，技术管理能力和水平进一步提升。

（于　泽）

中国人民政治协商会议威海市委员会

【概况】 中国人民政治协商会议山东省威海市委员会第十一届委员会于2008年1月换届产生。至2010年底，有委员355名，常委79名。其中，中共委员149名，占委员总数的42.0%；非中共委员206名，占委员总数的58.0%。市政协十一届委员会下设办公室、研究室、委员活动工作室3个办事机构以及提案和社会法制、人口资源环境和经济、科教文卫体和文史资料、台港澳侨和民族宗教外事4个专门委员会。

【政协第十一届威海市委员会第三次会议】 1月18～20日，政协第十一届威海市委员会第三次会议在威海国际会议中心召开。应出席会议委员355名，实到委员333名。会议由市政协副主席王宾洁、姜岱敏分别主持开、闭幕大会。受政协十一届常委会委托，十一届市政协主席刘玉党向大会作常委会工作报告，副主席姜岱敏向大会作提案工作报告。委员听取并审议了市政协十一届常委会工作报告和提案工作报告，列席了威海市第十五届人民代表大会第四次会议，听取并讨论了政府工作报告及其他报告。会议在充分发扬民主、酝酿协商的基础上，增选龙正明、曲波、江连志、汤光仿、张建国、邵永良、秦明强、原所明、彭霞等9人为市政协十一届委员会常务委员。会议期间，收到委员提案196件，审查立案182件。

【政协常委会会议】 *第12次会议* 1月8日召开。会议审议通过了关于召开政协第十一届威海市委员会第三次会议的决定、市政协十一届三次会议的议程（草案）和日程（草案），审议通过了政协第十一届威海市委员会常务委员会工作报告和提案工作报告的报告人名单，讨论修改了市政协常务委员会工作报告和提案工作报告，审议通过了市政协十一届三次会议常务委员轮值名单，大会秘书长、副秘书长名单，各委员组召集人名单，会议列席单位和人员的决定。增补王云鹏、龙正明、孙旭勃、曲江、汤光仿、祁玉湖、张建国、邵永良、袁文龙、高玉敏、隋良杰、彭霞、韩文斐为十一届市政协委员。

第13次会议 1月19日召开。会议听取了市委常委、组织部部长徐东升关于增补十一届市政协常务委员会委员候选人名单及其有关情况的通报，讨论通过了大会选举办法（草案）、总监票人和监票人名单（草案），讨论修改了大会决议（草案）。

第14次会议 3月4日召开。会议传达了省政协十届三次会议精神，讨论通过了《市政协2010年工作要点》。会议要求全市政协组织和政协委员，深入贯彻落实省政协十届三次会议精神，根据市政协工作要点的部署，落实责任，积极推进，努力完成好全年工作任务。

第15次会议 5月28日召开。会议专题议政中小企业发展。会议期间，实地考察了威海中波光电、红太阳彩印、同泰实业、万丰奥威汽轮、新北洋、威海化工机械等6家中小企业，7位市政协委员围绕推进中小企业发展作了大会议政发言。

第16次会议 7月29日召开。会议传达学习了省政协十届十四次常委会和市委十三届七次全会精神，听取并讨论了市委常委、常务副市长赵熙殿代表市政府所作的关于2010年上半年全市经济运行情况的通报和市政府办公室关于市政协十一届三次会议以来提案办理情况的通报，与会常委围绕转方式调结构进行了专题议政。会议号召政协委员找准服务大局的着力点，为打好转方式调结构攻坚战，努力做好宣传引导、建言献策、争取支持、示范带头、推动落实等工作。

第17次会议 12月15日召开。会议学习贯彻了市委十三届八次全委会精神，听取并讨论了市委副书记、市长孙述涛所作的关于编制《威海市国民经济和社会发展第十二个五年规划纲要（草案）》的说明，与会常委、委员围绕完善全市"十二五"规划纲要进行议政建言，提出意见建议20多条。

【政协常委会主要工作】 *建言献策* 团结全市政协委员、各党派团体和各界人士，在深入搞好调研视察的同时，充分运用政协全委会议、常委会议、主席会议等例会主渠道和议政会等履职新形式，着力提高协商议政水平和实效，积极为促进全市科学发展建言献策。参与了市政府工作报告、国民经济和社会发展计划、财政预算、"十二五"规划等重大问题的协商讨论。围绕全市经济社会发展的重要问题，针对蓝色经济区和高端产业聚集区建设、转方式调结构、自主创新、低碳经济、新能源开发、中小企业发展、城中村改造、"三农"问题、港口建设、海洋健康产业、公租房建设、老年服务业发展、社会保障体系建设等方面，提出150多条意见和建议。

调研视察 围绕事关全市发展的全局性、关键性问题，先后开展了对威海蓝色经济区建设、转方式调结构、市区城中村改造、生产性服务业发展、

农民专业合作经济组织发展情况的调研，协助全国政协调研组开展了“城镇化与新农村建设”调研。开展了全市农业产业化、中小企业发展、重点项目建设和人防工作等视察，按照省政协的部署，对淄博市转方式调结构工作进行了对调视察。为推动山东半岛蓝色经济区建设上升为国家战略，配合全国政协和省政协对威海市蓝色经济区建设情况开展了3次重点视察。向省政协和威海市委提交了11份调查视察报告，提出了60多条建设性意见和建议，市委主要领导分别作出重要批示，市政府和有关部门进行了认真研究、采纳和落实。全国政协“城镇化与新农村建设”调研组对威海市城中村改造的成效及示范意义进行总结并给予高度评价。《关于威海市区城中村改造情况的调查报告》、《关于威海转方式调结构工作的调查报告》和《关于我市农民专业合作经济组织发展情况的调查报告》，分获2010年度威海市优秀调研成果特等、一等、二等奖。

提案工作　加大提案工作力度，狠抓提案提出质量、办理成效、落实结果。专题召开全市政协提案工作座谈会，加强工作协调和领导，推进提案工作制度化、规范化和程序化建设。以市政协网站为平台，实行提案工作“四公开”：公开征集提案线索、公开提案内容、公开办理结果、公开反馈意见，加强了对提案工作的引导和监督。通过公开提案线索、为委员提供知情服务、召开提案选题协商会议、严把提案审查立案关、开展评先选优活动等多种方式，提高了提案质量。通过实行领导领衔督办重点提案、多方联合督办、现场协商办案、召开提案议政会、开展落实情况“回头看”、在新闻媒体开设提案追踪报道、常委会专题听取市政府对提案办理情况的通报等多项措施，提高了提案办理实效，扩大了提案工作的社会影响力。全年征集委员提案209件，审查立案199件。立案提案于年底前全部办结，办结率达100%，委员满意和基本满意率达98%，政协委员的意见、建议，有效转化为有关部门制定政策、完善措施和改进工作的参考依据。

民主监督　利用政协例会、提案、调查视察、民主评议、反映社情民意等形式，对政府有关部门依法行政、廉洁勤政情况，重大民生项目、重要民生政策的落实情况和事关群众切身利益的重点问题，进行民主监督。组织委员采用实地考察、听取汇报、问卷调查等形式，对市国土资源局工作进行了民主评议。推荐151名民主党派成员和政协委员，担任市直部门单位的特邀监察员、监督员、督导员等社会职务，先后参加市政府专题会议、听政会和有关行业检查评议活动150多次，提出意见建议200多条，对促进党风、行风、社会风气转变和有关问题的解决发挥了有益作用。积极畅通社情民意信息“绿色通道”，开展了首次“反映社情民意信息周”活动，组织委员广泛察民情、听民生、汇民意，全年搜集整理社情民意130多条，有5条重要信息以信息专报形式直报市委、市政府领导，市委副书记、市长孙述涛和分管副市长分别就采纳和办理信息作出批示。

文史宣传　发挥政协联系广泛、人才荟萃优势，通过各级政协联动、社会力量参与，组织开展了《山东区域文化通览·威海市卷》及荣成、文登、乳山市卷的编纂工作，提纲、样稿均一次性通过山东省政协审查，工作经验在全省政协推广。发挥市政协文史研究会的作用，收集整理文史资料20篇、14万字，编辑出版了《威海文史资料》第18辑。依托市政协书画联谊会，举办了第二届全国国花书画大赛，与济宁市政协联合举办了委员书画作品秋展，促进了对外文化交流。加强对上、对外宣传，积极向各级报刊和电视台、电台等新闻媒体撰投稿件，年内市政协机关在上级政协报刊发稿20多篇。成立了威海市人民政协理论研究会，长篇理论研究文章《讲学习·讲团结·讲民主》被省政协《委员天地》全文刊登，《进一步完善政治协商制度的理论思考》一文获全省政协理论研究征文活动二等奖。办好市政协《民主与团结》会刊和网站，充分发挥了其作为宣传政协、传播信息、交流经验、指导工作的舆论阵地作用。

统战联谊　坚持大团结、大联合，多渠道加强与国内外各界人士的联系。组织各党派、工商联、各人民团体和无党派人士参加政协开展的学习研讨、调查视察、协商议政、民主评议活动，支持他们以个人或团体名义提交提案、提出建议，通过政协这一舞台发挥作用、履行职责、合作共事；通过走访政协委员、召开台港澳侨和外事工作会议、举办报告会、举行中秋茶话会、接待来到威海考察的海内外同胞和侨胞，增进与政协委员、社会各界人士、港澳台同胞和华侨、侨眷的联系与感情。通过配合全国政协和省政协到威调研视察，参加全国24城市政协、8省10城市政协横向联系会和全省17地市政协工作联谊会以及省政协理论、宣传、文史、民族宗教和外事等工作研讨会等活动，加强与各级政协和各地委员的联系。积极组织委员参与“献爱心、送温暖”活动，年内市政协委员为救灾援建、慈善公益、包村扶贫等捐款捐物折合人民币1450万元，为群众办实事好事460多件。

（王　冰）

中国共产党威海市纪律检查委员会

【概况】　市纪委机关与市监察局合署办公，实行一套工作机构、两个机关名称的体制，履行党的纪律检查和政府行政监察两种职能。中共威海市第十三届纪律检查委员会共有常委9名，委员36名。市纪委现设办公室、干部室、研究宣教室、审理室、信访室、党风室、执法监察室、纠风办、监察一室、监察二室、案件管理申诉复查室、效能监察室等12个室。2009年7月，市纪委对纪检监察派驻机构实行了统一管理，设立7个派驻纪检组（监察室），各室、派驻组干部职工85人。

【纪律检查】　党风廉政教育　开展了“增强制度意识，争做执行表率”主题教育活动。建立了面积1055平方米的反腐倡廉预防职务犯罪警示教育基地，组织全市副县级以上领导干部、领导干部家属、重点岗位工作人员以及党校主体班次学员140余批次、6400多人次到基地接受教育。推进廉政准则的学习贯彻，编印了廉政准则“52个不准”漫画文集，举办了以学习《中国共产党党员领导干部廉洁从政若干准则》为主要内容的培训班，培训相关执纪执法部门重点岗位干部286人，举办了学习宣传《廉政准则》知识测试和电视知识竞赛。组织集中观看了《腐蚀与反腐蚀》等一批电教片，受教育党员干部达3万余人。

领导干部廉洁自律　组织了各市（区）党政主要负责人和市直部门主要负责人述职述廉和廉政承诺工作，对全市新提拔任职和重用的60名县处级领导干部集中进行了任前廉政谈话。加强领导干部因公出国（境）情况的监督管理，取消和压缩不合理出访团组32批122人次。开展了“小金库”专项治理工作，查纠“小金库”3个，涉及金额34万元。对干部大操大办子女婚宴问题开展了专项治理。对执行车改纪律情况进行了检查，对机关事业单位购进和处置的公务用车进行了审核把关。全市新创建农村基层党风廉政建设示范村110个。

查办违纪违法案件　全面推行信访公示和信访听证会制度，初信初访一次结案率达99%，减少了群众越级访、集体访。全市各级纪检监察机关共接受来信、来访举报1174件，立案194件，其中大要案73件，给予党政纪处分171人，其中处级干部4人，科级干部19人，挽回经济损失913.27万元。加强办案场所、办案人员和陪护队伍建设，规范办案程序，案件审理和案件监督管理工作得到加强，办案质量和水平进一步提高。

纠风和专项治理工作　行风热线42个部门单位共上线234次，受理电话1500多个，群众满意率达到98.5%。在91个部门和单位中开展了民主评议政风行风活动，共发放问卷调查表8千份，通过社情民意调查中心抽样6000个电话，对群众反映的877个问题组织进行了整改落实。制定了涉企收费罚款按月汇总抄报制度，为企业减轻负担400多万元。开展了强农惠农资金的专项清理检查，纠正整改资金滞留和拨付等问题19项，涉及资金4671万元。配合有关部门抓好食品安全整顿工作，查纠食品药品安全问题442个，涉及金额102万元。

廉政风险防范管理工作　制定了廉政风险防范管理工作制度，在市直120多个部门中组织实施，排查出风险点1.6万余个，其中一级风险点5357个，向市直各部门发放了《一级风险点汇编》，通过开展廉政风险防范管理工作，强化了廉政风险部门监管主体责任。

【行政监察】　专项监督检查　开展了对中央扩大内需促进经济增长政策措施落实情况的监督检查，共检查174个项目，督促整改问题268个。开展了工程建设领域突出问题专项治理工作的监督检查，对全市2008年以来立项、在建、竣工政府投资和使用国有资金500万元以上的工程建设项目、其他投资3000万元以上的工程建设项目进行摸排，共排查项目599个，纠正问题173个。开展了规范和节约用地政策措施落实情况的监督检查，规范国有建设用地使用权出让制度，查处土地违法案件19件。开展了工程建设项目综合执法检查，共检查项目170个，建筑面积320万平方米，检查出各类质量、安全隐患3260条，下达“整改通知单”45份。

机关效能建设　狠抓禁酒令和工作纪律等制度的落实，对350个部门和单位每月组织2次专项巡查，对6起投诉举报进行了调查处理，对2名领导干部进行了党纪处分。通过电子监察、电话投诉、网上投诉、来信来访和明察暗访等方式，纠正处理党政机关和行政管理部门及其工作人员“不作为、慢作为、乱作为”等行为，共受理效能投诉196起，全都按规定进行了调查处理。严格落实党政领导干部问责制度，对两起责任事件启动了问责程序，给予2名领导干部政纪处分。

科技防腐工作　成立了全市科技防腐领导小组，制定了工作意见和实施方案，成立了效能监察室，专门负责科技防腐工作，在全省率先建成了覆盖市、县、镇三级的监察系统网络。全市各级监察行政审批事项15.8万件，提前办结率达90%，发出红黄牌31次，对100个部门发出预警纠错或整改通知。视频监察系统对7个行政审批中心、52个部门办事大厅、12个交易中心（招投标大厅）、60个镇（办）便民服务中心1800多个工作岗位进行视频监察，检查出违反工作纪律现象86人次，下发电子监察纠错通知书50份。

【推进纪检监察派驻机构统一管理和县级纪检监察机关建设工作】　召开了派驻机构成立一周年座谈会，总结经验，推进派驻工作的规范、提升和创新。加强对派驻纪检干部的管理培训，组织23名派驻机构干部到中央纪委北戴河培训中心和中国纪检监察学院进行了学习培训。派驻机构全年共参加驻在部门民主生活会72次，对上级重大方针政策措施监督检查29次，参与监督检查部门重大决策68次、干部任免44次、大额度资金使用情况29次，受理信访举报61件次，初核案件7件。贯彻执行中纪发〔2009〕9号、〔2009〕10号和鲁纪发〔2009〕32号文件精神，加强县级纪检监察机关建设，县级纪检监察机关领导班子配备、人员编制、经费和装备设施保障等方面已经基本到位，市（区）纪委（监察局）增加编制29人，装备达到或超过了上级要求的配备标准。

【重要会议】　2月1日上午，中共威海市纪委十三届七次全体会议召开。会议传达学习了十七届中央纪委五次全会和省纪委九届六次全会精神，市委常委、纪委书记董天祥代表市纪委常委会作了工作报告。

2月1日下午，全市党风廉政建设和反腐败工作会议在东山宾馆召开。市委副书记、市长孙述涛主持了会议，市委书记、市人大常委会主任王培廷在会上作重要讲话。

5月7日上午，全市纪检监察办案工作座谈会召开。会议传达学习了华东地区纪检监察工作座谈会和全省纪检监察办案工作座谈会精神，汇报交流了1～4月全市纪检监察办案工作情况，研究部署下一步全市纪检监察办案工作。

7月16日，全市纪检监察派驻机构统一管理工作座谈会召开。会议回顾了派驻工作开展情况，研究探讨下一步的工作思路和工作重点，促进派驻机构统一管理工作的不断完善和发展。

8月13日，全市反腐倡廉建设创新经验交流会议召开。会议围绕如何推进反腐倡廉建设创新，总结交流了中共十七大以来全市反腐倡廉建设的创新经验，深入研讨了如何开展反腐倡廉“制度创新年”活动、推进反腐倡廉建设改革创新。

8月18日，全市廉政风险防范管理工作会议召开。会议就威海市开展廉政风险防范管理工作进行了动员部署。

9月7日上午，全市扩大内需促进经济增长政策落实检查、治理工程建设领域突出问题和抗震救灾资金物资监督检查等三个领导小组扩大会议召开。会议回顾了2010年以来全市扩大内需促进经济增长政策落实检查、治理工程建设领域突出问题和抗震救灾资金物资监督检查工作开展情况，研究部署了下一步工作任务。

10月12日，全市惩治和预防腐败体系建设工作会议召开。会议交流了惩治和预防腐败体系建设情况，安排部署了下一步的工作。

11月12日，全市农村党风廉政建设工作座谈会召开。会议传达贯彻了全省农村党风廉政建设工作座谈会精神，总结部署了威海市农村党风廉政建设工作。

（王金明）

民主党派

·中国国民党革命委员会威海市委员会·

【概况】 2010年，新发展党员5人，党员总数81人。其中，具有中、高级以上专业技术职称的72人，占党员总数的89%。有3位党员被民革省委评为先进民革党员，有6人被中共威海市委统战部授予“双岗建功”标兵称号。

年内，参加中共威海市委、威海市政府及市政协召开的政府工作报告和人事安排征求意见会等会议20余次。提出意见和建议12条。有2人继续被市公安局、市监察局聘为特邀监督员，1人继续被市政府纠风办公室聘为评议代表，走访督导了15个单位和部门的行风评议工作，撰写了近万字的评议意见。组织开展了政治交接、学习科学发展观和践行社会主义核心价值体系活动。先后投稿18篇，借助《团结报》、《山东民革》、《山东统一战线》以及《威海统战工作信息》、《山东民革简讯》等刊物宣传报道民革威海市委的重要活动和民革党员的先进事迹。与民革天津市委、民革菏泽市委、民革北京朝阳区委《潮流》杂志社联合举办了纪念抗日战争胜利65周年书画交流等活动。

民革威海市委参加了市政协组织的”民主评议国土资源局”的活动。配合民革省委小城镇建设调研组到荣成市进行小城镇建设的课题调研工作，就小城镇规划、新农村建设和提高农民生活质量等问题展开调研，为民革省委参政议政提供素材。在市、区两级政协会议上提出10件提案，民革市委的《关于食品安全的建议》被列为重点提案，在政协常委会上作了关于《促进威海市旅游业发展的几点建议》的大会发言。关于《加大精神文明建设力度，全面提升威海形象》、《关于解决公交车夜间停放问题的建议》、《加快优良海珍品新品种的引进和培育，促进海水养殖业的快速发展》、《加快海水养殖企业的升级换代，实现由“农业”向“工业”的转变》等提案，得到有关部门的重视。《关于税务部门在经技区设立一个缴纳车辆购置税窗口的建议》，相关部门在政协全委会期间现场给予答复，并在当年办理完毕。

（赵　江）

·中国民主同盟威海市委员会·

【概况】 2010年，发展新盟员10人，调入2人，盟员总数219人，其中，具有中、高级以上专业技术职称207人，占盟员总数的95%。

以学习和践行社会主义核心价值体系为重点搞好自身建设。组织全体盟员为中国西南大旱和青海玉树地震灾区捐款两万余元。举办新盟员学习班，集体学习盟史盟章。举办多次丰富多彩的盟务活动，提高盟组织的凝聚力。

以提案和调研为工作重心全方位多角度推进参政议政工作。在市政协十一届三次全委会上，上交集体和个人提案共21件，其中集体提案3件。《关于加强天鹅湖湿地保护力度构建人与生态和谐共存的建议》被列为重点提案，《关于打造针对日韩市场无公害蔬菜供应基地的建议》、《做好准备　迎接银发社会的到来》作为大会发言。历时两个月时间，组织盟内骨干力量对威海市海洋渔业情况进行调研，撰写了《关于我市打造蓝色经济区　发展海洋渔业产业的调研报告》，中共威海市委书记、市人大常委会主任王培廷作了批示。《关于我市文化创意的几点建议》，以参阅件的形式送报市委。对参政议政成果实行奖励制度，鼓励参政议政出成绩、出精品。协助江苏连云港民盟市委调研日韩企业在威海发展情况和威海市如何吸引日韩企业投资情况。协助全国人大常委、民盟中央副主席索丽生到威调研蓝色经济区建设、装备制造业、高新技术产业以及生态旅游业发展情况。参加在青岛召开的第七届民盟沿海省市发展海洋经济研讨会，并向大会提交了《合理规划　适度开发　保护海岸线资源可持续发展和利用》的论文。

利用民盟内的人才优势广泛服务社会，组织文艺界的盟员为中共威海市委统战部召开的统一战线各界人士茶话会演出。响应民盟中央和民盟省委关于开展烛光行动的号召，组织盟内专家到学校给师生讲课辅导。进一步在盟员中广泛开展双岗建功活动，有9人被中共威海市委统战部授予“双岗建功”标兵称号，10多位盟员获得省级以上奖励。

（姜茂林）

·中国民主建国会威海市委员会·

【概况】 2010年，新发展会员4人，会员总数达到54人。其中，具有中、高级以上专业技术职称的36人，占会员总数的66.7%。会员中有市人大副主任1人，区人大副主任1人，区人大代表1人；市政协常委1人，市政协委员3人，区政协常委1人，区政协委员4人。有6人被中共威海市委授予“双岗建功”标兵称号。民建省级先进个人1人，民建中央先进个人1人。

【组织工作】 2009年12月17日，经民建中央批准，成立中国民主建国会威海市委员会。2010年4月18日，第一次会员大会在威海合庆饭店召开。会议选举产生了民建威海市第一届委员会，选举威海市人大常委会副主任毕礼伟为主委，选举华能电厂高级工程师李青、环翠区人大常委会副主任韩静为副主委。民建威海市委机关增加一名行政编制，任命了副秘书长，驻会主持机关日常工作。

【参政议政】 民建威海市委会加大了参政议政和民主监督的力度。一是积极主动参加中共威海市委、市委统战部组织的多种座谈会、协商会、通报会和调研考察活动，了解实际情况，把握发展方向和大局，明确了参政议政方向和重点。二是围绕社会经济发展中的热点、难点问题，积极组织会员调查研究，撰写提案，提出有价值的调研报告和建议。2010年，围绕土地问题撰写了《威海土地执法情况的报告》，中共威海市委书记、市人大常委会主任王培廷作了批示。年初政协会上，民建会员提交8份提案，其中，邢春的《关于规范我省智能建筑市场的建议》被评为2010年度民建山东省委优秀提案。三是认真履行民主监督职能。受聘作为行风政风评议员，出色完成督查评议工作。受聘的教育监察员，积极建言献策，充分履行民主监督职能。

【政务活动】 4月11日，市委会举办“加州城堡杯昆嵛山登顶赛”。10月16日，组织全体会员到栖霞牟氏庄园等景点参观考察。为了纪念民建成立65周年，从会员中征选出优秀摄影作品、书画作品报民建省委参赛。民建市委组织会员出资3万余元，为文登市双龙街道办管家庄村捐建一所农家书屋，购图书1200余册，并购置了必要的桌椅。

（曲志华）

·中国民主促进会威海市委员会筹备委员会·

【概况】 2010年，新发展会员2人，会员总数39人。全部具有中、高级以上专业技术职称。其中，具有高级以上技术职称会员21人，占会员总数的54%。会员中有市政协委员8人，其中常委2人；区政协常委1人。年内，山东大学威海分校小组被民进山东省委评为民进山东省先进基层组织，有5人被中共威海市委统战部授予“双岗建功”标兵称号。

【参政议政】 在市政协十一届三次会议上，提交集体提案和个人提案11件，均得到办案单位的重视和答复。其中，《加强对威海市生活小区物业管理整治》、《关于在蓝色经济区建设中突出环境保护的建议》、《关于加强我市各停车场乱收费管理的建议》、《加强对驾驶员斑马线安全教育的建议》4件提案被市政协评为优秀提案。

【政务活动】 3月，邀请民进山东省委副主委骆宝臻、秘书长郭永军到威海对全体会员进行社会主义核心价值体系宣讲。6月，民进唐山市委主委杨方一行15人到威海就发展职业教育和现代服务业进行调研，民进威海市委筹委会主委闫涛蔚等与来访客人就双方民进组织建设、统战工作状况、社会经济发展等问题分别作了介绍和讨论，就发展职业教育和发展现代服务业进行交流。10月，组织全体会员学习民进中央主席严隽琪谈树立和践行社会主义核心价值体系及在社会主义核心价值体系学与行报告会上的讲话精神。11月，选派骨干会员1人参加民进全省骨干会员培训班。

（刘 辉）

·中国农工民主党威海市委员会筹备委员会·

【概况】 2010年，发展新党员3人，党员总数44人。其中，具有高级以上专业技术职称党员35人，占党员总数的79%，具有硕士学历党员17人，占党员总数的38%。有市政协委员4人，其中市政协常委2人。2010年，有2人被评为农工党山东省优秀组织工作者，6人被中共威海市委统战部授予“双岗建功”标兵称号。

参政议政和民主监督　年内，积极履行参政议政和民主监督职能，在市政协十一届三次会议上提交提案8份，并全部立案。其中《关于打造蓝色经济区人才建设的建议》、《关于解决我市企业用工难问题的建议》被市政协评为优秀提案。积极完成调研任务，4月，承担了农工党省委《新农合和城镇居民医疗保险管理机制与运行机制问题研究》课题调研部分任务，与市卫生局“对接”调研，并形成调研报告上报农工党省委。

开展社会服务工作　根据农工党山东省委深入贯彻落实中共中央统战部关于积极参与支持贵州省毕节试验区新一轮建设的批示精神，按照农工党中央工作部署，充分发挥界别优势，积极参与毕节试验区大方县的帮扶实践活动，农工党威海筹委会积极响应，向大方县捐赠了价值4000元的药品。

农工党成立80周年系列活动　2010年是农工民主党成立80周年，根据农工党中央和山东省委的部署，参与了农工党建党80周年征文活动，并以《前进论坛》、《齐鲁前进》和中央网站为平台，有针对性地对全体党员进一步开展了党史、党章和多党合作的优良传统教育。参加了农工党中央举办的《纪念中国农工民主党建党80周年知识竞赛活动》，发放了试题40份，收回37份，其中，1人获得三等奖。6月，组织了“新天地杯”登山比赛。

（杜 平）

·中国致公党威海市委员会·

【概况】 2010年，推荐预备党员人选13人，正式考察发展了7人。新党员“侨、海”特色鲜明，经济人才多，年轻化、知识化。党员总数53名，具有中、高级专业技术职称的占74%。有16人在各级政协、人大中任职，其中省政协委员2人，市政协委员8人（常委2人），环翠区政协委员8人（副主席1人，常委1人），区级人大代表1名。有6人被中共威海市委统战部授予“双岗建功”标兵称号。

【参政议政】 致公党威海市委提交的《促进土地合理流转加快解决“三农”问题的建议》，《威海经济发展战略需要推向新阶段》，《应重视威海市图书新馆的建设》提案，被评为优秀提案。《关于我市商贸流通业转方式调结构的建议》被列为重点提案。由致公党市直支部、海外联谊委员会联合形成的《我市归国留学人员基本情况的调查》，得到中共威海市委书记、市人大常委会主任王培廷的亲笔批示。致公党市直支部、宣传委员会，联合形成了《山东农机专业合作社发展现状调查与建议》的报告，得到致公党山东省委会的录用。致公党经区支部通过召开企业家党员座谈会、深入部分中小企业调研，提出的《关于进一步优化中小企业发展环境的建议》，5月28日，在市政协十一届十五次常委会议上进行了议政发言。

【社会公益活动】 3月7日，为庆祝“三八”国际劳动妇女节100周年，致公党威海市委会发动全体党员捐款约1万元，为威海高技术产业开发区东发老年公寓的每一位老人量身定做了一件印有公寓标志的T恤衫。4月9日，致公党高区支部加强军民联谊，服务国防建设，向驻威海的海军某部队捐赠新版图书3500册。9月14日，致公党环翠区支部全体党员到环翠区温泉镇柳林村举办了“情系乡亲献爱心”活动。组织致公党支部中的医生、律师等送医疗、送法律、送文化到农村，对辖区群众进行咨询服务和帮扶。上门走访4家贫困户，并送上爱心款。9月21日，致公党经区支部在中秋节来临之际，组织党员到威海市儿童福利院看望孤残孩子，并送去63双运动鞋、100双运动袜、20盒月饼，总价值3000多元。部分女党员还与这里的孩子结对做“社会妈妈”，定期去看望孤残儿童。11月15日，致公党经区支部为残联智残训练中心的孩子捐赠了36套桌椅，总价值5000多元。

（刘京璞）

·九三学社威海市委员会·

【概况】 2010年，新发展社员8人，总人数92人，全部具有高、中级专业技术职称。其中，省政协委员 1人；市政协委员14人，人大代表2人；区政协委员4人。九三学社威海市委主委贾国哲被九三学社中央授予“优秀社员”称号，被九三学社山东省委授予“2007～2010年社会服务工作先进个人”称号。副主委高孝忠的《内镜窄带成像技术在胃癌及癌前病变诊断中的应用》获威海市科学技术一等奖，副主委崔胜民被聘为山东省新能源汽车技术首席专家，市直支社副主委高见获得“威海市道德模范”称号，有8位社员被中共威海市委统战部授予“双岗建功”标兵称号。九三学社威海市委被九三学社山东省委授予“2007～2010年社会服务工作先进集体”。

【参政议政】 积极履行参政议政职能，在市“两会”期间，提交市政协提案24件、提交市人大建议7件，有3件政协提案被列为重点提案。向中共威海市委提交调研报告1件，《关于发展我市金融服务业的调研报告》得到中共威海市委书记、市人大常委会主任王培廷的重要批示，认为报告切实可行，要求转发各金融机构学习参考。主委贾国哲的《建议尽快建立健全开发区预算管理和监督机制》，市政府会议研究同意采纳，并提报市第十五届人大常委会第37次主任会议议定，威海市自2011年起，将威海高技术产业开发区和威海经济技术开发区管委会预决算（草案）纳入市人代会及其常委会监督范围，并制定了具体审议程序。

【社会服务工作】 年内，九三学社威海市委积极参加中共威海市委统战部组织的送医送药下乡活动，为农民提供了方便、无偿、高层次的服务。发动社员继续搞好“九三学社纪念林”植树活动，补栽黑松等树木60多棵。青海省玉树地区发生特大地震后，全体社员踊跃捐款，累计捐款5.9万多元。成立了“九三学社威海市委员会艺术院”，有力地推动九三学社文化艺术建设和公益事业发展。

【组织建设】 5月，成立社市委宣传部、参政议政部，从组织结构上保证了宣传工作、参政议政工作的顺利开展。10月，成立了经区支社，对环翠区、市直、高区三个支社领导班子进行了届中调整，一批年富力强的社员走上了领导岗位，组织建设取得显著成效。

（曲　兴）

编辑　闫拥军

人民团体

威海市总工会

【概况】 2010年，全市有基层工会5162个，其中，有40个局（公司）工会，7个行业工会联合会；会员65.42万人。各级工会举办职工素质教育培训班2000多期，培训职工30多万人次；组织职工提合理化建议8.34万条，实施合理化建议5.61万条，产生效益5.8亿元；签订工资专项协议629份，覆盖企业707家，签订区域专项工资协议10份，覆盖企业78家；建立职代会制度的企事业单位4110家，实行厂务公开的企事业单位4069家；走访慰问困难职工2365户，困难劳模262人，农民工1600多人，发放资金338.4万元；救助困难职工子女上学1062名，救助金额257.6万元。市总工会连续第6年被市委、市政府表彰为年度工作优秀单位。

【"三项活动"总结表彰大会】 1月12日，威海市百企职工自主创新、百项重点项目建设立功竞赛、创建安康示范企业"三项活动"总结表彰大会在东山宾馆召开。各市（区）总工会主席、分管副主席、生产部长，市直事业单位、规模以上企业单位工会主席，以及受表彰的先进单位和个人代表200多人参加了会议。有119家企业、110名个人和53个自主创新项目受到表彰。

【2010年全市劳模迎春座谈会】 1月29日，市总工会和市劳模协会在东山宾馆举行了2010年全市劳模迎春座谈会，来自全市各行各业的全国、省、市劳模代表，全国"五一"劳动奖章获得者和山东省富民兴鲁劳动奖章获得者代表，市总工会党组成员、市总工会部（室、处、中心）负责人，各市（区）总工会主席、分管副主席、生产部长等100多人参加了座谈会。有8名劳模代表作了典型发言。会后，市领导与劳模代表们观看了专场文艺演出。

【市总工会十五届三次全委（扩大）会议】 1月29日，市总工会在东山宾馆召开了十五届三次全委（扩大）会议，市总工会两委委员和市直有关单位工会主席150多人参加了会议。会议总结了2009年全市工会工作，部署了2010年的工作任务，审议通过了《市总工会工作报告》、《市总工会2009年经费审查情况的报告》等，进行了人事任免事项。

【全市工会女职工工作暨纪念三八国际妇女节100周年会议】 3月2日，全市工会女职工工作暨纪念三八国际妇女节100周年会议在蓝天宾馆召开。市总工会女职工工作委员会委员，各市（区）女职工工作委员会主任、女工部长及市直部分企事业女职工工作委员会主任110人参加了会议。会议总结了2009年全市工会女职工工作，部署了2010年全市工会女职工工作，还邀请专家为女职工干部作了主题为《点燃孩子生命之火》的家庭教育讲座和女性健康知识讲座。

【创建劳动关系和谐企业培训班】 3月19日，市总工会在金海岸酒店举办创建劳动关系和谐企业培训班。各市（区）创建工作领导小组办公室有关人员和市直近百家劳动关系和谐企业的工会主席参加了培训。培训班上，通报了全市的创建工作情况和2010年创建工作重点，学习了《城镇企业职工养老保险关系转移接续暂行办法》，印发了《工资集体协商工作指导手册》、《城镇企业职工养老保险关系转移接续暂行办法》和《流动就业人员基本医疗保障关系转移接续办法》。

【组团参加全国总工会对口劳务协作大型招聘洽谈会】 为促进四川灾区工人就业，缓解威海市企业"用工荒"，3月17～21日，威海市总工会组团参加了由中华全国总工会在四川省绵阳、遂宁、南充等市举办的"情系灾区人民，合力促进就业，倾心维权服务，共建美好生活"为主题的全国工会对口劳务协作大型招聘洽谈会。环翠区总工会、威海经济技术开发区总工会以及魏桥纺织、金猴服装、广瀚电机、爱迪姆汽车配件等多家用人单位参加招聘洽谈会。5天时间，发放宣传简章4500份，达成用工意向性协议530人，与当地工会组织、职业培训机构和职业中介机构签订劳务合作协议57份。

【全市工会主席会议】 3月24日，市总工会在蓝天宾馆召开全市工会主席会议，传达贯彻山东省总工会十三届三次全委会精神和市委领导“在传达贯彻全国人代会精神、市委党校2010年春季开学典礼暨戚恩雨事迹报告会上的讲话”精神。各市（区）及市直企事业单位工会主席参加了会议。

【2010威海市劳动模范和先进工作者表彰大会】 4月30日，2010年威海市劳动模范和先进工作者表彰大会在东山宾馆召开。往届全国、省、市劳模代表，市劳模评委单位负责人，部分市直机关单位负责人和企事业单位工会主席等300人参加了大会。市委书记、市人大常委会主任王培廷作重要讲话，市委副书记、市长孙述涛主持会议。会议为6位全国劳动模范、全国先进工作者披红戴花，为21位山东省富民兴鲁劳动奖章、5个富民兴鲁劳动奖状、7位山东省工人先锋号获得者以及100位市劳动模范、市先进工作者颁奖。受表彰的全国劳动模范、市劳动模范代表在会上作典型发言。

【全市女职工权益保护专项集体合同工作现场推进会】 5月12日，市总工会召开全市女职工权益保护专项集体合同工作现场推进会。各市（区）总工会女职工委员会主任、女工部长及市直企业工会女职工委员会主任约50人参加了会议。会议观摩了威海市联桥国际合作集团、威海华菱光电有限公司两个企业的专项合同的签订情况和履约情况，听取了威海高技术产业开发区总工会、环翠区总工会和4808工厂威海修船厂工会的经验介绍。

【全市工会主席座谈会】 6月12日，市总工会召开全市工会主席座谈会。各市（区）工会主席、市总工会领导班子成员和各部（室、处、中心）负责人参加了会议。会议传达学习了中共中央、山东省委和全国总工会、省总工会关于维护职工队伍稳定、维护社会和谐稳定的重要指示，各市（区）总工会汇报了职工队伍稳定情况，交流了做好“双维”工作的打算。

【《关于推行企业职工工资集体协商工作的意见》转发】 6月24日，市委、市政府办公室转发了《关于推行企业职工工资集体协商工作的意见》。《关于推行企业职工工资集体协商工作的意见》由市总工会、市经济和信息化委员会、市人力资源和社会保障局联合发布，指导、推进全市工资集体协商工作的全面开展，建立企业职工工资协商共决机制、正常增长机制和支付保障机制，切实维护企业职工的合法权益。

【2009年度市直基层工会财务工作总结表彰大会】 7月14日，市总工会在东山宾馆召开2009年度市直基层工会财务工作总结表彰大会。各市（区）工会财务部长和市直基层单位工会主席、财务科长、工会会计等300多人参加会议。大会对市直基层工会财务工作先进单位和先进个人进行了表彰。

【各市（区）工会基层建会、入会工作调度会】 8月12日，市总工会召开各市（区）工会基层建会、入会工作调度会，各市（区）分管工会组织建设工作的副主席、组织部长参加了会议。会议主要交流了各市（区）2010年上半年基层工会组织建设情况，部署下半年工作重点和目标，以确保完成全年的基层工会组织建设任务。全市新建工会809家，新增会员3.06万人，分别比上年增长300%和280%，环翠区、威海高技术产业开发区、威海经济技术开发区、威海工业新区的村（居委会）工会实现基层工会组织全面“覆盖”。

【全市工会领导干部读书会】 8月16～23日，全市工会领导干部读书会召开。市总工会党组成员、各市（区）总工会主席及市总工会机关各部（室、处、中心）负责人参加会议。读书会分两个阶段进行，第一阶段为考察学习，先后到青岛港学习“促进企业发展、维护职工权益”工作，到莱芜学习新农村街居工会建设工作，到泰安学习工资集体协商谈判工作，到南京学习推进非公企业工会主席职业化工作，到扬州学习深入推进创建劳动关系和谐企业工作。第二阶段为学习交流，会议在乳山市召开，传达学习了中央、省委关于工会工作的重要指示和全国总工会十五届四次执委会和省总工会读书会精神，各市（区）总工会作了工作交流。

【全市工会创先争优暨职工自主创新工作经验交流会】 9月8日，全市工会创先争优暨职工自主创新工作经验交流会在荣成市石岛管理区召开。市委组织部、市科技局负责人，市总工会党组成员和各部（室、处、中心）负责人，各市（区）总工会主席、分管组织和生产工作的副主席、组织部长、生产部长，各镇（街道办）工会主席，部分企业工会主席共160余人参加了会议。与会人员现场观摩了泰祥集团“五小”活动成果展示和全市职工自主创新成果展，听取了荣成市总工会、泰祥集团、东安黑豹股份有限公司等单位的经验介绍，印发了《关于在全市工会组织中开展创先争优活动的意见》。

【2010年首届“缘来是你”相亲会】 9月12日，由市总工会和威海市广播电视台共同举办的2010年首届“缘来是你”相亲会在环翠区翠竹园幸福广场举办。市直部分企事业单位女职工工作委员会主任、单身职工1000人参加了活动，单身职工现场报名近2000位。

【全市工会职工工资集体协商工作会议】 9月16日，全市工会职工工资集体协商工作会议在威海经济技术开发区世纪大厦召开。各市（区）总工会主席、分管工资集体协商工作的副主席和生产部长，部分区域、行业工会主席，市直行业联合会主席、规模以上企事业单位工会主席和威海经济技术开发区部分企业工会主席300人参加了会议。会上，播放了威海经济技术开发区出口加工园区在外资企业开展区域性工资集体协商的实况录像，威海经济技术开发区总工会、联桥国际合作集团等分别作了经验介绍。

【全市工友创业带头人培训班】 11月17～19日，市总工会举办了全市工友创业带头人培训班。培训班邀请有关方面专家、学者集中授课，70多名工友创业带头人及各市（区）帮扶中心主任参加了培训。通过培训，进一步深化全市工友创业行动，充分发挥工友创业带头人的带动效应，带动和促进就业和再就业。年内，通过工友创业培训基地已培训困难职工1000余人，实现再就业800多人。培养和扶持144名工友创业带头人成功创业，带动2156人就业。

【“千企大走访”活动】 从12月20日起，利用1个月时间，威海市、环翠区两级工会组织动员全体机关干部，开展“千企大走访”活动，深入基层企业和职工，通过听汇报、查资料、问卷调查、召开座谈会等方式，全面了解企业所需、职工所盼，有的放矢地积极为职工办实事、办好事、解难事，把大走访与调研相结合，与检查考核相结合，与慰问帮扶相结合，与督促企业建会相结合，全面推进工会工作。

【全市创建劳动关系和谐企业领导小组第7次全体会议召开】 12月30日，召开了全市创建劳动关系和谐企业领导小组第7次全体会议，市创建工作领导小组20家成员单位的负责人参加了会议。会议报告了2010年全市创建工作情况及2011年创建工作任务目标，审查了2010年全市拟命名为劳动关系和谐企业的名单，议定了拟撤销的劳动关系和谐企业名单。

（张　晓）

中国共产主义青年团威海市委员会

【概况】 2010年，全市有共青团员15.6万人，基层团委541个，团工委15个，团总支1223个，团支部6247个，专职团干部315人。年内，共青团威海市委获得“全省红旗团委”称号。

【青年创业小额贷款工作】 一是积极协调金融部门建立个贷中心，开设“青年创业申贷专柜”，提供灵活多样的担保模式，为青年创业申贷开通绿色通道。全市建立了16个青年创业申贷专柜，累计下发优惠小额贷款6000余万元。二是主动与市政府500万元额度的“小额担保贴息贷款项目”对接，积极推荐失业、失地、有工商营业执照的创业青年申请5万元无息小额贷款，争取贷款资金额280万元。三是加大YBC青年创业项目申报力度。筛选、推报YBC青年申贷项目24个，争取到位资金120万元。

【青年就业创业培训工程】 一是积极优化政策环境。联合市人力资源和社会保障局出台了《关于进一步加强青年就业创业培训工作的意见》，争取企业支持，筹措青年培训专项补贴经费30万元。按照市、区分布和专业安排，从劳动部门55家定点培训机构中择优推荐，确定华夏高级技工学校、威海外国语学校、威海建筑技工学校等10个培训机构为团市委直属青年培训定点机构。二是创新培训工作模式。开展了“企业＋团组织＋定点培训机构”技能提升式定单培训、“青年＋团组织＋定点培训机构＋用工企业”定向就业培训和“青年＋团组织＋SYB＋YBC”陪伴式创业培训等三个模式的培训工作，使培训内容紧扣青年需求，实现了企业、青年、培训机构三方共赢。三是解决培训青年就业去向。将青年就业创业见习基地与团属定点培训机构挂钩，为培训青年提供见习和就业岗位，解决了培训青年的后顾之忧。年内，全市培训各类青年1500人次。

【青年自主创新行动】 联合市科技局、财政局大力推进青年自主创新行动。一是在全市确立50个青年自主创新重点单位，新推报了40个青年自主创新项目。二是联合《威海日报》举办了“青年创新创业论坛”，刊登了15名青年自主创新、自主创业带头人先进事迹，进一步营造青年自主创新的浓厚氛围。三是表彰第二批自主创新先进单位和个人，先后授予三角集团、威高集团等10个企业“青年自主创新示范基地”称号，对20个由青年创新团队自主研发的创新项目进行了表彰奖励。

【“两新”组织集中建团行动】 一是依靠党建带团建。联合市委组织部大力推进新经济组织、新社会组织党建带团建工作，9月，在文登市召开了全市党团共建创先争优暨“两新”组织党建带团建工作推进会，对年内完成“两新”建团目标作进一步动员和部署。团市委按照地域划分，为每个市（区）建立一本“两新”组织建团工作台账，重点进行跟踪调度。二是深入开展“两新”组织团建“百日会战”行动。把“两新”组织建团作为团市委书记项目，市县两级团委机关干部实行分片包干负责，以规模以上非公有制企业、农民专业合作社、行业协会和民办非企业单位为重点突破口，统筹推进各市（区）“两新”组织建团行动。三是开展青年联合会、青年企业家协会会员企业集中建团和青年文明号“一助一”结对团建活动。按照属地和就近原则，组织市级以上青年文明号单位与“两新”组织结成“一助一”建团对子90个。至11月底，全市完成新经济组织团建目标350个，新社会组织团建目标124个。

【县乡团委换届工作】 一是积极争取党委组织部门的大力支持。各市（区）团委均联合组织部门，召开县乡团委换届工作动员大会，印发了《县乡团委换届工作实施方案》。二是严格工作标准和流程。团市委确立环翠区张村镇为全市县乡团委换届工作试点镇，专题召开了县乡团委换届现场观摩会，为乡镇团委换届提供样板。推广了乳山市白沙滩镇“公推直选”团委书记的做法，团省委副书记张辉实地观摩了“公推直选”工作现场。年内，应换届的39个镇级团委、三个县级团委均按要求完成了换届工作任务。三是推动乡镇团委组织格局创新。积极探索编制内、外和专、兼职结合的方式组建乡镇团委领导班子。在新成立的39个乡镇团委班子中，配备编外团委副书记47人。其中，乡镇党政机关、企事业单位青年干部职工39人，大学生村官4人，有9个镇的团委书记由镇党委领导班子成员兼任。

【基层团建统筹工程】 深入开展城乡团组织结对共建活动。年内，市、市（区）两级团组织中，有30个城市团组织与

30个镇村团组织结成共建对子。结对团委以捐建青年科技书室、结对帮扶青年创业项目、共建一个团员活动室、开展一次联谊活动等方式，开展了一系列具有实质帮扶内容的共建活动。继续开展“党建带团建、团报赠基层”活动，动员市直单位党委捐助党费，为基层乡镇、大学生村官所在村、部分“两新”团组织赠阅《中国青年报》、《山东青年报》，筹措赠报资金10余万元。

【青年分类教育引导工作】 针对大学生、企业青年、进城务工青年、农村青年、机关青年在思想意识方面的差异，分类开展各项引导工作。一是与《威海晚报》联合开展了“志愿创业导师高校行”和“十大杰出青年企业家（十佳青年创业之星）高校行”活动，先后在哈尔滨工业大学（威海）、山东大学威海分校、威海职业学院、威海工程技术学院等成功举办了4期论坛，参训学生2万余人。二是举办YBC青年创业论坛，邀请市创业促进会、劳动就业办公室有关专家及成功企业家为青年进行创业辅导。三是开展了“书香威海 · 2010青年读书月”活动，推动青少年多读书、读好书。四是举办以“激扬青春 创业威海”为主题的威海市首届大学生创业设计大赛，评选出14个优秀大学生创业项目。五是举办“幸福广场”免费青年集体婚礼，参与青年34对。指导威海新闻网建立了青年交友联谊QQ群、飞信平台，举办了“缘来是你”、“相约阳光”、青年素质拓展等10余次青年交友联谊活动，设立了专门的青年交友联谊活动中心，吸引青年积极参与。

【“蓝丝带”志愿者创城行动】 紧扣创建全国文明城市主题，着力打造“蓝丝带”在行动志愿服务品牌。一是大力发展“蓝丝带”注册志愿者。至11月底，威海城区“蓝丝带”注册志愿者新增5500人。二是深化社区志愿服务，深入开展“关爱空巢老人”、大学生志愿者“四进”社区等集中服务活动，参与志愿者5万多人次。三是深入开展交通协管和大型赛会志愿服务活动。招募交通协管志愿者200人，开展了为期20天的文明劝导志愿服务。招募900多名大学生志愿者，开展了“威海杯”2010年HOBIE（霍比）世界帆船锦标赛、2010年威海长距离铁人三项世界杯系列赛和第三届中国（威海）国际渔具博览会等大型赛会志愿服务活动。四是壮大专业志愿者服务队和社区志愿服务阵地，新成立消费者维权、海洋环保等志愿服务总队20支。五是大力选树志愿者工作先进典型。联合市委宣传部，评选表彰了首届威海“蓝丝带”志愿者形象大使，并在《威海日报》公示了当选人事迹。

【“12355”服务台建设和网吧义务监督工作】 积极开展“12355”志愿合作伙伴发展工作，新发展志愿合作单位6个，招募专业律师、心理咨询师24名，受理青少年维权投诉500余件。为加强对未成年人进入网吧的监管，团市委、市关心下一代工作委员会联合举办了“五老”志愿者（离退休老干部、老战士、老教授、老专家、老模范）网吧义务监督启动仪式，聘请1200名“五老”志愿者，为全市所有网吧配备1～2名义务监督员。联合市文化执法部门，对首批“五老”义务监督员进行工作培训，为每人颁发了“网吧与游艺娱乐场所义务监督员”工作证。

【弱势青少年群体及灾区帮扶】 依托“希望工程”品牌效应，不断拓展捐资领域。开展了“快乐六一 牵手圆梦”、“一诺 · 创艺爱心助学”、“农民工子女集中帮扶”等活动，募集希望工程爱心助学款93万元，资助贫困学生881名，捐建希望小学1所，捐建希望工程“爱心电脑室”、“爱心图书室”13个。积极开展“捐一瓶水”援助旱区活动，全市少先队员、团员青年向省青少年基金会捐款90万元。

【构建青少年权益保护网络】 建立和完善了优秀“青少年维权岗”监督监察机制、命名前公示制和不合格摘牌制，加大了维权岗的动态管理力度。推荐环翠区法律援助中心等3个单位成功申报省级优秀“青少年维权岗”，对原有市级青少年维权岗进行了重新审核，新建市级青少年维权岗20个。2010年，威海市有国家级优秀“青少年维权岗”4个、省级27个、市级67个，创建系统12个。全市以“12355”青少年服务台为平台，以各级、各类优秀“青少年维权岗”为依托，区域联动、行业联动的青少年维权服务网络和服务机制已基本形成。

（丛日奎）

威海市妇女联合会

【概况】 2010年，全市有镇（街道办）妇联组织71个，专职妇联干部113人。党政机关、事业单位妇委会240个，村（居委会）妇代会2885个。市妇联获“全国维护妇女儿童合法权益先进集体”、“全国2010年度妇女舆论宣传阵地建设先进单位”、“全国创建学习型家庭示范城市”、“第五届中国家纺手工精品创意大赛优秀组织奖”、全省“五好文明家庭创建活动先进协调组织”、全省“巾帼星火创业培训工作先进集体”等称号。

【三八节庆祝纪念活动】 3月3日，举行“沧海百年颂巾帼”威海市纪念三八国际劳动妇女节100周年暨“工商银行杯 · 第二届威海巾帼十杰”颁奖典礼，市领导及各族各界妇女代表700余人参加。表彰了第二届“威海巾帼十杰”、“三八”红旗手、红旗集体、和谐家庭标兵户等，演出了反映妇女事业发展和妇女自身进步的歌舞、服饰表演、情景剧、诗朗诵等节目，展示了威海妇女事业的喜人成绩和广大妇女的精神风貌。节日期间，全市各级妇联组织举办庆祝活动3000多场次，展开大规模的宣传报道，在全社会营造了关心妇女工作、支持妇女发展的良好氛围。

【“村在绿中”活动】 围绕全市农村环境综合整治，进一步深化“村在绿中”活动，发扬各级妇联9年来开展“村在绿中”活动经验，组织发动农村妇女对花草树木精巧布局，建章立制严格管护。年内，植树177万棵，配合完成了全市200个农村环境综合整治村的绿化任务。

【巾帼星火创业就业行动】 巾帼星火创业就业行动由市妇联与市科技局、财政局联合推出。主要目标是2009～2010年，在全市培植认定10个“巾帼星火创业就业培训基地”（简称“培训基地”）、10个“巾帼星火创业就业示范基地”（以下简称“示范基地”），培训、带动1000名农村妇女创业就业。两年来，市妇联、市科技局、市财政局等通力合作，紧密配合，市妇联作为牵头部门，精心组织，积极协调，制定行动实施方案，分解落实目标任务，定期开展调研督查，定期编发简报通报情况，指导行动稳步推进。2010年11月11～12日，市妇联、市科技局、市财政局联合对“培训基地”、“示范基地”进行了检查验收，各基地均完成了目标任务。行动开展以来，全市依托10个“培训基地”培训妇女5600多人次，依托10个“示范基地”吸纳从业妇女4500人，辐射带动350名农村妇女新上项目。

【“巾帼文明岗”创建】 为推动全市城镇女职工岗位建功树形象，优质服务作贡献，各级妇联在各行业妇女中广泛开展了岗位培训、技术比武、技能竞赛、礼仪展示、现场服务、观摩交流等活动。年内，全市有9个岗位被授予省级“巾帼文明岗”，40个岗位被授予市级“巾帼文明岗”。

【女企业家协会建设】 1月22日，联合中国农业银行威海分行开展“银企对接，共谋发展”活动，为会员企业提供融资服务。组织会员参加第一届鲁台妇女经贸论坛，免费参加高端培训，提升会员的理论修养和能力水平。“六一”儿童节期间，女企业家协会为儿童捐资2万元。

【“春风送岗位”活动】 3月8日，联合市人力资源与社会保障局、威海晚报社举办“春风送岗位”女工专场就业招聘会，44家招聘单位提供了4170个就业岗位，有700多名求职妇女入场应聘，其中179名求职妇女签订了意向性用工协议。

【和谐家庭创建活动】 参与文明城市创建，组织发动广大妇女和家庭围绕创建文明城市，做到“室内美与室外美、环境美与心灵美、语言美与行为美”三结合，养花种草、绿化美化家园，巾帼志愿者和家庭志愿者奋战在一线，为创建文明城市工作作贡献。组织开展“和睦好夫妻、互敬好婆媳、孝顺好儿女、教子好父母、友爱好邻居”“五个好”家庭成员创评活动，年内涌现出省级“五个好”家庭先进协调组织2个、文明家庭6个、家庭成员10名。开展学习型家庭创建活动，编印《和谐家庭必读》手册1万本，带动全市家庭再掀创建和谐家庭的新热潮。年内，新建巾帼文明队60支，全市3000多支巾帼文明队活跃在城乡，广泛开展了宣传教育、文娱健身、爱心奉献活动。以“低碳家庭、文明生活”为主题，开展了威海市第18个家庭文化建设月活动，各级妇联组织共开展节能环保手工作品展、节能金点子征集、家庭才艺展示大赛等家庭文化活动300多场次。举办了“幸福广场”杯威海市第四届相亲会，为大龄单身男女提供交往的桥梁，有2000多名单身男女参与活动。

【节能减排家庭社区行动】 4月10日，与市绿委办、市林业局、团市委等9部门启动了创建“绿色低碳家庭”活动，以“我生活排放，我植树补偿”的实际行动营造绿色低碳生活，组织100多个家庭栽植700多棵低碳补偿树。6月12日，联合环翠区妇联举办了“节能低碳，家庭社区在行动”启动仪式，发放家庭节能减排宣传册、明白纸和环保购物袋3000余份。组织发动全市3800多名妇女参加全国和全省“低碳家庭 时尚生活”知识竞赛，倡导了健康文明、科学环保的生活方式。

【扶贫帮困行动】 继续开展“社会妈妈”活动，年内，新资助贫困学生118名，资助金额4.12万元，累计资助3716名学生继续学业。开展“贫困母亲救助行动”，对61名贫困母亲实施了项目、资金等方面的救助。开展“同心牵手”情感关爱行动，动员各级妇联干部、家庭志愿者为四川省北川县79名受灾母亲寄送现金及爱心包裹折款3.3万元。开展“恒爱行动”，发动爱心妈妈为孤残儿童编织捐赠240件爱心毛衣。年内，投资5.17万元帮扶贫困村修路、绿化美化村庄。

【实施妇女儿童发展纲要】 2010年是实施《威海妇女发展纲要（2001～2010）》、《威海儿童发展纲要（2001～2010）》（以下简称“两纲”）的最后一年。3月，以“全面落实纲要目标，推动妇女儿童与经济社会同步协调发展”为主题，组织开展了纲要宣传月活动。4月9日，召开实施妇女儿童发展纲要协调推进会，推动“两纲”重点难点指标进一步贯彻落实，协调推动各级妇女儿童工委成员单位办实事，市委、市政府办公室下发了《关于认真落实2010年为全市妇女儿童办实事的通知》。11月，全面开展“两纲”终期监测评估工作，全市妇女儿童事业各项指标得到较好落实。年内，为全市妇女儿童办实事25件。

【儿童工作】 2月，开展了“家庭教育格言”、“亲子情感沟通”为主要内容的家庭教育公益短信征集活动，创作传播绿色手机文化。5月27日，联合市文明办、外宣办、教育局等单位启动“绿色上网家庭护卫行动”，策划开展贴近家庭需求、符合家庭特点、适合家庭参与的健康向上的活动，优化未成年人成长环境。5月29日，在威海电视台演播大厅举行“同享蓝天 共沐阳光”——威海市庆祝“六一”国际儿童节61周年活动，市领导及市妇女儿童工委成员单位的领导参加庆祝活动。与市文明办、威海日报社、威海广播电台等联合组织捐建“留守流动儿童活动站”，年内，发动文明单位捐助27.1万元，在留守流动儿童集中的学校和社区新建立了13处活动站。6月，开展了“我与孩子共成长”亲子演讲比赛，全市115对母亲和儿童选手参加了比赛。6～8月，以“树立文明风尚，净化社会环境，践行环保理念”为主题，组织了家庭道德教育宣传实践月活动，督促相关职能部门强化措施全面落实《全国家庭教育指导大纲》。

【维护妇女合法权益】 深化“平安家

庭”创建活动，在流动妇女集中的社区和企业建立8处“流动妇女平安之家”，定期组织流动妇女开展维权、培训及文体娱乐活动，发挥“服务流动妇女，传播先进文化，弘扬互助精神，倡导平安理念”的作用。3月，以“送知识、送法律、送健康”为主题，组织各级开展“三八”妇女维权周普法宣传活动286场次，提高妇女的依法维权能力。积极做好信访工作，各市（区）妇联处结妇女来信来访186起，帮助妇女群众排忧解难。

【妇女组织自身建设】 加强妇联基层组织规范化建设，召开了全市党群共建创先争优暨妇联基层组织规范化建设推进会，制定下发了《关于加强妇联基层组织规范化建设的实施意见》，推动农村妇女进“两委”，试点开展农村妇代会换届直选。按照统一名称、统一标识推动村（居委会）“妇女之家”全覆盖，实现妇联基层组织“有阵地做事”。争取妇女儿童事业经费，创办经费基地，实现妇联基层组织“有钱办事”，增强基层妇女组织的活力与实力。制定下发《关于在全市妇女组织、妇女干部和城乡妇女中深入开展创先争优活动的实施意见》，在全市广大妇女组织、妇联干部和妇女群众中营造“比、学、赶、超”的良好氛围。年初，在市委组织部、市财政局联合下发的《关于健全完善村党支部书记激励保障机制的实施意见》中，将农村妇代会主任纳入农村干部报酬发放范围，妇代会主任享受党支部书记基本报酬的50%。“三八”节之际，召开地级威海市成立以来各市（区）在职、离任妇联主席恳谈会。3月8日，与市委组织部、市民政局联合召开了全市女村党支部书记、村委主任座谈会，交流探讨农村妇女进“两委”的方式与途径。9月7～11日，联合市委组织部在市委党校举办妇联干部培训班，各市（区）妇联干部、镇（街道办）妇联主席和市直妇委会主任180人参加了培训。年内，开展了第三期中国妇女社会地位调查工作，完成了2个市（区）10个村150户的调查任务。

【全省市妇联主席会议在威海召开】 7月14日，全省市妇联主席会议在威海召开，省妇联主席翟黎明、各市（地）妇联主席参加了会议。威海市妇联在会议上作典型发言，与会人员实地考察了荣成恒茂集团“流动妇女温暖之家”、文登市南海管委凤口集村“农村妇女阵地建设”、山东艺达集团妇女创业就业等工作开展情况和妇女组织建设及发挥作用情况，省妇联对威海市的工作经验给予充分肯定。

（耿瑞铎）

威海市科学技术协会

【概况】 2010年，全市有市级科技学会13个，会员5263人；县级学会28个，会员927人；企业科协61个。其中，市级企业科协6个，市（区）企业科协55个，会员1.51万人。全市已建立各级老年科协组织3个，其中市级1个，市（区）级2个。全市所有的镇（街道办）都建立了科协组织，2514个村、395个居委会都普遍建立了科协和科普组织。农技协会已发展到326个，会员5.47万人。市科协被省科协评为工作创新先进单位。

【继续实施《全民科学素质行动计划纲要》】 市科协组织召开了威海市全民科学素质工作领导小组第三次会议，对实施2010年《全民科学素质行动计划纲要》工作进行了部署。1.面向青少年，组织开展了“青少年科普报告百校行”活动，邀请空军指挥学院等有关专家在6所学校作了《未来空战与航空武器装备的发展》等科普报告，7000多名师生参加报告会。开展“科技馆进校园”活动，组织科普大篷车携带20件科普展品，到18所中小学校进行现场科学演示。开展“青少年科技创新大赛”，青少年科技活动开展的丰富多彩，取得了丰硕成果，获全国青少年科技创新大赛奖6项，山东省青少年科技创新大赛奖40项。开展第五届威海市中小学生科技节，与市教育局联合组织了82个代表队1265名学生参加比赛，开展了科幻画、网页制作等作品展示活动，评出获奖作品706件，195名教师获得优秀指导教师奖。2.面向农民群众，开展送科技下乡活动。利用农村集市，组织开展送科技下乡活动21次。组织科普志愿者开展现场科技咨询服务，向群众赠发《农村实用技术丛书》6500多册，科技明白纸1.75万份。3.面向城镇劳动人口，举办科普知识讲座。组织医学、地震、气象等方面的专家举办急救保健、气象地震灾害预防等内容的社区科普活动。科普讲座12场次，受众4400余人。4.面向领导干部和公务员，继续以党校为依托，邀请市内外专家为领导干部和公务员举办科普知识讲座。

【实施“科普惠农示范工程”】 联合市财政局，继续在全市组织实施了“科普惠农示范工程”，建立了科普惠农项目库，新建“科普惠农服务站”7处，表彰了农技协会10个、科普示范基地10处、农村科普带头人10名，奖励科普惠农专项资金15万元，争取上级项目奖补资金93万元。有3个协会被中国科协、财政部评为“全国科普惠农兴村先进单位”，1人被中国科协、财政部评为“全国科普惠农兴村带头人”。

【开展“服务蓝色经济区、科普惠渔千里行”活动】 4月12日，威海市“服务蓝色经济区、科普惠渔千里行”活动在乳山市启动。成立了“服务蓝色经济区，科普惠渔千里行”专家服务团，通过结对帮扶的形式，为水产生产企业及养殖户提供技术培训、技术指导和信息咨询服务。40名科技人员与117家水产企业、养殖户签订了帮扶协议。举办各类水产养殖技术培训班26期，培训渔民5060多人次，接待群众咨询1400多人次，现场指导服务400多人次，解决技术难题138个，帮助水产企业引进渔业新品种12个，推广养殖新技术15项。组织专家编写了《北方水产品高效养殖技术》科普丛书，被中国科协列入全国实用技术培训教材，由中国科普出版社出版发行1万册。制作了《刺参海上网箱育苗及养殖技术》等系列水产养殖技术光盘7套2800盘，无偿赠送给沿海镇村、加工企业和水产养殖户。

【开展主题科普宣传活动】 *"科技活动周"活动* 5月16日，由市委宣传部、市科技局、市科协主办的2010年"科技活动周"启动仪式在文登市宋村镇举行。活动周主题是"提高自主创新能力，建设创新型城市"。组织科普志愿者开展宣传咨询服务活动，咨询群众250多人次，发放农村实用技术丛书600多册，科技明白纸2800多份，展出科普展板10块，参观人员600多人。

科普巡回展览活动 制作科普看板46块，举办"气象灾害防御"、"城市与健康"、"遏制结核、健康和谐"、"防震减灾"等科普知识巡回展览9次，发放科普宣传资料2万余份。

科普日宣传活动 9月18日，威海市暨乳山市2010年"全国科普日"活动启动仪式在乳山市人民广场举行。市科协制作展出科普展板61块，参展学生、群众1200多人次。开展了科普车车载展品科学原理演示，300多名学生动手操作演示。乳山市环保、消防、医疗等20个部门40位专家开展了咨询服务，接受群众咨询400多人，发放宣传资料8500多份。威海市科协被省科协评为2010年全国科普日活动主题展板制作先进单位。

纪念"5·12"汶川地震2周年暨全国防震减灾日大型文艺晚会 5月15日晚，市地震局、市民政局、市科协等联合在环翠区大岚寺社区举办"防震减灾、造福于民"——纪念"5·12"汶川地震2周年暨全国防震减灾日文艺晚会，3000余名社区群众观看了晚会。

科普创建活动 与市文明办联合开展了科普模范镇村、科技示范户、科普文明示范街道、科普文明社区创建活动，评选表彰科普模范镇10个、村20个，科技示范户50户，科普文明示范街道5个，科普文明示范社区15个。

【科技馆建设工作】 市科技馆建设被列入市委、市政府2010年的重点工程，市科协邀请中国科技馆、省科技馆等科技馆建设方面的专家对威海市科技馆的建设进行了可行性论证，提出了建设方案。按照理念先进、特色突出、国内一流的指导思想，制定了科技馆总体设计方案和展品大纲。组织6批24人次考察了美国科技馆、中国科技馆等14处科技馆，了解和掌握了科技馆的运行机制和特点。聘请中国科技馆协会、省科技馆有关专家作为顾问，对科技馆建设进行全程指导。通过公开招标的形式分3次进行116件展品招标。聘请建设监理公司对展品实行从招标、制作、布展的全过程监督，保证了科技馆展品质量。

【科普教育基地建设】 开展了威海市科普教育基地创建及省级科普教育基地认定工作，利用社会资源新建市级科普教育基地7处、省级科普教育基地6处，建设校园科技馆1处。山东大学威海天文台科普教育基地被评为三星级山东省科普教育基地，中央电视台威海影视城科普教育基地被评为二星级山东省科普教育基地。

【开展"讲理想、比贡献，争做科技创新能手"活动】 围绕转方式、调结构，加快经济增长方式转变，以企业科协为依托，组织企业科技工作者，大力开展以节能降耗、新产品开发和新技术、新工艺应用为主要内容的"讲理想、比贡献，争做科技创新能手"活动，实施技术创新项目178项。积极促进企业与大专院校、科研院所建立联系，引进新技术新成果，加快科技成果转化，实施"金桥工程"和"厂会协作"项目12项，推进了企业技术创新，取得了一大批科技成果。为进一步激发广大科技人员的创新积极性，市科协与市发改委、经信委、科技局和国资委联合，开展了第二届威海市十大杰出工程师和2009～2010年度"讲理想、比贡献，争做科技创新能手"活动评选表彰工作。4808工厂威海修船厂科协被中国科协评为全国"讲理想、比贡献，争做科技创新能手"活动先进集体，被山东省科协评为"山东省十佳企业科协"。1人被评为全国优秀科技工作者，2人获山东省青年科技奖，1人被评为山东省优秀工程师。

【开展威海海水养殖新技术研究与推广学术研讨活动】 市科协围绕建设蓝色经济区，组织开展了威海海水养殖新技术研究与推广学术研讨活动。成立了由中国海洋大学缪国荣教授等全国海水养殖领域知名专家组成的课题组，召开了"威海海水养殖新技术研究与应用学术会议"，撰写了《关于进一步加强威海海水养殖新技术研究与应用的对策建议》，以《科技专家建议》的形式报送市委、市政府，供领导决策参考。

【开展学术交流活动】 学术交流活动更加活跃，层次不断提高。市中医药学会承办了国家级继续教育项目——中西医结合治疗慢性肾功能衰竭新进展暨中医肾病研修班。市电子商务协会开发开通了威海电子商务平台，为威海广大企业搭建了方便、快捷、高效的电子商务市场。市级学会举办不同层次学术研讨活动31次，交流论文1120余篇，专家报告37场次，参加5000余人。

（朱红英）

威海市工商业联合会

【概况】 2010年，威海市工商业联合会（威海市总商会）有会员2113个。其中，企业会员1962个，团体会员14个，个人会员137个。有市（区）级基层组织6个，异地商会7个，民企公会1个，镇商（分）会47个，街道办商（分）会6个。威海市工商业联合会被山东省委统战部、山东省委农村工作领导小组办公室、山东省工商业联合会授予"山东省民企帮村优秀组织单位"称号，被威海市委、市政府授予"2010年度工作争先进位奖"和"2010年度国内经济合作工作先进单位"称号。

【积极参政议政】 组织会员参加市委、市政府召开的重大问题协调会、座谈会和通报会，围绕转方式、调结构、扩内需、鼓励和引导民间投资、大力发展民营经济、加强异地商会建设以及"十二五"规划制定等建言献策，提交政协提案15件。针对全市非公经济发展实际，开展调查研究，撰写调研报告6篇。其中《关于完善中小企业信用担保体系的建议》和《完善金融服务体系，解决会员企业外源融资瓶颈》调研报告获得省委统战部优秀理论成果二等奖，《以民企帮村活动为载体，扎实开展非公有制经济人士思想政治工作》论文获得省委统战部和省工商联思想政治工作创新优秀成果奖。

【开展系统培训】 为使会员企业及时了解国家有关转方式调结构的政策和鼓励民营经济发展的措施，先后邀请清华、复旦等大学教授和市发改委、市中小企业局等单位负责人作专题报告，详细解读有关政策。多次组织有关会员企业，观摩华夏集团、威高集团、鑫通集团、同泰实业集团等企业，宣传报道了一批先进企业的发展经验，营造乘势而上、科学发展的浓厚氛围，使会员企业更加坚定了实现科学发展的信心。

【协调申报项目】 为了使会员企业有更多项目列入各级扶持计划，市工商联主动与市发改委、经信委、科技局、中小企业局取得联系，指导会员企业上报了30多个符合国家产业政策，并且是属于蓝色经济区的项目，有16个被列入市以上重点扶持项目。

【多方融通资金】 分别与市农行、工行、招商银行、中信银行和民生银行威海筹办处举行了银企对接活动，促成了210多家会员企业与银行的信贷业务。江苏商会、临沂商会与市农行建立了长期合作关系，获得了3亿元的贷款授信。依托会员企业成立的担保公司，为中小企业担保贷款12亿元。通过穿针引线，为会员企业间促成了8笔资金拆借累计6000多万元，在一定程度上缓解了企业资金难题。

【加强工商联组织建设】 在基层商会建设上，与市委组织部、统战部制定了《关于组建镇级商会的意见》，并以市委办公室文件下发到各镇（街道办）。至10月，全市所有的镇（街道办）全部建立和完善了商会组织，为基层商会更好地发挥职能作用提供了有利条件。在异地商会建设上，按照自觉自愿、严格把关、成熟一个发展一个的原则，成立了川渝商会和临沂商会，商会总数达到了8家，会员超过1000人。这些商会在服务会员发展、加强经贸交流合作、参与公益事业等方面发挥了很好的作用。8家商会先后邀请接待到威海市考察客商110多批次，洽谈合作项目28个，其中有12个项目已经签订了合同。福州商会会长引进闽资1亿元，在威海兴办服务业项目，已开工建设。温州商会会长与浙江、广东客商合作，在威海工业新区兴办化工工业园，占地100公顷，总投资30亿元。

【积极参与农村环境综合整治】 为配合市委、市政府改善农村环境重大决策的实施，组织广大非公有制经济人士与欠发达村庄攀亲结对，出钱出物，支持农村修路修街，绿化美化。7月，山东省工商联在威海经济技术开发区召开了全省民营企业参与新农村建设现场会议，全面推广了威海市工商联的工作做法和经验。至年底，全市参与农村环境综合整治的会员企业156家，投入资金及物资折款680万元。这项活动得到了市委、市政府和上级业务部门的充分肯定。

【民企助学活动和感恩行动】 至2010年底，先后有305家会员企业帮扶农村学校156处，资助困难学生1100余人。各市（区）工商联贯彻落实省委统战部的要求，组织会员企业资助当地相对贫困的“老党员、老革命、老模范”58人次，现金和实物折款10.5万元。

【扶持青年创业】 威海市创业促进会和YBC办公室，摸索建立了一整套工作运行机制，及时与YBC全国办公室、山东办公室的业务联系沟通，相继在各市（区）和威海职业学院成立了YBC工作站，扶持青年创业工作在短时间内走入正轨，取得了理想的效果。全年受理青年创业咨询2800多人次，有110多个项目通过了预审，55名青年获得创业扶持资金269万元，并享受一对一的导师指导服务，带动就业342人。

（所向东）

威海市社会科学界联合会

【概况】 2010年，市社会科学界联合会较好地完成了上级部署的重大理论学习宣传，特别是组织中国特色社会主义核心价值观和中共十七届五中全会、中央经济工作会议精神的学习培训，为全市理论学习奠定了良好的基础。其中，组织参加省委讲师团“中国特色社会主义核心价值体系理论培训班”和“学习贯彻党的十七届五中全会精神理论骨干培训班”各1次，带领市委中共十七届五中全会精神宣讲团分别为各市（区）作学习宣讲报告7场。

【社会科学重点课题研究】 围绕2010年度经济社会发展的实际需要，采取社会征集、专家提议、重点征求和领导点题等方式确定选题，采取围绕相关职能指定和大专院校相互参与的方式，落实具体的课题研究单位，开展有针对性的指导协调。年内，有25项重要课题研究成果作为参考资料进入市委读书会，极大地调动了各市（区）社会科学研究的积极性。

【社会科学普及活动】 通过“威海讲坛”、《威海日报》“热点大家谈”栏目和市委宣传部网站“威海发展论坛”3个载体，广泛开展社会科学普及活动工作，内容丰富，形式多样。年内，通过组织“威海讲坛”，邀请专家学者到威海开展了5场学术讲座。通过《威海日报》“热点大家谈”栏目，组织了10个理论专版。“威海发展论坛”登发威海社会科学最新研究成果、转发专家学者最新理论著述100多篇。组织征订理论学习报刊，推动社会科学普及活动。

【开展学术活动】 组织召开了明清卫所文化学术研讨会，来自国内20多位专家学者等40多人出席。专家学者围绕明清卫所文化与文登营的历史，挖掘资源，丰富资料，深入探讨，提升内涵；围绕文登营旅游开发的设想，勘正历史，明确方向，出谋划策，形成方案。

【威海市第十三次社会科学优秀成果奖评选工作】 威海市社会科学优秀成果奖是威海市市级政府奖，是繁荣发展威海市社会科学事业的一项重要激励机制。按照公开、民主、公平、公正的原则，组织举行了威海市第十三次社会科学优秀成果奖评选，有180项成果参加了最后一轮评选，评选出威海市社会科学优秀成果100项。其中，一等奖10项、二等奖30项、三等奖60项。

附：

威海市第十三次社会科学优秀成果奖获奖名单

一等奖(10项)

题　目	申报渠道	作　者
金融危机中困难企业系列调查（论文）	中共威海市委政研室	岳连宏　李庆民
现代海水养殖产业技术创新战略联盟建设研究（论文）	中共荣成市委宣传部	张　杰　王　鑫　梁军妮　王韶华　庄志猛　杨红生　包振民
以自主创新为第一动力　打造高端产业聚集区——关于威海发展高端产业的调查与思考（论文）	中共威海市委办公室	吴永刚　张　璟　刘　杰　王洪洲　许庆耀
提高科学发展水平，努力增加农民收入——关于威海市农民增收问题的调查（论文）	威海市农业局	于开禄
山东省对外贸易与环境保护协调发展问题研究（论文）	山东大学威海分校	谷祖莎
区域发展与人力资本关系研究（专著）	山东大学威海分校	罗润东　刘　文
立法后评估的触发机制——国家与社会的联动视角（论文）	山东大学威海分校	汪全胜　金玄武
习惯国际法的司法确定（专著）	山东大学威海分校	姜世波
天福铁军——从“三军”发展起来的英雄部队（专著）	中共文登市委宣传部	徐元超
威海市非物质文化遗产普查丛书（专著）	威海市群众艺术馆	荆国胜

二等奖(30项)

题　目	申报渠道	作　者
利用数字技术整合本土文化的“威海记忆”工程研究（论文）	哈尔滨工业大学（威海）	郝冬冬　张永成　刘俊杰　张　锐　赵龙刚　毛宏燕　邱建玲
对推进威海市船舶产业集群化发展的思考（论文）	威海市国有资产管理委员会	张展开
威海市农民专业合作社发展研究（论文）	中共威海市委党校	李永玲　邢鲁勇　唐修娟　孙　洁
威海市高层人才数字资源服务体系建设研究（论文）	威海市人力资源与社会保障局	任慧春　盖玉先　刘占辉　郝冬冬　邱建玲
蓝色经济区建设视角中威海旅游产业转型升级研究——以国际休闲帆船之都建设为例（论文）	山东大学威海分校	左　峰　刘东霞　陈　玉　张晓华
实施建设用地增减挂钩 促进城乡统筹发展（论文）	威海市国土资源管理局	高建斋
转方式、调结构　大力推进蓝色经济先行区建设步伐（论文）	中共荣成市委宣传部	尹选芹　毕建军　高和进　孙承廷
医疗保险支付方式的创新研究——文登市医疗保险按人头付费、按病种付费的实践与探讨（论文）	中共文登市委宣传部	王锡国　包　慧
实施点式突破战略　着力发挥半岛蓝色经济区示范辐射带动作用——文登市南海新区调研报告（论文）	中共文登市委宣传部	中共文登市委政研室
技术性贸易壁垒的制度化趋势与我国预警系统的建设（论文）	哈尔滨工业大学（威海）	杨慧力　何中兵　杨国柱
建国初期中国选择计划经济的原因（论文）	中共威海市委党校	林战平　毕明波
关于优化纳税服务工作的思考（论文）	威海市税务学会	黄玉远
商业化担保的经营困境及扭曲突围：威海案例（论文）	中国人民银行威海分行	姜明杰
健康的不确定性与预防性劳动力供给——来自中国农村地区的经验证据（论文）	山东大学威海分校	王一兵
入世后外资银行在华发展及其进入路径的国际比较研究（论文）	山东大学威海分校	夏　辉　苏立峰
跨国公司对华投资新趋势及我国的对策研究（论文）	中共荣成市委宣传部	刘　毅
我市流动人口服务管理的现状及对策（论文）	中共威海市委政法委	张惠民

新社会运动与国外马克思主义思潮：后马克思主义研究（论文）	山东大学威海分校	付文忠
影响法官解释刑法的资料（论文）	山东大学威海分校	王瑞君
对形式逻辑作为法律分析评价工具的辩护（论文）	山东大学威海分校	张传新
习惯法制度化的历史经验与现实选择（论文）	山东大学威海分校	厉尽国
金融危机对劳动纠纷的影响及司法应对的调研报告（论文）	中共荣成市委宣传部	王殿彬
“乳山模式”广受关注（论文）	中共乳山市委宣传部	耿仁书　徐华伟　周　末
韩礼德的元功能思想述评（论文）	哈尔滨工业大学（威海）	刘　奕　史光孝
利用现代远程教育资源，发展高职院校函授教育（论文）	威海职业学院	郭志强
科学的史学观：历史学家的统帅与灵魂 ——有感于戚其章先生新著《晚清史治要》（论文）	中共环翠区委宣传部	刘玉明
春秋之“将军”与孙武之确切身份（论文）	中共文登市委宣传部	于敬民
晚清文学与语言变革运动的相似性及其互动（论文）	山东大学威海分校	张红军
校本课程系列丛书（专著）	中共荣成市委宣传部	梁德华
中学教材学习顾问（专著）	中共乳山市委宣传部	徐春晓

三等奖（60项）

关于改进和提升威海公交服务的调查和研究（论文）	哈尔滨工业大学（威海）	毛宏燕　赵韩涛　郝冬冬 翟　京
市属国有企业预算管理存在的问题及对策建议（论文）	威海市国有资产管理委员会	邹建辉　王　涛
推进我市农村土地流转的调查及对策建议（论文）	威海市政府调研室	威海市政府调研室
农村金融服务供给问题研究（论文）	中共威海市委党校	王文祖　李进成　刘变叶 马文杰
关于威海农村文化软实力状况调查 ——从农民的视角看乡风文明（论文）	中共威海市委党校	王炳壮　孙保广　徐丽卿 隋书卿
提升人文内涵　推进精品城市建设（论文）	中共威海市委党校	于　霞　柏颜春
坚持以人为本　实现和谐拆迁（论文）	中共威海经济技术开发区工委宣传部	凤林办事处
全力推进城镇化建设　打造宜居创业新优势（论文）	中共威海高技术产业开发区工委宣传部	威海高技术产业开发区管委办公室
坚持“四个到位”　实现和谐拆迁（论文）	中共威海高技术产业开发区工委宣传部	威海高技术产业开发区管委办公室
深入落实科学发展观　积极构建统筹解决人口问题框架体系（论文）	威海市计划生育委员会	刘永忠
整合宗教文化资源，促进我市旅游业发展（论文）	威海市旅游局	姜宏伟
关于建设学习型党组织的研究（论文）	中共荣成市委宣传部	董丽霞　高和进　宋美媛
打造山东半岛蓝色经济区荣成先行区人才智力支撑的调查与思考（论文）	中共荣成市委宣传部	孙建明
让金字招牌在市场经济大潮中闪光 ——荣成市东楮岛村海草房保护的几点思考（论文）	中共荣成市委宣传部	唐建召
我省应以有效促进农民增收　扩大农村消费市场（论文）	中共乳山市委宣传部	温训昌
对当前村民自治工作的分析与研究——以文登市为例（论文）	中共文登市委宣传部	隋建光
文登市工艺家纺行业的现状及发展建议（论文）	中共文登市委宣传部	毕务春
西洋参产业状况调研报告（论文）	中共文登市委宣传部	王炳刚
为民办实事　助企渡难关（论文）	中共文登市委宣传部	鞠洪广　杨志刚
打造特色旅游文化品牌　提高为民服务的层次和水平 ——关于昆嵛山樱桃节的调查与思考（论文）	中共文登市委宣传部	文登市政府办公室
坚持“五个结合”　扎实推进农村居住工程（论文）	中共文登市委宣传部	中共文登市委
荣成市打造文化品牌的理论与实践（论文）	中共荣成市委宣传部	张瑞英
关于推进农村居住工程的调查与思考——以乳山市为例（论文）	中共乳山市委宣传部	隋建波　马　祝
关于打造品牌节庆活动的研究（论文）	中共乳山市委宣传部	姜翠萍　李　超　刘家强 钟红日
从银滩定位新城区透视分析度假区城市化现象（论文）	中共乳山市委宣传部	孙保广　李　超　刘家强 宋　华　钟红日

对乳山市加快推进新型城镇化建设的思考（论文）	中共乳山市委宣传部	刘家强　单华伟
我国风电产业发展中的问题及对策分析（论文）	哈尔滨工业大学（威海）	王冬梅
企税优惠及申报表填列（论文）	中共威海市委党校	毕明波　王京臣
关于加强威海近海海洋生态环境与生物资源保护的对策研究（论文）	威海市科学技术协会	威海市科学技术协会
当前产能过剩问题的认识和思考（论文）	威海市经济与信息委员会	刘光明　杨启玉　王慧博
创建国税文化品牌的实践与思考（论文）	中共威海经济技术开发区工委宣传部	于越军
落实信息管税　健全税源管理体系（论文）	威海市地税局	孔庆俊
威海为应对金融危机　积极开展企业用工需求情况调查（论文）	威海市人力资源与社会保障局	孙　波
关于解决就业难和招工难并存的思考对策（论文）	威海市人力资源与社会保障局	郭景璐
从农村改革的“两个飞跃”看农民专业合作社发展的必然性（论文）	中共文登市委宣传部	葛新建
抓好三个创新　强化农产品质量安全管理（论文）	中共文登市委宣传部	毕庶杰
推进“以港兴市”战略打造现代化港口城市（论文）	中共荣成市委宣传部	邹德新
精细化管理的“威海艺校模式”（论文）	中共乳山市委宣传部	陈福超
谈高校外事工作者的职业素质要求（论文）	哈尔滨工业大学（威海）	夏清文
大力弘扬以改革创新为核心的时代精神（论文）	中共环翠区委宣传部	姜文
桥头镇加强农民专业合作社组织党建工作的思考（论文）	中共环翠区委宣传部	王丽娜　张黎曙
我国行政听证制度存在的问题及解决途径（论文）	中共威海市委党校	刘变叶　白　洋
集合体理论：中国特色社会主义理论体系的构成与形式创新（论文）	中共威海市委党校	栾量海
殷海光文化视域下的中国现代道德重建（论文）	山东大学威海分校	夏卫国
积极防御下律师的调查取证权（论文）	中共乳山市委宣传部	许　浩　许宝贵
党内基层民主建设的有效探索——乳山市公推直选基层党组织领导班子成员情况调查（论文）	中共乳山市委宣传部	乳山市委组织部
健全“四项机制”发挥农村党员主体作用（论文）	中共乳山市委宣传部	傅广照
“书记抓、抓书记”的有效载体——文登市实行镇村集中议事制度的调查与思考（论文）	中共文登市委宣传部	文登市委组织部
倾注人文关怀——马克思主义基本原理教学中值得关注的问题（论文）	中共荣成市委宣传部	胡新峰　马建青
走入历史深处——从“作者式叙事干预”评拜厄特《占有》中维多利亚历史的现代重构策略（论文）	哈尔滨工业大学（威海）	贾宇萍　苗勇刚
威海景物记（专著）	中共环翠区委宣传部	丛培威
船舶与航运文化（专著）	山东海运学院	任　威　李景芝
师生同享高效教育（著作）	中共威海经济技术开发区工委宣传部	尹安玲
文学的视觉：欧美文学与电影分析（论文）	山东大学威海分校	管恩森
对世界汉语热和汉语国际推广工作的认识与思考（论文）	山东大学威海分校	尹海良
我国高水平竞技健美操运动员体能特征分析（论文）	山东大学威海分校	张洪振　金　奎　陈文新
小学习作教学30招（专著）	中共乳山市委宣传部	陈丽萍
在激情与超越中前行（专著）	中共文登市委宣传部	宋文胜
文登学子著述辑要（专著）	中共文登市委宣传部	文登市政协（马端兴）
全品高考复习方案——地理（专著）	中共荣成市委宣传部	于　慧　李宏青

（刘昌毅）

威海市文学艺术界联合会

【概况】　2010年，威海市文联牢牢把握“高举旗帜、围绕大局、服务人民、改革创新”的总体要求，团结全市文艺工作者脚踏实地，争先创优，各项工作取得了优异的成绩。组织艺术家协会和艺术家到基层演出1900多场次，观众累计95万人次。全市累计在省级以上获奖作品达51件（次），再创历史新高。威海市被中国音乐家协会授予“群众歌咏之城”称号。市文联被市委市政府授予“2010年度工作争先进位奖”。

【文联机关班子建设】　成立了以党组书记为组长的党风廉政建设和反腐败工作领导小组，制定了实施方案，修订和完善了三大类26条管理制度。在市文联机关大力开展争先创优活动和党员目标承诺活动，市文联被评为市直机关创先争优活动典型单位。组织作家艺术家与市纪委、市检察院联合举办廉政建设书画笔会，编辑印发了《廉政准则》52不准漫画书。定期组织班子成员和党员干部到帮扶村走访慰问，开展送温暖活动。

【文艺创作基地建设】 进一步加强中盛园社区文艺基地建设，制定和完善了创作基地内部管理制度，建立了对各协会工作的星级考核展示榜，进一步优化各文艺协会工作环境，建立了书画长廊和书画、摄影作品展厅，设立了文联美术创作基地。5月，中国音乐学院100多名师生在艺术家基地举行了“走进威海——感悟邹树君”主题党日活动，为中盛园社区送去了一台高水平的进社区慰问演出。中国文联党组副书记、副主席、书记处书记覃志刚等领导和相关地市领导参观了艺术家基地。

【文艺队伍建设】 年内，正式建立起由45人组成涵盖10个艺术门类的中青年创作队伍。认真办好《威海文艺》、《威海文学报》、《威海音乐报》及其他各协会的内部报刊杂志，努力为文学艺术家提供创作发表园地。集中精力解决了困扰《威海文艺》10多年的债务纠纷问题，为文艺社下一步放下包袱长足发展打下基础。多次召开文艺创作座谈活动，组织作家、艺术家到生产一线、舟曲灾区、革命老区等进行采风活动。

【“泰山文艺奖”获奖作品】 “泰山文艺奖”是中共山东省委、省政府批准设立的全省文学艺术界综合性的文艺政府奖，在第三届“泰山文艺奖”最终评奖中，威海市参选作品多项获奖。其中，李富胜、曲波创作的歌曲《领航中国》获得歌曲类二等奖，王晓光摄影作品《一行天使入画来》获得摄影类三等奖，刘晓江、戚巍创作的歌曲《甲午祭》获得音乐类三等奖，李锐、朱晓婷、赵志强的舞蹈作品《心之翼》获得表演奖，张国监制的20集电视剧《老爸快跑》获电视剧二等奖提名。

【全国基层文联领导干部学习培训班】 5月，承办了全国基层文联领导干部学习培训班。中国文联党组副书记、副主席、书记处书记覃志刚，中国文联党组成员、书记处书记夏潮，山东省文联党组书记于钦彦，威海市委书记、市人大常委会主任王培廷，市委常委、秘书长、宣传部部长张剑等领导出席了开班仪式。来自全国各省、直辖市、自治区文联，新疆生产建设兵团文联组联部负责人和全国部分基层文联领导干部代表180多人参加了培训班。这是中国文联首次在地级市举办培训班，也是与会范围最广、人数最多的一次。

【威海市获“群众歌咏之城”称号】 积极配合市委宣传部开展争创全国文明城，在市委主要领导协调下，广泛发动，争取中国音乐家协会于10月11日在威海市召开全国音乐类评奖座谈会。市委书记、市人大常委会主任王培廷在会议上讲话，市文联作交流发言。中国音乐家协会对威海市20多年来在群众歌咏活动方面取得的成绩给予充分地肯定，授予威海市“群众歌咏之城”称号，并在威海市设立了“群众歌咏活动基地”。

【送欢乐下基层系列活动】 各级文联积极组织文艺家协会和艺术家深入农村、社区、企业和军营进行文艺演出，把欢乐送到基层。先后组织艺术家协会和艺术家到基层演出1900多场次，观众累计95万人次。其中，市戏剧家协会积极发动各市（区）艺术团体深入农村、厂矿、街道为群众演出130多场；全市两级书法家协会组织义务送春联活动23次，书写春联7000多幅；市民间文艺家协会承办了“幸福威海”欢乐广场文化活动，在市人民广场组织演出83场，参加演出的演职员工8800人次，观众总计30万人次；市民间文艺家协会组织了“威海市千场演出进农村活动”，先后赴各市（区）61家敬老院为老年人演出文艺节目122场；市作家协会采取以会代训的方式，为两个作家作品召开了作品研讨会，组织作家到老区及兄弟地市采风学习；市音乐家协会为20个企事业单位进行了文艺辅导排练；市京剧家协会、市剪纸学会和吕剧研究会等先后16次到基层进行了京剧演唱、剪纸手工和吕剧演唱辅导；市舞蹈家协会为80个单位进行培训辅导；市摄影家协会举办了3期摄影学习班，举办了市区城中村改造专题摄影大赛及展览。

【“点燃孩子生命之火”家庭教育计划活动】 在由市教育局、市总工会、团市委、市妇联、市文联共同组织实施的“点燃孩子生命之火”家庭教育计划活动中，市文联组织作家先后深入到环翠区、威海高技术产业开发区、威海经济技术开发区、荣成市等地的学校和单位，作了10余场家庭教育报告会，2万多名家长听取了报告，在威海广播电台举办家庭教育讲座44次。

【文学理论研讨活动】 把文学理论研讨和作品发行结合起来，使文学理论研讨活动更加突出主题、内容丰富。5月13日，中国诗词研究会、《中国诗词月刊》杂志社等6家单位在北京联合举办了宋彩霞诗词集《秋虹》首发式及研讨会，《中国诗词月刊》杂志社社长马中奎主持了会议。10月23日，中国公安大学出版社、中国当代艺术协会、山东省长篇小说创作委员会、山东省文学讲习所、威海市文联、威海市作协召开了史怀宝长篇小说《审计风暴》研讨会暨首发式，威海市委常委、秘书长、宣传部部长张剑，山东省作家协会副主席赵德发、中国人民公安出版社编审谷禾、山东大学副校长陈金钊、山东省文学讲习所所长王耕夫等出席会议。11月28日，威海市作家协会举行了兰鹏燕的散文集《陈迹遗影》和《烛光灯影》研讨会暨首发式。中国作协创联部主任高伟，山东省作协党组成员、副主席王兆山及有关专家参加，威海市副市长张波到会讲话。

【“万里海疆印象威海”军地国画联展】 经市文联积极与中国海军政治部联系，政治部美术创作室13名军旅画家与威海地方画家一起在威海采风创作。12月27日，在威海举办了“万里海疆印象威海”军地国画联展，军旅画家国画联展是海军政治部美术创作室坚持了20年的美术品牌活动，也是首次与地方画家联袂创作并举办展览。该活动开创了“双拥工作”向文化、文艺领域拓展的渠道，是“双拥工作”的创新。

（史怀宝）

编辑　闫拥军

政　　法

综　述

【概况】 2010年，全市各级党委、政府和政法综治部门紧紧围绕建设“创新开放宜居幸福的现代化新威海”和建设“平安模范城市”的目标，积极服务转方式、调结构、保稳定的工作大局，深入推进社会矛盾化解、社会管理创新、公正廉洁执法三项重点工作，实现了多方面的新发展、新突破。全市信访总量、集体访起数、涉法涉诉信访、刑事立案、杀人案件、盗窃案件、抢劫案件等重要指标均实现了大幅下降，为经济社会又好又快发展创造了和谐稳定的社会环境。

【政法机关服务】 优化法治环境，加大依法调节和依法保障的工作力度。着眼于做大做强高新技术产业，强化知识产权保护，促进企业自主创新；着眼于服务蓝色经济区、高端产业聚集区等重点区域带动战略，加强对重大工程和重要项目资金使用的法律监督；着眼于防范金融风险，建立金融司法协作机制，进一步优化金融生态环境。全年审结合同纠纷、知识产权、涉外商事等各类案件2.1万件，结案标的额15.8亿元；查办工程建设、征地拆迁等重点领域职务犯罪嫌疑人51人，挽回经济损失860万元；破获经济犯罪案件182起，挽回损失2968万元。优化服务环境，加大法律支持和法律服务的工作力度。着眼于推动服务业跨越发展，改进治安行政许可工作，提高服务质量和时效；着眼于推动企业快速发展，深入开展“帮千企走千村访万户”活动，建立办理企业法律诉求“绿色通道”，及时高效地处理涉企纠纷和案件；着眼于特色产业扩大发展，充分发挥法律服务作用，依法妥善处理企业破产、改制、重组案件。年内，政法部门为900余家企业提供了常年法律服务，办理法律事务1万余件，为企业挽回经济损失5152.6万元；集中排查化解涉企矛盾纠纷2800余起，标的额6.5亿元；审理企业破产、重组和改制案件15件，涉及财产2.02亿元，盘活资产6187万元，依法保障了上述企业1780名职工的合法权益。

【社会矛盾化解】 各级政法综治部门以防范化解社会矛盾为主线，加大社会矛盾排查化解力度，加强制度机制建设，各市（区）全部实现到省集体访为零，全市信访总量和集体访起数分别比上年下降27%和10.7%，中央和省交办的涉法涉诉案件化解率达到100%。各级、各有关部门全面推行社会稳定风险评估机制，实行条块结合的矛盾纠纷排查制度，深入开展突出社会矛盾集中化解年、大走访、“两个排查”（排查调处矛盾纠纷、排查整治治安混乱地区和突出治安问题）等活动，全年对349项重大事项进行了风险评估，排查化解各类矛盾纠纷2.2万余件，调处成功率保持在96%以上，提高了预防预警的超前性；全面推行人民调解与司法调解实体对接、突出社会矛盾和信访问题下移处理、村（居）和企业信访代理等机制，有3590起矛盾纠纷通过诉调对接成功调处，法院一审案件调解撤诉率达66.7%，有114起重点信访问题通过市级机关下移处理得到解决，90%以上的村（居）和规模以上企业设立了信访代理员，提高了矛盾化解的时效性；全面推行“一片五中心”（基层农村调解片，镇、县、市社会矛盾调解中心和县直部门、市直部门行政调处中心）等各级调解组织规范化建设，基层调解片建成率达到100%。环翠区按照“一村一员”的标准率先建立了职业化的人民调解员队伍，提高了纠纷调处的规范性。

【社会管理创新】 各级政法综治机关积极推进社会管理工作创新，充分发挥基层的首创精神，认真总结实践经验，探索了一系列行之有效的新举措。一是农村社会管理新模式。着眼于从根本上有效预防农村干群矛盾和涉众型纠纷,以“党的领导”和“委托管理”为突破口，推广了文登市“村事镇议”和村章、村账、村级合同“三个代管”的做法，实现了农村社会管理的新突破。这一管理措施的推行，规范了农村公权力的使用，提高了村级决策的科学化程度，把大量的社会矛盾防范化解在未萌状态。二是企业综治监管新模式。环翠区推行了综治委监管到部门、部门监管到企业的做法，企业发生重大问题不仅实行一票否决联动惩处，同时要追究行业主管部门的责任，形成了新形势下综治主导型企业监管新模式，进一步规范了行政监管和企业行为，有效破解了涉企不稳定因素持续居高的难题。三是学校安全管理新模式。威海经济技术开发区在凤林学校创建了威海市首个开放性、公益性的生命安全教育基地，把安全意识教育与安全素质教育、安全技能教育结合起来，变零星教育为系统教育，变单一教育为全面教育，起到了以点带面、整体推进的倍增效应，增强了师生的安全意识，提高了其维护自身安全的基本技能，使学生的综合素质特别是应对安全事件的素质得到全面提高，成为社会力量参与构筑平安校园的桥梁和纽带。

【公正廉洁执法】 各级政法机关立足政法特点，深入开展创先争优活动，认真查摆整改存在的突出问题，着力提升执法效能和执法公信力。一是注重提升政治业务素质。深化社会主义法治理念教育，开展了多种形式的主题教育活动，执法观念深刻转变；通过集中轮训、全员培训、岗位练兵等方式，组织业务培训，执法能力显著增强；推出了以“全国公安机关爱民模范”戚恩雨和“全国模范检察院”荣成市检察院为代表的一大批先进典型，组织各类宣讲、报告70多场次。二是注重提升公正廉洁执法水平。加强执法规范化、政法文化建设，加强执法监督，建立定期委托市社情民意调查中心进行调查制度，规范对群众投诉的受理、查处工作，组织对全市政法机关公正廉洁执法情况进行暗访，组织各级政法机关评查案件542起，对认定有瑕疵的进行了纠正和责任查究。三是注重提升群众对政法队伍的满意度。开展了警车和涉案车辆违规问题专项治理、执法过程中涉案人员非正常死亡集中整治、突出执法问题治理整顿等活动，规范了政法机关执法行为，查处了一批政法干警违法违纪案件，以从严治警的实际行动取信于民。2010年，人民群众对政法机关的满意度为94.3%，比上年提高1个百分点。

【社会治安防控】 全市刑事案件总量比上年下降22.4%；治安混乱区域和突出治安问题的整治有效率达到100%，人民群众对社会治安的满意率为95.4%，提高2.1个百分点，重大节日、重要活动期间没有发生影响稳定的重大问题。各级、各有关部门以深入开展“综治基层基础规范化建设年”活动为载体，全面落实各项平安建设工作措施。强化打击整治，严密防范、严厉打击敌对势力的破坏活动，深入开展“打黑除恶”等专项行动。强化基层维稳，推广了乳山市、环翠区将综治维稳工作中心向农村片区、城市社区延伸的经验，基层综治维稳组织的人员、制度、硬件和经费实现“四增强”，镇村专职综治维稳干部达3400多人。强化巡逻防控，坚持技防与人防相结合、专业巡逻力量与群防群治队伍相结合，积极构筑大巡防工作格局，在城乡结合部推行技防村村通等“七通工程”，重点要害部位监控覆盖率达100%，新增联防巡逻队126支，全市联防巡逻队达到5307支。强化安全保卫，圆满完成了上海世博会、广州亚运会和威海世帆赛、铁人三项赛等重要活动安保任务。坚决落实中央和省、市关于加强校园安保工作的一系列部署，排查化解各类涉及校园的不稳定因素63起，为各类学校、幼儿园新增专职保安1144人，为全市286所中小学校安装了视频监控和电子报警系统。

（李　志）

公　安

【概况】 2010年，全市公安机关紧紧围绕提高群众安全感、满意度这一目标，牢牢抓住“三项重点工作”和“三项建设”这条主线，着力打造流动人口服务管理、巡防队伍建设、动态监控建设“三大亮点”，扎实推进公安信息化、执法规范化、公共安全监管、队伍建设“四项工作”，有力地维护了社会政治安定、治安局势平稳的大好局面。威海市公安局获得“山东省对口支援北川灾后恢复重建工作先进集体”、“省级文明机关”、“全省公安机关执法规范化建设先进集体”等称号。援疆特警队被公安部记集体一等功，33个集体、79名个人被授予市级以上荣誉称号。

【安全保卫工作】 以“保世博、保亚运”为重点，将预防、处置群体性上访和事件作为首要任务，从互联网上、网下两个方面入手，牢牢把握工作主动权。坚持预防为主、调解优先，围绕重点时期、重点领域、重点行业、重点群体，深入开展矛盾纠纷排查调处，注重用教育疏导、帮助解决问题的方法，化解老矛盾，预防新矛盾；对重大不稳定因素，加强情报信息分析研判和动态控制，实现对重点人员、群体上访的预知、预警、预防。全年化解矛盾纠纷626起，参与处置的群体性上访无“后遗症”。

【公安信息化建设】 按照“因地制宜、区别对待、整合资源、互利共赢”的要求，与中国联合通信网络有限公司威海市分公司签订了信息化项目合建协议，使公安信息化建设走向市场化运作模式。整体规划全面推进公安信息化工作，集中开展了“110”系统改造和数据抽取、业务流程配置、标准地址库建设、电子签章收集绑定、数字证书升级配发、字典项整理、数据转换、警员信息收集入库、权限划分角色配置和警综平台建设等工作。全年发布警情追踪信息38万条，案情追踪信息8.3万条，抓获犯罪嫌疑人256名，破获刑事案件数量比上年提高2.73%。

【执法规范化建设】 在强制规范各项执法制度建设，不断提高执法工作规范化、精细化水平的同时，着力加强执法办案场所规范化改造，全市128处执法办案场所全部高标准完成规范设置，100多台接处警巡逻车全部安装了同步视频监控设备，160多个一线执法办案单位增配现场执法记录仪268套，300多个执法办案场所和服务窗口单位新增视频监控探头718个。全市投入资金1800余万元，一大批执法信息化装备充实基层。威海市公安局被评为全省公安机关执法规范化建设先进集体。

【构建和谐警民关系】 威海市公安局把和谐警民关系建设作为一项战略举措来抓，重点做好便民惠民、走访帮扶、警民共建三项工作，积极构建“警爱民、民拥警，警安民、民助警，警民和谐一家亲”的警民关系。在2010年底山东省公安厅委托省社情民意调查中心进行的抽样调查中，威海市全市群众安全感和满意度分别比上年提高0.41和2.16个百分点，连续3年位居全省前列。

推进便民惠民工作 依托“公安服务在线”网站，开展网上办事、便民查询、预警宣传等便民服务，并将车辆管理、户政管理、消防管理等106项主干业务纳入网络平台运作，实行网上预约、受理、审批、办理、查询一站式全程服务，网上办理、受理各种业务3100余笔。实施惠民工程“五个一”，基层所队都配备了一台进村到企送服务的便民警务车、聘请了一批协助化解矛盾纠纷的特邀调解员、建立了一本以执法对象为重点的回访登记档案、每月召开一次以问计于民为主题的警民议事会以及为每个基层民警印制了一批载有承诺、监督事项的警民联系卡发至辖区居民，更好地为民排忧解难，为群众解难题、办实事2800多件。开展“金盾护航”行动，出台了20条服务经济发展的新举措，同时在235家规模以上企业建立了驻企警务室或工作站，派出187名民警直接与企业接触、与项目对接，全程跟踪服务，为企业办实事462件，整改安全隐患126起，破获涉企案件179起，避免和挽回经济损失1.2亿元。

深化走访帮扶工作 部署开展“深入村居（企业），深入群众，服务民生，维护稳定”全警大走访活动，通过“千名民警进村企”、“千名群众进警营”、“网络大走访”、“热线电话大走访”等活动，走访村居（企业）2200余个（家）、群众1.2万余人次，化解矛盾纠纷856起，整改群众意见建议112条。深化金盾帮扶工作，重点部署开展“大手拉小手、警心暖童心”关爱特殊少年儿童和“送温暖、献爱心”关爱孤寡老人活动，新结成帮扶对子35个，捐赠钱物4.5万元。

开展警民共建活动 拓展警民交流渠道，在利用行风热线、局长热线等渠道倾听群众呼声的同时，搭建网上交流平台，通过市公安局门户网站开办的局长信箱、社区警务站、民警博客、在线咨询、在线访谈等多个交流互动栏目倾听群众心声、解答群众疑问、解决群众诉求，办理局长信箱投诉78起、网上信访30起，答复群众意见建议284条。开展警营开放体验活动，区分不同群体，相继开展了“媒体记者进警营”、“与代表委员一联一”等多种形式的“随警体验”、“警营开放日”活动，1500余名各界群众通过与民警同吃同住、并肩作战，“零距离”体验和感受基层一线民警日常工作的艰辛。强化群众监督评判。一方面，依托社情民意调查中心先后3次开展群众满意度电话访问，由群众对公安工作进行评价并提出问题和意见，公安机关集中进行整改；另一方面，在98个对外业务窗口安装了187套与网上监督系统互联互通的服务质量评价器，群众办完业务现场评议服务质量，公安机关对有意见的群众逐一进行回访落实。

【流动人口服务管理】 加大流动人口网上申报平台和预警平台的推广使用，全面推行流动人口信息社会化采集，年内全市安装使用流动人口网上申报平台的单位由2653家增至3497家，聘用社会专兼职协管员由2135人增至4081人，采录登记流动人口信息40.4万条、出租房屋信息4.3万条，分别比上年增长16.1%和15.8%。利用流动人口预警平台，加强信息比对，全年抓获网上逃犯134名，抓获违法犯罪嫌疑人878名。11月，全省流动人口服务管理工作现场会在威海召开，总结推广威海市流动人口服务管理工作的经验做法。

【巡防队伍建设】 威海市公安局积极与市综治委、市综治办沟通协调，采取多种措施整合力量，充分发动群众参与社会治安防范工作，探索建立社区群防群治协会、治安志愿者协会等社区自治组织，全面推进社区治安治理社会化。2010年，全市巡防队伍总数达6725支、2.52万人，比上年增长12.9%和21.3%。其中，巡警队伍7支、857人，镇专职治安联防队50支、554人，派出所网络巡查队63支、302人，村（居）治保会2840个、7232人，村级巡逻队2227支、6744人，企事业单位治保组织1220支、8467人，社区（驻村）保安318支、1082人。年内通过加强巡逻抓获违法犯罪嫌疑人1620名。

【动态监控建设】 威海市公安局与有关单位密切配合，推动动态监控系统积极向农村、学校、厂企等延伸，扩大监控的覆盖面。建立了以市、市（区）两级公安机关指挥中心（监控中心）为龙头，以派出所监控系统、边界全封闭系统、道路交通监控系统和海防视频监控系统为基点，以社会面监控资源为补充的全市范围内陆海空集群式联防网络监控系统，实现资源共享和信息综合利用，并建立健全系统运转、维护、管理和使用等工作机制。至年底，全市有派出所监控平台89个，公安机关联网监控探头3481个，比上年增长6.7%；社会面监控探头4.03万个，增长42.3%。全市重点要害部位及大型广场、商业街、车站、码头等治安复杂场所全部实现技防监控覆盖。通过加强技防建设，年内全市公安机关破获各类案件310起，抓获各类违法犯罪嫌疑人384名。

【命案侦破工作】 2010年，全市公安机关始终把命案侦破作为“一把手”工程，认真贯彻《威海市公安局侦破和防范命案工作实施细则（试行）》，严格落实“一长双责”（在局长领导下的专案组长负责制和刑技部门负责人负责制）工作机制，领导靠前指挥、靠案攻坚，参战民警快速反应、全力攻坚，确保命案能够得到快侦快破。年内，全市发生命案56起，破获54起，破案率96.4%；同时破获命案积案6起，抓获命案逃犯13名。

【道路交通违法处罚平台】 为有效解决交通违法处罚存在的群众缴款不方便、解锁不及时等问题，市公安局交警支队自主研发了“道路交通违法行为集中式处罚服务平台”。当事人可以通过该服务平台终端实现交通违法一站式处理、缴纳罚款和解除锁定等业务。在全市交警窗口、车管服务点、大型宾馆等处设置20台服务终端，以方便群众及时查询违法信息和就近缴纳罚款，减少了缴款人的办事环节，节省了交警、银行的人力成本，提高了罚款执收率。投入使用以来，平均每天每台受理业务200余人次。10月，该项目获得威海市科技进步一等奖。

【停车场智能化管理】 为缓解市区停车难、乱停车等问题，市公安局交警支队全力推进市区停车场的规范化管理和智能化建设，利用道路资源增加停车位1150多个。成功研发了非接触式智能停车管理系统，采用RFID射频技术，借助无线通讯系统和银行信用卡系统，对机动车进行“电子标签”管理，构建机动车和停车位物联网，车辆进出停车场，不用管理者撕票，不用驾驶人交现金，即可完成整个停车缴费过程。6月20日，该系统正式启用，在市区15个停车场、1200个停车位试运行，准确率达到90%以上。6月30日，中央电视台《中国新闻》栏目以《威海实施智能停车破解停车难》为题，介绍了威海市停车管理模式改革工作经验。

【出入境管理】 年内，全市受理、审批、签发各类证件、签注、加注7.37万人次，比上年增长18.1%。其中，公民出国境6.07万人次，增长31.6%；境外人员办证1.3万人次，下降20.3%。查处各类涉外案（事）件313起，其中，“三非”（非法入境、非法居留、非法就业）案件179起。启用了网上申请系统，试行开展申请材料数字化无纸化审批工作，畅通出入境办证网上申请“365天无障碍服务绿色通道”，在确保证件办理“零差错”的基础上实现了增效提速40%的新目标，证件审批办结时限平均用时3.1天，在全省拥有县市受理点的地级市中位列第一。

【边防管理】 全市公安边防部门进一步强化港湾船舶管理，先后组织开展了制止越界捕捞专项行动、全市船舶普查和重点船舶调研活动，集中整治沿海及海上治安秩序，检查船舶1.59万艘次、渔船民3.74万人次，查处违规船舶387艘、渔船民1128人，与有关部门开展联合执法12次，举办联合处理突发事件演练6次。深入开展反偷渡反走私工作，建立“偷渡高危人群数据库”，开展为期3个月的反偷渡专项行动，破获偷渡案件9起，贩毒案件1起，抓获涉案人员145人，当场缴获毒品220克。其中，“2010·2·3”、“2010·8·22”组织他人偷越国（边）境案分别被公安部边防局列为2010年第1号、第3号挂牌督办案件，并先后被评为全国边防部队2010年度“十大精品案件”和“十大优秀案件”之一。威海市公安边防支队获“全省反走私工作先进集体”、“全市海上搜救工作先进集体”等称号。

【消防安全监管】 威海市公安消防部门强化专门力量建设，在全市组建了6个应急救援大队、14个灭火救援攻坚组和6个专业救援队。编制了7类数字化灭火救援预案，部署应用消防一体化业务信息系统软件，建成3G图像传输系统，对“119”接处警系统进行升级，提高了灭火救援指挥能力。全市投入专项资金1700万元，新增11辆各类消防车辆和灭火救援器材装备。投资近7000万元，改建消防站2处，新建消防站4处，消防站数量达到19处。开展构筑消防安全“防火墙”工程和“城乡消防安全基础建设推进年”活动，普及消防安全“四个能力”（检查和整改火灾隐患能力、扑救初期火灾能力、组织引导人员疏散能力和消防安全知识宣传教育培训能力）。对全市3090家消防安全重点单位和8000余家“九小场所”（达到一定条件的购物、餐饮、住宿、公共娱乐、休闲健身、医疗、教学、生产加工、易燃易爆危险品销售储存场所）进行拉网式检查。对63家消防产品生产、经营、使用单位进行检查，责令拆除不合格消防产品198件（套）。全年下发各类法律文书7158份，对132个单位（个人）进行了处罚，政府挂牌督办火灾隐患单位9家，临时查封单位27家、“三停”（停产、停业、停止使用）24家。开设《连线119》报纸专栏、《冬季防火与我同行》电视专栏以及“五进”活动和消防志愿服务进万家等活动进行消防宣传教育。1个国家级、6个省级消防宣传教育基地全部对群众开放，全年接待参观群众3.2万人。年内，全市消防部队共接警出动1700余起，抢救被困人员200余人，抢救保护财产价值1.7亿元。威海市公安消防支队被评为全市政风行风建设优秀单位。

（刘雪峰　刘乃庆）

检　察

【概况】 2010年，全市检察工作以深化“三项重点工作”为着力点，进一步强化法律监督、自身监督和高素质检察队伍建设，深化检察体制和工作机制改革，全面履行法律监督职责，增强服务意识，不断提高检察工作科学发展水平，为维护社会和谐稳定、维护人民群众权益、维护社会公平正义作出了积极贡献。全市有8个集体和78名个人受到省以上检察机关和各级党委表彰，各级党政主要领导批示肯定20余次。

【批捕和起诉】 一是坚持严打方针。依法严厉打击各类严重刑事犯罪活动，批捕刑事犯罪嫌疑人1779人，起诉2585人。其中，批捕故意杀人、绑架等严重暴力犯罪和“两抢一盗”（抢劫、抢夺、盗窃）等多发性侵财犯罪1178人，起诉1512人；批捕破坏市场经济秩序犯罪89人，起诉134人。办理了李某等17人黑社会性质组织团伙案、王某某非法吸收公众存款8000余万元案、张某等3人利用“钓鱼”软件实施网络诈骗案等一批重大典型、新型犯罪案件。加强与公安、法院配合，实行提前介入引导侦查、类案集中办理、捕诉联动、量刑建议等机制，形成工作合力，确保及时准确打击犯罪。二是坚持区别对待。对情节轻微、有悔罪表现的初犯、偶犯、轻微犯和未成年人犯等从快办理，从宽处理，推行轻微刑事案件快速办理、未成年人犯罪特殊办理、公诉环节继续羁押必要性审查和审查逮捕阶段轻微刑事案件和解等工作机制，减少羁押和对抗，促进修复社会关系。对没有逮捕必要的不予批捕159人，对情节轻微的决定不起诉59人，改变强制措施113人，促成刑事和解103件。

相关做法被省检察院召开现场会进行推广。

【控申检察】 注重在检察环节排查化解社会矛盾纠纷，全面落实执法办案风险评估预警机制，防止办案不当引发新的矛盾或使激化矛盾。开展“信访到我这里停止”和“涉检进京零上访”活动，设立了66个联系点，定期下访巡访，实行首问负责、公开听证、答疑说理、案后回访等制度，提高初信初访的办理质量、效率和结服率，妥善处置来信来访563件，保持涉检赴省进京零上访。威海市检察院和荣成市检察院被评为全国控申举报文明接待室，文登市检察院被评为全国控申举报文明接待示范窗口。

【查办和预防职务犯罪】 加大办案力度，立查贪污贿赂、渎职侵权等职务犯罪嫌疑人92人，其中大要案67人，已判决81人。所办案件中县处级以上党政领导干部6人，涉案100万元以上的18人，被判处10年以上有期徒刑的8人。突出办案重点，集中力量开展专项工作，立查土地、拆迁、工程建设、涉农等人民群众关注、涉及民生和发展的重点领域职务犯罪嫌疑人51人；结合办案，要求相关部门和行业加强整顿、改进作风，促进热点、难点问题及时有效解决。坚决查办群众反映强烈的行政执法、司法不公等现象背后的职务犯罪，立查行政执法、司法人员滥用职权、玩忽职守等职务犯罪13人。抓好源头防控，对发案单位和主管部门发出预防职务犯罪的检察建议47件；对党员干部开展反腐倡廉教育3万余人次；与税务、物价、水利等部门会签文件，共同开展系统预防，积极打造预防工作的社会化格局；对财政投资担保310多亿元的36个重点工程开展同步职务犯罪预防，提供行贿犯罪档案查询700件；与市纪委等5部门建立全市统一的警示教育基地，联合下发通知，对发挥基地作用提出要求，对6000余人进行了警示教育。

【诉讼活动监督】 与公安、法院等部门健全联席会议、列席审委会、民行案卷调阅等制度，建立相互监督制约、协作配合的工作机制，全面加强对立案、侦查、羁押、刑事和民事行政审判、执行等诉讼活动的法律监督。共监督立案47件，监督撤销案件22件；追捕追诉120人，法院已判决94人；提出刑事抗诉18件，法院采纳抗诉意见7件，提出刑事再审检察建议2件，已改判1件；提起民事行政抗诉26件，提请省检察院抗诉21件，法院已改判、发回重审和调解结案14件，提出民事行政再审检察建议法院采纳11件，办理民事执行监督案件38件。对法院正确的裁判、执行，耐心做好说理解释工作，促使155起案件的当事人服判息诉；依法监督纠正刑罚执行和监管活动违法263件，提出检察建议26件。加强对刑释解教和未成年人犯等特殊人群的帮教管理，联合开展专项检查7次、教育活动10余次，监外执行人员重新犯罪人数比上年下降48%。

【行政执法监督】 以防范和纠正以罚代刑、放纵违法犯罪等问题为重点，不断完善行政执法与刑事司法相衔接的工作机制，开展督促行政机关移送涉嫌犯罪案件专项监督活动，与银行、国土、工商等部门召开联席会议14次，检查行政执法案件63件。先后就校园安全、船员犯罪、重点领域职务犯罪等问题撰写调研报告，为党委、政府决策提供参考；针对群众反映的非法开采和倒卖地热水问题、媒体曝光的“地沟油”事件和船舶管理、矿产资源保护等方面存在的问题发出检察建议21份，督促行政机关正确履行社会管理职责，均得到积极回应；开展民行检察督促起诉工作，督促协助相关部门以非诉讼方式成功追缴国有土地出让金7.6亿余元，有效地防止了国有资产流失。该工作经验被省检察院转发，并在全省民行会上作典型发言。

【司法服务和保障】 一是把履行职责与服务中心工作紧密结合。准确把握全局长远谋划和阶段重点安排，及时调整思路，制定有效措施，主动适应新的形势和任务要求。结合威海建设蓝色经济区和高端技术产业聚集区的战略部署，开展“服务经济发展”主题调研月活动，组织市和市（区）检察院深入相关职能部门和企业实地调研，制定服务“两区”建设的工作意见，出台20条具体服务举措，进一步增强工作的针对性和有效性。市委、市人大常委会、市政府、市政协主要领导均作出重要批示给予肯定。二是把履行职责与保护企业发展紧密结合。高度重视企业诉求，依法保护企业权益，对涉企案件一案一评估、一案一教育，帮助企业减少损失，促进企业健康发展。在办理一起侵犯企业商业秘密案件中，提前介入引导侦查，协助公安机关补充完善证据，使案件证据达到逮捕标准，依法及时批捕，为企业维权争取了时机。深入40余家企业开展共建活动，组织座谈交流，宣讲法律知识，帮助排查隐患、建章立制，增强企业守法经营意识，规范生产管理秩序，得到企业好评。三是把履行职责与促进改善民生紧密结合。依法严厉打击涉及民生的刑事犯罪，配合相关部门对校园周边、网吧歌厅等场所开展排查整治活动，消除不安全隐患，为群众生产生活创造良好环境。开展法律进基层活动60余次，走访群众400余人次，对联系村、敬老院和贫困家庭开展帮扶活动20余次，全体干警向玉树、舟曲灾区和困难群众捐款70余万元。市检察院被市委表彰为“帮扶困难村工作”先进单位。认真办好“96699”民生检察服务热线，受理电话和网络咨询、举报、维权求助等2100余人次，为群众排忧解难，热线办公室获省级“巾帼文明岗”称号。

【队伍建设】 一是加强思想和组织建设。以开展“恪守检察职业道德、促进公正廉洁执法”主题实践活动为主线，结合创建学习型党组织、学习型检察院，反特权思想、反霸道作风等活动，教育干警始终用党的创新理论武装头脑，坚定信念。7月1日，为庆祝建党89周年，市检察院组织全市检察机关举行检察官集体宣誓仪式，激发检察人员对党和国家的忠诚、对人民的热爱、对法律的尊崇和对职责的坚守，进一步增强使命感、责任感和荣誉感。全面推进领导班子和中层队伍建设，通过竞争上岗调整市、市（区）检察院领导班子和中层干部，优化队伍结构，树立良好用人导向，激发干警工作热情。二是加强法律监督能力建设。健全学习培训的考勤、档案、通报、成果考核评价等长效机制，采取案例研讨、模拟法庭、论辩赛、技能比武等形式，开展岗位技能正规化教育培训和练兵活动，组织集中教育培训和岗位练兵70余次。在全市开展“检察官教检察官”活动，举办讲座32期，促进了全员学习提高。全市有16名干警在省检察院各类竞赛活动中获全省“十佳”公诉人、业务能手、优秀办案人等称号。三是加强作风廉政建设。严格执行廉洁从检各项规定，以严明的纪律促自律，靠严格的监督促防范。探索开展案件集中管理工作，健全案件管理、控制和考核机制；积极推行网上办案，对执法办案实现全过程动态管理、流程监控、问题预警和质量评估。加大检务督察力度，开展综合督察3次、暗访17次。组织对重点案件的当事人及家属、案发单位进行回访，邀请人民监督员对14件职务犯罪“三类”案件依法监督。建立廉政风险防控机制，完善内部监督各项措施，工作经验在全国检察机关内部监督座谈会上作了交流。加强与人大代表、政协委员的联系沟通，定期通报工作情况，邀请视察、座谈30余次，征求意见建议800多人次。健全落实走访联络、检察开放日、新闻发布会和新闻发言人等制度，实地走访全市100多个机关、企事业单位和社区、村镇，主动邀请社会各界人士、媒体记者到检察院参观、座谈，以公开促公正、赢公信。四是加强基层基础建设。组建了威海高技术产业开发区、威海经济技术开发区检察院，基层工作布局更加合理，办案资源进一步优化。落实市检察院领导及内设机构联系基层院制度，深入基层调研指导30多次，帮助解决具体问题和实际困难。对全市2009年以来所办案件4600多册卷宗材料逐案逐卷检查。积极推动规范化建设，从制度、机制层面向文化层面发展，开展“学习身边人”、评选“文明之星”、推荐“青年标兵”等活动，组织收集检察人生格言，树立部门理念，引导干警把制度规范转化为内心确认和自觉行动，增强队伍的凝聚力、向心力和战斗力，促进基层检察院整体工作水平全面提高。荣成市检察院获得“全国模范检察院”称号，威海市委召开表彰大会并作出向其学习的决定。

（胡培东）

审　判

【概况】　2010年，全市法院受理各类案件3.91万件，审（执）结3.83万件，分别比上年上升3.8%和2.1%，标的额28.3亿元。其中，中级法院新收案件3895件，审结3885件，均上升7%，标的额12.07亿元。在收案持续高位攀升的情况下，审判、执行仍保持了良好运行态势。年内，全市法院受到省级以上表彰35次，有72名干警记个人二等功、三等功或被授予“全省法院‘三零竞赛’优秀法官”等称号。威海市中级人民法院民事审判、涉外商事审判、法警、宣传等多项工作的先进经验在全省推广。

7月1日，威海市举行检察官集体宣誓仪式　　市检察院提供

【刑事审判】　年内，审结一审刑事案件1592件，判处犯罪分子2478人。其中，审结故意杀人、故意伤害、抢劫、绑架等犯罪案件568件，审结金融诈骗、走私、贪污贿赂等犯罪案件107件。在生效判决中，判处5年以上有期徒刑、无期徒刑和死刑的466人，占18.8%，提升了人民群众安全感。认真贯彻宽严相济的刑事政策，依法对44名被告人判决免予刑事处罚、对975名犯罪分子判处缓刑、对922名罪犯办理减刑假释，推动了罪犯的教育改造，减少了社会对抗。先后组织干警76次深入机关、企业、社区、校园和农村，开展法律讲座、调查走访以及社区矫正和帮教工作，取得了明显成效，犯罪人数比上年下降11.4%，再犯率下降19%。

【民事审判】　年内，审结各类民事案件1.23万件，标的额6.8亿元。其中，化解婚姻家庭、道路交通事故及人身损害赔偿等矛盾易激化案件7353件，处理房地产买卖、劳动争议等敏感案件1063件，最大限度地减少了不稳定因素。全面贯彻“调解优先，调判结合”的原则，统筹运用诉前调解、立案调解、诉讼调解等多种方式，抓好全程、全面、全员调解，努力从根本上平息纠纷。特别是对劳资、债务、合同等纠纷，更加注重平衡双方当事人的利益，尽量运用调解手段化解矛盾，实现互利共赢。民事一审案件调撤率达到66.7%。

【商事审判】　年内，审结各类商事案件8979件，标的额9.2亿元。按照市委做强做大已有企业的要求，加强对新兴产业、自主创新产业、外贸金融等转变经济发展所涉领域的支持力度。审结涉外商事案件40件，标的额7515万元，促进了外向型经济的发展；妥善处理破产、重组和改制案件15件，盘活资产6187万元，安置职工712人，减少了因此可能引发的问题。按照市委关于创建“国家级创新型城市”的部署，加强对自主知识产权的保护，审结不正当竞争、侵犯技术秘密和著作权纠纷案件47件，促进了全市科技创新和产业结构调整升级。市中级法院与中国人民银行威海市支行共同制定了《关于建立金融司法协作机制优化全市金融生态环境的实施意见》，将司法的规范作用引入到金融管理体系，受到市委、市政府领导的充分肯定。

【行政审判】 年内，审结行政诉讼案件377件，审查行政非诉案件204件。加大行政案件协调力度，行政一审案件撤诉率达41.1%。对行政机关600余名执法人员进行了法律知识培训，促进了行政机关依法履行社会管理和公共服务职能。紧紧围绕市委、市政府中心工作，审慎处理拆迁补偿、土地征用等敏感案件，与相关部门联动解决旧城改造和重点建设拆迁纠纷20件，拆迁面积5060平方米，保障了旧城改造的依法推进。

【执行工作】 年内，执结各类执行案件1.19万件，标的额11.6亿元，维护了胜诉方当事人的合法权益。完善联动、公开和威慑执行机制，加大执行力度，成功解决涉及职工1780余人、债务达2000万元、历时长达10年的乳山笙歌集团执行案件，帮助老国企建立新型经营模式，促进了规模经济的优化组合。市中级法院在省委政法委、省高院组织的全省集中清理执行积案活动中，被授予"先进集体"称号。

【基层基础建设】 积极争取各级党委和上级法院的支持，在编制十分紧缺的情况下，抽调素质高、能力强、年龄结构合理的干警充实到威海高技术产业开发区法院和威海经济技术开发区法院，确保各项工作的稳步开展。两开发区法院有在编干警62人，租借办公面积5600平方米。自5月1日以来，受理案件2623件，结案1983件，标的额1.4亿元，为辖区经济社会发展提供了有力的司法保障。根据形势发展需要，完成了涉及5处法庭、10个镇（街道办）、48万人口的法庭成建制划转、撤销和成立工作，优化了司法资源配置，促进了基层工作的良性发展。加强监督指导和培训力度，基层法院一审案件服判息诉率达到98.9%，比上年提高了0.3个百分点。

【多元化纠纷调解机制】 建立司法调解与党委政府协调、人民调解、行政调解衔接互动的诉调对接机制，在重点村（居）委会设立56处法律服务站，聘请298名民事调解员参与871件民事纠纷调解工作，实现了对矛盾纠纷的多元分流和疏导。注重对民调工作的指导，指定政治素质高、业务能力强的优秀法官指导人民调解233次，提高了民调组织的调解能力。实行邀请人民调解和委托调解制度，针对案件的不同类型和处理难易程度，采取邀请或委托司法行政人员和人民调解员进行调解，协助法院化解矛盾纠纷。

【便民利民诉讼服务】 加强立案信访窗口建设，在全市法院统一建立起以立案信访为主要职能，集导诉、立案审查、诉前庭前调解、诉讼救助、查询咨询、法官约见、便民服务、涉诉信访等八项职能于一体，为当事人提供"一站式"服务的"立案大厅"，让当事人打一个便捷、受尊重的官司。在交通不便的镇和交警、劳动等部门配合设立23处巡回法庭，把司法服务延伸到百姓身边。年内，法官巡回审判532次，为群众提供法律咨询2100余人次，极大地方便了群众参加诉讼。畅通民意沟通渠道，开通威海法院互联网，设立24小时民意信箱，全市两级法院多次开展"法院开放周"活动，邀请各级人大代表、政协委员及律师、部队官兵、在校学生和普通市民800余人次到法院参观和座谈，增进了对法院工作的了解。完成119名人民陪审员换届工作，人民陪审员参审案件2497件，其中77.7%调解结案，发挥了人民参与司法的独特优势。开展"百件案件当事人回访调查"和大走访活动，反馈当事人意见、建议215条，实现了人民群众的司法知情权、参与权、表达权和监督权。

【法院文化建设】 深入开展人民性教育、崇法教育、司法良知教育和司法价值观教育的"四项教育"，引导广大法官牢固树立公正、廉洁、为民的司法核心价值观。深入开展"人民法官为人民"、"零错案、零投诉、零上访"的"三零"竞赛活动，使法官真正把司法核心价值观的要求内化为道德约束，外化为自觉行动。制定了《法院文化建设实施方案》，提炼出"崇法、致公、厚德、唯民"的威海法院院训精神。组织开展"法官读经典"工程等活动，不断丰富法院文化建设载体。搭建多元化学习平台，深入开展"法官教法官"活动，组织领导讲评活动6次，"法官讲坛"和"法官论坛"12期，审判经验交流14次，参加上级法院和市委各类培训班170人次，全面提升法官的工作能力和业务水平。在全省法院理论研讨活动中，获奖论文数量连续6年位列第一。

（刘琳琳）

11月30日，市中级法院举办"法院开放周"座谈会　　市中级法院提供

司法行政

【概况】 2010年，全市司法行政机关围绕全市工作大局，立足职能，开拓创新，深入推进三项重点工作，各项工作都有新发展。普法依法治理工作进一步深化，"法治市区"创建全面推进，全社会法治化水平明显提高；人民调解组织覆盖面进一步扩大，诉调对接等工作机制日趋完善，大量矛盾隐患得到及时排除，维护了社会稳定；法律服务和法律援助领域不断拓展，服务质量不断提高，在推动经济发展、维护社会稳定、保障和改善民生中发挥了重要作用；落实对刑释解教人员、社区矫正对象的帮教管理措施，减少了重新违法犯罪；威海监狱连续9年安全运行无事故，教育改造质量明显提高；司法行政队伍的执法服务能力和水平进一步提升，法律服务行业党建工作卓有成效。威海市司法局被评为全省司法行政系统队伍建设先进集体。

【普法依法治理】 通过采取电视、电台、报刊、网络普法以及发放学法手册、举办讲座、开展竞赛等一系列普法方式和开展法律进机关、进企业、进社区、进学校、进农村等普法宣传活动，全市先后有60多万普法重点对象广泛参与，针对性、实效性不断增强。与市直机关工委联合，在全市党政机关开展评选100名"学法用法模范公务员"、创建100个"学法用法示范机关"的"双百"工程。全面开展"法治市区"创建工作。建立"法治市区"创建标准和检查考核机制，创建活动逐步深入。总结推广了一批基层民主法治建设典型，带动依法行政、依法治企、依法治村（社区）、依法治校等各个行业和层面的依法治理水平不断提高，全市75%的村达到民主法治村标准。组织各市（区）、各部门认真查漏补缺、完善提高，完成了"五五"普法规划确定的各项任务，打造了一批普法典型和亮点，顺利通过省"五五"普法检查验收组的验收。

【人民调解】 与市编办联合下发文件，建立以县级司法局管理为主的司法所管理体制，各市（区）全部下发文件对司法所实行收编管理。积极构建"大调解"格局。与市中级法院联合出台意见，从制度、程序、效力上实现人民调解与司法调解的有机衔接。积极探索推进交通事故、劳动争议和医疗纠纷等专业性、行业性调解组织建设，努力使易发性、多发性、热点性矛盾纠纷得到及时有效调处。全力抓好矛盾纠纷排查化解。充分发挥人民调解网络作用，扎实开展"人民调解化解矛盾专项攻坚"和"无重大群体性事件"、"无重大民转刑案件"等创建活动。全年排查调处各类矛盾纠纷1.1万件，预防民转刑案件15件、80人，预防群体性上访69件，成功率达96%以上。认真抓好特殊人群的管控。推行刑释解教人员帮教安置信息化管理，完善衔接管控机制，促进其顺利融入社会。在全市25个镇（街道办）开展了社区矫正工作，接收的社区服刑人员无一脱管漏管。

【法律服务】 充分发挥公证、律师、司法鉴定等法律服务职能优势，为经济发展、社会稳定和人民群众搞好服务。围绕加快转变经济发展方式，服务蓝色经济区、高端产业聚集区建设和重大项目建设等，组织法律服务机构深入企业调查研究、了解需求，有针对性地制定法律服务方案和措施，依法协助企业处理生产经营中的法律事务。全市律师为1200多家企业担任法律顾问，办理诉讼非诉讼法律事务突破1万件，帮助企业追回欠款和挽回损失近6亿元，参与化解涉法涉诉信访事项100多件，涉及群众1000多人次。深入开展"公证为构建社会主义和谐社会服务"主题实践活动、"公证服务进村入户"活动等，办理各类公证事项3.4万多件，涉及金额70多亿元。深入开展"法律援助便民服务"主题实践活动，办理法律援助案件1173件，免收群众代理费208万元。基层法律服务布局不断优化，队伍不断壮大，较好地满足了基层特别是农村群众的法律服务需求。司法鉴定认证认可工作扎实推进，资质管理逐步规范，鉴定质量明显提高，群众投诉率大幅下降。

【监狱工作】 认真履行刑罚执行职能，坚持安全稳定、教育改造、生产经营一齐抓，监狱工作实现全面发展。进一步增强安全防范能力，投资60万元加强技防物防建设，对外管大门实行安全改造，实现要害部位监控全覆盖。扎实开展监管秩序大整顿、安全大排

5月17日，威海市志愿者助残进家庭活动在市人民广场启动

市司法局提供

查、预案大演练等活动，夯实安全稳定根基。不断提高教育改造质量，创新实施“AAAAA级监舍升级达标”工程。扎实开展服刑人员“学规范、用规范”活动，动员社会力量开展亲情帮教，多渠道加强对服刑人员的文化技能培训等，增强服刑人员适应社会的能力和回归社会的信心，重新犯罪率处于较低水平。

（姜 鹏）

仲 裁

【概况】 2010年，威海仲裁委员会受理各类民商事纠纷案件532起，涉案标的额3.5亿元，案件性质涉及普通买卖、房屋买卖、保险、借款、担保、债权、建筑施工、租赁、房屋拆迁补偿、合作开发、加工承揽、委托、代理、物业管理、专利、拍卖、技术信息服务、居间、典当等20类合同纠纷。全年审结案件497起，按期结案率95%，快速结案率56.3%，仲裁案件和解调解结案率61.1%。在2009～2010年审结的案件中，有1起案件被法院裁定撤销，仲裁案件司法监督纠正率为1‰。其中，荣成、文登、乳山市仲裁工作站受理各类民商事纠纷案件161起，涉案标的额6614万元，指导600多家企业在合同中签订仲裁条款。年初，威海仲裁委员会获得市委、市政府颁发的“工作进步”奖，并作为唯一的仲裁机构代表在全省政府法制工作会议上作典型发言。威海市仲裁工作得到省政府、省政府法制办肯定，获得省人力资源和社会保障厅、省政府法制办联合授予的“全省依法行政先进集体”称号。

【法律制度宣传推行】 *媒体宣传* 每周四定期通过广播电台讲解法律，接受市民热线咨询；与《威海晚报》联办《仲裁专版》5期，以解答法律咨询、典型案例刊载等形式普及仲裁法律知识；分别在《威海文艺》、《威海房地产》、《威海保险信息》、《威海外资》等刊物上宣传普及仲裁知识13次。

培训讲座 年内，在全市中青年干部培训班和妇女干部培训班上讲授仲裁法律知识；在威海经济技术开发区“预防经济纠纷暨调解主任法律培训班”上讲授法律和仲裁知识；在威海高技术产业开发区“科学发展大讲堂”上作法律基础知识讲座；在鲸园街道办事处、张村镇政府组织下，分别作“法在身边”和“走出法律认识误区”讲座；在市台办组织下，为41家台资企业做仲裁专项培训；在外商投资服务中心组织下，为23家外资企业讲授法律知识；为青年创业者举行了“YBC青年创业初期合同风险防范”法律讲座；在市保险协会的组织下举行2次大型讲座，为全市800多人次的保险从业人员讲解新保险法和保险纠纷法律风险防范，促进相关行业健康发展。

普法活动 3月15日，组织参与“消费者权益保护日环翠楼广场法制宣传咨询活动”；16日，接受威海日报社邀请，组织参加“3·15”法律维权进社区活动，在竹岛社区为居民解答法律咨询。8～9月，组织开展“纪念仲裁法实施十五周年暨威海仲裁委员会组建成立十五周年”系列宣传活动，举办“威海华夏城杯仲裁知识竞赛”，全市2000余人参加；举办大型广场宣传咨询活动；开展送法进校园活动，分别走进塔山中学、钦村小学等学校为广大师生讲法、发放资料、解答问题。

【仲裁案件办理】 *质量管理* 一是在程序上着力于落实办案规则规范。从构建和谐社会的高度严把立案关、组庭关、庭审关和裁决关，针对办案各重要环节，加强监督检查。年内，根据案件特点组好仲裁庭，择教授级仲裁员及外地专家仲裁员的案件占总数的30%。召开2次办案工作专题会议，针对存在的不足，出台会议纪要予以规范。二是在机制上着力于坚持并完善办案制度。坚持案前风险提示、疑难案件讨论研究、重大案件专家咨询、案件评查、回访制度，做到办案前、中、后的质量管理相结合。全年召开疑难案件研究会31次，开展案件评查活动2次，召开重大案件专家咨询会1次，回访84件仲裁案件的当事人，占已裁决案件总数37%。针对庭审笔录情况，专门制定并出台了《庭审笔录制作规范》。

仲裁调解 一是坚持仲裁与行业调解相结合的纠纷解决机制。6月28日，与市台办联合下发《关于做好台资企业民商事纠纷仲裁工作的通知》，7月5日，联合设立威海市台资企业民商事纠纷调解中心。7月16日，与市工商联联合下发《关于在镇级商会设立民商事纠纷调解中心的通知》，指导全市各镇（街道办）设立仲裁调解中心。年内，

9月2日，市仲裁委在人民广场举行大型法律宣传咨询活动

市司法局提供

继续发挥全市非公有制企业民商事纠纷调解中心、保险纠纷调解中心、房地产调解委员会的作用，推动了相关行业健康发展和行业活动和谐。二是坚持仲裁办案以调解和解结案为主的工作原则。在办案中注意维系和发展当事人之间的经济合作纽带，做到能调则调、当裁则裁、调裁结合、和谐办案、案结事了。为尽可能延伸市场主体经济合作关系，在立案时实行庭前义务调解，努力促成双方和解撤案，减少因进入仲裁庭审辩论导致无法继续合作的情形。年内，因达成调解和解协议后当事人撤回申请案件116件，其中47件案件未进入庭审即调解成功。

减负让利　年内，继续实施减缓免仲裁费各项政策，实行先行调解缓交、调解成功减交、困难群体免交、撤回申请退返仲裁费等措施，为当事人减缓费用58万元。当事人到仲裁委员会办理案件时，临时需要打印、复印相关证据材料、法律文书的，均免费提供帮助。办理案件需要对外委托鉴定时，实行对外委托鉴定议价机制，取多家鉴定机构进行比较衡量，在保证鉴定质量的基础上，尽量使鉴定机构降低鉴定收费，对于标的额超过100万元的案件还采用招投标方式。全年办理27件对外委托鉴定案件，为当事人在鉴定收费标准之下降低费用61.6万元，减轻了市场主体解决纠纷负担。

强化服务　年初，向社会公开“仲裁工作人员服务承诺书”、“立案工作服务承诺书”、“审理工作服务承诺书”三项服务承诺，并上报、上电视、上网、上墙，接受全社会监督。

（闫建功）

典型案例

【文登市“12·19”特大杀人案】　12月19日，文登市龙山街道办事处西壕街一居民楼601室发生一起特大杀人案，女户主张某及其两个儿子以及张某大儿子的同学王某等4人遇害。案发后，省政府副省长郭兆信，省公安厅副厅长毕宝文，威海市委常委、政法委书记于永吉等分别作出批示，威海市和文登市两级公安机关迅速展开侦查工作。经侦查，迅速锁定犯罪嫌疑人于某，并于12月21日9时许，在哈尔滨市阿城区将犯罪嫌疑人抓获。经审查，12月19日，犯罪嫌疑人于某窜至文登市龙山街道办事处西壕街受害人家中，因索要工资与张某发生争持，遂持刀将张某等4人杀死。案件破获后，省委常委、政法委书记柏继民，威海市委书记、市人大常委会主任王培廷等先后作出重要批示，对参战民警表示慰问，省公安厅刑侦局专门发来贺电。

【“2010·2·3”组织他人偷越国（边）境案】　2月5日，威海市公安边防支队根据情报信息，成功破获公安部边防局2010年第1号挂牌督办案件——“2010·2·3”组织他人偷越国（边）境案，抓获涉案人员49名。其中，组织、运送人员16名，偷渡人员33名，查扣用于运送偷渡人员的汽车2辆、51.45千瓦渔船1艘，彻底摧毁了以金某、申某和韩国人禹某等人为首的跨国偷渡犯罪团伙。12月13日，威海市中级人民法院对“2010·2·3”组织他人偷越国（边）境案进行了宣判，金某、申某等11名被告人依法被判处刑罚，其中主犯金某被判处有期徒刑19年，并处罚金30万元，其他被告人分别被判处1年至4年不等的有期徒刑并处罚金。该案被公安部边防局评为全国边防部队2010年度“十大精品案件”之一。

【封某特大合同诈骗案】　3月18日，威海市公安局经侦支队根据举报的线索，对封某等人特大合同诈骗案立案侦查。经查，2008年11月至2009年8月，犯罪嫌疑人封某伙同他人，采取以虚假国债作抵押，以支付高额利息为手段，先后以其本人和他人等11个人的名义，与安圭拉岛理想投资公司威海办事处签订借款合同和质押协议，诈骗资金1.15亿余元。针对案发后犯罪嫌疑人封某潜逃出境的情况，威海市公安局积极争取公安部、省公安厅的大力支持，于7月底通过公安部国际刑警组织发布了红色通缉令，在境外对犯罪嫌疑人封某进行追捕。9月1日，犯罪嫌疑人封某在泰国曼谷被泰国警方抓获。9月19～24日，办案人员赴泰国将其押回威海。

（刘雪峰　刘乃庆）

【双岛湾大桥交通肇事案】　2009年11月12日下午，烟台市民李某驾驶烟台某旅行社租赁的大客车，搭载着21名广东游客行至威海市双岛湾大桥处时，因车辆制动不良坠海，造成13人死亡、7人轻伤的特大交通事故。事故发生后，在威海市交警部门的调解下，李某、李某的雇主万某（实际车主）及车辆的挂靠单位烟台海景旅游客运有限公司与受害人及其亲属达成赔偿协议，后经有关部门协调，协议中约定的131.21万元赔偿款由威海市盛泰典当有限责任公司垫付，受害人及其亲属同时将该131.21万元的债权转让给该公司。2010年1月28日，威海市盛泰典当有限责任公司诉至威海市环翠区法院，要求李某、万某及烟台海景旅游客运有限公司共同支付其已垫付的赔偿款。环翠区法院依法判令支持原告的诉讼请求，烟台海景旅游客运有限公司不服，向威海市中级法院提起上诉。案件进入二审程序后，威海市中级法院迅速成立了专门的案件审理小组，对案情进行全面了解，制定了审理预案。为能及时进行开庭审理，立案庭派专人到烟台市向当事人送达传票，缩短了办案周期。案件庭审后，立即组织合议庭成员并召开审判长联席会议对案件进行了评议，并在评议的次日即依法进行了宣判，维持了原审法院关于肇事司机及其挂靠单位共同支付赔偿款的判决，快速妥善地审结了这起在全省乃至全国有重大影响的交通肇事案件，取得了良好的法律效果和社会效果。

（刘琳琳）

编辑　李洪格

军　　事

威海军分区

【概况】　党委班子建设　2010年，威海军分区围绕党委先进性建设和能力建设，着力建设坚强有力、奋发有为的党委班子，各级党组织的集体领导功能和领导工作效能进一步增强。组织召开了军分区党委三届十一次、十二次、十三次全体（扩大）会议和军分区第四次党代会，分析总结了党委领导工作形势，部署了党委领导工作任务，达到了统一思想、提高认识、明确方向的目的，确保了上级决策指示的贯彻执行。严格落实党委工作条例，贯彻民主集中制原则，议事决策能力不断提高。认真落实组织生活制度，自觉开展批评与自我批评，党性观念不断强化，凝聚力和战斗力明显增强。

思想政治建设　坚持以思想政治建设为根本，以服务中心工作为前提，以创新发展为动力，按照“着眼全局、抓好重点、讲求实效”的思路，较好地发挥了政治工作的服务保障作用。年初，组织召开了各市（区）人民武装部党委第一书记述职大会，强化党管武装的责任意识，并对“基层党管武装好书记”和“关心国防建设十佳个人”进行了表彰。深入开展当代革命军人核心价值观、建设学习型党组织活动。9月，组织开展“第十个全民国防教育日活动”，强化了全民国防观念，并结合“热爱威海，建设威海，积极为威海市争创‘全国双拥模范城’六连冠作贡献”专题教育活动，营造了浓厚的创城氛围。积极开展拥政爱民活动，组织威海军分区机关和驻市（区）部队进行了扫雪、植树和向青海玉树灾区捐款等活动，树立了部队的良好形象。

战备训练工作　坚持军事斗争准备检验评估，致力推动各项工作落实，战备工作水平得到进一步提升。年内，组织了冬季野营训练、实弹射击训练、海上训练、战术演习等战备训练，提高了部队的实战能力。组织召开“海防战备工作会议”，进一步对战备工作进行部署安排，促进了战备工作落实，组织部队（分队）修订完善应对海上突发情况预案演练，促进了军事斗争准备工作有效落实。4月，出动兵力1000余人参加孙家疃松顶山灭火行动，部队的快速反应能力得到了军地领导和当地群众的一致好评。

民兵预备役建设　全面贯彻济南军区关于加强国防动员和后备力量建设的指示精神，着眼提高民兵预备役快速动员和遂行任务的能力，高标准抓好各项工作的落实，推动了民兵预备役建设创新发展。4月，组织新任职专武干部集训，并下发了《民兵预备役工作业务知识汇编》，提高了专武干部整体素质。5月，组织了“民兵便携式防空导弹连骨干集训”，民兵骨干业务素质和遂行任务能力明显提高。9月，完成了哈尔滨工业大学（威海）和威海一中的新生军训任务。10月，组织了民兵预备役人员在威海水警区进行返岗训练，探索民兵预备役人员与现役部队挂钩训练的新路子。

安全管理工作　坚持依法治军、从严治军、科学管理的理念，扎实有效地抓好威海军分区的安全管理工作。1～3月，广泛开展“学法规、用法规、守法规”活动，严格条令学习，狠抓规章制度落实，完善了机关的日常生活、办公、请示报告、车辆派遣等制度，提高了正规化管理水平。4～11月，扎实开展“五项整治”活动，对车船安全、信息传播媒介使用、编制和兵员、枪弹油料爆炸易燃物品、小散远单位管理等方面存在的问题进行整治，并对检查发现的安全隐患制定了整改措施。6月，广泛开展争创“六无”先进单位活动（“六无”指无政治性问题、无事故、无案件、无打骂体罚和严重违纪、无泄密、无军警民纠纷）。10月下旬，集中开展“崇尚军人荣誉，维护军队形象”专题教育整顿活动，进一步增强官兵崇尚荣誉、遵规守纪的自觉性。

基层全面建设　认真落实领导机关蹲点挂靠制度，突出加强基层党支部的帮抓指导，通过蹲点指导、集中培训、挂靠帮带、检查督导，提高了基层班子队伍建设水平。平时注重凝聚抓建合力，通过落实“月赛季评”、“双向讲评”，组织外出参观学习，召开“先进典型事迹报告会”和“基层建设金秋成果展”，有效地激发了各级抓基层、建基层的积极性和创造性，部队建设基础更加牢固。投资10余万元，进一步改善基层官兵的工作、生活条件。1支分队被济南军区表彰为“先进连队标兵”；4支分队被威海军分区表彰为“基层建设先进连队”。

后勤保障工作 贯彻落实总部出台的《军队行政消耗性费用管理规定》，推进行政消耗性费用货币化支付改革，制定出台了货币化支付办法。及时传达上级资源节约指示精神，科学统筹船艇和长途车派遣，落实车辆“IC卡”加油，节约了油料和运力。认真组织车辆、驾驶员年度审验工作，为汽车驾驶员换发了新式驾驶证。年内，及时、真实、准确采集上报了军人保障卡。

【杜恒岩到威海考察】 5月25日，济南军区政委杜恒岩中将到威海考察军分区基层建设情况，并参加“军区首长慰问海防部队官兵赠送仪式”，向部队官兵赠送了价值25万元的学习、文体器材。

（曹新峰）

武警威海市支队

【概况】 *党委班子建设* 集中进行“建设学习型党委机关，争做学习型领导干部”专题教育，组织参加总部、总队网上理论集训，党委班子的理论素养、党性观念和决策水平进一步提高。认真学习贯彻民主集中制，坚持集体研究决定重大问题，党委科学民主依法决策水平有新提高。狠抓党风廉政建设，深入开展“刹歪风、树正气、做表率”专项教育活动，在处理官兵关注的热点敏感问题上，做到条件、名额、程序、结果公开，部队风气进一步好转。狠抓干部队伍的教育管理，主动关心爱护干部，改善干部福利待遇，对9名家庭困难干部实施救济，调动了广大干部安心尽责的工作热情。年内，支队纪委被山东总队表彰为“先进纪委”。

思想政治建设 支队始终把思想政治建设摆在部队建设的首位，坚持用党的创新理论武装头脑、指导实践，确保了部队建设的正确方向。狠抓党委中心组和各级干部的理论学习，严格落实理论学习制度，干部队伍的理论素养进一步提高。全面总结了机关、基层两个批次学习实践科学发展观活动，研究制定巩固深化学习实践活动成果的措施，推动了学习实践活动向深化、转化、常态化发展。贴近部队实际，扎实搞好经常性教育，深入开展主题教育，官兵的政治思想基础更加牢固。认真开展政治教员授课比赛，强化政工干部素质。3月，在山东总队“四会”教员（会讲、会做、会教、会做思想工作）评比竞赛中获得团体第三名。重视做好经常性思想工作，积极做好法律和心理服务工作，深入排查帮教转化个别人，确保了官兵思想稳定和道德纯洁。

政治文化环境建设 先后举办了迎“七一”歌咏比赛、“忠诚于党——不变的警魂”故事会比赛等系列文化活动。投资10万余元，创建了支队纲要信息化平台，实现了中队与支队、总队的资源共享，丰富了官兵业余文化生活。积极做好新闻宣传工作，先后有30余篇文章在报刊发表。其中，在《武警报》头版头条刊稿1篇，其他版面头条刊稿5篇，发表言论2篇。在总队指挥网刊稿345篇，有11份经验材料、研讨文章被总队转发，被总队表彰为“新闻工作先进单位”。

执勤工作 坚持以《军事训练与考核大纲》（以下简称《纲要》）为依据，以提高部队遂行多样化任务能力为牵引，从严治训、科学组训，部队训练水平明显提高，执勤秩序进一步正规化。积极协调地方党委政府和目标单位，争取资金750余万元，率先在全省完成了反恐装备采购，受到总队通报表扬。精心组织城市武装巡逻勤务和其他重大临时勤务，先后完成了市“两会”、“中非合作论坛磋商会”和重大体育赛事以及中央领导到威海考察等安全警卫任务和临时勤务120余起，出动兵力1200余人次，协助地方公安机关抓捕犯罪嫌疑人6名，有效地履行了职责使命。支队连续6年被威海市委、市政府评为“平安威海建设模范单位”。

基层建设 始终坚持把工作重心放在基层，促进基层建设整体水平进一步提高。年初，结合传达学习三级党委扩大会议精神，制定党委机关按纲指导计划、基层中队按纲建队计划，理清了年度工作思路。结合干部调整，配齐配强了基层党委和支部班子。深入开展“学《纲要》、知《纲要》、用《纲要》”和大练基本功活动，干部素质、能力有了显著提高。在总队预任大中队主官培训中，支队被评为先进单位。严格落实蹲点调研帮建制度，加强分类指导和重点帮建，每月组织党委成员带领机关干部下基层实行面对面指导，全年党委机关和大队干部蹲点调研帮建160余人次。深入开展“研究新情况、解决新问题、推动新发展”大讨论，进一步理清了创新发展的思路。扎实开展创先争优活动，激发了广大官兵建设基层的积极性主动性。1个中队被总队表彰为“基层建设标兵中队”，2个中队被表彰为“基层建设先进中队”，1人被树为“基层干部标兵”。

部队管理工作 以学习贯彻新修订的共同条令活动为切入点，扎实开展“条令学习月”活动和教育整顿，进一步巩固了官兵条令意识。严格落实机关、基层《正规化管理规定》，组织机关、基层干部到烟台支队参观学习，拓宽了视野，明确了标准，进一步提高了部队精细化管理水平。加大对部队检查巡查力度，充分利用三级网和网络电话对基层干部在位、哨兵履职尽责等情况进行不间断地检查，督促各级抓好制度落实，官兵按章办事的自觉性明显提高。严格落实保密规定，狠抓机要保密工作，杜绝了失泄密问题的发生，支队连续16年实现“三无”（无事故、无案件、无严重违纪）。

后勤保障工作 以服务保障为主线，扎实抓好“四项设施”建、管、用（值勤、训练、文体、生活等设施建设、管理、使用），对基层“四项设施”进行更新完善。在直属大队四中队召开了伙食精细化管理现场会，推广精细化管理模式，有效地改善了官兵的生活质量。加强经费管理，推行公务卡结算改革，加大检查和审计力度，杜绝了超预算、超标准、超范围开支等问题。先后举办驾驶员等培训班12期，培训岗位骨干130名，后勤专业人员能力素质有了较大提高。在参加总队后勤业务比武中，取得营房专业第一名、军械业务实践操

作科目第一名、军需业务野炊专业第四名、战勤业务第六名的成绩。扎实搞好卫生防病工作，确保了官兵身体健康。积极争取地方党委、政府支持，全面推进指挥中心、直属单位和教导队建设。

【党委二届六次扩大会议】 1月29日，召开了支队党委二届六次扩大会议。党委成员、基层（党委）支部正副书记和党员代表等48人参加会议。会议传达了总部党委一届七次全体（扩大）会议和总队党委二届十次全体（扩大）会议主要精神，支队党委作了《振奋精神，团结奋斗，大力加强部队现代化建设有效履行职责使命》的工作报告。

【崔景龙到威海调研】 8月7日，武警部队副政治委员崔景龙中将一行4人，在山东总队政治委员张洪运少将、政治部副主任卢怀亮等领导的陪同下到威海市支队调研。

【张洪运到威海调研】 8月31日，武警山东总队政治委员张洪运少将到威海市支队调研。其间，听取了支队教导队建设情况的汇报，提出了指导性意见，对机关办公室、营区等进行了检查指导，对支队工作给予充分肯定。

【南平到威海调研】 10月30日，武警山东总队总队长南平少将在参谋长管延密大校、后勤部部长王方玉大校等陪同下，到威海市支队调研，听取了支队教导队建设情况汇报，提出了指导性意见，对支队全面工作给予充分肯定。

（刘涛供）

武警山东省边防总队海警第一支队

【概况】 *思想政治建设* 2010年，武警山东省边防总队海警第一支队（山东省公安边防总队海警第一支队）认真贯彻落实科学发展观，着眼于维护国家海洋权益和服务地方经济建设大局，按照“建好队伍做保障、打牢基础上水平、抓住重点求突破、突出亮点争先进”的整体思路，不断强化部队正规化管理、教育、训练和海上执法执勤工作，实现了各项工作任务的整体推进和重点突破，确保了辖区安全稳定。以组织建设为核心，对基层大队党委和党支部进行了调整健全，把9名德才兼备的干部调整充实到基层领导岗位，优化了班子结构，激发了队伍活力。以创先争优活动为载体，积极开展学典型、树典型活动，营建了拼搏进取、充满活力的氛围。以新闻宣传工作为突破口，开展了重点宣传月活动，每月确定一个宣传重点，做到了重点工作重点宣传。年内，在中央级新闻媒体发表稿件93篇，在省部级发表174篇，在地市级发表205篇，支队新闻宣传工作跨入全省边防部队先进行列。以甲板文化建设为亮点，投入经费20万元充实文体器材购置基金和图书购置基金。加强了七彩甲板文艺小分队建设，举办各类友谊比赛16场次，联谊活动12场次，营造了昂扬向上的文化氛围。以廉政建设为重点，大力开展党风廉政教育，完善了管理监督制约机制，营造了公正用权、廉洁勤政的风气导向。制定了《加强民主监督有关事务办事公开实施细则》，明确分工，落实责任，加强了对官兵敏感事务的监督力度。认真落实纪委例会制度和组织协调制度，加强了纪委对重点工作环节的全程跟进监督，全年无违法违纪案件和信访案件。

基础训练工作 抓好岗位业务技能练兵，深入开展岗位练兵考核，有效地提升了练兵质量，支队机关干部的军事成绩良好率达到80%以上，基层单位军事考核良好率达到95%以上，顺利通过了总队考核验收。扎实开展舰艇业务训练，结合岗位练兵，创新完善训练模式，以练促战，以战促练。树立“拳头”意识，为舰队科学选配人员，并选送到兄弟部队学习。参加了防台和雾航训练、三级联动海上处突指挥训练等专项训练。强化处理突发实战技能，着眼海上安保，完善各类处置突发性事件预案，定期组织开展针对性训练和实战演练，确保部队在紧急情况下拉得出、冲得上、处置得当。

海上执法执勤工作 以大项勤务为重点，先后完成了制止越界捕捞专项行动、上海世博会海上安保等重大勤务。3月至7月，支队3艘舰艇、55名官兵远赴上海连续作战116天，完成了上海世博会安保期间一、二、三级应急响应勤务，世博会开幕式安全保卫，黄浦江一级水上交通管制和海上搜救等海上安保勤务，累计出航165航次，航时2277.3小时，航程1.3万海里，登临检查船舶853艘次，人员1万多人次，得到了各级领导的肯定。做好海上维稳，减少海上管控盲区，坚持重点敏感海域定期定点巡逻与常态执法相结合的工作机制，加强了海上巡逻管控。年内，支队独立组织辖区治安整治等大项勤务11次，与农业部黄渤海区渔政局、山东海事局及兄弟边防单位联合，组织海上治安综合治理、海上护油和集中整治越界捕捞等大项活动16次，累计出航220艘次，航程1.87万海里，航时2101小时，查办治安案件9起，边防行政案件15起，维护了良好的海上治安环境。

执法规范化建设 强化执法培训，先后选派业务骨干9批20人次到地方公安机关、院校跟班作业、学习培训，新入警人员一律安排到边防派出所跟班学习。实施执法场所功能区改造，先后完成了讯问室、询问室、辨认室等9个执法场所的改造工作，实现了办案区、接待区、生活区、办公区等4个功能区分离。修订了《执法责任制规定》、《集体议案制度》等各类执法制度11项，制定了海上执法和“110”接处警等操作规程，细化了执法责任，完善了审核监督，规范了执法程序，强化了执法质量考评。组织开展了法律大练兵、执法问题排查整改、“法官警官面对面”交流研讨和“执法点将台”活动，有效地提高了执法办案能力。

信息化建设 对支队基础信息进行了采集，完善了支队机关营区监控系统，确保了重点部位安全。为舰艇安装了监控系统，实现了对海上执法执勤动态的实时监控。为基层配备了警务鹰8部、安装了视频监控设施2套，做到对接处警、现场处置、羁押以及讯（询）

问过程全程录音录像。为基层配发了现场勘查箱、便携式打印机、摄像机、照相机等执法器材，提高了独立海上执法能力。

构建和谐警民关系　深入开展爱民实践活动，为驻地群众办实事、解难事，增进了警民感情，涌现出一批群众工作先进典型。5月2日，与驻地海事、救捞等部门协同配合，成功救助海上相撞的香港籍“世纪之光”货轮与利比里亚籍“海盛”货轮上46名遇险船员。年内，救助遇险船舶4艘、海上遇险人员54人，保护了辖区海域人民群众生命财产安全。

（刘　伟）

人民防空

【概况】　人防工程建设　2010年，《威海市人防工程规划》和《威海市地下空间开发利用规划》通过了市规划委员会的审查，经市政府批准实施。在此基础上，委托解放军理工大学编制了《威海市中心区地下空间规划及城市设计》、《威海市重点地段地下空间开发规划专题研究》，为地下空间开发利用提供了依据。荣成市人防指挥所、文登市人防指挥所、乳山市政府办公区防空专业队装备掩蔽部工程的立项、可行性研究报告等前期工作进展顺利。加强人防工程的日常维护管理，开展了消防演练和2次安全生产大检查，并对辖区内人防工程进行普查。有2处人防工程开放为市民避暑纳凉场所。5月，参加了（山东）香港经贸周人防工程及地下工程建设项目招商推介活动，对威海市人防工程招商达成了初步投资意向，并签订合作意向书。10月，威海市被国家国防动员委员会表彰为“全国人民防空先进城市”，有1人被国家人防办表彰为“全国人民防空先进个人”。

人防指挥通信建设　进一步完善了地上指挥所、地下指挥所和机动指挥所的性能，建成了各市（区）机动指挥所。建立了应急器材库，为预防突发事件做了相应器材准备。利用人防指挥平台，先后与高炮部队、市应急办联合组织了5次演练。其中，结合“5·24”警报试鸣日开展的军民联合防空作战演练，10月下旬，代表山东省人防系统参加了济南战区“210联合防空作战演习”，展示了人防各专业队伍的防空防灾、应急救援、灾后恢复等实战能力。在人防疏散体系建设上，进一步完善了4个应急疏散基地的相关设施，建成了威海市市级机关防空疏散基地，为战时和平时应急疏散拓宽了渠道。组织了全市第12次防空警报试鸣，对全市警报设备设施进行了全面维护和保养，警报报知功能优良率达到100%。

人防法制建设　严格落实行政执法责任制，进一步健全监督检查、重大处罚备案审查、行政执法评议考核等制度，切实提高了人防执法工作水平。邀请市人大常委会、市政府、市政协领导与军分区首长视察了人防工作，进一步推进人防法律法规的落实。市政府第50次常务会议听取了威海市人防办公室关于第六次全国人民防空会议精神及威海市贯彻意见的汇报。对全市结建人防工程和收缴易地建设费情况进行了专项检查，就发现的问题及时整改。同时，做好人防行政审批工作，最大限度地压缩审批时限，提高审批效率。

人防宣传教育　防空防灾教育延伸到乡镇中学，有6万名中学生接受了人防知识教育和防护技能培训。威海市委党校和荣成、文登、乳山市委党校将防空防灾知识讲座列入培训计划，并组织中青年干部培训班学员参观人防工程。结合警报试鸣日、防灾减灾日等宣传活动，在机关、社区、大中型企业、学校等设置宣传栏110多处，为社区居民发放防空防灾手册2万余本。结合纪念新中国人民防空创立60周年，开展了人防宣传周、专题片制作和“双十佳”、“30年人防老战士”、“山东人防历史标志性工程”推选等一系列丰富多彩的宣传活动，制作的《防空铁拳　威震海疆——走向辉煌的威海人民防空》专题片在威海电视台播出，选送的《人防民防之歌》在庆祝新中国人民防空创立60周年大型文艺晚会上代表山东省人防办作了演出。

【防空警报试鸣暨军民联合反空袭作战演练】　5月24日，威海市区进行了防空警报试鸣。利用机动指挥平台集群与驻威空军、高炮部队联合开展了军民联合反空袭作战演练，在全省首次将联通3G单兵系统用于实战演练，充分展示了人防机动指挥通信系统的机动灵活性和良好的互联互通效果。此次演练安排了威海九中学生疏散演练、文登重要经济目标防护、乳山群众防空组织集结等课目。省人防办主任张兆启，预备役高炮师政委成育进，威海市委副书记、市长孙述涛等领导在市政府应急指挥中心观看了演练。

【威海市市级机关防空疏散基地落成】12月3日，在威高生态园举行威海市市级机关防空疏散基地签字、揭牌仪式。基地建有池塘、水库，设有果园、畜禽养殖、蔬菜大棚等农产品生产基地，拥有多功能综合楼、酒店宾馆、健身运动场馆等基础设施，具备基本的工作、生活保障能力。该基地的落成，进一步健全了全市人防疏散网络体系。

【专业型人才培养活动】　为推动人防学习型机关和学习型队伍建设，市人防办公室在全系统开展了专业型人才培养活动。由干部职工针对业务工作情况，从高技术武器装备、防空袭空中力量、人防工程、组织指挥、通信警报建设等近30个课题中，自选擅长的课题进行研究探讨。从8月开始，开展每月两次的“我给大家讲一课”活动，进行学习成果交流。

（邵景春）

编辑　闫拥军

经济管理与监督

发展规划与综合调控

【加强规划引导和经济形势分析】 面对严峻复杂的经济形势，市发改委坚持以转方式调结构为主线，认真贯彻落实国家宏观调控政策，充分发挥宏观管理和综合协调职能，深入分析把握形势，加强调查研究，编制下达了《威海市2010年度国民经济和社会发展计划》，全面指导、引导全市经济及重点行业又好又快发展。根据国家、省的统一部署和市委、市政府的要求，积极与国家、省“十二五”规划建议和有关专项规划进行衔接，广泛征求各方面意见，编制形成了《威海市国民经济和社会发展第十二个五年规划纲要》。编制完成了《威海市游艇经济发展规划》，推动了游艇产业的快速发展。坚持月调度、季分析制度，加强对全市经济形势的分析监测预警，及时把握经济发展中的热点、难点问题，适时提出解决制约问题的对策建议，促进了全市经济的健康平稳运行，主要预期调控目标顺利完成。2010年，全市实现地区生产总值1944.7亿元，比上年增长12.7%。

【加快推进重点项目建设】 坚持抓好重点项目建设，促进转方式调结构，对百项市级重点项目，进行月调度、季核查，实行督导和考核相结合，推进项目顺利实施，加快构建以重点带全面、以大项目促大投入的发展格局。2010年，全市百项市级重点项目开工99个，其中51个项目投产或部分投产，完成投资336.7亿元，占年度计划的118.7%。交通方面，青荣城际铁路威海段，已获得国家发改委、铁道部和省政府批复，正式启动建设；江家寨互通立交改建工程获得省发改委批复，并获得省无偿补助资金1.2亿元，确保了项目及时开工建设；威海港三期四期、机场三期扩建、青烟威天然气长输管线威海段、国际客运中心陆上部分、威海港国际物流园区等项目主体已经完工；威海新港区货场及石化码头、石岛港三期扩建、文登南海新港二期等项目已开展前期工作。能源方面，石岛湾核电站高温气冷堆示范电站一期工程已经进入报批程序，国核技大型先进压水堆核电站重大专项示范工程各项前期准备工作进展顺利；华能中电一、二期等11个风电项目已经建成并网发电，国电文登宋村等6个风电项目通过专家评审，风电并网规模达到42.85万千瓦；荣成、文登市成功获批国家首批绿色能源示范县。高新技术方面，金猴集团国家认定企业技术中心成功获批；争取文登工业园加挂文登高新技术产业开发区牌子。

【多渠道争取资金支持】 紧紧把握国家实施积极财政政策和适度宽松货币政策的有利机遇，积极筛选论证上报项目，全面加大对上级资金的争取力度。年内，国家和省发改委共批复威海市上报项目159个，争取无偿资金5.3亿元，产业资金4.3亿元，信贷资金5.3亿元，有力地支持了农林水利、高新技术、社会事业、基础设施、产业升级、节能环保、现代服务业等关键领域的快速发展。其中，争取产业振兴和结构调整专项资金4106万元，支持了3个产业振兴、3个中小企业和4个结构调整项目；光威复合材料、华力电机等9个项目获得省新能源产业发展专项资金3710万元；争取国家、省服务业专项资金1960万元，支持了泰祥食品、威海粮食储备库等7个项目建设；安排市级服务业引导资金300万元，扶持了9个重点服务业项目。为三角集团、威高集团等9个项目办理进口设备免税3.8亿元。争取小麦、棉花进口配额1.6万多吨，是上年的2.3倍。

【强化固定资产投资调控】 进一步规范建设项目审批核准及登记备案程序，严把产业政策、环境保护、资源消耗、资金审核四道关口，全面抓好投资运行的宏观分析和管理工作，切实做好投资运行调度分析、投资项目许可评审等工作，推动全市固定资产投资健康平稳增长。全年完成规模以上固定资产投资1168.2亿元，增长18.7%。定期调度全市总投资5000万元以上的拟建投资项目，对全市6批266个新增中央投资项目和2批25个省调控资金项目每半个月调度一次，配合中央、省等各检查组做好扩大内需项目、新增中央投资项目、省调控资金项目的调度管理，全市投资项目均有序推进，顺利实施。

【扎实推进和谐社会建设】 坚持以人为本、富民优先，从解决人民群众最关心、最直接、最现实的利益问题入手，加快推进社会民生事业发展。围绕新农村建设，加快实施粮食产能任务县项目，争取中央、省投资1125万元，建设文登市宋村镇商品粮基地1333.33公顷。全部完成13座大中型病险水库、344座小型水库除险加固任务，胶东调水威海段工程全面铺开，列入国家、省规划的5条河道治理项目已完成3个，实施水系生态造林1000公顷，新建水系生态水保项目2处，有效地提高了水资源保障和农业综合生产能力。争取上级扶持资金4275万元，解决了145个村、9.5万人的饮水安全问题；建成户用沼气3000户、大中小型沼气工程8处，有效地改善了农村环境和能源结构。围绕城镇基础设施建设，争取中央预算内投资9070万元，推进了市垃圾处理厂二期、张村镇污水管网等7个基础设施项目建设。围绕社会事业发展，上报审批医疗、教育、旅游等社会事业项目10个，储备社会事业专项15个，争取中央、省资金3115万元；进一步深化医疗卫生体制改革，出台了推行国家基本药物制度实施意见，全市医改覆盖面达到49%，高出全省12个百分点，药品价格整体下降了40%左右；经积极协调，威海市普通高、中等学校招生和技校招生指标分别比上年招生数增长16%和50%，高出全省平均水平9个和33个百分点。

【深入开展调查研究】 坚持为领导科学决策服务、为经济社会发展服务的原则，加大跟踪调研力度，准确把握经济走势，超前谋划工作思路，充分发挥参谋助手作用，认真做好信息和调研工作。全年编发《发展和改革工作信息》137期，累计向市委、市政府提出各类合理化建议170余条，有针对性的对策建议52条，被领导批示14条，连续3年在市委、市政府办公室信息考核中名列第一。按照出主意、谋思路的要求，着眼于全市经济运行中的苗头性、倾向性问题，为领导科学决策、促进经济企稳回升提建议、当参谋。加强蓝色经济区和高端产业聚集区建设的研究，协调争取国家级海产品质量监督检验中心、国家级出口海产品安全示范区等重点项目落户威海市，南海海洋经济新区、荣成好运角旅游度假区等进入《山东半岛蓝色经济区发展规划》；建立了海洋产业重点企业库，储备了100个“两区”规划建设重点项目；成功承办了全国政协、省政协、市内外媒体等10多批次、300多人次到威海研讨、招商、宣传采访等活动。研究出台了《关于加快服务业跨越发展的若干政策》，有利推动了服务业跨越发展。调研完成了《关于推动我市新能源汽车产业加快发展的调查报告》，为建设电动汽车生产基地工作奠定了基础。提出了《关于促进我市核电装备制造业加快发展的意见》，推进了核电装备制造业的发展。围绕推进新型城镇化建设，研究出台了《关于扩权强镇支持小城镇发展的意见》，明确各项扶持政策和改革措施，并筛选确定了4个试点镇，加快了威海市新型城镇化进程。

（王永澄）

固定资产投资管理

【概况】 2010年，全市固定资产投资主要有以下特点：

投资总量保持平稳较快增长 全市完成固定资产投资1168.18亿元，比上年增长18.7%。三次产业投资均保持较快增长，第一产业投资完成35.45亿元，增长9.6 %，第二产业投资完成444.05 亿元，增长12.2%，第三产业投资完成688.68亿元，增长23.8%。

投资结构继续优化 三次产业投资比重由上年的2.9 ∶ 42.6 ∶ 54.5优化为3 ∶ 38 ∶ 59，第一产业投资占比相对稳定，第二产业占比继续下降，第三产业投资占比提升，比上年提高了4.5个百分点。第二产业中工业完成投资432.36亿元，增长12.9%；第三产业中交通运输、仓储和邮政业完成投资122.43亿元，增长35.1%；文化、体育和娱乐业完成投资24.05亿元，增长113.5%。

新兴产业投资初具规模，民间投资渐趋活跃 全市新兴产业完成投资119.74亿元，占规模以上投资的比重为10.2%。其中工业新兴产业投资91.23亿元，占全部新兴产业投资的76.2%，占全部工业投资的21.1%。核电、风电等新能源投资项目占比较大，完成年度投资38.24亿元，占新兴产业投资的31.9%。全市高新技术产业完成投资143亿元，比上年增长11.8%，占工业投资的比重为33.1%。全市完成民间投资991.35亿元，增长21%，高出规模以上固定资产投资增速2.3个百分点，占规模以上投资的比重为84.9%。

房地产开发投资、销售继续放缓 全市房地产完成投资269.8亿元，比上年增长28.8%，增幅比上年回落了10.6个百分点。其中，商业营业用房投资增长最快，增长87.9%，占全部房地产开发投资的6.0%，提高1.9个百分点；住宅投资完成236.9亿元，增长25.9%，占全部房地产开发投资的87.8%，下降2个百分点；办公写字楼投资完成1.9亿元，下降37.3%，占全部房地产开发投资的0.7%，下降0.7个百分点；其他投资完成14.9亿元，增长52.2%，占全部房地产开发投资的5.5%，提高0.8个百分点。商品房销售继续放缓，实现商品房销售额279.93亿元，增长42.6%，增幅回落了20.6个百分点。

建设资金到位情况良好，自筹资金比重持续增加 全市固定资产投资资金到位1234.6亿元，比上年增长28.8%，其中，国家预算内资金16.66亿元，增长58%，占当年资金来源的1.3%；国内贷款88.44亿元，增长20.3%，占资金来源的7.2%；利用外资下降48.1%，占资金来源的2.1%；自筹资金1010.47亿元，增长10.3%，占资金来源的81.8%。

（曲莎莎）

国有资产监督管理

【概况】 2010年，在国有资产监督管理工作中，始终以科学发展观为统领，以国有资产保值增值为目标，深入开展“服务提升年”活动，依法依规履行出资人职责，加大国资监管力度，提高了公益性企业服务社会的水平，提升了竞争性企业的创新能力，促进了国有企业平稳健康发展。至年底，15家市管企业实现营业收入50.1亿元，其中6家盈利企业实现利润2.3亿元。

【国资监管基础工作】 一是健全了国有资产监管制度体系。制定出台了《关于以科学发展观为指导进一步规范市管企业经营管理的意见》，进一步规范和加强了企业战略管理、风险管理、安全管理、成本管理和企业服务管理。对市国资委成立以来以市政府名义出台的国资监管工作规范性文件进行了梳理，废止了《威海市市级机关事业单位国有资产收益管理办法(试行)》和《威海市市属企业国有资产收益管理办法(试行)》。下发了《关于印发〈预算执行情况动态监控制度〉等四项制度的通知》，对企业预算管理、财务重要事项管理、财务信息质量管理及财务机构人员管理等多个方面进行严格规范，进一步完善了国有企业财务监督管理制度体系，实现了企业财务监管的制度化、规范化。二是理顺了国资监管体制。按照《威海市人民政府办公室关于理顺市属国有企业管理体制加快推进企业改制的通知》(威政办发明电〔2009〕75号)要求，对市政府授权市国资委直接履行出资人职责的铁路、民航、热电、船厂等10家企业进行了产权变更登记，理顺了产权关系。三是夯实了企业产权管理基础工作。认真做好企业国有产权登记变更注销工作，完成了2009年度企业国有产权登记年检及汇总分析工作，为优化国有资本布局结构调整，加快推进国有企业改革发展奠定了基础。2010年，全市累计办理企业国有产权登记242家。其中，占有登记153家，变动登记43家，注销登记46家。全市196家占有及变动登记企业实收资本合计83.73亿元，比上年增长8.48%。四是加强了企业投融资项目监管。审核批复威海港集团公司、水务集团公司等企业对外担保、抵押贷款项目45个，项目融资金额46.18亿元。其中，山东威海船厂和威海港集团公司创新了融资方式，采取集中票据融资的方式筹措资金3.5亿元，有效缓解了企业经营发展的资金瓶颈问题。对6个投资项目进行了审核和备案管理，批复投资6406万元。批准北洋集团公司利用股权引进资金200万元。五是严格企业改制审计评估和产权交易的监管。采取公开招标的方式，认真做好市塑料网丝厂、山东威海船厂、威海广电网络有限公司等企业重组和威海热电厂、第二热电厂、公交总公司3家企业公司制改造资产审计评估工作。完成了威海北洋集团公司持有的威海康威通讯有限公司25%法人股权、威海市医药采购供应站100%国有法人股、威海沿黄医药有限公司65.57%国有法人股权3项产权交易项目进场挂牌交易，成交价115.1万元。对威海市塑料网丝厂集体产权进行了协议转让。六是加大了企业单项国有资产处置监管力度。对热电集团公司、水务集团公司、五环房地产公司经批准处置的房地产评估结果进行备案，并按规定程序进行公开处置。其中，热电集团公司房地产评估价3443万元，综合考虑各方面因素确定出让底价为4500万元，经公开拍卖成交价为4800万元，最大限度地确保了国有资产保值增值。七是加强了市管企业安全生产管理工作。制订了市国资委安全生产监管工作方案，明确了年度安全生产工作目标任务。组织对企业进行了4次安全生产检查活动，查处大小安全隐患300余项，对发现的安全隐患及时进行了整改，确保了市管企业安全生产形势持续稳定。年内，各市管企业没有发生人员重伤和死亡事故。

【经营业绩考核工作】 一是加强年终财务决算审计工作。会同审计部门联合聘请中介机构完成了市属(含二级企业)119家企业2009年度审计报告，并对企业2009年度会计差错进行了调整和纠正。调整资产4.14亿元，调整负债6.60亿元，调整净资产2.21亿元；调整营业收入3682万元，调整税金165万元，调整成本费用2905万元，调整利润1.56亿元。二是严格兑现企业负责人薪酬。按照经营业绩责任书的约定和年终财务决算审计情况，对市属10家重点企业负责人2009年薪酬进行了认真测算。2009年10家企业负责人薪酬总额为247.24万元，比2008年增长14.01%，是职工平均工资的5.8倍。对东山宾馆负责人第一任期经营业绩进行了考核，并对任期奖励进行了测算。对10家未签订责任书企业负责人薪酬进行了管控。三是完善经营业绩考核体系。完善了财务信息、社会服务、政府工程、监管工作、否定与奖励等5大业绩考核指标体系，实现由单一的薪酬分配调控向全面提升管理和服务水平迈进。对市铁路局等4家企业实行资产管理考核，主要包括不良流动资产比率、固定资产完好率、折旧提足率、经营活动产生的现金流量净额和管理费用占业务总收入比重等。与威海港集团等11家企业签订了2010年度经营业绩责任书，与市铁路局等4家单位签订了资产管理责任书。四是加强市属国有企业工资总额管理。对38家市属国有企业工资总额采取政府指导线与工效挂钩相结合方式进行调控。核定遵循企业工资总额同经济效益协调增长和职工收入稳定增长原则，以全市上年职工平均工资为基数，根据企业利润增长或减亏幅度，确定企业2009年度职工工资增长幅度，最高增长15%，最低增长4%。经核定38家企业2009年度职工工资总额为3.64亿元，比2008年增长2431万元，职工人均增长1880元，增幅7.8%。

【国有企业改革重组工作】 一是积极推进国有资产整合重组工作。为进一步整合港口资源，将市铁路局持有的威港铁路有限公司6500万元股权无偿划转给威海港集团公司，使其变更为威海港全资子公司。将山东威海船厂工会委员会持有的山东新船重工有限公司股权无偿划转给山东威海船厂，山东新船重工有限公司变更为山东威海船厂的全资子公司，注册资本由3000万元增加到3亿元。完成了威海热电集团公司以70.59万元收购3名自然人持有的威海洋鑫热电实业有限公司70.59万元股权，威海洋鑫热电实业有限公司变更为热电厂的全资子公司。在2009年解决华融资产公司持股置换的基础上，积极推进信达资产公司持有北洋集团股权的处置工作，双方已达成一致意见。积极配合威海北洋电气集团股份有限公司出资87.43万元成功收购杭州欧忆光电科技有限公司51%的股权。建立了国有控股上市公司监控系统，对新北洋上市企业日常运营情况按季度汇总上报。二是推进了桃威铁路、威海港集团公司、山东威海船厂等企业资产重组和合作。针对桃威铁路面临的困难和问题，结合城际铁路开工建设等实际情况，提出了桃威铁路划归国铁的资产重组意见，并与铁道部进行了沟通协商，达成了初步意向。按照市委、市政府“兴港强市”的战略部署，积极推进威海港集团公司对外的合资合作。认真抓好山东威海船厂的重组工作，与中航科技北京公司签订了框架协议，双方对审计评估结果进行认真细致的论证。按照省委、省政府的要求，加快推进威海广电网络有限公司资产重组工作，并就涉及原合资企业有关问题积极与中信国安进行沟通，力求达成共识，排除重组障碍。三是稳妥推进了国有企业改革改制步伐。完成了热电厂、第二热电厂及公交公司3家企业公司制改革，分别成立了热电集团有限公司、第二热电集团有限公司和公交集团有限公司，建立了董事会、监事会、经理层“两会一层”的法人治理结构，形成了决策权、监督权与执行权分离的相互促进、相互制衡的新型运行机制。积极推进竞争性中小困难企业改制步伐，完成了市医药总公司下属的医药采购供应站和沿黄医药总公司2家特困企业改制。对医药总公司留守人员进行了分流安置。会同市经信委完成了市塑料网丝厂职工重组改制和分流安置工作，安置职工196人（含方圆塑料职工42人），有力地维护了社会稳定。协助有关部门积极推进了威海盐场与威海鹿鸣制衣厂合并新设鹿鸣实业有限公司的改革工作。

【财务监督管理工作】 一是编制了2010年度国有资本经营预算建议草案。2010年度国有资本经营计划报市财政局并经市政府研究批复同意，2010年度国有资本预算收入总计为1754万元，预算支出为2167万元。二是强化了企业预算管理。对2009年度10家重点企业预算执行情况进行汇总分析，找出了存在的问题，提出了下一步工作的意见和建议。督导10家重点企业全面做好2010年企业预算编制工作，引导企业进一步加强预算管理，实现从企业资金、投融资、经营情况、财务状况、成本费用等全方位的全面预算管理，同时严格预算审批工作程序，对预算指标逐项审核，督促企业开源节流，加强内部管理，节能挖潜，严控不必要的开支。三是加强了企业财务运营监管。进一步完善了15家市管企业财务快报制度，及时掌握企业财务运行情况，每月对企业经营、效益、成本、资产、人力等指标的完成情况汇总并进行综合分析，对重要指标起伏较大的企业，及时查明变化原因，研究管控措施，纠正违反财务规定的不规范行为。四是加大了企业国有资产收益管理力度。按照市财政局《关于下达2010年市级国有资本经营预算控制限额的通知》，强化收益收缴，合理安排支出。产权户全年实现产权收入2314万元，完成年度目标的210%。其中，国有控股参股公司股利红利收入2011万元，资产及资金占用费收入268万元；产权户支出总计4460万元，其中，返还广电网络公司1068.86万元，拨付二热电三角工业园供汽项目资本金1000万元，北洋集团土地补偿款2500万元。

（董文宇　刘鹏科）

审计工作

【概况】 2010年，全市审计机关通过对财政资金和公共资源管理分配使用等环节的审计监督，依法纠正发现的各种违法违规问题，切实保障财政资金的安全、完整、高效。年内，完成审计项目358个，查处违规资金5.8亿元，促进增收节支3.3亿元。

【本级预算执行审计】 全市审计机关对2009年度本级财政预算执行和其他财政收支情况进行了审计，主要审计了财政部门预算编制、预算资金分配、管理情况和地税机关税收征管情况，同时开展与预算执行审计相结合的专题审计项目26个，涉及部门单位175个，促进增收节支2.6亿元。市审计局在完成对财政预算执行审计和税收征管审计的同时，开展了对全市教育收费、农村药品“两网”建设（供应网和监督网）、惠农资金、海域使用金、市公安局和市委党校综合楼竣工决算、全市新增中央预算内投资项目实施情况的审计和审计调查，持续跟踪审计了四川汶川、青海玉树抗震救灾资金物资筹集、管理和使用情况。市政府市长办公会专题听取了审计结果报告，认为此次审计对于进一步规范财政经济秩序，增强财政预算执行的透明度，促进党风廉政建设，提高政府依法行政水平具有重要意义。市人大常委会在听取和审议审计工作报告后认为，预算执行审计工作报告客观中肯、质量高，真实地揭示和反映了在预算执行、税收征管和其他财政收支方面存在的一些问题，提出了切实可行的审计意见和建议。预算执行审计的整体性、完整性、效益性和建设性进一步增强。经请示市政府批准，市审计局对外公告了2009年度市级预算执行和其他财政收支、教育收费、药品供应网和监管网运行、惠农资金管理实施、海域使用金征缴使用等5项审计结果，相关部门单位全部在规定时间内完成了整改任务。各市（区）审计机关加强了对政府性资金和地方税收入库、国有资产管理等情况的审计监督，提报的本级预算审计结果先后被政府（管委）领导批示15件次，有力地促进了整改。

【领导干部经济责任审计】 全市审计机关对249名领导干部进行了经济责任审计，重点关注领导干部民主决策、科学决策和科学理财、依法理财情况，发挥了审计对权力的约束和预警作用，为组织部门管理使用干部提供了重要的参考依据。为了更好地发挥经济责任审计的警示、帮促作用，按照《威海市领导干部任期经济责任审计结果运用意见》的要求，对所有的审计结果报告，联席会议都进行了点评和批示，对所有审计过的领导干部全部进行了反馈谈话，联席会议各成员单位联合进行了检查督促，确保问题得到整改。

【专项资金审计】 全市审计机关从服务中心工作、维护群众利益出发，对新型农村合作医疗资金、住房公积金、残疾人就业保障金、全市中小学校舍安全工程、农村药品“两网”建设、全市惠农资金、全市中小学教育收费、农村住房建设与危房改造工程进行了审计和审计调查，促进解决了一些体制机制制度性问题，进一步优化了公共资源配置，保障了财政资金依法有效使用，有效维护了人民群众的根本利益。

【固定资产投资审计】 全市审计机关围绕政府投资重点，对45个政府投资工程项目进行了审计，涵盖了拉动内需、对口援川、市政、教育、社会福利、经济适用房等方面的工程，审计机关从招投标管理、材料价格控制、定额管理、工程资金管理使用等重点环节入手，加强实地勘验和财务核查，审减工程造价9870万元，提高了财政资金使用效益。

【内部审计管理与指导】 市政府办公室下发了《关于进一步加强内部审计工作的意见》，对内部审计职能定位、组织形式、职责权限、审计程序进行了全面规范，推动了全市内部审计工作健康发展。全市审计机关加强内部审计队伍业务培训和资格认证管理，推动内审工作深入开展，各内审机构全年完成审计项目7771个，促进增收节支3.3亿元，向司法机关移送处理案件3起。

【业务质量管理工作】 全市审计机关按照“创先争优”目标要求，严格依法办事，加强考核检查，业务质量进一步提高，年内，获评省市级优秀审计项目36个，优秀审计案例23个，受到省审计厅通报表扬项目6个，市审计局被评为全市年度工作优秀单位，全省“五五普法”先进单位等。完成了全市OA审计管理系统的安装调试，建成了全市审计业务管理平台，全市有101人通过OA认证考试，19人通过计算机中级考试，计算机审计人才队伍进一步壮大。

（宋宝军）

物价管理

【概况】 2010年，威海市物价局坚持“聚心聚力聚智、为农为企为民”工作宗旨和“服务群众无小事、促进发展破难题”的服务理念，积极履行物价职责，稳定价格总水平，规范价格秩序，化解价费矛盾，促进民生改善和结构调整，为建立和谐社会创造良好价格环境，先后被评为全国农产品成本调查先进集体，全省价格监督检查、依法行政、价格监测和宣传等工作先进集体，被评为全市年度工作优秀单位。

【居民消费价格基本走势】 2010年，受季节、天气、成本等因素的叠加影响，各种农产品价格轮番上涨，并逐步向一般消费品蔓延，价格总水平逐月攀升，10月居民消费价格总水平同比上涨4.4%，11月同比上涨4.9%，创28个月来的新高。市委、市政府及时采取了一系列稳物价、保民生的价格调控措施，价格总水平过快上涨势头明显得到抑制，12月CPI同比回落至3.7%，全年累计上涨2.7%，分别低于全国0.6个百分点、全省0.2个百分点。构成居民消费价格的八大类商品中，同比七升一降，其中，食品类价格累计上涨11.7%，是推动价格总水平上涨的主导力量，烟酒及用品、医疗保健和个人用品、居住、家庭设备用品及维修服务、交通和通信、娱乐教育文化用品及服务分别上涨3.2%、2.8%、1.6%、0.3%、0.3%、0.2%，衣着类价格下降9.1%。

【稳定物价】 针对下半年居民生活必需品价格上涨的实际，认真贯彻落实国家和省、市各项价格调控政策，不断强化价格政策的杠杆作用。一是完善价格监测体系。在全市建立200余个监测点，对300多种商品和服务价格实行动态监控，扩大监测覆盖的广度，把160种商品纳入应急监测体系，拓展监测数据的深度。二是加强价格监管调控。组织商家实施“承担责任、爱心让利”行动，发布稳定节日价格倡议书，加强市场价格巡查力度，严厉打击乱涨价行为。动用价格调节基金2000多万元对威海市农副产品生产和流通骨干企业进行补贴，提高肉、蛋、菜自给能力。三是安定弱势群体生活。及时启动最低生活保障标准与经济社会发展水平和物价上涨“双联动”机制，动用价格调节基金近200万元，对市区1万多名享受国家抚恤补助优抚对象、城乡低保对象、农村“五保”对象等发放价格临时补贴，对10万多名学生发放就餐补助。认真落实学校食堂和学生生活用电、水、气价格与居民生活同价政策，将食堂用蒸汽价格由每吨172元下调至每吨163元，降低学生食堂饭菜成本。四是加大清费减负稳价力度。积极推行基本药物制度，对近4000个品种的基本药物实行最高采购限价，并在全市79个基层医疗卫生服务机构实行零差率销售。对市区停车收费进行整顿规范。市区居民供暖价格连续7年保持25元／平方米(使用面积)，为全省17地市最低。五是完善信息发布制度。建立部门新闻发言人制度，准确阐释价格政策，在《威海日报》开设《稳定物价》专栏，正确引导社会心理预期。在一系列调控措施作用下，价格总水平过快上涨势头得到有效缓解，价格调控措施取得阶段性成效。12月9日，以省物价局局长陈充带队的省政府督导组对威海市稳定物价工作取得的成效给予了充分肯定。

【价费改革】 一是制定了《关于运用价格杠杆促进经济发展方式加快转变的若干意见》，出台了27条政策措施，加快重点领域和关键环节价格改革。二是对全市4个AAAA级旅游景区门票价格进行调整，实行淡旺季区别价格政策，年增加景区收入6000万元。三是及时启动煤、汽价格联动机制。根据煤汽价格联动机制并考虑用汽企业承受能力，分别于4月1日、9月1日将0.7兆帕（汽轮机出口表压）生产经营用热汽价格调整为154元／吨、172元／吨。指导港华燃气公司合理制定工商企业用天然气阶梯式价格。四是出台了住宅小区供配电设施配套费政策，在市区新建住宅小区推行由供电部门统一建设、统一维护、统一管理的供配电服务模式，同时启动了老小区供配电设施改造，既保障了居民用电的长期安全，又减少了居民电费支出。五是在市区新建住宅小区及物业服务合同到期的老小区推行“菜单式”物业服务收费，有效化解物业收费矛盾，建立起业主和物业企业公平合理的交易机制。

【价格监督检查】 加大对市场价格秩序的整治力度，有重点地对成品油、电力、基本药物、民爆器材价格和公安、海关等涉企收费以及社会团体、中介机构收费等开展专项检查。全市查处价格违法案件74件，实行经济制裁485.3万元，退还用户9.4万元，上缴财政475.9万元，处罚数和收缴数创历史新高。充分整合“12358”价格举报电话、行风热线、价格门户网站等窗口和平台，畅通价格诉求渠道，全年受理各类价格举报投诉咨询1178件，查处价格投诉88件，退还金额8.37万元，查处率达到100%。成立了全省首家价格诚信协会，在威海物价网站开设《价格诚信单位形象展示》栏目，召开了全市餐饮旅店业明码标价工作推进会，倡导发起“明码标价、诚信经营”活动，促进了价格诚信长效机制建设。

【价格服务】 *服务企业发展* 积极争取电价优惠政策，解决了威海南郊热电厂和文登热电厂电价问题，盘活资产5亿多元，满足了威海工业新区和文登市区生产经营和居民生活用热用汽的需要。威海南郊热电厂实现了“上网电价执行公用电厂标杆电价，拓展纤维生产用电给予价格优惠”的最佳目标，年可创造经济效益4600多万元。文登热电厂由原来两个机组执行不同上网电价改为实行统一电价，年可增加经济效益1500多万元。

服务农村经济发展 在文登市进行创新“价格服务进农村”试点，借助组织部门远程教育网，向农民提供农产品成本、市场价格等方面的信息，拓宽为农服务渠道。12月10日，与组织部门联手在文登市召开威海市依托远教平台深化“价格服务进农村”工作现场会，省物价局局长陈充、省委党员干部现代远程教育中心主任朱昆峰等出席会议并给予充分肯定，其经验做法被省物价局以《物价简报》的形式在全省推广。

【机构建设】 根据威海市人民政府办公室威政办发〔2010〕56号文件规定和市机构编制委员会威编〔2010〕38号、威编办〔2010〕74号文件批复，威海市物价局增加政府制定价格成本监审和反价格垄断执法两项职责，增设成本调查监审科（与价格管理科合署），增加行政编制2名，办公室加挂政工科牌子；市价格监督检查局市场价格检查科由在商品价格检查科挂牌调整为独立设置，增加科级领导职数1名，行政编制2名。

【全市物价系统创先争优、服务发展工作座谈会】 8月25～26日，全市物价系统创先争优、服务发展工作座谈会召开。市直经济部门相关负责人、市物价局全体人员及各市（区）物价部门中层以上干部200多人参加会议。省物价局局长陈充作专题报告，市委创先争优领导小组相关负责人作专题辅导讲座。会议深刻分析了物价工作存在的问题和解决的途径，强调要以创先争优活动统领物价工作全局，树立创争意识，激发干事创业激情，以思想的解放和认识的提高推动物价工作再上新水平。

（林晓飞）

工商行政管理

【“三型机关”建设】 2010年，市工商局结合基层队伍建设实际，开展了创建学习型、创新型和服务型“三型机关”建设活动。一是围绕创建学习型机关，开展了“机关干部读好书”等活动，举办各类业务培训班125期，参加培训人员1.2万人次。二是围绕创建创新型机关，开展了“创先争优”活动，总结推广了“一制四表”（委托登记工作指导制度、注册人员登记备案表、注册登记流程规则表、注册登记跟踪检查表、检查情况定期通报表）工作法、集贸市场简易程序规范等经验。三是围绕创建服务型机关，开展创建“机关服务品牌”活动，市工商局机关和威海经济技术开发区工商分局被评为省级文明单位，威海高技术产业开发区工商分局被评为省级文明机关。

【注册登记管理】 加大政策扶持力度，努力提升服务水平。出台了《关于充分发挥职能作用促进经济发展方式加快转变的实施意见》和《振兴农业产业促进农民增收的实施意见》，重点引导规模以上工业企业调整产业结构，扶持涉农企业加快发展。积极创新三项机制，拓展职能空间。一是创新“并联审批”机制，全面推行“工商窗口协发税务登记证”工作，累计协发税务登记证1.47万份，传递设立、变更、注销登记信息50万条，实现了方便企业与财税增收的双赢。二是创新“政银联动”机制，联手农业银行，在市区登记窗口设立18处小额贷款服务点，促成小额贷款1780万元；主动协调多家金融机构，推出股权质押融资优惠政策，帮助32家企业通过出质股权融资近20亿元；免费为323家企业办理了动产抵押登记，融资8.1亿元；支持新成立2家小额贷款公司和1家村镇银行，发放贷款10.6亿元。以“工商E线通”为纽带，与6家银行建立了协作关系，办理出资验资业务2181件。三是创新“政企互动”机制，以“大回访”活动为契机，通过召开“市场主体登记新闻发布会”等形式，加强与企业的交流，为企业办实事、解难题。年内，全系统走访各级党委、政府部门77处，回访经营业户3627户、案件1876件，为企业解决实际问题283个。

【公平交易管理】 全市共查处各类违

反公平竞争法律法规案件2400起，有力地维护了公正公平的市场经营秩序。一是深化“无传销社区”创建工作，发布公开信和倡议书各6700份，制作宣传刊板168个，捣毁传销窝点6处，遣散传销人员800余人次。二是开展商业贿赂行为专项整治行动，以金融保险、医药购销以及旅游导购市场为重点，查处商业贿赂案件5起。三是加大限制不正当竞争行为打击力度，排查全市注册资本500万元以上企业400余家，查处不正当竞争案件16起。四是大力规范成品油市场，抽检成品油209个批次，立案查处38起。

【市场合同管理】 一是加大整治力度，市场环境明显改善。联合质监检测部门开展了农资商品集中监测活动，抽检农资样品124批次，查处农资违法案件85起。排查拍卖企业23家，立案查处违规案件10起。同时，认真执行“禁塑令”，强化重点市场监管，收缴不合格塑料袋11.3万个。二是突出诚信引导，企业诚信意识明显增强。积极开展了企业履行社会责任试点工作，在3家省级试点企业的基础上，新增加13家市级试点企业和1个整体试点区，形成了以点带面、逐步推进的创建格局。三是积极参与全国文明城市创建工作，会同市文明办联合开展“做文明经营户、建文明经营环境、万名业户争当创城主人公”签名活动，提升了市场文明水平。

【商标广告管理】 一是积极实施商标兴市战略。积极指导企业争创驰名、著名商标。2010年，“金猴”、“寒思”、“天宇、“泰祥”4件商标被认定为中国驰名商标，全市驰名商标总数达到20件；“达因”、“海港”及图等12件商标被认定为山东省著名商标，全市著名商标数量达到75件；“乳山大姜”成功注册地理标志商标，全市地理标志证明商标达到6件。开展了“威海市知名商标”认定活动，首次认定“威海市知名商标”34件。二是深入开展商标专用权保护行动。查处侵犯“五粮液”、“剑南春”、“耐克”、“阿迪达斯”、“kappa”、“LV”等商标专用权违法案件222件，没收侵权商品4705件。加强世博会标志、亚运会标志专有权保护，以旅行社、摄影等服务企业为重点检查商品交易市场120个，立案查处侵犯世博会标志专用权案件5起。三是不断加大广告行业规范引导力度。开展了以医疗服务、药品、保健食品、医疗器械、化妆品等五类广告为重点的“打虚假树诚信”广告专项整顿活动，全年累计监测各类广告4961条次，查处违法广告案件78起。召开了媒体违法广告告诫会，对严重违规单位予以通报批评，净化了全市广告环境。

【消费者权益保护】 不断强化“12315”申诉举报中心的维权职能，受理消费者咨询2.39万件，申诉387起，为消费者挽回经济损失227万元。深入推进“食品安全放心社区”创建活动，全市37个镇（街道办）、1207个村（居委会）开展了创建试点工作。不断完善食品安全电子监管系统，开展了食品安全数据库追溯应用系统录入工作，建立电子台账658户。严厉打击销售“地沟油”违法行为，以学校周边食品经营业户为重点，取缔无照、超范围经营业户41户。不断加大食品质量监测工作力度，组织监测食用植物油、肉制品等1286个批次。积极探索推行“企业自检、工商抽检、专业机构复检”的食用农产品质量监管举措，中央电视台、山东电视台先后作了专题报道。研究出台了《威海市美容服务业规范标准》和信用等级评定办法，强化了一卡通、服务清单、商品建档、服务公示和加盟商管理等五项规范。

【消费者协会工作】 一是营造安全放心的消费环境。联合市文明办、工商局、质监局等10家职能部门，组织中国移动威海分公司等40家名优企业开展了“2010年3·15国际消费者权益日纪念大会暨宣传咨询服务活动”，全面宣传消协工作职责、流程，消费维权和识假辨假知识，增强企业自律意识，减少消费侵权案件的发生。开展消费维权志愿者服务活动，从社会各个阶层、不同领域，征集“3·15”消费维权志愿者200名，为消费维权提供法律、舆论援助和监督，参加公共服务企业消费评议活动。二是加大消费群体维权力度。围绕食品安全、家电质量、手机质量、房地产预售等热点消费行业和领域，受理投诉1765件，为消费者挽回经济损失189万余元，接待来访和接受咨询1.6万余次。建立了“重点行业消费者评议制度”，开展了住宅小区物业管理状况调查、通信行业消费评议、聘请“3·15”消费维权志愿者等活动，利用社会监督和舆论监督，指导相关行业改善服务质量，自觉维护消费者权益。三是充分发挥活动诚信引导作用。开展了威海市第八届消费者满意单位评选活动，按照“广泛动员、企业自愿，严格审查，慎重确定”的原则，评选出100家“威海市第八届消费者满意单位”，引导企业诚信守法经营。

（师永伟）

国土资源管理

【概况】 2010年，威海市国土资源管理工作成效显著，资源保护更趋合理，服务保障更为完善，土地调控作用进一步发挥，土地和矿产市场秩序进一步规范，国土资源节约集约利用水平进一步提高。征地制度改革进一步深化，被征地农民权利得到维护和加强。地籍、储量、地勘、测绘等基础工作和法制建设进一步加强，数字威海地理框架结构基本完成，土地、矿产、测绘各项事业实现了新的突破。市国土资源局被评为全国国土资源管理系统先进集体。

【耕地保护】 严格落实耕地保护责任制，顺利完成2010年威海市耕地保护目标任务。组织开展基本农田保护标志更新工作，完成设立基本农田保护标志91块。坚持开发与保护并重的原则，做好土地开发整理复垦，全年共组织验收国家级、省级、市级和县级土地开发整理复垦项目56个，土地开发整理复垦总规模4385.2公顷，增加耕地843.9公顷。严格耕地占用补偿制度，切实做到“占一补一”、“先补后占”。2010年各类新增建设用地占用耕地601.5公顷，全部使用耕地储备库中的占补平衡指标进行了补充。各市（区）易地购买耕地占补平衡指标266.7公顷，有效地缓解了耕地后备资源不足的压力。

【国土资源集约利用】 *闲置土地清理整治* 深入开展闲置土地清查处理工作，核实威海市区范围内闲置土地79宗230.8公顷。其中，市中心区8宗23.1公顷、环翠区31宗89.5公顷、威海高技术产业开发区32宗92.1公顷、威海经济技术开发区8宗26.1公顷。2010年底，已督促开工18宗58.6公顷。其中，市中心区6宗16公顷、环翠区10宗39.9公顷、威海高技术产业开发区2宗2.7公顷。

批而未供土地处置 2007～2010年，全市经省政府批准建设用地5584.8公顷，已完成供地3590.2公顷，尚有1994.6公顷建设用地未完成供应。其中，2007年度已批建设用地全市未供土地总面积215.7公顷，供地率83.79%；2008年度已批建设用地未供土地总面积361.4公顷，供地率79.74%；2009年度经省政府批回的建设用地未供土地总面积308.9公顷，供地率72.10%。通过开展多次大规模清理处置工作，供地率大幅度提高。

矿山整治 至2010年底，矿山总数已由2005年整合初期的739个减至283个，缩减比例达到61.7%，超额完成了省政府下达的矿山资源整合工作目标。全面启动废弃采石场地质环境治理恢复工作，至年底，累计投入资金1.9亿元，治理面积159.73万平方米，完成回填土石方70万立方米，植树80.53万棵，有效地保护了生态地质环境。

【国土资源保障】 科学编制土地利用总体规划，合理统筹土地资源的开发、利用和保护，促进社会经济发展。8月，县级土地利用总体规划全部获省政府批复。9月，镇级土地利用总体规划全部由市政府批准实施。扎实推进城乡建设用地增减挂钩和建设用地置换复垦工作，把闲置、低效和粗放利用的建设用地复垦为农用地，拓宽用地空间。年内，全市组织申报城乡建设用地增减挂钩项目区13个，挂钩周转总规模312.4公顷，申报建设用地置换复垦项目区7个，面积50.7公顷。认真执行省里下达的2010年土地利用计划313.3公顷，优先保障市区旧村改造、城建重点工程和民生工程建设。通过置换、挂钩解决用地指标20.4公顷。

【国土资源市场建设】 规范招标拍卖挂牌出让程序，增加资源出让过程的透明度，维护公开、公正、公平的资源市场秩序。全市供应土地总量2936公顷，总成交价款178亿元；出让工业用地981公顷，经营性用地1722公顷，实现政府收益92亿元；其他用地233公顷。集中力量做好地热温泉市场秩序整治，制定了《威海市地热资源管理办法》。强化石材资源开发管理，保护山体自然生态，制定了《威海市石材资源开采与山体保护办法》。

【征地管理】 按照国家有关规定，进一步规范全市征地前预告知、征地听证及“两公告一登记”制度的内容、方式与时限，切实维护被征地农民的知情权、参与权和监督权。全年组织上报用地项目102个批次，总面积1241.9公顷；已批准80个批次，面积845.7公顷。继续推进被征地农民保障机制，维护被征地农民合法权益，保证农民的长远生计。

【农村土地综合整治】 2010年，申报了荣成市和文登市2个省级土地综合整治示范项目，纳入土地综合整治面积6739.1公顷，预算总投资3.53亿元，规划新增耕地692.9公顷，新增耕地率10.28%。

【城中村改造用地保障】 把被列入城中村改造计划村（居）所需占用农用地数量进行统计，优先落实城中村改造所需用地指标。至2010年底，全市完成城中村改造项目68个，供地面积1050.1公顷。

【第二次全国土地调查】 第二次全国土地调查工作于2007年7月1日启动，至2010年底，农村土地调查及建库、基本农田调查上图、城镇地籍调查外业测量、权属调查和城镇数据库等目标任务均已完成。农村土地调查部分，完成外业调查总面积5796.98平方公里，“一张图”工程初具雏形。城镇地籍调查部分，权属调查完成宗地18.5万宗，细部测量953.84平方公里，埋设控制点496个，设立界址点63万个，完成1：500地籍图16764幅。

【执法监察】 *土地执法* 制止土地违法行为307宗，立案查处土地违法案件157件、涉及土地204.1公顷（耕地92.2公顷），拆除建筑物并复耕土地26.1公顷，追究党纪政纪责任18人。

矿产执法 发现矿产违法案件75起，制止63起，立案查处12起，查封采砂船15艘、采矿设备68台（件）。

测绘执法 开展了地理信息市场专项整治工作，维护地理信息市场秩序，杜绝地理信息泄密、窃密事件，保护和优化地理信息产业发展环境。对涉及地理信息业务的网站和电子导航用品、地图产品进行专项检查，维护了测绘市场、地图市场秩序的稳定。

【土地违法违规问题专项整治】 全年排查发现违法违规用地123宗，面积106.8公顷（其中耕地57.5公顷），未发现违反国家宏观调控政策和产业政策项目，清查出的123宗违法用地全部进行了有效查处。

【“土地卫片”执法检查】 全市“土地卫片”有743个图斑，涉及土地641宗，总面积1207.7公顷。其中，合法用地277宗、685.9公顷（耕地346.1公顷），违法用地91宗、95.9公顷（耕地45.9公顷，其中未供即用耕地21.7公顷），实地伪变化土地273宗、425.9公顷。通过严肃查处和整改，91宗土地违法案件中，4宗由政府直接组织拆除整改，87宗由国土资源部门立案查处和整改。年内，罚款498.81万元，没收建筑物52.59万平方米，拆除违法建筑物11宗、4330平方米，复耕土地7.6公顷，追究党纪政纪责任17人，移交公安机关追究刑事责任1人。通过查处整改，违法占用耕地比例下降到4.32%。

【房地产项目治理整顿】 对威海市区

范围内在建、在售以及2008年以来交付使用的房地产开发项目进行了全面检查，排查在建、在售以及2008年以来交付使用的房地产开发项目356宗、面积1926.8公顷，无违反国家宏观调控政策和产业政策项目。

【地籍管理】 完成了2010年度土地利用变更调查和地籍管理工作进度汇总，为第六次人口普查提供了所需土地调查资料，为土地确权登记工作提供服务。加大土地纠纷解决力度，解决纠纷10起。加快农村土地确权登记发证工作，至2010年底，农村土地发证率达到94.78%。其中，集体土地所用权登记发证5768本，集体建设用地使用权登记发证2.01万本，宅基地使用权登记发证82.51万本。

【深化整顿和规范矿产资源开发秩序】 制定了《威海市矿产资源整合方案》。在实施整合的过程中，坚持开源与节流并举、开发与保护并重，引导矿山企业采用先进的技术、工艺与设备，提高资源的综合利用水平，推进资源利用方式从粗放型向集约型、破坏型向保护型转变。坚持经济效益与环境效益相统一，实行小矿整合与环境保护、社会可持续发展相结合，关闭布局不合理、浪费资源、破坏环境、不具备安全生产条件的小矿山，走资源集约型、经营规模型、生态保护型的“生态矿业”发展道路。坚持宏观调控与市场机制相结合，按照“有序有偿、供需平衡、结构优化、集约高效”的总体要求，在充分调查论证的基础上，实行宏观调控和政策引导，发挥市场在资源配置中的基础性作用，以矿山企业为主体，逐步实现资源配置市场化。

【矿产资源储量管理】 对全市31处金属、78处非金属矿山占用储量进行了登记统计审查，对全市20处生产的金属矿山储量年度报告进行逐一实地核查，摸清企业动用储量的真实情况。加强建设项目压覆矿床管理工作，面向社会做好地质技术信息服务。对全市各类建设项目压覆矿产资源情况进行了全面认真的审查，先后对22家重点投资项目用地压覆矿产资源情况进行了实地核查。至2010年底，全市指定核查矿种7个（铁、铜、铅锌、金、银、石墨、硫铁矿），核查矿山31处。

【地质勘查】 年内，申请矿产资源补偿费项目5个，申请资金1485万元；申请设立地方矿费项目2个，地方财政出资325万元。在基金项目管理中，严把项目筛选关、设计审查关、跟踪检查关、野外工作验收关、成果报告审查关。对2个矿费项目成果报告和7个矿费项目设计进行了审查。

【矿山生态地质环境治理与保护】 年内，投入治理资金1.06亿元，治理损毁山体18个，达到年度预期治理目标并取得了较好的治理效果。完善矿山地质环境保护治理长效机制，全面实施矿山地质环境保证金收缴制度，把矿山地质环境治理方案和责任书作为新申请采矿权必须条件，完成矿山地质环境保护与治理恢复方案备案172个，其中市级11个、县级161个。累计收缴各类矿山地质环境治理保证金2946.78万元，其中2010年收缴1360.2万元。

【地质灾害防治】 开展了全市范围内的地质灾害野外实地调查监测工作，并在重点矿区和易发区建立健全群防体系，保证汛期到来之前，使地质灾害防治工作能够做到责任落实到人，措施落实到位。编写了《2010年威海市地质灾害防治方案》，并发布实施。建立健全了汛期值班、巡查和实情速报制度和日报制度，公开联系电话，发放“防灾明白卡”、“避险明白卡”2400多份，在汛期实行重点矿区、隐患区、易发区专人把守、严格实行24小时值班制度，在风雨天气中实行地质灾害日报制度。下发了《关于开展建设项目用地地质灾害危险性评估工作的通知》，完成建设项目用地地质灾害危险性评估备案257宗。其中，市级备案5个、县级备案252个。投资15万元，对各市（区）进行废弃矿井调查与规划。2010年，确定地质灾害易发点20个，地质灾害群测群防点57个。

【基础测绘】 基础测绘成果得到广泛应用，全年为国土资源、农业、林业、环保、城市规划、建设、水利、交通、民航建设、地震监测等领域和部门提供各等级测量控制成果260余点次。提供1∶200000、1∶100000、1∶50000和1∶10000等各种比例尺基础地形图450余幅，为经济社会发展提供了有力的基础地理信息保障。

【数字威海】 把数字威海地理空间框架建设作为促进城市信息化的一项重要工程，建成了一套资源丰富的地理空间信息数据库，将电子地图、地理实体、地名地址、航空及卫星影像、数字高程模型等数据进行集中管理，既解决了“信息孤岛”问题，又解决了信息的安全保密难题，让政府信息化工作更加快捷。制定高标准的政策规定，搭建全市统一的、权威的、通用的地理信息公共平台，保障了平台的长期更新维护和运营。依托地理信息公共平台，相继建成3个示范项目和多个推广项目，在城市管理各领域发挥了积极作用。建立高效的工作机制，形成国家、省、市三级共建共享模式，提高了地理信息资源利用效率。提供在线地图、标准服务、二次开发、零码组装等应用模式和运维管理服务，全方位满足政府、部门、企业和群众对地理信息产品服务的需求，提升了测绘公共服务水平。

【测绘行业管理】 开展全市各等级测绘单位测绘质量专项检查，考核测绘质量保证体系和测绘成果档案管理体系。至2010年底，全市具备测绘资质的测绘单位达到31家，从业专业技术人员460余人。其中，高级技术职务45人，中级技术职务165人。拥有全球卫星定位系统、电子全站仪、测距仪、水准仪、图形编辑工作站、电子绘图仪等先进测绘仪器设备370余台套。在全省优秀测绘成果评优活动中，威海市获得优秀测绘成果一等奖1项、二等奖3项、三等奖4项。市国土资源局被山东省国土资源厅评为全省测绘工作先进单位。

【国土资源依法行政制度建设】 对四五依法行政、五五普法规划实施以来的文件、资料进行收集、整理，形成依法行政资料350份，普法资料177份，并对2006年以来出台的依法行政文件进行汇总、编制《威海市国土资源局依法行政文件选编（2006 ~ 2010）》。对土地利用总体规划编制、新增建设用地预审、农用地转用和土地征收、农村宅基地审批、国有建设用地使用权招标拍卖挂牌出让、国有建设用地使用权收回审批、测绘资质审批、土地登记，采矿权新立、变更、转让、延续、注销登记，国土资源违法查处、土地权属争议调处等36项执法项目的执法主体、执法依据、执法时限、办理条件等进行了规范，拟定了格式文本，编制了行政执法手册，为规范具体行政行为提供了基础。

【国土资源队伍建设】 深入开展创先争优活动，建立了以承诺、践诺、评诺为核心的党员目标承诺制度，引领党组织和党员充分发挥战斗堡垒和先锋模范作用。立足国土资源行业特点，围绕“让服务对象受到有尊严的服务”的核心理念，打造了“服务为群众，满意在国土”的机关服务品牌。严格执行干部选拔任用工作四项监督制度及相关工作规定，积极探索干部选拔任用新机制，对国土资源系统科级干部竞争上岗程序进行了改进和完善。事业单位岗位设置管理得到全面扎实推进，全部人员按照管理岗位和专业技术岗位条件要求进行了聘任。深入开展创建学习型党组织活动，并注重在增强吸引力和实效性上下功夫，努力扩大学习型党组织建设的覆盖面和参与度，全面提高国土资源系统干部职工的综合素质。

（高明　毕宇亮）

质量技术监督

【概况】 全市质监系统认真履行质监职能，深入实施质量兴市、名牌带动和标准化战略，优化发展环境，落实优惠政策，帮扶企业做大做强，狠抓行风建设，在打造政府需要、企业欢迎、群众信赖、社会赞誉的质监形象上有了长足发展，为全市社会经济平稳较快发展创造了良好环境。先后被授予“市级文明机关”、“年度工作优秀单位”等称号。

【质量兴市战略】 2010年，威高集团获得第二届“省长质量奖”，金猴集团获得第二届“省长质量奖提名奖”，获奖企业总数并列全省第二。33家企业的36个产品获“山东名牌产品”称号，年内新增18个；8家企业的8个服务项目获“山东省服务名牌”称号，年内新增5个，新增名牌产品数位居全省第三，新增服务名牌数居全省第六。荣成的“冷冻调理食品”、“船舶制造”和文登的“工艺家纺品”3个产业集群被授予“省优质产品生产基地”称号，占全省获奖基地数量的1/8。“威海无花果”和“威海海参”获得地理标志产品保护，占全省的1/3。市政府出台了《威海市市长质量奖管理办法》，建立了市长质量奖励制度，3家企业和2名个人获得首届“市长质量奖”。至2010年底，全市拥有中国名牌产品19个，地理标志保护产品3个，山东名牌产品142个，山东服务名牌23个，中国名牌产品数量、山东名牌产品数量、山东服务名牌数量占GDP比重分别居全省第四、第一和第二。与威海检验检疫局签署了合作协议，加强了区域质量合作。联合市委宣传部举办了三角杯“质量在我心中”演讲比赛，选派的选手在省质监局和共青团山东省委联合举办的金号杯“质量在我心中”演讲决赛中获得二等奖。

【标准化战略】 出台了《威海市人民政府关于全面实施标准化战略的意见》和《威海市实施标准化战略奖励办法》，在标准化受奖范围、奖励项目、奖励金额等方面得到政策支持。加快了标准的制定、修订速度，组织和督导企业开展了30项国家标准、8项行业标准、16项山东省地方标准的制定、修订工作，审查备案了企业标准161份。加

2010年威海市新增山东名牌产品名录（2010年12月8日公布）

表2

企业名称	产品名称	品　牌
黄海造船有限公司	28000吨多用途重吊船	HC
威海拓展纤维有限公司	碳纤维	拓展
固铂成山（山东）轮胎有限公司	工程机械轮胎	成山
三角集团有限公司	工程机械轮胎	三角
威海联桥新材料科技股份有限公司	聚乙烯色母料	联桥
山东双轮股份有限公司	潜水排污泵	双轮
荣成华盛滚动体有限公司	轴承滚子	荣威
威海蓝星玻璃股份有限公司	平板玻璃（浮法）	
山东凯丽特种纸股份有限公司	防伪纸	久恒
文登威力工具集团有限公司	管子钳（150mm～1200mm）	威达
乳山市正华农林科技示范园有限公司	绿茶	正华
威海市宇王集团有限公司	红烧裙带罐头	宇王
荣成汇英食品有限公司	鱼松罐头	汇英食品

续表2

企业名称	产品名称	品　牌
荣成宏业水产食品有限公司	即食软烤海鲜制品	鑫湲
荣成泰红水产食品有限公司	即食鱼干	泰红
山东好当家海洋发展股份有限公司	即食大虾	好当家
迪沙药业集团有限公司	迪之雅坎地沙坦酯片（8mg）	迪沙
威海威高血液净化制品有限公司	血液透析器（F12　F14　F16）	洁瑞

2010年威海市新增山东省服务名牌名录（12月8日公布）

表3

企业名称	服务品牌	服务项目
山东省威海市新华书店	新华书店	图书、音像制品批发和零售服务
威海市海大客运有限公司		客滚运输服务
荣成市环境卫生管理处	荣成环卫	环境卫生服务
威海市园林建设集团有限公司	威海园林	城市绿化管理服务
中国银行股份有限公司威海分行	中国银行	金融服务

大采用国际标准宣传和指导力度，9家企业的13种产品通过采用国际标准认可，12种产品获得采标标志证书。大力推进了“企业良好行为”确认工作，9家企业通过了确认，其中，AAA级3家，AA级6家。有效开展了服务标准化工作，新启动了2个省级服务标准化试点单位，威海水务集团和荣成石岛新港集团通过了服务标准化试点验收，水务集团被评为山东省首家“山东省服务标准化示范单位”。有效推进国家级农业标准化示范区建设，胶东乡土树种育苗、种植标准化示范区顺利通过验收，无花果综合示范区和裙带菜养殖示范区立项申请获国标委批准。至2010年底，全市已参与了1项国际标准的制定、修订活动，主持或参与制定、修订国家标准57项、行业标准58项、山东省地方标准34项，成立了1个全国专业标准化（分）技术委员会工作组，有291种系列企业产品采用国际标准或国外先进标准，80种系列产品获得了采标标志证书，49家企业通过了“企业标准化良好行为”确认，3家企业通过了食品生产企业标准化示范项目确认，承担了9个服务标准化试点项目、13个国家级农业标准化示范区和4家节能降耗方面的标准体系建设试点。

【计量保障】　开展“推进诚信计量、建设和谐城乡”活动，开放计量实验室，对民用“四表”（电能表、水表、燃气表、热量表）及衡器、眼镜、血压计等民用计量器具进行免费检测，开展了集贸市场、定量包装商品、农资物品等计量专项检查，努力营造诚信计量环境。与商业、服务业经营单位签订“诚信计量承诺书”110份，有7家服务单位获得“山东省诚信计量示范单位”称号。全年发放宣传材料5000余份，免费检测百姓用计量器具3000余台件，免除检定费用达15余万元。对市区内400多台加油机启动了防作弊功能，对存在缺陷的180多条加油枪的防作弊系统进行了升级改造，保证市民能够加到放心油。开展能源计量监督检查，全年检查年耗能5000吨标准煤以上的企业32家，对企业能源计量器具的配备与管理情况进行详细考核。组织对21家企业、62家销售单位进行了能效标识专项监督检查，进一步规范了实施能效标识管理的产（商）品的生产、经营秩序。帮助企业完善计量检测体系，全年考核、复查计量标准130余项、计量检定人员160余名，检修能源计量器具1.5万余台件，帮助55家企业通过了计量（测量）管理体系审核，帮助3家单位创建“山东省能源计量标杆示范企业”，帮助26家用能单位填报、完善了“山东省能源计量管理系统”规范要求，加强了企业能源计量网上平台管理。积极筹建国家城市能源计量中心（山东）威海分中心，已完成房屋装修、仪器搬迁、安装等基础建设工作，待省质量技术监督局验收后可正式投入使用。

【质量监督检查】　对902家企业的1440个批次产品实行了定期监督检查，产品抽样平均合格率为97.9%。对3家国家监督抽查和5家省监督抽查不合格企业进行了后处理，在企业召开现场分析会议8次，提出合理化建议40条，对企业整改情况进行了现场回访，整改及时率、达标率以及产品质量复检率均达100%。对181家获证企业提交的自查报告进行了审查，对57家自查报告存在问题的企业责令限期整改。对涉及人身健康安全等30家重点生产企业进行了现场抽查，对7家不能有效维持发证条件的企业，责令企业限期整改。组织对15家已停产或倒闭的企业进行了现场核查，对13家企业已办理了生产许可证撤销或注销手续。

【认证认可】　开展了“自愿性认证活动执法监管信息系统”和“强制性产品认证获证产品与企业监管系统”的试运行工作，完成了全市148家3C认证企业的建档工作。组织开展了检测工作整顿活动、认证有效性监督检查和认证执法监管试点工作，督促企业开展强制性产品认证，加强对各类实验室的监督管理，提高了认证工作的有效性。

【食品安全】 深入实施《中华人民共和国食品安全法》，召开了6次落实食品企业质量安全主体责任现场会，组织开展食品质量安全知识培训26次，培训全市450余家食品企业1800余人次。严格生产许可，全面实施食品质量安全市场准入制度，全年新增食品生产许可证139张，争取食品安全监督检验经费300万元，全年抽检食品1534批次，合格1474批次，合格率96.1%。至2010年底，全市获证企业达到408家，食品生产许可证总数509张。深入开展食品安全整顿工作，严厉查处滥用食品添加剂和使用非食品原料生产加工食品等违法行为，继续推进食品添加剂使用和生产企业"一承诺两台账"制度的实施，完成了全市生产加工环节问题乳粉清查工作。完成了各市局、开发区分局成立食品科工作，配备了专职食品生产监管员，为做好食品安全工作打好基础。

【特种设备安全】 全年组织实施了2次市级特种设备应急救援演练，进一步提高了威海市特种设备安全应急救援能力。开展了特种设备专项检查和节假日重点场所检查，利用安全月活动等时机，向市民宣传特种设备安全知识，提高了市民对特种设备安全使用的认识。至2010年底，全市有特种设备2.79万台，各类特种设备生产单位170家，使用单位5324家，作业人员9110人。年内，检查企业738家，发现问题1135处，发出安全监察指令245份，处理问题设备336台，为企业挽回经济损失超过200万元，实现了特种设备零事故、零死亡的"双零"目标。

【行政执法】 加大行政执法工作力度，严厉打击质量违法行为，以涉及人民群众切身利益的产品为重点，先后组织开展食品、农资、特种设备、建材产品、家电下乡产品等专项执法检查，出动执法人员2.1万余人次，检查企业1724家次，立案查处违法案件433起。开展"阳光案审"活动，增强了行政执法的透明度和公信力，行政执法工作水平和工作质量明显提高。发挥"12365"举报网络作用，及时查处举报案件，全年受理投诉举报电话543起。其中，业务咨询电话401起，打假举报和质量申诉电话139起，行风纪检电话3起。上级交办案件在规定时间内回复率达到100%，业务受理、记录、分发及时率达到100%，受理业务及上级转办业务处结率达到95%。

【行政审批】 大力推进相对集中行政许可权改革，把9项行政许可审批事项和4项非行政许可服务事项，集中进驻市行政审批中心进行统一办理，实行了"一个窗口对外"的集中审批模式。把计量许可等7项审批事项陆续纳入市级电子监察系统，自觉接受审批效能监督。市质量技术监督局驻市行政审批中心窗口连续4个季度蝉联"优胜窗口"称号。

【科技兴检】 自主创新工作明显加强，全年在国家级刊物上发表科研论文10篇、省级刊物上发表论文10篇，1项成果获山东省技术创新优秀成果一等奖，1个项目通过省科技厅成果鉴定，1个项目获省质量技术监督局立项，2项成果获2010年度山东省软科学优秀成果三等奖。技术机构建设稳步推进，"山东省农副产品质量监督检验中心（威海）"正式挂牌运行，"山东省工艺家纺检测研究中心"土建工程完成，通过了实验室资质认定现场评审。积极筹建国家海产品质检中心（威海），筹建申请已提报省质量技术监督局。

【基层基础建设】 人力资源结构明显改善，至2010年底，全系统具有高级职称人员达到10.4%，有中级职称的达到26.9%，有初级职称的达到27.4%，人才梯队建设取得明显成效。财务管理水平大幅提高，进一步完善财务制度和管理办法，强化内部监督制约机制，全力抓好"会计轮岗"工作，强化国有资产监督与管理，重点抓好产权登记管理及资产处置审批，并配合会计师事务所完成了对全系统21家单位的资产审验工作，确保了国有资产的保值增值。

【行风建设】 深入落实党风廉政建设责任制，全系统层层签订了党风廉政建设责任书，建立健全教育、制度、监督并重的惩治和预防腐败体系，党风廉政建设和反腐倡廉工作取得明显成效。举办了全市党风廉政建设观摩会，并作典型经验发言。积极开展廉政风险防范管理和运用科技手段预防腐败活动，科学评估界定风险点等级，制作了业务工作廉政风险防范流程图20份，建立了廉政风险台账，排查单位风险点149个，设置个人岗位风险点1216个，制作廉政桌牌304个。大力开展行风走访活动，组织收看警示教育片、参观廉政教育基地、学习《中国共产党党员领导干部廉洁从政若干准则》和开展"一把手上廉政党课"等活动，提高了干部职工廉洁自律的自觉性，树立了质监部门的良好形象。

（刘　晓）

信息化建设

【概况】 2010年，全市拥有电子信息企业400余家，其中，规模以上278家，从业人员7万余人，电子信息产品已发展到12大类100多个品种。全市电子信息产业实现销售收入1100亿元，比上年增长18.9%；实现利税52亿元，增长19.2%；实现利润38亿元，增长18.8%。威海市先后成为山东省和国家信息化试点城市、国家地理信息系统建设试点城市、国家农村党员干部现代远程教育系统建设试点城市等。2010年，威海蝉联"中国城市信息化50强"之一，并继续名列"中国信息化最受关注城市榜"，威海市应急指挥系统获得"2010中国城市信息化成果应用奖"、"山东省计算机应用优秀成果一等奖"、"威海市科技进步二等奖"。

【软件产业】 全市软件企业90多家，从业人员1400多人。到2010年底，通过认证的软件企业有16家，通过认证的软件产品有107个，产品涵盖工业控制软件、企业管理软件、通信软件、能源软件等应用软件和嵌入式应用软件、信息安全软件等领域。全市软件产业实现销售收入9.6亿元，比上年增长15.7%；实现利税 1.56亿元，增长20%。

【系统集成】 全市通过认证的系统集成企业12家，其中，三级系统集成资质企业6家，四级系统集成资质企业6家。2010年，系统集成企业完成销售收入1.54亿元，比上年增长21%；实现利税2400万元，增长22%。

【产业园区】 全市已有国家级电子信息产业园区1个，省级电子信息产业园区5个（其中省级软件产业园区1个）。产业园区企业各项经济指标均占到全市电子信息产业80%以上份额，成为威海市对外开放、招商引资的主要载体，也是发展高新技术产业、促进产业集群发展的重要平台。

【信息化工业化融合】 “十一五”末，全市实施信息化带动工业化重点技术创新项目120项，引导、带动企业信息化建设直接投入达5.8亿元。2010年，投入500万元重点扶持6个制造业信息化专项技术与服务平台建设，带动了100家制造业信息化示范企业和信息化技术供应与服务企业，推动信息技术在工业企业中的普及，促进了企业管理的划时代变革。建成“威海市电子商务公共服务平台”，推动了威海市电子商务应用。

【电子政务】 先后建成电子政务网、药品生产和流通监管平台、房地产网上交易和监管平台、劳动保障业务网、财政管理业务网、网上税务局、金盾工程等一批重点业务网络和系统，电子政务系统在95%以上党政部门推广应用，80%以上的审批事项可以实现部分或全部网上办理，全市政务效率和透明度显著提升。“中国威海”政府网站连续多年跻身国内、省内政府网站优秀行列，电子政务建设经验被国家行政学院在全国推广，电子监察工作成为全国纪委系统典型。

【农村信息化】 升级完善林业防火指挥系统，建成“三电合一”（电话、电视、电脑）农业综合信息服务平台、肉品质量安全追溯系统，启动森林资源监测、林业灾害防控系统和平安渔业工程。建成农村饮水安全、农产品贸易、农产品价格、农业政策法规、农村能源与环保、海洋渔业、水产养殖等涉农数据库，形成一批有重要价值的农业农村信息资源开发利用成果。市级农业部门、90%以上的县级农业部门、80%以上的乡镇建立了农村信息化管理或服务机构，农村信息员队伍已达2万余人。威海被确定为“农村管理信息化研发推广基地”和“农村信息化培训基地”。

【社会信息化】 建立无线城市和物联网应用推进机制。建成应急指挥信息系统，市区应急指挥业务实现网络化、可视化、智能化。建成覆盖全市域、多尺度、多类型的“数字威海地理空间基础框架建设与应用”国家示范项目，满足多领域、跨平台的地理信息应用需求。市区中小学全部实现了“班班通”，全市教育工作实现网络化管理。“数字化社区”建设初见成效，实现了远程教育、社区管理、社区服务的职能整合和资源共享。文化信息资源共享工程、金保工程（劳动保障信息系统）、非接触式智能停车管理系统、网上“人才大集”等一批民生信息化项目相继投入应用，提高了百姓生活质量。

（杨启玉）

统计管理

【统计服务】 一是提高统计调研分析质量。组织开展“统计调研分析质量年”活动，全年撰写统计分析96篇，统计信息209篇，其中，有8篇统计分析得到市主要领导批示，2篇统计分析被列为市委《参阅件》。二是强化宣传引导和服务社会能力。以公众需求为导向，拓宽服务领域，改进服务手段，丰富完善统计产品体系，增强统计产品的针对性和实用性。认真组织开展首个“中国统计开放日”、“世界统计日”和第六次全国人口普查启动月宣传活动。积极配合市委宣传部、市发改委开展全市“辉煌十一五”宣传活动。坚持半年召开一次统计新闻发布会制度。不断扩大统计信息公开范围和内容，全年被国家、省统计局网站采用信息分析数量174篇，统计文化类35篇，名列全省第2位。

【社情民意调查】 完成了对各市（区）和105个市直部门的年终考核及行风测评调查，与其他十几个部门联合开展了群众满意度调查，全年累计完成“听民声、体民情、促发展”等社情民意调查37项，调查访问市民6.5万多户，汇集群众意见建议4000余条，并通过多种渠道反馈给有关部门，使一大批群众意见和建议得到落实解决。文登、乳山市也相继成立社情民意调查中心，各级社情民意调查中心真正成为各级党委政府与群众进行沟通的重要桥梁和纽带。在2010年度全省科学发展综合考核中，威海市群众满意度全省最高，得88.24分，连续3年居全省第1位。

【人口普查】 各级党委政府高度重视第六次人口普查，市政府多次专题听取市人普办工作汇报，各市（区）党政一把手、各市（区）统计局局长在普查期间深入一线，靠前指挥。在各级普查机构和1.7万名普查指导员、普查员的共同努力下，全市第六次人口普查工作取得重要阶段性成果，顺利完成前期准备、入户登记、数据录入、质量验收等阶段工作，进行后期数据处理。

【统计方法制度】 一是完成“企业一套表”试点工作。2010年是威海市企业一套表改革的攻坚年，作为全省唯一一家参与全国“企业一套表”的试点城市，全市上下高度重视，密切配合，克服了大量困难，初步实现了4000家单位的网上直报，试点工作达到了预期目标，得到了国家、省统计局的充分肯定，并在全省统计工作会议上作了改革试点经验交流发言。二是重点改革顺利推进。按照国家GDP核算改革思路，完成2000年以来威海市GDP历史数据修订。建立了重点工业企业调度制度，对重点企业实行动态监测。建立了“亿元以上项目预审核制度”以及部门固定资产投资信息抄送制度，对新开工的

500万元以上项目实现了电子档案化管理。开展了半岛蓝色经济区统计监测。实施了贸易统计抽样调查新方案。

【统计法制建设】 2010年是修订后的《中华人民共和国统计法》施行的第一年。市统计局从维护统计法尊严、维护政府统计权威的高度，认真做好新法新规的宣传贯彻，全面提高全社会统计法制意识，积极营造良好的统计环境。开展统计执法大检查，联合市司法局、监察局、调查队等部门，组成5个检查组对各市（区）16个镇（街道办）、50家规模以上工业企业、81家投资和建筑企业、51家贸易企业和部分样本村及个体工商户进行了检查，立案26件。

【统计基层基础建设】 市统计局以开展执法大检查为契机，对各市（区）镇（街道办）的统计机构、信息化、档案管理等进行全面检查。认真做好统计从业资格认定工作。继续加强乡镇统计规范化建设，文登市在3个街道办事处开展统计档案管理升级达标，为全市基层统计档案管理工作规范化做出了表率。部门统计取得新成效。市工商局率先在全市工商系统实现部门统计工作规范化建设，工作经验在全省和全国推广，国家统计局在威海、省统计局在文登市先后召开了统计规范化建设现场会，全面推进全市部门统计规范化建设。

【统计信息化建设】 对统计信息网站进行全面升级改版，网站建设全面达到省统计局要求，网页整体功能和效果明显提升。建立了"全市第六次人口普查"专题网站，及时、准确、全面地反映全市人普工作的最新动态。加强信息安全保密，对各类软硬件设备进行及时更新和应用维护，确保全市统计系统网络安全运行。全年投入资金60余万元购置软硬件设备，加大全市统计网络建设力度。

（王增伟）

国内经济合作

【概况】 2010年，全市在建内资项目525个，实际利用内资362.5亿元，比上年增长12%。新签约总投资3000万元以上内资项目183个，其中亿元以上项目107个；新注册内资项目198个；新开工总投资3000万元以上内资项目203个，其中亿元以上项目114个；新投产3000万元以上内资项目93个。

【浙商威海行】 1月17日，威海市浙江企业发展协会、山东浙江投资企业商会威海办事处成立大会暨浙商威海行——威海投资环境说明会召开，山东省浙江商会、山东省江苏商会、山东省江西商会等协会和163家会员企业参会。市委书记、市人大常委会主任王培廷，山东浙江投资企业商会会长章鹏飞为威海市浙江企业发展协会、山东浙江投资企业商会威海办事处成立揭牌。市经济合作局举行了浙商威海行——威海投资环境说明会，向参会的浙江企业推介了威海市的投资环境及现代制造业暨旅游城建项目，并组织部分浙商实地考察了威海工业新区。

【第十四届中国东西部合作与投资贸易洽谈会】 4月7～12日，副市长唐会礼率领威海市代表团赴西安参加"第十四届中国东西部合作与投资贸易洽谈会"。其间，参加了"2010西安·山东十大渔业品牌推介会"，对威海市蓝色经济产业及项目进行专题推介，组织市直有关部门、有关市区分别走访了航天六院、航天恒星科技、西安雷通科技有限公司、西安东风仪表厂等企业和西安交通大学、西北工业大学、西安电子科技大学、长安大学等高校，达成合作协议、意向15个。其中，产业合作协议、意向项目6个，产学研合作意向4个，"十大渔业品牌"合作协议5个。

【山西太原晋中产业合作交流会】 3月16～21日，副市长刘茂德率领威海市经济合作代表团，赴山西太原、晋中两市开展产业交流合作活动，先后举办"威海（晋中）产业合作座谈会"、"威海（太原）产业合作交流会"，走访了太原钢铁集团、太原重工集团等大企业，推动了大乳山旅游开发等重点项目，组织了见面会、座谈会、交流会等10次活动，推介了威海市投资环境、优势产业、旅游等重点项目，与150多名晋客进行了洽谈交流，达成投资协议意向11项、在谈项目13项。

【"珠三角"合作交流活动】 5月25～28日，副市长刘茂德率威海市经济合作代表团赴"珠三角"地区开展经济合作交流活动。其间，举办"威海—深圳产业合作座谈会"，邀请深康佳等12家上市公司及中国电子商会等专业协会50余人参加，重点推介了威海的投资环境、产业发展优势以及重点合作项目，参观考察了深圳宝安集团等重点企业，达成投资合作协议（意向）13个。

【重庆经贸合作交流活动】 4月7～10日，山东省委、省政府组团赴重庆考察学习，开展经贸交流活动。按照省委、省政府的统一组织和安排，市委书记、市人大常委会主任王培廷作为山东省党政代表团成员参与考察，并出席经贸活动。副市长刘茂德率领市经贸代表团开展了系列经贸交流活动，达成经贸合作项目31个，协议金额40多亿元。其间，在"重庆·山东经贸合作项目签约仪式"上，威海市有2个项目参加签约，威海市与重庆云阳县缔结为友好市县。在"渝鲁相互支援经济合作展"上，组织展示了拓展纤维、威高集团、三星电子、新北洋、中玻光电5家高科技企业产品。中央政治局委员、重庆市委书记薄熙来在视察威海展位时，对威海的高科技产品给予了高度评价，并希望能在重庆拓展更大的合作发展空间。在"山东对口支援忠县项目签约专场会"上，威海市与忠县政府签订项目协议6个，总额达12.1亿元。威海市经贸代表团还先后与沙坪坝区、云阳县以及对口支援的忠县等地就经贸合作及对口支援工作进行了深入交流。

【参加中国重型机械工业协会五届三次会员代表会议暨理事会议】 5月9日，市经济合作局组织文登市、威海工业新区、文登南海新区等参加了中国重型机械工业协会在北京举行的中国重型机械工业协会五届三次会员代表会议暨理事会议，借助会议平台宣传推介威海，向与会的200多名会员单位发放威海市机械装备制造产业、船舶产业、汽车产业对外合作手册及《威海市重点产业暨对外合作项目》宣传资料，接触了中国重型机械工业协会等10多家行业龙头企业负责人。

【晋商威海行】 6月3～5日，市经济合作局邀请了有投资意向的57名山西企业家到威海对接考察，客商主营业务涵盖金融投资、路桥投资、商贸物流、电力能源、环保设备、汽车制造、现代农业、旅游服务业开发、房地产、高新技术等诸多领域。其间，组织召开了座谈会，考察了威海市投资环境、工业园区和重点企业，副市长刘茂德会见客商一行。此次活动达成合作意向、确定合作对接点项目6项。

【蓝色经济合作项目对接洽谈月】 6月，威海市组织开展了“蓝色经济合作项目对接洽谈月”活动。6月23～25日，举办了“蓝色经济合作项目对接洽谈会暨项目签约仪式”，副市长刘茂德参加，邀请包括山东华腾矿业等70余家重点企业及上海市船舶行业协会等专业协会负责人，推介了威海的投资环境、产业发展优势、蓝色经济区总体规划以及特色园区、重点合作项目，其中有23个重点项目进行了集中签约。

【第六届中国新疆喀什·中亚南亚商品交易会】 6月28日至7月2日，省委副书记、省长姜大明，省委常委、常务副省长王仁元率领党政代表团赴新疆喀什地区，与新疆维吾尔自治区和喀什地区党政领导共商新一轮援疆工作。副市长刘茂德随省党政代表团考察了山东省对口支援的新疆疏勒、英吉沙、岳普湖和麦盖提等县，并率市经贸代表团参加了第六届中国新疆喀什·中亚南亚商品交易会和山东名优产品（疏勒）展销会以及山东省与新疆喀什经贸合作项目签约仪式。其间，组织威海市成山轮胎等18家企业参展，达成合作项目3个，协议金额5亿元。

【内蒙古产业合作交流对接】 8月，威海市赴内蒙古开展威海（内蒙古）产业交流合作月活动，组织有关市区、部门先后5批次赴内蒙古开展产业对接。8月11～15日，赴内蒙古赤峰市、呼和浩特市和鄂尔多斯市开展走访及产业推介活动。其间，举办产业招商推介会、小型见面会、专题座谈会8次，与120多名客商进行了洽谈交流，推动在谈与意向项目8个。

【军民两用技术合作对接交流活动】 8月25～27日，在威海组织开展2010年威海军工项目合作交流活动，邀请中国和平利用军工技术协会及中国航空等22家陕西军工协会、院所和企业40多名代表到威海对接交流。威海市举办了“2010年威海军民两用技术合作交流会”，副市长刘茂德会见了重要客商，推进产学研合作项目7个。其中，达成协议3个、合作意向4个、配套意向1个。威海市高技术创业服务中心与陕西国防科技和航空工业办公室信息中心签订了《设立陕西军民两用技术威海技术转移中心的协议》。

【“长三角”产业对接活动】 10月14～18日，副市长刘茂德率团赴上海、宁波、南京、杭州等地开展产业合作对接，推动重点合作项目13个（全部达成合作意向），对接重点企业11家。走访对接了台湾远东集团中国区总部（上海）等10余家有合作意向的重点企业。在宁波市举行了产业对接座谈会，邀请宁波市企业联合会会长、宁波汽车零部件国际商会会长以及宁波吉江汽车制造有限公司等15家知名企业主要负责人座谈交流，重点介绍了威海的投资环境、产业发展优势、蓝色经济区总体规划以及特色园区、重点合作项目，在上海拜访了威海市友好城区——上海静安区。

【建立健全产业招商机制】 一是围绕威海市重点产业发展规划，成立船舶与汽车、新能源与新材料、电子信息、生物医药与医疗器械、节能与环保、现代农业、旅游与文化“七大产业”招商办公室，实行“一个部门、一个产业、一抓到底”，形成了产业招商主管部门与各产业招商办协调联动的产业招商格局。二是不断完善产业招商基础，会同市直各产业招商办对威海市15个重点产业进行现状分析、发展研究，论证分析各产业链条招商重点，策划包装80个重点招商项目以及部分配套优势强的特色园区，制作了多媒体产业推介宣传资料，建立开通了“威海经济合作信息网络”平台。三是修订完善了产业招商考核办法，研究下达了各产业招商办责任目标，定期调度、备案和通报产业招商情况。对各市（区）重点对接的产业进行了划分和推介，对各市（区）、省级园区投资过3000万元以上的大项目、产业项目进行分类统计、实地抽查，每月进行调度通报和统计分析。

【完善项目跟踪促进机制】 按照“谁牵头主办、谁负责落实”的原则，一是抓好全市重点内资项目的跟踪促进。每月调度通报全市新签约、新开工、新投产3000万元以上大项目、新注册项目和市级百个重点项目中的40个内资大项目，分析项目进展情况，督促有关市区、项目单位抓好项目促进和跟踪落实。二是抓好合作交流活动对接项目的跟踪落实。每周一召开例会进行调度汇总和研究分析，对重点活动、重点项目、重点客户进行跟踪促进和排查分析，建立项目和客户档案，定期调度项目情况，对签约和有明确意向的项目加快跟进速度，对暂时无法实施的项目制定分步推进计划。

（杨丽华）

安全生产监督管理

【概况】 2010年，市安全监督管理工作以“安全生产基层基础年”活动为载体，落实责任，积极预防，加强监管，开展了四次集中行动，确保全市安全生产形势持续稳定。年内，全市发生各类生产安全事故428起，比上年下降21.2%；死亡223人，下降15.2%；受伤222人，下降36.2%；直接经济损失863.79万元，下降49%。

【安全生产基层基础年活动】 市政府制定下发了《关于开展安全生产基层基础年活动的通知》（威政发〔2010〕20号），围绕强基固本，明确了强化组织领导、责任落实、源头管理、重点领域监管、长效机制建设“五个强化”的20项具体工作要求。制定下发了《关于进一步加强企业安全生产工作的意见》（威政发〔2010〕63号），突出企业主体责任，明确了27项制度、10项保障措施。市政府安委会配套制定了“四个创建”工作标准，即创建安全生产基层基础工作先进县（市、区）、先进企业和安全示范社区、安全标准化示范园区。全市各级、各有关部门加强活动组织协调，分解目标任务，健全工作机制，强化监督考核，在全市形成了抓基层、强基础的工作氛围。13家单位被省政府安委会表彰为“四个创建”先进单位，1家矿山企业被国家安监总局评为强基固本“五个一百”建设示范单位，新增1家省级安全文化示范企业，新建2项市级应急示范项目。

【安全生产检查和整治工作】 市政府安全生产委员会制定下发了四次集中行动总体方案，结合安全生产特点，组织开展了重点领域专项整治、打击非法违法生产经营建设行为专项行动等多次专项治理活动。建立了情况报送通报制度，每月调度通报一次活动进展情况，加强工作督导，并协调7个市政府包市区督查组，每季度对各市（区）工作落实情况进行一次督查。年内，全市检查生产经营单位2.2万余家次，排查各类隐患1.9万余处，查处非法、违法行为1.3万余起。

【分管领域安全监管工作】 非煤矿矿山方面，加大地下矿山、露天采石场和尾矿库的监管力度，突出节后复工、汛期生产等重点时段和关键环节，开展了为期5个月的矿山安全生产专项检查。落实重特大生产安全事故预防措施，从技术管理、应急救援、责任落实等方面，强化了重点矿山监控。危险化学品方面，加强生产、经营等环节的安全监管，先后开展了成品油、氯碱和化肥、易爆重点化学品等专项检查整治活动。烟花爆竹方面，开展了2轮百日安全专项整治行动，4轮生产批发企业大检查，并向企业派驻督导员，实行短信日报告制度，加强日常监管。工商贸方面，开展了冶金机械等行业“三同时”专项检查、煤气安全技术管理专项检查，建立了企业和设备台账。职业健康方面，对作业场所职业危害申报工作进行了部署，开展了木制家具、石棉加工等行业企业粉尘和高毒物品危害治理专项行动，摸清了职业健康工作的底数。2010年，各级执法队伍按照年度执法监察工作计划安排，先后组织开展了烟花爆竹、民爆器材、非煤矿山、造船行业和特种作业等多次专项执法检查活动，督查检查生产经营单位2920家次，查处各类事故隐患8442项，依法下达各类行政执法文书3685份，立案查处违法案件73起。

市安监局工作人员深入基层检查安全生产　　市安监局提供

【本质安全生产建设】 严格行政许可和项目审查。年内，受理发放各类许可证848家，依法注销95家，审查非煤矿矿山、危险化学品及冶金、造船、电力等行业新建项目65项，查处违规项目3项。加强安全标准化建设，非煤矿矿山、危险化学品生产企业、烟花爆竹生产批发企业实现了标准化全覆盖，并按照新的创建标准开展了试点，3家工商贸企业通过了验收。加强安全生产技术保障，18家化工生产企业实施了危险工艺自动化控制改造。地下矿山全部实现了视频监控，90%的采石场实现了机械化装载，93%的采石场应用了中深孔爆破技术，在2家基础条件较好的地下矿山开展了数字化试点。

【应急救援管理体系建设】 加强应急管理体系建设，组建了威海市安全生产应急救援指挥中心。加强应急救援预案体系建设，按照分类管理、分级负责、属地为主的原则，督导企业开展了应急救援预案编制、修订和备案登记工作。加强应急演练，部署开展了“演练周”活动，组织大型综合演练2场、专项演练47场。加强应急机制建设，在地下矿山全部落实了领导带班下井、矿山调度员（值班员）十项应急处置权制度。健全自然灾害预警发布流程，先后5次发布预警信息，停产撤人1100余人次。加强安全生产信息化建设，将安全生产监督管理、执法监察、应急资源3个软件系统推广应用工作，纳入应急平台建设的总体规划，实现了安全生产执法检查记录全部上网，并对68家重点企业建立起电子台账，实施动态监管。

【安全生产宣传教育工作】 围绕“安全发展、预防为主”的主题，组织开展了“安全生产月”活动，参加人数近40万人。通过主题咨询日、服务队下基层、文艺汇演等内容丰富的宣教活动，营造了浓厚的安全生产氛围。加强培训考核工作。年内，培训考核企业负责人、安全管理人员和特种作业人员5451人。把企业开展全员安全培训情况作为执法检查的重点，督促企业制定和落实培训计划，开展全员安全培训，做到培训有考核、有记录，提高了职工安全素质和技能。

（张 桥）

食品药品监督管理

【概况】 2010年，市食品药品监督管理工作以保障人民群众饮食用药安全为目标，强化监管执法，完善监管机制，夯实监管基础，加强规范化建设，增强科学监管能力，有力地保障了食品药品安全。

【体制改革】 机构设置与职能调整 4月12日，市政府以《威海市人民政府办公室关于印发威海市食品药品监督管理局主要职责内设机构和人员编制规定的通知》(威政办发〔2010〕33号）确定：威海市食品药品监督管理局为市政府工作部门，将食品安全综合协调和组织查处食品安全重大事故的职责划给市卫生局，将市卫生局餐饮服务许可、餐饮环节食品安全监管和保健食品、化妆品卫生监督管理的职责划入市食品药品监督管理局，并明确了市食品药品监管局主要职责、内设机构及人员编制等事项。

所属机构调整 4月15日，威海市机构编制委员会印发的《关于市食品药品监管体制调整有关机构编制问题的通知》（威编〔2010〕11号）规定：撤销市食品药品稽查大队，设立市食品药品质量监督所，为副县级参照公务员法管理事业单位。按照“人员随职能和编制走”的原则，从市食品药品监督管理局划转2名行政编制和人员到市卫生局，从市卫生局卫生监督所划转19名编制和人员到市食品药品质量监督所。5月12日，威海市编办印发的《关于市食品药品质量监督所设置内部机构的批复》（威编办〔2010〕23号）对市食品药品质量监督所内部机构等进行了设置，同日，印发的《关于市药品检验所增挂牌子的批复》（威编办〔2010〕26号）规定市药品检验所增挂市药品不良反应与医疗器械不良事件监测中心牌子。

职能人员交接 7月15日，根据市政府专题会议纪要(〔2010〕第36号)，市食品药品监督管理局与市卫生局进行了职能和人员交接，开始履行餐饮服务许可和餐饮环节食品安全监管及保健食品、化妆品卫生监督管理职责。7月26日，市食品药品监督管理局发出了第一张“餐饮服务许可证”。

【食品药品安全专项整治】 成立了食品药品安全专项整治工作领导小组，制定了整治方案。组织开展了非药品冒充药品专项检查，核实并查处以食品、消毒产品、保健食品、化妆品、保健用品、“无文号”产品等冒充药品案件102起。组织进行了制售假劣药品专项整治，查处制售假劣药品案件311起。加强对虚假违法广告的治理，监测并移交给工商部门处理违法广告11起。集中打击中药非法添加化学药品、违法生产经营高风险医疗器械、食品药品领域侵犯知识产权和制假售劣等违法行为，对麻黄碱原料药及其复方制剂的生产销售加强了监督管理。组织对学校、建筑工地等集体食堂进行集中整治，督导加强食品采购、餐具消毒及加工制作等环节管理，提出并监督整改事项189次，有效预防了群体性食物中毒事件的发生。在“威海杯”2010年HOBIE（霍比）世界帆船锦标赛和2010年威海长距离铁人三项世界杯系列赛期间，对全市兴奋剂药品经营实行包区、定点的网格式管理，保障了赛事的顺利举行，受到市委、市政府的表彰。年内，出动监督执法人员8548人次，检查食品药品企业6099家次，查处违法案件1220起，打击了违法违规行为，规范了食品药品市场秩序。

【餐饮服务食品安全监管】 7月15日，职能和人员交接完成后，迅速开展调查摸底，及时掌握全市餐饮服务单位的数量、分布、业态等基本情况，并整理完善档案资料，对新开办餐饮单位，建立电子档案。建立完善信息报送制度，打好监管工作基础。

加强餐饮监管队伍建设 为尽快适应新职能、新任务，采取集中学习和自学相结合、请进来和送出去相结合等方式，组织开展了大规模学习培训活动。对《中华人民共和国食品安全法》和《餐饮服务许可审查规范》（国食药监食〔2010〕236号）等法律法规和相关业务知识进行集中学习，使执法人员在较短时间内适应监管工作的需要。加强对执法人员的教育，强化宗旨意识、法制意识和廉政意识，提高服务水平，规范餐饮行业发展。

加强宣传培训 印制《中华人民共和国食品安全法》、《中华人民共和国食品安全法实施条例》等法规汇编1000套，餐饮验收标准2000套，分发给餐饮服务单位。印制发放以河豚等7种易引起中毒的食物为内容的宣传海报2000张，在餐饮单位张贴，受到广大群众的一致好评。聘请餐饮业专家，为300多家餐饮单位负责人进行了授课。年内，组织各类培训4次，培训各类餐饮管理人员1000余人。

强化餐饮日常监督 加强对餐饮单位特别是大中型餐饮单位、企事业及学校食堂的监督管理，对辖区内的学校及托幼机构的集体食堂进行了拉网式监督检查，与餐饮单位签订了“餐饮服务食品安全承诺书”，督导餐饮单位诚信经营。对无证经营、使用劣质食用油、一次性不合格用品及食品中添加非食用物质和滥用食品添加剂等行为，进行了集中查处。出动执法人员1700余次，检查餐饮单位720余户，签订承诺书700余份，查处违法违规单位160余户，立案处罚14户次。

保障重大活动餐饮安全 制定了《重大活动餐饮服务保障方案》，采取事前监督检查、事中驻点保障、事后总结完善的方式，先后完成了“威海杯”

2010年HOBIE（霍比）世界帆船锦标赛和2010年威海长距离铁人三项世界杯系列赛等8次重大活动的餐饮保障工作。活动期间，选派业务骨干24小时全程监督餐饮食品质量，保障了重大活动期间的餐饮安全。

【药品监管】 药品生产环节监管 对高风险企业进行驻厂监督检查，驻厂89人次，提出缺陷项目172条。加强基本药物监管，对威海市12家基本药物生产企业申请的75个批准文号的基本药物进行了处方工艺核查，确保基本药物质量安全。强化特殊药品生产经营企业的现场检查、核查，加强了网络监控，全市没有发生特殊药品流入非法渠道案件。2010年是“药品生产许可证”和“医疗机构制剂许可证”五年一次集中换发的年份，为做好换证工作，召开专题会议进行部署和培训，帮助企业制定整改方案。按照换证标准和药品GMP标准对18家药品生产企业和5家医疗机构制剂室进行了换证现场检查，出具“现场检查报告”23份，提出缺陷项目257条，下达“责令改正通知书”11份，顺利完成了“两证”换发工作，提高了企业的生产条件和管理水平。严格按标准完成了省食品药品监管局委托的6个企业、18个品种药品研制生产现场核查和封样，3家企业“药品生产许可证”增加生产范围现场核查验收工作，为推动医药企业发展发挥了积极作用。

药品流通环节监管 在基本药物实现全省统一配送的过渡期间，加强对威海市配送企业监管，切实保障配送环节基本药物质量。加强药品批发企业药品电子监管码的管理和网上实时监控，及时掌握药品购销存信息。组织药品经营企业认真实施《药品经营质量管理规范》，督导、帮助认证周期满5年的批发和连锁企业及时进行重新认证，指导、督导新开办的药品经营企业及时申报GSP认证，组织对认证后的企业进行跟踪检查，督导企业认真落实药品经营质量管理规范。

药品使用环节监管 全面推进药品使用质量管理规范确认工作，先后下发了《关于全市开展药品使用质量规范化管理工作的通知》和《关于加快药品使用质量管理规范确认工作的通知》。举办培训班26期，培训药品使用单位1801家，培训管理人员2105人。建立完善月调度制度，抽调业务骨干加强督导和检查验收。全市1801家医疗机构，全部通过现场检查确认，完成了《山东省药品使用质量管理规范》的实施工作，提高了药品使用环节质量管理水平。

【医疗器械监管】 继续推行医疗器械生产企业质量受权人制度，医疗器械生产企业基本建立了比较完善的质量受权人制度。加大对医疗器械生产、经营企业和使用单位的执法力度和监督检查次数，扩大检查的深度和广度。对重点监管的10家医疗器械产品生产企业进行了2次监督检查，对34家二类、三类医疗器械生产企业进行监督检查，强化了缺陷跟踪整改，消除了质量安全隐患。加强对高风险医疗器械经营企业的监督，对经营范围、注册地址、产品进货渠道、管理制度、场地环境等进行重点检查，及时处理违法违规行为，规范医疗器械经营秩序。

【保健食品、化妆品监管】 监管体制改革到位后，对全市保健食品、化妆品生产企业及时进行摸底调查，建立完善监管档案，对规模较大、产品销售区域广、风险较高的企业，深入现场，切实加强保健食品化妆品监管，提高质量安全水平。印发《关于建立保健食品化妆品监督管理信息报送制度的通知》，建立报送制度，规范报送程序，定期上报保健食品、化妆品监管工作动态和监管信息。开展保健食品、化妆品生产企业违法添加及蜂胶类保健食品的专项检查。受理保健食品卫生许可证新办、变更及GMP新办、延续、产品再注册和化妆品生产企业卫生许可证新办申报业务45个。完成省食品药品监督管理局委托的29个保健食品注册样品试制现场核查和87批次的样品抽样工作。开展保健食品安全风险监测抽样23个样品，46个批次。

【行政许可】 全年验收许可餐饮服务企业360家，注销“餐饮服务许可证”4个。验收开办零售药品经营企业36家，变更、换发药品经营许可证97件，办理医疗机构药品备案17个。注册一类医疗器械16个，审查、验收新开办医疗器械生产企业5家、经营企业97家。全年完成企业GSP认证349 家。受省食品药品监督管理局委托，完成了3家生产企业药包材注册或再注册的现场检查验收工作，21个保健食品卫生许可证新办、变更增项及延续现场核查工作。

【检验监测】 全年累计完成化学药品、抗生素、生化药品、中成药、中药材及中药饮片等抽验1127批，计划完成率为106.9%，不合格181批，不合格率16.1%，抽验单位涉及辖区内的13个药品生产单位、86个药品经营单位、116个药品使用单位及医疗机构制剂室。其中，基本药物抽验286批，计划完成率为101.8%，合格率100%；监督抽验179批，计划完成率为100%，不合格6批，不合格率为3.4%；日常监督抽验662批，计划完成率为111.4%，不合格175批，不合格率26.4%。完成药品不良反应监测报告4503例，比上年增加66%。上报医疗器械不良事件报告375例，比上年增加57%，加强了对药品质量安全的风险监测和预警，为保障群众安全用药起到了积极作用。

【食品安全综合监督】 在负责食品安全综合协调职能期间，加强与食品安全各职能部门的沟通协调，建立健全工作制度。起草印发了食品药品安全协调委员会办公室《关于进一步做好食品安全整顿工作的通知》，对全市的食品安全整顿工作进行整体部署，调度各市（区）、各食品药品安全协调委员会成员单位及时汇报工作情况，按时汇总上报。组织开展了再次清查问题乳粉工作，督促各级各部门及时完成了再清查工作任务。全市食品安全各环节监管责任进一步落实，食品安全标准逐步完善，食品行业自律意识显著加强，农产品和食品质量安全水平明显提高，全市食品安全得到了有力保障。

（肖建忠）

编辑　闫拥军

威海市水务集团有限公司

威海市水务集团有限公司成立于2003年10月，是由威海市政府授权特许经营城市涉水事务的国有独资企业，注册资本3亿元。主要职能是：负责市区供水、污水的收集和处理工作，向社会提供饮用水的深度开发和销售服务、中水的生产和销售服务，负责十八岭矿泉水的生产和销售服务，负责污水源热泵等新技术的推广应用，负责城市供排水设施工程的规划、设计、建设和管理工作，参与当地及其他地域供排水资本的运作和资产经营。

2010年末，公司总资产达22亿元，下设34个部室和分（子）公司，有职工1100人，供水能力为31万立方米/日，二级污水处理能力为20万吨/日。公司先后获得“中国最具创新力企业”、“山东省政风行风建设先进单位”、“山东省文明单位”、“威海市行风建设最佳单位”等称号。

供排水调度中心

水务热线中心

水务员工义务清理河道

地址：威海市上海路58号
电话：（0631）5867999
传真：（0631）5869588
网址：http:www.wh-swjt.com
Email：swjt@wh-swjt.com

威海港集团有限公司

6月2日，中共威海市委副书记、市长孙述涛（左三）到新港区考察

9月7日，中韩两国代表团到威海港考察中韩陆海联运口岸

威海港集团有限公司位于山东半岛最东端，处山东半岛蓝色经济区、环渤海经济圈、东北亚经济区的中心地带。集团是国有独资大型企业，下辖山东威海港股份有限公司、国际物流园区、世昌物流、中大航运、胶东国际海运等十几个企业，有在职员工1400余人。

威海港有新、老两个港区，最大泊位10万吨级。老港区位于市区中心，有泊位7个，主要承担客滚业务；新港区位于威海湾南岸，有泊位10个，主要承担集装箱和散杂货业务。开通国际国内客货班轮航线15条，每月200多个班次，旅客和滚装车辆可直达国内的大连港和韩国的仁川港、平泽港；集装箱和各类散杂货物可直接运达全国主要沿海港口和韩国、日本所有重要港口，并可通过青岛港外贸内支线运达欧美、东南亚各港口，以及世界范围内各重要港口。2010年，完成货物吞吐量2407万吨，比上年增长19.9%；实现收入7.71亿元，增长212.55%。

地 址：山东省威海市海滨北路53号
电 话：(0631) 5236799（办公）
(0631) 5233220（客运）
传 真：(0631) 5208488
邮 编：264200
邮 箱：whgjtbgs@126.com

威海广泰生产二厂

威海市环翠区张村镇

张村镇位于威海市区西海岸，面积60.24平方公里，辖12个村民委员会，15个居民委员会，总人口7.5万人（其中本地人口1.5万人）。两条高等级公路横贯腹地，是距威海市区最近的行政区域之一。

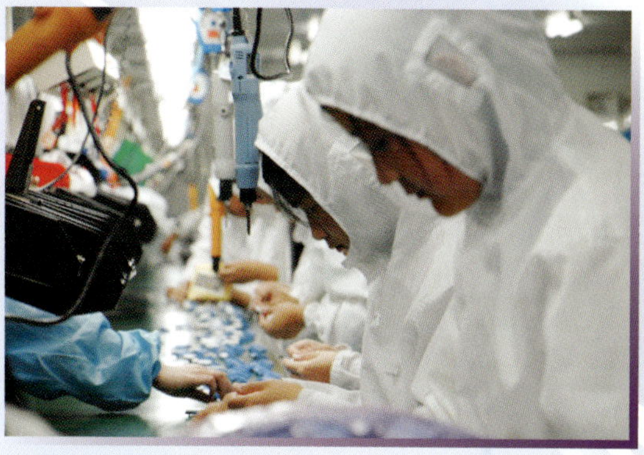
山东东鑫电子有限公司车间

几年来，张村镇坚持以“奋力争当全省第一强镇”为中心目标，围绕园区经济、社区经济和旅游经济三大经济板块的发展，狠抓基础设施改造、招商引资、镇区旧村改造和社会主义新农村建设，区域经济步入快速健康发展轨道。通过市场化运作，完成投资17.62亿元，进行了自来水、雨水、污水、电力、通讯、供热、供气、道路、河道整治、绿化、美化、亮化等基础设施配套建设，并规划建设了银海项目区、机械电子产业园、魏桥科技工业园等园区，实现了“水、电、热、气、排水、污水、闭路、通讯、路灯及道路”的九通一平。2010年，进区项目总数达到710个，投资总额达到270亿元，其中，过1亿元的项目32个，过10亿元的项目4个，形成纺织服装、电子信息、机械制造、医疗器械四大产业集群。

威海化工机械厂车间

年内，全镇33家限额以上企业完成工业总产值101.3亿元，比上年增长21.6%；完成销售收入93.3亿元，增长25.8%；完成工业利税7.3亿元、利润4.04亿元，分别增长15.1%和11.3%；全镇完成固定资产投资77.02亿元，增长23.2%；完成高新技术产业总产值28.9亿元；实际利用内资26.05亿元，增长9.3%；实际利用外资2263万美元，增长113%；完成进出口总额4.2亿美元，增长57.4%，其中出口创汇2.76亿美元，增长60.5%。

紧跟时代发展脉搏

威海市环翠区温泉镇

市、区领导检查指导环境整治工作

威海市环翠区温泉镇位于市区南部，辖25个村民委员会、5个居民委员会，常住人口2.31万人，面积66.46平方公里，耕地面积716.8公顷。2010年，实现农村经济总收入27.6亿元，财政收入7772万元，农民人均纯收入1.12万元。有中学1所、小学1所，在校生2460人。

该镇以团结、拼搏、奋进、超越为基调，因地制宜转型发展，争当全省经济强镇、旅游大镇，围绕“三区、两翼、一轴、一环”的总体规划，立足区域优势，打造大物流、大商贸、大旅游同步发展的第三产业格局，走出一条富有温泉特色的南部精品新城之路。投资2.5亿元打造的蕴含“杉木探源”、“新堤柳浪”、“滨河映灿”、“枫林溪语”、“五渚药香”、“泉野松荫”、“湿地公园”7个景观区域的五渚河“生态走廊”快速推进，投资25亿元涵盖“温泉汤休闲度假区”、“林家院养生度假村”、“居住及商务旅游区”三大版块的温泉风情小镇项目首期工程率先启动，引领全镇第三产业迅速崛起。投资1600万元打造的集休闲旅游观光，绿色农产品种植、加工销售，农产品质量安全示范、推广等功能为一体的高科技农业生态观光园“开心农场”激活了温泉独特的复合型现代新型城郊农业。借助城市南大门的便利交通和广阔的腹地，金蚂蚁国际汽车广场、威海农副产品批发市场、家家悦农副产品加工配送中心三大物流项目强势推进，擎起镇域经济新的增长极。

铸就南部精品新城

山东威海卫酒业集团有限公司

浦源食品

开心农场

金蚂蚁汽车广场

威海工业新区 草庙

草庙子镇辖46个村民委员会、2个居民委员会，人口3万人，面积82.9平方公里，有高中、初中、小学各1所，在校生3110人。全镇46个村已有39个村纳入新区整体规划中，在镇域范围内形成了北部中心商贸区、正棋花园社区、老镇区、南大疃社区4个集中居住点。2010年，全镇实现税收1.92亿元，农村经济总收入24.9亿元，农民人均纯收入1.03万元。

草庙子镇党委、政府以“打造高端产业骨干镇、城镇建设精品镇、和谐发展示范镇”为目标，强势推进工业经济、招商引资、城镇建设和改善民生等重点工作，形成了以机械、化工、电子、纺织、建材等行业为主体的镇域工业体系，培育了中玻科技、金泓化工、齐全木机等国内外知名的龙头企业，基础设施建设水平不断提高，镇区面貌持续美化，社会保障力度逐年加大。尤其是新区成立以来，草庙子镇抢抓建设蓝色经济区和高端产业聚集区这一历史性机遇，一手抓发展，一手抓民生，实现了镇域综合实力和民生保障水平同步快速提升。2010年，全镇一般财政收入比上年增长103%，民生性财政支出增长270%。特别是通过“三个率先”——率先实施镇级财政医疗保障制度、率先建立全镇村民家庭救助档案、率先设立镇级教育资助专项资金，较好地解决了看病、扶贫、上学等群众最关心的热点、难点问题。

威海工业新区党工委书记、管委主任徐连新（右三）陪同市政协主席刘玉党（右四）到草庙子镇考察农村教育事业

威海工业新区管委副主任、草庙子镇党委书记梅延良（右二），镇党委副书记、镇长陈培毅（左一）陪同市领导考察新农村建设情况

几年来，该镇先后被评为国家级生态乡镇、全市信访稳定工作先进单位、平安威海建设模范单位、关心国防建设十佳单位、全市开放工作先进单位、威海市农村住房建设与危房改造工作先进单位、全市纪检监察系统先进集体等。

已建成的农民安居保障房

子镇

金威化学效果图

中玻科技有限公司生产车间

金泓化工厂房

威海市第十四中学校区改造项目

威海工业新区——苘山镇

苘山镇位于威海工业新区西部，镇域总面积111平方公里，辖65个村民委员会，3个居民委员会。镇区规划面积39平方公里，建成区面积10平方公里，全镇总人口5万人，是全国小城镇建设示范镇、试点镇，首届中国投资环境300佳，全国乡镇企业示范区，全国乡镇企业出口创汇管理先进单位，国家卫生镇，全国重点镇，全国千强镇，全国环境优美镇，全国十大园林镇，中国绿色名镇，山东省双文明建设明星镇，齐鲁之星，山东省首批中心镇、小康乡镇、环境优美镇、文明镇和山东十大名镇、山东最具投资价值的地方。

该镇土特产主要有山马于西瓜、大夼草莓、神山葡萄等。主导产业有机械、电子、工具、有色金属、轻工、建材、通讯器材、医疗、建筑、塑料、化工、纺织等12大行业110多个系列1000多个花色品种，聚集了一批以山东威达机械、威力工具、乐扣乐扣塑胶、基因司电子、七七七金属等为代表的知名企业。2010年，该镇实现农村经济总收入13.9亿元，财政总收入2.13亿元，被评为国家级生态乡镇、威海市信访稳定工作先进单位、威海市对外经贸工作先进镇、威海市特色产业镇等。

中共山东省委副书记、省政协主席刘伟（左二）到苘山镇毛泽东像章珍藏馆参观

中共威海市委书记、市人大常委会主任王培廷（左二）到苘山镇考察新农村建设情况

镇区夜景

昆鹏车间

威达车间

乐扣乐扣车间

镇区

文登经济开发区

2010年，文登经济开发区在各级党委、政府的坚强领导下，按照文登市委、市政府强力推进“两区”建设的工作部署，以打造高端产业聚集区的示范区和现代化的新城区为目标，以加快发展方式转变为主线，强力突破高端产业项目，引进投资6亿元的博康特高性能建材科技园、投资2.6亿元的益合元生物科技、投资2亿元的万图高分子等一批科技含量较高且极具发展潜力的大项目。强力推进项目建设，超前介入，超前服务，开工投资过1亿元或过1000万美元大项目16个，新开工厂房面积40多万平方米，开工商住面积50多万平方米。强力构建和谐社会，加快推进农村新居工程，基本完成营西社区整体搬迁，扎实开展创先争优活动，加大社会治安综合治理力度，加快发展社会各项事业，扩大社会福利覆盖面，全力保持稳定和谐的社会局面。

威海天山国际发展基地奠基仪式

史丹利（文登）工具项目投产仪式

中航黑豹汽车焊装车间

韩国大世汽车座椅生产车间

首届国际养生产业峰会暨第三届中国威海（文登）国际温泉节开幕式

华欣园高档住宅小区

开发区全景

国家级生态乡镇

7月7日，省委组织部副部长厉彦林（左三）在张家产查看镇村集中议事经验档案

中共威海市委书记、市人大常委会主任王培廷（中）到张家产镇考察新农村建设情况

文登市张家产镇地处胶东半岛东端，距文登市南3公里，辖56个村民委员会，人口2.3万人，面积82平方公里，是一个位置优越、交通发达、生态优美、经济繁荣的新兴城镇，先后获得“国家级生态乡镇”、“省级卫生镇”、“省级文明镇”、“山东省旅游强乡镇”等称号。镇党委、政府围绕“推进新型工业化，打造旅游风情镇”的目标，大力实施“工业富镇、产业兴镇、旅游活镇、生态立镇”四大经济发展战略，全镇综合经济实力迅速增强，并形成机电、铸造、旅游三大产业集群，农业产业化、市场化程度不断提高，形成以西洋参为主的药材、优质水果种植和特种动物养殖三大特色主导产业，教育、科技、文化、体育、卫生等各项社会事业蓬勃发展。

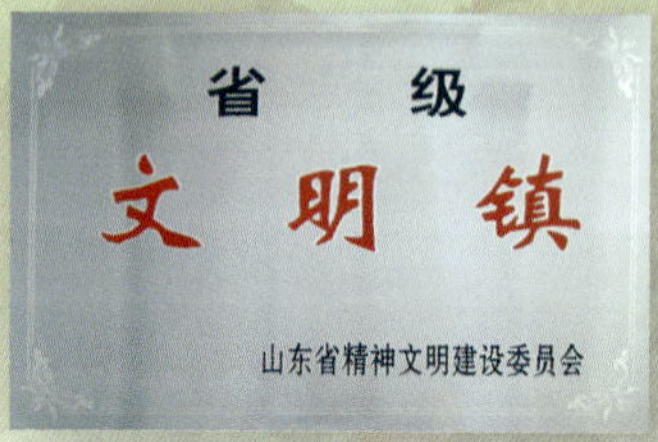

张家产镇

风力发电

西洋参种植

天沐温泉冬景

威海泰富西玛电机有限公司

威力环保设备有限公司

国家AAAA级旅游景区——天沐温泉度假村

威海市
福利彩票销售管理中心

威海市福利彩票销售管理中心原名威海市社会福利有奖募捐委员会办公室，成立于1993年5月，2002年5月更名为威海市福利彩票销售管理中心，隶属于威海市民政局，主要负责全市福利彩票销售及管理工作，业务上接受省福利彩票中心指导。

市福利彩票中心以创建“亲情民政”服务品牌活动为统领，以确保完成福利彩票销售任务为中心，加大工作力度，强化工作措施，在市场竞争日趋激烈的情况下，彩票销售工作仍然取得了较好的成绩。年内，全市共销售各类彩票3.55亿元，募集公益金1.06亿元，再创历史新高。同时，2010年也是全市福彩中奖最多的一年，共中出8个双色球一等奖（双色球2004～2009年在威海市发行以来中出8个一等奖）、5注七乐彩一等奖；刮刮乐30万元大奖1注、100万元大奖1注；中福在线25万元以上大奖4注。双色球中出的2048万元大奖，创山东省福彩单人单期中奖最高记录。

2010年，市福彩中心被评为全市民政系统先进单位，获得全省福利彩票销售总量二等奖、人均销量二等奖、组织管理二等奖、销售进步三等奖。

进行全市福彩管理员投注机维护培训

3月16日，万家疃中福在线重新开业

中国福利彩票 CHINA WELFARE LOTTERY　扶老　助残　救孤　济困　赈灾

为希腊船东建造的9.25万吨级散货船

中航威海船厂有限公司
AVIC Weihai Shipyard Co., Ltd.

中航威海船厂有限公司(原山东省威海船厂)始建于1951年，系国有修、造船骨干企业。占有陆域面积140万平方米，海域面积165万平方米，码头岸线1844米。拥有5万吨级船台1座，10万吨级修、造船坞各1座，可修、造10万载重吨以下各类船舶。

公司通过ISO 9001:2000国际质量管理体系认证，并拥有自营进出口权。2004年被山东省认定为企业技术中心，2008年被山东省认定为行业技术中心，2009年被列为省级重点工业企业。1998年，公司交付山东省第一艘万吨级出口船——820TEU集装箱船。此后，陆续为希腊、德国、加拿大、荷兰、日本等国批量建造9.25万吨散货船、3万吨散货船、1300TEU集装箱船等船舶60余艘。公司先后获得“省级先进企业”、“山东省诚信企业”、“山东省船舶工业先进企业”、“改革开放30年威海市工业功勋企业”等称号。

为加拿大船东建造的3万吨级散货船

为德国船东建造的1300TEU集装箱船

公司远眺

HC 黄海造船有限公司

黄海造船有限公司，位于胶东半岛东端的石岛管理区，始建于1944年。公司注册资金3亿元，资产总额45亿元，占地面积80万平方米，在职职工及外协施工人员近万人。具有国家甲级设计资格、一类甲级建造资质和ISO 9001－2008质量管理认证体系，可修造5万载重吨以下各种高技术含量、高附加值船舶。

2010年，公司完成造船36万载重吨，销售收入39.5亿元，实现利税11.07亿元。建造的“渤海金珠”是全国第一艘具有完全自主知识产权的150米以上的大型客滚船；建造列编的3000吨级“海巡11”号海巡船是全国最大、最先进、最安全的海洋巡视船。公司多用途重吊船手持订单数，全球占有量第一；大型客滚船订单数占全国客滚船建造市场总份额的70%以上；水泥运输船开创中国建造市场之先河。公司已发展为国内重要的特种船舶建造基地。

为中远航运（香港）投资发展有限公司建造的2.8万吨多用途重吊船“大丹霞”轮

为烟台渤海轮渡建造的1600客位／2000米车道客滚船“渤海玉珠”轮

为山东海事局建造的3000吨级“海巡11”号海巡船

威海金洋造船有限公司

威海金洋造船有限公司位于山东半岛的造船基地中心位置，交通便利，环境优良，各项配套设施齐全，是拥有39年历史的中小型船舶制造专业企业，具有丰富的船舶制造经验。主要制造可远洋作业深冷型的金枪钓、鱿钓船，海上执法、救助船及滩涂工程船等中小型船舶。拥有技术工人200余名，年可修造船舶能力达到5万载重吨，实现产值1.2亿元。

威海魏桥科技工业园有限公司

工信部领导到公司考察指导工作

细纱车间细纱机

织造车间大提花机

威海魏桥科技工业园有限公司成立于2001年5月，是魏桥纺织股份有限公司在威海投资兴建的第一个驻外子公司。公司位于环翠区省级旅游度假区，下设两个生产区。拥有职工6000余人，总资产达20亿元。公司技术实力雄厚，产品结构合理，主要生产纯棉纱和高支高密纯棉布两大类产品，出口合格率100%，并全部通过ISO 9001:2000质量体系认证。

公司始终紧紧把握经济快速增长的契机，不断引进先进设备，扩大生产规模，在"拼搏进取，求实创新，快速高效，勇争一流"的创业精神激励下，坚持"为国创业、为民造福"的经营理念，各项工作平稳运行，经济效益不断增长，是威海市纳税大户和重点骨干企业。

企业先后获得"全省城乡消防安全基础建设暨构筑社会消防安全防火墙工程先进单位"、"山东省先进基层党组织"、"全市消防工作先进单位"、"全市四个能力建设先进单位"、"市级环境保护先进单位"、"威海市改革开放30年功勋企业"、"威海市职工创新示范岗"、"爱心慈善企业"、"创建劳动关系和谐企业"、"社会治安综合治理先进单位"等称号，并连续多年被评为威海市级文明单位。

农　业

综　述

【概况】 2010年，威海市各级农业部门认真贯彻中央和省、市一系列决策部署，齐心协力，开拓进取，圆满完成了年初确定的各项目标任务。高效特色农业和生态循环农业实现双发展，农业产业化经营和农产品出口实现双跨越，农产品质量安全水平和农业产出效益实现双提高，农业科技和农村经营体制创新实现双推进，强农惠农政策落实和农民权益维护实现双有力，全市农村经济总收入达到2922亿元，比上年增长11.7%；农民人均纯收入首次突破1万元，达到1.05万元，增长13.9%。

（李华荣）

【农产品质量安全监管】 2010年，威海市在省农业厅农产品质量安全工作量化考核中获第一名，工作经验得到农业部的充分肯定，在8月召开的全国农产品质量安全研讨会上，威海市的先进经验得到推广。威海市实施的农药经营备案及配送制度，在山东省全面推广，并逐步在全国推广。威海市农药监督管理站被评为全省十佳农药监管单位，荣成市果树技术推广站技术咨询服务部被评为全省十优农药经营单位，威海市农药宣传工作被评为山东省先进。

农产品质量安全监管　严把投入品监管关。一是严把经营主体的经营许可关。对经营人员资格、经营场所、准入备案记录、经营销售记录、仓储管理制度、质量管理制度、经营安全防护制度及相关的法律、法规、规章、管理制度等进行规范。二是严把农资产品市场准入关。对农药等农业投入品实行严格的备案审查，对审核不合格的，签发评审不合格通知，令其退出市场。三是严把农资抽检、监管关。在切实做好市场准入备案的基础上，以边远地区、镇村为重点，严查走村串户的外地游商散客销售的没登记备案产品。进一步加大抽检力度，定期和不定期的对市场上的各类农药质量进行抽检，把好农业投入品进入市场关。严把农产品生产环节关。印发了《威海市2010年深化农产品质量安全整治实施方案》，对威海市瓜、菜、果、茶、食用菌标准化生产基地名单进行全面摸底，以“三品”认证和标准化生产基地为重点，加大对生产者的生产技术培训和指导力度，坚决杜绝禁限用农药的使用，严格按照农药安全间隔期的要求操作。加大对违规生产者的监管处罚力度，依法规范和纠正生产环节的不规范行为。严把产地准出、入市（市场、超市）例行监督监测关。在农产品产地准出方面，以标准化生产基地、“三品”基地管理为重点，大力实施标准化生产，完善种植业基地的自检和监督抽检制度，促进农产品质量安全追溯制度的落实。在农产品市场准入方面，加大了对农贸市场、超市等外来输入蔬菜的检查与检测力度，确保其能按要求做到逢进必检，并及时公布检测结果。全市抽检农产品样本447个，合格率为98.7%，其中，农业部和全省蔬菜农药残留例行监测中，对威海市抽检的271个样本，总合格率为98.5%。

农业执法　在荣成市崖头镇岗西大集，举行了“2010年放心农资下乡进村宣传周”、“种子执法年暨农药市场监管年”活动启动仪式，在威海工业新区草庙子镇大集举行了2010年“保三秋、保安全”秋季农资打假专项行动启动仪式。分春季、夏季和秋季三次整治全市农资市场，检查、抽查、明察暗访，不走过场。按照产地环境洁净化、生产过程标准化、包装标识规范化、监督管理制度化标准，对全市农产品生产基地、专业合作社、农产品生产企业的无公害农产品、绿色食品、有机食品等品牌农产品进行监督检查，并对其生产的认证产品进行抽检。全年抽查农资经销店246个，抽检超市11个、农村大集13处，现场纠正不规范行为369项，抽查农资产品511个，认证农产品137个。

农资专项整治　与工商、质监、公安等部门协调，开展“农药市场监管年”活动。在执法监督过程中，继续清缴甲胺磷等国家禁止生产、经营和使用的高毒农药，严厉打击生产经营擅自添加高毒农药等未登记成分、有效成分含量不足等假劣农药行为，清理查处无证、假冒、伪造农药登记证及标签严重违规行为，严查非法生产农药的地下“黑窝点”，杜绝使用国家禁限用农

药的行为，强化毒鼠强的清查收缴和防范工作。严查"以肥充药"行为。开展"农药清理整顿月"活动，依法查处标签不合格的农药品种74个，到期下架和退货20.3吨。对威海市小商品批发市场及超市销售的卫生杀虫剂进行了集中检查整治，检查包括气雾剂、蚊香、卫生球、可湿性粉剂、颗粒剂等卫生杀虫剂等79个品种。集中执法人员对各个集市的灭鼠剂逐一进行拉网式大检查，确保不留死角。收缴标注为"闻到死"、"三步倒"等名称的毒鼠强系列灭鼠剂1300多袋，有力打击了制售毒鼠强类灭鼠剂的违法行为。

（于世涛　于妮）

【农业产业化】 农业产业化龙头企业快速发展，规模快速扩大，发展水平进一步提升。6月9日，威海市政协副主席王宾洁、任怀平、李淑芳等及部分政协委员对威海市农业产业化发展情况进行视察。6月17日，省农业厅、发改委、经信委、财政厅、商务厅、供销联社、海洋与渔业厅、林业局和人民银行济南分行9部门下发了《关于公布第五批农业产业化省重点龙头企业名单的通知》（鲁农产业字〔2010〕7号），威海市荣成宏业实业有限公司、荣成市石岛明泰渔业有限公司、荣成市桃园种禽有限公司、山东海之宝海洋科技有限公司、山东院夼实业集团有限公司、上海梅林（荣成）食品有限公司、荣成三悦食品有限公司、马山集团有限公司等24家企业被评为省级农业产业化重点龙头企业，新增数量位居全省第三位，占全省新增数的10.5%，占全市符合标准企业数量的74%,比例全省最高。8月17日，2010年省农业产业化贴息贷款投放计划公布，威海市11家企业获4.27亿元省级农业产业化贴息贷款，支持企业发展能力进一步提高。10月29日，中国国际农产品交易会组委会举行了行业十强企业授牌仪式，山东好当家海洋发展股份有限公司和赤山集团有限公司名列"全国农业产业化行业十强龙头企业"名单。全市规模以上农业龙头企业发展到301家，其中，省级44家，国家级6家，省级以上龙头企业总数跃居全省第五位，远高于全省平均水平。

（石绍华）

【农民专业合作社】 一是加大财政扶持力度。2010年，市财政安排扶持资金100万元，对运作规范、带动农民增收作用显著的农民专业合作社进行奖励扶持。二是制定印发了《威海市人民政府关于扶持农民专业合作社加快发展的意见》，为加快全市农民专业合作社发展、促进农民持续增收和社会主义新农村建设发挥重要作用。三是积极组织实施示范社创建工程。按照合作社管理规范化、生产标准化、经营品牌化的要求，积极开展示范社创建工程，年内培育市级示范社20家。通过突出支持重点，创新扶持方式，提升示范社发展档次，发挥示范社带动作用，实现合作社又好又快发展。至年底，全市注册登记的农民专业合作社达968家，入社社员4.6万户，辐射带动11.6万户。

（戚其军）

【农业对外经济】 以提高农业国际竞争力为中心，突出农产品出口和农业利用外资两大重点，大力加强农产品出口基地和出口企业建设，壮大外向型农业龙头企业，完善产业链条，逐步形成生产、加工、销售一体化的农业对外开放新机制。争取出口农产品标准化生产示范基地建设项目4个，奖励资金155万元，项目数量和资金规模均居全省第一。积极推进农业利用外资工作，引进了总投资700万元的乳山三矢食品有限公司和总投资900多万元的荣成泰正藤光食品有限公司等项目。全年农产品出口额达11.3亿美元，比上年增长31%。

【农业科技推广与示范】 2010年，市农业局联合科技局组织实施了优势农产品提质增效、农业良种良法配套、土壤健康工程和农村沼气产业提升4项农业现代化科技示范工程。建设苹果示范园666.7公顷，优质果品套袋示范区6666.7公顷；建设出口花生良种高效提纯复壮试验方66.67公顷，出口花生高效栽培技术示范方2000公顷，单产增长9.5%；建设高产优质专用小麦示范方2666.7公顷，单产增长34%，辐射带动1.33万公顷；建设高产优质玉米新品种示范方1333.3公顷，单产增长22%，辐射带动6666.7公顷；建设花生新品种配套技术示范方2000公顷，单产增长51%，辐射带动1万公顷；示范推广秸秆沼气技术2200户，新建村级沼气服务网点77个，建设沼渣沼液综合利用示范基地15处；建设土壤改良试验方1206.7公顷，完成化验样品2234个，建设土壤健康示范区3333.3公顷，增效达3.5亿元。

组织实施基层农技推广改革与建设示范县项目。示范县文登市根据小麦、玉米、花生、果树和蔬菜5个主导产业，在全市遴选了100名科技人员和1000个科技示范户，建立了10处科技试验示范基地，筛选确定了17个主导品种、18个主推技术和10多个技术操作规程。以主推新品种和新技术为切入点，组织技术指导员入户指导1.3万多人次，全年入户指导平均时间达到150天以上，异地集中培训基层农技人员100名，试验基地参观学习达5000人次，示范户主导品种和主推技术到位率均达到100%，文登市主导品种和主推技术到位率达到95%以上。

（冯忠梅）

【农业标准化建设】 农业标准化基地建设　按照《山东省省级农业标准化生产基地建设与管理办法（试行）》、《2010年全省三品一标发展指导计划》的要求，制定了《威海市2010年农业标准化生产基地建设和"三品一标"认证计划实施方案》，确定了科学布局、整合资源、整体推进的战略。2010年，威海市新增农业标准化生产基地6800公顷，市农业标准化生产基地总面积发展到8.67万公顷；文登、乳山市分别创建全国绿色食品标准化原料（花生、苹果）生产基地1.07万公顷和1.47万公顷。

农产品质量认证　坚持"确保质量，控制数量，优中选优，稳步发展"的原则，稳步开展农产品质量认证工作。年内,认定无公害农产品（种植业）产地14个，认证产品21个；认证绿色食品企业34家，产品57个；认证有机食品企业5家，产品13个。全年认证"三品"总数达91个,"荣成草莓""荣成无花果"、"文登苹果"、"文登大樱桃"、"乳山绿茶"等5个产品获农业部农产品地理标志产品登记。

农产品质量安全投入　积极实施“农产品质量安全提升工程”，获得省“三品”标准化基地奖励32个，金额535万元，在全省名列第二。为增强农产品市场竞争力，引导农产品质量认证向高层次发展，威海市自2010年开始，对获得无公害农产品认证的单位不再给予奖励，对获得认证的绿色食品、有机食品和地理标志产品，继续按《威海市农产品认证（认定）奖励办法》（威农发〔2006〕15号）执行。2010年，市级农产品奖励范围为2009年5月1日至2010年4月30日期间新获得认证的绿色食品、有机食品和农产品地理标志产品，奖励总金额158万元。其中，绿色食品27个，奖励金额108万元；有机食品5个，奖励金额30万元；地理标志产品2个，奖励金额20万元。

（苗延平）

【农村沼气建设】　2010年，全市申报争取国家和省级农村沼气建设项目12个。其中，户用沼气项目3个，分别是乳山市3000户国家农村户用沼气项目、荣成市1000户省级农村户用沼气项目和文登市1000户省级农村户用沼气项目；小型沼气工程项目2个，分别是文登市小型沼气工程3处和乳山市小型沼气工程2处；大型沼气工程项目3个，分别是荣成市干占农村开发有限公司大型沼气工程、威海茂林生态农业园有限公司大型沼气工程和威海经济技术开发区泊于镇海西头村大型沼气工程；沼气村级服务网点建设项目4个，其中，荣成、文登和乳山市各建设村级沼气服务网点22个，环翠区建设村级沼气服务网点10个。共落实上级扶持资金1348万元。全年新建农村户用沼气池5242户、小型沼气工程54处、大中型沼气工程6处、秸秆气化集中供气工程1处；新建村级沼气服务组织77个，服务范围涉及30多个镇（街道办）的3.5万多个沼气用户；建设沼渣沼液综合利用示范基地15处，将沼气建设与种植业、养殖业紧密结合，探索生态农业、循环农业和休闲农业发展新路，进一步提高沼气工程的综合效益。

（王　全）

【农村劳动力转移培训阳光工程】　按照“政府推动、学校主办、部门监管、农民受益”的原则，围绕农业农村经济发展人才需求和国家在农业领域和农村地区实施的重大工程项目，开展农村劳动力就地、就近转移就业培训，提高农民就地、就近就业能力和辐射带动能力。全市免费培训农民8800人。其中，农机使用与维修500人、机防手500人、渔业船员500人、渔业病害防治1000人、沼气工600人、村级动物防疫员300人、畜禽繁殖员200人、乡村旅游从业人员500人、农村经纪人200人、农产品加工1500人、农村信息员1100人、农产品质量安全监管员1900人。项目补贴资金364万元。

【新型农民科技培训】　荣成、乳山市承担山东省新型农民科技培训项目，每个项目县补贴资金为25万元。按照“突出重点、创新机制、加强考核、提高成效”的原则，通过重点培训农民辅导员、带动培训示范农户和面上普及性培训广大农民的方式，开展农业先进生产技术和农业经营管理知识培训。全年举办农民辅导员培训班45期，培训农民辅导员400人次，现场指导610人次，开展面上普及性培训12次，培训农民1.93万人次，带动示范农户8000户，户均培训指导达到10次以上。

【新型农民创业培训】　开展新型农民创业培训，组织200名中小型农产品加工企业负责人和300名农民专业合作社负责人参加了在青岛农业大学举办的新型农民创业培训，培训时间为7天。组织300名农村初始创业者参加了在中国农业大学烟台研究院举办的新型农民创业培训，培训时间为20天。通过培训，使其掌握了现代农业产业经营管理知识和有关的政策法规，增强了创业意识，成为懂政策、能创业、善经营、会管理、觉悟高的农村致富带头人。

（冯忠梅）

【农业产业招商】　立足威海特色农业资源优势，深入开展产业招商项目调研、规划与储备工作，编印了《2010年威海特色农业对外合作指引》；积极走出去招商引资，全年组织38家企业到深圳、上海、郑州等国内5城市开展招商活动；创新招商方式，在威海农业信息网开辟产业招商专栏，委托市台办、省农业厅对口处室和其他地市农业部门携带招商材料外出招商。全年内资备案项目3个，协议金额3.01亿元，实际到位资金项目1个，到位内资5800万元；外资备案项目3个，协议金额850万美元，实际到位资金项目2个，到位资金99.11万美元。

（石绍华）

农村经济管理

【概况】　全市农村经济管理工作以农民增收、农村稳定为目标，以加强土地承包管理、减轻农民负担、深化农村财务管理体制改革、指导农民专业合作社发展为重点，加强组织指导，创新工作方式，各项工作都取得了新的突破。

【农民负担管理】　以加强监督检查和制度建设为重点，构建农民负担监管长效机制。一是加强执法监督。3月26～28日，由市农业局、财政局、监察局、教育局、民政局、物价局、卫生局、法制办等部门组成联合检查组，对各市（区）减轻农民负担和农村税费改革工作情况进行了检查和抽查。共抽查11个镇、33个村、11所学校，走访了165家农户，通过了省政府检查组的检查考核。二是开展了农民负担专项治理工作。重点对农村义务教育收费、农民建房收费、报刊征订超标、计划生育乱收费和农村土地承包中通过“两田制”、多留机动地收取承包费以及变相增加农民负担等群众反映比较强烈的问题深入进行了专项治理。三是严格落实农民负担卡制度。全市免费发放农民负担卡70万份。四是严格落实“四项”制度。各村普遍制作了公开栏，将收费项目、文件依据、监督单位、举报电话等张榜公示。

【农村土地承包管理】　以坚持农村基

本经营制度为基础，进一步稳定和完善农村土地承包关系。一是继续开展农村土地突出问题专项治理。对全面落实土地承包期延长30年、清理整顿“两田制”、纠正多留机动地及规范农村土地流转等工作进行统一部署，在全市范围内开展了专项治理工作。二是加快镇级农村土地流转信息服务中心建设，为农村土地流转提供法律、政策、信息和协调服务，规范引导农村土地承包经营权有序流转，促进农村土地适度规模经营和农业产业化发展。下发了《关于开展农村土地流转规范化建设和管理服务工作的通知》，对全市土地流转工作开展检查督导，进一步推动全市农村土地流转规范健康发展。全市有58个涉农镇（街道办）以经管部门为依托建起了镇级土地流转服务中心，9个镇设立了电子屏幕，2个市（区）成立了土地流转服务中心，1个市（区）建立了土地流转信息综合服务平台，为农村土地流转提供有关法律政策宣传、流转信息、流转咨询、价格评估、合同签订指导、利益关系协调、纠纷调处等服务。

【农村财务与集体资产管理】 以加强农村集体资产管理为主要内容，全面推进村级集体财务管理规范化建设。一是抓农村财务会计委托代理制规范管理工作。组织开展村级集体资金管理大检查活动，进一步明确责任，严肃纪律，确保集体资金安全。二是开展农村会计业务培训。根据农村财务会计委托代理的要求，组织各市（区）对农村会计进行全面培训，培训人数达3000多人次。三是加强农村集体资金资产资源管理。开展镇级“农村集体资产招投标服务中心”试点工作。以镇（街道办）经管站为依托设立农村集体资产招投标服务中心，对村集体固定资产、资源性资产的承包、租赁、出让等由镇级服务中心代理，向社会公开竞价和招投标，促进农村集体资产保值增值，增加集体经济收入，杜绝集体资产资源流失。

【农村信访工作】 以维护农村稳定为核心，调处涉农信访案件。接待上访案件12起，受理信访复查案件6起，本着分级负责、属地管理的原则，均按程序予以处结。

种植业

【概况】 2010年，威海市农作物收获面积26.2万公顷。其中，粮食收获面积17.2万公顷，比上年增长1.2%；粮食总产量106.3万吨，增长1.8%。全市夏粮收获面积7.7万公顷，下降4.7%；单产5559公斤／公顷，下降2.1%；总产量43万吨，下降6.6%。秋粮收获面积9.5万公顷，总产量63.3万吨，增长8.4%。其中，玉米收获面积8.1万公顷，增长8.9%，总产量55.6万吨，增长10.6%；豆类收获面积7563.7公顷，下降2.8%，总产量2.1万吨；薯类收获面积6855.8公顷，总产量5.5万吨；蔬菜收获面积1.9万公顷，总产量88.9万吨，下降14.1%；花生收获面积6.5万公顷，下降2%，单产3786公斤／公顷，下降2.8%，总产量24.7万吨，下降4.8%。年内，全市冬播小麦8.06万公顷。

【粮食直补政策】 结合威海市实际情况，制定了工作方案，加大政策宣传力度，强化技术培训，明确工作责任，严格程序，周密安排，确保全市小麦种植面积核实、公示、确定和统计上报顺利进行，圆满完成2010年小麦种植面积的核定工作。2010年，全市粮食直补小麦折实面积7.48万公顷，每公顷农资综合补贴1022.3元，加上粮食直补每公顷225元，全市小麦平均每公顷财政补贴资金达到1247.25元。全市发放补贴资金总额9326.9万元。补贴资金于3月10日通过“财政涉农资金一本通”形式直接发放到农民手中，兑付率100%。

【良种推广补贴项目】 年内，威海市在实施小麦、玉米良种补贴项目的基础上，又新增花生良种补贴，三者共实施补贴面积21.2万公顷。其中，小麦补贴面积7.5万公顷，玉米补贴面积8.6万公顷，花生补贴面积5万公顷，共发放良种补贴资金3421万元，比上年增加1136万元。676.4万公斤小麦良种全部发放到农民手中，玉米良种补贴资金通过“财政涉农资金一本通”的形式直接发放给农民，兑付率100%。

【政策性农业保险】 威海市是农业灾害频发地区，由于农业风险保障比较脆弱，各种自然灾害往往给广大农民造成难以弥补的经济损失，严重影响着农业的稳定发展。2010年，在文登、荣成、乳山市组织开展农业保险工作，保险品种为小麦、玉米、苹果。根据省政府办公厅鲁政办字〔2007〕135号和鲁政办发〔2008〕38号文件进一步做好政策性农业保险试点工作的通知要求，规定2008年苹果保险的保费按照50%的比例给予补贴，其余50%由农户自担，补贴资金由省、市、试点市（区）财政按2∶3∶5的比例分担；小麦、玉米的保费按照80%的比例给予补贴（其中，中央财政承担35%，省级财政承担15%，市级财政承担10%，试点市（区）财政承担20%），其余20%由农户自担。全年实施农业保险面积9.1万公顷，签单保费973.1万元（财政补贴771万元，农户缴纳202.1万元）。其中，实施小麦保险5.2万公顷，签单保费476.6万元；实施玉米保险3.9万公顷，签单保费471.3万元；实施苹果保险139.8公顷，签单保费25.2万元。全市受灾面积2498.7公顷，支付受灾款352万元。其中，小麦受灾面积896.8公顷，理赔151.9万元；玉米受灾面积1594.9公顷，理赔168.9万元；苹果受灾面积7公顷，理赔31.2万元。

【旱作农业示范项目】 旱作农业示范项目立项，初步设计通过省发改委审批，项目总投资600万元。其中，中央投资400万元，地方投资200万元。建设地点为荣成市寻山街道办事处荣成市良种厂，新建旱作农业核心示范区面积1533.3公顷。项目建成后，项目区小麦平均每公顷可新增产量600公斤，玉米可新增产量750公斤，花生可新增产量525公斤，果菜可新增产量2700公斤。

（王文刚）

【粮油高产创建项目】 2010年，威海市承担并组织实施了农业部下达的粮油高产创建示范项目，示范面积6000公顷，分设9个万亩示范片。其中，小麦高产创建示范片4个，分别在文登市泽头镇、高村镇和乳山市徐家镇、乳山寨镇实施。6月10～11日通过省农业厅验收。验收平均每公顷产量分别为9042公斤、9075公斤、9052.5公斤和9058.5公斤，达到农业部确定的高产创建目标。玉米高产创建示范片2个，分别在文登市大水泊镇和荣成市大疃镇实施，10月13～14日通过省农业厅验收。验收平均每公顷分别为9097.5公斤和9183公斤，达到农业部确定的高产创建目标。花生高产创建示范片3个，分别在文登市大水泊镇、荣成市大疃镇和乳山市乳山寨镇实施。9月8～9日通过省农业厅验收。验收平均每公顷分别为5805公斤、6040.5公斤和5898公斤，达到农业部确定的高产创建目标。

（黄顺之）

【良种繁育与推广】 新引进玉米自交系和选系材料24份，品比组合98个，鉴定组合1138个，播种选系材料717份，大组合材料15份。采用微生态学等科技手段，对金傲芬、马斯义陶芬、波姬红、B1011共4个品种进行SOD、富硒试验，开发出了SOD无花果、富硒无花果生产的关键性技术。开展了春马铃薯9个新品种引种试验、5个种植密度繁育试验、6种浓度赤霉素处理种薯试验和秋马铃薯种薯繁育试验等工作。建立新品种育苗基地，繁育济薯22、烟薯16、烟薯184等新品种薯苗100万株。设置试验田，对2009年引进筛选出的18个增产显著、品质优良的甘薯新品种进行了品种比较试验。建立无花果、苹果、草莓、桃新品种新技术示范基地9处，示范面积66.67公顷。新建马铃薯新品种新技术示范基地4处，示范面积133.33公顷。培创7处甘薯示范基地，示范面积92公顷。设立栽培技术研究基地，开展了甘薯覆膜栽培、不同育苗方式效果比较、济薯22生长动态研究、肥料配比、地蚜灵防治地下害虫等配套高效栽培技术试验。“马铃薯旱作节水栽培技术研究与集成示范”、“鲜食及加工专用甘薯新品种济薯22配套丰产栽培技术示范”、“抗逆优质无花果良种产业化开发”、“无花果产业基地建设”、“有机生态功能无花果优质丰产技术开发”5个课题项目，通过了市科技局组织的验收。“无花果抗寒优质丰产集约化栽培技术体系研发”获威海市科学技术一等奖。

（陈世军）

【病虫草鼠害防治】 重点加强小麦条锈病、小麦赤霉病、病毒病、灰飞虱、玉米粗缩病、玉米顶腐病等暴发性、流行性病虫害动态监测，及时发布病虫情报，全年发布《病虫情报》48期、重大病虫旬报26期次、模式电报34期、鼠害月报8期、电视预报32期，预报准确率达96.8%，确保了全市粮食生产安全。5月20日，市农业有害生物灾害防治指挥部办公室举行了威海市重大农业有害生物灾害应急预案桌面推演。这次推演是假定进入5月份以来，威海市陆续发现多处小麦条锈病发病中心的情景，依次开展应急情况通报、预案启动、组织实施、应急终止4个阶段的工作，对全市重大农业有害生物灾害防治的应急实战有很强的指导和借鉴作用。6月8日，在文登市、乳山市发现小麦条锈病，是威海市有史以来小麦条锈病发病中心最多、面积最大、程度最严重的一次。市农业局迅速行动，要求各级各相关部门落实防治预案，加大普查力度，密切关注发展动态，积极组织开展科学防治工作。至6月19日，全市小麦条锈病发生镇(街道办)21个，发病面积达到2.07万公顷，防治面积达2.4万公顷。全年全市病虫草鼠发生总面积为89.02万公顷次，防治面积88.39万公顷次,挽回农作物（粮食、油料、果树、蔬菜等）损失36.49万吨。

【植物检疫】 加强春季农作物及蔬菜种子检疫监管和植物检疫登记管理。全市检查玉米、蔬菜种子经营业户650家。对乳山市诸往镇铁山村、文登市高村镇等4家种子经营业户8起违章调运经营种子的行为进行了立案查处。对全市500余个种子苗木等繁殖材料和应检物品的生产、经营、加工单位和个人（包括私营企业、个体户）全部实行植物检疫登记管理制度，分户立档。全年新核发12份，换发53份。全力以赴搞好瓜类果斑病防控工作。共登记备案西瓜种30种316公斤，其中已销售169公斤。对8个品种未带有植物检疫证书的，依法进行了抽样复检。为确保小麦制种田安全生产，5～6月，组织专兼职植物检疫人员对可能发生小麦腥黑穗病的小麦田做了重点查防工作，对全市1204.13公顷（文登市1000公顷、荣成市30.8公顷、乳山市173.33公顷）小麦种子田严格按检疫操作规程，认真实施产地检疫检验，未发现小麦腥黑穗等有害生物，并发放了产地检疫合格证。对401公顷苹果、56.67公顷茶叶、11公顷日本萝卜进行了产地检疫，签发产地检疫合格证36份。对40余处冷风库储存的拟调往外地销售的1.09万吨果品办理了产地检疫手续。全年签发调运检疫证书169份，调运检疫大姜等其他应检产品4870吨、苗木6.5万株、种子3000公斤。复检调入蔬菜种子2万公斤、马铃薯种34.3万公斤。加强重大植物疫情阻截带建设和重大植物疫情调查监测防控。根据全国农技中心的要求，山东省植保总站对监测点布局和重点监测对象进行了调整，威海市新设置监测点13个。按照《山东省重大植物疫情阻截带疫情监测管理办法》要求，全市建立健全了阻截带机构、机制，各监测点均指定专人进行监测记录，并配备了有害生物采集、保存、初步鉴定相关仪器和全球卫星定位仪、信息系统等监测所需仪器设备，配备了杀虫灯等除害应急处理设备，疫情监测及应急处置能力明显增强。

【植保专业化防治】 积极推行“一喷三防”的综合防治技术，小麦病虫害统防统治面积达2.33万公顷，占种植面积的29.4%。建立了文登市永丰农机专业化防治合作社、乳山市爱农植物技术专业合作社、荣成市神岭湖植保专业合作社、乳山市青山果品专业合作社、威海市环翠区华顺农技服务专业合作社、荣成市大疃镇祯祥植保专业化防治队伍、威海市环翠区桥头农业服务专业合作社等一批专业化防治机构队伍。全市专业化防治组织达到101个，从业人员1501人，拥有中型施药机械564台，作业能力达到6.67万公顷。其中，荣成市作为山东省农业重大有害生物专业化防控体系建设项目示范县（市、区），扶持建设了12支专业化防治队伍。在农作物病虫害专业化统防统治上实施的作物有小麦、大姜、果树、花生、蔬菜等。其中，小麦专业化防治覆盖面达9.6%，其他作物达10.58%。

（迟金强）

【测土配方施肥】 测土配方施肥项目是由财政部和农业部于2005年立项并组织实施的全国性惠民工程。自2005年以来，在中央和省两级财政的大力支持下，威海市测土配方施肥项目的投资规模和实施面积逐年扩大。2010年，荣成、文登、乳山市和环翠区（含威海高技术产业开发区、威海经济技术开发区）分别承担了测土配方施肥项目建设，项目面积分别为荣成市4万公顷、文登市7.6万公顷、乳山市5.87万公顷、环翠区2万公顷。项目实施过程中，各项目县（市、区）采取多渠道、多形式对技术人员、科技带头户及广大农民进行培训。举办测土配方施肥各类培训班182期，培训技术人员632人次，培训农民2.32万人次。当年完成土样采集2427个，化验量1.59万项次。安排小区试验44个，肥效试验66个，示范方总数1453个，面积6586.7公顷，新建、整改村级信息栏1348个，发放技术资料2.41万份，发放施肥建议卡26.67万份。至年末，完成投资165万元，实施测土配方施肥面积19.62万公顷。其中，小麦6.16万公顷，玉米6.35万公顷，花生5.01万公顷，果树1.67万公顷，蔬菜4330公顷。

（叶全　陈洪江）

水果业

【概况】 2010年，威海市水果园面积3.35万公顷，比上年增长2.6%；总产量86.59万吨，增长20.1%。在主要树种中，苹果面积2.55万公顷、产量76.78万吨，分别增长1.8%、22.9%；梨面积2633公顷，增长0.6%，产量5.2万吨，下降1.6%；桃面积1147公顷，增长0.3%，产量1.76万吨，下降5.9%；葡萄面积1186.7公顷，下降2.4%，产量1.9万吨，增长7.1%。全市茶园面积401.1公顷，其中采摘园面积165.4公顷，分别增长38.7%、36%；茶叶产量254.5吨，增长8.4%。全年完成水果套袋50.8亿个，增长2%。其中，苹果45.24亿个，梨4.73亿个，桃7600万个，葡萄400万个。

【干鲜水果进出口】 2010年，威海市进出口鲜果及其加工制品（不含边贸、易贸）14.16万吨，出口创汇1.12亿美元，分别比上年增长31.6%、42.6%。其中，出口鲜苹果13.98万吨，创汇1.11亿美元，分别增长30.0%、42.2%。出口的其他鲜果主要有：鲜梨9349吨，创汇506.78万美元；鲜桃819万吨，创汇43.93万美元。出口抵达地数量在1万吨、金额在1000万美元以上的国家或地区有俄罗斯、印度尼西亚、菲律宾等。全市出口果实加工制品数量2.70万吨，出口创汇2962.60万美元，分别增长33.6%、28.3%。其中，出口浓缩苹果汁1.20万吨，增长16.1%；出口创汇1150.76万美元，下降1.3%。全市进口干鲜水果1341吨，耗费127.3744万美元，分别增长34%和19%，主要为核桃仁等，全部来自美国和日本；进口果实加工制成品378吨，耗费45.06万美元，分别增长30.3%和4.4%，主要为葡萄酒等。威海市鲜果进出口经营额最大的企业是乳山盛达进出口有限公司，达2130万美元，下降7.4%；其次为威海保得果蔬气调保鲜有限公司，达1165万美元，增长1564.3%；果实加工制成品进出口经营额最大的企业是山东鲁菱果汁有限公司，达1151万美元，下降1.3%。

【果品销售】 2010年，威海市水果产销两旺，价格稳中上扬，特别是主栽水果苹果的收购价格大幅增长，果业效益大幅增加。春季果品价格与常年基本持平，保护地草莓每公斤10元，露地每公斤5.6元；大樱桃每公斤售价15元。部分桃如久保、川中岛等价格比上年上涨50%，巴梨收购价格每公斤1.4元，仅为上年价格的60%。进入秋季后，苹果收购价格一路上扬，晚熟富士价格表现为高开高走、优质优价，每公斤平均收购价格在4.8元～5.0元，比上年上涨40%，创出历史最高值。全市果品贮藏能力达34万吨。其中，冷风库109座，贮藏能力21万吨；气调库55座，贮藏能力13万吨。果品实有储藏量27万吨，占到贮藏能力的80%。2009年气调库一级果每公斤出库价5.22元，从整体上看，苹果贮藏企业获得了较好的收益。

【苹果提质扩量增效工程】 2010年，市委、市政府印发了《2010年目标绩效管理考核工作意见》（威办发〔2010〕12号），将苹果提质扩量增效工作列入对各市（区）政府的目标绩效管理考核中，并安排100万元专项资金用于扶持郁闭园改造、现代苹果栽培等示范基地建设。荣成市委、市政府出台了《关于加快发展苹果产业的意见》，把苹果提质扩量增效工作列为镇、村工作考核内容，并成立了苹果提质扩量增效工程实施领导小组和技术专家组，加强领导，对发展现代苹果栽培的每公顷给予7500元财政补助，对新建优质高产苹果育苗基地的每公顷补助7500元，对应用高光效树形改造等技术对老果园进行改造的每公顷补助4500元。各镇（街道办）根据自身财政实力情况，进行配套扶持，如俚岛镇在荣成市补助的基础上，对发展现代苹果栽培的每公顷再补助1.2万元。其他市（区）也出台了相关扶持政策。4月1～2日，市农业局组织各市（区）农业部门分管果茶生产的副局长、果茶（果树、蚕果）站站长及威海经济技术开发区、威海工业新区负责果茶技术推广的工作人员，对荣成、文登、乳山市和环翠区、威海经济技术开发区等地进行巡回观摩检查，推动全市苹果提质扩量增效工作均衡健康发展。10月16～19日，威海市考核办成立了验收小组，完成了对上述市（区）的苹果提质扩量增效工作的考核验收。

【苹果擂台赛】 由威海市农业局主办、

韩孚生化冠名的“韩孚杯·威海市首届苹果擂台赛”于11月20日在威海市人民广场举行，市委常委、组织部部长徐东升，市人大常委会副主任毕礼伟，副市长唐会礼，市政协副主席任怀平出席活动并为获奖选手颁奖。来自各市(区)的89个样品参加了擂台赛。为保证比赛的公正性，特邀市统计局、公证处对样品进行分值统计和全程监督。比赛期间，各市（区）的果树生产者与技术人员登台交流种植经验。擂台赛设置5个奖项，按照样品内在品质（可溶性固形物含量）和外观品质（果形、颜色、整齐度等）进行评分。来自荣成市荫子镇马家岭村村民张永鼎获得特等奖和奖金1万元。中央、省、市新闻媒体对擂台赛进行了报道。擂台赛成为展示威海苹果形象、宣传威海苹果品牌、振兴威海苹果产业的一个品牌活动。

【科技成果技术鉴定】 11月21日，威海市科技局主持并邀请知名果树专家，对威海市果茶站承担的“威海市苹果提质增效综合配套技术研究开发”项目进行了技术鉴定。专家一致认为，该项目立题正确，技术路线合理，数据资料翔实可靠，在苹果郁闭园改造、土肥综合管理及矮化密植园建园技术方面有明显创新，总体达到国内领先水平，建议进一步加大研究成果的示范推广力度。

【示范园建设】 按照“规模大、标准高、管理严、效果好”的要求，通过示范园推广13项关键技术，做给农民看，带着农民干，达到建成一个，见效一片的目的。2010年，全市设立各类高标准示范园67处，其中，荣成市17处，文登市20处,乳山市15处,环翠区8处，威海经济技术开发区3处，威海工业新区4处。其中，建设现代苹果栽植示范园12处。全市新植的苹果面积达246.7公顷。其中,乳山市1333.3公顷，文登市561.3公顷，荣成市480公顷，环翠区93.3公顷。全市新启动改造的苹果郁闭园9066.7公顷。

【北方茶产业技术创新战略联盟】 6月29～30日，在山东省科技厅的倡导下，北方茶产业技术创新战略联盟在日照市揭牌成立，来自山东、河南和陕西省的41家科研单位、高等院校和茶叶企业，共同签署了《联盟协议书》。联盟组建的目的是打破产业内各自为战的局面，以企业需求为导向，整合有关科技资源，提升产学研结合机制，集聚创新要素，以产学研相结合的方式提升茶产业技术创新能力。乳山正华农林科技示范园有限公司为首批联盟成员，威海市果茶站王树波为联盟技术专家委员会成员。

【自然及病虫灾害】 2009年冬季出现低温天气，致使部分区域没有采取越冬防护措施的茶树受冻。2010年春季出现长时间的持续低温天气，导致物候期后延，如樱桃、杏、桃、李等的花期推迟约20天，苹果的花期推迟约15天。6月11日，威海普降大雨，致使进入成熟期的红灯等大樱桃裂果30%左右。2010年雨季在8月下旬到9月上旬，推迟了1个月，致使处于成熟期的无花果大量裂口并腐败。苹果小卷叶蛾、红蜘蛛在部分果园偏重至大发生，虫果率达到了90%以上。苹果锈病暴发性大发生，成为威海新的重要苹果病害，梨、山楂等锈病依旧发生严重。梨黑星病在部分黄金梨园偏重至大发生，套袋黄金梨果实黑星病病果率达到70%。套袋苹果轮纹病、枝干害虫等较往年略有增加。

【苹果病虫害防治套餐】 2010年，乳山市果茶蚕站在育黎镇塔庄村、大孤山镇士子于家村部分苹果园实行了套餐服务，对苹果病虫害进行统防统治，果园全年喷药次数控制在10次左右，比常规防治方法减少1～2次用药，防治效果明显，受到果农欢迎。

【技术指导与培训】 3月2～3日，市农业局、财政局、科技局联合举办了苹果提质扩量增效技术培训班。各市(区)及镇（街道办）果茶技术推广体系的技术干部、科技带头户、重点园片的果茶从业者以及合作社、龙头企业的涉果技术人员130余人参加了免费培训。7月7～10日，市农业局果茶站在文登市举办了苹果示范园培训交流会，参会人数100余人，邀请国内著名专家和各市（区）果茶站站长讲课，部分典型示范园进行经验交流，同时实地观摩郁闭园改造园和现代苹果栽植园。各市（区）农业部门加大技术培训力度，均举办不同规模的技术培训。威海市果茶站先后与荣成、文登和乳山市联合举办了多期大规模的技术培训活动，培训人员2000余人次，并组织到乳山市冯家镇冯家村、夏村镇西北庄村，环翠区桥头镇碑鲁村，文登市葛家镇东于村等进行实地指导与培训。同时，通过电视、网络、科技期刊、手册等不同形式，加大对果树技术的推广力度。在农业局网站上推出了《梨锈病大发生》、《苹果疫腐病的发生与防治》等季节性管理技术,实时指导果树生产。印发了《威海苹果提质扩量增效关键技术手册》、《威海果树和茶叶安全越冬技术》等材料。

【荣成市现代苹果产业项目】 7月，省财政厅会同省农业厅、海洋与渔业厅、畜牧兽医局在济南市召开了全省现代农业生产发展资金评审会议，按照“县级申报、专家审查、公开陈述、现场打分、当场亮分、全省公示”的评选程序，荣成市被确定为2010年山东省现代农业生产发展资金果菜产业项目县（市、区），计划利用5年时间建设20个规模在33.3公顷以上的省级高效苹果标准化示范园，并逐渐将这些产业点连成产业片。省财政将连续扶持3年，每年将根据项目的进展情况给予400万元～800万元的扶持资金。8月2日，山东省现代农业果菜产业组先后到荣成市滕家镇北庄村的现代苹果栽培、鲍村三优合作社、大疃镇花山合作社、埠柳镇增达果蔬合作社会社等处考察现代苹果产业项目，并进行交流座谈。

【产地果茶产品认证】 2010年，威海市新通过产地果茶认证的企业（组织）共40家45个果茶产品，其中，获地理标志产品的有3家5个，绿色食品认证的21家24个，无公害农产品认证的16家16个。

2010年威海市新增产地果茶认证企业（组织）情况表

表4

认证项目	企业（组织）名称	产品名称
农产品地理标志产品	荣成市绿色食品协会	荣成草莓、荣成无花果
	文登市农业环境保护站	文登苹果、文登大樱桃
	乳山市茶叶协会	乳山绿茶
绿色食品认证	荣成市东海商贸有限公司	鲜无花果
	荣成星星农产品有限公司	红富士苹果、华山梨
	文登市高美鲜果蔬气调库	红富士苹果
	文登市远峰果蔬专业合作社	草莓
	文登市新发地种植专业合作社	葡萄
	威海市保德果蔬气调保鲜有限公司	红富士苹果
	西楼集团有限公司	红富士苹果
	威海市佳农果蔬有限公司	红富士苹果
	乳山市崖子镇钟家大樱桃专业合作社	樱桃
	威海市岠嵎山优选草莓专业合作社	草莓
	威海宇祥果业有限公司	红富士苹果
	乳山盟禾冷藏包装有限公司	红富士苹果
	乳山市龙鑫果蔬食品有限公司	红富士苹果
	威海市环翠区天柱山果蔬专业合作社	新高梨
	威海市环翠区桥头农业服务专业合作社	红富士苹果
	威海市环翠区威盛大樱桃农民专业合作社	大樱桃、红富士苹果
	威海市环翠区华顺农技服务专业合作社	大樱桃、小国光苹果
	威海市环翠区山里红果蔬专业合作社	蟠桃
	威海经济技术开发区圣岭无花果农民专业合作社	无花果
	威海经济技术开发区闫家庄果品农民专业合作社	无花果
	威海工业新区富友水果专业合作社	无花果
无公害农产品认证	威海市绿色食品协会	红富士苹果
	威海市农业良种推广协会	红富士苹果
	荣成市鲍村三优果品专业合作社	红富士苹果
	荣成市金子山果品专业合作社	红富士苹果
	荣成市下回头果品专业合作社	红富士苹果
	荣成市友盛果品专业合作社	红富士苹果
	威海市正中果品有限公司	苹果
	荣成星星农产品有限公司	苹果
	荣成华峰果品有限公司	苹果
	文登绿园果品专业合作社	苹果
	文登市泽库镇南台村（侯华朗）	梨
	乳山市新自然草莓专业合作社	草莓
	乳山市午极物资供应站	五金黄金梨
	乳山市酿酒葡萄协会	葡萄
	乳山市崖子镇农业综合开发服务中心	垛山苹果
	乳山市祥诚果蔬食品有限公司	苹果

（王树波　王林军）

畜牧业

【概况】 2010年，全市肉类总产量12.27万吨，比上年下降0.3%。其中，猪肉9.33万吨，下降0.2%；禽蛋类总产量11.49万吨，下降4.4%；奶类总产量22.19万吨，下降2%。畜牧业总收入153.4亿元，增长13.1%；貂皮产量1050.5万张，增长6%；狐狸皮产量81.5万张，增长2%。

【执业兽医资格考试】 4月，首次全国执业兽医资格考试启动。执业兽医资格考试工作由农业部统一组织实施，山东省畜牧兽医局召开专题会议进行了部署，威海市畜牧兽医局具体组织实施。根据上级要求，制定了《2010年威海市执业兽医资格考试宣传工作方案》，按照“积极主动、形式多样、点面结合、深入到位”的原则，对考试政策、目的、意义和要求等进行宣传，提高了社会各界对执业兽医管理制度和执业兽医资格考试的认知度和关注度；印发了《2010年威海市执业兽医资格考试实施方案》，对考务人员、考务培训、组织报名等环节进行了安排。7月10～24日，447人通过网络进行报名；8月2～13日，330人通过了现场确认；10月24日，316人参加了基础、预防、临床和综合应用4个科目的考试。有127人获得了国家执业兽医资格。其中，执业兽医师44人，执业助理兽医师83人。

【村级动物卫生室建设】 2009年7月27日，市畜牧兽医局在文登市宋村镇召开了现场会，下发了《关于村级动物卫生室建设的指导意见》，指导村级卫生室建设。这一做法得到了省畜牧兽医局的充分肯定，省畜牧兽医局派出调查组进行专题调研，并下发了《关于开展村级动物卫生室建设试点工作的通知》，决定2010年在威海市和日照市莒县、菏泽市成武县、德州市平原县对文登市村级动物卫生室试点建设的经验进行推广。建设村级动物卫生室的主要做法：一是镇兽医站与村级防疫员相结合，统一组成村动物卫生室工作人员。二是科学布点。按照方便群众、便于管理、利于发展的原则，在规模较大的村和新规划的中心村设置动物卫生室，每个动物卫生室服务范围不少于5个村。三是三方筹资，共同建设。文登市采取市财政补一点、畜牧部门帮一点、镇兽医站出一点的办法筹集资金，结合农村社区服务中心搞好建设。四是健全激励机制。把业务量、免疫率和免疫质量作为村级动物卫生室工作人员考核标准，与误工补贴和经营收入返成相结合，多劳多得，干好有奖。另外，在村级动物卫生室设置的基本原则、基本条件、基本要求、工作任务和运行方式等方面，都制定了统一的规范和要求。

【兽药及兽药残留专项整治】 2010年，按照省畜牧兽医局的统一部署，在全市开展了兽药及兽药残留专项整治活动。在做好宣传发动的基础上，主要加强三个方面的监管：一是加强兽药生产企业的监管。对兽药生产企业进行严格监管，遵守派驻兽药生产企业监督员每季度到场监管制度，安排一名兽药监管员每个月到企业进行监管，督促企业全面落实兽药GMP生产，产品合格率为100%。二是加强兽药使用环节的监管。把养殖场依法购药、规范用药，完善用药记录和兽药使用监管放在重要位置，加大了对使用原料药品、过期药品、人用药品的查处力度。三是加强通过兽药GSP认证企业的后续监管。加快全市兽药GSP改造的进度，年内全市有64家兽药经营单位通过兽药GSP认证验收。同时，加大对通过兽药GSP认证企业的后续监管力度，全市没有发现不按GSP标准经营现象。在专项整治中，重点加大三个方面的力度：一是加大禁用兽药的查处力度。清查重点是农业部第193号公告、第560号公告等公布的不合格产品、违禁添加化学药品、兽药标签不规范的产品、非法企业及非法产品、兽药标准已被废止且其产品已超过市场流通期的非法产品、抗生素（抗菌剂）类药物残留以及2009年以来农业部和省兽药质量通报的不合格产品等。印发明白纸、宣传单，通过不定期深入到各兽药经营和使用单位进行检查时发放到他们手中，年内全市出动执法人员1207人次，检查兽药生产、经营、使用单位2038个次，取缔无证经营企业5家，罚没金额5.55万元，查处违法案件42起，货值24.17万元，其中，查处山东兴邦药业有限公司在威海市销售的违规兽药32个品种，计295箱（件）。二是加大兽药抽检力度。按照年初制定的畜产品抽样检测计划，对全市的兽药经营单位进行抽检，抽检兽药30批次，其中，针剂10批次，其他制剂10批次，水产用药10批次。三是加大联合执法力度。重点加强渔药监管，保证了海产养殖业用药的安全。与市海洋与渔业局、质监局、工商局等单位开展了2次渔药经营市场综合检查活动，重点查处硝基呋喃类、孔雀石绿、乙烯雌酚、红霉素和氯霉素等禁用药及其化合物，加强渔用药进货渠道的管理力度，保证渔用药使用安全。

【畜牧业生态化建设】 一是解决较大规模场粪污处理问题。开展畜牧科技人员联系千场万户活动，每个规模场（户、区）都有专人负责监管。大力推广粪污治理和综合利用新技术，同时积极实施奶牛、生猪标准化改扩建项目和开展标准化畜禽养殖示范场创建活动。全市128个较大规模化畜禽养殖场、养殖小区年产生粪便32.74万吨，粪便处理方式主要为有机肥厂原料、自制农肥、发酵处理，处理量分别占总量的3%、39%和58%，外排污染物达标排放率达到100%。粪便利用方式主要为商品肥、水产养殖和种植用，综合利用率达到100%。二是解决水源保护区内畜禽养殖污染问题。鼓励、引导、支持养殖企业进行标准化改造，达到零排放、零污染。对出现污染问题的，劝其改进；改进不了的，报告环保部门予以关停或拆除。水源保护区内没有出现粪污事件。三是解决标准化生产基地问题。按照无公害认证标准，指导企业进行认证。2010年，全市有38家企业通过了无公害畜产品质量认证，累计达到102家。

2010年威海市新增无公害畜产品生产企业情况表

表5

序号	单位名称	生产规模（万头/只/羽）	年产量（吨）	年销售额（万元）	认定产地地址
1	荣成市虎山镇宏正养猪场	0.08	80	85	荣成市虎山镇鹊岛村
2	荣成市宁津建秀养殖场	0.2	200	216	荣成市宁津街道办事处南港头村
3	荣成市人和李相植养猪场	0.12	120	125	荣成市人和镇连家卧龙村
4	荣成市南桥头良种畜牧养殖场	0.9	1030	1200	荣成市王连街道办事处南桥头村
5	荣成市寻山圣洋种猪场	0.13	130	150	荣成市寻山街道办事处石猴子村
6	荣成市崂山葛建军养鸡场	1.5	195	110	荣成市崂山街道办事处船坞村
7	荣成市崂山江涛养鸡场	2.5	320	180	荣成市崂山街道办事处古塔村
8	荣成市崂山李忠坤养鸡场	1.2	168	95	荣成市崂山街道办事处崂山屯村
9	荣成市人和华安鸡场	1.5	195	110	荣成市人和镇团栾村
10	荣成市人和金晓养鸡场	1.3	180	100	荣成市人和镇靖海卫村
11	荣成市人和荣达鸡场	1.8	250	150	荣成市人和镇韩家疃村
12	荣成市人和镇腾达鸡场	1.3	170	96	荣成市人和镇涨蒙村
13	荣成市城西晓怿蛋鸡养殖场	2.5	350	205	荣成市城西街道办事处刘家屯村
14	威海市环山养殖有限公司	1.2	1200	1800	荣成市埠柳镇不夜村西
15	威海环山养猪有限公司	1.5	1500	1800	荣成市崂山街道办事处闫家庄西
16	山东恒大化工（集团）有限公司大疃奶牛养殖场	0.4	15000	4500	荣成市大疃镇南石堢村
17	山东恒大化工（集团）有限公司崖头奶牛养殖场	0.1	3000	900	荣成市崖头街道办事处前密文村
18	文登市春华养猪场	0.06	60	64	文登市龙山街道办事处王家疃村
19	文登东来养殖有限公司	2	2000	2200	文登市宋村镇姚山头村
20	文登市满山前育猪场	0.3	300	310	文登市葛家镇刘家上口村
21	文登市新奥育猪场	0.3	300	310	文登市葛家镇刘家上口村
22	文登市金禾家禽养殖场	4	570	340	文登市大水泊镇岭上王家村
23	文登市冠辰家禽养殖有限公司	2	290	170	文登市界石镇岚子后村
24	文登市泽头镇华新养鸡场	3	400	240	文登市泽头镇峰山村
25	文登市凤翔畜禽养殖有限责任公司	7	1200	670	文登市宋村镇双石村
26	乳山市玉朋养猪厂	0.2	200	270	乳山市冯家镇北泥沟村
27	乳山市天马养猪场	0.18	135	170	乳山市夏村镇井子村
28	乳山市瑞涛养猪场	0.2	150	200	乳山市冯家镇瑞木山村
29	乳山市书梓养猪场	0.1	75	100	乳山市大孤山镇吴家沟村
30	乳山市红奇良种猪繁育场	0.15	110	130	乳山市下初镇胡家口村
31	乳山市益群生猪加工厂	0.18	135	200	乳山市大孤山镇驻地
32	乳山市钏琦牧场	0.04	1000	220	山东省乳山市冯家镇花家疃村
33	乳山市化振龙兴达养鸡场	3	700	400	乳山市午极镇石字砚村
34	乳山市代义养鸡场	2.5	450	260	乳山市徐家镇马场村
35	乳山市银海种兔场	5	125	162.5	乳山市海阳所镇张家庄村
36	威海华达家禽有限公司	5	900	700	威海市环翠区羊亭镇北小城村
37	环翠区联成养鸡场	10	1400	980	威海市环翠区张村镇王家疃村
38	威海工业新区盛林养殖场	6	900	600	威海工业新区尚山镇小黄村

【饲料质量安全整治】　制定了《2010年饲料质量安全整治行动实施方案》，从3月开始对全市饲料生产企业、经营业户、养殖场（户）进行拉网式检查。生产、经营企业检查率达到100%，养殖场（户）重点检查较大规模养殖场。对生产、经营、使用三个环节进行抽样检查，重点检查是否含三聚氰胺、瘦肉精、苏丹红等违禁物质。全年对1275个样品进行了三聚氰胺检测，对108个样品进行了瘦肉精检测，对48个样品进行了苏丹红检测，对23个样品进行了其他检测。共检测样品1454个，均未发现违禁物质。全年出动执法人员1252人次、督查人员1146人次，立案调查违法企业、养殖场（户）5家，查处违法饲料产品226.8吨，涉案总金额51.39万元。

【重大动物疫病防控】　实现了全市无重大动物疫情目标，威海市畜牧兽医局被省防控重大动物疫病指挥部评为2010年全省重大动物疫病防控工作先进单位，受到通报表彰；被省畜牧兽医局评为2010年全省动物卫生监督工作先进单位，被授予二等奖。一是严格落实防控措施。切实搞好规模饲养场各类重大动物疫病的程序化免疫、社会散养户春秋集中强制免疫和日常补免工作，强制免疫的4种重大动物疫病免疫密度达到100%。狠抓春、秋两季和高温季节消毒灭源工作，净化了养殖、加工环境。按要求抓好畜禽产地检疫和屠宰检疫，畜禽产地检疫率90%，定点屠宰检疫率100%。按时完成了省、市监测计划。落实了重大动物疫病防控责任制和责任追究制。二是大力推进动物疫病区域化防控工作。启动种畜禽场疫病净化工作，稳步推进无规定动物疫病区建设。三是逐步完善动物防疫体系建设。市、市（区）畜牧兽医行政管理体系、技术支持体系和动物卫生监督执法体系日趋完善。

【畜牧科技推广应用】　一是抓好畜禽良种繁育推广。加强了对全市28家种畜禽场的管理，重点搞好良种繁育推广和地方品种的保护及扩繁工作。二是继续筛选8项实用技术在全市推广。重点推广自然养猪法配套技术、猪人工授精技术、生猪标准化生产和疫病防控技术、水貂犬瘟热和病毒性肠炎预防控制技术，有效地提高畜牧科技到户率。三是搞好科技培训。开展畜牧兽医技术人员联系千场万户活动，抓好畜牧养殖培训工作，年内举办培训班23期，培训5200人次。四是与科研院校联系取得突破性进展。12月20日，中国农科院特产研究所文登研发中心暨青岛农业大学特产动物文登研究所挂牌成立。

（宋绪京）

林　业

【概况】　2010年，全市以建设生态林业、碳汇林业、民生林业、文化林业、和谐林业为着力点，进一步加快转变林业发展方式，全年完成成片造林面积8042公顷，完成义务植树900多万株，平均成活率达98%，全面完成年度计划任务。林业有害生物防控成效显著，完成省林业局下达的“四率”指标，林业有害生物成灾率0.33‰，无公害防治率95.7%，测报准确率99.8%，种苗产地检疫率98.5%，实现“有虫不成灾”。

【林业重点工程建设】　一是水系生态建设。市委、市政府办公室印发了《转发市发展改革委等8部门〈关于加强全市水系生态建设的实施意见〉的通知》（威办发〔2010〕22号），在主要河流、库区周围大力开展植树造林活动，涵养水源，保护水质，改善区域生态环境。二是沿海防护林体系建设。完成国家沿海防护林重点项目建设1733公顷，主要是做好断带缺口合龙、补植完善和林带拓宽，进一步巩固生态屏障，提升景观效果。三是绿色通道建设。全市新建绿色通道111.9公里，补植完善200公里，进一步提升道路绿化景观效果。四是荒山绿化。重点搞好城市周边及主要通道两侧可视范围内的宜林荒山绿化，年内全市通过拍卖、租赁、承包、联合开发等形式，绿化荒山荒滩3267公顷。五是农田防护林建设。逐步对主要道路两侧的农田实施林、田、路综合治理，全市新建、完善农田林网8067公顷。六是村庄绿化。大力推进村庄五年绿化工程，突出抓好村旁、路旁、水旁、宅旁“四旁”绿化和围村林建设，新增绿化达标村307个。

【集体林权制度改革】　根据省委、省政府统一部署，威海市于2009年在环翠区开展集体林权制度改革试点工作，2010年在全市全面推开。2月3日，全市农村工作暨林业改革发展会议召开。林改共涉及全市2507个村、58万农户、140多万人，涉及集体林地12.38万公顷。各级林业部门努力克服时间紧、任务重、林情复杂的实际困难，精心组织，稳妥操作，积极推进，全市林改工作取得阶段性成效。10月，环翠区顺利通过省里检查验收，其他市（区）也于年底前基本完成明晰产权、明确经营主体的改革任务。到12月底，全市完成外业勘界面积12.24万公顷，占应勘界任务的98.86%；林权公示面积11.78万公顷，占应公示面积的95.13%。省委、省政府专项督查组对威海市林改工作进行督查，总体评价为：“对中央的精神吃得透，林改原则把握得准，群众发动深入，目标明确，责任落实，思路清晰，措施得力，操作规范，效果明显。”

【生态文化建设】　积极加大林业宣传，不断提高全社会生态文明意识。“植树节”期间，市委书记、市人大常委会主任王培廷，市委副书记、市长孙述涛分别就植树绿化发表署名文章和电视讲话，五大班子领导亲自参加义务植树活动。同时，通过企业包山头绿化、部门包村庄绿化等形式，开展义务植树活动。充分发挥林业在固碳减排方面的重要作用，叫响“兴林固碳，助推发展”的口号，在全国率先开展创建“绿色低碳家庭”活动，引导广大家庭树立“我生活排放，我植树补偿”的绿色低碳生活理念，通过“亲手栽种一棵树，亲自认养一片绿地”和实施“绿色低碳家庭10件事”计划等行动，补偿在开车、飞行、家居和办公等方面排出的二氧化碳所造成的环境破坏。全市建设7处134公顷的“低碳补偿林”基地，上千个家庭参与认建认养林地树木活动。

该经验做法被中央电视台向全国进行报道推广。参加了中国绿化领域组织层次最高的综合性博览会——第二届中国绿化博览会，威海市室外绿化展区获博览会“特金奖”。

【森林防火】 以森林防火信息指挥平台建设和护林员队伍正规化建设为手段，进一步健全森林消防组织指挥、预测预警、应急响应和综合保障机制，提高指挥调度的准确性和森林火灾的处置能力。在市区重点林区新增固定监控探头15个、护林员无线终端400部；全市新增护林员300名，总人数达1500名。11月，首次利用森林防火远程传输指挥系统，成功举办全市森林防火实战演练。继续加强森林防火宣传教育和野外火源管理，抓好重点部位、重点时段的防火工作，不间断组织开展火灾隐患排查整治行动。经省森林防火指挥部确认，全市年内森林火灾受害率为0.05‰，远低于全省指标，实现无重大森林火灾、无人员伤亡事故发生的“两无”目标。

【林业执法工作】 组织开展严厉打击破坏森林和野生动物资源违法犯罪“冬季行动”，加大对乱砍滥伐林木、乱占滥用林地、乱捕滥猎野生动物及森林火灾案件的查处力度，严格规范征占用林地和森林采伐限额管理，加强对采石、采矿行业使用森林资源的监管力度。全年勘查林木采伐现场90多处，办理林木采伐手续82项，无违规案件发生。全市采伐林木蓄积仅占省林业局下达年度采伐限额的36%。

（苗 杨）

水 利

【概况】 2010年，威海市投入水利建设资金6.3亿元，完成各类水利工程1910项。新建塘坝、机井、水池等小型水源工程348处，新增蓄水能力489万立方米。至年末，全市有大中型水库15座、小型水库400座，蓄水量3.32亿立方米。威海市水利局在保持“全国水利文明单位”的基础上，2010年又获得“省级文明机关”和“市级文明行业”称号。

【病险水库除险加固】 全市有13座大中型、344座小型病险水库列入国家病险水库除险加固三年规划。2008年以来，全市累计投入资金10.8亿元，在全省率先完成了除险加固工程建设任务。这些工程完成后，大型水库防洪标准达到1000年一遇，中型水库达到100年一遇，小型水库达到30～50年一遇，增加供水能力1.2亿立方米。

【小型农田水利重点县建设】 2009年，文登、乳山市被列为国家首批小型农田水利重点县（市、区）。两市坚持高起点规划、高标准建设、高质量施工，累计完成投资6350万元，新建、改造大中小型灌区3166.7公顷，塘坝、机井、拦水坝等小水源工程232处，新发展农业节水工程4000多公顷，提前完成了年度建设任务，带动了项目区农业种植结构调整，促进了农民收入持续增加。

【农村公共供水工程建设管理】 市委、市政府对农村自来水工程更新改造高度重视，将其列入2010年重点工作目标，并纳入目标责任制考核内容。市水利部门从自身职能出发，积极沟通协调上级主管部门，最大限度争取资金扶持，保证了项目建设的资金需求。全市争取国家饮水安全专项资金2290万元，完成自来水更新改造的村庄120个，改善了8.2万人的吃水条件。市政府出台了《威海市农村公共供水管理办法实施细则》，从根本上解决了长期困扰威海市农村自来水工程建设、管理、维修、养护的资金困难和体制障碍。

【水利执法工作】 一是积极探索实施严格的水资源管理制度。市水利局将这项工作作为水利工作的中心任务来抓，组织人员外出考察学习，研究制定了符合威海实际的管理办法，计划2011年一季度出台实施。二是经威海市委常委会议、市政府常务会议审议通过，出台了《威海市河道工程维护管理费征收使用管理办法》，规定从2011年1月1号起，开征河道维护费，为水利事业持续健康发展提供可靠稳定的筹资渠道。三是综合整治河道水库非法采砂。市政府召开了专题会议，研究措施，落实责任，在全市开展综合整治河道水库非法采砂工作，并取得初步成果。市、市（区）两级水利部门联合公安、国土等部门多次开展联合执法行动，查处水库非法采砂7处、河道非法采砂15处，扣押采砂船只和铲车等20多只（台）。四是开展水资源管理专项整治行动，重点整治非法取水、无证取水、不安装计量设施取水和不依法缴纳水资源费等违法行为。全市排查取水户951户，封闭自备井95眼，补办取水许可证68个，更换计量设施44家。

【防汛抗旱工作】 2010年，全市累计平均降水873.9毫米，其中，汛期降水646.7毫米，较多年同期偏多19.6%。降雨的主要特点是持续时间长、降雨强度大。进入10月后，全市又近2个月无有效降雨。旱涝交替、旱涝急转，防汛抗旱工作异常严峻。在防汛上，立足防大汛、抗大洪、救大灾，全面落实以行政首长负责制为核心的各项防汛责任制，修订完善了大中小型水库度汛方案，落实了防汛队伍和防汛物资，开展了3次防汛大检查，举行了地级威海市成立以来第一次防汛抢险实战演练。通过精心准备、扎实工作，夺取了防汛工作的全面胜利。市水利局被省政府评为全省防汛抗洪先进集体，1名防汛工作人员被省政府记三等功。在抗旱上，成立了2个抗旱工作检查组，分赴各市（区）对抗旱工作进行督促指导；把保证城乡供水安全作为抗旱首要目标，通过建设农村饮水安全工程等，优先解决城乡人畜吃水困难问题；加强抗旱工程建设，大力发展节水灌溉工程、河道拦蓄工程和小水源工程等；加强水源科学调度，优化城乡生活、工业、农业用水，充分发挥有限水源的最大效益。威海市旱情始终处在可控之中，工农业生产和人民生活没有受到大的影响。

【农田水利基础设施建设】 全市发展节水灌溉面积7853公顷。重点建设了荣成市崖西、夏庄、埠柳镇667公顷，乳山市育黎镇667公顷，文登市米山镇400公顷，高村镇333公顷节水方4处高效连片节水工程。累计争取国家、省无偿资金125万元，促成地方配套资金275万元，拉动社会投资300多万元。通过采取发展经济林、营造水保林、修建拦水堰坝和实行疏林补植、封育治理等措施，完成了荣成市崖西、崖后和文登市晒字3条小流域综合治理任务，顺利通过省水利厅专家验收，3项工程全部被评为省级优良水土保持工程。

【水库移民扶持工作】 进一步完善了库区后期扶持资金发放的各项规章制度，及时解决资金发放过程中出现的各种问题，保证了2256万元后期扶持资金及时、准确、安全发放到移民手中，使每个移民每年直接增加收入600元。建立完善移民信访预警机制和重要情况上报制度，切实做好移民信访接待和稳定工作。争取大中小型水库移民项目148个，总投资2197万元。2008年和2009年的97个结余资金项目全部完成，共完成投资937万元。

【第一次水利普查】 1月，国务院决定自2010年到2012年开展第一次全国水利普查，主要任务包括6个专业普查和2个专项普查：全面查清国内河流湖泊、水利工程、经济社会用水状况、河流湖泊开发治理保护、水土保持、水利行业能力建设情况和灌区、地下水取水井专项普查。威海市积极行动，市及各市（区）均成立了第一次水利普查领导小组，落实领导小组成员312人、专职工作人员86人，选聘普查指导员和普查员2250人，落实灌区、工业企业、建筑及第三产业台账对象名录908个。对骨干普查人员进行培训，市级普查办参加国家培训20多人次、省级培训16人次。举办了第一次水利普查启动仪式，现场发放水利普查宣传材料1000余份。编发《水利普查简报》7期、《水利工作旬报》5期。

【重点工程建设】 一是全面开展泊于水库新建工程前期工作，组建了泊于水库工程筹建处，召开了前期筹建工作协调会议，完成了泊于水库工程规划区实物调查工作。二是加快推进胶东引黄调水工程建设进度，按期完成了境内10.9公里、近47公顷管线的临时占地和地面附着物清点、征地迁占等工作，管线施工全面展开，累计完成投资961万元。三是筹资8572万元，其中争取上级无偿资金2572万元，按照“清障疏河、筑堤束水”的思路，对母猪河下游进行了综合治理。工程完成后，为河道沿岸及文登南海新区5667公顷农田、18个村庄、17.6万人口提供了安全可靠的防洪保障，年可减少洪涝灾害损失2000多万元。乳山河治理工程已列入全国重点地区中小河流治理规划，初步设计已得到省水利厅批复，投资计划已下达。四是争取国家无偿补助资金580万元，新建高标准防潮堤2170米，按期全面完成了乳山市白沙口（七期）、文登市五垒岛、荣成市桑沟湾、市区金线顶4处防潮堤规划建设任务。在2010年下半年国家发改委、水利部安排给山东省的15个海堤建设项目中，威海市申报的刘公岛丁公路南、威海高技术产业开发区小石岛、石岛湾北流口3个总投资2150万元的项目全部入围，共可争取国家无偿补助资金700万元。

【水文现代化建设】 年内，全市新建雨量站30处，总数达到75处；新建大中型水库水文分中心12处，总数达到16处。新建小型水库雨水情监测站14处、河道水位监测站15处、地下水及海水入侵监测点15处，水文信息监测覆盖面更广、信息传输速度更快、数据准确度更高。与联合国儿童基金会联合开展了“气候变化对地下水影响研究”项目合作，取得了一系列研究成果，开创了威海市水利部门与国际机构开展水利研究合作的新领域。与德国柏林自由大学开展了“变化气候条件下中国威海母猪河滨海流域水资源风险导向模型与综合管理研究”项目合作，双方向各自国家相关部门申报立项。

（于泉贵）

农业机械管理

【概况】 2010年末，全市农机固定资产总值达到34.5亿元，农机总动力达到531.8万千瓦、拖拉机27.1万台、各种配套机具47.9万台（套），分别比上年末增长10.6%、3.9%、5.0%和1.3%，全市平均每公顷耕地占有农机动力27.1千瓦、拖拉机1.38台、配套机具2.4台。全市综合农机化作业水平达到90%。其中，小麦生产实现了全过程的机械化，机播、机收率分别达99.7%和99.2%；花生机播和机收水平也分别提高到80.6%和78.5%；玉米机收水平有了新的提高，全年机收4.53万公顷，机收率提高到56%，比上年提高13个百分点；地下块茎作物如马铃薯、大姜、药材等方面的机械推广也收到了显著成效；植保、脱粒、农田排灌、农业运输、农副产品加工等环节基本实现了机械化。

【农机购置补贴】 2010年，市农机局始终把农机购置补贴工作作为事关广大农民切身利益、事关农机化发展、事关农业农村发展全局的一件大事，早研究，快部署，重落实，全年争取上级农机购置补贴资金3690万元，实现了新的突破。具体工作中，采取多种形式，加大补贴政策宣传力度，使农机补贴政策及相关规定达到家喻户晓；威海市农机局分别与各市（区）农机部门主要负责人签订了《2010年农机购置补贴工作责任书》，保证了购置补贴工作的公开、公平、公正和阳光操作；市农机购置补贴工作领导小组采取电话抽查和实地检查相结合的方式，加强了对农机购置补贴工作的监管，及时查纠检查中发现的及群众反映的问题，保证了农机购置补贴政策的稳妥实施。年内，全市补贴各类农机具2.04万台，受益农户及合作组织达到1.74万户，拉动农民直接购机投入8600多万元，间接投入2.1亿元，全市农机结构得到了极大优化，推进了农机化事业向更高阶段的跨越。

【农业机械化作业】 围绕着降低劳动强度，提高劳动生产率，加快大批农村劳动力转移，促进农业增效、农民增收这一工作目标，全市农机部门充分发挥职能作用，认真组织各类农业机械积极参与春耕、夏收、秋种、冬整作业，最大限度地发挥农业机械在农业生产中的主力军作用。全年组织6.83万台农业机械外出作业，实现作业收入4.25亿元，农机服务总收入20亿元。“三夏”麦收高峰期，全市日上阵小麦联合收获机5980台，机收小麦7.66万公顷，机收率达到99.2%，高峰期全市仅5天时间就完成了小麦机收任务，作业秩序、机收价格、服务质量都好于往年，实现了小麦的丰产丰收，农民增收。“三秋”高峰期，全市日上阵机具达25万多台，其中，上阵玉米联合收获机1000多台，机收玉米面积4.53万公顷，机收率达56%，全市综合农机化作业水平得到进一步提升。

【农机专业合作社建设】 加大扶持力度，把农机专业合作社规范化建设放在突出位置，科学规划，认真总结不同类型农机专业合作社的典型经验，在全市范围内加以推广。6月，组织各市（区）农机部门主要负责人和有关人员到湖南等地考察，学习他们建设农机专业合作社的先进经验。各市（区）结合各自的实际情况，按照“建设标准化、管理规范化、经营企业化、作业规模化、生产科技化”的要求，积极推进农机专业合作社建设。到年底，全市在工商部门注册的农机专业合作社达73个，合作社的规模、机械化作业程度、标准化建设水平都有了较大提高，实现了每个农业镇至少有1处农机专业合作社的发展目标，初步改变了一家一户的小作坊式生产方式。全市73个农机专业合作社承担了总作业面积的25%，实行规模化作业面积达2.7万公顷，开展农机作业服务8.4万公顷，实现服务总收入5108万元。

【保护性机械化耕作技术推广】 将保护性耕作机械化作业示范区建设作为全年的一项重要工作，成立了专门领导小组，落实了具体责任人，根据各市（区）的具体情况，制定下发了《关于下达2010年保护性耕作实施计划的通知》，进一步细化了任务，明确了责任。各市（区）以农机购置补贴工作为依托，通过优先报名、优先补贴等措施，加大了玉米收获和保护性耕作机械的推广力度，全市新推广玉米联合收获机214台，免耕播种机200台。在此基础上，充分发挥已有保护性耕作示范基地的辐射带动作用，引导农民自觉运用保护性机械化耕作技术，保护性耕作技术被越来越多的农民所接受，由原来单一的典型示范变成了大面积实施，全市新增保护性耕作面积6667公顷，总实施面积33.4万公顷，达到了“干给农民看，领着农民干”的示范目的，有效促进了农民增收。

【农机职业技能开发】 年内，围绕贯彻落实农业部、国家工商总局《农业机械维修管理规定》和国务院《农业机械安全监督管理条例》，以创建星级文明农机维修网点和开展农机维修技能竞赛活动为切入点，全面促进农机维修规范化管理。一是精心组织开展了威海市首届“海山杯”农机维修技能竞赛活动，全市有5个代表队参加了技能竞赛活动，激发了农机维修人员学知识、提高操作技能的热情，促进了农机职业技能工作顺利开展，全市有327名农机操作、农机维修人员经培训考核合格，获得相应资格证书。二是组织开展了创建星级文明农机维修点活动。严格按照省农机维修站新的创建标准，加强扶持引导，坚持符合一个创建一个的工作思路，大力推进星级文明农机维修点创建工作，全市创建星级农机维修网点90个，其中一星级58个、二星级21个、三星级8个，申报四星级3个，文登市葛家镇占生农机修理部成为农业部农机维修示范点。

【农机依法行政】 围绕“平安威海”建设，以“基层基础年活动”为载体，以提高“三率”（拖拉机年检率、挂牌率和驾驶员持证率）为突破口，坚持关口前移、重心下沉和源头治理的工作机制，加大国务院《农业机械安全监督管理条例》和相应法律法规的宣传力度，开展了声势浩大的农机安全集中执法行动，严厉打击、查处农机生产违法违规行为，推动了“平安农机”创建活动不断向纵深发展。全市农机监理人员本着“严格执法，热情服务”的原则，在严格按照规定对违规车辆及驾驶人员进行处罚的同时，尽可能为农民机手提供方便，进村入户为其办理各种业务，拉近了与农民机手的距离，有效提高了机手遵章守纪和安全意识。通过大张旗鼓的宣传和农机安全执法综合整治活动的开展，全市农民机手遵章守纪的自觉性明显增强，农机部门的社会地位得到很大提高，农机安全监管水平全面提升。2010年，全市年检拖拉机3.97万台，培训驾驶员1.88万人，挂牌4.47万副，业务量位居全省首位，未发生农机安全事故，农机“三率”水平显著提高，全市农机安全生产形势继续保持良好态势。8月10～11日，全省农机安全监理工作会议在威海市召开，威海的经验被省农机办在全省推广，“平安农机，和谐农机”创建工作提高到了新的水平。

（王忠太）

编辑　李洪格

海洋与渔业

综　述

【概况】　2010年，全市海洋与渔业系统围绕蓝色经济区建设的总体目标，克服海冰灾害等不利因素影响，加强海洋综合管理，强化海洋环境保护，加快转方式、调结构，促进现代渔业发展，全市海洋与渔业保持了良好的发展势头。全年实现海洋产业产值1230亿元，比上年增长12%；实现海洋产业增加值603亿元，占地区生产总值的比重达31%，提高1.1个百分点；实现水产品产量213.17万吨，增长2.2%；实现渔业总产值662亿元，增长9%；渔民人均纯收入1.50万元，增长10%。

【海参产业发展迅猛】　市委、市政府将海参产业作为海珍品产业的突破口，11月10日，召开了全市海参产业发展现场观摩会议，对海参产业发展进行全面动员部署。年内，出台了《关于进一步促进海参产业健康发展的意见》，明确了海参产业发展的指导思想和总体目标，提出了拓展海参产业发展空间、增强海参产业竞争优势、规范海参产业发展秩序的具体措施，落实了加强组织领导和政策扶持等保障措施。开展"叫响威海刺参品牌"大型宣传活动，举办"威海刺参"全国征集品牌广告语活动和威海市首届海参养生文化节。不断完善海参产品质量标准，制定了"威海刺参"7个类别的地方标准，开展海参质量安全综合执法检查。全年实现海参鲜参产量3.24万吨，比上年增长10%；海参养殖实现产值60多亿元，增长40%。

【启动海岸带综合管理】　10月26日，市政府出台了《关于加强海岸带管理与保护的意见》。意见明确了海岸带管理的范围和内容，明确了各市（区）政府、开发区管委以及发展和改革、城建、规划、海洋与渔业等部门的职责分工，成立了市长任主任、分管副市长任副主任，各市（区）及各责任单位主要负责人为成员的海岸带协调管理委员会，完善了联席会议、岸段负责和定期巡查、违法行为首接负责和联合执法等工作制度。年内，先后召开2次联席会议，组织开展1次联合执法，启动了由11个部门参与的打击非法采砂联合行动。海洋与渔业、城市执法、国土资源、林业等有关部门共制止或查处在海岸带违规填海、海中投石、海滩倾废、乱搭乱建、非法采砂等违法违规行为19起。其中，在盗挖海砂专项治理行动中，查处威海经济技术开发区泊于镇石家河口非法盗挖海砂案件7起，15人被依法拘留。

【开展海洋知识宣传】　3月，全市开展了以"重在保护，合理开发"为主题的"海岛保护法宣传周"活动，发放《中华人民共和国海岛保护法》、《中华人民共和国海洋环境保护法》等海洋法律法

6月8日，志愿者参加清洁海滩活动　　　　市海洋与渔业局提供

规宣传资料2000多份，提高了社会公众自觉保护海岛的意识。6月8日，开展了以“关爱海洋——我们一起行动”为主题的宣传活动。开展了广场咨询、发放宣传册、志愿者清洁海滩、中小学生海洋环保征文、展板签名等活动，营造保护海洋、热爱海洋的浓厚氛围。

【解决市民游客“亲海难”问题】 年内，围绕规范市区近海养殖管理、保障市民及游客正常亲海需求开展了多次调研，确定了市区近岸海域养殖管理的工作原则和工作措施，将近岸海域划分为三类海域：三类海域（不对外开放区域）包括海上筏式养殖区、网箱养殖区、人工鱼礁区、水产原良种场以及港口区、航道区、军事管理区；二类海域（限制部分活动区域）包括近岸及环岛浅海底播增养殖区；除三类、二类海域以外的为一类海域，为完全开放海域，市民及游客可以在此区域选择安全地带从事垂钓、游玩、游泳、赶海等亲海活动。在新闻媒体发布了《关于规范市区近岸海域养殖管理保障市民及游客正常亲海活动的通告》，明确各类用海功能区的管理要求以及养殖业户和市民游客各自的权利与义务，公布咨询和举报电话。组织环翠区、威海高技术产业开发区、威海经济技术开发区海洋与渔业主管部门与近海养殖业户签订了依法用海、文明看护承诺书，规范养殖业户的养殖管理行为，严禁养殖业户阻挠市民及游客正常亲海行为。

【渔业企业参加“西洽会”效果良好】 4月8～12日，好当家集团、俚岛海洋科技公司、威海海洋时代公司、山东鸿源集团、威海嘉洋食品公司等21家渔业企业参加了第十四届中国东西部合作及投资贸易洽谈会，与北京、陕西、广东、辽宁、新疆等省（直辖市、自治区）100多家客商进行了洽谈，集中展示了威海市鲍鱼、海参、海带、扇贝、鲆鲽鱼、中国对虾等32类280多个品种的水产品，提高了威海水产品的知名度。洽谈会期间，全市渔业企业与客商签订供货协议金额9500多万元。

【水产品进出口快速增长】 2010年，全市出口水产品23万吨，出口创汇7.5亿美元，分别比上年增长8.8%和36.4%；进口水产品10.1万吨，货值1.7亿美元，分别增长8.3%和21.4%。水产品进出口贸易顺差5.8亿美元，增加1.51亿美元，增长35.2%。

【“多营养层次综合养殖技术”达到产业化水平】 年内，山东省科技厅组织由中国科学院海洋研究所、中国海洋大学、美国国家海洋与大气管理局东北渔业科学中心以及水科院有关专家组成的专家组，对俚岛海洋科技股份有限公司、好当家集团有限公司等企业与水科院黄海所在荣成桑沟湾、俚岛湾养殖海域构建的多营养层次综合养殖模式的养殖效果进行了现场验收。验收期间，专家组听取了桑沟湾、俚岛湾养殖海域构建的多营养层次综合养殖模式情况介绍；对楮岛大叶藻及海珍品底播增养殖、桑沟湾鱼—贝（鲍）—海带／龙须菜及俚岛湾鲍—海带—刺参的开展情况进行了现场考察和测量，认为项目进展良好，多营养层次综合养殖模式的示范推广达到产业化水平，研究成果为推动国内生态系统水平的高效、持续海水养殖提供了重要的技术支撑。

【发放渔业燃油补贴】 年内，全市1.32万艘国内渔业渔船和100多艘远洋渔业渔船共获得国家渔业柴油补贴资金4.49亿元。自2006年国家实行燃油补贴政策以来，全市累计获得国家渔业燃油价格补贴资金达14.49亿元，为促进渔民增收、渔业增效发挥了重要作用。

【市海洋与渔业局获“2009年海洋环境质量公报创优创新评比”一等奖】 年内，在国家海洋局2010年全国海洋环境监测与评价会议上，市海洋与渔业局获“2009年海洋环境质量公报创优创新评比”（地市级）一等奖，并获奖金20万元。全国仅有威海市、温州市获此殊荣。

【荣成市设立渔业管理基层工作站】 年内，荣成市在沿海镇区设立了龙须、石岛、朱口3个渔政渔港工作站，负责辖区内渔业资源、渔船渔港、安全生产等方面的监督检查，维护辖区内渔业生产秩序，依法查处各类渔业违法违规行为，以全面增强安全生产、渔船管理能力，形成了海上查、陆上堵全方位的综合管理网络。

【18家渔业企业被确定为第五批农业产业化省重点龙头企业】 年内，省农业厅联合省海洋与渔业厅等9部门公布了第五批农业产业化省重点龙头企业名单，全省有26家渔业企业被确定为第五批农业产业化省重点龙头企业，其中，威海市荣成石岛明泰渔业有限公司等18家涉渔企业榜上有名。此外，在郑州举行的第八届中国国际农产品交易会上，好当家海洋发展股份有限公司和赤山集团有限公司两家水产企业获得水产行业“农业产业化行业十强龙头企业”之一称号。

【新增一批渔业名牌产品】 年内，泰祥集团的“泰祥TAIXIANG及图”商标被国家工商总局商标局认定为中国驰名商标，山东达因海洋生物制药股份有限公司的“达因”商标、朱口集团有限公司的“水帘洞及图”商标、石岛集团有限公司的“海港及图”商标被山东省工商局认定为“山东省著名商标”。至年底，全市累计有60件水产品商标或品牌，获得各级名牌认定。

【市海洋与渔业局与两部门签订合作协议】 3月23日，威海市海洋与渔业局与威海海事局签署了《水上安全管理合作协议》，确定建立定期会商联络机制、完善海上搜救处置突发事件联动机制、建立水域功能规划沟通机制、加强船舶和船员管理、强化海上联合巡查执法监督和海事调查处理、共同研究辖区险情事故发生规律、加强宣传教育及预警预防工作、建立通信协调机制并加强船舶安全装备建设等9个方面的内容。9月14日，与中国电信威海分公司签署了《海洋渔业信息化战略合作协议》，双方将共同建设山东省威海市渔船管理信息化系统及渔业应急救援系统、卫星定位导航系统、数字海洋系统、平安渔业系统等项目，提高渔业信息化水平。

【开展渔业基本情况调查】 10月20

日，市政府召开了全市渔业基本情况调查工作动员部署会议，成立了由分管副市长任组长的威海市渔业基本情况调查工作协调小组。各市（区）政府、开发区管委也相继召开了动员部署会议，成立了领导和工作机构。为加强对渔情调查工作的宣传，全市印发宣传资料5000多份，编印《动态信息简报》200多份，并通过电视广告、过街横幅、宣传标语、手机短信等形式进行宣传。10月29日，调查员培训工作正式启动，到11月中旬基本结束。全市培训各级调查员900余人次，发放村级调查表2000余份、企业调查表1400余份，调查表回收率达99%以上。至年底，录入村级调查资料1800份、企业调查资料1200份，完成总工作量的80%。

海洋综合管理

【概况】 年内，以海岸带综合协调管理、海域使用管理、海洋环境保护等为重点，贯彻执行基本管理制度，加强执法监督力度，促进了海洋的科学开发和海洋生态环境的保护。

【海域使用管理】 制定区划规划 开展了《山东省海洋功能区划》（威海部分）的修编工作，启动了《威海市区海域使用规划》的编制工作，《前岛集中集约用海规划》已上报省海洋与渔业厅。

加强海域使用审批论证 制定了《海域使用报批工作规程》，进一步完善海域使用项目审查委员会和项目管理小组工作规则，规范和加强围填海的报批。规程要求，重要的围填海项目必须在经过分管市长现场检查（中心城区范围内的围填海项目须经过市长办公会研究）、市城乡规划委员会审查同意后，再行审批手续。严格执行海域使用可行性论证和环境影响评价制度，重点对占用海域、岸线的必要性和平面设计、施工方式的合理性、科学性进行审查。全年获批和批准各类用海项目77个，面积1877.71公顷。其中，围填海项目36个，面积240.88公顷；养殖用海项目26个，面积1603.66公顷；保护区等其他项目用海15个，面积32.97公顷。对奔腾港航等4个围填海项目方案进行了修改调整，减少填海面积33.34公顷，节省自然岸线1600米。

海域有偿使用与抵押贷款 全年全市征缴海域使用金1.98亿元（其中上缴省和国家海域使用金9201.54万元），其中，围填海项目1.84亿元，养殖用海项目1350.87万元，其他用海项目44.13万元。全面推广海域使用权抵押贷款，办理海域使用权抵押贷款200余宗，金额7亿元。

加强围填海管理 形成了《关于进一步规范围填海管理的意见》，并于12月20日由威海市政府常务会议研究通过。意见从规划布局、初审把关、在建项目监管、提高管海用海水平4个方面提出了10项管理措施；决定启动编制全市海域使用规划，着重对集中围填海区域进行规划论证和管理；要求市、市（区）两级政府建立围填海项目审查联席会议制度，强化项目必要性、合理性审查。意见通篇贯彻了实行严格的海域使用管理制度的原则。

加强海域动态监管 制定了《2010年威海市海域使用动态监视监测管理系统工作方案》，规范了海域使用动态监管工作流程，明确了工作职责与分工，形成变事后监管为“审批前介入、建设中监督、使用后检查”的全程监管工作流程。针对岸线较长，工程区较密集的特点，开展了分区监管、海域使用动态和海洋环境影响双项监测；建立了海域使用视频监控系统，实现远程监控，智能监管。确定双岛湾、皂埠湾、石岛湾和大乳山等7处围填海重点区域，建立视频监控系统，进行海域使用动态实时监控，防范或督促业主及时改正填海过程中出现移位、扩大、施工不规范等行为。全年动用各类监测车辆80余车次，监测船只20余航次，对58个用海项目进行了海籍调查，对19个在建用海工程进行了监视监测，对5个疑点疑区进行了现场核查和执法监察。

开展市区养殖用海普查 9～10月，组织开展了市区养殖用海普查工作。根据普查结果，市区各类养殖用海共306宗，使用海域总面积为9585公顷（双岛湾除外）。其中，持有海域使用权证书的63宗，养殖面积3430公顷；仅持有养殖证的35宗，养殖面积3160公顷；无证养殖2995公顷。距岸1000米以内的无证养殖107宗，养殖面积1180公顷。通过普查，为进一步规范市区养殖用海管理提供了基础依据。

启动海岛管理 年内，在全市开展了无居民海岛普查工作，调查成果达到《无居民海岛使用情况调查技术规范》的要求。开展了海岛地名普查试点工作，实地调查海岛，核实疑似海岛，

工作人员进行海岛登记执法　　市海洋与渔业局提供

对海岛地名进行标准化，对海岛历史演变、风俗传统、人口民族、人文特点、自然特征等社会人文资料进行收集，彻底摸清海岛（礁）的基本情况，为海岛保护和开发利用提供基础资料。年内，威海市被国家海洋局确定为全国海岛地名普查试点市。调查结果显示，全市有海岛168个。面积500平方米以上海岛98个，其中，有居民海岛6个，人工陆连岛9个。500平方米以下海岛70个。根据省海洋与渔业厅要求，结合威海市海岛区位、自然资源、环境等自然属性以及社会实际需求，确定环翠区褚岛和乳山市宫家岛为威海市第一批开发利用无居民海岛，并申请列为国家首批无居民海岛开发利用名录。

【海洋监测与保护】 *地波雷达站投入运行* 年内，与国家海洋局北海分局共建的地波雷达站正式投入运行，与蓬莱地波雷达站组成覆盖渤海口的观测网络，将观测数据传输到国家海洋信息中心，实现对黄渤海交界处海流的实时观测。

海洋环境监测预报能力大幅提升 年内，动用监测车辆50余车次，监测船只40余航次，圆满完成近岸海域趋势性监测、陆源入海（河）排污口监测、增养殖区监测、海水入侵和土壤盐渍化监测、海洋保护区监测、海岛示范性监测等，开展了赤潮、绿潮、溢油、海冰应急监视监测和“威海杯”2010年HOBIE（霍比）世界帆船锦标赛和2010年威海长距离铁人三项世界杯系列赛赛场海洋环境监测。

开展海洋应急处置 一季度，及时启动了《威海市风暴潮海啸海冰灾害应急预案》，密切关注海冰分布情况，掌握海冰动态，切实做好海冰的应急处置，有效降低了海冰带来的经济损失。全市出动巡查车辆150多车次，行程9000余公里，组织除冰人员3000多人次，动用破冰船只及设备400多台次，投入破冰经费400多万元，除冰1000多公顷，挽回直接经济损失3.5亿元。7月下旬，启动了《威海市海洋绿潮（浒苔）应急处置方案》，出动监测船只160余航次，巡航约3200海里；出动巡查车辆50余辆次，行程5000多公里，出动监测人数680多人次。出动5840人次、车辆229台次、打捞船只31艘次，清理浒苔2690吨。

加强海洋保护区建设 年内，申报了刘公岛国家海洋公园、成山头国家海洋公园、小石岛国家级海洋特别保护区、乳山塔岛湾国家级海洋特别保护区4个项目，并全部通过国家海洋局专家评审。

【推进海洋执法监察规范化建设】 年内，市海洋与渔业局印发了《关于进一步加强近岸海域定期巡查与执法监察工作的通知》，扎实推行海洋监察岸段负责制、项目跟踪负责制和近岸海域定期巡查等三项执法制度，明确岸段责任、巡查范围、巡查频率、项目监管责任人等。将全市海岸线划分为9个岸段片区，每个岸段片区确定2名海监执法人员，结合各市（区）岸段负责制，进一步加大巡查频率。对市区海岸线，每周巡查两次；对各市（区）管辖海域由各市（区）海监机构负责日常巡查，市海监支队每月重点巡查一次；对已通过审批的海洋项目，明确项目监管责任人，确保每周检查一次，并加强责任督导落实，确保巡查到位、监管到位、查处到位。全年派出海监执法人员2079人次，执法车辆485车次，行程6万多公里，执法船舶131航次，检查用海项目1800余宗。

【开展海洋专项监察执法】 3月上旬至11月底，开展了“海盾2010”专项执法行动，主要查处无证用海、超面积用海等海域使用违法案件，查处非法围填海案件3起，对市区海域筏式养殖和网箱养殖情况进行了普查，清理非法养殖60公顷。5月初至11月，开展了“碧海2010”专项执法行动，主要对海洋工程建设项目、海洋倾废、违法采砂等开展海洋环保执法，立案查处海洋环保违法案件4宗。5～7月，开展了海岛保护执法检查行动，对海岛进行调查登记，建立海岛基础数据档案，对违反《中华人民共和国海岛保护法》的行为依法进行查处。年内，开展了综合整治非法采砂专项活动，查处非法采砂案件7宗，非法堆石案1宗。同时，对中国香港籍散货船“Afflatus”搁浅溢油污染海洋环境案和中国香港籍散货轮“Bright Century”与利比里亚籍货轮“Sea Success”碰撞事故溢油污染海洋环境案两起重大海洋溢油污染案件开展事故损害和损失鉴定评估，提起海洋生态损害和渔业资源损失索赔。

渔业管理

【概况】 年内，以渔船、渔业资源、渔业安全生产、水产品质量安全和涉外渔业管理等为重点，开展了一系列执法活动，保护了渔业资源，规范了渔业生产秩序，促进了和谐渔区的建设。8月25日，市政府办公室印发了《关于进一步加强渔业安全生产工作的通知》（威政办发〔2010〕83号），对全市渔业安全生产工作进行部署。在全省率先制定了《渔业船舶安全管理考核办法》，将渔船安全管理情况与涉外入渔资格、渔船燃油补贴和捕捞许可证、船长职务证书管理等挂钩。

【涉朝、韩敏感水域渔船管控】 一是加强港口监管，将辖区内渔船划片包干，责任到人，确保随时掌握渔船动向。严格渔船进出港签证制度，要求作业渔船全程开通北斗卫星定位系统、AIS防碰撞系统、90C对讲机等相关设备，实行渔船船位日报制度，实时了解渔船动向。二是加强对大功率渔船的动态监控。在全省率先与渔船签订涉朝、韩敏感水域作业承诺书，建立大功率渔船动态监控情况日报制度，对全市2474艘73.5千瓦以上拖网船逐一排查落实船位。各市（区）对当地渔船实行辖区渔船管控情况日报制，做到市、市（区）两级随时掌控渔船作业动态。三是加强海上巡查监管。统一调配全市渔政执法力量和渔政船只，联合边防、海警部门，对可能进入涉朝、韩敏感水域作业的渔船进行拦堵，形成严密的管理防线，严防渔船无证进入韩方专属经济区作业。年内，组织304艘(组)渔船在中韩渔业协定水域作业。其中，

12 月 16 日，对 2011 年涉韩入渔许可证进行抽签发放　市海洋与渔业局提供

拖网作业 250 艘、流网作业 49 艘、围网作业 5 组。

【伏季休渔管理】　组织召开全市伏季休渔工作会议，并首次召开全市伏季休渔新闻发布会，加强对伏季休渔的组织领导和宣传发动。突出重点时段、重点区域和重点群体的管理，加强对外省籍作业渔船、赴朝鲜东海岸作业渔船、异地靠港渔船和大渔业公司渔船的监控。实行停离港报告制度，逐条落实渔船停靠地点、联系方式及伏休责任人。昼夜巡查、定点监控、海陆结合，形成海上查、陆上堵、市场管的休渔管理网络。对查获的违规渔船，一律采取押港处理，实行高限处罚。把休渔责任与渔船燃油补贴发放、涉外入渔资格直接挂钩，保持高压态势，查处违规渔船 300 多艘。

【跨界定置渔业专项整治】　与市公安边防支队、海警第一支队联合组织开展了全市整治跨界定置渔业专项执法行动，先后 10 余次对威海市禁渔区线内侧海域作业渔船和外省停港渔船进行大规模联合执法检查。出动警力 400 余人次、渔政执法人员 549 人次、渔政执法船 70 航次，航程 3600 海里，检查辖区内码头 29 个，查处违规作业渔船 20 多艘。

【水生野生动物保护】　对市区宾馆、酒店、集贸市场、药店等经营利用水生野生动物及其产品活动进行全方位、全覆盖联合执法检查，首次为 12 家无证经营的单位和个人办理了特许证件，水生野生动物保护工作纳入规范化管理轨道。在鲑鱼来料加工企业的监管方面，制定完善了相关工作制度，规范监管行为，实现了鲑鱼加工从来料到加工到出口各个环节的全程监管。

【作业网具管理】　7 月，组织环翠区、威海经济技术开发区、威海高技术产业开发区开展了为期 1 周的清除“老牛网”作业专项行动，对辖区内的“老牛网”进行彻底排查和清理，清理“老牛网”17 盘。

【渔业安全生产】　开展海上渔船应急救援联合演练　5 月 28 日，由山东省海洋与渔业厅、交通运输部北海救助局、交通运输部北海第一救助飞行队主办，威海市政府协办，荣成市政府承办的山东省海上渔船应急救援联合演练在石岛海域举行。演练以“受强风暴潮侵袭，石岛外海多艘渔船群体遇险，多名船员落水”为模拟险情，出动 4 艘专业救助船艇、6 艘渔政船、2 架救援直升机、2 艘救助联动渔船和专业救助人员、联动船员、医护人员、后勤保障人员共计 500 多人，开展了扑灭渔船大火、救援失控渔船、救援落水船员等演练。“中国渔政 37501”等 5 艘渔政船和部分渔民、渔船参加了演练。

开展渔业安全生产专项整治执法行动　4 月 6 日起，在全市组织开展了为期 2 个月的渔业安全生产专项整治执法行动。出动执法车辆 597 车次、执法人员 3234 人次、执法船 186 艘次，检查渔港码头 155 处、各类渔船 3977 艘，查处违章渔船 711 艘，责令配备各类安全生产设备 906 台（件），收缴罚款 60.28 万元。

召开渔业安全生产现场会议　8 月 31 日，市政府在荣成市召开全市渔业安全生产现场会议，实地观摩了荣成市渔业安全救助信息指挥中心和荣成港湾街道办事处、斥山集团、石岛渔业协会等单位的渔业安全管理情况，听取了荣成市海洋与渔业局的情况介绍。

完善应急处置机制　年内，制定了《渔业船舶安全突发性事件应急处置

5 月 28 日，举行海上渔船应急救援联合演练　市海洋与渔业局提供

工作规程》、《渔业灾害性天气应急处置工作规程》和《渔业安全值班应急处置工作规程》，明确了适用范围、处置原则、处置程序、调查处理、保障措施和工作要求，应急处置能力得到显著提升。全年接处各类遇险信息52次，救助渔民90多人。

加强基础设施建设　全年争取上级补助资金841万元，配备渔船AIS防碰撞系统、RFID等安全设备1.48万台（套）。

举办渔业安全管理人员培训班　举办了全市渔业安全管理人员培训班，各市（区）海洋与渔业局、渔政站、渔港监督站、渔安办主要负责人及局机关、市渔政支队、海监支队的相关人员等约100人参加了培训。

渔业互保工作　年内，出台了《关于对全市渔业互助保险实行财政补贴的意见》，市级财政对参保渔船按照应缴保费总额10%的比例实施财政补贴。全年实现保费总收入8424.39万元，比上年增长61.39%，业务目标完成率153.73%，占全省保费总收入的48.24%。其中，参保渔船2993艘，保费5778.34万元；参保渔民2.34万人，保费2646.05万元。

【水产品质量安全管理】　年内，全市申报无公害水产品产地12个，规模近3000公顷；产品14个，产量23万吨。累计通过国家认证的无公害、绿色、有机水产品达到329个，通过HACCP、ISO 9000系列、日本农林水产省等国际体系认证的渔业企业近200家。出口水产品生产企业全部通过检验检疫部门的卫生注册登记。以主要出口品种和国内市场消费大宗品种为重点，以苗种繁育和养殖生产过程中使用硝基呋喃类、孔雀石绿、氯霉素等禁用药物为主要整治对象，开展水产品质量抽检40多批次，完成农业部普查、抽查产品116个、省海洋与渔业厅150个、地方152个，共计418个产品的采样抽检，有效保证了威海市水产品质量安全。

水产品质量安全专项执法检查　以全面落实“两项登记、五项制度”为目的，重点检查养殖证件、苗种生产许可证、养殖生产记录、养殖用药记录等，对社会关注度较高的工厂化养殖和水产育苗单位，检查率达到100%。出动执法人员1300人次、车辆131车次，检查生产经营单位391家。开展渔用兽药摸底检查，检查处方药70种、非处方药300多种。

素质培训　以《中华人民共和国农产品质量安全法》、《渔用药物使用基本原则》等法律法规、健康养殖技术规范等为重点培训内容，举办全市水产品质量监管、监察执法人员培训班3期，累计培训150多人次。与渔业技术推广站联合聘请养殖专家，对全市海参育苗和养殖业户进行专业技术、法律知识培训。共培训3期，300多人参训。

海洋科技

【威海海洋研究院】　几年来，威海海洋研究院立项实施科研课题9个，子课题15个，取得一批具有较强生产实用价值的科研成果。2010年，威海海洋研究院争取新立项国家自然科学基金项目2项、青年基金项目1项、国家“863”项目1项、山东省科技攻关计划项目1项、山东省自然科学基金、山东大学自主创新基金和服务地方项目若干项，入围“十二五”国家科技计划农村领域预备项目1项。

【科学研究取得突破性进展】　科研项目主要包括养殖新品种开发、已有养殖品种的品质改良、低碳节能新技术、海洋生态环境监测与修复、海洋工程优化等领域。同时，海参健康养殖与病害防控技术研究取得阶段性成果，为海参

威海海洋研究院立项实施科研课题表

表6

序号	负责人	课题名称	子课题	合作方
1	张小葵	鲆鲽类良种选育与健康养殖技术研究	鲆鲽类（大菱鲆）家系育种技术研究、鲆鲽类（牙鲆）全雌三倍体繁育技术研究、鲆鲽类中草药病害防治技术研究	环翠区水产研究所、威海市西港水产有限公司
2	梅俊学	节能型海带育苗新技术与控温、控光养殖对比试验研究	节能型海带育苗新技术，海带控温、控光养殖对比试验研究	寻山集团、威海市渔业技术推广站
3	赵　宏	大叶藻（Zostera marina L.）繁殖技术研究	大叶藻组织培养技术研究、大叶藻种子萌发技术研究	环翠区水产研究所
4	梁振林	人工鱼礁建设跟踪监测研究		威海市渔业技术推广站、刘公岛管委、威海市西港水产有限公司、威海怡和水产有限公司
5	李玉春	海参养殖模式与生态防病技术研究	海参养殖生态优化技术研究、海参养殖益生菌制剂研制、池塘造礁养参模式优化技术研究	好当家集团

续表6

序号	负责人	课题名称	子 课 题	合 作 方
6	梁振林	葡萄滩泥沙运动与淤积防治技术研究		中国海洋大学、威海市海洋环境监测中心
7	李裕强	薄片镜蛤人工繁育技术研究		文登市渔业技术推广站
8	侯旭光	新西兰鲍的引种驯化及鲍鱼全年可控育苗技术研究		寻山集团、俚岛海洋科技股份有限公司
9	张小葵	脉红螺规模化人工育苗与生态养殖技术		威海海盛水产品开发有限公司、荣成东滨水产有限公司、荣成华阳食品有限公司

2010年威海海洋研究院新立项实施科研课题表

表7

序号	负责人	课 题 来 源	课 题 名 称
1	李丽芳	国家自然科学基金项目	固着目海洋缘毛类纤毛虫关键类群基因库的构建及分子系统学研究
2	李 霞	国家自然科学基金项目	基于溶酶体靶14：58：19点龙葵碱抗肿瘤多药耐药作用及其机制的研究
3	柏 铭	国家自然科学基金项目	双亲酞菁的合成及性质研究
4	梁振林	国家“863”项目	深水网箱养殖数字化管理技术与装备
5	郑凤英	省科技攻关计划项目	大叶藻快速繁殖技术研究
6	怀其勇	省自然科学基金项目	两种新型高效液相色谱Pirkle型手性固定相的设计、合成及色谱性能研究
7	吉爱国	省自然科学基金项目	刺参岩藻多糖对神经细胞缺氧损伤的保护作用研究
8	朱立新	省自然科学基金项目	黄海鳀鱼渔业生物学参考点的评估
9	杜宗君	山东大学自主创新基金项目	海洋微生物的资源采集及其次生代谢产物研究
10	侯旭光	山东大学自主创新基金项目	新西兰彩虹鲍（Haliotis iris）和中国皱纹盘鲍（Haliotis discuss hannai）杂交育种技术研究
11	张小葵	山东大学自主创新基金项目	脉红螺育苗及养成高产技术的研究
12	葛长字	山东大学自主创新基金项目	潮滩贝类底播区水—土界面营养盐关键过程及养殖容量评价
13	李丽芳	山东大学自主创新基金项目	缘毛亚纲纤毛虫原生动物关键类群的分子系统与演化
14	李 霞	山东大学自主创新基金项目	甾体生物碱皂苷抗肿瘤细胞多药耐药作用及其机制的研究
15	梁振林	“十二五”国家科技计划农村领域预备项目	深水抗风浪网箱水动力学与抗浪耐流机理研究

养殖技术攻关积累了第一手资料。在人工鱼礁跟踪调查、海藻快速繁殖技术、葡萄滩中心渔港淤积对策研究等政府下达课题方面进展顺利。海洋微生物资源库规模持续增大，已收集海洋微生物3000多株。微生物资源库初具规模，为进一步利用微生物资源进行相关研究打下了良好的基础。

新西兰鲍的引种驯化及鲍鱼全年可控育苗技术研究　该项目经多批次引进种鲍，在寻山集团、荣成映波海珍品育苗基地进行人工育苗试验并获得成功。在此基础上，进行了新西兰鲍与皱纹盘鲍的双向杂交试验并取得成功。

脉红螺规模化人工育苗与生态养殖技术研究　在上年取得关键性突破的基础上，2010年得到山东省良种工程项目资助，在3家企业进行放大规模试验，取得了良好效果，已申请发明专利1项。

大菱鲆原种引进与健康养殖技术研究　该项目继续引进法国和智利原种鱼，进行了初步家系选育，获得了大量多倍体苗种；星斑川鲽与大菱鲆杂交育种研究已获得子一代苗种。

新型节能、节时、节料海带育苗技术研究　在取得初步突破的基础上，在寻山集团进行技术验证性中试，节能、节时效果得到企业的认可，具有大面积推广价值。

大叶藻人工扩繁研究　该项目取得重要进展，申报成功1项省攻关计划课题。

蜈蚣藻养殖技术研究　在本养殖季节取得成功。

【渔业技术推广】　实用技术培训　市渔业技术推广站组织编印了《刺参健康养殖知识读本》。以渔业技术推广站为主，组织举办渔业专项技术培训班，培训学员420人次。培训内容包括刺参人工育苗技术改进、微生态制剂在刺参养殖中的应用及发展前景、刺参综合养殖技术以及浅海造礁养参和海藻海草增移植技术。

教授下乡　市渔业技术推广站会同威海海洋研究院多次组织专家，深入企业了解基层渔技需求，征集科研课题，探讨合作事宜。同时组织应届毕业生与企业对接，牵线学生下基层就业。年内，教授下乡达1000个工作日。

渔业科技入户　年初，荣成市被认定为省级科技入户示范县（市、区），主推工厂化养鱼先进实用技术和多模式刺参健康养殖技术。至此，全市渔业科技入户活动服务覆盖养殖面积超过3333公顷。科技入户活动采取科研院所集中提供技术—技术指导员包户指导—示范户示范辐射的形式推广先进实用技术，基本实现先进技术无缝隙覆盖，形成“科技人员直接到户、良种良法直接到池、技术要领直接到人”的技术推广机制。理顺信息月报制度，及时掌握科技入户活动进展情况。乳山市试验进行池塘参、虾、贝混养，乳山和文登市实行池塘造礁养参定期测水温制度，荣成市推广水环境综合控制技术和微生态制剂替代药物技术，都取得了良好效果，科技入户覆盖范围内没有出现大规模病害爆发情况。

实验基地建设　市渔业技术推广站与刘公岛管委签订了合作协议，以刘公岛东北侧海域人工鱼礁区为科学实验基地；与威海市中孚水产养殖有限公司达成意向，以该公司为工厂化养殖科学实验基地。

【水产品防疫检疫】　年内，全市渔业病害测报品种由7个增加到8个（增加海湾扇贝），直报测报点由73个增加到83个。每月按时收集测报数据，汇总整理，并详加分析，形成测报报告。省渔业技术推广站根据各地上报的情况，形成《水产养殖病情测报情况通报》，按时发布。6月和12月，威海市首次形成半年、全年测报总结，以便基层全面了解渔业病害信息和指导病害防控，开创全省首例。

【自主创新能力建设和产学研合作】　年内，组织开展了全市海洋与渔业科技创新体系建设专题调研，形成《完善创新体系　努力做好科技兴渔这篇大文章》的调研报告。积极推进海洋渔业产学研合作，与威海市建立产学研结合战略联盟的大学和科研院所有9家，与渔业企业建立产学研合作关系的大学、科研院所50多家，大批企业成为大学、科研院所的科研基地；全市已建有院士工作站3处、博士后工作站1处。2010年，科技部批准威海市依托寻山集团有限公司组建国家海产贝类工程技术研究中心。以学企、科企联姻形式，全市实施包括国家海洋“863”计划、“973”计划、科技支撑计划、海洋公益性行业科研专项、农业科技成果转化等国家级重点项目近40项，在养殖容量、生态修复、设施渔业、遗传育种、精深加工工艺等方面取得系列突破，有多项科技成果获得国家科学技术进步奖励。

水产捕捞

【概况】　2010年，全市海洋捕捞总产量85.6万吨，产值70.9亿元，分别比上年增长1.1%和3.6%。全年报废渔船9艘，报废总功率135.7千瓦，转产转业渔民32人，发放补助资金54.28万元。

【远洋渔业】　2010年，全市从事远洋渔业作业的企业16家，作业渔船460艘，主要集中在北太平洋、斐济海域、西南大西洋、印度洋公海、东南太平洋、菲律宾海域、朝鲜东海岸等地从事鱿鱼钓、金枪鱼钓、拖网等远洋作业。其中，威海荣玛渔业有限公司拥有亚洲最大的单拖远洋渔船，总吨位9814吨，年捕捞能力2万吨。全市远洋渔业总产量12.1万吨，产值15.7亿元，分别比上年增长157%和223%。

【朝鲜东海岸远洋渔业】　2010年，全市组织336艘渔船赴朝鲜东海岸从事鱿鱼拖网作业，规划占全省的90%以上。实现产量9.5万吨、产值12亿元，分别占全市年度远洋渔业总量和总产值的78%和77%，创历史新高。

【渔船改造】　开展了大型渔船冷冻化、小型渔船玻璃钢化调研，改造110千瓦小型渔船56艘、588千瓦以上大型渔船126艘。其中，每艘冷冻船造价约850万元。

水产养殖

【概况】　年内，全市新增海参等增养殖面积6666.7公顷，新增魁蚶底播面积6666.7公顷，新增栉孔、虾夷、海湾等扇贝养殖面积206.7公顷，新增牡蛎养殖面积400公顷，新增深水网箱75个。全市水产养殖面积5.79万公顷，产量127.5万吨，产值147.2亿元，分别比上年增长10.3%、2.9%和6.2%。

【渔业资源修复】　2010年，新增5个人工鱼礁、6个海洋牧场、3个水循环养殖项目，带动了全市增养业的快速发展，年增收入超过3亿元。

增殖放流　与威海晚报社联合开展“回馈大海、感恩放流”活动。2010年，新增魁蚶、黑鲷、黄盖鲽3个放流品种，

6月18日，进行渔业资源修复增殖放流活动　　市海洋与渔业局提供

组织放流苗种10亿单位，比上年增长55%，放流品种、数量均创历史新高。

渔业种质资源保护区建设　新增荣成市栉孔扇贝种质资源保护区、荣成市海胆种质资源保护区、乳山市宫家岛海域西施舌种质资源保护区和威海市北海石鲽种质资源保护区4处种质资源保护区。

人工鱼礁建设　新增5个人工鱼礁项目，承担单位分别是荣成礼村渔业总公司、山东人和集团有限公司、威海圣鲲水产有限责任公司、威海市佳明水产养殖有限公司和威海刘公岛实业发展有限公司，新增人工鱼礁面积377公顷。

海洋牧场建设　新增6处省级海洋牧场，新增面积7200公顷。新增深水网箱75个。

水产品加工

【概况】　2010年，全市水产品加工总量219.3万吨，实现产值248.4万元，分别比上年增长24.1%和11.6%。

【精深加工产能持续提高】　年内，成山海之宝深水小海带精深加工项目、荣成獐子岛食品加工二期工程及山东弘润水产食品有限公司加工项目正式投入生产运营。其中，山东弘润水产食品有限公司项目总投资1.4亿元，年可加工原料金枪鱼1.8万吨，是中国长江以北规模最大的金枪鱼熟肉加工企业。

【重点项目建设加快】　俚岛海洋科技股份有限公司的海带精深加工、山东航海创意投资有限公司的航海食品、红光渔贸公司的海洋即食水产品加工、泰祥集团的和会食品加工、寻山集团的岩藻黄素提取、山东人和集团投资3亿元的冷藏加工等重点加工项目均开工建设。

渔业服务业

【概况】　2010年，以休闲渔业、水产流通、仓储运输等为重点的渔业服务业发展迅速，实现产值111.6亿元，比上年增长13.4%，占渔业经济比重达到17.3%。

【新增4个省级休闲渔业示范点】　年内，全市新增4个省级休闲渔业示范点，分别是山东大鱼岛集团有限公司、荣成市东楮岛村渔家民俗度假村、荣成市大山口村和威海德明海珍品养殖有限公司。休闲渔业实现收入16亿元，比上年增长24%。

【编制《海洋游钓布局规划》】　根据旅游业由“观光型”向“休闲型”和“体验型”发展的趋势，将休闲渔业打造成为“休闲经济”、“体验经济”的一大亮点。年内，启动了《海洋游钓布局规划》编制工作，确定了8大游钓区、23个海钓功能基地，为游钓业发展提供了科学依据。

（王吉明）

渔业企业选介

【好当家集团有限公司】　好当家集团有限公司位于荣成市虎山镇尖沙咀子好当家工业园内，始建于1978年，法定代表人唐传勤。2010年末，公司拥有总资产50多亿元，固定资产35亿元，职工1万多人，下属企业50多家，经营范围涉及水产养殖、食品加工与销售、远近洋捕捞、热电、造纸、滨海旅游等。

2010年，公司继续坚持“艰苦奋斗、诚信创业、科学发展、追求卓越”的企业精神，秉承“依托蓝色资源，打造绿色产业”的核心理念，致力于追求企业、社会、自然的和谐共存，不断超越自我，实现企业的持续发展。一是稳步发展传统捕捞产业。压缩近海捕捞规模，投资建造大功率渔船，拥有各类船只30余艘，形成了以海上收鲜、海上运输、大洋渔业为主的新格局，并计划组队赴南北太平洋开展捕捞活动。二是加快发展水产养殖产业。养殖规模扩大化，投资10亿元实施了“天海湾养殖牧场”工程，湾内养殖总面积达到2666.7公顷，被列为全国水产养殖标准化示范区，并在山东乳山、福建霞浦、广东深圳、广西北海、海南东方等地建有养殖基地；养殖品种立体化，采用同一渔业水域生产多种水产品的生态立体混养模式，成为国内知名的绿色无公害海产品养殖基地，其中“好当家刺参”被农业部评为中国名牌农产品；养殖技术完善化，建成近20万平方米的室内育苗车间，并积极开展1.33万公顷深海养殖技术的开发，在10米～20米深海区域进行底播参鲍贝类养殖，先后自主或联合攻克了鲍参混养等养殖技术、海蜇全人工育苗技术、海参人工育苗及养成技术，承担了多项国家“863”计划；积极发展水产精深加工，在稳步发展国外市场的同时，重点开发国内市场，建有15家食品加工企业，与山东省科学院联合研发出的国内第一枚即食鲜海参及随后的即食海产品和保健食品，获得中国食品科学技术奖一等奖，公司在上海、北京、哈尔滨等各大城市建立了200多家好当家海洋食品连锁专卖店。三是全方位发展配套产业。建起了热电厂、箱板纸厂、水转印纸和铜版纸厂、纸箱包装厂、塑料网具厂等，倾力打造集星级度假酒店、温泉洗浴中心、植物观光园、水上游乐园、海景住宅区及水上别墅、36洞高尔夫球场、游艇俱乐部及养殖旅游等为一体的好当家天海湾国际旅游度假城。

2010年，公司实现主营业务收入22.2亿元，利税1.8亿元。至年底，先后被认定为“国家农业产业化重点龙头企业”、“国家级企业技术中心”、“全国农产品加工出口示范基地”、“全国食品工业优秀龙头食品企业”、“中国工业行业排头兵”、“中国专利山东省明星企业”等。

【赤山集团有限公司】 赤山集团有限公司位于荣成市石岛管理区黄海中路218号，始建于1988年，法定代表人王玉春。2010年末，公司拥有总资产35亿元，固定资产15.72亿元，职工6000人，下属企业22家，成为集海洋捕捞、水产养殖、水产品加工、机械制造、旅游餐饮、建筑房地产六大产业于一体的大型企业集团。

2010年，集团大力实施“渔业立企、工业强企、旅游兴企”战略，着力推动六大产业发展，经济效益不断提高。一是大力发展远洋捕捞和运输业。公司拥有32艘588千瓦以上远洋冷冻船和4艘水产品收购船，年捕捞及收购量达10万吨，远洋捕捞业的综合效益连续多年居全省同行业前列；拥有5艘总载重吨为5万吨的远洋运输船队，加快了海洋运输业的发展。二是大力发展水产品加工业。拥有6处总库容量为10万吨的水产加工厂，年综合加工能力达30万吨，是山东省最大的水产品加工基地。2009年，投入资金1.5亿元，兴建一处总库容为5万吨的水产物流中心，为周边水产加工户、农户提供了储存、加工、销售、冷链物流一条龙服务。三是大力发展水产养殖业。投资4000万元在石岛湾开发133万平方米滩涂养殖基地，主要养殖海藻和优质海珍品；拥有1处水面面积147公顷的海珍品繁育基地，培育鲍鱼、海参、扇贝等名优水产品苗种。四是大力发展旅游餐饮业。建成了国家AAAA级旅游胜地赤山风景名胜区，年接待游客达80万人，实现旅游收入6000万元；以凤凰湖为中心发展休闲渔业，2010年被山东省海洋与渔业厅授予“省级休闲渔业示范基地”称号；投资2.5亿元，建设了四星级赤山大酒店，成为荣成南部餐饮业旗舰。五是大力发展房地产开发业。2004年8月，赤山集团获得了石岛凤凰湖综合开发权，正式进入房地产开发领域。凤凰湖综合开发项目预算投资为24亿元，有效改善了石岛区域生态环境、人居环境和投资置业环境。六是大力发展机械制造业。积极推广玉米联合收获机和大中型拖拉机，2008年先后被评为山东省著名商标、山东名牌，全年实现主营业务收入3亿多元，成为集团的支柱产业。

2010年，集团实现主营业务收入18.0亿元，利税1.8亿元。至年底，先后获得“全国最佳经济效益民营企业”、“全国出口创汇先进企业”、“全国食品工业优秀龙头食品企业”等称号和“全国‘五一’劳动奖状”。

【泰祥集团】 泰祥集团位于荣成市石岛管理区峨石山路1号，始建于1994年，法定代表人于建洋。2010年末，公司拥有总资产4.5亿元，职工5800人，下属企业30家，经营范围涉及水产品加工、水产养殖、高效农业、保税物流等。

2010年，公司坚持“质量是泰祥人的饭碗，信誉是泰祥人的存款”的经营理念，以质量管理为出发点做精产品，以科技攻关为切入点创建品牌。公司自成立以来专注于冷冻调理食品的研发与销售，投资建设检测大楼，引进世界一流的检测设备，配备专业的检测队伍，实现了源头上能控制、过程中可追溯、质量上有保证，成为全国冷冻调理食品行业龙头企业。2008年，公司产品被评为山东省食品行业（速冻调理食品）十佳品牌、山东省重点培育出口名牌；2010年，公司被评为山东省冷冻调理食品行业标准化生产示范基地。充分发挥山东海洋食品营养研究院、学士后和博士后流动站、国家级实验室等研发平台作用，积极进行科技攻关和管理创新，与国内多所大学建立产学研合作关系，承担了各级科研项目40多项，其中，10项已通过鉴定，4项获省级以上奖励，2010年公司申报的3项海产品项目均被列入“十二五”农村领域科技计划首批预备项目。至年底，共申请专利100余项，其中发明专利40多项，实用新型专利6项；拥有中国名牌、中国驰名商标和国家级实验中心、省级企业技术开发中心。2010年，公司实现主营业务收入17亿元，利税1.6亿元。

【石岛集团有限公司】 石岛集团有限公司位于荣成市石岛管理区黄海南路118号，始建于1956年，法定代表人尹远华。2010年末，公司拥有总资产20亿元，固定资产12.4亿元，职工4000多人，下辖企业30多家，经营范围涉及港口经营、水产品及食品深加工、远洋捕捞、国内外海陆运输、船舶修造、房地产开发、休闲度假、集装箱货物仓储和中转、进出口贸易等业务。

2010年，公司全面实施“以港兴企，以港带动”的发展战略，灵活把握复杂多变的经济形势，积极应对各种挑战，有力地推动了公司经济又好又快发展。一是创新思路，远洋渔业实现新发展。主动探索远洋渔业发展新模式，加大与各大远洋捕捞单位及对船间的信息互通、资源共享力度。2010年，完成捕捞产量2.4万吨，对船平均产值1300多万元，名列全市同行业前茅。二是以市场为导向，全力做好水产品精深加工业。依托丰富的海洋资源，充分发挥技术中心优势，以区域饮食习惯为突破口，打造风味独特的多样化产品，成功推出了团圆豆、烧烤鱿鱼、海带卷等100多种适销产品，并注册了“南光食品”、“团圆豆”等商标，得到消费者的认可。三是发挥传统产业优势，培植冷链仓储物流集群。投资8000万元建设了占地面积6.67公顷、库容3万吨的石岛集团仓储中心，并通过整合资源形成总库容近10万吨的冷链仓储群，面向社会提供包装、运输、储存、流通加工、配送等多项服务。年内，销售各类水产品7万多吨，实现收入4.6亿元。四是多业并举，各支柱产业稳步发展。石岛新港港务股份有限公司、造船厂、建筑公司、房地产公司以及休闲度假公司等重点企业逐渐串珠成链，形成完善的整体竞争优势。2010年，坚持转方式、调结构，通过分工协作、积极配合，各行业均取得了较大发展。全年周转集装箱8.8万标准箱，进出境旅客27万人次，维修各类大型船舶180艘次，竣工建筑面积10万多平方米。

2010年，公司实现主营业务收入11.1亿元，利税2亿元，创汇2100万美元。至年底，先后获“渔业企业20强”之一、“对外开放先进单位”、“山东省富民兴鲁劳动奖先进单位”、“全国农产品加工业出口示范企业”、“AAA级信用等级单位”、“山东省农业产业化重点龙头企业”等称号。

【西霞口集团有限公司】 西霞口集团有限公司位于荣成市成山镇西霞口村，成立于1987年，是一家村企合一、企业化管理的国家级企业集团。2010年末，公司拥有总资产55亿元，职工1300人，下辖企业27家，经营范围涉及海珍品养殖、港口物流、船舶修造、旅游度假等。

2010年，西霞口集团坚持以旅游度假产业为基础，高标准建设文化产业示范基地。在船舶修造业上，先后投资3亿多元对船厂进行改造扩建，已拥有6.5万吨级、3.5万吨级干船坞各1座，拥有1.5万吨级、5000吨级、3000吨级和1000吨级船台滑道4条，可建造2万吨以下、坞修8万吨以下轮船，修造船订单排至2012年。同时，为满足船舶修造产业需要，2009年开始综合开发龙眼港东区，建设15万吨级、20万吨级干船坞各1座，建成后龙眼港将成为全国最大的修船基地之一。在港口贸易和国际海运上，从1995年开始，集团先后投资4.5亿元，成立了全国第一家村办SMS认证的国际海运公司。从1996年开始，投资1亿多元，把龙眼港扩建成全国第一家村办一类对外开放口岸，并开通了至韩国平泽港的客货班轮航线和至日本、韩国、新加坡等国家的多条货运航线。在旅游度假产业上，拥有成山头国家AAAA级风景名胜区、神雕山野生动物自然保护区、海驴岛风景区、摩天岭生态旅游风景区、福通天和乐园和隆霞湖六大景区。隆霞湖景区开发了水域面积达34公顷的大型水上公园——隆霞湖乐园，有水上餐饮、游艇观光、文艺表演、酒肆茶楼以及焰火晚会等娱乐项目。为满足不同层次游客的需要，集团投资7000万元建设了星级涉外大酒店，新增客房2000套，向中外游客提供全方位优质服务。2010年接待游客150万人次，实现旅游经济收入4亿多元。

2010年，集团实现主营业务收入25亿元，利税1.4亿元。至年底，先后获得“省级文明单位”、“全国十佳小康村”、“全国先进基层党组织”、“全国新农村十大名村”之一等称号，被确定为农业部农村实用人才培训基地。

【寻山集团有限公司】 寻山集团有限公司位于荣成市寻山街道办事处青鱼滩村，成立于2000年，法定代表人李长青。2010年末，公司拥有总资产12.3亿元，固定资产5.21亿元，职工3600人，下属企业30多家，经营范围涉及海珍品育苗与养殖、海洋食品加工、海藻生物提取、锻造、动物药业、港航运输、酒类及矿泉饮品加工等10多个行业。

2010年，公司坚持以科技创新为突破口，调整优化产业结构，转变经济增长方式，促进企业经济又好又快发展。一是着力搭建科技研发平台，吸引创新资源向企业集聚。2000年，公司申请建立了省级海洋生物工程技术研究中心；2009年，联合全国26家国家重点涉海科研院所和骨干企业成立了现代海水养殖产业技术创新战略联盟，并被推举为理事长单位；2010年，申报的国家海产贝类工程技术研究中心通过了科技部组织的专家评审，成为国内唯一的国家级海产贝类工程技术研发机构。“十一五”期间，承担实施了2项国家科技支撑计划项目，1项山东省重大科技专项计划项目和多项农业科技成果转化及农业综合开发计划项目，参与研发的“皱纹盘鲍杂交育种技术及其养殖工艺体系”和“栉孔扇贝健康苗种培育技术体系建立与应用”技术成果分别获得国家科技进步二等奖，申请专利30多项，其中发明专利12项。二是调整优化养殖布局与模式，打造生态高效养殖产业基地。大力培育和推广优良养殖品种，先后培育和引进了三倍体牡蛎、杂交鲍鱼、“蓬莱红”栉孔扇贝、“荣福”海带和真海鞘等10多个海水养殖新品种，年育苗量达到20多亿株（头、尾），良种覆盖率达到100%；大力发展生态高效养殖，与水科院黄海所合作，改进和优化筏式养殖设施，完善优化养殖技术规范，构建起筏式鲍（扇贝）—海带（龙须菜）—参多营养层次生态养殖模式，开展大规模人工鱼礁和海洋牧场建设，形成1067公顷的生态养殖产业化基地；大力发展海珍品养殖，鲍鱼、扇贝、刺参育苗水体达到2万多立方米，年产优良鲍鱼种苗2000万粒、栉孔扇贝苗8亿粒，鲍鱼存养量达到1500万头，年生产商品鲍500吨，实现销售收入8000万元。三是大力发展海产品加工业，提高产品附加值和经济效益。先后建起了3条海洋食品加工生产线，开发出盐渍海带即食食品、海带脆片等系列新型海洋食品，年产量达到2万吨。同时，在国家科技支撑计划的支持下，积极与有关科研单位合作，开展了“以鲜海带为原料的精深加工综合利用技术”攻关，完成了以鲜海带为原料提取褐藻胶、碘、甘露醇、岩藻多糖等化工产品和海藻肥等副产品的技术研发，投资1亿元建立了2条现代化的海藻化工生产线，年加工鲜海带5万多吨，海带的资源利用率、产品附加值和经济效益显著提升，对带动全国海带养殖和海藻化工产业发展意义重大。

2010年，公司实现主营业务收入9.6亿元，利税1.45亿元。至年底，先后被认定为首批国家“863”计划成果产业化基地、首批全国科技兴海示范基地，农业产业化国家重点龙头企业，山东省皱纹盘鲍、栉孔扇贝良种场，被中科院海洋所、中国海洋大学、中国水科院黄海所等确定为科研与教学实验基地。

【靖海集团有限公司】 靖海集团有限公司位于荣成市人和镇沙窝岛，始建于1978年，法定代表人向维远。2010年末，公司拥有总资产20亿元，固定资产9.82亿元，职工4410人，下属企业40家，经营范围涉及海上捕捞、海水养殖、水产食品加工、造船制网、海上运输和水貂繁育饲养加工、旅游餐饮、饲料膨化等多个领域。

2010年，公司坚持“稳定压缩近海捕捞业，巩固提高大洋渔业，适度扩大海上运输业，快速发展二三产业，改革调整产业结构”的发展宗旨，加大资金投入力度，强化管理，增收节支，加快各个领域的建设步伐。一是抓好远洋海上捕捞。公司拥有远洋渔船17艘，其中斐济渔场367.5千瓦金枪鱼钓渔船9艘、大西洋渔场1323千瓦鱿鱼钓渔船3艘、印度洋渔场588千瓦金枪鱼钓渔船5艘，2010年实现远洋捕捞产量4万吨。年内，成立了山东海裕远洋渔业公司，主要业务为赴印尼阿拉弗拉海渔场从事单拖捕捞作业。计划至2011年底，赴印尼捕捞作业渔船规模达到12艘。二是抓好远通船厂扩建项目。投资5亿元扩建远通船厂，计划2011年底竣工，主要建设2条8米2万吨级滑道，1处1000米长5万吨级深水舾装码头、2个5万吨级干船坞、1个2万吨级造船平台及附属设施。项目建成后，船舶修造能力可提高到30万载重吨。三是抓好精深加工项目。2010年，成立了山东弘润食品有限公司，主要从事金枪鱼熟肉加工，产品全部出口欧盟，是长江以北最大的金枪鱼熟肉加工企业。同时，拟在东山街道办事处投资7000万元新上水产品加工项目，新建占地面积11公顷的现代化加工车间，采用国内一流加工设备及工艺，从事海带、牡蛎等水产品的精深加工，提升产品附加值。四是抓好油货轮的调整工作。计划制造更新油轮1艘，购买1艘5000吨级的油轮和1艘1万吨级的货轮，大幅度改善船况，为海上运输业的大发展创造条件。五是抓好槎山景区扩建项目。计划投资3亿元，以“一轴、二环、三片、四点，老景区、新景点，东西山、北入口、片片相连”的理念进行规划，把槎山旅游景区打造成国内一流自然景区。2010年，公司实现主营业务收入20.28亿元，利税2.02亿元。

【山东俚岛海洋科技股份有限公司】 山东俚岛海洋科技股份有限公司位于荣成市俚岛镇，始建于1956年，法定代表人曲光伟。2010年末，公司拥有总资产6亿元，固定资产2.4亿元，职工1300人，下属企业19家。公司经营范围涉及远洋捕捞、海水养殖、海带食品加工、冷藏水产品加工、鱼粉加工、渔船修造、土木工程建筑、船舶代理、港口物流等。

2010年，公司坚持以产业升级为主线，以结构调整为手段，扎实推进“品牌渔业”、“龙头企业”、“形象产业”三大战略，努力培植多领域的经济增长点。养殖产业基础雄厚。拥有确权海域、滩涂使用面积1500公顷，形成水面、水体、水底综合开发利用的生产结构，其中海带养殖面积500公顷，年产优质淡干海带1.5万吨；皱纹盘鲍筏式养殖500万头；参鲍筏式混养面积13公顷，年产优质海参100吨，优质成品鲍鱼150吨；放养扇贝20公顷；利用滩涂潮间带水域面积67公顷，底播增殖海参500万头，底播增殖皱纹盘鲍300万头。公司被山东省海洋与渔业厅认定为无公害产地，淡干海带、皱纹盘鲍、海参被评为无公害水产品。加快技术创新步伐。与中国海洋大学、黄海水产研究所建立合作关系，培育出“食藻宝一号”、“食藻宝二号”等优良海带品种，年育海带苗8亿株。针对俚岛湾海区江珧、魁蚶等野生贝类资源丰富的特点，重点加强了优势野生物种的人工生态修复工程，收集牡蛎壳1000多吨，投海造礁34公顷，进行投放海参养殖项目。与中国科学院海洋所联合进行“典型海湾生境与重要经济生物资源修复技术集成及示范”课题研究，开展大规模的人工鱼礁投放与海底增殖。与中科院海洋所、山东省海水养殖研究所等科研部门联合，进行了江珧和魁蚶的苗种培育工作，取得了显著成效，尤其是魁蚶苗种的培育、保苗体系建设非常成功，苗种成活量达到了3亿粒以上，为人工底播投放打下了基础。另外，充分利用沿岸礁体优势和自然鼠尾藻、马尾藻适宜生产的区域特点，开展人工藻礁投放试验，加大藻类的增养殖力度。

2010年，公司实现主营业务收入2.6亿元，利润7600万元。至年底，公司先后通过ISO 9001、ISO 14001、OHSAS 18001、ISO 22000等管理体系认证；拥有山东名牌、山东著名商标和3个发明专利、1处市级企业技术开发中心，参与制定1个地方标准、1个行业标准；获得“全省海带养殖加工示范基地”、“山东省农业产业化重点龙头企业”、“全国农产品加工业示范企业”、“全国农产品加工业出口示范企业”、“全国乡镇企业争创名牌先进企业”、“农业产业化国家重点龙头企业”等称号。

【朱口集团有限公司】 位于荣成市人和镇朱口村，始建于1987年，法定代表人伯绍国。公司原名荣成市朱口渔业有限公司，2005年11月更名为朱口集团有限公司，并以此为母公司，以18个子公司成立国家级集团朱口集团。2010年末，公司拥有总资产5亿元，固定资产3.19亿元，职工1000人，下属企业22家，经营范围涉及国际海上货运、国际运鲜、模具加工与制造、钢铁件铸造、裙带养殖及加工、进出口贸易等。

2002年开始，公司坚持走“从渔业向工业转化”的道路，围绕以工业为主，以裙带养殖及加工、国际海上运输等为辅的生产格局，突出宏昌模具、弘久铸造等重点渔办工业企业，以技术创新拉动经济的提升，以新项目开发补充集团发展的动力，使朱口集团稳步、和谐发展。一是积极建设新项目。成立了烟台福海船舶管理有限公司、荣成市弘久锻铸有限公司、荣成宏佳水产有限公司、荣成茂泉水产有限公司等企业，并投资实施了荣成宏昌模具有限公司二期工程的建设。二是发展高新技术产业。2009年，从南方引进了粉末冶金项目，并聘用了10多名高级技术与管理人员，投资1亿元，成立了荣成市宏程新材料有限公司，主要从事汽车、摩托车、冰箱压缩机、园林工具、电动工具、空调、齿轮等方面的零部件生产。一期工程已小批量生产，二期工程达产后，生产规模可达3500吨，产值3000万元。2010年10月，引进了钕铁硼永磁磁铁项目，成立了荣成宏秀山磁业有限公司，主要从事永磁材料产品的生产，主要应用于能源、电机、电脑、变频电器等，系国家“十二五”科技规划项目。该项目总投资1亿元，一期工程计划年产量1200吨，产值12亿元；二期工程计划年产量2400吨，产值24亿元。厂房已建设完成，进行设备安装。2010年，公司实现主营业务收入3.52亿元，利税3084万元。

【山东海之宝海洋科技有限公司】 山东海之宝海洋科技有限公司位于荣成市凭海东路259号，成立于2008年，法定代表人车宏志。2010年末，公司拥有固定资产2.4亿元，职工700人，下辖荣成海之宝水产养殖有限公司和荣成成山鸿源水产有限公司，是一家专业致力于海洋功能食品、海珍品生产和销售的创新型企业。

公司是中国500强企业之一——成山集团的控股子公司，拥有6667公顷深海养殖基地，引进了日本海带和荣成海带杂交的新品种——深海小海带；拥有10万平方米的陆地精深加工基地，引进国外先进设备，进行规模化生产。在苗种的培育、海上养殖、产品加工以及原辅材料的入厂过程、成品检验上严格把关，产品生产的各个环节都符合绿色有机食品产品的要求。企业通过了QS质量认证、出口产品认证、中国地理标志认证和清真食品认证等多项产品认证。公司始终将产品研发和科技创新作为企业发展的动力源泉。组建了由国内外著名海洋工程专家教授12人、专业工程技术人员36人组成的研发技术团队，积极打造具有国内领先水平的自主技术创新体系，自主研发的“海带低温组织重组新技术和成型产品新工艺的研究”等3项成果代表了国内海藻产业发展的最新水平，产品质量达到了同类国际先进水平；系统研制开发的冷鲜深海小海带、冷鲜海带面、干制品、调味品、即食海珍品等五大系列50余种不同档次、不同口味的产品，满足了不同区域、不同文化背景、不同层次消费者的需求，特别是深海小海带、海带面等冷鲜产品形成了“口感爽滑、恰到好处”的独特风格，该系列产品被省经信委评定为山东省工业设计优秀产品。公司获得24项外观设计专利、7项发明创造、2个科技奖项。2010年，公司研发中心先后被威海市政府和农业部评定为威海市工程技术研究中心和国家级农产品加工技术研发分中心。公司坚持以“创新食品、造福人民”为企业使命，奉行“诚信、创新”的经营理念，以规模效益为中心，注重保持科学、稳健的良性发展，已形成年处理5万吨深海鲜海带的加工能力，产品销往国内20多个省、市、自治区，出口日本、马来西亚、加拿大等国家和地区。

2010年，公司实现主营业务收入1亿元，利税1500万元，获得“全国食品工业科学进步优秀企业”、“山东省农业产业化重点龙头企业”等称号。

（王麦全　于美丽）

【威海北海水产开发有限公司】 威海北海水产开发有限公司位于威海市初村镇北海，始建于1971年4月，2004年4月改制成股份制企业，法定代表人张仁传。2010年末，公司拥有总资产1.75亿元，固定资产5000万元，职工450人，下属企业7家，经营范围涉及水产品收购及加工、海洋捕捞、海水动植物养殖及苗种繁育、备案范围内的产品及技术进出口经营。

2010年，公司在发展养殖业和水产品加工业的基础上，积极转方式调结构，促进了企业稳定发展。投资2500万元投石30万立方米实施了3年的人工鱼礁项目初具规模，海参养殖产量达到4万公斤；首创陆地池塘网箱海参苗种多茬保苗技术得到专家好评，向社会提供大规格海参苗种4万公斤；投资4000万元新建的1万吨冷库正式投产，水产品加工量达到2万吨；“威北”牌商标经国家工商总局注册，“威北”牌海参及各种水产品在市场上占据一定份额。

2010年，公司实现主营业务收入6000万元，利润1028万元，分别比上年增长20%、27%。至年底，先后被认定为农业部健康养殖示范场、山东检验检疫局出口水生动物注册养殖场、省海洋与渔业厅石鲽鱼原种场、省农业产业化重点龙头企业。

【威海市宇王集团有限公司】 威海市宇王集团有限公司成立于1956年，2000年改制，是集渔、工、贸于一体，拥有产品进出口自营权和外贸流通进出口权的综合性企业，中国水产流通与加工协会常务理事单位，先后通过ISO 9001和美国HACCP、ISO 14001、ISO 22000认证。公司有职工1500人，各类技术人员420人，下辖10余家企业，占地总面积45万平方米，建筑面积30万平方米，总资产3.1亿元。主要从事水产品、水果、蔬菜的加工以及海水养殖、保税物流、进出口业务、冶金机械工业制造、房地产开发等。主要产品有冷冻、即食、鲜活系列水产品，水果蔬菜系列产品和保健食品等五大系列100余个品种,产品远销日本、韩国、瑞典、挪威等20多个国家和地区。公司拥有省级渔业加工出口示范园、冷冻精加工制品示范基地、省级名牌产品，先后被评为农业产业化先进龙头企业、守合同重信誉企业、全国农产品加工示范企业、全国农产品加工出口示范企业等。

2010年,公司的海参产品代表“威海海参”成功申报“国家地理标志保护产品”，完成了“宇王”商标的山东省著名商标复评工作，先后申报国家发明专利累计达到52件。在日本设立了分公司，主要从事水产品的进出口贸易，极大缓解了公司鱼类资源紧缺的局面。全年实现主营业务收入5.1亿元，完成进出口总额5000万美元。

【威海裕隆水产开发有限公司】 威海裕隆水产开发有限公司位于威海市环翠区双岛林场北海，始建于1991年，法定代表人阮树会。2010年末，公司拥有总资产8500万元，固定资产5200万元，职工168人，经营范围涉及水产品养殖、捕捞及加工。

2010年，公司坚持走科技兴企的道路，与大专院校、科研院所紧密结合，广泛开展科技合作。完成了农业部批复的山东省威海花鲈原种场建设项目，建设培育车间4000平方米及配套设施，总投资560万元，其中，中央财政扶持资金200万元，花鲈苗种生产能力年达到1500万尾，增加收入3000万元。公司连续3年成为省级日本对虾增殖站，年增殖放流虾苗1亿尾。公司已成为国家级花鲈原种场、国家海洋局第一研究所威海科技示范中心、国家农业综合开发威海农业高新科技示范项目水产示范园、省级高新技术企业、无公害农产品标准化示范基地、农业部水产健康养殖示范场和中国海洋大学的教学实习基地，为原种场的科研生产奠定了基础。2010年，公司实现主营业务收入8000万元，利润750万元，出口创汇2000万元，分别比上年增长10%、5%、8%。

【威海远遥渔港有限公司】 威海远遥渔港有限公司是2006年5月经威海市环翠区政府批准成立，由环翠区国有资产管理局投资的国有独资企业，业务隶属于环翠区海洋与渔业局，其经营范围包括渔港建设、港口服务、渔需物资销售、水产销售、工程建设、招商引资、物业管理、房屋租赁、停车场服务等。公司位于环翠区孙家疃镇远遥村，法定代表人孙德明，注册资本1.1亿元。2010年末，公司拥有总资产5亿元，固定资产4.5亿元，有员工37人，其中管理技术人员10人，年实现主营业务收入20亿元。

由威海远遥渔港有限公司承建的威海中心渔港以打造国际一流渔港、建设现代化绿色花园式渔港为目标，坚持高起点设计、高标准定位，统筹考虑了规模、环境、功能、安全、景观等各方面因素，努力将其打造成威海海洋经济和现代服务业发展的新平台。项目总投资7亿元，建设内容包括渔港基础设施和陆域配套设施两大部分。其中，渔港基础设施按照50年一遇风浪设计，建造码头1320米，修筑防波堤1170米，征用海域177公顷，填海造地24公顷，形成港池40公顷，提供渔船泊位27个，能够满足1500艘渔船的靠泊、避风、供给需求。陆域配套设施建设水产品批发市场5万平方米、酒店式公寓2万平方米、日处理能力600吨的污水处理厂、1万吨级冷藏制冰厂、1万吨级油库，总建筑面积10万平方米。为增添港区的景观性和实用性，建设蓝色经济区，计划在渔港南区新增回填海域4.7公顷，使渔港直接与环海路相连。新增部分全部进行旅游景观设计，包括喷泉、广场等休闲娱乐场所。

威海中心渔港水产品批发市场是威海中心渔港配套设施的核心项目，概算总投资2.8亿元，规划占地面积7.23公顷，总建筑面积5万平方米，为6层框架结构贝壳造型的景观式建筑，设活鲜品交易区、冰鲜品交易区、冷冻品交易区、干品交易区、国际水产品交易展区等功能区，并配套有业务洽谈室、会客厅、结算中心、市场管理办公区、检测检验室等。项目建成后，将成为中国北方最大的水产品物流贸易基地之一，具备了产品交易的全部功能，还为休闲娱乐、餐饮酒店、观光旅游等产业的发展提供了硬件保障。

2010年，公司完成投资1亿元，完成699支桩基的大小应变检测，开展了水产品批发市场及配套管网工程建设，1万吨级冷藏制冰厂投入运行，完成港口防波堤内侧235米压顶及面层工程施工、场地连锁块铺设，污水处理厂排污管道的施工，组织了中心渔港的交工验收。同时开展了疏港道路及花园式停车场填海申请申报等工作。

【威海西港水产有限公司】 威海西港水产有限公司位于威海高技术产业开发区世昌大道270号，始建于1958年，法人代表苗丰禄。2010年末，公司拥有总资产6.9亿元，固定资产2亿元，职工3800人，占地面积60万平方米，建筑面积5.3万平方米，下属企业24家。主要经营海水增养殖、玻璃钢船艇制造、建筑和房地产开发、冷藏加工、海洋食品研发、旅游服务、休闲渔业等。

2010年，公司在水产养殖方面申报了国家农业技术推广项目“刺参海上网箱育苗技术推广”、科技攻关项目“刺参种质资源保护与合理开发利用的研究”、国家级星火计划“刺参底播增殖技术集成与示范”等多个研究项目，被评为山东省水产健康养殖示范场、山东省休闲渔业示范区，获得“三农科技服务金桥奖”，为公司的养殖、育苗提供了条件。公司所属的小石岛海域是国家级刺参原种场、国家级海珍品增养殖基地和刺参种质自然保护区，也是西港“小石岛”牌刺参等拳头产品的生产基地。养殖场主要产品有牙鲆鱼、大菱鲆鱼、石鲽鱼、黑鱼、黄鱼、鲈鱼、美国红鱼等。公司下属的1万吨级冷藏厂已通过HACCP认证，是省级商检标准企业，拥有8个速冻库、8个冷藏库，还有先进的制冰、加工、包装、检验检测等设备，年生产各类精深加工、小包装及速冻鱼、虾、贝类水产品1.5万吨，其中对韩国出口水产品占山东省对韩国出口水产品总量的三分之一。在玻璃钢船艇制造方面，2010年申报的“三体消波复合材料船艇”入选2010年度国家火炬计划。“863”项目的介入使公司在科技和产品结构方面占领了同行业主导地位。公司建造的玻璃钢船艇在国内市场占有率达90%以上，在国际市场上的占有率也保持稳步增长的态势。

2010年，公司实现主营业务收入3亿元，利润1600万元，创汇800万美元，分别比上年增长10%、8%、6%。至年底，先后被评为中国最大规模乡镇企业、中国最高利税总额乡镇企业、改革开放30年渔业发展十大优秀企业之一、山东百强私营企业、山东省消费者满意单位、山东省水产工作先进单位、省级守合同重信用企业等。

（王吉明）

编辑　李洪格

工　　业

综　述

【概况】　2010年末，全市工业企业总数达1.84万家。全市年主营业务收入500万元及以上的工业企业2118家，全部从业人员年平均人数达62万人，总资产2759亿元；全年完成工业增加值1136亿元，实现主营业务收入5185亿元，实现利税400亿元，实现利润257亿元，分别比上年增长10.5%、13.1%、19.9%和20.9%，“十一五”期间，年均分别增长14.9%、18.9%、17.6%和16.7%。产品销售率98.69%，成本费用利润率6.51%，全员劳动生产率18.30万元／人，资本保值增值率114.8%，总资产贡献率16.78%，资产负债率50.27%，流动资金周转次数3.98次，工业经济效益综合指数为252.94%。全市拥有35个工业行业大类、146个工业行业中类、272个工业行业小类，工业产品达3000多种，基本形成了以机械装备、电子信息、新材料、新能源等产业为先导，以船舶、汽车及零配件、轻纺服装、食品医药等产业为骨干，竞争优势明显、区域特色鲜明、产业门类齐全的高端产业体系。

【结构调整】　2010年，全市完成工业投资432.4亿元，比上年增长12.9%，其中，工业技术改造投资326.3亿元。

2010年威海市主要工业产品产量情况

表8

产品名称	单　位	产　量	比上年增长（%）
耐火材料制品	万吨	5.55	187.1
打印机	万台	867.67	65.9
日用玻璃制品	万吨	44.26	56.3
金属切削工具	万件	5477	55.1
起重机	万吨	4.44	40.0
烧碱（折100%）	万吨	3.28	38.3
民用钢质船舶	万载重吨	95.95	36.9
铸造机械	台	715	31.2
印刷专用设备	吨	1225	29.2
皮革服装	万件	24.27	24.8
玩具	亿元	3.07	22.3
服装	万件	2.81	21.0
光缆	万芯千米	570.80	20.0
家具	万件	89.52	16.9
汽车	万辆	10.63	16.8
精制茶	吨	211	16.6
橡胶轮胎外胎	万条	4856.32	15.1

“十一五”期间，全市实施工业投资项目4564项，累计完成投资2166亿元，是上一个五年的2.3倍。通过持续加大投入，促进了支柱产业快速发展。至2010年底，威海市有85家企业被认定（或重新认定）为高新技术企业。全市高新技术产业产值2028.09亿元，比上年增长20.2%，占工业总产值的比重达37.0%，比上年提高2.3个百分点。

【重点培育】 2010年，全市主营业务收入过1亿元的企业有1072家，比上年新增76家。其中，过10亿元的企业有82家，新增10家；过50亿元的有5家，新增2家；过100亿元的有2家，新增1家。

【品牌建设】 年内，新增中国驰名商标4个、山东省著名商标12个、山东名牌产品18个、山东省服务名牌5个。至2010年底，中国名牌产品总数达到19个，中国驰名商标总数达到20个，山东名牌产品总数增至142个，山东省著名商标总数达到75个，山东省服务名牌总数达到23个，山东名优农（林、水）产品6个，分别比2005年增加11个、13个、93个、19个、21个和6个。

【技术创新】 2010年，全市完成新产品开发项目1541项，其中，国内空白以上项目175项，国内先进项目1042项，五年累计完成开发项目6105项，是上一个五年的1.5倍。年内新认定国家级企业技术中心1个、省级企业技术中心8个、市级企业技术中心7个。至年底，全市已认定市级以上技术开发中心119家，其中，国家级8家、省级44家、市级67家。新认定地毯和家纺2个产业聚集区行业技术中心，全市拥有3家省级行业技术中心。金猴集团被认定为山东省第一批工业设计中心。寻山集团的国家海产贝类工程技术研究中心得到批复，新认定省级工程中心5家。全市拥有市级以上工程技术研究中心133家，其中国家级2家、省级61家、市级70家。新增山东省工程实验室1个，山东省企业重点实验室3个；有3家企业建成院士工作站，总数达到9家。2010年，与吉林大学、大连理工大学建立产学研合作战略联盟关系，总数达到11家，成立了6个产业技术创新战略联盟。

【节能降耗】 全市100家重点用能工业企业实现节能超过10万吨标准煤。至2010年底，全市15条立窑已关停拆除14条，淘汰落后熟料产能124.3万吨，超额完成省政府下达的关停任务。经省、市两级认定的资源综合利用企业达到64家，年综合利用粉煤灰等工业固体废弃物210万吨。

（杨启玉　赵明君　王慧博）

采矿业

【概况】 2010年末，全市采矿业有规模以上（年主营业务收入2000万元及以上，下同）工业企业23家。其中，金属矿采选业7家（铁矿2家、金矿5家），非金属矿采选业5家，其他采矿业1家，金属冶炼及压延加工业10家。拥有总资产30.29亿元，全部从业人员年平均人数8996人。年内，完成主营业务收入42.82亿元，完成出口交货值1246.4万元，实现利税4.70亿元，实现利润3.68亿元。

（刘昌刚）

【山东金洲矿业集团有限公司】 山东金洲矿业集团有限公司始建于1970年4月，是集黄金勘探、采选、冶炼及尾矿回收利用、节能建材制造于一体的现代化矿山企业，为全国黄金行业率先跨入吨金矿山和利税过1亿元企业之一。2004年11月，改制为山东黄金矿业股份有限公司的控股子公司。公司辖金洲矿业、千岭矿业、富岭矿业及尾矿利用分公司4家成员单位，拥有总资产7亿元，员工1800人，先后获得“全国黄金行业最佳经济效益企业”、“全国黄金行业明星企业”、“全国企业文化建设工作先进单位”、“全国‘安康杯’竞赛优胜企业”、“省级文明单位”、“山东省现场管理样板企业”、“山东省创建学习型组织示范企业”、“山东省劳动关系和谐企业”等称号。2010年，公司生产黄金1587.5千克，比上年增长2.0%；实现利润1.83亿元，增长2.5%；新增地质储量66万吨，新增金金属量2.51吨，超额完成年度计划指标。

黄金生产运行稳健　针对开采深度增加、原矿品位下降等不利因素，通过创新调度方式，推行计划联酬制度，全年完成采掘总量67万吨，处理矿石46万吨，分别比上年增长6.35%和4.34%；在矿石性质极不稳定的情况下，选冶总回收率达到92.23%。为弥补供矿不足，组织力量对老坑硐的顶板、边角残矿及低品位矿石回采利用，回采残

7月21日，山东金洲矿业集团有限公司召开成立四十周年庆祝大会
张岩峰　摄

矿和处理低品位矿石10余万吨，实现了资源利用的最大化。累计生产加气砖11万立方米、蒸养砖620万块，堆浸提金16.2千克，实现营业收入2417万元。针对严峻的接续发展形势，通过创新重点工程调度和奖惩机制，确保了工程进度，其中−335米废石井延深顺利竣工并投入运营，−635米盲副井反掘、延深和安装基本结束，−785米中段盲井脉外大巷掘进和−155米中段3号矿体探矿工程也完成了预期计划。把“深部探建工程”作为重点来抓，地质普查报告和项目可行性研究报告已通过山东黄金集团审查，深部探矿方案设计和安全设施设计已经完成，竖井工程地质勘察钻探已经竣工，地质详查勘探基本结束。千岭公司英格庄矿区深部开拓工程完成投资1497万元，其中1号盲竖井基本达到设计采矿能力；富岭公司对胡八庄79线主竖井工程进行重点调度管理，全年完成投资842万元，整个竖井掘砌工作基本结束，进入竖井及设备设施的安装阶段。在安全管理上，投资1165万元完成了采矿方法研究、地压控制、提升运输系统改造、井下支护等项目，有效地改善了各矿区的安全生产环境。同时，以安全专管体系为重点，扎实推行领导下井带班、管理人员跟班作业、安全确认及监察等制度，确保了安全监管责任的有效落实。

探矿增储效果显著 继续发挥地质探矿专家组优势，年内召开了两次地质探矿专家会议，加强成矿规律研究，合理筛选探矿靶区，科学制定探矿计划，为探矿工作提供了理论指导。同时，积极总结整理已有地质探矿和科研成果，完成的“乳山英格庄金矿区构造控矿规律及成矿预测研究”、“乳山三甲金矿床构造叠加晕研究及深部预测”获山东黄金集团上半年职工技术创新成果奖，“乳山东部地区成矿规律研究及预测效果”通过了中国黄金协会科技成果鉴定。重点在金青顶、英格庄、胡八庄等矿区深部进行钻探揭露，投资1755万元，探求矿石量43万吨、金金属量1793千克。各生产矿山还结合实际，加大坑道探矿力度，完成探矿投资967万元，新增地质储量23万吨、金金属量717千克。充分利用国家优惠政策，积极争取国家探矿资金扶持，完成的“金青顶矿区金矿深部详查设计”、“三甲矿区金矿深部详查设计”被列为工信部黄金地勘基金项目，“乳山市闭牛山地区金矿普查”被列为省直矿费项目，三项目实到资金289万元。积极实施资源外拓战略，完成多次省内外资源项目考察，特别是通过与山东正元地质资源勘查有限责任公司接洽，完成了对宋家庄探矿权的购并，为扩大资源储备提供了保障。

企业管理优化升级 开展了“工作质量持续改进”活动，从思维创新、职能履行、队伍建设等方面，深入查找制约发展的“瓶颈”问题，持续改进和提高工作质量，为推进管理升级奠定了基础。在绩效考核上，创新考核模式，突出关键指标在绩效考核中的权重，提高了岗位绩效，确保绩效考核的科学性和合理性。深入开展工程监察、价格审计、招标采购活动，开展工程跟踪验收及监察228场次，审结决算项目63个，审计审签采购票据6400余份，直接审减资金10.76万元；审签各类经济合同253份、金额1.22亿元，提交法律事务报告4份；完成工程建设及物资采购招标项目35个、7987万元，节约计划支出297万元。加大金精矿外售管控力度，对存有争议的样品进行品位仲裁。充分发挥物流软件的信息化优势，实现了物资采购、库存控制、财务结算的一体化管理。通过开展黄金市场价格走势研究，全年实现黄金销售均价272.96元／克，比上海黄金交易所均价高6.28元／克，为企业增加效益1102.28万元。

科技创新再获突破 针对深部地质条件的变化，通过与东北大学联合攻关，在金青顶、英格庄、胡八庄三个矿区开展了采矿方法研究，取得了阶段性成果。采取扫选起泡剂反哺操作新技术，有效控制了尾矿品位跑高现象，使浮选回收率提高了1.53个百分点，选矿回收率提高了0.93个百分点。千岭公司通过对英格庄南区−155米、−355米中段排水系统进行更新改造，彻底解决了矿区井下用电负荷和水泵容量不足的问题，实现了排水系统安全化。在节能降耗上，实施电网电效改造，实现采矿单耗16.58千瓦小时／吨，选矿单耗26.63千瓦小时／吨，分别下降1.78%和1.7%。积极落实年度科研计划，实施了“山东乳山金矿区综合找矿信息研究”等科研项目，完成投资706.65万元，超年计划1.09%。年内，有3个项目获山东黄金集团上半年员工技术创新项目奖励，2个项目通过中国黄金协会科技技术鉴定，“浮选尾矿资源综合利用工程化应用技术研究”获威海市科技进步一等奖，3项技术专利被国家知识产权局受理，其中“一种带微调装置的支柱”获国家授权。完成了内部职工创新成果评审，共评选员工创新奖53项，获奖员工200人次。

品牌形象持续提升 继续推进学习型组织创建，举办了全面预算、物流操作、安全用电等岗位培训班27期，培训职工4050人次；继续与东北大学、山东理工大学、烟台技校等院校合作，先后选派管理及技术骨干157人次参加培训。开展技能竞赛活动，种类包括电、钳、焊、车及化验、浮选六大工种，参赛职工770人次。持续厂务公开制度，充分利用报纸、网络、板报、公开栏等载体，对生产经营、职务竞聘、领导收入、安全监察、评先选优等情况向职工公开。根据企业经营情况，积极推进薪酬方案调整，全员人均工资增幅达16.3%。对保险缴费基数进行了上调，人均缴费基数增长32.7%。以庆祝建矿40周年为契机，持续加大矿区生态环境治理，投入治理资金464万元，实施了氰化渣水综合治理和生活污水处理调节工程，有效改善了矿山工作环境，为和谐企业建设创造了条件。

（张岩峰）

石化工业

【概况】 2010年末，全市石化工业有规模以上工业企业160家。其中，石油加工业1家，化学原料及化学制品制造业61家，化学纤维制造业8家，橡胶制品业31家（其中轮胎制造业13家），塑料制品业59家；发生亏损10家。拥有总资产276.86亿元，全部从业人员年平均人数5.44万人。年内，完成主营业务收入511.30亿元，完成出口交货值87.53亿元，实现利税36.66亿元，实现利润24.67亿元。

（刘昌刚）

【三角集团有限公司】 三角集团有限公司始建于1976年，是国内行业最早规模化生产子午胎的企业，集产供销研于一体，产品包括轿车和轻卡子午胎、卡客车子午胎、工程子午胎、巨型工程子午胎、农业子午胎、军用特种轮胎等500多个规格4000多个品种，年生产能力3000万套，子午化率90%以上，位居全球轮胎行业前15位。公司建有国家级技术开发中心、博士后科研工作站和中心实验室等科研机构。三角产品是国内同行业首个中国驰名商标和首批中国名牌产品，通过中国CCC、美国DOT、欧盟ECE等国际权威认证，各项性能达到国际先进水平，获得国内橡胶行业最高科技奖项——国家科技进步一等奖。2010年，公司实现主营业务收入162亿元，实现利税10亿元。年内，公司继续推进国际化进程，由“工厂制”模式向“公司制”模式转变，加强科技创新平台建设和机制建设，用国际先进标准引领科技、管理等方面的创新，企业核心竞争力迅速提升，多项排行榜上有名。3月5～14日，第十一届全国人民代表大会三次会议在北京举行，第十一届全国人大代表、公司董事长丁玉华参加了会议。会议期间，丁玉华接受了《人民日报》、《经济日报》、《光明日报》等媒体的采访，各界媒体对公司走“低碳经济、绿色制造”之路，全力打造轮胎产业可持续发展的新生产力模式的做法进行了报道。4月，公司以在“低碳、可持续发展、科技创新、核心技术、社会责任、节能、环保、绿色”等企业核心竞争力方面所取得的成就登上“2011中国最具竞争力企业年度排行榜”，被评为中国最具竞争力品牌企业。5月下旬，中国化工情报信息协会在湖北省宜昌市举办了中国化工行业高峰论坛暨中国化工最具竞争力企业500强发布会，三角集团列2011中国最具竞争力化工企业500强第14位。同月，公司“工程子午胎胚胎的成型方法”发明专利获第十一届山东省专利奖二等奖，工程机械轮胎获“山东名牌”称号。6月，公司名列中国化工企业500强18位；9月，名列2010中国企业500强第430位，名列中国制造业企业500强第232位，是全市唯一一家进入中国500强的企业，连续8次荣登该榜单；10月，名列中国对外贸易500强企业第304位；11月，“新中国60年企业精神传承与创新——中外企业文化2010北京峰会”举行，公司被评为全国企业文化建设2010年度优秀单位。

共建战略合作关系　2月，公司与天津大学举行战略合作协议签字仪式，市委书记、市人大常委会主任王培廷，副市长董进友等出席了仪式。双方将在项目、人才及知识与信息共享等方面开展合作，通过搭建在机械电气自动化、信息化、精密仪器、环保、化工材料、建筑、实验室和实验场建设等方面的合作平台，开展包括提升和优化工厂的生产制造、精密测试技术及仪器的开发、各种污染废弃物的处理与回收以及轮胎各项性能的检测与分析等方面的研究与合作等，加快科研成果的产业化转化。8月，公司与中国石油化工股份有限公司签订了战略合作框架协议，旨在融合双方的产品技术、服务等资源，在橡胶轮胎、新材料等方面联合研发，促进双方资源的合理利用、多元化供应、均衡供给及成本的降低，提升各自在市场中的竞争力和影响力。按照协议内容，双方将联合开展轮胎用合成橡胶、防老剂的应用研究，提高润滑油、油品及其他化工产品应用水平，并建立定期、规范的技术交流平台。同时，中石化将充分利用全国的加油站网点资源，尝试销售三角轮胎有关产品。8月，公司与安徽省芜湖市政府、奇瑞汽车股份有限公司在芜湖市签约，与奇瑞汽车股份有限公司建立全面战略合作联盟。公司与奇瑞汽车股份有限公司一期合作项目投资约10亿元，初始规模按400万条高性能环保型轿车和轻卡子午线轮胎建设，主要为奇瑞汽车中高端车型配套，项目达到世界领先水平。伴随一期项目的开展，双方将建立更高层次、更加深入的战略合作。

获“山东省节能先进企业”称号　4月，山东省政府下发通报，表彰了“十一五”期间在节能工作方面取得优秀成绩的50家企业，三角集团获“山东省节能先进企业”称号。“十一五”期间，公司先后实施完成了硫化车间内温冷却水回收、硫化机热力支管道及热板固定座保温、硫化机疏水阀改造、氮气硫化工艺、硫化机温度控制系统、轮胎硫化工序余热资源利用、节能灯改造、电源谐波治理等多项工程的改造工作，实现了较好经济效益和社会效益。2006～2010年，三角集团综合能耗指标累计降幅达17.5%。5月，公司自主开发的“开炼式连续自动低温混炼工艺技术”通过了中国石油和化学工业联合会组织的科技成果鉴定，该技术的炼胶由多步间歇式转变为一步连续式，综合能耗降到900公斤标准煤/吨三胶以下，下降27%；混炼胶质量和性能有显著改善，生产效率和土地资源利用率明显提高。这项具有国际先进水平的新工艺将对推动中国橡胶加工行业技术进步并提高国际市场竞争力起到重要支撑作用，是轮胎行业实现节能减排、低碳经济的重大技术突破。

牵头成立轮胎产业技术创新战略联盟　4月，轮胎产业技术创新战略联盟工作启动会在北京召开。公司董事长丁玉华在会上当选第一届轮胎产业技术创新战略联盟理事长。该联盟由三角集团有限公司牵头，吸纳了轮胎行业具有技术优势的企业、研究院所和高等院校共20多家。该联盟将以轮胎产业技术创新需求为基础，构建产业共性技术开发平台；全力开展技术自主创新和产业，集聚和整合行业创新资源，形成产业技术创新链；重点突破产业发展的关键共性技术，加速技术推广应用和产业化，实现轮胎制造从材料—配方—结构—生产工艺制造装备—试验开发手段的系统整体性地提升；开发具有自主知识产权的低温混胶新工艺、智能子午胎等新产品，打破国际市场对国内产品质量、环保、节油等技术性贸易壁垒，最终使中国轮胎制造技术达到世界先进水平。

举办中国橡胶工业协会轮胎分会2010年会员大会　4月，中国橡胶工业协会轮胎分会2010年会员大会在威海召开。来自全国各地200多名会员代表参加了大会。会议由中国橡胶工业协会轮胎分会主办、三角集团有限公司承办。会上，公司当选中国橡胶工业协会轮胎分会理事长单位，公司董事长丁玉华当选新任理事长。中国石油和化学工业协会会长李勇武，中国橡胶工业协会会长范仁德，中国化工报社社长郝长江，威海市委常委、副市长董进友，市长助理、市经信委主任刘光明等出席了会议。会议号召全行业和上下游产业链通力合作，积极致力于用知识创新的力量加快推进以“低碳、绿色、环保、高效”生产力为核心的轮胎产业新型发展战略，为推动中国轮胎产业发展打下更好的基础。

高性能绿色、环保型全钢子午线轮胎工程投产　5月1日，公司举行了三角工业园一期70万套高性能绿色、环保型全钢子午线轮胎工程投产仪式。该项目于2009年4月正式启动实施，是公司在全球经济危机中审时度势，看准商机逆势而上的前瞻性的重大决策。项目按照“低碳、绿色、高效、环保”的建设方针，以把项目建成具有世界领先水平、能够引领中国轮胎工业发展方向的制造基地为目标，历时不到1年，于2010年3月20日成功硫化出第一条轮胎，5月1日全线投产运行，这是三角集团有史以来用时最短、投产最快的大型工程项目。

获卡特彼勒公司优秀供应商最高等级奖　7月29日，卡特彼勒2010全球供应商峰会在北京举行，三角集团有限公司获卡特彼勒公司优秀供应商质量认证（SQEP）最高等级奖铂金奖，这也是卡特彼勒全球供应商中第一家获得铂金奖的企业。卡特彼勒优秀供应商质量认证奖牌是卡特彼勒公司根据其供应商在质量体系建设、产品质量水平、生产制造能力、工艺技术水平、6Sigma推广情况等10个方面的综合表现而评定的，分铜、银、金和铂金4个等级，其中一个重要的评价指标就是实物质量水平。只有获得卡特彼勒公司优秀供应商质量认证（SQEP）奖牌，才可能获得卡特彼勒新产品同步开发权。2004年，三角集团有限公司与卡特彼勒公司建立了合作关系，为该公司提供工程子午胎和巨胎等配套产品，2005年双方正式确定了战略合作伙伴关系，为卡特彼勒分布于英国、比利时、日本、印度等地的工厂配套轮胎产品。2007年和2008年，三角集团先后获得卡特彼勒公司优秀供应商质量认证（SQEP）铜奖和银奖。

国内最大巨型工程子午胎填补空白　9月6日，国内最大的40.00R57巨型工程子午胎下线，标志着国产巨型工程子午胎实现新的突破，填补了国内巨胎生产领域的空白。该规格轮胎直径达3.6米，单胎重量3.5吨，世界上仅有少数几家轮胎企业才能生产。公司自主研发建设了国内首条巨型工程子午胎生产线，不到两年时间就完成了从初胎设计、设备制造工程施工、产品研发、正式投产的全部工作。公司可生产从49寸到57寸多规格的巨型工程子午胎产品，是国内工程子午胎产品系列最全、规格最大的生产企业，成功实现为卡特彼勒、雷克斯、沃尔沃、凯斯纽荷兰、利渤海尔等多家世界知名工程机械制造商提供配套。

9月6日，三角集团巨型子午线轮胎成功下线　　三角集团有限公司提供

参加SEMA展会　11月2～5日，SEMA展会在美国拉斯维加斯开幕，该展会是全球汽车配件行业影响力较强的展会之一，德国大陆、美国库珀、韩国韩泰等国际大品牌均在展会上设有展位。三角集团有限公司在展会上展出了公司部分全钢胎、半钢胎新花纹及巨型子午工程胎产品，尤其是子午工程巨胎33.00R51规格及大尺寸高性能轮胎，吸引了众多商家的眼光。此次参会公司共接待新老合作伙伴200多人，主要来自美国、加拿大、加勒比海地区及中南美洲。公司举办了以“技术领先、合作共赢”为主题的商务酒会，100多位合作伙伴参加。

（魏楠　杨文亮）

建材工业

【概况】　2010年末，全市建材工业有规模以上工业企业100家。其中，水泥制造业8家，水泥及石膏制品制造业16家，砖瓦、石材及其他建筑材料制造业57家，玻璃及玻璃制品制造业12家，陶瓷制品制造业3家，耐火材料制品制造业3家，其他非金属矿物品制造业1家；发生亏损4家。拥有总资产98.66亿元，全部从业人员年平均人数2.32万人。年内，完成主营业务收入213.03亿元，完成出口交货值16.86亿元，实现利税23.42亿元，实现利润16.38亿元。

（刘昌刚）

【威海蓝星玻璃股份有限公司】　威海蓝星玻璃股份有限公司始建于1965年，2010年，公司进一步提高自主创新能力，调整产品结构，提升品牌优势，加大节能减排力度，千方百计降成本增效益，企业安全生产形势稳定，核心竞争力、发展速度和可持续创新能力都有了较大提高，产品产量、主营业务收入、利润和上缴税金均创历史新高。全年生产玻璃996.35万重量箱，比上年增长7.8%；实现主营业务收入11.53亿元，增长22.75%；实现利润2.34亿元，增长70.5%，上缴税金1.4亿元，增长109.9%。效益和规模进入全国玻璃行业前列。公司先后被评为山东省管理创新优秀企业、山东省循环经济示范单位、山东省节能先进企业、全省参与西部大开发突出贡献集体等，获得山东省企业技术创新奖。蓝星在线Low-E镀膜玻璃被评为山东省名牌产品，"兆瓦级薄膜光伏建筑一体化并网光伏电站的开发与产业化"重大专项项目通过省级验收。

2010年，威海蓝星玻璃股份公司根据国家、省、市节能减排工作的部署和要求，结合公司实际情况，深入开展节能减排工作，取得了显著成效，被授予"山东省节能先进企业"称号。一是把粉煤喷吹工作作为降低成本的重点，不断改进和优化燃烧技术和系统，使粉煤喷吹比例大幅度提高。1月14日四线首次实现了全窑喷吹，二线、三线粉煤喷吹比例均达96%以上，四线粉煤喷吹比例均达到99.6%，全年节约成本1.4亿元。二是降低采购成本。在纯碱的采购上，保持了3家供货的竞争局面，不同时期与不同厂家合作，实现纯碱采购的利益最大化；用轻质碱替代重质碱，月可节省200万元。在石油焦的采购上，通过及时了解市场信息并准确把握市场方向，把全年石油焦采购价格控制在相对低点，全年节省资金3000万元。三是采用新工艺和新技术。投资2000多万元对生产线实施脱硫除尘，已基本达标排放。脱硫产物全部再次利用，已替代芒硝6822吨，价值422.9万元。四是狠抓节能降耗技术改造。改造供热系统，把余热锅炉产生的蒸汽在满足企业自身生产、生活用汽后提供给威海市山海皮业有限公司，全年增收697.5万元，并可减少4%的冷却塔用电量。该项目被列为市级创新项目，得到市财政资金支持100万元。二次蓄热室技术、碹顶热风技术、废气烘干焦粉技术节能减排效果显著。五是通过提高产量降低成本。为发挥窑炉的最大效能，按照科学合理的"提高拉引量，降低生产成本"的思路，在确保窑炉稳定运行的基础上，将拉引量由原设计能力450吨／天提高到490吨／天，每天增加玻璃产能近1500重量箱，全年可增加产量50多万重量箱，增加销售收入480万元。

（林本华）

机械设备工业

【概况】 2010年末，全市机械设备工业有规模以上工业企业499家。其中，通用设备制造业141家，专用设备制造业80家，交通运输设备制造业86家（其中汽车修造业44家、船舶修造业36家），电气设备及器材制造业100家，仪器、仪表及文化、办公用机械制造业27家，金属制品业65家；发生亏损33家。拥有总资产774.20亿元，全部从业人员年平均人数16.26万人。年内，完成主营业务收入1254.57亿元，完成出口交货值136.36亿元，实现利税111.90亿元，实现利润75.76亿元。

（刘昌刚）

【威海广泰空港设备股份有限公司】 威海广泰空港设备股份有限公司创建于1991年，是从事空港地面设备研发与制造的专业公司。2007年，公司在深圳证券交易所（中小板）上市，至2010年底，注册资本1.47亿元，总资产12.06亿元，固定资产2.96亿元。公司占地面积57万平方米，下辖北京中卓时代消防装备科技有限公司、威海广泰空港电源设备有限公司、威海广泰加油设备有限公司、威海广泰环保科技有限公司、广泰空港设备香港有限公司及深圳广泰空港设备维修有限公司等控股子公司及合营公司。有职工900余人，其中26%的人员从事研发工作；有高级职称人员35名，中级职称人员112名；硕士以上学位人员28名。公司拥有技术专利161项，其中发明专利10项、美国专利1项，有国家级重点新产品16种，取得国家和省部级科技进步奖32项，是"中国最具成长性新锐企业"。2010年，公司实现主营业务收入5.05亿元。

公司在不断提高标准化管理水平的过程中，通过了军品和民品质量体系认证、保密认证、武器装备科研生产许可审查和环境体系认证，是国家火炬计划重点高新技术企业、国家第二批创新型试点企业，拥有国家认定的企业技术中心，2009年获批组建国家空港地面设备工程技术研究中心，标志着公司成为国内空港地面设备全行业的科研开发和产业化基地。2010年2月6日，威海广泰国家空港地面设备工程技术研究中心大楼奠基仪式在张村镇柳沟村举行，市委书记、市人大常委会主任王培廷，市长助理、市外经贸局局长王保华，环翠区委副书记、区长孙开连等出席了仪式。4月13日，空军装备研究院航空装备研究所与威海广泰国家空港地面设备工程技术研究中心共建航空保障装备研发中心签字仪式在金海湾国际饭店举行。市委常委、副市长董进友，环翠区委副书记、区长孙开连等出席了签字仪式。公司有26个系列120余种型号产品，覆盖了机场机务、客舱服务、飞机货运、场道维护、油料加注和消防六大领域，能为一架飞机配齐所有地面设备，部分主导产品国内市场占有率达40%～60%，是全球空港地面设备品种最全的供应商。公司产品遍布除台湾外的中国各大航空公司、机场、飞机制造公司和试飞院，出口到亚洲、非洲、欧洲和大洋洲的30多个国家和地区。在北京、上海、深圳、成都、昆明、西安、乌鲁木齐、哈尔滨和香港，公司设有专门的售后服务基地和备件库，实现了24小时到位服务。11月30日，公司为A380飞机量身定做的国内首台除冰车WGCB90E在首都机场交付使用，提高了公司生产除冰雪设施的技术能力，也提升了首都机场冬季运行的保障水平。12月14日，公司首台纯电动公交车WGK6120BEV下线仪式在公司生产二厂举行，标志着公司在新能源产品的开发方面迈出关键性一步，市委副书记、市长孙述涛，市委常委、副市长赵熙殿等出席仪式并乘车体验。

（王海英）

【山东省威海船厂】 山东省威海船厂（山东新船重工有限公司）始建于1951年，是国有修、造船骨干企业，拥有5万吨级船台1座，10万吨级修、造船坞各1座，配有400吨、800吨龙门吊等设施，可修、造10万载重吨以下各类船舶。工厂2008年被认定为山东省行业技术中心，2009年被列为省级重点工业企业。

2010年，威海船厂围绕加快发展与搬迁扩建同步推进的方针，积极调整经营策略，开拓国内市场，主要经济指标保持良好发展态势。全年实现主营业务收入18亿元，实现利税1.18亿元；出口创汇1.31亿美元，其中自营创汇8136万美元。面对国际金融危机对船舶工业的滞后性影响以及新厂基础设施尚未完备、自然条件相对恶劣等状况，威海船厂不等不靠，积极作为。一方面，通过采取加快建立现代造船模步伐、优化造船作业流程等措施，广泛推广分段总组装造船，最大限度发挥船台核心生产资源的作用，确保在建船舶稳步向前推进；另一方面，主动适应市场变化，加快转变发展方式，不断拓宽国内市场，先后与国内船东签订3艘3600吨供油船、10艘2.84万吨多用途集装箱船建造合同，生产任务排至2013年，为企业持续稳定发展提供强劲动力。在此基础上，科学调度劳力，合理安排施工，抓紧完善老厂搬迁、新厂建设工程，老厂80吨龙门吊、40吨及10吨门座起重机等大型设备搬迁结束并在新厂安装到位；新厂建设全年完成投资1.2亿元，累计完成投资13.5亿元，10万吨级修、造船坞和3号码头陆续投产。

（宫本旭）

轻纺工业

【概况】 2010年末，全市轻纺工业有规模以上工业企业839家。其中，农副食品加工业339家（其中水产品加工业253家），食品制造业36家，饮料制造业16家，纺织业95家，纺织服装及鞋、帽制造业116家，皮革、毛皮、羽绒及其制品业38家，木材加工及木制品制造业6家，家具制造业14家，造纸及纸制品业45家，印刷业10家，文教体育用品业58家，工艺美术品制造业66家；发生亏损58家。拥有总资产878.26亿元，全部从业人员年平均人数26.73万人。年内，完成主营业务收入1548.97亿元，完成出口交货值272.13亿元，实现利税125.92亿元，实现利润83.73亿元。

（刘昌刚）

【山东威海卫酒业集团有限公司】 山东威海卫酒业集团有限公司始建于1945年，2000年改制为有限责任公司，是以酒水生产销售为主的综合性企业集团，兼营包装材料生产、房地产开发等。公司位于威海市温泉西路98号，占地面积18.7公顷，建筑面积6万平方米。2010年末，公司拥有固定资产5亿元，职工1300人，主要产品年产能力为啤酒20万吨、白酒8000吨、葡萄酒1万吨、矿泉水8万吨。其中，“威海卫”白酒、“威海卫”矿泉水、“威海卫”啤酒、“昆嵛”啤酒被评为山东省名牌产品，“威海卫”商标被认定为山东省著名商标，“昆嵛”商标被评为威海市知名商标。

2010年，公司投资成立了威海威豪农业科技有限公司和山东威浩生物科技有限公司，从事农作物、经济作物种植与农产品科技研发、加工，为公司创造了新的经济增长点。10月，公司重点项目——海裕城房地产开发项目主体工程封顶，整个工程完工后将带动该地区的商业发展。年内，公司实现主营业务收入6.8亿元，上缴税金3600万元，取得良好的经济效益和社会效益；先后获得“山东省诚信企业”、“山东省消费者满意单位”、“威海市纳税新星企业”等称号。

（林 靖）

【威海市金猴集团有限责任公司】 威海市金猴集团有限责任公司始建于1951年，1998年改制为有限责任公司，占地面积39.5万平方米，建筑面积20万平方米。2010年末，拥有固定资产原值4.4亿元，净值3.7亿元；下辖金猴集团鞋业有限公司、金猴集团房地产开发有限公司、金猴集团商贸有限公司、金猴集团进出口有限公司、金猴集团南方公司、金猴集团商务会馆（酒店）、金猴商场、金猴购物广场8个全资子公司和金猴集团服装有限公司、金猴集团皮具有限公司2个控股子公司。主要产品有金猴牌皮鞋、休闲运动鞋、皮具、服装，其中，金猴牌皮鞋1982年被评为省优和部优产品，1996年登上“中国质量万里行光荣榜”，1998年以来被中国皮革工业协会连续四届授予“中国真皮鞋王”称号，连续两届授予“中国真皮领先鞋王”称号，1999年被国家工商总局认定为“中国驰名商标”，2002年被国家质检总局认定为“中国名牌产品”，2004年以来连年被世界品牌实验室（WBL）及世界经济论坛（WEF）共同评审并列入“中国500最具价值品牌”。2006年“金猴鞋王”在威海城市名片大型征集评选活动中被推选为“首届威海城市名片”。“金猴”皮具于2007年被国家质检总局认定为“中国名牌产品”，2009年，其商标被国家工商总局认定为“中国驰名商标”。

2009年，公司以综合评分第一的成绩被中国人民解放军总后勤部军需物资油料部选定为军品研发和生产单位；2010年，入选品种进一步增加，外腰带、内腰带、小挎包等也进入军品供应行列。金猴集团技术中心先后被认定为“山东省工业设计中心”、“国家认定企业技术中心”。年内，公司实现主营业务收入10.27亿元，工业增加值2.51亿元，完成出口交货值9764万元，完成利税1.7亿元，其中利润1亿元，分别比上年增长17%、27%、46%、32.3%、30.7%。

（邹晓伍）

【威海市山花地毯集团有限公司】 威海市山花地毯集团有限公司始建于1982年，1998年改制为有限责任公司，公司总部位于威海市和平路113号，拥有四大工业园区和一座研发大楼，占地总面积100多公顷。2010年末，公司拥有固定资产原值5.69亿元，净值3.53亿元，职工2604人，其中工程技术人员226人，下辖威海山花华宝地毯有限公司、威海山花博美地毯有限公司、威海山花惠美地毯有限公司、威海山花帝苑毯业有限公司、威海市山花雨阳地产有限公司，主要生产阿克明斯特、威尔顿、彩印、方块、簇绒、手工等高端地毯产品，并拥有地毯毛纱、尼龙及丙纶长丝、染整、PP纬纱等原材料配套产品，产品种类齐全，产业链条完整，年产各类地毯1800万余平方米。在中国地毯行业，“山花”唯一获得“中国名牌”、“中国驰名商标”、“中国地毯行业标志性品牌”、“中国500最具价值品牌”四项桂冠，并被评价为“中国地毯行业第一品牌”。2010年6月，山花集团再次实现品牌建设双丰收，蝉联“中国地毯行业标志性品牌”、“中国500最具价值品牌”两项桂冠，品牌价值达12.39亿元，比上年增加4.31亿元。5月，山花集团被省经信委评为山东省地毯行业技术中心，作为山东省地毯产业核心企业重点培养，同时被省消协、省经信委评为第八届消费者满意单位。年内，公司相继获得“山东省制造业和物流业联动发展示范企业”、“山东省轻工业先进企业”、“企业技术创新奖”、“省轻工联社系统优秀企业”等多项荣誉（奖励）。

2010年，公司积极“转方式、调结构”，内抓管理，外拓市场，实现了平稳较快发展。完成了桥头园区国际新型地材研发基地项目的一期建设，总投资1亿元，建设手工地毯厂、汽车地毯厂、地毯专用PP纬纱厂、染制厂等厂房5万平方米，园区内水、电、汽、暖、污等配套工程和绿化、道路等基本完成。先后引进改造搬迁各类先进生产设备100余台（套）并正式投产。完成了温泉园区的扩建项目和山花新展厅基础建设，实现了园区设施配套的齐全与完善。公司依托省级地毯行业技术中心、企业技术研发中心提报各类技术创新项目30余项，其中“高档新兴阿克明斯特改造”被列为山东省产业振兴重点项目，“PU发泡混合质量控制系统的研究”和“方块地毯边角料的处理与应用”等7个项目被列为山东省2010年重点技术创新项目，“地毯物流集散基地”被列为山东省重点支持项目。“地毯印花高浓度废浆处理技术的推广应用”获得2010年山东省轻工业科技进步二等奖。公司在不断加强自身建设的同时积极开拓国内外市场，山花地毯在上海世博会中国馆等重要场馆和配套工程中亮相，并应用于广州亚运会各主要比赛场馆和配套工程。成功参与人民大会堂、萧山国际机场、昆明机场、喜来登、威斯汀、香格里拉、泰山饭店、万里宾馆、国贸绿地、万达影院等一系列国内有影响力的工程，进一步彰显了品牌实力。

2010年，公司生产各类地毯1400万平方米，完成工业总产值10亿元，实现主营业务收入9.7亿元，实现利税1.6亿元，上缴税金9290万元，出口创汇3035万美元。公司主要经济指标连续19年居国内同行业之首。

（陈　伟）

医药工业

【概况】 2010年末，全市医药工业有规模以上工业企业22家。其中，化学药品原药制造业2家，化学药品制剂制造业6家，中药饮片加工业3家，中成药制造业3家，生物、生化制品制造业3家，卫生材料及医药用品制造业5家；发生亏损企业2家。拥有总资产140.27亿元，全部从业人员年平均人数2.13万人。年内，完成主营业务收入164.45亿元，完成出口交货值5634.5万元，实现利税32.04亿元，实现利润23.57亿元。

（刘昌刚）

【威高集团有限公司】 威高集团有限公司始建于1988年，以一次性医疗器械和药业为主导，发展了航天军工、房地产、证券投资等五大产业，至2010年末，集团公司占地面积200多万平方米，拥有总资产100多亿元，下辖20多个子公司。7月29日，山东威高集团医用高分子制品股份有限公司正式由香港创业板转往主板上市。集团公司拥有300多种3万多个规格的医疗器械和药品，主要有输注耗材、手术室系列、医用导管、心脏支架及心内耗材、留置针及各种异型针、血液净化设备及耗材、骨科材料、医疗设备、治疗型注射液及其他药品、生物诊断试剂、人造血浆、生物种植体、PVC及非PVC原料等，已发展成为品种齐全、中国最大的医疗系统解决方案制造商，系国家“863”产业化基地、国家火炬计划重点高新技术企业，先后获得“行业排头兵企业”、“卫生材料和医药制造行业排头兵企业”、“全国守合同重

7月1日，威高集团举行威高齐全公司、山东威高药业原料药基地揭牌投产仪式　威高集团提供

信用企业”、“中国专利山东明星企业”、“中国最具投标实力医疗器械品牌供应商第一名”等称号，成为“中国大企业集团竞争力500强”、“全国医药工业百强”、“中国企业信息化500强”、“全国民营企业500强”之一。2月27日，威高集团初村工业园三期工程举行开工典礼，市领导王培廷、刘玉党、马世和、边祥慧、董天祥、于永吉、张剑、赵熙殿、徐东升、汤光运等出席了奠基仪式。7月1日，威高齐全医疗设备公司威高药业原料药基地揭牌暨投产仪式在威高齐全公司举行。8月13日，中共中央政治局委员、国务委员刘延东在科技部党组书记、副部长李学勇，教育部副部长李卫红，文化部副部长王文章，国务院研究室副主任汪小娟及省、市领导的陪同下到威高集团考察，给予了高度评价。

公司大力实施名牌战略，强化科学管理，坚持“满足并努力超越顾客的最大需求”的质量方针，建立健全质量管理体系。主要产品通过了ISO 9000认证、欧盟CE认证、ISO 13485认证、中国CMD认证、中国CCC认证、GMP认证，部分产品通过了美国FDA 510许可，并且是行业首家通过ISO 9000认证的企业。检测中心通过国家实验室认可委员会认可。“洁瑞”商标为中国驰名商标、中国医疗器械行业第一品牌，产品被评为中国名牌产品，远销国外70多个国家和地区。12月28日，山东省召开省长质量奖电视电话会议，威高集团获第二届山东省省长质量奖。公司健全技术创新体系，拥有国家技术中心、国家工程实验室、博士后工作站、山东省院士工作站、省级企业技术中心、泰山学者实验室。公司坚持走产学研合作道路，与中科院及其长春应化所、大连化物所、沈阳金属研究所和301医院、第三军医大学、哈尔滨工业大学、沈阳药科大学等合作，异地建立了9个威高研发中心，大力开发具有自主知识产权的高科技含量和高附加值产品。2010年，与中科院共同实施中科院—威高集团高技术研究发展计划，进一步提升自主创新能力。拥有专利产品200余项，其中，60多项发明专利，80多个产品填补国内空白，达到国内外先进水平，部分产品打破了跨国公司的垄断，20多个项目（心脏支架、聚砜膜透析器、脊柱内固定、中心静脉导管、基因蛋白A免疫吸附柱、自毁式安全注射器、血浆分离器、避光注射器等）分别被列入国家火炬计划、“863”计划、高技术产业示范化工程、重点产业振兴计划等国家级计划项目。1月11日，中共中央、国务院在北京召开国家科学技术奖励大会，威高集团与中科院长春应用化学研究所共同研发的聚烯烃材料的化学改性及其大规模应用获得国家科技进步二等奖。该项目为威海市唯一获奖项目。项目经过两院院士等专家鉴定，成果的整体水平达到国际先进水平，用该材料制作的TPE输液器优于并可取代传统的以聚氯乙烯（PVC）为原料的一次性输液器。“洁瑞”牌TPE输液器具有独立知识产权，已经申请了两项中国发明专利和一项实用新型专利，提升了国内医疗材料和产品的科技含量。经国家权威检测机构检测和质量认证，新型TPE一次性输液器的各项技术指标与PVC制备的输液器相比有显著的优越性，为提高医生用药疗效和患者身体健康水平提供了保障。9月上旬，2010年国家重点产业振兴和技术改造专项项目公布，威高集团的聚烯烃材料化学与生物改性及其大规模应用项目列入其中。该项目列入国家重大产业振兴计划，将进一步增强公司的核心竞争力，对加快转方式、调结构起到积极的示范和推动作用。12月，中国社会工作协会、中国产业报协会、中华经济发展交流协会、全国合作经济委员会在人民大会堂召开会议，表彰全国自主创新先进企业，威高集团获得“全国自主创新示范单位”称号。公司实施走出去战略，加强国际合作，与美国美敦力公司、新加坡柏盛国际公司、日本日机装株式会社、美国真视觉公司、韩国IT公司等建立了战略合作关系，并在美国、日本、英国、德国、法国建有研发中心，吸收全球医疗先进技术，提高自主创新能力。威高集团积极参与社会公益和慈善事业回报社会。几年来，先后开展或参与了威高光明行动、威高爱心工程、认购慈善基金、自然灾害捐助等活动，累计捐款捐物（折价）3亿多元。

（王保明）

电子工业

【概况】 2010年末，全市电子工业有规模以上工业企业139家。其中，通信设备制造业8家，广播电视设备制造业1家，电子计算机外部设备制造业12家，电子器件制造业9家，电子元件制造业99家，家用视听设备制造业2家，其他电子设备制造业8家；发生亏损25家。拥有总资产182.69亿元，全部从业人员年平均人数5.88万人。年内，完成主营业务收入438.89亿元，完成出口交货值170.68亿元，实现利税29.52亿元，实现利润20.20亿元。

（刘昌刚）

【威海北洋电气集团股份有限公司】 威海北洋电气集团股份有限公司始建成于1988年，2010年是威海北洋电气集团股份有限公司深入实施实体化转型、谋划集团发展战略的基础年，公司紧紧围绕实体化发展这条主线，坚持自主创新促转型，集中力量抓好技术突破和市场开拓两大重点工作，以自主创新、调整优化产业和产品结构抢占发展的制高点，取得良好的经营业绩。2010年，北洋集团实现主营业务收入16.5亿元，比上年增长13%；利润首次突破2亿元，增长46%；完成工业增加值3.8亿元，增长20%；完成出口交货值8.9亿元，增长16%。

北洋集团以主导产业专用打印和扫描产品业务发起设立的新北洋公司逐步发展成为专用打印和扫描业务的国内龙头企业，3月23日，新北洋在深圳证券交易所中小企业板挂牌上市。年内，北洋集团抓住物联网发展机遇，不断加大研发投入，新产品技术指标达到国内领先水平。10公里4通道光纤传感产品通过领域应用最严格的国家消防电子产品质量监督检验中心检验，为国内唯一通过认证的企业；RFID三维通道机的标签检测性能达到国际领先水平，解决了国际性技术难题，产品可替代进口。北洋集团基于传感网应用的分布式光纤传感器（简称DTS）产业化项目被列入山东省信息产业发展专项。北洋集团独创的DTS产品在港口的成功应用，填补了国内空白，并获得港口科技进步三等奖；DTS产品还成功应用于有着“钱江第一隧”之称的杭州市庆春路过江隧道，进一步拓展了创新产品的市场应用领域。“基于分布式光纤温度传感器的高压开关柜、电力电缆在线监测系统”获市级科学技术一等奖。集团取得工信部计算机信息系统集成企业资质，被全国信息技术标准化委员会批准为全国传感器网络标准工作组成员，被国家电子标签标准工作组批准为国家电子标签标准工作组成员，第五次登上“中国软件业务收入前百家企业”榜单。在产学研方面，集团充分利用大专院校的科研资源，通过聘请顾问、委托开发、设立联合技术中心等多种形式开展产学研合作。集团与中国计量学院共建“中国计量学院—北洋集团光纤传感技术研究中心”，集团致力于优秀学生的资助和培养工作，首届威海北洋奖助学金颁奖仪式在中国计量学院发放，共评选出“威海北洋奖学金”8名和“威海北洋助学金”4名。为保证发展规划和战略决策的科学性，推进集团实体化有序高效进行，成立了集团发展战略委员会及工作小组，聘请北大纵横咨询管理公司的专家对集团的经营管理、财务、技术等业务的发展状况、地位等情况进行分析和预测，形成了集团发展战略初稿。集团热心公益事业，积极履行社会责任，树立了良好的企业形象。4月21日，组织职工向青海玉树地震灾区捐款17.15万元。11月3日，组织职工参加“志愿者爱心献血”活动，献血4万毫升。

（王　靖）

电力、燃气及水的生产供应业

【概况】　2010年末，全市电力、燃气及水的生产供应业有规模以上工业企业25家。其中，电力、热力的生产和供应业17家，燃气生产和供应业3家，水的生产和供应业5家；发生亏损6家。拥有总资产212.51亿元，全部从业人员年平均人数1.19万人。年内，完成主营业务收入105.13亿元，实现利税13.42亿元，实现利润11.25亿元。全市完成发电量66.09亿千瓦小时，实际用电量86.2亿千瓦小时；城市供水总量1.27亿立方米；城市蒸汽供热能力3280吨/小时，热水供热能力4395兆瓦；天然气供应总量6369万立方米，液化石油气供应总量2.47万吨。

（刘昌刚）

【华能威海发电有限责任公司】　华能威海发电有限责任公司始建于1991年，2010年，公司紧紧围绕四大绩效考核目标，深入分析把握形势，积极应对挑战，坚持一手抓安全生产、经营管理，一手抓三期投产、风电开发，大力加强队伍建设，扎实开展创先争优活动，攻坚克难，积极进取，各项工作取得较好的成绩。继续保持了“省级文明单位”、华能集团“文明单位”称号，首次被评为华能集团安全生产先进单位，被市委授予“帮扶工作先进单位”称号。

安全生产保持稳定　针对生产、基建高风险局面，扎实开展“安全生产年”、“外包工程管理年”活动，深入推广安全监督点监制，精心组织4号机组C级检修和3号机组B+级检修，提高了设备健康水平。根据基建工程实际情况，督促参建各方落实责任，强化措施，打造“零事故”工程。2010年，全厂没有发生一类障碍及以上的不安全事件，没有发生机组非停，实现了3个安全100天。

全力推进三期工程　不断强化工程安全、进度、质量综合管理，加大设备催交催运力度，协调厂家及时服务，满足现场需要。试运指挥部依托生产技术力量，成立了锅炉、汽机、电气等7个专业组，深度介入安装调试、检查验收和缺陷处理，有力推动了投产的进程。试运期间，累计发现消除各类缺陷近1万条；克服威昆双线施工距离长、难度大、工期滞后等困难，千方百计加快进度，为新机投产打通了送出瓶颈；积极向各级、各部门汇报争取，解决了并网发电许可，为机组投运创造了条件。年末，5号、6号机组相继完成168试运，仪表、自动、保护投入率100%，脱硫、脱硝、海水淡化等配套设施同步投运，实现了三期工程年内“双投”的目标。火电发电总装机容量达到200万千瓦，跨入全国特大型火力发电厂行列，年发电能力达120亿千瓦小时。

生产经营成绩优异　加强电力市场分析，及时调整经营策略。二期机组全年保持高负荷稳定运行，发电利用小时达6184小时，再次刷新建厂最高纪录，列山东省统调机组第一名。高度重视煤炭管理，狠抓重点合同煤兑现，优化煤炭采运环节，全年节省费用1000万元，煤炭成本在同类电厂中处于较好水平。不断深化对标管理，优化辅机、脱硫运行方式，机组各项消耗指标均控制在公司目标范围内。深化内控管理，顺利通过普华永道会计师事务所的内控审计。按照国家政策规定，获得一期机组关停财政资金补助5625万元。2010年，全厂降本增效成果显著，实现利润过1亿元，居华能山东公司各厂前列。

风电发展稳步推进　乳山一期项目攻克了历史遗留问题、线路补偿等难关，28台风机于10月30日全部投产发电。CDM项目在联合国成功注册，当年实现盈利。荣成风电先后消除了近10条设备先天缺陷，出力显著提高，多次实现满负荷运行，完成发电量3523万千瓦小时，实现利润847万元。积极抢占风场资源，取得了5个项目约210兆瓦的开发权。其中，乳山二期（33×1.5兆瓦）、三期（10×1.5兆瓦）项目已通过核准，基本达到开工条件。乳山下初一、二期（2×49.5兆瓦）和文登埠口一期（49.5兆瓦）工程已经威海市发改委批准。

（谭　军）

【威海热电集团有限公司】　始建于1958年，原名威海热电厂，2010年改制为威海热电集团有限公司。年内，面对煤炭等原材料涨价等严峻的生产经营形势，公司紧紧围绕“提升服务年”这一主题，以建设责任管理、优质服务企业为契机，转方式、调结构，加强精细化管理，狠抓经济运行、节能降耗、综合利用，加大管网建设改造力度，加快9号机组及脱硫工程建设，圆满完成各项工作任务。全年完成投资2.95亿元，发电6.5亿千瓦小时，供汽110万吨，新增供暖入网面积260万平方米；发电煤耗349克／千瓦小时，供热煤耗139千克／吨，供汽水耗1.4吨／吨，供汽电耗39千瓦小时／吨，综合厂用电率16%；供暖建筑面积电耗6.54千瓦小时／平方米、水耗0.16吨／平方米、煤耗26千克／平方米；完成主营业务收入6亿元，获得“山东省富民兴鲁劳动奖状”及“山东省节能先进企业”、“山东省循环经济示范企业”和“威海市城中村改造先进集体”等称号。

基本建设　为满足供热发展需要，进行了9号机组的建设。9号机组为一台240吨／小时高温高压锅炉配一台60兆瓦汽轮发电机组，从6月开始，边施工、边设计、边制作、边安装，同时办理环评、并网、电量、电价等各种手续，提前进行并网线路改造。预计2011年1月投产，同时将完成配套工程3号烟囱、寨塔线改造任务。职工综合楼改造工程已完成前期拆迁并进入土建施工阶段；初村一站20吨／小时蒸汽锅炉于供热前安装完毕投产运行；三站20吨／锅炉于年底投产运行。

供热供暖　针对冬季供热中存在的问题，利用春季城市道路规模整治的有力时机，提前制定全年道路破挖计划，办理破挖手续，进行管网设计、施工，圆满完成了全年安装任务。其中循环水部分完成了西中线DN1220主管网、东中线DN1220部分主管网、东山线主管网和新建小区供热管网及冬季供暖存在问题管网的改造任务；蒸汽部分完成了海滨北路、行政审批中心、海景花园、丹东路、山大、环翠楼等蒸汽管道改造工程。全年安装供暖、蒸汽管道10.70万米，更换安装各类阀门2000多套，完成新增用户碰头4000多户，更换走廊立管10多个单元，实现产值1亿元。完成了孙家疃、里窑二期、沙窝、西涝台、槐云、西钦村、戚谷疃等29个小区的供热增容配套施工，城中村改造约100多万平方米需回迁的居民楼全部正常供热。

节能环保　成立节能环保部，制定全年节能计划，与市政府及威海高技术产业开发区管委签订节能目标责任书和治污减排责任书，层层分解落实到部门及个人。继续开展“七个一”节约挖潜活动，全年实现节约挖潜、综合利用效益1000万元。坚持节能与环保并举的发展理念，按各级政府的要求做好环保工作，烟气在线监测系统正常运行，除灰除渣、煤场喷淋系统投入运行并逐渐完善；锅炉脱硫工程年底全部投产运行。各项环保指标进一步提高，二氧化硫、氮氧化物、烟尘排放浓度由以前的800毫克/立方米、450毫克/立方米、180毫克/立方米降至400毫克/立方米、400毫克/立方米、50毫克/立方米，成为节能、环保典型单位。

既有建筑及热计量改造　既有建筑及热计量改造是城市供热节能的重要组成部分，为推进此项工作，公司成立了既有建筑改造、热计量改造办公室，实行分管领导负责制，5个月时间走访需改造小区9个5000多户，投资3000多万元完成了5个小区23.1万平方米墙体保温及热计量改造工作，安装热计量表2000多户，得到了市委、市政府和居民的充分肯定。

安全生产　以精细化管理为手段，成立精细化管理领导小组，制定精细化管理规定，向精细化管理要效益。严格贯彻“热电生产，安全第一”的方针，开展春季安全大检查、安全月、安全周、夏季四防、安康杯竞赛等活动，加强安全教育和培训，制定应急预案和事故演练。全年执行工作票669份、定期倒换操作票及操作卡2465份、特种操作票195份，执行任务单71份、抢修单31份，使用率、合格率均为100%；消除设备缺陷800多项；完成技术问答270人次、现场考问1188人次、事故预想209人次、反事故演习204人次、默画系统图65人次；举行联合反事故演习9次、规模形安全检查12次，举行安全规程、运行规程考试2次，至12月31日实现连续安全生产6221天。

行风建设　以提升服务年为核心，针对行风建设中存在的问题，组织热线人员、客户服务人员参观学习，查找公司在供热服务中存在的问题，明确努力方向；实行“一岗多能”，热线中心骨干人员和各站房热线人员实行定岗，专业化培训，规范化服务；将首问负责制由供热服务人员推广到公司各部室员工，覆盖化服务杜绝盲区；严格执行《外网文明施工管理考核办法》，抓现场文明施工；及时升级热线、收费软件系统，利用现代化手段，加强服务监督，严肃考核；继续开展“解决供热问题，真情温暖百姓”社区走访活动，召开“企居温暖行”热用户座谈会，加大宣传力度，加强沟通，让居民了解热电、监督热电、支持热电。全年受理市长“12345”热线、市长信箱、建委“12319”热线166个，电台行风热线39个，公司及各供热站热线4.28万个，走访社区87个，受理走访问题251个，发放宣传资料8800份，各种宣传报道50多次，出版《热电报》12期，问题处结率100%，百姓满意率100%。

（张华才　宫淑玉）

【威海供电公司】　（详见《城乡建设与环境保护·公用事业》　第191页）

【威海市水务集团有限公司】　（详见《城乡建设与环境保护·公用事业》　第191页）

盐　业

【概况】　2010年，全市盐业按照认真履行部门职责与转方式、调结构、促发展并重的工作思路，在扎实履行盐政管理、食盐专营和行业管理职责的基础上，突出重点，深入研究探索新形势下盐业发展的思路、理念，主动适应改革发展要求，圆满完成年初确定的各项工作目标，进一步巩固优化了风正气顺、人和业兴的良好氛围，整体工作保持了健康协调可持续发展的良好态势。市盐务局相继获得“威海市2010年度工作优秀单位”、“威海市2010年度政风行风建设优良单位”等称号。

【盐政管理】 积极探索新形势下盐政管理新规律、新方法，以堵源头、端窝点、查大案要案、查在途私盐为重点，以完善联合执法机制为保障，通过开展人性化执法不断强化市场监管，营造和谐市场氛围，有效地维护了市场秩序。2010年，全市查处涉盐违法案件261起，查没私盐163吨，比上年大幅下降，盐政执法继续保持无错案、无复议案、无诉讼案。一是进一步健全完善市场监管机制。对食盐市场，坚持日常清查与重点稽查相结合，根据市场动态，在全市范围内相继开展集体食堂、小餐饮和小食品加工户等市场专项整治行动。对小工业盐和渔盐市场，采取现场检查与上路巡查相结合的方法，对重点区域、重点部位和重点对象进行重点监控，灵活调整工作时间，突出加强八小时以外、双休日和节假日的执法强度。二是密切协作，巩固完善联合执法机制。对全市盐政执法力量统一调度，集中力量加大对重点领域、重点区域、重点途径的监察力度。不断加强与公安、工商、卫生等部门及邻市盐务局的配合协作，派出精干力量参加省盐务局盐政稽查总队直属队行动，重点加大对私盐惯犯的打击力度。继2009年威海市有5人因涉盐犯罪被依法判刑后，2010年又有1名涉盐违法犯罪分子被依法判刑。三是强化执法队伍建设，不断提高行政服务水平。全市盐政执法人员于6月份分两批参加了全市行政执法人员培训班，全部通过了执法资格考试。市盐务局进驻市行政审批中心综合窗口，开展行政服务工作，为市民提供优质高效服务。四是开展人性化执法，营造和谐市场氛围。按照寓管理于服务的人性化执法理念，对违规用户本着教育为主的原则，在政策范围内灵活掌握处罚尺度，引导用户依法用盐，守法经营，有效规范了盐业市场秩序。

【食盐专营】 全市盐业从讲政治、顾大局和转方式、调结构、促发展的高度出发，在认真履行食盐专营责任，确保食盐质量安全、盐业市场稳定供应的同时，以市场为导向，积极转换经营机制，市场化经营能力不断加强。2010年，全市具有食盐批发和其他盐产品经营许可资格的威海盐业公司、荣成盐业公司、文登盐业公司和乳山盐业公司，共销售各类盐产品21.14万吨。其中，销售食盐2.15万吨，完成年度计划的116.8%，比上年增长1.5%；销售小包装食盐1.08万吨，完成年度计划的110.2%，增长1.8%。销售小工业盐2.01万吨，完成年度计划的134%。全市碘盐覆盖率为97.83%，碘盐合格率为96.98%，合格碘盐食用率达到94.88%，比国家消除碘缺乏病考核标准高出4.88个百分点。一是严格落实食盐计划，切实维护国家指令性计划的严肃性。全市盐业以食盐、小包装食盐计划执行为重点，不断完善食盐、小包装食盐购进、销售、库存月报制度等基础性工作，强化对自身计划执行情况的调度，严格按照规定的计划数量、流向和盐种组织购销，确保了食盐、小包装食盐计划的有效落实，全市4家批发企业均完成或超额完成年度计划。二是转变经营方式，巩固市场地位。以专营营销网络体系为基础，进一步组织市场调研和细分市场，对257家重点用盐企业重新登记造册。强化“以用户为本”的经营理念，加强与用户的联系沟通，了解掌握用户需求，不断巩固完善服务机制，建立合同订货制度，与147户年用量50吨以上用户签订了盐产品购销合同，有效规范了供需双方的经营行为。三是着力调整优化食盐市场结构。利用各类节日活动，通过赶集、出动宣传车和深入社区宣传等形式，发放营养盐等宣传品2万份，大力推介优质食盐，积极引导市民知情选择、择优选购。同时，采取适当促销措施，调动经销商销售中、高品质食盐的积极性，使食盐市场消费结构不断得到优化。四是健全完善无碘食盐供应网络，做好无碘食盐供应工作。遵循“方便特需人群，加强监督管理”的原则，在全市范围内新增无碘食盐供应点126个，供应点总数达到161个，并将无碘食盐供应点设置情况在市盐务局网站和相关媒体上进行公布。五是强化责任意识，确保食盐安全有序供应。全市盐业在加强食盐日常管理的基础上，重点加强上海世博会和国庆节期间的食盐安全工作，集中力量加强对重点区域、重要部位的市场监管，同时以省内部分市县发生的食盐抢购事件为鉴，发挥多年来与食盐定点生产企业建立的紧密合作关系，克服生产企业供应紧张的不利因素，将受日用消费品价格上涨影响引发的市场波动消灭在萌芽阶段，确保全市食盐市场的规范、安全、有序。

【行业管理】 一是强化基础管理，提高管理水平。以全面预算管理和全面风险管理为手段，将其贯穿于日常经营管理全过程，按照省盐务局有关规定，细化分解指标，健全完善行业管控措施和预算执行控制制度，有效控制了成本费用支出，降低了经营风险。二是开展主题活动，切实加强党的建设。根据市委和省盐务局党委部署，在全行业开展创先争优活动，围绕“公开承诺、履职践诺、考核评议”等环节开展工作，收到良好成效。三是加强制度建设，规范工作程序。组织人员对规章制度进行认真梳理、修订完善，基本完成涵盖各方面的行业管理制度汇编，促进了工作的制度化、科学化和规范化。四是积极开展丰富多彩的文体活动，丰富职工文化生活。全市盐业通过组织开展乒乓球比赛、庆“七一”歌咏比赛、演讲比赛等形式，丰富行业员工的业余文化生活，陶冶职工情操，活跃行业文化氛围。

【制盐工业】 2010年，全市有3家企业获得制盐生产许可资格，分别是威海市高岛制盐有限公司、威海市盐场和荣成海晶制盐有限公司。受盐田再开发利用的影响，全市制盐企业产能继续下降，原盐生产能力5.55万吨，比上年减少8000吨；全年生产原盐3.5万吨，减少2.3万吨。粉精盐生产能力1.5万吨，实际生产1.04万吨，减少2000吨。制盐企业的市场应急功能得到充分发挥。威海市高岛制盐有限公司在年末食盐市场发生的小幅波动中及时释放库存，满负荷生产，有效地缓解了市场供应压力，在平抑市场波动中发挥了重要作用。威海市盐场在市区连降暴雪、盐产品调运困难的情况下，坨存盐对保障市场应急供应提供了有力支撑。

（孙卫华　刘昌晓）

编辑　李洪格

交通·邮电

综　述

【概况】　2010年，威海市交通运输系统紧紧围绕蓝色经济区和高端产业聚集区建设，积极转方式、调结构，加快推进现代交通运输业发展，圆满完成各项任务。全年各种运输方式(铁路、公路、海运）完成旅客周转量73.32亿人公里，比上年增长4.2%；完成货物周转量237.86亿吨公里，增长29.0%；完成客运量1.56亿人次，增长3.1%；完成货运量4913万吨，增长26.9%。完成港口货物吞吐量4865.7万吨，增长18.1%；港口旅客发送人数165.07万人，增长13.3%；集装箱吞吐量69.5万标准箱，增长11.8%。全年实现运输飞行架次1.06万架次，增长7.4%；完成旅客吞吐量82.51万人次，增长22.1%。全年完成邮电业务总量81.76亿元，增长21.5%。

【交通基础设施建设】　年内，全市完成交通固定资产投资26亿元。高速公路项目，开工建设烟海高速公路乳山段工程，完成荣乌高速公路荣成至文登段工程开工准备。干线公路项目，重点推进江家寨立交桥改建、309国道乳山至海阳界隧道和大中桥、202省道威青线泊子桥至大孤山、滨海旅游景观公路荣成北车脚河至长会口段和文登小葛家至浪暖段等10项新建、改建工程以及文登疏港路工程。农村公路项目,新建、改造农村公路154.6公里。港口项目，重点推进威海港新港区航道扩建工程、威海港客运中心搬迁工程、乳山港扩建一期工程、乳山港航道工程、张家埠新港作业区一期工程，新开工建设威海刘公岛、乳山宫家岛和荣成王家岛陆岛交通码头工程。道路场站项目，建成乳山汽车新站、大水泊客运站、初村客运站工程和14个农村客运站，建成文登中海川农村物流分拨中心。公路路域环境综合整治，投入整治资金4.66亿元，全市公路路容路貌、绿化美化、管理水平、服务能力得到显著改善提升。交通规划，编制完成了《威海市综合交通运输体系总体规划》、《威海市公路“十二五”发展规划》、《威海市道路运输业“十二五”发展规划》，召开了《威海市公共交通专项规划》评审会，上报了《国际邮轮专用码头规划》。

【交通结构调整】　水路运输，新增国内船舶18艘/10万载重吨，注销运力15艘/5万载重吨，国内船舶数量达到139艘/40万载重吨。道路客运集约化改造，威海至烟台、乳山至烟台客运班线威海方面42部合作经营客车和承包客车全部退出市场。道路货运集约化经营，全市新许可成立货运企业50余家，近700部车辆实现集约化经营。公交优先发展，新增公交车32部，新开通和优化调整线路8条，更新公交站牌410个，新建候车亭4座。绿色交通运输发展，淘汰经营年限长、技术状况差、能源消耗大的营运车辆1164部，全市二类以上维修企业购置或更新环保检测设备配备率达100%；新增和改造天然气公交车80部，市区天然气公交车发展到108部。

【交通管理】　加强交通法制建设，对《山东省道路运输条例》和《山东省农村公路条例》提出修改建议；起草了《威海市关于加强农村公路管理养护工作的意见》；组织实施《交通行政执法五个规范》等法律法规，强化对执法人员的教育培训，推进了依法行政。加强运输市场监管，组织开展道路、水路运输市场专项整顿活动，查处各类违章车辆9787辆次,其中“黑车”421辆次、超限超载车辆428辆次；对市区333部散流物体运输货车进行密闭装置改造；查处“黑教练车”和不按大纲规定教学的教练车12部，取缔非法招生点和培训点12处；对全市26家没有经过竣工验收的老旧码头进行技术检测评估，为符合资质条件的38个港口经营单位下发新的经营许可证。强化安全生产管理和应急处置，大力推进交通本质安全系统工程建设，抓紧抓实重要时期、重要部位和重点领域的安全监管，提高了全行业本质安全水平和应急防范能力。加强党风廉政建设，深入开展创先争优活动、廉政风险防范管理工作、干部选拔任用四项监督制度的学习贯彻，围绕“文明与您同行”服务品牌，广泛开展以“学树建创”为主要内容的文明创建活动，树立了行业新形象。

【中韩陆海联运汽车货物运输开通】 中韩陆海联运汽车货物运输是指中韩两国的货运车辆搭乘船舶，按照两国商定的港口口岸、区域或运输线路，抵达对方港口后直接将货物运抵目的地的运输活动。12月21日，威海港作为全国首个开通陆海汽车货物运输项目的试点口岸，正式开通中韩陆海联运汽车货物运输，成为国内首例与周边国家开展的陆海联运汽车货物运输项目，标志着中韩两国之间又增添了一条陆海多式联运、汽车“门到门”服务的新型物流通道，对推动中韩两国乃至东北亚地区的经济社会发展、促进区域经济合作具有重要意义。

（刘　胜）

【威海市交通学校】 威海市交通学校占地面积16.2公顷，建筑面积4万多平方米，固定资产9000余万元。2010年末，拥有教职员工349名，其中，教师160名，“双师型”教师比例达60%以上，在校生3220名，保持了“省级文明学校”等称号。学校开设船舶驾驶、轮机管理、汽车运用与维修等六大类12个专业，其中，汽车运用与维修专业是山东省教学特色专业、市级示范专业。学校建有汽车、机加工、航海等实训中心，实训开出率达到100%。在搞好全日制教育的同时，积极开展汽车维修工、汽车驾驶员、船员等行业的岗位培训。注重师资培训，大力开展教研活动，技能培训和成教工作有效开展，有6名教师、8名学生在省、市级比赛中获奖，1名教师被评为“威海名师”。航海专业步入良性轨道，大证考试通过率名列全省同类院校前列。年内招生达到1198人，毕业生就业率保持在95%以上。2008级船舶驾驶和轮机管理专业学生毕业后全部就业。

（唐　雁）

港口建设与管理

【概况】 全市港口由威海湾港区、石岛港区、龙眼湾港区、蜊江港区、靖海湾港区、乳山口港区6个港区组成，分为17个作业区，有经营资质的港口企业38家。其中，国家一类开放口岸3个（威海港、石岛港、龙眼港），一类开放作业区5个（威洋石油码头、三进船业码头、蜊江港、石岛新港和朱口港），二类开放口岸2个（张家埠港、乳山港），有生产性泊位62个，其中，1万吨级以上泊位25个、5000吨级泊位15个、1000吨～5000吨级泊位20个，设计年通过能力2611万吨。年内，全市港口码头完成货物吞吐量4865.7万吨，比上年增长18.1%，港口旅客发送人数165.07万人，增长13.3%；集装箱吞吐量69.5万标准箱，增长11.8%。威海港引航站引领船舶5033艘次，总吨位4708万吨。

（王祝德）

【威海港】 威海港集团有限公司是专业从事威海港生产经营和建设，并致力于多元化发展的现代化港口企业。威海港有两个港区，共有泊位17个，其中，生产性泊位14个，工作泊位3个，最大泊位等级10万吨。已开通威海至韩国、日本国际集装箱班轮航线，开通威海至青岛、大连集装箱内支线，开通天津—威海—黄埔（广州）内贸干线，开通威海至韩国仁川、威海至大连等国际国内客滚班轮航线，每月200多班次。2010年，集团完成经济总收入7.71亿元，比上年增长212.6%；完成利税总额7974万元，增长67.5%；完成港口吞吐量2407万吨，增长19.9%，其中，集装箱44.3万标准箱，增长17.5%。集团先后获“山东省十大职工幸福家园”之一、“山东省十大爱心企业”之一、“和谐中国2010年度十大品牌企业”之一称号。

港口建设　年内完成投资4.98亿元，快速推进新港三、四期工程验收和国际客运中心工程、国际客运码头工程、港池疏浚工程、疏港路连接线工程、客运码头港池疏浚工程、物流园工程。威海港三、四期工程于1月全部竣工，生产性码头泊位等级由2万吨提高到10万吨，1万吨级码头泊位由4个增加到10个；总造价1.2亿元的首批集装箱装卸设备及4台门机已投入使用；完成疏港公路建设，使港口公路与全省联网；进港铁路恢复通车，为发展大宗散货创造了条件。

物流园建设　累计完成投资2.1亿元，总建筑面积近13万平方米，并于2010年底全部投入使用。成功承接三角集团第三方物流业务和中农集团出口化肥业务，壮大了化工原料及轮胎仓储配送业务。开发使用仓库管理软件系统并发展成为“全国通用仓储企业”50强物流园区之一，全方位“信息化RFID智能化”运作模式成为业内公认的典范。

市场开发　开创性开发铁矿石、矿渣粉、铝矾土、煤炭、钢材6个货种，实现战略货种从无到有、从小到大的拓展性突破，特别是铝矾土“水转水”模式的成功运作，具有历史性意义。物流园率先开发的化肥项目，使众多西部化肥企业关注威海港，其发展趋势由出口业务带来进口业务，由单项货种合作带来码头战略合作，进一步向东部沿海化肥基地港的目标推进。

（林　雁）

【石岛新港】 石岛新港位于荣成市石岛管理区东南端的石岛湾西侧，是国家一类开放口岸（作业区），是集客货、集装箱、散杂货冻品、成品油和船舶修理等于一体功能完善的现代化港口。港口码头沿线总长3950米，有生产性泊位16个（其中1万吨级以上泊位7个），商用泊位年设计吞吐能力437万吨。石岛新港码头三期扩建工程已开工，竣工后可新增岸线2770米、泊位12个（其中10万吨级通用泊位2个、5万吨级通用泊位2个、3万吨级以下泊位8个），港口设计年吞吐量可达2000万吨。石岛新港专用集装箱码头主要经营集装箱装卸、转运、装拆箱、修箱、冷箱PTI等相关业务。码头拥有6台集装箱桥吊、6台集装箱轮胎吊、1台32吨门机、3台卡尔玛集装箱正面吊等现代化机械设备，港口车队拥有集装箱拖车200余辆（其中120辆为海关监管车），码头设计年吞吐能力80万标准箱，岸式单机作业平均效率28自然箱，闸口设计每天进出车辆1000辆次。码头最大起重能力300吨。港口先后引进办公自动化管理系统、码头管理系统、GPS

全球定位系统，建立了完善的信息交流平台，实现了资源共享和最佳分配，港口管理体系化不断完善，标准化程序管理不断加强，港口创新服务理念不断优化。自2002年开通了石岛至韩国仁川客货班轮航线后，又先后开通了石岛至韩国平泽、日本（关东、关西）的集装箱班轮航线，石岛至青岛外贸内支线，石岛至广州、泉州的内贸航线。2008年开通了石岛至韩国群山客滚班轮航线。年内，完成货物吞吐量1347万吨，比上年增长15%；集装箱吞吐量23万标准箱，比上年略增；国际客运量27.8万人次，增长16%。

【龙眼港】 龙眼港位于荣成市成山镇西霞口龙眼湾港区内，是全国第一家村办国家一类开放口岸，以石油、煤炭、矿建、木材、水产品等散杂货运输和船舶修理为主。拥有1万吨级以上泊位5个、3000吨～5000吨级泊位5个、集装箱专用泊位2个、生产用仓库3万平方米、油库4万立方米、货场10万平方米、国际候船厅9000平方米。港口最大靠泊能力5万载重吨，装卸设备最大起重能力160吨，设计年通过能力货物200万吨、旅客14万人次、集装箱4万标准箱。港内建有水坞2个，可修8万吨和5万吨船舶。港口配备了先进的港口管理监控系统，设有海关、出入境检验检疫、边防、海事等机构办事处。2001年开辟了龙眼港至韩国平泽客滚班轮航线。2004年取得港口设施保安符合证书和港口经营许可证，2010年换发新的港口经营许可证。2010年，完成货物吞吐量52.2万吨，集装箱8980标准箱，比上年均有下降；国际客运量19.5万人次，增长25%。

【蚪江港】 蚪江港位于荣成市桑沟湾北岸，主要进口煤炭、化工用盐、钢铁等，出口化工产品、日用工业品等，是国家一类开放口岸。拥有2个1000吨级泊位，码头总长130米，堆场3万平方米，港口装卸设备最大起重能力16吨，设计年通过能力20万吨。1999～2000年开工建设5000吨级泊位，并投资500万元完成了码头后方主体工程。2010年，完成货物吞吐量41万吨，比上年增长64%。

【张家埠港】 张家埠港位于靖海湾港区北岸（文登市境），以煤炭、矿建、木材等散杂货运输为主，历史上曾作为青岛、烟台等大港的集疏港，是国家二类开放口岸。拥有1000吨级泊位3个，进港航道13公里。生产用仓库1363平方米，堆场1.87万平方米，港口装卸设备最大起重能力16吨，设计年通过能力30万吨。2009年3月规划在文登市南海新区前岛建设张家埠新港作业区，新建2个5000吨级泊位码头，同年开始引堤施工，计划2011年完成。2010年，完成货物吞吐量24万吨，与上年持平。

【乳山口港】 乳山口港位于乳山市乳山湾北端，以煤、油、钢材进口及粮食出口运输为主，是国家二类开放口岸。拥有1000吨级、500吨级泊位各1个，乘潮可靠泊3000吨级船舶。生产用仓库1028平方米，堆场1.43万平方米，港口装卸设备最大起重能力16吨，设计年通过能力15万吨。2004年取得港口设施保安符合证书和港口经营许可证。2009年开工建设乳山口港扩建一期工程，规划建设2个2万吨级泊位码头，2010年完成码头主体工程和货场平整铺面，计划2011年投入使用。年内，完成货物吞吐量23万吨，比上年略有增长。

【华能威海发电有限责任公司煤码头】 位于威海湾港区东南端，是华能威海发电有限责任公司投资建设的企业自用煤炭专用码头。码头全长430米，防波堤长180米，拥有2万吨级泊位2个、2000吨级泊位1个、堆场4.6万平方米，港口设计年吞吐能力290万吨。码头主要用于装卸煤炭和粉煤灰，主要设备有4台卸船机、输煤系统和2个3000立方米干灰储罐输送系统。2010年，完成货物吞吐量225万吨，与上年持平。

【威洋石油公司码头】 位于威海湾港区东南端，是威洋石油有限公司投资建设的企业自用石油专用码头，是国家一类开放作业区。主要接卸成品油、液化石油气和少量液体化工品。拥有5万吨级、2000吨级和1000吨级专用码头各1个，成品油库16.8万立方米（其中9.8万立方米为国家成品油公共保税库），液化气罐5200立方米。码头配备国外先进的输油、输气设施及拖消两用船，辐射能力强，输转效率高，安全性能好。码头设计年吞吐能力180万吨。码头油库是中石化销售企业八大中转仓储油库之一，也是山东省大型成品油中转仓储基地之一。2010年，完成货物吞吐量28.7万吨，比上年略有增长。

（王祝德）

海　运

【概况】 2010年末，全市有国内水运企业39家、水运服务企业38家、国际船舶代理企业20家、船舶管理公司27家、无船承运企业9家、海运辅助企业8家。拥有客船、客滚船、旅游船、散杂货船、集装箱船等各类国内船舶139艘、40万载重吨、5408客位、168车位、796箱位。水上运输航线逐年递增，开通了威海至香港、澳门及全国其他主要沿海港口的国内货运航线和威海至日本、韩国及东南亚等地国际货运航线，开通了威海至大连客滚班轮航线和威海至韩国仁川、威海至韩国平泽、荣成西霞口至韩国平泽、荣成石岛至韩国仁川、荣成石岛至韩国群山5条国际客货班轮航线，开通了威海至韩国釜山、威海至韩国平泽、威海至韩国仁川、威海至日本、荣成石岛至韩国釜山、荣成石岛至日本同时包括威海至大连、威海至青岛、荣成石岛至青岛、荣成石岛至泉州外贸内支线等在内的21条集装箱班轮航线，形成了通达国内沿海及长江中下游、辐射周边国家和地区的海上运输网。海上旅游市场稳步拓展，先后开通了威海至刘公岛（营运船舶22艘2671客位）、荣成西霞口至海驴岛（营运船舶4艘372客位）、荣成荣喜至苏山岛（营运船舶1艘60客位）、乳山港至小青岛（营运船舶1艘26客位）等4条陆岛旅游客运航线，发展了国际海水浴场龙飞、石岛桃园、威海顺航、威海扬波、乳山银滩、乳山兴港6家海上旅游观光公司（小型快艇和水上摩托车共15艘、105客位，大型豪华旅游船1艘、430客位）。2010年，全市水运企业完成货运量1205万吨，比上年增长26.0%；货物周转量165.74亿吨公里，增长44.8%；客运量（含旅游）422万人次，增长22%。

（王祝德）

【威海市海运有限责任公司】 2010年，海运市场在波动中复苏，威海市海运有限责任公司坚持稳定发展的奋斗目标，抢抓市场机遇，积极应变，全年完成货运量31万吨、货物周转量4.6亿吨公里、营业收入4200万元。推进运力结构调整，两条新造船舶于上半年投入运营，10月份签订了8500载重吨散货船建造合同，清理代管船舶两艘，所属运力平均船龄5年。强化SMS运行，通过DOC换证审核，实现文件改版，20艘次船舶通过临时审核、中间审核、换证审核和内部例行审核。抓好安全生产，强化安全信息跟踪，加强日常工作指导，组织专项登轮检查，促进船岸工作联动，未发生重大安全责任事故。加强队伍管理，推进知识更新，开展实操技能比武，强化特殊时期的全员安保，为企业稳定健康发展提供了人力资源。深入开展创先争优活动和群众性创建活动，规范党务管理，群团建设得到加强。

（赵成友）

【威海威东航运有限公司】 2010年，威海威东航运有限公司“新金桥Ⅱ”轮和“新金桥Ⅴ”轮共安全运行288航次，承运中外旅客26.30万人次，运输货物14.31万标准箱，取得了良好的社会和经济效益。8月，在威海市韩人商会设立了10万元基金。9月5日，公司参与筹备、策划的中韩海运会谈在威海召开。9月7日，举办了庆祝威海至仁川海上通航暨威东航运成立20周年歌舞晚会。12月21日，中韩陆海联运汽车货物运输开通仪式在威海—仁川航线举行。2010年，公司抓住经济复苏的机遇，积极外拓潜力市场，努力稳定、扩大客货市场，取得良好成绩，并凭借优质、高效的服务，科学及人性化的管理，先后被评为山东省港航系统四化管理工作先进单位和威海市侨务工作先进单位、基层财务工作先进单位、中韩文化交流月优秀组织企业、对外物流先进企业等。

（张国亮）

【威海市海大客运有限公司】 威海市海大客运有限公司成立于2002年，主要经营威海至大连航线海上客滚运输。2010年末，公司拥有资产2.4亿元，员工200余人，拥有客滚轮“生生1”和普通客船“新生生”两艘船舶。全年安全航行811航次，运送旅客37.9万人次，车辆2.5万辆，营运收入再次突破1亿元。积极建设本质安全型企业，强化企业安全文化建设，不断提高全员安全素质，确保船舶安全营运，在山东省交通运输厅组织的本质安全型企业考评中，获得本质安全型企业金奖。加强对安全管理体系运行情况的监控，确保船舶和岸基各部门严格履行岗位职责，全年安全责任事故为零，零缺陷通过DOC年度审核。严格实施《中华人民共和国国际船舶保安规则》，强化安检等各项安保措施，确保上海世博会期间的安全稳定。所属船舶连续6年获得山东省交通运输厅安全生产“金锚杯”称号，2010年公司再次被交通运输部授予“安全诚信公司”称号。服务品牌“生生不息，安全畅通”被山东省质量技术监督局确认为山东省服务名牌。加快运力更新步伐，积极筹措资金，筹备建造新一代客滚船，预计2012年底竣工下水。

（李　静）

公路建设与管理

【概况】 按照完善路网、提升功能、优化服务的工作思路，2010年全市干线公路建设快速推进，开工建设重点公路工程6项，总里程达到138公里。6月，启动了江家寨立交桥改建工程，年底完成合同工程量的10%；309国道乳山至海阳界隧道和大中桥工程完成合同量的70%；全长21公里的202省道威青线泊子桥至大孤山改建工程乳山段建成通车；超额完成了环海路北车脚河至长会口段、小葛家至浪暖段、烟海线兰家庄至海阳所段工程施工任务。至年底全市干线公路通车里程达到1302.9公里，其中，国道129.6公里，省道1173.3公里；高速公路101.5公里，一、二级公路1103.6公里，二级以上公路占干线公路总里程的92.5%。

【江家寨立交桥改建工程开工】 6月17日，江家寨立交桥改建工程开工仪式举行，市领导王培廷、孙述涛、刘玉党、马世和、汤光运、房德阳出席开工仪式，共同启动了爆破按钮对旧桥进行爆破拆除。江家寨立交工程位于环翠区温泉镇S201线和S203线交叉处，占地面积2.88公顷，工程总投资6.2亿元，是市委、市政府实施的城市重点基础设施工程，是威海市标准最高、功能最全、投资最大的一项立交工程。整项工程分为4层，采用半苜蓿叶半定向型式，南北向及东西向主线桥均采用双向4车道一级公路标准，设计时速80公里／小时，宽度24.5米，匝道设计速度40公里／小时～60公里／小时。改建后的江家寨立交桥共有主线桥2座，长约3680米，匝道桥8座，长约3755米，地面辅道长约3930米。工程设计充分体现了“安全、环保、舒适、和谐”的理念。工程建设工期24个月，全部采用市场化模式运作，实行公开招标、社会化监理。该项工程建成后，将从根本上消除威海市区南部的交通“瓶颈”制约，实现威青高速、威石路、石烟公路的快速连接，成倍提高威海路网的快速通达和综合服务能力，充分发挥市区“南大门”交通枢纽的作用。同时，新立交桥线型设计流畅、造型美观、气势宏伟，配合同步实施的绿化工程、光亮工程，将成为威海城市建设新的地标性建筑，为展示威海城市形象增添一道靓丽风景。

【公路养护管理】 以迎接五年一度的全国干线公路管理大检查为契机，全年投入养护资金3.1亿元，对境内威石路、初张路、309国道、牟白线等7条主要干线公路实施了中修罩面，累计里程

348公里；对34座桥梁实施了加固改造，是几年来公路养护管理一次性投入最多、中修里程最长的一年；干线公路优良路率达到86.89%，为全市经济社会发展创造了良好的公路交通环境。为更好地适应燃油费税改革的需要，按照“管养分离、管理前移”的原则，进一步加快了公路养护运行机制改革，将养护工程全部推向市场，实行市场化、专业化养护，并将全市原有的32个基层公路站合并，组建19个大公路站，在负责辖区内公路养护管理工作的同时，将路政管理工作也一并下移至各公路站，使干线公路养护效率、质量及管理的规范化、集约化水平大幅提高。路政管理在公路超限运输、集市贸易、私设非公路标志治理等方面取得显著成效。全年累计路政巡查114万公里，处理各类路政案件541起，追缴路赔费487元，案件查处率和结案率达100%，有效维护了路产路权。

（郭建军　于涛）

道路运输与管理

【概况】　2010年末，威海市有客运班线742条、班线客车1577辆（含客运包车274辆），二级以上汽车客运站6个，公交线路140条、公交车1202辆，出租车2362辆；营运货车5.74万辆（含低速货车1.04万辆），其中，集装箱、厢式货车等专用货车9320辆；运输服务业户487家，搬运装卸业户80家，27家货源单位纳入源头监管；汽车、摩托车维修业户1448家，特约维修站112家，4S店44家，A级检测站6家；汽车驾驶员培训学校14家。全年完成道路货运量3622万吨、货物周转量71.08亿吨公里，分别比上年增长26.3%和2.3%；完成道路客运量1.50亿人次、旅客周转量66.13亿人公里，分别增长2.5%和2.8%。

【烟威班线集约化改造成功实施】　在坚持市场稳定、兼顾各方利益的前提下，制定了《关于威海至烟台客运班线实行集约化改造的意见》、《道路客运班线集约化经营改造群体性事件应急预案》，对烟威高速、S302两条路线的36辆客车全部进行集约化改造，保证了烟威班线集约化改造平稳过渡。以此为突破口，10月底完成乳山至烟台班线集约化改造，在总运力保持不变的前提下，将原有25辆中巴车全部退出市场，新投入9辆高级大型客车，为市际班线集约化改造全面展开提供了成功范例和借鉴。

【市民出行环境进一步优化】　立足于方便群众出行，不断优化运力结构和网络布局，完善基础设施建设。2010年，全市新增和延续经营班线客车160部，中高级客车所占比例提高到92.2%；环翠区新增公交线路1条、整合公交线路2条，新增公交车32部，更新公交站牌410个，新建、翻新候车亭80座，调整、变更城郊线路2条，新增、更新城郊车8辆，对60条城郊线路的175辆车辆安装了GPS卫星定位系统，广大市民出行环境进一步优化。

【《威海市出租汽车交接班管理办法》出台】　3月2日，《威海市出租汽车交接班管理办法》出台，对市区出租汽车实行错时交接班制度，同时禁止市区出租车每日7点至8点、17点至18点交接班，进一步规范出租汽车交接班行为，避免出现集中交接班，有效缓解交通高峰期的乘车压力，方便了广大市民出行。

【现代物流业稳步发展】　2010年，全市物流园区与场站建设进入快速发展轨道。威海港国际物流园区已进入第二阶段工程收尾期，乳山市的华润物流配送中心和农村交通物流分拨中心、文登宏利商贸物流园开工建设，荣成市完成大型综合货运场站项目可行性论证。道路甩挂运输全面推进，威海国际物流园发展有限公司申报了全国首批甩挂运输试点场站，社会运输企业在威海至广东、北京及青岛等货运专线上开展了甩挂运输试点运作，部分货运企业的牵引车与挂车数量匹配比达到1∶1.5。12月21日，中韩陆海联运汽车货物运输项目启动仪式在威海举行，在全国率先开通国际道路运输的“海上高速公路”。荣成、文登市扎实推进农村物流试点工作，初步建起以交通物流信息网为平台，以镇交管所物流办公室、专业合作协会和企业物流信息服务站为依托，以农村物流网点和社区服务中心为支撑，以海港联运为延伸的现代物流框架，对带动全市农村交通物流发展起到了良好的示范作用。

【上海世博会、广州亚运会安保工作】　坚持“安全保卫、安全生产、行业稳定”三位一体的工作机制，充分借鉴北京奥运会和第十一届全运会的成功经验，强化安保措施，对上海世博会期间入沪、广州亚运会期间入粤的班线客运、旅游客运和危险品运输车辆全部入网省监控平台，实现联网联控；全力做好运输服务保障工作，强化文明优质服务，世博会期间开行入沪包车143辆次。

【节能减排】　2010年，全市淘汰营运车辆1164辆，市区两条检测站投入60余万元进行环保设备更新改造，二类以上维修企业环保检测设备配备率达100%。加快发展环保公交，威海市公交集团公司投资1500万元购置天然气公交车21辆，改造柴油公交车59辆，市区天然气公交车达108辆，全年减排二氧化碳1000余吨。加强散流物体运输车辆密闭安装管理，稳妥推进车辆密闭安装设置选型、安装和验收发证等工作，对333辆车辆进行了密闭装置改造，有效降低了市区运输车辆扬尘、撒漏等现象。严格实施道路运输车辆燃料消耗量限值标准和准入制度，深入开展道路运输车辆燃料消耗量核查工作，全市核查车辆3412辆，其中，核查合格3304辆，核查不合格108辆。

【市汇通汽车出租公司获“山东省双拥工作站十佳单位”称号】　8月1日，在全省拥军工作社会化四个“十佳单位”表彰大会上，威海市汇通出租汽车公司因拥军车队在双拥共建中的突出表现，被山东省双拥工作领导小组授予“山东省双拥工作站十佳单位”称号。

（于春亭）

【交通稽查】　2010年，威海市交通稽查支队结合交通运输部提出要求，在队伍素质建设、执法职能履行上下大气力，深入开展打击“黑车”、治理超限超载等专项检查活动。年内全系统查处违章车9825辆次，罚款397.74万元，其中，威海市交通稽查支队查处违章车1117辆次。

打击无证经营“黑车”活动 针对海港客运站、汽车站及城乡结合部“黑车”非法从事客运现象比较严重的情况，通过采取明察暗访和白天与夜间、定点检查与区域流动巡查相结合的方式，坚持举报中心与群众举报联动，做到群众随时举报随时查，查处无证经营“黑车”196辆次。

超限超载治理整顿活动 结合《山东省治理超限和超载运输办法》，密切部门协作，注重源头治理，强化事后追究，积极协调“治超”成员单位开展“治超”和联合整治工作。年内查处超限超载车283辆次，向省交通运输厅抄告超限超载车260辆次。公路超限超载率控制在3%以内。

货车扬撒运输专项整治活动 按照威海市政府《关于对散流物体实行密闭运输的通告》要求，抽调检查科参加专项治理，查处扬撒运输货车102辆。

（张　君）

【威海交通运输集团有限公司】 威海交通运输集团有限公司是威海市唯一集交、工、贸为一体的专业道路运输企业，主要从事道路客货运输、汽车修理、汽车配件、燃料销售等业务。公司取得交通部二级客运、货运企业经营资质，通过了ISO 9001：2008国际质量管理体系认证。2003年，推出了“真诚相伴”服务品牌，把对顾客永远真心实意、诚信守诺作为公司永恒的目标和追求。公司有员工1300余人，各类营运客货车辆740余部，下辖7个客货运分公司、5个二级以上汽车站以及驾驶员培训中心、石油分公司、万发装饰材料市场、交运金鸽保险代理公司、建筑装饰分公司、金鸽旅行社等22个单位。公司注册资本为1亿元。

2010年，公司深入落实科学发展观，转方式，调结构，整合资源，专业求精，主业延伸，开拓关联产业，发展商贸服务业，企业得到健康平稳发展。至年底，公司拥有高中档客车690余部，经营的客运线路达380余条，其中长途客运线路200余条，日始发客运班次2550余个。市区和省内主要城市建立了流水发车机制，省外连通了北京、上海、天津、黑龙江、江苏、安徽、浙江等16个省市，线路辐射华东、华北地区。在场站建设方面，相继完成威海汽车站、文登汽车站、荣成汽车站的建设搬迁工作，乳山汽车新站计划2011年投入使用。届时，集团公司将成为全省第一个实现县级汽车站全新面貌的运输企业。公司5个汽车客运站均启用了广域互联售票系统、条码检票系统、微机报班系统和自动语音合成广播系统，公司综合服务水平在全省汽车客运站中居领先地位。货运方面，公司抓住威海建设交通枢纽城市和制造业基地的历史性机遇，大力发展整车运输、集装箱运输、专线运输，公司拥有短搬自卸、起重机械等先进配套设备。公司小件快递业务快速发展，金鸽快递品牌被广大用户充分认可。汽车维修方面，公司拥有一类汽车维修企业1家、二类汽车维修企业5家，年车辆二级维护作业量5000余辆次，先后设立了江淮、宇通、沃尔沃、安凯、玉柴等20多个特约维修技术服务站（中心）。

（王　翌）

【威海市联运有限公司】 2010年，威海市联运有限公司深入打造“诚信联运”服务品牌和“讲人和、讲同心、讲忠诚”文化理念，注重业务升级和公司的自我完善，不断创建安全型、节约型和谐企业。公司所辖快件货物运输、货运市场、小汽车出租、汽修厂、交通旅行社、售票处等经营分支均取得较好效益，新投资开发吊车业务，建设威海高技术产业开发区联运汽修厂，增加了新的经济增长点。持续保持公司质量健康安全管理体系规范运作，加强安全和质量管理，实现了年度质量和安全管控目标。威海经济技术开发区货运市场进一步整合2万余平方米的公共场地、4000余平方米办公用房及2000余平方米仓储库等基础设施，完善货运交易、仓储、停车、食宿、修理、物流服务等一条龙服务功能，强化市场内电子监控管理和停车场自主安全管理，保障了货运交易额的不断攀升，发挥了威海市物流、货运车流中心集散地的作用。公司连续20余年保持市级“重信誉、守合同”单位和市级“文明单位”称号，先后被评为山东省交通系统先进企业、威海市百佳诚信单位和山东省交通系统劳动关系和谐企业，年内又获得“威海市道路货物运输质量信誉考核AAA级企业”和“山东省道路运输百强诚信企业”称号。

（商洪飞　傅俊）

铁路建设与运输

【概况】 桃威铁路是威海市自筹资金按地铁一级、国铁二级标准修建的地方铁路，全长138公里，西起国铁蓝烟线的桃村站，东至威海经济技术开发区，途经栖霞、牟平、乳山、文登、威海工业新区、威海经济技术开发区、环翠区的17个镇，开设桃村东、乳山、下初、文登、威海南和威海站6个车站和机务段、工务段、电务段、客运段4个段。开办全国客货直通运输和专运、集装箱运输等业务，开行了威海至济南（2对）、威海至北京、威海至汉口图定旅客列车。2010年，威海铁路局完成客运量269万人次、客运周转量3.21万人公里，分别比上年增长9.5%和17.4%；完成货运量86万吨、货运周转量1.04万吨公里，分别增长91.1%和118.2%；实现运输收入2.6亿元。

【实现2010年安全年】 威海铁路局始终把运输安全工作摆在首位，牢固树立“以人为本”和“安全发展”的理念，按照“高标准、讲科学、不懈怠”的要求，深化安全专项整治，落实安全逐级负责制，强化职工学习培训，从安全管理体系建设、健全规章制度、完善设施设备、落实安全措施等方面，投入了大量的人力、物力和财力，保证了桃威铁路运输生产的持续稳定。至12月31日，实现安全生产5760天，实现了2010年安全年。

【线路质量大幅提高】 投资300多万元，对文登至下初间20公里道床板结严重的地段进行了大型机械化清筛。清筛工程由济南铁路局工务机械段投入8台大型机械设备和威海铁路局共同完成，提高了线路质量。施工的综合性、复杂性为桃威铁路前所未有，清筛机械具备世界一流水平，并首次在地方铁路线路上作业。

【安全度汛】 为做好防汛工作，威海铁路局严格落实"一把手"负责制，进一步强化了"全员防洪、科学防洪"的理念，从防汛指挥体系建设、防汛物资储备、防汛应急处置等方面作出安排，按照科学、合理、迅速、有效的要求，严格落实各项防洪措施。定期组织对全线防洪工作进行检查，召开防洪专题会议部署防洪措施，对线路及防汛设施进行整治和加固，有效保证汛期铁路运输的安全稳定，实现2010年安全度汛。

【增加担当威海至汉口旅客列车乘务工作】 投资3400万元购置新客车底17辆，于5月11日投入到威海—汉口—济南间运行，使威海铁路局自行担当乘务的列车由"十五"末的1列增加到4列，有效地改善了旅客的出行条件和乘车环境，提升了广大旅客对威海铁路局客运工作的满意度。

【威海至济南旅客列车增加编组】 自1月30日起，K8263/4次威海至济南旅客列车图定编组由原来的12辆增至16辆，其中硬座7辆、硬卧7辆、软卧1辆、宿营车1辆，每年可增加运能20万人次，缓解了威海至济南间的客流压力，为广大市民安全、顺利出行提供方便。

【威海至北京旅客列车获"红旗列车"称号】 在2010年铁道部"红旗列车"评比活动中，威海至北京的K412/1次旅客列车在旅客服务、餐饮保洁、三乘管理等方面均达到较高水平，获得"红旗列车"称号。这是全国铁路系统旅客列车评比的最高荣誉，威海铁路局成为全国首家，也是唯一一家获此荣誉的地方铁路局。

【庆祝威海铁路局建局20周年】 2010年是威海铁路局建局20周年。先后举办了第三届职工运动会、第五届职业技能竞赛、文艺汇演等活动，举行以"展桃威风采，抒铁路情怀"为主题的演讲比赛，召开建局20周年庆祝大会，同时，将200期《威海铁道报》汇编成册，续编《威海铁路志》，制作介绍桃威铁路的专题片和图片册，充分展示威海铁路局20年来所取得的成就，弘扬铁路职工拼搏进取、无私奉献的创业精神。

（张　凯）

民用航空

【概况】 2010年，威海机场实现飞行1.06万架次，比上年增长7.4%；完成旅客吞吐量82.51万人次，增长22.1%。其中，国际旅客20.24万人次，增长19.2%；国内旅客62.27万人次，增长23.1%。货物行李吞吐量达到1.02万吨，增长25.1%，货邮吞吐量达到3749吨，增长24.8%。全系统营业收入大幅度增长，其中，主营业务收入达到5695万元，增长26%。

【航班运营质量明显提高】 2010年，威海市民航局坚持把老航线的稳定运营和新航线的开拓作为全年工作的重点，早计划，早部署，积极与民航主管部门、航空公司等有关部门沟通联系，不仅完成了威海至北京、上海航班换季任务，并且正式开通上海航线第三班航班。同时，充分考虑到市民参观上海世博会的需求，又向山东航空公司争取一次性增加了两个至上海的航班，使威海至上海的航班数量达到了5个。至临沂、西安航线7月26日也得到了恢复。积极与奥凯航空公司联系沟通，11月20日，威海至沈阳航线正式运营，至大连航班得到了加密。旅游包机工作有了新进展，沈阳至威海和哈尔滨至威海的旅游包机分别于6月27日和7月1日正式运营，比上年提前了10天。7月10日，开通俄罗斯哈巴罗夫斯克至威海的旅游包机，这是威海机场开通以来首次开通至俄罗斯的旅游包机。全年运营旅游包机104架次，旅客吞吐量1.36万人次，包机数量和人员均超过上年。

【机场改扩建工程顺利进行】 一是国际候机厅建设顺利竣工。作为市级重点工程项目，国际候机厅建设管理任务重、工程分项多、协调难度大，市民航局早安排，早动手，坚持每周工程调度例会和日常调度会相结合，督促各施工单位认真制定工程进度计划并监督实施，有效推进了国际候机厅建设的施工进度。至12月底，总面积1.22万平方米的国际航站楼土建、钢结构、屋面工程、内装饰及配套等工程均全部完工。二是机场绿化工作开展得扎实有效。市民航局联合专业园林公司超前规划，选购高档次苗木，针对苗木栽植特点，从3月初开始就分期分批对机场路两侧及机场场区内进行绿化。到5月末，机场路、服务区及广场的绿化工作顺利结束，完成绿化面积4万多平方米，栽植乔木1万多棵、灌木5万多株，完成绿化投资200余万元。

【机场保障能力显著提高】 一是狠抓现场运行保障。重点围绕飞行安全、机坪秩序、空防安全、飞行区管理、应急处置能力等方面进行规范和整顿，实现了安全管理关口前移。对机场安全生产管理体系进行流程优化，进一步加强各保障部门之间的沟通协作，建立完善各类突发情况应急预案，在加强特殊天气情况下的保障能力和各种应急情况下的处置应变能力建设方面取得了明显成效。1月21日，威海机场区域突降冻雨，飞行区道面快速结冰，形成镜面，严重影响航班起降，威胁飞行安全。市民航局积极开展除冰雪工作，当日威海机场所有航班没有因为机场保障原因造成取消或长时间延误，除冰雪工作得到了民航山东监管局的通报表扬。12月29～31日，威海机场遭受特大暴风雪的袭击，连续降雪量超过110厘米。民航系统全体干部员工紧急行动，启动机场除冰雪工作预案和大面积航班延误保障预案，连续奋战三天三夜，全力抗击暴风雪灾害，到12月

31日下午机场恢复通航，所有滞留机场的航班和旅客全部安全返回，没有发生一起投诉事件，确保了机场安全运营和正常秩序。二是顺利通过安全审计工作。8月2～6日，通过了国家民航局委托民航新疆地区管理局安全审计组专家对威海机场进行的安全审计工作，总符合率达97.14%，在民航华东局已被审计机场中初审合格率名列前茅。

【机场服务水平不断提高】 市民航局结合全市开展的"服务管理提升年"活动，通过丰富活动内涵、创新服务手段，不断出台优质服务新举措，机场服务品质得到了进一步提升。按照深化服务内涵、提升服务档次的要求，机场各部门牢固树立"大服务"理念和"一盘棋"思想，制定了切实可行的"服务年"活动方案，对所有服务项目进行全面梳理，能够明确时限的工作要量化时间，能够作出承诺的要落到实处，出台了一系列的服务新措施。通过采取在候机楼管大厅内增设服务质量监督台，发放旅客生日卡，增加流动服务岗，提供免费接站牌、问询处，登机口柜台常备针线包、晕机药，评选季度服务明星等措施，有效提高了服务质量。按照国家民航局关于开展航班延误治理专项活动的要求，加大与航空公司、空管等各方的协调力度，特别是在年内全国大范围雷雨灾害天气情况增多等情况下，高频次、多渠道沟通协调，尽量减少流控，最大限度确保航班正常。通过强化不正常航班责任追究机制，杜绝了因值机、安检、行李分拣、货行装卸、配餐等工作原因导致的航班延误，使机场的航班正点率在国家民航局通报中一直处于较好水平。

（张洪瑞）

邮　政

【概况】 2010年，全市邮政部门进一步深化机制体制改革，强化用邮设施建设，夯实基础管理和支撑能力，企业发展质量稳步提高。全年完成邮政业务总量（不含邮政储蓄和邮政速递物流公司）1.03亿元，函件、报刊、代理金融等传统邮政业务量平稳增长，邮政信息和代理业务等新兴业务发展迅猛。邮政服务社会认可度进一步提高，人均社会用邮量逐年上升，总包邮件损失率和机要文件失密丢损率均为零，邮政社会综合满意度达到88.33分。深入开展"迎世博、迎亚运、治隐患、保安全"活动，没有发生重大安全事故。积极开展创先争优等活动，构建和谐邮政企业。荣成市邮政局被中华全国总工会授予"全国模范职工小家"称号，威海经济技术开发区邮政局被省文明委命名为"山东省精神文明单位"。

【用邮设施建设逐渐完善】 加大建设资金投入力度，强化营投平台支撑，构建邮政综合服务网络。按照现代金融业标准，对光明路支局、荣成马道支局等多处服务网点进行装修改造，为所有网点统一更换邮政业务资费表、服务公约、服务监督台等宣传栏，网点硬件设施和服务形象有较大提升，网点总数达到101处。设立邮政报刊亭96处，邮政信筒数量达152个。加快住宅楼房信报箱建设，与市建委联合下发相关文件，对信报箱建设审批流程进行明确规范，信报箱邮政审批窗口正式入驻行政审批中心，信报箱安装量突破11万个。

【邮政服务内涵进一步拓展】 一是创新开展服务"三农"工作。积极构筑"市局—县局—支局—村级代办点"四级物流配送服务平台，建成规范化"三农"服务站520处。推广中邮物流连锁配送信息系统应用，实行项目的集中管理，严格把关农资产品质量和企业资质，确保了农资配送的优质和高效。成功启动"旅游下乡"工程，借助"农家汇"产品项目，整合优秀旅游资源，打造旅游下乡和农产品进城的双向物流模式，有力推动了农民增收和企业增效，为活跃城乡经济起到了积极作用。二是在服务中小企业方面，为118家中小企业提供了直邮服务，寄发直邮信函107万件，邮政直邮广告成为中小企业开拓市场、宣传产品的重要媒体之一。三是邮政金融服务向专业化方向发展。设置邮政金融服务网点理财专柜，配备专业化理财经理，丰富金融产品种类，为客户提供个性化的金融理财服务和解决方案。四是邮政电子商务发展迅速，邮宝网成功上线运行，拓宽了农产品销售渠道。

【企业管理改革逐步深化】 一是机制体制改革不断深化。邮储银行、速递物流专业化经营机制基本形成。平稳实施机构改革，大力精简机构和管理层级，企业运行更加高效。二是人力资源进一步优化。"双定"（定员、定额）标准实施和"清漂"（清理"漂浮"人员）工作取得成效，累计盘活人员173人，用工总量得到合理控制，劳动生产率进一步提高。实行教育培训管理积分制，加快内训师队伍建设，员工综合素质得到提升。三是财务内控制度不断完善。严控成本费用支出，推行网点损益核算，百元收入业务成本下降22%，欠费水平低于省邮政公司标准。四是实施流程优化工程。优化整合转运、分拣封发、投递等生产环节，尝试推行工时精细化管理、"大支局、大班组"等先进的生产组织方式，网络运行更加畅通。

（孟　桥）

【山东省邮政速递物流有限公司威海市分公司】 1月1日，威海市邮政速递物流公司正式成立，其前身为威海邮政局速递分局，9月15日，更名为山东省邮政速递物流有限公司威海市分公司。设有荣成市营业部、石岛营业部、文登市营业部、乳山市营业部、高技术产业开发区营业部、经济技术开发区营业部、城区速递营业部和城区物流营业部8个二级经营机构和综合部、市场部（包括快递销售中心、物流销售中心、分销配送中心）、网运和质量监控部、计划财务部4个二级职能机构，公司经营范围为国内快递业务，国际快递，批发兼零售预包装食品，国际国内邮件寄递业务，国际货运代理，商品进出口贸易，礼仪服务，鲜花销售配送，货物仓储、装卸、包装、装配，代收公司经营范围内的贷款业务，邮购与袋子销售，日用品、文具体育用品、集邮用品的销售，自有房产租赁等。2010年，公司有职工267人，实现营业收入3504.87万元，比上年增长16.13%，人均生产效率13.13万元。全市自营速递业务实现收入3005.86万元，增长26.3%。其中，国内业务收入1170.07万元，增长24.0%；国际业务收入1326.79万元，增长26.4%；同城业务收入509万元，增长31.8%。全市邮政物流业务实现收入499.01万元，增长82.8%。其中，一体化物流业务收入318.38万元，增长99.0%；中邮快货业务收入180.62万元，增长60.0%。

（王伟杰）

电 信

【概况】 2010年，全市完成电信业务主营业务收入19.1亿元，比上年增长2.1%。年末，全市固定电话交换机总容量103.5万门，与上年持平；用户数74.7万户，下降31%；户均普及率81%。移动电话交换机总容量486.9万门，增长0.3%；用户数232.5万户，增长20.4%；人均普及率91.7%。其中，3G手机用户数11.5万户，增长47.4%，人均普及率4.5%。全市宽带互联网用户数44.72万户（含无线上网卡用户2.82万户），增长7.5%，户均普及率48.6%。光缆敷设总长度44万芯公里。

（杨启玉）

【中国联合网络通信有限公司威海市分公司】 2010年，中国联合网络通信有限公司威海市分公司面对复杂多变的行业环境和优势技术带来的发展机遇，充分发挥融合优势，全面提升业务发展、网络通信、系统支撑服务、企业运营效能等方面的能力，各方面工作均取得较好成绩。

新型业务不断发展 联通3G业务得到社会认可，新增市场占有率达70%以上。推出融合业务方式，用户可以根据需要自由选择移动手机、家庭宽带、固定电话间不同方式的组合消费，惠及全市城市和农村的几十万固定电话和手机用户。公司新推出10兆字节个人高带宽产品，形成1兆字节、3兆字节、5兆字节、8兆字节、10兆字节等多幅度的带宽产品，丰富用户的选择。公司3兆字节以上用户占比达95%以上，全省最高。

信息化应用取得突破 年内，公司建成协同办公、位置服务、一卡通、手机安检、无线视频监控、销售管家、外勤通、校务通等信息化平台。党政企业OA项目、公安局信息化建设项目等在全社会取得良好反响。11月12～14日，市经信委会同中国联通山东省分公司和威海市分公司在南竹岛联通营业厅举办信息化巡展，巡展的内容涵盖了18个方面的具体应用，全市党政机关及各大企业相关负责人887人现场参观，全面感受信息化条件下工作、生活的便利。全市城乡新增联通服务销售网点3690家，在方便用户的同时也提供了大量就业岗位。

网络保障能力显著提高 全年投资通信建设2.16亿元，移动核心网、3G和2G网络、宽带网络建设全面推进。联通移动网络日臻完善，3G基站覆盖满足用户需要，移动核心网容量扩容至85万户。在城区宽带全国领先的基础上，规划实施农村宽带提速工程，光缆进村率达85%以上。联通宽带城域网出口带宽扩容至100吉字节，能够满足市民高带宽访问互联网的需求。公司完成了乳山“欢乐中国行·魅力乳山”、“威海杯”2010年HOBIE（霍比）世界帆船锦标赛等大型活动的应急通信保障。网络接通率、掉话率等质量类和服务感知类网络指标均居全省前列，远优于行业标准要求。

服务水平继续提升 服务工作继续突出重点、解决热点，通过完善细节，着力塑造“威海服务最好企业”形象。开展了3G服务领先行动、超时限装移修机专项整治活动、装移修机管理提升竞赛活动、服务窗口“零容忍”行动、“满意在沃、精彩由我”窗口服务星级创建活动等一系列服务主题活动，全面提升服务水平。宽带网络质量满意度、宽带修障满意度、营业厅服务满意度、VIP客户经理服务到达率、3G客户经理服务满意度、2G移动网络质量等指标均居全省前列。年内，公司被评为首批市级文明示范窗口行业，连续5年被授予“山东省消费者满意单位”称号。

创新工作取得成果 公司创新工作实现常态化、常效化，年内立项内部创新项目53个。积极推荐创新成果，固网智能化改造成果被推荐到省经信委并通过初评；降低宏基站断站率成果被评为全国通信行业优秀质量管理成果及山东省优秀质量管理成果，相关小组被评为全国通信行业优秀质量管理小组；2个班组被评为全市优秀质量管理小组，1个班组被评为山东省质量信得过班组和全市质量信得过班组，2项成果分获全市优秀QC成果一、二等奖。

（于英东）

【中国移动通信集团山东有限公司威海分公司】 2010年，中国移动通信集团山东有限公司威海分公司始终坚持以发展为中心，着力夯实科学发展基础，求真务实，各方面工作取得新的成效，实现了稳步向上的发展态势，在地方缴纳税款达1.5亿元，纳税金额在全市通信行业列第一位。公司连续5年被市委、市政府评为年度工作优秀单位、年度纳税明星企业，连续多年保持了“省级消费者满意单位”、“省级文明单位”等称号。

助力经济社会发展 积极开发新业务、新技术，满足社会和消费者多样化、个性化、差异化的消费需求。公司针对个人、家庭和集团三类客户，全力推动产品创新，在国家自主创新的TD网络上实现对所有2G业务的迁移，并推出了可视电话、手机视频、手机阅读、手机电视等多项TD业务。基于TD的3G网络的无线下载速度大幅提高，用户可以随时随地享受无线高速带来的乐趣。围绕信息化与工业化融合，围绕节能减排和信息技术改造传统产业，围绕服务“三农”，积极开发行业应用项目，先后为教育、海关、公安、金融、证券、交通、物流等部门和行业提供了一系列移动信息化整体解决方案，提高了经济社会发展的科技含量和信息化水平。举办了威海移动2010～2011年度信息化展。

打造一流网络质量 从提升客户感受、客户服务和满足市场业务发展

的全局出发，全年网络投资1.87亿元，总容量达458.9万户，网络质量日臻完善，较好地满足了市场需求。立足客户感知，采取多种方式动态实施全网优化，网络各项运行指标较好完成了省移动公司考核要求。网络投诉占比始终保持全省领先优势。全年网络保持高质稳定运行，顺利完成了“威海杯”2010年HOBIE（霍比）世界帆船锦标赛等重大活动期间的通信保障工作。

持续提升服务质量　牢固树立“客户为根，服务为本”的理念，以客户为中心，认真解决客户关心的热点、难点和焦点问题。对外，持续推进实施“满意100”和“六项便捷服务”社会承诺，切实打造阳光消费、明白消费；在全球通、动感地带、神州行三大品牌下，先后开发了数十种本地资费业务，在国家政策范围内最大限度地让利消费者，为客户量身打造个性化、差异化的优惠产品。坚持自办、代办相结合，建成100余家自办营业厅和数千家社会代办网点，便民服务网点遍布城乡，在行业内率先实现“镇镇有营业厅、村村有代办点”，极大地方便了广大群众使用移动业务。对内，坚持自我加压，精细管理。先后通过了ISO 9001质量体系认证和上市公司萨班斯法案评审，并引入了内部客户制等服务质量监督考评机制，各项服务和网络质量指标在第三方调查中始终居于业内前列。

建设高效企业文化　积极倡导求真务实的工作作风，明确工作目标，落实工作责任，推行事件差错“交警式”管理，确保公司各项决策落到实处。对照萨班斯法案第404条款相关要求，修订完善内部控制手册和控制矩阵，建立健全风险防范机制，有效规避经营风险。积极推行全面质量管理和全面预算管理，完善OA、ERP等管理信息系统，提高了企业管理水平。全面启动创先争优活动，开展多层次、多渠道、针对性培训，员工队伍综合素质进一步提升。立足“正德厚生、臻于至善”的文化价值观，带头做企业社会责任的倡导者、实践者和推动者。深入开展帮扶贫困村、联系敬老院、送电影下乡等活动，与市委宣传部等部门联合开展了“放飞梦想”绿色手机文化创作传播活动。与上下游合作伙伴深度合作，带动社会就业，为社会创造了1万多个就业岗位。

（张文飞　黄丽萍）

【中国电信股份有限公司威海分公司】 2010年，中国电信股份有限公司威海分公司（以下简称威海电信）以深入开展创先争优活动为契机，认真推进聚焦客户的信息化创新战略和差异化竞争策略，夯实基础，深化转型，信息化逐步形成领先优势，业务规模实现突破，发展质量逐步提升，为企业在“十二五”期间大发展创造了良好条件。

网络质量和网络能力进一步提升　2010年，投资6280万元用于网络建设和优化。移动网方面，先后进行了2009年无线网二期和2010年无线网一期工程等项目，扩容1X/DO合设BSC 2套，完成新建基站42个，拉远站2个，扩容/升级室外站点数127个；固网和宽带网方面，新完成了133个小区和专业市场的光缆接入建设；共建共享方面，与当地其他运营商共建基站59个、铁塔67个、传输线路148公里，节省建设资金数百万元。

率先实现城乡3G移动网络全覆盖　继2009年4月17日在全市率先正式对外3G放号，成为威海市第一家实现3G商用的运营商之后，进一步加大3G移动网络的建设升级进度，于2010年2月再次率先实现了威海市电信3G移动通信网络全市所有城区、镇全覆盖。中国电信“天翼”网络成为威海境内覆盖好、质量稳定、应用丰富的3G网络，可全方位满足广大用户在互联网商务、娱乐、生活、信息咨询等方面的需求。

大力推进信息化建设　利用3G网络不断成熟的机遇，凭借强大的技术和全业务优势，威海电信致力于信息化在政府机关、企业、农业和社会公共领域等各行各业的应用。积极参与建设威海市非接触式智能停车管理系统、文登中心医院数字医院等重大项目，并在各行各业开发推广了多个有针对性的行业信息化解决应用方案，如结合物流、能源、环保等企业特点，通过有线、无线网络，提供远程监控业务，结合渔业、林业、金融、公交等行业特点，提供手机定位和手机对讲业务，为企业安全生产提供技术保障；为提高企业管理效能，推出了“翼机通”项目，通过一张手机卡就可实现考勤、门禁、餐卡、车库卡等多项功能，既省钱又方便；对韩资企业推出了“中韩快线”业务，最大限度地提供通信优惠。组织实施了“威海杯”2010年HOBIE（霍比）世界帆船锦标赛等重大活动的通信保障工作，实现了企业价值与社会价值的共赢。

行风建设取得新成效　秉承“用户至上，用心服务”的服务理念，围绕“树立行业新风、促进社会和谐”主题，最大限度地满足用户日益增长的信息服务需求。以提升客户服务感知为出发点，从快捷服务（时限类）、便捷服务（功能类）、关怀服务（回馈类）三个方面，细化了100条服务提升标准，全力提升对客户服务的差异性和针对性；向社会公开作出了“一张账单，明白消费”、“一点查询，自主订退”、“一键接入，便捷沟通”、“一站服务，首问负责”、“一声提醒，温馨关怀”五个一的服务承诺，争作电信行业文明服务的先锋；通过客户俱乐部，为重要客户提供“一对一”高品质的通信内外服务；深入各居民区开展“服务进社区”、“电脑义诊”、“送电影下乡”等便民活动。公司先后获得“市级文明单位”、“威海市价格诚信单位”、“威海市保护消费者权益先进单位”、“省级消费者满意单位”等称号。

企业文化和精神文明建设取得新进展　将企业文化建设的落脚点放在基层，以“服务一线生产、融洽内部氛围、凝聚团队士气、提升员工干劲”为主要目标，通过春节联欢会、劳动技能竞赛、困难员工帮扶等活动，振奋了人心，凝聚了力量。开展“四小”建设，投资建成了员工小食堂、小活动室、小浴室、小阅览室。坚持以促进地方社会和经济事业发展为己任，参与“空巢老人关爱”活动、帮扶贫困村等各类社会公益事业。先后开展了“我为企业发展作贡献”、“立足岗位作贡献，创先争优当先锋”各类主题活动，活动覆盖面和员工参与率达到100%。配合有关部门开展依法打击和整治网络淫秽色情等有害信息专项行动，营造绿色安全网络，保障了网民的合法权益。

（孙连钊）

编辑　李洪格

城乡建设与环境保护

综　述

【概况】 2010年，威海市城乡建设系统按照内涵提升、外延控制和城乡建设一体化的思路，以城建重点工程作为服务全市“转方式、调结构”的重要内容，以城市精细化管理作为提升城市品位内涵的重要举措，以新型城镇化作为统筹城乡发展的重要手段，加快推进了一批投资强度大、产业带动性强、对城市发展影响深远的工程项目，城市空间布局进一步拓展，城市功能进一步提升，城乡人居环境进一步改善。组织实施了六大系列23项城建重点工程，已完成投资197.2亿元，完成当年计划的151.7%。“两城两区”开发项目、金线顶区域整体改造工程、威海国际展览中心至环山路区域改造及绿轴工程、宝泉广场建设工程、环翠楼公园改造工程等重点项目相继实施或稳步推进。组织开展了城市精细化管理调研，提出了威海市城市精细化管理意见。启动了新一轮城市环境综合整治活动，开展了“五路”（环海路、青岛路、世昌大道、文化路、环山路）综合整治工程、沿街破旧建筑改造工程、重点区域亮化工程、市垃圾处理厂二期工程等综合整治项目。城中村改造工程取得阶段性胜利，市委、市政府召开了全市表彰大会。建成区范围内77个城中村、3.13万户、342.2万平方米全部完成拆迁，在全省率先解决了市区城中村改造的问题。全力援助北川建设，提前8个月全面完成了三年援建任务。威海市成为全国首批“可再生能源建筑应用示范城市”，通过了中国人居环境奖城市复查验收。市城乡建设委被市委、市政府评为2010年度政风行风建设优秀单位、威海市产业招商先进单位，连续8年被市委、市政府命名为“全市工作优秀单位”。

【市城乡建设委被评为“干部人事档案工作目标管理一级单位”】 为加快推进干部人事档案工作制度化、规范化、科学化建设，市城乡建设委按照中共中央组织部《干部人事档案工作目标管理暂行办法》、《干部人事档案工作目标管理考评标准》和威海市委组织部《关于进一步做好干部人事档案目标管理达标升级工作的通知》要求，不断加大干部人事档案基础设施投入，建立健全干部信息管理系统，定期组织开展人事档案整理，圆满完成了干部人事档案目标管理升级达标任务，被中共中央组织部评为“干部人事档案工作目标管理一级单位”。

【威海市援建北川任务提前完成】 10月，威海市提前8个月全面完成了三年援建北川任务，向灾区人民展现了威海援建形象，树立了威海援建精神。青片乡援建项目完成了青片乡小学、汽车招呼站、羌魂广场、路桥工程、给排水工程及乡卫生院维修加固等6个单项工程，安昌镇市政基础设施改造工程完成了道路改造、绿化美化、路灯安装等项目。新县城建设完成了温泉片区安居房、西苑中学、红旗片区安置房、羌族特色商业步行街等项目，全部达到优质工程质量标准，完成建筑面积17.7万平方米、道路总长9.2公里、绿化面积14.3万平方米，实际工程量约占全省援建总任务的10%。所有援建项目均在评比中获奖，其中安昌镇市政基础设施改造工程成为全国18个援川省、市第一个通过四川省“天府杯”评审的项目，获得首个“天府杯”金奖，并获得山东省援建项目第一个绵阳市“绵州杯”优质工程奖。市建设系统有3人被省委、省政府评为山东省对口支援北川灾后恢复重建工作先进个人，有3人被省人力资源和社会保障厅、山东省对口支援北川灾后恢复重建工作领导小组记二等功。

【宝泉广场建设项目成功转让】 3月2日，市区宝泉广场建设项目转让协议签字仪式在塔山宾馆举行。威高集团与迪尚集团组成联合体获得宝泉广场建设项目开发权。市委书记、市人大常委会主任王培廷出席仪式并讲话，市委副书记、市长孙述涛致辞，市政协主席刘玉党，市人大常委会常务副主任马世和，市委常委、市纪委书记董天祥，威海军分区司令员丁伟杰出席仪式，副市长房德阳主持。环翠区政府及市直有关部门负责人参加了签字仪式。宝泉广场建设项目位于市区中心商业区，规划用地面积10.3公顷，规划总建筑面积36万平方米，总投资27亿元。2009年7月开工建设，计划2014年竣工，项目将建设成为集洗浴、商业、办公等多功能于一体的现代化综合商务区。

（姜晓飞）

城市规划

【概况】 2010年，威海市规划局坚持以科学发展观为指导，以建设世界精品城市、打造半岛蓝色经济区和高端产业聚集区为目标，以群众利益、公共利益为根本，不断解放思想，创新实干，加大规划编制、管理和服务力度，全年完成50多项规划的编制、审批工作，为威海市的经济社会发展提供了保障。

【全面完成控制性详细规划编制】 在深化一期政府、火炬、皇冠、初村、张村、羊亭、温泉、草庙子、港口9个片区控制性详细规划成果的同时，开展了双岛湾、桥头、刘公岛、泊于、孙家疃、洪水岚6个片区控制性详细规划的编制，合理确定了各片区的功能定位和发展规模，进一步完善了全市控规体系，科学引导城乡有序发展。威海市控制性详细规划的覆盖面积达260平方公里，覆盖率100%。

【编制市中心城区综合交通近期建设规划】 《威海市中心城区综合交通近期建设规划》提出了"初步构建一个与区域中心城市地位相匹配，与宜居城市发展目标相适应的人性化、生态化、一体化、集约化综合交通体系"的交通发展总目标。规划形成"一环二射、二十一横、二十一纵"的城市道路网络体系，规划新建道路长度143.24公里、面积420万平方米，公交停保场7处、总面积22.68万平方米，公共停车场27处、停车位7423个，加油站17处，人行过街设施3处，力争打破城市快速发展所遇到的交通瓶颈，提高城市交通效率，缓解市区交通压力，改善中心城区"行车难、停车难"状况，加快城市发展步伐。11月，该规划经市城乡规划委员会第三次会议审议通过。

【编制市区陆地风电场选址专项规划】 在充分吸收发达国家风电场选址经验的基础上，选取城镇建设与资源保护为控制要素，通过各类要素地叠加，划定了威海市3处风电集中发展区，分别位于泊于—桥头之间地区、汪疃北部地区、苘山中部地区，有效控制了市区陆地风电的发展规模，找到了节能减排与节约城市用地之间的平衡点，达到新能源产业发展、城市发展、资源环境保护协调发展。6月，《威海市区陆地风电场选址专项规划》经市城乡规划委员会第二次会议审议通过。

【编制市临港产业服务区概念规划】 《威海市临港产业服务区概念规划》规划范围西起威海国际会议中心，东至茅子草口，南起成大线，北到海边，规划面积约30平方公里，是威海东部重要的滨海战略储备地区。规划从城市与区域发展需求以及土地资源高效利用等角度出发，结合资源条件，提出将该地区打造为体现滨海风貌与生态特色，辐射与服务于威海市乃至山东半岛区域，集居住、商贸、金融、旅游、高新产业等功能于一体的"现代化国际新城"。11月，该规划经市城乡规划委员会第三次会议审议通过。

【编制五渚河流域生态休闲度假区控制性规划】 五渚河流域位于威海市区东南部，全长24.5公里，流域面积113.5平方公里，主要涵盖温泉、崮山镇。规划范围西起冶口水库，经崮山水库至五渚河入海口，重点研究范围28.7平方公里。规划总体定位是建设以水源地保护为前提、以生态人居为基础、以低碳产业为辅助、以温泉旅游为特色的城市功能区。规划重点强调水源地保护，确定合理发展规模，解决好保护与发展的矛盾，并对河道景观、水源地保护、工业用地、特色产业、居住用地控制进行了专题研究，将河道景观作为整个度假区的核心与灵魂，确定水源地保护的生态基底，有选择性地确定了工业用地的发展方向，大力推进温泉特色旅游，合理控制居住用地规模，避免整个流域建设用地蔓延发展。6月，《五渚河流域生态休闲度假区控制性规划》经市城乡规划委员会第二次会议审议通过。

【强化规划管理与服务工作】 结合创先争优活动的开展，按照"超前规划、规范管理、狠抓落实、优化环境、树立形象"的工作思路，进一步强化规划管理与服务工作，推行"阳光规划"、"一线工作法"，与重点项目一线对接，跟踪服务，为项目审批开通"绿色通道"。依法核发建设项目选址意见书97份，累计选址面积166.51万平方米；建设用地规划许可证255份，用地面积1180.18万平方米；建设工程规划许可证1531份，建筑面积909.43万平方米；建设工程竣工规划验收合格证162份，验收面积359.47万平方米。规划行政许可证件发放合格率100%。对大唐风电项目选址、塔山地块规划、文峰四街片区改造规划等52个项目进了现场和网上批前公告。对威海伴月湾居住小区规划、海源温泉度假村规划设计方案等49个项目进行了网上批后公布，公告公布率达100%。加大政府信息公开工作力度，通过多种形式主动公开政府信息，积极受理政府信息公开申请，全年主动公开政府信息283条，政府信息公开申请回复率100%。

（张艳红）

城市管理

【概况】 2010年，组织开展了城市精细化管理调研，研究提出了威海市城市精细化管理意见。以城市道路景观、夜景亮化提档升级为重点，启动了新一轮城市环境综合整治，进一步美化了城市景观、完善了城市功能、提升了城市品位。组织“五路”综合整治工程，计划两年内成片拆迁建筑物146.7万平方米，已完成拆迁130.6万平方米，占需拆总量的89%；沿线的“五小”行业（小废品回收、小餐饮、小洗车、小修理、小加工）、市场摊点、门头招牌、破旧建筑全部整治，市区13条有污染的河道全部进行了生态化治理，市区25条半截路全部打通，群众反映强烈的河道污染、交通拥堵、“五小”行业扰民、城乡结合部环境脏乱差等问题基本解决。沿街破旧建筑改造工程完成了公园路、沈阳路等6条老旧街区、222处沿街破旧建筑外墙改造和334栋建筑物外挂物整治，建筑面积117.8万平方米，外墙改造面积45.3万平方米。重点区域亮化工程完成了青岛路、海滨路等市区主要道路两侧及环威海湾区域69幢楼宇夜景亮化施工，新建、改造路灯500余基。市垃圾处理厂二期工程完成2条焚烧线安装，具备试运行条件。首批10个采石场治理工程完成。顺河街水产品批发市场、远遥水产批发市场搬迁改造工程完工。门头广告整治工程完成16条主要道路两侧的门头广告整治。

【出台市区城市道路挖掘管理规定】 11月10日，市城乡建设委出台了《威海市区城市道路挖掘管理规定》（威建发〔2010〕37号）。规定包括总则、道路挖掘计划、道路挖掘许可、城市道路挖掘及沟槽回填、道路挖掘修复、监督管理、法律责任、附则等，共8章61条，明确了市区城市道路挖掘管理范围及行政主管部门。市城乡建设委是城市规划区城市道路的行政主管部门，负责市区城市道路挖掘的监督、管理工作，具体负责市直城建管理区及市直管理道路的挖掘管理工作。环翠区和威海高技术产业开发区、威海经济技术开发区、威海工业新区城市道路主管部门负责区属管理道路的挖掘管理工作。规定确定实施城市道路挖掘计划和挖掘许可管理，新建、改建、扩建的城市道路5年内，大修的城市道路3年内不得挖掘；对道路挖掘施工及路面修复提出了明确要求；城市道路主管部门应加强对城市道路挖掘的监督管理；对城市道路挖掘违规违法行为的处罚力度进一步加大。该规定自11月10日起实施，原《威海市建设委员会关于加强城市道路挖掘管理的意见》同时废止。

【出台市区重点区域采石场环境治理意见】 2月1日，市政府办公室印发了《关于威海市区重点区域采石场环境治理的意见》（威政办发〔2010〕4号）。意见明确了市区采石场治理的范围和目标，重点对市区主要道路两侧和环威海湾可视范围内面积较大、裸露较严重、景观性较差的88处采石场（崖体）进行治理；确定了市区采石场治理的重点内容及措施，主要采取生态恢复、旅游休闲设施建设、景观再造、资源开发等手段对市区采石场环境进行治理，并明确了相关责任分工。市政府成立了市区重点区域采石场环境治理工作领导小组，市政府分管领导任组长，环翠区政府和威海高技术产业开发区、威海经济技术开发区、威海工业新区管委以及市直有关部门为成员，领导小组办公室设在市城乡建设委。

【出台市区建筑垃圾管理办法】 5月31日，市政府印发了《威海市区建筑垃圾管理办法》（威政发〔2010〕27号），共40条，对市区建筑垃圾管理办法的适用范围、管理机构及职责、施工现场建筑垃圾的管理、建筑垃圾处置核准、建筑垃圾综合利用和违规处罚等都作了明确规定。办法明确了市城乡建设委是威海市区建筑垃圾管理工作的行政主管部门，具体负责市直城建管理区范围内的建筑垃圾管理工作；要求主管部门按照“属地负责、合理安排、统一管理、资源利用”的原则进行管理。环翠区、威海高技术产业开发区、威海经济技术开发区、威海工业新区市容环境卫生主管部门具体负责各自辖区内市直城建管理区以外区域的建筑垃圾管理工作。经济和信息化、公安、国土资源、规划、交通运输、林业、环保、城管执法等部门按照各自职责，共同做好建筑垃圾管理工作。办法对施工现场建筑垃圾管理进行了规范；对建筑垃圾的处置核准作了详细要求；对建筑垃圾综合利用的情况作出说明，鼓励对建筑垃圾进行综合利用；对违规违法行为明确了相关法律责任。该办法自6月1日起实施。

【开展市区散流物体运输整治联合执法月活动】 5月11日至6月11日，威海市开展了市区散流物体运输整治联合执法月活动，重点对散流物体运输撒漏的交通违法行为，运输渣土、煤炭、水产品等易洒落物未采取封闭措施的机动车进入市区道路行驶，随意倾倒建筑垃圾和渣土污染和破坏生态环境，施工企业使用未封闭运输车辆和出入工地车辆带土污染路面的违规行为，夜间施工扰民的行为等予以查纠，进一步提高了有关运输业主的道路环境保护意识，促其在运输过程中自觉采取有效的封闭措施，确保威海市区道路通行环境良好。

【规范整治室外摊点】 对327个室外摊点的箱体外观、摊主服装、物品摆放、周边卫生等进行高标准的规范更新，40个修鞋、修车服务性摊点统一更换了新样式柜具。在优化硬件的同时，实行了日督查、周检查、月考核制度，将考评结果与招投标挂钩，摊点管理日趋规范化、常态化，达到了要求标准。同时，加强了中午、晚间错时执勤的管控力度，清理疏导流动摊点、探头经营13.4万处。在威海百货大楼、大润发超市等处设置时令水果集中售卖点4处，归拢自产自销果农60个，受到社会好评。

【完善“五小”行业整治长效机制】 进一步完善了“批前联席审核制”，拓展了居委会参与审核渠道，发挥了小区物业公司实时、实地监督作用。针对难整治、易反弹的小洗车、小修理等经营店，探索建立日常检查评分和环境保证金制度，巩固提升了整治成果。新整改达标“五小”行业经营店123户，督促转行25户，取缔320户，市民投诉“五小”行业扰民问题显著下降。

【门头广告品质实现新提升】 实施了

门头广告上档升级工程，市区16条主要道路的4162块门头招牌全部完成了高标准的更新改造，户外广告跨入全国先进行列。坚持高标准设计，通过招投标从20余家广告装饰公司中择优确定8家专业设计单位，坚持“一街一风景、一楼一景观、一牌一特色”的设计理念，本着“适而特、精而美”的原则，对市区主干道的门头广告逐一勘查，精心设计。严格把好施工质量关，实行大队定片、中队定段、队员定牌，严格督导施工进度与质量。在资金使用上精打细算，做好每个业户的工作，力求每个业户满意，整个工程无一纠纷和遗留问题。

【“野广告”治理效果明显】 坚持“清、查、呼、停、疏”多措并举，联合鲸园、环翠楼、竹岛街道办事处和10多个居委会及物业公司，发动2000多名社区居民、义工志愿者，掀起了居民区“野广告”清理活动高潮，清理主、次、支道路和社区“野广告”18.4万处，追呼、停机电话号码300个，在繁华地段、居民区设置“电子信息屏”100个，在居民区楼道张挂“信息发布栏”1万个。通过堵疏结合和发动全民共治，市区“野广告”数量锐减。

【城管执法重心下移】 积极推行“以块为主，属地管理”的执法模式，在环翠区、威海高技术产业开发区、威海经济技术开发区，将执法人员分别派驻到11个街道办事处的城管执法中队，坚持与驻地各区（开发区）、街道办事处和相关职能部门融为一体，联合执法，城市执法、管理合力显著增强，在完善城市管理机制上迈出了关键一步。

【世昌大道综合整治工程和采石场治理工程】 坚持“快速启动、重点突破、和谐搬迁、全面推进”的原则，千方百计协调威海高技术产业开发区及相关部门实施高标准、快节奏的拆迁改造，世昌大道综合整治工程拆迁率达90%，合同签署率100%，两年的任务基本一年完成。对采石场治理工程实行日督导、周调度、月考核制度，积极协调督导各区（开发区）加快工程进度，列入计划的10处采石场均提前完成治理任务。

（姜晓飞　王洪涛）

村镇建设

【概况】 2010年，威海市村镇建设完成投资54.2亿元，完成生产性建筑面积12.14万平方米、公共建筑面积22.78万平方米、住宅建筑面积169.18万平方米，硬化改造道路374.41万平方米，新增绿地面积153.5公顷，新增路灯5315盏，新建排水沟（管）243.49公里。

【农房建设提前完成任务】 2009年以来，按照省委、省政府部署，威海市确立了三年时间新建农村住房7.5万户、力争9.7万户，改造危房1.9万户的目标。至2010年底，全市累计新开工建设农房10.77万户，三年农房建设改造任务提前1年超额完成；改造危旧房1.43万户，完成总计划的75%。累计完成投资153亿元。

【全市农村住房建设与危房改造工作会议】 3月18日，全市农村住房建设与危房改造工作会议在威海国际会议中心召开。市委书记、市人大常委会主任王培廷主持会议并讲话，市委副书记、市长孙述涛对全市农村住房建设与危房改造工作作了部署，市政协主席刘玉党，市人大常委会常务副主任马世和，市委常委、副市长赵熙殿，副市长房德阳出席会议。会议表彰了全市农村住房建设与危房改造工作先进单位，荣成市峨石山社区等7个单位作了典型发言。各市（区）政府、威海高技术产业开发区、威海经济技术开发区、威海工业新区管委和有关部门负责人，各镇镇长、街道办事处主任，部分村（社区）、企业主要负责人等约1000人参加了会议。（参见《政党政务·中国共产党威海市委员会》　第53页）

（姜晓飞）

房地产开发与管理

【概况】 2010年，市政府出台了《关于对威政发〔2009〕8号文件有关政策进行调整的通知》，对合理引导威海市住房建设、稳定居民消费起到了积极作用；印发了《威海市房地产市场秩序专项整治实施方案》，对项目审批、开发建设、房地产交易等重点环节进行了专项整治。调整完善了房地产综合信息网，每月编发一期《房地产形势分析》，每两个月出版一期《威海房地产》杂志。组织开展了2010年度开发企业资信评价活动、威海市优秀住宅小区系列评选活动，举办了“威海市房地产发展论坛”，为房地产开发企业开阔视野、寻找新的发展机遇搭建了平台。在首届山东省房地产开发综合势力50强企业评选中，威海市5家企业名列其中。年内，全市房地产开发完成投资260.8亿元，比上年增长24.5%；商品房施工面积2056万平方米、新开工面积1087万平方米、竣工面积349万平方米，分别增长47.8%、82.9%、3.6%；商品房销售面积529万平方米，增长21.7%。

【5家房地产企业名列全省综合实力50强】 8月12日，由省住房和城乡建设厅主办、省房地产业协会承办的山东省2010年度房地产开发综合实力50强企业评选活动揭晓，威海市金猴集团房地产开发有限公司、乳山益天房地产开发有限公司、威海丰荟集团有限公司、威海市望海房地产开发有限责任公司、威海市文平房地产开发有限公司5家企业名列其中。获奖企业是在全省1239家房地产开发资质三级以上企业中推荐筛选，经设区城市房地产开发主管部门初审上报、省考评委员会组织专家评审并在山东住宅与房地产信息网上公示后评定的。

【威海市房地产企业资信评价结果公

布】 1月13日，威海市城乡建设委公布了威海市房地产开发企业资信评价结果。荣成市丰荟房地产开发有限公司等17家企业被评为资信AAA级企业，乳山市长城住宅开发有限公司等52家企业被评为资信AA级企业，文登山川房地产开发有限公司等128家企业被评为资信A级企业，威海市建盛房地产开发有限公司等234家企业被评为资信B级企业，山东华垦房地产开发有限公司等22家企业被评为资信C级企业，威海市景祥房地产开发有限公司等8家企业被评为资信D级企业。按照评价体系的相关规定，授予荣成市丰荟房地产开发有限公司等17家资信AAA级企业“威海市优秀房地产开发企业”称号。对山东华垦房地产开发有限公司等22家被确定为资信C级的企业，限期整改3个月；到期未完成整改任务的企业，注销其房地产开发资质。对8家被确定为资信D级的企业直接注销其房地产开发资质。1家企业未上报资料，视为自动放弃资信评价，资信评价结果记零分，注销其房地产开发资质。

【市政府出台有关房地产政策调整的通知】 为促进房地产市场健康发展，合理引导住房建设和消费，促进全市经济平稳较快增长，根据国家有关政策和威海市房地产市场发展的实际情况，市政府出台了《关于对威政发〔2009〕8号文件有关政策进行调整的通知》(威政发〔2010〕12号)，对《关于促进房地产市场健康发展的实施意见》(威政发〔2009〕8号）中有关政策作了调整。一是对个人首次购买市区范围内90平方米及以下的普通商品住房，暂免收房屋登记费，交易手续费减半收取；在取得房屋所有权证后，不再按其所缴纳地方契税数额的60%给予补贴。对于个人首次购买90平方米以上、144平方米（含144平方米）以下的住房，不再按其所缴纳地方契税数额的30%给予补贴。二是属于国家、省制定的税费优惠政策，按国家、省规定的时间要求执行；属于威海市出台的鼓励政策，适用期限延长到2011年1月31日。

【住宅产业化工程顺利推进】 为顺利推进住宅产业化工程，威海市找准切入点，建立了推进机制，做到“三个纳入”。一是纳入开发合同。开工前与主管部门签订的开发合同中，明确产业化有关要求，约定项目建设必须采用“四新”(新技术、新材料、新工艺、新设备)、“四节”（节地、节水、节能、节材）技术。二是纳入竣工验收备案。项目竣工综合验收时，要检查产业化落实情况，未按要求开发建设的，不予验收备案。三是纳入资信评价管理。把住宅产业化作为开发企业资信评价管理的重要指标，根据情况给予相应的加分。威海市有2个项目被评为国家康居示范工程，分别是荣成丰荟房地产开发的海映山庄、文登嘉鸿房地产开发的龙泽苑。威海建大房地产的文化名居、威海豪迈房地产的海韵华府及威海五洲基业房地产的五洲太阳城项目的天鹤苑、天琴苑等4个项目通过住建部的住宅性能认定。

【威海市城中村改造成为全省典型】 威海市的城中村改造工作走在了全国前列，产生了广泛影响。至2010年底，中心市区77个城中村、3.13万户、342.2万平方米全部完成拆迁，2.4万户、7.2万人回迁安置，到2011年底近10万群众将全部搬进新居，达到了共建、共赢、共享的预期目标。在4月19日召开的全省农村住房建设与危房改造工作会议上，威海市作了典型发言。省委书记、省人大常委会主任姜异康批示省委政研室专门到威海市进行调研，在全省介绍推广了威海市经验。《人民日报》、新华社、《大众日报》、山东电视台等媒体多次报道了威海市的成功做法，省内外有10余个城市到威海市学习城中村改造经验。

【市区城中村改造工作总结表彰大会】 2007年8月，市委、市政府决定，用3年时间完成城中村改造任务。3年来，威海市组织实施了威海市城市建设史上投资最多、拆迁量最大、政策最优惠、受益面最广的城中村改造工程，并取得了阶段性胜利，在全省率先解决了市区城中村改造的问题。7月23日，市委、市政府在威海国际会议中心召开了市区城中村改造工作总结表彰大会。省住房和城乡建设厅厅长杨焕彩及市领导王培廷、孙述涛、刘玉党、马世和、边祥慧、董天祥等出席了会议。会上，市委、市政府授予172个单位“威海市区城中村改造工作先进集体”称号，授予213人“威海市区城中村改造工作先进个人”称号。环翠区、威海高技术产业开发区、威海经济技术开发区、威海市水务集团有限公司作了典型发言。（参见《政党政务·中国共产党威海市委员会》 第55页）

【城市住宅建设】 2010年，全市住宅建设完成投资249.5亿元，城市新建房屋竣工面积654.69万平方米，其中住宅竣工面积387.83万平方米。全市实有房屋建筑面积9430.92万平方米，实有住宅建筑面积5331.05万平方米，城市居民人均住宅使用面积28.88平方米，城市居民人均住宅居住面积21.56平方米。全市房产买卖成交面积820.46万平方米,成交金额263.1亿元。其中，市区完成住宅建设投资126.02亿元，新建房屋竣工面积453.36万平方米，其中住宅竣工面积229.86万平方米。实有住宅使用面积1312万平方米，实有住宅居住面积991万平方米。城市居民人均使用面积28.84平方米，城市居民人均居住面积21.79平方米，分别比上年增加0.9平方米、0.81平方米。房产买卖成交面积247.22万平方米，成交金额89.23亿元。

【房地产开发建设】 2010年，全市登记注册的房地产开发公司407家，其中市区登记注册的房地产开发公司221家。全市房地产开发完成投资269.8亿元，比上年增长28.8%；新开工面积773.56万平方米，增长33.5%；在建面积2043万平方米，增长39.5%；竣工面积507.6万平方米，下降12.7%；实际销售面积741.7万平方米，增长31.1%，其中住宅销售面积占93.9%。商品房销售额279.92亿元，增长42.6%，其中住宅销售额占92.7%。房地产市场呈现供销两旺的特点。

（姜晓飞）

【青岛路环境综合整治工程】 青岛路环境综合整治工程系市住房保障房产管理局总协调的市级城建重点工程，年内完成23个外观改造项目，355块户外门头改造项目及20.5万平方米道路景观绿化任务；完成拆迁面积约18.2万平方米，占总拆迁面积的95.4%，是全市“三纵两横”等7个重点工程中最早完成拆迁任务超过90%的工程。

【住房保障】 制定了《威海市2010～2012年保障性住房建设规划》，明确保障目标、建设标准、建设模式、资金安排等，对不同的保障群体实施不同的住房保障政策，分步解决中等偏下收入家庭的住房困难。将大龄青年年龄限制由30周岁调为28周岁，将市区人均建筑面积低于15平方米住房困难家庭纳入保障范围，经济适用住房申购条件进一步放宽。出台了《威海市区经济适用住房货币补贴实施办法》，全年发放经济适用住房货币补贴资格证378户，其中，市区193户、荣成市85户、乳山市100户。2008年市区竣工的经济适用住房销售3041套，占总套数的94.7%，其中，市级南曲阜小区A区1244套、威海经济技术开发区南曲阜小区C区798套和环翠区黄金顶小区816套经济适用住房全部销售完毕；威海高技术产业开发区明月苑小区354套经济适用住房已售183套。全市新增廉租补贴203户，廉租住房保障户数达767户，其中租住廉租住房75户。配租后剩余的75套市级廉租住房，作为公共租赁住房优先向新就业的大学生出租；支持企业自建公共租赁住房200套。山东卫视、威海电视台等新闻媒体进行了专题报道。

【房地产交易市场监管】 制定了《关于加强商品房预售方案管理的规定》，公示预售方案标准文本，全面摸查商品房销售市场，重点抽查威高房地产开发有限公司等15家企业。全年查处违规销售行为7次，有效规范了市场秩序。制定了《威海市村镇集体土地房屋登记操作规程》，明确办事流程、提交要件和办事时限等内容，指导各村稳妥有序地进行房屋登记，办理集体土地农房登记93笔，城乡房屋一体化管理体系基本形成。核发商品房预售许可证926个，预售面积395.2万平方米，超过前两年发证的总和。办理商品房合同备案面积232.62万平方米，备案金额116.57亿元；完成资金监管业务124笔，监管资金总额4950.99万元。新建270多平方米的威海工业新区登记中心，为群众提供方便、快捷、优质服务。严格落实三项减免收费，制定两项惠企政策，有效减轻了企业负担。选取16家规模大、实力强、信誉好、管理规范的房地产开发企业，先后参加了新疆第四届春季住博会、大庆市第一届文博会、鄂尔多斯市房展会，并采取网络直销和组织团购等方式，多渠道、全方位地宣传、推销威海房地产。乌鲁木齐电视台、电台，新疆《都市消费晨报》、《大庆日报》、大庆电台等媒体也作了相关报道。此外，与沈阳、包头、石家庄、长春、黑龙江等地沟通协调，通过房产展示会方式，联合组织团购，展示精品楼盘。与中国团购网合作开展了“威海一线海景房旅游看房团”活动，与威海房地产信息网合作开辟老房家园网，将全市各类房源信息及时发布。

【物业管理】 贯彻落实市委、市政府加快城镇化建设和市区环境综合整治的整体部署，圆满完成古陌老小区环境综合整治改造试点工作，全面整治小区内的管线、道路、绿化、乱堆乱放、乱停车和草厦子出租等，打造功能完善、设施齐全、文明和谐、整洁舒适的崭新社区。《威海市区住宅专项维修资金管理办法》于5月1日起施行，7月1日正式收费，仅仅6个月就有1.2万户业主缴存专项维修资金超过1亿元，专项资金监管工作成功启动，运作规范，管理科学。《威海市区住宅物业服务分等收费标准》于3月1日正式施行，完成金域仕家、理想山一期及九龙明珠等5个新建项目分等收费标准审核。邀请国内知名物业管理专家到威海授课，全面提升物业从业人员的素质和技能，年内全市400余名物业从业人员通过培训取得专业资格证书。组织专家对理想山、金域仕家、九龙明珠等7个新建物业项目通过招投标方式选聘资质等级高、社会信誉好、专业化水平高的物业企业进驻小区。申报国家示范住宅小区1项、省优秀项目2项、市级优秀项目10项。建立物业服务长效考评机制，成立物业管理检查考评领导小组，建立制度化、规范化、强制性约束机制，逐个项目考评，将8家服务质量差的物业服务企业淘汰出市场，促进物业行业健康发展。

【城镇房屋拆迁】 依法发放拆迁许可证20个，批准拆迁建筑面积53.6万平方米。实行重点项目领导分包制度，圆满完成江家寨立交桥、绿轴园林工程、世昌大道、文化路和内环快速路等城建重点项目拆迁任务。以调解解决矛盾为主，依法、合情合理裁决为辅，接待拆迁信访案件700余人次，受理裁决案件27起，召开拆迁调解会30余次，经调解达成拆迁协议19起，达成协议比例达70%以上，有力地推进了市级重点城建项目顺利进行。严格实行房屋拆迁标准化管理，制定市区拆除工程管理规定，签订《安全文明施工目标管理责任书》，狠抓安全施工监管和拆迁现场扬尘污染防控，实行现场巡视制度，确保绿色拆迁，环保清运；严格房屋拆除公司资格审核，房屋拆除队伍整体水平显著提高。

【直管公房管理】 采取收房和调整租金等方式，解决非住宅直管公房转租问题，成效显著。2010年到期的直管公房调租率达100%，户均增租幅度超过20%。加大租金清缴力度，确保租金收缴工作有序进行，租金收缴率达98.5%，租金收缴额比上年增加20余万元。对井冈山路、栖霞街辖区出现的问题进行彻底清理，维修房屋160户，防水面积2100平方米，清挖粪池和污水井105个。完善安全生产责任制，签订安全责任书，进行2次安全生产大检查，未发生安全事故。完成房屋安全鉴定17份，制止各类非法野蛮装修32起。

【“平改坡”工程】 完成塔山小区、竹岛路、大众路等区域60栋半坡屋脊旧住宅楼屋顶改造和寨子、古北等区域60栋锈蚀严重、破损程度大的彩钢瓦屋面换瓦工程。通过公开招投标确定2家监理公司和6家施工单位分别负责工程监理和施工，确保工程质量和进度。环翠楼街道办事处同德、西门外、西北村、红光、胜利5个居委会和部分群众通过《威海晚报》、威海电视台等媒体对“平改坡”工程给予赞扬；《直播威海》栏目先后3期以“平改坡”工程为题进行了报道。

（赵鑫　丛鑫）

市政基础设施建设

【概况】　2010年，组织实施了市区路网升级改造工程，实施了AC3路等26条道路新建、改造工程，铺设沥青路面30.9万平方米，是上年的3.3倍。实施了“两园”（环翠楼公园、塔山公园）改造工程、“五路”综合整治工程、34条新建续建道路绿化工程，以及区内旧生活区绿地、街头绿地、空白地绿地改造，栽植乔灌木133万株，完成投资4.50亿元，新建改造绿地面积390万平方米，是上年市区新建改造绿化面积的5.6倍，实现了城市绿化的规模化、生态化和园林化。实施了市域天然气管线建设工程，完成中、高压燃气管线117公里，新增居民用户3.4万户，年供应天然气总量首次突破5200万立方米，供气能力比“十五”末提高了6.2倍。实施了市区供热计量改造、供热机组建设及城中村改造供热管网工程，市区新增居民供热用户2.6万余户，供热面积比“十五”末提高了2倍。完成了市区4880公里的地下管线测绘，开展既有民用建筑基本情况普查，建立威海市综合地下管线信息共享平台，为政府机关、企事业单位提供城建档案查询服务210人次、档案532卷、底图216张。

【出台城乡建设档案管理办法】　3月29日，市政府印发了《威海市城乡建设档案管理办法》（威政发〔2010〕17号），共29条，对城乡建设档案管理机构及职责，档案的收集、保管和利用，建设工程档案的编制、验收和移交等都作了明确规定。办法实行“两书一证”制度，建设单位在办理工程施工许可申请手续前，应当与城建档案管理机构签订《建设工程竣工档案报送移交责任书》，工程竣工验收后由城建档案管理机构出具《建设工程竣工档案预验收意见书》，在工程竣工后3个月内将工程竣工档案向城建档案管理机构报送移交，由城建档案管理机构核发“山东省建设工程档案合格证”；明确了地下管线工程档案查询制度，建设单位在城市道路、道沟、各种管线附近地段进行开挖、爆破、钻探等施工活动时，应事先到市城建档案管理机构查询该施工地段的地下管线档案，凭市城建档案管理机构出具的《地下管线技术数据证明书》办理相关手续；对未按规定向城建档案管理机构报送、移交建设工程竣工档案等违规违法行为，明确了相关法律责任。该办法自4月1日起实施。

【市区地下管线补测补绘工程完工】　市区地下管线补测补绘工程是市委、市政府2009年市区城建基础设施重点工程及为民办实事项目之一，主要任务是对市区（包括中心区、威海高技术产业开发区、威海经济技术开发区、环翠区、威海工业新区）范围内的地下管线进行测绘，制定实施统一的技术标准，打造覆盖整个市区的共建共享平台，为全社会提供管线数据信息服务。工程于2009年5月开工，2010年9月完工，完成投资988万元，完成144平方公里测区面积内25个权属单位、6大类18种、4880公里地下管线的测绘，测绘管点12.3万个，形成综合管线图1769幅、专业管线图9259幅。建立了“威海市地下管线信息共享平台”，面向政府各部门、管线权属单位、社会团体和个人等不同层次用户，在领导决策、规划设计、管线施工、道路挖掘、建筑拆迁、树木迁移、事故抢险等方面提供全面、丰富、准确的管线信息数据服务。已与建设、国土、规划、市政等部门和部分管线权属单位连接，并与“数字威海地理空间信息公共平台”实现了连接，提供管线信息数据共享服务。

【市区统一路南延工程快速推进】　2010年，市市政建设公用事业管理处克服了统一路南延塔山隧道工程原材料价格上涨、工程建设资金缺口大等不利因素，全力推进统一路南延重点工程建设，各项工作有序开展，全年完成路基土石方调整42.36万立方米，隧道明洞土石方调整15.81万立方米。塔山隧道暗洞东线掘进220米、西线掘进304米；陶家夼隧道明洞西线完成仰拱施工50米、东线完成仰拱施工93米，暗洞东线掘进358米、西线掘进540米。两隧道累计完成投资1.02亿元。

【市区路灯照明工程竣工】　2010年，完成了机场路、塔山中路南延、望岛河路、AC3路、公园路、环山路隧道等15处新建路灯工程及公园路、顺河街、光明路等8处老旧路灯改造工程，为广大市民夜间出行带来方便。安装普通路灯478基、LED光源路灯11基，敷设主电缆1.29万米、高压缆1150米，安装新厢变4台，更换厢变4台。环山路隧道内安装4套排烟自动控制系统，完成投资866万元，完成70幢楼宇亮化工程，在沿威海湾的大型建设物上安装城市之光探照灯4台，完成投资1633.6万元。

【市区道路施工推广新材料、新工艺】　沥青路面就地热再生技术。7～9月，市市政建设公用事业管理处采用沥青路面就地热再生技术对海滨路北段破损沥青路面进行了修复补强，该工艺实现了旧沥青路面就地再生利用，施工快速、高效，能有效缩短工期，减少交通干扰。稀浆封层技术。在新威路等6条路段施工中，采取基层与面层之间铺筑8毫米的乳化沥青稀浆封层措施，有效防止了路面反射裂缝及地表水下渗造成基层损坏。玻纤复合防裂布。在昆明路、菊花顶路等10条铣刨罩面大修工程中，通过加铺防裂布有效阻止、延缓了基层产生反射裂缝，提高了罩面道路施工质量。

（姜晓飞）

园林绿化

【概况】　2010年末，全市绿化覆盖面积达 1.23 万公顷，比上年增长 3.7%，建成区绿化覆盖率由上年的 45.76% 提高到 46.24%；园林绿地面积达 1.07 万公顷，增长 3.9%，建成区绿地率由上年 41.16% 提高到 41.64%；公园绿地面积达 3171 公顷，增长 3.1%，人均公园绿地面积 22.28 平方米，增加 0.43 平方米。其中，市区绿化覆盖面积达 6698 公顷，比上年增长 3.5%，建成区绿化覆盖率由上年的 46.5% 提高到 47.12%；园林绿地面积达 5753 公顷，增长 3.7%，建成区绿地率由上年的 41.53% 提高到 42.13%；建成区公园绿地面积 1443 公顷，增长 2.1%，人均公园绿地面积 24.45 平方米，增加 0.33 平方米。

【出台市区城市绿化办法】 11 月 1 日，市政府印发了《威海市区城市绿化办法》（威政发〔2010〕50 号），包括总则、规划与建设、管理和保护、罚则、附则等，共 5 章 50 条。办法对市区城市绿化工作的行政主管部门、城市绿化规划与建设、城市绿化管理和保护责任等方面作出了明确的规定，进一步加大了违规处罚力度。对未经批准，擅自占用城市绿化用地的，除由城市管理行政执法部门责令限期退还、恢复原状外，并可处以最高 10 万元的罚款。此外，对城市绿化主管部门和相关部门工作人员玩忽职守、滥用职权、徇私舞弊的，由其所在单位或上级主管机关给予行政处分；构成犯罪的，依法追究刑事责任。该办法自 11 月 1 日起实施，原《威海市城市绿化办法》同时废止。

【威海市园林绿化作品获金奖】 4 月 28 日至 5 月 12 日，第四届中国月季展暨 2010 年世界月季联合会区域性大会在江苏省常州市举办，这是世界月季联合会区域性大会首次在中国召开。展会以"和平、和谐"为主题，由世界月季联合会、中国花卉协会月季分会、常州市政府共同主办，来自 17 个国家的 200 多位花卉专家和花艺大师，以及国内 50 多个城市的园林绿化主管部门和有关企业参加了展会。由威海市园林建设集团绿苑风景园林设计有限公司设计、绿苑花卉有限公司施工建造的作品《和》，占地面积 400 平方米，运用月季 20 多个品种 3000 多株，以"和谐"为主题，体现了威海如诗如画的人居环境，营造了宁静平和的唯美诗境，以展现威海人民纯朴浪漫的幸福生活。《和》以其紧扣主题的深厚内涵、独具匠心的设计理念、超然脱俗的造园工艺，获得展会月季造景艺术展最高奖项——特别金奖。在参加该展项的 50 多个城市中，威海市取得了总分第三名的好成绩。在月季插花展中，市园林建设集团绿苑花卉公司员工有 2 项作品获得铜奖。

【"威海园"获金奖】 5 月 8 日，由国家住房和城乡建设部、济南市政府共同主办、历时 6 个半月的第七届中国（济南）国际园林花卉博览会闭幕。在全部 108 个室外展园中，由威海市园林管理局指导、威海园林建设集团设计建设的"威海园"，以"凝·福"为主题，占地面积 2000 平方米，利用现代表现手法与形式，综合运用传统材质与新型材料，将威海山、海、城、岛等自然元素与幸福门、海草走廊、百福图、芦苇荡等景观元素全面整合，"浓缩"到展园中，充分展现了威海"和谐、宜居、幸福"的历史文化和独有的城市景观。同时，"威海园"在室外展园奖项中还获得植物配置奖大奖、施工奖优秀奖、建筑小品奖优秀奖。在室内展园各奖项中，威海园林建设集团有 2 项作品获得盆景奖铜奖，3 项作品分别获得赏石奖金、银、铜奖，1 项作品获得摄影奖铜奖。5 月 7 日，住房和城乡建设部下发了《关于表扬第七届中国国际园林花卉博览会先进城市、单位和个人的通报》，威海市获"第七届中国国际园林花卉博览会城市组织奖"；市园林管理局被授予"第七届中国国际园林花卉博览会先进集体"称号，3 人被授予"第七届中国国际园林花卉博览会先进工作者"称号。

【出台关于加强市区建设项目配套绿化建设管理的意见】 5 月 18 日，市城乡建设委出台了《关于进一步加强市区建设项目配套绿化建设管理的意见》（威建发〔2010〕17 号），规定由市园林管理局具体负责市区建设项目配套绿化建设的行业指导、监督考核和管理工作，提出了配套绿化的管理范围、建设程序、绿化设计原则、绿化设计审批、绿地面积计算、绿化施工管理、绿化工程验收、绿化养护管理等要求，并指出建设单位在办理施工图审查和竣工验收备案手续时，应向绿化主管部门办理绿化工程设计方案审查手续及备案手续（即严格实行"绿色图章"制度）。

【出台市区城市绿化养护管理考核暂行办法】 9 月 30 日，市城乡建设委出台了《威海市区城市绿化养护管理考核暂行办法》（威建发〔2010〕26 号）。考核办法以山东省《城市绿地养护服务规范》（DB37/T1174−2009）和《城市公园服务规范》（DB37/T1172−2009）、《威海市区城市绿化养护管理办法》（威政发〔2008〕28 号）为依据，提出主要对威海市区各公园、广场及城市干道绿化养护管理情况和相关责任单位组织管理情况进行考核，对考核小组、考核时间和方式作了明确规定，并对有关园林绿化管理部门、单位提出了具体要求。

【文化路（市区段）绿化改造工程竣工】 文化路（市区段）绿化改造工程于 4 月 10 日开工，6 月 30 日竣工。工程改造人民广场绿地、市委党校门前绿地、樱花小区及馨园、古陌小游园、五交化小游园绿地面积 6.3 万平方米，累计投资 413.4 万元，栽植各类乔木 249 株、灌木 1863 株，栽植草坪 3050.8 平方米。

【海滨路环海路景观绿化工程竣工】 海滨路环海路景观绿化工程于 3 月 12 开工，6 月 30 日竣工，累计投资 349.1 万元。工程共栽植各类乔灌木 3.8 万株、花卉 15.2 万株，栽植草坪 6000 平方米。工程设计以雪松作为常绿背景，利用彩叶乔木、观花植物、低矮花灌木、宿根花卉等合理搭配形成复合层次的植物群落，局部点缀景石以营造生态、自然、精美别致的景观点。整体绿化力求达到四季常青、三季有花的景观效果。

【文化路绿化上档升级改造工程竣工】 文化路绿化上档升级改造工程位于威海高技术产业开发区，东起古寨东路，西至世昌大道。工程于 3 月 8 日开工，

8月30日竣工，绿化总长度18.4公里，施工面积9.2万平方米，累计投资2707万元。工程栽植各类乔灌木1.2万株、花草51.7万株。该工程绿化设计力求反映威海特色、时代风貌，结合文化路车速度快、车流量大的特点，绿化突出景观、生态效益，满足威海公路绿化设计的需要，贯彻“四季常绿、三季有花、错落有致、色彩丰富、简洁明快大气势”的设计原则，达到避光防眩、引导视线、改善环境的目的，提供优美、舒适、安全的绿化环境。

（姜晓飞）

公用事业

【概况】 2010年，全市完成发电量66.09亿千瓦小时，比上年增长5.5%；实际用电量86.2亿千瓦小时，增长14.5%。全市城市供水总量1.27亿立方米，增长10.3%。全市天然气供应总量6369万立方米，增长37.2%；液化气供应总量2.47万吨，下降12.3%；有141.54万名城市居民用上了燃气，燃气普及率达99.43%。全市蒸汽供热能力3280吨／小时，热水供热能力4395兆瓦；集中供热面积3754万平方米，增长11.9%。年末市区有公共汽车运营线路53条，线路网长度220公里，运营线路总长度750公里，公共汽车866辆。全年公共汽车客运总量10.89亿人次。市区有出租汽车1526辆。

【城乡供电】 2010年，全市全社会用电量完成86.24亿千瓦小时，比上年增长14.53%。其中，工业用电量58.26亿千瓦小时，增长15.71%；城乡居民用电量12.69亿千瓦小时，增长4.96%；其他用电量15.29亿千瓦小时。威海供电公司获“全国‘安康杯’竞赛连胜杯”奖和“国家电网公司文明单位”、“威海市工作优秀单位”等称号。

电网发展进一步提速 完成《威海电网“十二五”规划编制》并纳入《威海市“十二五”规划纲要》。建成投运华能威海发电有限责任公司三期送出、220千伏泽头和110千伏岗山输变电工程，新增35千伏及以上线路181公里、变电容量42.3万千伏安。加快城市配电网建设，直供区10千伏线路拉手率达到84.3%，绝缘化率达到57.5%，分别比上年提高1.6和3.8个百分点。积极推动新能源发展和消纳，4座风电场、29万千瓦机组顺利并网，全市首批22个电动汽车充电桩建成投运。“十一五”期间，全市电网投资总额达到30亿元，比“十五”期间增加20.8亿元，其中2010年投资10.2亿元，占“十一五”投资总额的34%。

电力保障更加有力 对全市重要及高危客户开展一轮安全用电检查，发现安全隐患117项，及时督促客户进行整改。开展安全设施标准化建设，完成12个变电站标准化治理。开展输电线路防风偏、防舞动和防雷击等专项治理，对重点线路加装防舞间隔棒218只，完善防雷措施252处，因外力破坏引起的电网故障比上年下降27.5%。加强应急演练，强化安全管控和应急管理，成功化解“1·20”和“2·28”大风寒潮可能带来的电网大面积停电风险，确保2010年HOBIE（霍比）世界帆船锦标赛、威海长距离铁人三项世界杯系列赛等重大活动和“迎峰度夏”等重要时期的电力供应。

服务品质显著提升 全力支持企业发展和城中村改造，建成业扩服务中心，进一步优化业扩报装管理，高压客户工程平均接电时间缩短6.8天，59个村供配电设施按时送电。认真落实新建居民小区供配电设施配套费政策，确保小区供配电设计、建设标准10年不落后。扎实开展“彩虹工程”百日提升行动，完成“一户一表”改造3.2万户。青年志愿者深入21个社区、29个乡村、50家企业，帮助客户解决用电困难。开通“彩虹服务”网上营业厅，设立110个社会化代收电费点，新装8台24小时自动缴费终端，为客户提供更加便捷的用电查询、电费缴纳等服务。认真落实群众反映的用电问题，处理率、满意率达100%，全面兑现了十项服务承诺。

农电事业健康发展 初步完成农网“十二五”规划，优化农网改造升级工程计划，对“十二五”期间县域电网网架、变电站布点及中低压配网进行合理规划。筹措资金1.6亿元加强农网建设改造，新建改造35千伏及以上线路125.8公里，新增变电容量10.9万千伏安。开展“农村低电压盲区”专项整治活动，整改低压台区212个。进一步细化、量化电气化建设标准，新建1个电气化县（市、区）、4个电气化镇、278个电气化村。加强供电所专业化管理，崖头供电所被评为全国标准化示范供电所，87%的供电所成为全省标准化供电所。

（安景德）

【城市供排水】 2010年，全市城市供水总量1.27亿立方米，比上年增长10.3%。全年生产用水量5160万立方米，增长21.2%，生产用水量占全部供水量的比例由上年的36.9%上升到40.6%；全年居民家庭用水量3342万立方米，下降10.2%，居民家庭用水量占全部供水量的比例由上年的32.3%下降到26.3%。用水人口达142.35万人，用水普及率100%。人均日生活用水量达121.18升，增加0.98升。其中，市区供水总量6017万立方米，比上年增长7.4%。全年生产用水量2646万立方米，增长18.0%，生产用水量占全部供水量的比例由上年的40.0%上升到44.0%；全年居民家庭用水量1462万立方米，下降7.4%，居民家庭用水量占全部供水量的比例由上年的28.2%下降到24.3%。用水人口达到59.03万人，用水普及率100%。人均日生活用水量达到122.34升，减少2.13升。年内，威海市水务集团有限公司完成供排水工程投资4.5亿元，铺设管道253公里，供水能力达到31万立方米／日，二级污水处理能力20万吨／日。全年供水总量5399万立方米，增长7.7%；处理污水4845万吨，增长13%；供水漏失率控制在12.1%，污水处理率达到93%。

市区河道环境实现根本改观 对市区15条河道展开了大规模的清淤治理，先后动用各类机械达3800台班，参加治河人数2.60万人次，投入资金1.25亿元，清运淤泥63万立方米，沿河铺设污水管道208公里，并网排污口

1016个，日截流污水8800立方米，种植各类水生植物1.20万株，绿化河岸1万平方米。经过14个月的集中攻坚，15条河道全部恢复了自然生态，为人居威海增添了更加亮丽的城市景观。

城市供排水保障能力进一步增强　总设计能力为20万立方米、一期工程10万立方米的苘山净水厂建成运行，提升能力20万立方米的米山泵站总体工程同步完成，米山至苘山15公里管道和苘山至初村20公里的大口径管道全线贯通；威海经济技术开发区污水处理厂4万吨扩建工程全部竣工并投入运营；初村污水厂管道设施配套到位，有效解决了初村区域的污水问题；合庆污水处理厂深海排放工程竣工，合庆周边污水全部输送到威海经济技术开发区污水处理厂进行处理；实施羊亭至初村污水处理厂管网配套工程，解决了羊亭污水出路问题，保护了双岛湾生态环境；改造文化路、海滨路等路段供水管网，有效解决了部分区域水压不足等问题；实施大操场及新威附路的污水管网改造工程，为大操场改造创造了重要条件；建设桥头供水基地，切实保障了镇区用水。在完成上述工程的同时，全年实施小型工程1445项。

污水整治成效显著　完善合庆湾周边污水管网，并对附近污水进行了集中处理，大幅提升了合庆湾水环境质量；对初村污水处理厂服务范围内的污水进行了普查和收集并网，为污水处理厂投产运行提供了条件；对威海高技术产业开发区污水处理厂处理工艺进行了改造，进一步提高了处理效果和出水水质，确保污水处理厂出水达标排放；加强对市区污水管网设施的检修维护，完成各类污水维修服务3940份，用户满意率达99.9%；加强排水许可管理，结合“五小”行业整治，有效解决了排水设施不完善等问题；加大污染整治力度，封堵排污口360处，解决污染点源160个。

安全生产再创好水平　严格落实安全生产责任制，完善修订了13项安全规章。组织开展了氯气泄露、消防等多种模拟演练，参加职工300多人次。加强施工安全管理，有力规范了施工行为和秩序。把下井作业安全摆在重要位置，严格了相关操作规程，配备了防护装备和器具。加强水质管理，水质综合合格率达到99.4%。投资150万元，购置了气相质谱仪等先进仪器，检测能力增加到104项。成立专业化队伍，对市区35座加压泵站、30座水池和74套无负压设施加强管理维护。年内，在安全生产管理方面投入资金达500万元，形成了全覆盖的防控格局，全年没有发生任何安全生产事故。

服务质量进一步提升　紧紧围绕“市管企业服务提升年”活动，先后走访用户达17万多户，水表抄见率达99.9%，抄表准确率达99%，水费回收率达98.8%。加大力度推进城中村供排水改造，推行超前服务、真情服务和快捷化服务，逐村进行摸底调查，及时了解改造需求，跟踪服务每一个改造项目，并科学制定供排水配套方案，实行优先安排、优先施工，确保了改造进度。先后为城中村改造配套资金1.3亿元，缓收资金8060万元。在全市行风评议中，市水务集团一直排在前列。

（姜晓飞　王永涛　张昕）

【城市供热】　2010年末，全市蒸汽供热能力3280吨／小时，热水供热能力4395兆瓦；集中供热面积3754万平方米，比上年末增长11.9%；管道长度3267公里，增长11.2%。其中，市区蒸汽供热能力2390吨／小时，热水供热能力980兆瓦；集中供热面积2453万平方米，增长11.1%；管道长度2193公里，增长14.6%。

供热计量及节能改造　至年末，威海市供热计量及节能改造完成面积164.4万平方米，超额完成了“十一五”期间150万平方米的计划任务。其中，供热计量及外墙外保温改造面积24.46万平方米，受益居民室内温度提高3～6摄氏度，供热计量及节能改造工作取得了阶段性成果，积累了经验，为顺利完成“十二五”计划任务打下了基础。

加强供热行业基础建设　开展供热行业“优质服务年”活动，将优质服务融入和谐社会进程，有效推动了城市供热事业又好又快发展。城市热力设施规划建设实现了全覆盖。全面完成了《威海市供热专项规划》的编制、评审，规划范围覆盖荣成、文登、乳山市，并逐步向镇村延伸。热力设施建设力度超前。组织实施了威海热电集团有限公司8号机组和初村供热一站建设，完成了合庆湾区域供热高温水、田村区域主管网等建设工程，启动了9号炉土建施工；完成了威海市第二热电厂130吨／小时的循环硫化床锅炉工程，完成了威海博通热电股份有限公司原有机组、供热管道的全面改造，建设了威海工业新区热源厂、崮山供热站、桥头供热站及配套管，全年新增供热用户3.2万户、供热面积310万平方米。强化行业管理，全面培育和规范热力市场。实行市场准入制度。按照管理权限，对12家已取得“供热经营许可证”的供热企业进行了年检，组织开办安全培训班5次、安全技能培训班3次，培训人员2000多人次，从业人员持证上岗率100%。

强化热力工程的全过程监管　出台了《威海市燃气热力工程建设管理暂行规定》、《威海市建设工程室内采暖设计施工管理办法》等规范性文件，建立健全了工程审查审批和竣工验收备案等制度，坚决制止无资质设计、施工行为。对存在问题较重的8家单位，责令其立即停止违法行为，从源头上确保工程质量和运行安全。全方位开展安全生产大检查，完善了供热应急预案，做到了抢险队伍、机具设备、技术方案、通讯联络、组织领导“五个到位”。组织在全市范围内开展春季、秋季、冬季安全生产大检查，查出安全隐患89项，下发安全隐患整改通知单21份。

开展建设领域节能减排活动　深入开展建设领域节能减排活动，不断推进供热体制改革。积极推进供热技术革新。出台了《城市集中供热管理办法》，鼓励企业大力推进供热系统节能技术改造。威海热电集团投资3亿元，建成了山东省规模最大的循环水供暖工程，采用“低温循环水供热、蒸汽驱动循环水泵、混水换热、计算机远程调控”等系列节能技术，系统解决了热源、热网、换热站和热用户等多个环节的供热耗能问题，每个供暖期可节约标准煤13万吨，节水100万立方米。在全市范围内积极推进供热分户计量。自威海市被列为全国12个供热计量改革示范城市后，先后出台了《关于提高住宅设计质量有关问题的通知》、《关于对市区市内采暖系统实行分户控制改造的通知》、《关于加强供暖分户控制改造的意见》，把供热采暖的安全、节能、环保、卫生等技术要求纳入住宅工程建设的强制性条文，规定所有新建住宅室内的供热分户控制系统与住宅工程同时设计，同时施工，同时验收；对既有建筑，产权单位或居民结合室内采暖系统的维修、更新，有计划、分步骤地进行分户控制改造。市区14.9万户单户控制改造全部完成；完成了7个小区的供热计量改造，完成既有居住建筑节能改造81万平方米，完成三年改造任务的54%。

召开全市供热计量及节能改造工作会议 10月12日，全市供热计量及节能改造工作会议召开，副市长房德阳出席会议并讲话。会议对实施供热计量及节能改造的意义进行了强调，对供热计量改革试点工作进行了总结，对"十二五"期间威海市既有建筑供热计量改造工作进行了部署，拟改造既有建筑1062.37万平方米（居住建筑680万平方米、公共建筑382.37万平方米）。

【城市供气】 2010年，全市天然气供应总量6369万立方米，比上年增长37.2%；液化气供应总量2.47万吨，下降12.3%；有141.54万名城市居民用上了燃气，燃气普及率达99.43%，比上年提高0.19个百分点。其中，市区天然气供应总量5441万立方米，增长19.4%；液化气供应总量3318吨，下降50.7%；有58.93万名城市居民用上了燃气，燃气普及率达99.83%，比上年提高0.12个百分点。

天然气建设工程进展迅速 2010年，威海港华燃气有限公司迅速推进天然气管网建设工程，在城中村改造管线配套项目上实行领导包村、责任到人，确保回迁户按时用上天然气。全年整体竣工城中村燃气配套项目89个、3.60万户，完成投资9000万元。天然气管道向市（区）延伸。建成了文登经济开发区虎山路12公里次高压管线工程，为沿途用户用气提供便利，并为下一步向外发展提供了气源保障；建成了荣成市北外环至港西52公里次高压管线工程，为充分满足荣成市工商业、居民生活用气提供了保证。

（姜晓飞）

【城市公交】 2010年末，威海市区有公共汽车运营线路53条，线路网长度220公里，运营线路总长度750公里，公共汽车866辆。全年公共汽车客运总量1.09亿人次，平均日客运量29.8万人次。市区有出租汽车1526辆。

城区公共交通 2010年，威海公共交通集团有限公司拥有各类营运车辆890辆，其中，公交营运车辆619辆，营运线路53条，线路总长750公里。全年完成公交客流量1.09亿人次，比上年增长18.3%；完成公交营运里程2609万公里，增长14.3%。投资1950万元，新购车辆41辆，更新充实7条公交线路运营车辆，开通20路戚家庄至孙家疃、52路火车站至魏桥电厂两条新线路；合并重复系数较高的3和8、22和23路线，延伸调整16路和43路，加密13条线路高峰期发车班次，延长10条线路运营时间，形成高峰和夜间两个特殊时段的公交运营网络，方便了群众乘车，提高了公交整体运营效率。世界银行贷款绿色公交走廊示范项目获山东省发改委立项，完成了《绿色公交走廊示范项目可行性研究》和快速公交（BRT）初步设计方案。编制完成了《威海市公共交通专项规划》，5月19～20日组织召开评审会，专家组一致认为规划总体达到同类城市国内领先水平，通过评审。采取新购和"油改气"两种方式加快发展天然气公交车，投资1040万元，购置天然气公交车21辆；投资413万元，完成"油改气"公交车59辆。至年末，市区拥有天然气公交车108辆，有13条线路投入天然气公交车运营，全年节省燃油费100余万元，减排二氧化碳1000余吨，节能环保成效显著。根据有关法律法规，威海市公共交通总公司改制为威海公共交通集团有限公司，成为国有独资公司。按照现代企业管理制度的要求，集团公司设立了董事会、监事会等，进一步明晰了产权关系，健全了法人治理结构。开展"公交服务提升年"和"安全生产基层基础年"活动。推行驾驶员星级服务考核管理，将驾驶员的车厢服务、安全行车、机务管理、营运收入纳入考核，建立驾驶员服务档案，综合评定驾驶员的服务星级。经初步考评，公司三星级以上驾驶员达82%。积极引导公众参与公交服务管理，成立专门工作小组，走访社区居民，征求服务意见，了解市民出行需求，同时充分利用行风热线、政府信箱、公交热线等平台，收集市民的意见和建议，年内受理乘客各类意见810余条。针对各渠道反馈的信息，公司先后增加高峰期、节假日加班班次1.4万个，调整站点3处。注重夯实安全管理基础，有针对性地完善了公司《安全管理办法》，健全基层单位安全生产组织机构和应急保障体系，全面落实"一岗双责制"，加大对行车安全、消防安全等各类安全隐患的排查整治力度，确保安全生产形势持续稳定，全年各项安全指标均低于部颁标准。公交整体服务水平和社会形象得到全面提升，2010年市民对公交服务满意度首次上升到90%。落实公交惠民政策。公司与市残联、民政局联合为盲人、下肢残疾人、伤残军人和警察办理乘车优抚卡。至年末，市区免费、优惠乘车群体包括老年人、现役军人、学生等10类，有2万余人享受到免费乘车待遇，有5.5万名老年人、中小学学生享受到半价乘车优惠，充分体现了国有公交企业的社会公益性。

城郊公共交通 威海市城郊公共交通有限公司是集公交客运、汽车出租、汽车维修、房屋租赁等于一体的综合性公交企业，主要从事发往桥头、泊于、初村、草庙子、温泉、崮山、羊亭7个镇的公交客运业务。公司下设客运分公司、包车分公司、餐饮分公司、园林绿化分公司、出租车公司等10个分公司。2010年，更新公交车18部，增加备用机动车3部，用于满足节假日客流高峰期用车。至年末，公司有公交线路21条，营运车辆196部，其中线路班车132部。营运车辆总座位达到6999个，日发班次689个，日行驶里程4.16万公里，村村通车率达99.9%。先后开展了"安全生产基层基础年"、"安全生产月"和"安全百日无事故竞赛"等多项安全生产活动，不断夯实基层基础工作。开展安全生产大检查，从源头上预防和减少了各类事故的发生，确保公司安全形势的稳定。场站基础设施建设取得新进展，威海工业新区城郊客运总站站务用房初步通过质量监督部门的竣工验收，已投

入使用；威海初村客运站建成主体工程；温泉城郊客运站完成项目的选址、环保手续和项目立项的审批、土地手续办理等工作。公司全力打造“情满城郊”服务品牌，充分利用行风热线、市长信箱等平台收集乘客意见和建议，及时改进服务，2010年乘客意见处理率达100%，乘客满意率达98%。公司被授予“全市交通系统先进单位”、“全市交通系统安全生产工作先进单位”称号，并继续保持了“市级文明企业”、“市级百佳诚信单位”之一称号。

（江方　鞠冰冰）

【城市环境卫生】　2010年，全市城市道路清扫面积达2648万平方米，其中机械清扫面积1336万平方米，机械清扫率50.5%；实施建筑垃圾定点投放制度，安装了新型垃圾箱，进行生活垃圾分类收集试点；全年清运垃圾粪便65.51万吨，基本是日产日清；全年垃圾无害化处理量55.18万吨，无害化处理率达100%；有公共厕所250座，均为水冲式。其中，市区道路清扫面积达到1263万平方米，其中机械清扫面积890万平方米，机械清扫率70.5%；全年清运垃圾粪便28.78万吨，基本是日产日清；全年垃圾无害化处理量25.38万吨，无害化处理率达100%；公共厕所109座，均为水冲式。

出台市区环境卫生管理考核暂行办法　9月2日，威海市城乡建设委印发了《威海市区环境卫生管理考核暂行办法》。办法规定威海市区环境卫生管理考核范围是指由环翠区、威海高新技术开发区、威海经济技术开发区、威海工业新区环卫部门负责的纳入财政经费管理的区域。办法对环境卫生考核内容及质量标准、考核评分标准等均作出了明确规定。

威海市垃圾处理厂二期工程主体完工　威海市垃圾处理厂二期工程自2009年开工，至2010年底，已经完成了全部设备安装和除景观绿化外的土建工程施工，进入调试阶段。工程投入使用后，将进一步提升威海市城市生活垃圾减量化、资源化、无害化处理水平，有效增强威海市城市公用设施承载能力和服务水平。

（姜晓飞）

建筑业

【概况】　2010年，组织开展了工程建设领域突出问题专项治理活动，将全市市政基础设施纳入工程建设管理范围，对乳山银滩旅游度假区等省级开发区的建设市场管理体制进行了全面理顺，加强施工现场建筑渣土及散流物体运输管理、商品混凝土出厂管理，推行工程量清单计价方式招标和计算机辅助评标。集中开展全市工程建设项目综合执法检查、安全生产年行动，开展勘察设计、招投标、建设机械等专项检查，检查出各类质量、安全隐患3260条，13家企业被注销资质，1家企业被降低资质，3家企业被暂停招标资格。完成了1078项工程、总建筑面积1475万平方米的施工图设计审查，完成勘察报告审查455份、建设面积1331.24万平方米，提出审查意见4285条。办理建设工程招投标项目992个、总面积927万平方米，投资额8亿元。建立了建设科技专家库，强化工程质量、安全生产监管，创建省级安全文明示范工地6个、安全文明优良工地13个、安全文明施工小区3个，162个工程被评为市级优良工程。为农民工发放《维权知识手册》1万多份，征收建筑劳保金2.38亿元，解决拖欠农民工工资500余万元，涉案人数、拖欠总额、越级上访等指标比上年大幅下降。完成建筑业总产值187亿元，完成增加值56亿元，实现利税18.7亿元，分别比上年增长23%、21%和11%；完成外埠施工总产值10亿元，增长12%。全面执行国家及省建筑节能设计标准，市区新建建筑节能标准设计阶段执行率100%，施工阶段节能强制性标准执行率98.5%。完成既有居住建筑供热计量及节能改造164.4万平方米，完成太阳能热水器系统新建工程155万平方米，完成应用地源热泵、污水源热泵系统等新建工程25万平方米。蓝星万象城、新北洋等光伏建筑一体化示范项目被列入国家光伏发电集中连片建设试点项目。

【开展工程建设领域突出问题专项治理活动】　7月10日起，市城乡建设系统组织开展了工程建设领域突出问题专项治理活动，全市范围内总投资额在50万元以上的项目全面进行了自查自纠和滚动排查。会同市监察局组织对中心城市投资额在50万元以上的市政基础设施项目进行了全面排查整改，配合市治理工程建设领域突出问题工作领导小组对全市投资总额在3000万元以上的项目进行了全面排查。对监督检查发现的未严格履行基本建设程序和部分专业工程未严格履行招投标程序的2个项目，按照有关法律法规进行了处理；对文化路改造工程的工程质量差和工期延误问题，依据有关法律法规和《威海市建设市场信用档案管理办法》的规定，对相关责任单位和责任人停止其招投标资格、记不良行为记录并予以全市通报。

【全面整顿和规范建设市场秩序】　按照省、市“安全生产基层基础年集中行动”和工程建设领域突出问题专项治理活动工作部署，针对季节特点，市城乡建设委组织开展了4次安全生产集中行动，全面做好隐患排查治理和监督检查工作。组织开展工程质量和安全生产大检查活动，检查出各类问题和质量安全隐患830条，下发整改通知单80份，下发停工通知书32份，对25家企业记不良行为记录，对16家企业停止一定时期投标资格，对1家企业进行罚款处罚，资质降级2家，取消资质8家。组织对全市招标代理机构进行了全面检查，对达不到资格标准要求的3家企业记不良行为记录并暂停招标代理资格，对档案资料整理不规范的1家企业限期整改。2010年，全市城乡建设系统房屋建筑和市政工程施工未发生死亡事故，工程质量安全整体处于受控状态，安全生产继续保持稳定态势，建筑市场秩序不断规范。

【加强市政基础设施工程建设管理】　8月11日，市城乡建设委下发了《关于进一步加强市政基础设施工程建设管理的通知》，采取有效措施切实加强市政基础设施工程建设管理。一是转变思想观念，明确部门职责，形成相互监督、相互制约的管理体制；积极转变工作思路，充分引入市场竞争机制。二是落实招标投标各项规章制度。依法将市政工程招投标全面纳入建设行政主管部门监管范围，统一全市市场准入、评标办法和市场主体信用档案管理，全面清理自行规定和设定的招投标限制条件，规范招标代理市场和评标专家行为，全面推广应用威海市建设工程招标投标网络管理系统，加强招标中标后的跟踪管理，营造公开、公平、公正的市场氛围。三是严格落实工程建设管理各项规章制度。严格市政基础设施项目基本建设程序管理，执行图纸审查、招标投标、质量监督、安全监督等法定制度。四是严格按照标准规范组织施工活动。坚持图纸会审制度，严格按照规范标准进行施工；对重点部位和关键环节，制定专门的施工技术方案和有针对性的质量安全措施；各方责任主体和监管部门要保证工程实施全过程的原始记录、竣工验收资料的真实性和完整性。五是加强对施工活动的监督管理。将所有市政基础设施工程建设活动全部纳入日常监管范围。建立工程建设信息系统，落实质量责任终身制。强化部门联动机制，实现市场和施工现场的联动管理，严厉打击各类违法违规行为。

【规范勘察设计市场秩序】 6月2日，市城乡建设委下发了《关于开展2010年全市勘察设计市场专项检查的通知》。根据通知要求，审查了72家企业上报的专项检查资料，重点抽查了26家企业，核查企业的执业师、技术骨干到位情况及市场行为等，根据检查情况对13家企业资质建议省住房和城乡建设厅予以注销，降低1家企业资质等级，限期整改4家，通报批评并记不良行为记录8家。下发了《关于开展工程设计资质换发新证书的通知》，完成工程设计新资质换证工作。通过换证工作，加强对企业和注册执业人员的监管，促使部分企业解决管理和运行机制落后以及优秀勘察设计人才匮乏、人才流失严重等问题，提高企业核心竞争力。

【太阳能光热、光伏建筑一体化应用工作发展迅速】 文登南海30兆瓦光伏发电示范项目、威海经济技术开发区20兆瓦光伏示范区项目、三角集团有限公司2兆瓦光伏示范电站开工建设，并申报国家补助用户侧光伏发电集中连片建设试点项目，蓝星万象城、新北洋等光伏建筑一体化示范项目已列入国家2010年太阳能光电建筑应用示范工程，获得国家扶持资金1964万元。

【建筑企业劳保金管理工作取得新突破】 不断加强建筑企业养老保障金管理制度建设，积极调整工作思路，在劳保金征收、拨付等环节采取灵活多样的方法，完善措施，狠抓落实。全年劳保金征收拨付创历史最高水平，完成劳保金征收3.06亿元，比上年增长50.22%；拨付建筑施工企业1.52亿元，增长16%；催缴4100万元，增长13%，充分发挥了养老保障金社会“稳压器”、企业“保护伞”、职工“安全网”的作用，实现了建筑企业养老保障金管理工作整体上水平、上台阶，促进了产业发展和行业稳定。

（姜晓飞）

环境保护

【概况】 2010年末，全市环境保护系统有环境监测站4个，地表水集中式饮用水源保护区12个，面积1406平方公里。年内，完成污染减排项目38个，投资额4.2亿元。市区空气质量优良天数为347天，良好率达到95.1%，其中144天为优。《生态省建设市长目标责任书》年度考核、中心城市和荣成市城市环境综合整治定量考核、城市空气质量优良率、省控重点监管企业和城市污水处理厂综合达标率等均为全省第一，在全省污染物总量减排、重点企业和城市污水处理厂有效监管、重点河流水质改善、建成区空气质量改善4项考核中获得3个一等奖，在全省、全国首届环境监测技术大比武中获得全省团体一等奖、全省个人第1名和全国个人一等奖，在省考评委组织的2010年度科学发展综合考核群众满意度电话访问中得分全省第一，是开展群众满意度调查以来得分最高的一年。

【污染减排】 坚持工程、结构和管理三大减排措施同步落实，全市新改扩建城镇污水处理设施12座，新增污水处理能力12.1万吨／日；新建5个电厂脱硫工程，全市13家电厂全部完成脱硫设施建设任务，并对11家电厂的35个烟气旁路挡板实施了铅封，对11家电厂安装了脱硫设施DCS控制系统，对华能威海发电有限公司安装了脱硫设施工况在线监测分析系统。淘汰落后水泥生产线2条，“十一五”累计淘汰落后水泥生产线14条，比省政府下达的淘汰计划多2条。严格执行环评制度，否决“两高一资”（高污染、高能耗和资源性行业）项目17个，涉及投资近30亿元。全市化学需氧量、二氧化硫排放量比上年分别削减了5.66%和2.18%，“十一五”期间累计削减率分别达到18%和6%，圆满完成了省政府下达的“十一五”减排任务。

【污染防治】 完善了治污长效机制，制定实施了河流水质改善、近岸海域水质改善、集中式饮用水水源地水质改善、城市空气质量改善4个考核办法，全面实行市区空气质量分区公告制度和新建项目扬尘污染防治措施书面承诺制度。加快市区河道污染治理步伐，9条河道完成治理任务，新建改造沿河排污管道208公里，并网封堵沿河沿海排污口1016个，市区20条河道化学需氧量、氨氮平均浓度分别比上年下降12.8%和53.2%。推动新建7条机动车尾气检测线，建成了全省功能最为完备的机动车尾气检测监控信息管理系统并率先通过省环保厅验收，3500多辆在用机动车进行了以旧换新，近100辆尾气超标的小公共汽车实施了集中退市，市区1526辆出租车全部进行了更新并实施了双燃料改造，市区天然气公交车总数达到108辆。市区空气质量优良率达到90.41%，大气中二氧化硫浓度年均值比上年下降13.8%。

【环境安全防控与环境监管】 全面实

行新建项目环境风险评估制度，加大对环境敏感区域、高危行业的环境安全隐患排查整治和危险废物、废旧放射源、集中式饮用水水源地的环境安全监管力度，在全市50家产生危险废物的重点企业全面推行了规范化管理，及时送贮11枚废旧放射源，全面完成了集中式饮用水水源地标志牌设置工作，搬迁取缔水源地保护区内5处采砂点、4个违规项目，对城市污水处理厂进水口、市区14家重金属污染企业分别落实了剧毒物质和特征污染物预警监测措施，环境安全防控体系进一步完善。加大对企业的监管力度，对全市198家企业的排污口进行统一规范，对77家企业实施强制性清洁生产审核，对市区存在突出问题的65家企业分解落实到各区（开发区）政府（管委）跟踪督办解决；首次开展排污许可证管理试点工作，105家企业实现了持证排污。继续实行"一企一策一人监管"模式和超标企业日通报制度，进一步完善环境自动监控系统，在米山水库和所前泊水库建成了水质自动监测站，新建改造6个空气自动监测站，督导41家企业安装了在线自动监测设备、20家企业安装了视频监控设备、19家城市污水处理厂和废水排放企业建成了生物指示池，监管效能得到进一步提高。严格落实重点监管企业日查旬查制度，限期治理和处罚超标排污企业34家，在市区建立了污水处理厂出水达标率与污水处理费拨付挂钩制度，对超标的污水处理厂扣减污水处理费，增强企业守法治污的自觉性。省控重点监管企业和城市污水处理厂综合达标率达到99.5%,比上年提高了0.5个百分点，是自2008年省环保厅开展监管考核以来达标率最高的一年。

【生态市创建】 市政府召开了全市迎接国家环保模范城市复查工作会议，中心城市国家环保模范城市顺利通过省环保厅的预评估。把加强镇村环境保护作为争创国家生态市的着力点，突出加大对镇村污水、垃圾处理的推进力度，全市新建镇级污水处理厂6座，垃圾转运站17座，镇驻地污水得到集中处理的镇达到70%，生活垃圾实现"村收集、镇转运、市处理"和纳入城乡生活垃圾一体化管理的镇达到60%。建成国家级生态村2个，占全省总数的1/3。文登、乳山生态市创建分别通过国家验收和技术评估。省环保厅在威海市召开了全省农村环保工作现场会，对威海市加强农村环保工作的经验做法进行了推广，威海市被省政府授予"生态省建设先进市"称号。

【环境宣传教育】 在《威海日报》、《威海晚报》、威海广播电台、威海电视台等媒体上开辟了环保宣传专栏，新闻媒体发稿量达到900多篇，比上年增长17%，威海市齐鲁环保世纪行网站采稿量和获得"齐鲁环保世纪行好新闻奖"的稿件数量均居全省第一。评选表彰了14名"绿色"年度人物。绿色创建活动蓬勃开展，全市新增市级绿色学校18所、绿色社区35个，市级绿色学校总数达到92所，绿色社区总数达到85个。全市建成省市级绿色社区100个、绿色学校128所。

（张金胜）

附：2010年威海市环境质量公报

2010年，全市环保工作围绕"改善环境质量、确保环境安全、服务科学发展"三条主线，切实加大治污减排力度，着力解决环境污染问题，生态文明建设取得较大成绩。市区空气质量优良率、省控重点监管企业和城市污水处理厂综合达标率均居全省第一，环境质量在经济快速发展和城市化进程不断加快的同时继续保持优良状态，部分区域、流域和海域得到改善。

一、环境空气

威海市环境空气质量优良率为95.1%，空气质量为优的天数达144天，均居全省第一。大气中主要污染物二氧化氮年均值达到国家一级标准；二氧化硫和可吸入颗粒物年均值达到国家二级标准；环境空气污染指数年均值为59。

全市城市降水pH年均值范围在5.98至6.71之间，未出现酸雨。

全市二氧化硫排放量5.21万吨，比上年削减了2.18%。

二、水环境

在全市3条主要河流母猪河、乳山河和黄垒河布设12个监测断面，其中，5个断面达到国家地表水环境质量二类标准，5个断面达到国家地表水环境质量三类标准，2个断面达到国家地表水环境质量四类标准。所有断面水质均达到相应功能区标准要求。河流水质有所改善。

全市主要饮用水水源地水质保持优良状态。崮山水库和所前泊水库水质符合地表水环境质量标准三类标准，水质为良；米山水库、龙角山水库、后龙河水库、逍遥水库和湾头水库水质符合地表水环境质量标准二类标准，水质为优。

全市近岸海域水质处于优良状态。其中，达到国家海水水质一类标准的海域占8.7%，达到国家海水水质二类标准的海域占91.3%；近岸海域功能区达标率为100%。

全市化学需氧量排放量为1.43万吨，比上年削减了5.66%。

三、声环境

全市城市区域声环境质量昼、夜平均等效声级分别为52.4分贝～54.1分贝和42.1分贝～45.0分贝，城市区域声环境质量为二级，处于较好水平。

城市道路交通噪声平均等效声级稳定在68分贝以下，城市道路交通噪声强度为一级，处于好的水平。

城市〇类至四类功能区声环境质量昼、夜平均等效声级分别为46.1分贝～38.9分贝、50.3分贝～41.1分贝、55.3分贝～45.5分贝、57.2分贝～47.5分贝、62.2分贝～52.3分贝，均达到相应功能区标准。

通过卫星遥感测定和实地核查得出，全市生态环境生物丰度指数、植被覆盖指数、水网密度指数、土地退化指数、环境质量指数分别为85、81、67、34和93，生态环境质量指数为78，生态环境质量继续保持优级水平。

（威海市环境保护监测站提供）

编辑　李洪格

商贸服务业

综　述

【概况】　2010年，威海市商贸服务业坚持以科学发展观为指导、以加快发展为主题、以结构调整为重点、以流通现代化为方向，不断创新工作思路，优化发展措施，求真务实，攻坚克难，促进了商贸流通经济的又好又快发展。全市实现社会消费品零售总额683.99亿元，比上年增长18.6%，保持了持续快速的增长态势。从城乡领域看，城镇实现零售额494.68亿元，增长18.9%；乡村实现零售额189.31亿元，增长17.9%。从行业分类看，批发和零售业实现零售额623.52亿元，增长18.7%；住宿和餐饮业实现零售额60.46亿元，增长18.4%。从经济成分看，公有经济实现零售额226.74亿元，增长17.8%；非公有经济实现零售额457.24亿元，增长19.1%。从企业规模看，限额以上企业强力领涨，实现零售额377.7亿元，增长33.9%，拉动社会消费品零售总额增长13.9个百分点。从商品类别看，与人们日常生活密切相关的吃、穿类商品以及消费升级类商品全面上涨。其中粮油食品饮料烟酒类增长28.4%，服装鞋帽针纺织品类增长27.6%，金银珠宝类增长33.8%，体育娱乐用品类增长42.7%，文化办公用品类增长25.5%，汽车类增长32.7%，石油及制品类增长46.6%。

【开展“满意消费惠万家”系列活动】　全省搞活流通扩大消费电视会议暨“满意消费惠万家”活动启动仪式举行后，威海市认真贯彻会议精神，结合威海实际，创造性地开展工作。印发了4万多份《“满意消费惠万家”活动宣传提纲》，并充分运用宣传专栏、横幅标语、促销海报等形式，广泛发动。开展了“诚信兴商”百企百日活动，举办了“爱岗敬业、诚实守信”事迹报告会、“倡导诚信兴商、共建和谐社会”专题论坛，动员全市上下进一步提高认识，强化措施，把活动做深、做细、做实。各市（区）相继开展了“文明窗口”、“服务标兵”等评选活动，举行“诚信服务、满意消费”先进单位表彰会；各企业相继组织了“满意消费惠万家、健康消费家家悦”、“疯狂年中庆”、“农超对接大惠战”等大型促销活动高达3000余场次。“政府搭台，企业唱戏，消费者得利”的整体活动机制基本形成，经济效益和社会效益获得了双赢。

【推进农产品现代流通体系建设】　通过积极争取，威海市被列为全国首批农产品现代流通综合试点城市。采取以大型农产品流通企业为龙头的产供销一体化发展模式、以连锁超市为主体的“农超对接”发展模式和以农产品批发市场为基础的市场带动型发展模式3种模式，进一步壮大骨干龙头企业，不断拓展农产品销售网络，并加强与专业合作社的合作，加快发展农产品标准化生产基地，初步建成高效率、低成本、低损耗、安全通畅的农产品现代流通体系。出台了《关于进一步做好“农超对接”工作的意见》，支持鼓励家家悦、长江糖酒等连锁经营企业建设完善农产品配送中心，引导好当家、山泰食品等农业产业化龙头企业发展农产品连锁经营，探索了多种有效的“农超对接”模式，连接农民专业合作社530处，生产基地3.42万公顷，直采规模达32亿元。充分发挥出口农产品质量安全示范区全覆盖优势，坚持“两个市场、一个标准”，在全省率先开展“区超对接”工作，开设销售专区、专柜114处，年销售额达6.8亿元。支持荣成泰祥、文登健悦、乳山华隆等贸工农一体化企业加强冷链系统和质量安全检测系统建设，提高市场营销水平，将优质农产品打入省内外20余户大型连锁超市。实施了威海市农副产品批发市场搬迁扩建工程，新建了2处农产品批发市场，改造提升了5处农贸市场，形成了稳定、畅通、安全的农产品供应链。

【完善城乡便民利民服务网络】　从完善规划、规范管理入手，继续推进“万村千乡”市场工程，不断提升农村商品配送能力和农家店综合服务水平。组织开展了“万村千乡”市场工程全面评估，进一步加强监督检查力度，提高了工程建设质量和可持续发展能力。争取“万村千乡”市场工程项目资金430万元，支持建设改造3处现代化配送中心，新建改造“农家店”265处。至2010年，全市已发展各类农家店2300多处，覆盖全市所有镇和72%以上的村，农村安全消费半径缩减到2公里以内。大力推进以“便利消费进社区，便民服务进家庭”为主题的社区商业“双进”工程，进一步加强社区商业设施配置，完善社区综合服务功能。年内新建改造各类社区经营网点1200多处，其中社区综合超市和便利店43处。培育市级以上商业示范社区10处，其中国家级商业示范社区1处，省级商业示范社区3处，市级商业示范社区6处。经省级业务主管部门核准新增家政服务员定点培训企业2家，争取支持资金50万元，完成家政服务员培训3000多人，努力为城镇居民提供即时满意的家政服务。三威放心早餐工程有限公司被列入商务部、财政部“早餐示范”工程试点承办企业。年内投入资金625万元，对中心厨房和配送中心进行升级改造，经营面积增加至3400平方米。新建标准室内早餐连锁店11处，总量增至13处；新购置流动餐车30部，总量达150部；加盟配送网点达400多个，初步形成了遍布市区、卫生安全、便利实惠的早餐连锁供应网络。

【落实家电汽车惠民政策】 按照总体部署，将下乡家电产品由最初的4大类增加到10大类，扩大了有效供给。全面实施由销售网点代办申领并垫付补贴资金的办法，减少了审补环节，提高了审核兑付效率。开展家电下乡、家电以旧换新优秀经销网点评选活动，加大对家电市场专项检查力度，维护了家电市场正常经营秩序。组织各市(区)家电经销企业开展了送政策下乡、送服务下乡、送商品下乡的“三下乡”活动，主动贴近百姓生活，繁荣农村市场。认真履行家电、汽车“以旧换新”职责，优化工作流程，提高服务质量，促进耐用消费品升级换代。年内全市销售家电下乡产品21.2万台，销售额4.4亿元，发放补贴资金5978万元，分别比上年增长27.5%、89.9%和114.9%；销售“以旧换新”汽车5755辆，发放补贴资金8388万元。

【加快商业大项目建设】 实施大项目战略，筛选了一批带动能力强、产业关联度高、支撑作用突出的骨干项目，建立了项目库。对7个列入市级的重点项目和15个行业重点项目，建立跟踪协调服务机制，实行外商投资零售商业审批绿色通道，并充分发挥企业特派员作用，协调解决重大问题，优化发展环境，确保项目建设顺利实施。全市商业项目建设呈现规模大、起点高、业态新、速度快的良好态势。其中，日本永旺威海购物中心、韩国乐天玛特超市、苏宁电器威海购物广场相继投入运营。银座威海商城、家家悦九龙城休闲购物广场等项目也加快推进。这些项目特别是外资企业的建成运营，带来了新的经营模式，提升了商圈的集聚、辐射和服务功能，推动了流通结构升级和商业规模的扩大。

【整顿和规范市场经济秩序】 进一步完善市场信息采集和监测网络，提高了市场预测预警能力。针对因天气因素造成蔬菜产量下降、市场供应偏紧、价格不断攀高等情况，以大型连锁经营企业为依托，广泛筹集货源，增加市场投放，满足市场供应。完善了生猪等生活必需品的储备制度，增强了市场供应的应急保障能力。全年全市消费品市场运行平稳，供应有序，没有断档、脱销现象出现。积极争取进入全国商务综合行政执法试点城市，建立健全了举报投诉服务体系。严厉打击私屠滥宰等非法行为，有效规范了肉品市场秩序。投资500多万元，建立了肉品质量安全可追溯系统，预留了其他“菜篮子”商品追溯系统的扩展接口，以利于追溯平台扩展延伸、升级完善。结合屠宰企业的审核换证工作，取缔合并小型屠宰厂30处。组织开展了打击侵犯知识产权和制售假冒伪劣商品专项行动，建立了集中办公、信息报送、办公例会等制度，积极督导各级各有关部门突出重点、快速行动，查处各种违法案件110多起。

（尚敬尧）

粮食购销与加工

【概况】 2010年末，威海市粮食系统辖4个县级粮食局，39个独立核算单位（不含改制企业，下同）。其中，市直系统5个，荣成市10个，文登市9个，乳山市15个；国有企业职工1405人，资产总额10.73亿元。在确保全市粮食安全的基础上，全市国有粮食购销企业全年完成销售收入6.09亿元，完成

节日期间，市委副书记、市长孙述涛到家家悦超市考察商品供应情况

市贸易办提供

粮食经营总量180万吨，收购粮食10万吨。

【加强粮食市场调控】 完善粮食安全预警机制。认真落实市政府关于加强市场调控、确保粮油供应和价格基本稳定的部署，3月份，组织开展了全社会粮食、食用植物油及油料供需平衡调查，摸清了全市粮油供需基本状况，制定了全市2010年粮油供需计划，确保了供求总量平衡；面对农产品价格整体上涨的压力，深入落实粮油价格监测和社会粮食统计制度，及时开展市场行情调查，依托8个粮价监测点和38个规模以上加工经营企业，第一时间收集、分析信息，及时制定、落实调控措施，适度增加市场粮源投放规模，平抑粮食市场。最大限度地掌握粮源。精心组织夏秋两季粮食收购，适应国家最低收购价低于市场价格的形势，及时调整夏粮收购方案，在抓好定点收购的同时，不断延伸服务网络，组织各类粮食经营主体常年进村入户收购，千方百计掌握粮源。全年争取中国农业发展银行威海市分行贷款2.05亿元，全市各类粮食企业收购粮食10万吨，其中小麦6.5万吨。同时，为切实增加粮食有效供给，组织国有粮食购销企业先后参加了国家粮食交易中心组织的粮食竞价销售交易会，竞购2009年国家最低收购价小麦1.1万吨、玉米3.3万吨；积极与中国储备粮管理总公司驻威单位沟通，争取到4万吨跨省移库玉米计划，充实粮食库存。加强应急保障体系建设。认真总结"十一五"期间粮食应急体系建设情况，制定了《威海市粮食应急体系"十二五"建设规划》；深入落实《威海市突发粮食事件应急预案》，进一步完善了应急处置规程和网络，逐个梳理已认定的9家应急加工企业和66个供应网点，积极开展应急管理工作培训，11月，开展了向应急定点企业授牌活动，应急保障体系进一步完善；不断优化应急储备粮油数量和品种结构，在全面落实市级食用油和市区成品粮储备规模的基础上，根据市区人口数量和成品粮消费结构，完成了建立大米应急储备制度的相关准备工作。全市粮食应急工作责任明确、网络完善、粮源充足、保障有力。7月，市委书记、市人大常委会主任王培廷对市粮食局加强粮食安全保障能力的做法作出重要批示，给予充分肯定。

【加强储备粮油管理】 进一步加强粮油仓储规范化管理。以确保库存粮油安全为着力点，把握开展创建全省规范化管理"示范粮库"活动新机遇，组织粮食承储企业对照国家发改委《粮油仓储管理办法》、《威海市地方储备粮管理办法》和全省规范化管理"示范粮库"、"全国粮油仓储规范化管理先进企业"标准，建立健全和细化了各项仓储管理制度、标准和操作规范，全面提升管理层次和水平。年底，山东威海国家粮食储备库、威海市地方粮食储备库、荣成市粮食中心储备库、山东文登国家粮食储备库、乳山市粮食储备库等5个中心粮库全部被省粮食局认定为"山东省规范化管理示范粮库"，威海市成为全省唯一辖区内中心粮库全部为省级示范库的市。其中，威海国储库和文登国储库获"全国粮油仓储规范化管理先进企业"称号。大力推进科学保粮。依托威海市科技储粮指导组，加强科学储粮、绿色储粮技术研究，积极推广应用先进适用储粮技术，全市完成储粮技术研究课题7个，使用"微机测温、机械通风、环流熏蒸"三项储粮新技术的比率均达到100%。深入实施粮食信息化工程。在上年建立全市粮食宏观调控及储备粮信息化管理系统，市、市（区）和中心粮库实现储备粮管理三级联网的基础上，积极与信息系统开发单位沟通，重点对报表管理、机关建设等板块进行了整合、更新和升级，增强了系统的兼容性和实用性，储备粮油管理信息化水平进一步提高。加强职业技能培训。采取举办培训班、选送业务骨干外出进修等形式，对全市72名仓储保管员全面轮训了1次，并通过举办第二届全市粮食仓储保管职业技能竞赛，在全行业掀起学技术、比贡献的热潮，从业人员整体素质进一步提高。

【实施服务民生工程】 以搞活粮食流通、服务民生为着力点，深入实施粮食物流工程。认真落实国家、山东省粮食物流业发展规划，精心组织威海市粮食仓储物流中心项目建设，认真履行项目建设审批程序，不断完善落实项目法人责任制、招投标制、工程监理和合同管理制度，规范工程建设行为，保证了项目顺利实施。项目一期工程于10月投入使用，二期工程于年底前完成主体工程，预计2011年全面投入运营；争取山东省第二批调控资金贷款1000万元、中央预算内投资450万元。深入实施"放心粮油"工程。坚持把抓好"放心粮油"工程作为服务民生的重要载体，制定了"放心粮油进农村进社区示范工程"具体实施方案，通过加强"放心粮油"网络建设和品牌认证，推动"放心粮油进农村进社区"活动深入开展。全市累计认定放心粮油销售店37个、放心品牌15个；全年销售"放心粮油"10.4万吨，比上年增长13.0%。威海市金谷面粉厂有限公司、威海市金谷食品有限公司和乳山华美淀粉有限公司被认定为"全国放心粮油示范企业"。积极推进居民厨房工程。大力发展放心早餐产业，以威海金谷面粉厂有限公司和荣成祥禾食品有限公司等骨干企业为依托，不断加强中心厨房建设，优化网点布局，延伸服务网络，强化质量、卫生监管，营造放心、安全、便捷的消费环境，服务城乡居民。全市放心早餐点发展到372个，日上市早餐品种121个。加快实施粮食质检工程。充分利用中心粮库和骨干加工企业质检设施开展原粮、成品粮检验，抽检样品211个，合格率100%；全力抓好威海市粮食质检中心建设，制定了实验室建设方案，投资300万元购置了质检设备，组织了人员培训、计量认证等准备工作，年底粮食质检中心全面启用，搭建起市、市（区）、企业三级粮食质检网络。深入实施农村粮食产后减损工程。发挥行业优势，积极开展农户科学储粮活动，全年争取各级财政配套资金150万元，推广储粮示范仓5000个，农户可减少粮食损失20多万元。

【加强粮食流通监督检查】 认真组织粮食库存检查工作。借鉴2009年全国粮食清仓查库工作经验，组织全市国有储粮单位对储存的各类粮食进行全面检查，并按照粮权归属原则分别汇总。

全市各类库存粮食数量真实、质量完好、储存安全。积极开展创建山东省粮食规范化执法“示范县”活动。把争创“示范县”工作作为全年粮食行政执法的重要任务，严格对照省粮食局验收标准，逐条逐项查漏补缺，促进整体工作水平提升。在此基础上，通过组织执法人员外出考察、市内观摩和举办执法技能大赛、邀请专家讲评执法案卷等形式，进一步开阔执法人员视野，完善执法程序，提高执法实战能力和规范化水平，全市粮食执法工作实现了执法文书制作规范化、调查取证程序化、备案归档明细化，执法规范化建设成效显著。荣成市和环翠区被评为“全省粮食规范化执法示范县（市、区）”。加强粮食市场监管。采取经常性检查和重点检查相结合、独立执法和与有关部门联合执法相结合的方式，加大对粮食收购资格、粮食经营企业库存、政策性粮食出入库和成品粮油储备的监督检查力度。在夏粮和秋粮集中上市期间，会同工商部门集中开展了收购市场专项检查活动，查处违规收购粮食行为，维护了市场秩序。全年开展监督检查活动110次，检查经营主体238家，查处违规经营案件36起、粮食640多吨。大力开展粮食执法宣传。建立了执法经常性宣传机制，以国务院《粮食流通管理条例》颁布6周年为契机，启动了夏粮收购专项监督检查仪式，开展了以“强化依法管粮社会氛围、维护粮食市场繁荣稳定”为主题的宣传活动，在中心城区、产粮大镇和农村大集，大力宣传粮食流通法规、国家粮食收购政策、科学储粮和粮油质量鉴别知识等，提高了粮食执法的社会认知度和影响力。全年开展执法宣传活动4次。强化粮食经纪人管理。组织国有购销企业与700名证件到期的经纪人重新签订了行纪合同，建立了经纪人持证收购和跨区域收购备案制度，实现了对经纪人的全方位监管，发挥了经纪人衔接产销的作用。

【推动粮食产业发展】 大力培植骨干龙头企业。把握建设山东半岛蓝色经济区和高端产业集聚区的政策机遇，指导12个省、市级农业产业化龙头企业加快转方式、调结构，进一步优化产业布局，整合优势资源，强化产品质量和品牌建设，经济发展质量和效益明显提升。全市粮油加工业全年完成加工总量64万吨、销售收入39亿元，实现利润5951万元。依托龙头企业，通过建立专业合作社和原料基地，积极推进订单收购，促进了企业增效、农民增收，全市粮食企业优质农产品生产基地发展到1.6万公顷。积极推进技术改造和创新。引导企业以市场为导向，建立产学研相结合的技术研发和科技创新体系，大力发展粮油精深加工，拉长产业链条，提高市场竞争力和辐射力。全年完成技术改造、创新项目7个，总投资1.21亿元。大力实施“为企服务”工程。建立了领导分包企业制度，每名领导联系1～2家企业，定期深入联系企业调查研究，为企业排忧解难；积极落实和争取粮食产业扶持政策，协助3家企业通过了国家重点支持企业资格认定，为23家企业争取到储备业务免税政策。着力抓好出口创汇和招商引资，积极推进经济外向化。全年完成进出口总值5.17亿元，创汇7800万美元；引进招商项目2个，总投资1.1亿元。

（朱可智　侯洪强）

供销合作

【概况】 2010年，威海市供销社系统完成商品销售（营业）收入40.3亿元，实现利润4528万元，上缴国家利税4376万元，社会贡献总额1.55亿元，圆满完成了“十一五”规划确定的目标任务。至年底，全市供销社系统有商业网点860个，固定资产原值7.7亿元，资产总额22.4亿元。市供销社被威海市委、市政府授予“市级机关2010年度工作优良单位”称号，《加快传统优势产业核心集散地建设》获“2010年度市级机关优秀工作成果奖”。市供销社党委书记、理事会主任郭开森当选为中华全国供销合作总社第五次代表大会代表。

【农产品新型经营服务体系建设】 以农产品经营公司为运作重点，带动标准化基地建设、农民专业合作组织发展和“农超对接”工作开展，组织带动农民共同建立从示范到推广、从生产合作到信用合作、从田间地头到市场终端的农产品新型经营服务体系。2010年，全系统产品注册商标达到9个，销售农产品15万吨，农副产品购销额6.7亿元，比上年增长15%；新增标准化生产基地733公顷，累计达8066.7公顷，取得质量认证的农产品达13个；与30多家省内外大型超市公司、批发市场实现“农超对接”；举办各类技术培训班、现场观摩活动260多期，4500多人次受益；领办的专业协会和专业合作社总数发展到109个，分别占全市的33.3%和10%，发展社员和会员2.3万人，10个专业合作社纳入全国供销合作总社“千社千品富民工程”。威海绿源农产品物流有限公司成立后，先后申请注册了“绿源丰收”商标，开发了5个大类、16个品种的海洋食品，设立了建筑面积2000平方米的名优特农产品展示展销中心，品牌核心竞争力不断提升。文登汇润果品有限公司标准化生产基地被评为国家级农业标准化生产一类示范区、山东省农业标准化示范基地，投资建设的文登市米山果品产业园项目完成了1万吨气调库开工前期准备工作。

【农村商贸经营服务网络建设】 以荣成、文登、乳山市供销社被确定为全省供销社“推进农村现代流通网络建设县”启动试点单位为契机，制定完善了日用品网络建设实施方案，规划启动荣成市寻山、靖海，文登市文登营、宋村，乳山市诸往等7处镇驻地商贸服务中心。其中，寻山商贸服务中心、靖海商贸中心投入使用。在加强与家家悦超市公司合作的同时，精心抓好文登长江汇泉超市公司的培育，支持其向镇村延伸网络。2010年，全系统日用品超市发展到100处，进一步提高了镇域市场覆盖面。突出日用消费品经营、农化服务、农产品购销等经营服务项目，规划建设了荣成埠柳镇学福，文登市南桥、郭格，乳山市下初、唐家店子5处农村社区综合服务中心，累计达到41处。再生资源回收网络建设进一步得到完善，再生资源和旧货交易市场达到5处，回收网点发展到210多处，威海奥林旧货回收公司以田村旧货交易市场搬迁为契机，租赁四八〇九厂近1万平方米闲置设施，兴办的万阳旧物资交易市场于9月7日正式开业运营。乳山供销经贸公司大力发展“总部经济”，当年实现销售收入4.1亿元，入库税收8800万元，其中缴纳增值税7741万元。

【新型农资经营服务网络体系建设】 从农产品质量安全的高度出发，以农化服务为先导、以直销直供为手段、以资源优化整合为途径，不断压缩中间环节，进一步强化配送能力，全面推进新型农资经营服务体系建设。新建了占地面积3.3公顷、建筑面积1.9万平方米的荣成农资配送中心，成立了威海广丰园农资有限公司。年内，全系统改造农资农家店110多处，总数达550个，农资市场占有率达60%以上，测土配方施肥面积达1.4万公顷。开展“农资惠农活动”，通过提供技术、优质农资等服务，为农户节省开支10%。与青岛农业大学、山东农业大学及相关农业部门合作，在镇、村举办花生高产技术培训班60多期，花生高产试验项目效果明显，平均增产20%以上。

【新时期供销社组织体系建设】 围绕构建农村现代经营服务新体系，以直接组织农民、为农民提供有效服务为目标，以优秀基层社创建和龙头企业培育为载体，创新体制，搞活机制，开放办社，不断推进基层组织体系建设。2010年，基层社规划建设了40个项目，总投资3100多万元，基层社整体焕发生机。荣成滕家供销社入选2010年度全国“百强基层社”，荣成埠柳供销社被确定为全省16个重点启动基层社之一。全面启动荣成市花生深加工、农资物流、罐头食品加工，文登市肉食鸡孵化、农产品批发配送，乳山市冷冻食品加工、果品储存加工等产业项目，荣成副食品公司、山东弘达集团公司被评为省级农业产业化经营重点龙头企业。全系统9家企业成为市级以上农业产业化重点龙头企业，个数和规模居全省供销社系统前茅。

【《关于加快构建农村现代经营服务新体系全面推进供销合作社改革发展的实施意见》出台】 10月15日，市政府出台了《关于加快构建农村现代经营服务新体系全面推进供销合作社改革发展的实施意见》（威政发〔2010〕45号）。文件从新时期供销合作社改革发展的总体目标及加强农村现代经营服务新体系建设、供销合作社组织体系建设、对供销合作社改革发展的领导和支持等方面，为加快构建农村现代经营服务新体系，全面推进供销社改革发展作出具体安排。

【中国海洋产品集散基地成立】 10月16日，中国农产品流通经纪人协会、荣成市政府、威海市供销社等在荣成市共同举行“中国海洋产品集散基地”授牌仪式。全国供销合作总社党组成员、理事会常务理事、中国农产品流通经纪人协会会长于培顺，中国农产品流通经纪人协会常务副会长张元宗，山东省供销社理事会副主任刘力群、威海市副市长唐会礼、台湾农产品流通经纪人协会会长林瑞民等参加授牌仪式。于培顺、唐会礼为“基地”揭牌。谷雨网子网站“中国海洋产品集散基地”同步开通，荣成市农产品展销中心、荣成市农资配送中心同时开业。此举是中国农产品流通经纪人协会与地方供销社共同搭建服务平台的一次有益探索，也是创新农产品流通方式、整合资源、提升服务功能的一次创举，旨在进一步促进海洋产品的生产、加工、流通，推进新型农产品经营服务体系建设。

【全省供销社基层组织建设首期培训班在威海举办】 5月6～9日，全省供销社基层组织建设第一期培训班在威海举办，省供销社领导班子成员、各市供销社主任、重点县（市、区）和重点基层社主任100多人参加培训。参加人员实地参观考察了荣成埠柳供销社、上庄供销社、滕家供销社等工作现场。

（李海东）

烟草专卖

【概况】 2010年，全市烟草系统销售卷烟11.3万箱，比上年增长2.56%；单箱销售收入达到1.95万元，增长19.67%；实现利税4.48亿元，增长23.74%。全市查处各类涉烟违法案件822起，查获非法卷烟578.75万支，案值标的286.43万元。其中，破获公安部、国家烟草专卖局新标准网络案件6起，实现历史性突破。因涉案违法犯

10月16日，中国农产品流通经纪人协会、荣成市政府、威海市供销社等在荣成市举行“中国海洋产品集散基地”揭牌仪式　　　　市供销社提供

罪，依法拘留103人，逮捕38人，判刑17人。市烟草专卖局(公司)被市委、市政府授予“2010年度优秀工作单位”、“2010年度纳税明星企业”称号，继续保持了省级“文明单位”称号。

【卷烟销售网络建设】 年内，市烟草专卖局(公司)启动了“市场建设工程”，着力打造“一流市场、一流品牌、一流网建、一流服务、一流队伍”，提升卷烟销售网络运行水平。积极实施精准营销，加强货源组织，做到卷烟投放与市场真实需求基本吻合，实现卷烟销售平稳运行。强化品牌培育工作，以“532”、“461”知名品牌为重点，完善品牌规划，优化品牌布局，加大婚庆、旅游、宾馆饭店、社团和娱乐场所等重点市场开发力度，深入打造威海卷烟“名牌市场”，促进知名品牌在威海市场快速、健康发展。推进“亮丽终端”建设，协调山东、浙江中烟等工业公司投资150余万元为全市150户品牌形象店和1200户简装店提供卷烟展柜，卷烟零售终端整体形象得到显著提高。大力做好明码标价工作，累计投资6万元为全市零售客户制作了新型标价条和标价签，激发了零售客户的销售热情。积极开展网上订货推广工作，制定详细方案，做好前期筹备，实现平稳启动。加强营销队伍建设，组织中高层管理人员赴青岛、滨州、淄博、潍坊等市烟草专卖局（公司）进行考察学习，实地观摩，开阔思路，更新观念，提升了营销队伍的整体素质和业务水平。

【烟草专卖市场管理】 市烟草专卖局加强与公检法、工商、交通、海关等部门的协作，巩固完善联合执法长效机制，优化专卖执法环境。加强内部专卖队伍协作配合，打造“1+1>2”的内部资源整合利用新模式。深入开展卷烟市场经营秩序集中整治“利剑行动”，严厉打击涉烟违法犯罪行为，市烟草专卖局被评为全市整顿和规范市场经济秩序工作先进集体。加大卷烟打私工作力度,加强对免税店及旅客“带工”问题相关法律、法规的研究，完善对免税店的监管机制，推动了打私工作由被动防范向源头治理转变。密切关注涉烟犯罪活动的新动向，加大对利用网络和邮政渠道非法经营烟草专卖品行为的打击力度，成功破获多起“涉网”案件，实现了监管上的新突破。大力宣传“两高”司法解释，利用地方新闻媒体增强宣传效果，扩大了社会影响力和公众知晓度。打好“技术保障”牌,更新专卖稽查仪器装备和车辆，增强了专卖队伍应急反应能力、案件查办能力和信息综合利用能力，科技办案水平得到有效提升。

【和谐企业建设】 市烟草专卖局（公司）完善干部管理各项制度，实现事前预防、事中监督、事后治理，有效地保持干部队伍的纯洁性。按照“德才兼备、注重实绩、群众公认”的原则，加强干部选拔任用工作。在机关与县级单位之间、机关各部门之间开展科级干部岗位交流，使中层干部队伍配备更加合理。启动全员素质提升工程,开展“培训提升年”活动，全年培训5994人次。组织开展解放思想大讨论活动和“强化十种意识，提高工作水平”等一系列专题学习教育活动，在全系统营造了人心思进、人心思上、共谋发展的氛围。全面推进“民心工程”，顺利完成新综合营业楼搬迁工作。深入推进“文化养老”机制平台建设，市烟草专卖局（公司）先后被省烟草专卖局（公司）授予“离退休人员工作先进单位”、“离退休人员活动中心建设示范单位”等称号。启动企业文化建设工程,打造以“激情超越、奔腾不息”海浪精神为支撑的富有时代、行业、地域、团队特色的“海浪文化”，被省委宣传部、省委组织部、省经信委等七部门联合评为“2010年度山东省企业文化建设创新成果”，市烟草专卖局(公司)主要负责人获“2010年度全国企业文化建设先进工作者”称号。扎实做好扶贫助困工作，被市委授予“帮扶困难村工作先进单位”称号。热心参与社会公益事业，彰显“报效国家、回报社会”的行业使命，树立负责任的企业形象。抓好信访稳定和安全生产工作,市烟草专卖局（公司）被授予“全省交通安全管理先进单位”、“全市平安建设先进单位”等称号。

（纪　靖）

石油供应

【概况】 中国石油化工股份有限公司山东威海石油分公司（以下简称中石化威海石油分公司）是威海市成品油经营主渠道，担负着全市工、农、渔业生产，交通运输及人民日常生活用油的主要供应任务。2010年末有职工825人，有荣成、文登、乳山三个市（县级）公司和石岛、市区两个片区，共129座加油站。2010年销售各类油品44.4万吨。

【市场供应】 中石化威海石油分公司始终从“讲政治、顾大局、负责任”的意识出发，把保供工作当作一项政治任务来完成。在“三夏”、“三秋”生产期间，及时向省石油分公司申请增加加油站销售计划，加大油品配置力度，设置农业用油专供站，对农业用油敞开供应，惠农让利，有力地支援了“三农”建设。在资源紧张的情况下，合理调整销售节奏，把有限资源控制好、摆布好，严格按照国家规定价格，承担威海成品油市场的保供任务，切实维护威海市成品油市场有序、稳定供应，体现国有企业大局观念和责任意识，发挥主渠道不可替代作用。

【网络建设】 继续坚持“有效可持续发展”的投资理念和“完善、补充、提高”的指导思想，以市区、高速公路、市场空白点为中心，加快网络建设。2010年，山东石油分公司正式批复中石化威海石油分公司立项建设的加油站投资项目7个，批复总投资980万元。其中，整体改造加油站2座，形象改造2座，便利店改造2座，续租加油站1座。

【数质量管理】 加强数质量管理，签订数质量管理责任书，层层建立管理责任制，使数质量管理逐步规范化、制度化。严格对油品进、出库进行质量检验，严禁不合格的油品进、出库，全年退回不合格油品4船次约合1万吨。对油品进行季度抽检和不定期抽查，对加油机防作弊、加油机铅封、流量计准确度等情况多次检查，全面实施射频铅封，加油机防作弊功能日趋完善，获山东石油分公司“2010年数质量管理先进单位”称号。

【非油品业务】 积极开展非油品业务，进一步完善加油站服务功能。坚持“非油经营与油品经营并重”的经营理念，不断拓宽拓深非油品经营领域。因地制宜，根据各便利店地理位置不同科学配置适销对路货品；根据季节的不同和顾客的需要，适时开展各项促销活动。2010年实现非油品业务总营业额1804.2万元。

（柳　青）

商品市场建设

【山东家家悦集团有限公司】 2010年，山东家家悦集团有限公司紧紧围绕“抓销售、保增长”的中心任务，以“转方式、调结构”为重点，进一步挖掘市场潜力，扩大消费需求，全年销售收入突破120亿元，实现利税4.2亿元，分别比上年增长20%和37%，超额完成了年初制定的目标任务。

网络扩张实现新的突破　按照稳步扩张的发展战略，继续强化已有区域网络密度，提高了市场控制能力；加快西部扩张的速度，按照业态互补、立体发展的战略，进一步强化济南、莱芜区域，拓展枣庄区域，增强了西部区域的整体优势，扩大了品牌影响力；通过SPAR成员体系合作，托管美特好青岛市区的两家门店，为加快青岛地区的拓展奠定了基础。加快店部的改造和升级，通过推广第三代生活馆业态，有计划地对社区店进行改造，提高门店档次，优化商品品类，更好地满足顾客的需求。2010年，公司新开连锁门店45处，进一步强化了网络优势和竞争优势。同时，营运部门加强标准化和系统化建设，按照业态分级制定不同的商品定编和陈列标准，初步形成了一套从选址、调研、开业到现场管理的标准化流程，提高了门店的标准化和规范化。强化店部的营运指导和现场培训，通过标杆店、样板店的示范带动作用，在区域之间、店部之间营造良好氛围，提高店部的整体营运水平，齐鲁商城营业收入比上年增长35%。各门店充分利用资源优势，通过谈判、招标等方式，争取厂家最大的支持，店部资源性收入增长34%。

基础设施建设成果显著　加强了供应链体系建设，在强化物流规模的同时，与国际领先的曼哈特公司、欧洲SPAR合作，对物流中心进行系统升级，在国内首家引进语音拣选技术，加快了上架速度，减轻了员工的劳动强度，提高了配送效率。重点项目建设取得了新进展，九龙城购物广场主体工程进入全面快速施工阶段，中央厨房系统进行了项目讨论和方案论证。

商品结构不断优化　规范商品的引进淘汰机制，加强新品的引进和评估，增加了自营商品种类和品牌商品的代理。加强对市场需求的调查和分析，对商品进行合理定编，商品满足率提高15%。加强对供应商的分级管理，探索与重点供应商合作。加强商品质量管理，按照高品质、低价格的战略，加大商品验收的规范和管理力度，提升商品的品质，维护企业的形象。按照工业产品品牌化、地方产品特色化、农副产品基地化的思路，采购部门积极转变采购方式，到生产厂家实地考察和调研，参加广交会、糖酒会等各展览会，加强新品的引进和评估，降低采购成本。生鲜采购部门加大基地建设的力度和商品质量管理，积极开展“农超对接”、“区超对接”试点工作，推广标准化、规范化种植，引导基地农户开展绿色认证，打造优质农产品品牌。12月，在北京召开的商务部“农超对接”现场会上，公司再次作了典型经验交流，商务部部长陈德铭对“农超对接”工作给予了高度评价。

内部机制更加完善　进一步规范内部管理机制，加强预算管理，通过实施平衡计分卡目标方案，取得了明显的成效，公司销售预算达成率100.76%。加强控制体系改革，建立内部控制体系，对门店加强跟踪和监督，提高了内部控制的效率和效果。加强风险控制，建立风险防范机制，提高了规避风险、控制风险的能力。加大审计和监督力度，提高了管理和控制能力，保障了企业的健康发展。投资2000多万元对威海物流中心进行了系统升级，提升了物流技术水平，提高了配送效率和效益。烟台物流中心继续深化内部改革，降低配送差错，提高人均劳效，满足率提高15%。莱芜物流中心启动全品项服务和生鲜配送功能，满足了门店的需求。

人才培养取得明显成效　通过海选干部、岗位竞聘等形式，有200多人走上了管理岗位。实行分级培训体系，

家家悦集团崂山草莓基地　　　家家悦集团提供

增强培训的针对性和有效性，全年培训干部职工9000多人次。加强校企合作，与威海职业学院共同成立家家悦工商管理学院，建立人才共育、过程共管、成果共享、责任共担的紧密型校企合作模式。加强成本管理，强化全员的成本意识，成本下降12%，人均劳效提高10.4%，齐鲁商城人均劳效达到115万元。改革分配制度，加大收入与业绩挂钩的比重，按照低有保障、高有激励的原则，调动了员工的积极性，员工收入增长27%。

（田明顺）

【山东威海百货大楼集团股份有限公司】 2010年，山东威海百货大楼集团股份有限公司围绕“改善购物环境，完善业态结构，提高营销水平，提升业务能力”的发展思路，对营业大楼进行升级改造，以百货业态和超市业态为主，对经营业态进行调整优化，体现了集团公司新的发展特色、经营特色，圆满完成了各项计划任务，获得了“山东省第八届消费者满意单位”等称号。

百货大楼改造项目顺利实施 百货大楼改造是集团公司2010年的重点项目。自2009年下半年开始，公司就按照威海市整体规划的统一要求，对改造设计方案进行设计、改进。8月，通过了市规划局的验收。10月，集团公司本部商场开始进行搬迁，迁至光孚大厦1～4楼。10月23日，搬迁工作顺利完成，公司正常营业。预计2011年底，改造后的百货大楼将重新开业。在制定改造方案的同时，集团公司领导班子就结合改造工作对百货大楼进行新的定位。经过多次考察讨论，通过与专业咨询和设计公司合作，确定了百货大楼新的市场定位——“时尚生活家”。在此基础上，分楼层、品类做了楼层、经营面积的初步确定，并根据市场发展趋势和市区中心商圈的市场环境等，制定了招商政策，进行招商前期的工作。

加强管理促进企业发展 作为集团公司多元化发展战略的重要内容，多种经营业态发展更为稳步和理性。威百集团利百佳超市采取全新的营销策略，实现了销售稳步增长。威百集团利百佳超市新上了百年系统销售（系统）软件，通过信息化改造，提升了数据利用水平，在通过各种方式扩大销售的基础上，更加注重内部挖潜，逐步完善和改造了仓储、配送、订单等业务流程，使各个流程更加高效，节约了企业的运营成本。在控制损耗方面，通过数据测算制定了各个不同时段的损耗率，并将责任落实到人，很好地控制了门店的损耗率。特别是生鲜损耗方面下降明显，进一步提高了盈利能力。荣成商厦历经3年的发展，坚持自身定位和注重顾客体验和反馈，通过不断完善和调整，在消费者心中的市场定位进一步稳固。此外，集团公司还不断丰富营销手段，提高营销能力。在固定的节日期间，依照自身的市场定位和不同季节货品的价位，制定更加适合自身的促销活动形式，使其更加贴近目标消费群；在空档期间创办一些属于自己的主题活动，如“珠宝化妆节”、“床品婚庆节”等，以此拉动客流，提升销售。

（刘广金）

【威海市蔬菜有限公司】 威海市蔬菜有限公司成立于1999年，是由原国有威海市蔬菜公司改制的有限责任公司，位于世昌大道附95号。公司注册资本200万元，其中，国有股占20%，工会持股80%，下辖威海市农副产品批发市场、隆强铝门窗厂、东柬服装分公司3个独立核算单位，1个蔬菜仓库和鲸园菜场所辖的6个抽本承租的蔬菜经营门市部。至2010年底，企业固定资产1500 万元，净资产340万元，职工112人；实现年销售收入1100万元，利润 68万元，上缴税金110万元。作为市民“菜篮子”工程的民生企业，被市政府列为2010年重点扶持发展的100家中小企业之一。

公司所辖农副产品批发市场是威海市“菜篮子”工程重点项目，是公司的骨干企业，位于世昌大道93号，始建于1991年，市场占地面积3.15万平方米，蔬菜交易大棚2万平方米，室内网点140个，建筑面积8627.87平方米。至2010年底，市场拥有固定经营业主140个，固定经营业户800个，临时摊位200个，市场从业人员3000多人，每天进出市场交易和购物车次1000多辆次，人流达3万人次，形成了以蔬菜、水果为主，水产品、肉制品和其他副食品为辅的大型综合性农副产品供应中心，全国20多个省市的客户进场交易。年交易量约2亿公斤，交易额约3亿元。承担着全市80%以上的蔬菜水果及部分农副产品的供应。根据市委、市政府2010年对世昌大道的整体改造及规划要求，确定于2012年6月底前将威海市农副产品批发市场搬迁至环翠区温泉镇栾家店村西、威荣路南、疏港路东区域。新建市场规划用地面积15.24万平方米，出让用地面积1.18万平方米，建筑总面积7.91万平方米（不含地下室面积），计划总投资2亿元。经营范围涵盖蔬菜、水果、粮油、畜禽、肉蛋、调味品、花卉等多种农副产品，具备商品集散、价格形成、信息发布、仓储加工等综合功能，设计可满足15～20年城市发展对农副产品的消费需求。

（裴福凯）

编辑 李洪格

威海市农副产品批发市场鸟瞰　　市蔬菜公司提供

对外及港澳台经济贸易

综　述

【概况】　2010年，威海市合同利用外资及港澳台资8.03亿美元，实际到账资金5.55亿美元，分别比上年增长42.9%和3.1%。对外及港澳台贸易进出口总额139.2亿美元，增长31.1%，其中，出口89.2亿美元，增长30.9%。对外及港澳台投资额8745.2万美元，增长25.2%。对外及港澳台承包劳务营业额4.2亿美元，增长19.2%。

【赴美国、加拿大招商活动】　3月27日至4月7日，副市长刘茂德率团赴美国、加拿大开展招商促进活动。在美国期间，考察了世界著名医药公司Covidien公司、拥有最先进的内科磁导航综合手术系统的斯特鲁塔克斯公司（Stereotaxis）、美国最大植物科学研究中心和最大农产品公司孟山都公司（Monsanto）、那帕山谷葡萄酒庄园；拜访了美中绿色能源促进会、全球最大集成电路模拟测试软件设计公司卡顿斯公司（Cadence）、高科技投资基金银湖投资集团、美国最大直销公司嘉康利公司、美国最大水产品公司红楼集团等；同圣塔巴巴拉市市政厅、加州大学圣塔巴巴拉分校和美国真视觉3D显像公司等进行了交流，推动了真视觉3D显像公司同威高集团的合作。3月31日，举行了威海—圣路易斯合作交流会。4月5日，举行了威海市医疗产业招商推介会，来自洛杉矶、纽约、佛罗里达、费城、波士顿等城市的客商100多人参加了推介会，洽谈了无线心电精确检测系统、病房可视交流监护系统、医疗设备软件开发等合作项目。在加拿大期间，考察了加拿大最大的工业装备公司EBCO公司和具有世界领先水平的医用回旋加速器生产技术的先科加速器系统公司（Advanced Cyclotron Systems）；同加拿大21世纪资本公司、肿瘤检测治疗中心、绿色地球环保公司的主要负责人就医用设备合作项目进行了深入交流。

【赴日、韩招商活动】　4月17～22日，市委常委、常务副市长赵熙殿率团赴日本开展经贸促进活动，市商务局、贸促会及相关企业负责人参加。在日本期间，拜访了世界五百强企业伊藤忠商事株式会社、日机装株式会社、LIBERA集团在东京的本社、仲精机株式会社、日本日中经贸中心，与伊藤忠就山东华菱电子有限公司后续发展问题达成共识；考察了日本国内最大的鱼子加工企业井原水产株式会社，日本国内在建材、外墙材料、涂料行业有着高端技术的YAMAX茨城工厂以及能泽株式会社、PIANIST株式会社；参加了由日中企业协会组织的招商恳谈会，威海高技术产业开发区与日本NetCom株式会社达成委托招商协议。

11月17～21日，市委书记、市人大常委会主任王培廷率团赴日本、韩国开展经贸促进活动，市委常委、秘书长、宣传部长张剑和市商务局、市贸促会、市外办及相关企业负责人参加。在日本期间，拜访了日本伊藤忠商事株式会社、北海道蘑菇生产综合研究所株式会社、大和高桥株式会社、利贝拉集团、八木证券株式会社等，推动了伊藤忠与威高集团达成合资合作医疗器械国际贸易、研发生产高端医疗器械等意向，日机装与威高集团进一步扩大合作领域、与华东数控股份有限公司在核电设备领域展开合作，大和高桥与威海市相关企业扩大投资合作，利贝拉集团与威海市造船企业的合作等项目。在韩国期间，拜访了韩国现代重工业、斗山集团、LG集团、LS集团、三星电子、锦湖韩亚集团、现代IT、斗山集团（株）都塔等，推动了韩国KT&C（株）与威海高技术产业开发区达成协议、LS集团与金泓化工达成协议、现代IT与威高集团3D显示器合作、斗山集团（株）都塔与威海九隆置业设立韩国精品批发零售中心等项目。11月18日，举办了威海市人民政府招待酒会，邀请了韩国国会元惠荣议员、边雄田议员、韩国乐天集团、斗山集团（株）都塔等韩国政企高层人士参加。韩国KBS电视台、韩国《经济日报》、韩国中华TV、中国中央电视台等多家媒体进行了报道。19日，参加了韩国全国经济人联合会组织的韩国前30强企业代表举办的联谊会。

【赴香港招商活动】　5月9～14日，

市委副书记、市长孙述涛率团赴香港参加省政府举办的系列经贸活动。在香港期间，参加了2010山东—香港国际投资贸易洽谈会开幕式暨重大合作项目签约仪式、鲁港经贸合作高层圆桌会议等活动，与香港贸发局、恒隆集团、嘉里物流联网、中银国际、汇丰银行等公司及机构就加强合作进行了交流。陪同省委副书记、省长姜大明走访了香港华懋集团、香港中旅集团、香港招商局集团和香港市区重建局，邀其到威海考察投资，参与城建与旅游方面的合作。组织了云龙绣品、威达机械、好当家食品、泰祥水产、银洁绣品、山花地毯、华隆食品、迪尚集团8家企业参加2010山东—香港国际投资贸易洽谈会，展示威海市品牌企业形象，促进产品出口。会见了金鑫国际控股集团主席李金松、高时集团董事长高忠麟、华润集团董事长宋林，分别就新能源、城建和医药等项目进行了洽谈。参加了山东省质量安全示范区推介说明会、品牌创意研讨会、山东企业香港上市暨国际融资研讨会等系列活动，推介了农产品区域化管理示范区建设，推动了品牌及创意的结合和金融上市工作，8家企业达成贸易订单528万美元。全市推进在谈项目26个，合同项目总投资12.3亿美元。其中，威海明珠岛开发、华润威海风电、威海工业新区船舶配套、荣成核电配套4个项目在2010山东—香港国际投资贸易洽谈会开幕式暨重大合作项目签约仪式上签约，总投资7.9亿美元，合同外资额3.15亿美元。参加了山东企业香港上市暨国际融资研讨会，泓淋科技集团与香港派杰投资银行达成协议，共同推动公司在香港上市。

【赴南美考察活动】 10月20～31日，副市长刘茂德率团赴巴西、阿根廷、智利等国进行考察，市商务局、外办及威海经济技术开发区等部门和单位负责人参加。在巴西期间，考察了圣保罗、玛瑙斯、里约热内卢市及BIOCHEN进出口公司、ORIENTE进出口公司等企业。在阿根廷期间，拜访了布宜诺斯艾利斯市，考察了LINARES集团。在智利期间，考察了瓦尔帕莱索、圣地亚哥市及RIO PUELO进出口公司、FENOMENAL进出口公司和SANTA EMA葡萄酒公司等企业。通过考察，建立了同南美国家主要城市的联系和友谊，畅通了与其开展经贸合作的渠道，获得了南美市场的第一手资料，洽谈了一批投资和贸易项目。

【出口农产品质量安全示范区】 深入推进农产品质量安全示范区建设，制定了《2010年出口农产品质量安全示范区建设工作考核办法》，实现了农业化学品监管正规化、质量检测常规化、基地管理标准化、农资配送体系数字化。在各类展览和招商活动中开展农产品质量安全专题推介活动6次，在哈尔滨南极国际食品交易中心设立了威海市名优特农产品专区，在首届中国·威海国际食品博览会上开辟了出口农产品质量安全管理成果展示区。4月21日，第三次全省出口农产品质量安全示范区建设现场会在威海市召开，威海市作了典型经验交流发言。2010年，全市农产品出口11亿美元，创历史新高，占全省的9%，比上年增长32.6%，高于全省平均增幅2.6个百分点。

【首届中国·威海国际食品博览会】 6月11～13日，首届中国·威海国际食品博览会在威海国际展览中心举办。本届食品博览会由威海市政府与中国食品土畜进出口商会及山东省商务厅、出入境检验检疫局联合主办，由威海市商务局、出入境检验检疫局、贸促会和威海万龙会展有限公司共同承办。博览会展示、展览面积1万平方米，分示范区展示区和商品展区两个部分。其中，示范区展示区主要宣传推介威海市出口农产品质量安全管理措施和取得的成果；商品展区设275个标准展位，分食品、水产品、农副产品、食品加工机械及包装机械和海藻产品5个展区。来自国内外383家企业的720多名采购商到会采购洽谈，达成国际贸易协议1.2亿美元，国内贸易协议13.6亿元。其中，韩国东远集团年采购5000万美元，希杰集团年采购3000万美元。博览会打响了食品安全放心城市品牌，促进了农产品出口和招商引资。

【园区建设】 2010年，威海市各省级园区（不含威海工业新区）实际利用外资1.6亿美元，比上年增长184.4%，占全市的28.7%。文登南海新区、天鹅湖旅游度假区、乳山银滩旅游度假区、环翠省级旅游度假区、荣成经济开发区和石岛管理区实际到账外资均实现大幅增长，分别增长3387.4%、1579.3%、581.5%、455.9%、305.4%和135.6%；文登经济开发区继续保持稳步增长态势，实际到位外资2232万美元，增长11.3%。完成外贸进出口总额38.2亿美元，比上年增长33%，高出全市进出口增幅1.9个百分点，占全市的27.5%。其中，出口25.5亿美元，增长38.4%，高出全市出口增幅7.5个百分点，占全市的28.6%。

对外及港澳台贸易

【概况】 2010年，威海市实现对外及港澳台贸易进出口总额139.2亿美元，比上年增长31.1%。其中，出口89.2亿美元，增长30.9%；进口49.9亿美元，增长31.6%，回暖向好趋势得到进一步巩固。从出口贸易方式看，一般贸易出口30.3亿美元，增长31.2%；加工贸易出口58.1亿美元，增长29.9%；其他贸易出口8785万美元，增长119.1%。从出口商品看，五大类商品出口83.2亿美元，增长30.6%，占出口总额的93.2%。其中，机电产品出口44.8亿美元，增长35.4%，占出口总额的50.2%，比上年提高1.7个百分点。从出口市场看，四大贸易市场出口66.6亿美元，增长30.4%。

【重点企业进出口快速增长】 2010年，全市有2597家企业有进出口实绩，比上年增加78家。进出口额过1亿美元的企业达14家，过1000万美元的达190家，分别增加2家、28家。重点企业快速增长，其中，三星电子进出口有限公司比上年增长34.2%，三角集团增长27%，成山集团增长72.4%，三星重工业增长39.9%，三进船业增长86.3%，日月光半导体增长235.2%，迪尚集团增长37.5%。

【传统市场和新兴市场出口全面增长】 2010年，威海市与192个国家和地区有贸易往来，主要市场出口均保持两位数增长。传统市场中对韩国出口28.4亿美元，比上年增长32.4%；对欧盟出口16.1亿美元，增长28.3%；对美国出口11.3亿美元，增长34.8%；对日本出口10.8亿美元，增长24%。新兴市场中对南美出口4.3亿美元，增长50.2%；对东盟出口3.6亿美元，增长31.3%；对澳大利亚出口1.9亿美元，增长34.1%；对俄罗斯出口1.7亿美元，增长79.8%；对南亚出口1.1亿美元，增长47.1%；对南非出口6541万美元，增长69.2%。

【主要产品出口全面回升】 2010年，机电、纺织服装、农产品、轮胎、渔具等五大类出口商品共出口83.2亿美元，比上年增长30.6%，占出口总额的93.2%。其中，机电产品出口44.8亿美元，增长35.4%，拉动全市出口增长17.2个百分点；农产品出口11.3亿美元，增长31.0%；轮胎出口9.2亿美元，增长27.3%；纺织服装出口14.8亿美元，增长22.5%；渔具出口3.1亿美元，增长16.6%。

【大宗商品进口带动作用明显】 2010年，煤炭、橡胶及制品进口达7.8亿美元，比上年增长55.9%，高于全市进口增幅24.3个百分点，拉动全市进口增长10个百分点。其中，煤炭进口1.2亿美元，增长1236.9%；橡胶及制品进口6.6亿美元，增长71.1%。

2010年威海市对外及港澳台贸易进出口情况表

表9 单位：万美元

项目	出口额			进口额		
	金额	比上年增长(%)	比重（%）	金额	比上年增长（%）	比重（%）
合计	892307	30.9	100.0	499285	31.6	100.0
按企业性质划分						
内资企业	325420	29.4	36.5	142873	56.5	28.6
外商投资企业	566887	31.7	63.5	356412	23.7	71.4
按贸易方式划分						
一般贸易	302656	31.2	33.9	128642	52.2	25.8
加工贸易	580866	29.9	65.1	340872	23.3	68.2
其中：机电产品	395751	35.6	44.4	174233	27.3	34.9
其他贸易	8785	119.1	1.0	29771	61.2	6.0
按大类商品划分						
纺织服装	147534	22.5	16.5			
农产品	113281	31.0	12.7			
轮胎	91842	27.3	10.3			
渔具	31440	16.6	3.5			
机电产品	447651	35.4	50.2			
其中：高新技术产品	151321	11.4	17.0			
船舶	123781	60.3	13.9			

2010年威海市进出口分市（区）情况表

表10 单位：万美元

单位	进出口总额		出口额		进口额	
	金额	比上年增长（%）	金额	比上年增长（%）	金额	比上年增长（%）
合计	1391592	31.1	892307	30.9	499285	31.6
荣成市	302787	34.5	204837	42.7	97950	20.0
文登市	95753	32.8	66840	31.4	28913	36.4
乳山市	55056	17.8	38923	10.9	16133	38.7
环翠区	240171	32.7	165914	25.1	74256	53.6
威海高技术产业开发区	302413	28.0	201106	29.2	101307	25.9

续表10　　单位：万美元

单　位	进出口总额		出口额		进口额	
	金　额	比上年增长（%）	金　额	比上年增长（%）	金　额	比上年增长（%）
威海经济技术开发区	356572	32.2	191397	30.9	165175	33.7
威海工业新区	38840	35.9	23290	31.6	15550	42.9

2010年威海市重点企业进出口情况表

表11　　单位：万美元

企业名称	进出口总额		出口额		进口额	
	金额	比上年增长(%)	金额	比上年增长(%)	金额	比上年增长(%)
三星电子（山东）数码打印机有限公司	152302	34.2	117310	34.1	34992	34.8
三角集团	90630	27.0	52021	14.5	38609	49.0
成山集团	64420	72.4	35588	48.3	28832	115.5
三星重工业（荣成）有限公司	54038	39.9	33544	145.3	20494	−17.9
威海三进船业有限公司	53135	86.3	34919	107.5	18216	55.7
日月光半导体（威海）有限公司	32654	235.2	5168	260.1	27486	230.8
迪尚集团	31954	37.5	27632	40.1	4322	22.7
黄海造船有限公司	31667	42.1	27354	59.6	4313	−16.3
威海世一电子有限公司	29629	34.2	14672	45.7	14957	24.6
荣成伽耶船业有限公司	21139	−11.2	12943	1.3	8196	−25.7
威海宣杨数码科技有限公司	19301	−11.7	6129	−12.3	13172	−11.4
威海市金猴集团有限责任公司	19265	349.5	2426	155.4	16839	404.8
威海华岳集团有限公司	16437	16.1	3		16434	16.1
威海世元电器装配有限公司	12909	20.0	7496	18.4	5413	22.2
威海市联桥国际合作集团有限公司	9834	36.4	3374	39.8	6460	34.6
威海广濑电机有限公司	9601	18.9	5186	23.9	4415	13.6
泰祥集团	9441	14.7	8126	21.4	1315	−14.7
山东环球渔具股份有限公司	8684	43.5	7832	42.7	852	51.9
好当家集团有限公司	8030	41.1	5700	54.8	2330	16.0
蓝星集团	7746	20.4	7739	60.8	7	−99.6
荣成裕罗电器有限公司	6563	26.4	3947	27.4	2616	25.0
威海成宇硒鼓有限公司	6487	31.2	3852	22.4	2635	46.4
威海进荣电子有限公司	6202	502.7	4567	13332.4	1635	64.3
威海金元电线有限公司	6098	33.9	1935	11.5	4163	47.6
文登市芸祥绣品有限公司	5910	9.5	5830	8.6	80	207.7
威海艾迪姆汽车配件有限公司	5802	23.8	3276	43.0	2526	5.5
威海汉城成镐电子有限公司	5685	47.6	2539	18.0	3146	85.1
文登信亚机电有限公司	5577	100.1	3355	114.8	2222	81.4
荣成信诚电子有限公司	5510	35.2	3116	29.6	2394	43.4
山东华菱电子有限公司	5379	32.3	3452	31.0	1927	34.6
威海光威渔具（集团）有限责任公司	5311	0.7	4021	−0.7	1290	5.7
赤山集团有限公司	5309	67.2	4943	77.6	366	−6.6
威海新凯帝电子有限公司	4934	45.5	2780	39.4	2154	54.2
威海山海光星制革有限公司	4805	41.2	0	−100.0	4805	41.4
山东威高集团有限公司	4797	14.8	2182	31.8	2615	3.6

续表11　　　　单位：万美元

企业名称	进出口总额		出口额		进口额	
	金额	比上年增长(%)	金额	比上年增长(%)	金额	比上年增长(%)
乳山正洋食品有限公司	4789	39.5	3600	56.7	1189	4.6
威海世高光电子有限公司	4781	22.5	2938	41.4	1843	0.9
威海市卡尔电子有限责任公司	4718	23.9	2820	24.4	1898	23.1
荣成华泰汽车有限公司	4706	116.3	6		4700	116.0
威海善邻电子有限公司	4678	−28.1	3067	−29.6	1611	−25.2
文登威力工具集团有限公司	4610	51.6	4587	52.5	23	−28.1
威海威洋石油有限公司	4463	29.6	4463		0	−100.0
威海大振电子有限公司	4371	6.4	186	−42.6	4185	10.6
山东新船重工有限公司	4258	−41.2	2946	−40.1	1312	−43.7
威海海纳开碧日用品有限公司	4178	10.1	2945	6.0	1233	21.1
豪顿华工程有限公司	4176	−9.9	1162	−40.4	3014	12.3
威海昌星电子有限公司	3974	105.3	2502	71.3	1472	209.9
山东东鑫电子有限公司	3913	32.6	1190	92.9	2723	16.6
威海富电电子部品有限公司	3787	4.7	1924	−14.0	1863	34.9
威海大耿电子装配有限公司	3741	47.0	2090	44.7	1651	50.0
文登市森鹿制革有限公司	3686	80.2	81	9.5	3605	82.8
荣成世元电器有限公司	3620	12.1	956	16.2	2664	10.7
威海海都食品集团有限公司	3617	50.3	2768	53.5	849	40.6
威海东日技研电子有限公司	3567	−12.0	2009	−11.0	1558	−13.2
威海倍佳贸易有限公司	3513	26.8	3511	26.8	2	100.0
山东艺达集团有限公司	3501	16.6	3501	16.6	0	
乳山市造船有限责任公司	3428	1.5	0	−100.0	3428	42.7
威海碧海光电子有限公司	3332	105.6	530	36.6	2802	127.3
三雅电子（威海）有限公司	3165	5.1	2059	−4.2	1106	28.5
文登帕克电子有限公司	3145	7.1	1859	10.6	1286	2.4

利用外资及港澳台资

【概况】 2010年，威海市合同利用外资及港澳台资8.03亿美元，比上年增长42.9%；实际到账资金5.55亿美元，增长3.1%。从来源看，主要分布在中国香港、韩国、欧洲和美洲；从投向看，主要集中在电子、新能源、房地产、旅游娱乐行业。

【大项目持续增加】 年内，全市批准总投资1000万美元以上的外资及港澳台资项目47个，比上年增加16个，合同利用资金5.9亿美元，增加1.7亿美元，占全市的73.5%。文登现代风电科技、世源旅游、南海明珠岛，乳山福喜农牧、丽城发展，环翠区胜丰地产、雨润置业，荣成丽城建设，威海经济技术开发区华润风电，威海高技术产业开发区展鹏电子、威高日机装，威海工业新区国亭物业、嘉尚兰庭旅游等一批先进制造业和现代服务业大项目落户威海市。

【企业增资势头迅猛】 2010年，全市增资项目达122个，增资总额2.8亿美元，占全市合同利用外资及港澳台资额的35.0%，比上年增长14.3%。其中，贝卡尔特增资4500万美元，泓淋电子增资3000万美元，国华中电荣成发电增资1277万美元，三星电子增资1000万美元，中磊石材增资1000万美元，成镐电子增资800万美元，福喜农牧增资1050万美元，锦湖韩亚增资1000万美元。

【服务业利用外资及港澳台资比重大幅提升】 2010年，第一、二、三产业到账外资及港澳台资比重分别为5.4%、74.1%、20.5%，第三产业比重比上年提高13.8个百分点。电子行业到账资金占全市的34.7%，新能源占10.0%，房地产占6.5%，旅游娱乐占11.9%。

【赴香港上市融资取得新突破】 2010年，泓淋科技集团股票正式在香港联合交易所挂牌交易，发行1.8亿股，每股发行价2.8港元，募集资金总额5.04

亿港元，当年返程投资3500万美元，分别给泓淋电子、泓淋电线增资。山东威高集团医用高分子制品股份有限公司增发8000万股已提报中国证监会。

【战略合作进展良好】 2010年，全市新批合资、合作项目28个，总投资4.4亿美元，合同利用资金1.22亿美元，企业通过引进外资加快发展。威高集团同日本日机装公司合作建设人工透析装置项目、同中国香港合资建设血液净化制品项目、同美国合资建设医用手术显微设备项目，威海浩琦养殖与美国维尔莫 · 亚伯尔合作设立文登浩琦山庄项目，荣成大旗新能源与日本ELJ株合资设立大荣新能源开发项目进展良好。华隆（乳山）食品、乳山乳东水产分别引进了美国和日本合作伙伴。

2010年威海市实际到账外资及港澳台资分市区情况表

表12　　单位：万美元

单　位	实际到账外资	
	金　额	比上年增长（%）
合　计	55502	3.1
荣成市	8055	8.0
文登市	8490	113.4
乳山市	5895	158.1
环翠区	7419	150.6
威海高技术产业开发区	7409	−67.7
威海经济技术开发区	10793	8.6
威海工业新区	7441	74.9

对外及港澳台经济技术合作

【概况】 2010年，威海市新核准设立境外企业22家，威海投资额8745.2万美元，分别比上年增长57.2%、25.2%。对外及港澳台承包劳务完成营业额4.2亿美元，增长19.2%。其中，劳务合作完成营业额2.2亿美元，增长19.6%，派出劳务9093人，增长21.8%；承包工程完成营业额2.0亿美元，增长18.7%。

【投资业务持续增长】 2010年，全市对外及港澳台投资新增企业家数、威海完成投资额分别比上年增长57.2%和25.2%，呈现项目多、投资规模大、投资速度快等特点。新批项目中，投资额过500万美元的有12个，过1000万美元的有5个。主要有中大航运在中国香港投资5100万美元的货物运输项目、威高集团分别在中国香港投资2754万美元和在德国投资990万美元的医疗器械研发和生产销售项目、荣成鑫润水产分别在中国香港投资1800万美元和在韩国投资900万美元的水产捕捞及加工项目、华岳集团在柬埔寨投资1560万美元的橡胶种植及加工项目等。

【承包工程实现较大突破】 2010年，全市对外及港澳台承包工程新签合同额4.3亿美元,完成营业额2.0亿美元，分别比上年增长150.0%和18.7%，占全市对外及港澳台承包劳务业务一半以上。工程市场更加多元化,刚果(金)、博茨瓦纳、马达加斯加市场营业额分别增长267.4%、248.1%、122.6%,东南亚、中东、俄罗斯等新兴工程市场开拓初见成效。较大的项目有：威海国际刚果（布）玛雅—玛雅机场项目合同额1.79亿美元，2010年完成营业额503万美元；威海国际刚果（布）“815”住房项目合同额5237万美元，完成营业额1163万美元；威建集团博茨瓦纳市政管网项目合同额3814万美元，完成营业额772万美元；威海国际刚果（金）华为培训中心项目合同额3345万美元，完成营业额2248万美元。

【劳务合作稳步发展】 2010年，全市对外及港澳台劳务合作完成营业额2.2亿美元，比上年增长19.6%。英国、新西兰、波兰、德国等新兴市场期末在外732人,增长179.4%。全年派出护工、电焊工、厨师等中高端劳务人员2856人，占总数的29.3%，比上年提高9.8个百分点，远远高于全省的增幅。

威海市具有对外经济合作经营资格公司情况

表13　　按成立时间排序

公司名称	成立时间	获权时间
威海建设集团股份有限公司	1952.3	1999.4
威海国际经济技术合作股份有限公司	1988.1	1988.8
威海方正国际人才技术合作有限公司	1988.3	2001.6

续表13 按成立时间排序

公 司 名 称	成立时间	获权时间
威海市建筑设计院有限公司	1990.2	2004.9
威海市国际交流服务中心	1992.1	2000.1
荣成汇成国际经济技术合作有限公司	1992.1	1995.12
华岳集团有限公司	1992.9	2010.1
威海市联桥国际合作集团有限公司	1992.12	1999.4
威海迪尚国际经济合作有限公司	1993.10	2001.1
威海纺织集团进出口有限公司	1993.10	2008.7
威海宇志国际经济技术合作有限公司	1994.6	2002.12
山东昆仑路桥工程有限公司	1998.7	2007.8
西霞口集团有限公司	1999.1	2007.1
威海远大国际经济技术合作有限公司	1999.12	2004.8
威海费斯克国际经济技术合作有限公司	2000.4	2003.1
荣成神农实业发展有限公司	2000.9	2004.12
威海市中大进出口有限公司	2001.1	2004.3
威海联创进出口有限公司	2001.3	2007.8
威海富田劳务合作有限公司	2001.3	2003.9
威海中远国际会展有限公司	2001.7	2003.8
威海佳信国际人力资源有限公司	2002.3	2005.6
山东华夏国际经济技术合作公司	2002.6	2003.1
文登市金桥境外就业服务有限公司	2002.11	2007.5
威海宏信国际人才交流有限公司	2002.12	2004.4
威海新正经贸合作有限公司	2003.1	2005.12
威海兴达境外就业服务有限公司	2003.2	2003.7
威海樱泉国际经济技术合作有限公司	2003.6	2004.1
荣成鑫泰国际经济技术合作有限公司	2003.7	2007.11
文登市三洋境外就业服务有限公司	2003.7	2003.7
威海富华劳务合作有限公司	2003.8	2004.1
威海人和劳务服务有限公司	2003.12	2004.11
荣成汇信境外就业中介服务有限公司	2004.3	2004.3
威海连心桥境外就业服务有限公司	2004.5	2004.5
威海恒德国际经济技术合作有限公司	2004.11	2004.11
威海顺昌国际经济技术合作有限公司	2004.11	2004.11
威海金瀚境外就业服务有限公司	2005.1	2005.1
乳山市胶东境外就业服务有限公司	2005.3	2005.12
威海市信拓境外就业服务有限公司	2006.1	2006.1
荣成源丰贸易有限公司	2006.2	2009.4
山东金正境外就业服务有限公司	2006.6	2007.3
荣成好当家贸易有限公司	2006.8	2010.12
荣成汇洋境外就业服务有限公司	2006.12	2006.12
威海富桥国际人力资源合作有限公司	2007.1	2007.1
威海易兴境外就业服务有限公司	2007.1	2007.1
荣成远方境外就业服务有限公司	2007.1	2007.1
威海源成境外就业服务有限公司	2007.3	2007.3
荣成宏业实业有限公司	2007.8	2009.8
威海立派国际经济技术合作有限公司	2007.11	2009.10
威海市上洋境外就业服务有限公司	2007.12	2007.12

（赵　静）

国际贸易促进

【概况】 2010年，威海市贸促会紧紧围绕稳定扩大外需、转变经济发展方式、调整产业产品结构这条主线，拓宽贸促工作思路，创新贸促工作方式，充分发挥对外开放的窗口和平台作用，广泛开展对外交流与合作，加大国际市场开拓力度，拓宽依法服务领域，着力为企业提供全方位服务，为全市的对外开放和外经贸事业又好又快发展作出了应有的贡献。威海市贸促会被山东省贸促会评为2010年度贸促工作先进单位，被威海市委、市政府评为2010年度引进外资先进单位。

【第三届中国渔具制造业基地（威海）国际博览会】 10月14～17日，第三届中国渔具制造业基地（威海）国际博览会在威海国际展览中心举办。展出总面积2万平方米，设国际标准展位728个，国内外参展企业379家，来自52个国家和地区的630名境外采购商和695家国内公司、1115名经销商到会采购，共实现国际贸易成交额8500万美元，国内贸易成交额达2.95亿元，均大幅超过前两届。展会对打造“蓝色休闲之都，世界宜居城市”的城市品牌、做大做强威海渔具产业、推动威海蓝色经济和涉海产业发展、进一步扩大对外开放具有重要意义。本届展会规模大、活动多、成交喜人，是国内继CHINA FISH之后居第二位的国际渔具专业展会，省贸促会会长刘方会精心指导，市领导王培廷、孙述涛给予了充分肯定并提出了殷切期望。

【“幸福威海”嘉年华活动】 第三届中国渔具制造业基地（威海）国际博览会期间，举办了“幸福威海”嘉年华活动。活动突出“钓鱼、游戏、快乐”三大主题，将室内洽谈与户外运动相结合、专业洽谈与市民参与相结合，安排了包括“钓鱼爱好者大讲堂”、“假饵练习池”、“青少年家庭钓鱼比赛”等喜闻乐见、参与性强的休闲娱乐项目20项，吸引了3万人次消费者和市民的积极参与，深化了展会主题，丰富了展会内涵。

【第二届中国威海国际（路亚）钓鱼邀请赛和青少年家庭钓鱼比赛】 10月15日，第二届中国威海国际（路亚）钓鱼邀请赛在崮山钓场举办，105名选手（其中31名境外选手）参赛，中国台北和山东莱芜的选手分获总重量和单尾重量冠军，各获奖金1万元。17日，青少年家庭钓鱼比赛在张村里口山举办，25个家庭参赛。

【境外招商和贸易促进】 充分发挥贸促会在对外开放中的窗口和平台作用，巩固扩大与境外商协会的交流与合作，推介威海市的投资环境、产业发展规划和对外招商项目，积极推进境内企业与境外企业的联系和交流，不断拓展贸促工作的发展空间。围绕市政府2010年境外招商活动计划，策划组织了赴日本等国家和地区的经贸招商活动。先后协调参与了市领导赴日本、韩国等国家和地区的经贸考察洽谈活动，推动了一批重点合作项目签约或达成意向。同时，加强与国外商协会的合作，不断拓展对外交流渠道。在巩固已有联络合作关系的基础上，与亚太工商联合会、毛里求斯商会签署了友好合作协议；与日本日中经贸中心、日中经济协会、日本贸易振兴机构等建立并保持了良好的合作关系。全年接待伊藤忠商事、荷兰皇家孚宝等项目洽谈团组19个，就医疗设备、LED灯、生物制药、港口物流等项目进行洽谈。年内，引进项目2个，到位资金160万美元，重点在谈项目6个；帮助实施“走出去”项目3个，总金额600万美元。

【法律服务工作】 进一步加大宣传推介力度，扩大依法服务覆盖面，提升服务水平，不断拓展业务领域和服务职能，确保出证认证工作稳步增长。全年签发一般原产地证书1.47万份，比上年增长16%；签证金额9.87亿美元，增长46%；签发优惠原产地证48份；单据认证504份，下降18%；签发商事证明书517份，增长10%；代办领事认证650份，增长12%；新增注册企业113家，增长10%。调解涉外纠纷案件6起，总案值70万美元。

【展览工作】 紧紧围绕市委、市政府关于开拓国际市场，促进转变外贸发展方式的要求，积极组织企业参加国际品牌展会，深度开发欧、美、日等传统市场，大力开拓中东、东盟等新兴市场，全力办好第三届渔具博览会，不断探索和创新办展模式。全年组织完成境外展会项目12个，参展企业35家，展出净面积423平方米，47个标准展位。其中，涉及省会城市26个重点项目的有德国法兰克富家纺展，迪拜五金展、汽配展和中国香港礼品展等5个展会，有15家企业参展，25个标准展位，超额完成年初的工作目标。

【举办2010年出证认证工作培训班】 为帮助企业更好地理解、掌握和运用《中华人民共和国进出口货物原产地条例》及其相关规则，按照市委、市政府稳定和扩大外需，更好地为广大企业服务的要求，5月6～8日，威海市贸促会举办了2010年出证认证工作培训班，邀请省贸促会领导和相关专家授课，来自130多家外贸企业的原产地证手签员、申领员136人接受了培训。

（邹清晓）

编辑　李洪格

太平财产保险有限公司

威海中心支公司

太平财产保险有限公司成立于1929年，是由中国保险集团、中保国际及工银（亚洲）持股的全国性专业财产保险公司。太平财产保险有限公司威海中心支公司筹建于2003年12月，2005年2月通过山东保监局验收正式揭牌营业。截至2010年末，设有文登、荣成、乳山、银滩、石岛、成山、威海高技术产业开发区和威海经济技术开发区8家支公司。

公司自成立以来始终坚持“专业、稳健、进取、创新”的经营方针，经营业绩连续6年列山东太平财产保险系统第一名。2004～2010年，公司先后8次获得总公司颁发的集体荣誉，连年都被山东分公司评为优秀单位。2005～2010年，连续5次被威海市委、市政府授予“先进单位”、“优秀单位”称号。总经理张衡勋先后获得总公司“特殊贡献奖”、“优秀党员”、“优秀管理者”等称号，连续5次被记三等功并被中国太平保险集团评为“保险明星”，2009年获得山东省“十大保险明星”称号。

总公司领导到威海中心支公司检查指导工作

预备党员宣誓

华能威海发电

10月22日，华能集团总经理曹培玺（右二）、副总经理那希志（右三）一行到电厂检查指导工作

12月30日，6号机组168小时试运圆满成功

有限责任公司

1 转子吊装

2 运行人员监盘

3 三期工程5号机组汽机运转层

4 三期出线塔

努力超越

公司成立20周年庆祝活动

山东电力集团公司威海供电公司是隶属于山东电力集团公司的国有大型企业，担负着威海市三市（县）四区的供电任务。截至2010年底，公司拥有220千伏变电站8座，110千伏变电站2座，35千伏变电站33座，主变总容量达355万千伏安。

2010年，威海供电公司认真落实山东电力集团公司和威海市委、市政府的工作部署，坚持以科学发展观为指导，全面开展创先争优活动，公司安全保障能力、风险防范能力、科技创新能力、资源配置能力以及现代化管理水平、优质服务水平、员工队伍素质得到进一步提高。不断推进电网建设，建成投运了华能电厂三期送出和220千伏泽头等输变电工程，完成220千伏凤林站刀闸改造、35千伏泊于站综合治理等206项大修技改项目。电网安全稳定运行水平和供电可靠性得到了进一步提升。深入开展“三走出”活动，全面推进绩效管理和管理信息年活动，建立了科学、高效、规范的管理体系和运营机制。不断修订完善各类应急预案，电网经受住了大雪、暴雨和冰冻等自然灾害的袭击，公司圆满完成了世界帆船锦标赛、“世界杯”铁人三项等重大赛事的保电任务。深入开展“优质服务”百日提升主题活动，不断提升优质服务水平。公司及所属三市（县）电业总公司连续10年获得公共服务类行业行风评议第一名。公司先后获得 “国家电网公司文明单位”、“威海市工作优秀单位”、“威海市城中村改造先进集体”等称号。

追 求 卓 越

中共威海市委副书记、市长孙述涛（右三）等领导到公司检查指导工作

集团公司总经理李同智（右三）现场督导公司电网建设

进一步优化电网架构

圆满完成重大活动保电任务

优质服务现场宣传

严格执行应急预案，加强线路巡视防护

China unicom中国联通

做威海服务最好的企业

——中国联合网络通信有限公司威海市分公司

中国联合网络通信有限公司威海市分公司是威海地区承担国家公用通信网络建设、运行管理和经营服务的大型国有企业，主要经营移动通信(2G和3G)、宽带网、固定电话以及相应的系统集成、信息化应用技术开发等业务，还承担着普遍服务和党政专用通信、应急通信等任务，是威海地区最大的基础通信运营企业。全市联通实现了省级文明单位“一片红”，公司被中央文明办表彰为全国精神文明建设工作先进单位。

威海联通大力推进信息化建设，做信息生活的创新服务领先者。固定电话主线普及率列全国前列水平；2G和3G移动通信网络规模、覆盖范围和网络能力全面提升，手机信号质量和3G上网速率给客户带来了全新体验；宽带出口网速达到100G，可为企业客户提供1000M、家庭客户提供10M速率上网服务，提升了政务、农村、企业、社区、家庭信息化水平；丰富的固网资源结合全球应用最广泛的WCDMA技术，研究开发了电子政务、校务通、税信通、销售管家、移动执法、移动办公等信息化产品，为60多个行业和部门的3200多家客户组建了信息化应用系统，全市通过联通公司组建内部信息化网络的单位达2000多家；“用我们的快，换您的乐”为内涵的“快乐修障”品牌连续被评为山东省服务名牌；积极参与威海文明城市创建活动，在抗震救灾、敬老扶贫中发挥了积极作用，企业发展也得到了社会各界的广泛支持。

客户服务热线10010

交话费登陆网上营业厅www.10010.com

中共威海市委书记、市人大常委会主任王培廷（前右）考察古北小区墙体保温改造现场

威海热电集团有限公司

热电集团收费大厅

热电集团热线中心

威海热电集团有限公司是集供热、供暖、发电、房地产开发、锅炉管道安装维修、压力管道设计施工、物资经营、焊工培训等为一体的大型国有独资公司，有工商业用户400多家、取暖居民15万户、供暖面积1500万平方米，年发电13亿千瓦小时、供汽100万吨。

集团公司始终“以企业文化为载体，建责任管理优质服务企业”为宗旨，以“自主创新、转方式、调结构、发展低碳经济”为己任，当好工商业发展的先行官，当好百姓温暖的使者，推行安全文明生产一流制、行政管理规范制、设备管理等级制、工程管理招标制、厂务管理公开制、职工管理星级制、企业文化建设达标制等科学管理模式，确保企业快速健康发展。企业通过了ISO 9001质量体系认证，获得全国“五一”劳动奖状、富民兴鲁劳动奖状，被评为全国工人先锋号、安全文明生产双达标企业、一流企业、节水型企业、和谐企业、设备管理一级企业、计量管理一级企业、诚信热力企业、供热计量改造与既有建筑节能改造突出贡献单位设备管理及计量管理、节能管理、环保管理、综合利用、企业文化建设先进企业等。

威海热电集团有限公司将不断秉承“超越自我、服务真诚”的理念，打造“热是商品”的服务品牌，加强OA和精细化管理，建设具有“效忠企业、立德修身、见贤思齐、处世之道、沟通智慧、人脉建设、团队打造、团队精神”的企业文化，为建设创新、开放、宜居、幸福的现代化新威海作出更大贡献。

1 热电集团真情走访用户进社区走访活动启动仪式
2 2010年建设的9号锅炉投产运行
3 西中线DN1200供热主管道夜间施工现场
4 全市供热行业"优质服务规范年"活动总结表彰大会

北京燃气集团山东有限公司

北京燃气集团山东有限公司是北京燃气集团所属子公司，公司注册资本为1亿元，主要从事天然气、液化气的投资与销售及燃气炉具、钢瓶、仪器仪表的销售、燃气管道安装、市政公用工程施工等业务。公司总部设在威海市环翠区，下设海阳、荣成、乳山、文登、威海5个分（子）公司，拥有荣成、文登、乳山、海阳四个市和威海市旅游度假区燃气特许经营权。公司拥有员工258人，其中具备中高级职称的专业技术人员47人。公司拥有市政公用工程施工总承包二级资质、压力管道GB1、GC2安装资质、城市燃气经营许可证及ISO 9001国际质量体系认证等多项资质证书，系中国城市燃气协会、山东省燃气协会理事单位。

2010年，公司投资2.2亿元建设的“乳山—文登—荣成”天然气长输管线全线竣工。该工程全长128公里，横跨荣成、文登、乳山市，年输气量达3.6亿立方米，是威海市最大规模的单线天然气管道工程，并与“海阳——乳山”天然气输气管道相连，形成了横贯威海东西的输气系统主动脉。截至2010年底，公司拥有高压、次高压管网等275公里，拥有海阳、乳山、文登、南海新区、大水泊、高村、石岛7座输气门站。公司形成了以高压放射性管网为主体，以中低压配气网络为辅的完善的输供气管网体系。发展居民用户14万余户，公福用户190余户，取得了良好的经济效益和社会效益。2011年公司将以天然气的用户发展为主线，计划全年销售天然气5000万立方米，至2015年，公司将达到天然气年销售1.6亿立方米，实现年销售收入5亿元以上。

气融万物　惠泽万家

公司领导到文登南海天然气置换现场检查指导工作

海阳门站

石岛门站

高村门站

地址：威海市环翠区重庆街112号　邮编：264200　电话：（0631）5289058
网址：www.bjsdgas.com

威海港华燃

公司领导到威荣天然气次高压管道施工现场检查指导工作

2010年，威海港华燃气有限公司以“让政府放心、让用户满意”为宗旨，积极践行“以客为尊、安全至上”的服务理念，在规范内部管理、加快工程建设、积极拓展市场、提升服务质量等方面取得较大发展。公司先后获得“山东省文明单位”、“山东省百姓口碑最佳荣誉单位”、“山东省厂务公开民主管理工作先进单位”、“威海市安全生产工作先进单位。”、“A级纳税信用等级单位”、“山东省优秀交通安全单位”等称号和“富民兴鲁劳动奖状”、“港华集团安全及风险审核优秀奖”。

年内，公司加快工程建设步伐，增强燃气工程服务功能。新铺设各类管线230公里，建成文登虎山路12公里及荣成至港西52公里次高压管线工程，并全部实现通气。加大市场拓展力度，让天然气惠及更多百姓。进一步做好城中村改造配套工程建设，加快张村旅游度假区、工业新区及文登开发区工商用户的发展速度，全年安装居民用户3.42万户，新增工商业用户158户，完成管道液化气并网3000多户，销售天然气5000多万立方米。强化工程管理，确保燃气供应平稳。坚持和落实“六查、三改、三监控”的安全监管长效机制，加强各种紧急应变预案的处置演练和消防安全演练，提高应对各类险情的处置能力，实现了零事故的目标。进一步规范员工的服务行为，实现了“服务标准阳光化、服务措施多样化、服务效率快速化、服务监督常态化”四化管理目标，服务档次和水平明显提升，在行风政风评议中被评为优良单位。

气有限公司

向用户宣传安全知识

威海港华客户服务热线：（0631）5207779

威海港华报警抢修电话：（0631）5321111

威海国际五金城鸟瞰图

2011年3月23日，威海市领导王培廷（左一）、孙述涛（左二）、马世和（右二）等出席威海国际五金城等重点项目开工仪式

2011年4月15日，中共威海市委书记、市人大常委会主任王培廷（右）等领导到威海国际五金城考察工程建设情况

2011年3月9日，公司总经理南福庆（右）向中共威海市委副书记、市长孙述涛（左）介绍项目进展情况

中国工商银行股份有限公司

ICBC

召开新入行大学生座谈会

中国工商银行股份有限公司威海分行是中国工商银行股份有限公司在威海地区设立的二级分行。该行辖设1个营业部、13个支行、11个分理处、12个储蓄所，业务范围涵盖了本外币存款、本外币贷款和本外币结算及各种理财产品等上千个品种，极大地满足了客户多元化的服务需求。2010年末，中国工商银行股份有限公司威海分行各项存款余额163.5亿元，各项贷款余额165.72亿元，本年度累计投放贷款86.42亿元；向地方税务缴纳税金5692万元。全年实现利润4.68亿元。实现中间业务收入1.68亿元。对公账户数突破1.2万户，增加1519户；个人客户总量达到267万户，增加104万户。在发展业务的同时，该行大力推进精神文明建设和企业文化建设，以教育培训、业务技术比赛、职工运动会、文艺晚会为载体的岗位练兵和文化生活丰富多彩，员工的精神面貌和业务素质持续提升，连续多年被威海市评为“优秀单位”和“劳动关系和谐企业”，多次受到上级行表彰。在2010年行风测评中位列28个中央驻威单位第三名，被威海市委、市政府授予中央驻威企业“优秀单位”称号，取得了经营效益与社会效益的双丰收。

服务热线：95588　地址：威海市文化西路188号　网址：WWW.ICBC.COM.CN

威海分行

举办经营发展理论研讨会

不断开发新产品，图为贵金属旗舰店开业

工商银行威海分行与企业签署合作协议

威海市商业银行

WEIHAI CITY COMMERCIAL BANK

2009年3月23日，天津分行开业。天津市委常委、副市长崔津渡(左二)，威海市委书记王培廷(右二)，天津银监局局长王进诚（左一），山东银监局副局长王晓春（右一）共同为威海市商业银行天津分行揭牌

2010年9月17日，青岛分行开业。中共山东省委常委、青岛市委书记阎启俊(左二）、青岛市人大常委会主任张若飞（左三），威海市委副书记、市长孙述涛（左一）、山东高速集团董事长孙亮（右一）共同为威海市商业银行青岛分行揭牌

威海市商业银行成立于1997年8月1日。辖济南分行、天津分行、青岛分行等45家分支机构。成立以来，威海市商业银行坚持以“服务地方经济，服务中小企业，服务城市居民”为己任，走出了一条独具特色的发展道路。2007年12月12日，济南分行开业，成为全国首家获准到省会城市设立分行的地级城市商业银行，是山东省首家在异地设立分行的城市商业银行。2009年3月23日，天津分行开业，为实现“立足山东，环绕渤海，面向全国”的三大板块跨区域发展战略奠定了坚实的基础。2010年9月17日，青岛分行开业，标志着向“法人治理先进、内控严密、管理规范、资产优良、效益良好、具有明显特色的、上市的、快乐的股份制商业银行”的战略目标又迈出了更加坚实的一步。

威海市商业银行充分发挥“审批环节少、决策效率高、经营机制活、反应速度快”的独特比较优势，开发了一系列适合企业和市民特点的金融产品，在支持地方建设、互惠共赢中实现了持续稳健快速发展。截至2010年12月末，全行资产总额达到519.87亿元，各项存款余额达到420.67亿元，各项贷款余额达到249.83亿元，实现经营利润6.28亿元。总资产、存款、贷款、经营利润等主要经营指标增量增幅均创历史最高水平，连续7年位居威海市银行业金融机构首位。

优质的服务和优良的经营业绩，赢得了社会各界的广泛赞誉，“中小企业伙伴银行”和“市民首选银行”的品牌形象深入人心。先后被授予“山东省管理创新优秀企业”、“山东省首批A级纳税金融单位”、“百佳诚信单位”、“纳税明星企业”等称号，连续7年被威海市委、市政府评为工作先进单位。

威海市商业银行济南分行办公大楼

威海市商业银行干部员工走上街头宣传金融知识

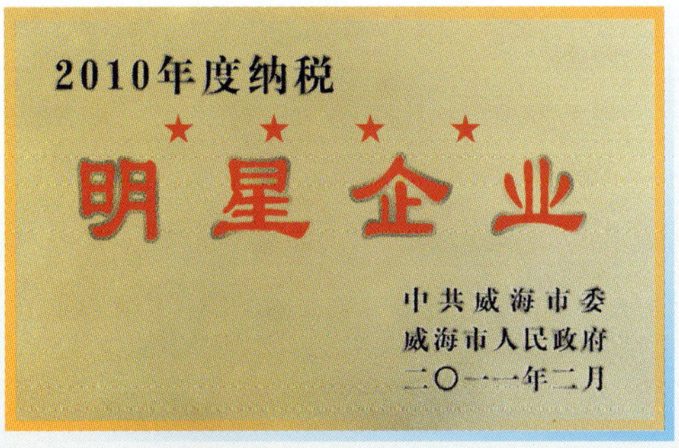

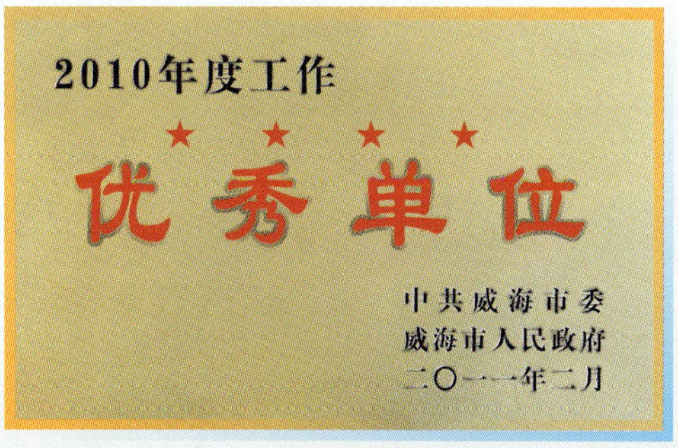

中国建设银行股份有限公司威海分行

中国建设银行股份有限公司威海分行下辖13个支行，1个营业部，32个营业网点，784名员工。分行秉承“与企业同发展，与客户共繁荣”的经营理念，以服务地方经济为己任，不断加大对全市能源、交通、城市基础设施、民生等重点行业的支持力度。先后推出了“成长之路”、“速贷通”等小企业信贷品牌，扶持了一大批水产品、农副食品、服装加工出口、机械设备制造、建筑企业等优质客户。分行在融信通、融链通、出口信贷再融资等国际业务领域实现多项产品创新，为解决出口企业融资难题提供了有效途径。同时，依托“要买房，到建行”的信誉品牌，大力推动个人住房、开发各类贷款、政策性住房贷款等“房”字号业务的联动发展，极大满足了客户多元化的服务需求。

该行被山东省精神文明建设委员会评为山东省文明单位，连续5年被山东省银监局认定为山东省“良好银行”，连续两届被建设银行总行命名为总行级文明单位，被中国金融工会授予“全国金融‘五一’劳动奖状”。所属机构多次获得全国银行业“文明规范服务示范单位”、全国“青年文明号”等称号。

10月19日，威海晚报·龙卡通联名卡首发仪式现场，中共威海市委常委、副市长董进友（左三），中国建设银行山东省分行副行长张维国（左二），威海报业集团党委书记、总编辑孙盛川（右三），威海市银监局副局长于海（左一），中国建设银行威海分行党委书记、行长孙鲁泉（右二）共贺首发成功

向客户介绍金融产品

为客户演示个人网银操作

口　　岸

综　述

【概况】　2010年，全市口岸货物吞吐量完成4865.7万吨，比上年增长18.1%。其中，外贸货运量2342.2万吨，增长22.2%；口岸国际集装箱完成69.5万标准箱，增长11.8%。运送出入境旅客94.8万人次，增长24.3%。海关监管进出口货值202.3亿美元，增长28.7%。其中，威海海关监管进出口货值121.3亿美元，增长35%；荣成海关监管进出口货值81亿美元，增长20%。

【口岸开放】　*口岸开放进一步扩大*　威海港三、四期工程，新船重工，新泰源船业码头作业点查验设施建设和对外开放申报工作稳步推进。市口岸办先后17次组织查验单位深入企业码头作业点现场办公，督导推进口岸查验设施建设进度，对存在问题进行梳理、分析，研究制定解决方案。威海港三、四期工程和新船重工码头作业点开放前的各项准备工作已就绪。新泰源船业码头所在的皂埠湾航道水域内碍航养殖清理、航标设置、航道扫测等工作全部按期完成。为保证威海港三、四期工程等码头作业点在申报开放期间企业的生产经营活动正常进行，积极协调各查验单位采取“一船一议”、“特事特办”的方式，允许外轮临时停靠，年内批准外轮临时出入境478艘次，监管进口货值10多亿美元，为造船企业直接办理整船出口70余次，节省转港费用1200万元。俚岛港、好当家港对外开放申报工作取得重大突破。3月，邀请国家口岸办、海关总署、省口岸办、青岛海关负责人到俚岛港、好当家港，就两个港口在临时开放的基础上申报正式开放问题进行了工作调研。12月30日，省政府以《山东省人民政府关于石岛港口岸扩大开放的请示》(鲁政发〔2010〕120号)上报国务院，申请将俚岛港和好当家港作为石岛港口岸的两个作业区实行对外开放。乳山口港临时开放展期续签完成。经过协调，7月15日，交通运输部以交海批〔2010〕39号文，再次批复同意国际航行船舶临时进靠威海口岸乳山口港作业区，期限自2010年7月15日至2011年1月15日。

在全国率先启动中韩陆海联运汽车货物运输项目试点工作　9月，认真贯彻省政府指示精神，履行职责，团结协作，强化管理，加大投入，积极推进，在很短时间内建成了威海口岸中韩陆海联运通道并确保首车试车顺利通关，为全省首例。12月21日，威海港作为试点口岸，在全国率先实施中韩陆海联运汽车货物运输项目。

口岸查验配套设施建设进展顺利　积极协调口岸查验单位和有关建设单位，做好威海港国际客运中心口岸查验设施的规划论证工作，确保其与主体工程统一规划、统一设计、同步建设。

12月21日，威海口岸中韩陆海联运通道首车试车顺利通关　王晓　摄

4月，组织相关单位到上海、厦门等地考察，学习借鉴国内一流的通关流程设计和口岸管理服务理念。至年底，完成了威海港国际客运中心土建工程，口岸通关流程现场设计方案获得各相关部门同意，进行了装修及设备安装工作。做好空港国际航站楼口岸查验设施的规划论证工作，先后3次组织口岸查验、签证、机场、设计单位，对威海机场国际航站楼查验流程布局及设备定位方案进行了审查论证，获得有关部门的同意。10月，完成了国际航站楼内外装修和查验配套设施设备安装工作。

编制《威海市“十二五”口岸发展规划》 在充分调研论证的基础上，编制完成了《威海市“十二五”口岸发展规划》。3月，以《威海市人民政府关于报送威海市“十二五”口岸发展规划的函》的形式正式上报省口岸办。

【口岸综合管理】 *营造口岸通关一流环境* 围绕提高通关效率和服务质量两个重点，认真组织口岸联检部门和生产经营服务企业，改革查验通关模式，优化通关作业流程。结合口岸实际情况，组织口岸查验单位推行“多点报关、口岸验放”，“属地报检、口岸放行”，开通“绿色通道”、提供“零差错”服务、落实首问负责制、网上预报预检制度、“5+2”工作制和预约延时服务制等多项便企利民服务新举措，竭力为服务对象提供周到、快捷的边检通关服务，为威海市对外开放和经济社会发展创造了良好的口岸通关环境。全市口岸货物通关当天验放率达到100%，旅客通关速度人均在35秒以内，口岸通关速度和效率持续保持全省乃至全国领先水平。

加强平安口岸建设 全市口岸立案查处走私案件158起，案值8842.77万元，涉税1159.87万元，抓获犯罪嫌疑人14人；查获违规案件309起，案值2957万元，涉税78.68万元，罚没入库409万元。破获偷渡案件12起，抓获偷渡分子15人次，为全市外工贸企业的发展创造了良好的市场经济环境。

强化口岸疫情防控工作 强化措施，制定应急预案，严格检查制度，切实抓好全市各口岸旅检现场甲型H1N1流感及其他高致病性疫情、病毒的防控工作。全市口岸检验检疫出入境货物10.72万批次，检出不合格出入境货物1552批次；查验出入境人员90.4万人次，完成各类人员健康检查1.38万人次，发现各类病例4179例，有效杜绝了各类疫情和病毒从威海市口岸流入流出。

加强海上交通安全管理 全市口岸办理进出港船舶签证5.32万艘次，办理进出境船舶手续4075艘次，审批船舶载运危险货物936批次，安全监管危险货物75.6万吨；发布航行警（通）告135次，海上救助55次，成功救助船员282人，救助船舶20艘。

着力解决口岸发展中的热点、难点问题 一是服务外工贸企业。先后21次组织人员深入基层，深入企业，现场办公，听取意见。及时解决与口岸工作密切相关的口岸开放、开辟航线、查验通关、招商引资、对外贸易、生产经营中遇到的热点、难点问题52项；组织口岸有关单位出台简政放权、提高效率、优化服务、降低企业经营成本的便民利民措施230余条。二是服务口岸查验单位。为口岸查验单位争取加班、误餐补助资金170万元，并将此项资金纳入市财政年度预算。三是提供优质政策信息服务。结合当前经济发展形势，主动了解企业对口岸服务工作的新需求，向企业发放了《威海口岸服务指南》、《通关便民手册》等资料，详细介绍口岸情况，解答企业咨询；组织口岸查验单位为企业举办各类培训班23期，培训企业经理厂长和报关、报检、安全管理、质量检测等专业人员2157人次。提供各类信息517条，把国家最新出台的法律法规及时传达到企业和投资者，指导企业用足用好政策，帮助企业开拓国际市场，扩大出口。

【口岸共建】 组织口岸各单位采取多种形式开展口岸文明共建活动，不断加强思想道德教育，实施文明工程，完善规章制度，提高员工工作水平和服务质量。开展了争创“口岸工作先进单位”、“口岸文明示范窗口”和“十大文明标兵”等活动。6月，举行了“威海港”杯口岸系统运动会，有800余名运动员参加了比赛。口岸各单位根据各自业务特点和“双拥”共建需要，采取了一对一共建、交叉共建、系统内与系统外共建等多种方式开展共建活动。至年底，口岸共建对子数量达到120个，参与率达到100%。威海海关与威海检验检疫局、威海边检站与威东公司等单位连续多年被评为全省、全国口岸结对共建先进集体。

（张朝明）

海　关

·威海海关·

【概况】 2010年，中华人民共和国威海海关监管进出境货物297万吨，比上年增长22%；进出口总值121.3亿美元，增长35%；进出境集装箱28.6万标准箱，增长17%；进出境船舶2918艘次，飞机1806架次；实现税收入库11.49亿元，增长38%，建关以来首次突破10亿大关。

【深化综合治税机制】 制定了《威海海关对报关企业考核管理办法》，对辖区33家报关企业实行量化考核，并落实奖惩制约措施，进一步提高报关质量，审核进出口报关单43.3万票，比上年增长28%；一般贸易不规范申报率由年初的 25.23%下降到1.75%。不断加强归类、估价、原产地确定等基础性工作，实行涉税报关单申报前预归类、预审价和原产地预确定制度；梳理确定重点税源商品，加强归类审核比对，加大价格质疑、磋商和验估力度，贸易管制措施落实到位，审价补税407.7万元，增长60%，归类补税 116.9万元。加大协调服务力度，积极培植涵养税源，确保税款及时入库。认真落实国家产业政策和鼓励项目政策，确保政策执行准确无误。

【提高实际监管效能】 全面安装启用

港区闸口和场站卡口，并开发建设“威海海关物流监控信息平台”，实现海关对进出境集装箱疏港、集港、移动和处置的全程监控。采取远程视频监控和实地巡查相结合的方式，对11处监管场所、码头进行实时动态监管，全年巡查112次。加强舱单数据审核和风险分析，加大自主布控查验力度，适当提高彻底查验比率，不定期进行拉网式查验，提高查验监管成效，查验进出口货物 1.6万票，查获案件207起，案值1309万元，查验率4.22%，查获率19.64%。认真执行旅客携带和邮递物品管理规定，合理把握验放尺度，加大对禁限物品的查缉力度，顺利完成对俄罗斯临时旅游包机监管，船舶旅客舱单传输系统正式运行，监管进出境旅客47.4万人次，比上年增长30%，监管行邮物品69.8万件，查获各类禁限物品1.23万件。知识产权边境保护卓有成效，查获侵权情事79起，涉及侵权物品1.1万件。强化缉私职能作用，立案侦办走私犯罪案件7起，案值6950万元，涉税1157万元，分别增长3.7%和41.4%；抓获走私犯罪嫌疑人17人；移送起诉5起，移诉走私犯罪嫌疑人16人；行政立案案件378起，增长136%，案值3275万元，增长115%。

【强化保税过程监管】 建立“加工贸易商品归类库”和“单耗资料库”，收录商品归类和单耗数据5774条。实行合同备案总量控制，进一步提高备案质量，备案电子手册1.05万份，比上年增长7%；合同备案总值18亿美元，增长10%；加工贸易实际进出口总值91.4亿美元，增长27%；辖区企业银行保证金台账全部实现了联网管理，对4家保税仓库进行了全面清理整顿，首家出口配送型出口监管仓库顺利获批，并率先启动青岛关区船舶行业电子账册管理模式试点。加强保税风险评估，强化手册执行管理，提高下厂核查效率和质量，开展保税核查410家（次），核销结案手册1.08万份，增长20%；内销征税1.9亿元，增长42%，其中边角料征税2125万元。开展“电子账册料号级核销”试点，设计应用“电子账册核销周期数据管理文档”，使海关对电子账册管理延伸至企业ERP管理内部，将电子账册核销由项号级推进至料号级。通过考察筛选，引入5家中介机构参与22家企业联合下厂核查，取得明显成效。进一步完善出口加工区物理围网、视频监控设施，强化卡口管理，理顺作业流程，并深入拓展保税物流功能，审放报关单6.73万票，货物总值27亿美元，征收税款1.13亿元，分别增长77%、107%和122%。

【加强稽查风险工作】 加强业务联系与配合，不断增强稽查工作的针对性和有效性。稽查企业47家，查获违规情事11起，案值209万元；查发追补税情事24起，追补税436万元；新增注册企业449家，对3家申请AA类企业进行了验证稽查，验证通过率100%。强化风险管理实战应用，有效转化业务管理成果，深入分析挖掘各业务环节存在的监管风险，及时归纳提炼为预定式布控指令，上报预定式布控指令1298条，青岛海关确认812条，列关区第一；进一步完善风险信息的采集、加工、处置、反馈机制，采集风险信息954条；风险信息深度加工48条，转化有效率为97.6%；加强业务运行监控，综合运用风险管理平台、海关执法评估等系统功能，定期发布执法评估报告，加大报关数据检测比对，发挥统计处罚警示作用。

【提升海关服务层次】 深化无纸通关、网上付税、多点报关、口岸验放和“单证暂存”等业务改革，出口分类通关扩展至邮递、特殊监管区域出口通关领域，通关效率进一步提高，全年无纸通关报关单30.3万票，占出口报关单总量的70%；网上付税11.26亿元，占开征税款的98%；有3.5万票货物采用“多点报关”模式通关，占报关单总量的8%；分类通关验放出口报关单18.02万票，低风险快速放行、低风险单证审核和高风险重点审核的通关比例分别为84%、0.25%和15.75%；坚持“5+2”和延时加班制，现场业务部门全年累计加班3582人次，审放货物7.78万票，做到正常货物当天放行。加强“威海海关门户网站”和“网上服务大厅”维护管理，发挥“信息发布、政务公开、办事服务”三大功能；完善统计分析制度，动态监测外经贸发展情况，每月发布海关统计信息和统计分析，发挥风险预警和决策辅助作用；完善政策解析制度，通过送法上门、企业培训、现场办公、新闻宣传等措施，及时分析国家宏观政策调整对外经外贸的影响，加强海关政策宣传解读，帮助企业用足用好优惠政策。主动关心地方外经贸发展，发挥海关职能作用，积极向政府、企业提出合理化建议；全力支持地方国际赛会和展会经济发展，完成了“威海杯”2010年HOBIE（霍比）世界帆船锦标赛、2010年威海长距离铁人三项世界杯系列赛和中韩文化交流月活动等通关监管服务任务，受到广泛好评；积极做好台湾“岛宝”

为辖区游艇企业上门服务 威海海关提供

通关准备工作，为地方接收“岛宝”做好准备；积极推进中韩陆海联运汽车货物运输项目，保证该试点项目在威海口岸顺利启动运行。

（潘艳杰）

·荣成海关·

【概况】 2010年，中华人民共和国荣成海关受理进出口报关单13.4万票，比上年增长13.9%；监管进出口货运量160万吨、进出境集装箱10.5万标准箱、进出境船舶3973艘次，分别增长16.5%、13.4%和66.3%；监管进出境旅客48万人次，增长21.2%；征税3.5亿元，增长48%；审批备案加工贸易合同2090份、金额5.83亿美元。查获走私违规案件174起，案值1898万元，罚没收入203万元。

【建立综合防控模式】 在开展“优化监管资源及监管模式”课题研究的基础上，组建成立荣成海关业务风险监控处置中心，通过建立“集中研判、统一处置、综合协调、快速反应”联合工作机制，切实尽到对各个分散作业现场业务风险防控的统一指挥和执法内控质量的联动处置职责，实现两大风险的联防联控，以此优化监管模式及人力资源配置，以整合提绩效，以创新促发展。自3月正式运作以来，监控分析数据20.9万余条，发布《风险监控处置联系单》31期，风险识别处置有效率100%。抽查审计各类业务单证5.9万票，查纠整改问题4类46个。建立完善业务授权管理、进出口报关单管理、政府采购等内控制度4项。

【强化实际监管】 一是优化审征作业。规范企业申报管理，强化计分考核，一般贸易不规范申报率由年初的35.9%降至2.82%；开展应税货物事前风险测量；成立归类小组，加大对成分复杂、专业性强、归类难度大的商品的归类审核；梳理确定重点税源商品，开展行业性价格核查，掌握商品贸易特点。二是加强实货监管。规范监管场所管理，对包括集装箱码头、旅检现场、船厂等在内的11家监管场所视频监控性能、出入卡口电子栏杆和电子地磅设备、计算机管理系统数据传输等不定期检查，跟踪整改问题；及时汇总高风险航线和重点商品、企业等信息，分析走私违规手法和实货查验案例，提炼布控风险点；加强进出口电子舱单与纸质舱单、报关单、港口作业日报数据比对核查，甄别伪瞒报风险；加强在港船舶、物流信息实时监控，强化船边监装监卸和码头巡查；对6个临时开放港口码头业务量、企业守法经营等情况定期评估，发挥“远程视频监控系统”、电子地磅等设备效能，对船舶抵港修理进行全程监控；做好执勤武警各项后勤保障，加快推进1207平方米武警新营房主体工程完工。三是规范旅客进出秩序。开展船舶旅客舱单管理系统推广运行，参与“2010年中国赤山国际旅游马拉松大赛”等旅游活动服务保障，强化旅客携带各类反动书籍查缉，加大旅检通道知识产权保护力度。四是强化加工贸易和保税监管。锁定手册执行、报核手册结案、手册内销征税等具体监控指标，全年内销征税2810万元，在保税仓库清理整顿中注销1家运作不理想保税仓库。五是推进“三查合一”（将海关稽查、减免税核查和保税中后期核查实行统一归口管理）机制建设。适应“由企及物”守法管理的要求，发挥“三查”力量联合深入企业跟踪核实，构建稽核联动链条，规范企业进出口行为。

【服务地方经济】 一是帮扶企业发展。筛选造船、汽车、机电、轮胎、水产等重点行业中规模较大、具有代表性的部分企业，适时跟踪分析企业现状以及发展走势；深入重点企业现场办公，就港口物流、保税物流和船舶加工制造业等进行调研，了解企业发展需求；推进辖区加工贸易企业100%实现银行保证金台账电子化联网，对重点税源企业实行全程专人指导服务，推进内销便利化。二是落实弹性服务举措。坚持24小时预约通关、“5+2”业务加值班弹性服务工作制，切实保障物流周转速度。关员累计加班1500余人次、2180小时。三是深化便捷通关改革。推广出口分类通关改革，现场平均通关时间较以往缩短40%；“面对面”向企业宣讲，深入推广“多点报关、口岸验放”模式，促进港口货源腹地的拓展和延伸。四是支持重点产业发展。积极协调、协助企业办理技改设备进口海关手续；对从辖区口岸进口的汽车零部件，根据企业需求实行“特事特办、一事一批”，派专人到厂区查验作业，节省企业物流成本费用近10%；按照分类审价办法，对造船企业实行“经营审价”和“信用审价”，保证货物“当天到港、当天到厂”。五是提升统计服务效能。关注重点商品，跟踪经济热点，积极开展统计分析调研，提出行业发展可行性建议。撰写分析报告及统计信息28篇，被总署、总关、地方各级载体采用43篇次。

【从严治关】 一是按照《海关内务规范》要求对关容风纪加强督查，开展队列训练及会操，强化内务管理和作风纪律整顿，下发《督办督察通报》4期，整改问题9个，着力打造准军事化纪律队伍品牌；二是健全完善政府采购、车辆管理、大楼管理等内部制度，强化办公用品、水电、车辆等使用管理，推进节约型海关建设；三是在门户网站、电子触摸屏、公告栏及时公开各项业务办理流程及时限，实行“阳光操作”；四是自行制作《阳光海关》形象宣传片，展示队伍建设品牌，社会各界反响良好。

（乔俊杰）

出入境检验检疫

·威海出入境检验检疫局·

【概况】 2010年，中华人民共和国威海出入境检验检疫局检验检疫进出口货物8.44万批，货值30.06亿美元，比上年分别增长6.75%和23.94%，其中，检出不合格货物1172批，货值1.23亿美元，分别增长3.9%和8.36%。检疫查验交通工具3468架（艘）次，下降7.69%；检疫查验集装箱19.07万标准箱，增长22.24%。查验人员51.1万人次，增长24.34%；完成各类人员健康检查1.08万人次，发现病例3777人次，分别增长9.85%和16.61%。签发各类产地证约3万份，货值8.5亿美元，分别增长4.24%和9.83%。

【开展“质量提升年”活动】 一是推行出口食品安全“三三制”监管模式，综合各类风险因子，科学设定风险等级，以企业诚信建设为基础进行分类，对辖区所有出口产品实施分档检测，根据企业分类监管情况、产品分档检验情况等进行合格评定放行，平均每批货物通关时间缩短6小时以上，为企业节省费用100多万元。全年检验出口食品农产品1.91万批，比上年下降1.44%；货值6.43亿美元，增长25.34%，继续保持国外农兽药残“零通报”。二是大力提高进口产品检出率，检出2批不合格美国产进口轮胎，2次从韩国捐赠服装中检出旧服装，从3批来自日本的鲐鱼中检出孔雀石绿，均为国内首次检出，实施了退运处理，国家质检总局3次依据威海出入境检验检疫局检出的问题发布了警示通报（告）。对7例违反强制性产品认证规定的进境产品实施了行政处罚。三是开展“质量提升服务进万企”活动，对20家工业品出口企业实施“三个一百工程”，帮助提高产品竞争力，为企业出口提供优质高效的服务；开展“质量对比提升”活动，帮助辖区所有出口玩具企业建立了实验室，使企业自检自控能力明显提高；深化出口工业产品企业分类管理，结合企业质量信用、质量保证能力，对分类类别实行动态调整，实现工作重心由检验向监管的转移。四是推进“窗口建设和证单质量提升”活动，进一步强化检务基础和队伍建设，创新管理模式和工作机制，检务科被国家质检总局评为全国检验检疫文明服务窗口，1人被国家质检总局评为窗口服务文明标兵。五是加强口岸核心能力建设，新增专业技术用房480平方米，更新补充了30余台设备，新建了基因扩增实验室，抽调两名专业人员充实到口岸一线，从入境人员中检出3例艾滋病毒携带者和5例开放性肺结核，查获19本假健康证，处置6例核辐射事件，其中1例在旅客携带物中发现，受到国家质检总局、山东出入境检验检疫局通报表扬，从邮寄物中截获20批应检物，居山东检验检疫系统前列。六是顺利完成法定鉴定业务改革，成立了鉴定业务科，建立健全了各项制度和程序，加强了人员培训，提升了鉴定工作的有效性。

【大力强化服务措施】 一是开展“企业大走访”活动，党组成员和部门负责人走访企业100多家，收集意见、建议18条，撰写调研报告21篇，其中2篇在《威海通讯》和《威海商务》刊发。二是开展质量解读活动，为13家玩具企业培训了欧盟新玩具指令，为47家木制品企业培训了《国内外木制品家具技术法规与标准》，为3家轮胎企业培训了欧盟轮胎燃料标签法规，为3家家纺企业培训了17025标准；召开了16次企业质量分析会，举办了6次企业质量管理培训和10次报检员培训。三是加强产地证签证工作，宣传原产地政策，举办了6期讲座，走访了20家企业，4次在媒体上进行专题报道，使企业享受关税优惠1904.8万美元。在此基础上，高效为企业办理产地证业务，受到威海市委书记、市人大常委会主任王培廷书面批示表扬。四是服务地方政府重点工作，积极配合中韩陆海联运项目实施；为台湾赠送大陆动物落户威海、“威海杯”2010年HOBIE（霍比）世界帆船锦标赛和2010年威海长距离铁人三项世界杯系列赛等提供了检验检疫服务；参与承办了威海国际食品博览会，与日本国贸促代表团、美国百胜代表团进行专题座谈，提升了威海食品农产品的影响力；帮助三星公司解决了进口原材料复出口的检验监管问题。

【全面推动出口产品质量安全示范区建设】 一是加强出口食品农产品质量安全示范区建设，被国家质检总局确定为“首批重点推进的出口食品农产品质量安全典型示范区”。出口食品农产品质量安全示范区内活水生动物、水果、花生、蔬菜的出口货值比上年分别增长76%、28%、27%和22%。全省出口食品农产品示范区建设第三次现场会和全国出口食品农产品示范区建设座谈会先后在威海召开，省政府领导和国家质检总局领导对威海示范区建设工作均给予高度评价。二是推进出口木制品质量安全示范区建设，2次为区内企业培训新标准、法规，定期发布《国外警示通报暨技术法规汇编》，帮助企业规避出口风险；帮扶龙头企业建立了检测实验室；加强宣传，2次在电视台对木制品示范区建设进行了报道。三是积极建立出口家纺产品质量安全监管示范区，与文登市政府签订了合作备忘录，指导下发了《出口家纺产品质量安全监管示范区实施方案》等3个正式文件，完善了6个管理控制体系文件，牵头召开了3次协调会，确定第一批34家企业纳入示范区管理。

9月14日，工作人员在大姜种植基地指导农民用药　　威海国检局提供

【加快实验室建设步伐】 一是认真开展检测工作整顿活动，更新完善并严格执行实验室规章制度，规范检测工作程序，强化人员培训，检测工作能力得到明显提高。技术中心通过了 CNAS（中国合格评定国家认可委员会）监督扩项评审，检测项目增加了 347 项；保健中心通过了 CNAS 与认监委的实验室认可／资质认定“二合一”的监督扩项评审，检测项目增加了 4 项。年内，参加国内外能力验证活动 13 次，反馈结果均为满意。二是全面提高科技创新能力，1 项科研成果获得 2009 年度国家质检总局“科技兴检奖”三等奖，1 项科研成果获得威海市“科学技术奖”二等奖，2 项成果获得“山东软科学优秀成果奖”二等奖；获得国家质检总局科研立项 2 项、山东检验检疫局立项 5 项，制订行业标准 1 项；6 项自主研发的产品获国家知识产权局颁发的“实用新型专利证书”。三是与地方政府共建质量安全保障体系，充分发挥威海市农副产品检测中心的作用，接收各部门委托检验 1235 个样品；与质监局签署了加强全面合作协议，拟定通过量值比对、技术比武等形式，实现双方检测水平的共同提高；接受省农业厅的专项监测任务，抽取了 6 个地市的 210 个蔬菜样品进行农药残留检测；开展“实验室开放”集中展示月活动，涉及人数达 250 余人／项次。

（周　怡）

· 荣成检验检疫局 ·

【概况】 2010 年，中华人民共和国荣成检验检疫局检验检疫出入境货物 3.45 万批，货值 16.02 亿美元，比上年分别增长 26.95% 和 40.31%。其中，检验检疫出境货物 3.16 万批，货值 13.69 亿美元，分别增长 27.76% 和 36.93%；检验检疫入境货物 2940 批，货值 2.32 亿美元，分别增长 18.93% 和 64.21%。检出不合格产品 504 批，货值 5001 万美元。检疫出入境船舶 1853 艘次，增长 0.65%。检疫出入境集装箱 11.3 万标准箱，增长 23.1%；入境集装箱检出问题 5245 箱次。完成出入境人员查验 48.21 万人次，增长 3.56%。传染病监测体检 3924 人次，增长 8.22%。签发普惠制原产地证书 2639 份，货值 9395 万美元，分别增长 19.74% 和 33.36%。

【口岸执法把关成效显著】 积极做好进境动植物截获疫情鉴定、报送和评价管理工作，累计截获各类植物疫情 4487 种次，是上年同期的 95 倍。其中检疫性植物疫情 6 种次。完成首次从匈牙利进口的 6.5 万枚种鹅蛋和从美国进口的 4.2 万只种鸡隔离检疫工作，保证了无疫病疫情传入。出入境人员监测体检发现各类病例 731 例，比上年增长 6.56%；及时妥善处置入境发热病人 2 例、死亡船员 3 例；完成船舶卫生处理 937 艘次，查获违禁携带物 1053 批次，其中，从来自口蹄疫疫区的入境旅客携带物中查缴 113 桶奶粉、60 公斤牛肉粉及 550 公斤鱼粉，均依法予以退运处理。检出不合格进口废物原料 63 批；检出问题旧机电产品 2 批次，退运 1 批次。从来自美国、英国的 2 批轮胎中，在全省首次检出缺少磨损标志并成功退运出境。为此，国家质检总局发布通报和警示通报 6 次，山东检验检疫局发布警示通报 4 次。完成行政处罚 326 起。

【开展“质量提升年”活动】 开展“质量提升年”活动，组织修订作业指导书 39 个，各类规章制度 19 个，诚信管理系统试点应用工作在全省系统专题培训班上进行了交流和应用培训；荣成示范区建设被国家质检总局列为首批重点推进出口食品农产品质量安全典型示范区。口岸检疫查验新模式、“三三制”食品安全监管模式和出境水生动物监管被确定为全省系统质量提升年活动示范点。顺利通过美国 FDA 和日本农林水产省对 6 家出口企业的现场检查。认真组织实施窗口建设和证单质量提升活动，检务科被评为全国检验检疫“文明服务窗口”。对 325 个种养殖基地进行清查，取消了 124 个不符合要求的出口生产基地；新增 4 家水生动物养殖场，辖区内养殖面积 8000 公顷，进一步扩大了荣成备案和注册养殖基地规模和影响力。国家质检总局和山东省政府先后在荣成市召开了现场会进行观摩，荣成市的出口食品农产品全程监管模式得到了与会代表的充分肯定和高度评价。针对“瘦肉精”问题，积极推动好当家集团、泰祥集团、波德隆食品有限公司等重点企业建立自属饲养场和屠宰厂，为解决全市出口肉类产品源头安全，提供了重要保障。检验出口肉及肉制品 2.62 万吨，比上年增长 26.45%。国外通报率大幅下降，“瘦肉精”的问题得到有效控制。辖区无纸化报检企业和绿色通道企业数量扩大到 8 家，抽取出口工业品样品 129 批次进行检测，验证企业管理体系有效性；检出输非不合格产品 3 批，确保出口商品的质量安全。完成 1 批援外重型机械设备轮胎检验工作，保证了援外物资顺利通关。技术中心组织开展了内部自查自纠和多次内部培训，顺利通过了 CNAS 监督评审和扩项，一次性扩充认可项目 210 个，涉及 16 个检测领域。在 FAPAS 和 CNAS 组织的 6 项能力验证中，结果均为满意。开展了实验室开放月活动，举办了“走进实验室”、“实验室检测体验”等多项活动，接待参观人员 217 人次，举办讲座 1 次，举办技术交流活动 3 次。

【提升口岸建设水平】 结合荣成口岸实际，制定修订了《荣成检验检疫局处置口岸突发事件应急预案》等 15 个工作方案，建立了与地方政府、环保局及疾病预防控制中心等 11 个部门的协作配合机制，编印了《口岸卫生检疫核心能力机制汇编》，下发相关部门学习执行，提高了口岸核心能力建设工作的规范性。投资 150 余万元重点建设了石岛港、龙眼港隔离留验室、医学媒介生物实验室等设施；与港方协商，新增业务用房 180 平方米。探索实行了以“两档一卡一申报”为主要内容的针对带工人员的卫生检疫管理新模式，提高了入境人员的通关速度。缩短旅检通道查验放行时间超过 20%，提高了传染性疾病检出率，完成健康体检 192 人次，检出梅毒患者 5 例、乙型肝炎患者 7 例，该做法在全省卫生会议上进行了交流。

【服务经济】 新出台服务举措 20 余条，组织开展质量管理培训 20 场次，培训企业人员达到 600 余人次，帮助 12 家企业获得国内备案，帮助企业新开辟科威特、沙特阿拉伯、孟加拉、蒙古4个新兴国际市场。至年底，全市出口食品备案企业190家；获得国外卫生注册199家。新推荐对美注册4家，总数达41家；新推荐对欧盟注册3家，总数达21家；对日注册肉类企业6家。全年检验检疫出口农副产品货值7.16亿美元，比上年增长26.39%；检验出口工业品出口货值6.5亿美元，增长57.23%。组织开展了企业帮扶活动和“质量提升服务进万企”活动，优先选择辖区内固铂成山等2家企业进行出口优质品牌培育工程；对平安轮胎、荣鹰橡胶等3家具备发展潜力的中小企业实施重点帮扶工程。帮助企业调结构、转方式。5家重点帮扶出口工业产品企业全部通过ISO 9001等质量体系认证，取得了DOT、ECE、CE、UL等近10种产品认证，3家企业被评为一类管理企业，2家企业被评为二类管理企业。全年5家被帮扶企业出口产品4.95亿美元，增长60.07%。联合荣成市质监局举办了机电、服装和食品内包装等产品标准培训，80多家企业900多人参加了培训；积极跟踪美国轮胎“特保案”动态，综合分析，及时提出工作建议，指导轮胎企业规避风险，渡过难关。轮胎出口总额4.76亿美元，增长58.35%。指导和协调荣成造船工业集团、荣成荣通船厂等4家修造船企业做好涉外作业点验收前的各项准备工作，促进荣成造船工业的发展；主动对接西霞口修造船基地、黄海造船有限公司船舶分段模块制造新厂、山东华鹏玻璃有限公司高档玻璃器皿扩建工程、石岛湾核电站等重点项目建设，为项目设备引进、安装调试、投产验收、产品出口提供优质高效快捷的全程服务，为西霞口修造船厂争取了进口废船拆解资格。5月，华鹏玻璃投资2200万美元的高档玻璃器皿生产线引进设备发现短缺，及时介入调查并迅速出具索赔证书2份，索赔金额3.09万欧元，为企业及时挽回了损失，保证了项目的顺利进行。实施检验检疫收费减免政策，减免收费278余万元。签发各类优惠原产地证书9857万美元，帮助企业享受关税减免3300余万元。

（王华强）

海　事

【概况】　2010年，中华人民共和国威海海事局办理船舶进出港签证6.5万艘次，办理国际航行船舶进出口岸查验手续5858艘次，安全监管涉客船舶5.3万艘次，安全运送中外旅客684万人次，监管危险货物船舶1448艘次，危险品货物104.3万吨，实施国轮安全检查176艘次、PSC（港口国）检查37艘次，办理各类船舶登记267次，实施公司审核12次，船舶审核39次。组织船员考试8817人次，制发各类船员证书1.24万本。进行海上巡航972艘次，巡航里程2.81万海里。实施处罚130起、罚款40.19万元。成山头船舶交通管理中心监控过往船舶11.9万艘次，对外提供信息服务（信息广播和信息提醒）4万次。成功组织各类险情救助行动93起，救助遇险人员588名、遇险船舶47艘，协调船舶432艘次、飞机28架次参与海上救助，人命救助成功率93.1%。威海海事局先后获得“山东海事局五好领导班子”、“山东省海上搜救先进突出贡献单位”等称号。

【加强海上安全监管】　一是以“安全生产基层基础年”活动为主线，统筹协调开展世博会海上安保、船员雾季航行安全教育、沙石运输船和施工船治理等专项活动，印发各类海上航行安全宣传材料2万余份，统计显示辖区海上险情下降20%。二是全面开展基础性调研，深入进行安全监管规律性研究。完成了《威海辖区水域渔船险情事故多发原因调研报告》等多个调研报告。通过调研分析形成威海海事局的“四重一关键”（重点监管对象、重点时段、重点气象海况、重点区域和关键环节）的工作特点。三是加强海上通航秩序治理，优化海上通航环境。公布实施了《威海海事局辖区各港口禁（限）航标准》、《威海船舶交通管理系统安全监督管理细则》，降低事故风险。加大辖区水域沉船等碍航物处置力度，完成“文越”、“德山”轮沉船打捞。四是及时消除污染隐患，保护海洋环境。完成17万吨沉船“世纪之光”轮的水下抽油，彻底清除刘公岛南测的“AFFLATUS”轮搁浅漏油污染隐患，对到港船舶严格进行防污染检查，对“宇顺128”轮等违法排污行为进行查处和处罚。

【提升海上应急处置能力】　一是健全市、市（区）两级海上应急体系。推动荣成、文登、乳山市成立了海上搜救中心，制定并发布搜救应急预案，修订了《威海市海上搜救应急预案和船舶防污染应急预案》。二是完善应急联络机制。组织召开了威海市海上搜救

把安全知识送到渔民手上　　威海海事局提供

中心2010年联络员会议和防抗寒潮大风工作会议，承办了山东省海上搜救中心组织的北方片区搜救联系会议及全省骨干社会救助力量培训班，对威海市35名海上船舶溢油清除作业人进行船舶溢油应急操作培训。三是强化海上预警预防工作。探索完善覆盖广播、电视、网络和手机短信的快捷预警网络，完善内部预警、成员单位预警、社会大众预警、船舶（特别是渔业船舶）预警四位一体的预警体系。四是逐步建立协调协作机制。与市海洋与渔业局签订合作协议，建立并逐渐完善定期会商联络机制、海上搜救和处置突发事件联动机制、水域功能规划沟通机制。与市安监局、交通局和港航局定期对辖区陆岛运输航线进行联合检查。四是加强应急演练。参与全省海上搜救通信演练，组织开展针对辖区客船的应急通讯演练等多次应急演练，提高应急救援能力。完成了“5·2”“世纪之光”轮与“海盛”轮碰撞事故、“11·29”“东方海”轮与“阿里”轮碰撞事故等重大险情事故的应急救助和防污染处置工作，保持辖区安全形势稳定。

【服务全市经济发展】 一是服务涉海项目建设，助推威海蓝色经济区建设。为威海港客运中心、金线顶护岸工程、张家埠新港、乳山口港扩建等多个涉海工程项目，及时提出海事监管意见，规范施工船舶管理、严格水工作业审批，确保各项目安全、合法施工。为辖区42家规模以上造船企业在船舶试航和防污染工作方面，提供海事指导意见和信息服务。主动走访辖区港航企业，送知识、送法律、送服务，全年发布海上施工和船舶试航等航行通告195个。二是服务地方大型涉水活动。在“威海杯”2010年HOBIE（霍比）世界帆船锦标赛、2010年威海长距离铁人三项世界杯系列赛赛事中，主动介入，提供海上护航与警戒，保障赛事的顺利进行，得到威海市委、市政府的充分肯定，向社会展现了良好的海事形象。三是服务口岸开放，促进海上物流发展。以航运企业体系建设为抓手，推进威海航运公司和船队安全管理，在中韩陆海联运汽车货物运输等重点项目中主动介入，积极争取上级部门政策支持，做好服务。四是采取便民措施，大幅缩短船员办证时限。将法规规定的15个工作日的办证时限缩短到5个工作日、10个工作日和7个工作日办证时限缩短到3个工作日，重要急件随到随办或预约即办，得到广大船员和船员培训机构的好评。五是创新船员服务举措。通过海事局门户网站和电话开展与船员的互动交流，为小型船换证等开辟“绿色通道”，在威海市交通学校开展“与师生面对面”现场咨询活动，取得良好效果。

【增强海事监管设施】 一是积极争取项目建设，提升海事监管装备性能。威海船舶交通管理系统（VTS）和VHF（甚高频）工程项目已通过竣工验收，雷达监管信号覆盖威海辖区沿海主要水域和大部分港口。在辖区主要港口码头完善数字监控系统布局，下属各海事处完善AIS（船舶自动识别系统）。二是溢油应急装备建设稳步推进。成山头溢油应急库建设已在交通运输部立项，该工程已完成前期工可。以辖区专业应急力量为核心，以临近码头合建小型溢油设备应急库为支点，覆盖威海辖区所有港口、码头和船厂的网格化溢油应急体系的建设思路逐步付诸实施。三是“海巡072”海事巡逻船正式列编威海海事局，成为威海市最大、最先进的海事公务执法船。“海巡072”巡逻船于12月9日正式列编，该船总长47.4米，船体设计抗风力9级，最大航速16节，持续续航力1300海里，自持力7昼夜。该船列编后，威海海事海上巡航能力扩展至成山头“两制水域”（船舶定线制与船舶报告制水域）。

（程传亮）

边防检查

·威海边防检查站·

【概况】 2010年，中华人民共和国威海边防检查站检查出入境船舶1663艘次，飞机1806架次，人员53.68万人次，查处违法违规案件11起，圆满完成了边防检查任务，确保了口岸安全畅通。威海边检站被山东省边防总队评为安全工作先进单位，所属客运港分站执勤业务一科被团省委和山东边防总队联合授予“巾帼文明岗”称号。1人被公安部边防局表彰为岗位技能练兵先进个人，1人被公安部边防局记三等功，2个基层单位被山东边防总队表彰为基层建设先进单位。

【强化口岸管控工作】 以上海世博安保为契机，采取“每周一集训、每月一演练，每季一考核”的方式，加强检查员基础知识、技能培训，提高官兵实际操作能力。建立全警搜集情报信息机制，以及与公安国保、反恐、安全等部门的领导互访、口岸联席会议、信息交流、紧急事项应急处理等制度，与威海海事局建立AIS协作机制，实现信息共享、优势互补。把反偷渡工作纳入安保工作范畴，严防不法分子从口岸潜入潜出。严格接送船和查船制度，加强对在港船舶的巡查与监护，加大对上下船人员及其随身携带的物品抽查力度。与口岸多家公司等重点监护点建立信息共享机制，完善卡口管理登记，加强口岸限定区域的管理、巡查和出入港区人员管控。与各服务企业签订了《威海口岸世博安保责任状》，严格随船、登轮证审批管理和发放。加大首次办证人员的身份及所在公司资质的审查力度，严格人证对照，落实“三重查控”，对持长期有效登轮证人员坚持每天实施一次批量查控。学习借鉴“杭州样本”经验，制定下发了《威海边检站执法教育培训实施方案》，建立健全了全站执法档案，规范了网上执法办案及审核流程，并投资10万余元对执法办案场所进行了改造。

【提升边检服务水平】 创新培训模式，加强素质建设，通过“海空港检查员轮岗”、“结对竞赛”等措施，努力培养精通海空港业务的“综合型选手”。创新服务举措，突出抓好《公安边防部队边防检查服务定式》和边检海港空港现场会议精神的贯彻落实工作，一线检查员服务养成定式达95%，执勤战士服

威海国际候船厅通关现场　　　　市口岸办提供

务养成定式达85%。全面推行视频监控，着力落实特邀监督员制度、警务评议制度，完善投诉渠道，通过电子评价器、“边检服务热线”、社会监督员座谈会等形式，真正把边检服务置于社会各界的“阳光监督”之下。先后召开监督员座谈会3次，发放征求意见表400余份，收集各类建设性意见17条，促进了全站服务工作不断优化，实现了“零投诉”的目标。先后推出“出入境证件有效期温馨提示卡”、“MSN边检服务平台”等创新服务举措，圆满完成了俄罗斯季节性旅游包机、韩国大型企业投资考察团以及全球高尔夫邀请赛、铁人三项世界杯等重要赛事的边防检查任务。全面提升官兵的业务素质，圆满完成了上海世博安保任务。积极协调各方，全力做好中韩陆海联运边防检查准备工作，保证了新生物流形式的顺利运行。

（张奇玲）

·石岛边防检查站·

【概况】　2010年，中华人民共和国石岛边检站检查出入境人员32.12万人次，检查出入境船舶1868艘次，办理各类边防检查证件5274份，出动警力8020人次，监护船舶534艘次。全年在中央电视台、《人民日报》、《解放军报》、《经济日报》等中央级媒体发表稿件87篇。大力加强警营文化建设，建成警营网吧，健全了图书阅览室、文体活动室，增添了文化娱乐设施。

【提高口岸管控能力】　建立安全风险评估机制，定期对部队和口岸管控形势进行综合研判，提高了防范控制的针对性。围绕上海世博安保等工作重点积极开展专题调研，加强情报信息的搜集和研判，确保准确掌握口岸动态。严格口岸检查查控措施，落实24小时查控值班制度，及时核对系统数据、处理报警事件，确保了查控工作准确到位。年内，查获偷渡、持用无效证件入境案件2起3人，在控人员1名、网上追逃人员1名。健全口岸联动机制，与口岸查验单位开展了联合处理突发事件演练3次，有效提高了口岸联动联防能力；强化出入境船舶的管控力度，提高船体检查比例，严格落实接送船制度、批量查控制度，严密港口阵地控制，加大巡查的密度和登轮抽查的力度，出动巡查警力600余人次，巡查里程达8700余公里，维护了口岸良好的出入境秩序。强化实战训练，提高处理突发事件能力。修改完善了处理突发事件预案，组织官兵开展警务实战集训，进行全站联合处理突发事件演练10次，积极做好各项处理突发事件准备，全面提高了应对各类突发事件的能力。

【提升服务水平】　结合工作实际，印制了《执勤执法规范性文件汇编》，进一步完善了服务工作定式。建立边检服务与“带工商会”自管相结合的服务模式，通过定期召开“商人协会座谈会”，协调“带工商会”加强对“带工”商人的管理，更加有效地维护了候检秩序；建立大型团体快速通道，完善了《大型团体出入境边防检查勤务方案》，通过实施“分类服务，错时通关”协调机制，确保了通关环境温馨、顺畅，年内，检查出入境旅游团达1568个2.87万人次；完善口岸救助措施，先后开通“绿色通道”10次，救助伤病船员、旅客9人次，救助受损船舶1艘；结合荣成市“以港兴市、建设蓝色经济先行区”战略，积极开展“爱民固边模范港区”创建工作，以“服务开放促发展，助推企业渡难关”为中心，先后推出了“短信回访”、“飞信平台预约”、“移动办证车”、“电话访谈”等服务举措，建立海上边检服务通道，实行“视频监控、驻点管理、卡口监护、巡查处警、企业协管”相结合“五位一体”的勤务管理模式，为企业创造了稳定、优越的发展环境。

【加强信息化建设】　进一步完善信息化基础建设，在完成二级网升级改造的基础上，加大资金投入，建成站机关、旅检现场的VOIP语音系统，完成内部网交换设备、站机关至各执勤点机房网络升级，建设开通高清视频会议系统，确保了各项通信指挥更加稳定顺畅。完成“梅沙”边防检查系统扩容、升级，全面启用3M证件阅读机，进一步提高了检查执勤效率；充分发挥DMS系统的作用，利用北斗船舶定位系统，加大对远洋捕捞船舶出入境情况和作业运行轨迹的掌控，确保最大程度地发挥DMS系统的效能，实现有效监管。

（戴逢波）

·龙眼港边防检查站·

【概况】　2010年，中华人民共和国龙眼港边防检查站检查出入境船舶1003艘次，出入境人员22.53万人次，查获在控对象1人次、违法违规案件7起15人次，救助受伤员工8人次。被山东省边防总队评为安全工作先进单位，监护中队被公安部边防局评为基层建设先进单位，1人立二等功，3人立三等功，1人被山东省边防总队评为优秀党务工作者，1人被公安部边防局评为优秀党员。

【科技强警】 投资100余万元，建成了以计算机信息系统为支撑，集语音、视频、计算机网络、图像监控等多种功能于一体的指挥中心，执勤港区监控和无线对讲系统达到了全覆盖，实现了全程联网和监控信息并入公安网同步传输的目标。大力推行以视频监控管理为主，以卡口管理和巡查监护为次，以梯口监护为辅的复合型执勤模式，勤务管理实现"单警一盘"操控，探索推行了重要勤务、紧急情况和突发事件以指挥中心为平台，以监控中心为"触角"，各执勤点为"分支"的连锁机动、快速反应的警务运行模式，并依托基层网吧，积极组织基层士兵开展微机培训，组织基层30余名士兵参加了全国计算机等级考试，通过率为88%。

【加强口岸防控】 立足上海世博会及国庆节等重大敏感节点安保工作的现实需要，着力加强口岸联动，与口岸联检单位、驻地公安及安全部门签订了联勤工作协议，与港口9家相关企业、安保单位签订了维稳共管工作协议，先后组织口岸综合处理突发事件演练2次，提高了处置各种突发事件的能力，形成了维稳工作合力；建立了口岸安全风险评估机制，定期开展口岸安全专项调研和排查，加大对港区重点地区、部位和重要时段的监管排查力度，消除了各类隐患；着力加强船舶检查监护，利用DMS系统对在港船舶实施全程实时跟踪管理，有效维护了口岸的出入境秩序。

【创新边检服务举措】 深化"诚信登轮单位'一港通'服务"措施，将办理"本港通"登轮许可证的有效期限与考评结果挂钩，为"诚信守法"登轮单位最大限度地提供便利服务；进一步固化"特急帮扶"、"紧急救助"等服务机制，与港务局、船务代理公司及驻地医院建立了"紧急救助专线"，为需救助的船舶及旅客提供"一站式"通关服务。推出了登轮证"批量延期"服务，依托网通公司研发了"登轮证手持查验PC机"应用系统，推出了"边检指导员"、"上门送法"等举措，主动开展安全宣传、业务培训、法律咨询等服务，全年为船舶企业员工提供边检法规培训12次800余人，有效促进了驻地经济发展。

（李延宗）

船舶检验

【概况】 2010年，山东省威海船舶检验局（以下简称威海船检局）进行各类船舶检验199艘次，累计31.68万总吨，主机功率16.84千瓦。其中，建造检验19艘次，初次检验25艘次，换证检验31艘次，中间及年度检验104艘次，其他检验20艘次，组织进行图纸审查28套，船厂技术认可10家，进行各类船用产品检验36件（套）。

【召开船检交流会】 11月，威海船检局召开了船检工作会议，辖区60余家船公司、船厂代表共90余人参加了会议，会议围绕船舶检验工作进行了广泛交流，对船舶建造检验工作流程、船舶检验中存在的共性问题、质量体系运行、新修改颁发的船检法律法规等内容作了相关说明，对获得"船舶建造质量优秀单位"、"船舶技术管理先进单位"的13家企业进行了表彰；会上做了政务公开承诺：在图纸审查确定受理后，初审在10个工作日之内完成，复审在5个工作日内完成；受理船舶检验后，在2个工作日内派出验船师到现场；征求了与会企业代表对威海船检局的各项工作的意见和建议，并进行了书面回复和解答。

【加强监管】 威海船检局从船检质量管理体系入手，抓检验质量，促行业发展。对辖区客渡船、油船进行了3次安全督查。会同相关部门对威海市水上旅游运输安全进行检查，抽查船舶档案20余份，船舶30余艘，查纠安全隐患8起。对辖区海上运输企业及所属载运危险品船舶按照安全标准进行了安全检查，发现部分企业在技术管理方面的缺陷项目12项，提出限期整改要求。未发生一起因船检质量而引发的船舶安全事故，继续保持了"服务质量零投诉"。

【开展专项活动】 威海船检局选调业务素质过硬的验船师成立专项活动小组，深入开展安全生产月、运输船舶吨位丈量专项大检查等活动。从船检证书法定效力、船舶数据资料真实的根本要求出发，与船舶证书数据进行比对，填写《船舶吨位丈量检验质量专项检查表》和《专项检查记录台账》，评估和跟踪船舶整改落实情况，做好相关资料的搜集和信息上报工作。同时加大宣传力度，积极向辖区船舶所有人、经营人宣传活动的重要意义，介绍活动的动态及典型案例，保证了专项检查活动的扎实推进。

（胡　颢）

编辑　王　瑛

旅游·会展

综　述

【概况】 2010年，威海市接待海内外游客2149万人次，旅游总收入220亿元，比上年分别增长14.9%和16.7%；全市18处景区（点）接待游客551万人次，门票收入4.4亿元，分别增长40.1%和49.9%。威海市获得“2009中国青年喜爱的旅游目的地”称号。

【全市旅游产业发展大会】 1月17日，威海市召开全市旅游产业发展会议，山东省旅游局局长于冲出席会议并讲话。会议认真学习贯彻全省旅游工作会议精神，动员全市上下进一步统一思想，抢抓机遇，在新的起点上推进威海市旅游产业实现新跨越，培育成战略支柱产业和人民群众更加满意的服务业。（详见《政党政务·中国共产党威海市委员会》 第51页）

【中俄人文合作委员会旅游分委会第七次会议】 9月9日，中俄人文合作委员会旅游分委会第七次会议在威海市举行。国家旅游局副局长祝善忠和俄罗斯联邦体育旅游与青年政策部副部长纳吉娜分别率领双方代表团参加会议。双方回顾了中俄旅游分委会第六次会议以来双方合作的主要成果，重点讨论了下一步在旅游安全、旅游教育等领域的合作计划。会后，双方签订了《中俄人文合作委员会旅游分委会第七次会议纪要》。

【第四届中俄（威海）滨海旅游度假论坛】 9月8～12日，第四届中俄（威海）滨海旅游度假论坛在威海举办。论坛由中国国家旅游局与俄罗斯联邦体育旅游与青年政策部作为指导单位，山东省旅游局和威海市人民政府共同主办。国家旅游局、俄罗斯体育旅游与青年政策部、山东省政府、山东省旅游局、威海市政府领导出席开幕式并致辞。中俄地方旅游官员、旅游专家、旅行商及媒体记者等160余人参加了论坛。论坛的主题是“创新、合作、互惠、共赢”。本次论坛采取实地考察、亲身体验等方式向中俄旅游界人士宣传推介威海滨海旅游。

【2010中国（乳山）母爱文化节】 5月9日，2010中国（乳山）母爱文化节在大乳山滨海旅游度假区开幕。母爱文化节以“弘扬母爱文化，凝聚城市精神，建设幸福乳山”为主题，采取“文化搭台，市场运作，企业参与”的办节模式。节日期间，举办了母爱文化产业论坛、经济合作交流会、“欢乐中国行·魅力乳山”大型文艺晚会等多项文化活动以及经贸交流活动。（参见《市区概况·乳山市》 第322页）

【全省乡村旅游工作会议】 7月20～21日，全省乡村旅游工作会议在威海召开。这是全省首次围绕乡村旅

第四届中俄（威海）滨海旅游度假论坛在威海举办　　市旅游局提供

游工作召开专题会议。山东省旅游局副局长于凤贵及全省各市旅游局分管局长和业务科（处）负责人参加了会议。其间，与会领导参观考察了海阳所镇南泓南村渔家乐示范点和大乳山滨海旅游度假区。省旅游局领导和专家对威海市申报的乳山寨镇省级旅游强镇和正华农林科技示范园省级农业旅游示范点进行了验收。

【国际养生产业峰会暨第三届中国威海（文登）国际温泉节】 9月10日，首届国际养生产业峰会暨第三届中国威海（文登）国际温泉节在文登汤泊温泉开幕。国家旅游局副局长祝善忠，山东省人大常委会副主任崔曰臣、政协副主席齐乃贵，威海市委书记、市人大常委会主任王培廷，副市长刘茂德出席仪式。节会由中国房地产协会、中国旅游协会、中华预防医学会主办，中国旅游协会温泉旅游分会协办，文登市政府承办，旨在弘扬先进养生理念，挖掘区域资源优势，加快培植壮大养生产业。专家、地产及养生产业相关投资商、主流媒体记者等800人应邀出席峰会。

旅游规划与项目建设

【概况】 全市加大协调、调度力度，推动项目建设实现新突破。一是提升了一批传统景区。刘公岛创建AAAAA级景区通过国家旅游局评定并批复。槎山景区聘请浙江远见旅游研究院进行规划，投资7000万元进行了景区基础设施建设。圣经山景区由山西中赫能化有限公司投资5亿元建设，完成了老子雕塑安装，提升了景区文化品位。岠嵎山景区投资1200万元聘请日本及中国台湾等地旅游规划专家重新进行了总体规划，投资3620万元建设了游客接待中心、农家风味馆等配套设施。二是打造了一批精品项目。华夏城、大乳山滨海度假区、仙姑顶、汤泊温泉、金海游艇俱乐部、好当家滨海旅游度假区6个重点项目总投资125.5亿元，年内完成投资48.8亿元。华夏城、仙姑顶、汤泊温泉度假区均对外开放并全部被评为国家AAAA级景区。三是培育了一批新兴高端项目。围绕打造温带滨海旅游目的地，配合相关市区和部门，规划论证了荣成好运角国际旅游区、双岛湾旅游休闲度假城、环翠区温泉风情镇、九龙湾休闲度假购物广场等大型旅游综合体，推动了鸿建集团海水热疗、大乳山滑草滑雪场等新兴旅游项目进入实质性运作阶段。四是建设了一批高星级酒店。按照五星级标准，全市开工建设了8家酒店，总投资近30亿元，完成投资8.4亿元。其中，由洲际皇冠假日酒店管理运营的市区国际会展中心五星级酒店规划方案完成，完成投资700万元；荣成纹石宝滩、三和影视基地、荣成湾度假村三家酒店全部开工建设，完成投资5.6亿元；乳山泰隆鑫港、长城文华苑酒店总投资7.5亿元，完成投资2亿元；威海工业新区总投资3.5亿元的金太阳大酒店和总投资1.5亿元的昀卓酒店均开工建设，完成投资7600万元，主体框架均已封顶。五是推进了一批招商项目。筛选了总投资350亿元的15个重点旅游项目，建立了旅游招商项目库。精心制作了旅游招商多媒体，赴日本、俄罗斯、韩国和国内10多个城市开展了招商推介活动，先后与港中旅、山西美锦、恒丰事业以及台湾台北北投温泉协会、太平洋建设、华新丽华等10多家知名集团进行对接，达成了10多项旅游投资合作意向。

【华夏城旅游风景区开园】 4月24日，华夏城旅游风景区开园典礼暨威海华夏城旅游集团揭牌仪式举行。国家旅游局副局长王志发，省人大常委会副主任崔曰臣，省政协副主席、省工商业联合会会长王乃静，省旅游局局长于冲，省人大常委、法制委副主任委员李建军，市领导刘玉党、马世和、董天祥、张剑、刘茂德参加仪式。华夏城旅游风景区是由华夏集团历时3年倾力打造的地标性精品旅游景区，集旅游观光、休闲娱乐和养生健身于一体，文化内涵丰富，旅游品种齐全，生态优势突出。全国首个360度大型全景式文艺表演——《神游华夏》项目，是由山东华夏集团投资3.2亿元与导演赵安倾力合作打造的大型山水情景演艺。该节目借助现代高科技表现手法，融合戏曲、舞蹈、杂技、朗诵等表演形式，深度展现了博大精深的华夏文明，故事雅俗共赏，剧情起伏紧凑，手法通俗易懂，观演互动热烈，堪称文化演艺的经典之作。年内，演出129场，接待观众13.6万余人，成为威海标志性文化旅游品牌，获得“全省品牌山东旅游演艺创新奖”。

【仙姑顶开园】 4月28日，仙姑顶名胜风景区开园仪式举行。仙姑顶名胜风景区总投资5.2亿元，是集旅游、民俗、文化、休闲为一体的综合性名胜风景区，仙姑文化、玉文化、福文化是景区的文化精髓。景区有近千件大型玉雕艺术品，是全国玉石总量最多、单体玉雕最大的旅游风景区。其中，仙姑神殿300吨重的仙姑玉像为世界之最，是世界级文化瑰宝。仙姑顶名胜风景区倡导灵玉礼仪国风，传播东方文化精髓。

旅游宣传与促销

【概况】 强化市场营销，旅游客源市场开发成效显著。一是加大了媒体宣传力度。以“一首歌、一句口号、一个标识”为重点，在中央电视台投放旅游宣传广告，“千里海岸线，一幅山水画——走遍四海，还是威海”特色品牌得到市场广泛认可；包装了《海边小城威海卫》歌曲，成为全省“好客山东贺年会新年晚会”主打歌曲；策划了威海旅游形象标识，在市区星级宾馆、机场、车站、码头等公共场所推广使用。二是加大了市场拓展力度。入境旅游方面，韩国市场稳固发展，借助2010年韩国中国访问年，邀请百名韩国旅行商、媒体记者、校长以及韩国大乘佛教曹溪宗朝圣团队到威海实地考察，成功推介了高尔夫、修学等专项旅游产品。与韩国最大旅行社HANATOUR联合举办了高尔夫旅游挑战赛，吸引韩国100多位高尔夫球爱好者参赛。全年接待韩国游客29.3万人次，比上年增长14.9%，继续领先全省。俄罗斯市场成长迅速，实施对俄罗斯旅游战略升级，举办第四届中俄（威海）滨海旅游度假论坛，促成中俄人文合作委员会旅游分委会第七次会议在威海召开，打造了中俄旅游高层交流平台。年内接待俄罗斯游客1.8万人次，增长35.3%。港澳台市场不断扩大，两次在台湾举办威海旅游推介会，与台湾宜兰旅游同业协会达成合作协议，两地确定互为客源市场。威海中国旅行社组织的1300余人的山东安利大型奖励旅游团，成为全省首个过1000人的赴台旅游团。国内旅游方面，围绕开拓京津、长三角、环渤海市场，组织旅游企业参加了上海国际旅交会、北京国际旅博会，环渤海港口城市旅游合作组织年会，加强了与上海春秋国旅、航空假日、携程网等企业集团和主流媒体的合作。举办了首届青年旅游论坛暨中国青年喜爱的旅游目的地推介活动颁奖典礼，威海市获评“2009中国青年喜爱的旅游目的地”称号。三是加大了活动造势力度。持续开展了文登昆嵛山樱桃节、文登国际温泉节、大乳山母爱文化节等节庆活动，推出了“观世博、游威海”活动。年末集中开展了第二届“好客山东贺年会”活动，活跃了冬季市场，刺激了旅游消费。

【第二届“好客山东贺年会”活动】 年末，最大限度地整合全市旅游资源，推出了“贺年宴”、“贺年礼”、“贺年乐”、“贺年游”、贺年福”等五大主题活动，打造了“欢乐今宵”主题街区。威海市旅游局集中开展了第二届“好客山东贺年会”活动，通过新年晚会把原创威海主题歌曲《海滨小城威海卫》唱响，提升威海的城市形象和旅游品牌。推出了“好客山东贺年会——冬日海岸、温暖之旅”系列旅游产品，举办名优特产促销、地方美食荟萃等活动。刘公岛、赤山、西霞口、天鹅湖、槎山等景区实行半价优惠，其他景区也都有不同程度优惠。召开了“好客山东贺年会”专题会议，并召开现场会，组织各相关企业现场观摩。利用威海旅游网、威海旅游政务网、《齐鲁晚报》等各大媒体大力推介贺年会旅游产品，宣传了威海旅游形象，推动了威海旅游业健康发展。

【威海市旅游形象标识】 为进一步扩大威海市的知名度与美誉度，打造威海旅游形象品牌，威海市旅游局采取聘请专业设计公司、面向社会征集、领导和专家评审相结合的方式，推出了威海旅游形象标识。标识中，威海的拼音字母变换成山、海、浪花，相互交融，形象鲜明，色彩丰富而独特。标识中的口号选用的是“走遍四海，还是威海”。

【韩国佛教朝圣团队到威海考察】 3月23日，402名来自韩国大乘佛教曹溪宗的朝圣团队到威海考察。该团队一行重点考察了成山头国家级风景名胜区、赤山法华院等景区，于25日返回韩国。这是到威海市考察的首个韩国佛教朝圣大型团队。

【2010中国威海（文登）昆嵛山樱桃节暨威海市旅游下乡工程】 5月31日，“天山集团杯”2010中国威海（文登）昆嵛山樱桃节暨威海市旅游下乡工程启动仪式在文登市界石镇举行。此次活动由山东省旅游局和威海市人民政府主办。该届樱桃节结合威海市旅游下乡工程的全面启动，通过举办樱桃品尝、鲜果购销、樱桃采摘、休闲观光以及文艺演出等活动，满足游客走向农村、陶冶情操的美好需求，让广大游客亲身体验回归自然、返璞归真的田园乐趣。节日期间接待游客32万人次。“旅游下乡工程”由山东省委农工办、省旅游局、省邮政公司联合开展。威海市有荣成西霞口村、荣成河口胶东渔村、荣成蔡家庄村、威海经济技术开发区杨家台村、文登界石镇、文登南海新区、乳山南弘南村等7个首批旅游下乡工程示范点，威海龙威旅行社、威海金鸽旅行社、威海环球旅行社、荣成旅行社、文登龙之旅旅行社、乳山旅行社、威海金桥旅行社7家首批旅游下乡示范旅行社，市邮政局是威海市旅游下乡综合服务中心。

【威海至俄罗斯直飞航线开通】 7月11日，俄罗斯哈巴罗夫斯克至威海国际旅游包机通航。该航班由俄罗斯南萨哈林航空公司执飞，每周一班，共12班，持续到10月上旬。这是威海至俄罗斯的首条空中直飞航线。（详见《交通邮电 · 民用航空》 第179页）

【山东名酒店俱乐部2010年度高峰论坛】 8月26～28日，山东名酒店俱乐部2010年度高峰论坛在抱海大酒店举办。来自省内22家星级酒店的69位负责人参加了论坛。论坛邀请了国内著名酒店专家作讲座，参会酒店围绕优质服务及低碳经济方面等进行了交流发言。山东名酒店俱乐部成立于1999年，发展成员酒店23家，成员酒店均为全省17市中知名度高、社会影响大、经营状况好的四星级以上酒店。

【韩国旅行博士株式会社到威海参观考察】 9月13～14日，韩国旅行博士株式会社申昌延社长一行22人到威海市参观考察。市旅游局负责人陪同客人参观考察，并详细介绍威海市的旅游度假资源。考察团一行先后参观考察了石岛赤山法华院、成山头、神雕山野生动物园、张保皋高尔夫球场、定远舰景区及威海海滨公园。

【与青海省海北藏族自治州签订旅游合作协议】 11月21日，青海省海北藏族自治州到威海市举行旅游推介会，全市20多家旅游企业和媒体记者参加了会议，18家旅行社与海北州旅游企业达成合作意向。海北藏族自治州是山东省对口支援地区，旅游合作交流是重要内容之一。威海市旅游局与海北藏族自治州旅游局签订了旅游合作协议，双方将加强在旅游资源开发、旅游项目建设方面的合作，共同设计适合对方旅游者需求的旅游线路，并在当地电视台等主流媒体上互相推介。

旅游行业管理

【概况】 威海市旅游局加强管理，完善功能，旅游整体环境不断优化。一是完善旅游接待设施和服务功能。新增6家星级饭店，星级饭店总数达到95家，四星级以上酒店数量居全省第三。新批12家旅行社、6家AAA级旅行社，旅行社数量达96家，其中A级旅行社达到20家。新批5家星级餐馆，全市星级餐馆达到33家。刘公岛景区获批国家AAAAA级旅游景区，新创建3家AAAA级旅游景区（仙姑顶、华夏城、汤泊温泉），全市A级景区达到16家，旅游强镇10处、特色村11个、工业旅游示范点12处、农业旅游示范点14处。二是推动旅游信息化建设。积极对接全省目的地数字旅游服务系统，改造提升了威海旅游政务网和资讯网，启动了“威海旅游目的地网络多媒体营销系统”建设。建设了首个市旅游集散中心，完善了市旅游咨询中心功能，在市区星级饭店客房电视中增上了威海旅游宣传频道，全市旅游信息咨询服务体系初步形成。开展了网络营销计划，与金色世纪旅行网、去哪儿旅行网等国内旅游信息化企业接触，达成合作意向，在其网站上推介威海市旅游资源。三是加大旅游市场秩序整顿规范。先后开展了10次明察暗访，进行游客满意度调查，实行了旅游服务质量公示制度，找游客随团对旅游企业服务进行全程监督。全市受理有效旅游投诉44起，结案率100%，重大旅游投诉和旅游安全事故继续保持零纪录。四是不断提升旅游服务质量。突出打造威海菜品牌，面向全国开展威海菜名称征集活动，征集菜名2000多个，并邀请国内餐饮界专家到威海举办了以《中国鲁菜发展趋势暨威海菜的品牌意义》为主题的鲁菜美食讲座。深入开展旅游服务质量提升年活动，举办了2010年“唐和唐”杯旅游饭店服务技能大赛、威海市“丰荟”杯导游风采大赛，开展了“威海市旅游行业金牌厨师和银牌厨师”评选活动，新编了《威海导游词》，组织参加了全省蓝色经济区建设旅游培训班和浙江大学旅游业创新发展战略高级研讨班，邀请国内知名专家对酒店、旅行社经理及导游等旅游从业人员进行专题培训，全年培训各类旅游从业人员2000多人次。

【全市导游人员年度业务培训班】 3月31日至4月2日，威海市举办了导游人员年度业务培训班，有660多名导游员参加。此次培训以提升威海市导游队伍整体素质为目的，主题是“齐鲁文化与好客山东”，举办旅游专题讲座、网上在线培训和答题，组织学习国务院《旅行社条例》等旅游政策法规、导游实务、服务礼仪等。

【威海市旅游饭店服务技能大赛】 5月17日，“唐和唐”杯全市旅游饭店服务技能大赛圆满落下帷幕。全市有29个单位的137名参赛选手，在中式铺床、中餐宴会摆台、西餐宴会摆台和鸡尾酒调制4个项目上展开了激烈竞争。参赛选手们以娴熟精湛的服务技能，全面展示了威海市旅游饭店行业取得的成果和从业人员爱岗敬业的精神风貌。4名选手从137名参赛选手中脱颖而出，分获中式铺床、中餐宴会摆台、西餐宴会摆台和鸡尾酒调制4个比赛项目的冠军。蓝天宾馆、威海卫大厦、海悦建国饭店获得团体总分前三名。

【威海旅游集散中心成立】 6月17日，经威海市旅游局批准，由威海交运集团组建的专业旅游服务机构——威海旅游集散中心成立。这是威海市首家规模化、集约化、正规化的旅游集散中心。中心位于威海交通枢纽汽车总站和火车站之间，服务内容包括旅游咨询、旅游接待、景区（点）展示、旅游商品销售、旅游品牌宣传策划和推广营销、酒店订房、餐饮预定、票务代理、车辆租赁、游客接送等旅游配套服务业务。

【开展“品质旅游伴你远行”进景区大型宣传活动】 9月19日，威海市旅游局组织20多家旅行社深入刘公岛景区，开展“品质旅游伴你远行”进景区大型宣传活动，向广大游客发放品质旅游、文明旅游、理性消费出行提示等资料，就如何提防旅游低价陷阱、关注文明旅游与旅游安全及理性维权等内容，向广大消费者进行宣传，发放宣传资料5000余份。

威海市旅行社名录

表14

序号	单位名称	地址	负责人	电话
1	威海中国旅行社有限公司	海滨北路46号威胜大厦10楼	田纪明	5271308
2	威海中国国际旅行社有限公司	新威路11号北洋大厦6楼	原春明	5818616
3	威海威东国际旅行社有限公司	海滨北路48号	单国防	5287282
4	威海石岛国际旅行社有限公司	荣成市石岛管理区迎宾路1号	刘珍才	7388888
5	威海赤山国际旅行社有限公司	建设街58号	王桓祝	5211016
6	威海航空国际旅行社有限公司	青岛北路24-1号	丛银滋	5330444
7	威海恒信国际旅行社有限公司	钦村路116-6	戴　锐	5894666
8	威海胶东国际旅行社有限公司	海滨北路53号	慕德第	5199197
9	威海龙之旅国际旅行社有限公司	文登市昆嵛山路43号	张志刚	8980511
10	好当家国际旅行社	荣成市虎山镇虎山大街3018号	唐传勤	7438777
11	华东国际旅行社	荣成市石岛广场兴隆居7号	刘建军	7375666
12	龙威旅行社有限公司	环海路168号	邓福明	5125633
13	威海旅行社有限公司	海港路82号	苗华仁	5224318

续表14

序号	单 位 名 称	地 址	负责人	电 话
14	华侨旅行社有限公司	金线顶路1号	李建勇	5325090
15	交通旅行社有限公司	东城路63号	辛淑秀	5301842
16	金桥旅行社有限公司	海疃路38-5号	邢晏尉	5996653
17	乳山旅行社有限公司	乳山市胜利街127号	宋英波	6624065
18	康辉旅行社有限公司	渔港路76号	刘 杰	5327018
19	神州旅行社有限公司	文化西路158号	刘红星	5685977
20	庆威旅行社有限公司	火炬路196号	陈丽丽	5622527
21	中视旅行社	文化中路63号	宋启波	5757775
22	金鸽旅行社有限公司	世昌大道116号	于向明	5285328
23	富桥旅行社有限公司	光明路69号	马延春	5208737
24	乳山春秋旅行社有限公司	乳山市胜利街54号	于 宁	6634566
25	威海环球旅行社	体育路2号	于 丽	5284320
26	威海和顺旅行社有限公司	乳山市胜利街115号	隋东方	6635119
27	荣成旅行社有限公司	荣成市建业街49号	倪明波	7552880
28	威海假日旅行社有限公司	戚家夼路3-5号	赵宏宇	5305488
29	威海天天旅行社有限公司	环海路11号104室	郭 岩	5262168
30	刘公岛旅行社有限公司	古山四巷10-2号	马 丽	5163188
31	凯翔旅行社有限公司	文化东路51号4楼	于 翔	5220908
32	威顺旅行社有限公司	宝泉路5号302室	刘喜涛	5282893
33	东方旅行社有限公司	文化中路78-2	王洪涛	5891999
34	威海中威旅行社有限公司	昆明路4号	曲红妮	5285235
35	威海春秋旅行社有限公司	统一路146号	孔 莉	5211218
36	威海大地旅行社有限公司	新威附路42－3号	曲兰英	5338000
37	高教旅行社有限公司	文化西路141-2号	王伟莉	5690878
38	威海新天地旅行社有限公司	戚东夼路11号1楼	曹小立	5216338
39	威海山水旅行社有限公司	世昌大道89-1	丛 国	5868199
40	威海永安旅行社有限公司	东城路58号华祥宾馆5楼	孙爱娜	5217195
41	威海九九旅行社	鞍山路1号	路申良	5626999
42	威海市运通旅行社有限公司	文登市文山路93号	岳慧玲	8454399
43	威海真诚旅行社有限公司	东城路58号华祥宾馆2楼	魏广仁	5226077
44	威海乐源旅行社有限公司	海滨北路9号海港大厦706室	郭丽华	5215169
45	威海飞扬旅行社有限公司	青岛北路2号中信小区C座802	李世刚	5331117
46	威海海港旅行社	海滨北路53号	丛建波	5281730
47	威海北辰旅行社有限公司	塔山中路1-4-101	张晓华	5166000
48	威海万协旅行社有限公司	文登市文山路161号	刘为本	8259188
49	威海名扬旅行社有限公司	昆明路13号303室	李 梅	5280055
50	威海黄金海岸旅行社有限公司	昆明路16号	柏建国	5214156
51	威海欣海丰旅行社有限公司	文化西路298号	郭锦厚	5623568
52	威海威龙国际旅行社	环海路168号	邓福旺	5125633
53	威海海之旅旅行社有限公司	渔港路79-9号	董崇英	5336878
54	威海华运旅行社有限公司	统一路109-18号	王卓香	5236769
55	威海国通旅行社有限公司	统一路251号	解攸欣	5211333
56	威海凤凰旅行社有限公司	文化中路81号	刘桂华	5819966
57	威海君悦旅行社有限公司	古寨西路凤凰城4号楼204室	张治秀	5273857

续表14

序号	单位名称	地址	负责人	电话
58	威海电子旅行社	环海路15号	阮熙仑	5262611
59	荣成宏诚旅行社有限公司	荣成市成山大道姜家小区	慕红敏	7560859
60	威海滨海假日旅行社有限公司	渔港路76号	陈汝梅	5338811
61	威海海韵旅行社有限公司	文登市豹山路63号	刘晓丽	8182288
62	威海顺安旅行社有限公司	海港大厦10楼1012	徐　伟	5277998
63	威海凯悦旅行社有限公司	威胜大厦9楼915（海滨北路46号）	刘俊荣	5217618
64	威海东泰旅行社有限公司	荣成石岛黄海中路94号	宋淑荣	7280456
65	威海青年旅行社有限公司	昆明路69号	车喜明	5228209
66	威海开心假期旅行社有限公司	育华路50-6号	周国显	5206366
67	荣成春风旅行社有限公司	荣成市成山大道桃园大厦9号	颜弘林	7583388
68	威海和平旅行社有限公司	孙家疃镇孙家疃村敬居336号	宋　平	5279881
69	乳山市舒泰旅行社有限公司	乳山市胜利街中段117号	王崇伦	6626977
70	威海军威旅行社有限公司	海滨北路48号	隋书显	5237711
71	威海缘梦之旅旅行社有限公司	崮山镇三号路南首	邹　晶	5675818
72	威海市名胜旅行社有限公司	新威路52号10楼	徐红岩	5204816
73	威海康泰旅行社有限公司	海滨南路30号418室	赵　燕	5962766
74	威海绿苑商务旅行社有限公司	海滨中路58号	戚海峰	5338076
75	威海齐华商务旅行社有限公司	七星楼路8号	谭卫星	2853666
76	威海纵横旅行社有限公司	荣成市盐湖街40号5单元	田　飞	7792888
77	威海春天旅行社有限公司	昆明路16号	李　峰	5166169
78	威海市广衡旅行社有限公司	文登市龙山路甲17-5号	王洪进	8189177
79	乳山市开心假日旅行社有限公司	乳山市世纪花园小区	张丽华	6262598
80	乳山众诚旅行社有限公司	乳山市银滩颐和花园35-16号	孙建强	6772959
81	威海宏升旅行社有限公司	文化西路-166号	张　杰	5681526
82	威海新闻旅行社有限公司	文化中路68号	包托娅	5817210
83	文登名胜旅行社	文登市环山路中段	吕东锋	8256798
84	威海丽景国际旅行社有限公司	金线顶路90号204室	田书璟	5333333
85	荣成神农国际旅行社有限公司	荣成市俚岛镇南我岛村	于建洋	7662777
86	荣成市枫顺旅行社有限公司	荣成市石岛管理区桃园路16号	姜　欣	7343888
87	威海新中南国际旅行社有限公司	香港路38号	于华松	5976669
88	威海嘉华国际旅行社有限公司	海滨北路47号	李璐萍	5801888
89	威海市阳光旅行社有限公司	文登市米山路120号山川文苑小区6—2号	胡志永	8482191
90	威海景祥旅行社有限公司	文登市米山路9号	迟　岩	8989389
91	威海旅游集散中心有限公司	青岛中路136-1号	王锡清	5911676
92	威海华夏城国际旅行社有限公司	华夏生态园	夏振翔	5906488
93	乳山市多福山旅行社有限公司	乳山市银滩水岸人家5号-27	张月恒	6776665
94	乳山市顺昌旅行社有限公司	乳山市银滩度假区假日广场Ｂ区１号	王伟杰	6680666
95	威海凯旋旅行社有限公司	乳山市白沙滩镇贾家庄27号楼	曹培林	6797888
96	乳山旅游集散中心有限公司	乳山市白沙滩镇长江路	汤小光	6737373

威海市星级饭店名录

表15

序号	单 位 名 称	星 级	单 位 地 址	负责人	电 话
1	金海湾国际饭店	五	北环海路128号	孙宝慧	5688777
2	海悦建国饭店	五	文化西路177号	徐金印	5676888
3	威海卫大厦	四	海港路82号	王荣桓	5285888
4	荣成石岛宾馆	四	荣成市石岛管理区迎宾路	刘珍才	7388888
5	蓝天宾馆	四	环海路1号	姬秀芬	5231670
6	海景花园大酒店	四	连林岛路9号	何建平	5262999
7	合庆饭店	四	连林岛路1号	杨机臣	5201668
8	海都大酒店	四	环海路9号	陈 鹏	5209851
9	白天鹅宾馆	四	文化东路12号	于秀琴	5231891
10	阳光大厦	四	统一路88号	赵允平	5208999
11	光明花园大酒店	四	文化路	刘 建	5286555
12	乳山国际大酒店	四	乳山市胜利街东1号	姜 平	6878888
13	荣成成山友谊宾馆	四	荣成市成山大道398号	黄 杰	7518888
14	文登昆嵛酒店	四	文登市天福路68号	王英福	8456888
15	威海抱海大酒店	四	海滨中路	徐法政	5315888
16	文登德泰大酒店	四	文登市昆嵛路1号	丁 琳	8936688
17	中心大酒店	四	新威路58号	臧元利	5222888
18	威海塔山宾馆	四	塔山西路10号	于 虎	5317777
19	荣成赤山大酒店	四	荣成市石岛管理区	郭 健	7369999
20	山花大厦	三	和平路113号	张晓丽	5279998
21	荣成交通大厦	三	荣成市南山路25号	宋 伟	7574488
22	新闻大厦	三	文化中路68号	包托亚	3653888
23	荣成博霞山庄	三	荣成市西霞口	李志武	7838888
24	金海岸大酒店	三	海滨北路56号	崔晓萍	5230088
25	荣成华星宾馆二部	三	荣成市崖头镇	商旭光	7565888
26	九九大厦	三	鞍山路1号	路申良	5626999
27	文登宏安大酒店	三	横山路88号	林淳勇	8353398
28	庆威大厦	三	火炬路196号	李贵伟	5621005
29	长威大酒店	三	文化西路62号	吕以明	5670198
30	圆楼大酒店	三	昆明路43号	隋永明	5209888
31	玉龙湾大酒店	三	环海路	赵保国	5128588
32	白云宾馆	三	东山路22号	戚永胜	5218888
33	乳山宾馆	三	乳山市夏村镇	杜英梅	6624561
34	荣成天都大酒店	三	荣成石岛管理区	郭 健	7326888
35	中汇大厦	三	高技术产业开发区	郭锦厚	5623576
36	荣成黄海宾馆	三	荣成石岛管理区	滕品贵	7382217
37	威胜大酒店	三	海滨北路47号	史存举	5189999
38	威海海兴大酒店	三	皇冠花园18号	郭树年	5985735
39	华海宾馆	三	环海路王家村	吕安明	5261888
40	伴月山庄大酒店	三	环海路伴月山庄1号	于占强	5261305
41	珍珠丽华大酒店	三	统一路26号	金福玉	5278888
42	荣成山海宾馆	三	荣成市邱家渔业公司	房培明	7438121
43	荣成荣喜大酒店	三	荣成市人和山西头	刘 玲	7463666

续表15

序号	单 位 名 称	星 级	单 位 地 址	负责人	电 话
44	银滩大酒店	三	乳山市银滩管委会	于新波	6778888
45	绿岛饭店	三	环海路3号	谭永伟	5261303
46	港湾大酒店	三	荣成市石岛管理区	刘珍才	7388888
47	桃园居大酒店	三	荣成市石岛管理区	刘珍才	7388888
48	威海电子宾馆	三	环海路15号	阮希仑	5262500
49	威海金猴商务会馆	三	丹东路88号	杨朝晖	5666888
50	文登西楼富丽华大酒店	三	文登市西楼村	鞠小平	8939999
51	敬兰大酒店	三	世昌大道	罗在钦	5295088
52	滨海之星假日酒店	三	统一路67号	刘 强	5188858
53	威海新隆泰大酒店	三	世昌大道269号	祝旦璞	5291234
54	顺德国际大酒店	三	统一路407号	邵茂智	5278168
55	威海国际商务大厦	三	海滨北路106号	唐道利	5318888
56	文登东方假日大酒店	三	文登市香山路44-2号	郑树清	8983666
57	文登西楼喜庆大厦	三	文登市文山路93号	王艳明	8808888
58	威海会英楼大酒店	三	青岛中路81号	岳丰宁	5988179
59	威海丽湾宾馆	三	海滨南路39号	王熙成	5969399
60	威海紫元洲大酒店	三	西北山路-5号	张晓涛	5779999
61	威海昀泰商务酒店	三	威海青岛中路166号	袁青松	5993636
62	东方宾馆	三	新威路92号	徐东壮	5223541
63	乳山正华山庄大酒店	三	乳山市乳山寨镇	姜学锋	6614046
64	威海时代商务大酒店	三	青岛中路132号	刘新科	5977188
65	威海市丽园大酒店	三	统一路34号	贺 炯	5232089
66	威海凯德餐饮有限公司凯德商务酒店	三	文登市昆嵛路37-3号	丁文殿	8458888
67	威海宾馆	三	环海路12号	李 健	5262888
68	亨泰宾馆	三	齐鲁大道7号	李辉香	5902666
69	华夏大酒店	三	华夏生态园46号	李美玉	5977222
70	杨家滩商务酒店	三	齐鲁大道77号	杨德波	3630888
71	乳山东海宾馆	三	青山路57号	王丛涛	6608866
72	文登劳动大厦	三	文登市米山路64号	毕庶敏	8251782
73	威海东山宾馆商务楼	三	东山路26号	刘建平	5269888
74	威海景缘商务酒店	三	纪念路42号	王燕力	5198999
75	威海金俪雅商务酒店	三	天津路19号	唐国时	5666776
76	乳山望海山庄大酒店	三	乳山市海阳所镇工业园	唐崇豪	6793088
77	东方雅苑大酒店	二	新威路129号	徐东壮	5322412
78	清泉大酒店	二	公园路5号	夏玉明	5224112
79	海林宾馆	二	统一路	杨明成	5224931
80	华联购物广场大酒店	二	和平路20号	韩 晶	5272888
81	威海三角酒店	二	青岛中路73号	张 华	5322500
82	宏泰大酒店	二	青岛路140号	丛福勤	5982685
83	兆龙宾馆	二	古寨东路327号	谷兆龙	5814999
84	威海花苑宾馆	二	戚东夼路25号	史宪清	5231401
85	威海储备宾馆	二	海滨南路6号	范曙光	5996978
86	威海祥德聚酒店	二	海滨南路30-7号	肖 媛	5967688
87	西苑饭店	二	和平路115-7号	阮秀红	5186158

续表15

序号	单 位 名 称	星 级	单 位 地 址	负责人	电 话
88	佰锦苑宾馆	二	孙家疃镇	李 兴	5125789
89	近乡别墅大酒店	二	文登市小观镇	刑晏尉	8852076
90	荣成博霞会馆	二	荣成西霞口	李志武	7838888
91	威海禾润宾馆	二	文化中路78号	王保国	5890788
92	刘公岛酒店	二	刘公岛丁公路东侧	阮秀玲	5160858
93	泰豪大酒店	二	远遥村	冷莉莉	5120099
94	海云天大酒店	二	环海路7号	王 富	5262789
95	威海金鸽大酒店	二	青岛中路136-1号	张慧杰	5968777

景区景点

【概况】 威海旅游资源丰富，拥有国家级AAAAA级旅游景区1处，AAAA级旅游景区8处，AAA级旅游景区6处，AA级旅游景区1处，省级旅游度假区4处，游览景区（点）80多处。全市海岸线长近1000公里，沿线海水清澈，松林成片，海鸟翔集，有30多处港湾、168个大小岛屿。市区国际海水浴场、乳山银滩、文登小观金滩都属于中国北方有名的海滩。刘公岛是天然植物王国，被誉为“海上森林公园”。海驴岛有“海鸥王国”之称。胶东半岛有14处温泉，威海就有9处。境内的成山头有“东方好望角”之称。

（赵秀宁）

【刘公岛风景区】 刘公岛位于威海湾内，距威海市区旅游码头2.1海里，东西长4.08公里，南北最宽处1.5公里，最高点海拔153.5米，面积3.15平方公里，常住人口1000多人，是1988年国务院公布的国家级风景名胜区。刘公岛自然风光优美，素有“海上仙山”和“世外桃源”的美誉。岛上峰峦叠起，植物茂密，森林覆盖率达87%，1992年被国家林业局公布为“国家森林公园”。刘公岛空气清新，冬暖夏凉，气候宜人，昼夜温差小，无霜期长，年平均气温12摄氏度左右，是避暑、度假、疗养的理想之地。刘公岛人文景观十分丰富，有2000多年前的战国遗址，有清朝北洋海军提督署、水师学堂、古炮台、丁汝昌寓所、铁码头等文物古迹，有殖民统治时期遗留下来的欧式建筑，还有刘公岛博览园、中国甲午战争博物馆陈列馆等多处景观。1999年，被国家建设部公布为“文明风景名胜区”；2001年，被国家旅游局公布为首批国家AAAA级旅游景区；2006年，被全国绿化委员会授予“全国绿化模范单位”称号；2007年，被评为“省级环境教育基地”、“2007山东最具竞争力景区”；2008年，被省文明办、建设厅、旅游局联合授予“山东省文明风景旅游区”称号。2009年，被列为山东省领导干部教育基地。2010年，进岛游客达到150万人，成为全国著名的爱国主义教育基地和具有较高知名度的休闲旅游度假基地，并获得“国家AAAAA级旅游景区”、“国家文化产业示范基地”、“红色旅游经典景区”、“全国首批国家级海洋公园”称号。

中国甲午战争博物院　原名中国甲午战争博物馆，2008年，被国家文物局公布为全国首批一级博物馆，2009年9月经威海市机构编制委员会批准更名为中国甲午战争博物院。是以甲午战争与北洋海军兴衰为主题内容的纪念遗址性博物馆，馆址设在原北洋海军提督署及其附属建筑内，管理着全国重点文物保护单位“刘公岛甲午战争纪念地”的28处文物旧址。馆内收藏近代历史文物数千件。珍贵的历史文物、丰富的历史图片和系统的陈列展览，使

国家AAAAA级旅游景区——刘公岛　　李传强　摄

该馆成为北洋海军与甲午战争文物史料的收藏中心、中国近代海防与甲午战争史的学术研究中心、寓教于游的参观游览胜地。现对社会免费开放，开放的文物景点有北洋海军提督署、龙王庙、戏楼、丁汝昌寓所、北洋海军将士纪念馆、刘公岛水师学堂和黄岛炮台、旗顶山炮台、东泓炮台等，总面积达10万平方米。先后获得“全国优秀社会教育基地”、“全国青少年教育基地”、“全国爱国主义教育示范基地”、“全国国防教育示范基地”等称号。中共中央原总书记江泽民为该馆题写了馆名。

甲午战争博物院陈列馆　建筑面积7622平方米，展馆面积4595平方米，汇北洋海军、甲午战争两大主题于一身，融历史、文化、艺术和高科技于一馆，全方位、多角度展示了北洋海军从成军到覆没以及甲午战争的历史过程。该馆以中日甲午战争史实展为基本陈列，展出甲午战争相关历史图片300多幅，文物展品200多件。

刘公岛博览园　占地面积5万平方米，总投资1.26亿元，是一处融刘公岛悠久历史与丰厚文化于一身及高新技术与精湛艺术于一体的综合性游览园区。博览园分5个展区，19个展厅，以灵活多样的展示手法，全方位、立体化再现了刘公岛的3大主题文化：刘公文化、甲午文化、英租文化。博览园主要有5大景观：一是海圣殿，精选上千种纯天然彩色玉石雕琢而成的国内最大的彩玉壁画，生动再现了刘公历尽千辛万苦漂泊至刘公岛并在岛上广施善行、扶危济困的传说。二是望海楼，分为春福厅、夏禄厅、秋寿厅、冬禧厅4层，汇集了20余位有很高知名度的工艺美术大师的杰作，堪称文化殿堂、艺术宝库。三是甲午海战演示馆，建于中华海坛之下，展示面积2460平方米，分为序厅、互动区、北洋海军相关知识展厅和海战演示厅4个部分。该馆以巨大舰舱为整体造型，以北洋海军的兴衰、甲午军魂的悲壮为主题，通过18米长、5米高的巨型屏幕放映史诗片《甲午海魂》，游客可置身于模拟战舰之上，通过高科技手段，真切感受甲午海战之惊心动魄。四是英租威海卫历史博物馆，展厅面积1290平方米，通过场景复原、影视图片、雕塑蜡像等展示手段，真实再现威海卫被英国强租32年、刘公岛被强租42年的屈辱历史。五是中华海坛，坛中高16.8米的定海神针巍然耸立，雄浑大气，整体架构气势磅礴，为博览园标志性建筑。

刘公岛鲸馆　将世界上岸最大抹香鲸成功落户刘公岛。聘请国内鲸类保护利用的权威机构——厦门大学，将鲸体制成表皮标本和骨标本两部分，辟建鲸馆予以展示。该馆建筑面积1600平方米，总投资1200万元，通过模拟海洋生态环境，以标本为展示主体，综合运用图片、展板、多媒体等高科技展示手段，全面生动展示了抹香鲸及相关鲸类知识，是国内最具规模和特色、档次最高的鲸豚科普教育基地，不仅进一步丰富了景区海洋文化内涵，而且为景区旅游增添了新的亮点。

刘公岛森林公园　为国家级森林公园，占地面积266.67公顷，森林覆盖率87%，园内有植物60多种，主要以黑松为主。甲午战争遗址等文物古迹遍布园内，不仅有甲午战争遗址旗顶山炮台、所后炮台等6座清朝时期古炮台，还有北洋海军忠魂碑、刘公塑像、刘公亭、动物园、观海楼、五花石、梅花鹿园、钓鱼台、听涛亭等20多处景观。2009年12月，两岸两会第四次领导人会谈商定，台湾赠送大陆的梅花鹿“福福贵贵”和长鬃山羊“长长久久”将落户刘公岛国家森林公园。与四川省绵阳市林业局、中国保护大熊猫研究中心签订了借养两只大熊猫协议，两只大熊猫于11月在刘公岛国家森林公园与游客见面。成为刘公岛景区科普旅游又一新亮点。

（彭均胜）

【“定远”舰景区】　威海湾畔的标志性人文景观“定远”号纪念舰，经严谨考证，依据历史资料，于2003年12月20日动工复制，2004年底完工，是国家AAA级旅游景区。项目总投资5000万元，由武汉701所设计。主要采用先进技术手段对清朝北洋水师的旗舰——“定远”舰进行复制，主尺寸完全与原舰一致，舰长91.8米，宽18米，高9米。复制后的“定远”舰，游客在军舰内部可以看到鱼雷发射室、铁甲堡、军医院、军官会议室、舰队司令丁汝昌的居所等诸多展现历史原貌的舱室，并能亲手参与火炮操纵，观看高科技制作的海战模拟沙盘等，是一处能感受到19世纪铁甲舰风采的景点。

【环翠楼公园】　位于威海市区中心地带，占地面积20公顷，包括环翠楼公园和环翠楼广场两部分。环翠楼始建于明弘治二年（1489年），楼台建在原威海卫城的西北角，登楼可见碧波浩渺于城东，绿翠掩映于四周，因兼沧海山川之胜、水光山色之美，遂得名“环翠楼”。后因年久失修逐渐倒塌，又经过多次重建重修。1944年12月，环翠楼被日伪军焚毁，1977年重新修建，1980年全部竣工。重建的环翠楼，建筑面积800平方米，高16.8米，登上环翠楼放眼远眺，市区景色尽收眼底，东望刘公岛，气象万千。园内有动物区、花卉区、游乐区等，各类服务设施齐全，是人们休憩、游玩的佳地。2009年，威海市委、市政府决定总投资约5.22亿元对环翠楼公园进行改造，将环翠楼公园扩建至53.8公顷，工程预计2011年完工。

【锦湖韩亚高尔夫球场】　位于环翠区孙家疃镇远遥村西北。该球场依据整个远遥嘴脊梁地形而建，呈狭长半岛状探入海中，三面临海，温度、湿度宜人，占地面积100公顷。球场按18洞72标准杆修建，球道风格各异，在每个球道上都可以看到大海。球场变化复杂，打球难度较大，是国内颇具特色的海滨山地球场。

【威海幸福公园】　威海幸福公园位于威海湾畔，北起体育路，南至金线顶，东与刘公岛隔海相望，西接城区中心商业区，南北长1566米，东西平均宽度138米，占地面积20万平方米。公园以凸显滨海浪漫风情为主题，是集旅游、休闲、商业、餐饮、娱乐为一体的综合性开放式公园，由北向南沿海岸线的带状区域依次分为5个景区，主要有护岸、绿化带、甬路、雕塑、灯光、停车场以及艺术画廊、文化商店、咖啡屋等。其中护岸全长1566米，采用双平台、斜坡、直立3种结构形式，兼具防护、观光、亲水、戏水功能。园林绿化选用了106种苗木品种。威海幸福公园与威海港公园、威海公园、悦海公园以及城区中心商业区有机衔接，成为以滨海旅游度假为主，规模宏大、设计精美，集文化交流、餐饮娱乐、游览休闲于一体，海滨特色鲜明、艺术底蕴深厚、人文与自然融合的标志性海滨风景线。

【威海公园】 位于市中心区南部，北起四方路，南到平度路，面向威海湾，南北长3218.6米，东西平均宽144.3米，占地总面积46.5万平方米。公园以海洋文化为主题，由北向南，沿海岸线的带状区域依次布局为5个主题景区，即供儿童游乐的海伢景区，男女驻足的海恋景区，以文化活动、娱乐休闲为主的中心文化广场，畅想大海、抒发情怀的海颂景区和表现海洋科技的海慧景区。公园由护岸、道路、绿化带、灯光等部分组成。其中，护岸全长3265米，采用以斜坡为主，圆筒、台阶与之有机结合的三种结构形式，兼具防护与观光双重功能。绿地面积36.1万平方米，铺装面积7.74万平方米。公园采用多种光源和高新技术产品，通过路灯照明、泛光照明、轮廓照明、内透光照明等多种方式，形成交相辉映、五彩斑斓的海滨夜景。公园设有停车场、公共厕所、港湾式公交站点、公用电话亭和无障碍通道等服务设施，各种管线全部敷设地下。威海公园规模宏大、设计精湛、质量优良，成为一道集交通、游览、娱乐、休闲于一体，人文与自然有机融合的海滨风景线。以威海公园为主体的海滨南路环境绿化美化工程获得了2001年度中国建筑工程“鲁班奖”。

【海上公园】 位于威海经济技术开发区皇冠小区，北起海峰河，南至大庆路，总占地面积217公顷，其中，森林占地97公顷，沙滩和浅水海域各60公顷，海岸线总长3400米。主要规划区域包括中心园区和森林公园两大部分。中心园区是海上公园的重要组成部分，被评为“1999年山东省新建三大优秀园林”之一。该园区北起海峰河，南至渤海河，南北总长850米，东西最宽处50米，最窄处25米，总占地面积134公顷，绿化面积6万平方米，硬化面积2万平方米，人物雕塑18座，仿古建筑及雕塑小品40组（个）。其总体设计风格为中西合璧的自由式规划与整体统一规划相结合，设计布局合理，格调鲜明。中心园区根据不同的文化特色和功能划分为3个部分，即游园区、娱乐园区、钓鱼岛园区。

【仙姑顶景区】 位于环翠区望岛村西北部，海拔375米，是一座集自然风光与神话传说于一体的国家AAAA级旅游景区。仙姑顶为巍峰山脉主峰，北有佛顶、铁拐岭、五音崖、石门峰、塔山等诸多胜景，东可望貔貅山、金线顶、弥勒峰、大肚坡及显庆寺遗址；南有怪岩嶙峋的邓家寨、神驴架、牛仙山、布鸽崖、石船谷；小西天横亘在西部天际，峭崖陡壁，佛教谓之“三摩净地”。巍峰山峰顶因古时建有仙姑庙而称“仙姑顶”。古庙前有两座石碑，一座是宋景德四年（1007年）所立，碑文以汉、辽字体相间镌刻，为张维所书；一座是清康熙三年（1664年）重修仙姑庙碑记。几经沧桑，古庙已不存在，而近千年的碑石亦斑驳碎裂。至1992年，民间重修仙姑庙，并增建了牌坊、石塔、聚仙阁、望海亭、吕祖洞等景点，篡刻了碑文，恢复每年农历三月十五的仙姑山会。自2007年始，景区以仙姑文化、玉文化和福文化为主题进行规划建设，从辽宁鞍山引进2000多吨优质岫玉，依托道家文化和民间传说，由高师名匠精工细雕，制作了近千件大型玉雕艺术品，极富文化底蕴和传奇色彩。2010年4月28日，景区以“仙姑顶玉文化旅游区”的新形象对外开放。

【中央电视台威海影视城】 是继无锡、涿州影视城建成之后，中央电视台在威海投资建设的一处具有海滨特色的少儿影视外景基地。威海影视城规划总面积34公顷，已建成的“大风车”、“充气动画城”两个景区占地面积8公顷。其中，大风车景区占地面积6公顷，主要由正门城堡、演出广场、野外训练营、田园高尔夫球场、海水浴场、防潮堤石雕群、七巧板电视台、骑士乐园、娃娃天地等18处景点及若干附属设施组成，其中，有威海市独一无二的海上旋转酒吧和先进的动感电影系统。充气动画城占地面积0.7公顷，是与中央电视台动画部合作开发的“动画城”首期工程，城内设有卡通风格的大型充气设施，是开发智力、锻炼体魄、休闲娱乐的好去处。

【华夏城】 总占地面积20平方公里，是一座集旅游、大型演艺及餐饮、住宿等服务设施于一体配套齐全的现代化旅游新城。是国家AAAA级旅游景区。东方文化区是华夏城的核心景区之一，有华夏第一山门、华夏阁、夏园、圣出观音——大自在、太平寺、太平庵、龙王庙、龙山瀑布、九曲情人街等景点。“神游华夏”是由著名导演赵安担纲总导演设计制作的世界首个360度旋转行走式大型山水实景演艺，有近

仙姑顶景区　　李传强　摄

华夏城　　李传强　摄

700人的专业演出团队奉献的高难度、高技巧威亚表演，打造豪华文化盛宴，整场演出精彩纷呈。服务中心区占地面积106.67公顷，区内的华夏会馆有客房230余间，拥有大型的宴会大厅——华夏会堂，可同时容纳1500余人就餐或举行会议。

【国际海水浴场】　位于威海高技术产业开发区西北海滨，是一处天然海水浴场，海岸线全长2800余米，浴场总面积38万平方米。其中，沙滩面积20多万平方米，绿地面积16.8万平方米，硬化面积1.6万平方米；栽植各类树木1.4万余株、花灌木8万余株，铺设木结构路510米、木结构平台1000平方米，装有背景音乐广播系统及中心广场音乐系统2套，背投电视2台，监控系统1套。整个浴场划分为“绿海听涛”、“观海平台”、“中心广场”、“运动天地”、“欢乐海洋”5大功能区。浴场有万亩松林带环绕，沙滩平缓，沙质柔细，海水清澈，浅滩面积10万平方米，可同时容纳5万人。

【威海金猴集团工业旅游区】　位于威海高技术产业开发区，环境优美，交通便利。旅游区有金猴鞋业工业园、金猴皮具工业园、金猴服装工业园、物流配送中心、产品展示中心、商务会馆等生产及服务设施。旅游区加大了投入，设立了旅游管理机构，完善了旅游服务功能，初步形成了以参观金猴产品生产过程、工厂风貌、工人工作生活场景为主要内容的工业旅游园区。

【威海清华紫光科技园】　威海清华紫光科技开发有限公司成立于1997年，是一家集药品、生物制品、功能性食品及普通食品的科研开发、生产、销售为一体的现代化技术企业。占地面积6.67公顷的科技园是公司总部所在地，按照GMP标准要求建设了1500平方米的生产车间。公司拥有金奥力、生康园、紫薇、金思力、三达紫光等系列产品百余种。2004年8月，公司的软胶囊、硬胶囊、颗粒剂、片剂4个生产车间全部通过了保健食品GMP认证。2006年11月，被山东省旅游局评为国家级工业产品旅游示范点。2008年1月，“清华紫光”无花果制品被评为“威海十佳创意旅游纪念品”之一。

【圣经山风景区】　地处昆嵛山主峰泰礴顶东南，海拔385米，是国家AAA级旅游景区。山顶有两块巨石，分别刻有“圣经山”三个大字和《太上老子道德经》，山因此得名。金代，道教全真派开山祖师王重阳在此创教立派，传经布道，盛极一时。圣经山风光旖旎，古迹繁多，有古老的门亭殿阁、清澈的高山湖泊、奇特的天然老子头像等众多的人文自然景观，是一处融道教文化、书法艺术以及文物、山林、湖泊等景观为一体的著名旅游胜地。

老子道德经摩崖石刻　位于圣经山山顶的巨石上，巨石高5米，长15.5米，石之阳面峭立如切，随其天然凹面阴刻着《老子道德经》上、下两卷，146行，5000余言。据传为王重阳和其弟子七真人所制，为国内罕见的大型道教摩崖石刻。石刻颜体楷书，古拙苍润，结构严谨，稍带魏风，刻工精湛，作为主要文物古迹被载入《中国名胜大辞典》和《中国旅游大全》。

【文登青龙生态旅游度假村】　位于文登市西郊，总面积266.67公顷，是胶东半岛最大的生态旅游胜地之一，为全国农业旅游示范点，是国家AAA级旅游景区。景区分餐饮服务、休闲娱乐、果蔬种植、动物养殖4大区，主要景点有中心广场、盆景园、罗汉山、樱花园、属相岛、动物园、农业生态观光园、奇峰异石、民俗婚庆广场等14处景点。

【天沐·山东威海温泉度假村】　天沐·山东威海温泉度假村由珠海天沐集团在文登市张家产镇投资兴建，是国家AAAA级旅游景区，是一处以“浴森林温泉、住亲水客房、吃绿色食品、吸清新空气”为主要特色的温泉养生休闲度假胜地。度假村温泉区包括室外森林养生温泉和室内温泉SPA馆，可同时容纳1500人沐浴温泉，日最高接待量可达上万人。室外温泉区包括“鼋山五福泉”、“鼋水六德汤”、“美芦荟温泉区”、“森林静泡区”、“草本养生谷”等，设有66个室外特色功能温泉浴池，供游客尽情享受；室内温泉水疗区主要通过机械作用使温泉水呈各种放射状的水柱冲击人体穴位，促进血液循环，具有按摩的功效。天沐温泉泉水热储温度65摄氏度，日开采量可达2000立方米。温泉属氯化钠型热矿水，泉水富含偏硅酸、碘、锶等多种有益人体健康的矿物质，具有调节植物神经、促进新陈代谢、改善心血管功能、提高机体免疫力等功效。度假村距文登市中心6公里、文登火车站10公里，交通十分便利，区位优势明显。

【汤泊温泉度假区】　汤泊温泉度假区位于文登经济开发区，是一处集天然温泉、休闲娱乐、会务接待、健身养生为一体的综合性休闲度假区，为国家AAAA级旅游景区。汤泊温泉水质清新甘美，出水温度高达78摄氏底，水质澄明清澈，四时不竭，具有祛病、保健等功能，被誉为“温泉中的极品”。其中有极深泉水一眼，采出来的泉水可以直接饮用，口感甚佳。度假村离威海市区仅半个多小时车程，交通便利。区内建有各种温泉泡池60余处，室内、室外、深水、浅水、高温、低温皆有，设施完备，品种齐全，能充分满足不同游客不同季节避暑祛寒的需求。有28幢温泉湖景别墅，小门独院，拥有独立的温泉泡池。

【成山头风景区】 位于荣成市成山镇，因地处成山山脉最东端而得名，是国家AAAA级风景名胜区。这里群峰苍翠连绵，峭壁危岩，巨浪飞雪，气势恢宏，是理想的避暑胜地。1988年被国务院批准为“国家级风景名胜区”。2005年10月，在由中国国家地理杂志社主办并与全国多家媒体联合评选“中国最美的地方”活动中，成山头风景名胜区被评为“中国最美的八大海岸”之一。主要有始皇庙、秦代立石、拜日台、秦桥遗迹、望海亭、观涛阁、镇龙石以及海驴岛、野生动物园等。

始皇庙　原是秦始皇第二次东巡成山头修建的行宫，后被当地百姓改建为始皇庙，也是全国唯一一座纪念秦始皇的庙宇。庙内有日主祠、始皇殿、天后宫、邓公祠、玉皇殿和钟楼、戏台。邓公祠内有光绪皇帝御赐北洋水师爱国将领邓世昌的碑及第一位道长徐福昌的羽化棺（清代出土文物）。

海驴岛　位于成山头北部海域，距陆地最近距离为1.5海里，面积约1300多平方米。每逢春季，成千上万的海鸥从四面八方云集岛上，栖息生蛋，繁衍后代，岛上鸟巢数不胜数，故又被称为“海鸥王国”。

野生动物园　占地面积254公顷，园内稀有动物种类繁多，老虎、狮子、豹、黑熊等无所不有；百鸟园内鸟类众多；海豚馆内多才多艺的海豚、猴山上精灵活泼的猴子都给人以无穷乐趣。

福通天和乐园　景区总投资5000万元，以西霞口村黑龙山原有的自然景观为依托，利用原有地形地貌之独特性，运用现代科技，采用声、光、电综合手段，以仿真的方式将众多名胜景观聚于一处，是一处极具体验性、参与性、观赏性的景区。

【石岛赤山风景区】 位于荣成市石岛管理区，三面环海，景色秀美，与中国北方最大的渔港——石岛港相毗邻，山、海、湖、港互为一位，并与当地的渔村、花村、画村等民俗村连点成线。景区面积12.8平方公里，森林覆盖率高达95%以上，气候冬暖夏凉，是“天然氧吧”，以山海观光、生态休闲、海滨避暑、渔家民俗、佛教文化、国际交流深受游客喜爱，年接待游客100多万人次。2005年，被评为国家AAAA级旅游景区，是著名的“山岳文化和滨海休闲型旅游景区”，被誉为“山东省新兴旅游的精品景区和典型代表”和“国际友好文化交流胜地”。赤山景区主要有一寺连三国、情传中日韩的千年古刹赤山法华院和观音动感音乐喷泉广场极乐菩萨界、荣成民俗馆、赤山大明神、赤山禅院、张保皋传记馆等十大景观。

成山头景区　　李传强　摄

【天鹅湖】 位于荣成市成山镇境内，是一个天然潟湖，东有一条长3000米、宽120多米的沙带将其与大海相隔，使湖海各为一方，面积约5平方公里，平均水深2米，最深不超过3米，严冬平均水温9摄氏度。优美的自然环境，给大天鹅创造了良好的越冬条件。每年11月至来年3月，有上万只大天鹅和数十种珍禽从遥远的西伯利亚、内蒙古等地来此栖息越冬，整个湖面热闹非凡，构成了绚丽壮观的景象，是中国北方最大的天鹅湖。

【圣水观风景区】 位于荣成市崖西镇朱埠村，是道教全真派发祥地之一，国家AAA级风景名胜区。景区内树茂林丰，鸟语花香，有千年银杏树、飞仙石，有万寿塔和雄伟壮观的庙宇、亭阁，流传着八仙护圣泉、龟驮天书等许多美丽的神话与传说。景区内的伟德将军碑廊长268米，宽8米，依次竖列着荣成籍100多名将军或担任过副军级以上职务者的手迹生平碑。

【铁槎山风景区】 位于荣成市南部黄海之滨，是国家AAA级风景名胜区，面积约20平方公里。主峰清凉顶海拔539米，因其峰连九顶，其色如黛，又称“九顶铁槎山”。槎山雄伟壮美，道教遗迹众多，自古便被称为大东胜景。主要景点有云光洞、咸水洞、龙泉井、仙人桥、石雕坟、千真洞、九龙池等。

【花斑彩石】 位于荣成市东北部海滨，离岸50多米，是一座近长方形的海蚀柱，长约35米，宽约20米，高约9米，总体积约7000立方米。由于它体积巨大，造型奇特，色彩艳丽，花纹多变，自古以来就被誉为大东胜景，清道光年间被列为荣成八大景之一，被誉为“中华海上第一奇石”，是国家AA级风景名胜区。

【好当家高尔夫球场】 地处荣成好当家工业园，球场依山傍海，风景秀丽，景色宜人，占地面积80公顷，18洞72标准杆，球道长度为7207码。俯视球场，一片“绿洲”镶嵌在大海中，白色沙坑簇拥着嫩绿果岭，棵棵松树划分出条条球道，海水湖泊迂回于球场之中。球会练习场占地面积3万多平方米，长350多码，宽150多码，有30个打位，是山东省最大的室外练习场。球会会所面积5800多平方米，有中餐厅、韩餐厅、VIP宴会厅、咖啡厅、康体娱乐中心、网球场、宾馆等配套设施。

【银滩省级旅游度假区】 位于乳山市境内的东南海滨，在沿海岸线20多公里的带状规划区内，林秀海阔，礁奇滩曲，集山、海、岛、湖、泉、河、林为一体，特别是绵延20多公里的沙滩，坡缓滩平，沙质细腻松软，洁白如银，“银滩”因此而得名，被誉为“天下第一滩”。是国家AAAA级风景名胜区。区内还有全国最早的潮汐发电站，拥有蓄水量3000万立方米的潮汐湖，以及珍珠湾、白浪湾、宫家岛、三观亭、仙人桥、万亩海防松林带等自然景观，是天然旅游度假胜地。

【岠嵎山风景区】 位于乳山市区西约18公里处，主峰玉皇山，海拔589米。是国家AAA级名胜风景区。西面山脉南北走向，分水岭为乳山、海阳两市边界。风景区四周众山耸立，区内相对高度极大，两条宽阔幽深的沟夼分别自西北、西南蜿蜒向东，汇成人字形而至于东面山口。特殊的地质条件造就了特异的自然风光，山上奇石林立，千姿百态，如禽似兽，如人似物，惟妙惟肖，堪称一座天然石雕园。

【大乳山休闲旅游度假区】 地处青岛、烟台、威海三座旅游城市的交汇处，以景观独特的“大乳山”为中心，景区陆海面积48平方公里。是国家AAAA级旅游景区。景区内乳山口壮美的海山景观与大片风景林、生态林、经济林的秀丽景色交相辉映。以“养生文化，康体健身”为主线，根据中医理论以及佛、儒、道三家博大精深的养生文化建设景区，开展福地养生、内海休闲、外海觅踪、登山望远、文体竞技、挑战极限等一系列养生健身活动，是独具特色的游览、休闲胜地。整个度假区分为大门景观区、荷合双福、东方琉璃世界、耕渔知趣、海天康乐园、香远益清、中华养生园、母爱千年文化苑、东方太阳城、渔歌唱晚、狮角山竞技场、欢乐风、福星湾、瀛州仙踪14个功能分区。

（赵秀宁）

会 展

【概况】 2010年，威海市举办各类会展活动320项，比上年增长29%。其中，展览102项，会议节庆活动218项。组织参加了2010中国会展经济研究会年会、中国国际会议产业大会，对威海的城市环境和会议资源进行了宣传推介。成功引进并举办了第四届地质与矿业装备技术暨应用论坛、首届中韩日国际友好文化学术论坛、2010风电用钢发展高峰论坛、中非合作论坛中方后续委秘书处与非洲驻华使节磋商会、2010亚洲海上风电发展高峰研讨会和中华管理英才论坛等6项层次高、专业性强的会议。会展业直接收入4.75亿元，拉动相关产业收入19亿元。威海市成功入选“中国十大魅力会议城市”。

【优化会展业发展环境】 先后出台了《威海市会展活动管理暂行办法》和《威海市鼓励会展业发展奖励办法》，进一步明确了部门职责，设立了准入门槛，规范了备案登记和审批程序，确立了引进或自办会展活动的资金奖励标准，两个办法的出台充分调动了全社会招会引展的积极性，为会展经济创造了良好的发展环境。加强会展活动的备案登记、协调调度、规范管理等工作，进一步优化会展、公安、工商、城管执法等部门的联动机制，全年办理各类展会申报、备案登记事项27件，对7项存在档期冲突的同质化展会进行协调，对3起展会投诉、上访事件进行调解，有效杜绝了骗展和重复办展，保障了会展市场健康有序发展。

【举办各类展会】 全年举办威海迎新春年货购物节、广电媒体车展、家装婚礼用品博览会、服装服饰博览会等25项大型消费类展会，方便了市民生活，拉动了消费需求。经贸类会展活动展出面积达5万平方米，比上年增长23%。其中，中国·威海国际食品博览会达成进出口贸易协议1.2亿美元，国内贸易协议13.6亿元；中国（威海）纺织服装产业博览会实现国际贸易成交额350万美元；第三届中国渔具制造业基地（威海）国际博览会实现国际贸易成交额8500万美元，国内贸易成交额2.95亿元，展览活动的品牌效益不断提升。

【开展节庆活动】 在全市开展了以“宜居威海　养生福地”为主题的“节庆文化年”活动，进一步整合全市节庆文化资源，丰富活动内容，提高活动质量，推动了常态化、品牌化节庆活动。全市举办各类节庆活动87个，占全部会展活动的27%。其中，2010中国（乳山）母爱文化节、第二届胶东妇女民俗文化节、第三届文登南海沙雕艺术节、2010中国威海（文登）昆嵛山樱桃节、仙姑顶山会等节庆活动竞相发展，丰富了城市文化内涵，扩大了城市知名度和影响力。

【提升经营效益】 市会展办不断创新工作思路，提升服务水平，加大对所属万龙会展有限公司的督导和协调力度，进行宣传推广，在专业观众和采购商的邀请上，下大气力，做足功夫，参展商的满意度不断攀升。通过盘活资产，提高闲置空间出租率，增加新的盈利项目。全年举办各类会展活动40场次，实现国际标准展位1.25万个，展出总面积41万平方米，展馆基本运营费用自给自足，在地级城市的场馆经营中位居前列。

（周昌盛）

编辑　王　瑛

财政 · 税务

财 政

【概况】 2010年，威海市境内地方一般预算收入118.27亿元，完成预算的113.85%，比上年增长15.36%。一般预算收入，加地方政府债券收入、各项税收返还和转移支付补助、上年结转收入等61.82亿元，财政总收入180.09亿元。全市一般预算支出167.93亿元，完成预算的116.86%，增长22.65%。一般预算支出，加上解省级支出及结转下年支出等11.99亿元，财政总支出179.92亿元。收支相抵，当年净结余61万元，累计净结余1625万元。

市级一般预算收入4.93亿元，完成预算的115.46%，增长39.25%，按可比口径增长11.5%（剔除2010年由预算外新纳入预算管理收入）。市级一般预算收入，加地方政府债券收入、各项税收返还和转移支付补助、各市（区）上解收入及上年结转收入等39.68亿元，收入共计44.60万元。市级一般预算支出37.60亿元，完成预算的109.5%，增长36.65%，按可比口径增长33%。市级一般预算支出，加上解省级支出、补助各市（区）支出及结转下年支出等6.97亿元，支出共计44.57亿元。市级收支相抵，当年净结余20万元，累计净结余318万元。

【优化财政收入结构】 在全市范围内进一步推广应用36个部门共同参与的涉税信息共享平台，制定了《威海市市直综合治税工作考核办法》；制定了对税务部门的奖补意见，鼓励税务部门加大税务稽查力度和创新征管措施；积极把握当前税收改革的要点和趋势，及早介入、周密测算、灵活应对；加强非税收入征管，实现法定收入应收尽收与减费让利服务发展齐头并进；推行契税计税价格公开制度和契税纳税申报通知制度，契税征管工作更加科学、规范、透明。全市工商税收收入、四税（增值税、营业税、企业所得税、个人所得税）收入占地方财政收入的比重分别达到67.06%、42.39%，分别比上年提高7.31、6.89个百分点。

【助推经济稳定发展】 一是加大投入，拉动经济增长。克服政策因素影响，市级融资10.6亿元，累计投入19.2亿元，有力保障了环翠楼公园改造、统一路南延、金线顶整治等政府重点项目的推进。多渠道筹集地方政府债券额度和扩大内需资金7.5亿元，拉动社会投资11.9亿元，确保在建和续建公益性项目的顺利实施并及早发挥效益。继续组织实施好家电和汽车摩托车下乡、家电和汽车以旧换新工作，全市累计兑付财政补贴2.2亿元，拉动社会消费近17亿元。二是重点扶持，推动结构调整。加大资金整合、争取和投入力度，全年支持企业发展的各级财政资金13.5亿元。继续实施骨干企业膨胀战略，安排3000万元重点扶持三角集团、

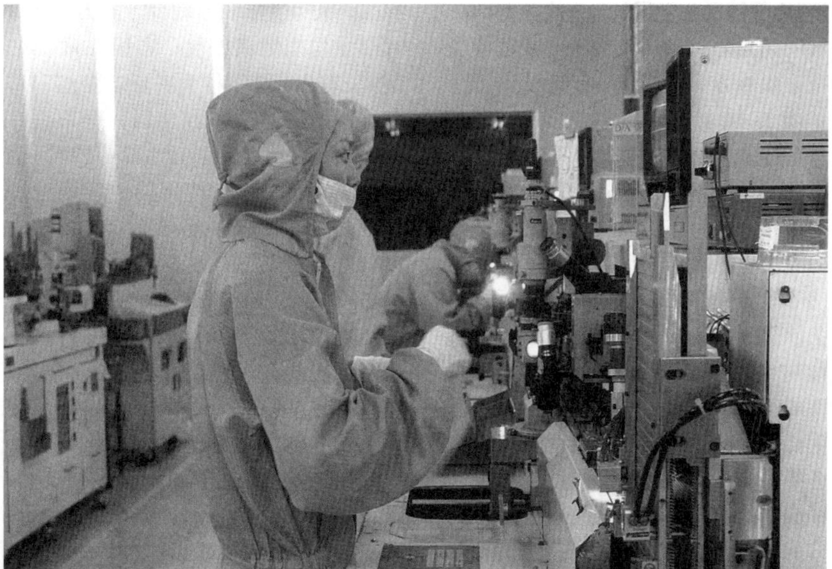

光学产业专业化车间　　市财政局提供

威高集团等企业做大做强；投入2.37亿元支持企业重大技术创新、新产品研发、产学研合作、重点产品结构调整等；投入3.36亿元，支持节能降耗、清洁生产、淘汰落后产能和发展循环经济。三是完善政策，帮助企业发展。以激发企业发展潜力，引导经济结构调整为目的，市级安排奖励资金2540万元，继续实施品牌奖励、金融贡献奖励、"纳税明星企业"和"纳税新星企业"奖励、镇域经济发展奖励、招商引资大项目和外经贸先进企业奖励；支持出台了《威海市市长质量奖管理办法》、《威海市鼓励会展业发展奖励办法》、《威海市推进企业上市融资暂行办法》等多项激励政策，营造各行各业加快发展的良好氛围。四是优化环境，促动发展步伐。继续落实各级取消和减免缓、暂停征收的各项收费，最大限度地减负让利保增长。将破解"融资难"问题作为助推经济发展的关键，扩大了临时还贷扶持范围，全市累计为526家企业办理还款再贷82.5亿元；筹资1825万元，通过支持担保机构等方式帮助1538家中小企业融资39.7亿元；发挥政府采购政策功能，在银行与中小企业之间搭建融资平台，为中小企业加快发展打造新的"绿色通道"；出资2000万元设立中小企业创业投资引导基金，启动了战略性新兴产业科技贷款风险补偿和科技支行试点工作。

【着力保障民生发展】 一是以支持"三农"为重心，加快城乡统筹发展步伐。全市农林水事务支出18.8亿元，比上年增长48.4%。各级投入财政资金近1.2亿元，推动农村环境综合整治、农村住房建设与危房改造工程上档升级，完成了200个市级重点村的环境整治，拆除农村旧房2.1万户，新开工建设农房5.9万户，农村群众的居住环境和条件得到显著改善；各级投入农村基础设施建设资金2.5亿元，支持开展小型农田水利建设、病险水库除险加固、中低产田改造等，夯实农业发展基础；各级投入6531万元，通过支持农产品标准化生产，扶持农业龙头企业和农民专业合作组织等，加快农业转型升级；扩大政策性农业保险品种和范围，各级财政补贴保费843万元，为农业生产提供了近5亿元的风险保障；拨付粮食直补、渔用燃油、农机具购置补贴等各类惠农补贴资金6.4亿元，进一步推动了农业增产、农民增收。二是以支持社会保障和就业为重点，推进和谐社会建设。全市社会保障和就业支出28.9亿元，增长31.09%。全市投入6128万元，支持实施积极的财政就业扶持政策，就业促进、就业援助和就业服务机制更加健全；完善小额担保贷款政策，开展了妇女创业贷款工作，小额担保贷款"助兴业带就业促创业"的作用有效发挥；支持在全省率先全面推行新型农村社会养老保险工作，连续6年提高企业退休人员养老金标准，将企业离退休人员取暖补贴标准由每人每年24元提高到人均1100元，将失业保险金由每人每月420元提高到510元，城乡社会保险制度体系日趋健全；提高了城乡最低生活保障标准、农村"五保"集中供养标准、农村老党员生活补助标准等多项政府补助标准，城乡社会救助体系日益完善；市级筹资2076万元，并出台了经济适用住房货币补贴政策，积极推进保障性安居工程建设；针对物价上涨的形势，市级及时发放价格临时补贴、学生就餐补贴180万元，保障了特殊群体的生活。三是以支持教育和医疗改革为关键，推动社会事业发展。全市教育支出31.7亿元，增长33.8%，市级安排3220万元，支持创建学前教育示范镇，提高农村义务教育公用经费补助标准，大力发展职业教育，着力推动教育事业均衡健康发展；市级安排3342万元，有力保障了校舍安全工程、"211"工程等教育重点工程建设。全市医疗卫生支出7.8亿元，增长24.19%，进一步提高了城乡医疗保险的政府补助标准和报销比例最高限额，支持建立以政府投入为主导的多渠道补偿机制，推进基层医疗卫生机构实施基本药物制度，大力改善基层卫生服务条件。全市文化体育与传媒支出安排1.7亿元，积极推进博物馆等公共文化设施免费开放和乡镇文化站建设等文化事业发展；完善大型体育赛事资金保障机制，市级安排1773万元，支持省运会、铁人三项赛等多项体育赛事的举办。

【提升财政发展效益】 一是挖掘财政增收潜力。充分盘活、运用政府的资金、资产、资源，增加财政收益，不断提高政府提供公共服务的能力和水平。通过协定存款、定期存款等多种途径提高财政资金直接理财效益，增加利息收入3444万元；对市区内政府投资停车场实行统一运营，每年可增加收入200多万元；将市管公园闲置房屋面向社会公开招租，取得合同收入4000万元；加强政府可变现资产储备，多渠道融资支持绿轴改造、双岛湾开发等重要项目建设。同时，加大对上级资金、项目的争取力度，全市争取上级各类资金40.4亿元，中小企业新兴材料产业集群试点市、农产品现代流通示范市、义务教育均衡发展示范市等多个重要试点项目落户威海，增强了政府调控能力，有效弥补了本级经济社会发展和民生保障资金的不足。二是把好财政支出关口。树立支出与效益相挂钩的观念，完善财政支出绩效评价机制，试点范围扩大到33个部门51个项目；充分发挥财政投资评审作用，加强对政府重点项目事前、事中、事后的全方位监管，市级全年评审总额23.95亿元，直接核减项目投资2.6亿元；发挥财政监督职能，扎实推进"小金库"专项治理工作，维护良好的财经秩序。三是强化管理推进改革。在全市财政系统开展了"资产管理年"活动，出台多项规范性制度，对全市行政事业单位土地、房屋产权实行统一管理，构建产权清晰、配置科学、使用高效、处置规范、监督到位的行政事业单位国有资产管理新模式；深化政府采购改革，建立了资产管理、采购管理、支付管理三位一体的管理体系；公务卡改革稳步推进，改革单位达到了212家，发卡2700余张；收入分配改革逐步深化，教师及事业单位绩效工资改革顺利推行。

（付璐玮）

国　税

【概况】 2010年，威海市国税系在政策性减收 10.99 亿元的因素下，完成税收收入 93.81 亿元，比上年增长 22.46%，增收 17.20 亿元。其中，国内税收完成 81.64 亿元，增长 21.85%，增收 14.64 亿元；地方级收入完成 19.41 亿元，增长 21.37%，增收 3.42 亿元。年内，该局被评为省级文明单位、威海市政风行风建设优秀单位、市直机关目标绩效管理考核优秀单位，在山东省国税系统目标管理考核中居前列。

【实施科学征管】 按照精细化、专业化、信息化管理的要求，构建税收征管体系，夯实征管基础，创新征管举措，各项征管措施直接增加税收 13.8 亿元，比上年多增加 8.5 亿元。一是锐意创新征管举措。国内首创推行委托工商代发税务登记证件业务，从源头上强化对纳税人的户籍管理，全年新增登记户数比上年增长 69.26%，增加税收 5324 万元，该项举措在《新华社高管信息》专期刊发；构建社会信息化管税机制，开发应用“社会信息化管税系统”，全年采集处理外部门涉税信息 198 万余次，开展评估稽查 5502 户次，直接增加税款 1.25 亿元；率先在全国实现“网络税控普通发票”全覆盖，纳税人全年累计开票份数增长 113.59%，增加税收 6.26 亿元。二是强化税源日常管理。全市国税专业稽查入库税款 1.68 亿元；运用预警评估系统，评估入库税款 4.65 亿元；实行征退一体化管理，直接增加税收 3.8 亿元；加强反避税和非居民企业所得税管理增加税收 2.25 亿元，成功应诉省内第一例滥用国际税收协定的涉外税收诉讼案件。

【优化纳税服务】 完善纳税服务工作体系，制定实施纳税人知情权保障管理暂行办法、承诺服务等制度，在办税服务厅设立“纳税人律师服务中心”岗位，利用各种媒体广泛宣传纳税人权利与义务，维护纳税人权益。定期举办税收政策解读会、服务企业发展座谈会；积极参加地方行风热线和省国税局阳光政务热线，及时解答和落实纳税人反映的问题；推行涉税主要业务“全市通办”、“一窗通办”及“涉税即办”，5 类 55 项涉税事项可在办税服务厅当场办结，其他事项一窗受理、内部流转、限期办结；下放出口生产企业退免税审批和车购税征收业务，在经济技术开发区汽车城设立车购税服务处，实现购车、办税、挂牌“一条龙服务”；实现发票管理软件与综合征管软件间数据共享，解决缴销发票手工重复录入，提高了办税效率。及时落实税收优惠政策，全年落实增值税转型、高新技术企业、出口退免税等税收优惠 64.41 亿元，比上年增长 44.69%。全系统窗口服务满意率达到 99.26%。

【加强国税文化建设】 把国税文化作为提升组织软实力的重点，印发实施《威海国税文化体系 2010 ~ 2012 年建设规划》，大力倡导“自强厚德、博学笃行，团结实干，敢为人先”的威海国税精神。开展创先争优主题实践活动，加大文明创建力度，设立创新与优秀工作成果奖，对创新成果给予奖励。开展学习型机关、学习型班子、学习型科室和学习型党组织活动，每月举办一期“专家大讲堂”，每周组织一次“岗位技能强化培训”，与市总工会、妇联联合开展“税收业务技能竞赛”、“巾帼建功”等活动。

（吴　岚）

汽车城车购税服务点启动仪式　　市国税局提供

地　税

【概况】 2010 年，威海市地税系统完成各级各类收入 81.95 亿元，比上年增长 32.45%，增收 20.07 亿元。其中，中央级收入 10.41 亿元，增收 2.11 亿元，增长 25.48%；省级收入 8.42 亿元，增收 2.77 亿元，增长 49.01%；市县级收入 63.12 亿元，增收 15.19 亿元，增长 31.7%，占税收总量的 77.02%。

【税源管理】 一是抓好重点税源管理，对税源进行分级分类监控，掌握纳税情况、挖掘税源潜力、防止税收流失，提高重点税源企业的税收贡献率，全市纳入重点税源监控的 2421 家企业入库税款 51.23 亿元。二是抓好大项目税收管理，对市政府确定的 650 个重点建设项目全部纳入大项目税收管理，入库税款 25.1 亿元，增长 48.8%，比上年提高 3.6 个百分点。三是抓好重点税种管理，在营业税管理上，进一步规范交通运输业、房地产业、建筑业、金融保险业税收管理，四大行业实现营业税收入 24.54 亿元，增长 59.41%。扎实有效地开展了企业所得税汇算清缴，全面加强了对零申报、少申报和异常申报纳税人的监督检查，通过汇算清缴入库税款 2.03 亿元。深入推行全员全额申报，加强工资薪金个人所得税管理，入库税款 4.32 亿元，增长 30.6%。四是抓好地方税种管理，利用国土部门“二调”数据，设立“宗地信息数据库”，建立完善“以地控税、信息比对、疑点核实、动态监控”的土地使用税管理模式和运行机制；调整了土地增值税预征率，进一步完善了预征管理，入库税款5.74亿元，增长42.05%；认真做好印花税核定征收工作，印花税入库1.7亿元，增长43.09%；统一了车船税征管办法，完善了“政府领导、地税主管、保险代收、公安把关、财政保障”的征管模式，车船税入库1.04亿元，增长56.78%。五是抓好“二三产业分离”，通过落实政府领导、部门配合、典型带动、分类指导、调度考核等措施，进一步加快了工作进度，新分离三产企业22家，新增地方税收579万元。至年底，二、三产业分离业户174户。

【纳税服务】 从改进完善办税服务厅、“12366”纳税服务热线、地税网站3大服务平台入手，健全纳税服务体系，科学设置服务机构，完善服务制度，整合服务资源，不断提升服务水平。以纳税人满意为目标，推行工商代办税务登记工作，代办税务登记1.64万家，方便了纳税人，提高了工作效率；积极搞好经济税收比对分析，召开了12个经济主管部门参加的座谈会，找准为纳税人服务、为经济建设服务、为社会发展服务的着力点；全系统每月开展一次“地税局长服务日”活动，面对面地解决纳税人反映的实际问题；组织建立市、各市（区）两级纳税人税法培训中心，定期开展税法培训；与市国税局联合对1.55万家企业进行了纳税信用等级评定，对104家A级企业进行了公示，并举行了A级纳税信用等级单位授牌仪式，努力营造依法诚信纳税的社会氛围；广泛开展纳税人满意度和纳税服务需求调查，认真执行税收优惠政策，为各类企业减免地方税收2.6亿元。

【税收执法】 一是着力推进税收标准化执法活动。围绕“执法权力、执法依据、执法流程化、处罚尺度、执法文书档案管理、执法监督和执法过错行为责任追究”6个方面开展标准化建设，将纳税申报、税款征收、税务稽查、行政处罚等10大项100余小项内容作为重点，建立了科学规范的制度体系。同时，围绕建设高水平的税收执法队伍，深入推进“素质建设工程”，切实提高了干部职工的执法水平，提高了税收征管质量。全年，按期申报率和申报入库率分别达到98.84%和99.62%，被确定为“山东地税标准化执法示范区”试点单位，在全省地税系统基层建设推进现场会上做了典型交流。二是着力加强执法监督。加强税收规范性文件的审查备案工作，严格遵循法定权限和程序，不断提高税收规范性文件制定质量。加强对具体行政行为的监督，落实重大税务案件集体审理制度，实行行政执法案卷评查制度，确保案件定性的准确性、法律适用的正确性。按月对税收执法情况进行计算机考核，全年实现申辩后执法零过错。三是着力推进“三位一体”问责机制。建立了执法监督、行政监察、纪律检查三位一体的监督问责体系，充分利用信息化平台、税务稽查结果、执法监察、巡视检查、明察暗访等各种途径，主动查找风险隐患和问题线索，对33名税务干部进行了问责预警，督导入库税款2682万元。问责制的推行，大大提高了税务干部的执法责任意识，促进了税收征管质量的提高，国家税务总局《税务简报》刊发专期介绍这一经验。

【信息化建设】 一是开发应用了“政府涉税信息共享平台”，进一步深化社会综合治税。深入贯彻落实《山东省地方税收保障条例》，开发并推广使用了“政府涉税信息共享平台”，建立了“统一采集、分级管理、共享使用”的涉税信息共享机制。深入分析各类信息与税收之间的逻辑关系，开发相应的分析模型，使社会综合治税信息得到有效利用。全年接收市直38个部门20余万条涉税信息，新增税款5.5亿元。二是开发应用了“电子稽查软件”，探索建立掌控纳税人信息的有效途径。抽取、分析了122家纳税人上年度的电子账务信息，补缴税款1900多万元。“电子稽查软件”的推广应用，在抽取、分析纳税人电子账务信息方面从理念和技术上取得突破，并与三方信息应用平台对接，解决了手工查账效率低、增加纳税人负担等问题，促进了稽查方式的转变和稽查效率的提升。“电子稽查软件”的应用，为完善第一方信息奠定了可靠基础，为三方信息比对分析拓展了空间。三是开发了三方信息税收应用平台，提高信息综合分析利用水平。围绕对涉税信息的综合利用，开发了信息分析应用平台，与省地税局大集中系统、纳税评估软件、税收预警系统实行有效对接。通过纳税评估软件和预警系统发现疑点，利用“三方信息税收应用平台”对纳税人的信息、社会各部门提供的信息以及税务部门掌握的信息进行综合分析，查找问题，各系统相互配合，为强化税源控管提供了重要的技术支撑。年内，通过评估和预警分析核实入库税款4.8亿元。

（赵　镭）

编辑　王　瑛

4月9日，局长服务日接待群众咨询　　市地税局提供

金　　融

综　述

【概况】　2010年，威海市有银行业金融机构11家。年末全市本外币各项存款余额1636.59亿元，比年初增加221.33亿元，比上年增长15.64%。其中，城乡居民储蓄存款余额958.97亿元，增加121.03亿元，增长14.44%；企事业单位存款余额354.84亿元，增加36.19亿元，增长11.38%。本外币各项贷款余额1150.14亿元，增加166.16亿元，增长16.89%。其中，农林牧渔业贷款余额86.34亿元，减少1800万元，下降0.21%；制造业贷款余额242.92亿元，增加37.53亿元，增长18.27%；交通运输、仓储和邮政业贷款余额32.14亿元，增加17.59亿元，增长88.21%；批发和零售业贷款余额58.35亿元，增加17.09亿元，增长41.42%；房地产业贷款余额66.17亿元，增加7.57亿元，增长12.92%。全年缴纳各项税金5.34亿元，比上年增加1.74亿元，其中地方税3亿元，比上年多缴4100万元。地方性金融机构风险防控能力进一步增强，荣成市农村信用社成功改制为农村商业银行，威海市商业银行在青岛设立了第三家异地分行。全市有证券公司4家，实现交易量1433.93亿元。有保险公司34家，全年实现保费总收入43.72亿元。

（王　菅）

宏观调控

【概况】　2010年，人民银行威海市中心支行认真贯彻货币调控政策，有效保持货币信贷适度增长，着力调整优化信贷结构，大力开展金融服务创新，有力地支持了全市经济社会平稳较快发展。

【支持经济发展】　中国人民银行威海市中心支行联合有关部门举办了“重点项目银企合作会”、“与女企业家共发展银企联谊活动”、“科技型中小企业银企对接会”，向100个重点项目授信171亿元，促成26家科技型企业与银行达成15亿元的信贷支持协议，帮助1600名女企业家开展创业。实施“一县一品”金融支持县域经济发展模式，组建59个农村信用联保体，发放贷款7.7亿元，构建了中小企业网上信贷推进平台，受理企业申请216次，推进落实贷款86笔，金额11.95亿元。与有关部门联合开展“积极推进商业票据业务，支持中小企业发展”活动，引导大企业签发商业承兑汇票200多笔、金额20亿元，银行累计办理贴现121笔、金额11.49亿元，金额是上年的2.7倍，有效缓解了下游中小企业的融资难题。

【不断提升金融风险防控能力】　立足于转方式、调结构，主动向地方党政领导汇报宏观调控政策变化情况，10余条建议被威海市政府采纳。创新开展城市商业银行跨区域经营风险监测工作，监测方案分别在全省范围内推广运行。积极建议市政府将金融维稳情况纳入全市目标绩效考核体系，形成了“政府主导、央行牵头、政银联动”的维护区域金融稳定责任制，有效调动了各市（区）政府维护金融稳定的积极性。探索房地产金融市场监测方法，研究制定了区域房地产金融市场监测预警体系，此方案在全省范围内推广运行。创新金融市场监管服务方式，确保辖区金融市场健康发展，工作经验在全省专业会议上交流。

【开展外汇管理改革试点】　积极开辟境外投资业务“绿色通道”，助涉外企业“走出去”，年内境外投资企业达到14家，投资金额7718.5万美元，比上年增长122.63%；1家企业实现红筹上市融资，融资4.6亿港币。作为全省两个试点地区之一，积极开展外汇主体管理试点工作，最大限度地方便涉外企业办理外汇业务，98.32%的涉外企业享受到了贸易投资便利化政策的实惠。积极推动出口收入存放境外试点和进口核销管理制度改革试点工作，全市99%的进口企业退出了具体核销程序。

【扩大试点结算规模】　与威海市商务

局、税务局联合，在全市范围内开展4次跨境贸易人民币结算试点政策巡回宣讲活动，举办了3期跨境人民币结算业务培训班，有2000余名涉外企业财务人员及外汇指定银行业务人员参加了培训，充分调动了辖区银行和企业参与试点的积极性。开展“走进企业，共促发展”百日推进活动，选取30家重点企业上门开展政策宣传和业务推介，针对不同企业的需求，采用可行的策略和方法，推动企业在跨境交易中采用人民币结算。年内有31家企业采用人民币跨境结算，金额达5.05亿元，节约财务成本近1000万元。

【提升金融服务和管理水平】 大力推动现代化支付体系建设，当年通过人民银行大小额支付系统汇划各类资金3.10万亿元，日均85.55亿元，比上年增长136.78%，占全省资金流量的4.11%。通过同城清算系统汇划各类资金77.60万笔，金额2778.80亿元，金额增长65.80%；全市刷卡消费量达到社会消费品零售总额的20.28%；全市农村地区POS机、ATM机和发卡量分别增长31.68%、26.03%和74.34%，农村地区支付服务环境建设取得明显成效。大力推动便民惠民金融服务，采取多种措施解决零币和反假币问题，收缴各类假币8662张，金额69.7万元。全市两级国库办理各类预算收入472亿元，支出418亿元，退库48亿元，确保了威海市财政预算顺利执行。加大金融管理力度，依法对违法金融机构及高级管理人员实施“双罚”，协助侦查机关破获洗钱及洗钱上游犯罪案件5起，金额2.78亿元，1起洗钱罪案件被宣判。

（张斌　王营）

金融监管

【概况】 2010年，中国银行业监督管理委员会威海监管分局认真贯彻落实国家宏观调控政策，以支持经济发展和有效控制风险作为各项监管措施的出发点和落脚点，促进全市银行业始终保持了平稳健康发展态势。年内，先后被评为优秀单位、文明单位和学习型组织标兵单位等。

【规范贷款清理工作】 先后召开了10余次平台贷款清理专题会议，准确传达银监会的监管要求和政策，提高了清查工作的执行力。及时督导各银行业机构积极落实有效担保手续，降低贷款风险。辖内融资平台贷款余额77.4亿元，落实担保率达98.1%。积极向市政府汇报，并由市政府下发专题会议纪要，解决了平台贷款清理规范过程中遇到的难点问题。由威海市银行业牵头的17家平台公司三方签字和四方备案工作全部完成。

【督导银行业加快信贷结构调整】 引导各银行业机构顺应产业结构调整，适时转变信贷投向，积极压降不良贷款，防范信贷风险。年内，以消费目的为主的个人贷款占比比年初提高了1.8个百分点，小企业贷款占比提高了1.7个百分点。组织辖内各机构针对房贷市场走向进行风险分析预测和压力测试，先后召开4次房地产信贷专项座谈会议，下发2期风险提示，提出了12项监管要求。引导各机构积极调整信贷发展模式，降低对房地产贷款的过度依赖。自4～12月，辖内房地产类贷款（房地产开发加房地产按揭）月度增幅呈持续下降态势。

【加强对法人机构的风险管控】 督促4家联社制定了拨备提取、不良贷款下降、资本充足率达标等年度规划，并按季进行调度，确保了年度目标实现。稳步开展了对农信社乳山联社2009年度案件防控交叉检查特别监管工作，使问题整改率达到99.3%。深入开展顶冒名贷款清理活动，督导各联社累计收回顶冒名贷款2.8亿元，完成了专项清理计划的106%。促成文登市、乳山市、环翠区政府划拨12.8亿元优质资产置换农信社联社不良贷款，并争取到被置换不良贷款仍由农信社负责管理的追加政策，为银行化改革奠定了基础。正式启动荣成和环翠两家农信社联社银行化改革进程。支持威海市商业银行走差异化发展道路，督促该行不断强化资本管理，加快次级债的申报发行，严控风险资产扩张速度，确保了资本充足率始终保持在10%以上。促成该行成为威海市首家政府扶持“科技支行”试点机构，并支持该行在青岛设立第三家异地分行。

【强化信贷有效投放】 一是找准政、银、企三方共赢结合点，推动市政府出台了《关于开展科技支行试点工作的意见》，并细化配套了由财政支持的风险补偿和贷款贴息等多项优惠政策，提高了为科技型中小企业融资服务功能。连续3年组织辖内各银行业机构参加中小投资创业项目博览会，促成各行与120余家中小企业客户达成金融服务意向。推动威海市商业银行开展小企业部集约经营、集群信贷模式建设工作，使该行实现小企业服务特色化、流程标准化、管理扁平化和营销立体化，该行（本部）小企业贷款余额占全市总量的22%，充分发挥了示范作用。年末，全市小企业贷款余额187亿元，新增44亿元，比上年多增23亿元，超过全市各项贷款平均增长水平的14个百分点，实现了“两个不低于”目标。二是依托威海独特的蓝色经济优势，谋划“三农”服务整体布局，以农行“三农”事业部改革为重点，引导银行业不断创新机制，调整产品模式和服务措施。指导各机构开办了“海域权抵押贷款”、“苹果保鲜贷款”、“青年创业贷款”、“党员先锋创业”等一批特色金融产品，重点扶持了5个规模化养殖基地、11家农业产业化龙头企业，带动周边6700余户养殖户发展致富，成功打造了服务区域规划发展的特色金融服务品牌。全市银行业机构涉农贷款余额439.8亿元，比年初增加69亿元。

【提升金融服务水平】 一是深入普及金融知识。在辖区开展了“贷款新规集中宣传月”、“百问百答”知识竞赛、“机构宣传周”等系列新规宣传活动，营造了良好社会舆论氛围。银行业公众教育服务活动期间，利用平面媒体刊发专访、协调电视台滚动播放公益广告、向市民发送短信等方式最大限度地扩大宣教范围。深入10个社区、3

所院校和20个镇开展了“进社区、进校园、进农村”特色宣教活动，受到了市民一致好评。二是抓好机构准入，扩大金融服务覆盖。2010年，该局累计审批新设机构2家、升格机构4家、迁址机构106家、新设自助银行2家，督促各机构新增ATM设备37台，批准设立了乳山天骄村镇银行，进一步完善了县域金融服务谋篇布局。

（付茂智）

金融服务

【概况】 2010年，威海市金融工作办公室认真贯彻国家宏观调控政策，积极完善金融服务，促进金融改革创新，加强区域金融生态环境建设，千方百计为经济社会发展提供资金支持，有力助推了全市经济社会平稳较快发展。

【深化银企合作】 积极搭建银企对接互动平台，引导本、异地银行扩大信贷投放、优化信贷结构，加大对重点项目和关键领域的支持。先后举办了2次大型银企对接会议，72个项目示范性签约金额177亿元。加强威海市金融服务中心建设，吸引异地银行累计授信超过180亿元。进一步扩大“续贷过桥周转机制”覆盖面，筛选100家符合条件的中小企业纳入“续贷过桥”覆盖范围，全年为400多家企业提供无偿周转资金50.4亿元，有效地防范和化解了企业资金链断裂风险，防范了银行不良贷款反弹。

【做大资本市场】 加强上市资源培育，年内累计培训企业280家（次），8家企业进入省重点上市后备资源企业名单。加大对重点企业的推动力度，指导新北洋、泓淋科技成功上市，融资12.9亿元，威高股份由香港创业板转主板，威海益生实现间接上市，俚岛海科、华鹏玻璃进入上市辅导程序。推动上市公司积极开展再融资，华东数控、广泰空港、东安黑豹共计再融资7.17亿元。大力支持高技术产业开发区争取国家“新三板”试点资格，协调人合机电等5家企业制作了申报材料。积极发展股权投资，推动华鹏玻璃、双轮股份引进股权投资1.3亿元。探索发展债券融资，组织举办了全市中小企业集合债与集合票据知识专题讲座，推动2010年第一期中小企业集合票据成功发行，融资5.5亿元。

【发展金融产业】 加大异地金融机构引进力度，民生银行向银监会报送了分行设立申请，恒丰银行完成分行选址，浦发银行签订了经营场所租赁合同，光大银行成立了分支机构筹备工作组。引进了阳光人寿、人民健康2家保险公司，中国出口信用保险公司设立了威海办事处，全市保险机构达到34家。加快发展地方金融机构，指导农村信用社“股份制、银行化”改革，荣成农村商业银行获批开业，威海农村商业银行获批筹建。推动小额贷款公司试点加快区域全覆盖步伐，荣成汇金、威海高技术产业开发区融亿通小额贷款公司开业运营，环翠区宏源、荣成成山2家公司获批筹备开业，累计达到6家。开业的4家公司全年为“三农”和中小企业累计放贷9.44亿元。协调乳山天骄村镇银行获批开业，农村金融服务体系进一步丰富。推动威海市商业银行加快跨区域发展，青岛分行正式开业，并开通了国际业务。

【强化服务意识】 进一步优化整合了上市扶持政策，变事后奖励为事前补贴与事后奖励相结合，对再融资进行分档奖励，调整了对“新三板”挂牌企业的奖励，新增了对区域性证券交易市场挂牌企业的奖励，有效调动了企业积极性。在市创业投资引导基金的带动下，吸收民营资本参与，创立了威海市大有正颐创投公司，并与省高新投建立战略合作关系，着力打造专业优势与本土优势有机结合的上市后备资源价值发现平台。在省内率先开展了“科技支行”试点工作。通过扩大抵质押范围，提高审批授权，创新担保方式，拓展业务领域，以及由市、市（区）两级财政提供贷款贴息、风险补偿与风险补贴等方式，加大对科技型中小企业的融资支持，先后为7家科技型中小企业发放贷款近8000万元。

【维护金融稳定】 继续完善银行业风险联防机制，与监管部门密切配合，加强对银行业的指导，防范和化解系统性金融风险。加强小额贷款公司监管，逐月调度业务开展情况，定期实施现场检查，确保其合规经营。加强融资性担保公司业务运行监管，防范抽逃注册资本金和违规开展业务等行为，促进融资性担保市场健康发展。加强原上柜公司监管，督促企业规范经营，依法披露信息；认真做好原上柜公司股民来信来访工作，维护股民权益。加大对非法集资和非法证券活动打击力度，完善工作机制，加强风险监测与排查，维护良好金融秩序。

（邹 超）

银 行

【中国农业发展银行威海市分行】 2010年末，中国农业发展银行威海市分行各项贷款余额30.54亿元，比年初增加5.88亿元；各项存款余额3.83亿元，增加6907万元。全年实现中间业务收入132万元，比上年增加32万元，实现账面利润5996万元，增加盈利1580万元。

各项业务稳健发展 一是粮油收购资金足额供应。全年累计发放中央、地方储备粮贷款5207万元，支持收购粮油7.79万吨；跨省移库形成库存4.58万吨，占用贷款1.33亿元；发放贷款1.28亿元，支持企业自主收购粮食3.33万吨、油脂3310吨。二是客户营销成效明显。年内新营销客户10户、授信3.02亿元。新农村建设贷款业务有效开展，年内有3个项目省行已完成贷前调查，申请贷款13亿元，为信贷业务拓展打下良好基础。三是存款实现较大增长。全行高度重视存款工作，通过深挖老客户潜力、延伸开户管理、营销非贷款企业存款、组织财政性存款、强化考核奖惩等措施，极大地促进了存款工作。年末，各项存款日均余额4.42亿元，比年初增加1.52亿元，完成省行下达增量计划的132.4%。四是中间业务有新的发展。年末实现中间业务收入132万元，增长32%。其中，保险代理业务实现收入27万元；办理国际结算业务6642.33万美元，实现收入89.79万元，结算量和收入分别完成省行计划的123%和120.9%。圆满完成非经营性贷款的清理规范工作，为12.69亿元应补充担保手续的贷款全部落实了担保手续。成功收回了粮油附营业务停息挂账贷款839.2万元。

基础管理更加坚实　切实加强资金计划管理，通过积极调控，贷款计划均控制在省行核批的计划之内。各项财政补贴拨补全额到位，3个支行全部实现按季拨补，市分行连续3年实现上半年一次性拨补到位。年末，各项财政补贴资金应补2.61亿元，实补企业2.61亿元，拨补到位率为100.05%。扎实开展了“综合柜员岗位练兵”活动，全行22名综合柜员有17人达到省行规定的一级以上标准，3人达到二级以上标准。扎实开展了银企廉政共建工作，签订“银企廉政共建协议书”41份。落实了客户经理换户管理工作，对管理同一贷款客户时间在2年以上的，全部进行了轮换交流。加强了计算机机房和营业场所安全保卫设施标准化建设，全行4个营业机构提前3年完成了省行的建设目标。

（陈京文）

【中国工商银行股份有限公司威海分行】　2010年末，中国工商银行股份有限公司威海分行各项存款余额163.5亿元，比年初增加3.96亿元，比上年增长2.59%；各项贷款余额165.72亿元，增加18.88亿元，增长12.85%。全年投放贷款86.42亿元；向地方税务缴纳税金5692万元。在2010年行风测评中位列28个中央驻威单位第三名，被威海市委、市政府授予中央驻威企业“优秀单位”等称号，取得了经营效益与社会效益的双丰收。

全年实现利润4.68亿元，比上年增加832万元；实现中间业务收入1.68亿元，增加1344万元。客户规模不断扩大。至年底，对公账户数突破1.2万户，比年初增加1519户；个人客户总量达到267万户，增加104万户。资产质量持续向好。至年底，不良贷款余额1.32亿元，占比0.79%，较年初下降0.08个百分点。

（刘　炜）

【中国农业银行股份有限公司威海分行】　2010年末，中国农业银行股份有限公司威海分行本外币各项存款余额为204.38亿元，各项贷款余额为171.38亿元，实现中间业务收入1.18亿元。获得山东省农行“2009～2010年度全省个人信贷业务先进集体”、“2010年度山东省分行财务会计管理综合改革先进集体”等称号。

业务经营转型成效明显　一是抓好信贷资金有效投放，促进信贷结构有效调整。年末各项贷款余额达到171.38亿元，比年初增加25.64亿元。其中，AA级以上客户所占用贷款达到93.03亿元，占全部法人客户贷款的93.78%，比上年提高了6.14个百分点。对列入优良客户特别是战略合作客户的进行重点支持，对一般低效客户主动退出。AA级以上优良法人客户贷款余额占比比年初提高6.14个百分点，退出低效信贷客户7户，退出金额5965万元。二是围绕理念转型、客户转型和业务转型三个核心，大力开展对公业务转型活动，使客户结构、资产结构和收入结构进一步优化。全行核心法人客户达到54户，成功拓展8个房地产开发项目及一批机构类客户。集团性客户现金管理业务实现“零”的突破，成功上线13户。三是积极推动个人业务发展方式由外延规模型向内涵效益型转变。实现个人优质客户数量及金融资产占比“双提高”。贵宾客户户数占比1.44%，比年初提高0.21个百分点；贵宾客户金融资产余额占比53.23%，提高1.62个百分点。四是深入实施收入结构转型。就中间业务产品、收入情况进行专项调查和认真分析，制定有针对性的措施，使中间业务发展速度和收入水平不断提高。实现全口径中间业务收入1.18亿元，比上年增加3653万元，增长45.09%。完善外汇业务激励考核机制，将新增外汇结算账户和信用证业务等纳入计价考核，新增资本金账户11户，新增户数居全省前列。全面提升核心客户贡献度，年结算量超过500万美元和1000万美元的客户分别增加11户和6户。充分发挥贸易融资产品的杠杆作用，实现融资手续费收入1012万元。积极开展融资专项财务顾问以及理财专项财务顾问业务，实现投资银行业务收入1177万元，增加305万元。大力提升代理保费规模和手续费收入市场份额。全年实现保费收入2.53亿元，增长70%；实现手续费收入1010万元，增长57.8%。

“三农”业务扎实推进　深入实施县域蓝海市场战略，大力支持农业产业化龙头企业发展，优先支持省级以上农业产业化龙头企业，促进全市农村产业和县域经济快速发展，提高服务“三农”成效。确定荣成、石岛等涉农产业资源丰富的支行，作为农业产业化重点支持区域，重点扶持农业产业化企业中经营良好、有多元化金融需求和深度开发价值、诚信度高、能够提供有效抵押担保及业绩优良的农业产业化企业，建立健全重点支持农业产业化企业名录。省级及以上农业产业化龙头企业达到49家，比上年增加22家，国家级农业产业化龙头企业达到5家。“三农”金融服务站建立47个，发行惠农卡14.51万张，惠农信用卡815张，县域个人网银7.43万户，电话银行7.04万部，部分支付结算产品投放超额完成了省行计划。

（于文炜）

【中国银行股份有限公司威海分行】　2010年末，中国银行股份有限公司威海分行全年实现考核利润3.12亿元，比上年增长22.46%。在连续多年被评为威海市先进单位、山东省文明单位、山东省良好银行的基础上，被山东省名牌战略推进委员会、省质量技术监督局、省质量评价协会组织联合授予“山东省服务名牌”称号，成为威海金融系统唯一一家、全省中行系统唯一一家获此荣誉的金融机构。

客户基础全面扩张，带动各项业务稳健发展　新增公司有效客户237户，新增新模式中小企业授信客户46户，新增单位结算账户1440户，新增国际结算客户199户，新增个人中高端客户2719户，新增第三方存管客户3413户，新增个人网银、手机网银、企业网银客户分别达到4.60万户、2220户、933户；客户群规模的不断扩大，带动了相关业务的发展。新增人民币各项存款20.31亿元（含理财），其中人民币储蓄存款新增12.64亿元，市场份额比上年提升0.13个百分点，人民币企业存款新增7.67亿元。实现中间业务净收入1.52亿元，增长6.58%；叙做国际结算49.82亿美元，增长26.3%。发行信用卡2.21万张，实现银行卡直销额11.11亿元；叙做卡分期业务4483万元；累计销售贵金属2109万元，销售保险1.24亿元，基金3.95亿元。

积极扩大信贷投放，资产规模持续壮大　从源头上抓住客户，积极增配从业人员，鼓励打造特色机构，大力发展中小企业贷款；兼顾规模扩大和效益提升，将个贷投放重心转移到个人消费经营类贷款，高质量、高收益地发展个贷业务。年末，全行人民币贷款余额120.85亿元，比上年增长16.91%。其中，新模式中小企业和零售贷款分别新增4.17亿元、6.95亿元；不良贷款3564万元，比年初下降3855万元，不良率0.26%，实现不良“双降”目标。

（于清漪）

【中国建设银行股份有限公司威海分行】　2010年末，中国建设银行股份有限公司威海分行一般性存款余额165.96亿元，比年初新增22.7亿元；各类贷款余额148.52亿元，新增21.67亿元；全年实现账面利润3.84亿元。

支持地方经济发展　立足威海当地经济特点和产业优势，优选重点目标客户，加大贷款投放力度，全年累计投放各类贷款55.03亿元，对公贷款余额76.19亿元，比年初新增12.31亿元。支持重点企业，新增贷款主要投向电力、轮胎、汽车制造、教科文卫等重点行业。成功办理了全省首笔中小企业中信保业务，为解决小企业融资难的问题提供了有效途径。做优做精优质客户群体，个人金级以上客户新增2035户，个人AUM20万元以上客户达到1.20万户，新增1930户，个人类贷款比年初增加9.36亿元，增长14.9%；满足居民生活需要，推行“网点电子银行五步工作法”，电子银行各类客户新增17.4万户，信用卡客户新增1.3万户，电子银行和信用卡收入比上年多增208万元和139万元，增速分别达到57%和25%。

拓展战略性业务　积极支持居民住房需求，全年累计投放个人住房贷款22.7亿元，年末余额69.45亿元，比年初新增12.08亿元。全年累计新增国际业务客户115户，国际结算量38.3亿美元，比上年多增8.6亿美元，国际收支量多增6.05亿美元。年末，小企业贷款余额12亿元，比年初增加3.5亿元，增长43.75%。特色业务优势更加突出。全年实现中间业务净收入1.53亿元，占主营业务净收入比重由上年的19.38%提高到24.11%。

（于晓光）

【交通银行股份有限公司威海分行】
2010年末，交通银行股份有限公司威海分行各项存款比年初增加21.74亿元，增长37.18%，市场占比4.42%。其中，对公存款增加16.62亿元；对私存款增加5.12亿元。不良资产保持“双降”，不良资产较年初减少2399万元，不良贷款占比下降1.38个百分点。

客户营销良性发展。全行公司类客户比年初增加600户。其中，存款5万元～100万元客户增加46户，存款100万元～5000万元客户增加26户，存款5000万元以上客户增加2户；一般流程客户增加10户；展业通客户增加111户；个贷客户增加343户。个金类中高端客户增加2050户。国际业务亮点突出。全年国际结算比上年增加8亿美元，增长57%。单月结算量下半年突破2亿美元。

（于　杰）

【中信银行威海分行】　2010年末，中信银行威海分行总资产83.89亿元，比年初增加7.06亿元，增长9.19%。各项存款余额80.36亿元，增加8.42亿元，增长11.70%。其中，一般性存款中对公存款54.39亿元，增加6.00亿元，增长12.40%；储蓄存款25.97亿元，增加2.42亿元，增长10.28%。贷款余额37.67亿元，增加10.71亿元，增长39.74%。全行管理资产40.52亿元，增加5.79亿元，增长16.67%。进出口收付汇量18.36亿美元，比上年增加6.46亿美元，增长54.31%。实现中间业务净收入2828万元，增加877万元，增长44.96%。不良贷款余额8313万元，较年初减少947万元。不良贷款连续7年未出现新增并实现持续双降。账面税前利润为1.38亿元，比上年增长142.53%。实现Ftp利润1.53亿元。人均利润67.89万元，为威海银行同业平均水平3.67倍。人均与网均利润均居威海同业第一位。2010年威海分行营业部在2010年度中国银行业文明规范服务千佳示范单位评选活动中，以山东省各家银行营业网点第一名的优异成绩被评为中国银行业文明规范服务千佳示范单位。分行国际业务部被国家外汇管理局授予“国际收支统计之星”称号。威海荣成支行被山东省银行业授予“山东省银行业文明规范服务百佳示范单位”之一称号。

（孙武瑞）

【威海市商业银行】　2010年末，威海市商业银行资产总额519.87亿元，比年初增加128.56亿元，增长32.85%；各项存款余额420.67亿元，增加117.35亿元，增长38.69%；各项贷款余额249.83亿元，增加49.55亿元，增长24.74%。全年实现经营利润6.28亿元，比上年增加2.50亿元，增长66.14%。总资产、存款、贷款和经营利润等主要指标总量、增量连续7年保持威海市银行业机构首位。

经济效益持续提高　一是不良贷款持续实现“双下降”。不良贷款比例降至1%以下，达到0.84%，比年初下降0.28个百分点。二是主要监管指标持续全面达标。资本充足率为12.08%，拨备覆盖率为248.63%，贷款损失准备充足率为175.03%，流动性比例为56.80%。三是经济效益大幅增长。实现净利润3.45亿元，比上年增加2.60亿元，增长305.88%；资产利润率达到0.76%，比年初提高0.45个百分点；资本利润率达到14.27%，提高8.86个百分点。

内部改革持续深化　一是小企业银行部成功组建运营。5月，小企业银行部正式成立，统管全行小企业贷款业务，并配备专职客户经理开展自营业务。至年底，全行小企业贷款余额66.93亿元，比年初增加24.74亿元，增长58.63%，比上年增加9.62亿元，增长63.62%。二是科技支行筹建工作稳步推进。威海市商业银行获得威海市“科技支行”首家试点资格。科技支行定位于专门为科技型中小企业提供金融服务，计划在3年时间内重点支持150～200家拥有自主知识产权、成长性好的科技型中小企业。9月，人力资源和社会保障部正式批准威海市商业银行设立国家级博士后科研工作站，这是深入实施“人才兴行”战略，持续打造“学习型快乐银行”过程中的一项突破性成绩。

跨区域发展实现新的突破　9月17日，青岛分行正式开业，标志着威海市商业银行“立足山东，环绕渤海，面向全国”的跨区域发展战略又迈出了更加坚实的一步，为实现上市的战略目标奠定了坚实的基础。至2010年底，青岛分行各项存款余额达到26.39亿元，各项贷款余额达到12.90亿元。同时，5月11日、6月9日、9月13日、12月23日，天津河西支行、济南燕山支行、天津滨海支行、天津北辰支行顺利开业。

（孙艳威）

【山东省农村信用社联合社威海办事处】　2010年末，山东省农村信用社联合社威海办事处各项存款余额346.49亿元，比年初增加45.49亿元，增长15.11%，存款市场占有率为22.35%；各项贷款余额251.27亿元，增加34亿元，增长15.65%；不良贷款下降11.4亿元，下降6.01%。全年实现各项收入18.20亿元，比上年增加2.96亿元，增长19.40%；实现账面利润2.06亿元，增加0.57亿元；实现经营利润5.61亿元，增加3.47亿元，增长161.92%。

业务经营再创新高　开展人本化、网络化和一体化营销，加大对特约商户的拓展和自助设备的投放，布设农民自助服务终端，把金融服务送到了农民家门口。强力推进新一轮信用工程建设，班子成员分片包干参与和指挥示范点建设，实行信用工程“定人、定岗、定责”，与威海团市委合作开发了给青年创业提供优惠信贷服务、优秀创业项目、创业技能培训、创业导师辅导的“青年创业业务”，已为52名创业青年授信，贷款1500万元，带动就业500多人，为此山东省团委专题召开现场观摩会全省推广。与财政部门联合开展了创业富民的大学生“村官”贷款累计发放贷款198万元，帮助22名大学生“村官”实现创业梦想，带动500多户农民走上了致富路。拓展了帮助党员率先创业的“农村党员先锋创业贷款”，并在全省率先开办了股权质押贷款、仓单抵押贷款业务。按照面向“三农”、面向社区、面向中小企业、面向县域经济的“四个面向”原则，积极探索服务支持全市经济发展的新机制，切实加强与中小企业的对接，重点加大对民营企业的帮助步伐，全力支持其发展壮大。年内累计发放中小企业贷款99亿元。

深化改革实现跨越式发展　制定资本充足率、不良贷款占比、贷款损失准备充足率等银行化改革主要指标的达标方案，以建立现代金融制度为方向，以组建农村商业银行为突破口，进一步加快农村信用社银行化改革步伐。4处联社中荣成、环翠2处联社达到筹建农村商业银行条件，经银监部门审批，荣成农村商业银行于12月挂牌开业。

（杨春明）

【中国邮政储蓄银行威海市分行】　2010年末，中国邮政储蓄银行威海市分行各项存款余额达到142.32亿元，累计投放各类贷款11.91亿元。全年实现利润3463.45万元。

业务整体协调发展　一是负债类业务平稳增长。通过开展一系列专项营销竞赛活动，有针对性地对商易通、特惠商户、代收付等业务进行了整合营销，为客户提供多元化的服务。利用邮储银行点多面广的网络优势，积极参与农村社会保障体系建设和公用事业服务，不断提升业务发展的基础能力。2010年底各项存款余额达到142.32亿元，比年初净增28.94亿元，增长26%。二是信贷投放规模逐步扩大。各类贷款累计投放11.91亿元，拨备覆盖率达到133.13%，贷款逾期率为0.37%。其中，发放小额贷款5267笔金额3.6亿元；个人商务贷款2563笔金额4.57亿元；二手房贷款1709笔金额2.98亿元；小企业贷款57笔，金额7607万元。多渠道地实现了邮储资金回流地方，促进了威海城乡经济的发展。三是金融服务网络逐渐完善，新增ATM机12台，总量达到70台，布放商易通473台，自助金融服务终端布局更加合理。

（王　静）

【招商银行威海分行】　2010年末，招商银行威海分行资产总额25.06亿元，比年初增加21.18亿元。存款余额24.2亿元，新增22.3亿元；贷款余额21.2亿元，新增18.9亿元。零售客户管理资产6.7亿元。全年完成国际业务量3.6亿美元，实现中间业务收入668万元，被威海市委、市政府评为文明单位和优秀单位。

打造合规文化，强化风险管控　作为新建金融机构，合规经营、防范各类风险是各项工作的首位。在完善内控管理制度的基础上，严格制度的执行和精细化管理，着力培育合规文化，打好持续发展的管理基础。开展了职业操守指引学习，内控管理水平得到招商银行总行审计组的认可，树立为招行系统二级分行的先进典型。

业务结构合理，夯实发展基础　在负债业务上，以公司和个人业务上的优势产品作为重点，突出了产品拉动手段。通过开展陌生拜访、理财讲座、客户联谊等加强了渠道建设，逐步扩大客户群体。在资产业务上，一是积极争取上级行在规模上的支持，威海分行贷款增量占青岛分行总增量的26%；二是重点发展中小企业业务，中小企业贷款余额9.3亿元，占贷款总额的44%；三是大力发展票据业务，全年实现票据直贴和转贴业务33亿元。在国际业务上，在做好传统业务的基础上，重点发展离岸业务，拓宽融资渠道，全年办理国际业务3.6亿美元。在盈利结构上，大力推动中间业务发展。全年中间业务收入近700万元，实现当年盈利。

（李　敬）

证　券

【海通证券股份有限公司威海高山街证券营业部】　海通证券股份有限公司威海高山街证券营业部是海通总公司在威海地区的分支机构，成立于1990年底。营业大楼位于威海市高山街2号，营业部代理的证券交易品种齐全：沪深A股、B股、基金（包括开放式基金和封闭式基金）、权证、债券及回购、代办股份转让、三板确权、券商和期货公司合作（IB）业务、融资融券等多种交易品种，采用多种先进的交易手段，包括自助委托、驻留委托、电话委托、网上委托、手机委托等。开通多家银行合作银证转账业务，客户可在交通银行、工商银行、农业银行、建设银行、中国银行、中信银行、招商银行等银行办理第三方存管业务。同时，整合海通资源优势，提供专业咨询服务，客户足不出户，就可进行各项理财业务。投资者还可通过覆盖全国的海通总公司客户服务中心“95553”集交易、查询、语音咨询、业务咨询等功能为一体，采用电话、传真、电子邮件、WEB等多种手段得到功能齐全的服务。2010年，沪、深A股、基金、权证交易总额280亿元。各项经营指标在威海地区营业部中均列前茅。

（卢江红）

【齐鲁证券有限公司威海东城路证券营业部】　齐鲁证券有限公司威海东城路证券营业部位于威海市东城路44号，营业面积1880平方米。营业部经营证券的代理买卖；代理证券的还本付息、分红派息；证券代保管、鉴证；代理登记开户；证券投资咨询；中国证监会批准的其他业务。营业部下设综合人事部、营销培训与策划部、营运部、客户服务部、市场营销部5个部门，有正式员工23人，营销代表22人。营业部历经18年发展，拥有客户3万余户，2010年交易量200亿元，托管客户资产逾14亿元。

（王　斌）

保　险

【概况】　2010年末，威海市保险市场主体有保险公司34家（年底新增1家），其中财产险公司17家，寿险公司17家。有53个支公司，5个营业部，140个营销服务部。全年实现保费收入43.72亿元，比上年增长28.62%。其中，财产保险费收入12.72亿元，增长23.23%；寿险保费收入31亿元，增长30.97%。全市保险业支付赔款和给付保险金10.84亿元。其中，财产险支付赔款6.55亿元；人身险给付保险金4.29亿元。

2010年威海市保险公司情况表

表16

公　司	保费收入（万元）	赔款支出（万元）	电　话	传　真	地　址
中国人民财产保险股份有限公司威海分公司	35401.91	19837.71	5224720	5224720	世昌大道13号
中国人寿保险股份有限公司威海分公司	130872.01	30636.12	5305261	5301799	海滨中路19A号
中国太平洋财产保险股份有限公司威海中心支公司	16489.76	7951.14	5200958	5210713	育华路21号
中国太平洋人寿保险股份有限公司威海中心支公司	26046.91	5454.96	5273939	5273939	塔山中路1-6号
中国平安财产保险股份有限公司威海中心支公司	17110.02	11988	3673666	5206657	高山街28号怡和写字楼1楼
中国平安人寿保险股份有限公司威海中心支公司	24493.79	898.33	3673310	3673380	统一路402号
新华人寿保险股份有限公司威海中心支公司	28903.12	944.21	5273607	5273606	新威路11号北洋大厦8楼
泰康人寿保险股份有限公司威海中心支公司	29494.96	1835.23	5868899	5205522	新威路15号民族大厦10楼
华泰财产保险股份有限公司威海中心支公司	979.77	493.19	3682786	3682787	青岛北路2号中信大厦710室
天安保险股份有限公司威海中心支公司	2349.26	1390.08	3666300	3666000	统一路416号
太平财产保险有限公司威海中心支公司	3709.84	1698.46	5336669	5336669	青岛中路68号
太平人寿保险有限公司威海中心支公司	22816.58	1364.51	5277288	5277288	青岛北路2号中信大厦10楼
永安财产保险股份有限公司威海中心支公司	3649.43	2518.61	3681568	3681555	古寨东路99号
大地财产保险股份有限公司威海中心支公司	7700.78	3065.4	3678089	5201066	海滨北路14-2号
阳光财产保险股份有限公司威海中心支公司	9007.29	3912.85	3668291	3668277	统一路419号嘉诚大厦1楼
华安财产保险股份有限公司威海中心支公司	1302.89	332.52	3659008	5185017	古寨东路255-9号
中华联合财产保险公司威海中心支公司	12983.76	6051.18	3668107	3668177	海滨中路28号外运大厦
长城人寿保险股份有限公司威海中心支公司	4767.7	121.89	5189008	5189009	世昌大道19号建行大厦16楼
安邦财产保险股份有限公司威海中心支公司	4812.12	2227.14	5182778	5333336	海滨中路28号外运大厦1楼

续表16

公 司	保费收入（万元）	赔款支出（万元）	电 话	传 真	地 址
民生人寿保险股份有限公司威海中心支公司	5323.23	128.5	5187566	5187566	海滨北路9号海港大厦9楼
平安养老保险股份有限公司威海中心支公司	335	176	3673323	3673323	统一路402号7楼
都邦财产保险股份有限公司威海中心支公司	2536.28	1261.45	5222776	5189266	公园路27号5楼
安华农业保险股份有限公司威海中心支公司	2345.38	920.4	3682703	3683777	海滨南楼49号5楼
永诚财产保险股份有限公司威海中心支公司	3593.51	1442.46	5197007	5197000	统一路28-3号
嘉禾人寿保险股份有限公司威海中心支公司	1350.06	33.24	3668555	3668555	新威路11号北洋大厦12楼
渤海财产保险股份有限公司威海中心支公司	894.98	277	5197333	5813000	花园中路48号
中国人民人寿保险股份有限公司威海中心支公司	25719.32	287.59	5197918	5197910	花园南路58号春雨大厦
中国人民健康保险股份有限公司威海中心支公司	3016.3	985.32	5195218	5195218	高山街28号怡和写字楼3楼
华夏人寿保险股份有限公司威海中心支公司	3106.84	235.55	3681776	3681776	顺河街216号威海信息大厦3楼
恒安标准人寿保险股份有限公司威海中心支公司	1431.51	117.8	3681133	3681000	环翠区青岛北路2号中信大厦9楼
生命人寿保险股份有限公司威海中心支公司	2161.3	11.91	5191938	5191936	文化中路52号文化名居2号楼3楼
长安责任保险股份有限公司威海中心支公司	2427.24	124.08	5975508	5975507	海滨南路49号6楼
阳光人寿保险股份有限公司威海中心支公司	110.73	0.25	3678100	3678100	统一路419号嘉诚大厦3楼
信诚人寿保险股份有限公司威海营销服务部			5193277	5193277	青岛北路2号中信大厦15楼

（林夕珊）

【中国人民财产保险股份有限公司威海市分公司】 2010年，中国人民财产保险股份有限公司威海市分公司为全市500家企业、5500个家庭、13.15万辆机动车以及船舶、工程、农业等提供了302.55亿元的保险保障，实现实收保费3.64亿元（含航保中心数据）。全年累计处理各类赔案5.44万件，支付赔款2.31亿元。其中，机动车险支付赔款1.6亿元；船舶货运险支付赔款2465万元；企财险支付赔款2193万元；意外健康险支付赔款604.7万元。案件处理率超过100%，简单赔付率为63.09%，综合赔付率达到69.33%，较好地发挥了保险企业社会管理、资金融通和经济补偿功能。全年上缴各类税收2204万元，增长16%，代收代缴各类税收1537.87万元。

（陈 卓）

【中国人寿保险股份有限公司威海分公司】 2010年，中国人寿保险股份有限公司威海分公司内设9个职能部门，有内外勤员工4000余人。下辖文登市、荣成市、乳山市和环翠区4个市（区）支公司及个险城区管理部、城区银行保险部、直属营销总部3个专业化营业单位。全年实现总保费收入13.09亿元，占威海寿险市场份额的42.22%。其中，个险业务实现7.39亿元，团体业务0.52亿元，银保业务5.18亿元，分别占市场份额的45.32%、38.45%和38.82%。受理短险赔案2.03万件，给付金额2899.78万元，受理寿险赔案3350件，给付金额2.10亿元，全年上缴税金1335.11万元。

（汤双文）

【中国太平洋财产保险股份有限公司威海中心支公司】 2010年，中国太平洋财产保险股份有限公司威海中心支公司实现保费收入1.65亿元，比上年增长40.24%。其中，车险保费收入1.38亿元，增长54.85%；非车险保费收入2654.67万元；意外险604.76万元。全年累计赔付7951.14万元。其中，车险赔付5950.75万元；非车险赔付2000.39万元；简单赔付率为48.22%。

（王玲玲）

【泰康人寿保险股份有限公司威海中心支公司】 2010年，泰康人寿保险股份有限公司威海中心支公司实现规模保费2.95亿元。其中，个险完成规模保费2412.45万元，续期保费8134.3万元，团险完成规模保费380.61万元，银行保险完成规模保费1.86亿元。支付赔款1835.23万元。上缴税金230万元。

（鲁 平）

【中华联合财产保险股份有限公司威海中心支公司】 2010年，中华联合财产保险股份有限公司威海中心支公司开办的业务主要包括财产保险、机动车辆保险、国内外货物运输保险、建筑安装工程保险、各类责任保险、人身意外保险和健康保险、涉外保险、农业保险等，是威海市具备开展政策性农业保险的3家公司之一。下辖文登市、乳山市、荣成市、石岛管理区、威海经济技术开发区、威海高技术产业开发区、环翠区7个支公司和成山镇等3个镇营销服务部。全年实现保费收入1.30亿元。其中，车险收入1.13亿元，非车险收入1347万元，人身险283万元，农险86万元。赔付支出6418万元，简单赔付率49.44%，综合赔付率66.18%。上缴税款711万元。

（于建桥）

编辑 王 瑛

科学技术

综　述

【概况】　2010年，全市新认定市级工程技术研究中心16家，市级以上工程技术研究中心达到133家，其中，省级61家，国家级2家。新认定高新技术企业5家，全市高新技术企业达到85家。全市高新技术产业产值达到2028.1亿元，比上年增长20.2%，占规模以上工业总产值的比重达37%，增长2.29个百分点。全市取得重要科技成果156项，其中达到国际先进水平的7项、国内领先的29项、国内先进的114项、省内先进的6项；获得省科学技术奖13项，其中省科技进步和技术发明奖一等奖3项，取得历史性突破。专利申请量达到4224件，增长10%。其中发明专利申请量1185件，增长19%。授权专利3071件，增长95%。

【召开全市科技大会】　2月4日，市委、市政府召开全市科技大会，表彰奖励“自主创新年活动”中涌现出的先进集体、企业和个人，部署年内“自主创新年活动”和科技工作，动员全市上下深入开展“自主创新年活动”，不断提高自主创新能力，促进发展方式的转变和经济结构的优化升级。市委书记、市人大常委会主任王培廷主持会议并讲话，市委副书记、市长孙述涛讲话，市委常委、副市长董进友宣读表彰决定。市领导刘玉党、马世和出席会议。会上，市委、市政府表彰了开展2009年自主创新年活动先进单位，分别给予创建国家工程技术研究中心的威海广泰公司和获得国家科技进步二等奖的威高集团100万元和50万元的奖励。三角集团副董事长、副总裁单国玲获2009年度市科学技术最高奖，并获得30万元奖励。山东新北洋信息技术股份有限公司完成的“嵌入式扫描打印一体机”等14项成果获2009年度市科学技术一等奖，45项成果获二等奖，51项成果获三等奖。卡尔电器研究所等10家科技自主创新型先进企业获得10万元奖励。会上还为创建院士工作站的威高集团、光威复合材料公司、好当家集团、寻山水产、海王旋流器和泰祥水产6家企业授牌。（参见《政党政务·中国共产党威海市委员会》　第53页）

【开展“科技下乡”活动】　2月2日，市科技局组成了“三下乡”宣传活动小组，赴乳山市冯家镇开展了科技宣传活动。市科技局以“科技为农业服务，帮助农民发展生产、增加收入”为主导思想，以“三下乡”活动启动仪式为契机，结合当地农村实际和农民需求，开展了一系列科技宣传、咨询服务等活动，在宣传活动现场向农民赠送了价值2万多元的《地震安全知识手册》、《农村实用技术资料汇编》、《农村畜禽养殖技术资料》、《农作物新品种栽培》、《渔业养殖》等农村实用科技资料40余种、2000余册。同时，把由科技局编印的《科技政策与法规选编（1996～2008）》400多册发放给农民，并为其讲解国家、省、市制定的一系列科技优惠政策。

【启动2010年科技活动周】　5月16日，由市委宣传部、市科技局、市科协主办的2010威海市科技活动周在文登市启动。市委常委、副市长刘祖礼，市委宣传部副部长胡禄太出席启动仪式并讲话。2010年科技活动周的主题是“提高自主创新能力，建设创新型城市”。活动周期间，全市科技、卫生、农业等10多个系统举办了科普讲座和科普展览，发挥各自的资源优势和职能优势，通过各种渠道把先进的科学技术送到基层，努力为自主创新创造良好的法治环境、政策环境、市场环境和舆论环境。通过一系列内容丰富的科技科普活动，向公众大力宣传科学发展观，展示科技发展的最新成就，传播科技知识和技能，真正让科技成果惠及百姓。

科技计划

【概况】　2010年，全市实施市级以上各类科技计划341项。组织实施国家级计划项目42项，其中国家科技支撑计划2项、国家重点新产品7项、国家火炬计划7项、国家星火计划8项、国家“重大传染病防治”和“重大新药创制”科技重大专项项目3项、国家中小企业创新基金15项；组织实施省级科技计划项目109项；市级计划217项。

【5个项目列入山东省自主创新成果转化重大专项】 2010年，经市科技局积极申报和争取，威海市迪沙药业集团“氯桂丁胺片”、山东威高药业“DZ5原料及注射液”等5个项目列入山东省自主创新成果转化重大专项，获得无偿补助经费1300万元。山东省自主创新成果转化重大专项从2006年开始实施，主要目的是为了提高全省的自主创新能力，促进自主创新成果产业化，大力培育战略性新兴产业，积极推动地方财源建设、经济结构调整和发展方式转变。威海市从2006年起累计争取承担了21项重大专项，获得补助经费总额达到4780万元，极大地推动了威海市相关企业自主创新能力的提高。

【3个医药项目列入国家科技重大专项】 经科技部批准，威海市3个医药项目列入国家科技重大专项，共获得支持经费643万元。由威海威高生物科技有限公司承担的“全自动微粒子化学发光法测定艾滋病和病毒性肝炎等重大传染病研发技术平台”项目列入国家“重大传染病防治”科技重大专项，获得支持经费411万元。该项目重点研制用于艾滋病、乙肝、丙肝等传染病检测的试剂盒及全自动微粒子免疫分析发光仪，对于艾滋病和病毒性肝炎等重大传染病防治有重要的现实意义。由迪沙药业承担的“氯桂丁胺及氯桂丁胺片新药临床研究”和“格列吡嗪片生产技术改造”2个项目列入国家“重大新药创制”科技重大专项，获得支持经费232万元。“氯桂丁胺及氯桂丁胺片新药临床研究”计划投资1亿元，项目完成后，将为癫痫患者增加治疗效果好、副作用极低的可选之药，预计可实现年销售收入1.5亿元，实现利税2900万元。迪沙药业生产的格列吡嗪片是威海市销售额最大的医药大品种，“格列吡嗪片生产技术改造”课题通过生产技术改造，可进一步增加产能，提高产品质量。项目完成后，年生产能力将提高至20亿片以上，预计实现年销售收入7亿元，增加税收1.2亿。这3个项目成功列入国家科技重大专项，推动了威海市医药科研水平的提高，促进威海市医药产业再上新台阶。

科技成果

【概况】 2010年，全市取得重要科技成果156项，其中达到国际先进水平的7项、国内领先的29项、国内先进的114项、省内先进的6项。获得省科学技术奖13项，其中省科技进步和技术发明奖一等奖3项，取得年度获省一等奖的历史性突破。这些项目在许多领域中解决了一些关键性的技术难题，为全市经济建设起到了重要的促进作用。

2010年度威海市获得山东省科技进步一等奖情况表

表17

序号	项目名称	完成单位
1	即食海珍品加工关键技术及产业化	山东省科学院生物研究所 好当家集团有限公司
2	“应力滑移率”在腰椎峡部裂并滑脱症中的诊断价值	山东省文登整骨医院 安徽省太和县中医院 甘肃省中医院

2010年度威海市获得山东省技术发明一等奖名单

表18

项目名称	完成单位
节能环保型球铁曲轴制造技术开发与应用	从建臣　孙海涛　丛红日　于海明　慈惟红　李首锋 （天润曲轴股份有限公司）

专利工作

【概况】 2010年，全市专利申请量首次突破4000件，达到4224件，比上年增长10%。其中，发明专利1185件，占总申请量的28.1%，增长19.6%；实用新型专利2069件；外观设计专利970件。专利授权量大幅增长，达到3071件，增长94.9%。

【知识产权试点示范】 文登市被确定为国家知识产权强县工程试点县（市、区）。根据《威海市专利示范企业认定办法》的相关规定，市知识产权局评选出2009年度全市专利示范企业，并予以表彰奖励。在国家知识产权局、工业和信息化部开展的中小企业知识产权战略推进工程中，威海市被确定为32个首批实施单位之一。

【专利信息平台建设】 11月26日，省知识产权局批复同意建设山东省知识产权信息公共服务平台威海分平台，并予以资金和硬件设施支持，在数据支撑、技术支持和人员培训方面提供相应服务。

【专利宣传】 知识产权宣传周期间，市知识产权局在《威海日报》开设专栏，从专利、商标、司法保护和海关保护以及名牌战略等方面全面、系统地介绍全市知识产权发展情况。市知识产权局工作人员与专利代理人员一起走进学校和重点企业，讲解专利知识，宣传专利政策，解答各种疑问。4月26日是“世界知识产权日”，在市区有关办公场所和主要道路悬挂“实施知识产权战略建设创新型威海”等宣传横幅。

【专利培训】 在第四届中国专利周期间，市知识产权局邀请国家知识产权局专家，为全市科技系统、金融系统以及高新技术企业有关人员作了《企业创新发展中的知识产权价值体现——知识产权质押融资实践》的专题讲座。年内举办了专利知识培训班，对技术人员、大学生和专利工作人员就专利基础知识、专利申请实务等进行培训。积极参与国家局和省局组织的相关培训，有效地提高了专利工作者的素质。

【专利保护】 认真贯彻落实国务院关于开展打击侵犯知识产权和制售假冒伪劣商品专项行动的相关精神，制定实施方案，并联合各市（区）知识产权局，在环翠区、乳山市、文登市和荣成市开展专项执法活动。其间，检查大型商场12家，商品8000余件，其中标注专利标识的产品700余件。经检索，确认3件为假冒专利。执法人员责令其立即将假冒专利产品撤柜并予以警告。在第三届中国（威海）国际渔具博览会上设立知识产权办公室，开展展会专利宣传和执法活动。展会期间，共接受投诉12起，对9家参展厂商予以撤展处理。

（胡珊珊）

科研开发服务体系

【概况】 2010年，积极创建院士工作站。推荐天润曲轴、农友软件、鸿通管材3家企业获批创建山东省院士工作站，至此威海市拥有院士工作站9家，与两院院士26人建立了联系和合作关系，引进高校、科研院所的专家、教授、博士等100余人进站工作。组织寻山集团申报国家级“海产贝类工程技术研究中心”，获得科技部正式批准。这是全国海产贝类行业唯一的国家工程技术研究中心，取得威海市创建国家级工程技术研究中心的又一新突破。新认定市级工程技术研究中心16家，市级以上工程技术研究中心达到133家。推荐威海拓展纤维、三角集团、威高集团3家企业获批创建“山东省首批企业重点实验室”。推荐哈工大（威海）、威达机械、威高股份等9个单位争创山东省重点实验室。威高集团和迪沙药业被省科技厅确定为国家综合性新药研究开发技术大平台（山东）产业化示范企业，参与承担国家重大创新药物研发项目，为企业赢得了创新发展的主动权，年末两公司承担国家医药领域重大科技专项3项。迪沙药业承担的“氯桂丁胺及氯桂丁胺片新药临床研究”项目，年可实现销售收入1.5亿元，利税2900万元。

【获批建设三家院士工作站】 2010年，

2010年新建威海市市级工程技术研究中心一览表

表19

序号	依托单位	技术领域
1	山东海之宝海洋科技有限公司	海藻机能食品
2	威海魏桥科技工业园有限公司	现代纺织
3	威海市华旺锦纶化工有限公司	尼龙新材料
4	文登市明池安全玻璃有限公司	安全玻璃
5	威海华泰分子筛有限公司	碳分子筛
6	威海金颐阳药业有限公司	西洋参综合利用
7	山东昊安金科耐磨材料有限公司	高耐磨金属材料
8	乳山正洋食品有限公司	海水产品综合利用
9	威海东旺食品有限公司	烘焙食品
10	威海三泰爆破器材有限公司	工业炸药
11	威海市泓淋电线电缆有限公司	数字传输线缆
12	山东大正医疗器械股份有限公司	神经外科医疗器械
13	山东卡尔电气股份有限公司	数字网络监控
14	山东威高药业有限公司	新制剂
15	山东大学威海分校	海洋优良品种引进和培育
16	威海建设集团有限公司	工业化建设节能低碳建筑

2010年新创建省级工程技术研究中心一览表

表20

序号	中心名称	依托单位
1	山东省密码及其应用产品工程技术研究中心	山东渔翁信息技术股份有限公司
2	山东省镗、铣、磨工程技术研究中心	威海华东数控股份有限公司
3	山东省氟硅新材料工程技术研究中心	威海新元化工有限公司
4	山东省塑料合金防腐蚀复合管工程技术研究中心	文登鸿通管材有限公司
5	山东省海洋保健食品工程技术研究中心	泰祥集团

山东省第二批院士工作站正式批准建设，其中威海市有3家企业入选，分别是山东农友软件有限公司、天润曲轴股份有限公司和文登鸿通管材有限公司。至此，威海市院士工作站总数达9家，与两院院士建立了联系与合作关系。引进高校、科研院所的专家、教授、博士等100余人进站工作。至年末，9家企业与院士共同承担重点研究开发项目40多项，经费总投入2亿多元，申报专利35项，获授权专利17项,有9个项目进入中试和产业化阶段，为威海市企业自主创新能力和核心竞争力的提高起到了积极的推动作用。

【3家企业实验室入选山东省首批企业重点实验室】 省科技厅于2009年启动了依托企业建设省重点实验室的工作。在公布的首批35家实验室名单中，威海市有3家，分别是依托威海拓展纤维有限公司的山东省碳纤维制备及应用技术企业重点实验室、依托三角集团有限公司的山东省轮胎用橡胶新材料及应用技术企业重点实验室、依托威高集团股份有限公司的山东省医用植入器械技术企业重点实验室。3家省级企业重点实验室的成功入选标志着威海市企业自主创新能力建设再上一个新的台阶。

【获批组建国家海产贝类工程技术研究中心】 依托寻山集团有限公司组建的国家海产贝类工程技术研究中心获得科技部正式批准。这是全国海产贝类行业唯一的国家工程技术研究中心，取得威海市创建国家级工程技术研究中心的又一新突破。寻山集团有限公司是以海洋产业为主的农业产业化国家重点龙头企业，是首批国家高技术研究发展计划成果产业化基地。此次组建国家海产贝类工程技术研究中心获得补助经费800万元。其中，国家补助经费300万元，山东省配套经费500万元。中心通过研发推广优质、高产和抗病性、抗逆性强的贝类苗种和繁育等技术，辐射带动整个贝类产业养殖加工技术与经济效益的提高。同时，由于国家工程技术研究中心遵循“一个行业只认定一家”的唯一性原则，国家海产贝类工程技术研究中心建在威海市，进一步确立了威海市在该领域的技术领先优势和主导地位。

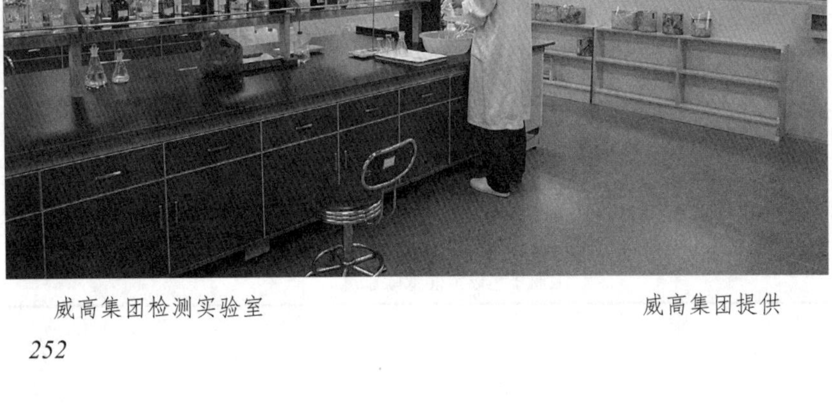

威高集团检测实验室　　　　威高集团提供

科技交流与合作

【概况】 2010年，威海市政府与吉林大学、大连理工大学建立了产学研战略联盟关系，全市产学研战略联盟达到11家，促成产学研合作协议（合同）85项。以威高集团为依托，积极与中科院探索成立“高技术研究发展计划”，探索出一条院地合作的新模式，取得威海市与中科院合作的重大突破。市科技局分别与荣成、文登、乳山市政府举办了“山东荣成产业技术创新战略联盟活动周”、“山东文登新兴产业科技促进周”、“乳山产学研合作创新推进大会”、“乳山科技成果转化暨企业上市推进大会”等4次大规模产学研对接活动，共邀请高校、科研院所150多家次，专家教授450人次参加活动。为加强威海市与军工企业和院所的交流与合作，推动军民两用技术成果的转化，8月25～27日，市经济合作局、市经信委、市科技局、市国防科工办联合与中国和平利用军工技术协会、陕西国防科技和航空工业办公室、四川绵阳中国物理工程研究院等军工单位组织开展

8 月 25 ~ 27 日，2010 年威海军民两用技术合作交流会召开 市科技局提供

了 2010 年威海军工项目合作交流活动，召开了 2010 年威海军民两用技术合作交流会。

【巴西渔业部部长一行到威海考察海洋渔业科技合作】 6 月 4 ~ 5 日，巴西渔业部部长阿特米尔 · 格雷戈林一行 4 人在科技部国际合作司参赞刘志明、省科技厅相关处室负责人的陪同下，到威海市进行海洋渔业科技合作考察与交流会谈。考察团先后考察了好当家集团、荣成造船工业有限公司、黄海造船有限公司、山东鑫发渔业集团有限公司、寻山集团、西港渔业集团等企业，双方举办了“发展大洋渔业合作”座谈会。通过洽谈和交流，山东鑫发渔业集团公司与巴西就合作捕捞金枪鱼、鱿鱼、沙丁鱼等达成了合作意向，并就在巴西投资成立鱼粉加工厂和合作组建渔业公司及在巴西海域进行捕捞作业等签订了合作备忘录。好当家集团与巴方就合资建立海产品加工厂签订了合作意向书。此外，巴方还与山东大学威海分校就海洋科技合作进行了座谈。巴西渔业部长格雷戈林还邀请威海市有关企业参加了 11 月在巴西举行的世界渔业大会。

【2010 乳山产学研合作创新推进大会】 6 月 17 ~ 20 日，由乳山市政府、威海市科技局联合主办，乳山市科技局、中国科学院威海中心承办的 2010 乳山产学研合作创新推进大会在乳山召开。省科技厅副厅长徐茂波，威海市市长孙述涛、副市长赵熙殿等出席了开幕式和签约仪式。大会以“创新引领发展，合作共创未来”为主题，邀请了来自全国 19 家知名高校院所的 50 多位权威专家教授，通过成果发布会、专题讲座等形式，与全市近 100 家企业进行互动交流和真诚合作。会议期间，达成并签订了包括 15 个项目在内的 10 项合同，合同金额达 1000 多万元。大会为区域产学研合作搭建了新平台，对于破解区域自主创新的智力瓶颈、促进科技成果转化、加快经济发展方式转变等都具有重要意义。

【2010 山东文登新兴产业科技促进周】 9 月 27 日，2010 山东文登新兴产业科技促进周开幕式在文登市举行。科技部副部长杜占元，副省长李兆前，国家知识产权局专利管理司司长吴宁燕，中国工程物理研究院副院长王洋，中科院北京分院副院长马扬，省科技厅厅长翟鲁宁，市委副书记、市长孙述涛，市委常委、副市长董进友，以及来自全国 90 多所高校院所的 260 多位科技界专家、80 多家产业技术创新战略联盟单位代表出席了开幕式。2010 山东文登新兴产业科技促进周由省科技厅、威海市政府主办，威海市科技局、文登市政府承办。活动主题是“为传统产业升级助力，为新兴产业崛起添翼”，旨在进一步增强各工业企业的科技意识，深化企业与高校院所的技术交流及产业合作，搭建产学研对接平台，加快建立紧密的产学研合作关系，促进全市传统产业升级和新兴产业发展，推动县域经济加快转方式调结构步伐。活动内容包括高校科研院所科技成果发布会、产学研对接及八大产业技术创新战略联盟联席会、多领域专业技术研讨会、战略新兴产业报告会等十几项内容。开幕式上，文登市被授予“国家知识产权强县工程试点市”和“山东省信息化与工业化融合实验区”，天润曲轴院士工作站和鸿通管材院士工作站、中科院北京技术转移中心文登分中心、中国工程物理研究院技术转移中心文登分中心同时揭牌。

【2010 乳山科技成果转化暨企业上市推进大会】 10 月 23 日，由乳山市政府、威海市科技局、威海市金融工作办公室主办的 2010 乳山科技成果转化暨企业上市推进大会在乳山市举行。大会以“科技支撑企业，融资推动发展”为主题，邀请中科院长春光学精密机械研究所、中科院烟台海岸带研究所、吉林大学、长春工业大学、大连工业大学、山东大学等国内 10 家知名院校、科研院所的 20 多位权威专家教授与会。大会是继 6 月乳山产学研合作创新推进大会之后的又一次科技盛会，也是一次集中的融资大会，是对前阶段产学研工作的总结和推进。会上，签订科技成果转化合同和战略投资合作协议共 12 项，合同金额达 700 万元。省科技厅副厅长王晓斌和大连工业大学党委副书记周立共同为乳山“国家海洋食品教育部工程研究中心产业化示范基地”揭牌。

【中欧膜技术应用研讨会在威海举行】 11 月 16 ~ 17 日，中国—欧盟膜技术在医疗及再生药物领域应用研讨会在威海举行。欧盟膜技术协会名誉主席恩瑞克 · 德里奥利，欧盟膜技术协会主席利蒂亚 · 乔诺，科技部国际合作司参赞刘俊，省科技厅副厅长于健樵，威海市委常委、副市长刘祖礼出席研讨会开幕式。威海自 2004 年承办中国—欧盟膜技术系列国际活动以来，已成功举办了 6 届中欧膜技术大型国际会议，近1万名国际专家和企业界的代表参加了活动，引进国外专家100多人次，为企业解决了100多个技术难题，取得科技成果28项。研讨会进一步加强了中欧双方在膜技术领域的合作与交流，为推动中欧膜技术的应用和发展作出了积极贡献。

【与大连理工大学建立产学研战略联盟关系】 12月9日，威海市与大连理工大学签订了产学研战略联盟合作协议。市委常委、副市长董进友，中科院威海中心和威海市有关部门、企业负责人以及大连理工大学负责人出席了签约仪式。大连理工大学是教育部直属的全国重点大学，国家首批“211”工程和“985”工程重点建设高校，拥有海岸及近海工程、精细化工、工业装备结构分析3个国家重点实验室，以及船舶制造国家工程研究中心等重点科研机构，优势学科主要集中在机械工程、材料科学、化学工程、船舶工程、港口机械等与威海市产业密切相关的领域，已与威高集团、乳山造船等多家企业开展合作。根据合作协议，双方将本着“优势互补、互惠互利、求实高效、共同发展”的原则，建立战略性、紧密型的全面合作关系，整合资源、制定政策，加大对产学研合作的支持力度，共建科技合作平台，广泛开展人才合作与交流。

【赴巴西等国家考察】 11月16～27日，市委常委、副市长董进友率科技合作代表团到巴西、古巴和阿根廷考察，威海市科技局、荣成市政府和好当家集团、山东鑫发渔业集团公司、威海中复西港船艇有限公司等相关单位和企业负责人参加。考察期间，代表团拜会了巴西渔业与水产养殖部和中国驻巴西大使馆及古巴农业部与阿根廷南美东亚商会，出席了在巴西圣卡塔琳娜州伊塔雅伊市举行的巴西国际渔业与水产养殖展。实地考察了巴西底特律造船集团公司和圣卡塔琳娜州伊塔雅伊市海洋渔业捕捞集团公司和巴西利亚、里约热内卢海岸。董进友与巴西渔业与水产养殖部部长阿特米尔·格雷戈林进行了会晤，双方就加强在育苗、养殖、海产品加工、远洋捕捞、船艇制造等领域的合作进行了探讨，并达成了在渔业领域加快务实合作的共识。荣成市与巴西圣卡塔琳娜州南圣弗朗西斯科市签署了建立友好城市备忘录。在巴西圣卡塔琳娜州伊塔雅伊市举行的巴西国际渔业与水产养殖展上，好当家集团董事长唐传勤、山东鑫发渔业集团董事长王金龙、威海中复西港船艇有限公司总经理吴忠友应邀分别在大会上发表了案例主题演讲，在巴西引起强烈的反响，巴西国家电视台等媒体进行了报道。代表团还与古巴农业部和阿根廷南美东亚商会就捕捞和水产育苗与养殖技术合作进行了磋商。

12月9日，威海市与大连理工大学签订产学研战略联盟合作协议

市科技局提供

高新技术及其产业发展

【概况】 2010年，全市高新技术产业产值达到2028.1亿元，比上年增长20.2%，占规模以上工业总产值的比重达到37%，提高2.29个百分点，产值总量位列全省第5位。新认定国家火炬重点高新技术企业9家，是2008年新的《高新技术企业认定管理办法》实施以来威海市第一批国家火炬计划重点高新技术企业。新认定高新技术企业5家，全市高新技术企业达到85家，其中规模以上企业75家，产值过1亿元的33家，规模以上高新技术企业科研经费占销售收入的比重达到5.4%。培育怡和设备、三角集团等13家企业跨入山东省第二批创新型试点企业行列，组织北洋电气、华东数控等11家企业申报了山东省第三批创新型试点企业。威海市先后被科技部认定为“国家先进复合材料高新技术产业化基地”，被省科技厅、财政厅认定为“山东省中小企业新兴材料产业集群建设试点市”，威海火炬高技术产业开发区被科技部认定为“国家火炬计划办公自动化设备特色产业基地”，全市自主创新环境不断优化。通过基地和试点示范市建设，培养了一批具有导向性的研发和生产优势企业群体，初步形成以新材料、自动化设备为主导的高端产业集群结构。

【列入山东省首家中小企业新兴材料产业集群建设试点市】 2010年，威海市被省科技厅、财政厅确定为“山东省首家中小企业新兴材料产业集群建设试点市”。根据科技部、财政部的工作部署，山东省于5月初启动了山东省中小企业产业集群建设试点工作。针对威海市实际，市科技局、财政局对全市新兴材料产业集群进行了专题调研，制定了《威海市新兴材料产业集群建设试点方案》。同时，本着“科技含量高、创新能力强、发展前景好、税收贡献前景明显”的原则，组织全市多个项目上报省科技厅和财政厅。经评审，省科技厅和财政厅确定支持威海万丰镁业科技发展公司“富铈混合稀土镁合金材料及轮毂制品”等16个产业集群建设项目，安排1000万元省科技型中小企业创新发展专项资金，给予重点扶持。16个项目计划总投资1.29亿元，项目完成后可实现销售收入5.56亿元，实现利税1.57亿元。

（汤镇颢）

气象工作

【概况】 2010年，市气象局积极宣传落实国务院《气象灾害防御条例》，加强气象现代化建设，努力提高天气预报预测准确率，及时发布灾害预警预报服务信息，全年晴雨预报成绩达91.2分，基本做到了重大灾害性天气无漏报，被市委、市政府授予“2010年度工作优秀单位”称号。

【业务建设】 在石岛建成2个四要素船舶气象观测站、1个海洋水文气象站。与海事部门合作建设了石岛新港六要素自动站和乳山口能见度站。依托中国海洋石油公司所属的70米海上测风塔建设了全省首个海上风塔六要素自动气象站。4月1日，荣成高空气象探测站启用。12月17日，石岛太阳光球色球望远镜项目通过国家气象局验收。在文登市、荣成市、乳山市建成4个自动土壤水分观测站。完成荣成新一代天气雷达项目的选址报告。完成气象灾害应急服务综合平台DLP大屏幕显示系统建设和灾害性天气监测预警平台建设。与移动公司和广电部门合作建成双备份专线，与当地电视台实现气象影视节目网络传输。

【气象服务】 年内，为“‘威海杯’2010年HOBIE（霍比）世界帆船锦标赛”、“2010年威海长距离铁人三项世界杯系列赛”提供气象服务，石岛台为中日韩旅游马拉松赛、乳山局为中央电视台《欢乐中国行》等重大活动提供了优质气象保障服务。成功预测出4月中旬的低温冻害天气和8月下旬至9月上旬的连阴雨过程，对入冬二次暴雪过程做出了比较准确的预测，特别是提前5天预测出第一场暴雪过程，为有效应对赢得了时间。5月23～25日，组织实施了全市气象部门重大气象灾害演练和与外部门联合气象灾害专项应急演练。8月，召开全市气象为农服务工作调度会，部署农村信息服务站和信息员工作。至年末，全市建成农村气象信息服务站5个，发展气象协管队伍总人数达2401人，其中，应急联系人39人、协理员86人、信息员2276人，覆盖了全市95%以上的村。移动气象台多次参加外部门举行的抗洪、海上搜救等应急演练和重大活动的现场气象保障服务。市气象台与安全监察、海事等部门合作，积极为海上救助提供气象服务，被授予“威海市海上搜救应急工作先进单位”称号。全年启动重大气象灾害四级应急响应5次，三级应急响应1次。

3月，市气象局进行气象法律法规宣传活动　　市气象局提供

【气候评价】 2010年，全市气温正常，降水偏多，日照时数偏少。

气温　全市平均气温为11.8摄氏度，较常年同期偏低0.1摄氏度，比上年同期偏低0.8摄氏度。其中，环翠区年平均气温为12.3摄氏度，荣成、文登、乳山市均为11.6摄氏度。全市年极端最高气温为36.8摄氏度，出现在乳山市，时间为7月6日；年极端最低气温为－14.0摄氏度，出现在乳山市，时间为1月6日。

降水量　全市年平均降水量890.1毫米，较常年偏多159.9毫米，较上年偏多165.6毫米。年降水量荣成市最少，为802.9毫米；文登市最多，为995.5毫米。

日照　全市日照时数平均为2254小时，比常年偏少284小时，比上年偏少250小时。年日照时数文登市最多，为2441小时；荣成市最少，为2149小时。

（单宝臣　秦俊岭）

地震工作

【概况】 2010年，全市防震减灾暨示范建设现场会的召开以及目标考核体系的建立推动了全市防震减灾工作的开展，监测预报、震害防御和应急救援三大工作体系突破难点，创新发展。市地震局被山东省地震局评为全省市级防震减灾工作先进单位和全省市级震害防御与法制工作先进单位。乳山市科技局被山东省地震局评为全省县级防震减灾工作先进单位。威海市应急指挥系统被中国地震局评为全国7个先进地市级应急指挥系统之一。

【地震监测预报】 完成“十一五”重点项目建设，建成荣成GNSS基准站和石岛地震台，荣成、文登、乳山、石岛台强震动设备和石岛台测震设备、荣成GNSS观测站设备全部安装完毕，并投入试运行。完成荣成地震台观测楼改建及文登台、乳山台、鲁32井观测站供电设施改造工程。创新观测手段，探索利用市畜牧防疫网建立动物宏观观测网络，借助畜牧兽医和动物防疫技术员队伍组建了地震宏观观测员队伍，达到动物宏观观测城乡全覆盖，提高了地震宏观异常信息捕捉效率。制定、落实震情短临跟踪工作方案，有效完成周、月、季、年度及重要时段的震情会商判定工作。按照规范要求，统一编发了《观测日志》，进一步完善落实观测台站（点）运行管理制度，确保监测数据准确、连续、可靠。

【防震减灾工作暨示范项目建设现场会召开】 6月11日，全市防震减灾工作暨示范项目建设现场会召开，会议传达学习了全国、全省会议精神，组织参观了威海经济技术开发区凤林示范学校建设情况，荣成、文登、乳山、环翠等市（区）政府及7个示范项目建设单位交流了防震减灾工作经验。

【震害防御】 2010年，全市完成一般建设工程抗震设防要求审核296项，重大建设工程抗震设防要求审核50项。强化基础性研究，更新信息数据库，充实完善了城市地震地质信息系统平台。联合城乡建设等部门开展了农村民居抗震设计方案竞赛和农村民居防震抗震知识竞赛活动，选定荣成、乳山市地震安全示范农居，总结推广经验。指导威海九中完善地震安全措施，指导塔山中学制定第二批地震应急安全示范项目建设方案。结合中小学校舍安全工程、病险水库除险加固工程，分别与建设、水利、教育等部门联合启动了城市重要建（构）筑物抗震性能普查鉴定工作，督促指导有关部门、单位对未采取抗震设防措施或抗震设防达不到要求的校舍、水库工程有计划地进行加固、改建或拆除。

【地震应急救援体系建设】 联合市应急办督导各级防震减灾工作领导小组成员单位、全市所有学校及各类人员密集场所等单位修订了包括地震内容在内的突发事件应急预案，“5·12”前后，督导各级各行业单位开展模拟演练活动约700场次。在省地震局指导下，成功组织了鲁东应急协作联动模拟演练。

6月11日，全市防震减灾工作暨示范项目建设现场会召开　市气象局提供

新增兽医动物宏观观测员180名，对涵盖全市城乡到每个行政村的4500余人的地震信息员队伍资料进行了更新，并实现网络化管理。借助公安消防队伍组建地震灾害紧急救援队伍，地震局、消防分局分别派员参加了国家地震局组织的现场救援业务培训。要害部门、特殊行业依托安全生产抢险抢修队伍，分别组建了地震灾害应急救援队伍。建立了防震减灾指挥中心管理运行兼职工作机构，设立专管员，基本建成了60平方米的应急设备库。会同市人防办下发了《依托防空防灾疏散体系建设地震应急避难场所的通知》，全市基本建成地震应急避难场所7处。将防震减灾工作初步纳入政府年度目标绩效考核，并组织实施了试行性考核。

【防震减灾知识宣传】 建立健全了学校防震减灾宣传教育制度和督导检查制度。新命名了21所市级地震科普示范学校，省、市级示范学校达到40所。对全市各类学校的地震科普辅导员进行了集中培训。结合全国中小学安全教育日、“5·12”防灾减灾日，举办地震科普知识讲座400余场，开展避震逃生模拟演练活动1500余次。会同市民政局、科协、科技局、田和街道办事处、大岚寺居委会等单位举办了纪念“5·12”汶川地震2周年社区防震减灾文艺晚会，观众达3000余人。会同市红十字会等部门举办社区地震科普讲座20余场，创作社区防震减灾宣传专栏16期。利用农村远程教育网、科普村村通宣传栏、农村“文化大院”、“妇女之家”等载体，加大对农村的宣传教育力度。借助年度科技下乡活动周，展出防震抗震知识刊板7次140余块，举办地震科普讲座14场，播放地震科普宣传片40场次，发放《公共安全知识手册》等宣传资料1.6万余份，现场咨询2.2万余人。会同红十字会到企业举办地震科普讲座8场，听众达7500余人。联合威海电视台、《威海日报》、威海新闻网等媒体单位，建立了防震减灾宣传工作联动机制，在日常不间断宣传的基础上，联合开展集中宣传活动4次。

（林郁芊）

编辑　沙　鋆

教　育

综　述

【概况】　2010年,威海市有幼儿园309所，在园幼儿4.97万人；小学131所，在校生9.85万人；初中90所，在校生10.22万人；普通高中21所，在校生4.02万人；各类中等职业学校37所，在校生4.36万人，其中普通中专8所，职业高中16所，成人中专7所，技工学校9所（含与职业学校合署办公3所）；高等院校7所，在校全日制大专以上学生6万人;特殊教育学校4所，在校生394人。全市学前三年幼儿入园率为97.5%，小学和初中适龄人口入学率均为100%，小学和初中在校生巩固率均为100%，初中毕业生升学率为105.6%（含外地考入威海的学生）。

【教育经费】　2010年，全市地方教育经费总收入38.16亿元，比上年增加9.74亿元，增长34.3%；地方教育总支出38.35亿元，增加10.01亿元，增长35.3%。地方财政预算内教育经费29.68亿元（不含教育费附加），比上年增加7.83亿元，增长35.8%，高于同期经常性财政收入的增长速度，实现了法定增长。

生均预算内教育事业费普通高等学校由上年的5985元增加到7155元，增长19.6%；普通中等职业学校由上年的1.16万元增加到1.81万元，增长55.7%；普通高中由上年的6437元增加到1.18万元，增长83%；普通初中由上年的7161元增加到1.05万元，增长46.1%，其中农村初中由上年的8473元增加到1.2万元，增长41.2%；小学由上年的5251元增加到6406元，增长22%，其中农村小学由上年的5623元增加到7073元，增长25.8%。

生均预算内公用经费普通高等学校由上年的3338元增加到4096元，增长22.7%；普通中等职业学校由上年的6442元增加到1.22万元，增长89.4%；普通高中由上年的1036元增加到5684元，增长448.8%；普通初中由上年的2355元增加到4458元，增长89.3%，其中农村初中由上年的2681元增加到4665元，增长74%；小学由上年的1713元增加到1920元，增长12.1%，其中，农村小学由上年的1171元增加到1764元，增长50.7%。

生均预算内日常公用经费普通高等学校由上年的3338元下降到2652元，下降20.6%；普通中等职业学校由上年的617元下降到527元，下降14.6%；普通高中由上年的336元增加到433元，增长28.9%；普通初中由上年的848元增加到1009元，增长19.0%，其中，农村初中由上年的815元增加到1016元，增长24.7%；普通小学由上年的545元增加到786元，增长44.2%，其中，农村小学由上年的507元增加到723元，增长42.6%。

2010年，市教育部门及其他部门预算内教育事业费总支出为29.30亿元，其中，人员经费支出15.89亿元，占总支出的54.2%,比上年降低了9.54个百分点；公用经费支出13.38万元，占总支出的45.7%，增加了9.44个百分点。

【编制中长期教育改革和发展规划】　2月，市委、市政府启动了威海市贯彻落实国家和山东省中长期教育改革和发展规划纲要的实施意见的编制工作，规划部署此后10年特别是此后5年威海市教育改革和发展的总体目标和重点工作，累计开展调研20余次，征求意见10余轮，修改17稿，9月下旬形成初稿。10月26日，在市委、市政府召开的全市教育工作会议上，向全体与会代表征求意见。11月中旬至12月末，面向社会公开征求意见，并结合省委、省政府正式颁布实施的《山东省中长期教育改革和发展规划纲要(2010～2020年)》，进行修改调整。

【义务教育高位优质均衡发展改革试点】　1月21～22日，省政府在威海召开了全省推进义务教育均衡发展暨2010年度教育工作会议，威海市的经验在全省推广。3月9～10日，市财政局、教育局联合到财政部、教育部汇报了威海市推进义务教育均衡发展的工作情况，明确了在全国率先实现高位优质均衡发展、争创全国义务教育均衡发展试点的目标。3月23日，教育部将威海市确定为全国首个义务教育均衡发展工作联系点。市教育局在广泛借鉴江苏、成都、上海等地先进经验的基础上，结合威海实际情况，拟定并上报了《威海市推进市域内义务教育高位优质均衡发展改革试点的实施方案》，初步制定了用5年时间实现市域内义务教育高位优质均衡发展的目标任务。11月1日，威海市“推进市域内义务教育高位优质均衡发展”改革项目正式获准立项，被国家教育体制改革领导小组列为第一批国家教育体制改革试点市。

【加快学前教育发展】 2010年，加快农村学前教育发展，扩大城市优质幼儿园的增长点，保障适龄幼儿接受公平的、有质量的学前教育。一是优化学前教育资源配置，科学规划幼儿园布局，全市布局调整工作比原定目标多调整40所，有42个镇（街道办）设立了1所中心幼儿园，8个镇（街道办）设立了2～3所幼儿园，文登市、乳山市、威海高技术产业开发区全部实现了“一镇一园”，基本实现了“资源共享，布局合理”的格局。二是加快推进农村学前教育示范镇创建工作，对上年创建为农村学前教育示范镇（街道办）的13个镇（街道办）发放奖励资金156万元，年初将创建8处示范镇（街道办）列入市政府考核目标绩效管理，年底评估验收13所学前教育示范镇（街道办），超额完成5处创建任务。三是加大对镇（街道办）中心幼儿园的财政投入，年内全市投入6000多万元，新建19所、改扩建27所镇中心幼儿园，添置设施设备6.2万件。特别是乳山市通过政府对每个示范镇（街道办）奖励120万元～150万元，带动了镇(街道办)中心幼儿园的建设，全市91.7%的镇（街道办）中心幼儿园成为公益性独立法人事业单位，公办幼儿教师配备比例达到53.9%，65%的镇（街道办）中心幼儿园为非公办教师办理了社会保险。四是完善了特困家庭幼儿入园管理费减免制度，全市为1397名困难家庭幼儿减免费用157万元。

【中小学素质教育】 2010年，市委、市政府办公室联合出台了《关于贯彻鲁办发〔2010〕2号文件进一步推进素质教育工作的意见》，市教育局与各市（区）教育行政部门签订了规范办学行为责任书，加大对违规办学行为的监督检查力度，将规范办学行为纳入对中小学的办学水平评价，通过常规检查和随机暗访加强监督检查，加班加点现象得到有效遏制。进一步强化德育工作，重点加强中小学生的传统文化教育和民族精神教育，开展“争当文明小市民”和“做一个有道德的人”实践活动，出台了加强家校合作的意见，并通过“小手拉大手”的形式，带动家长共同参与到创建全国文明城市活动中。不断深化教学改革，小学“小班化教学”、初中“生命化课堂”、普通高中“有效教学”和“培养学生良好习惯”、“实践与创新”、“体育大课间”6项课题顺利结题，在全市范围内举办了各个课题成果展示现场会，近100所课题实验学校和470多项课题成果受到表彰。强化课程管理和指导，加大了通用技术、综合实践及音体美等课程的开设力度，义务教育阶段重点推动地方必修课程的开设，普通高中重点推动选课走班教学，中职学校重点推动项目教学法的研究与推广。进一步深化招生考试制度改革，首次对市内22所初中学校进行了办学水平评价并与市直高中招生挂钩，将普通高中招生指标按照60%的比例分配到初中学校。加强了学校体育、艺术和科技创新工作，举办了中学生运动会和中小学生科技节，开展了学生体质健康检测，学生的艺术修养、科技素养、健康素质和创新能力进一步提高。

【教师队伍建设】 2010年，全市小学、初中和普通高中专任教师学历达标率分别为99.9%、99.2%、98.3%，其中，小学达到专科以上和初中达到本科以上的分别为91.1%、87.2%。继续加强师德师风建设，开展了师德教育月活动，加大违规行为查处力度，进一步规范了教师的从教行为。不断强化教师全员培训，年内开展中小学教师课程、教材、教育技术等专题培训1.32万人次，高中、初中教师远程研修5200人次。重视名师队伍培养，启动了威海教育“四名”工程（名师、名班主任、名课程团队、名校长），建立了“名师工作室”，首批评出210名人选，并分别组织了180名名师与名课程团队人选、60多位“名班主任”人选和管理人员到华东师范大学、北京市教育科学研究院进行了专题培训。加大对薄弱学校教师支援力度，全年城镇教师赴农村支教达300多人，从市直高中选拔了14名教师到威海大光华国际学校支教。积极推进义务教育学校教师绩效工资制度的实施，制定了《威海市义务教育学校教师绩效考核及绩效工资分配指导意见（试行）》，对全市义务教育学校绩效工资的设置、考核及分配出台了指导性意见。严格教师职称评审，全年评审小学高级教师39人，通过28人，通过率为71.8%；评审中学高级教师126人，通过75人，通过率为59.5%；评审高校讲师12人，通过9人，通过率为75%；评审中学一级教师203人，通过135人，通过率为66.5%；评审中专讲师70人，通过46人，通过率为65.7%。面向社会人员认定教师资格，有760人取得了相应的教师资格，其中高级中学教师资格111人，中等职业学校教师资格49人，中等职业学校实习指导教师资格4人，初级中学教师资格147人，小学教师资格398人，幼儿教师资格51人。年内，全市有8名教师被评为第七批山东省特级教师，5人获得首批全省教育先进工作者，有1名教师获“2010年度山东省教育创新人物”称号，评选表彰了120名威海市优秀教师和教育工作者、60名市直教育系统优秀教师和优秀教育工作者。

【改善办学条件】 全面实施校舍安全工程，根据中央及省政府要求完成了全市校舍安全工程规划调整工作，将建设规划调整为4年，比全省规划提前1年完成目标任务。2010年，全市投入6亿元，校舍开工面积达到61万平方米，开工面积和资金投入均居全省前列，获得省奖励资金4870万元。加快实施标准化学校建设，年内完成全市标准化学校建设目标任务的50%。加快推进中小学规范化学校建设，省级规范化学校达到34%，市级规范化学校达到100%。教学仪器配备工程和信息化建设工程进展顺利，全年164所学校完成教学仪器更新任务，教育信息化“校校通”达到100%，“班班通”提高到76%，中心城区达到100%。

【农村中小学“食暖行”工程】 2010年，是全市农村中小学“食暖行”工程的收官之年。经过3年努力，“食暖行”工程取得显著成绩，全市累计投入1.86亿元，改造食堂134处、取暖设施65处，开通学生班车680辆，全市农村中小学生就餐、取暖和交通问题得到解决。一是建立健全领导与激励机制。各级政府都成立了“食暖行”工作领导小组，通过签订目标责任书，不断强化在领导、规划、政策、投入和监督等方面的责任。市政府对“食暖行”工程实施以奖代补等优惠政策，对按期完成标准食堂建设或取暖设施改造任务的，每校给予5万元的奖励。各市（区）政府对新购校车按照座数每车一次性补贴1.5万元～2万元，每年给予5000元～1万元不等的燃油补贴，学生班车免缴客运管理费、养路费、运输管理费，缓交车船使用税、营运税、城建税和教育费附加。市政府还在全省率先对贫困学生增加了每生每年300元的班车补助。二是完善工程保障措施。教育、财政、规划、建设、卫生、公安、交通等部门通力合作，各负其责。“食暖行”工程由教育部门牵头，并联合财政、建设部门对所有工程进行资金、建设的监督管理；规划部门深入学校实地勘测，设计出符合学校实际需要的建设方案；卫生部门负责对食堂餐厅进行功能分区及操作流程、饮食卫生等的审查；公安、交通部门与教育部门和学校配合，定期开展校车安全检查，出台了《学生专用车安全管理暂行办法》。三是严格工程实施过程管理。高度重视质量管理，按规范程序招标设计单位、施工队伍和监理队伍，通过政府采购选定所需设备。各级教育主管部门和学校强化了制度建设、规范管理、人员培训和安全保障等软件建设。

【教学研究】 2007年，市教育局启动了“体育大课间”、“学生良好习惯培养”、“实践与创新”三大课题（合称为“学生素质提高工程”），启动了“高中有效教学”、“初中构建生命化课堂”、“小学小班化教学”三大课题（合称“课堂教学改革工程”），共“六大重点课题”。经过3年的研究实践，2010年“六大重点课题”顺利结题，实验教师在威海教育网《重点课题研究》专栏发表课题研究文章达7000余篇，在《中小学管理》等国家级、省级刊物发表论文数百篇，累计出版《高中语文有效教学与集体备课案例研究》等著作6部，近100所课题实验先进学校和470多项课题实验优秀成果受到了表彰。

【招生考试】 2010年，组织了普通高考、对口高职考试、初中毕业升学考试、成人高考和硕士研究生入学考试等，应考考生达20.11万人。其中，普通高考报名人数为1.46万人；对口高职考试报名人数299人；美术统考报名452人，424人取得合格证；海军招飞初检合格13人，全面检测合格3人；民航招飞报名80人，全面检测合格8人，录取5人；研究生初试报名人数3598人；初四毕业升学考试2.63万人；初三结业考试2.79万人；初二学业考试2.56万人；成人高考报名人数6309人，其中专科升本科2229人，高中起点本科109人，高中起点专科3971人。年内，组织自学考试和各类非学历社会证书考试17次，应考考生达10.56万人次。其中，高教自学考试4次，有9758人次报考1.88万科次，4850人次取得了7047科合格成绩；高职试点自学考试2次，有174人次报考415科次，81人次取得123科合格成绩；山东省教育考试服务中心承接的餐饮职业经理人、调查分析师、物流职业经理资格等证书考试2次，106人报考206科次；全国英语等级考试2次，3224人报考，1503人获得合格证书；全国计算机等级考试2次，1.77万人报考，6175人获得合格证书；剑桥少儿英语考试1次，有590人报考，567人获得合格证书；山东省初中信息技术考试1次，2.61万人报考；大学英语四、六级考试2次，3.89万人报考；山东省中国书画艺术等级考试1次，76人报考，全部获得相应级别证书。

农村学生班车　　　　市教育局提供

【教育专项督导评估】 4月21～23日，省政府教育督导团对威海市2009年度教育工作进行了专项督导评估。督导评估采取随机抽样验证的方法，重点抽查了市直、文登市和荣成市的22所中小学，查阅了有关档案资料和账表，并与市及抽样市（区）、镇政府领导和教育、财政、人事、税务等有关部门负责人进行了座谈。8月17日，省政府办公厅转发了省教育厅等部门《关于2010年教育工作专项督导评估情况的报告的通知》，通报了对全省17市2009年度教育工作专项督导评估情况，威海市的职业教育和体育卫生工作评估成绩位居全省前列。

【家庭经济困难学生资助】 2010年，全方位开展教育资助工作，严格落实义务教育阶段各项经费，全年投入1435

万元，全面免除了义务教育农村学生和城市贫困学生课本费，发放义务教育贫困寄宿生生活费补助86万元、贫困生班车补助费167万元。加大对非义务教育阶段贫困学生的资助力度，全市累计发放奖助学金2870.6万元，资助学生2.34万人。其中，发放普通高校奖助学金689万元，受助学生2353人；发放中职学校助学金1845万元，受助学生1.76万人（不含技校）；发放普通高中助学金336.6万元，受助学生3490名。做好生源地信用助学贷款工作，办理生源地助学贷款571万元，资助1111名威海籍贫困大学生圆了“大学梦”。积极开展勤工助学，对特困学生实施学费减免和绿色通道政策，争取省教育基金184万元，为全市1723名贫困学生发放了特困补助。年内，全市城区公办学校接收外来务工人员子女3.8万多名，全部实现免费入学，占全市义务教育学生总数的18.6%，占城区学生的27.3%，获得外来务工子女国家专款补助2290万元。

【学校安全稳定】 2010年，市教育局把防范校园伤害事件作为学校安全工作的重中之重，出台了《关于进一步加强中小学校、幼儿园安全稳定工作的意见》，制定了学校、幼儿园保安人员和安保设施设备配备标准，加大了校园安全的组织领导、部门分工、安保人员配备、安保资金落实等的保障力度，全市投入1185万元，为幼儿园配备了500名专业安保人员以及必要的监控、防护设备，落实市直学校安保资金132万元。全面开展各类专项和常态校园安全检查整治，积极做好常见病和甲型H1N1流感、手足口病等传染病的防控工作，全面开展了学生防溺水、防暴力、防火、防电、防震、汛期安全、冬季安全等安全教育活动。

【民办教育】 2010年，全市有民办幼儿园135所，招生4597人，在园幼儿1.86万人，比上年增加2374人；民办小学1所，招生301人，在校生1279人；完全中学1所，其中小学招生41人，在校生129人，初中招生77人，在校生257人；高中招生193人，在校生219人。普通中专1所、民办职业高中12所、成人中专2所，招生1926人，在校生6244人，减少1044人。全市教育行政主管部门按照管理权限对全市124所民办教育机构（不含民办幼儿园）进行了年检，对9所民办教育机构进行了限期整改，停止2010年招生；对9所不合格的民办教育机构依法注销了办学资格。

（程　斌）

基础教育

【学前教育】 2010年，全市有幼儿园309所，比上年减少19所，有教学班1672个，在园幼儿4.97万人，增加4757人，其中，女幼儿2.4万人；教职工4792人，其中园长389人，专任幼儿教师3141人；园长中具有高中段以上学历的381人，占总数的97.9%，下降1.3%；专任教师中具有高中段以上学历的3053人，占幼儿教师总数的97.2%，增长0.6%。

规范提升办园水平　为规范幼儿园管理，促进学前教育内涵发展，市教育局出台了《关于进一步加强威海市市级示范性幼儿园建设工作的通知》、《关于进一步加强幼儿园规范管理工作的通知》和《关于修订威海市示范一类二类三类幼儿园标准的通知》。年内，全市撤并幼儿园19所，创建省级“十佳”幼儿园2所，省级示范幼儿园累计达到42所（含省级“十佳”幼儿园4所），市级示范幼儿园累计达到144所，分别占幼儿园总数的13.6%、46.6%。

加大幼师培训力度　全年投入90多万元，开展幼儿教师培训52次，培训幼儿教师7376人次。邀请学前教育专家对全市500多名幼儿园园长和骨干教师进行了专题培训，从省级示范幼儿园中选送了12名优秀园长和骨干教师赴青岛市教育实验幼儿园跟班学习，开展了幼儿园卫生保健人员和财务管理人员培训，确保全市所有幼儿园每园至少配备1名合格保健人员和1名财务管理人员。

【普通中小学教育】 2010年，全市有普通中小学243所，其中，高中21所，完全中学1所，普通初中90所（含九年一贯制学校12所；农村初中51所），小学131所（其中农村小学65所）。小学招生1.87万人，比上年增加1662人，招收女生9047人，增加1175人，女生比重为48.3%。在校生9.85万人(其中农村3.4万人)，减少3035人；在校女生4.67万人，比重为47.4%，比上年略有上升。全市小学学龄儿童入学率100%，与上年持平。全市小学毕业生2.2万人，减少3734人，小学毕业生升学率100%。全市小学在校生辍学率（退学人数／上学年在校生数）为0。全市小学教职工7466人，其中，专任教师6866人，减少52人。专任教师中高中及以上学历的6862人，学历达标率99.9%，下降0.02个百分点；专科及以上学历的6255人，比例为91.1%，增长2.62个百分点。小学生师比为14.34∶1，低于上学年的14.67∶1。初中招生2.23万人，比上年减少3507人；招收女生1.05万人，比重为46.9%。在校生10.22万人（其中农村4.05万人），减少7451人；其中女生4.91万人，占48.1%。毕业生2.83万人，增加363人，普通初中毕业生升入普通高中的升学率为48.2%，增加0.05个百分点。初中在校生辍学率（退学人数／上年在校生数）为0。全市初中教职工1.02万人，其中专任教师9051人，减少26人。专任教师中专科及以上学历的8975人，学历达标率为99.2%，提高0.20个百分点；本科及以上学历7890人，比例为87.2%，增长2.33个百分点。普通初中生师比为11.29∶1，低于上学年的12.08∶1。普通高中招生1.36万人，增加192人，其中，女生7472人，比重为54.8%。在校生4.02万人，减少303人。其中，女生2.2万人，占54.7%。全市普通高中教职工4612人，其中，专任教师3880人，增加24人。普通高中专任教师中本科及以上学历3814人，学历达标率为98.3%，提高0.55个百分点。普通高中生师比为10.37∶1，低于上学年的10.51∶1。普通中小学平均在校生规模为小学735人，初中1136人，高中1916人，小学、初中、高中平均班数为17个、24

个、36个，平均班额分别为43人、47人、53人。小学班额中46人以上的超员班有1019个，占全市小学总班数的44.8%。其中，城市小学班额中46人以上超员班有828个，占城市总班数的60.9%，下降12.52个百分点。66人以上的严重超员班有12个，占城市总班数的0.9%，下降1.05个百分点。25人以下的小班有91个，占4%，主要分布在农村。全市初中66人以上的严重超员班有16个，占总班数的0.7%，下降3.34个百分点。城市初中56人以上的班占城市总班数的33.2%，下降24.23个百分点；66人以上的占1.3%，下降8.53个百分点。

城区中小学学校建设　2010年，城区投入资金1.22亿元，新建、扩建学校9所，新增校舍6万平方米。启动了威海四中迁建工程，在威海工业新区规划用地10公顷、设计规模2400人，按照省级规范化学校标准建设，总投资1.38亿元，并争取邵氏基金赠款项目120万元用于教学楼建设、申请山东省新能源产业发展专项资金900万元用于地源热泵空调系统的配备。

提高普通高中育人水平　积极加强与驻威高校共建合作，争取山大威海分校、哈工大（威海）为威海市分别增加100名、114名本科生走读计划和自主招生计划。在威海一中、二中开展了普通高中“创新人才实验班”试点，推进普通高中多元化发展，加快国际化办学步伐，年内有58名学生被美国、瑞典、新加坡等国外高水平大学录取，200多名艺术特长生被国内高校录取。

中小学生科技节　市教育局、科协联合举办了第五届威海市中小学生科技节，收到科技展示作品700多件，有75个代表队参加四驱车、航空模型、机器人灭火和机器人足球等科技体育比赛，参赛选手达到1200多人，教练员、裁判员300多人，是历届科技节规模最大、参与师生最多的一届。

职业教育和成人教育

【中等职业教育】　2010年，全市有各类中等职业学校37所，其中普通中等专业学校8所，职业高级中学16所，成人中等专业学校7所，技工学校9所（含与职业学校合署办公3所），有在校生4.36万人。普通中专招生5425人，比上年增加1403人，在校生1.25万人，增加2069人。职业高中招生4701人，减少1248人，在校生1.49万人，减少1362人。成人中专招生2017人，增加1231人，在校生5162人，增加2294人。技工学校招生4116人，增加789人，在校生1.:1万人，减少3266人。普通中专、职业高中、成人中专有教职工3108人，其中专任教师2153人。普通中专有专任教师1096人，其中，具有高、中级职称的教师分别占专任教师总数的31.8%和35.9%；职业高中有专任教师746人，其中，具有高、中级职称的教师分别占专任教师总数的15.8%和29.1%；成人中专有专任教师311人，其中，具有高、中级职称的教师分别占专任教师总数的24.8%和43.1%。全市普通中专、职业高中、成人中专、技工学校招生1.63万人，增加2175人；全市高中段学校（含普通高中、普通中专、职业高中、成人中专、技工学校）招生2.99万人，增加2367人。初中毕业生升学率为105.6%（含外地考入威海的学生）。高中段学校在校生8.39万人，减少568人。普通高中与中等职业学校在校生之比为48∶52。

10月30日，威海市第五届中小学生科技节举办　　市教育局提供

全市职业教育工作会议　6月18日，市政府召开了全市职业教育工作会议，印发了《威海市人民政府关于加强中等职业教育工作的意见》，进一步明确了此后5年威海市职业教育改革发展的目标任务和政策措施，对规范学校管理、推进实训基地建设、强化师资队伍建设、完善校企合作机制、深化人才培养模式改革等方面进行了安排。会议对15个“威海市职业教育先进单位”、80名“威海市职业教育工作先进个人”、30个“威海市校企合作先进单位”进行了表彰。

技能大赛　年内，由市教育局牵头，市人力资源和社会保障局、财政局、经信委等部门共同组织了全市职业技工学校技能大赛。大赛设置了9个专业类别29个比赛项目，14所学校的214名（245人次）选手参赛，有158人次、21个团体获奖，有2名参赛选手获“威海市技术能手”称号。选拔57名学生组成了9个专业的代表队参加全省技能大赛，获得了3个一等奖、15个二等奖、21个三等奖、15个优秀奖。烹饪和建筑专业2名选手代表山东省参加全国比赛，获得三等奖。

实训基地建设　年内，出台了《威海市人民政府关于加强中等职业教育工作的意见》，对加强实训基地建设进行了重点强调，明确规定，“十二五”期间市级财政每年安排不少于800万元专项资金用于市级中等职业教育示范实训基地建设，并设立市级奖励资金。市教育局与财政局、人力资源和社会保障局共同制定了威海市中等职业教育市级示范实训基地建设的有关规定、建设标准和发展规划。

【职工教育】 年内，全市职工教育工作紧紧围绕经济和社会发展中心，大力开展企业培训、社区教育和校企合作工作，为提高企业职工和社区居民素质，加快技术型、实用型人才培养，建设全民学习、终身学习的学习型社会作出了积极贡献。市职工教育办公室被评为2010年全国全民读书活动成功组织单位和山东省企业实训基地建设工作先进单位。

企业培训　出台了《2010年全市企业培训工作意见》，明确提出了全市企业培训工作的指导思想、工作任务、奋斗目标和工作措施。在教育对象方面，着重抓好企业管理人员、技术人员和一线职工三支队伍建设。在教育培训内容方面，积极做好企业职业道德教育、形势教育和安全生产教育，重点抓好企业发展政策、信息化、企业管理、劳动法等方面的培训。组织举办了现代信息化与企业发展战略等培训班10多期，邀请腾越国际董事长高凯教授、世界总裁协会副会长张辉教授等著名企业管理专家到威海市举办企业管理高层论坛，帮助企业解决发展中遇到的管理、融资问题。组织企业开展了“用好保税港政策，促进山东企业发展”等适应性培训，为提高企业职工队伍素质，增强企业发展后劲，提供了强有力的人才支撑。全年培训企业各类人员6700多人次。

社区教育　广泛宣传终身学习理念，推导学习型城市建设。以“推动全民学习、让生活更加美好”为主题，在全市社区中开展了全民读书周活动，通过网络电视、专栏、印发学习材料等多种形式，向市民宣传树立终身学习理念，建设学习型社区、学习型城市、学习型社会的重要意义。利用侨乡大学堂和鲸园社区教育学院等社区教育基地，针对居民的生产、生活需要，大力开展文明礼仪培训、再就业培训、育婴培训等各种教育培训活动，丰富了社区居民的精神生活。积极开展社区教育创优项目建设，不断创新社区教育内容，环翠楼街道办事处被全国社区工作委员会评为“全国学习型街道示范单位”，竹岛街道办事处被省教育厅评为“山东省社区教育示范街道”，环翠楼街道办事处东北村居委会的“加强流动人口社区教育，推动和谐社区前行”项目被省教育厅评为“山东省社区教育示范项目”。

企校合作　以企业实训基地建设为重点，全面推动企校合作工作，缓解学校学生就业和企业招工压力，推动企校产学研工作开展。积极组织实施全市企业实训基地3年建设规划，在蓝星集团、山花集团等企业新建集学习实训、就业于一体，产学研相结合的企业实训基地21处，全市省级实训基地达到57处。培育了华夏集团、家家悦集团等一批省级企业实训基地建设工作先进单位。认真做好对实训基地的服务工作，举办了企业实训基地政策培训班。组织基地参加了2010年全省产学研成果展示洽谈会，总结推广了威高集团等先进实训基地的经验。在基地中广泛开展了“学生实训过千、培训职工过千”的“双千”工程，各基地实际接受学生实习实训和为企业培养职工5000多人次。积极为全市销售收入10亿元以上的大企业和高等院校牵线搭桥，扩大企校合作范围，提高企校合作层次。通过企业与高校共同进行技术开发、院校和企业合办实习实训基地、订单式人才培养等形式，组织全市企业与40多所名牌院校开展了合作，合作专业有机电、水产等30多个。

（刘　鹏）

【技工教育】 2010年，全市技工院校招生4116人，完成计划的102.9%，毕业3606人，就业率达到98%以上。

涉农专业　指导技工院校从实际需求出发，从面向农村培养实用型技能人才入手，开设涉农专业。威海市环翠技工学校、威海工程技术学院、文登市高级技工学校、威海机械工程高级技工学校、文登市光远技工学院5所技工院校开设的农村经济管理、农业机械化、农机使用与维修、园艺、畜牧兽医5个涉农专业通过了省人力资源和社会保障厅评估，年内招收涉农专业学生531人。

免学费规定　与市发改委、财政局、教育局联合出台了威海市中等职业学校农村家庭经济困难学生和涉农专业学生免学费规定，按照在校生5%的补助范围，每生每年按1900元～2500元的标准进行补助。至年末，2009年秋季学期有390人获得补助，735人提交了2010年的免学费网上申请。

技能扶贫　加强政策宣传，规范招生认定，统一组织进行了15个专业的录取考试。年内全市计划招收扶贫生200人，实际招收220人，完成省计划的110%。

（于　鹏）

高等教育

【概况】 2010年，全市有高等院校7所，即山东大学威海分校、哈尔滨工业大学（威海）、威海职业（技术）学院、山东药品食品职业学院、山东交通学院海运学院、哈尔滨理工大学荣成学院和山东外事翻译职业学院，在校全日制大专以上学生6万人。年内，山东大学威海分校招生3500人，在校生1.5万人；哈尔滨工业大学（威海）招生2552人，在校生9864人；威海职业（技术）学院招收高职生5107人，在校生1.41万人；山东药品食品职业学院招生2208人，在校生6995人；山东交通学院海运学院招生373人，在校生1885人；哈尔滨理工大学（荣成校区）招生2014人，在校生4966人；山东外事翻译职业学院招生2506人，在校生7205人。

（程　斌）

【山东大学威海分校】 山东大学威海分校是教育部直属重点综合性大学、国家“211”工程和“985”工程重点建设的大学——山东大学的重要组成部分，于1984年由山东大学和威海市政府联合共建。学校地处威海高技术产业开发区，占地面积107.75公顷。2010年，在职教职工1159人，其中，专任教师716人，教授、副教授359人，博士、硕士488人，博士生、硕士生导师188人，有在校全日制本、专科生1.39万人，博、硕士研究生967人，留学生429人，函授及网络教育学生991人。学校设有韩国学院、商学院、法学院、新闻传播学院、翻译学院、艺术学院、海洋学院、机电与信息工程学院、空间科学与物理学院、数学与统计学院、继续教育学院（职业技术学院）、国际教育学院等12个学院和3个教学部，55个科研机构。有42个本科专业，38个硕士专业，10个博士专业。

党建和思想政治工作　全年发展党员805名（其中教工5名，学生800名），转正党员788名。与国家教育行政学院联合建设了“山东大学威海分校干部在线学习中心”，为全校处级领导干部开通了《山大党建手机报》。成立了山东大学威海分校思想政治教育研究会，在全校开展了第一届理论研究课题立项活动，有34个课题获准立项，学校的思想政治教育研究工作上了一个新台阶。

教育教学改革与人才培养　学校人才培养模式更加多样化，启动了拔尖创新人才培养计划，有11名学生入选山东大学“泰山学堂”和“卓越工程师培养计划”。扩大了复合型人才培养范围，2007～2010年，有1793人参加修读双学士学位，有292人获得双学位。继续实施“三跨四经历”培养新模式，积极鼓励学生进行“跨学科（院）、跨学校、跨国境”交流学习以及“第二校园学习经历”、“海外学习经历”、“社会实践经历”和“本校经历”，这是学校对教育创新和人才培养模式改革进行的有益探索和实践，第二校园学习经历涉及国内12所高校、21个专业，海外学习经历方面派往韩国、美国、日本、英国、法国、瑞典以及中国的台湾和香港地区。在社会实践经历方面，依托马列课的教学改革，学校划拨专项经费，把学生参加社会实践经历教育作为一门必修课，纳入学生学籍管理和德智体能综合测评体系，实现“社会实践经历”教育的课程化。学校的教育教学质量建设稳步发展，年内，生物科学专业被评为省级特色专业，“剧目排练”被评为省级精品课程，“数字信号处理”被评为省级双语示范课程，“法理学”和“中国政治文化教程”分别获得山东省高等学校优秀教材一、二等奖，“微生物与生化分子生物学课程教学团队”获评省级教学团队。至年末，学校有国家级精品课程1门，省级精品课程9门；国家级教学名师1名，省级教学名师2名；国家级特色专业1个，省级品牌与特色专业6个；省级实验教学示范中心2个，国家级规划教材4部、省级优秀教材2部，省级优秀教学成果奖5项。学生创新创业教育取得新成果，在校大学生参与科研立项活动比率超过30%，全年结题750余项，发表论文139篇，新入选国家大学生创新实验项目3项，有348名学生获得创新学分；在“挑战杯”创业计划大赛、数学建模、智能汽车全国总决赛、全国大学生嵌入式设计大赛等赛事中获国家奖13项；韩国学院学生在第五届全国大学生韩国语演讲总决赛中再次夺得冠军；艺术类学生在各类省级以上竞赛中多次获得优秀成绩，其中，一项艺术设计作品获广州亚运会宣传海报“十佳”作品奖。2010年省内录取分数线文科高出重点线20分、理科高出27分，省外29个录取省（市、自治区）中有26个省（市、自治区）一志愿全部报满。2010届本科生总体就业率达到了88.2%，推免研究生349人，其中93.4%被“211”工程院校接收。继续教育教学内容和教学模式也不断革新，托福、商务英语、HSK等考试培训项目报考人数逐年增加，并产生了很好的社会影响。研究生教育有10个项目获得山东大学创新基金资助，1个项目获省教育厅创新计划立项资助，5篇论文获得山东大学优秀学位论文。留学生的教育管理体制与工作机制更加完善，日常教学管理更加规范，改善了留学生学习、生活条件，并加大招生宣传力度，使在校留学生规模进一步扩大。

学科建设与科研服务　重点扶持强势学科，促进各学科协调有序发展，对空间科学和法学学科实行重点资助的2年内，空间科学学科团队获得20项国家自然科学基金资助，获得3颗小行星永久命名权。年内空间科学学科与教育部、国家天文台及国外科研机构加强合作，着力打造国家级科研观测平台，与中国科学院空间科学与应用研究中心签订了空间科学领域合作协议，学校天文台被省科协批准认定为三星级“全省科普教育基地”。法律方法研究继续保持在国内学术界的优势地位，两年内获得省部级以上项目20项，省部级科研奖励5项，出版专著、教材14部。年内学校把“劳动经济和海洋生物学”确定为新一批重点建设学科。海洋学科利用山东半岛蓝色经济区建设需求，在应用海洋生物学方向上加强科学研究，新成立了“威海市海洋贝类繁育工程技术研究中心”，获国家自然科学基金项目3项、国家“863”项目1项、省科技攻关项目1项。对韩研究方面已扩展到韩国政治、外交、经济、中韩关系、语言文学和文化等各领域，着力打造“国内韩国问题研究平台”，研究成果得到中韩学术界乃至政界的广泛关注，“天、海、韩”特色建设得到了进一步的发展。至年末，学校获国家级项目17项，省部级项目55项；申请国家专利获批4项；获地厅级以上奖励27项；发表学术论文640余篇，其中，三大检索论文128篇，CSSCI论文140篇，出版著作18部。服务地方工作开展顺利，成功举办山东省第二届重点服务外包人才培训机构师资培训班；学校天文台全年组织各类面向公众的天文科普与观测活动80余次，接待人数超过8000人次，赢得了良好的社会声誉。

师资队伍建设　年内重点引进学科带头人和学术骨干，新引进教师中有博士后1人、博士13人，新聘外籍教师7人，选派36人参与了海外研学经历，派出博士后5人，学校法学院流动分站首次接收校外博士后，有博士点的学科也开始接收青年骨干教师到校访学。加强对青年教师的培养，支持39人进修学历。1名教授入选教育部“新世纪优秀人才支持计划”，1名教授获国务院政府特殊津贴。学校着力加强师德教风建设，将师德作为教师考核的重要内容，与教师的评优奖励、专业职务聘任、岗位津贴评定等挂钩。强化政策导向，通过一系列评先选优活动，激励教师在教学过程中更新教育

思想观念，主动改革教学内容和方法，从而不断提高教学效果和质量。

国际交流与合作　年内，学校加强了教学科研单位与国外高校的对口联络与合作，与国（境）外高校签署各类合作协议18项，其中，以学院为主体签署协议5项，以科研机构为主体签署协议3项。对外合作与交流网络日趋广阔，合作往来日益密切，接待来访团组68批次，组织出访团组17批次，高层次访问数量明显增加。承担政府交流项目逐年递增，外出交流活动重点以专家学者和学生为主，人文交流与文化传播日益成为对外合作交流的重要内容。全年外派学生214人，目的地涉及美国等6个国家及中国台湾地区的29所高校，完善及新开辟了“赴韩艺术交流访问团”、“赴俄罗斯艺术演出团”、“工科类赴韩短期访学项目”、“赴日海外学堂学生团”、“日本翔飞短期项目”等广受学生欢迎的交流项目，使更多的在校生从中受益。

学生教育管理　创新方法、拓宽渠道，学生教育在发挥课堂教学主渠道作用的同时，通过网络及电视，对学生开展思想政治教育。开展“十佳”大学生评选的学校品牌活动，发挥优秀学生的典型示范作用。有186名学生获得国家奖学金，440名获得国家励志奖学金，1名学生获得2010年度山东省“十佳”大学生提名奖。加强辅导员队伍建设，着力提高辅导员的政治理论素养和业务能力，选派14名辅导员参加了全国及省级培训，有2名辅导员获得“山东省优秀辅导员”称号。通过培养专业队伍和拓展心理健康教育活动不断推进学校的心理健康教育工作，参加心理培训的教师达到34人次。为全面了解研究生学术科研成果情况，开展了广泛的专题调研活动，并加强学风建设，进行研究生学术规范教育，保证研究生培养质量。校研究生会联合全校各研究生培养单位开展了第一届“我最喜爱的导师”评选活动，有10名研究生导师获此称号。在毕业生就业方面创新工作思路，聘任校外就业导师，首批聘任就业导师12位。学校与省厅和地方政府、职介机构联系并举办“政府机关进校园”系列活动，对学生进行就业政策、就业形势等的宣讲活动。利用地方人才中心的企业资源，与威海人才市场联合举办了“驻威高校毕业生就业招聘会”，举办了“山东省2010年秋冬季高校毕业生综合类就业市场”招聘会。

（裴　水）

【哈尔滨工业大学（威海）】　哈尔滨工业大学隶属于工业和信息化部，是国家按照世界一流大学的目标建设的9所重点大学之一,哈尔滨工业大学（威海）是哈尔滨工业大学三大校区之一。学校占地面积123公顷，校园规划用地面积155公顷,校舍建筑面积41.3万平方米。有各类在校生1.5万人。年内新招普通全日制本科生2552人、研究生245人。全校有教职工743人,专任教师452人。其中，博士生导师45人，哈工大教学带头人14人，省级教学名师2人，哈工大教学名师2人。学校坚持以工为主，理、工、经、管、文相结合的多科性学科特点，设有工学、理学、经济学、管理学、文学5个学科门类，39个本科专业，16个硕士点。设有汽车工程学院、信息科学与工程学院、计算机科学与技术学院、人文学院、管理学院、外国语学院、海洋学院、材料科学与工程学院、船舶工程学院、软件学院、数学系、光电科学系、土木工程系、基础学部和体育教学部15个院、系、部，56个教学及科研机构。

工业和信息化部、山东省、威海市签署共建哈工大（威海）协议　2月1日，在济南举行了工业和信息化部、山东省政府、威海市政府共建哈尔滨工业大学（威海）签字仪式。工业和信息化部副部长陈求发、山东省副省长黄胜、威海市市长孙述涛分别代表工业和信息化部、山东省政府、威海市政府在三方共建哈尔滨工业大学（威海）协议上签字。根据协议，工业和信息化部支持哈尔滨工业大学以哈工大（威海）为桥梁，围绕山东省关于蓝色经济的发展规划，进一步加强与山东省的产学研合作。山东省政府继续加大支持哈工大（威海）建设和发展的力度，在人才培养、重点学科专业建设、师资队伍建设、学生实习和就业、科学研究课题申报及办学条件等方面给予具体的指导和支持。山东省委副书记、省长姜大明出席了签字仪式并作了重要讲话。

科学研究与科技创新　2010年，哈工大（威海）承担国家自然科学基金和“863”等国家级重大项目30余项，尤其在电子对抗、水下焊接、分离与合成技术、企业信息化、数字化医疗装备、快速艇、特种车辆等方向取得重要科研成果。有13名教师获得国家基金资助。其中，1人获教育部2010年度高等学校科学研究优秀成果奖自然科学奖二等奖，并获得国家自然科学基金重大专项资助；5人获国家自然科学基金资助；6人获国家自然科学基金青年基金资助；1人获得国家社科基金外国文学类课题立项资助。1个团队在科技创新与产学研合作上成就突出，获威海市“自主创新特别贡献奖”。哈工大（威海）海洋学院先进分离与合成技术研究所与河南金丹乳酸科技有限公司合作完成的“L－乳酸产业化关键技术研究与应用”项目获2010年度省科技进步奖一等奖。由哈工大（威海）参加研发的“航空发动机健康管理与维修决策支持系统（航空发动机MRO系统）”在成都通过由民航总局科教司组织的专家组鉴定。该项目由中国国际航空股份有限公司、北京飞机维修工程有限公司、哈尔滨工业大学共同完成，得到了国家“863”计划重点项目、国家自然科学基金重点项目以及中国民航总局的科技项目支持。哈工大（威海）计算机科学与技术学院企业与服务智能计算技术研究中心与江苏瀛环国际集团宏海物流有限公司和南京理工大学联合承担的江苏省科技支撑计划项目“基于RFID的现代物流服务系统”在江苏省常熟市通过了江苏省科技厅组织的技术鉴定和项目验收。该项目发表学术论文5篇（EI收录2篇、国际期刊1篇），取得软件著作权5项、软件产品4项，申请专利1项，并在多家物流企业得到应用。由哈工大（威海）智能仪表与测控技术研究所、哈工大自动化测试与控制研究所与山东好当家集团有限公司承担的、威海市科技局下达的“基于WSN的水产养殖水质实时监测系统”项目在好当家集团有限公司通过了现场测试、验收、鉴定。基于该项目，课题组发表了10余篇核心以上论文，申报了4项国家发明专利。

教育改革与教学质量 坚持把提高招生质量作为提高教学质量的源头来抓，扎实做好招生宣传工作，确保生源质量的不断提升。大力推进教学管理的规范化和精细化建设，重点抓了教学研究、课程建设和团队建设，修订完善了38个专业的教学培养方案，改善了实验室和学生创新设计室的条件，确保教学工作有序推进和学生培养质量的提高。全年完成实验室项目验收11个，实验室立项项目12个，创新项目立项验收9个，教研项目验收20个，建设优秀课程进度检查20个，通过率达到80%。“大学体育”被评为山东省精品课程，“机械设计制造及其自动化”被评为山东省特色专业。年内，学校继续坚持以人为本的育人宗旨，教学水平不断提高，本科生培养质量得到社会广泛认可。2006级本科生一次性就业率超过95%，考研升学率38%。140名学生赴亚洲、欧洲、美洲和大洋洲的10个国家和地区的50余所著名大学留学，其中，31名学生获得了国家留学基金委的留学资助。学校鼓励学生科技创新，学生在国际大学生数学建模竞赛、全国大学生机械设计创新大赛、全国大学生电子设计大赛等国内外大赛中获各种奖项90项，达359人次。其中，9人获得国际一等奖3项，12人获得国际二等奖4项，11人获得全国二等奖3项，14人获得全国三等奖4项，7人获得山东省特等奖1项。年内通过了研究生教育评估验收。同时，学校不断提高研究生导师队伍整体水平，在教育部、国务院学位办公布的2010年度全国优秀博士论文评选结果中，博士生衣凤岐撰写的《半线性偏微分方程的分支理论及其应用》论文获得2010年度全国优秀博士生学位论文提名奖。

特色学科和重点学科建设 紧紧围绕国家战略和山东省蓝色经济建设需求，重点打造船舶与海洋工程和海洋科学2个学科。学校聘请院士、著名专家、企业高工等为兼职教授为学科发展把脉，组织专家教授外出调研，召开船舶海洋学科建设讨论会，探讨学科规划和发展思路，制定特殊政策，主动引进人才，建设一支完备的师资队伍；在全校范围内集中优势资源，围绕船舶、海洋两个学科调整机构，实现威海校区的跨越式发展。在山东省“十一五”高教强省行动计划重点建设项目中，车辆工程、材料加工工程、计算机应用技术3个学科被批准为省级重点学科，12月，3个学科顺利通过山东省“十一五”省级重点建设项目终期评估验收，进入新的发展建设阶段。

师资队伍建设 不断完善内部管理体制，积极推进两级办学，不断加强各院（系）办学的主动性；关注青年老师队伍建设，制定了《青年教师优秀人才支持计划》实施办法。年内，新进教师33人。其中，29人具有博士学位，8人具有副高级以上职称，4人具有国外留学经历，1人在国外取得博士学位。新增博士生导师3人，教学带头人2人，硕士生导师19人。在职提高人员中有27人取得学位。其中，9人取得博士学位，教师博士化率提高到41.5%。年内，1人获得宝钢优秀教师奖。

学生思想教育与管理 坚持以学习为中心开展大学生思想政治教育工作，通过学生党建、班级建设、选树典型等，积极营造浓厚的学习氛围。材料科学与工程学院焊接专业2007级学生李扬在大一期间志愿加入了中华骨髓库。12月21～22日，李扬为素不相识的白血病患者捐献了230多毫升含有造血干细胞的血液，用爱心挽救了另一个生命。切实加强制度建设和工作机制建设，选拔青年博士担任专职辅导员；大力开展科技创新、社会实践、志愿服务、校园文化活动，不断提升学生综合素质。年内，发展学生党员820人，学生党员的比例达到17.9%，其中本科毕业生党员比例为27.7%。全年涌现出省级先进集体3个，省级优秀个人15人，省级优秀毕业生113人。全年办理学生助学贷款787万元，发放奖学金430余万元，发放助学金593万元，组织勤工助学、发放困难补助近50万元，保证了贫困学生的基本生活条件。坚持以指导服务为基础，以市场开拓为重点，不断提高学生就业率和就业质量，成功申报了“山东省创业教育示范院校”。进一步完善了校、院、班三级教育网络，规范了心理健康普及教育、团体咨询、个体咨询、危机干预、重点学生关注等制度和工作程序。

庆祝建校90周年 6月7日，是哈尔滨工业大学建校90周年纪念日。6月5～6日，近1万名师生与校本部、深圳校区的全体师生共同庆祝母校九十华诞。学校邀请了哈工大前校长杨士勤和哈工大杰出校友、总装备部原副部长、中国载人航天工程和探月工程常务副总指挥胡世祥中将分别作迎校庆主题报告。

（杨易林）

【威海职业（技术）学院】 威海职业学院是一所全日制普通高等职业院校，是在威海广播电视大学、威海教育学院和威海市工业学校的基础上合并组建而成的。2000年10月经山东省人民政府批准、教育部备案，威海职业学院正式成立。威海市技术学院始建于1958年，原名威海技工学校。1995年升格为威海市高级技工学校，2003年更名为威海市技术学院。2004年5月，威海职业学院和威海市技术学院正式合并。

2010年，学院有全日制在校生1.53万人，成人学历教育在校生4900人。全院教职工1109人。固定资产7.8亿元，拥有实验实训室140个、校内实训基地11个、生产性教学工厂10个，校外实习基地261个。仪器设备总价值1.5亿元，计算机4200多台，语音室8个、座位500个，多媒体教室142个、座位1.3万多个，馆藏纸质图书87.5万册，数字资源折合电子图书100万册。学院设置58个普通高职专业、27个五年制高职专业、22个技工教育专业和53个成人函授教育专业、35个远程教育专业、32个开放教育专业。

内涵建设三项工程 学院实施了以完善和深化重点建设专业内涵为目标的卓越工程，以重点建设专业带动和辐射群内其他专业建设的带动工程，以促进专业均衡发展和教学质量全面提高为目标的质量重点工程。重点建设完善了机械设计与制造、电气自动化技术等9个国家示范专业，带动建设了工业设计、检测技术及应用等9个专业。专业建设贯彻了“服务性、开放性、实践性”的原则，融入产业要素、企业要素和职业要素，主动为区

域经济产业发展服务，提高了人才培养的吻合度。加大了三项工程的推进和管理力度，制定了详细的建设方案和计划书，注重网评、会评、综合评价、专业反馈等环节，将工作过程变成理念再提高、思路再创新的过程。印发了《内涵建设三项工程实施管理办法》，细化“项目管理、分级实施、过程督导、绩效考核”的管理原则，明确各系部、各专业在项目建设中的职责，做到任务分解到人，责任落实到人。至年末，卓越工程年度289个项目点完成了278个，带动工程243个项目点完成了229个，质量重点工程548个项目点完成了512个。通过三项工程建设，发挥了优势专业的示范引领作用，扩大了示范校建设成果的受益面，提高了学院专业建设整体水平。

校企合作年活动　以校企合作年活动为载体，认真贯彻“以服务为宗旨，以就业为导向，走产学研结合发展道路”的方针，围绕山东半岛蓝色经济区和高端产业聚集区建设对人才培养的需求，树立“以服务地方为中心”的理念，积极主动加大与企业合作的紧密程度，在校企合作的规模、质量和层次上有了新的进展，特别是在校企合作体制和机制等方面进行了有益探索。加大与企业社会联系力度，创新了校企合作模式。与32家企业建立了合作关系，合作范围由区域内扩展到省内外。加强了与政府部门、行业协会合作，与威海市中小企业管理局、出口加工区等部门建立了具有实质性内容的产学研合作关系。与家家悦集团等企业共同探索举办二级学院，大胆创新办学体制。吸引天润曲轴、华东数控、新北洋电子、迪沙药业等骨干企业深度参与专业建设、师资队伍建设、科研创新、实习实训与就业等人才培养和教学过程。积极与省市行业主管部门、协会，黄海造船厂、威海造船厂等船舶制造企业以及其他院校探讨共建船舶职业教育联盟，实现校企资源共享。进一步开发新的订单专班培养资源，不断扩大订单或专班培养规模，建立企业专班7个。安排100名教师到企业参加了1个月至半年的研修与顶岗实践，从合作基地聘请兼职教师达100多名，加大了双师素质和双师结构教学团队的建设力度。扩大了与企业合作建设实习基地规模，先后与好当家食品公司、山东芸祥绣品有限公司等重点企业合作建立了校外实习基地，新增校外实训基地30家。与企业共建威海市建筑类技师工作站、威海旅游集散中心威海职业学院分中心、威海市建筑职工培训基地。积极开展产学研合作，提升了服务企业和社会的能力。申报省教育厅教学改革项目等纵向课题25个，院内应用研究课题立项11个。农村排灌用水管理电气配套装置研制、游艇电气系统设计等7项横向课题项目进展顺利，获项目资金63.5万元。为大连海事大学等单位开发研制船舶模型得到用户的高度认可。天诺公司高速刀柄、强力铣夹头、VHI快换刀架等项目研发成功，填补了国内空白。天诺公司、东方模具、松海大酒店等校内生产性教学工厂运行良好，充分发挥了服务教学的功能。加强社会培训和职业技能鉴定工作，全年完成技能鉴定3794人次，合格率平均达到90%。举办了中职骨干教师培训、高职高专骨干教师培训、下岗再就业培训、“金蓝领”技师培训等2228人次，比上年增长17.5%。

常规教学管理　开展以课堂教学为主题的精细化管理年活动，健全了课程安排及教学运行管理办法、考务管理规定、教学研究项目管理办法等管理制度。充实电子试题库，完成了18门课程的考教分离试点工作。加大常规教学督导力度，建立教学调研督察制度，完善学生信息反馈制度，加强教学督导网站建设，完成了人才培养工作状态数据平台的采集与分析评估工作。改进顶岗实习管理方法和手段，提升了实践教学水平。出台《关于加强实践教学工作的意见》，对学生识岗、跟岗和顶岗进行了规范。对国家示范院校建设项目8个重点专业的学生顶岗实习工作进行专项检查调研，开展非毕业年级职业实践活动，扩大了顶岗实习的覆盖面和规模。变固定实训时间为分阶段实训，及时调整学生实习、实训时间，最大限度地满足了企业对用工和人才的需求。学生职业资格证书获取率达96%，参与企业顶岗实习、实训达5000多人次，半年以上顶岗实习占应届毕业生比例达98.9%。对56个专业提出调整和优化的思路，制定了人才培养方案。微调了22个专业56门课程的教学计划。加强精品课程建设，7门课程被评为省级精品课程，5门课程被评为国家级精品课程。贯彻在建设中实施和在实施中建设的原则，加强对精品课程实施的考核，开展了35人次精品课程教学观摩活动。组织开展了91项系级、11项院级专业技能竞赛，用于竞赛奖励经费达20余万元，活动覆盖各专业学生1万余人，吸引赞助企业10余家。师生参加各级别竞赛39项，获国家级竞赛一等奖6项，二等奖2项，三等奖8项；省级竞赛一等奖9项，二等奖12项，三等奖25项；市级竞赛一等奖12项，二等奖18项，三等奖7项；各类团体一等奖18项，二等奖18项，三等奖8项。全年完成各类培训460人次，其中赴香港培训3人次，赴德国培训4人次，境内培训151人次，系部级培训96场次。深入探索课程教学模式和评价方式，加强课程教学过程管理，规范教师的教学行为，广大教师的教育理念、教学设计能力均有显著的提高。

学生教育和学风建设　按照以学风建设为重点，以管理服务为手段，以学生的成长成才为目标的指导思想，开展学风建设年活动。围绕高职教育人才培养目标，开展学生工作理论研讨与业务培训活动，更新学生工作的理念，探寻具有高职特色的学生工作内容、形式和方法，提高了学生工作队伍的整体素质。开展了优良学风班创建评选活动，加强了第二课堂建设，引导学生树立自主学习的意识，提升职业素养、人文素养和身心素质。发挥大学生就业创业基地的作用，努力构建包括素质拓展、技能提高、实践锻炼等环节的大学生就业创业工作体系，全面提高学生的职业综合素质。扎实推进大学生思想政治教育工作，开展入学教育、军政训练等活动，“骨干代训”的军政训练取得了良好效果。抓实学生日常管理、安全预防、信息反馈等工作，形成了“普查、咨询、跟踪、干预、调节一体化”的心理健康服务机制。强化服务意识，办理了生源地信用助学贷款600多万元，发放奖助学金680多万元。做好入伍预征和保险服务工作，360名学生完成了高校应届毕业生应征入伍预征

网上报名，8174名学生办理了意外商业保险、7794名学生办理了城镇居民基本医疗保险。举办田径运动会、专业技能展示、“庆国庆、唱红歌、诵经典”、语言文化节等系列科技文化活动，促进了学生的文化修养和职业素养的提高。

招生就业 坚持以考生为本的原则，强化服务意识，努力做到让社会满意、家长满意、考生满意。实施招生阳光工程，完善了多渠道信息公开体系。实施生源培育计划，与全国8所中等职业学校开展联合培养计划，实现了中专高职的直通车。加大招生宣传力度，扩大单独招生计划，年内，录取新生5700人，其中，三年制高职招生4706名，技工招生375人，三二连读学生619人。高度重视毕业生就业工作，实施毕业生就业工作“一把手工程”，进行就业全过程指导、服务。组织了多形式的校园供需见面活动，定期统计调度就业情况，2010届高职毕业生4567人，初次平均就业率达到99.2%，正式就业率达到86.2%。技工类毕业生684人，初次就业率为99.7%。其中，约70%的毕业生留在威海地区就业，有力地支持了地方经济的发展。

校园综合管理 校园环境卫生、景观绿化、教学设施的维修维护、固定资产管理等工作进入规范化、程序化、常态化轨道。强化食品安全培训和监督力度，采取得力措施，有效稳定了饭菜价格。高度重视校园节能管理工作，节能降耗工作得到了山东省公共机构节能检查小组高度评价。加强教学工厂的管理，强化了经营单位以及职能部门的责任管理意识。图书馆采购图书9.5万册，订购期刊1374种，订购报纸112种，馆藏图书总量接近200万册。每日到馆人数约3500人，电子阅览室全年上网的学生达8.95万人次。面向社会读者开放，实现了资源共享。完成基本建设2.1万平方米，改造绿化面积2万平方米。新体育场、新学生公寓、门诊部投入使用，购置120万元的医疗设备，聘任了医疗服务专业技术人员，门诊部被批准为城镇居民医疗保险和大学生医疗保险定点服务单位，就医条件显著改善。

院系两级管理体制改革 在院系两级管理体制改革试点工作的基础上，下发了《关于实行院系两级管理体制改革的意见》，全面启动了院系两级管理体制改革。通过改革，逐渐将院级各职能部门由“既管事又干事”的“垂直型”管理模式，向“管规范、管督导、管服务、管考核”的“扁平型”管理模式转变，使系级单位由被动执行的“教学单位”向服从于总体发展、具有自主性和创新性、权责统一的“办学单位”转变。

（姚宏健）

【山东药品食品职业学院】 山东药品食品职业学院是经山东省人民政府批准、教育部备案的一所专科层次全日制公办普通高等学校，受省教育厅、省食品药品监督管理局双重管理，以省食品药品监督管理局管理为主。学院有威海、淄博两个校区，总占地面积60.5公顷，固定资产2.1亿元，教学仪器设备总值3040.6万元，图书33.4万册。2010年，学院有教职工413人；有在校生9038人，其中专科学生6995人。

学科建设 学院全日制专科层次教育主要开设药物制剂技术、化学制药技术、药物分析技术、生物制药技术、中药、食品营养与检测、食品加工技术、药剂设备制造与维护、化工设备维修技术、药品经营与管理中药制药技术、食品生物技术、医用电子仪器与维护、食品贮运与营销、药学专业（药学服务方向）等专业。学院有63个校内实验、实训场所，与企业合作共建4个实践教学基地、24个校外实习基地。设有中国药科大学和沈阳药科大学本科函授站、山东省执业药师培训中心培训点、山东省医药行业第二职业技能鉴定所、全国计算机等级考试考点、全国高职高专英语应用能力考试考点。

招生与就业 2010年，高职招生2208人。在校园招聘会上，参会毕业生2633人，药品、食品等企业提供招聘岗位1.08万个，毕业生到优质企业就业比例高达57%，一次就业率连年保持在98%以上。6月，学院顺利通过了省教育厅组织的人才培养工作评估回访，得到教育厅领导和评估专家的高度评价。

（孙 晓）

【山东交通学院海运学院】 山东交通学院海运学院位于威海市环翠区新威路115号，占地面积5.06公顷。2010年，学院有教职工160人，其中专业技术人员131人，在校生1900人。学院开设航海技术、轮机工程本科专业和航海技术、轮机工程技术专科专业；开设船员基本安全培训、值班水手和值班机工等9项船员岗位适任培训，高级消防和精通急救等5项船员专业技能适任培训，客船和滚装客船2项特殊培训。

专业培训 2010年，学院开设“非航海类专业大专以上学历高级船员培训班”2期，招收学员160人；组织海船船员甲类、丙类适任证书统考7期、评估考试4次；开展社会职务船员培训2期、小型船职务船员培训1期；年内完成基本安全培训、精通艇筏培训、高级消防培训等11个项目184期次培训任务，培训学员5462人次。

科研成果 2010年，学院教职工发表学术论文50余篇，国际学术期刊英文论文2篇（EI检索1篇，EI待检索1篇）；大型国际学术会议英文论文19篇，其中EI检索1篇，ISTP检索5篇；中文核心期刊论文5篇；其他正式出版的科技期刊论文26篇。科研项目由省教育厅立项1项，由中国交通教育研究会课题立项7项，由院科研基金立项3项，由院教改立项5项。科研项目获中国交通教育研究会论文评比三等奖1项；获中国航海学会航海心理学专业委员会论文评比一等奖1项、三等奖3项，获中国通信学会青年工作委员会论文评比一等奖1项、二等奖1项，获威海市社会科学三等奖1项。

实验室建设 学院建有大型航海模拟器和大型轮机模拟器实验室、雷达（ARPA雷达和普通雷达）实验室、GMDSS实验室及操作系统、电航实验室、动力实验室、船舶电站模拟器实验室、自动控制实验室、液压与传动实验室、电工电子通用实验室、专业英语评估实验室以及海员专项培训无纸化考试系统、海船船员适任证书考场、远程计算机终端考场、金工工艺和水手工艺训练场等。学院在威海船厂、威海兴海造船厂等设立基本技能水上训练站，与威海海大客运有限公司、威海国际海运有限公司等建立了实习基地。

通过校企联合办学，提高了学生的实操技能和综合动手能力。

招生与就业　2010年，学院招生643人。学院通过举办毕业生供需见面会，实行“面向社会、双向选择、自主择业”，毕业生就业率连续4年保持在100%。年内，重点加强了与大中型航运企业的联系与交流，11月10日，举办了2011届毕业生就业双选会，全国66家航运企事业单位为471名本专科毕业生提供了1035个就业岗位，毕业生与用人单位的供需比例为1：2.2，继续保持了毕业生100%就业率，巩固和拓展了高端就业市场，实现了从规模竞争到质量竞争的转向。

（蔡中霞）

【山东外事翻译职业学院（威海）】　山东外事翻译职业学院是经教育部审核、山东省人民政府批准设立的一所全日制普通高校，有济南、威海两个校区，占地面积120公顷，建筑面积30余万平方米。各类在校生1万余人，教职工580多人。2010年，学院有教授、副教授138名，硕士研究生130余名，外籍教师或具有国际教育和工作背景的教师41名。

专业设置　学院下设外国语学院、经济管理学院、国际商学院、继续教育学院、国际交流学院、基础教学部及语言文化研究所、韩国语研究所。开设了商务英语、商务日语、应用韩语、应用俄语等11个语种的外语专业，是山东省内外语语种最多的高校之一。其中，应用阿拉伯语、应用意大利语填补了山东省小语种教学的空白。9月，开设了营销与策划、高尔夫球场服务与管理2个专业，新开办的山译双语幼儿园正式开园招生。

教学改革和人才培养　学院先后与韩国、日本、美国、澳大利亚、秘鲁、新加坡、菲律宾、加拿大、英国等10余个国家和地区的20多所高校建立了合作交流关系。学院提出了国际化办学的“三个三分之一”目标，即用5年左右的时间，教师队伍中有三分之一为外籍教师或具有国际教育背景的教师，学生毕业后有三分之一到国外就业或继续求学，外国留学生人数达到在校生总数的三分之一。根据不同专业特点，学制分别采用“2.5+0.5”或“2+1”，即用2年或2年半时间学完课程，用1年或半年时间参加实习，从而实现知行合一、学用结合。至年末，学院行后获批设立全国计算机等级考试考点、全国大学英语四六级考试考点、高等教育自学考试考点、全国外语翻译证书考试考点，建立了职业资格鉴定站，为学生提供多种与专业相关的职业资格鉴定培训与考试，增强了毕业生的就业竞争力。学院先后被评为“中国国际化人才培养示范大学”、“中国外语翻译示范大学”、“最具就业推动力高职院校”、“全国诚信示范院校”；学院院长孙承武先后获得“热心公益荣誉奖章”、“职业教育杰出成就奖”、“全国诚信建设杰出贡献人物”等荣誉。

（刘忠伟）

【哈尔滨理工大学荣成学院】　哈尔滨理工大学荣成学院是哈尔滨理工大学拓展办学空间，与地方共建的教育创新成果。2006年，经山东省和黑龙江省政府批准，与荣成市政府合作组建哈尔滨理工大学荣成学院，2008年正式招生。学院依山傍海，占地面积46.7公顷，建筑面积25万平方米。荣成学院是哈尔滨理工大学的重要组成部分，有工学、经济学、管理学、文学4个学科门类，24个专业，学生5200名。有教职工270人，专职教师137人，副高及副高以上29人。

招生工作　2010年学院招生2100人，其中，本科招生1100人，设置英语、日语、朝鲜语、俄语、国际经济与贸易、市场营销、材料成型与控制工程、机械设计制造及自动化、机械电子工程、电气工程及自动化、艺术设计、软件工程12个专业；专科招生1000人，设置模具设计与制造、焊接技术及自动化、计算机辅助设计与制造、机电一体化、会计电算化、电气自动化技术、电机与电器、计算机应用技术、旅游管理、市场营销10个专业。

人才培养　学院以培养实用性人才为目标，在培养的过程中，根据社会需求做了适当调整，加大了实践环节的比例，增设了顶岗实习的环节。5月，2008级专科生陆续完成了至少半年的顶岗实习。年内，学院成功申请了13项“校级教学研究立项课题”、3项“创新性实验”项目、6项“开放性实验”项目。启动国际交流与合作办学，与日本群马语言学校、爱尔兰都柏林格里菲斯学院、“台湾中华大学”等学校签订了相关协议。学院教师发表学术论文17篇，获奖科研成果2项。

社会服务　荣成学院科技园于2010年组建，并成立了哈尔滨理工大学（荣成）科技园发展有限公司。科技园与地方政府紧密结合，推进产学研合作并促进了产业升级；配合荣成市科技局科技周活动，组织学校总部专家学者与当地企业进行对接，达成意向协议3项；与荣成市科技局合作，建立了“荣成市产学研平台”；与荣成市人力资源和社会保障局合作，建立了“荣成市大学生创业孵化基地”；策划并协助荣成市船舶工业制造局举办了“2010山东荣成船舶制造科技创新高峰论坛”；配合荣成市招商引资，引入2家规模性企业，并正式签约入驻荣成1家；配合荣成市打造“蓝色经济先行区”的战略发展目标，邀请英国皇家物流协会薄西诺子爵及科技部专家多次赴荣成，为当地政府部门献计献策；帮助政府领导及相关部门梳理思路，主持并完成了“荣成市科技企业孵化器整体规划”初稿的编写工作。2010年，在科技园建立了大学生实训基地，引入“创办和改善你的企业”（SIYB）创业课程体系，配合学生工作部开展创业意识及创业能力培训，并为学院培训SIYB教师2名；科技园培训中心被荣成市人力资源和社会保障局命名为“创业培训基地”，与荣成市人力资源和社会保障局合作共建了“荣成市高校毕业生创业孵化基地”，面向本地区开展创业培训；科技园配合学院教学工作，引入“供应链管理”和“软件开发实训”项目，并在科技园建立了实训基地，为学院争取到黑龙江省教育厅科技立项1项。

（李冰冰）

编辑　沙　鋆

文　化

综　述

【概况】　立足保障群众基本文化权益，大力发展公益性文化事业，活跃群众文化生活，努力满足人民日益增长的精神文化需求。一是群众性文化活动丰富多彩。结合各类重大节庆、纪念日，组织和引导群众广泛开展广场文化、社区文化、企业文化、校园文化、家庭文化等多种形式的文化活动，举办了新春灯会、“幸福威海”文化年、声乐器乐比赛、城市形象大使选拔大赛、“我们的节日”等主题文化活动，全市城乡呈现月月有主题、周周有演出、处处有活动的喜人局面。威海市被中国音乐家协会命名为“群众歌咏之城”。二是文艺精品不断涌现。深入实施精品工程，加大优秀文艺作品创作生产，在小说、影视、戏剧、广播剧、歌曲等领域推出了一批精品力作。国内首部鸟类电影故事片《天赐》获德国科隆电影节“最受观众喜爱的影片”大奖。以基层文艺工作的楷模——邹树君为原型的电影《父亲的维也纳》完成了前期拍摄，处于后期制作之中。反映山东人民无私援助汶川震后重建的大型歌舞剧《鲁川情》在川、鲁两地演出，获得一致好评。三是公共文化设施建设稳步推进。威海文化艺术中心在上一年完成主体工程建设的基础上，加快了内部装修进度，美术馆、博物馆陆续投入使用。全市所有的镇全部建起了综合文化站，80%的村建立了农村文化大院和农村书屋，30%的村建成了文化信息资源共享规范化服务点，广播电视在完成“村村通”的基础上入户率达到了90%，农村电影放映工程实现了每村每月至少放映一场电影的目标。

【文化体制改革和文化产业发展】　认真落实中共中央、国务院和省委、省政府关于加快文化体制改革和发展文化产业的部署要求，着力提升文化软实力。一是文化体制改革继续深化。在成功实现文化、广电、新闻出版“三局合一”和组建文化市场综合执法机构的基础上，加快推进新成立的两个机构转变职能、优化服务，加大新闻媒体和图书馆、文化馆、艺术馆、博物馆等文化事业单位内部改革，威海市被省委、省政府授予“全省文化体制改革先进市”称号。二是文化产业发展势头良好。先后召开了全市文化建设观摩会、文化体制改革和文化产业振兴大会，制定了《关于促进文化产业振兴的意见》，推出了28条优惠政策，有力地推动了文化产业较快发展。年内，全市在建的文化产业项目147个，其中过1亿元的16个。总投资30亿元的金石湾国际美术馆群，有20多位知名书画家签约入驻。大型山水实景演艺《神游华夏》自5月公演以来广受好评。三是中韩文化交流月成果丰硕。按照政府主导、市场运作、社会参与的原则，市委宣传部联合有关部门自8月23日至9月30日举办了中韩文化交流月活动。此次活动是第三届山东文博会威海分会场的主体活动，也是几年来中韩两国间规模最大的文化交流活动，推出了中韩书法美术摄影展览、东亚工艺美术经典展览、中韩经典音乐会、中韩时尚用品博览会、时尚运动嘉年华等22项文化经贸活动。组团参加省文博会、深圳文博会等重大文化交易展览活动，全面展示威海文化建设成果，推介威海文化产业项目。在第三届山东文博会上，威海市获得优秀组织奖、优秀展示奖和特别贡献奖3项大奖，是全省获得特别贡献奖的3个城市之一。

（王治国）

【评选威海市“优秀文化企业”和第二批“文化产业示范基地”】　2010年，市文化广电新闻出版局加大文化产业示范园区（基地）的创建力度，公布了10家“威海市优秀文化企业”和6家威海市第二批市级文化产业示范基地。刘公岛实业有限公司、梦海演艺有限公司被推荐为“山东省文化产业示范基地”。其中，刘公岛实业有限公司被命名为全国文化产业示范基地。至年末，全市拥有国家级文化产业示范基地1个，省级文化产业示范基地2个，市级文化产业示范基地16个。

【扶持骨干文化企业加速发展】　2010年，发挥龙头企业的示范、带动和引领作用，加大扶持力度，全市骨干文化企业加速发展。至年末，“中国画家档案”手机动漫暨3G物联网书画溯源项目进展顺利，山东渔翁信息技术股份有限公司被省信息产业厅认定为省级软件工程技术中心，被国家税务总局、省科技厅、省财政厅认定为第一批高新技术企业，获威海市科技进步一等奖。

（付城荣）

文学艺术

【概况】 2010年，全市在省级以上获奖文学艺术作品达到51件（次），再创历史新高。根据真人真事改编和实名实景摄制的电影《磨坊女人》，电视连续剧《龙乡故事汇》等一批精品得到观众好评。《文登民间传说典故》、《大乳山》母爱文化节专刊、威海经济技术开发区《无花果文艺》以及歌曲专辑《乳山，你最亲你最好》等相继出版发行。群众艺术馆创作的群口相声《彩票三人行》、《都是“偷菜”惹的祸》和快板书《雪夜深情》获得山东省曲艺汇演大赛、山东省第二届“星光奖”和第六届山东省曲艺小品大赛3个一等奖。《画院联盟》、《威海画家名录》得到美术界的普遍赞誉。全市各级文联、作协组织作家深入生活，认真创作，出版了《审计风暴》、《点燃孩子们的生命之火》和《共生与互动》等文学专著。

（付城荣　史怀宝）

【文学活动】 *交流活动*　年初，市作家协会主席王春波率4位青年作家参加了山东省青年作家创作会议，并组织作家到临沂市采风。与烟台、临沂市作协举行了多次联谊活动，烟台市作协邀请市作协一行10人到烟台参加金秋笔会。威海市作家创作经验现场交流会在乳山市举行。王春波、兰鹏燕、卞传忠被山东省文人书画院聘请为院士，参加了在山东美术馆举行的首届文人书画展。市作协加强《威海文学》杂志的编辑和发行工作，发表大量作者专集，推介青年作者，向各级作协赠送报纸，受到山东省作家协会的充分肯定。

舟曲采风活动　11月，市文学创作研究室专业作家史怀宝到舟曲特大泥石流灾区采风，与中国社科院的心理专家一起深入到学校、机关、企业和工地实地走访，并先后向舟曲县审计局、图书馆等部门捐书。采风期间，史怀宝创作发表了短篇小说《舟曲的石头》和《挟尸要价》，拍摄照片8000多幅。

【小说创作】 *《审计风暴》长篇小说专著*　由市文学创作研究室专业作家史怀宝创作，中国人民公安大学出版社于7月出版，为威海市首部国家出版社正式标注推介的“当代文学畅销小说”。小说以审计为视角，反映了国家重点工程建设、江河治理维护等方面的问题，描述了旱灾、蚁祸特别是洪灾等自然灾害及其产生原因，记录了中国改革开放关键时期的历程。该书参加了上海世博会期间在上海举行的国际图书博览会和在北京举行的国际图书博览会，被新华书店、国内图书批发市场列为纯文学“畅销书”，并在美国、日本等国家销售，被上百所大学图书馆、城市图书馆收藏，被清华大学列入教学计划。《光明日报》、中国文明网、《中国艺术报》、中国文联网、《中国审计报》、《齐鲁晚报》等数百家媒体、网站介绍了该书。该书被选入国家部委公开推介书籍。

其他小说专著　群众出版社出版了曲磊的长篇小说《死亡天使》，山东文艺出版社出版了姜增产的长篇小说《映山红》，中国文联出版社出版了任道金的长篇小说《桃花魂》，乔洪明长篇小说《海疆英雄传》（第一部）在《威海晚报》连载，作家出版社出版了周新堂的《周新堂中短篇小说选》，吉林出版集团出版了周海亮创作的小说集《天上人间》和《帘卷西风》，光明日报出版社出版了魏永贵的小小说集《爱的毒药》，中国言实出版社出版了滕连庆的小小说集《世相新语》。

小说发表作品　徐承伦在《阳光》杂志发表中篇小说《如歌的行板》，刘爱玲在《山花》头题发表中篇小说《父与子》和短篇小说一组，荣凤伦在《时代文学》发表中篇小说《冬天》，周海亮在《芳草》发表中篇小说《隐秘》，史怀宝在《威海文艺》发表中篇小说《扶贫村》，于书淦、史怀宝、荣凤伦等在《山东文学》发表短篇小说《金项链》等，宋英杰在《西南军事文学》发表短篇小说《刀魂》。嘉男在《中国作家》发表短篇小说2篇，其中《婚礼的安排》被《小说选刊》转载。

【散文创作】 *《苦旅履痕》艺文集*　由市委宣传部副部长、市文联主席、市文明办主任钱启民创作，泰山出版社出版。作者从发表过的200多万字的作品中择优结集成册，主要包括小说、诗歌、散文、文学评论、影视专题片等30篇作品，记录作者的人生感悟及20多年来在文学艺术创作道路上的发展轨迹。

《点燃孩子们的生命之火》散文专著　由市文联副主席仇善文创作，现代教育出版社出版。作者结合威海市“点燃孩子们的生命之火”家庭教育活动的案例经验，结合十几年在教学方面的积累和研究体会创作而成，作品摆脱当前的家庭教育方式，从如何实现人的社会化切入，指引家长正确帮助孩子快乐健康地认识社会并能融入社会。该书出版后，被誉为中国第一部引领孩子实现社会化的家教书，在国内家庭教育界产生了较好的反响。

《陈年旧事》散文集　由威海市国家一级作家、作家协会原主席孙鸶翔和退休老干部刘玉秀共同创作，中国戏剧出版社于10月出版。该书选载了24篇散文、随笔，以回忆随笔的方式，记载了威海市近代以来特别是改革开放前后的发展变迁历史，记录了老威海的一些历史典故和民间文化习俗等。该书在《威海文艺》连载。

其他散文创作　年内，出版的散文集还有兰鹏燕的《陈迹遗影》和《烛光灯影》，周海亮的《品格人生，处世故事》，成爱华的《蓝梦散文选》。由北京教育出版社出版的《威海教师专业成长丛书》，收录了王艳芳的《邀一枚月亮吟唱》、丁莉莉的《紫色的教育星空》、张淑艳的《美丽只在有无间》、于文忠的《抽屉里的梦》。另有《文学与绘画》、《作家画家钓家王春波》、《别离的小巷》、《送爹真假紫砂茶具》和《恐怖的顾客》等在有关刊物上发表。

【诗歌创作】 *《秋虹》诗词集*　由《中华诗词》杂志社编辑部副主任、威海市女诗人宋彩霞创作，作家出版社出版。全书收录诗词作品300多首，分《空谷幽兰》、《兰心古木》、《木兰花慢》、《漫步春秋》、《秋水涟漪》、《评论赏析》六辑。该书是作者在其众多诗词作品里精挑细选出来的文学专著，其中部分作品曾在全国各类文化大赛、诗词年会、文学艺术评比中获奖。该书在北京举行了首发式及研讨会。

其他诗歌创作　年内，出版的诗歌还有刘方计的《守望》，刘洪钧的《月下独弦》和《白云风清》，史怀宝的《没有倒影的河流》等。《中国诗人》推出了史怀宝、卞传忠、张洪浩、曲兴、王华英等诗人的诗歌。《诗探索》2010年度中国优秀诗歌专辑选入了史怀宝、北野、王晓华、卞传忠、张洪浩、曲兴发表的优秀诗歌作品。《中国诗词》年度内推出了宋彩霞、史怀宝、于进水、罗福江、刘胜谟和肖德军等的诗词作品。

【歌舞戏剧创作】　邹树君合唱团获得第十届中国国际合唱比赛老年混声组银奖。李富胜作词、雷远生作曲的《扬帆威海》和林红作词、孙红燕作曲的《来吧，朋友》分别入选“世帆赛”主题歌和“铁三世界杯”比赛主题歌。威海市舞协海梦少儿舞蹈团选送的舞蹈《心竹舞韵》、《焰》在中国盛世炎黄才艺大赛上均获金奖，节目在中央电视台播放。市舞协少儿舞蹈《欢天喜地过大年》在山东省第八届小飞天儿童舞蹈大赛上获得一等奖。徐承伦作词的歌曲《乡里乡亲》获得第十七届河南省歌曲创作大赛一等奖。于建谊的歌曲《最美最亮我故乡》获得第二届山东省文化艺术节作品二等奖。舞蹈《逛逛咱们的新农村》在山东省第二届农村文化艺术节上获得二等奖。由刘晓江、戚巍创作的歌曲《甲午祭》，获得山东省第三届“泰山文艺奖”音乐类三等奖。陈正松创作的歌词《拥抱蓝色家园》、林红创作的歌词《和谐的春天》均获得“二十一世纪华人音乐奖”大赛歌词类一等奖。由林红作词、孙思源作曲的《祖国　我是你的儿女》，在该大赛中获歌曲类一等奖。市戏剧家协会与市梦海演艺有限责任公司合作，打造出中国首部反映汶川大地震震后援建工作的报道式羌风鲁韵歌舞剧《鲁川情》，艺术地再现3万齐鲁儿女援建北川、帮助受灾群众重建家园的场景，获得广泛好评。

【影视创作】　在韩国正修国际摄影展中，蒋丹丹作品《喜悦》获一等奖，商春波作品《耕海人》获二等奖。王晓光摄影作品《羊妈妈和它的孩子》获全省老干局系统摄影比赛一等奖。商春波摄影作品《胶东面塑》获好客山东年会摄影大赛三等奖。徐军立摄影作品《影调天鹅湖》获第十二届全国当代摄影艺术邀请赛铜奖。由孙宪、王建涛、于辉3人拍摄的电影《天赐》获得国家广电总局电影局的放映许可证，在第四届德国科隆电影节上夺得“最受观众喜爱的电影”大奖。宋潇凌编剧的电影《另类村姑》在中央电视台播出。刘军伍创作的电视纪录片《回家》获得西安国际民间影像大赛二等奖。官恩森影视论文《文学的视觉：欧美文学与电影分析》获得山东省文化艺术科学优秀成果奖著作类一等奖。

【书画创作】　在“2010年书法进万家”活动中，慕全泽被中国书协授予“书法进万家先进个人”称号。戚本增书法作品在纪念抗美援朝出国作战60周年全国书画联展中获一等奖。姜福聚在全国第二届重阳节书法展中获金奖。邓勤忠书法作品在第四届“商鼎杯”全国书画展中获优秀奖，在全国社保书画研究院书法大赛中获金奖。夏俊波油画作品《海情》获得山东省星光奖评选二等奖。许青的水粉画《谷雨节》在第九届全国水彩、粉画展中获优秀奖。126名学生参加全国“中艺杯”青少年书画大赛，58人获奖，其中金奖4项。孟庆波的国画《闲云野水图》入选首届泰山文艺奖美术作品中国画展。郭峰出版了《故乡行写生集》，其国画作品展在佛山举行，并出版了《郭峰山水画集》。

【其他成绩】　王平、谭丽华的《新版12生肖》获全国法制漫画大赛第一名，于昌伟的《安全组画》获得山东省安全漫画大赛一等奖。市艺术工作者还在《中国艺术报》、《光明日报》、《中国摄影》、《中国书法》等文艺报刊发表了大量作品。市漫画家协会成立以来在各类报刊上发表漫画作品700多幅。

【文学理论研究】　7月，安徽文艺出版社出版了文学理论专著《共生与互动》，作者系山东大学威海分校传媒学院副院长、博士生导师张红军。本书在“现代汉语与现代文学的相互关系”总论题之下，把20世纪前期中国文学观念与语言变革作为重点考察对象，试图描述这一关系展开的过程，发现其中的规律，总结这一过程留下的经验和教训。该书为山东省社科规划项目。此外，安徽大学出版社出版了洪树华的诗学体系及批评旨趣专著《沧浪诗话》，山东文艺出版社出版了杜丽荣的学术专著《商君书——实词研究》。

（史怀宝）

【《鲁川情》演出获得盛赞】　年内，市文化广电新闻出版局与北川县文化旅游局联合打造出全国首部反映汶川灾后援建的大型羌风鲁韵歌舞剧——《鲁川情》。该剧目巧妙地将原汁原味的羌族舞蹈和风格鲜明的山东吕剧结合起来，让两种不同风格的艺术类别，交相辉映，相得益彰，突破性地实现了羌风鲁韵的完美结合，再现了“5·12”汶川大地震后，山东人民受党重托，奔赴重灾区北川，披肝沥胆，流血流汗甚至献出生命的英雄事迹。9月22～28日，《鲁川情》在北川新县城影剧院连续上演7场；10月24～28日，在威海市举行了5场汇报演出，得到了川鲁两地社会各界的一致好评。威海市委书记、市人大常委会主任王培廷多次高度评价《鲁川情》的成功演出。

（付城荣）

群众文化

【概况】　2010年，为满足不同层面的群众文化需求，市文化部门开展了一系列丰富多彩、和谐健康的群众文化活动。市群众艺术馆应韩国阴城郡文化院邀请，赴韩国参加“雪城节”，进行文化交流活动；组织各类画展；组织少儿音乐、美术、书法、舞蹈考级，参加考级人数910人，合格率98%；组织参加了全国各项征文、美术、摄影、剪纸、音乐创作比赛及文化部群文学会、省文化厅、省群文学会组织的各种论文评选活动、山东省曲艺小品大赛、第二届山东省农村文化艺术节、山东省第二届“星光奖”等重大有影响的赛事活动。在专业报刊上发表各类作品7篇，文艺创作表演获省级奖项7项。出版《威海群众文化报》5期，发行1万余份。

【“千场演出进农村”活动】 3月22日，“威海市千场演出进农村”活动拉开帷幕。至9月20日，威海市新农村演出小分队的20余名演职人员在6个月的时间内，行程1.2万余公里，先后赴各市（区）、开发区的61家敬老院为老年人演出京剧、歌舞、民乐等节目122场次。

【“幸福威海”广场文化活动】 5～10月，市群众艺术馆承办了“幸福威海”欢乐广场文化活动。整个活动期间在市人民广场组织演出达83场次，参加演出的演职员8800余人次，观众达30万余人次。12月19日，在梦海大剧院举行“幸福威海”广场文化活动优秀节目汇报演出。

【第十届少儿美术书法作品展】 5月29～30日，由市文化广电新闻出版局主办，市群众艺术馆承办的“第十届少儿美术书法作品展”在市博物馆举办，展出1000余幅作品。展览结束后，出版了《幸福威海·威海市第十届少儿美术书法作品集》。

【第五个“文化遗产日”威海系列宣传活动】 6月12日，由市文化广电新闻出版局主办，市群众艺术馆、市非物质文化遗产保护中心承办的中国“第五个文化遗产日”宣传活动在市博物馆举办。本次活动主题突出，特色鲜明，规模宏大，收到了显著的宣传效果。

【首批“艺术教学实践示范基地”授牌】 7月18日，在全省首次开展了“威海市艺术教学实践示范基地”创建活动，首批18家“威海市艺术教学实践示范基地”正式挂牌，促进了艺术院校教学、科研和艺术实践的共建共享。

【社会文化艺术考级】 8月2～18日，市群众艺术馆承办的音乐、美术、书法、舞蹈等四项专业的威海考区考级圆满结束，920名考生参加了考试，考生专业艺术水平明显提高。

【全国群众文化理论研讨会在威海召开】 10月22～24日，由市群众艺术馆承办的“群文与创新”2010年度全国群众文化理论研讨会暨颁奖典礼在威海宾馆举行。会议对市群众艺术馆的工作经验给予高度评价，并授予市群众艺术馆“全国群文与创新示范单位”奖牌。

【举办“威海2011新年音乐会”】 12月29日，由市文化广电新闻出版局主办，市群众艺术馆承办的“威海2011新年音乐会”在梦海大剧院举行，青岛市歌舞剧院海信交响乐团为观众奉献了一场优美典雅的交响乐。

（王　娜）

文　博

【概况】 2010年，全市第三次文物普查田野调查完成实地验收。第三批市级文物保护单位“四有”工作按时完成，推荐的第七批全国重点文物保护单位完成初评并接受国家文物局专家组抽检。市区英式建筑维修进入实施阶段。《威海文物概览》一书参评山东省文化艺术科学优秀成果并获专著类一等奖。配合地方经济建设对文登市抽水蓄能电站、青烟威荣城际铁路、泊于水库选址等基建工程进行考古调查和勘探。完成《威海市历史文化遗迹保护利用规划》及文物保护经费需求“十二五”规划编制工作。全市各博物馆全年征集文物973件，新增基本陈列3个，举办临时展览35次，接待观众总量168.9万人次。市博物馆继续修改、完善新馆陈列大纲，通过专家组评审；毕克官艺术馆开馆。中国甲午战争博物院全年接待观众102.8万人次，完成重大接待60余次，实现全年接待服务零投诉；加强文物遗址的管理保护，完成北洋海军提督署复原陈列准备工作，新增一级文物31件；加强学术研究，出版发行《甲午纵横》（第三辑）；加强馆际交流，引进“宁夏贺兰山岩画展”，参加在上海举办的国际博物馆协会第22届全体大会；延伸服务项目，利用水师学堂组织学生夏令营，全年接待青少年夏令营、企业军训、拓展训练团队39批7000多人次。文登市博物馆新馆确定了陈列布展方案。荣成市博物馆全力筹备“渔家傲——荣成人与海”大型展览。冯德英文学馆获“山东省红色文化教育基地”称号。

【第三次文物普查实地验收】 第三次文物普查是全国性的基础资源调查，目的是摸清家底，重点保护。年内，完成全市田野文物普查验收工作，乳山市（试点）、文登市、荣成市、环翠区实地文物调查先后通过省级验收，并全部获得优秀等次（全省仅3个）。全市登录不可移动文物点1497处，其中新登录文物点1115处。省三普办专门编发一期工作简报，对威海市文物普查工作予以肯定。田野调查完成实地验收，标志着威海的三普工作转入整理汇总的第三阶段。

【完成第三批市级文物保护单位“四有”工作】 一是按照《中华人民共和国文物保护法》的规定，市文物管理部门与第三批市级文物保护单位的产权单位或使用单位签订了文物保护责任书，明确了群众性保护组织或文物保护员；二是确定保护标志的形式和内容，树立了保护标志；三是划定了保护范围和建设控制地带；四是建立并健全了不可移动文物的记录档案。至年末，全面完成了第三批市级文物保护单位的“四有”（保护范围、记录档案、标志说明和保护管理机构）工作，使重要文化遗产得到了有效保护。

【文物宣传】 2010年，全市各文物行政管理部门和保护机构充分利用第三次文物普查的机会，加大文物保护宣传力度，营造全社会共同参与、共同关注文物保护的良好氛围。在《威海晚报 · 人文周刊》上连续对新公布的29个市级文物保护单位进行推介报道，在《齐鲁晚报 · 威海地理》连续对具有威海地域特色的明代海防遗迹等文化遗产做深度调查、挖掘报道，利用报纸、互联网等媒体及时报道全市各项文物工作进展情况，在山东文博网上刊出威海文物工作动态44篇。市博物馆围绕“5 · 18”国际博物馆日举办系列活动，与驻威空军雷达站、威海一中等单位联系，将威海文物保护单位宣传刊版送到部队、学校展出，组织专家在军营举办威海海防历史知识讲座，成为“幸福威海文化年”系列活动的一大亮点。

【毕克官艺术馆开馆】 9月30日，毕克官艺术馆开馆典礼在市文化艺术中心三楼市博物馆新馆举行，市委、市人大、市政府、市政协有关领导和全市文化及社会各界人士参加了开馆仪式。毕克官艺术馆为市博物馆新馆的馆中馆，展厅建筑面积564平方米，展览陈列面积约300平方米，展出的漫画、瓷绘作品、著作、手稿以及古瓷片等展品全部由威海籍著名学者、社会活动家、漫画家毕克官捐赠。毕克官艺术馆的成功运作在探索中小型综合博物馆的发展道路上迈出了关键一步。

【文物调查及数据库管理系统项目建设】 9月30日，全市博物馆如期完成馆藏二、三级文物的信息采集工作。“文物调查及数据库管理系统建设”是财政部和国家文物局联合启动的项目，目的是摸清全国馆藏文物家底，了解和掌握馆藏文物的基本状况，为文物保护决策提供科学依据。文物信息采集是文物调查及数据库管理系统项目重要的基础环节，年内上报全市馆藏二、三级文物信息数量284件／套，照片2159幅，电子数据总量58.2吉字节。

【国家一级博物馆运行评估验收】 7月31日，国家文物局考评复核小组对中国甲午战争博物院进行了国家一级博物馆运行评估验收。考核组现场考察复核了中国甲午战争博物院的博物馆建设、宣传教育、文物科研保护等方面的原始资料，实地参观了提督署、陈列馆等展览情况。经考核，各项工作均达到国家要求，顺利通过国家一级博物馆运行评估验收。国家文物局自2010年初开始开展评估试点工作，以提高一级博物馆管理运行水平，推进博物馆体制机制创新，促进博物馆事业健康发展。

【英式建筑维修】 为加强英式建筑保护和利用，2009年，市政府拨出专款对5处英式建筑实施抢救性保护维修。经过维修方案审定、施工资格审查、公开招标等一系列严格程序，年内进入实际施工阶段。燕馏所旧址建筑面积600多平方米，2009年由驻军移交地方维修保护，至年末，全面完成了主体建筑维修及周边环境的整治，外观、内部结构等都恢复到英租时期的原貌。泰茂洋行旧址维护性修缮工程自10月中旬开始施工，至年末，主体工程完工。9月底，收回威海卫纪念塔修复如新，为中国政府和平收回威海卫主权80周年献上了一份厚礼。

【中国甲午战争博物院新增一级文物31件】 9月14～16日，国家文物局馆藏近现代文物鉴定专家组一行4人到威海，对中国甲午战争博物院馆藏鉴选的85件文物藏品进行鉴定定级，确定一级文物31件。至此，该院近现代一级文物达到70件。

【北洋海军提督署原状复原陈列】 北洋海军提督署原状复原陈列工程自2009年启动，中国甲午战争博物院先后邀请国内著名专家举行两轮陈列方案专家论证会，完成了相关博物馆的考察，编写了《提督署原状复原陈列方案》。完成了原状复原陈列工程招标文件的编制并进行了公开招标，确定了设计方案。至年末，方案深化设计已完成。

【宁夏贺兰山岩画展】 9月28日，宁夏贺兰山岩画展在中国甲午战争博物院陈列馆开展。贺兰山岩画产生于文字出现之前，是人类记录自身历史的最初方式，题材有各类动物、天体、符号、人面像以及祭祀、射猎、放牧、巫术活动等，是研究史前人类史、文化史、风俗史、宗教史的百科全书。展览展出岩画拓片87幅，接待观众20万人次。

（张云涛）

图 书

【概况】 2010年，市图书馆积极开展社会延伸服务，拓宽服务功能，开展了“幸福威海 共沐书香”系列文化活动。争取了山东大学威海分校10万册刊物托管到市图书馆，供市民阅览、查询资料。自3月开始，每天9小时开放。全年新购图书2.1万余册，书刊文献外借22万册次，总流通25万人次，有效读者从2009年的4000余人，增加到8500余人，至年末馆藏总量达32万册（件）。荣成市图书馆全年新购图书2.1万册，书刊外借11万册次，总流通16.5万人次，年末馆藏总量达20.7万余册（件）。文登市图书馆全年新购图书7000余册，书刊外借23万册次，总流通22.4万人次，馆藏总量达39.8万册（件）。乳山市图书馆全年新购图书6000余册，书刊外借17万册次，总流通25万人次。年内，整合乳山市乡镇图书资源，至年末，馆藏总量达59万册（件）。

【“幸福威海 共沐书香”系列活动】 3～10月，市图书馆先后举办了“幸福威海 共沐书香”图书捐赠暨送书下基层活动、刘阳书画展及捐赠活动、“双举杯”读书朗诵会、“书香威海”2010全民阅读月活动、弘扬传统文化经典诗文朗诵公益讲座、“共同走向阅读社会”世界读书日宣传活动、全市读书知识竞赛、海洋文化图片展、威海老照片展、米字旗下的威海卫展10大系列活动，为威海市增添了浓郁的书香气息。

【《读书人》报创刊】 6月，由市图书馆主办，山东大学威海分校、哈尔滨工业大学（威海）、威海职业（技术）学院、山东交通学院海运学院、山东药品食品学院5所高校图书馆和荣成、文登、乳山市图书馆、威海读书沙龙协办的《读书人》报正式创刊。《读书人》报主要报道全市图书馆界各种读书活动、新书推介、图书借阅排行榜以及国内外图书馆品牌介绍等内容，为全市爱书、读书的市民提供了丰富的文化信息。

【王伟岩名列“全省十大书香家庭”】 10月，在山东省图书馆学会、山东省图书馆联合会举办的“全省十大书香家庭”评选活动中，市图书馆推荐的王伟岩以家庭藏书丰富、读书成果突出而名列“全省十大书香家庭”。

【市图书馆学会朗诵艺术分会成立】 经市文化广电新闻出版局及市民政局、市文联批准，市图书馆学会朗诵艺术分会于5月10日正式成立，填补了山东省图书馆学会朗诵艺术分会行业空白，为威海朗诵艺术爱好者搭建了学习交流的平台。

【在“闻一多杯”第二届全国少儿书法、绘画作品征集大赛中获奖】 在2010年上海世博会召开之际，中国图书馆学会、中国闻一多基金会、山东省文化厅、山东省图书馆等部门围绕“庆世博、看未来”主题，举办了“闻一多杯”第二届全国少年儿童书法、绘画作品征集大赛活动，在全国参赛的6000多幅作品中，市图书馆选送了100幅作品，其中，杨英翰和林栋的国画、书法作品分获二、三等奖。

【文登市图书馆被评为全国古籍重点保护单位】 6月10日，国务院正式批准公布了第三批“全国古籍重点保护单位”和第三批《国家珍贵古籍名录》，文登市图书馆被评为全国古籍重点保护单位，馆藏古籍《秋涧先生大全文集》、《古园集》、《欧虞部选集》3种60册古籍入选《国家珍贵古籍名录》。至此，文登市图书馆共有18种、222册古籍先后列入《国家珍贵古籍名录》。文登市自2008年开展古籍普查以来，已分期分批顺利完成了1956种、近4万册古籍的国家级、省级普查申报工作。2008年12月，被省古籍保护中心评为山东省古籍保护工作先进单位。2009年4月，被省文化厅评为山东省古籍重点保护单位。

【乳山市图书馆实行总分馆制建设】 乳山市图书馆在充分了解各乡镇、街道办事处、企业、学校现存图书资源基础上，提出了整合全市图书资源，建立以乳山市图书馆为总馆，以乡镇为分馆、以村为基层服务点的三级网络图书服务模式，实行总分馆图书借阅“一卡通”服务。乳山总分馆制的建设开通，促进了公共文化设施高效、均等、便捷的功能服务，实现了文化服务全覆盖。

（逯书华）

文化市场

【概况】 1月7日，威海市文化市场综合执法局正式挂牌成立，标志着威海市文化体制改革取得重大突破和实质性进展。年内，市文化市场综合执法局组织集中突击检查1300家次，出动执法人员2.02万人次，取缔、关闭无证游商、出版物摊点166个，收缴各类非法出版物2.25万盘（册），关闭非法网站2000余个，依法自我拆除、强制拆除卫星电视广播地面设施2000多套，立案查办案件182起，有效遏制了文化市场上一些热点、难点问题的发展，为维护全市政治安定、社会稳定和文化安全作出了贡献。

【义务监督员队伍建设】 为贯彻落实全国、全省、全市净化社会文化环境工作会议精神，结合校园安全整治工作，下发了《关于加强文化市场社会监督员建设建立校园周边文化环境长效整治机制的通知》，与市教育局联合，在每所中学选聘2名教师（分管德育的副校长或德育处主任及1名工作人员）、每所小学选聘1名教师（分管德育的副校长或德育处主任），共计374人担任首批文化市场社会义务监督员。每位社会义务监督员依法履行监督职能，对经营单位进行监督；教育未成年人遵守国家法律法规，不进入网吧等互联网上网服务营业场所，不在国家法定节假日外进入游艺娱乐场所；对文化市场经营活动中出现的违规、违法行为进行制止和举报；对文化市场管理工作提出合理化意见和建议等。8月20日，威海市文化市场社会义务监督员聘任仪式在第一实验小学举行，374名文化市场义务监督员正式“上岗”，每位社会义务监督员可凭发放的“威海市文化市场社会义务监督员证”进入相关文化娱乐场所实施监督，配合文化市场执法部门查处违规行为。

【“扫黄打非”】 市“扫黄打非”领导小组出台了《关于加强网吧市场监管工作的意见》（威扫黄发〔2010〕2号），将网吧市场监管工作纳入“扫黄打非”整体工作格局。建立由市文化市场综合执法、文化广电新闻出版、公安、工商等部门共同参与的网吧监管联席会议制度，研究解决事关网吧监管的重大问题，并形成会议纪要。加强对网吧的日常监管工作，按照文化部《关于加大网吧接纳未成年人违法行为处罚力度的通知》（文市函〔2010〕458号）要求，加大对违规网吧的处罚力度。积极整合现有资源，实现资源共享，建立健全网络视频监管平台，依靠技术进步提高监管水平，实现对网吧的远程视频监控。进一步强化文化市场社会义务监督员制度，做好组织、选配、聘任、培训、管理等工作，建立健全“五老”（老干部、老战士、老专家、老教师、老模范）和教师两支社会义务监督员队伍。

【卫星电视地面接收设施整治】 市文化市场综合执法局联合公安、安全、工商等部门研究部署开展违规接收广播电视节目整治工作，经过暗访，确定了全市30多个重点整治区域，并印制了《卫星电视广播地面接收设施管理规定》、《〈卫星电视广播地面接收设施管理规定〉实施细则》等宣传材料，同时邀请新闻媒体记者参与整治行动，扩大宣传影响。在全市先后开展了4次卫星电视专项整治联合执法行动，查处非法安装户500余户，下发《限期拆除通知书》等执法文书600多份，收缴非法卫星地面接收设施200余套，行政处罚3家。督促非法安装户自行拆除200余套。

（玄华青）

【电影发行与放映】 组织观看爱国主义教育片《复兴之路》 6月，市委宣传部、市文化广电新闻出版局、市教育局、市总工会、团市委、市妇联等部门在全市范围内组织观看电影《复兴之路》。共放映89场，观众5万余人次。

组织观看教育影片《第一书记》 8月，市委组织部、市委宣传部、市委创先争优活动领导小组、市文化广电新闻出版局等部门在全市范围内组织观看电影《第一书记》。共放映58场，观众4000余人次。

第五届优秀影片进校园放映活动 3～12月，市教育局、文化广电新闻出版局共同组织，在全市中小学校范围内开展优秀影片进校园放映活动，共放映146场，观众5万余人次。

联通电影城首家引进城市影院3D数字电影放映设备 7月，联通电影城投资100余万元，引进威海市首台3D数字电影放映设备。至此，联通电影城彻底告别了胶片机放映时代，进入了数字化放映新时期。

（孙 颖）

【图书发行】 2010年，市新华书店以“做精、做细、做实”为目标定位，按照“更观念、精管理、强效益”的总体思路，多措并举，求实创新，实现了企业的健康平稳发展。年内，图书销售总额1.19亿元，实现利税674万元，利润141.7万元，被山东省书刊发行业协会评为“守法诚信”先进单位，被山东省质量技术监督局授予“山东省服务名牌”称号。

教材教辅发行稳步推进 在用好政策、搞好协调、抓好征订、优化服务的基础上，逐步打造“一站式教育服务商”。一方面做到发行工作服务零距离、实时性、专业化，另一方面做到了教材教辅的专业性、关联性、配套化。多措并举，共促教材教辅发行稳步推进，全年销售教材3615万元，比上年增长0.8%；销售教辅4719万元，增长2.2%。

一般书和音像制品发行稳步提升 以“规范化门店”建设、岗位技能练兵活动为契机，全员发动，全员参与，形成了“学技能、重营销”的良好氛围，提升了员工岗位技能水平和市场营销能力。全年一般书和音像制品销售达到3518万元，占总销售额的30%。

（刘雪峰）

出版管理

【概况】 2010年，全市有全国统一刊号报纸4种，发行报纸5358.6万份，驻威报刊记者站5家，省级连续性内部资料出版物4种。拥有印刷企业292家。其中，出版物印刷企业18家；包装装潢印刷品印刷企业122家；其他印刷品印刷企业152家。拥有大型印刷文化产业园区2个，出版物批发企业1家，零售单位328家，音像制品零售单位173家。

【农家书屋建设工作】 年内，完成了全市315个农家书屋的建设任务，落实省级以奖代补资金49.66万元，参加了省新闻出版局农家书屋办公室组织的“农家书屋信息管理系统培训班”，并完成了全市360个农家书屋数据填报工作。

（付城荣）

报刊·网络

【概况】 威海日报社成立于1987年10月1日。2009年7月9日，山东省新闻出版局批复（鲁新出办字〔2009〕33号），同意组建威海报业集团；2010年1月7日，威海报业集团揭牌；2010年12月16日，中共威海市委办公室批复（室字〔2010〕54号），同意威海报业集团关于实行集团化管理体制、进一步深化内部改革的方案。威海报业集团、威海日报社实行“一套机构、两块牌子”，隶属中共威海市委。拥有《威海日报》、《威海晚报》、威海新闻网3个媒体；下辖威海日报印刷公司、威海报业广告公司、威海新闻大厦3个企业，有员工1000余人。

2010年，威海报业集团紧紧围绕市委、市政府的中心工作，聚精会神抓办报，一心一意谋发展，与时俱进求创新，实现了新闻宣传再上新台阶、内部改革再获新突破、报业经营再创新局面，各项工作都取得了新的成绩，获得了威海市委、市政府颁发的2010年度工作争先进位奖、2010年威海长距离铁人三项世界杯系列赛和2010威海HOBIE（霍比）世界帆船锦标赛筹办工作先进集体、平安威海建设先进单位等奖励和荣誉。

发挥“喉舌”作用，正确引导舆论。以服务中心工作为目标，加强新闻宣传。一是把时政报道作为新闻宣传的重头戏。制定了《关于进一步改进和加强时政报道工作的意见》，推出了《奏响“转调”强音》、《开启威海城市化的全新征程》、《统筹协调 走向“低碳”》等重点报道560多篇。二是把新闻评论作为旗帜和灵魂。围绕创建全国文明城市、文化体制改革等社会热点，策划推出了《长效管理才是根本》、《三论威海文化改革发展》等重点评论100多篇。三是把决策和政策解读作为重要职责。围绕城中村改造、农村环境综合整治、新型医疗制度改革等重大决策和惠民政策，策划推出解读文章20多篇。四是把部门和区域工作宣传作为重要内容。在80多个市直部门和单位设立了新闻联络人，在《威海日报》开办了《阳光政务》专版。提高办报质量，确立了看齐一流水平的办报目标。一是加强新闻策划。先后推出了“转方式 调结构 促发展”、“采风世帆 悦读文登”、“中韩文化交流月”、“辉煌十一五”等系列重点报道。二是优化版面结构。取消了读者群少、市场面窄的版面，设置了一批新的版面。三是完善内部监督。形成了编采、阅评良性互动，促进了办报水平显著提高。以占领思想文化阵地为目标，全力扩大发行。在充分发挥专业发行队伍作用的同时，与邮政、金融、教育等部门建立起了新的战略合作关系，两报发行实现新的突破。

实施“三化”战略，全面振兴报业。实施集团化战略，构建与报业发展要求相适应的管理体制。根据中央关于文化体制改革的要求，制定了实行集团化管理体制的总体改革方案。实施多元化战略，培植与报业发展要求相适应的产业结构。提升做强传统报业，积极进军新兴媒体，着力培植多元产业，全力打造“以报为本，多元并举”发展格局。初步论证了3个项目：一是蓝媒便民工程。二是系列会展项目。受市政府委托，整体运营威海国际展览中心。三是复合型文化产业项目。实施复合化战略，打造与报业发展要求相适应的竞争优势。打造平面媒体与新兴媒体的复合优势，与联通公司合作开发蓝媒手机媒体，整合威海拍客网新办了东方视角网；打造报媒产业与多元产业的复合优势，在着力培植多元产业的同时，继续提升做强报媒产业，12月1日，正式创办了《都市快讯》，定位为“民生服务类都市报”；打造中心城市与区域市场的复合优势，荣成、文登、乳山市3个地方版已向当地最具影响力、控制力的强势媒体和政经大报目标迈进。

【《威海日报》】 《威海日报》是中共威海市委的机关报，创刊于1987年10月1日，是威海市的主流媒体。对开，周6刊，每周64个版。常设版面有《要闻》、《热线 · 综合》、《焦点 · 时评》、《国内新闻》、《经济新闻》、《国际新闻》、《文娱 · 体育》、《天下趣闻》等，每周轮流出版《创富周刊》、《魅力周刊》、《文化威海》、《威海商圈》、《看威海》5个周刊，每个周刊4个版。

2010年，《威海日报》把时政报道作为新闻宣传的重头戏，制定了《关于进一步改进和加强时政报道工作的意见》；把新闻评论作为旗帜和灵魂，围绕市委、市政府的重大决策、工作部署和社会热点问题，阐明主流媒体观点，正确引导公众舆论；详细解读市委、市政府的重大决策、政策和战略部署；把部门和区域工作作为重要宣传内容，在80多个市直部门和单位设立了新闻联络人。在省以上组织的新闻作品评奖中，获一等奖3件、二等奖10件、三等奖13件。

特色版面和专栏 《阳光政务》版。自11月1日起，在第3版开设。该版开设了《政务动态》、《呼声建议》、《有问就答》、《社会评价》、《实地考察》栏目，每期重点介绍一个部门或单位。开版以来，受到了政府机关和广大群众的普遍欢迎。年内，先后刊发了《科学谋划蓝图 主动服务“转调”——市发改委主任任慧春谈重点承诺事项进展》等稿件。每周刊发两期，周一、周四见报。

《转方式 调结构 促发展》专栏。自8月4日起，在第1版开设。栏内先后发表了《经区：“三轮”驱动高端产业集聚》、《做内涵式增长的排头兵——来自环翠区张村镇“转方式、调结构”的报告》、《统筹协调 走向“低碳”——文登市以“低碳”理念推动经济可持续发展纪实》、《产业重构向高端——乳山市加快经济发展方式转变纪实》、《产业向高端——威海市以自主创新推进转方式调结构纪实》、《传统强企“变型”记——威海市传统工业企业成功“调转”案例解析》、《写在大地上的和谐乐章——乳山市以科学规划促经济社会发展纪实》、《经区造船业扬帆远航》、《华东数控：全产业链布局战略新兴产业》等几十篇重头稿件。

《辉煌十一五》专栏。自12月1日起，在第1版开设。发表了《砥砺奋进，综合实力跃上“新台阶”》、《“转调”并举，工业昂首向高端》、《大开放带来大发展》、《现代服务业：打造经济新引擎》等文章。文章中以大量的数字和充分的事实记录了威海市在“十一五”中走过的辉煌历程。

《“侨乡集团杯”2010年头题新闻大赛》专栏。自1月28日起，在第1版头题位置开设。刊发了《华东数控谋局高端核电装备制造业》、《泊于嬗变》、《走泽库 看“调转”》、《“议”出一片新气象——文登市推行镇村集中议事制度探究》、《农业产业化的壮阔图景——乳山市大力发展现代特色农业带动农民致富纪实》、《爱，让城市更精彩——中国（乳山）母爱文化节透视》、《共建共享幸福家园——环翠楼街道办事处探索现代城市社区建设新途径纪实》等新闻性强、社会影响大的稿件。至年末，发表稿件175篇。

《请您关注 请您监督 请您评议》专栏。2010年，威海市各机关部门开展了“向市民承诺、为市民办事、请市民监督”活动。为全面展示各机关部门在服务大局、改革创新、体察民意、改善民生工作中的工作实效，《威海日报》自11月23日至12月22日，在《热线 · 综合》版以每天半版的规模开辟《请您关注 请您监督 请您评议——2010年度“向市民承诺、为市民办事、请市民监督”活动盘点》专栏，将全市各部门承诺目标完成情况分期公示，以便广大市民对各部门的工作予以关注、监督和评议。

《学赶先进 干事创业 争当先锋 深入开展创先争优活动》专栏。2010年，威海市委在全市基层党组织和党员中开展了以“创建先进基层党组织、争当优秀共产党员”为主要内容的“创先争优”活动。为紧密配合这一活动，《威海日报》自5月7日起，及时报道活动开展情况和基层党建中的先进组织和个人。栏内先后发表了《环翠区举行殷树山先进事迹报告会》、《各部门踊跃开展创先争优活动》、《全心全意为企业服务——访山东华夏集团有限公司特派员李延茂》、《市工业工委着力引导企业提升核心竞争力》等几十篇稿件。

《多措并举稳物价》专栏。11月24日，在第1版开设，为广大读者多方位呈现威海市调控物价的举措和成效，栏内先后发表了《蔬菜：供应充足 价格回落》、《肉蛋：涨幅趋缓 价格趋稳》、《各市区多措并举稳物价保民生》、《主要蔬菜价格进入“下降通道”》等文章。

《迎接国家环保模范城市复查》专栏。自7月15日至11月，开设此专栏。通过高频率的稿件刊发，展示了“创城”动态消息。发表了《供暖分户计量样板楼穿上“保温衣”》、《四工地屡次违规施工被查处》、《市区将新增3处机动车尾气检测点》、《37条建议年节能600吨标准煤》、《现场搅拌水泥被叫停》等30篇稿件。

重点报道 关于党的十七届五中全会和十二五规划的报道。10月19日，在第1版刊发了《党的十七届五中全会昨日在京闭幕》和关于会议的其他新闻。28日，用2个多版的版面，刊发了《中共中央关于制定国民经济和社会发展第十二个五年规划的建议》全文。

25日起，在第1版开设了《学习贯彻十七届五中全会精神》专栏，刊发了《蓝图绘就 目标清晰 催人奋进——市委党校专家谈学习贯彻十七届五中全会精神》。12月10日，在第1版刊发了中共威海市委十三届八次全体会议审议通过的《威海市国民经济和社会发展第十二个五年规划纲要（草案）》。

关于创建全国文明城市的报道。为做好“创城”的宣传报道工作，《威海日报》开设了《做文明市民 建文明威海》、《不文明行为曝光台》等专栏，刊发了“创城”系列述评，发表了《建言献策聚民意 全民共创文明城》等重头文章。同时，还以“一线暗访＋部门回应”的形式，策划采写了《文明须从脚下做起》、《莫让不文明行为煞风景》等，对不文明行为曝光，督促有关方面积极整改。此外，还参照《全国文明城市测评体系》的具体内容，策划组织了党报热线“创城”特别行动，派出记者深入社区、街头、公园、旅游窗口等“创城”一线，实地感受广大市民参与“创城”活动的高涨热情，展示文明城市创建工作的丰硕成果，为“创城”营造浓厚的舆论氛围。“创城”检查结束后，推出了《为了家园更洁净》等系列述评。

关于“蓝色经济区”的报道。2010年，《威海日报》在第1版深入解读了《威海蓝色经济区建设总体规划》，在6月5日推出《看威海》特刊，封面版（第9版）以《驶向深蓝》为题，展示了威海市一年来蓝色经济区建设取得的成就；第10版以论坛的方式，邀请有关部门领导及专家学者，解析一年来威海市在蓝色经济区建设方面取得的经验和存在的问题，并为威海市“驶入深蓝”提出具体意见和建议。《威海日报》还将蓝色经济区建设与转方式、调结构紧密结合，推出系列报道，从传统工业转型升级、自主创新、服务业跨越发展等多个角度详细报道了威海市加快驶向深蓝的步伐。

关于“世帆赛”和“铁人三项赛”的报道。2010年，《威海日报》对“威海杯”2010年HOBIE（霍比）世界帆船锦标赛和长距离铁人三项世界杯系列赛进行了全方位、多角度报道。6月8日，两大国际赛事全球启动仪式在北京举行。6月9日，在头版头条发布《威海市在京举行两大国际赛事全球启动仪式》和威海市委副书记、市长孙述涛在京接受专访的消息，拉开了两大赛事报道的序幕。当期报纸第3版以整版大篇幅刊登两大国际赛事全球启动仪式暨“蓝色休闲之都”影响力论坛侧记——《威海 扬帆向世界》，取得了良好的宣传效果。整场赛事期间，共刊登大小新闻稿件200余篇，在第1版挂牌《魅力威海 动感世帆》，在第3版开设《拥抱世帆赛 扬帆向世界》专版30余个。

在铁人三项世界杯系列赛事筹备期间开设了《聚焦铁人三项世界杯》专栏。9月26日，头版头条刊登《2010年威海长距离铁人三项世界杯系列赛开幕》的消息，第2版以整版刊登《131名运动员长距离赛道竞高下》等赛事报道，全方位呈现赛事盛况。9月27～28日，分别以整版和半版的篇幅跟进赛事报道。“铁人三项赛”期间，发表消息、通讯、评论40余篇。

关于上海世博会的报道。中国2010年上海世界博览会于4月30日开幕。威海日报社特派文字、摄影记者各1名前往采访报道，采写了《触摸世博 共享精彩》、《民族文化灿烂绽放——上海世博会中国馆省区市馆印象》、《文明盛宴 未来畅想——世博会各参展国国家馆印象》、《“威海制造”走俏世博》等稿件。在山东活动周期间，在头版刊发了《世博会山东周7月8～12日举办》、《世博会山东活动周激情开幕》、《“齐风鲁韵”世博展风情》等文章。

关于玉树地震、舟曲泥石流灾害和威海援助灾区的报道。4月14日，青海省玉树县发生7.1级地震，在第1版头题位置刊发消息《青海省玉树县发生7.1级地震》；16日刊发消息《威海市紧急驰援玉树地震灾区》；此后刊发《关注玉树地震救灾》专版6个；4月22日，对于哀悼日（21日）期间威海市的哀悼活动作了详细报道。

8月7日晚至8日凌晨，甘肃省甘南州舟曲县发生强降雨引发泥石流灾害。9日，《威海日报》刊发消息《甘肃舟曲发生特大山洪泥石流灾害》，自10～17日，每天以《关注舟曲抢险救灾》专版对抢险救灾情况进行重点报道，营造了众志成城抢险救灾的舆论氛围。

活动策划 “幸福威海”广场文化活动。由市文化广电新闻出版局、报业集团、市广播电视台共同主办的2010年“幸福威海”文化活动，于4月29日启动，10月结束，在市人民广场举办了81场次文艺演出，在市博物馆、威海画院等场所举办展览200余场次以及“福彩伴您行”图书捐赠活动等活动。

“文登电建房产杯”2009威海最具影响力经济年度人物评选活动。由市委宣传部、报业集团、山东大学威海分校商学院、哈尔滨工业大学（威海）管理学院共同主办。评选活动于1月11日正式启帷，设立了最具影响力经济年度人物“年度服务奖”、“年度成就奖”、“年度创新奖”、“年度责任奖”和“年度创业奖”5个奖项。2月5日，评选出2009威海最具影响力经济年度人物。

【《威海晚报》】 《威海晚报》是威海报业集团主办的一份综合性生活类报纸。4开，周7刊，每周302个版。在省以上组织的新闻作品评奖中，获一等奖1件、二等奖9件、三等奖6件。

特色版面和专栏 报道上海世博会专版。为详细报道上海世博会的盛况，《威海晚报》开设了多个专版。5月1日，开设了《世博开幕》专版，刊发了《上海世博会炫彩开幕》、《火树银花庆世博 琼楼玉宇不夜天》。2日起，开设了《直通世博》专版，刊发了《世博开园首日迎客20多万》、《民族文化灿烂绽放》、《世博首个普通日迎客14.3万》等。11月1日，封面版以上海世博会闭幕仪式的巨幅照片和《2010上海世博会圆满闭幕》为标题，并以2个《世博落帷》专版，详细报道了世博会闭幕的消息。多个专版、连续6个多月的报道，使世博会给读者留下了深刻的印象。

报道玉树地震和抗震救灾专版。为及时报道重大灾情和抗震救灾情况，《威海晚报》及时开设专版。自15日起，开设了《青海玉树7.1级强震》，报道了灾情和采取的紧急救灾措施。16日，开设了《救援玉树 威海行动》专版，刊发了《威海市首批52万元救灾物资起运玉树》、《一志愿者自发前往玉树灾区》。4月21日，全国举行哀悼活动。

《威海晚报》以“为玉树地震遇难同胞举国哀悼”的巨幅大字和降半旗的图片作封面版，全报改彩色为黑白色。22日，为报道哀悼活动，以“为逝者低头　为生者挺胸”的硕字和4位女生哀悼活动中的悲切场面作封面，开设了《玉树七日祭》4个专版，报道了全国各地和威海市人民群众的悼念活动。

《2010中韩文化交流月》专栏。山东省第三届文博会威海分会场——2010中韩文化交流月于8月23日至9月30日举行。对于这项重要文化活动，《威海晚报》于8月12日开设了《2010中韩文化交流月》专栏，刊发消息《2010中韩文化交流月盛大开幕》。并对文化交流月期间举办的政府间高峰论坛、东亚工艺评述经典大展、中韩发明大展、中韩经典大型音乐会、时尚运动嘉年华等22项活动进行了跟踪报道，刊发了《文化交流的桥梁　增进友谊的纽带——访2010中韩（威海）书法美术摄影大展部分参与者》、《3000人唱响中韩经典歌曲》、《20年　对韩经贸“步步高”》等20多篇稿件。

《全民行动　争创全国文明城市》专栏。为配合威海市创建全国文明城市工作，推进文明城市建设，7月6日起设立专栏，先后刊发了《共育文明花　共享文明果——威海市加强公共文明建设速写》、《高区一无“管家”小区获治理》、《万名工商业户争当“创城”主人公》等。

重点报道　关于农村环境综合整治的报道。2010年，是威海市进行大规模农村环境综合整治的第二年。为了配合市委、市政府的这一中心工作，自5月18日起，对全市农村环境综合整治工作进行了阶段性回顾，每个市（区）以一个整版的规模，展示成果，总结经验，树立典型，营造了浓厚的舆论氛围。11月25日，再次以3个整版的篇幅，对全市的农村环境综合整治工作进行报道。从整治投入、进展、成效，到给农村带来的巨大变化、给农民带来的幸福生活入手，以文图并茂的形式作了详尽报道。11月26日，在头版头题报道了全市农村环境综合整治工作总结表彰会议消息，并配发大幅照片。同时，以半个版的篇幅对2010年的整治工作进行了解读。

关于第六次人口普查的报道。9月25日，威海市正式启动全国第六次人口普查的入户摸底工作。《威海晚报》及时刊发《第六次人口普查宣传月活动启动》等文章，对人口普查的重要意义进行了宣传报道。第六次全国人口普查正式启动后，《威海晚报》进行了跟踪报道，推出了《入户普查找片警“作证”》、《带着翻译搞普查》、《人口普查人员屡吃闭门羹9次没敲开居民门》等文章，报道了人口普查工作遇到的困难，以唤起群众对人口普查工作的理解、重视和支持。推出了《一家四口围着人口普查转》、《两普查员兼管“后勤”》、《79岁“编外”普查员专帮忙“叫门”》等稿件，推动了人口普查工作的顺利进行。

关于“世帆赛”和“铁人三项赛”的报道。“威海杯”HOBIE（霍比）世界帆船锦标赛”于8月16～30日在威海举行；“2010年威海长距离铁人三项世界杯系列赛”于9月25～26日在威海举行。编辑部指定专门记者与筹委会对接，推出了《魅力威海　动感世帆》专栏，“两赛”开幕后，每天安排专人采写、刊发相关稿件，及时报道动态消息，在“两赛”期间，刊发各类稿件近200篇。

活动策划　“为四川绵阳援建‘威海晚报读者希望小学’”活动。“5·12”汶川大地震发生后，四川省绵阳市游仙区凤凰乡中心小学遭受重创，多处校舍被鉴定为危楼。10月，《威海晚报》面向市民发出了为地震灾区捐建小学的倡议，威海市热心企业和市民捐赠100多万元。2009年8月，“威海晚报读者希望小学”正式动工，2010年6月1日一期工程竣工。《威海晚报》送去了写有“凤凰涅槃 浴火重生”字样的励志景观石，组织威海市的小学生捐款1.09万元，为该校学生购买了学习用品。绵阳市游仙区凤凰乡中心小学的280多名孩子，告别了栖身两年的板房学校，搬进了新落成的学校。

“震区儿童威海行”活动。8月9日，《威海晚报》联合清华大学继续教育学院威海同学会、威海园林建设集团等单位启动了“山海手拉手 爱心满滨城”震区儿童游威海活动，邀请“威海晚报读者希望小学”的10名学生代表到威海市参加夏令营。《威海晚报》社整合多方资源，为他们安排了体验世帆赛、畅游华夏城等活动。8月20日，《威海晚报》刊发了《10名震区儿童昨顺利抵威海开启“爱心之旅”》稿件。

“中盛园杯　2010威海邻居文化节”活动。5月21日，由市文明办、高技术产业开发区怡园街道办事处中盛园社区和《威海晚报》联合开展的“中盛园杯 ·2010威海邻居文化节”正式启帷。7月23日，“中盛园杯　社区才艺擂台赛”首场选拔赛在中盛园广场拉开了序幕。“社区才艺擂台赛”选拔赛的移动舞台相继搭建到了多个社区，全市的文艺爱好者争相登上舞台，为社区中的新老邻居们展示自己的才艺。至7月底，600名“社区明星”参与到活动中。邻居文化节还开展了“我身边的好邻居”征文、“新家园新邻居”主题作品有奖征集活动，让“邻居”一词成为社区内的高频词。互换“相识卡”、建立邻里互助QQ群等活动也进一步帮助居民在社区找朋友，感受邻里沟通的快乐。

“发放‘停车联系卡’”活动。2010年，不少市民通过热线等形式向《威海晚报》反映，自己遭遇的各种堵车、划车、停车难题。记者通过调查，撰写了《小区停车乱　闹心事不断》的报道，对市区内不文明停车现象进行扫描。从帮助市民解决难题的媒体职责出发，策划发起了“停车联系卡”、“建立车档案”活动，得到40多个居民委员会的大力支持，各居民委员会、物业公司帮忙制作“停车联系卡”，建立车档案，通过近2个月的追踪报道，近3000张“停车联系卡”有了车主，800余台车辆在居委会建档，停车难题有所缓解。

“抵制地沟油 · 打造放心餐饮”活动。3月开展了“抵制地沟油 · 打造放心餐饮”活动。活动中，派记者乘夜暗访本市一地沟油提炼窝点，通过多日跟踪暗访，在掌握大量第一手材料的基础上，3月30日，用一个版面报道了《我市地沟油回流“线路图”》。引起了社会各界的关注，一些规范经营的餐饮企业纷纷致电编辑部，谴责个别不负责任餐饮企业使用进货渠道不明的食用油。4月1日，《威海晚报》

顺势发起了“抵制地沟油 · 打造放心餐饮”活动，并发起成立“放心餐饮联盟”，动员餐饮行业抵制地沟油。一些星级饭店和知名宾馆等200多家餐饮店加入“放心餐饮联盟”，参加“放心餐饮联盟”的餐饮企业均与《威海晚报》编辑部签订了书面承诺，并愿意接受新闻媒体的监督。

（宋贵成）

【《威海广播电视报》】 2010年，《威海广播电视报》明确了办报宗旨——“全心全意为生活消费服务，打造威海家庭生活第一报”，并进一步强化报纸“家庭生活报”定位，完成了《威海广播电视报》的全面改版。

强化报纸定位，打造家庭生活第一报 2010年初，《威海广播电视报》进一步明确了办报宗旨——“全心全意为生活消费服务，打造威海家庭生活第一报”。并于1月成功推出新版《威海广播电视报》，改扩版后为铜版纸封面印刷、装订成“本儿报”；实行了周刊化版面结构，细化、深化生活内容，增加了《新闻周刊》、《消费周刊》、《生活周刊》、《车周刊》、《房周刊》、《视听周刊》等，获得了业内外一致好评。与此同时，《威海广播电视报》还进一步强化报纸“家庭生活报”定位，强化周刊的“实用性”和“复读率”，独家的《特别报道》、《记者专访》、《本报专稿》等大篇幅主题性自采报道大幅度增加，服务生活的力度得到了提高。2010年《威海广播电视报》自主策划出版了围绕生活为主题的《春节特刊》、《缤纷女人节特辑》、《3 · 15消费特刊》、《低碳生活指南》、《五一消费特刊》、《铁三招商专刊》等大型专题、专刊10余次，社会反响热烈。

发挥广电优势，合力打造广电品牌 2010年，《威海广播电视报》积极配合威海广播电视台活动，加大对电台、电视台各频道栏目、主持人的宣传力度。相继成功组织版面为威海春节晚会、全国京胡演奏展演、《明星站》、广播新闻频道《唱响2010——特乙甲时尚歌会》、栏目剧《咱老百姓的故事》等做足系列宣传。成功配合“铁人三项赛”宣传报道与市场开发，组织了《2010年威海长距离铁人三项世界杯系列赛专刊》等。

多措并举，打开发行大市场 2010年，《威海广播电视报》内外兼修、扩大发行、增强影响，确立了多途径发行的工作思路，使发行量大幅度提升，创下历年发行新高。同时，将发行范围扩大到出租车和火车站，影响范围得以进一步延伸和扩展。

（张 瑜）

【《都市快讯》】 12月1日，威海报业集团创办了《都市快讯》，每周一、三、五出版，每期8个版。《都市快讯》的办报宗旨是：提供全新讯息，服务百姓生活。《都市快讯》融新闻性与服务性为一体：新闻板块安排在1～4版，开设了《要闻速览》、《威海主打》、《文体大观》等版面，及时报道时事新闻和本地新闻事件。服务消费板块安排在5～8版，开设了《潮流视野》、《天地游走》、《飘香美食》、《商场导航》、《资讯服务》、《家装美饰》、《女人360》等，及时传递本地百姓生活服务方面需要的信息。《都市快讯》免费向市民读者赠送。

（宋贵成）

【中国 · 威海】 “中国 · 威海”政府网站（www.weihai.gov.cn）开通于2001年12月25日，由威海市人民政府主办，市经济和信息化委员会管理，市信息中心负责日常维护运行。

网站以政府信息为主线，以用户需求为中心，以服务百姓为宗旨，遵循“高起点规划、高标准建设、高效能运营”的原则，围绕信息公开、在线办事和公众参与三大政府网站功能定位，开设了《概况》、《信息》、《经济》、《农业》、《投资》、《旅游》、《居住》、《生活》等10个专业栏目和《企业》、《市民》、《公务员》、《旅游者》、《投资者》5个用户栏目，涉及500多个大小栏目。网站日平均访问量约8000人次，总访问量近1500万人次。

政府网站三大服务功能不断增强。一是信息公开方面，网站政府信息公开目录覆盖比较全面，框架较为合理，数量显著增加，类别更加全面。至年底，政府信息公开专栏共收录公开信息2.7万余条。二是政民互动方面，在线沟通顺畅，公众参与途径多样，问题处理能力增强，咨询投诉回复及时，质量较高。至2010年底，公众网上参与总量近5万人次，按期答复率100%，能够切实解决百姓实际问题。三是网上办事方面，一站式办公基本实现，政府网站成为连接公众和企业的连心桥。

政府网站群建设不断加强。“中国 · 威海”政府网站已经形成了一个庞大的以“中国 · 威海”政府网站为平台、以政府各部门网站为子站的信息资源共享的较为完善的网站群。网站以其丰富的内容、强大的功能、人性化的服务赢得社会公众一致赞许，为进一步深化政务公开，提高政府行政效能发挥了积极作用。“中国 · 威海”已成为威海市扩大对外宣传的重要媒体、政府信息公开的窗口、百姓网上办事的工具、公众参政议政的网络平台。2010年，网站在全国300个地市政府网站绩效评估中位列第七，“向市民承诺、为市民办事、请市民监督”互动专题栏目被《电子政务》杂志社、电子政务理事会评为2010年中国政府网站政民互动精品栏目。

（杨启玉）

【威海新闻网】 威海新闻网（www.whnews.cn）是威海市唯一具有刊载新闻资质的网站，隶属于威海报业集团。2010年，威海新闻网以“聚焦新闻热点 关注百姓生活”为理念，努力打造负责任媒体形象，为网民及时提供最有价值的新闻和信息。设置了《房产》、《人才》、《家装》、《汽车》、《教育》等频道，并设置了《海岬社区》、《海岬博客》等互动平台。

2010年，推出了“转方式 调结构 自主创新大发展”、“威海深入开展创先争优活动”、“威海城中村改造——新农村‘蝶变’之路”、“台湾赠大陆长鬃山羊和梅花鹿落户威海刘公岛”、“HOBIE（霍比）世界帆船锦标赛及铁人三项赛两项重大国际赛事落户威海”、“两只国宝大熊猫落户刘公岛”、“市区停车难透视”、“低碳生活 市民为节约支招”、“青烟威荣城际铁路打造1小时半岛圈”等专题报道。对上海世博会、广州亚运会、南非世界杯足球赛等具有重大国际影响力的活动进行了专题报道。

《房产》栏目在2010年突出自身优势，旨在提升品牌价值和影响力，打造特色品牌，成功地举办了“威海地产人假面狂欢派对暨新闻网首届地产佳人秀颁奖盛典”。《人才》栏目在组织多场网络大型招聘会，解决企业用工荒的同时也为个人就业提供了平台。《汽车》栏目举办了威海市第二届汽车知识大赛、威海市汽车行业拓展训练营、威海市汽车行业营销管理讲座等一系列活动；该栏目打造的威海汽车电子期刊成为业内的必读物。《家居》栏目组织多项团购活动，国美电器团购消费额度10万元左右，在“3·15”团购活动中，现场成单77笔；由该频道承办的“书香门地美学地板杯室内设计大赛”提交作品62套，体现了威海市家装设计行业的最高水平；组织网友参加“装修沙龙”、“装修日记”等活动，一起交流装修心得；“装修无忧”活动为10余名网友监督验收工程，在网友中树立了良好的形象。

2010年，《海岬社区》、《海岬博客》全面改版升级，活动丰富多彩。“抢楼送大礼”活动极大地扩大了影响力；“母亲节征文”活动，让网友们回忆和感受母亲的爱子之恩；“组团看世界杯”活动，调动了网友看球侃球的热情；“西瓜节”活动的举办让网友品尝美味享受文化；以纪念抗日战争胜利65周年为主题的“国防教育征文”活动，激起了网友们的爱国热情，把国防教育引向了深入。年末，社区联合海岬商业联盟共同举办了海岬新年晚会，感谢广大网友一年来的热情支持。

下半年，由市委宣传部、市文明办主办，威海新闻网承办建设了“威海文明网”，下设《文明头条》、《文明播报》、《思想道德》、《未成年人》、《志愿服务》等10余个栏目，大力宣传威海精神文明建设和市民思想道德风貌。其中，《创建文明城市大看台——威海篇》选取八大类图片300余幅，图文并茂，展现“自强不息 创新创业 海纳百川 追求卓越”的威海精神。《威海文明市民手册》专栏，方便了市民学习文明常识，引导市民形成良好的文明风尚，为建设创新开放宜居幸福的新威海作出应有贡献。

（宋贵成　丛明）

【爱威海网】 爱威海网（原爱威海百姓网，www.iweihai.cn）于2003年12月开通，属综合类区域门户网站。成立以来，一直坚持本地化网络服务，为网友提供威海同城生活资讯、消费购物、人际交流等真实生活体验，做贴近百姓生活的网站。至年底，爱威海网开设各类生活服务信息栏目30个，其中热门栏目有《爱威海社区》、《分类信息》、《房产》、《汽车》、《招聘》、《旅游》、《美食》和《结婚亲子》等。网站日访问总量超过700万次，拥有注册用户60万。爱威海社区发帖总量达1700万，每秒在线最高人数2万人。《爱威海供求频道》每天有威海市民主动发布的生活类信息达8000条，是威海市民广泛使用的网络平台。爱威海网发行的“爱威海都市卡”是网站会员身份的证明，凭都市卡可以享受威海当地数百家特惠商户的打折优惠服务，一定程度上刺激了消费。10月，爱威海网被市委、市政府评为全市文化体制改革文化产业发展单位。

网站“分享”文化深入人心　2010年，爱威海网提出“分享让生活更美好”的网络文化理念，倡导网民以“分享”的心态来面对网络，60万用户每人分享一条信息，就会有取之不尽的海量信息源。《爱威海社区》是充分体现“分享”理念的专栏，栏目有威海的大事小情，反映真实的社情民意。由于网络传输快、传播广的特点，威海的焦点、热点事件会第一时间在这里呈现，《爱威海社区》已成为以论坛、圈子、博客等为基础的大型网络社交平台，形成以人文情感为特色的综合性虚拟社区，每天发帖量1000条，回复达2万条。

为网友提供实际的生活服务　2010年，爱威海网摸索出一条公益与商业相结合的活动思路。4月，提出了“百团大战”口号，树立2010年百场团购活动的目标，旨在通过活动让网友获得实实在在的经济利益。“创意＋商业化”的活动运营模式，将企业与消费者双方的诉求组合在一起，让双方都能获益。至年底，举办了团购会105场，包括家电团购、家居建材团购、婚纱婚礼用品团购、美容美发团购、婴幼儿用品团购和儿童教育课程团购等涉及生活的方方面面。其中家电团购和家居建材团购尤其受到网友的欢迎，打破了以往以卖场为价格主导的局面，集中众人力量拉低产品价格，让市民真正得到实惠。主办了“百子闹春·年画宝贝”评选活动，受到威海市民的广泛关注，700名宝贝参与评选。开展了房产频道特色活动——看房团，通过免费提供看房车、定期组织有购房需求的网友进行区域性、有针对性的看房活动，尽最大努力满足消费者的购房所需和开发商的销房所求，为广大购房者和开发商搭建一个相互沟通的桥梁。2010年，看房团组织看房活动12次，参与看房的市民达600人次，近100个家庭通过本活动选到了中意的房子。

一网两报　多媒体运作　爱威海网旗下纸质媒体——《找一找》周刊，是一份网罗热门生活资讯、引领消费潮流的本地消费指导类刊物，威海、文登市双地发行。该周刊读者群定位精准、发行量大，发行覆盖威海商业店铺及208幢写字楼，每周拥有10万人次读者，成为客户广告有效的投放渠道。

爱威海网旗下纸质媒体——《招贤榜》，始创于3月，是威海市唯一的专业招聘刊物。自创刊以来，为2000多家企业提供了招聘服务。《招贤榜》从原来的8版扩展到16版，每期招聘企业200多家，提供职位500多个，每周发行5万份，全程跟踪招聘效果，及时解决客户遇到的问题。“找工作看招贤榜”成为求职者耳熟能详的广告语。

（于霏霏）

【威海拍客网】 威海拍客网（www.whpaike.com）隶属于威海报业集团，于2009年6月30日正式开通，是《威海晚报》与广大摄影爱好者互动的平台，开设了《最新上传》、《主题相册》、《专题活动》、《摄影交流》、《个人空间》等栏目，注册会员达2000人，上传摄影作品达数万幅，每天发帖数十条。

2010年，威海拍客网先后举办了“乐天家居杯天鹅摄影大赛”、“祥云杯城市风光摄影大赛”、“新新娘杯人像摄影大赛”、“走进工业新区”、“海滨仲夏夜”、“夏日赏荷”等活动。其中，“乐天家居杯天鹅摄影大赛”自1～4月举行，共收到参赛作品1500余幅。大赛不仅提高了摄影爱好者的摄影水平，也提高了人们保护大天鹅的意识。威海拍客网与《威海晚报》中的拍客版紧密配合，在网上选取优秀照片在拍客版上发表，走出了一条电子媒体与平面媒体互动的新路。

（宋贵成　朱春晓）

【威海信息港】 威海信息港（www.whinfo.net.cn）创建于1997年，是由中国联合网络通信有限公司威海市分公司投资建设的主要面向威海本地的综合性门户网站，是威海本地创建最早、访问量最高的综合性门户网站，也是山东地区乃至国内的知名网站。威海信息港设立了各种频道和内容，包括房产、汽车、财经、健康、美食、便民，极品影院、游戏、交友、聊天、社区、分类信息、人才、网上行风热线、商场等5个大类50多个分类的内容。至年末，威海信息港首页日独立访问用户达到32万人次，综合点击率超过600万人次，成为威海大众网络生活不可或缺的驿站，成为威海最大的网上信息发布和信息服务平台，威海人的网上信息中心、娱乐中心、交友中心、电子商务中心。

（于英东）

广播电视

【概况】 2010年，拥有电视新闻综合频道、电视民生影视频道、电视人居生活频道、电视文化娱乐频道4个电视频道，以及广播新闻综合频道、广播交通文艺频道、广播故事频道、广播音乐时尚频道4个广播频道，另有威海传媒网以及威海广播电视报社，构建了广播、电视、报纸、网络全方位立体宣传的格局。

在宣传报道方面配合市委、市政府的中心工作和重大举措，突出了“转方式、调结构、惠民生”、“打造蓝色经济区和高新产业聚集区”、“自主创新年”、“城中村改造”、“农村环境综合整治”、“旅游重点工作”、“两大国际体育赛事”等重大主题，广播、电视对上发稿发片均位居全省前列。在节目生产方面，《威海新闻》、《行风热线》、《直播威海》、《畅通威海》等老品牌经久不衰，新品牌《我爱威海》、《咱老百姓的故事》、《明星站》等也更加成熟，同时全新打造了《杏琨帮您忙》、《威海区域新闻》等一批广播、电视新节目，自办节目初成规模。2010年也是威海广播电视台举办、承办大型活动最多的一年，全年举行电视大型活动90场，广播大型活动100多场，取得了良好的社会和经济效益。1月，在“2009中国企业发言人与传媒价值年会”上，被评为2009年度最具企业投放价值的城市电视台；6月，在第二届中国品牌与传播大会上获“品牌贡献奖 · 影响中国最具品牌传播价值城市电视台”称号；12月，获“金长城传媒奖 · 中国最具影响力区域广播电视台”称号。

【宣传报道】 发挥广播、电视、报纸、网络各媒体整体联动的优势，围绕“转方式、调结构、惠民生”、“打造蓝色经济区和高新产业聚集区”、“自主创新年”、“城中村改造”、“农村环境综合整治”、“旅游重点工作”、“两大国际体育赛事”等重要活动、重大主题、重大事件的宣传报道，先后开办专题、专栏40多个，采集播发重头稿件400多篇，制作播发相关公益广告30多条。其中，配合城中村改造的报道营造了良好的舆论氛围和正确的舆论导向，多次受到市领导表扬，获“市区城中村改造工作先进集体”称号；负责制作的《创新开放宜居幸福的现代化新威海》在香港凤凰卫视播出，新版城市形象片《蓝色休闲之都 世界宜居城市 中国威海》中、英文版在山东卫视播出，扩大了威海的影响力与美誉度；为配合2010年威海市举办的两大国际体育赛事，与中央电视台联合制作了50分钟的3集《铁人三项赛》系列片和20分钟的《威海扬帆向世界》专题片，并在中央电视台播出。

2010年，广播新闻综合频道在中央人民广播电台《新闻与报纸摘要》发稿13条，在省台发稿折分2800多分，首次跻身全省17地市电台第5名，为历年来最好成绩；电视新闻综合频道在中央电视台《新闻联播》播发新闻片12条，在省台播发新闻片610条，广播和电视均获得“山东省集体记者一等奖”，发稿位次居全省前列。

【节目生产】 老品牌稳中求新　广播和电视的《威海新闻》两档节目先后进行了改版，在强化权威性的同时进一步增强了贴近性，并在深度和广度上进行了拓展；《行风热线》成功开展了进社区活动，并形成了“早上听直播，晚上听反馈”的节目新格局；《直播威海》成功转型后，收视率和市场份额仍然在威海地区所有收视节目中保持领先位置，获“全国城市电视台标杆栏目”称号；《畅通威海》专业服务特色更加鲜明，交通信息更加及时；《我爱威海》成功培育出《小黑说媒》、《法从生活来》、《爱的及时贴》、《爱在人之初》、《我爱我车》等一系列风格鲜明的板块；栏目剧《咱老百姓的故事》全年创作113集，夺得山东省电视文艺一、二、三等奖和全国栏目剧评比三等奖。

新栏目相继推出　第一档自办的大型本土娱乐节目《明星站》全年举办40场“晋级赛”，1000多名选手参与，制作播出节目200期。全新打造了《杏琨帮您忙》、《威海区域新闻》、《威海关注》、《红帆船》、《快乐航线》、《动听生活》、《生活在威海》、《夕阳红学堂》、《炫歌威海》等一批广播电视新节目。其中，《杏琨帮您忙》作为民生新闻的延伸，一经推出便受到好评，观众热线和收视率持续攀升，开播4个月收视率上升至5%；《威海区域新闻》作为改进电视新闻宣传、拓展经济报道的一项重要措施，开播后和《威海新闻》形成了互动，带动了整个板块收视率的提高；《红帆船》是第一档自办的少儿节目，共有5个板块，通过让孩子参与节目游戏，寓教于乐，节目自开播后吸引了大量小朋友报名参加。

精品节目不断涌现　2010年获得省以上奖励的作品66件，其中，一等奖15件，二等奖18件，三等奖33件。《威海新闻》获得山东省电视节目“十佳栏目”奖，系列报道《重建北川的日子》获中国广播电视学会创优作品三等奖，电视纪录片《不能忘却的记忆——一战华工与威海》获中国电视纪录片长片好作品奖，《威海汽车报道》获中国广播电视协会优秀电视经济节目创优栏目三等奖。

为更好地构建广电媒体立体宣传格局，威海市广播电视台着力办好“一报一网”，《威海广播电视报》完成了全面改版，“特别报道”、“记者专访”、“本报专稿”等主题性自采报告大量增加；威海传媒网（www.weihai.tv/）突出视频音频直播、点播、互动等特色服务功能，逐渐成为威海本地有影响力的网站之一。

【大型活动】 *电视大型活动* 2010年举行电视大型活动90场，有效地发挥了专业团队的优势，盘活了电视演播厅、转播车和卫星直播车等设备资源，扩大了威海广电的社会影响，增加了经济收入。首次承担了铁人三项世界杯赛的市场开发与品牌建设、赛况直播与转播、主题歌征集等工作。成立了威海铁人传媒大型活动资源开发有限公司，全媒体宣传，全方位招商，精心策划运作。策划举办“铁人争霸模拟赛”、“我是铁人，我爱威海向前冲”、“携手铁人，共享成功”摄影大赛等活动；面向海内外开展主题歌曲征集活动，评选产生了世界上第一支“铁三”主题歌；市场开发与招商工作签订合同14份；赛况直播与转播受到主办方高度评价；被市政府授予“筹办工作先进集体”称号，1人记二等功，1人记三等功，2人被授予“先进个人”称号。

11月22～24日，由中国戏剧家协会、山东省文联共同主办，市委宣传部和市广播电视台联合承办的“中国京胡演奏展演”在市广播电视台举行。从全国20多个省、市、自治区及香港特别行政区的近千名选手中选出的40名专业选手、16名业余选手齐聚威海参加了展演，代表了中国京胡演奏界中青年人才的最高水平，堪称中国京胡界的一次盛会。“中国京胡演奏展演”颁奖晚会于2月25日在中央电视台戏曲频道播出，节目播出时间为110分钟。

2010年威海电视台春节晚会90%以上的自创节目，20多个单位400多名演员的演出阵容，60多万元的舞台设备更新投入皆创历年之最，获山东省电视文艺节目“牡丹奖”一等奖。

广播大型活动 广播新闻综合频道、广播交通文艺频道和广电报联合举办了“铁人争霸赛”；广播新闻综合频道先后策划、组织了70多场各种主题的大中型社会活动，其中，“特乙甲时尚歌会”、“糖尿病友俱乐部”、“汽车自驾游”等活动在社会上引起了广泛影响；广播交通文艺频道举办各类直播活动20多场次；广播音乐时尚频道与江苏电视台举办的“名师高徒”节目合作，承办了威海赛区的8场选秀活动；成功举办了首届“缘来是你幸福广场相亲大会”，报名人数超过2000人，社会反响强烈。

年内，举办春季车展、秋季国产车展、进口及精品车展等6次，成交金额达3.88亿元，有效地拉动了威海汽车消费市场。

【事业建设】 投资600万元，规划实施了电视制作播出系统综合改造工程，新的制作播出系统于7月1日投入使用，使4套电视节目播出由一个平台完成，达到了资源共享、功能完善、提高播出质量、降低工作强度的预期效果，演播厅、后期制作、播出系统、广告以及总编室审片上传系统互联互通，工作效率明显提高，达到了地级市领先水平。实施了二期技改，改造了2、3号演播室的直播系统，使该演播室的技术水平得到提升。完善了通话联络系统，使播出、后期制作、各演播室以及直播现场之间方便地进行通讯联络沟通。

（杨明帆）

史志工作

【概况】 2010年，全市史志工作以服务地方经济社会和谐发展为中心，认真贯彻落实国务院《地方志工作条例》和《山东省地方史志工作条例》，依法推进二轮修志工作，史志事业得到全面发展。《威海市志》编修工作进展顺利，初稿编写任务全部完成。全年审查备案部门志4部。编辑出版了《威海年鉴（2010）》，获“第五届全国年鉴编校质量检查评比特等奖”。加强地情网站建设，全年新入库资料120余万字，总库容达到2200多万字，点击量达50万多人次。开展志书“五进”赠书活动，向企业、社区、军营、学校、图书馆和档案馆捐赠志类丛书2300余册。开展岗位练兵活动，举办了全市史志系统“创先争优”业务技能大赛，选拔2名选手参加了山东省史志系统学习优秀志书活动总决赛，分别获一等奖和二等奖。年内，市地方史志办公室被评为全省优秀史志工作单位，市地方史志办公室主任毕吉玲被人力资源和社会保障部、中国地方志指导小组授予“全国地方志系统先进工作者”称号。

【《威海市志》编修】 2010年，加大《威海市志》编修力度，在资料的深度挖掘、审核考证及记述的深度、规范上狠下功夫。不断强化质量和效率意识，加强督导检查，坚持调度会和研讨会制度，掌握修志工作进度，先后组织召开调度会9次，印发《会议纪要》9期。8月，召开了《威海市志》编修工作专题会议，促进了志书编纂质量的进一步提高。至年末，已完成《威海市志》初稿编写任务，文字总量580多万字，达到了观点正确、资料翔实、行文规范的基本要求。

【修志督导】 一是加强对各市（区）二轮修志工作的督导。定期调度《威海火炬高技术产业开发区志》和《威海经济技术开发区志》的编修工作，及时总结经验教训，解决修志工作中遇到的问题。《威海火炬高技术产业开发区志》和《威海经济技术开发区志》编修工作进展顺利。二是积极推动部门志、行业志的规范编修。对《威海市民政志》进行了审核，提出了修改意见。对《威海市对台工作志》的框架进行审核、修订，并进行业务指导。

【《威海市汶川特大地震救助援建志》编修】 年内，完成了《威海市汶川特大地震救助援建志》资料长编30余万字，为《山东省汶川特大地震救助援建志》提供威海相关资料1万余字。

【年鉴编纂】 坚持“打造品牌年鉴”的理念，始终把年鉴质量放在首位，编印了《年鉴实用手册》，下发至每个承编单位的编辑，具体指导年鉴的编纂。在《威海年鉴（2010）》的编纂工作中，严格落实责任编审岗位责任制，抓好组稿、编辑、审稿、出版等环节，有效地提高了工作效率，103万字的《威海年鉴（2010）》于9月份与光盘版同时出版发行，质量达到了国家优秀等级标准。

【地情网站建设】 年内，完成《威海年鉴（2009）》电子版的网站录入工作，文字录入量120余万字。至年末，威海市情网上网资料2200多万字，点击量达50万多人次，成为了解威海地情的重要网上窗口。开通了网站免费通话系统，接受网上公众在线咨询，共解答或回复公众咨询50余次。参加了中国志鉴网举办的“我最喜爱的地情网站”评选活动，获全国市级组二等奖，是山东省地级市唯一的二等奖。加强对各市（区）地情网站建设工作的指导，对各市（区）地情网站的改版进行了规划，提出了关于加强网站建设的意见。至年末，完成了各市（区）地情网站的全面改版升级工作。

【史志服务】 围绕市委、市政府的中心工作，利用修志过程中搜集的资料，积极编辑地情资料丛书，为社会各界提供服务。年内编辑出版了《当代威海概览》。该书20余万字，全面反映了威海市的市情概貌，为各界人士认识威海、了解威海搭建了便捷桥梁。广泛开展志书“五进”赠书活动，将市史志办历年编纂出版的市情书籍“进企业、进社区、进军营、进学校、进图书馆和档案馆”，全年捐赠志类丛书2300余册，为普及威海市情教育、宣传市情知识作出了积极贡献，进一步增强了史志服务社会的功能。

【举办“创先争优”业务技能大赛】 8月，按照省史志办《关于在全省史志系统开展学习优秀志书活动》的通知精神，举办了威海市史志系统“创先争优”业务技能大赛，来自全市史志系统的50多名干部职工参加了活动。由市及各市（区）选送的7名选手以多媒体课件辅助演讲的方式，分别演示了学习《井陉县志》和《周村区志》的评介文章。大赛评选出一等奖1名，二等奖2名，三等奖4名。9月，选派2名选手参加山东省史志系统学习优秀志书活动青岛赛区的比赛，2名选手从16名参赛选手中脱颖而出，进入前6名，晋级全省决赛。12月，在全省史志系统学习优秀志书活动总决赛中，2名选手分别取得第3名和第8名的好成绩，获一等奖和二等奖。

（陶晓红）

档案工作

【概况】 2010年，围绕全市中心工作，各级档案部门主动服务大局，以挖掘档案文化为重点，继续创先争优，使全市档案工作在公共档案馆建设、档案资源建设与开发、基础业务建设、档案信息化和考核培训等方面实现了新突破。省档案局（馆）对市档案局（馆）2010年工作给予肯定，全文刊发了威海市通过档案征集和编研宣传威海、推介威海的经验做法。全市企业、农村、家庭等领域档案工作及档案宣传工作继续在山东省保持先进典型地位，环翠区档案局（馆）获“全省档案宣传工作先进单位”称号。

【公共档案馆建设】 按照“五位一体”的公共档案馆建设要求，威海市档案局（馆）围绕公共档案馆建设问题开展了调研考察和论证工作，在此基础上形成了《关于城市公共档案馆建设情况的调查报告》，并向市政府报送了《关于加快公共档案馆建设的请示》。年内，市档案馆新馆建设已被纳入威海市国民经济和社会发展“十二五”规划，市发改委也将其列为市级重点建设项目。同时，各市（区）档案馆建设也有新起步，文登市档案馆新馆建设进入内部布置和功能设置阶段；威海高技术产业开发区档案馆扩建工程被列入该区2011年建设计划。

【档案接收工作】 *加强对重大活动档案的管理* 年初，市委、市政府联合下发了《关于做好全市重大活动档案资料收集归档工作的通知》。各市（区）按照通知要求，通过强化领导、落实责任、跟踪调度等方式，使重大活动档案征集网络在全市范围内得到基本建立。年内，全市共接收重大活动档案1439项，其中照片1.36万幅、录像5168分钟。

有针对性地扩大专业档案接收进馆范围 全市各级档案部门继续加大对专业档案的管理和指导力度，并加快部分专业档案的接收进度。年内，市档案局（馆）新接收市外事办、国土资源局、气象局、海洋与渔业局等单位共计11类1268卷（件）专业档案进馆，还配合机构改革接收5家撤并单位的档案进馆。同时，按照市委、市政府统一部署和组委会的具体要求，全市相关市（区）的档案部门安排专人全程参与了“世帆赛”和“铁人三项赛”档案的收集进馆和征集工作，共接收、征集两大赛事实物档案350件、纸质档案506件、照片1500幅、录像900分钟。

【档案征集工作】 全市各级档案部门围绕重点项目建设和城中村改造及农村环境整治等方面深入开展档案征集工作。继续开展“社会记忆工程”。10月，召开了全市“社会记忆工程”调度会，全年新增“社会记忆工程”照片2.27万幅、录像2556分钟。自2007年开展活动以来，全市共围绕城乡面貌、自然地貌、居民生活、民俗文化、文物古迹、著名人物等方面拍摄、征集照片20.7万多幅，录像5.6万多分钟。继续开展名人、剪纸艺术、珍贵古籍等各类地方特色档案的征集工作，得到业务上级的充分肯定。

【档案资源开发利用】 *创新资政服务模式* 为全方位盘活馆藏资源，对传统档案资源开发工作进行大胆变革与创新，11月，市档案局（馆）推出了内部季刊《资政参考》第一期。此刊的发行，旨在通过对历史资源的挖掘，为领导决策、部门施政和机关文化建设服好务，受到市领导和机关干部的欢迎。

推进常规资源开发 全市各级档案部门配合省档案局开展抗美援朝60周年及纪念建党90周年史料征集活动，做好了档案资料搜集、编撰和报送工作。市档案局（馆）完成了《岁月威海》的编纂排版工作，参与了市规划展览馆、市博物馆新馆、刘公岛高尔夫博物馆陈列展、栖霞街设计改造的史料搜集和方案论证工作；协助欧洲方面做好了2010一战华工纪念活动的各项筹备工作，并由市政府副市长张波带队出席比利时西法兰德斯省政府在上海举办的一战华工系列纪念活动，新华网、《中国青年报》等媒体作了相关报道。各市（区）档案部门积极参与编史修志，并根据各自的特点，编写了《话说百年栖霞街》、《威海市环翠区区划变动情况汇编》等地情资料书。

【基层档案业务建设】 *重点建设项目档案监管工作得到强化* 按照省档案局《关于开展重大建设项目档案工作推进年活动》的通知要求，全市各级档案部门加强了重大建设项目档案管理，并联合有关部门对2010年度全市重点建设项目开展了档案执法检查。

企业档案建设有新发展 年内，市档案局（馆）与市国资委联合，将市管国资企业档案工作纳入综合考核，通过指导服务，使三角集团、水务集团等15家规模以上国资企业建成标准档案室。通过典型带动，民营企业和股份制企业建档覆盖面得到进一步扩大，年内全市有28家民营企业建成标准档案室。同时，各级档案部门还对部分破产企业档案进行了接收。

农村、社区档案建设进一步拓展 在巩固建档率的基础上，全市积极推进了基层档案规范化管理。至年末，全市农村建档率达到58%，有160多个村实现农村档案现代化管理。全市各级档案部门继续开展档案进社区、进家庭活动，把档案服务直接做到基层，组织有关方面举办家庭档案展，进一步提高了市民的档案意识。配合集体林权制度改革，各级档案部门与有关部门联合下发了关于加强集体林权制度改革管理工作的有关文件，督促各级林改部门基本建立起规范的林改档案，得到省林改工作验收小组的高度评价。

【档案基础管理】 *馆藏档案数字化建设* 开展了国家重点档案的数字化抢救、影像档案数字化转换和馆藏重要档案异地备份数据库建设工作。市档案局（馆）初步完成4000多张影像档案的数字化转化，各市（区）馆藏档案数字化也顺利推进。

档案馆（室）考核管理工作 乳山市档案馆晋升为国家二级综合档案馆，全市新晋升省特级档案室4个、省一级档案室16个、省二级档案室14个。至年末，全市有国家二级档案馆4个、省特级档案馆2个、省一级档案馆1个、市特级档案室30个。

档案管理人员培训 举办各类培训48次，培训学员1800多名。其中，市档案局（馆）举办的本年度公文处理与档案业务培训班，为历年来参加单位最广、参与人数最多的一次。

（赵　敏）

文化交流

【参加第29届“韩国雪城节”】 9月8～11日，市群众艺术馆文化交流团一行29人赴韩国参加了第29届“韩国雪城节”。本次赴韩国进行文化交流，是市群众艺术馆继2007年与韩国忠清北道阴城郡文化院签订《缔结友好合作关系协议》之后，第3次组团赴韩国阴城郡开展文化交流活动。

（付城荣）

【开辟威海在台湾档案征集领域】 3月，市档案局（馆）首次组团赴台湾开展流失台湾的威海历史档案征集工作，先后从“台湾中央研究院近代史研究所档案馆”、“台湾国史馆”等部门征集照片档案20多幅、文书档案近万页、历史典籍40多部。此次考察，学习了台湾的档案管理制度等，了解了相关领域学术研发状况，并同台湾学术文化界的学者建立起密切的业务联系，为继续赴台查档与合作交流奠定了基础。

【启动“香港的威海籍警察”课题研究】 该课题为市档案局（馆）同境外学术机构开展的第一个合作项目。4月，市档案局（馆）以市政府名义在香港组织筹办了2010威海卫（香港）警察联谊会暨威海历史推介展，并与香港岭南大学正式签署了威海卫（香港）警察史合作研发协议。香港的《明报》、《大公报》、《文汇报》、《警声》等重量级媒体纷纷给予大篇幅报道。同时，依托这一活动，促成了香港小轮（集团）有限公司、恒基兆业等重要商家到威海市考察，市委主要领导分别会见了来访客人。年内，该课题史料搜集工作基本结束，完成对31位历史亲历者与知情人的采访，整理口述史料25万字、照片476幅。

（赵　敏）

【参展首届中国非物质文化遗产博览会】 10月15～18日，由文化部、山东省人民政府主办的首届中国非物质文化遗产博览会在济南市举行。威海市展示了“秃尾巴老李的传说”、“渔民开洋谢洋节”、“威海剪纸”、“鲁绣”、“海草房民居建筑技艺”、“蠓子虾酱制作技艺”、“威海锡镶技艺”、“秦始皇东巡传说”、“石岛渔家大鼓”、“胶东花饽饽习俗”等10项非物质文化遗产项目。威海市非物质文化遗产保护中心获“优秀组织奖”；非物质文化遗产项目“威海锡镶制作技艺”获项目铜奖；15人获“传承人展示纪念奖”。

（付城荣）

编辑　陶晓红

卫　　生

综　述

【概况】　2010年，全市医疗卫生服务体系日益完善，在城市基本建立了医院、预防保健机构和社区卫生服务机构为主体的新型双层卫生服务体系；在农村基本形成了以县医院为龙头、镇卫生院为枢纽、村卫生室为基础的三级医疗预防保健网。至年末，全市有各类卫生机构（不含村卫生室）708个、卫生人员1.82万人、床位1.77万张。医疗卫生服务可及性和可得性明显增强，2010年全市门急诊人次、住院人数分别为1127.9万人次、31.5万人次。

【社区卫生服务】　全市社区卫生服务机构增至68处，人口覆盖率达到了99%以上。组织开展了省、市两级社区卫生服务示范机构创建活动，探索建立城市大医院、预防保健机构和社区服务机构双层协作互动体系，健全完善以群众满意度和工作量为主要内容的绩效考核机制，变“坐堂行医”为主动服务、上门服务，变单一诊疗为医疗、预防、保健、康复等“六位一体”的连续服务、综合服务。

【农村卫生服务】　年内，完成了10处镇卫生院和183处村卫生室上档升级建设，总投资1810万元，整修业务用房近4万平方米，购置设备器材5180台（件）。至年末，全市52处镇卫生院全部完成改造建设，累计建设标准化村卫生室427个，农村医疗卫生条件逐步改善。全年安排124名县级医院医疗骨干到三级医院进修，在岗培训镇卫生院技术人员2681人次，镇卫生院人员免费进修和县级医院业务骨干进修完成率100%；启动村医生在岗培训项目，培训村医生2090人次，培训完成率95%以上；2008～2010年，分3期累计完成85名全科医生、84名社区护士、17名公共卫生医师骨干培训，完成率100%。

【医疗收费改革】　继续开展单病种质量费用控制，在上年单病种质量费用控制的基础上，新增加5个病种，使质量费用控制的单病种数达到35个，并通过新闻媒体向社会公示。各医院结合实际，选择发生频度大、经济负担较重、临床治疗效果较明确的病种，开展院内单病种费用控制，综合医院不少于10种，专科医院不少于5种，人均住院费用比上年降低220元，其中，降低幅度最大的病种是心肌梗塞，降幅为11.7%，在一定程度上缓解了看病贵问题。继续加大医药费控制力度，继续落实“四项制度”（即药品销售额首位淘汰制度、临床医师用药情况监控公示制度、抗生素合理应用监控管理制度、门诊及住院辅助检查项目的有效连贯性和针对性制度），在20所二级以上医院开展临床检验项目“一单通”，年内新增3个检验项目，总数达到了13个。启动了基本药物制度改革试点工作，在环翠区、威海高技术产业开发区、威海经济技术开发区的9个城市社区卫生服务机构和荣成市、文登市基层医疗卫生机构（33%的社区服务机构和60%的镇卫生院）实施基本药物制度，全部配备使用基本药物，并实行零差率销售。试点市（区）财政补助2831.6万元，药价平均降幅40%，门诊量上升7%，使群众切实得到实惠。

【新型农村合作医疗】　全市新农合制度实现全覆盖，参合农民达133.99万人；人均筹资标准由110元增至153元，其中，各级财政人均补助123元，农民个人出资30元；统一实行门诊加住院统筹模式，降低了起付线，封顶线由3万元增至5万元，国家基本药物目录内药品补偿比例提高10%，实现了县域内即时结报。继续将高血压、糖尿病等5种慢性病和特殊病种纳入门诊统筹基金补偿，率先在全省推开提高农村儿童白血病、先天性心脏病、单纯性唇裂3类重大疾病医疗保障水平试点，在文登市实行15个病种的新农合单病种付费试点改革。全面实施县域新农合信息化管理，县级信息平台初具规模，实行新农合运行定期调度和动态监控制度，确保了基金使用质量和安全。全市筹集新农合基金2.2亿元，为13.21万住院农民报销医药费1.91亿元，基金使用率95.4%，全市政策范围内住院补偿比达到61.3%，实际住院补偿比42.4%。

【卫生支农】 全市卫生系统全面启动帮扶工作，4所市级医疗机构帮扶10所县级医院，5所社区卫生服务机构帮扶8所镇卫生院，11所县级医院帮扶31所镇卫生院、11所社区卫生服务机构，镇卫生院帮扶257个村卫生室。至年末，市级医疗机构组织下派卫生技术人员139人，分别到县级医院、社区卫生服务中心和镇卫生院开展帮扶。县级医院组织下派卫生技术人员88人到镇卫生院开展服务，36人下派到社区卫生服务中心。

【妇幼保健】 创新妇幼保健方式方法，卫生和计生部门协同联动，资源整合，优势互补，妇幼卫生继续保持全省领先水平。全市1.6万名孕产妇和5.1万名0～3岁儿童接受了系统化保健管理，管理率分别达到98.1%和97.5%。孕产妇死亡率、婴儿死亡率分别控制在5.99‰和4.5‰以下。免费婚前保健2.87万人，婚前医学检查率达到99%；为6075名孕前和孕早期农村妇女免费增补叶酸，为1.18万名孕产妇发放住院分娩人均补助500元。联合教育部门为15岁以下儿童补种乙肝疫苗2803人，接种率100%。联合市残联等部门实施600例农村贫困白内障患者免费复明手术。

医疗服务

【概况】 全市医疗服务工作以解决人民群众关心的“质量、服务、安全、费用”等热点问题为重点，加强监管，规范服务，不断提高医疗服务质量，确保医疗安全和血液安全，城乡卫生服务能力全方位增强，群众“就医难”问题基本解决。组织开展了“持续改进质量、保障医疗安全”为主题的“医疗质量万里行”活动，强化基础质量、环节质量监管和核心制度执行监管，严格服务要素准入，强化全员“三基三严”训练和岗位技术练兵比武，医疗护理质量和安全意识显著增强，减少了医疗差错事故和医患纠纷，群众满意度明显提高。

【中医事业】 10月22日“世界传统医药日”期间，各市（区）及市直单位共派出56名老中医深入社区开展义诊活动，宣讲中医药知识。组织各单位专家撰写关于中医药发展建议的论文68篇，其中推荐全省交流20篇。积极开展了中医适宜技术培训与推广工作，在全市范围内对辖区内的村医生、镇卫生院中医人员及社区卫生服务中心（站）卫生技术人员进行了培训，同时根据培训情况分期分批选择较优秀的学员到当地中医院实习。至11月末，对1937名乡村医生进行了理论培训，各中医院接收进修乡村医生368名。加强重点中医专科建设，市中医院肾病科是国家级中医重点专科建设单位，荣成市中医院针灸科和乳山市中医院中医妇科是国家中医药管理局农村医疗机构中医特色专科项目建设单位。注重人才培养，全市10名第二批省、市两级高层次优秀中医临床人才培养对象完成当年的学习任务；5名第三批省级高层次优秀中医临床人才通过了山东省中医药管理局的笔试，被确定为候选人；有5人参加山东省组织的第五批社区中医类别全科医师骨干培训；有19名村医生通过全省考试，参加中医中等专业学历教育，使参加中医中等学历教育人数达到95人。继续开展“中医特色卫生院”创建活动，有的中医特色卫生院中医业务收入占总业务收入的比例高达70%。至年末，有6所卫生院确定为“威海市中医特色卫生院”，另有5所卫生院列为第二批“威海市中医特色卫生院”建设单位。12月23日，市政府召开了全市促进中医药发展会议，出台了《威海市人民政府关于进一步加快中医药事业发展的意见》，全面总结了威海市的中医药工作，表彰了全市中医工作先进集体和先进个人，举行了省、市名中医药专家授牌仪式，组织开展了“解放思想，发展中医药”大讨论活动，收集了26个指导性、规范性文件，印制了1000册《中医药文件汇编》发放到各单位。

【医疗质量监管】 强化基础质量监管，先后成立了临床检验、病理、院感、急诊等11个质控中心，制定了具体专业质量标准、考评细则；10月，市卫生局组织专家对全市7家二级以上综合医疗机构的医院管理、医疗质量管理、急诊急救、实验室安全管理、药事管理、安全生产等重点内容进行了检查督导，进一步提高了医务人员的安全意识和质量意识；开展了医院感染岗位技能竞赛活动，市卫生局代表队在全省医院感染岗位技能竞赛比武中取得了团体一等奖；开展了全市二级以上综合医院终末病历质量评比活动，文登中心医院在全省三级综合医院病历评比活动中取得了第一名，并代表山东省参加了卫生

12月23日，在全市促进中医药发展会议上，副市长梁良（左）为获奖者颁奖

市卫生局提供

部组织的全国病历评比。强化环节质量监管，市卫生局采取平时检查和年终检查相结合等方式，重点检查二级以上医院医疗技术准入、临床合理用药、医院感染控制、采供血与临床用血管理等情况，促进了各医院目标责任制的落实。强化核心制度执行监管，突出抓好首诊负责制、三级医师查房制、术前讨论制度、死亡病例讨论制度、交接班制度等核心制度的落实，建立健全了医疗安全管理责任制和责任追究制，有效减少了医疗纠纷和差错事故的发生。年内，市医学会共完成医疗事故鉴定20起，鉴定为事故的5起，事故发生率比上年下降了6个百分点。强化护理工作监管，市卫生局制定下发了《2010年全市“优质护理服务示范工程”实施方案》等文件，按照卫生行政部门推荐与医院自荐相结合的原则，在全市范围内共确定6所市级重点联系医院，共进行试点病房数17个。在全市创建一批患者满意、社会满意和政府满意的省级、市级示范医院、示范病房和示范标兵，引导各级各类医疗机构大力加强临床护理工作。

【血液管理】　2010年，威海中心血站以“献血者、用血者”为中心，以“血液质量安全”为核心，不断完善无偿献血运行机制，加大无偿献血宣传招募力度，强化血液质量管理，保障了临床用血需求和血液质量安全，无偿献血和血液管理工作持续稳定健康发展。全年采血3.36万人次，采血人次比上年增加1890人；年采血量12.9吨，增长5.7%；临床用血量12.6吨，增长9.57%；人均用血量达5毫升，列全省首位；成分输血比例达到99.2%，全年未发生一例血液安全事故。威海市连续三届获得“全国无偿献血先进城市”称号。

预防保健

【概况】　2010年，全市慢性病防治取得突破性进展，重点传染病保持低发状态。依托社区卫生服务机构和镇村医疗机构，启动了慢性病社区综合防治试点。乳山市坚持政府主导、部门联动、群众参与，探索建立起以区域卫生信息平台为基础，基层管理、分类施治、双向转诊等一体化高血压综合防治模式，被卫生部确定为全国慢性病防治示范市，其经验在全国推广。全力落实艾滋病、结核病等重点传染病综合防治措施，法定传染病疫情报告及时率和准确率达到99%以上，连续多年无重点传染病暴发流行。强化手足口病防控网格化、规范化管理，率先在全省实施医疗卫生机构包区包片包点管控模式，及时高效处置聚集性疫情236起，报告手足口病5691例，实现了重症病例全省最少和零死亡的目标。强化恶性疟疾输入管理和定点诊治，网络直报率、调查及时率和规范治疗率均达100%，得到苏鲁豫皖鄂5省疟疾联防检查团和国家督导组的充分肯定。荣成市被确定为全国消除疟疾试点县（市、区）。全面推进国家扩大免疫规划，全市基础和加强免疫接种82.1万人次，基础免疫接种率达到99.8%，强化免疫接种率达到96.5%，连续8年无脊髓灰质炎、百日咳、白喉、新生儿破伤风、乙脑、流脑等病例报告，麻疹发病率全省最低。

【爱国卫生运动】　积极参与“健康山东”行动，努力使全市人民普遍养成健康的生活习惯。举行了威海市“健康山东暨全民健康生活方式行动”启动仪式，印发了实施方案，把30项目标任务细化分解到市爱卫会各成员部门、单位，建立了联络员制度，定期进行会商，力求用3年左右的时间，着力干预和控制影响人群健康的危险因素，提升居民的健康水平。加强城乡饮用水水质的监测，制定了《威海市农村饮水水质卫生监测系统实施方案》，设置了90个常规监测点，进一步完善农村饮用水水质卫生监测网络。加快农村卫生改厕步伐，大力推广高压水冲式三格化粪池的改造，进一步改善农民的居住环境。全市投入资金470多万元，完成国家补助农村改厕任务6000户，完成率为100%。累计改厕4.75万户，占农村总户数的6.8%。

【艾滋病防治】　进一步健全咨询检测网络，全市由疾控机构、综合医院、妇幼机构组成的自愿咨询监测点达到14个。加强艾滋病疫情监测和高危行为干预，严格落实“四免一关怀”政策，发放宣传材料40多万份，干预各类人群3万多人次，提供免费检测以及咨询服务1992人次，检出HIV抗体阳性者36例，累计达150例，对14例病人进行了抗病毒治疗。全市艾滋病保持低流行状态。乳山市被确定为“全国第二轮艾滋病综合防治示范区”。

【结核病防治】　不断强化结核病归口

11月2日，威海市“健康山东暨全民健康生活方式行动”启动仪式在人民广场举行　　市卫生局提供

管理和现代控制策略，宣传教育、报病奖励、网络追踪、重点人群筛查多措并举，全年发现结核病人980例，其中新涂阳病人371例，治愈率85%以上。市卫生局联合教育局印发了《学校结核病防控工作规范（试行）》，明确了学校结核病防控职责分工、常规预防措施和散发病例管理措施，规范了学校结核病疫情的发现、报告、调查、处置等工作流程，提高了学校突发公共卫生事件应急处置能力。在乳山市城区街道办事处向阳居委会开展了全国第5次结核病流行病学抽样调查工作，受检人数达1670人，受检率95.4%，顺利通过省级考核验收。

【手足口病防治】 为进一步做好全市手足口病医疗救治工作，制订下发了《2010年威海市手足口病医疗救治工作预案（试行）》，调整了市级手足口病诊疗专家组，确定了市、县级医院对口协作关系，实施危重患儿日报和市级专家会诊制度，规范了诊疗流程、危重患儿的转诊程序。督导各定点医院落实预检分诊、病例筛查、病人隔离、危重病人会诊转诊制度。至年末，累计收治住院患儿1415人，其中重症80人，已治愈76人，无死亡病例。

【公共卫生】 全市城乡基本和重大公共卫生项目全面实施，服务可及性和效率明显提高。采取政府购买服务的方式，落实人均15元的公共卫生补助资金，拓展和延伸基层医疗卫生机构公共卫生职能，建立健全了严格的部门监管、社会监督的考核评价体系。全市建立城乡居民健康档案187.58万份，建档率达到73.9%；65岁以上老年人保健管理率达到86.2%；高血压、糖尿病患者管理率分别为69%和53.8%。

【卫生应急预警】 全市卫生系统以完善监测预警系统为重点，着力提高监测预警系统管理水平，不断加大突发公共卫生事件及相关信息的监测报告工作力度。全市包括私营医院在内的114个具有传染病诊断能力的医疗卫生机构均实行了疫情网络直报，202个公共卫生监测点运行情况良好。对突发公共卫生事件及相关信息实行每日报告、月报、季报和年报制度，及时汇总信息并进行趋势分析，提出工作建议，提高了突发公共卫生事件报告的准确性和时效性，充分发挥了监测预警系统的作用。

【支援地震灾区】 6月18日至9月26日，威海市组派医疗卫生队27人，进驻四川省北川县医院、疾控中心和卫生监督所帮助恢复重建。接诊门诊病人4500多人次，开展手术154例；培训专业人员137人次；开展疫情监测和流行病调查200多人次；接种疫苗1520人次；开展集体食堂、餐饮单位检查503户次。至此，威海市卫生系统承担的对口支援北川灾区任务基本完成。市卫生局在对口支援北川医疗卫生灾后恢复重建工作中成绩显著，被省委、省政府授予“先进集体”称号。

卫生监督

【概况】 2010年，全市卫生监督部门全面贯彻落实《中华人民共和国食品安全法》，承担了食品安全综合协调职责，组织开展了问题乳粉清查、“地沟油”整治及违法添加非食用物质和滥用食品添加剂整顿活动，食品安全形势整体平稳。卫生法制监督力度加大，职业卫生技术服务网络进一步健全。对公共场所和生活饮用水集中式供水单位实施量化分级管理，开展重点传染病防控监督和消毒产品专项整治，有效防范了传染病人为因素传播。全年办结各类行政事项2849个，答复群众咨询1.6万多人次，群众满意率100%。市行政审批中心卫生局窗口连续9年被评为群众最满意窗口。

【“四个一”工程】 市卫生局卫生监督所在全市254家企业中开展建立“四个一”工程活动（即给企业送一本《职业病防治法》手册、对劳动者开展一次职业卫生知识培训、指导企业建立一套职业卫生档案管理系统、与企业签订一份落实《职业病防治法》责任书），进行职业病危害控制效果评价的企业数达到8家，开展职业病危害因素检测的企业数152家，开展职业健康检查的企业数达到177家，下发卫生监督意见书515份，行政处罚6家企业。

【卫生执法专项治理】 年内，先后开展了非法医疗广告专项整治行动，对9家医疗单位下达了责令改正通知书，进行了行政处罚；开展了农村地区打击非法行医专项整治工作，取缔非法行医场所47处，罚款金额6.3万元，没收器械99件、药品22箱；开展了医疗美容专项整治工作，对全市57家医疗机构和138家生活美容机构进行检查，未发现违法违规行为；开展了社区卫生服务机构专项整治工作，对5家单位医疗废物管理不符合规定要求，2家单位污水处理不符合相关规定，4名执业人员未按执业地点进行执业下达了监督意见书，责令其限期整改，对违法情节比较严重的2家社区卫生服务站进行了行政处罚，罚款金额8000元；开展生活饮用水专项执法检查，对全市的饮用水集中式供水水厂、末梢水进行抽验，共抽验70家，针对发现的问题提出了整改要求；开展游泳场所专项监督检查，在夏季游泳高峰季节，对辖区内8家游泳场所进行了监督检查，并对游泳池水质进行了抽检，针对存在的问题，责令其整改；开展公共场所集中空调通风系统专项检查，对26家有集中空调单位空调的清洗消毒记录、管道积尘量进行重点监督检查，对空调消毒不彻底、空调通风系统的管道积尘量严重超标的6家单位提出了整改意见，并督促整改落实，减少了空气传播性疾病的发生；开展对新发职业病企业专项检查，对新发职业病例企业开展专项监督检查，共检查新发职业病例企业19家、职业病病人41例，针对监督检查发现的问题，提出监督意见，要求企业按要求落实整改。

（王晓明　王月海）

编辑　沙　鋆

体　　育

综　述

【概况】　2010年，承办了“威海杯”HOBIE（霍比）世界帆船锦标赛、威海长距离铁人三项世界杯系列赛、国际青少年网球巡回赛等一系列国际、国内知名赛事，提高了“蓝色休闲之都、世界宜居城市”城市品牌的影响力。组队参加了山东省第二十二届运动会，进行了19个大项的决赛，获金牌92.5枚，获团体总分3183.5分，金牌总数和团体总分均列全省第6位，并获得体育道德风尚奖。向省级以上优秀运动队及高等院校输送运动员72名。首次组队参加了2010年全国高尔夫青少年对抗赛，获得女子亚军、季军，男子第4名、第8名的成绩，这是威海市百年高尔夫历史上有记载的第一次组队参加全国高尔夫赛事。举办了威海市柔道、举重、武术散打、武术套路、乒乓球、国际式摔跤锦标赛和田径、羽毛球、篮球、足球、网球、乒乓球、健美操等二级裁判员培训班，有300余人达到了国家二级裁判标准，50余名运动员取得了二级运动员等级标准。以全民健身月和全民健身日为龙头，举办了“大友丰田杯”2010威海市春季环海行、“乐天家居杯”第六届市直机关乒乓球比赛、2010年“刘公岛杯”横渡刘公岛海湾全国游泳邀请赛暨山东省第六届公开水域游泳锦标赛、威海市第一届乒乓球联赛等59项大型群体活动。开展了首届“健身十佳”评选活动，设置了9个奖项，营造了全民健身的浓厚氛围。成功组织了国家第三次国民体质监测和社会体育指导员培训工作。继续普及全民健身工程，规划新建大型全民健身工程项目21处。威海市被国家体育总局水上运动管理中心命名为“中国双体帆船训练基地”，被霍比国际帆船联合会定为“HOBIE（霍比）国际帆船联合会赛事与培训中心”。加强了体育社团组织建设与管理，新批准成立了威海发现者帆船俱乐部、威海宋江武道会馆、威海市飞前跆拳道馆、威海新成跆拳道健身中心、威海市威信乒乓球俱乐部、威海市飞龙堂搏击道馆、威海九合台球会馆7个群众性体育组织。体育彩票发行销售工作成绩显著，全年发行量达1.39亿元，比上年增长3个百分点，创造了历史最好成绩。

（原所强）

竞技体育

【概况】　2010年，承办了“威海杯”HOBIE（霍比）世界帆船锦标赛、威海长距离铁人三项世界杯系列赛、国际青少年网球巡回赛、山东省第二十二届

9月25日，威海长距离铁人三项世界杯系列赛开幕　　市体育局提供

运动会篮球乙组预赛，举办了威海市柔道、举重、武术散打、武术套路、乒乓球、国际式摔跤锦标赛。组队参加了山东省第二十二届运动会，威海市442名运动员参加了柔道、国际式摔跤、武术（套路、散打）、手球、击剑、自行车、足球、拳击、篮球、游泳、跆拳道、乒乓球、帆船帆板、皮划艇、赛艇、射击、射箭、田径、举重19个大项决赛，共获得奖牌173枚，其中，金牌92.5枚、银牌35枚、铜牌45.5枚，总分3183.5分，金牌总数和团体总分均列全省第6位。向省级以上优秀运动队及高等院校输送运动员72名。举办了田径、羽毛球、篮球、足球、网球、乒乓球、健美操等二级裁判员培训班，参加培训人员超过800人，约300余人达到了国家二级裁判标准。通过考核，50余名运动员取得了国家二级运动员等级标准。

【"威海杯"HOBIE（霍比）世界帆船锦标赛】 8月16～30日，由中国帆船帆板运动协会、山东省体育局、威海市政府共同主办，市体育局、威海高技术产业开发区管委承办，鸿建房地产有限公司协办的"威海杯"HOBIE（霍比）世界帆船锦标赛在威海国际海水浴场举行。来自22个国家和地区的110支船队220名运动员参加，进行了5个级别70场次的比赛。其中中国有24支船队参赛。这是HOBIE（霍比）世界帆船锦标赛创立34年来首次走进亚洲，也是威海市第一次承办世界级单项帆船体育赛事。

【2010年威海长距离铁人三项世界杯系列赛】 9月25～26日，2010年威海长距离铁人三项世界杯系列赛在威海半月湾——中国铁人三项运动协会专用赛场举办。这是亚洲首次承办经过国际铁人三项联盟批准的长距离铁人三项世界杯赛事。比赛设27个组别，24个国家和地区的387名运动员参加了比赛（3公里游泳、80公里自行车骑行、20公里跑步）。

【ITF国际青少年网球巡回赛威海站比赛】 6月25日至7月4日，由国际网球联合会、中国网球协会、山东省体育局、威海市政府主办，市体育局承办，市网球运动管理中心等单位协办的2010"威建杯"国际网联青少年网球巡回赛威海站比赛在市网球场举行，来自国内和韩国、越南、印度、土库曼斯坦等5个国家的120多名专业运动员参加了比赛。中国选手包揽了全部冠亚军。此项比赛在中国共设10站，威海是第5站。这是山东省首次承办该项赛事，也是威海市举办的级别最高的青少年网球比赛。

【全国女子足球比赛】 7月16～22日，2010年中国足球协会女子杯赛决赛在荣成市文体中心体育场举行，来自全国各地的8支代表队148名运动员参加了比赛。

8月16日，"威海杯"HOBIE（霍比）世界帆船锦标赛开幕　市体育局提供

【全国OP帆船冠军赛】 7月18～24日，2010年全国OP帆船冠军赛在乳山市银滩旅游度假区举行，国家体育总局水上运动管理中心副主任刘刚、山东省体育局副局长刘明、威海市副市长张波等出席了开幕式。来自全国各地的17支代表队101名运动员参加了比赛。

【山东省第二十二届运动会篮球乙组预赛】 3月5～11日，山东省第二十二届运动会篮球乙组预赛在威海市体育运动学校举行。来自全省各地的17只代表队的239名运动员参加了比赛。威海代表队获得了男子乙组第2名和女子乙组第2名。

【威海市中学生运动会】 4月9～11日，威海市中学生运动会篮球比赛在文登一中举行；16～18日，威海市中学生运动会足球比赛在威海一中举行；17～18日，威海市中学生运动会健美操比赛在威海二中举行；23～25日，威海市中学生运动会田径比赛在威海三中举行。共有14个单位、122支代表队、1535名运动员参加了比赛。文登、荣成、威海一中分别获得初中组、职业学校组、普通高中组团体总分第一名，威海二中、威海三中、威海工业新区获得组织奖。

（王增国）

【山东省威海体育训练基地】 在2010年第16届广州亚运会上，基地共有7名运动员代表国家队参赛。王莎莎作为国家女子手球队主力队员，为国家队夺冠立下了战功，实现了中国女子手球国际大赛金牌"零"的突破，也取得了基地集体项目在亚运会历史上"零"的突破。基地运动员陈玉飞获得广州亚运会女子三级跳远第五名，姜星宇获得男子标枪第五名。在全国田径锦标赛上，基地夺得5个第二、5个第三、2个第四、1个第五和1个第六；跳高运动员张国伟参加亚洲青年田径锦标赛获得第二名；男子手球队和女子手球队分别夺得全国锦标赛第二名、第三名。根据省体育局关于抓好青少年业余训练的有关部署，基地制定了山东省手球和橄榄球周期发展规划，组织了山东省手球锦标赛和省运会男、女手球比赛。为推进全省手球和橄榄球项目的发展和普及，基地制定了手球和橄榄球教练员培训计划。11 月 14 日，基地举办了第一期橄榄球教练员培训班。12 月 13 日，举办了全省手球教练员、裁判员培训班。

（王虎强）

2010年威海市运动员获省级以上比赛冠军表

表21

序　号	姓　名	性　别	项　目	比赛名称
1	孙承刚	男	男甲 2 万米竞走	第二十二届省运会田径比赛
2	宋　斌	男	男甲标枪	第二十二届省运会田径比赛
3	董卫枫	男	男甲 10 公里计分	第二十二届省运会自行车比赛
4	刘　威	男	男甲 4 公里个人追逐	第二十二届省运会自行车比赛
5	毕文军	男	男甲 1 公里个人计时	第二十二届省运会自行车比赛
6	董卫枫　刘　威 毕文军　张金鹏	男	男甲 4 公里团体追逐	第二十二届省运会自行车比赛
7	蒋晓杰	男	男乙 3 公里个人追逐	第二十二届省运会自行车比赛
8	郑建伟	男	男乙 1 公里个人追逐	第二十二届省运会自行车比赛
9	蒋晓杰　郑建伟 马　斌　王志飞	男	男乙 3 公里团体追逐	第二十二届省运会自行车比赛
10	刘成成	男	男乙 BMX 小轮车	第二十二届省运会自行车比赛
11	梁丽娟	女	女甲 BMX 小轮车	第二十二届省运会自行车比赛
12	刘成成　孙书壮　李志霖	男	男乙 BMX 小轮车团体	第二十二届省运会自行车比赛
13	刘　静	女	女乙佩剑个人	第二十二届省运会击剑比赛
14	刘　静	女	女乙佩剑团体	第二十二届省运会击剑比赛
15	宋润泽	男	男乙 100 公斤（自由摔跤）	第二十二届省运会国际摔跤比赛
16	林乐萍	女	女乙 65 公斤（自由摔跤）	第二十二届省运会国际摔跤比赛
17	邓中华	男	柔道男乙 81 公斤	第二十二届省运会柔道比赛
18	何　陆	男	拳击男甲 60 公斤	第二十二届省运会拳击比赛
19	郭　文　张杰特	男	乒乓球男丙双打	第二十二届省运会乒乓球比赛
20	张　迪	男	赛艇男甲公开级 2 公里米测功仪	第二十二届省运会赛艇比赛
21	张家宁	男	男甲 200 米个人混合泳	第二十二届省运会游泳比赛
22	郭经宇	男	男甲 200 米蝶泳	第二十二届省运会游泳比赛
23	李鹏达	男	男乙 50 米蝶泳	第二十二届省运会游泳比赛
24	李鹏达	男	男乙 100 米蝶泳	第二十二届省运会游泳比赛
25	李鹏达	男	男乙 200 米蝶泳	第二十二届省运会游泳比赛
26	孔祥桐	女	女甲 200 米自由泳	第二十二届省运会游泳比赛
27	孔祥桐	女	女甲 400 米自由泳	第二十二届省运会游泳比赛
28	孔祥桐	女	女甲 800 米自由泳	第二十二届省运会游泳比赛
29	侯广森　李鹏达 戴敏正　郑凯珉	男	男乙 4×100 米自由泳接力	第二十二届省运会游泳比赛
30	兰云鹏　宫国栋	男	男甲 1 公里米双人皮艇	第二十二届省运会皮划艇比赛
31	曹　金　王黎明　林　栋 丛宇佳　刘祯滨　梁榕麟 葛昊明　何佳宁　楚大洋 吕海平　孙大鹏　王　祎	男	男篮乙组	第二十二届省运会篮球比赛
	任　超　李晓辉　丁海舰 陈鑫鑫　商玮吉　李枝田 周业盛　王　鑫　于祥洋 高伟平　刘政辉　赵　均	男	男篮甲组	

续表21

序 号	姓 名	性 别	项 目	比赛名称
31	白艳艳 宋 艺 向凌潇 郭瑶瑶 宋晓雨 王英竹 曹玉芳 宋萍萍 宫晓洁 张贝贝 于雅楠 王竺君	女	女篮乙组	第二十二届省运会篮球比赛
	姜 芳 曲彦彦 代 悦 李 娜 鞠 芳 刘 倩 王 正 王亚楠 王严仪 高亚莉 张 洪 王亚男	女	女篮甲组	
32	赛宗儒 林永生 于昌帅 马 奔 吴宇坤 谷红松 苑 林 孙羽泽 刘晨旭 杨 闯 高 迈 宋凯文 丁 超 张浩钰 龙星光	男	男子乙组	第二十二届省运会足球比赛
	苑玮琛 韩瑞瑞 张瑞雪 石芙蓉 孔 甜 王梦男 刘淑雨 于倩倩 黄甜甜 王 涵 李 鑫 张 旭 黄 宇 林 珊 王 凯 董纯纯 邢 聪	女	女子乙组	
33	丁军锐 张一博 陶春涛 姜志昊 孙海文 于敏清 陈方超 于性哲 张金鑫 李朝鹏 王 译 刘晓林 程隆基 于亚男	男	男子手球	第二十二届省运会手球比赛
	王山山 林小宇 马贝贝 栾丽霞 韩春影 马 华 袁秀秀 杨乐媛 王超男 于莉华 林燕群 王凤竹 殷 芳 洪丽娜 张 虹	女	女子手球	
34	姜 晓	男	男子场地团体追逐赛	2010年“千森杯”全国场地自行车锦标赛

2010年威海市输送运动员情况表

表22

姓 名	性 别	项 目	输送单位	输送教练
姜 芳	女	篮球	山东省体育技术学院	张冬生
王英竹	女	篮球	山东省体育技术学院	张冬生
刘 静	女	篮球	山东省体育技术学院	张冬生
王 祎	男	篮球	山东省青年队	曲建勇
徐子健	男	篮球	山东省体育技术学院	从 华
孙爱晴	女	篮球	山东省工商学院	张冬生
丁海舰	男	篮球	河南理工大学	从 华
王 鑫	男	篮球	河南理工大学	从 华

泓淋科技集团有限公司
HL TECHNOLOGY GROUP LIMITED

11月16日，中共威海市委副书记、市长孙述涛（右）与集团有限公司董事长迟少林出席香港联合交易所主板挂牌上市仪式

泓淋科技集团有限公司于1997年创建于威海，2010年11月16日在香港联合交易所主板挂牌上市。集团公司下辖14家子公司，在华东、华中、华南等大部分地区及台湾等地设有生产及销售基地。2010年，实现主营业务收入14亿元，利润总额1.5亿元。

集团公司是全球领先的“一站式”信号传输与连接技术整体解决方案的供应商之一。研发设计、制造销售全面的信号线组件、电源线组件、线缆产品、连接器及无线天线等有线与无线连接产品，主要产品已占据全球前5名的市场地位。

集团始终秉承“诚信、团结、创新、感恩”的企业核心价值观，“品质保证、经营永续”的经营理念，“求实创新、追求卓越”的企业精神，并得到社会各界的广泛认可。先后获得“省级重合同守信用企业”、“高新技术企业 ”“山东省高频信号线传输工程技术研究中心”、“中国著名品牌”等称号。董事长迟少林先后获得“威海优秀青年企业家”、“威海市最具影响力经济年度人物自主创新奖”、“威海经济技术开发区骨干企业经营者创业奖”、“山东省优秀企业家”、“中国十大诚信企业家”等称号。

2月28日，泓淋科技集团特种线缆及基站天线项目奠基

押出车间

FFC成型车间

自动机械手臂及生产线

威海市园林建设集团

Weihai Gardening & Landscape Construction Group

联系地址：山东省威海市公园路13号
邮编：264200 电话：0631-5224049

元旦联欢晚会

援川志愿者行动启动仪式

威海市园林建设集团是一家拥有园林工程施工一级资质、景观规划设计甲级资质、市政公用工程施工总承包三级资质以及市政公用工程监理丙级资质的多元化集团公司。产业涉及园林科研、景观规划设计、园林工程建设、市政工程监理、绿地系统养护、花卉苗木生产、地产咨询策划、旅游餐饮服务等。先后取得了国际质量管理体系认证、环境体系认证和职业健康安全管理体系认证等标准认证。

集团坚守“敬安共济、和谐家园”的核心经营理念，立志打造“生态人居”缔造专家第一品牌。倡导现代化企业管理模式和人尽其才的人才激励制度。拥有员工300余人，其中大专以上学历人才达80%，中高级职称人数达20%以上。集团与中国农业大学、北京林业大学、中央美术学院、山东农业大学、山东大学等高校保持密切联系，在大型高端项目上寻求合作支持。

作为中国园林50强企业、全国十佳园林科研企业以及山东服务名牌企业，集团承揽的各项工程获得了多项国家级及省、市级大奖。承建的威海公园工程为威海市赢得了第一个中国建设工程领域最高奖——鲁班奖；承建的幸福公园、悦海公园工程获得中国建设部优秀工程金奖和银奖；承建的四川省援建工程项目获得四川省最高工程质量奖——“天府杯”优质工程奖和“绵阳杯”优质工程奖。

环翠楼公园

悦海公园

威海公园

公司董事长：董延伟

山东省文登师范学校
威海市商务旅游学校

建校80周年庆典

山东省文登师范学校（威海市商务旅游学校）坐落在文登市中心，是威海市直属全日制普通中等专业学校，创建于1930年，曾获得“全国优秀师范学校”等称号，是山东省规范化师范学校和省级花园式单位。2007年，学校加挂“威海市中小学师资培训中心”和“威海市商务旅游学校”牌子。2009年，被省教育厅确定为威海市培养学前教育师资并唯一有权授予幼儿教师资格证的学校。根据省教育厅和市教育局关于教师教育体系建设的意见，学校的发展重点由培养小学师资为主转为培养幼儿教师为主，办学方向确定为“继续办好小学教育，重点发展学前教育，大力发展职业教育，不断提高艺术教育水平，承担威海市中小学师资培训任务”。

参加庆典部分人员合影

附属幼儿园

酒店管理实训

计算机平面设计教学

地址：文登市米山东路西11号
电话：0631-8451997
8986807
网址：www.wdns.cn

教学名师授牌仪式

为校史馆揭牌

威海分校

计算机室

学生公寓

5819282 5818802 5895806 网址：http://www.whkjxx.com 邮箱：kuaijixuexiao@163.com

威海火炬高技术产业开发区第一中学

威海火炬高技术产业开发区第一中学位于开发区沈阳路中段，毗邻美丽的垛顶山和国际海水浴场，学校创建于1994年，占地面积6.69公顷，总建筑面积为1.6万平方米，拥有现代化的教学设施，优美的教学环境，高素质的教学师资队伍，是区内唯一一所A类初级中学和涉外中学。学校有40个教学班，在校学生2200名，教职员工151名。

校长李本哲与英国储尊学校校长签订友好合作计划书

学校通过不断地摸索探究，逐步形成了英语和传统文化双重办学特色。校本课程《桥》、英语校刊《love my English》的出版进一步促进学校英语特色教育的发展，学校分别获得“国家基础教育英语实验学校”和“山东省英语特色学校”称号。以传统文化为载体的校园文化建设是学校的另一亮点，“古诗文诵读”、“传统文化讲坛”等活动提升了师生的文化内涵和精神境界。

芬尼·默里教授到学校讲学

学校全面开展素质教育，注重培养学生的各种能力和创新意识，开设了舞蹈、京剧、民乐、科技发明、物理探究、化学探究等22个特长活动小组。多年来，学校还进行了对外交流互访和涉外教育的探索，先后与日本宇部市中学生互派访问团，与英国储尊学校签订了友好交往合作计划书，接待美国校长访问团，这些活动的开展为建设具有国际视野的学校揭开了新的篇章。学校先后获得“全国校园文化先进单位”、“全国群众体育先进单位”、“山东省规范化学校”、“山东省教育科研先进单位”、“山东省民主管理先进单位”、“全国生物奥林匹克竞赛金牌学校”、“山东省绿色学校”、“山东省地震科普示范学校”等几十个称号。

“感恩”师生演唱会

美国校长友好访问团成员参观书法活动小组

外教在口语课堂上辅导学生学习

该校学生在日本茶道教室体验茶道

威海市交通學校

3月6日，中共威海市委书记、市人大常委会主任王培廷（前排右一）在校长杨杰（前排右二）陪同下考察学校工作

威海市交通学校拥有新、老两个校区和一个驾驶员培训基地，占地总面积16.27公顷，建筑总面积4.47万平方米，固定资产9000余万元。拥有教职员工349名，其中教师160人，双师型教师比例达到60%以上，在校生3220人。学校具有良好的办学基础，开设船舶驾驶、轮机管理、汽车运用与维修等6大类12个专业，其中汽车运用与维修专业是山东省教学特色专业、市级示范专业。学校建有汽车、机械加工、航海等实训中心，实训开出率达到100%。在做好全日制教育的同时，积极开展汽车维修工、汽车驾驶员、船员等行业的岗位培训。

2010年，学校招生再次突破1000人大关，达到1198人，其中，普通中专招生631人，航海专业招生567人。毕业生就业率一直保持在95%以上。驾驶员培训稳步发展，全年招收学员5898人，平均合格率达到85%以上。开辟了汽车驾驶员从业资格培训新业务，已培训8期、903人。印刷厂、汽修厂等校办产业整体生产经营势头良好，全年收入970万元，利润51万元。

学校教学改革稳步推进，适时调整教学计划，加大实训力度，注重师资培训，大力开展教研活动，技能培训和成教工作有效开展。有6名教师、8名学生在省、市级比赛中获奖，1名教师被评为“威海名师”，汽车教研室被评为“威海市名课程团队”。航海专业步入良性轨道，根据专业特殊要求，紧紧围绕质量体系，开展教学与管理各项工作业务，大证考试通过率名列全省同类院校前列。

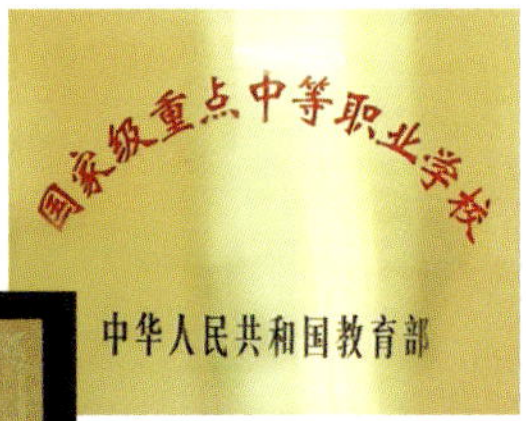

威海市文登中心医院

WEIHAI WENDENG CENTRAL HOSPITAL

威海市文登中心医院建院于1941年，已发展成为一所融医疗、教学、科研、预防保健等功能于一体的综合性地市级三级乙等医院。医院占地面积16万余平方米，有职工1131人，开放床位800张，年门诊量33万余人次，出院病人2万多人次。固定资产4亿多元，拥有进口高档直线加速器、1.5T核磁成像系统、64排螺旋CT等先进完备的医疗设备。

医院科室设置齐全，各专业科室技术力量雄厚，其中，神经内科为省级重点专科，肿瘤科为威海市市级重点专科。“微创锥颅碎吸脑出血技术”被确定为全国指导医院，并获得全国技术推广一等奖。脑卒中预警监测研究被确定为国家“973”重大课题参与单位，脑卒中预警新技术还作为“山东省面向农村和基层推广适宜技术十年百项计划”予以推广。

医院获科研成果近200项，获省市级科技进步奖100余项，被列为省推广项目2项，在各级杂志发表论文3000余篇，其中SCI文章5篇。先后被评为山东省第七届执行价格政策法规最佳单位、山东省消费者满意单位、省级文明单位、全省优质服务百佳医院、全省系统行风建设先进集体、全省医德医风示范医院、全省百姓口碑最佳单位、全省惠民医疗先进单位、山东省服务名牌、山东省十佳卫生医疗安全单位、全国百强百姓放心示范品牌医院、山东省首批医患和谐示范医院、全省首批综合医院中医药工作示范单位。

64排螺旋CT

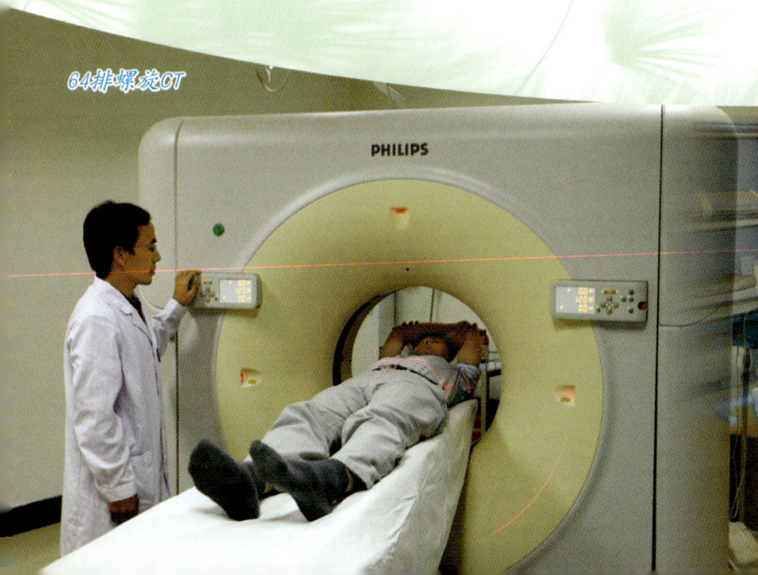

美国GE核磁共振

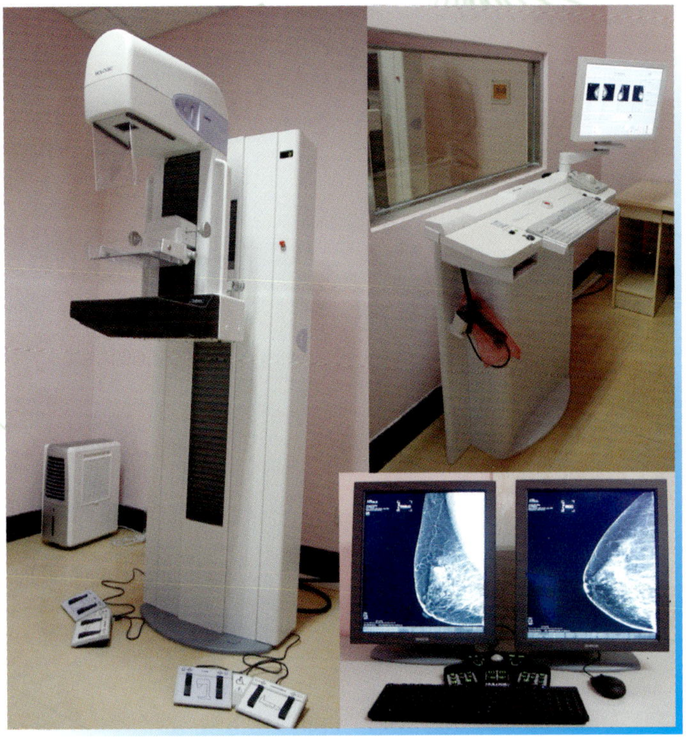

全数字乳腺成像系统

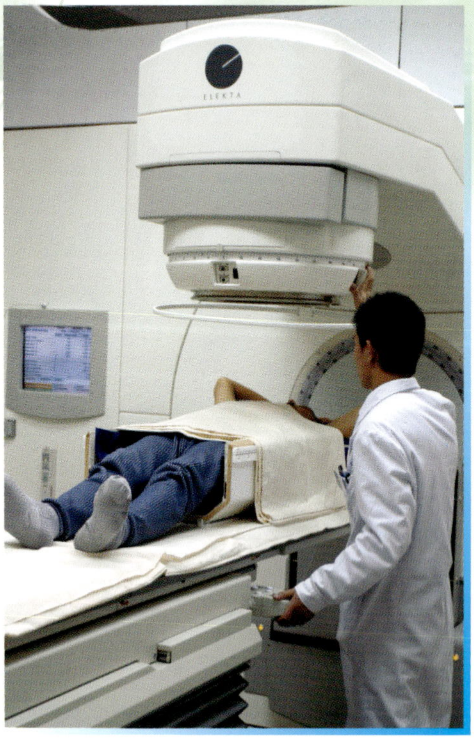

直线加速器放射治疗

医院门诊楼一期工程效果图

花园式四星级旅游饭店

酒店为欧陆式海畔庭院，园林错落、鸟语花香、环境优美、景色怡人，欧式风格的建筑与蓝天碧海浑然一体，尽显滨海风情。

酒店地理位置非常优越，交通便利。从酒店到海边只有5分钟的步行距离；距客运码头仅仅3公里；距长途汽车站、火车站15公里；距威海机场45公里。

酒店集餐饮、住宿、会议、娱乐、健身等功能为一体，是中外宾朋旅游、度假、会议、商务的上佳选择。拥有豪华套房、标准套房、商务单间、标准间等各类客房160套，房间宽敞舒适，装饰高贵典雅，设施设备齐全。配备国际先进的饮用水净化设备，可直接提供纯净水，备有方便的宽带接口、电脑、智能马桶、VOD视频点播及40余套卫星电视节目等。

酒店会议设施齐全，可以承办各类会议。拥有大小各类会议室13个，其中国际会议厅具备6个语种同声传译功能和自动升降舞台。

酒店餐饮拥有23个雅座宴会厅、4个大型宴会厅及1个咖啡厅，能同时容纳1000人就餐，可为宾客提供鲁、川、粤菜系和韩国、日本料理等不同风味的精美菜肴。

酒店还拥有设备完善、功能先进的康体娱乐场所。有室内游泳馆、室外高尔夫挥杆练习场、电子射击场、电子游艺室、汗蒸馆、桑拿中心、保龄球馆、台球、壁球、网球、乒乓球、沙弧球、健身中心、歌舞厅、KTV包房、美容美发、酒吧、棋牌室等，一应俱全。

酒店在安全方面设有现代化自动报警系统、消防喷淋系统、闭路电视安全监控系统以及国际先进水平的感应网控门锁，为下榻的宾客提供了充分的安全保障。

多年来，酒店接待过多位国家领导人、国际国内会议及来威商务客人，以细致周到的高品质服务，赢得了社会各界人士及海内外宾朋的高度赞扬。先后获得"山东省青年文明号"、"山东省优秀旅游星级饭店"、"山东省诚信旅游示范单位"、"山东省消费者满意单位"、"全省餐饮业先进企业"等20多项称号。

秉承"同在蓝天下，共有一个家"的企业文化理念，蓝天宾馆精心打造、用心服务，成为客人来威海下榻的首选酒店。

威海天外天酒店

威海天外天酒店成立于1993年12月11日，酒店历经17年的发展，在威海酒店行业中独具特色，创造了“要吃生猛海鲜，请到天外天”的知名品牌。

酒店位于威海市文化中路黄金地段，营业面积4000多平方米。设施齐全，拥有15个雅座间，一个能同时容纳120多人用餐的高档零点大厅。拥有多种类型客房64间。酒店配备了可容纳几十人到上百人的大小会议室。为满足客人多方面的需要，酒店还设置了商务中心、棋牌室、贵宾接待室等设施。

酒店先后获得山东省“文明单位”，山东省第五届、第六届、第七届“消费者满意单位”，山东省“食品安全诚信单位”，山东省“第二届价格诚信单位”，威海市烹饪技能大赛“优秀奖”等称号。“兰花鲍鱼”、“双龙赴会”、“龙爪鲍鱼”、“喜鹊登梅”被评为威海名菜。2011年5月17日，酒店被评为三星级旅游酒店，步入了更好更快的发展阶段。

酒店外景

酒店大堂

会议室

豪华包间

标准间

威海火炬高技术产业开发区

李家夼居民委员会

2011年3月1日，高技术产业开发区和田和街道办事处领导参加4.5万平方米的二期工程奠基仪式

威海火炬高技术产业开发区李家夼居民委员会位于开发区东端，距市中心1.5公里，拥有固定资产2000万元。几年来，李家夼居民委员会紧紧抓住旧村改造的历史机遇，在保留有500余年树龄的古杨树及近百年历史的李氏宗祠的基础上进行旧村改造。开发建设并已交付使用的一期工程远眺九峰山，布局合理，设计新颖，环境优美，配套齐全，是理想的住宅小区。4.5万平方米的二期工程于2011年3月1日奠基，6月10日全部封顶。2012年，老村居民将全部回迁新居。

一期安居工程

500余年树龄的古杨树

社区一角

威海市喜雨顶实业总公司

中共威海市委常委、秘书长、宣传部部长张剑（左一）到社区考察

威海市喜雨顶实业总公司位于威海市文化中路北侧，距市中心2.5公里，是1992年由王家钦村改制成立政企合一的实体公司。公司拥有员工1400名，90%以上具备中专以上文化水平，其中具有大专以上学历的技术管理人员43名。公司拥有厂房面积8000平方米，固定资产7000万元，年产值1亿多元。

多年来，公司坚持“团结稳定，更新观念，开拓创新，求实发展”的方针，加快三个文明建设步伐，推动了企业全面发展。全民开展“倒十星管理”，依法治村、以德治村，形成上下一心一意干事业、千方百计谋发展的良好氛围。2002年进行旧村改造，村民告别了传统的平房、四合院。2004年进行综合体制改革，推行了社会养老保险，成立了居民委员会和股份制企业。2006年居民实行了医疗保险。

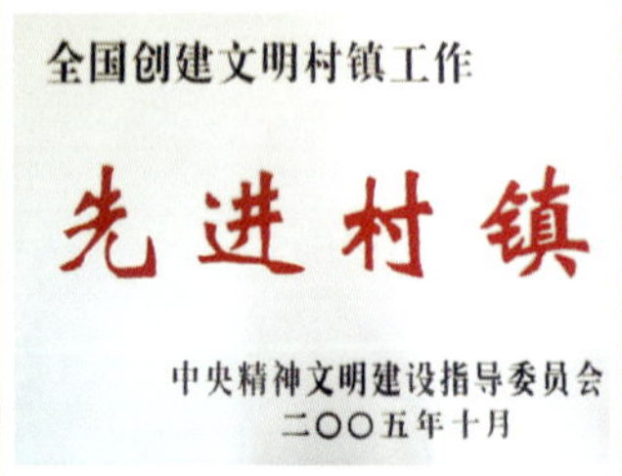

威海经济技术开发区
金城实业发展总公司

社区党总支书记、公司总经理丛永伦

金城实业发展总公司，隶属于威海经济技术开发区皇冠街道办事处城子社区居委会。公司注册资本1000万元，总资产过1亿元，职工人数达300余人，助理工程师以上及经过专门培训的高级管理人员50人，是集建筑、运输、旅游、餐饮、住宿于一体的现代化企业。

公司以发展旅游业为主，投资7000多万元兴建了总面积约200多公顷的老虎山生态园。旅游园包括文物古迹、现代景观及茂密的原生态森林和人工果林园区。盈福园生态餐厅、钓鱼台、水果采摘园区、按四星标准兴建的迎宾馆、点式别墅养生房、园区广场、莲花池、养殖场、绿色菜园、梅花鹿养殖中心、农家乐园等项目已投入使用。园内建有丛氏大宗祠，是国内同类宗祠规模最大的单一姓氏祠堂，是各地丛氏族人祭祀先祖的心灵家园。2006年老虎山生态园分别被山东省、国家旅游局确认为省级、国家级生态农业旅游示范点。

天桥 环 中 路 下湖

客房

盈福园餐厅

采摘园

丛氏大宗祠

威海中林网架钢构工程有限公司

威海中林网架钢构工程有限公司创建于2001年，主要从事网架钢结构的设计、制作及安装业务，是全国钢结构生产的骨干企业之一，是中国钢结构协会空间结构协会理事单位、山东省钢结构协会理事单位。公司以认真做好每项工程、质量第一、信誉第一为宗旨。2004年3月，在同行业率先通过了ISO 9001国际质量体系认证。2006年，获得由山东省建筑工程管理局颁发的钢结构工程二级施工资质。2011年5月，取得中国钢结构制造一级资质企业。

公司拥有雄厚的技术力量，科学的管理体制，完善的质检手段，经验丰富、设备精良的安装施工队伍。拥有职工300余人，其中工程技术人员80人。厂区占地面积10.9万平方米，建筑面积达7.7万平方米。企业注册资本金2018万元，拥有固定资产总值2055万元，年可生产网架30万平方米，加工H型钢2万吨，生产加工各种型号彩色压型钢板150万平方米，安装钢结构建筑100万平方米。

①文登市民文化中心工程外景

②黄海造船有限公司工程外景

③公司车间

④黄海造船有限公司车间内景

威海中林网架钢构工程有限公司新厂

续表22

姓 名	性 别	项 目	输送单位	输送教练
鞠 芳	女	篮球	河南理工大学	山 丽
王亚楠	女	篮球	河南理工大学	山 丽
刘 傅	女	篮球	河南理工大学	山 丽
李 娜	女	篮球	河南理工大学	山 丽
代 悦	女	篮球	河南理工大学	山 丽
高伟平	男	篮球	湖北工业大学	从 华
陈鑫鑫	男	篮球	湖北工业大学	从 华
于亚男	男	手球	山东省体育技术学院	李 晖
于性哲	男	手球	山东省体育技术学院	李 晖
周啸东	男	手球	山东省体育技术学院	李 晖
宋朋强	男	手球	山东省体育技术学院	李 晖
丁军锐	男	手球	八一队	李 晖
张一博	男	手球	八一队	李 晖
任 烨	女	游泳	山东省游泳队	邵 宁
武 雨	男	游泳	天津体育学院	邵 宁
侍国淼	女	游泳	天津商学院	邵 宁
袁安琪	女	游泳	天津工业大学	邵 宁
王 淼	女	游泳	武汉体育学院	邵 宁
韩 璞	男	游泳	武汉体育学院	邵 宁
刘 威	男	自行车	山东省体育技术学院	王志刚
毕文军	男	自行车	山东省体育技术学院	王志刚
刘浚成	男	自行车	山东省体育技术学院	王志刚
马 斌	男	自行车	山东省体育技术学院	王志刚
李治霖	男	自行车	山东省体育技术学院	王志刚
蒋晓杰	男	自行车	山东省体育技术学院	王志刚
郑健伟	男	自行车	山东省体育技术学院	王志刚
刘成成	男	自行车	山东省体育技术学院	王志刚
丛娇娇	女	自行车	山东省体育技术学院	王志刚
孙菲菲	女	自行车	山东省体育技术学院	王志刚
邓忠华	男	柔道	山东省体育技术学院	王益华
王 晨	男	摔跤	山东省古典摔跤队	丁立刚
司靖毅	男	摔跤	山东省体育技术学院	冯富强
祝广林	男	摔跤	山东省体育技术学院	冯富强
孙美佳	女	摔跤	山东省体育技术学院	冯富强
张婷婷	女	摔跤	山东省体育技术学院	冯富强
于鑫鑫	女	摔跤	山东省体育技术学院	冯富强
宋润泽	男	摔跤	八一队	冯富强
王程程	男	摔跤	八一队	冯富强
孙桢凯	男	摔跤	八一队	冯富强
王文超	男	摔跤	八一队	冯富强
张 威	男	摔跤	八一队	冯富强
高 亮	男	摔跤	山东省体育技术学院	冯富强
高嘉军	男	摔跤	山东省体育技术学院	冯富强
于文光	男	摔跤	武汉体育学院	冯富强

续表22

姓　名	性　别	项　目	输送单位	输送教练
宋　歌	男	摔跤	山西体育学院	冯富强
姜美佳	女	拳击	山东省女子拳击队	刘立军
林小凡	男	武术	杭州师范大学	魏晓燕
孙　翔	男	散打	山东省体育技术学院	王大鹏
张杰特	男	乒乓球	山东省体育技术学院	陈　伟
郭　文	男	乒乓球	山东省体育技术学院	陈　伟
李佳启	男	乒乓球	山东省体育技术学院	陈　伟
赵子睿	男	乒乓球	山东省体育技术学院	陈　伟
施翔天	男	乒乓球	山东省体育技术学院	陈　伟
赵　帅	男	乒乓球	武汉体育学院	陈　伟
杨　松	男	乒乓球	武汉体育学院	陈　伟
孙　钊	男	田径	山东省体育基地	史　亮
孙　刚	男	田径	北京体育大学	史　亮
王　兵	男	田径	武汉大学	史　亮
李傲囡	女	田径	山东省体校	史　亮
鲁　涛	男	田径	广州军体院	史　亮
张荣凯	男	田径	山东理工大学	史　亮
杨鹏飞	男	田径	山东省体育基地	姜　浩
郑　琳	女	田径	山东省体育基地	姜　浩
张博瑞	男	田径	哈尔滨工业大学	姜　浩

（王增国）

群众体育

【概况】 以全民健身月和全民健身日为龙头，举办了“大友丰田杯”2010威海市春季环海行、“乐天家居杯”第六届市直机关乒乓球比赛、“刘公岛杯”横渡刘公岛海湾全国游泳邀请赛暨山东省第六届公开水域游泳锦标赛、威海市第一届乒乓球联赛等59项参与面广、娱乐性强、群众喜闻乐见的大型全民健身赛事。启动了威海市全民健身十佳评选活动，在全市营造了浓厚氛围。不断普及全民健身工程，规划新建大型全民健身工程项目21处。开展社会体育指导员网上注册登记工作，重新登记注册各级各类社会体育指导员3393人，全年培训全民健身骨干711人。开展国家第三次国民体质监测工作，形成有效样本3600个，为了解威海市群众身体状况、评估全市群众体育发展水平、指导市民健身提供了科学依据。年内，市体育总会、市体校、中国移动·奥林国际健身中心被省人力资源和社会保障厅、省体育局授予“全省体育系统群众体育先进集体”称号，2人被山东省人力资源和社会保障厅、山东省体育局记二、三等功；威海市第九中学、环翠区财政局、荀山镇人民政府、荣成市文体广电新闻出版局、文登市体育局、威海经济技术开发区社会事业局、威海市武术协会、威海市于氏体育文化传播有限公司、环翠区广播电视台、乳山市体育局等10个单位被山东省体育局授予“群众体育先进集体”称号，10人被省体育局授予“群众体育先进个人”称号；乳山市白沙滩镇六村屯活动站、乳山市徐家镇东南耩村活动站、环翠区老干部中心活动站、环翠区回春活动站、环翠区西门活动站、环翠区冬泳协会幸福公园冬泳基地、荣成市港湾街道老干部活动站、荣成市蜊江老干部活动站、文登市天福健身活动站、文登市军休所活动站10个活动站被山东省体育局授予“优秀健身活动站（点）”称号。

【“同泰杯”全国冬泳日冬泳表演赛】 1月1日上午，由市体育局主办、市游泳协会承办的2010年“同泰杯”全国冬泳日冬泳表演赛在威海高技术产业开发区国际海水浴场举行，180余名冬泳爱好者参加了活动。

【“爱威海百姓网杯”威海市首届羽毛球混合团体比赛】 5月9日，由市体育局主办、缘动力体育用品公司和缘动力健身俱乐部承办的“爱威海百姓网杯”威海市首届羽毛球混合团体比赛在缘动力健身俱乐部举行。22支代表队200余运动员参加了61场比赛。通信大世界一队、山大威海分校一队、抱海大酒店俱乐部、约瑟服装队、荣成羽协一队、威海财经队分获团体前6名。

【威海市武术散打锦标赛】 5月15～16日，由市体育局主办，市武术协会、市商业银行、冠宏房地产公司共同承办的2010年威海市武术散打锦标赛在市商业银行体育馆举行。比赛设48公斤～85公斤以上级共10个级别，60多名武术爱好者参加了比赛。奥克散打俱乐部代表队、乳山市武术协会代表队、少林工作委员会代表队获团体前3名，乳山市武术协会代表队、奥克散打俱乐部代表队、少林工作委员会代表队获体育道德风尚奖。

【"广东三星装饰杯"威海市全民健身月活动暨国民体质监测】 5月15日，"广东三星装饰杯"2010年威海市全民健身月活动暨国民体质监测启动仪式在市区人民广场举行。仪式开始前，进行了全民健身活动展示，约500人参加了活动。

【"大友丰田杯"2010威海市春季环海行】 由市政府主办，市体育局、环翠广播电视台共同承办，环翠区体育局、孙家疃镇政府等协办的"大友丰田杯"2010威海市春季环海行活动于4月10日举行。活动设自行车骑行和健身走两个项目，不计取名次，所有奖项均从完成全程者中随机抽取。健步走活动从半月湾海水浴场出发，经环海路内环，至葡萄滩海水浴场结束，行程8公里，有3000余市民参加。市委副书记、市长孙述涛等与烟威两地近200名自行车运动爱好者完成了全程11公里的骑行。

【"乐天家居杯"第六届市直机关乒乓球比赛】 6月9～12日，由市直机关工委和市体育局主办的市直机关第六届乒乓球比赛在威海电子宾馆举行。83支代表队419名运动员参加了团体和单打2大项6个组别的比赛。李响雷获普通组男子单打冠军，毕晟磊获领导组男子单打冠军，曲爱民获领导女子组单打冠军，徐东红获普通女子组冠军。市人大常委会、公路局、威海报业集团分获男团前3名，卫生局、公安局、商检局分获女团前三名。

【威海市首届全民健身十佳评选活动】 2010年，威海市首次在全市范围内开展了全民健身十佳评选活动，活动由市政府主办，市体育局、市体育总会等单位承办。设"十佳单位"、"十佳学校"、"十佳协会"、"十佳俱乐部"、"十佳村(居)"、"十佳家庭"、"十佳晨晚练点"、"十佳个人"、"十佳社会体育指导员"等9个奖项。

【2010年威海市"海港杯"中老年篮球赛】 6月30日至7月4日，由市体育总会主办、市篮球协会承办的2010年威海市"海港杯"中老年篮球赛在市商业银行体育馆举行。比赛分中老年、老年、个人、女子4个组别，13支代表队参赛。经过5天24场激烈角逐，丛培健和于维丽分获老年男子、女子组个人赛冠军；市房管局、大地评估代表队分获中老年组和老年组冠军；冠宏房地产代表队获女子组冠军。职业技术学院和冠宏房地产代表队获体育道德风尚奖。

"大友丰田杯"2010威海市春季环海行活动自行车骑行比赛　李传强　摄

【第三次国民体质监测】 2010年，国家体育总局在全国范围内组织开展了第三次国民体质监测工作。威海市国民体质监测工作自5月16日开始，7月13日结束，先后深入各市（区）44个检测点，监测3～6岁城市幼儿、3～6岁农村幼儿、20～39岁城市体力劳动者、20～39岁城市非体力劳动者、20～39岁农民、40～59岁城市体力劳动者、40～59岁城市非体力劳动者、40～59岁农民、60～69岁城市老年人、60～69岁农村老年人10个年龄对象组，共监测有效样本3600人，各类监测数据上报山东省国民体质监测中心。

【全民健身日沙滩运动会】 8月8日，威海市全民健身日沙滩运动会在国际海水浴场举行。运动会紧扣沙滩与海的主题，是威海市"全国第二个全民健身日"期间的重要活动，是唱响"蓝色休闲之都，世界宜居城市"城市品牌的主要内容之一，分为沙滩背媳妇大赛和沙滩寻宝大赛两个项目，有20对情侣、60多名2～6岁的儿童参与了比赛。

【全民健身工程】 2010年，威海市规划新建21处全民健身工程项目。其中，县级中型体育公园2处：草庙子河体育公园、文登市体育公园；镇（街道办）全民健身活动中心9处：东发现代城全民健身中心、汇峰·山海郡全民健身中心、凤林街道办事处全民健身活动中心、张村镇文体活动中心、桥头镇文体活动中心、草庙子正棋花园健身活动中心、滨海体育公园、埠口港文体活动中心、天福山全民健身活动中心；城市、农村社区健身苑10处：奥林健身苑、天东家园社区文化体育广场、陶家夼城市社区健身苑、戚家夼城市社区健身苑、峰南城市社区健身苑、惠园小区健身广场、牛角沟村休闲广场、小庄农村社区健身苑、西崮社区健身苑、止马岭文化健身广场。

【2010年"刘公岛杯"横渡刘公岛海湾全国游泳邀请赛暨山东省第六届公开

水域游泳锦标赛】 8月28日，由市体育局主办，刘公岛管委会、市游泳协会承办的2010年“刘公岛杯”横渡刘公岛海湾全国游泳邀请赛暨山东省第六届公开水域游泳锦标赛在威海市举行。比赛分男、女5个年龄组，来自全国9个省、自治区、直辖市的19支代表队311名选手参赛。内蒙古的沙诺以1小时10分的成绩第一个游完全程。威海代表队蝉联团体总分冠军。该赛事已连续举办了15届。

【山东省国际跳棋锦标赛】 8月22～24日，由山东省棋类运动管理中心主办，市体育局、东海棋院承办的2010年山东省国际跳棋锦标赛在威海举行。来自全省各地的11支代表队参加了比赛。

【恢复工间操倡议】 为进一步提高广大干部职工和社区居民的健康素质，市机关工委、市总工会、团市委、市妇联、市教育局、市体育局、市级机关事务管理局、威海日报社联合发出恢复工间操的倡议。倡议全市各机关企事业单位、学校、社区积极创造条件恢复工间操，通过定时做操，在全社会营造崇尚运动的良好风尚，引导人们更加关注健康。

【全国老年人健身活动展示大会太极拳（剑）交流活动】 9月6～8日，由中国老年人体育协会主办，中国电子老年人体育协会、威海市体育局、威海市老年体协承办的2010年全国老年人健身活动展示大会太极拳（剑）交流活动在威海电子宾馆举行。来自全国各地的38支代表队385名太极拳（剑）老年爱好者进行了集体和单项两个大项的交流切磋。参赛选手年龄均在55～70周岁之间。

【中英武术文化交流大会】 9月15日，由市体育局主办，市武术协会和英国·中国体育文化学院共同承办，威海市武术协会海外协会和英国国际道教协会协办的2010年中英武术文化交流大会暨“体育行业特有职业培训试点单位”揭牌仪式在华夏会馆举行。市政府副市长张波，市体育局局长、体育总会主席邹积峰为“体育行业特有职业培训试点单位”揭牌。仪式结束后，举行了中英武术文化研讨和武术技艺交流。来自武术界、新闻界、教育界和海外协会的100余名代表参加了活动。

【威海市第八届“热电杯”职工篮球赛】 10月13～17日，由市体育局、市总工会联合主办，市篮球协会承办的威海市第八届“热电杯”职工篮球赛在市体校篮球馆举行。比赛设社团和社会两大组别，有10支代表队100名运动员参赛。

【2010威海市“苏州金龙·公交杯”乒乓球大奖赛】 10月29～31日，由市体育局主办，市乒乓球协会承办，威海公交集团公司和威海电子宾馆协办的2010威海市“苏州金龙·公交杯”乒乓球大奖赛在威海电子宾馆举行，全市39支代表队240多名运动员参赛。公交集团、川味人家、海波乒乓球俱乐部分获普通组男子团体前3名，荣成市外事办、双举海参、荣成市乒协分获老年组男子团体前3名，实验中学一队、威海一中代表队、实验中学二队分获中学组男子团体前3名，城里中学、实验中学分获中学组女子团体冠、亚军。马洪胜、胡跃生、马文泉分获老年组男子单打前3名，庄丽丽、杨迎春、周丽芬分获老年组女子单打前3名，程威、丛郁林、陈韬文分获中学组男子单打前3名，高春晓、王晨西、姜柳君分获中学组女子单打前3名。李孚然、解军和尹鹏飞分获普通组男子单打比赛前3名，杨芳、张宁宁、张菁分获普通组女子单打比赛前3名。

【“体彩杯”山东省第二届“百千万”（威海赛区）预赛】 9月27～30日，由省体育局、省体育总会主办，市体育局、市体育总会承办，省篮球协会和市体育彩票管理中心协办的“体彩杯”山东省第二届百县篮球赛威海赛区预赛在市体校举行。各市（区）6支代表队报名参赛。文登市代表队获冠军。10月16～17日，由省体育局主办，市体育局、市体育总会承办的“体彩杯”山东省第二届千校乒乓球比赛威海赛区预赛在市体校闭幕。各市（区）近60名运动员参赛。比赛设男子单打和女子单打，采取先分组后交叉的比赛形式，奖各组前4名。经过激烈的角逐，环翠区代表队的徐煜洁和高春晓分获男子组、女子组冠军。10月27～28日，“体彩杯”山东省第二届万人象棋赛威海赛区预赛在固铂成山体育场闭幕。来自各市（区）近50名运动员参赛。

（田三生）

体育设施

【中国铁人三项专用赛场】 铁人三项主赛场，投资2870万元，建筑面积8300平方米，拆除了半月湾北岸建筑8678.54平方米，对半月湾环境综合整治，补栽绿化带苗木45万株，种植草坪5.6万平方米，栽植大树480棵，整修人行道板860平米。自行车赛道长达40公里，投资4240万元，先后完成了AC3路（980米）道路新建工程、远遥墩路（930米）道路改建工程、文化二路道路罩面工程，文化西路、AC3路绿化工程和环海路绿化工程。其中，AC3路绿化面积约1万平方米，完成安装景石护坡1590吨、土方填挖3200立方米，山体喷播8800平方米，栽植乔木705株，各种灌木2万多株。文化西路完成了绿地改造，新增绿化面积18万平方米，移植各种苗木9.7万多株，栽植大乔木（15厘米以上）3429株，其他乔木2160株，栽植各种花灌木56.5万株，栽植月季29.5万株。

【国际休闲帆船基地】 世帆赛主赛场利用国际海水浴场的自然资源，在因地制宜、因形就势的原则下，对赛场周边所有木栈道、防浪堤等附属设施进行了全面维修维护，铺设木制通道2460平方米，维修加固防浪堤200米，修复雨水设施4座，修整铺设道板、路面300余平方米，平整沙滩30余万平方米。同时，对国际海水浴场沙滩及附近建筑进行清理，清理沙滩面积12万平方米。

（原所强）

编辑　沙　鋆

社会生活

计划生育

【概况】 2010年，全市人口和计划生育工作继续保持了持续、健康发展的良好态势。全市人口出生率为7.3‰，自然增长率为−1.3‰，完成了省下达的人口计划；合法生育率达到97.7%，晚婚率为88.9%，晚育率为92.8%，继续保持较高水平；全市出生缺陷发生率为9.5‰，低于全省平均水平；出生人口性别比为104.5 ∶ 100，处于合理范围内；双女户占二孩家庭的比例达41.8%，有5万个、66.6%的农村独女户自愿报名不生二孩，比例在全省最高。人口和计划生育综合改革扎实推进，在依法行政、利益导向、优质服务、城市社区和流动人口计生服务管理等方面，有多项工作经验被国家和省人口计生委推广，市人口计生委被市委、市政府授予"2010年度政风行风建设优秀单位"称号，被国家人口计生委授予"全国人口和计划生育系统先进集体"称号。

【完善人口和计划生育统筹协调与综合治理机制】 全市坚持把人口问题纳入经济社会发展总体规划，纳入全面建设小康社会的总体布局，纳入重大事项督查范围，实行人口与发展综合决策、协调推进。市委、市政府将人口计生工作作为年度重点工作任务，多次听取人口计生工作专题汇报，为促进统筹解决人口问题把方向、定思路、解难题；加强人口目标管理责任制考核，继续把人口计生工作纳入对各级各部门经济社会发展目标绩效管理考核内容，作为评价和使用干部的重要依据，严格实行重点管理、离职审计、追踪奖惩等制度。各级人口与计划生育领导小组充分发挥组织协调作用，将统筹解决人口问题的各项任务分解落实到各成员单位，完善部门联席会议、联络员制度和定期督查制度，加强协调、调度和检查。各相关部门结合各自职能，共同加强人口计生依法管理、宣传教育、技术服务、利益导向、人口信息综合平台建设等工作。广大党员干部带头宣传落实各项计划生育政策，社会各界和广大群众响应号召自觉实行计划生育，全市形成了"党政主导、部门协作、各方配合、群众参与"的综合治理人口问题的工作格局。

【稳定低生育水平】 加大宏观调控和依法管理力度 市政府制定下达了人口指导计划并层层分解落实，实行人口信息月报告、季通报制度和人口预警信息定期发布制度，加强对人口计划执行情况的日常督查；实行实名举报奖励制度，发动群众积极举报违法生育行为，依法加大对违法生育对象的查处力度。

加大宣传引导力度 抓好重大节日宣传和经常性宣传，积极构建新型生育文化，引导群众转变婚育观念。

完善城乡服务管理模式 在农村全面推行"两委负总责、协会当骨干、家庭为中心、群众做主人"的服务管理模式，在城市社区加快建立"属地管理、单位负责、居民自治、社区服务"的人口计生工作新机制，各项服务管理日益规范，计划生育群众自治水平进一步提高，为低生育水平持续稳定提供了坚实基础。2010年，全市有7个村（居）被授予首批"全国人口和计划生育基层群众自治示范村（居）"称号，有7个单位被授予"全国计划生育协会先进单位"称号，有3名计生干部被评为"全国计划生育协会先进个人"。

【提高出生人口素质】 加强计划生育服务站"两化"建设 全市所属市（区）、镇（街道办）两级计划生育服务站"两化"（标准化、规范化）达标率为95%，有2个县级服务站和7个镇级服务站被省人口计生委推荐为"全国计划生育优质服务示范站"。

加强队伍素质和服务能力建设 积极开展计划生育科技大练兵活动，有2名技术服务人员被省人口计生委推荐为"全国计划生育科技大练兵活动先进个人"，市人口计生委被省人口计生委推荐为"全国计划生育科技大练兵活动先进单位"。

大力实施优生促进工程，全面推进均等化生殖保健服务 对新婚和生育对象进行优生指导11万多人次，对待孕妇女进行优生检测1.2万多人次，开展技术服务110多万人次，率先在文登市推行了国家免费孕前优生健康检查项目试点工作，进一步提高出生人口素质和育龄人群生殖健康水平。

【促进人口结构优化】 广泛开展“关爱女孩行动”，与卫生、药监部门配合，严格执行B超使用准入、人工终止妊娠登记、孕情检测等制度，对终止妊娠和促排卵药品实行严格的处方管理，加强对非法鉴定胎儿性别和非法选择性别终止妊娠行为的监督检查，确保全市出生人口性别比处于合理水平。积极应对老龄化，加快建立完善覆盖城乡的社会保障体系，加大养老、医疗保障力度，健全养老服务体系，大力发展养老服务机构和老龄产业，努力消除计生家庭后顾之忧。

【加强流动人口服务管理】 开展“城市社区和流动人口计划生育精细化管理、均等化服务年”活动，积极宣传贯彻《流动人口计划生育工作条例》，加快建立“统筹管理、服务均等、信息共享、区域协作、双向考核”的新机制和流动人口计划生育统一管理、优质服务新体制。加强统筹协调，建立健全相关部门参与的综合治理机制；加强两地协作，落实户籍地和居住地责任；加强区域协作，与省内其他16个市、省外8个地、市签订了《流动人口计划生育服务和管理双向协作协议书》，流动人口计划生育服务管理基本实现区域一体化；加强流动人口信息化建设，实现流动人口计划生育信息全员管理；加强流动人口动态监测，圆满完成国家流动人口动态监测7个大项、83个小项的调查工作；开展“您为我市经济繁荣作贡献，我为您的需求送服务”主题调研活动，整合多种社会资源，为流动人口提供生产、生育、生活、法律援助等方面服务。2010年，全市流动人口计划生育综合服务管理落实率达到95%以上。

【落实计划生育奖励扶助救助政策】 全面落实国家农村部分计划生育家庭奖励扶助制度、计划生育家庭特别扶助制度、农村和城镇失业（无业）人员独生子女父母奖励费统一发放制度、计划生育节育并发症人员生活补助制度和计划生育困难家庭救助制度，进一步完善了政府投入为主、社会补充的“少生奖励、困难救助、服务免费、政策优先、贫困扶持、养老保障”六位一体的计划生育利益导向机制。2010年，全市各项计生奖励扶助救助政策资金总额达4831万元，惠及24万人，占全市总人口的9.5%。

【完善和实施计划生育困难家庭救助制度】 11月3日，市政府办公室下发了《关于完善和实施计划生育困难家庭救助制度的通知》（威政办发〔2010〕94号），制度救助对象按救助标准以威海市城乡最低生活保障标准为基数，对符合救助条件的独生子女家庭、独生子女死亡现无子女家庭、双女家庭，分别按基数15%、35%、15%的比例发给救助金，救助金由市级财政和各市（区）财政按比例负担。年内，全市发放救助金202.8万元，救助困难群众7875人。

【深入开展生育关怀行动】 *开展集中走访帮扶活动* 2010年春节期间，全市各级人口计生部门利用人口关爱基金帮扶计生困难家庭159户，发放帮扶资金9.4万元；利用农村计划生育困难家庭专项救助金救助计生困难家庭2001户，发放救助资金212万元。

开展形式多样的生育关怀活动 大力实施“幸福人生”工程，建立了“情暖空巢家庭”、“春蕾红”等12个规模较大的生育关怀项目，对困难计生家庭给予物质帮助和精神慰藉。深入开展“会员联系户”、“协会帮扶户”、“亲情牵手”等志愿者活动，发展生育关怀志愿者3万人，为计划生育家庭提供生产、生活、生育等方面服务。

积极开展人口关爱基金募捐活动 发动机关、企事业单位、计生协会会员为省人口关爱基金捐款，募集关爱基金15.47万元。

开展纪念中国计生协成立30周年活动 以“为了国策——请携手计划生育困难家庭”为主题，开展了一系列宣传服务活动，活动期间走访慰问计生困难户1000多户，为群众提供帮扶资金、生活用品折款10多万元。

【争创全国婚育新风进万家活动示范市】 全市大力开展婚育新风进万家活动，坚持把新型婚育文化与新农村建设相结合，利用人口文化大院、新家庭文化书屋、文化广场进行广泛宣传；把入户宣传和优质服务相结合，进镇送技术指导、进村送知识宣传、进户送健康服务，营造有利于人口计生工作的社会环境和良好氛围。人口计生、宣传、教育、民政、团市委、妇联等部门密切配合，先后开展了“婚育新风与新农村建设同行”活动、“关爱女孩行动在行动”、“婚前教育先进婚姻登记处”评选活动、“评选人口和青春期健康教育示范学校”活动等9项活动，不断加强阵地建设和主流媒体宣传，构建大宣传、大联合工作格局，引导群众树立科学文明进步的婚育观念。9月25日，在全国婚育新风进万家活动总结动员大会暨人口和计划生育宣传教育工作会议上，威海市被确定为“全国婚育新风进万家活动第四阶段(2011～2015年）示范市”。

【全市人口和计划生育工作会议】 4月13日，市政府召开全市人口和计划生育工作会议。市和市（区）、镇（街道办）三级政府分管领导、人口计生部门主要负责人、计生协常务副会长、市人口与计划生育领导小组成员单位负责人等230多人参加了会议。会议表彰了第二批计划生育“三自模式”（以自治为基础、以自主为途径、以自觉为目的）示范镇（街道办）和计划生育“三自模式”示范村（居），文登市政府等4个单位作典型发言。

【全市人口和计划生育目标管理责任奖惩兑现大会】 6月22日，市委、市政府召开了全市人口和计划生育目标管理责任奖惩兑现大会。市委、市人大常委会、市政府、市政协、市纪委的领导，各市（区）、各镇（街道办）主要负责人，市直和中央、省属驻威各部门、单位主要负责人等400多人参加了会议。会上，授予荣成市等7个市（区）和市直37个单位“2008～2009年度人口和计划生育目标管理责任制执行情况先进单位”称号，市委副书记、市长孙述涛代表市委、市政府与各市（区）和市直相关部门签订了2010～2012年人口和计划生育目标管理责任书。

【加强人口计生系统政风行风建设】 在全市人口计生系统开展了“弘扬廉政文化、倡树行业新风”活动，积极打造“和谐人口 · 阳光计生”机关文化品牌，通过强化廉政教育、打造载体平台、开展主题活动、加强制度建设等途径，推进党风廉政建设和政风行风建设。全面推行“首问首办责任制”、“服务承诺制”、“限时办结制”、“责任追究制”等制度，开展了向沈浩和戚恩雨学习活动，进一步提高服务水平和行政效能。广泛开展“请农民兄弟姐妹评计生”、“请流动人口农民工评计生”及人口计生干部“下评上”活动，干部群众满意度进一步提高。加强计划生育依法行政，严格实行计划生育行政执法责任制考核，完善城乡依法维权机制，规范计划生育行政执法行为，实现依法管理，依法服务。市纪委派驻第五纪检组、监察室将市人口计生委作为廉政文化建设现场观摩会的主现场之一，推广了市人口计生委加强廉政文化建设的经验做法。年内，全市无计划生育违法违纪、行政赔偿和恶性案件发生，市人口计生委被市政府授予“全市依法行政先进单位”称号。

【开展中央《公开信》发表30周年纪念活动】 开展了纪念中共中央《关于控制中国人口增长问题致全体共产党员、共青团员的公开信》（简称《公开信》）发表30周年系列宣传活动。9月20日，威海市召开全市纪念中央《公开信》发表30周年座谈会，市政府副市长梁良出席会议并讲话。生活会重温了《公开信》的历史意义，总结了全市人口计生工作的成就和经验，共同展望了“十二五”及下一个时期的工作。市人口计生委还联合相关部门在全市范围内评选表彰了100名“计划生育模范共产党员”、100名“计划生育模范共青团员”和100个“计划生育模范家庭”、500多名“计划生育资深工作者”和160多个“计划生育工作特色村”，充分发挥典型的示范带动作用，引导群众进一步统一对人口计生工作的认识，引导全社会更加关心关注人口问题，营造了更加浓厚的有利于人口计生工作的舆论氛围。荣成市港湾街道办事处南车居委会崔培华被国家人口计生委授予“纪念《公开信》发表30周年人口和计划生育事业十大新闻人物”之一，有4人在省人口计生委“纪念《公开信》发表30周年家与国颁奖晚会”上获奖。

（王　通）

威海市召开纪念中共中央《公开信》发表30周年座谈会　市人口计生委提供

劳动和社会保障

【就业再就业】 2010年，全市新增就业5.9万人，就业转失业人员实现再就业1.7万人；农村劳动力转移就业2.3万人。再就业培训和创业培训1.18万人；农村劳动力技能提升培训2.5万人。城镇登记失业人数7882人，城镇登记失业率为1.5%，就业形势基本稳定。

优惠政策扶持稳定就业　落实市委、市政府《关于认真贯彻国发〔2008〕5号和鲁政发〔2008〕58号文件进一步做好促进就业工作的通知》（威发〔2008〕99号）和《关于采取积极措施推动创业稳定和促进就业的通知》（威政办发〔2009〕92号）等文件精神，为吸纳1006名大龄就业困难人员的278家企业发放社保补贴和岗位补贴1180.3万元，为7432名灵活就业人员发放社会保险补贴2585万元。

开展就业服务专项活动　开展“春风行动”服务活动，组织专场招聘洽谈会320场次，发放“春风卡”和各类政策宣传材料2.5万多份，提供就业岗位20多万个次，有2.1万名城乡劳动者实现就业。在市人力资源市场举办供需见面洽谈会140次，进场招工单位4754个次，进场求职人数达3.38万人次，有5550名求职者与用人单位达成就业意向。利用农村大集，组织企业送岗下乡30多次，有2100多名农村劳动力与招工企业现场达成就业意向。鼓励发展“炕头经济”，吸纳农村大龄劳动力3.3万人就地、就近就业。

破解招工难题　免费组织全市83个重点缺工企业分赴省内菏泽、临沂、枣庄及省外河南、河北、重庆、四川和青海等地开展大规模招聘活动，协议引进外地劳动力3.1万人。营造良好用工环境，组织召开了“全市改善用工环境现场观摩暨经验交流会”，印发5000多封《致企业领导的一封信》。11月18日，举办了第三届“人力资源合作交流洽谈会”，邀请全国13个省（市）150个就业服务、劳务输出机构和职业技术院校到威海市与192个重点缺工企业进行劳务合作交流洽谈，签订劳务合作协议480个，协议引进外地劳动力2.5万人。

创建创业型城市　完善扶持政策，联合市财政局出台了《关于创业人员经营场地租赁补贴发放和管理有关问题的通知》（威人社字〔2010〕27号）、《关于创业人员创业补贴发放和管理工作的通知》（威人社字〔2010〕28号）等配套文件，加大创业资金扶持力度。

继续优化小额担保贷款“一站式”服务，联合市创业促进会、市妇联在贷款窗口同时开展青年创业项目和妇女创业贷款咨询服务。年内，全市发放小额担保贷款850笔，累计9917万元，直接扶持988人创业，带动1.6万人实现就业再就业。搭建创业平台，强化创业基地孵化功能，认定20个管理规范、运营成熟的创业孵化基地。

失业人员技能培训 将登记失业人员、高校毕业生、军队复员转业人员、随军家属、返乡农民工等各类有创业意愿人员全部纳入免费就业创业培训范围，举办各类专业培训班600余期，培训人数达3.7万人。引导大企业与定点培训机构对接，对企业新招人员进行技能提升培训，其中威建集团、海马地毯、双轮集团、东山宾馆、新威量具厂、武岭爆破、银镝服装等15家企业依托培训机构培训职工4137人。

【劳动关系管理】 *劳动工资* 适时调整全市最低工资标准，由760元调整为920元；发布了全市2010年企业工资指导线，调整了增长基数。用6个月的时间，分两批次完成了人力资源和社会保障部在威海市开展的企业在岗职工工资和人工成本调查工作，涉及私营企业98户，职工4562人。

劳动合同 启动劳动用工备案工作，实现对劳动用工的动态监管；制订了非全日制用工、建筑业、制造业、餐饮业、采掘业等简易劳动合同文本，规范了不同行业的用工秩序。服务旅游业发展，制定了《导游人员劳动合同参考文本》，印发了《威海市关于规范导游人员劳动报酬及社会保险管理的指导意见》（威人社函〔2010〕104号），组织开展了全市旅游行业的用工、工资和社会保险等专项检查。

劳动关系三方协调机制 全面落实小企业劳动合同制度实施专项行动计划，进一步推进工资集体协商及集体合同制度的实施。推荐威海市水务集团有限公司、威海经济技术开发区申报国家级劳动关系和谐企业、园区，通过省劳动关系三方办公室的审核并公示。

援企稳岗 相继出台了减轻企业负担，稳定就业局势的相关政策，为719家企业发放岗位补贴3851万元，惠及职工14.8万人。

【劳动保障执法监察】 2010年，全市各级劳动保障监察机构检查各类用人单位8155户，涉及劳动者90.6万人，补签劳动合同1.98万份；补发工资1117.5万元，涉及劳动者1.14万人；督促431户用人单位补缴社会保险费5384.8万元，涉及劳动者2.2万人。

举报专查 查处举报投诉案件及时到位，全年受理各类举报投诉案件1895起，比上年减少752起，全市投诉举报案件数量连续3年大幅下降。

书面审查 加大书面审查力度，严格审查用人单位办理招用手续、签订劳动合同、缴纳社会保险费以及工资发放等情况。年内，全市书面审查用人企业3946家。

专项检查 加强与公安、建设、工会、工商等部门的沟通协调，先后联合开展了农民工工资支付情况、清理整顿人力资源市场秩序、整治非法用工打击违法犯罪等3次专项检查。全年检查用人企业1807家，为1476名农民工追讨工资528.6万元，清退中介费9000元。

日常巡查 采取交叉执法、联合执法的新模式，利用5个月的时间，先后对全市的外商投资企业、旅游行业、餐饮行业进行了“拉网式”的检查，检查用人企业1152家，下达责令整改指令书307份。

监测预警 对有可能发生群体性上访的案件，及时掌控事态的发展变化，及早采取防范措施。2010年，成功预警处置了17起突发性群体案件。

【劳动人事争议处理】 2010年，全市受理劳动人事争议案件2582起，其中立案受理1418起，涉及职工4388人，当期审结1418起，按期结案率100%，为职工挽回经济损失4790万元。在审结的案件中，通过裁决结案的528起，调解结案的833起，调解率比上年提高6.8%。

劳动争议预防 举办8期“《中华人民共和国劳动合同法》实务操作技巧”培训班，对410户用人单位的750名劳资管理人员进行了培训，帮助350户用人单位规范了劳动保障管理行为，将112户用人单位确定为重点指导服务对象，指导企业修改、完善规章制度780余条，纠正企业违法违规行为320起，督促落实基本劳动保障标准370项，避免劳动纠纷156起。预防效果显著，全市劳动争议仲裁案件较上年减少243起，下降15%。

基层调解组织建设 以镇（街道办）的劳动保障服务站、人民调解组织、司法调解组织为平台，规模以上企业工会组织为基础，不断建立健全基层劳动争议调解组织。全市建立各类基层调解组织1154个，其中镇（街道办）调解组织68个、规模以上企业调解组织1073个、区域性调解组织13个，聘请专、兼职劳动争议调解员2538名。2010年，各级各类调解组织受理劳资纠纷案件3717起，调解成功3516起，调解成功率94.6%。

仲裁机构实体化建设 全市8个劳动争议仲裁机构，全部完成实体化建设，成立劳动争议仲裁院，设立标准化仲裁庭，配备办案人员43人。劳动仲裁与人事仲裁的机构整合工作稳步推进，有7个机构整合成劳动人事争议仲裁院。

【人力资源和社会保障信访】 2010年接待群众来信来访94件（含重复上访21件），涉及人数756人，协助有关部门接访7次。受理行政复议案件7起，全部按期结案。办理市长信箱信件309件，人力资源和社会保障网站留言3128条。参加行风热线节目5次，为职工群众解答和处理各类问题69件，处结率为100%，群众满意度达到95%以上。

（于　鹏）

【基本养老保险】 *企业职工基本养老保险* 2010年，全市企业参保56.15万人，比上年增加3.78万人；实际缴费50.77万人，比上年增加3.59万人；征缴基本养老保险费27.73亿元。为10.05万名企业退休人员调高了基本养老金，人均月增加153.73元，全年为11.26万名企业离退休人员支付养老金17.15亿元，支付率和社会化发放率始终保持在100%。进一步加大企业退休人员社会化管理服务力度，年内全市企业职工正常退休9209人，特殊工种退休1379人，病退审批1968人，全市社区管理服务组织达到133个，专兼职工作人员195名。

机关事业单位养老保险　2010年，全市机关事业单位参保职工7.32万人，收缴基本养老保险费7.18亿元。全年为3.01万名机关事业单位离退休人员发放养老金11.15亿元，发放率100%。

重要政策调整　一是特殊工种备案制度破题实施。印发了《关于建立企业特殊工种备案制度的通知》（威人社函〔2010〕82号），在全市推行特殊工种登记备案制度。二是有效解决参保人员欠费补缴后养老金偏低问题。对全市养老金计发办法进行了梳理，在各市（区）积极测算大量数据的基础上，印发了《关于企业退休人员养老金计发有关问题的通知》（威人社发〔2010〕68号），初步解决了欠费补缴政策导致养老金偏低问题。三是降低城镇个体工商户和灵活就业人员养老保险缴费比例。根据国家和省有关规定，印发了《关于城镇个体工商户和灵活就业人员社会保险缴费有关问题的通知》（威人社发〔2010〕69号），将个体工商户和灵活就业人员的养老保险缴费比例由26%下调至20%，缓解了这一群体的缴费压力。四是初步实现养老保险关系无障碍转移接续。《城镇企业职工基本养老保险关系转移接续暂行办法》（国办发〔2009〕66号）颁布后，召开专题工作会议部署，2010年全市办理企业职工基本养老保险关系转移接续手续487人次。其中转入191人，转出296人。开具参保缴费凭证675人次，转移资金444万元，养老保险关系转移接续无障碍通道初步形成。

【新型农村养老保险】　2010年，全市农村社会养老保险快速发展，参保人数达93万人，适龄人口参保率达91%，基金收入6.5亿元，为全市37.7万农村老年居民发放养老金2.2亿元。

率先实现全市覆盖　在荣成市国家级试点的基础上，全市所有市（区）全面推开新农保工作，在全省率先实现了新型农村社会养老保险制度的全覆盖。探索建立基金征缴奖励制度，实现市、市（区）、镇（街道办）三级网络连接和数据的市级集中，严格执行收支两条线管理，确保农保基金的安全有效运行。

新农保国家试点　11月，文登、乳山市同时被列为第二批国家试点市，威海市成为新农保国家试点高覆盖地级市。市委、市政府确定自10月起，未参加国家试点的市（区）全部参照国家试点地区每人每月55元的标准发放基础养老金，全年政府补贴资金2亿元。

被征地农民基本生活保障　继续做好被征地农民基本生活保障的基金收缴、待遇发放和管理等工作，已参加被征地农民基本生活保障的农村居民可同时参加新农保，享受养老金待遇。2010年全市有7万人纳入被征地农民社会保障范围，收缴保费2773万元，1.83万人享受养老保障待遇，全年发放养老金1790.6万元。

【医疗保险】　职工基本医疗保险　建立医疗保险市级统筹制度，市政府印发了《威海市社会保险市级统筹实施意见》（威政发〔2010〕34号），在全省率先实现医疗、工伤、失业、生育4项保险市级统筹。破解异地就医难题，印发了《关于职工医疗保险异地就医结算有关问题的通知》（威人社发〔2010〕29号），参保职工在全市范围内转诊转院不再先负担10%，不需个人垫付资金，转院职工可持社会保障卡即时结算。确定文登整骨医院为全市放开骨伤病定点医院，职工、居民均可直接去医治骨伤类疾病，并可持医保卡即时结算。2010年全市职工医疗保险参保79.46万人，比上年增加7万人，征缴职工医疗保险费15.57亿元，支出13.74亿元。提高医疗保障水平，市人力资源与社会保障局与市财政局联合印发了《关于提高职工医疗保险大额医疗费用救助年度支付限额的通知》（威人社发〔2010〕62号），自2011年起，职工医疗保险大额医疗费用救助年度支付限额由现行的20万元提高至36万元。解决关闭破产国有企业退休人员医疗保险问题，印发了《转发省人力资源和社会保障厅等四部门〈关于加快推进关闭破产国有企业退休人员等参加基本医疗保险工作的通知〉的通知》（威人社函〔2010〕10号），使1.36万名关闭破产国有企业退休人员、5038名关闭破产集体企业退休人员的医疗保险问题全部得到解决。

城镇居民医疗保险　扩大城镇居民医疗保险覆盖面，2010年威海市城镇居民医疗保险参保43.14万人，参保率达到98%，征缴保费1.04亿元，有2.12万名城镇居民享受医保待遇，支付医保报销费用8507万元，政府对参加城镇居民医保每人每年给予120元补助。与财政局联合印发了《关于调整城镇居民基本医疗保险待遇有关问题的通知》（威人社发〔2010〕43号），自8月1日起，城镇居民医疗保险大额救助金的支付限额由7万元提高至10万元，先天性心脏病等5类12种重大疾病报销限额提高到30万元，平均报销比例达到65%，最高支付限额和报销比例全省最高。规范大学生门诊医疗费用统筹基金使用，印发了《关于城镇居民基本医疗保险参保大学生普通门诊就医和管理的意见》（威人社办发〔2010〕79号），确保参保大学生的门诊医疗待遇。印发了《关于调整未成年城镇居民重大疾病医疗保险待遇标准的通知》（威人社发〔2010〕78号），自2011年起，患有先天性心脏病等5类12种重大疾病的未成年居民，一个自然年度内发生符合城镇居民基本医疗保险基金支付范围的医疗费用，大额医疗费用救助年度支付限额由10万元提高到27万元，救助比例达到70%。

【工伤保险】　一是市人力资源与社会保障局与市财政局联合印发《威海市工伤医疗费结算管理办法》（威人社发〔2010〕36号），工伤职工可以在全市定点医疗机构任意选择救治医院。二是规范工伤康复工作，建立工伤康复资格初选制、工伤康复医疗费预算制、工伤康复效果评估制等制度，2010年有112名工伤职工接受了康复训练。三是为减轻企业负担，继续下调工伤费率，全年减轻企业负担2900多万元。四是着力扩大工伤保险覆盖面，年内全市工伤保险参保59.29万人，新增4.25万人，完成扩面指标425.5%。五是扎实做好工伤认定与劳动能力鉴定，全年认定工伤案件5826起（市直认定986起），工伤认定准确率99.8%；查处工伤冒领案件 8 起，拒付资金 95 万元；开展劳动能力鉴定 11 期，鉴定 2654 人，鉴定准确率 99.8%。

【失业保险】 2010 年，全市失业保险参保 41.6 万人，收缴失业保险费 1.58 亿元。实现失业保险市级统筹，从 7 月 1 日起在全市范围内实行统一的失业保险政策、经办业务及工作标准。调整失业人员待遇标准，由原来的每人每月 441 元上调至 536 元，为 1.84 万名失业人员发放失业保险待遇 7038 万元。实施援企减负，全市向 772 家困难企业支付稳定就业岗位补贴 4126 万元，涉及职工 15.7 万人，为 6689 家企业减收失业保险费 1 亿元，涉及职工 35.9 万人。开展延长扩大失业保险基金支出范围试点工作，全市支出失业保险基金 5764 万元，其中促进就业各项补贴支出 3137 万元，用于县级以上人力资源市场和基层公共就业服务平台信息网络及设施设备购置支出 2627 万元。

【生育保险】 2010 年，全市 48.2 万人参加生育保险，新增参保 2.55 万人，征缴生育保险费 5877 万元，为 9483 名职工支付生育保险待遇 5483 万元。生育保险定点医疗机构全市放开，下调生育保险费率，灵活就业人员中的“3545”人员（女 35 岁，男 45 岁以上）5 万余人免交生育保险费，此项政策全年减轻企业和个人负担 4905 万元。

【社会保险基金监督管理】 坚持预防为主，从完善监管制度入手，不断规范经办工作流程，加强内部控制管理，做到基金收支各环节、各岗位相互监督，层层审核把关，确保基金安全运行。组织开展了社会保险费缴纳情况和新农保资金管理及财务流程检查，并组织开展了全市职工医疗保险基金专项检查，对检查发现的问题逐一进行了督促整改，切实做到了基金管理事前有防范、事中有控制、事后有监督，努力防范和化解基金管理风险，确保全市社保基金安全完整。

【信息化建设】 *社会保障卡发放* 2010 年，全市发行社保卡 80 万张。中心市区新卡发放完毕，并全部替换老卡使用。荣成、文登、乳山市新卡基本发放完毕并顺利启用，成为全省第一个实现社保卡市级通用的地级市。

公共服务系统建设 结合机构改革对人力资源和社会保障网站进行重新整合维护，不断提高网站利用率。2010 年，130 多万人次访问网站，在线解答群众留言近 4000 条。

（于　鹏）

住房公积金管理

【概况】 2010 年，市住房公积金管理中心坚持把帮助中低收入职工解决住房问题作为贯彻落实科学发展观的切入点，突出重点加大政策扶持力度，让公积金制度惠及更多的低收入职工，全市住房公积金管理工作在全省综合考核中再次位居第一名，连续 7 年被山东省建设厅、财政厅授予“全省住房公积金管理工作先进单位”称号。

至年末，全市开立住房公积金账户并正常办理业务的单位 4879 个，缴存的职工达 35.68 万人。其中，市区 21.3 万人，荣成市 7.32 万人，文登市 3.9 万人，乳山市 3.15 万人。全市住房公积金覆盖率为 91%。通过依法加大住房公积金征收管理力度，全市住房公积金归集规模进一步扩大。全市当年完成住房公积金归集额 11.42 亿元，比上年增收 1.90 亿元。全市累计归集总额为 60.75 亿元，比上年末增长 24.9%。其中，市区 6.87 亿元，荣成市 2.22 亿元，文登市 1.3 亿元，乳山市 1.02 亿元。通过调整住房公积金贷款和提取使用政策，全市住房公积金使用的社会效益进一步扩大。全市有 4.1 万人次提取使用住房公积金，提取金额 5.62 亿元，占当年归集额的 49.2%。其中，市区 3.49 亿元，荣成市 9728 万元，文登市 6733 万元，乳山市 4771 万元。全市累计提取住房公积金 20.9 亿元，占累计归集额的 34.3%。全市向 5982 户职工家庭发放住房公积金个人购房贷款 13.15 亿元，占当年归集额的 115.2%。其中，市区 9.18 亿元，荣成市 1.4 亿元，文登市 1.5 亿元，乳山市 1.07 亿元。全市累计向 3.03 万户职工发放住房公积金个人购房贷款 51.21 亿元。

【依法加大征收管理力度】 市住房公积金管理中心把未依法建立公积金制度的三资企业、中小企业作为征收管理工作的重点。一是不断加大政策宣传力度。在坚持加大电台、网络、报纸等新闻媒体宣传力度的同时，更加注重深入企业，面对面地为职工宣传优惠政策，不断提高职工缴存公积金的积极性。二是严格规范企业缴存行为。按照“抓大带小”的工作思路，对经济效益好的大企业，严格执行规定的缴存政策，对经济效益一般的中小企业，适度降低缴存门槛，努力做到应缴尽缴、应建尽建。三是依法加大行政执法强度。严格按照《住房公积金管理条例》的规定，依法开展了行政执法工作，进一步增强了单位依法缴存公积金的法制观念。

【调整住房公积金贷款和提取使用政策】 为更好地发挥住房公积金制度的优惠政策，进一步加大对中低收入职工购买住房的信贷支持力度，市住房公积金管理中心制定了《关于调整部分住房公积金贷款和提取政策的通知》。一是对购买首套住房且套型建筑面积在 90 平方米以上的家庭，贷款首付款比例由不低于 20% 调高到不低于 30%。对购买 90 平方米（含 90 平方米）以下的，贷款首付款比例仍限定为不低于 20%。二是对申请使用住房公积金贷款购买第二套住房的，首付款比例由原不低于 50% 调高到不低于 60%，贷款利率提高到同期首套住房公积金个人住房贷款利率的 1.1 倍。三是对购买第三套以上住房的，停止发放住房公积金贷款。四是将贷款申请条件由连续缴存住房公积金 6 个月以上调整为连续缴存 12 个月以上，将贷款、提取使用范围由职工本人及其直系亲属调整为只限职工本人及配偶使用。年内，全市资金使用率高达 115%，高出全省考核标准 35 个百分点。

【完成住房公积金信息管理新系统建设工程】 12 月 1 日，完成了以强化资金安全管理为主线的公积金信息管理新系统开发建设工程。新系统将征收、缴存、提取、贷款、财务、稽查、档案管理等所有管理工作都纳入计算机系统控制之中。一是严格落实了职责权限。根据业务种类和操作流程，系统对每名工作人员的岗位职责和操作权限都进行了设定和控制，只有通过指纹身份认证进入系统后，工作人员才能在规定的权限范围内操作业务，并自动保留操作痕迹，真正做到职权落实到个人，保证责任追究到个人。二是严格规范了业务审批。系统将现行所有业务政策和办理规则都纳入控制之中，从业务的咨询到所需资料的提供，从受理资料的初审、拍照到对电子档案的确认复核，从审批的详细条件到规定的具体额度以及承诺的办理时限，系统都实现自动控制，对每笔审批业务都设定了受理、复核、审批三道关口，任何一个条件只要与中心的规定不符，或缺少任何一道审批环节，系统就进行提示，业务无法继续办理，杜绝了违规问题的发生。三是切实保证了资金的安全管理。系统将中心主要负责人、各市（区）管理部负责人作为风险控制的重点，设置了以业务驱动为核心的资金运作机制，能够实时反映资金运转的每个环节，监管资金拨付的每个关口，追踪资金支出的每个流向，实现了资金运作的全程化监管，把每名工作人员都置于制度的约束之内、系统控制之中，确保了公积金的安全运行。年内，全市住房公积金管理工作继续保持无项目贷款、无逾期贷款、无国债及其他投资项目的良好局面，实现了资金安全管理零风险。

（毕崇征　王漓江）

民　政

【概况】　2010年，全市民政系统积极履行“保障民生、发展民主、服务社会”的基本职能，推动民政工作重点领域有新突破、整体水平有新提升。一是城乡低保工作取得新成效。保障标准和覆盖面均达到历史最高水平，威海市成为全省唯一对城乡低保分别实行统一标准的地级市，平均低保标准位居全省前列。大力推进城乡低保规范化建设，有效提高了低保准确率和群众满意度。全省城乡低保提标暨规范化建设现场会议在威海市召开，重点推广了乳山市农村低保规范化建设的经验做法。二是城乡社区建设打开新局面。城市社区建设实现质的提升，服务功能健全完善。农村社区建设全面推进，探索出“多村一社区”、“村企合并”、“村改居”和“一村一社区”4种主要模式。三是“双拥”创城工作掀起新高潮。全方位宣传营造浓厚氛围，社会化拥军取得更大进展，优抚安置政策全面落实，融合式发展实现军地共赢。省双拥创城检查组高度评价威海市的经验做法：“不仅是全省的亮点，而且是全国的亮点”。四是福利慈善事业实现新发展。福彩销售总量再创历史新高，人均销量位列全省第三。“慈心一日捐”捐款总量位列全省第二，创历史最好成绩。老龄工作健康发展，市民政局被评为“全国老龄工作先进单位”，并成为全省民政系统唯一“全国敬老模范单位”。五是基础设施建设迈出新步伐。投入资金1亿多元，在市直民政系统重点推进了市社会福利院（复退军人康宁医院）、流浪儿童救助保护中心、救助管理站和救灾物资储备仓库等四大工程建设，总建筑面积2.5万平方米，服务功能得到完善提升。六是民间组织和专项社会事务管理创出新成绩。市民管局、荣成市民管办和环翠区民管办被评为“山东省社会组织深入学习实践科学发展观活动指导工作先进单位”。市民政局被民政部评为全国婚姻登记规范化建设“十一五”贡献突出单位和全国殡葬工作先进单位。七是行风建设深入推进。全市民政系统有9个单位被评为全省民政系统行风建设示范单位。

（孙少虎　江玲玲）

【“双拥”优抚安置】　2010年，走访慰问286个部队机关和基层单位，赠送慰问品和发放困难补助、慰问金等1300余万元；为官兵和优抚对象解决实际困难147件次；组织“双拥”文艺演出队深入高山海岛部队慰问演出23场次。投资200多万元新建了文登军民共建第一村展馆，投入176.8万元在市区主要交通路口设置了68块大型“双拥”宣传牌。全年发放抚恤补助金1.59亿元、群众优待金6484万元。向2450名抗日老战士发放慰问品、慰问金及一次性生活补贴936万元。组织160名优抚对象到青州荣军医院、45名残疾军人到泰安荣军医院以及10批次300人到康宁医院进行了短期疗养，为2000名优抚对象进行了健康查体。为278名残疾军人办理了免费乘车卡。为2.7万名重点优抚对象办理了参保参合手续，指导各市（区）医疗定点机构安装了“一站式”即时结算软件，年内为优抚对象补贴、补助医疗费用4641万元。投入资金484万元，为农村优抚对象新

“国合爱心花园”慈善捐建仪式　　市民政局提供

建住房17户68间，维修改造危房496户1621间，确保优抚对象住房不出问题。全市接收退伍士兵1126名，其中需政府安置的426名城镇退役士兵中有388人选择自谋职业，自谋职业率达91%，居全省第一。发放自谋职业补助金737.26万元。新接收军休干部39名。发放军休干部人员经费8944万元、机构经费449万元、服务管理机构用房经费88万元，军休人员政治、生活待遇得到落实。举办了第十一届全市军休干部门球赛。组织参加了全省第七届军休干部门球赛，威海市代表队获第一名。在全省开展的民政系统行风建设示范单位创建活动中，市军休中心获"全省民政系统行风建设示范单位"称号。在全省退役士兵自谋职业工作先进县评比活动中，环翠区、文登市获"全省退役士兵自谋职业工作先进县（市、区）"称号。

（齐磊　孙益民　陈平）

【基层政权和社区建设】　城市社区基础设施进一步改善，保障了社区活动的正常开展和社区功能的有效发挥。城市和谐社区建设不断深入，全市有11个社区被省民政厅表彰为全省城市社区建设示范社区。召开了全市城乡社区建设工作会议，对社区建设工作进行了总结和部署。市政府出台了《关于加强城中村改造后社区建设工作的意见》，对村集体经济产权制度改革、社区调整、新设立社区居民委员会的经费来源、工作职责等提出了明确要求。制定了全市农村社区布局规划和年度实施计划方案，全市规划农村社区567个，已建成478个。文登市通过了民政部"全国农村社区建设实验全覆盖示范单位"专家组的评估验收。

（刘朋日）

【社会救助】　自1月1日起，全市农村低保标准由每人每年1200元提高到1400元；城市低保标准由每人每月330元提高到345元。全年累计发放低保金6107.7万元，保障城乡低保对象5.6万人。其中，城市低保对象9485人，农村低保对象4.65万人。城市、农村低保覆盖率分别由上年的0.2%、2.9%提高到1%、3.6%。及时拨付救灾资金和物资折款613万元，救助受灾群众3.7万人。城乡医疗救助支出2250.6万元，救助7.26万人。其中城乡贫困家庭大病患者4321人；资助参加城镇居民医保和农村新农合6.24万人。教育救助支出171.55万元，救助城乡生活困难家庭学生1196人。其中，城乡低保家庭学生1039人；低保边缘家庭学生157人。住房救助为767户城市困难家庭发放廉租住房补贴218.9万元，同时实物配租52户。

（姜春丽）

【社会福利】　全市投入供养资金255.1万元，保障城乡孤残儿童370人。其中，集中供养138人（安置在市儿童福利院）；分散供养232人。通过认证，取消了7家福利企业资格，新增福利企业2家，全市62家福利企业安置3203名残疾人就业，安置率为39.4%，残疾职工人均月工资1084元。市社会福利院全年保障优抚和"三无"（无家可归、无依无靠、无生活来源）对象492人。市救助管理站全年救助城市生活无着落的流浪乞讨人员1670人次。福彩销售总量达到3.55亿元。第一个"中福在线"大厅投入运营，成为福彩销售的新亮点。投入市级福彩公益金2395万元，支持各类福利设施建设、社区建设和困难群众救助。

（贺传芬）

【民间组织管理】　全市已登记社会组织1906家。其中，社会团体508家，民非单位1398家。2010年新成立社会团体56家，民非单位83家，撤销39家，注销9家。配合组织部门，在社会组织中积极开展学习实践科学发展观活动和创先争优活动，向各级组织部门提供社会组织党建工作详细数据；配合财政部门对全市社会团体"小金库"进行治理；配合物价部门对全市社会团体涉企收费进行审查，对不合理收费项目和标准予以取消和调整；配合市监察部门对市管行业协会的服务和会费收支情况进行检查，规范了市管行业协会的收费行为。

（张玉秀）

【社会事务管理】　对市区30个住宅小区进行了命名，对1条街道进行了更名。编制了《威海市地名规划》（草案），其中对54条新规划道路，13个规划立交桥，11个规划和建设的隧道，10个建成公园提出了命名意见。对环翠—牟平线、荣成—文登线两条边界线进行了检查。年内，全市办理结婚登记1.8万对，其中涉外婚姻129对，结婚合格率100%。办理离婚登记3638对，其中涉外婚姻8对。火化尸体1.98万具，火化率达到100%。办理收养登记44件次。

（王书清）

慈善事业

【市慈善总会】　2010年，全市慈善组织募集善款8204.5万元。其中"慈心一日捐"活动募集善款6562.74万元，首次进入全省前三名，居第二位。全市各级慈善组织重点实施了慈善"助医"、"助学"、"助老"、"助困"、"助残"、"赈灾"等救助项目，支出善款5787.17万元，救助困难群众6.2万多人。其中，开展慈善大病救助活动投入善款2000多万元，救助大病患者5270名；开展慈善助学活动投入助学款617.9万元，救助困难学生3549名；开展助困活动投入资金648.52万元，救助困难群众1.3万人；开展助老、助残活动，投入善款950.16万元，惠及4.05万贫困老年人、残疾人；开展抗击青海玉树地震、甘肃舟曲泥石流等赈灾活动，投入赈灾款625.44万元。

（王明源）

【市红十字会】　2010年，市红十字会认真落实科学发展观，深入学习贯彻中国红十字会第九次全国会员代表大会精神，不断加大工作力度，积极传播红十字精神，努力提升红十字会的社会影响力和号召力，全市红十字事业继续保持快速、健康、协调发展。市红十字会先后获"全省宣传工作一等奖"、"大病救助工作先进集体"、"应急救护

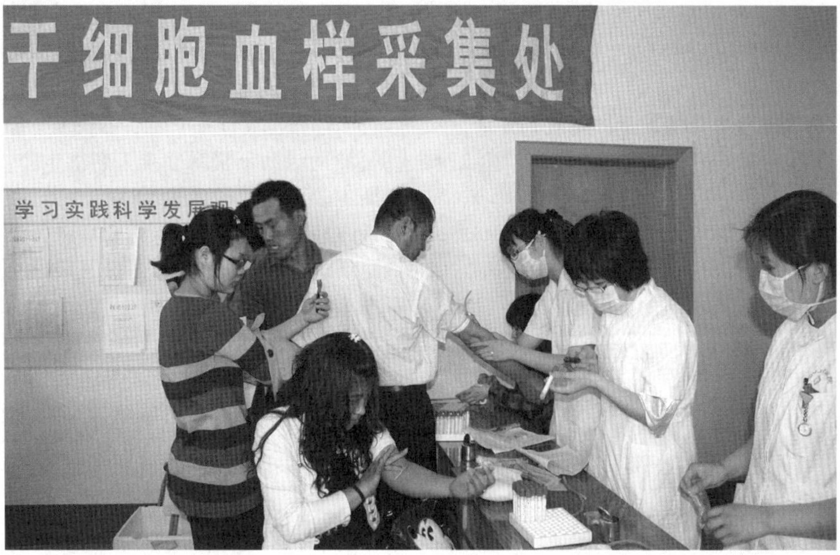

造血干细胞志愿者采样　　　　市红十字会提供

与健康培训工作先进单位”、“造血干细胞捐献工作先进集体”等荣誉。

宣传传播　1月31日，举办红十字团体会员单位迎新春联谊会。“5·8”博爱月期间，组织奥赛生物科技、大福金店等会员单位开展多种形式的义诊、义卖和定向救助活动。6月24日，在经区凤林学校成立威海市首个红十字青少年教育示范基地，向该校捐赠“红十字书库”430套图书，总价值1.5万元。

备灾救灾　针对南方旱灾、玉树地震、舟曲泥石流等特大自然灾害，积极做好救灾募捐工作，全年接收各类救灾捐款233万余元。

社会救助　与现代妇科医院等单位合作，开展各类针对贫困患者的救助活动，累计投入救助金和减免医疗费111.3万元。募集“扶贫救心”基金10万元，救助6名心脏病患者接受免费手术治疗。

博爱送万家活动　2010年，全市红十字系统发放救助金和慰问品价值25.4万元，受益群众达900余户。

救护培训　成立红十字救护培训中心，配备专职工作人员。建立急救培训网站，开展“救护培训进社区、进企业、进学校、进机关”活动，举办公益性培训55场，受益群众2.53万人，培训红十字救护员1200人。

造血干细胞捐献　5月，采集捐献造血干细胞志愿者血样621人份。8月，承办山东省造血干细胞捐献工作研讨会。全年再动员63人份，高分辨39人份，马良胜、王逸帆、熊小慧、颜世林、郭峰、钟志强、王泽建、李扬8名志愿者成功实施了捐献。

（苗延颂）

老龄工作

【推动基层老年活动场所建设】　2010年，全市投入资金500余万元，建成老年活动室150处。开展“慈善扶老”和“以奖代补”活动，投入资金96万元对管理规范、活动经常的32处老年活动室进行了扶持和奖励。

【发放高龄补贴及百岁老人长寿补贴金】　为全市1.03万名年满90～99周岁的老年人每人每年发放100元高龄补贴，全年发放103.24万元；为249名百岁老人每人每月发放100元长寿补贴金，全年发放22.31万元。

【做好“五保”供养和敬老院工作】　全年保障9551名“五保”户，发放“五保”供养资金1979.88万元。自1月1日起，全市集中供养“五保”对象的供养标准由每人每年2800元调整为3600元，分散供养标准由每人每年1400元调整为1800元。全年投入资金130万元，通过“以奖代补”的方式扶持农村敬老院40处，引导其拓展服务功能，使其兼具日托照料、居家养老支持等功能的镇级养老服务综合平台。继续开展市属单位联系敬老院工作，为敬老院提供直接帮扶资金和各类物资及慰问品折款约226万元。

【开展“银龄安康”活动】　出资24.5万元为全市2.45万名50～80岁的“五保”、低保、“抚恤定补”老年人购买了“银龄安康”保险，降低了老年人因意外伤害所造成的经济负担。

重阳节期间，市委书记、市人大常委会主任王培廷（右二）到敬老院慰问　　　　市老龄办提供

【加大老龄宣传力度】 利用报纸、电台、电视台、网络等新闻媒体深入宣传老年法规政策和孝亲敬老先进典型。协调市群众艺术馆结合“千场演出进农村”活动，为61个敬老院送去文艺演出；协调相关部门在市区主要街道、“幸福门”等大型电子屏幕上滚动播出敬老宣传标语；发送老人节温馨提示短信700多条。11月，联合威高集团开展了“‘威高情’第三届‘十大孝星’评选”活动，从20位候选者中评选出10位支持民政、老龄事业，积极为老年人做好事、办实事，事迹特别突出者为“十大孝星”。

（毕　巍）

残疾人事业

【概况】 2010年，各市（区）出台了关于加快残疾人事业发展的实施意见，全面推进残疾人社会保障体系和服务体系建设。加大了创建残疾人“人人享有康复服务”示范市工作力度，实行了低保重度残疾人生活补贴制度，开展了智力、精神和重度残疾人居家托养服务，残疾人生活水平和保障服务能力得到进一步提升。威海市被中国残联评为全国白内障无障碍市，市残疾人托养中心被中国残联评为国家级“阳光家园”示范机构。

【康复训练】 围绕“人人享有康复服务”的目标，继续开展“威高光明行动”、“福彩助行行动”、“光威助听行动”等康复救助项目，接受社会捐赠款项250多万元、轮椅500辆、助行器150件，免费为1118例白内障患者实施复明手术、1500名肢体残疾人发放轮椅和助行器、10名肢残儿童进行矫治手术、123名14周岁以下聋儿验配助听器、2名贫困聋儿实施人工耳蜗手术，救助脑瘫、智障、自闭症儿童90名，为550名精神病患者免费治疗。投入资金近200万元，为3个市级、8个县级、32个镇级、245个村级康复站增添部分康复器材，拓展服务功能，提升服务质量，解决残疾人急需的康复设备（设施）。

【教育就业】 特教学校发展到4所，在校学生729人，随班就读残疾学生274人。接受特殊教育的视力、听力、言语残疾儿童少年入学率城镇达到100%，农村达到98%以上，残疾儿童少年入学率达到98%以上。分散安置残疾人就业973人，扶持残疾人自主创业127人，组织了13期1554名残疾人培训。征收保障金1765．2万元，比上年增长26.2%。

【社会保障】 市残联、财政局联合出台了《威海市“阳光家园计划”实施方案》，在乳山市、环翠区全面开展了残疾人居家托养工作，对市区的2219名智力、精神和重度残疾人提供居家托养服务。在乳山市召开了残疾人居家托养现场会，总结推广乳山市和环翠区的做法，推动居家托养工作在全市展开。市残联、财政局联合出台了《威海市低保重度残疾人生活补贴资金管理办法》，对全市3734名低保重度残疾人发放每人每月不低于50元的生活补贴。同时，广大残疾人还享受到了教育、医疗、住房等社会救助和社会福利的优惠。以最低生活保障为底线，以社会保险为基础，以特殊福利为补充的残疾人社会保障体系框架基本形成。

【扶贫解困】 积极开展“脱贫奔康”、“温馨安居工程”、“残疾人扶贫基地建设”、“薪火助残”、“志愿者助残进家庭”、“你行、我行——爱心不找零”等扶贫救助活动，帮助残疾人解决生产、生活中的困难。投入资金443.5万元，对96户农村贫困残疾人的危房进行改造。新建市级扶贫基地4处、县级扶贫基地8处、镇级扶贫基地17处，辐射带动农村贫困残疾人1529户脱贫，脱贫率达到70%以上，致富率达到10%以上。38个残工委成员单位与57名贫困残疾人结成帮扶对子，2000多名志愿者走进残疾人家庭为残疾人解决各种困难，8家出租车公司1200多辆出租车参与助残募捐工作，扶残助残文明风尚蔚然成风。

【文体生活】 在各市（区）开播电视手语节目、建立图书馆盲人阅览室的基础上，开播残疾人广播专题节目《同在蓝天下》，实现了真正意义上残疾人信息无障碍。举办了“同在蓝天下”盲人专题晚会。组织残疾人运动员和技术能手，参加第八届全省残疾人运动会和第四届山东省残疾人职业技能竞赛，获2枚金牌、7枚银牌、1枚铜牌和1个一等奖、1个三等奖，充分展现了残疾人自强不息的精神风貌。

【组织维权】 全市50个镇、18个街道办事处均成立了残联，配有正式任命的

志愿者助残活动　　市残联提供

残联理事长，选聘了残疾人专职干事；2514个村、395个居委会均成立了残协，均选聘1名村（居）残协委员；市、市（区）、镇（街道办）、村（居）四级残疾人组织网络建设全部完成。市残联设置独立的维权部，突出残疾人维权业务工作。与市有关部门共同推进威海市无障碍建设，全市累计完成无障碍设施建设和改造任务189项，铺设盲道206公里，城市主要道路路口坡化1176处。开展无障碍进家庭活动，投入经费9万元，完成60户“无障碍家庭”项目建设。启动残疾人驾驶汽车培训工作，有6名残疾人通过考试获取了驾驶证。发放残疾人机动轮椅车燃油补贴9.7万元，惠及251名残疾人。解答和处理群众反映问题55件，接待残疾人来访35批49人次，协调解决了128项残疾人反映的康复、教育、就业、生活、权益保障等方面的具体问题，处结率达到100%，未发生集体上访和重大越级上访事件。

（马　兵）

民族·宗教

【大力扶持少数民族专业合作经济】 帮助指导农村少数民族帮扶基地不断发展壮大，并积极协调各级各部门在土地调整、项目审批、技术指导、经营运作和资金拨付方面给予大力扶持。组织召开了全市农村少数民族帮扶工作会议，对帮扶资金使用制度进行了完善，并指导各市（区）交流学习经验，结合各地实际发展特色经济，将更多的少数民族家庭纳入到合作社中，拓宽少数民族群众致富渠道，着力将帮扶基地打造成各级各部门共同帮助农村少数民族困难群众的平台。2010年新增2处农村少数民族帮扶基地，帮扶基地达到8处，纳入帮扶基地的少数民族由上年的800户增加到1100户，拨付专项帮扶资金78万元，并指导帮扶基地建立健全了各项规章制度。帮扶工作经验被称为“威海模式”广受关注，《中国民族报》在头版刊发文章《威海模式：“娘家人”领出致富路》，对此进行了专题报道。

【开展以“民族一家亲”为主题的教育活动】 1月，市民族宗教事务局与市委宣传部联合主办了“民族一家亲”大型文艺晚会，对运用文艺方式进行民族团结进步教育活动进行了有益尝试。与《威海市广播电视报》联合推出《民族一家亲》专版，大力宣传民族政策法规、民族知识和民族团结进步先进典型，为推动民族团结进步事业不断发展营造了良好的社会氛围。

【第十次民族团结进步宣传月活动】 以“发展带动团结、互助促进和谐”为主题，举办了少数民族服装服饰展览和专场文艺演出等系列活动，市委常委、秘书长、宣传部长张剑等领导观看了有关活动并给予高度评价。为山大威海分校开办了清真餐厅，指导民品企业首次办理了优惠利息贷款，清真食品企业增到9家。在全省第六次民族团结进步表彰大会上，市委宣传部、市财政局、乳山市政府被省委、省政府授予“全省民族团结进步模范集体”称号。

【开展“和谐宗教活动场所”创建活动】 组织召开了全市和谐宗教活动场所创建情况通报会，通报创建情况，总结创建经验，推广创建典型，促进了活动的扎实开展。对参加第二批创建评比的场所进行了检查指导和情况调度，并对市区仙姑顶、太平禅寺等场所进行了重点指导，为创建工作打下坚实基础。结合宗教教职人员认定和宗教活动场所财务监督管理办法试点工作，制定下发了实施方案，推动了创建工作的纵深发展。

【引导宗教界深入挖掘宗教优秀文化】 指导市佛协举办了华夏城太平禅寺开光庆典活动，全国佛教咨议委员会副主任、省佛协会长明哲长老主持开光；指导市道协开展了仙姑顶玉像开光活动，全国政协委员、省道协会长刘怀远，泰山碧霞祠主持霍怀虚亲临祝贺。两处宗教活动场所开光庆典庄重圆满，参加群众近1万人，是威海市贯彻落实党的宗教工作方针的成功实践。广大信教群众普遍反映受到了一次爱国爱教的理想信念教育，也为两处风景区的可持续发展提供了强有力的支持。指导市道协成立传统文化中心、市道乐团举办了庚寅端午传统音乐演奏会、中秋拜月法会和道家书画展，进一步提升了中国传统文化的影响力。多方筹措专项资金对千年道观三清殿和百年教堂宽仁院进行维修维护，充分展示了古老宗教建筑的独特风格与魅力，为助推全市旅游经济发展奠定了基础。

【宗教慈善公益事业进一步推进】 鼓励支持宗教界深入挖掘宗教慈善思想，并以活动场所为依托，结合讲经说法，引导信教群众守教义、行慈善，做爱国爱教的好公民。结合威海市实际，在宗教公益慈善和帮扶方式上进行了有益的探索与尝试，组织了“宗教界爱心服务队”，开展了以义务劳动为主的爱心奉献活动。倡导宗教界进行结对帮扶活动。市佛协与市区10名特困大学生结成帮扶对子，每人每年接受资助1000元。市道协与市特殊儿童学校结成帮扶对子，捐款款物，帮助解决实际困难。市基督教会与市儿童福利院结对，定期组织义工为残疾儿童打扫卫生、清洗被褥、修剪头发和开展心灵慰藉。

（刘炳刚）

人民生活

【概况】 2010年，坚持把富民作为第一导向，在谋求经济又好又快发展的同时，出台和落实了一批保障和改善民生的政策措施，积极推动民生改善和社会保障建设，全力以赴增进民生福祉，努力做到发展为了人民，发展成果普惠于民，城乡居民收入稳步提高，生活质量稳步提升。

【城乡居民收入稳步提高】 2010年，城市居民人均可支配收入2.22万元，比上年增长10.5%。工薪收入仍是居民的主要收入来源，人均工资性收入1.7万元，增长12.1%。个体私营经济获得长足发展，人均经营性收入达2277元，增长22.7%。城市居民家庭人均财产性收入617元,比上年增加284元，增长85.1%。

2010年，全市农业和农村工作稳步推进，农村经济持续发展，农民收入继续平稳增长，消费结构不断改善，农民生活水平稳步提高，全年农民人均纯收入达1.05万元，比上年增长14%。工资性纯收入保持增长，农民人均工资性纯收入4803元，增长9.8%，家庭经营纯收入增长11.5%，财产性纯收入增长122.8%，转移性纯收入增长16.7%。其中，在非企业组织中劳动得到的收入636元，增长6.1%；在本乡地域内劳动收入3476元，增长11.7%；外出从业收入690元，增长4.1%。

【城乡居民生活质量稳步提升】 2010年，城市居民人均消费性支出1.53万元，比上年增长6.2%，城市居民恩格尔系数28.8%。其中，食品类支出4415元，增长7.4%，衣着支出2578元，增长6.4%，设备用品及服务支出1162元，增长22.5%，居民生活质量稳步提升；医疗保健支出670元，下降30.7%；交通通讯支出2532元，增长16.2%，教育文化娱乐服务支出人均1643元,增长7.2%,居住支出1830元，增长21.9%。

农民人均生活消费支出5728元，增长5.3%，农民恩格尔系数36%。人均食品消费支出2060元，增长12.7%，在食品消费支出中蔬菜及制品、肉禽蛋奶及制品、水产品及制品等比重上升；人均衣着消费支出553元，增长9.5%；人均居住消费支出1132元，下降12.8%；人均家庭设备、用品消费支出259元，下降5%；人均交通和通讯消费支出654元，增长20%；人均医疗保健支出330元，增长5.7%；人均文化教育、娱乐消费支出650元，增长8.4%。

【高档耐用消费品更加普及】 2010年，城市居民家庭拥有的现代化耐用消费品不断增多，家用汽车、空调、计算机、移动电话等每百户拥有量不断增加。城市居民每百户拥有家用汽车21辆、计算机91台、空调41台、照相机77架、健身器材4套、移动电话201部。随着农村市场的开拓，“家电下乡、汽车下乡”等政策覆盖面的扩大，更多耐用消费品进入普通农民家庭。全市农村居民家庭每百户拥有彩电109台、洗衣机41台、摩托车64辆、照相机8架、空调5台、热水器91台、移动电话124部。

【城乡居民储蓄存款稳步增长】 年末，城乡居民人民币储蓄存款余额949.17亿元，比年初增加122.79亿元，比上年增长14.9%。

【城乡居民住房条件继续改善】 2010年，全市加快推进城乡建设步伐，积极优化生态环境，切实改善人居环境，人均居住面积不断扩大，居住环境逐年改善。年末，城市居民人均居住面积21.79平方米，比上年末增加0.81平方米；农村居民人均住房面积39.81平方米，增加2.1平方米。

【社会保障体系进一步完善】 年末,全市有56.1万名职工参加基本养老保险，有7.3万名职工参加机关事业基本养老保险，有14.3万名离退休人员享受养老保险。有122.6万人参加城镇基本医疗保险（包括职工和居民），其中，城镇居民基本医疗保险参保人数达到43.1万人，参保率达到98%。有1.8万人领取失业保险金。工伤保险普遍推广，有9483名女职工享受生育津贴待遇。基本养老、医疗、失业、工伤和生育保险参保人数分别比上年增长7.2%、9.7%、7.4%、7.7%和5.6%。

【社会救助事业进一步发展】 全市城市居民低保标准由每人每月330元提高到345元，农村居民低保标准由每人每年1200元提高到1400元，“五保”对象集中供养标准每人每年2800元，分散供养标准每人每年1400元。提高城镇职工基本医疗保险保障标准，最高支付限额由24万元提高到40万元；新型农村合作医疗人均政府补助标准由90元提高到123元。发放政府助学金3750.25万元，受助学生2.59万人。对购房困难的职工进行货币补贴，发放购买经济适用房货币补贴资格证378个。社会福利事业健康发展，年末全市各种收养性社会福利单位73家，拥有床位1.49万张，收养人员9897人。全市投入资金6108万元，将5.6万名低保对象纳入保障范围；投入资金2457万元,保障全市“五保”老人1万余名、敬老院61所。

（丛 浩）

社会风尚

【拾金不昧】 韩国女乘客落包 的哥寻人不遇上交 3月13日中午，市交通学校出租公司的出租车司机王平在自己的后车座上发现一个黑色钱包。经回忆是一位打车的韩国女乘客遗落在车上的。王平打开钱包想找到她的联系方式，发现里面有2000多元现金和韩文电话簿、计算器、笔等物品。由于不懂韩文，王平只好赶到这名女乘客打车的地方等候，他等了半个多小时，未见该乘客的身影。随后，王平将钱包交到交通学校客运服务中心。经服务中心工作人员努力，将钱包交给了失主。

拾到一条金项链 下岗女工寻失主 4月30日下午，环翠楼办事处南山社区的宋修丽在威海汽车站等车时捡到一条金项链。随后，他在原地等了20多分钟，没有发现有人寻找。由于急着赶车回老家，宋修丽只好将项链带在身上。回到老家后她将捡到的项链送到珠宝店鉴定，确定是一条价值近4000元的黄金项链。宋修丽2004年就下岗了，一家人的生活比较困难，只靠丈夫一个人每月不足2000元的工资生活，还要为身有残疾的儿子治病。捡到项链后，宋修丽一心希望能够尽快找到失主，从没想过私自留下。“不是我的东西我不能要，那样我会不安心的。”宋修丽这样认为。这条金项链被宋修丽送到南山社区，由社区工作人员转给失主。

（摘自《威海晚报》）

编辑 沙 鋆

区市概况

环翠区

【概况】 环翠区辖5个镇、3个街道办事处，131个村民委员会、100个居民委员会，总面积374平方公里，海岸线长88公里。2010年末，全区总人口31.93万人。其中，农业人口8.96万人，非农业人口22.97万人，人口自然增长率为3.72‰。年内，全区实现生产总值204.55亿元，比上年增长12.7%。其中，第一产业增加值18.26亿元，增长3.9%；第二产业增加值88.7亿元，增长11.7%；第三产业增加值97.59亿元，增长14.5%。三次产业占生产总值的比重分别为8.9%、43.4%和47.7%。全社会完成规模以上固定资产投资173.42亿元，增长18.7%。社会消费品零售总额114.06亿元,增长18.4%。全年共批准利用“三资”项目37个，实际利用外资7419万美元，增长150.6%。全年引进国内资金58.66亿元，增长9%。进出口贸易总额24.02亿美元,增长32.7%。其中，进口总额7.43亿美元，增长53.6%；出口总额16.59亿美元，增长25.1%。完成地方财政收入19.48亿元，增长13.1%。

农业　全年实现农村经济总收入201.2亿元，比上年增长7.9%。农林牧渔业总产值34.3亿元，增长16.7%。其中，农业产值3.1亿元，增长10.2%；畜牧业产值2.47亿元，增长10.4%；渔业产值27.99亿元，增长18%。粮食总产量3.12万吨，下降2.2%。花生总产量8566吨,下降3.5%。果品总产量3.89万吨，与上年持平。蔬菜总产量4.06万吨，下降4.5%。肉类总产量7389吨，增长1.1%。奶类总产量1.32万吨，下降4.6%。禽蛋总产量7121吨，下降2.9%。水产品总产量33.65万吨，增长1.6%。全年造林334公顷，森林覆盖率达47.6%。年末，农业机械总动力23.61万千瓦，增长1.1%。农村用电量5.56亿千瓦小时，下降2.7%。

工业　全区年主营业务收入500万元及以上的工业企业实现工业增加值93.96亿元，比上年增长11%；高新技术产业产值占工业总产值比重42.1%，提高2.06个百分点。主要产品产量稳步提高，在重点考核的26种产品中，增长的有12种。其中，增幅前5名的产品分别是梭织服装110.6%、铸造机械31.2%、交流电动机21.9%、针织服装16.2%、饮料酒14.3%。全年实现主营业务收入424.22亿元，增长16.2%；实现利税总额29.42亿元，增长8%；实现利润总额17.22亿元，增长15.5%。产品销售率97.9%。成本费用利润率4.4%；资本保值增值率118.3%；资产负债率61.5%，下降1.04个百分点；流动资产周转率2.77次，加快0.14次。

第三产业　全年实现社会消费品零售总额114.06亿元，比上年增长18.4%。其中，批发业实现零售额5.28亿元，增长10.8%；零售业实现零售额97.93亿元，增长18.9%；住宿业实现零售额4.6亿元，增长13.8%；餐饮业实现零售额6.25亿元，增长19%。第三产业增加值达到97.59亿元，增长14.5%。主要旅游景点有北海旅游度假区、仙姑顶风景区、锦湖韩亚高尔夫球场、环翠楼公园、葡萄滩海水浴场和中央电视台威海影视城等。全年接待国内外游客851万人次，增长14.5%；实现旅游总收入78.93亿元，增长16.3%。

城乡建设　全年固定资产投资新开工项目39个，施工项目90个，完成投资总额173.4亿元，比上年增长18.7%。全年商品房屋施工面积330.6万平方米，增长46.2%；竣工面积21.4万平方米。商品房销售面积63.7万平方米，增长50.5%。商品房销售额29.9亿元。全年建筑业完成增加值25.77亿元，增长101.4%。

社会事业　全区拥有普通初中12所，在校生1.84万人。小学20所，在校生1.94万人，学龄儿童入学率达到100%。全年组织实施各类科技计划项目106项。其中，国家计划6项，省计划20项，市计划30项。获得市级以上科技奖励17项，省级以上奖励1项。申请专利717件，授权专利460件。拥有文化馆1个。拥有电视台1座，电视入村率和入户率分别达到100%和98%。拥有各类电影放映单位10个，全年组织电影放映2508场次。有卫生机构14所。其中，医院、卫生院7所，妇幼保健机构1所，门诊部5个，专科防治所1个。各类卫生机构拥有床位798张，卫生技术人员720人，其中医生378人。年内举办区级以上体育活动20次。在市级以上体育比赛中，获团体第1名2个，获金牌73.15枚、银牌56.85枚、铜牌50.32枚。

人民生活　2010年，城镇居民人均可支配收入2.25万元，比上年增长10.5%；人均消费性支出1.53万元，增长6.2%。农民人均纯收入1.12万元，增长13%；人均生活消费支出5635元，下降11.5%。年末，城市居民人均居住面积21.79平方米，农村居民人均居住面积39.81平方米。全区有9.15万名职工参加基本养老保险，有7.86万人参加基本医疗保险。有1246人领取了失业保险金，有1579名女职工享受了生育保险待遇。农村养老保险参保农民3.6万人，有2万名农民领取了养老金。全区最低生活保障救助2338人。其中，城镇居民最低生活保障773人；农村居民最低生活保障1565人。有收养性社会福利单位8个，床位1447张，收养716人。社会福利企业10个，安置残疾人员240人。

【国家空港地面设备工程技术研究中心奠基】　2月6日，由威海广泰空港设备股份有限公司申请创建的国家空港地面设备工程技术研究中心奠基，成为中国空港地面设备领域唯一的国家级工程技术研究中心，实现了威海市在国家级工程技术研究中心创建上“零”的突破。空港地面设备是航空业的重要支撑，能够保障飞机安全可靠飞行，提供飞机在地面的各种支持，决定着飞机的运营效率，是航空物流配送体系的重要环节，也是国家民航强国战略——“大型飞机重大专项”的重要支撑。创建国家空港地面设备工程技术研究中心是突破国外技术、市场和专利屏障，从仿形设计走向自主创新的重要措施和手段。该中心总投资9600万元，计划2011年建成并投入使用。

【威海伴月湾综合商业区奠基】　4月7日，作为环翠区2010年重点项目之一的威海伴月湾综合商业区项目奠基开工。伴月湾综合商业区项目位于孙家疃镇伴月湾山海景观带中心位置，总建筑面积8万平方米，计划用两年时间，把项目区打造成一个涵盖度假休闲、商业服务和酒吧餐饮等休闲度假型酒店式公寓社区。

【远遥村万吨冷藏厂建成开业】　6月5日，远遥村万吨冷藏厂开业庆典在威海中心渔港举行。远遥村万吨冷藏厂由远遥村投资4500万元兴建，项目占地面积1.7公顷。机器设备采用新型螺旋式冷冻模式，日制冰能力达200吨，储藏量1万吨，冷冻储藏量2000吨，是威海市冷藏量最大的冷藏厂。项目依托威海中心渔港的优势，推动了环翠区水产品集散基地的建设和临港产业发展。

【怡和公司与西北大学开展生物技术合作】　6月22日，威海怡和专用设备制造有限公司与西北大学生物技术合作项目签字仪式举行。油气田钻井废弃液微生物无害化原位处理技术通过微生物降解，可将废弃液转化为生物有机肥，用于土壤修复和农业生产，拥有广阔的发展前景。威海怡和专用设备制造有限公司具有较强的自主研发和成果转化能力，与西北大学签订协议，共同投资成立威海怡和生物技术股份有限公司，共建生物技术项目研发试验室和生产基地。项目建成后，将填补山东省生物技术项目研究领域的空白。

【7个产学研合作项目集中签约】　9月29日，环翠区产学研合作项目集中签约仪式举行。7个签约产学研项目分别是魏桥科技工业园有限公司与哈尔滨工业大学（威海）产学研合作框架协议、威海友邦汽车零部件制造有限公司与哈尔滨工业大学（威海）共建“现代焊接技术工程技术研发中心”协议、山东名流集团公司与西北大学“餐厨垃圾生物无害化资源化处理技术”项目合作协议、威海三源水产有限公司与西北大学“海鲜酱制备技术”项目合作协议、威海山花地毯集团有限公司与四川大学“全面产学研战略合作协议”、威海银兴预应力线材有限公司与西北工业大学“新型高效矿用设备研发”项目合作协议、威海华旺锦纶化工有限公司与中科院化学所“膜用高阻隔尼龙6专用料”项目合作协议。

【威海苏宁电器广场开业】　10月1日，威海苏宁电器广场开业。威海苏宁电器广场位于威海市核心商圈的主干道和平路与向阳街的交叉口，是一个融合电器旗舰店、品牌专卖、餐饮、娱乐、休闲等为一体的综合型商业项目，经营面积3万平方米。

【东生能源与圣彼得堡国立技术大学、哈工大（威海）签约】　11月29日，俄罗斯圣彼得堡国立技术大学、哈尔滨工业大学（威海）和威海东生能源科技有限公司功能材料科学研究国际联合实验室成立签字仪式举行。圣彼得堡国立技术大学始建于1899年，设有18个系院、72个专业、120个实验室，是一座历史悠久的以理工科为主的综合大学，也是世界级著名大学。威海东生能源科技有限公司是一家专业从事“多孔态”聚合物锂离子动力电池生产的高科技企业，基本形成了以电化学技术、新材料技术、电子电路技术和计算机技术为主导方向的研发、生产、销售为核心的产业链条。东生能源与两所大学将以联合实验室为平台，充分发挥各自的人才和学科优势，开展功能材料方面的科研合作与技术交流。

【首台“威海造”纯电动公交车下线】　12月14日，由广泰空港自主研发生产的威海市首台整合本土资源、拥有电机、电控和整车研制多项自主知识产权的纯电动公交车下线。该车是以电池为动力源，以电动机为动力装置，采用全数字化车辆电控系统的新型公交车。在核心技术上取得了重大突破，一次充电仅需3小时，连续行驶里程可达250公里～300公里，最高时速达到90公里，百公里综合耗电只有100千瓦小时，各项性能指标均处于国际领先水平。与普通公交车相比，年平均运行成本可降低13万元～15万元，节能70%以上，且平均年可减排二氧化碳68吨，减排其他排放物3.8吨，是威海市发展新能源汽车产业、推动资源节约型城市建设的一大成果。

【"威高大道 · 迪尚广场"建设工程转签仪式举行】 （详见《城乡建设和环境保护 · 综述》 第183页）

· 镇、街道办事处概况 ·

【张村镇】 镇政府驻柳沟村，辖12个村民委员会、15个居民委员会，人口7.5万人，面积60平方公里，耕地面积212公顷，海岸线长13公里。2010年，实现农村经济总收入53.92亿元，财政收入4.8亿元，农民人均纯收入1.3万元。有中学1所、小学2所，在校生3500人。特色物产有里口山蟠桃和双岛海参等。至年末，全镇累计引进各类工业企业710家，实际利用内资26.05亿元，实际利用外资2263万美元。完成固定资产投资77亿元，竣工标准厂房24.2万平方米。全镇农村主干道硬化率、绿化率、亮化率和垃圾统一清运率达到90%以上，电话、闭路电视、天然气入户率分别达到100%、100%和90%。2010年，该镇获"山东省村务公开、民主管理示范乡镇"、"威海市区城中村改造先进单位"和"全市依法行政先进单位"等称号。

【羊亭镇】 镇政府驻羊亭村，辖37个村民委员会、1个居民委员会，常住人口2.5万人，面积86.2平方公里，耕地面积2066公顷，海岸线长10公里。2010年，实现农村经济总收入52亿元，财政收入1.63亿元，农民人均纯收入1.13万元。有九年一贯制学校1所，在校生1820人。工业生产以机械、化工、建材、毛纺、服装等行业为支柱，农业生产以粮食、花生、水果、蔬菜、花卉、海产品为主。镇域经济呈现出工业产业发展渐成规模、农业发展绿色高效、生活环境和谐优美、小城镇建设稳步前进的特点。该镇先后获"全国环境优美乡镇"和"全国千强镇"等称号。

【温泉镇】 镇政府驻江家寨居民区，辖25个村民委员会、5个居民委员会，人口2.31万人，面积66.46平方公里，耕地面积716.8公顷。2010年，实现农村经济总收入27.6亿元，财政收入7772万元，农民人均纯收入1.12万元。有中学1所、小学1所，在校生2460人。特色物产有苹果、花生、大豆、地瓜、玉米、冬枣和樱桃等。家家悦物流中心、世元电器物流中心投入运营；启动了金蚂蚁汽车配件城、威海市蔬菜批发市场、威海市城郊客运服务中心等大型物流项目，形成了商贸物流大格局；围绕做活温泉资源开发，发展集洗浴、休闲、娱乐于一体的现代旅游经济，启动了鲁能海源温泉度假村、温泉风情小镇和五渚河休闲旅游度假区建设。

【孙家疃镇】 镇政府驻孙家疃居民区，辖5个村民委员会、8个居民委员会，人口1.4万人，面积17.4平方公里，海岸线长31.5公里。2010年，实现农村经济总收入17亿元，财政收入6049万元，农民人均纯收入1.1万元。有中学1所、小学3所，在校生978人。该镇三面环海，水产业是支柱产业，调味扇贝柱、海带丝、鱿鱼片等20多种海产品远销韩国、日本等国家。旅游业发展较快，初步形成了以环海路为主轴，黑岛—猫头山、靖子民俗风情园、葡萄滩海水浴场、锦湖韩亚高尔夫球场等景区串联成线的"一线四点"旅游景区格局。年内，该镇获"威海市女职工工作先进集体"、"威海市区城中村改造工作先进集体"和"全国妇联基层组织建设示范镇"等称号。

【桥头镇】 镇政府驻桥头村，辖51个村民委员会，人口3万人，面积111平方公里，耕地面积3109公顷。2010年，实现农村经济总收入16.1亿元，财政收入3444万元，农民人均纯收入7929元。完成了933公顷土地整理项目、333公顷中低产田改造项目。新增绿色苹果基地333公顷、绿色花生基地333公顷、绿色蔬菜基地40公顷、园林花卉基地133公顷。全年签约引进润泽旋流器、山花帝苑等18个项目，总投资11.75亿元。6个市（区）级重点项目完成投资8.4亿元，开工8.63万平方米。新建了中心幼儿园和综合文化站，集学前教育、义务教育和高中教育于一体的现代化教学园区已经形成。该镇先后获"威海市特色产业镇"和"威海市农村学前教育示范镇"等称号。

【竹岛街道办事处】 办事处驻环翠区新威路141号，辖26个居民委员会，人口10.3万人，面积18.3平方公里，海岸线长5公里。辖区内侨胞2万余人，分布在20多个国家和地区，是江北著名的侨乡。2010年，年主营业务收入500万元及以上的工业企业完成总产值9.6亿元，销售收入9.6亿元，利税7334万元，利润3825万元；完成进出口总额1.85亿美元，比上年增长8.9%；利用外资575.2万美元，利用内资4.2亿元，分别增长307.9%和17%；完成税收1.6亿元，一般预算收入8265万元，分别增长30.3%和26.5%。有中学1所、小学4所，在校生5090人。构建了仙姑顶休闲游、陶家夼文化休闲游、北竹岛海上游三大旅游景区。全处有商贸流通企业435家，侨乡广场一期工程成功运营，吸引了大润发超市、肯德基、国美电器等200多家企业入驻；侨乡广场二期工程建设快速推进，4.5万平方米的商场主体已封顶，将与侨乡广场一期合体，形成市区新的商贸中心。招商银行、中信万通证券成功入驻并运营，恒安标准人寿、农村信用联社、中国人寿财产保险、恒丰银行、浦发银行等金融保险业项目相继落户。办事处拥有分行级的银行总部9家、银行支行25家、保险公司10家。

【鲸园街道办事处】 办事处驻环翠区戚谷疃小区1号楼，辖16个居民委员会，人口7.8万人，面积11.6平方公里。2010年，完成固定资产投资6.1亿元；完成"两税"收入8295.39万元；实现社会消费品零售总额23.2亿元。探索实行了"一楼一长"管理模式，设立193名片长，聘任972名楼长，建立起"街道—居民委员会—片长—楼长"四级网格化管理体制，成为街道社区管理机制中一大创新性突破。组建了全省首家"党总支＋商会＋工会＋团总支"的"四位一体"街道商会，成为社区共驻共建的重要抓手。年内，办事处被授予"全国志愿服务工作先进集体"、"全国优秀志愿者组织"等称号，菊花顶居民委员会被评为"全国和谐社区建设示范社区"，古陌居民委员会被评为"山东省文明社区"，古北居民委员会被评为"山东省充分就业星级社区"。

【环翠楼街道办事处】 办事处驻环翠区同德路140号，辖18个居民委员会，人口6.2万人，面积4.3平方公里。2010年，实现社会消费品零售总额24.7亿元，财政收入7356万元。年内引进400万元以上的项目24个，投资总额达50.12亿元。其中，投资过千万的项目22个，过1亿元的项目6个。苏宁电器、东城国际、民生银行等一批企业相继入驻，全面提升了中心城区服务业的发展水平。年内，办事处获“全国学习型街道示范单位”、“全国百家示范街道工会”、“国家级中加（中国、加拿大）经济统计项目先进单位”、“山东省残疾人社区康复工作先进单位”和“全省职工健身活动月优秀组织单位”等称号。东北村居民委员会获“全国妇联基层组织建设示范社区”、和“山东省社区教育示范项目”等称号，西北村居民委员会获“省级节能减排示范社区”和“省级绿色社区”称号，前进居民委员会获“山东省商业示范社区”称号。

（苑全栋）

文登市

【概况】 文登市辖12个镇、3个街道办事处，684个村民委员会、79个居民委员会，总面积1615平方公里，耕地面积5.5万公顷。2010年末，全市总人口58.48万人。年内，全市实现生产总值469.81亿元，比上年增长12.9%。其中，第一产业增加值40.16亿元，增长1.2%；第二产业增加值260.5亿元，增长11.1%；第三产业增加值169.15亿元，增长18.9%。三次产业占生产总值的比重分别为8.6%、55.4%和36%。完成地方财政收入23.48亿元，增长14%。全社会完成固定资产投资总额230.73亿元，增长18.2%。社会消费品零售总额162.02亿元，增长18.8%。全市实际利用外资8490万美元，增长113.4%。外贸进出口总额9.58亿美元，增长32.9%。其中，出口总额完成6.69亿美元，增长31.4%；进口总额完成2.89亿美元，增长36.4%。实际引进内资70.37亿元，增长10.9%。年末，金融机构本外币各项存款余额253.3亿元，增加29.7亿元。城乡居民人民币储蓄存款185.5亿元，增加27.6亿元。年末，金融机构本外币各项贷款余额155.9亿元，增加25.2亿元。

农业 农林牧渔业总产值84.89亿元，比上年增长2%。全年粮食播种面积5.3万公顷，粮食总产量33.04万吨。造林面积2133公顷，森林覆盖率达到36.3%，增长1%。肉类总产量4.77万吨，禽蛋总产量3.23万吨，奶类总产量11.46万吨，大牲畜存栏3.4万头。水产品总产量32.6万吨。其中，海洋捕捞产量14.98万吨；海水养殖产量15.83万吨；淡水养殖产量1.79万吨，分别占水产品总产量的45.9%、48.6%和5.5%。农业机械总动力193.4万千瓦。拥有农用拖拉机8.31万台，农用运输车2.93万辆，其中农用机动三轮车2.05万辆。全年完成机耕作业面积4.78万公顷，机播面积7.13万公顷，机收面积6.54万公顷。

工业 全市年主营业务收入500万元及以上的工业企业实现总产值1354.47亿元，比上年增长10.8%。其中，轻工业产值474.45亿元，增长9.6%；重工业产值880.02亿元，增长11.5%。大中型工业总产值613.95亿元，增长6.8%。国有企业产值10.73亿元，增长15.9%；集体企业产值172.22亿元，增长7.7%；股份合作制企业产值67.35亿元，增长5.3%；股份制企业产值379.14亿元，增长12.4%；外商及港澳台商投资企业产值339.19亿元，增长11.9%；其他经济类型企业产值385.84亿元，增长10.7%。高新技术产业完成工业总产值458.06亿元，增长20.3%。实现主营业务收入1320.87亿元、利税88.09亿元、利润55.21亿元，分别增长14.7%、18.2%和16.9%。

贸易 旅游 社会消费品零售总额162.02亿元，比上年增长18.8%。其中，批发业零售额10.24亿元，增长19.8%；零售业零售额140.52亿元，增长18.9%；住宿业零售额0.76亿元，增长32.6%；餐饮业零售额10.5亿元，增长16.4%。全年旅游总收入30.3亿元，增长25.2%。接待国内外游客552万人次，增长16.6%。

交通运输 全年公共汽车客运总量160万人次，平均日客运量4395人次。市区出租汽车271辆，公共汽车80辆，公共汽车运营线路8条，运营线路长度225.5公里。

建筑 房地产 建筑施工企业全年施工面积189.5万平方米，比上年增长0.3%；竣工面积100.8万平方米，增长11.5%。实现建筑业总产值19.84亿元，增长16.8%。房地产开发投资37.02亿元，增长33.6%。商品房施工面积287.14万平方米，增长27.8%；竣工面积55.6万平方米，增长9.3%。商品房销售额19.62亿元，增长82.7%，其中住宅销售额17.07亿元。商品房销售面积61.38万平方米，其中住宅销售面积56.09万平方米。

城乡建设 环境保护 全市建成区面积43.11平方公里，绿化覆盖率46.3%，绿地率41.5%，人均公园绿地面积21.17平方米。环境保护系统有环境监测站1个，环境监测人员20人。有地表水集中饮用水源地1个。其中，一级保护区面积20.4平方公里；二级保护区面积104.7平方公里；准保护区面积314.9平方公里。有备用饮用水源地1个。其中，一级保护区面积3.5平方公里；二级保护区面积36.8平方公里；准保护区面积95.7平方公里。全年市区空气质量优良率达到99.5%。其中，空气质量为优的天数215天；空气质量为良的天数150天。

社会事业 全市拥有省级工程技术研究中心16家，地级工程技术研究中心6家，科研机构1家。全年专利申请1187件，专利授权1004件。实现工业高新技术产业产值458.06亿元，比上年增长20.3%，占规模以上工业总产值的33.8%。拥有小学29所，在校生1.85万人，教职工1535人；普通中学22所，在校生3.1万人，教职工3285人；中等职业学校2所，在校生4886人，教职工624人；特殊教育（哑校）学校1所，在校生122人，教职工40人。有各种卫生机构555个。其中，医院7个，卫生院15个，社区服务中心3个，社区服务站10个，门诊部2个，诊所、医务室39个，妇幼保健院1个，疾病预防控制中心1个，卫生监督所1个，农村卫生室476个。卫生机构拥有床位2593张，职工人数4133人。文化系统有艺术表演团体1个，全年演出300场次，观众30万人次；有艺术表演场馆1个，演出60场次，观众5.4万人次；有规范化综合文化站16个，农村社区综合服务中心59个，农村文化大院577个，农家书屋232个。在山东省第22届运动会上，夺得金牌38枚、银牌7.25枚、铜牌14.3枚，金牌数列威海各市（区）首位。年内，夺得全国比赛金牌2枚、银牌1枚、铜牌2枚。

人民生活　城镇居民人均可支配收入1.69万元，比上年增长9.1%；农民人均纯收入1.05万元，增长14.4%。城镇居民人均消费性支出1.12万元，增长4.8%；农民人均生活消费性支出5638元，增长12.2%。在岗职工年平均工资3.42万元，增长14.9%。城镇居民最低生活保障人数2512人，最低生活保障家庭1071户。农村居民最低生活保障人数1.36万人，最低生活保障家庭8122户。农村集中“五保”供养人数2184人。

【打造先行区、示范区和聚集区】　文登市把南海新区、经济开发区和城市文化商务区作为经济发展的主要载体，倾斜要素资源，完善配套设施，加快产业集聚，形成了城区、南海两大板块相呼应，产业向蓝色产业先行区、高端产业示范区和现代服务业聚集区三大功能区集中的发展格局。南海新区全年完成基础设施投入10亿元，累计达到40亿元，南海新港引堤工程、圣海路路基桥涵工程基本完工，滨海和滨河两个景观主轴和蓝湖休闲区、香水海水系规划建设，南海实验学校、南海医院投入使用，污水处理厂开工建设。引进了韩国现代重工、瑞霖药业等30多个投资过1亿元的高新产业项目，构建起以新能源和节能环保、海洋生物制药、先进装备制造、新一代信息技术、港口物流、滨海度假养生为特色的蓝色产业发展框架，被批准为省级高新技术产业开发区，列入山东省“十二五”规划支持发展的重点园区。经济开发区新增配套区10平方公里，引进建设了25个投资过1亿元的高端产业项目，开工厂房40万平方米，呈现出优势产业高端化、高端产业聚集化的良好态势。城市文化商务区年内完成了杜营河整治和米山路改造，职教中心投入使用，市民文化中心、博展中心、国际会展中心基本完工，体育公园、海洋科技中心、土地资产交易中心、电视制作演播中心建设快速推进。高层楼宇总数达到100多幢，文化教育、金融商贸、综合服务、生活居住、生态休闲五大组团初具规模，成为全省发展服务业重点城区。

【推动三次产业协调发展】　坚持以高端、高质、高效为方向，推进新型工业化建设，发展现代服务业和现代农业，加快构筑三次产业协调发展的现代产业体系，经济发展质量和效益稳步提高。启动了30强企业三轮膨胀升级项目，东安黑豹与中航工业集团实现了战略重组，天润曲轴启动了增发融资，史丹利工具、颐阳酒业、天润曲轴等扩建项目竣工或投产。引进建设了世威明珠岛、大英汤温泉、大润发商城等17个旅游开发和商贸物流项目。举办了首届国际养生产业峰会暨第三届国际温泉节、国际长寿美食节等活动，加快打造中国长寿之乡、滨海养生之都的城市品牌。汤泊温泉通过了AAAA级景区验收，抱龙河成为威海市首个国家级水利风景区。引进建设了中粮食品、六和饲料等17个投资过1亿元的农业龙头项目，创新了金融支持产业化经营服务方式，积极稳妥地推进农村土地流转和集体林权制度改革，新增省级重点农业龙头企业4家、农民专业合作社53家，申报农产品“三品”认证49个。文登苹果和大樱桃被认定为国家地理标志产品。成立了中国农科院特产研究所文登研发中心和青岛农业大学特产动物文登研究所。文登市成为全国首批出口农产品质量安全示范区和全国无公害农产品标志推广与监管示范市。

【提升自主创新能力】　举办了山东（文登）新兴产业科技促进周活动，组织文登市100多家重点企业与100多位专家（其中5位院士）及中科院、中物院等90多家高校院所、200多家高新技术企业进行了对接。组建了电动汽车、智能工具等8个产业技术创新战略联盟，签订了26个技术合作项目。设立了天润曲轴、鸿通管材2个院士工作站，成立了中科院、中物院技术转移中心文登分中心等公共创新平台。新建了颐阳酒业、芸祥绣品2家省级企业技术中心和鸿通管材省级工程技术研究中心，30个项目列入省以上技术创新和科技发展计划，2项科技成果获省科学技术一等奖。新增4个省级名牌或著名商标，申请专利1187件、授权专利1004件，成为国家知识产权强县工程试点市和全省唯一的申请和授权专利“双过千”的县（市）。制定了《文登市中长期人才发展规划纲要（2010～2020年）》，当年引进各类人才1500多人，其中硕士以上高层次人才50人。全市人才资源总量达到9万多人，占人力资源总量比例达到23%，230余名国内外专家、学者被聘为企业技术顾问，为企业创新发展提供人才和智力支撑。搭建了中小企业信息化平台，全市重点工业企业66%以上建立了信息管理系统，45%以上开展了电子商务，信息化对企业效益增长的贡献率达到43.8%。奥文电机和中航黑豹被认定为省级信息技术推广中心，成为全省信息化与工业化融合试验区。

【推进文化事业繁荣发展】　开展以“讲文明、倡和谐、塑形象”为主题的系列文明创建活动，提高了市民文明素质，提升了城市形象。推进文化惠民工程，新建50个农村文化大院和100个农家书屋。举办新春灯会、元宵民俗展演等大型群众性文化活动40多场次，送电影下乡1万多场次。承办了第二届山东省农村文化艺术节开幕式，丰富了群众的精神文化生活。深入挖掘和弘扬“文登学”文化，编演了文登文化史上第一部大型史话舞台剧《东方文登学》。编纂出版了《文登历史传说典故》和《文登作家》等书籍，被民政部命名为“千年古县”。文登市图书馆被列入全国古籍重点保护单位；天福山起义纪念馆成为山东省国防教育基地。在中央电视台《走遍中国》栏目播出了《李龙王的传说》及城市形象宣传，提升了“文登学”

文化的影响力和吸引力。

【保障和改善民生】　坚持把保障和改善民生作为科学发展的出发点和落脚点，年内安排资金7.1亿元，实施了30项重点民生工程。加快小城镇综合开发和改造升级，启动了38个村的新居工程，集中成片开发楼房1万多户，改造危旧房1400多户。扶持新建41处社区服务中心，通过了全国农村社区建设全覆盖示范市检查验收。对56个重点村进行了环境综合整治，农村环境面貌明显改观。坚持城乡教育均衡发展，实施中小学校舍安全工程、信息化建设工程，新建改造校舍5.9万平方米，中小学全部达到地级以上规范化学校标准。积极促进就业和再就业，城镇登记失业率控制在1.3%，被评为全省农村劳动力转移工作示范市和退役士兵自谋职业工作先进市。社会保障水平明显提高，企业退休人员养老金标准平均提高154元，城乡低保标准分别提高到每人每月345元和每人每年1400元，10.7万名60岁以上老人按每月55元的标准领取养老金，城乡孤儿生活费用全部由政府负担，新型农村养老保险参保人数达到22.5万人，成为国家新型农村养老保险试点市。新建改造5处镇卫生院和42处农村卫生室，全面实行基本药物制度，新型农村合作医疗人均财政补助标准提高到120元。加快母猪河水系建设，对12座小型水库进行了除险加固。改造硬化农村公路120公里，空港客运站投入使用，成为全省群众满意双通县（市、区）。加强环境保护和生态建设，关停了所有立窑水泥生产线，淘汰了32套高耗能设备，启动了8个镇级污水处理厂和11个垃圾中转站建设，被评为首批国家绿色能源示范市和山东省绿化模范市。

【开展创先争优活动】　在全市开展了以“创建先进基层党组织、争做优秀共产党员”为主要内容的创先争优活动，确立了“科学发展、和谐发展、率先发展，加快建设经济文化强市”的活动主题和“争做创业先锋、和谐楷模、服务标兵”的实践载体，开展了一系列富有特色的主题实践活动，培养树立了李玉坤和李秀德等一批干事创业的先进典型。中央、省委和威海市委创先争优活动简报和《人民日报》、《大众日报》等新闻媒体多次刊发了文登市的做法。

【蓝色经济论坛暨文登南海新区发展研讨会在京举行】　9月5日，由经济日报社主办、中国县域经济报社和文登市政府承办的蓝色经济论坛暨文登南海新区发展研讨会在北京钓鱼台国宾馆举行，全国人大常委会副委员长陈昌智出席论坛并讲话，中国机械工业联合会执行副会长赵驰出席论坛，经济日报社副总编辑林跃然，山东省政府党组成员、山东半岛蓝色经济区建设办公室主任费云良致辞，国家有关部委、山东省政府有关部门负责人及专家学者，以“蓝色经济与文登南海新区发展”为主题，围绕沿海区域的产业规划和发展模式、滨海旅游度假产业的发展趋势、蓝色经济区差异化发展、海洋科技创新型企业的培植和发展等议题，进行了深入的探讨，并为南海新区的发展提出了积极的意见和建议，为编制《文登市蓝色经济区发展规划》提供了有益参考和借鉴。

（王　磊）

·镇、街道办事处概况·

【大水泊镇】　镇政府驻大水泊村，辖89个村民委员会、1个居民委员会，人口3.88万人，面积123.5平方公里，耕地面积5327公顷。2010年，实现农村经济总收入18亿元，财政收入1024万元，农民人均纯收入8265元。有中学1所、小学2所，在校生2421人。该镇交通发达，威海机场位于镇政府驻地，威石专用线、309国道自境内通过。特产有梨、苹果、香菇、西洋参、桑蚕等，已发展成为胶东半岛最大的花香菇生产基地。黄金梨、丰水梨、苹果等水果种植面积1400公顷，生产的黄金梨获农业部A级“绿色食品”证书，畅销东南亚和欧美地区，年出口量1万吨以上。有14家果品储藏库，储量12万吨，果品年交易量达15万吨，是威海市最大的果品集散地和仓储保鲜中心。全年粮食总产量4.3万吨，蔬菜总产量2.3万吨，果品总产量1.9万吨。

【张家产镇】　镇政府驻因寺桥村，辖56个村民委员会，人口2.3万人，面积86平方公里，耕地面积3438公顷。2010年，实现农村经济总收入13亿元，财政收入2039万元，农民人均纯收入9971元。有中学1所、小学1所，在校生1267人。境内自然风景优美，有著名的南圈水库和汤村店子温泉，威海天沐温泉度假有限公司年销售收入5000万元，成为集温泉洗浴、餐饮、娱乐、休闲于一体的休闲度假胜地。农业产业特色突出，是文登市重要的粮食、果品、药材种植基地。药材主要品种有西洋参、黄芪等，其中西洋参种植面积达到340公顷。全年粮食总产量1.4万吨，蔬菜总产量4076吨，果品总产量7085吨。镇村工业发达，拥有工业企业80多家，主要有电机、风机、除尘器等行业，重点企业有威海泰富西玛电机有限公司、威力风电有限公司、文登隆大电子有限公司、富思达饲料有限公司等。泰富西玛电机、威力风机两大集团公司均跻身全国乡镇企业500强。威海泰富西玛电机集团生产的“文宝”牌单相异步电动机获“中国名牌产品”称号，是国家质量免检产品，“文宝”商标也被评为中国驰名商标。威力风机集团生产的“天福”牌除尘风机被评为“山东省名牌产品”。年内，该镇先后被威海市委、市政府授予“社会稳定工作先进单位”、“国内经济合作工作先进单位”、“外经贸工作先进单位”和“依法行政先进单位”等称号。

【高村镇】　镇政府驻高村，辖46个村民委员会，人口3.08万人，面积96.5平方公里，耕地面积4566公顷，海岸线长7公里，滩涂养殖面积148公顷。2010年，实现农村经济总收入62.78亿元，财政收入8899万元，农民人均纯收入9403元。有中学1所、小学2所，在校学生1527人。境内有文登市第二大水库——坤龙邢家水库和天然温泉呼雷汤。特产有脉田糖瓜、青龙河蟹、莲花扫帚、沙柳柳编和西山蜜桃等。工业经济发展迅猛，有各类工业企业58家，个体工商户789户，注册资本9570万元，从业人员5359人。工业产品主要有各种车辆板簧、石油管材、钢铁铸件、农用水泵、特种钢材、箱包、玩具、渔具和家纺产品等，年实现销售收入45亿元，利税3.25亿元。农业产业结构调整步伐进一步加快，西洋参种植面积211公顷，果园面积521公顷，果品产量1.29万吨，生猪存养量7899头，奶牛存养量915头，奶山羊存养量798只，貂、狐、貉特种皮毛动物45万只，各类种养大户3795户。全年粮食种植面积4522公顷，总产量2.86万吨；蔬菜种植面积2826公顷，总产量8478吨；水产品总产量4569吨。

【泽库镇】 镇政府驻泽库村，辖23个村民委员会，人口2.2万人，面积78.7平方公里，耕地面积2256公顷，海岸线长39.84公里，滩涂面积1333.3公顷。2010年，实现农村经济总收入13.84亿元，财政收入2208.25万元，农民人均纯收入1.17万元。有中学1所、小学2所，在校生1560人。该镇海岸线长，海洋资源丰富，盛产多种名优海产品，尤以海参、大菱鲆、安康鱼、鱿鱼、对虾、梭子蟹、爬虾等久负盛名。浅海滩涂盛产扇贝、夏贻贝、蚬子蛤、花蛤、刀劈蛤、牛眼蛤、海螺、缢蛏、牡蛎等50多种贝类。特色经济主要有海洋捕捞、滩涂养殖、水产品加工、国际海上商贸运输、特种毛皮动物养殖、船舶制造等，海参养殖发展早、规模大，成为山东省海参养殖生产基地。全年粮食总产量1.59万吨，蔬菜总产量5214吨，果品总产量1625吨，水产品总产量15万吨。年内，该镇被威海市委、市政府授予“全市信访维稳先进单位”称号，镇计划生育服务中心获“全国计划生育优质服务示范站”称号，镇财政经管服务中心被评为全省农村经管系统先进集体。

【侯家镇】 镇政府驻侯家村，辖38个村民委员会，人口2.3万人，面积85.9平方公里，耕地面积3477公顷，海岸线长16.25公里，滩涂面积481公顷。境内拥有柘阳山古寺和龙母墓遗址。2010年，实现农村经济总收入39.8亿元，财政收入980万元，农民人均纯收入1.02万元。有中学2所、小学1所，在校生1782人。特产有对虾、海参、蠓子虾酱、海蜇皮、西洋参和水貂、狐狸等。镇域经济以海产品养殖加工业、特种动物养殖业、中药材种植业为主。工业以机械制造、制鞋、建筑、电子、水产品加工、液压油缸、貂皮加工等为主导产业。全年粮食总产量2.32万吨，蔬菜总产量7072吨，果品总产量2300吨，水产品总产量1.6万吨。水貂、貉、狐狸等特种珍贵毛皮动物养殖业发展较早，成为农民增收的特色产业，全镇年存养量达300万只。该镇先后被中国农科院特产研究所确定为全国特种养殖示范基地和全国珍贵毛皮动物养殖开发基地，并被授予“特种经济动物养殖业先进镇”称号。海产品加工成为农民增收的致富门路，蠓子虾酱和海蜇皮等产品畅销全国。

【宋村镇】 镇政府驻宋村，辖53个村民委员会，人口4.06万人，面积128.7平方公里，耕地面积5343公顷，海岸线长20.1公里。2010年，实现农村经济总收入38.78亿元，财政收入2175万元，农民人均纯收入9959元。有中学1所、小学1所，在校生1964人。境内交通便利，青威高速公路、石泽公路、石青环海公路贯穿境内。该镇是汉代昌阳古城所在地和传说中的李龙王的故乡。4月，举办了第四届宋村李龙王文化山会，举行了盛大的祭祀龙母活动。特产有“姚米”、“桑蛎”和“昌阳牌”无公害蔬菜。农村经济形成以蔬菜为龙头，蔬菜保鲜加工、林果、畜牧、水产养殖为主体的特色产业化体系，全镇拥有无公害蔬菜种植面积1333.3公顷，成为胶东地区主要蔬菜生产基地。位于该镇的家家悦农副产品加工交易中心农产品年交易达20万吨，成为胶东半岛最大的农副产品集散地。由家家悦、山泰食品和环山饲料3家企业共同投资1.2亿元建设的健悦肉食品有限公司，主要从事生猪养殖、加工和出口，年可加工生猪30万头。全年粮食总产量3.02万吨，蔬菜总产量4.12万吨，果品总产量6025吨。年内，该镇被威海市委、市政府评为威海市农村学前教育示范镇和市级文明镇。

【泽头镇】 镇政府驻泽头村，辖48个村民委员会，人口3.53万人，面积115平方公里，耕地面积4191公顷，海岸线长29.65公里。2010年，实现农村经济总收入6.37亿元，财政收入2612万元，农民人均纯收入1.02万元。有中学2所、小学1所，在校生2447人。该镇位于母猪河下游，濒临黄海，境内交通发达，青威高速、202省道、上泽线、石泽线在境内交汇，金海路、环海路穿境而过。物产丰富，素有“鱼米之乡”的美誉。滩涂养殖业成为农业经济的半壁江山，拥有滩涂面积2000多公顷，对虾、贝类、海参、魁蚶等海珍品养殖形成规模，造礁养参面积达到100多公顷。传统农业以小麦、玉米、花生为主，特色农业以苹果、大棚蔬菜、西洋参、大姜、草莓种植为主，有林村泊、泽头泊两大产粮基地。全年粮食总产量2.58万吨，蔬菜总产量1.6万吨，果品总产量1.39万吨。养殖业发展迅速，蛋鸡存栏量达75万只，肉食鸡出栏量15万只，奶牛存栏量1100头，生猪存栏量4万头，毛皮动物出栏量30万只，成为文登市养殖大镇。

【小观镇】 镇政府驻小观村，辖47个村民委员会，人口3.88万人，面积126.3平方公里，耕地面积4326公顷，海岸线长25.58公里。2010年，实现农村经济总收入10.6亿元，财政收入7428万元，农村人均纯收入8496元。有中学1所、小学1所，在校生1100人。境内交通发达，青威高速、石青公路横贯全境，环海公路依海环绕，山海路纵贯南北。自然资源丰富，拥有12公里长的优质天然海水浴场，沙滩平细，海岸青松密布，形成了万亩防风固沙的环海林带，素有“黄金海岸”之称。名优特产有万家口优质大花生、东浪暖大白菜、北黄白根韭菜、裴家岛西瓜和桃花虾、虎头蟹、西施舌等海珍品。海洋水产资源丰富，尤以盛产黄瓢蛤、杂色蛤、毛蛤、文蛤、西施舌等40多种贝类而久负盛名。水产养殖成为传统的支柱产业，以滩涂养殖对虾、海参、梭子蟹等和工厂化养殖大菱鲆、海参、河豚和牙鲆鱼为主。镇办工业主要有玛钢、安全玻璃、塑钢门窗、塑料建材、饲料加工、食品加工、水产冷藏、纺织机械等12个行业。全年粮食总产量2.78万吨，蔬菜总产量3.27万吨，果品总产量1.03万吨，水产品总产量5.4万吨。南部海边建起占地面积20公顷的南海公园，举办了第三届威海沙雕艺术节和金滩采贝垂钓节。年内，该镇被威海市委、市政府授予“外经贸工作先进省级开发区”和“国内经济合作先进单位”等称号。

【葛家镇】 镇政府驻葛家村，辖68个村民委员会，人口5.36万人，面积185.3平方公里，耕地面积6496公顷。2010年，实现农村经济总收入81.63亿元，财政收入5581万元，农民人均纯收入1.04万元。有中学1所、小学2所，在校生2632人。境内圣经山是中国道教全真派的发祥地，亦是闻名遐迩的旅游胜地，有老子天然头像、《太上老子道德经》摩崖石刻“月芽石”、紫金峰等景点。矿产资源丰富，可开采的矿藏有黄金、铁、磷、花岗石等，其中花岗石储量最为丰富，总储量约1亿立方米，产品以“文登白”和“文登红”最为著名，属国内独有。名优特产有樱桃、苹果、蟠桃、梨等。镇域经济发达，农业生产条件得天独厚，是胶东地区小麦、花生、玉米、苹果、樱桃的主要产区，形成了果品、花卉、畜牧、苗木等优势产业。全年粮食总产量4.38万吨，蔬菜总产量2.26万吨，果品总产量4.23万吨。工业实力雄厚，拥有企业200余家，其中28家企业有自营出口权。形成了以蓄电池、建筑机械、石材加工、塑料、建材、化工、纺织、印刷、食品等工业生产体系。

【米山镇】 镇政府驻横口村，辖44个村民委员会，人口2.6万人，面积85.2平方公里，耕地面积3448公顷。2010年，实现农村经济总收入27.1亿元，财政收入2080万元，农民人均纯收入9989元。有中学1所、小学1所，在校学生964人。境内交通发达，桃威铁路、青威高速公路、309国道横贯境内，文登火车站坐落镇区，是胶东半岛重要的客货集散地。有威海市最大的水库——米山水库，为威海、文登两市提供生活和生产用水。特产有草莓、速生杨、韩式泡菜、竹盐、大银鱼和彩貂等。全年粮食总产量1.93万吨，蔬菜总产量7369吨，果品总产量4427吨。镇域经济特色鲜明，东有以309国道为主轴、沿两翼展开的工业聚集区和以火车站为依托的商贸物流集散区，西有以米山水库为中心的生态旅游度假区，南有以泊区为重点的农副产品生产基地，“三区一基地”凸显机械制造、电子化工、轻工家纺、农副产品生产加工和物流业五大产业群。

【界石镇】 镇政府驻大界石村，辖65个村民委员会、1个居民委员会，人口2.87万人，面积187.8平方公里，耕地面积4600公顷。2010年，实现农村经济总收入9亿元，财政收入963万元，农民人均纯收入1.02万元。有中学1所、小学2所，在校生1160人。境内旅游资源得天独厚，昆嵛山自古被誉为“海上仙山”，有无染寺、王母娘娘洗脚盆和三瓣石等风景名胜。石材、矿泉水资源丰富，特产有樱桃、昆嵛山茶叶和红富士苹果等。全年粮食总产量2.41万吨，蔬菜总产量1.52万吨，果品总产量1.07万吨。5月中旬至6月上旬举办了“第六届昆嵛山樱桃节”，以“山里人家游”旅游品牌，接待了来自韩国、俄罗斯、美国、日本等国家和广东、上海、海南、北京等地的游客30余万人次。镇域特色经济主要有玩具生产、石材开采加工、天然泉水、矿泉水加工和锅炉生产等，玩具加工业发达，被誉为“胶东玩具生产第一镇”。年内，该镇被威海市委、市政府授予“全市信访维稳工作先进单位”称号。

【文登营镇】 镇政府驻教场东村，辖71个村民委员会，人口2.67万人，面积124.7平方公里，耕地面积4280公顷。2010年，实现农村经济总收入11.3亿元，财政收入3280万元，农民人均纯收入9410元。有职业中专1所、初中2所、小学2所，在校学生1877人。境内交通发达，初张路、威石路、南七线等9条高等级公路穿境而过。旅游资源丰富，有天福山省级森林公园、茂林生态农业园、天福山起义纪念馆、沙里店古遗址、文登营古兵营遗址、松山水库、杜营河公园等景点。特产主要有猕猴桃、乳品、鹿制品等，特色经济主要有梅花鹿、熊、狐狸等特色养殖。传统种植业主要有粮食和苹果，畜牧业以奶牛、肉食牛、蛋鸡为主，奶牛存栏量4800头，肉食牛存栏量3500头，蛋鸡30万只。全年粮食总产量2.02万吨，蔬菜总产量8565吨，果品总产量8786吨。工业形成机械、食品、电子、家纺、化工、汽车零配件及乳品等17个行业。年内，该镇被威海市政府授予“威海市特色产业镇”称号。

【龙山街道办事处】 办事处驻文山路107号，辖12个村民委员会、14个居民委员会，人口4.61万人，面积32.8平方公里，耕地面积1107公顷。2010年，实现生产总值30亿元，财政收入1354万元，城市居民可支配收入1.2万元。有中学1所、小学3所，在校生6396人。第三产业繁荣，辖区内有利群购物广场、兴众商场、优越百货、德泰大酒店、凯德商务酒店、富丽华大酒店、餐饮广场、喜庆大厦等大型商场和高档酒店，是全市的商业中心。工业发达，主要行业门类有机械、纺织、化工、电子、服装、光缆等，重点企业有宏安集团、文登市电缆厂、威海三力服装有限公司、宝泰制鞋有限公司、金城绣品有限公司、威海电力变压器厂等。特色经济是家纺产业，发展到100多家，拥有加工业户400多户。年内，办事处获“全省农机安全十县百乡千村万户示范乡（镇）”之一称号。

【天福街道办事处】 办事处驻天福路35号，辖9个村民委员会、19个居民委员会，人口5.59万人，面积30.3平方公里，耕地面积468公顷。2010年，实现生产总值37.9亿元，财政收入6686万元，城市居民可支配收入1.20万元。有高中2所、小学3所、特殊教育学校1所，在校生9450人。该镇交通条件便利，地理位置优越，309国道、初张路、文山路、米山路、昆嵛路等横贯境内。旅游业发达，文登学公园、抱龙河公园、峰山公园、召文台公园、市中广场等旅游景点坐落其中。金都大厦、市中贸易市场、文登义乌小商品批发市场、天福商贸城、凉水湾陶瓷大世界等专业市场和天福商贸城、北宫美食街、文山石马街、峰西永安街等特色商贸区成为文登市的商贸物流和文化教育中心。随着城市商务区东移，优越的区域位置日益突显，形成以房地产、机械、化工、电子、服装、食品加工等为主的工业体系。年内，办事处被国家计划生育协会授予“全国计划生育协会先进单位”称号，被山东省妇联授予“幸福进家活动先进乡镇”称号，被威海市委、市政府授予“全市信访维稳工作先进单位”称号。

【环山街道办事处】 办事处驻米山路122号，辖7个村民委员会、19个居民委员会，人口6.15万人，面积39.5平方公里，耕地面积682公顷。2010年，实现生产总值16.9亿元，财政收入5138万元，城市居民可支配收入1.20万元。有中学3所、小学4所，在校生1.28万人。境内交通发达，309国道、青威高速公路、桃威铁路横贯境内。有万石山、小崮岭水库、青龙山庄等观光旅游景区。地热资源丰富，七里汤温泉历史悠久，建有温泉洗浴中心、温泉游泳馆等。工业主要有电子、家纺、服装等。第三产业发展迅速，形成西藕湾汽车交易市场、宋家沟装饰材料市场、河南水产品市场、威海（文登）国际建材城等综合化市场及全友家私、新东方家具、鲁明轩家具、太平洋家具等大型家具装饰商场。年内，办事处获“山东省消费价格统计工作先进集体”和“山东省基层人民武装部达标标兵单位”等称号。

【埠口港管理委员会】 管委会驻埠口驻地镇中路3号，辖8个村民委员会、1个居民委员会，人口1.22万人，面积19.88平方公里，耕地面积733公顷，海岸线长17.46公里。2010年，实现生产总值7.9亿元，财政收入648万元，城市居民可支配收入1.01万元。有小学1所，在校生390人。境内基础设施完备，交通便利，初张公路、张西公路终点在此交汇。有大小渔业码头7个，其中张家埠港为国家二类开放港口。水产品加工业发达，门类齐全，围绕海产品加工兴建的水产冷藏企业50余家，形成以水产食品加工、冷藏保鲜、海洋捕捞、船舶制造、海水养殖等为主体的经济格局和玻璃制造、特种养殖、西洋参种植、铸造等多行业、多门类的工农业体系。特产有西洋参、花生、苹果和对虾、海参、海蜇、牡蛎、河豚等。特色经济以特种动物毛皮、小型船只、海鲜制品、玻璃制品以及家纺、玩具制品生产为主。全年粮食总产量3836吨，蔬菜总产量717吨，果品总产量3038吨。

（王淑君）

荣成市

【概况】 荣成市辖12个镇、10个街道办事处，826个村民委员会、125个居民委员会，总面积1526平方公里，耕地面积5.64万公顷，海岸线长487公里。2010年末，全市总人口67.03万人，人口自然增长率为−3.76‰。年内，全市实现生产总值636.24亿元，比上年增长12.9%。其中，第一产业增加值60.2亿元，增长1.5%；第二产业增加值348.82亿元，增长11.3%；第三产业增加值227.22亿元，增长18.7%。三次产业占生产总值的比重分别为9%、55%和36%。工业总产值1912.8亿元，增长10.2%；农业总产值108.3亿元，增长11.4%。社会消费品零售总额169.28亿元，增长18.8%。进出口贸易总额30.28亿美元，增长34.5%。其中，进口总额9.8亿美元，增长20%；出口总额20.48亿美元，增长42.7%。完成地方财政收入31.61亿元，增长13.9%。农民人均纯收入1.1万元，增长11.2%。

农业 全年实现农村经济总收入1092.8亿元，比上年增长9.8%。全年粮食总产量29.76万吨，下降2.9%。花生总产量6.97万吨，增长2.3%。水果总产量12.6万吨，下降4.3%。肉类总产量3.34万吨，增长1.9%。禽蛋总产量3.68万吨，增长9.3%。奶牛存栏量2.03万头，与上年持平。 年末，全市拥有农业机械总动力187.6万千瓦，增长0.2%。农用拖拉机9.32万台，与上年持平。全年水产品总产量111.5万吨，增长3.2%，养殖品种有鱼、虾、贝、藻四大类30多个品种。渔业经济总收入494.3亿元，增长10%，各项主要指标连续29年位居全国县级市之首。全市拥有涉渔企业400多家，渔业从业人员13.8万人，固定资产总值402亿元。

工业 全市年主营收入500万元及以上的工业企业实现工业总产值1912.8亿元，比上年增长10.2%；实现增加值389.65亿元，增长11.1%；完成主营业务收入1694.7亿元，增长12.9%；实现利润90.87亿元，增长23.4%。全社会用电量21.43亿千瓦小时，增长19.1%，其中，工业用电量14.18亿千瓦小时，增长19.3%。全年完成工业高新技术产业产值653.55亿元，增长20.1%，占工业总产值的比重达34.2%，提高2.21个百分点。

财政 金融 保险 全年财政总收入70.02亿元，比上年增长32.5%。年末，各项存款余额356.8亿元，增长35.9%，其中，城乡居民储蓄余额241.1亿元，增长12.9%。全年实现保险费收入9.79亿元，增长23.2%。

交通 邮政 全年完成水路货运量442.4万吨，比上年增长32%。货物周转量99.77亿吨公里，增长33%。水路客运量86.2万人次，增长24%。港口货物吞吐量1609.8万吨，增长5%。港口集装箱吞吐量25.1万标准箱，增长3%。完成邮政业务总量9413万元，下降17%。

教育 科技 体育 年末，全市拥有各类学校82所，在校生7.07万人。其中，职业中学4所，在校生4787人；普通中学34所，在校生3.88万人；小学43所，在校生2.7万人；特殊教育学校1所，在校生146人。全年申报各类科技计划项目50多项，新上国家科技成果转化资金、“十二五”农业科技支撑、国家科技型中小企业创新基金、省自主创新成果转化专项、省科技中小型企业创新基金等重大项目10个，争取上级无偿扶持资金8700万元。新组建国家级工程技术研究中心1家，省级工程技术研究中心1家，市级工程技术研究中心1家。申请专利876件，其中发明专利219件。鉴定重大科技成果16项，获得威海市以上科技奖励15项。在威海市运动会上，获得团体总分第一名。荣成市培养、输送的运动员王明伟取得了广州亚运会自行车4公里团体追逐赛铜牌。

城乡建设 环境保护 围绕提高城市功能和改善居民生活环境，完成了沽河治理和5个城市公园改造工程，新增绿化面积87.9万平方米；改造了13条背街小巷和15条市政道路；改善城市交通，城区公交东站启动建设；结合“放心早餐工程”，探索了物业管理新模式，在崖头和石岛城区设置了11个便民早餐店。投资1200多万元，在大疃、人和、上庄、虎山等镇建设投运6座垃圾中转站，每座中转站建筑面积230平方米、日处理能力150吨。投资500万元，采用生物过滤工艺对污水处理厂的臭气进行治理。

开放 旅游 全年实际利用外资8055万美元。完成外贸进出口总额30.28万美元，比上年增长34.5%，其中出口总额20.48万美元，增长42.7%。全年接待中外游客800万人次，增长12.8%，其中接待国内游客784.5万人次，972.7万人天。旅游总收入63.8亿元，增长15.1%。

人民生活 全市在岗职工年平均工资3.28万元，比上年增长11.7%；人均储蓄3.6万元，增长12.7%；城镇居民人均可支配收入2.21万元，增长11.5%；农民人均纯收入1.1万元，增长11.2%。城镇居民人均居住面积35.1平方米，农村居民人均居住面积40.5平方米。参加新型农村合作医疗保险人数达到38.76万人，参合率100%。有15.87万人参加城镇基本养老保险，增加8619人；农村社会养老保险投保人数33.49万人，增加23.48万人；有15万人参加基本医疗保险，增加1万人；参加工伤保险的人数12.57万人，增加1.39万人。

【首家院士工作站在泰祥集团揭牌】 1月，荣成市首家院士工作站——泰祥水产食品院士工作站在泰祥集团揭牌。中国工程院院士、海洋药物学家管华诗，荣成市有关领导和专家出席了揭牌仪式。泰祥水产食品院士工作站的成立，将进一步深化院士与地方的合作，为荣成市食品产业发展搭建又一个重要的科技创新平台。

【义乌小商品批发城开业】 1月，荣成市第一家大型小商品批发市场——荣成义乌小商品批发城举行开业庆典。荣成义乌小商品批发城位于荣成市老客运站南盛茂大厦内，营业面积1.1万平方米，由江苏省东台市复安地信房地产有限公司投资2亿元改建而成。主要营销数码家电、日化用品、箱包皮具等18大类商品，摊位招驻率达到100%。

【“新农保”全国试点启动】 新型农村社会养老保险政策是中央的重大惠民举措，荣成市是全国首批试点市。按照政策规定，自2009年12月开始，中央和地方财政将为荣成市60周岁以上未参加城镇职工养老保险的农民发放基础养老金，农村居民将实现老有所依、老有所养。1月12日，荣成市新型农村养老保险全国试点在俚岛镇中我岛村启动。启动仪式上，中我岛村部分60周岁以上的群众领到了基础养老金证。

【被评为首批“山东省出口农产品质量安全示范区”】 荣成市重视出口农产品质量安全工作，强力推动出口农产品质量安全示范区建设。全市有2家企业获得中国名牌，20家企业获得省级名牌产品和著名商标，有3个农产品品牌入选山东省出口名牌，92家企业通过了“三品”认证，140多家企业获得日本、美国和欧盟等国家和地区的官方注册或认证。2月，荣成市被省商务厅、财政厅、检验检疫局等部门评选为首批“山东省出口农产品质量安全示范区”。

【获“山东省金融生态环境建设模范奖”】 荣成市全面贯彻国家金融政策，不断调整优化信贷结构，创新金融服务方式，扩大信贷投放，提高金融服务水平，金融生态环境持续优化，金融事业呈现蓬勃发展态势。3月3日，荣成市获得“山东省金融生态环境建设模范奖”。

【荣成市检察院获“全国模范检察院”称号】 “全国模范检察院”每4年评选一次，对检察院4年的工作予以全面评估和综合考量，是全国检察机关集体最高荣誉。荣成市检察院始终围绕中心履行职能，坚持公正执法、和谐执法，为经济社会平稳较快发展提供了良好司法保障。加强自身建设，扎实推进效能提速年活动，创造性地开展工作，投入最大精力，作好社会矛盾化解、社会管理创新和公正廉洁执法三项重点工作，为推动荣成市经济社会发展作出积极贡献。2月，荣成市检察院获“全国模范检察院”称号。

【获“全国科普示范专项奖”】 荣成市积极整合涉农科技经济信息资源，应用先进信息技术手段，在全市构筑起了以互联网、广播电视网、手机电话通讯网、科普“站、栏、员”等现代信息网络为载体，以“快捷方便、多能实用、覆盖广泛、共建共享”为特色的现代农村科技传播服务体系，取得了显著成效。7月，由荣成市科协组织实施的“运用现代信息网络技术，搭建农村科技传播服务平台”项目获中国科协“2010年百县百项科普示范特色建设专项奖”。

【荣膺“中国最佳县级城市”称号】 国际商业媒体《福布斯》主要依据人才、城市规模、消费力、货运、客运、经营成本、经济活力和创新八大指数，对入选城市进行投资价值和发展潜力的评估。9月17日，第二届福布斯县级城市投资与发展论坛举办，2010福布斯中国最佳县级城市25强随之揭晓，荣成市榜上有名。

·镇、街道办事处概况·

【成山镇】 镇政府驻成山四村，辖51个村民委员会、11个居民委员会，人口5万人，面积100平方公里，耕地面积2847公顷，海岸线长100公里。2010年，实现农村经济总收入95亿元，财政收入1.08亿元，农民人均纯收入1.02万元。有中学3所、小学3所，在校生6700人。成山镇把发展蓝色产业作为推进区域发展的核心动力，通过“转方式、调结构”，将资源优势转化为产业优势，培植了滨海旅游、临港工业、海洋食品、文化创意、天鹅湖地产五大支柱产业。境内拥有国家AAAA级风景区——成山头风景区和全国第一家村办野生动物园——神雕山野生动物园，有以“吃渔家饭、住渔民家、体现渔家风情”为主题的胶东渔村——河口村。有国家一类开放口岸——龙眼港，港口年吞吐量超过300万吨，集装箱吞吐量达2.3万标准箱，进出港旅客12万人次。境内的西霞口修造船基地拥有3.5万吨、6.5万吨、15万吨和20万吨干船坞，年整船生产能力达到10万载重吨，修船能力达到100艘次。“鸿洋神”牌鱼油胶囊和“鸿洋神”牌DHA微粉被评为中国国际农业博览会名牌产品、山东省免检产品和山东省名牌产品，获山东省产品质量奖。由中信集团投资30亿元的金石湾名人书画城项目，是一处集文化、教育、旅游于一体的综合性文化基地。投资1.2亿元的“欢乐家园”项目落户境内，集游览观光、科普教育、休闲购物等多功能于一体。总投资5000万元的天鹅湖绿化、路灯及污水处理等改造项目，带动了以休闲、度假、居住为主题的房地产开发快速发展，形成配套齐全、功能完善的100多万平方米的高档社区。2010年，该镇获“山东省特色景观旅游名镇”等称号，被山东省确定为省级行政体制改革试点镇。

【港西镇】 镇政府驻大岚头村，辖21个村民委员会、1个居民委员会，人口1.3万人，面积47.86平方公里，耕地面积1161公顷，海岸线长12公里。2010年，实现农村经济总收入82亿元，财政收入1.4亿元，农民人均纯收入9900元。有中学1所、小学1所，在校生886人。该镇特色物产丰富，是重要的商品粮和花生、水果生产基地，是全国著名的“无花果之乡”。水产品养殖和滩涂养殖资源丰富，盛产中华绒螯蟹、对虾、鲍鱼、扇贝、海参和藻类等海珍品。石英砂储量上亿立方米，是全国三大硅砂原材料基地之一。该镇是威海市有名的“外商独资镇”，也是威海市和荣成市规划的重点园区。引进了电子、机械、光学和食品四大产业群。年内，加快培植旅游休闲服务、临港物流、清洁能源三大新兴产业，打造以十大功能板块为组团的30平方公里的“荣成北海新区”。

【人和镇】 镇政府驻人和村，辖86个村民委员会、3个居民委员会，人口7万人，面积108平方公里，耕地面积3820公顷，海岸线长43公里。2010年，实现农村经济总收入168.3亿元，财政收入1.25亿元，农民人均纯收入1.02万元。有中学3所、小学9所，在校生8706人。特色物产有干海产品、石材、特种动物毛皮等。形成了以海洋经济为支柱、高新技术工业为主导、民营经济为骨干、外向经济为拉动，涵盖农、工、贸、游、航运等产业的全新经济格局。2010年，该镇获“全国妇联健身示范站点”、“山东省经管系统先进集体”和“山东省双拥工作社会化示范单位”等称号。

【俚岛镇】 镇政府驻大庄许家村，辖60个村民委员会、12个居民委员会，人口3.8万人，面积108平方公里，耕地面积2776.5公顷，海岸线长40公里。2010年，实现农村经济总收入87.5亿元，财政收入1.06亿元，农民人均纯收入8870元。有中学1所、小学3所，在校生3000人。形成了造船、食品和旅游度假三大支柱产业。拥有大博、飞洋、众舟等8家船舶配套企业，全年完成造船产量20万吨；生态农业有东林、曲家台等日光温室蔬菜生产示范点；生态畜牧有草鸡、水禽和生猪3处养殖小区。形成以筏式养鲍、底播海参、海胆、吊养三倍体牡蛎、工厂化养鱼为主导的名优精品养殖体系，建成大菱鲆、鲍鱼、海胆、海参、贝类、综合育苗等六大名优精品养殖基地，鲍鱼、海参、海胆、大菱鲆等年存养量达2亿头（尾）。

【虎山镇】 镇政府驻西峰山后村，辖46个村民委员会、5个居民委员会，人口4.4万人，面积110平方公里，耕地面积4200公顷，海岸线长30公里。2010年，实现农村经济总收入50亿元，财政收入7400万元，农民人均纯收入6940元。有中学2所、小学2所，在校生2400人。特色物产有海参、鲍鱼、海蜇、对虾、海带等。形成了以食品加工、远洋捕捞、水产养殖、滨海旅游、针织服装、粮油机械、港口物流、船舶制造、房地产开发等产业为主体的新型经济格局。好当家集团有限公司技术中心被确定为国家重点企业技术中心；好当家集团生产的“好当家”牌冷冻调理食品、“好当家”牌速冻水饺和“好当家”牌刺参，被评为中国名牌。该镇依托“碧海、蓝天、金沙”的生态优势，大力建设集闻涛度假村、36洞高尔夫球场、人工沙滩、游艇俱乐部、海上垂钓等于一体的综合性旅游度假区，以及占地100公顷的好当家天海湾水城，全面打造荣成南部高档休闲、旅游、疗养胜地。2010年，该镇获“山东省旅游强乡镇”称号。

【夏庄镇】 镇政府驻小夏庄村，辖32个村民委员会、1个居民委员会，人口1.2万人，面积51平方公里，耕地面积2000公顷。2010年，实现农村经济总收入32亿元，财政收入1671万元，农民人均纯收入4926元。有中学1所、小学1所，在校生661人。该镇工业产品达13个门类300多个品种，形成了以机械、化工、纺织和食品为主导的工业生产格局。农业特色物产有苹果、花生和板栗等，是荣成市重要的粮食和经济作物产区，形成了以绿色花生、林业育苗、优质苹果和畜牧业养殖为特色的四大农产品生产基地。

【埠柳镇】 镇政府驻埠柳村，辖37个村民委员会、1个居民委员会，人口2.2万人，面积90平方公里，耕地面积2435公顷。2010年，实现农村经济总收入18.7亿元，财政收入416万元，农民人均纯收入8155元。有中学1所、小学1所，在校生670人。该镇盛产苹果，是威海市最大的果品交易集散地。拥有果品贮藏加工企业20多家，年果品生产、加工销售总量达到30多万吨，拥有“烟富1”、“烟富3”、“皇家嘎拉”、“黄金梨”等20多种优质水果，产品畅销国内外。镇域经济发展迅速，先后实施了国华风电、双丰铸造、友兴石材等20多个大项目。成立了17家农民专业合作社，引导发展并壮大果业种植加工、花卉苗木培育、畜牧养殖三大主导产业，年创产值4亿多元。

【滕家镇】 镇政府驻滕家村，辖41个村民委员会，人口2.7万人，面积88平方公里，耕地面积4396公顷。2010年，实现农村经济总收入24.9亿元，财政收入1838万元，农民人均纯收入6722元。有中学2所、小学1所，在校生2725人。特色物产有黄金梨、沙梨和苹果等。该镇有工业企业22家，形成了建筑建材、化工、包装、电机制造、机械制造、食品加工六大门类的工业体系。年内，投资120万元建设了日处理能力达80吨的农村生活垃圾中转站；投资1000万元建设了日处理能力达2000吨的镇级污水处理厂。全镇畜牧业发展迅速，拥有1000头的奶牛养殖基地、3万头生猪养殖基地和30万只特种动物养殖基地。

【上庄镇】 镇政府驻东上庄村，辖45个村民委员会，人口2.5万人，面积83平方公里，耕地面积3401公顷，海岸线长5公里。2010年，实现农村经济总收入20亿元，财政收入1726万元，农民人均纯收入6292元。有职业学校1所、中学1所、小学1所，在校生3600人。该镇是荣成市重要的粮食、花生、药材、水果和蔬菜生产基地。西洋参、黄芪、金银花等药材种植面积334公顷，黄金梨等水果种植面积280公顷，蔬菜种植面积达350公顷，优质大花生种植面积1334公顷。拥有100吨以上花生加工能力的企业30多家，收购加工能力达到1万吨以上。畜牧养殖业建立起奶牛、獭兔、狐狸、水貂和家禽五大养殖基地，商品禽畜年饲养量达到20万只（头）。水产业主要养殖品种有海参、海带、鱼、虾、扇贝等，海上养殖面积400公顷。工业形成了以仪表、纺织、机械、电子、建材为主导的产业结构，产品有燃气表、地毯纱、塔机配件、启动机、羽绒服、休闲椅和微型灯具等，有5种产品获省优以上产品称号。

【大疃镇】 镇政府驻大疃村，辖45个村民委员会，人口1.8万人，面积70.28平方公里，耕地面积3066公顷。2010年，实现农村经济总收入19亿元，财政收入1200万元，农民人均纯收入5348元。有中学1所、小学1所，在校生800人。该镇是胶东地区花生和果业大镇，素有“梨果之乡”的美誉。特色农业是镇域经济的主要增长点之一，形成了果业储运、花生种植、毛皮加工、禽畜养殖、药材种植和大棚蔬菜六大特色农业产业集群。

【荫子镇】 镇政府驻墆上姚家村，辖43个村民委员会、1个居民委员会，人口1.4万人，面积44平方公里，耕地面积2419公顷。2010年，实现农村经济总收入17.5亿元，财政收入1042万元，农民人均纯收入5416元。有中学1所、小学1所，在校生558人。特色物产有大花生、苹果和梨等。该镇全力打造集机械制造、农副产品集散和生态休闲于一体的内陆经济要镇。培植起花生、药材、畜牧和果品等四大支柱产业，初步形成以机械制造、线缆生产、食品加工等六大类20多个行业的工业体系，嵘盛铸造、金辰机械等铸造和机械加工业成为区域性铸造加工中心。以山月食品为龙头的花生加工企业形成了荣成市最大的花生加工出口基地。

【崖西镇】 镇政府驻北崖西村，辖49个村民委员会、1个居民委员会，人口2万人，面积103平方公里，耕地面积3105公顷。2010年，实现农村经济总收入31.4亿元，财政收入462.5万元，农民人均纯收入4937元。有中学1所、小学1所，在校生1776人。该镇环境优美，气候宜人，被誉为“天然氧吧”。拥有伟德山国家级森林公园和国家级风景名胜区——圣水观。拥有工业企业48家，形成了建筑、机械、渔具、化工、服装、电子等门类齐全、布局合理的工业体系。以“名、优、新、特、精”为特色的有机农业已具规模；果品、畜牧、药材等高效特色农业体系已经形成，年产各类水果1万吨，奶牛存栏量2200多头，年产鲜奶2万吨，是荣成市重要的鲜奶供应基地。

【崖头街道办事处】 办事处驻台上邹家村，辖26个村民委员会、24个居民委员会，人口12.68万人，面积79平方公里，耕地面积1425公顷，海岸线长6公里。2010年，实现生产总值67.96亿元，财政收入3.83亿元，城市居民可支配收入7026元。有中学1所、小学2所，在校生1940人。有规模以上企业75家，职工1.2万人，固定资产10亿元。形成了以荣佳电机、爱仕玻璃钢、广安建筑、华资房地产等为主导的产业群。投资6亿元建设核电生活区项目，投资6800万元建设荣佳电机“汽车用开关磁阻电机产业化示范工程”，投资6000万元建设爱仕玻璃钢“轨道车内饰件配套加工”等项目。启动了墆上宋家、沟东崖、乡宦庄、马安屯和道北刘家等8个村（居）的城中村改造工作。2010年，办事处获“山东省城市社区建设示范社区”称号。

【崂山街道办事处】 办事处驻二疃村，辖29个村民委员会、1个居民委员会，人口3万人，面积45.5平方公里，耕地面积1910公顷，海岸线长8公里。2010年，实现生产总值27.3亿元，财政收入1380万元，城市居民可支配收入1.5万元。有中学1所、小学1所，在校生1810人。特色物产有草莓、大樱桃和牡蛎等。草莓和牡蛎被农业部认定为“无公害农产品”，大樱桃种植园被威海市委组织部命名为“党员干部教育示范基地”。全年先后自主引进紫檀家具、益盛建材、机电产业等5个项目，引进资金2.5亿元。建成了崂山机械加工产业园，引进6个机械加工和船舶配件项目。

【寻山街道办事处】 办事处驻城后村，辖37个村民委员会、4个居民委员会，人口3.3万人，面积37.7平方公里，耕地面积1360公顷，海岸线长16.75公里。2010年，实现生产总值68亿元，财政收入2055万元，城市居民可支配收入1.2万元。有大学1所、中学1所、小学4所，在校生8000人。特色物产有海带、各种海珍品等。形成了特种养殖、药材种植、生态农业、畜牧养殖和水产品加工五大经济板块。拥有水产食品加工销售企业20多家，年可加工各类水产品7万多吨，实现了由传统的海面养殖向海陆并存，以工厂化育苗、养殖、加工为主体的转变。掌握了海带高值化提炼技术——从鲜海带中直接提取碘、褐藻胶、胆固醇等高附加值产品，“蓬莱红”扇贝和真海鞘等新兴海珍品形成规模化养殖。

【城西街道办事处】 办事处驻徐家村，辖40个村民委员会、1个居民委员会，人口1.7万人，面积42平方公里，耕地面积1709公顷。2010年，实现生产总值16.7亿元，财政收入527万元，城市居民可支配收入6070元。有小学2所，在校生256人。特色物产有蔬菜、花生、苹果等。形成了果品、花生、蔬菜、畜牧四大农业产业基地。辖区拥有花生加工基地——圣农花生加工厂、蔬菜种植基地——沽泊闫家种植区、果品集散基地——华峰果品气调库、生猪屠宰加工企业——宝竹肉食品有限公司。有各类企业50多家，其中较大规模工业企业6家，宝丽佳电子（原科星机械厂）是国内5家专业生产ITO靶材的高科技企业之一。

【港湾街道办事处】 办事处驻石岛街居民区，辖5个村民委员会、21个居民委员会，人口6.5万人，面积28平方公里，耕地面积70公顷，海岸线长21公里。2010年，实现生产总值74.9亿元，财政收入5681万元，城市居民可支配收入8800元。有中学3所、小学5所，在校生7859人。特色物产有海产品、特种动物皮毛、花卉苗木等。办事处是荣成市重要的水产品精深制品、渔船修造、远洋捕捞、特种动物养殖和花卉种养产区。拥有水产品精深加工企业28家，年加工能力50万吨，产值超过40亿元；修造船能力达到2万吨级水平，年修造渔船总功率6112万千瓦；特种动物养殖总存养量突破60万头（只），年实现销售收入2.6亿元。2010年，新引进内外资企业6家，张家渔工商公司、蚧口渔业集团有限公司、大鱼岛集团有限公司、牧云庵渔业公司、明泰渔业公司和第二建筑公司等企业年纳税额均在200万元以上，形成以造船、食品加工、机械制造、塑料制品、化工、电子、建材和建筑等22个门类为主的综合工业产业体系。

【宁津街道办事处】 办事处驻宁津所村，辖45个村民委员会、5个居民委员会，人口2.3万人，面积68平方公里，耕地面积1809公顷，海岸线长58公里。2010年，实现生产总值60.3亿元，财政收入4982万元，城市居民可支配收入1.08万元。有中学1所、小学2所，在校生1750人。盛产海珍品，年产海参2000吨。总投资1500亿元的华能石岛湾核电与国核示范电站，投资600亿元的镆铘岛石化基地，投资5亿元的华能风力发电等重点项目进展顺利。引进了九汇食品、德邦物流、佳和船舶、祥仁核装备等内外资项目11个。建有特色动物养殖、高档苗木培育、茶叶种植三大产业基地。高标准建设了曲家等4个社区服务中心，改造了宁津所等3个村的自来水，建成户用沼气53个。

【东山街道办事处】 办事处驻东山村，辖31个村民委员会，人口1.7万人，面积42平方公里，耕地面积939公顷。2010年，实现生产总值22.07亿元，财政收入819万元，城市居民可支配收入6883元。有中学1所、小学1所，在校生980人。特色物产主要是海珍品养殖，有海参、河豚、真鲷及美国红鱼等10余个品种。年内，投资3500万美元的高时石材、投资1.2亿元的壮诚石材和投资1.2亿元的恒德泰食品项目全部开工建设。规划建设高标准建筑群，中心镇区有商品住宅楼面积4万平方米，绿地1万平方米。引进中磊石材、波德隆石材等产业项目。投入990万元，建设2个威海市级环境整治村和3个荣成市级社区服务中心。年内，办事处农村社区服务中心总数达到8个，建有1个省级标准的街道文化站。2010年，办事处被国务院侨办授予“侨法宣传角”牌匾。

【斥山街道办事处】 办事处驻斥山村，辖22个村民委员会、7个居民委员会，人口3万人，面积55平方公里，耕地面积1086公顷。2010年，实现生产总值26.36亿元，财政收入8256万元，城市居民可支配收入7935元。有中学1所、小学1所，在校生2900人。盛产海参、鲍鱼等海珍品。形成了以机械制造、山海旅游、塑料制品、食品加工、建筑开发、海上捕捞和海上养殖等为主体的产业格局。拥有吞吐量20万吨的大型渔港——斥山渔港和国家AAAA级景区——赤山景区。

【王连街道办事处】 办事处驻王家庄村，辖32个村民委员会、1个居民委员会，人口1.72万人，面积49平方公里，耕地面积143公顷。2010年，实现生产总值20.4亿元，财政收入1365万元，城市居民可支配收入9480元。有中学1所、小学1所，在校生1100人。农业及农渔产品加工是办事处的基础产业，形成了优质高产小麦、优质高产果品、药材开发、茶叶种植、林业苗圃及经济林五大产业带。赵家山果园被命名为“省级优质果品示范园”。拥有荣成市级重点企业30家，成长型企业3家，规模以上企业12家，形成了远洋捕捞、水产食品精深加工、船舶配件、橡塑制品、汽车及农用车配件等五大产业板块。2010年，街道工业企业完成销售收入12亿元，实现工业利税1000多万元。

【桃园街道办事处】 办事处驻桃园村，辖15个村民委员会、1个居民委员会，人口1.3万人，面积18平方公里，耕地面积400公顷。2010年，实现生产总值13.3亿元，财政收入5713万元，城市居民可支配收入7620元。有中学1所、小学1所，在校生1200人。拥有规模以上工业企业23家，水产品加工企业30家，房地产开发企业6家，建筑企业12家，形成了以造船、水产品加工、房地产开发为主的经济板块。拥有桃园民俗旅游度假村，配套桃园宾馆、海鲜阁等食宿一体设施。

（张洪波）

乳山市

【概况】 乳山市辖14个镇、1个街道办事处，601个村民委员会、19个居民委员会，总面积1665平方公里，耕地面积5.86万公顷。年末，全市总人口57.28万人，比上年减少434人。其中，农业人口41.14万人，非农业人口16.14万人，人口自然增长率为-3.75‰。2010年，全市实现生产总值313.1亿元，增长12.5%。其中，第一产业增加值完成27.3亿元，第二产业增加值完成176.4亿元，第三产业增加值完成109.4亿元，分别增长0.6%、10.9%和18.2%。三次产业占生产总值的比重分别为8.7%、56.4%和34.9%。全年完成固定资产总投资208.27亿元，增长18.2%。社会消费品零售总额112.36亿元，增长18.7%。进出口贸易总额5.5亿美元，增长17.8%。其中，进口总额1.61亿美元，增长38.7%；出口总额3.89亿美元，增长10.9%。全年引进内资项目165个，引进国内资金63.4亿元，增长9.3%。完成地方财政收入15.15亿元，增长14%。农民人均纯收入9356元，增长14.2%。

农业　全年实现农村经济总收入298亿元，比上年增长14.3%。粮食总产量31.8万吨，增长10%。水果总产量48.5万吨。蔬菜总产量35.5万吨。年末生猪存栏量达23.3万头，增长1.7%。肉类总产量2.6万吨，下降8.3%。水产品总产量28.4万吨。全年造林2890公顷，森林覆盖率达到40%。年末，农业机械总动力95.78万千瓦，农村用电量1.04亿千瓦小时。

工业　全市年主营收入500万元及以上的工业企业完成工业总产值863.31亿元，比上年增长17.8%；实现主营业务收入814.6亿元，增长17.2%。实现利税总额50.36亿元，增长16.6%；实现利润总额32.3亿元，增长16.9%。

第三产业　全市第三产业完成增加值109.4亿元，比上年增长18.2%。全年实现消费品零售总额112.36亿元，增长18.7%。城乡消费同步增长，城市消费品零售总额64.11亿元，增长19.8%；农村消费品零售总额48.25亿元，增长17.3%。年末拥有营运载货汽车7903辆，增长28.4%，吨位达2.6万吨，增长48.5%；客运车辆227辆，客位5291个；港口吞吐量完成70万吨，增长230%。全年完成邮电业务总量5.54亿元，增长4.9%。全年接待国内外游客419.8万人次，增长25.8%；实现旅游总收入22.07亿元，增长28.5%。

城乡建设　年末，建成区面积达到50.9平方公里。其中，城区28.9平方公里；银滩旅游度假区22平方公里。城区道路面积525.5万平方米，排水管道总长度495公里，城区自来水供水总量1168万立方米，集中供热总建筑面积313.6万平方米，燃气普及率达98.9%。建成区绿化覆盖率42.1%，人均公共绿地面积17.32平方米。生活垃圾无害化处理率100%。市区公共汽车营运线路6条，总长175公里，拥有公共汽车94辆，出租车270辆。

社会事业　全市中小学在校生4.12万人，比上年减少3900人。拥有各类技术贸易机构12个，从事技术贸易活动人员140人。年内取得重要科技成果8项，获威海市以上科技进步奖6项。拥有艺术表演团体1个、艺术演出场所1处、公共图书馆1个、文化馆1个、档案馆1个、广播电视台1座。拥有卫生机构124个，床位2806张，卫生专业技术人员2840人。有体育场1座，全年参加省级以上体育比赛获奖牌44.88枚，其中金牌22.75枚。

人民生活　城镇在岗职工年平均工资2.5万元，比上年增长15.2%。农民人均纯收入9356元，增长14.2%；农民人均生活消费支出4934元，增长12.5%。全年共收缴社会保险费9.44亿元，增加1.94亿元；支出8.36亿元，增加2.56亿元。年末，有1271家企业的6.31万名职工参加基本养老保险，1.3万名机关事业单位在职职工参保；有2.87万名离退休职工享受基本养老保险；全年为离退休职工发放离退休费5.44亿元。年末，城乡居民存款余额142.99亿元，增长17.9%。

【建立首个省级牡蛎养殖示范基地】 为推动乳山牡蛎产业的发展，乳山市提出创树“乳山牡蛎”品牌，成功地向国家工商总局申请注册了“乳山牡蛎”地理商标，并建立了首个省级太平洋牡蛎筏式养殖技术示范基地。3月6日，授牌仪式在济南市举行。

【2010中国（乳山）母爱文化节举办】 5月9日，2010中国（乳山）母爱文化节开幕式在大乳山滨海旅游度假区举办。全国政协常委、经济委员会副主任胡德平，全国妇联副主席、书记处书记洪天慧，威海市委书记、市人大常委会主任王培廷，中科院院士、中科院金属研究所原所长李依依，全国妇联宣传部部长王卫国，中国妇女报社社长黄理彪，中国妇女报社总编辑卢小飞，山东省妇联主席翟黎明及山东省、威海市、乳山市有关领导和各级新闻媒体等参加了开幕式。本届文化节由全国妇联宣传部、中国光彩事业促进会指导，中国妇女报社、山东省妇联、山东省旅游局、山东省文化厅、威海市人民政府主办，乳山市委、市政府承办。母爱文化节以“弘扬母爱文化、凝聚城市精神、建设幸福乳山”为主题，在“母爱文化月”期间组织开展了30多项宣传文化活动。

【冯德英文学馆被评为山东省红色文化教育基地】 5月22日，山东省红色文化教育基地——冯德英文学馆授牌暨“读《苦菜花》小说弘扬母爱文化”征文颁奖仪式在乳山市举行。乳山籍作家、山东省文联名誉主席冯德英，山东省文联党组书记、副主席于钦彦，威海市委常委、秘书长、宣传部长张剑，乳山市委书记、市人大常委会主任傅广照等出席仪式。于钦彦向冯德英文学馆授予了“山东省红色文化教育基地”牌匾，冯德英、傅广照向冯德英文学馆名誉馆员颁发了证书。

【获“山东省长寿之乡”称号】 至2009年底，乳山市有60岁以上老人12万人，占总人口的20.9%；80岁以上老人1.9万人，占总人口的3.3%；百岁以上老人54人，占总人口比例连续5年达到十万分之七以上，超过“山东省长寿之乡”的标准。2010年5月，经过山东省长寿之乡评委会的严格评审，乳山市被授予“山东省长寿之乡”称号。

【中非合作论坛磋商会举行】 6月25日，中非合作论坛中方后续委秘书处与非洲驻华使节磋商会在大乳山滨海旅游度假区举行。会议由论坛中方后续委秘书长、外交部非洲司司长卢沙野和非洲驻华使团长、多哥驻华大使诺拉纳·塔·阿马共同主持。外交部、商务部有关负责人和47位非洲国家驻华大使及其高级代表出席会议。山东省副省长才利民会见了外交部副部长翟隽和非洲国家驻华使节，威海市委书记、市人大常委会主任王培廷和乳山市有关领导会见时在座。

【白沙滩镇入选“中国2010年上海世博会中小城镇展”】 经国家发改委小城镇改革发展中心的遴选，白沙滩镇入选“中国2010年上海世博会中小城镇展”，成为山东省8家入选该展的小城镇之一。白沙滩镇亮相于中国国家馆“希望的大地”展区，与全国169个小城镇一起集中展示。

【全国OP帆船冠军赛举行】 （详见《体育·竞技体育》 第290页）

【银滩获“中国低碳旅游示范区”称号】 8月，在北京举办的第一届中国低碳旅游建设峰会暨首批中国低碳旅游荣誉榜单发布会上，乳山市银滩旅游度假区获“中国低碳旅游示范区”称号。第一届中国低碳旅游建设峰会暨首批中国低碳旅游荣誉榜单发布会由亚太旅游联合会、国际度假联盟组织、中华生态旅游促进会等单位联合主办，旨在对近年来在低碳旅游建设领域起到示范带头作用的地区和个人进行表彰奖励，进而推动中国低碳旅游产业的发展。

【获“全国基层党建创新优秀案例奖”】 11月28日，第一届全国基层党建创新论坛暨优秀基层党建创新案例颁奖仪式在人民大会堂举行，中共中央政治局委员、中央书记处书记、中组部部长李源潮等领导出席会议并为获奖者颁奖。乳山市以《党内基层民主“乳山模式”》获“全国基层党建创新优秀案例奖”。

【位居“中国十佳绿色城市”首位】 11月28日，在2010年度“中国十佳绿色城市”评选网上投票活动中，乳山市在全国115个提名城市中脱颖而出，获得“中国十佳绿色城市”称号，并在新浪网和中国绿网上获网络评选第一名。

【列为2010年国家新型农村社会养老保险试点县】 12月2日，国务院新农保工作领导小组办公室将乳山市列为2010年国家新型农村社会养老保险试点县。

·镇、街道办事处概况·

【夏村镇】 镇政府驻东耿家村，辖45个村民委员会，人口3.98万人，面积112平方公里，耕地面积4755.6公顷。2010年，实现农村经济总收入4.8亿元，农民人均纯收入8286元。有中学1所、小学2所，在校生1690人。镇域主要企业46家，主导产品有啤酒、液压缸、石材、皮革制品、工艺刺绣、造锁设备和内燃机配件等。威岛啤酒厂生产的纯生啤酒、纯生化啤酒、苦瓜啤酒和干啤酒等19个品种获山东省名牌产品，畅销国内十几个省市。

【海阳所镇】 镇政府驻海阳所村，辖39个村民委员会，人口3.05万人，面积91.4平方公里，耕地面积3322.5公顷，海岸线长87公里。2010年，实现农村经济总收入22.2亿元，农民人均纯收入9705元。有九年一贯制学校1所，在校生1564人。该镇海产品丰富，主要有对虾、梭子蟹、黄花鱼、带鱼、鲅鱼、泥蚶、文蛤、牡蛎和扇贝等100多个品种。该镇毗邻银滩旅游度假区，大乳山滨海休闲旅游度假区位于境内，发展旅游业条件优越。镇域企业主要有玉龙车辆股份有限公司、银海洋房地产开发有限公司等，主要产品有内燃机连杆、汽车零部件、玻璃钢沼气池、大姜制品、聚乙烯线、绠绳及渔网等。年内，该镇获威海市“2010年度国内经济合作工作先进单位”和“全市依法行政先进单位”等称号。

【白沙滩镇】 镇政府驻银滩旅游度假区，与银滩旅游度假区合署办公。辖47个村民委员会，人口4.08万人，面积117.9平方公里，耕地面积4431.9公顷，海岸线长19公里。2010年，实现农村经济总收入32.8亿元，农民人均纯收入1万元。有中学1所、小学2所，在校生1830人。农特产以大姜为主，是全镇农村的支柱产业，有“胶东大姜生产第一镇”之称。有海参、鲍鱼、对虾等水产品100余种。乳山红、乳山白和乳山黑等十几种天然花岗岩石远销国内外。“天下第一滩”——银滩位于境内。镇域企业主要有渔具制造、塑钢、石材和建筑等行业。年内，该镇获“2010‘品牌山东’最具竞争力旅游强镇”，乳山市“履行机关岗位责任制先进单位”、“农居工程建设先进镇”、“信访维稳工作先进单位”、“‘平安乳山’建设先进单位”等称号，入选“中国2010年上海世博会中小城镇展”。

【大孤山镇】 镇政府驻大孤山村，辖36个村民委员会，人口2.68万人，面积96.8平方公里，耕地面积3351.5公顷。2010年，实现农村经济总收入14.3亿元，农民人均纯收入8100元。有中学1所、小学1所，在校生969人。该镇区位优势突出，紧邻市区，青威高速路、202省道横贯境内。物产资源丰富，是有名的“水果之乡”，是全国著名的柞蚕生产基地、国家地理标志注册商标“乳山绿茶”主产区、清朝“贡品”册梨的原产地，也是胶东半岛重要的铸钢产业大镇。境内有元昭武大将军姜房遗址、千年银杏、清朝贞节牌坊等历史古迹。年内，该镇获乳山市“全市信访维稳工作先进单位”、“全市农村环境综合整治先进镇”、“2010年度外经贸工作先进镇”等称号。

【徐家镇】 镇政府驻东王家庄村，辖23个村民委员会，人口1.9万人，面积68平方公里，耕地面积2348公顷，海岸线长12公里。2010年，实现农村经济总收入8.1亿元，农民人均纯收入8772元。有中学1所、小学1所，在校生733人。该镇依山傍海，风景秀丽，区位优越，南部紧靠银滩旅游度假区，青威高速公路横贯全镇东西。镇域经济形成加工贸易、林业育苗、畜牧饲养和海水养殖四大支柱产业。镇办水产养殖科技工业园以养殖大菱鲆、对虾、海参和海蟹等为主。威海市首个海外上市的企业——华隆食品工业公司为镇域骨干企业。镇办工业企业主要有花生食品、海产品、石材、玩具和电子元件加工等。年内，该镇获“山东省第二次经济普查先进集体”，“威海市信访维稳先进单位”、“威海市科普先进镇”和“威海市安全生产先进单位”等称号。

【南黄镇】 镇政府驻南黄村，辖33

个村民委员会，人口2.53万人，面积88.9平方公里，耕地面积3423公顷，海岸线长2.5公里。2010年，实现农村经济总收入14.7亿元，农民人均纯收入8445元。有中学2所、小学1所，在校生2352人。该镇地处黄垒河西岸，水资源丰富，是乳山市粮食、蔬菜和水果的主要生产基地。主要农特产有苹果、冬枣、草莓、桃、梨和芦荟等。主要海产品有大菱鲆、海参、对虾、梭子蟹及各种贝类。镇办企业主要有造纸、海水养殖、石材加工和橡胶生产等行业。

【冯家镇】 镇政府驻冯家村，辖53个村民委员会，人口3.21万人，面积136平方公里，耕地面积4612.9公顷。2010年，实现农村经济总收入14.3亿元，农民人均纯收入8347元。有中学1所、小学1所，在校生2027人。该镇有热效能好、矿化度高、对人体健康极为有益的小汤温泉。金代道教全真派玉虚观遗址位于境内。奶牛、奶山羊畜牧养殖较发达。农特产有苹果、板栗、冬雪枣、大樱桃、中华大圣桃和葡萄等。"卧龙红"花岗岩石材名扬全国。

【下初镇】 镇政府驻下初村，辖37个村民委员会，人口3万人，面积127.2平方公里，耕地面积3979.8公顷。2010年，实现农村经济总收入6.1亿元，农民人均纯收入8196元。有中学1所、小学2所，在校生1138人。该镇交通便捷，桃威铁路和309国道横贯东西，牟乳公路纵贯南北。矿产资源丰富，主要有金、银、铜、锡、硫、石灰石、钠长石和花岗岩等，尤以黄金为多，素有"黄金之乡"之称。山东金洲矿业集团有限公司位于境内。农特产有苹果、葡萄和芦笋等。镇办工业主要有葡萄酒、罐头食品和汽车配件等。年内，该镇获威海市"2010年度国内经济合作先进单位"，乳山市"2010年度机关岗位责任制先进单位"和"全市信访维稳工作先进单位"等称号。

【午极镇】 镇政府驻午极村，辖35个村民委员会，人口2.67万人，面积110平方公里，耕地面积4266.8公顷。2010年，实现农村经济总收入10.1亿元，农民人均纯收入8640元。有中学1所、小学1所，在校生1067人。该镇特色物产有黄金、雪花大理石和石灰石等，盛产苹果、板栗、大樱桃、蓝莓、枸杞、黄金梨和丰水梨等名优水果。镇域企业主要有木工机械制造厂、花生食品加工厂、水泥厂和石材厂等。

【育黎镇】 镇政府驻育黎村，辖42个村民委员会，人口3.48万人，面积119.4平方公里，耕地面积3995.3公顷。2010年，实现农村经济总收入10.89亿元，农民人均纯收入8500元。有中学1所、小学1所，在校生1177人。该镇位于乳山河西岸，水资源丰富，土地肥沃，发展优质高效农业条件得天独厚。建立起出口蔬菜、无公害葡萄、优质水果、干杂果、林木和中药材六大种植区。水泥生产、大洋酱菜和果蔬食品加工为镇域工业的主导产业。

【诸往镇】 镇政府驻东诸往村，辖49个村民委员会，人口4.1万人，面积160平方公里，耕地面积5427.4公顷。2010年，实现农村经济总收入22.5亿元，农民人均纯收入8885元。有中学1所、小学1所，在校生2068人。该镇交通便利，埠乳公路、309国道、桃威铁路和烟海高速在境内穿过。盛产苹果、大姜、葡萄、板栗和蚕茧等。矿产资源中铁矿石最为丰富，拥有骨干企业鑫山冶金公司铁厂。镇域工业主要有铸造、建筑、制鞋等行业。年内，该镇获威海市"依法行政先进单位"等称号。

【崖子镇】 镇政府驻崖子村，辖58个村民委员会，人口4.1万人，面积187.4平方公里，耕地面积4639.8公顷。2010年，实现农村经济总收入18.1亿元，农民人均纯收入9000元。有中学1所、小学1所，在校生1660人。该镇特色物产有苹果、大樱桃、板栗、柿子、冬枣和梨等，是胶东有名的优质水果和干杂果之乡，建有容纳100多个摊位的东井口果品交易市场，省级名牌"垛山"牌果品享誉海内外。马石山风景区位于该镇境内。酿酒机械制造和生物农药生产是该镇工业的主导行业。

【乳山寨镇】 镇政府驻寨东村，辖44个村民委员会，人口3.51万人，面积137平方公里，耕地面积4123.7公顷，海岸线长9.6公里。2010年，实现农村经济总收入3.15亿元，农民人均纯收入8200元。有中学1所、小学2所，在校生1100人。该镇依山傍海，环境优美，物产丰富，境内有国家级森林公园岠嵎山风景区，旅游资源得天独厚。青威、埠乳公路穿境而过，交通便捷。主要农特产有花生、苹果、梨、桃、板栗、茶叶等。海产品有对虾、牡蛎、文蛤、泥蚶、带鱼等。

【乳山口镇】 镇政府驻祝家庄村，辖41个村民委员会，人口3.04万人，面积78平方公里，耕地面积3303.5公顷，海岸线长36公里。2010年，实现农村经济总收入9.2亿元，农民人均纯收入9946元。有中学1所、小学1所，在校生1337人。该镇北接市区，南临乳山口港和大乳山风景区，海上景区小青岛是理想的旅游胜地。渔业资源丰富，有对虾、鲅鱼、牡蛎、黄花鱼、梭子蟹等海产品。名优佳品"秦米"、"寨虾"产自该镇。年内，该镇获威海市"农村环境综合整治先进镇"、"全市信访维稳工作先进单位"、"村务公开民主管理示范乡镇"等称号。

【城区街道办事处】 办事处位于城区商业街东首，辖19个村民委员会，13个居民委员会，人口11.9万人，面积29平方公里，耕地面积1085.6公顷。2010年，实现农村经济总收入11亿元，城市人均纯收入1.08万元。有九年一贯制学校1所、小学1所，在校生2560人。城区工业园区已成规模，纺织染整园区的圣民纤维有限公司、兴进印染有限公司等5家韩资染整企业已投资兴业。企业主要有印染、服装加工、工艺刺绣、石材加工、房地产和机械制造等行业。年内，办事处获威海市"信访工作先进单位"、"2010年度外经贸工作先进镇"、"2010年度国内经济合作工作先进单位"和乳山市"平安乳山建设先进单位"、"2010年度履行机关岗位责任制先进单位"等称号。

（陈宗坚）

编辑　陶晓红

开发区建设

威海火炬高技术产业开发区

【概况】 威海火炬高技术产业开发区是1991年3月6日经国务院批准成立的国家级高新技术产业开发区，由科技部、山东省政府和威海市政府共同创办，是全国三个火炬高技术产业开发区之一。开发区位于威海市区西及西南部，总面积121.9平方公里，海岸线长30.5公里，耕地面积2330公顷。辖1个镇、2个街道办事处，36个村民委员会、36个居民委员会。2010年底，全区总人口18.08万人。有小学12所，中学4所，在校师生1.4万人。全年完成生产总值142亿元，实现工业总产值423亿元，完成财政总收入31.7亿元，其中一般预算收入11.1亿元，完成固定资产投资104.8亿元。实现社会商品零售额62.1亿元。三次产业比重为0.9 ∶ 66.5 ∶ 32.6。2010年，42个在建产业项目开工面积110万平方米，有11个投产，10个主体完工；组织实施技术改造项目60个；全年新引进投资额过1000万美元的外资项目7个，过1亿元的内资项目4个，实际利用外资7409万美元、内资30亿元。全年完成进出口总值30.2亿美元，其中出口20.1亿美元。全年专利授权520件。完成农村经济总收入95.1亿元，农民人均纯收入1.08万元。区内水、电、路、暖、通讯等设施完善；政策法规体系完善；各类社会中介服务机构完备，内部管理体制健全，建立了电子政务系统，设有面积为600平方米、14个单位、30个服务窗口的行政服务中心，为投资者提供“一站式”、“一条龙”服务。区内商贸设施完善，生产、生活条件良好。拥有国际海水浴场、北海浴场、卧龙山、小石岛钓鱼公园等旅游景点，国际海水浴场被国家海洋局列为10个定期监测海水质量的重点海水浴场之一。

【经济发展】 全年完成生产总值142亿元，比上年增长13.6%。实现工业销售收入423亿元、利税44.1亿元、利润32亿元，分别增长14.6%、31.2%和24.2%。实现财政总收入31.7亿元，增长64.2%；一般预算收入11.1亿元，增长13%。税收收入占一般预算收入的88.7%，高于全市平均水平11.2个百分点；工商税收占一般预算收入的76.5%，高于全市平均水平9.4个百分点；四税收入占一般预算收入的59.2%，高于全市平均水平16.9个百分点。万元生产总值能耗、水耗分别下降5.8%和2%。

【项目建设】 全年完成固定资产投资104.8亿元，比上年增长17.6%。42个在建产业项目开工面积110万平方米，完成投资27亿元，有11个投产，10个主体完工。组织实施技术改造项目60个，完成投资30亿元，其中，36个项目完工，新增销售收入76亿元。威高股份成功转香港主板，新北洋在深圳中小板首发上市。威高集团、金猴集团分别获得“省长质量奖”和“提名奖”。金猴集团的“金猴及图”（旅行箱、手提包）、华羽集团的“寒思HANSI及图”（羽绒服）被认定为中国驰名商标，威高血液净化制品公司的“一次性合成膜透析器”、联桥新材料公司的“色母料”被认定为山东省名牌，威海锅炉厂“午阳”被认定为山东省著名商标。全区销售收入过1亿元的企业43家，过5亿元的12家，过10亿元的6家，过90亿元的2家。

【招商引资】 全年引进投资额过1000万美元的外资项目7个，过1亿元的内资项目4个。实际利用外资7409万美元；内资30亿元，比上年增长10%。完成进出口总额30.2亿美元，增长28%，其中出口20.1亿美元，增长29.2%，出口过1000万美元的企业达到21家。实现对外劳务营业额4609万美元，增长111.5%；外派人数1731人，增长73.4%。引进软件及服务外包企业19家，总数达到85家。

【技术创新】 新建市级以上企业研发中心6家。金猴集团被认定为国家级企业技术中心，威高集团、光威集团创建了全省首批企业重点实验室。医疗器械高技术产业化基地获省发改委批复。先进复合材料高新技术产业化基地被认定为全省首批国家高新技术产业化基地。新增孵化面积3万平方米，在孵企业超过230家。设立了总资本1亿元的创业投资公司、总投资6000万元的小额贷款公司。申报实施国外智力引进项目15项。全年申请专利780件，比上年增长10.7%；专利授权520件，增长102.3%。

【第三产业】 实现社会商品零售额62.1亿元，比上年增长19%。威韩商城、福海皇冠大厦、百万花园拆迁工作全部完成。高新商贸广场全部签订土地回收协议，完成拆迁7.5万平方米。国际帆船基地建成投入使用。电信业务收入2.9亿元；保费收入1.9亿元，增长24%；金融机构期末存款余额128亿元，增长11.3%，贷款余额106亿元，增长19.3%。全年接待游客300万人次，实现旅游业总收入14.8亿元，增长18%。

【村居经济】 完成农村经济总收入95.1亿元，比上年增长9.8%；农民人均纯收入1.08万元，增长9%。各镇村街居盘活闲置楼宇10.7万平方米，新增个体工商户1478家。农业产业结构调整力度不断加大，新增蔬菜、花卉苗木等种植面积66.67公顷，新增海参、扇贝等养殖面积27.33公顷。基本完成了集体林权制度改革。发放各类惠农资金677.4万元。全区总收入过1亿元的村（居）23个，过3亿元的11个。

【城镇建设】 城建重点工程签订拆迁协议69.5万平方米，超额完成了年度计划，占拆迁总量的90%；新开工工程面积120万平方米，比上年增长69%，在建工程总面积446万平方米。房地产开工面积120万平方米，竣工61万平方米；销售面积56万平方米，销售收入27亿元。完成基础设施投资1.9亿元，新修、改造道路22条段、16公里，铺设各类管线11.1公里，新增、改造绿化面积近60万平方米。科技新城污水深海排放工程试运营；1号供热站新增20吨蒸汽锅炉1台，总供汽能力达到58吨／小时；3号供热站基础工程基本完工。深入推进城市精细化管理，初步建立起了区、镇（街道办）、居委会、物业公司四位一体的城市管理体系。

【社会事业】 投资1亿元、建筑面积2万平方米的初村小学和后峰西小学投入使用，全区中小学全部达到市级以上规范化学校标准，高中录取率高出全市平均水平3.7个百分点。成功举办了第五届职工运动会，举办“瀚海情”等大型文艺演出36场。建成18个文化大院和11个农家书屋，综合文化站建设全部通过市级验收。2处卫生服务站创建为市星级卫生机构，1处创建为全市唯一的省星级社区卫生服务中心。新增就业4000人，转移农村劳动力1590人，开展技能培训1万余人次。社保扩面新增4.95万人次，征缴社保基金3.8亿元。全面推进基本药物制度改革，新农保参保人数9800多人，新农合实现了全覆盖。深入推进“平安高区”建设，落实重点信访案件领导包案责任制，解决了一批历史遗留问题，刑事案件、信访总量及安全生产事故全面下降，社会和谐稳定。

（郭强清　肖文忠）

·镇、街道办事处概况·

【初村镇】 镇政府驻地东南村，辖20个村民委员会和15个居民委员会，人口5万人，面积82平方公里，耕地1733.33公顷，山岚林地2333.33公顷，海岸线长18公里。交通便利，有烟威高速路、烟荣路、初张路、成龙路4条公路在境内通过；拥有万亩海水浴场、万亩林场，是旅游、避暑、疗养的胜地。2010年，完成工农业总产值23.4亿元，比上年增长23.6%，其中工业产值20.7亿元，增长24%。实现财政总收入4065万元。其中地方财政收入1861万元，增长21%。完成固定资产投资37亿元，增长17.8%。实现进出口总值1.77亿美元，增长11%。其中出口9502万美元，增长28%。农民人均纯收入1.01万元，增长9.1%。引进内外资项目8个，总投资3.4亿元。全镇拥有内外资企业120余家，形成了以机械制造、电子、纺织为主导产业的工业体系；种养业，新增蔬菜、花卉苗木等66.67公顷，貂、貉等特色规模养殖户16户；水产业投资1000余万元，完成扇贝浅海筏式养殖33.33公顷，投石造礁养参26.67公顷，海洋蓝色经济快速发展。在农村环境综合整治中，累计投入850万元，清理“三大堆”1442处，拆除禽畜舍、车库、草棚等973处2万余平方米，整修硬化街巷5.8万平方米，栽植各类苗木4.7万棵，砌排水沟2.3万米，安路灯124盏，5个市级村顺利通过验收。严格落实惠农政策，累计发放良种、农机、汽车、家电补贴等230余万元。投资135万元，在远庄、小馆建设了两处社区服务中心，打造了“两公里服务圈”。威海职业（技术）学院、山东药品食品学院位于境内，有师生约2.5万人。拥有普通中学1所、小学1所，在校师生1000多人。投资2500万元，建设了建筑面积1万多平方米的初村小学新校区，9月1日投入使用。投资1000万元，完成了镇驻地、佃里院至马石泊5万平方米的道路改造硬化。该镇被评为威海市外经贸工作先进镇、威海市国内经济合作工作先进单位、威海市文明镇等。

（徐吉祥）

【怡园街道办事处】 办事处位于文化西路158号，辖8个村民委员会、11个居民委员会，辖区面积26.3平方公里，有小学6所，在校师生3250人。常住人口13.89万人，暂住人口1.27万人。2010年，实现工业总产值40.4亿元，比上年增长33.6%；销售收入40.1亿元，增长32.3%；工业利税2.4亿元，增长44.7%；实现利润1.6亿元，增长37.7%。全年实现农村经济总收入45.5亿元，纯收入9.76亿元，农民人均纯收入1.15万元。完成固定资产投资43亿元，增长17%。实现地方财政收入1.5亿元，增长22%。实际利用资金6441万元，盘活闲置楼宇4.2万平方米。实施了办事处最后两个城中村后峰西和西北山1018户的拆迁。全年开工建设回迁楼30万平方米，组织了2882户居民回迁。拆除了华威渔竿厂房及沿街门市房、哈工大（威海）北海边5000多平方米破旧建筑及旭源废品回收站。完成了汇峰建筑公司南围墙北移。完成了环山路容貌整治工作。完成了占地面积6.27公顷的毕家疃老工业园和占地面积3.53公顷的原商贸城拆迁，原商贸城业主集体搬迁到利用华羽服装厂房改造的亿佰佳家居馆。完成陈家后沟、戚家钦村、槐云等社区1.65万平方米厂房的拆迁工作。完成了8条主要市政道路建设的清障工作。开展了大规模的环境整治，对脏乱差区域进行重点整治。成立了城市建设管理办公室，建立了城市精细化管理长效机制，与19个社区居委会签订了《城市精细化管理目标责任书》，与1657家工商企业签订了《门前三包责任状》。街道所有村全部实现改居，在城市社区中选拔了72名小区长和383名楼长，初步完成了城市社区管理服务网络建设和居民纸质档案、电子档案的建立工作。卫生服务机构全年举办健康教育讲座70多次，开展了免费为居民查体等服务活动。创办了半月刊的《怡园之韵》社区报。加强校园安全保卫工作，下拨专项资金30多万元，为6所小学配备了12名专职保安，配齐了视频监控系统。全年未发生重特大安全生产事故。该办事处获得“全市计划生育三自模式示范街道办事处”、“威海市城中村改造工作先进单位”、“市外经贸工作先进镇”、“威海市特色产业镇”等称号。

（孙创　杨福政）

【田和街道办事处】　办事处位于世昌大道267号，辖8个村民委员会、10个居民委员会，辖区面积12.63平方公里，有小学3所，在校师生2300人。常住人口9.3万人。2010年，完成农村经济总收入31.78亿元，比上年增长10.1%；实现农村经济纯收入6.77亿元，增长11.6%；农民人均纯收入1.11万元，增长9%。年主营业务收入500万元以上工业企业完成产值19.78亿元，增长24.25%；实现销售收入17.60亿元，增长23.88%；实现利税5.08亿元，增长32.6%。至年底，一般预算收入5662万元，完成年度预算的105%，增长26.5%。完成西河北、寨子和大岚寺3个村（居）648户的拆迁；黄家夼、仁柳庄等5个村（居）1084户完成了选房、回迁工作；黄家沟、王家庄和西河北3个村（居）的在建回迁房全部封顶。青荣城际铁路本区段内先期征用永久用地协议顺利签订。火炬软件企业孵化器引进了18个项目，到位资金4267万元。引进了威海光威渔具技术服务有限公司，预计投资3000万元。“幸福广场”引进婚庆用品商场项目，入驻业户121家，盘活闲置楼宇5600平方米。名流花园万发装饰材料市场开业，经营面积1万平方米，入驻商户105家。寨子金融保险业聚集区3家主要保险机构完成保费额7888万元，实现税金221.7万元；汽车行业聚集区销售汽车2167辆，完成销售收入3亿元。服务业提供税收927万元，增长26.6%。新引进富鲜电子、信义电子、臻兴机械加工等7家企业，盘活厂房合计6525平方米，所辖8处工业园区累计进驻各类企业69家，利用厂房13.5万平方米。投资170多万元，对辖区内的9个生活老小区、5个集贸市场以及主次干路两侧的700家“五小”行业进行全面整治，更换生活垃圾箱98个。新成立了“田和街道商会”。投资1200万元，建成4个社区的办公用房和服务用房，总面积1900平方米，田村、阮家寺已投入使用。社区卫生服务中心和3个社区卫生服务站累计举办各类健康讲座140余次，建立居民健康档案6万份，建档率达到85%以上。田和社区卫生服务中心被评为山东省星级社区卫生服务机构，获得“山东省城市社区卫生服务工作先进集体”称号。收缴医保费296万元，参保人员5372人，覆盖率达到95%。投资200多万元完善基层劳动保障平台，实现市、区、街、居四级联网。金峰塔社区被评为2008～2010年度省级优秀劳动保障服务窗口，并被推荐为国家级优秀服务窗口的候选单位。大岚寺社区被评为首批“省级创建充分就业和谐社区”。全年在各级媒体发表稿件143篇，其中，《高区田村居委会和谐回迁带来的几点启示》被评为2010年度威海市优秀调研成果一等奖。田和社区巾帼讲堂以及火炬软件企业孵化器巾帼交流基地全年组织妇女开展各类活动12次，田村社区被评为全国基层妇联组织建设示范社区。投入20万元，在古寨、田和公安派出所建立实有人口精细化信息管理平台，辖区万人发案率下降10%。办事处被评为山东省特色产业镇，成为全省40个特色产业镇之一。

（王晓明）

威海经济技术开发区

【概况】　威海经济技术开发区于1992年10月21日经国务院批准成立，位于威海市区南及东南部，总面积198平方公里，辖2个镇、3个街道办事处，67个村民委员会、31个居民委员会，常住人口12.8万人。2000年4月27日，经国务院批准，在开发区内设立威海出口加工区，面积1.34平方公里，与威海经济技术开发区实行“两区合一”的管理体制。2010年，全区完成生产总值141.24亿元，比上年增长12.6%；固定资产投资106.73亿元，增长19.2%；工业总产值410亿元，增长23%；社会消费品零售总额60.58亿元，增长18.7%；进出口总值35.7亿美元，增长32.2%；社会用电总量12.4亿千瓦小时，增长22%；城镇居民人均可支配收入2.22万元，增长10.5%；农民人均纯收入1.09万元，增长11.6%。

【招商引资】　实行“专业招商，全员服务”。总投资732亿元的152个重点项目全部开工建设，投产89个。新引进内资项目26个，实际利用内资31.6亿元，比上年增长22%；新批准外资项目22个，实际利用外资1.08亿美元，增长8.6%。17个外资企业追加总投资2.42亿美元，增长82%，其中，贝卡尔特钢丝帘线公司投资总额达到3.1亿美元，日月光半导体公司投资总额达到1.13亿美元。华东重工项目高效推进，两年完成全国同行业4年的工程量。华润风电项目25台风机当年开工，当年并网发电。

【支柱产业】　全年兑现贡献突出企业经营者和企业奖励资金839.4万元，协助解决企业用工1.24万人，协调金融机构发放贷款26.7亿元，办理各类税收优惠9.8亿元，组织企业发行集合票据融资5亿元，推进泓淋科技集团香港上市融资5亿港币。全力推动造船（游艇）、装备制造、汽车及零部件、电子信息、食品医药、轻纺服装、新能源、新材料八大支柱产业发展，产值比上年增长24.8%，达到376亿元。其中，船舶制造业造船完工量76万载重吨，销售收入67亿元，分别增长90%和31.4%；汽车及零部件制造业产值增长30%；通用与专用设备制造业增长27.9%；食品医药加工业增长25.9%；电子信息加工业增长24.2%。

【现代服务业】 把加快发展现代服务业作为转方式、调结构的重要手段，总投资152亿元的45个现代服务业项目开工建设，18个项目投入运营；楼宇总部经济吸引300多个企业入驻；服务外包产业产值跃升全市首位；汽车市场销售额占全市80%；全区发展连锁超市34处、经营网点2320个、物流运输企业102个、星级酒店12家。服务业增加值比上年增长28%，达到51.7亿元。三次产业比重为2.2∶63.33∶34.47。日本永旺株式会社与长峰集团合作建设的永旺威海购物中心、九隆置业公司与韩国乐天集团合作建设的乐天购物广场相继开业，华夏集团获得“品牌山东”最佳旅游投资企业功勋奖。

【科技创新】 区科技创业服务中心加大项目引进和孵化力度，累计引进华康生物芯片院士工作站等科研机构和创新项目40个，实现产业化项目12个，被认定为山东省高新技术创业服务中心。企业自主创新力度加大，新创建区级以上研发中心12个，累计达到80个，签订产学研合作项目总数60项；新增专利334件，完成技术贸易额1.38亿元，13项科技成果通过省级鉴定，20项成果获市级以上奖励；有11家企业被认定为国家高新技术企业。高新技术产业产值比上年增长29%，达到187.5亿元。迪沙药业集团被评为国家综合性新药研发技术大平台产业化示范企业。节能减排任务圆满完成，实施重点节能项目33个，万元GDP能耗、电耗、水耗分别下降3.7%、27.2%和13.2%，被评为全省首批循环经济示范园区。其中，博通热电公司通过技术改造，年可节能2.9万吨标准煤，达到全省热电联产企业节能领先水平。

【出口加工区】 完成工业总产值36.49亿元，比上年增长45.43%；实现进出口总值10.13亿美元，增长49.22%；完成税收4504万元，增长60.56%；保税物流业务实现货值3.2亿美元，增长166%；实现利税1.74亿元，增长189.8%；就业人数1.25万人，增长5.8%；新批准项目5个，总投资3050万美元。围绕“用工难”问题，与17所院校和中介建立长期联系，联系8所院校在区内建立实训实习基地，为企业招工1100多人。维护职工权益，建立区域性工资集体协商机制，与园区30家企业1.2万名职工签订了出口加工区园区工资集体协商协议。

【财政税收】 实现财政总收入40.44亿元，比上年增长96%；地方财政收入29亿元，增长168%；一般财政收入10.92亿元，增长18%；税收收入、工商税收收入、“四税”收入占一般财政收入的比重分别为95.85%、84.25%和59.41%，分别提高0.33、5.06和4.09个百分点。严格执行镇、街道办事处3年不变财税体制，实现镇级财政收入近1亿元。规范财政支出管理，优先保障教育、医疗、养老等民生支出，减少行政开支，完善国库集中支付、投资评审、政府采购、结算审计和财政资金绩效评价等制度，全年审减工程结算资金5810万元，节约政府采购支出415万元，化解债务总量2.9亿元。

【新农村建设】 按照村容整洁的新农村建设标准，两年投入资金3082万元，硬化平整农村街道45.3万平方米，安装路灯465盏，绿化植树36.4万棵，砌筑排水沟6.4万米，清理“三大堆”3万处，拆除乱搭乱建1.6万处，在全市率先完成全部农村环境综合整治任务。农村基础设施不断改善。改造农村危旧房屋416户，修建农村公路3条，修补破损路面29条、1万平方米，完成小型水库除险加固6座，重建了南虎口大桥，建设了蒲湾村大型秸秆气化站，完善农村沼气服务网点7个。村（居）经济持续发展。大力发展无花果产业，成功举办无花果文化旅游月活动，无花果产量达到2650吨，带动农民增收1049万元。加强村企合作，新上村办加工项目17个，总数达到204个，解决就业3673人，增加集体收入2309万元。深入推进农村改革，顺利完成1333.33公顷养殖海区确权发证、4533.33公顷农村林权制度改革和长峰、凤林2个社区集体资产股份制改革试点工作。村居经济总收入58亿元，比上年增长12%。

【城市建设】 城市环境上档升级。按照建设精品城区的目标，投资2亿元实施了道路整修、广告牌治理、沿街建筑外观改造、高层建筑光亮等18项城建重点工程，拆迁了38处19.2万平方米影响城市景观的建筑，综合整治了5个小区环境，完成了6个小区封闭改造，妥善解决了蒿泊市场搬迁、威峰市场整治等一批老大难问题。城中村改造高效推进。经过全区3年集中攻坚，27个城中村、1.17万户、115.7万平方米房屋顺利拆迁，114.9万平方米回迁房开工建设，1.27万套、95.7万平方米回迁房交付使用，19个村、8278户居民喜迁新居。城市管理体制机制基本理顺。适应城市发展需要，强化城市管理工作，成立了园林局、环卫局和社区管理办公室，建立了办事处城市管理联合执法中队，组建了乐天、府安社区居委会，充实社区工作人员47人，加强物业管理服务工作，健全了所有小区业主委员会，落实了17处零散楼房物业管理服务责任，初步建立了“重心下移、四环联动”的城市管理体制机制，完成了创建全国文明城市任务。

【社会事业】 教育事业优先发展。高标准完成9所学校14栋校舍抗震加固工程，建设了凤林学校小学部综合楼，扩建了皇冠中学和皇冠小学餐厅，强化了校园安保工作，实施了教师绩效工资改革，加强了教师队伍建设，狠抓了特色素质教育。5年累计投入教育资金6.1亿元，全区中小学办学条件全部达到市级以上规范化标准，在全市率先实现城乡义务教育一体化。医疗卫生改革稳步推进。5年累计投入财政资金8482万元，理顺两镇卫生院管理体制，开展国家基本药物制度试点，提高新农合筹资标准和基本药物报销比例，建立居民健康档案9.2万份，新建改造农村和社区卫生服务机构39处，构建了15分钟社区卫生服务圈，新农合和社区卫生服务人口覆盖率达到100%，城镇居民医疗保险参保率达到95%。社会保障水平提升。加大职工养老保险扩面征缴力度，坚持将村（居）集体收益和征地补偿款优先用于解决居民养老保险，为10个村（居）3803名失地农民办理了失地农民保险，用征地补偿款8274万元补助16个村（居）9971名居民办理新型农村养老保险。全区新型农村养老保险参保人数达到3.43万人，城镇职工养老保险参保人数达到5.13万人，参保率分别为95%和76%。社会救助力度加大。提高社会救助标准，在全市率先将持有第二代“残疾人证”且不享受离退休待遇的二级以上重度残疾人和年满60周岁的三、四级残疾人，90周岁以上的老人，不享受离退休待遇的一至六级伤残军人，1949年前加入中国共产党的农村和“村改居”社区老党员纳入社会救助范围，城乡低保覆盖面分别达到1.07%和3.38%。全年向3370名困难群众发放社会救助金411万元，兑现851名优抚对象优抚补助款688万元，发放慈善救助金176万元。

【平安建设】 加强法制宣传教育，开展机关和村居干部每周一题学法、“民主法治示范村居”创建和法制宣传“四进”活动，举办法律知识讲座20次，发放宣传材料1万多份，全区“五五”普法工作顺利通过省、市验收。加强行政执法监管，组建了区法律专家咨询委员会，建立了电子审批与电子监察系统，规范了行政执法行为。完善司法体系，设立了凤林法庭和崮山巡回法庭，理顺了镇、街道办事处司法所管理体制，强化了律师进镇、村管理考核，健全了镇、村调解工作机制，累计调解群众纠纷470件。出台了《关于建立企业履行社会责任激励约束机制的试行意见》，首批将209家企业纳入履行社会责任考核管理，92%的企业达到优秀或良好考核等次，此工作经验在全国推广。全面开展群众大走访活动，累计排查调处矛盾纠纷210起，化解信访积案23起。加强人防技防体系建设，成立了两镇专职巡防队伍，为44所中小学、幼儿园和21个社区警务室增配保安273人，在学校、幼儿园、医院等重点部位和案件多发区域安装监控探头359个，全区安装探头5000个，实现城区全覆盖。

（毕建忠　卢树刚　丛培青）

·镇、街道办事处概况·

【崮山镇】 崮山镇位于威海市区东南部，辖24个村民委员会，人口1.74万人，面积49平方公里，海岸线长18.5公里。2010年财政收入1.34亿元，农民人均纯收入1.12万元，有九年一贯制学校1所，在校师生1530人，耕地总面积658.67公顷，人均耕地面积0.04公顷。全镇年主营业务收入500万元以上的工业企业实现总产值60亿元，其中高新技术产业产值56.3亿元。完成固定资产投资21.2亿元，进出口总额5.3亿美元，社会消费品零售额4.08亿元，完成税收总额1.19亿元。工业发展提质加速。完成华东重工项目一期5.5万平方米厂房和新船重工10万吨干船坞建设，完成华能威海发电有限责任公司220千伏输变电工程及华润风电并网工程，全面推进华东核电、东海舾装等项目顺利实施。全年帮助企业办实事43件，扶持紫光科技园、三泰爆破公司扩大产能。新农村建设稳步推进。加快农村集体经济发展，新上皂埠起重等8个村级加工项目；大力发展特色种养业，引进、推广农作物新品种3个，完成53.33公顷人工鱼礁一期项目建设，新栽无花果121.93公顷，建立完善无花果高效示范园3处，发展无花果种植基地3处，完成100公顷圣岭无花果绿色农产品基地认证工作，完成100公顷润发果品无公害基地建设；加大农村环境综合整治力度，累计投入1100万元，全镇3个村达到市级示范村标准，12个村达到区级示范村标准，农村面貌发生根本转变；加快农村社区建设步伐，建立中心社区7个、村级社区5个。发展氛围稳定和谐。着力保障和改善民生，率先在全区开展新型农村社会养老保险参保试点工作；积极实施农村危房改造工程，新增创业项目21个、转移农村劳动力302人；重新整修南虎口大桥，安装路灯815盏，公路罩面3万平方米，镇村基础设施得到完善；深入开展“法制崮山”创建活动，成立崮山巡回法庭，圆满解决桥梁公司遗留问题，确保全镇和谐稳定；牵头实施打击违法采砂行动，查处违法采砂点6个，违法采砂现象得到有效遏制；安全应急工作常抓不懈，皂埠村被授予“市级应急管理示范村”称号。

（于元构）

【泊于镇】 泊于镇位于威海经济技术开发区最东部，辖33个村民委员会，面积73平方公里，人口2.43万人。海岸线长14公里，海上可养殖水面1000公顷，耕地面积2400公顷。奔腾港航、华能风电、第一工程船业、海飞游艇二期等一大批新项目建成投产，主导产业基本形成。实现生产总值2.5亿元，比上年增长19%；完成固定资产投资13.9亿元，增长32%；年主营业务收入500万元以上的工业企业实现总产值5.9亿元，增长26.8%；实现高新技术产业产值3.5亿元，增长52%；完成销售收入4.8亿元，增长28%；实现利税1.1亿元，增长93.9%；社会消费品零售总额4.6亿元，增长25%；农民人均纯收入9956元，增长11.9%；实现镇级一般预算收入1200万元，增长23.9%。农村集体经济得到有效发展。新成立了6个村级无花果合作社，培养无花果经纪人54名、种植能手40名，新上村办加工项目7个。顺利完成了成大线两侧20余公顷土地平整工作，着手规划400公顷小流域治理项目和松徐家村66.67公顷土地整理项目。完成19个区级农村环境综合整治示范村的整治任务，各村生活垃圾全部纳入开发区市政统一管理。建成了威海市第一家农村秸秆气化站——蒲湾社区秸秆气化站和6处农村沼气服务网点，完成农村“四类群体”危房改造312户。完成了镇工业园光纤工程，进行了镇驻地绿化改造，开挖了新的镇驻地自来水水源井，新上净化处理设备。完成了温泉寨、圈于家等4座小型水库除险加固，全镇6座小型水库全部除险加固。成立了镇农村公路管理站、养护队，维修破损公路5条、1177平方米。完成了全镇26个村近1333.3公顷、218宗林地外业勘界、内业录入和发证工作。发放大病救助金31万余元，小麦直补158万元，家电及汽车、摩托车下乡补贴21万余元，组织62名白内障患者接受了免费复明手术。建成了赵庄村市级计划生育典型示范窗口和屯钟家、屯侯家村计划生育宣传一条街，建立完善了33家市级计划生育协会、7家企业计生协会。完成了15个农村社区建设挂牌、4处市级中心卫生室、10处农家书屋提档升级工作。该镇获得“威海市外经贸工作先进镇”、“威海市国内经济合作工作先进镇”、“威海市科普示范镇”、“威海市特色产业镇”等称号。

（辛　鑫）

【皇冠街道办事处】　皇冠街道办事处地处威海经济技术开发区中心位置，辖2个城市社区、12个居民委员会，人口4.5万人，有小学5所，中学1所，在校师生5170人，面积27.2平方公里，海岸线长约12公里。2010年，年主营业务收入500万元以上的工业企业实现总产值110亿元，其中高新技术产业产值50亿元；实现工业利润6亿元，增长20%；社会消费品零售总额15.1亿元，增长25%；固定资产投资完成额39.8亿元，增长30%；外贸进出口总额9.8亿美元；税收收入3000万元，增长22.5%；地方财政收入3500万元，增长43%；居民人均纯收入1.14万元。城市化建设快速推进。城建重点工程顺利完成，全年拆迁总面积4.2万平方米。青岛路、海滨路改造工程成效显著，清洗、粉刷沿街建筑6500平方米。城中村改造稳步推进，全处12个社区、6141户、55.2万平方米房屋顺利拆迁，76万平方米回迁房开工建设，8781套、74.6万平方米回迁房交付使用，7个社区两批安置房全部交付，4个社区首批安置房交付。城市精细化管理逐步规范。城市社区硬件上档升级，建成乐天社区办公新楼，便民服务中心、文体活动中心投入使用。探索“多村一社区”建设模式，将北葛拉等3个社区整合为向阳社区，设立综合服务中心。环境设施上档升级，初步对长峰西区等8个老小区进行集中整治。健全管理服务网络，成立城管执法中队，建立环境综合治理长效机制；健全社区物业服务网络，小区物业管理覆盖率达100%；选举产生春天花园等7个小区业主委员会。区域经济持续发展。以城中村改造为契机，大力发展商贸服务业，全年建成商业用房20余万平方米。永旺购物中心租金按月交付，长峰社区年增加集体收入2100万元。栽植无花果33.33公顷、4万株，文化旅游月接待游客1000余人。林改外业勘界完成，确定地块176宗、725.67公顷，林权登记申请表、调查表填写完毕。各社区股份制改革实施方案全部制定完毕，城子等社区5家集体企业成功改制，表决通过了《长峰集团公司章程》。社会秩序和谐稳定。加大矛盾纠纷排查力度，化解信访积案7起。基层组织建设不断加强。加强社区财务管理，对3年来的财务账目进行了审计。社会事业全面发展。组织张家疃等6个社区，利用征地补偿款，为4511名16周岁以上居民办理了新农保。杨家滩、老集社区集体出资2100万元，按每人3万元的标准，为60周岁以上居民办理新农保补助缴费。办事处获得“威海市城中村改造工作先进集体”、“威海市国内经济合作工作先进单位”、“威海市农村社会养老保险先进集体”等称号。

（刘红志）

【凤林街道办事处】　凤林街道办事处位于威海经济技术开发区西南部，辖8个居民委员会、6个村民委员会，面积25.3平方公里，人口2.1万人，有小学1所、中学1所，在校师生3700人。2010年,办事处有工商企业463个。年主营业务收入500万元以上的工业企业80个，实现工业总产值126.09亿元，其中高新技术产业产值60.17亿元。完成固定资产投资18.8亿元，实际利用外资1260万美元，完成税收3086万元，实现农村经济总收入7亿元，农民人均纯收入1.47万元。城中村改造工作顺利开展，回迁房建设推进有力，福里社区第一批144户、西曲阜社区第一批151户回迁房按期交付使用，凤林社区两批1711户回迁房钥匙一次性发放到居民手中，被威海市委、市政府授予“威海市城中村改造工作先进单位”称号。城建重点工程成效显著，完成了疏港路、青岛路、环山路1.4万平方米违章建筑拆除以及青岛路两侧12处破旧建筑改造工程。深入开展创建全国文明城市工作，成功关闭凤林集，拆除乱搭乱建78处。无花果产业提档升级，年内成片栽植无花果33.53公顷、4.1万株，杨家台无花果采摘园品牌示范效应进一步显现，五大采摘基地初具规模。林权制度改革稳妥进行，12个村（居）747.83公顷林权制度主体改革任务基本完成。社区集体资产股份制改革破题，完成了凤林社区集体资产股份制改革试点工作，3305名社区居民变成了股东，每人持股6万元，居民资产性收入大幅增加。农村环境大幅改善，加快推进农村环境综合整治，3个整治村全部提前通过区级验收；完成了西山口小型水库加固整修工程，确保安全度汛。社保工作保障有力，指导宋家洼等4个村（居）利用土地征用补偿款为2594名村（居）民办理了新型农村养老保险，6个拆迁改造社区的社会保险覆盖面达95%以上，失地农民生活得到切实保障。社会秩序和谐稳定，完善了事前预防、事中稳控、事后化解机制，信访总量持续保持全区最低，维稳工作经验被省纪委《信访简报》、市委办公室《工作情况交流》刊发。办事处获得“山东省信访工作先进单位”、“威海市信访稳定工作先进单位”等称号。

（刘慧婷）

【西苑街道办事处】　西苑街道办事处位于威海经济技术开发区西部，辖4个村民委员会、9个居民委员会，人口1.8万人，有小学1所，九年一贯制学校1所，在校师生2399人，面积18平方公里。2010年，年主营业务收入500万元以上的工业企业实现总产值42亿元，比上年增长25%；实现利润4.8亿元，增长20%；固定资产投资完成额25.1亿元，增长31%；外贸进出口总额1亿美元，增长12%；税收收入1600万元，增长27%；村(居)经济总收入8.2亿元，增长10%；村集体经济总收入3.4亿元，增长42%；农民人均纯收入1.1万元，增长11%。调整农业经济结构，新栽无花果、33.33公顷、4万株，发展1个

12.67公顷的采摘园，新建3处种植基地；大力发展二产，新上3个村办加工项目，增加集体收入4万元；壮大服务产业，建成建材、农贸、汽车配件、五金装潢等7大市场，沿山发展4个生态园，增加收入1300万元。城市化发展步伐加快，大、小天东第二批，羊角埠第一批回迁房提前交付，徐家疃、蒿泊31栋第一批回迁楼单体完工，范家埠等4个新增社区完成基础开挖工程；以“创建全国文明城市”、城建重点工程为契机，彻底整治城区环境，顺利承接蒿泊大集、铁路木材市场搬迁；在老旧小区成立3个业主委员会，选聘3家物业公司，在新建小区成立4家物业公司规范管理服务，社区管理有效跟进。新农村建设成效显著，建立长效管理机制，4个已完成环境综合整治的村全部通过复查，修复农村公路916平方米，率先完成集体林权制度改革发证前工作，做好防火防汛工作；建成徐家疃社区新文化活动中心和1处工业园区文化广场，举办文化活动13场次，农村面貌焕然一新。社会保障更加完善，率先在全区探索采取村（居）补贴的形式帮助村（居）民参加养老保险，为4人争取到小额贷款创业，建成全区首家社区劳动保障服务站，转移劳动力120人，在西部4村建成便民服务中心，帮助110人办理经济适用房、廉租房申请手续，发放下乡产品补贴资金164万元。社会保持和谐稳定，完善网状民调综治体系，及时解决矛盾纠纷35起，化解上访7起。办事处获得“全市对外开放先进街道办事处”、“全市科普文明示范街道办事处”等称号。

（苗美静）

威海工业新区

【概况】 威海市工业园成立于2005年，是经山东省政府批准、国家发改委审核设立的省级开发区，2008年4月更名为威海工业新区，是威海市委、市政府倾力打造的新兴城市板块和经济增长点，发展定位是建成半岛地区的先进制造业基地和生态化工业新城。工业新区位于威海市区南部，总规划面积297平方公里，辖草庙子、苘山、汪疃3个镇，169个村民委员会，5个居民委员会，人口10万多人。2010年，全区完成固定资产投资49.2亿元，比上年增长25.1%；实现财政总收入5.8亿元，增长130.6%；地方财政收入达到1.6亿元，增长49.3%；实际利用内资29.7亿元，增长31%；全区外贸出口总额达到3.88亿美元，增长35.9%；年主营业务收入500万元以上的工业企业实现主营业务收入196亿元，增长25.8%；工业用电量达到3.2亿千瓦小时，增长25.2%。主要经济指标持续保持高位增长，综合发展水平位列全省172家省级开发区前5名。

【工业新城建设】 融资12亿元，高标准推进城建配套，被评为山东最佳投资园区。精心打造行政金融商务区、商贸物流聚集区、生态休闲度假区三大服务业板块，引进建设了威港国际物流园、环渤海钢贸城、润扬国际生态汽博城、家居建材城、金开利国际五金机电城等一批单体投资10亿元以上的现代服务业大项目，广通综合楼和休闲广场建成启用，毛主席像章珍藏馆及五星级酒店、昀卓国际商务大厦、正棋山1号、警务中心、消防站等项目快速实施，呈现出二、三产业双轮驱动、两翼并进的良好态势。其中，行政金融商务区开工建筑单体25栋，竣工15万平方米，银行、保险、担保等10多家金融机构计划入驻。建成了江苏路等9条道路，为招引项目提供了新平台，为城市建设增添了新亮点，为镇域发展开辟了新空间。对开元路、台湾路、202省道、303省道等主干路进行改造维护和绿化美化，对全长9公里的草庙子河、东马格河等4条河道进行综合整治，新增绿化面积60多万平方米，实现了区域环境整体上档升级。新建苘山110千伏变电站和威港物流、威达两条35千伏专线，新建改造供电线路80多公里。铺设供热管线28公里，新增供热面积85万平方米，辐射面积达到165万平方米。铺设天然气管线16公里，增加庭院管线配套5000余户。

【招商引资】 创新推行“小兵团”、点对点、短平快的驻点招商模式，组织了26次国内外重点招商活动，引进立华植物纤维、国亭置业、又华能源科技等过1000万美元的外资大项目12个，嘉毅单晶硅、海王药业、格美金属等过1亿元的内资大项目65个；实际到账外资7441万美元，比上年增长74.9%；实际利用内资29.7亿元，增长31%。深入实施市场多元化战略，全区外贸进出口总额达到3.88亿美元，增长35.9%；其中出口2.3亿美元，增长31.6%；全年出口过1000万美元的企业达到6家。

【项目建设】 坚持把项目建设作为重心，重点调度过1亿元的大项目115个，总投资345亿元，当年开工200多万平方米，有31个项目建成投产。其中，三角工业园一期首条生产线3月底投产运行稳定；第二条生产线120多台设备进行安装；第二座17万平方米厂房的车间桩基已完工；研发中心及综合办公楼计划2011年3月开工。拓展碳纤维在第一条千吨线投产的基础上，新上260吨原丝线和100吨碳化线，于5月底投产。海明威、嘉立华、威港物流、万丰等12个市级重点项目均超额完成年度建设计划。

【产业培植】 按照新兴产业抓集群的思路，集中培育了新材料、新能源、新医药、新信息、海洋科技开发和高端装备制造等战略性新兴产业。新材料产业，重点建设三角轮胎、拓展纤维两大高端产业聚集园区，规划5年内产值分别超过100亿元，集中培植蓝星、浩然特塑、联合金属、金泓化工等一批行业领军企业；新能源产业，引进建设了嘉毅单晶硅、大唐风电、中广核风电、国电和风风电等大项目，促进了产业结构优化升级；新医药产业，建成了威高药业、威高齐全医疗设备等重点企业；新信息产业，电子信息企业初具规模，其中科乐波电子、光圆电子等都有较强的市场竞争力；海洋科技开发产业，东方神参、常青藤生物、海王药业等一批优质项目加快推进；高端装备制造业，威达机械、怡和专用车、威海广泰等都处于同行业领先水平。

【新农村建设】 投入3500多万元，完成了25个村的环境综合整治，建成北郭格、上夼、裴家泊子等一批市级典型，全市农村环境整治现场会在新区召开，栽植经济林的做法在全市推广。投资4.67亿元，集中新建农房3098户，分散建设400户，改造危旧房490户；启动了南刘章、阳泉、北台、东道头、于泉庄、徐家沟、褚家崖7个村的搬迁改造；建设了正棋花园、和谐园、和兴新居3个大龄青年安居工程。发放惠农补贴1191万元，新建沼气470户、示范基地2处，标准化农业基地达到12个，农民专业合作社达到18家，通过"中国绿色食品认证"4个、农业部无公害认证11个。完成8666.67公顷林木勘界，造林280余公顷。小阮、王家产南、西黄岚水库除险加固和1666.67公顷中低产田改造全部完成。

【社会事业】 筹资4亿多元，建成了中世韩国国际学校、职业中专等一批高质量学校；按照省级规范化的标准，开工建设了5.5万平方米的威海四中新校和4.3万平方米的苘山中心学校，分别容纳48个和84个教学班；新建草庙子多功能学生餐厅、汪疃综合楼8600平方米，将汪疃完小迁入中学校内，进一步优化了学校布局；高中入学率居全市农村中学之首，获得"山东省规范教育收费示范县（市、区）"称号。新农保参保率达到95%，惠及群众3.9万人；为3573名失地农民办理了被征地农民基本养老保险；将新农合人均筹资标准提高到153元，参合率达到100%。成立了慈善总会，2301名城乡低保人员和373名"五保"老人实现应保尽保。完成全部21个省规划村卫生室建设，并一次性通过省级验收，中心村卫生室总数达到43个。全区人口计生目标管理全部达标。文化体育方面新建镇综合文化站3个，成立了书法家协会和美术家协会，获得"山东省全民体育健身活动先进单位"称号。

【平安建设】 安全生产形势持续稳定，全区实现零事故、零死亡。全年刑事案件起数比上年减少29件，下降16.2%，未出现一起到省进京上访，未发生一起群体性事件和民转刑案件，成为全省最稳定的县（市、区）之一。在全市两次社情民意调查中，威海工业新区的满意度都位居前列。

（战大力）

·镇概况·

【草庙子镇】 镇政府驻草庙子村，辖46个村民委员会、2个居民委员会，人口3万人，面积83平方公里，耕地1477公顷。2010年，实现税收1.92亿元，农村经济总收入24.9亿元，农民人均纯收入1.03万元。有中学1所、小学1所，在校生1110人。区域内交通便利，有城市道路60余公里，桃威铁路、威青高速、303省道、202省道在境内纵横贯穿。自然环境优越，属暖温带大陆性季风气候，光照充足，降雨充沛，景色优美，森林覆盖率达50%。矿产资源丰富，"360"花岗岩集存于四大山脉，总储量1.5亿立方米；洪水岚温泉富含氟、氡、偏硅酸等多种有益物质，水温可达78℃，日开采量1500立方米。形成了以机械、化工、电子、纺织、建材等行业为主体的镇域工业体系，培育了中玻科技、金泓化工、齐全木机等知名企业，基础设施建设水平不断提高，镇区面貌持续改善，社会保障力度逐年加大。该镇被评为国家级生态乡镇、全市开放工作先进单位、全市信访稳定工作先进单位、平安威海建设模范单位、关心国防建设十佳单位之一、威海市农村住房建设与危房改造工作先进单位等。

（周　娜）

【苘山镇】 镇政府驻地西苘山村，辖65个村民委员会，3个居民委员会，人口5万人，面积111平方公里，耕地3567公顷。2010年，实现农村经济总收入13.9亿元，财政总收入2.13亿元，农民人均纯收入1.06万元。有中学1所，小学3所，在校生2899人。特产主要有山马于西瓜、大夼草莓、神山葡萄等。主导产业有机械、电子、工具、有色金属、轻工、建材、通讯器材、医疗、建筑、塑料、化工、纺织12大行业110多个系列1000多个花色品种，聚集了一批以山东威达机械（生产钻夹头）、威力工具（生产手动工具）、乐扣乐扣塑胶（生产保鲜盒）、基因司电子（生产血压血糖计）、七七七金属（生产指夹剪系列）等为代表的知名企业。该镇被评为国家级生态乡镇、威海市信访稳定工作先进单位、威海市对外经贸工作先进镇、威海市特色产业镇等。

（毕会战）

【汪疃镇】 镇政府驻汪疃村，辖58个村民委员会，人口2.6万人，面积103平方公里，耕地3800公顷。该镇地理环境优越，交通便利，威石路、李俚路、初张路3条交通主干线穿境而过。2010年，实现农村经济总收入10.8亿元，两税收入2374.19万元，比上年增长49.23%，农民人均纯收入1.08万元。有高中1所、初中1所、小学1所，在校生4576人。良好的自然地理环境，使得该镇成为山东省重要的粮油生产基地、名优果品生产基地、有名的花卉苗木基地。工业主要有机械铸造、酒业酿造、仓储物流、服装电子、工艺饰品等行业。该镇被评为威海市市级文明镇。

（乔　健）

各市（区）开发区建设

【威海环翠省级旅游度假区】 初创于1992年，1993年11月经山东省政府批准正式成立。威海环翠省级旅游度假区管委会与张村镇合署办公，驻柳沟村，辖12个村民委员会、14个居民委员会，人口7.1万人，面积60平方公里，耕地206公顷，海岸线长13公里。2010年，财政收入4.8亿元，农民人均纯收入1.3万元。有中学1所、小学2所，在校生3500人。特色物产有里口山蟠桃和双岛海参等。环翠省级旅游度假区由工业区、商贸区、旅游区、居住区、行政公益事业区等5个功能分区组成，纳入威海市城区总体规划。至年末，引进各类工业企业710家，实际到位内资26.05亿元，利用外资2263万美元，完成固定资产投资77亿元，竣工标准厂房24.2万平方米。以设施配套化、环境生态化为目标，累计投入基础设施建设资金达18.85亿元，硬化道路达到219万平方米，建立了警务监控系统，并实现了辖区警务系统的并网。

（苑全栋）

【文登经济开发区】 文登经济开发区是1992年经省政府批准成立的省级开发区。管委会驻广州路46号。规划面积38.7平方公里，建成区面积28.7平方公里，辖22个社区（村）、1.33万户、3.4万人，耕地面积226公顷。2010年，农村经济总收入7.2亿元，社区居民人均可支配收入1.20万元。实现工农业总产值945.2亿元，财政收入7.9亿元，外贸进出口总额5.5亿元。开发区有工业企业451家，形成了汽车及零部件、机械工具、家纺服装、电子信息、商贸旅游五大优势产业集群，销售总收入938亿元。商贸物流业发展较快，2010年，引进中韩金融商务中心、倪氏冷链食品加工物流中心；9月28日，九里建材城专业建材批发市场正式开业；7月，外国语学院开工建设。开发区有幼儿园5所，入园儿童700余人。全区有2300人参加城镇居民医疗保险；有2803人参加新型农村养老保险，投保额106万元，60岁以上老人有2124人领取基本养老金；有9600人参加新型农村合作医疗。连村路硬化率、自来水普及率、计划生育达标率均为100%。向东延伸广州路2000米、珠海路1666米，硬化道路面积8.26万平方米，铺设沥青路面14.65万平方米，修补路面6045平方米；铺设供水管道8548米，埋设雨水、污水管道7294米，铺设电缆1872米，更换电缆1589米；栽植各类苗木51.5万株，种植草坪9000平方米，绿化面积13.5万平方米，绿化率达41.2%。征地523.87公顷，为高端产业项目建设提供充足的土地储备。完成约400公顷土地测绘、89个项目182个单体工程的图纸审查及施工放线、验收工作。新开工厂房面积37万平方米。其中，横普管业1号、2号车间，南方纺织6号化纤车间等7个车间单体建筑面积超过1万平方米。5个投资过5000万元的大项目完成投资4.28亿元，其中天山国际发展基地完成投资1.5亿元，MES洗涤增效剂完成投资1.2亿元，南方纺织完成投资5400万元，众华家纺完成投资5200万元，保利重钢完成投资5200万元。该开发区被评为省工会系统“五五普法”工作先进单位、威海市2010年度工作优秀单位、外经贸工作先进省级开发区、国内经济合作工作先进单位等。在全省省级开发区综合评价中位列第四，连续7年位居全省省级开发区综合评价前10名。

（王淑君　王学友）

【荣成经济开发区】 成立于1991年，1992年12月经山东省人民政府批准为省级经济开发区。2006年6月进行了体制和区划调整，内设10个职能局室，下设4个街道办事处，辖131个村民委员会、31个居民委员会，地域面积227平方公里，园区面积42平方公里，海岸线长42公里，人口18万人。连续8年跻身全省省级开发区前10强。2010年，启动了机电产业园、一期园中心区、三期园、休闲食品园四大板块，形成了机电产业园抓配套、促完工，一期园中心区抓施工、促进度，三期园抓平整、促开工的梯次开发格局。年内列入荣成市级重点的22个项目全线开工，投资达到1.6亿元。打造了曙光齿轮、黄海离合器等18个项目的汽车配套产业集群；启动了金润通轴承、兴达电机等5个电机制造项目的机电产业集群；聚集了振华商厦、义乌小商品城等4个项目的现代服务业集群。启动了府西、新世纪社区4个片区、14个村的旧村改造工程，开工安置楼130栋、52万平方米。累计投资2000多万元，启动了6个威海市大环境整治重点村和8个荣成市社区建设重点村。至年底，累计批准进区项目1258个，项目总投资383亿元，实际投资额269.3亿元。年内，完成区内基础设施投资13.93亿元，批准进区项目60个，开工建设53个，总投资50.26亿元。引进内资257.2亿元，外资1723万美元。完成工业总产值258亿元，实现利税19.2亿元，出口交货值9.71亿美元。

【荣成石岛湾省级旅游度假区】 成立于1992年8月，1994年10月经山东省人民政府批准为省级旅游度假区。2005年撤销石岛镇，成立石岛管理区，石岛湾省级旅游度假区与石岛管理区合署办公，辖港湾、宁津、东山、斥山、王连、桃园6个街道办事处。区内拥有国家一类开放口岸石岛港和中国北方最大的渔港——石岛渔港。2010年，投资4000多万元拓展建设了核电船舶和蓝色食品两个高端产业园，园区经济规模达到350亿元，其中以泰祥集团、赤山集团水产物流中心、石岛集团仓储物流配送中心为代表的冷链物流园成为全省重点服务业园区；启动了规划占地面积7平方公里的石岛新城区建设，主干路网、市民广场和公园等基础设施基本完工，荣成市第二人民医院、荣成市第二中学、行政办公区高层写字楼等工程快速推进。全年完成生产总值193.3亿元，地方财政收入9.3亿元，固定资产投资116亿元；完成渔业收入184亿元，水产品产量32.4万吨；完成第三产业增加值53.6亿元，社会消费品零售总额62.1亿元；接待中外游客182万人次，实现旅游总收入12亿元；港口吞吐量1035.8万吨，集装箱达到18.6万标准箱，出入境旅客27.8万人次。至年底，累计批准进区项目1014个，项目总投资1291.5亿元，实际投资额464.8亿元。区内基础设施投资33.2亿元，批准进区项目156个，开工建设156个，总投资222亿元。年内引进内资25.74亿元，外资1761万美元。完成工业总产值833.8亿元，实现利税81.2亿元，出口交货值6.45亿美元。

【荣成市天鹅湖省级旅游度假区】 成立于1992年10月，1995年12月被山东省政府批准为省级旅游度假区。与成山镇合署办公，实行“镇区合一”的管理体制。天鹅湖以其优美的风景和独特的生态景观于1998年被列为国家第二批风景名胜区，1999年被列为省级自然保护区，是中国北方最大的天鹅越冬栖息地之一。整个区域划为旅游、渔业、工业和商业四大功能区。旅游经济区以天鹅湖为中心，规划面积5.6平方公里，发展观光旅游和度假旅游；渔业经济区以马山为中心，规划面积5

平方公里，发展远洋捕捞和精优养殖项目；工业起步区2平方公里，引进内外资项目，加快工业发展；商业区以成山镇区为中心，发展以外货为主的商业批发市场。区内拥有鸿洋神深海鱼油、新诚山昆布食品、西霞口皱纹盘鲍及海参等特色物产。2010年，批准进区项目60个，项目总投资82.74亿元，实际投资23亿元。区内基础设施投资2000万元，批准进区项目22个，开工建设15个，总投资23亿元。引进内资19.6亿元，外资2800万美元。完成工业总产值 235.8亿元，实现利税19.2亿元，出口交货值5300万美元。

（张洪波）

【乳山经济开发区】 乳山经济开发区是1992年12月经山东省政府批准成立的省级经济开发区，与乳山口镇合署办公。规划面积20平方公里，建成区面积10平方公里。开发区位于市区南部，分城东、城南和城西三部分。2010年，实现固定资产投资41亿元，比上年增长23.4%。财政总收入首次突破1亿元，达到1.08亿元，增长12%；地方财政收入6651万元，增长11%。一是产业结构明显优化。全年引进项目39个。其中，过1亿元项目7个，过1000万元的项目25个。在传统产业扩规转型上，开发区在机械汽车配件业成功引进了与中科院合作建设的昊安金科高铁耐磨材料基地、黄海汽配汽车连杆等过1亿元项目及华建机械、海渤机械、鑫泰衡器等过1000万元项目；船舶制造业引进了投资2亿元的乳山市造船公司分段制造项目，食品加工业开工了鼎盛二期、振华水产等项目，投产了春江源、宝成水产等。积极发展新兴产业，开工了投资2亿元的禾成科技环保餐具及投资4000万元的佰德信汽车净化装置填充剂技改项目；新能源产业引进了投资7.88亿元的华电乳山经济开发区分布式能源站、投资2亿元的乳山绿色动力再生能源项目及投资1.2亿元的景盛科技LED项目；物流业引进了投资6亿元的龙兴钢材城和投资2亿元的交运物流等项目。做好闲置资源优化利用的工作，通过出租、出让区内闲置厂房，引进项目15个，盘活闲置厂房2.6万平方米、土地12公顷，实现“零耗地招商”1亿元。二是项目建设扎实推进。年内在建项目43个，其中，续建项目6个，新开工26个，技改11个。新开工项目中健荣锻造二期、天润电子等实现了当年开工、当年建成投产的高速度。为克服企业资金瓶颈，先后为金港湾、联芳食品等企业融资8000多万元，保障了项目建设高效推进。三是基础设施日臻完善。年内完成基础设施投入4068万元。其中，投资2200万元对惠民街、台湾路、厦门路、创业一路等路网工程进行建设、整修；投资1216万元进行土地平整，完成土方152万立方米；投资300多万元完成了牟乳线、创业一路等路段的绿化及周围建筑物的粉刷；投资285万元对区内电缆、通讯光缆管道进行整修，在园区所有十字路口和丁字路口安装了警示灯。四是城市化建设稳步推进。逐步转变为依托港口、汽车站和工业园等多点定位，发展服务业和进行旧村改造“双轮驱动”的一体化发展格局。引进了龙兴钢材城、交运物流等服务业项目。完成了宅口村的改造，毛家、兰家庄两个村安置楼主体也基本完工。全年完成建筑面积11万平方米，其中安置房面积5万平方米。引进华电分布式能源站等项目，进一步完善了旧村改造工程的供气供暖等附属设施。

【乳山市银滩旅游度假区】 乳山市银滩旅游度假区位于乳山市东南海滨，地处青岛、烟台、威海市中心地带，南濒黄海，与日本、韩国隔海相望。度假区规划控制面积65平方公里，建成区20平方公里，1992年开始兴建，1994年7月经山东省政府批准为省级旅游度假区，2002年被国家旅游局批准为国家AAAA级旅游区，2003年通过ISO 14001环境管理体系认证和ISO 9001质量管理体系认证，成为全省首批通过双认证的旅游度假区。区内资源丰富，风光旖旎，集山、海、林、湖、滩、岛、河、泉于一体。绵延20多公里洁白如银的沙滩、可同时容纳10万人的天然海水浴场与万亩沿海防护林带交映生辉，被称为“天下第一滩”。2010年，完成地方财政收入3.35亿元，比上年增长39.4%，实际到位外资1825万美元，新引进开工项目18个。完成道路硬化面积20万平方米，绿化57万平方米。开工总投资3000万元的滨海公园二期工程；完成并投入使用总投资2000万元的游客中心；完成日处理能力3万吨的银滩污水处理厂一期主体工程，铺设配套管网5公里；完成乳山市第二消防站主体建设；设立运营乳山市第二人民医院；投入使用总面积3000平方米的中心托儿所。东北客商在山译阅海苑小区投资500万元建设的福星老年养生公寓投入使用；投资3000万元实施银滩东部13公里自来水管网建设改造工程。在新兴产业培育上，加强与港台和“长三角”等区域的对接，引进顶点LED和香港浩港超高压水射流设备制造项目，到位资金1250万美元；开工建设光谷激光等高科技项目，提升产业发展层次。完成光谷激光项目一号、二号车间装修；完成东纬电通项目主体工程。引进总投资5000万元的大新石英石制造项目、引导银滩监理公司引进住宅电供暖项目、引导日照丽城房地产公司注资1000万美元成立威海丽城工业发展公司项目。对外开放多福山旅游开发项目佛教功能区一期霄龙禅寺；完成潮汐湖景区护岸0.5米以下混凝土工程，完成栈桥和南、北桥结构，进行了装修康桥蓝湾工程。装修了加州风情休闲购物广场产权式酒店，竣工商铺、观光塔楼及中心广场等附属设施，引进了海翔海上娱乐项目，对外营业金海假日酒店、名流商务酒楼等服务设施。加大环保、交通等便民设施配套力度，组织房管、金融等部门在度假区设立分支机构，提升度假区的服务能力和水平。在房地产企业转型上，新规划产权式酒店11家，开工建设高层建筑46栋，探索发展融商品住宅、商务写字楼、商业网点出租和销售为一体的楼宇经济，提升度假区房地产建设层次，带动相关产业发展。围绕解决农民工工资拖欠问题，配合市清欠工作领导小组清欠农民工工资768万元，收缴押金1573万元，押金支出329万元。年内，获得“中国低碳旅游示范区”、“‘品牌山东’最具竞争力旅游景区”、“国内经济合作工作先进单位”等称号。

（陈宗坚）

编辑 王 瑛

人　　物

市领导简介

·中国共产党威海市委员会·

王培廷　中共威海市委书记、党校校长，威海市人大常委会主任、党组书记。中共十七大代表。山东费县人。1953年1月出生。1975年3月参加工作。1976年3月加入中国共产党。1975年3月至1976年7月，任费县县委工作队队员。1976年7月至1978年7月，任费县新桥公社党委常委、唐庄管理区书记。1978年7月至1980年11月，任费县薛庄公社党委常委、薛庄管理区书记。1980年11月至1981年9月，任费县薛庄公社党委副书记。1981年9月至1983年7月，在山东农学院干部专修科农学专业学习。1983年7月至1984年1月，任费县薛庄公社党委副书记。1984年1月至1987年4月，任费县县委常委、农工部部长。1987年4月至1988年10月，任费县县委常委、副县长。1988年10月至1989年8月，任费县县委副书记、副县长。1989年8月至1992年12月，任费县县委副书记、县长（其间：1992年2月至6月，在省委党校县委书记进修班学习）。1992年12月至1993年3月，任费县县委书记。1993年3月至1995年1月，任费县县委书记、县人大常委会主任。1995年1月至1997年12月，任费县县委书记。1997年12月至2001年1月，任威海市委常委、组织部部长。2001年1月至2002年12月，任威海市委副书记、组织部部长。2002年12月至2006年2月，任威海市委副书记。2006年2月至2007年4月，任威海市委副书记、市纪委书记。2007年4月至5月，任威海市委副书记、市纪委书记，市政府市长、党组书记。2007年5月至2008年2月，任威海市委副书记，威海市人民政府市长、党组书记。2008年2月至7月，任威海市委书记、党校校长，市人大常委会党组书记。2008年7月起任中共威海市委书记、党校校长，市人大常委会主任、党组书记。

孙述涛　中共威海市委副书记，威海市人民政府市长、党组书记。山东高密人。1965年1月出生。1987年7月参加工作。1985年11月加入中国共产党。1983年9月至1987年7月，在山东农业大学林学专业学习。1987年7月至1990年1月，任山东农业大学林学系辅导员。1990年1月至1991年9月，任山东农业大学林学系团总支副书记。1991年9月至1994年7月，为南京林业大学资源与环境学院森林经理专业硕士研究生。1994年7月至1997年7月，为南京林业大学森林资源与环境学院造林学专业博士研究生。1997年7月至10月，任山东农业大学林学院教师。1997年10月至2000年6月，任山东农业大学林学院院长。2000年6月至2001年1月，任山东农业大学林学院院长，挂职任菏泽地区行署专员助理。2001年1月至2月，任菏泽市副市长。2001年2月至2007年7月，任省委组织部副部长。2007年7月至2008年2月，任省委组织部副部长兼省干部学院院长。2008年2月至7月，任威海市委副书记，威海市人民政府副市长、代市长、党组书记。2008年7月起任中共威海市委副书记，威海市人民政府市长、党组书记。

边祥慧（女）　中共威海市委副书记。山东郓城人。1963年5月出生。1983年7月参加工作。1994年7月加入中国共产党。1979年8月至1983年7月，在山东工学院计算数学专业学习。1983年7月至1990年8月，任省统计局投资处科员。1990年8月至1993年2月，任省统计局投资处副主任科员。1993年2月至1996年9月，任省统计局投资处主任科员。1996年9月至2001年6月，任省统计局投资处副处长。2001年6月至2002年1月，任省统计局投资处调研员(2000年6月至2002年1月，挂职任垦利县委副书记)。2002年1月至12月，任省统计局副局长、党组成员。2002年12月至2008年1月，任威海市委常委、组织部部长（2001年9月至2004年6月，在省委党校在职干部研究生班经济管理专业学习）。2008年1月起任中共威海市委副书记。

董天祥 中共威海市委常委、市纪委书记。四川邛崃人。1957 年 1 月出生。1972 年 12 月参加工作。1983 年 1 月加入中国共产党。1972 年 12 月至 1978 年 6 月，任西藏拉萨市七一农机厂工人、政工干部。1978 年 6 月至 1980 年 8 月，在辽宁熊岳农机学校学习。1980 年 8 月至 1984 年 9 月，任西藏拉萨市农牧局政治处人事干部、局团委副书记。1984 年 9 月至 1986 年 8 月，在中国青年政治学院政治教育专业学习。1986 年 8 月至 1989 年 5 月，任西藏自治区团区委区直机关团委书记。1989 年 5 月至 1991 年 11 月，任西藏自治区团区委农牧青年工作部副部长。1991 年 11 月至 1992 年 12 月，任西藏自治区区委农牧青年工作部部长。1992 年 12 月至 1994 年 10 月，任西藏自治区那曲地委委员、秘书长。1994 年 10 月至 1997 年 12 月，任西藏自治区那曲地委副书记。1997 年 12 月至 2004 年 5 月，任威海市政府副市长、党组成员（其间：1999 年 8 月至 2001 年 12 月，在中央党校函授学院法律专业学习）。2004 年 5 月至 2006 年 2 月任威海市委常委、宣传部部长（2002 年 6 月至 2004 年 6 月，在山东大学经济学院产业经济学专业研究生课程进修班学习）。2006 年 2 月至 2007 年 5 月，任威海市委常委。2007 年 5 月起任威海市委常委、市纪委书记。

于永吉 中共威海市委常委、政法委书记。山东文登人。1954 年 2 月出生。1975 年 12 月参加工作。1973 年 11 月加入中国共产党。1975 年 12 月至 1976 年 7 月，任文登县农业学大寨工作队组长。1976 年 7 月至 1980 年 3 月，任文登县文城公社党委副书记。1980 年 3 月至 12 月，任文登县小观公社党委副书记。1980 年 12 月至 1981 年 8 月，任文登县小观公社管委会主任。1981 年 8 月至 1984 年 9 月，任文登县小观乡党委书记。1984 年 9 月至 1986 年 7 月，在文登广播电视大学党政干部专修科学习。1986 年 7 月至 1987 年 12 月，任文登县教育局局长、党组书记。1987 年 12 月至 1988 年 12 月，任文登县政府副县长。1988 年 12 月至 1989 年 12 月，任文登市政府副市长。1989 年 12 月至 1991 年 8 月，任威海市教文体委副主任、党组副书记。1991 年 8 月至 1992 年 2 月，任乳山县委副书记。1992 年 2 月至 1997 年 12 月，任乳山县（市）委副书记、党校校长（其间：1993 年 9 月至 1996 年 7 月，在省经济管理干部学院业余本科班经济管理专业学习）。1997 年 12 月至 2001 年 1 月，任乳山市委书记、党校校长。2001 年 1 月至 3 月，任威海市政府党组成员。2001 年 3 月至 2007 年 1 月，任威海市政府副市长、党组成员。2007 年 1 月至 5 月，任威海市政府副市长、党组成员，市委政法委书记。2007 年 5 月起任中共威海市委常委、政法委书记。

张　剑 中共威海市委常委、秘书长、宣传部部长。山东荣成人。1956 年 3 月出生。1975 年 8 月参加工作。1976 年 12 月加入中国共产党。1975 年 8 月至 10 月，任荣成县港西公社龙家联中教师。1975 年 10 月至 1976 年 9 月，为荣成县港西、埠柳粮管所职工。1976 年 9 月至 1980 年 11 月，任荣成县粮食局秘书。1980 年 11 月至 1984 年 7 月，任荣成县委办公室秘书。1984 年 7 月至 1986 年 8 月，任荣成县委办公室秘书科科长（副科级，1983 年 9 月至 1986 年 7 月，在山东广播电视大学经济类专科班学习）。1986 年 8 月至 1987 年 9 月，任荣成县委办公室副主任。1987 年 9 月至 1989 年 9 月，任威海市委办公室秘书科科长。1989 年 9 月至 1992 年 8 月，任威海市委办公室副主任。1992 年 8 月至 1996 年 3 月，任威海市委副秘书长，市档案局局长、党组书记。1996 年 3 月至 1998 年 5 月，任威海市委副秘书长，市档案局（馆）局长（馆长）、党组书记。1998 年 5 月至 1999 年 1 月，任威海市委副秘书长，市档案局局长、党组书记（1996 年 9 月至 1998 年 12 月，在省委党校业余本科班经济管理专业学习）。1999 年 1 月至 2001 年 1 月，任威海市委副秘书长、办公室主任。2001 年 1 月至 3 月，任威海市环翠区委书记。2001 年 3 月至 2002 年 12 月，任威海市环翠区委书记、党校校长（1999 年 9 月至 2002 年 6 月，在省委党校在职干部研究生班经济管理专业学习）。2002 年 12 月至 2003 年 2 月，任威海市委政法委书记。2003 年 2 月至 2006 年 2 月，任威海市委常委、政法委书记。2006 年 2 月至 2007 年 5 月，任威海市委常委、宣传部部长。2007 年 5 月至 2009 年 1 月，任威海市委常委、秘书长。2009 年 1 月起任中共威海市委常委、秘书长、宣传部部长。

赵熙殿 中共威海市委常委，威海市人民政府副市长、党组副书记。山东荣成人。1957 年 8 月出生。1976 年 7 月参加工作。1982 年 1 月加入中国共产党。1976 年 7 月至 1977 年 2 月，任荣成县黄山公社联中教师。1977 年 2 月至 1980 年 12 月，任荣成县黄山公社教育组会计、团支部书记。1980 年 12 月至 1984 年 4 月，任荣成县王连公社团委干事、党委秘书。1984 年 4 月至 1985 年 9 月，任荣成县王连乡党委宣传委员。1985 年 9 月至 1987 年 7 月，在山东大学干部专修科党政基础专业学习。1987 年 7 月至 12 月，任荣成县王连乡党委干部。1987 年 12 月至 1988 年 6 月，任荣成县斥山镇副镇长。1988 年 6 月至 11 月，任荣成县斥山镇党委副书记、副镇长。1988 年 11 月至 1991 年 1 月，任荣成市斥山镇党委副书记、镇长。1991 年 1 月至 1992 年 8 月，任荣成市崂山镇党委书记。1992 年 8 月至 1993 年 1 月，任荣成市经济技术开发区管委主任、党委书记（副县级）。1993 年 1 月至 3 月，任荣成市委常委，市经济技术开发区管委主任、党委书记。1993 年 3 月至 1995 年 3 月，任荣成市委常委，市政府副市长、党组副书记，市经济技术开发区管委主任、党委书记。1995 年 3 月至 1997 年 12 月，任荣成市委常委，市政府副市长、党组副书记。1997 年 12 月至 1998 年 2 月，任乳山市委副书记、代市长。1998 年 2 月至 2001 年 1 月，任乳山市委副书记、市长（1996 年 7 月至 1999 年 6 月，在省青年管理干部学院经济管理专业学习）。2001 年 1 月至 2003 年 2 月，任乳山市委书记、党校校长（1999 年 9 月至 2002 年 6 月，在省委党校在职干部研究生班经济管理专业学习；2002 年 9 月至 2003 年 1 月，在中央党校县委书记进修班学习）。2003 年 2 月至 2006 年 12 月，任威海市委常委，乳山市委书记、党校校长，乳山市人大常委会主任。2006年12至2007年1月，任威海市委常委，市政府副市长。2007年1月起任中共威海市委常委，威海市人民政府副市长、党组副书记。

徐东升　中共威海市委常委、组织部部长。山东招远人。1962年6月出生。1983年7月参加工作。1986年11月加入中国共产党。1979年9月至1983年7月，在山东农学院农业经济系农业经济管理专业学习。1983年7月至1985年6月，省农业厅人民公社管理处干部（其间：1984年9月至1985年6月，借调省委农工部赴陵县前孙街蹲点调查）。1985年6月至1987年6月，省农业厅经管处干部。1987年6月至1990年8月，任省农业厅经管处副主任科员（其间：1987年7月至1989年7月，挂职任惠民县何坊乡副乡长）。1990年8月至1993年2月，任省农业厅经管处主任科员（其间：1990年12月至1992年3月，借调省委组织部农村组织处工作）。1993年2月至1996年9月，任山东农业知识杂志社副总编（副处级）。1996年9月至2002年7月，任省农业广播电视学校校长（其间：1999年8月至2000年7月，在省委党校第十期中青年干部培训班学习；1998年9月至2001年7月在省委党校在职研究生班经济管理专业学习）。2002年7月至2004年5月，任省农业厅人事处处长。2004年5月至7月，任省农业厅副厅长、党组成员。2004年7月至2007年8月，任省农业厅副厅长、党组成员，援藏干部总带队、西藏自治区日喀则地委常务副书记兼地委党校校长。2007年8月至9月，任威海市委常委，市政府党组副书记。2007年9月至2008年1月，任威海市委常委，威海市人民政府副市长、党组副书记。2008年1月起任中共威海市委常委、组织部部长。

董进友　中共威海市委常委，威海市人民政府副市长、党组副书记。山东威海环翠区人。1956年7月出生。1975年10月参加工作。1982年8月加入中国共产党。1975年10月至1979年9月，任威海市链条厂会计。1979年9月至1984年6月，任威海市链条厂财务科、经营科科长。1984年6月至1985年3月，任威海市链条厂副厂长。1985年3月至1987年3月，任威海市瓷厂厂长、党总支书记。1987年3月至1988年12月，任威海市轮胎厂副厂长。1988年12月至1989年8月，任威海市环翠区蒿泊镇党委副书记、镇长。1989年8月至1992年3月，任威海市环翠区蒿泊镇党委书记。1992年3月至1992年6月，任威海市环翠区委组织部部长。1992年6月至8月，任威海市环翠区委常委、组织部部长。1992年8月至1996年12月，任威海市环翠区委常委、副区长（其间：1992年8月至1994年12月，在中央党校函授学院本科班经济管理专业学习）。1996年12月至1997年12月，任威海市环翠区委副书记、副区长。1997年12月至1998年3月，任威海市环翠区委书记。1998年3月至2001年1月，任威海市环翠区委书记、党校校长。2001年1月至3月，任威海市政府党组成员。2001年3月至2007年7月，任威海市政府副市长、党组成员。2007年7月至2008年1月，任威海市人民政府副市长、党组副书记。2008年1月起任中共威海市委常委，威海市人民政府副市长、党组副书记。

汤光运　中共威海市委常委，威海市人民政府副市长、党组副书记。山东荣成人。1955年12月生。1973年2月参加工作。1982年11月加入中国共产党。1973年2月至1976年12月，任荣成县大疃小学、联中民办教师。1976年12月至1977年5月，任荣成县第二造船厂工人。1977年5月至1979年6月，任荣成县荫子乡政府文书。1979年6月至1980年6月，任荣成县标准计量局文书。1980年6月至1981年2月，任荣成县沼气办公室文书。1981年2月至1984年6月，任荣成县上庄镇政府生产助理。1984年6月至1985年11月，任荣成县上庄镇党委秘书。1985年11月至1987年2月，任荣成县上庄镇党委宣传委员。1987年2月至1988年11月，任荣成县上庄镇党委副书记。1988年11月至1989年12月，任荣成市上庄镇党委副书记、镇长。1989年12月至1991年7月，任荣成市崖头镇党委副书记、镇长。1991年7月到1994年11月，任荣成市俚岛镇党委书记（其间：1993年9月至12月，在威海市委党校中青年干部培训班学习）。1994年11月至1996年12月，任荣成市石岛镇党委书记（1994年9月至1996年4月，在省高等教育自学考试文秘专业大专学习）。1996年12月至1998年1月，任荣成市委常委、石岛镇党委书记。1998年1月至1999年2月，任荣成市委常委、副市长。1999年2月至6月，任荣成市委副书记、副市长。1999年6月至2000年2月，任荣成市委副书记、代市长。2000年2月至2003年1月，任荣成市委副书记、市长(其间：2000年9月至2002年6月，在山东农业大学农经管理专业研究生课程进修班学习)。2003年1月至3月，任荣成市委书记。2003年3月至2004年11月，任荣成市委书记、党校校长。2004年11月至2006年2月，任荣成市委书记（副市地级）、党校校长（2003年9月至2005年12月，在省委党校业余本科班法律专业学习）。2006年2月至2008年11月，任威海市委常委，荣成市委书记、党校校长。2008年11月至12月，任威海市委常委。2008年12月起任中共威海市委常委，威海市人民政府副市长、党组副书记。

王学文　中共威海市委常委，荣成市委书记、党校校长。山东乳山人。1963年4月出生。1984年7月参加工作。1984年5月加入中国共产党。1980年9月至1984年7月，在莱阳农学院园艺系果树专业学习。1984年7月至1985年4月，任乳山县马石店乡团委干事。1985年4月至11月，任乳山县委老干部局干事。1985年11月至1989年2月，任乳山县委组织部干事。1989年2月至12月，任乳山县委组织部干部科副科长。1989年12月至1991年1月，任乳山县委办公室行政科科长。1991年1月至1992年6月，任乳山县委办公室副主任。1992年6月至1994年7月，任乳山县(市)冯家镇党委书记。1994年7月至1995年8月，任乳山市地税局局长、财政局副局长。1995年8月至1996年12月，任乳山市委办公室主任，市直机关工委书记。1996年

12月至1997年12月，任乳山市委常委、办公室主任，市直机关工委书记。1997年12月至2001年1月，任乳山市委副书记（其间：2000年9月至12月，在省委党校县委书记进修班学习）。2001年1月至3月，任乳山市委副书记、代市长。2001年3月至2002年12月，任乳山市委副书记、市长。2002年12月至2003年1月，任荣成市委副书记、代市长。2003年1月至2005年11月，任荣成市委副书记、市长。2005年11月至2007年5月，任威海市环翠区委书记、党校校长。2007年5月至2008年11月，任威海市委常委，环翠区委书记、党校校长。2008年11月起任中共威海市委常委，荣成市委书记、党校校长。

高旭光　中共威海市委常委，山东省第一批援青干部领队。山东乳山人。1965年2月出生。1982年11月参加工作。1985年9月加入中国共产党。1982年11月至1984年8月，任文登县米山镇税务所专管员。1984年8月至1985年4月，任文登县税务局干事。1985年4月至1987年9月，任文登县纪委干事。1987年9月至1989年7月，在中国科学院管理干部学院纪律检查专业学习。1989年7月至1991年8月，任威海市纪委干事。1991年8月至1992年2月，任威海市委办公室秘书。1992年2月至1993年5月，任威海市委办公室副科级秘书。1993年5月至1994年5月，任威海市委办公室正科级秘书。1994年5月至1996年8月，任威海市委办公室秘书科副科长、正科级秘书（1993年8月至1995年12月在中央党校函授学院经济管理专业学习）。1996年8月至1997年6月，任威海市委办公室秘书科、秘书一科科长。1997年6月至2001年2月，任威海市委党史研究室副主任（1997年3月至1997年9月在威海市委党校中青年干部培训班学习；1998年10月至2001年2月挂职任荣成市副市长）。2001年2月至2003年1月，任荣成市副市长。2003年1月至2003年8月，任威海市政府副秘书长、办公室党组成员。2003年8月至2010年5月，任威海市旅游局局长、党委书记（2001年9月至2004年6月在省委党校在职干部研究生班经济管理专业学习；2006年2月至2006年12月在山东省委党校中青年干部培训班学习）。2010年5月起任中共威海市委常委，山东省第一批援青干部领队。

万玲瑞　中共威海市委常委，军分区政委、党委书记。湖南道县人。1957年8月出生。1974年12月参加工作。1978年1月加入中国共产党。1974年12月至1979年1月，任某军某师炮兵团汽车连战士。1979年1月至1981年4月，任某军某师汽车教导连排长。1981年4月至10月，任某军某师炮兵团汽车连副政治指导员。1981年10月至1984年10月，任某军某师炮兵团汽车连政治指导员。1984年10月至1985年11月，任某军政治部干部处干事。1985年11月至1987年5月，任某集团军某师炮兵团反坦克导弹营副政治教导员。1987年5月至1990年3月，任某集团军某师炮兵团反坦克导弹营政治教导员。1990年3月至1991年9月，任某集团军某师炮兵团政治处副主任。1991年9月至1992年2月，任某集团军某师炮兵团政治处主任。1992年2月至1994年6月，任济南军区政治部办公室管理处助理员、政治协理员。1994年6月至1998年8月，任济南军区政治部办公室管理处政治协理员、处长（1993年9月至1996年7月，在南京政治学院政治经济学专业学习）。1998年8月至2000年8月，任济南军区政治部办公室直工处处长。2000年8月至2007年2月，任济南军区政治部副秘书长（其间：2001年2月至2003年2月，在南京政治学院政治经济学专业学习）。2007年2月至2008年4月，任山东陆军预备役步兵某师政治委员兼山东省军区政治部副主任。2008年4月至6月，任威海军分区政委、党委书记。2008年6月起任中共威海市委常委，威海军分区政委、党委书记。

·威海市人民代表大会常务委员会·

王培廷　中共威海市委书记、党校校长，威海市人大常委会主任、党组书记。（详见《人物·市领导简介·中国共产党威海市委员会》　第335页）

马世和　威海市人大常委会第一副主任（正厅级）、党组书记。山东荣成人。1952年2月出生。1971年2月参加工作。1974年7月加入中国共产党。1971年2月至1973年10月，任荣成县马家疃联中民办教师。1973年10月至1974年8月，任荣成县崂山公社、龙须公社改造后进队队员。1974年8月至12月，任荣成县龙须公社三不脱离干部。1974年12月至1975年9月，任荣成县埠柳公社党委常委、团委书记。1975年9月至1977年12月，在烟台师范专科学校中文系中文专业学习。1977年12月至1983年10月，任荣成县崖西公社党委副书记。1983年10月至1984年1月，任荣成县崖西公社党委书记。1984年1月至1987年9月，任荣成县委副书记。1987年9月至1988年7月，任威海市劳动人事局局长。1988年7月至1989年11月，任威海市劳动人事局局长、编办主任，老龄委办公室主任。1989年11月至1996年3月，任威海市劳动人事局局长、党组（党委）书记、编办主任，老龄委办公室主任（其间：1992年9月至1993年1月，在省委党校中青年干部班学习）。1996年3月至6月，任威海市劳动局局长、党委书记。1996年6月至1998年9月，任威海市劳动局局长、党委书记，高级技工学校党委书记（副厅级，1993年9月至1996年7月，在山东经济学院业余本科班劳动经济管理专业学习）。1998年9月至1999年2月，任威海市委常委、政法委书记，高级技工学校党委书记。1999年2月至2002年12月，任威海市委常委、政法委书记。2002年12月至2004年5月，任威海市委常委、秘书长。2004年5月至6月，任威海市委常委、秘书长，市政府副市长。2004年6月至2007年1月，任威海市委常委，市政府副市长、党组副书记。2007年1月至5月，任威海市委常委，市人大常委会副主任、党组副书记。2007年5月至2008年1月，任威海市人大常委会副主任、党组副书记。2008年1月起任威海市人大常委会第一副主任（正厅级）、党组书记。

邓洪爱 威海市人大常委会副主任、党组副书记。山东莒南人。1951 年 10 月出生。1971 年 12 月参加工作。1974 年 10 月加入中国共产党。1971 年 12 月至 1973 年 8 月，任莒南县东刘家村联中教师。1973 年 8 月至 1976 年 8 月，在广州中山大学经济系学习。1976 年 8 月至 1982 年 10 月，任临沂地区商业局秘书。1982 年 10 月至 1984 年 6 月，任临沂地委组织部秘书。1984 年 6 月至 1985 年 4 月，任临沂地委石臼工委委员、组织部部长。1985 年 4 月至 1989 年 11 月,任日照(县级)市委常委、组织部部长。1989 年 11 月至 1994 年 11 月,任日照市人事局局长、党组书记。1994 年 11 月至 1997 年 12 月，任日照市委组织部副部长，市人事局局长、党组书记。1997 年 12 月至 1998 年 3 月，任威海市检察院党组书记、代检察长。1998 年 3 月至 2007 年 11 月，任威海市检察院检察长、党组书记。2007 年 11 月至 2008 年 1 月，任威海市检察院检察长。2008 年 1 月起任威海市人大常委会副主任、党组副书记。

曲展强（女） 威海市人大常委会副主任、党组成员。山东莱州人。1952 年 10 月出生。1973 年 10 月参加工作，1973 年 9 月加入中国共产党。1973 年 10 月至 1975 年 4 月，任掖县朱由公社党委常委、妇联主任。1975 年 4 月至 1976 年 5 月，任掖县西由公社党委副书记。1976 年 5 月至 6 月，任掖县团县委书记。1976 年 6 月至 1979 年 1 月，任掖县县委常委、团县委书记。1979 年 1 月至 1983 年 9 月，任掖县团县委书记。1983 年 9 月至 1985 年 7 月，在山东师范大学中文系干部专修科中文专业学习。1985 年 7 月至 1987 年 1 月，任掖县珍珠乡党委书记。1987 年 1 月至 4 月，任掖县县委常委、组织部副部长。1987 年 4 月至 9 月，任掖县县委常委、团县委书记。1987 年 9 月至 1991 年 5 月，任共青团威海市委书记（1978 年 10 月至 1982 年 10 月任共青团中央候补委员，1982 年 10 月至 1986 年 8 月任共青团中央委员）。1991 年 5 月至 6 月，任威海市医药管理局局长、党委书记、医药公司总经理。1991 年 6 月至 1992 年 6 月，任威海市乡镇企业管理局局长、党组书记。1992 年 6 月至 1996 年 6 月，任威海市乡镇企业管理局局长、党组副书记（其间：1993 年 8 月至 1995 年 12 月在中央党校函授学院本科班经济管理专业学习，1995 年 2 月至 1996 年 2 月在省委党校第六期中青年干部班学习）。1996 年 6 月至 1999 年 6 月，任威海市乡镇企业管理局局长、党组书记。1999 年 6 月至 2002 年 3 月，任威海市总工会主席、党组书记（1997 年 9 月至 2000 年 6 月，在省委党校在职干部研究生班学习）。2002 年 3 月至 2003 年 2 月，任威海市政协副主席、党组成员，市总工会主席、党组书记。2003 年 2 月至 5 月，任威海市人大常委会副主任、党组成员，市总工会主席、党组书记。2003 年 5 月起任威海市人大常委会副主任、党组成员。

施章钧（女） 威海市人大常委会副主任、党组成员。山东莱州人。1951 年 7 月出生。1974 年 8 月参加工作。1973 年 12 月加入中国共产党。1968 年 9 月至 1972 年 5 月，任掖县西由公社三山岛联中教师（计算连续工龄）。1972 年 5 月至 1974 年 8 月，在烟台水产学校海水养殖专业学习。1974 年 8 月至 1976 年 8 月，任乳山县水产局养殖场技术员。1976 年 8 月至 1978 年 4 月，任乳山县委组织部副部长。1978 年 4 月至 1984 年 3 月，任乳山县科委副主任。1984 年 3 月至 1988 年 4 月，任乳山县科协副主任。1988 年 4 月至 11 月，任威海市科技干部处副处长。1988 年 11 月至 1989 年 11 月，任威海市妇联副主任。1989 年 11 月至 1993 年 2 月，任威海市妇联副主任、纪检组长、党组成员。1993 年 2 月至 2006 年 2 月，任威海市妇联主任（主席）、党组书记（其间：1993 年 8 月至 1995 年 12 月在中央党校函授学院经济管理专业学习。1996 年 9 月至 1997 年 7 月，在省委党校中青年干部培训班学习）。2006 年 2 月起任威海市人大常委会副主任、党组成员（其间：2007 年 3 月至 6 月在省委党校人大政协进修班学习）。

毕礼伟 威海市人大常委会副主任，民建威海支部主任委员。山东威海环翠区人。1966 年 12 月出生。1988 年 7 月参加工作。2005 年 10 月加入中国民主建国会。1985 年 9 月至 1988 年 7 月，在烟台大学中文系汉语言文学专业学习。1988 年 7 月至 1990 年 5 月，任威海市纺织工业公司技改科干部（其间：1989 年 3 月至 7 月在北京达美集团培训中心外贸英语培训班学习）。1990 年 5 月至 1991 年 9 月，任威海市纺织器材厂供销科长。1991 年 9 月至 1992 年 1 月，任威海市纺织器材厂副厂长。1992 年 1 月至 1993 年 3 月，任威海市环翠区经委技改科副科长。1993 年 3 月至 1995 年 2 月，任威海环翠省级旅游度假区招商公司经理（其间：1994 年 7 月至 10 月在环翠区委党校中青年干部班学习）。1995 年 2 月至 1996 年 1 月，任威海环翠省级旅游度假区招商局副局长。1996 年 1 月至 1997 年 7 月，任威海环翠省级旅游度假区招商局副局长、张村镇副镇长。1997 年 7 月至 1998 年 2 月，任威海环翠省级旅游度假区管委会副主任、经济发展局副局长、张村镇副镇长。1998 年 2 月至 2006 年 2 月，任威海市环翠区政府副区长（1997 年 8 月至 1999 年 12 月在中央党校函授学院涉外经济管理专业学习；2000 年 9 月至 2003 年 6 月在省委党校在职干部研究生班经济管理专业学习）。2006 年 2 月至 7 月，任威海市政协副主席，环翠区政府副区长。2006 年 7 月至 2007 年 12 月，任威海市政协副主席，环翠区政府副区长，民建威海支部主任（其间：2006 年 9 月至 12 月，在省委党校人大政协进修班学习）。2007 年 12 月至 2008 年 1 月，任威海市政协副主席，民建威海支部主任委员。2008 年 1 月起任威海市人大常委会副主任，民建威海支部主任委员。

·威海市人民政府·

孙述涛 中共威海市委副书记，威海市人民政府市长、党组书记。（详见《人物·市领导简介·中国共产党威海市委员会》 第 335 页）

赵熙殿 中共威海市委常委，威海市人民政府副市长、党组副书记。（详见

《人物·市领导简介·中国共产党威海市委员会》 第336页）

董进友 中共威海市委常委，威海市人民政府副市长、党组副书记。（详见《人物·市领导简介·中国共产党威海市委员会》 第337页）

汤光运 中共威海市委常委，威海市人民政府副市长、党组副书记。（详见《人物·市领导简介·中国共产党威海市委员会》 第337页）

刘茂德 威海市人民政府副市长、党组成员。山东威海环翠区人。1958年12月出生。1978年11月参加工作。1982年8月加入中国共产党。1977年10月至1978年11月，任荣成县桥头公社党委交通员（计算连续工龄）。1978年11月至1986年1月，任烟台地委（市委）办公室科员（其间：1982年8月至1985年8月，在烟台广播电视大学汉语言文学专业学习）。1986年1月至1987年8月，任烟台市交通局办公室科员。1987年8月至11月，任烟台市交通局汽修行管处副主任。1987年11月至1991年5月，任威海市交通委办公室主任。1991年5月至7月，任威海市政府办公室正科级秘书。1991年7月至1992年8月，任威海市政府办公室副县级秘书。1992年8月至1998年3月，任威海市公路局局长、党委书记（其间：1994年9月至1997年6月，在南京大学中文系中国现当代文学专业学习，获文学硕士学位）。1998年3月至1999年1月，任威海市建委主任、党委书记。1999年1月至2003年1月，任威海市建委主任、党委书记，市委建设工委书记。2003年1月至2月，任威海市人民政府党组成员。2003年2月起任威海人民市政府副市长、党组成员。

梁　良 威海市人民政府副市长、党组成员。山东荣成人。1955年1月出生。1972年4月参加工作。1979年9月加入中国共产党。1972年4月至1973年9月，任荣成县邱家公社大龙联中教师。1973年9月至1975年7月，在荣成师范学校学习。1975年7月至1976年5月，任荣成县宁津高中教师。1976年5月至1978年1月，任荣成县广播电视局编辑。1978年1月至1979年8月，任荣成县化肥厂政工干事。1979年8月至1980年12月，任荣成县革委办公室秘书。1980年12月至1984年7月，任荣成县政府办公室秘书。1984年7月至1985年9月，任荣成县政府办公室副主任。1985年9月至1987年6月，在山东大学干部专修科党政基础专业学习。1987年4月至1988年6月，任荣成县委办公室副主任。1988年6月至1990年9月，任荣成县（市）委办公室副主任、研究室主任。1990年9月至1991年5月，任威海市委研究室副县级研究员。1991年5月至1992年8月，任威海市政府办公室副主任。1992年8月至1996年12月，任威海市政府副秘书长。1996年12月至2000年10月，任威海市政府副秘书长，办公室主任、纪检组长。2000年10月至2003年2月，任威海市政府秘书长、党组成员，办公室党组书记（1998年10月至2001年1月，在山东大学研究生课程进修班政治经济学专业学习）。2003年2月至4月，任威海市政府副市长、党组成员、秘书长，办公室党组书记。2003年4月至2004年6月，任威海市政府副市长、党组成员。2004年6月至8月，任威海市政府副市长、党组成员，市公安局党委书记。2004年8月至2006年12月，任威海市人民政府副市长、党组成员，市公安局局长、党委书记。2006年12月起任威海市人民政府副市长、党组成员。

唐会礼 威海市人民政府副市长、党组成员。山东荣成人。1962年11月出生。1980年2月参加工作。1985年1月加入中国共产党。1980年2月至1981年5月，任省船队报务员。1981年5月至1983年11月，任荣成县水产局报务员。1983年11月至1985年11月，任荣成县法院书记员。1985年11月至1989年9月，任荣成县人事局干事（其间：1987年9月至1989年7月，在山东经济学院财政金融系财政税务专业学习）。1989年9月至1991年7月，任荣成市人事局调配科副科长、科长。1991年7月至1992年1月，任荣成市科技干部管理办公室主任（副科级）。1992年1月至1992年4月，任威海市劳动人事局干部调配科副科长。1992年4月至11月，任威海市委组织部企业干部科副科长。1992年11月至1993年4月，任威海市委组织部企业干部科副科长、正科级巡视员。1993年4月至1995年5月，任威海市委组织部企业干部科科长。1995年5月至1996年9月，任威海市委组织部副县级巡视员、企业干部科科长（1993年9月至1996年7月，在省经济管理干部学院经济管理专业学习）。1996年9月至1997年12月，任文登市政府副市长（挂职）。1997年12月至2001年2月，任文登市委副书记（其间：1999年3月至6月，在省委党校县市委书记进修班学习）。2001年2月至2003年1月，任威海市林业局局长、党组（党委）书记（1999年9月至2002年6月，在省委党校在职干部研究生班经济管理专业学习）。2003年1月至2006年12月，任威海市交通局局长、党委书记。2006年12月至2007年1月，任威海市交通局局长。2007年1月至5月，任威海市人民政府副市长、党组成员，市交通局局长。2007年5月起任威海市人民政府副市长、党组成员。

房德阳 威海市人民政府副市长、党组成员。山东荣成人。1957年3月出生。1976年9月参加工作。1975年3月加入中国共产党。1975年9月至1976年9月，任荣成县上庄公社改造后进队工作组成员（计算连续工龄）。1976年9月至1984年4月，任荣成县大疃乡党委组织干事、党委秘书。1984年4月至9月，任荣成县大疃乡党委宣传委员。1984年9月至1987年6月，在烟台市委党校84级理论班学习。1987年6月至12月，在荣成县大疃乡党委工作。1987年12月至1989年12月，任荣成县（市）大疃乡党委副书记。1989年12月至1991年7月，任荣成市大疃镇党委副书记、镇长。1991年7月至11月，任荣成市大疃镇党委书记。1991年11月至1997年12月，任荣成市宁津镇党委书记（其间：1993年9月至1996年7月，在山东经济学院本科班国际贸易专业学习；1995年9月至1996年

1月，在威海市委党校中青年干部培训班学习）。1997年12月至1998年1月，任荣成市委常委，宁津镇党委书记。1998年1月至11月，任荣成市委常委，石岛镇党委书记。1998年11月至1999年6月，任荣成市委常委，石岛镇党委书记，石岛湾省级旅游度假区管委主任，石岛国际渔货贸易区党委书记。1999年6月至7月，任荣成市委常委、副市长，石岛镇党委书记，石岛湾省级旅游度假区管委主任，石岛国际渔货贸易区党委书记。1999年7月至2000年1月，任荣成市委常委、副市长，石岛湾省级旅游度假区管委主任，石岛国际渔货贸易区党委书记。2000年1月至2001年1月，任荣成市委常委、副市长。2001年1月至2003年1月，任荣成市委副书记、副市长。2003年1月至2008年1月，任威海市建委主任、党委书记，市委建设工委书记。2008年1月至4月，任威海市政府副市长、党组成员，市建委主任、党委书记，市委建设工委书记。2008年4月起任威海市人民政府副市长、党组成员。

张　波（女）　威海市人民政府副市长。山东文登人。无党派人士。1969年1月出生。1991年8月参加工作。1987年9月至1991年7月，在沈阳农业大学园艺系蔬菜专业学习。1991年8月至1992年12月，任文登市宋村镇农技站技术员。1992年12月至1998年3月，任文登市宋村镇副镇长（其间：1995年9月至1996年1月，在威海市委党校中青年干部培训班学习）。1998年3月至2000年3月，任政协威海市委员会常委，文登市宋村镇副镇长。2000年3月至2002年1月，任政协威海市委员会常委，政协文登市委员会副主席、宋村镇副镇长。2002年1月至2003年1月，任政协威海市委员会常委，政协文登市委员会副主席、工商联会长。2003年1月至3月，任政协威海市常委会常委，文登市政府副市长、政协副主席、工商联主委。2003年3月至2007年12月，任政协威海市委员会委员，文登市政府副市长、政协副主席（其间：2003年9月至2004年6月，在清华大学国际继续教育学院国际经贸与公共管理高级研修班学习；2005年4月至2007年7月，在中国社会科学院研究生院MPA教育中心公共管理专业学习，获公共管理硕士学位）。2007年12月至2008年1月，任政协威海市委员会常委。2008年1月起任威海市人民政府副市长。

·中国人民政治协商会议威海市委员会·

刘玉党　政协威海市委员会主席、党组书记。山东文登人。1954年7月出生。1974年12月参加工作。1976年5月加入中国共产党。1974年12月至1975年10月，任文登县“过江”工作队驻草庙子组组长。1975年10月至1976年8月，任文登县磬山公社机关干部。1976年8月至1978年12月，任文登县磬山公社党委常委。1978年12月至1983年9月，任文登县委组织部干事。1983年9月至1984年7月，任文登县委组织部干部科副科长。1984年7月至1986年6月，任文登县委企业政治工作部干部科科长。1986年6月至1987年5月，任文登县委企业政治工作部副部长。1987年5月至1989年3月，任文登县委组织部副部长。1989年3月至1990年4月，任文登市委组织部副部长、组织员办公室主任。1990年4月至1992年8月，任文登市委常委、组织部部长。1992年8月至1993年1月，任文登市委副书记、组织部部长。1993年1月至1996年12月，任文登市委副书记、党校校长（其间：1993年9月至1996年7月，在省经济管理干部学院经济管理专业学习）。1996年12月至1997年1月，任文登市委副书记、党校校长，市政府代市长。1997年1月至8月，任文登市委副书记、党校校长，市政府市长。1997年8月至9月，任文登市委书记、党校校长，市政府市长。1997年9月至1998年1月，任文登市委书记、党校校长，市政府市长，市人民武装部第一书记。1998年1月至2000年8月，任文登市委书记、党校校长、市人民武装部第一书记。2000年8月至10月，任威海市委常委，文登市委书记、党校校长、市人民武装部第一书记。2000年10月至2004年6月，任威海市委常委、宣传部部长。2004年6月至2006年12月任威海市委常委、秘书长。2006年12月至2007年1月，任威海市委常委、秘书长，市政府副市长。2007年1月至5月，任威海市委常委，市政府副市长、党组副书记。2007年5月至2008年1月，任威海市委副书记、宣传部部长。2008年1月至2009年1月，任政协威海市委员会主席、党组书记，市委宣传部部长。2009年1月起任政协威海市委员会主席、党组书记。

姜岱敏　政协威海市委员会副主席、党组副书记。山东青岛人。1952年2月出生。1977年12月参加工作。1977年12月加入中国共产党。1975年9月至1977年12月，在烟台师范专科学校中文系中文专业学习。1977年12月至1978年12月，任烟台师范专科学校中文系辅导员。1978年12月至1982年7月，任烟台师范专科学校校办、党办秘书。1982年7月至1984年5月，任烟台地委宣传部干事。1984年5月至1987年1月，任烟台市委办公室秘书科副科长。1987年1月至9月，任烟台市委办公室秘书科科长。1987年9月至1989年11月，任威海市政府办公室副主任。1989年11月至1991年5月，任威海市政府办公室副主任、纪检组长、党组成员。1991年5月至1992年6月，任威海市政府副秘书长，办公室副主任、纪检组长、党组成员，经济研究中心主任。1992年6月至1996年12月，任威海市政府副秘书长，办公室主任、纪检组长、党组成员。1996年12月至2000年10月，任威海市政府秘书长、党组成员、办公室党组书记（其间：1995年8月至1997年12月，在中央党校函授学院本科班经济管理专业学习）。2000年10月至2003年2月，任文登市委书记、党校校长。2003年2月至2006年2月，任威海市委常委，文登市委书记、党校校长。2006年2月至2007年1月，任威海市委常委、政法委书记。2007年1月至5月任威海市委常委，政协威海市委员会副主席、党组副书记。2007年5月起任政协威海市委员会副主席、党组副书记。

王宾洁（女） 政协威海市委员会副主席、党组副书记。山东蓬莱人。1950年7月出生。1971年11月参加工作。1971年10月加入中国共产党。1971年11月至1972年5月，在蓬莱县“五七”干校学习。1972年5月至1973年3月，任蓬莱县龙山店公社青年干事。1973年3月至1975年7月，任蓬莱县北沟公社妇女干事、妇联副主任。1975年7月至1976年11月，任蓬莱县北沟公社党委常委。1976年11月至1983年12月，任蓬莱县法院副院长（其间：1981年9月至1983年7月，在省委党校干部专修科学习）。1983年12月至1988年11月，任烟台市法院副院长。1988年11月至1989年2月，任烟台市法院副院长（正县级）。1989年2月至1997年12月，任烟台市法院副院长（正县级）、党组副书记。1997年12月至1998年3月，任威海市法院代院长、党组书记。1998年3月至2007年11月，任威海市法院院长、党组书记。2007年11月至2008年1月，任威海市法院院长。2008年1月起任政协威海市委员会副主席、党组副书记。

任怀平 政协威海市委员会副主席、民革威海市委主任委员，山大威海分校翻译学院院长。山东高密人。1955年2月出生。1975年8月参加工作。1997年8月加入中国国民党革命委员会。1975年8月至1978年2月，任高密县土庄乡朱汉联中民办教师。1978年2月至1982年1月，在山东大学外语系外语专业学习。1982年1月至1987年1月，任山东农机学院基础部教师、助教。1987年1月至1992年10月，任山东工程学院基础部讲师。1992年10月至1994年11月，任山东工程学院经贸系副教授。1994年11月至1996年6月，任山东工程学院经贸系教授。1996年6月至1997年12月，任山东大学威海分校外语系主任、教授。1997年12月至1998年2月，任民革威海市委主委、山大威海分校外语系主任、教授。1998年2月至2004年7月，任威海市政协副主席，民革威海市委主委，山大威海分校外语系主任、教授。2004年7月至2008年7月任政协威海市委员会副主席、民革威海市委主任委员、山大威海分校翻译学院教授。2008年7月任政协威海市委员会副主席、民革威海市委主任委员、山大威海分校翻译学院院长。

李淑芳（女） 政协威海市委员会副主席，民革威海市委副主任委员。山东栖霞人。1958年7月出生。1975年5月参加工作。1989年4月加入中国国民党革命委员会。1975年5月至1978年9月，为甘肃省嘉峪关市新城公社知青。1978年9月至1982年7月，在山东化工学院橡胶系橡胶制品专业学习。1982年7月至1983年5月，任威海轮胎厂成型车间技术员。1983年5月至1987年12月，任威海轮胎厂技术开发室副主任（主持工作）。1987年12月至1992年8月，任山东轮胎厂技术处工程师。1992年8月至1995年1月，任山东轮胎厂技术处副处长（主持工作），高级工程师。1995年1月至1999年4月，任三角集团有限公司技术处处长。1999年4月至2001年3月，任三角集团有限公司斜交胎管理部副部长兼技术处处长。2001年3月至2001年12月，任威海市政府副市长。2001年12月至2008年1月任威海市政府副市长，民革威海市委副主任委员。2008年1月起任政协威海市委员会副主席，民革威海市委副主任委员。

戚建波 政协威海市委员会副主席、山东省文联副主席、威海市第一中学副校长。山东威海环翠区人。无党派人士。1959年10月出生。1980年2月参加工作。1978年2月至1980年2月，在蓬莱师范学校音乐专业学习。1980年2月至9月，任威海第七中学音乐教师。1980年9月至1995年1月，先后任威海市第一中学教师、政教处副主任、办公室副主任。1995年1月至1997年1月，任威海市第一中学办公室主任。1997年1月至9月，任威海市第一中学副校长、办公室主任。1997年9月起任威海市第一中学副校长。1998年2月至2001年3月，任政协威海市环翠区委员会副主席，市第一中学副校长。2001年3月起任政协威海市副主席，市第一中学副校长（1998年9月至2001年7月，在省委党校业余大专班行政管理专业学习；2002年9月至12月，在省委党校人大政协班学习；2002年9月起任山东省文联副主席）。

刘亚东（女） 政协威海市委员会副主席、威海市体育局副局长。山东蓬莱人。无党派人士。1958年7月出生。1976年7月参加工作。1976年7月至1978年9月，为蓬莱县于家庄知青。1978年9月至1982年7月，在山东师范大学生物系生物学专业学习。1982年7月至1983年4月，任蓬莱一中教师。1983年4月至1991年9月，任文登二中教师。1991年9月至1994年7月，任文登一中教导处副主任。1994年7月至1995年4月，任文登市政府市长助理。1995年4月至2001年3月，任文登市政府副市长。2001年3月至2003年1月，任威海市政协副主席、文登市政府副市长。2003年1月至2004年12月，任威海市政协副主席、威海职业学院副院长。2004年12月起任政协威海市委员会副主席，市体育局副局长。

陈乐章 政协威海市委员会副主席、党组成员，威海市委统战部部长，威海市社会主义学院院长。山东烟台莱山区人。1951年10月出生。1971年1月参加工作。1972年3月加入中国共产党。1971年1月至1972年3月，任烟台地区牟平县莱山港后联中民办教师。1972年3月至1973年7月，任烟台地区牟平县莱山南陈家疃党支部副书记、书记。1973年7月至1976年9月，在河北工学院土木建筑工程系公路工程专业学习。1976年9月至1980年12月，任烟台地区公路段技术员。1980年12月至1983年6月，任烟台地区公路段路工科、计统科副科长。1983年6月至1987年12月，任烟台地区（市）公路段副段长。1987年12月至1988年7月，任威海市公路局局长。1988年7月至1989年11月，任威海市公路局局长、党委书记。1989年11月至1992年7月，任威海市公路局局长、党委书记，市交通委党委委员。1992年7月至1994年5月，任威海市公安局局长、党委书记。1994年5月至8月，任威海市公安局党委书记。

1994年8月至2003年1月，任威海市交通委主任、党委书记（其间：1996年9月至1999年6月在省委党校在职干部研究生班经济学专业学习）。2003年1月至2月，任威海市政府市长助理、党组成员。2003年2月至2005年10月，任威海经济技术开发区（出口加工区）管委主任、工委书记。2005年10月至11月，任威海经济技术开发区（出口加工区）工委书记。2005年11月至2006年2月，任威海市政协党组成员、市委统战部部长（副厅级）、市社会主义学院院长。2006年2月起任政协威海市委员会副主席、党组成员，市委统战部部长，市社会主义学院院长（其间：2007年3月至2007年6月，在省委党校人大政协进修班学习）。

李凤俊　政协威海市委员会副主席、党组成员，威海市总工会主席、党组书记。山东招远人。1952年10月出生。1971年11月参加工作。1972年6月加入中国共产党。1971年3月至11月，任招远县青龙公社话务员、通讯报道员（计算连续工龄）。1971年11月至1972年8月，任招远县青龙公社干事。1972年8月至1977年1月，任招远县委办公室秘书。1977年1月至7月，任招远县革委生产指挥部办公室副主任。1977年7月至1979年3月，任招远县革委办公室副主任。1979年3月至1980年12月，任招远县委办公室副主任。1980年12月至1984年5月，任烟台地委（市委）办公室秘书科秘书。1984年5月至1985年2月，任烟台市委办公室秘书科副科长。1985年2月至1986年9月，任烟台市委办公室秘书科科长。1986年9月至1988年7月，在烟台市委党校经济专业学习。1988年7月至1989年9月，任威海市委研究室副主任。1989年9月至1991年5月，任威海市委副秘书长、办公室主任。1991年5月至1996年6月，任威海市委台湾工作办公室主任（其间：1992年8月至1994年12月，在中央党校函授学院本科班经济管理专业学习）。1996年6月至2000年11月，任威海市委台湾工作办公室（市政府台湾事务办公室）主任。2000年11月至2003年4月，任威海市委（市政府）台湾工作办公室主任。2003年4月至5月，任威海市总工会党组书记、常务副主席。2003年5月至2006年5月，任威海市总工会主席、党组书记。2006年5月至2008年1月，任威海市政府市长助理、党组成员，市总工会主席、党组书记。2008年1月起任政协威海市委员会副主席、党组成员，市总工会主席、党组书记。

（市委组织部）

先进人物

·国家级先进个人·

（按姓氏笔画排列）

于信友　乳山市电业总公司总经理。山东文登人。1964年6月出生。1986年7月参加工作。任职以来，把全部心血投入到企业的发展上，先后多方筹措资金5亿多元，加强电网、热网建设改造，为地方经济发展作出了积极贡献。坚持厂务公开、严格管理，在涉及物资采购、基建工程等大项开支上，全部实行阳光操作，6年来，仅降损就为公司减少损失7800万元。累计创造出新技术、新经验120多项。公司先后获得“全国‘五一’劳动奖状”和“全国模范职工之家”、“全国一流县供电企业”、“国家电网公司文明单位”等称号。2010年，公司实现销售收入6.87亿元，利润3386万元，缴税6000万元，分别比上年增长24%、25%和33%。2010年4月，被国务院授予“全国劳动模范”称号。

王玉春　赤山集团有限公司党委书记、董事长、总裁。山东荣成人。1953年5月出生。1975年5月参加工作。1981年3月加入中国共产党。自1988年任职以来，王玉春带领职工上马一批后劲足、收益高、带动能力强的大项目，使企业规模迅速扩张。企业先后投资3亿多元，增加48艘钢壳渔轮及5艘远洋货轮，使其渔业综合实力和效益水平位居威海同行业前列。积极调整产业结构，大力实施多元化发展战略。集团拥有海洋捕捞、水产加工、旅游服务、建筑开发、机械制造五大优势产业群，下设22家企业，总资产35亿元。2010年，公司实现主营业务收入20亿元，实现利润2亿元，缴税1亿元，分别比上年增长20%、40%和40%。企业2008年获得“全国‘五一’劳动奖状”。2010年4月，被国务院授予“全国劳动模范”称号。

丛海波　山东省文登整骨医院副院长兼骨科、显微外科中心主任。山东文登人。1960年10月出生。1978年7月参加工作。主要从事骨科的临床、教学及科研工作，精于对四肢严重复杂性骨折及关节损伤、周围神经血管损伤及周围神经血管疾病的治疗。1995年主持科研的“急症组合组织移植的临床研究”获国家科技进步三等奖，2005年的“中西医结合早期治疗手部大范围多组织缺损的临床研究”获国家科技进步二等奖，“手部大范围多元组织缺损急诊修复与功能重建的研究”1999年获国家中医药科技进步一等奖。承担的山东省科学技术发展计划“组织移植结合骨牵伸移位治疗四肢大范围组织缺损及功能重建”达到国际领先水平。2010年4月，被国务院授予“全国先进工作者”称号。

张敏君　威海市水务集团有限公司党委书记、董事长。山东文登人。1953年10月出生。1978年12月参加工作。1976年1月加入中国共产党。自2003年8月任职以来，团结带领广大干部职工，勇创大业，追求卓越，大力实施供排水一体化改革，连续7年投入20多亿元加快供排水基础设施建设，铺设管道2229公里，其中供水管道1472公里，使市区供排水安全保障能力大幅提高，供水率达到100%，污水处理率达到95%，居国内领先水平。率领公司员工开展河道治理攻坚战，使市区15条河流和近百里海岸线的生态环境实现根本改观，为人居城市和生态城市建设作出了突出贡献。2010年4月，被国务院授予“全国劳动模范”称号。

陈学利 威高集团有限公司董事长。山东威海环翠区人。1951年10月出生。1988年，公司借款2.5万元开始创业。经过20多年开拓发展，公司已成为中国最大的医疗器械制造商，可生产一次性医用耗材、心脏支架、骨科材料、血液净化、生物诊断试剂、机电一体化医疗器械和药品等300多种、3万多个规格的产品。企业占地面积200多万平方米，下设20个子公司，总资产近100亿元。主要以医疗器械和医药为主业，并向房地产、航天军工等产业发展。拥有医用植入器械国家工程试验室。2010年公司实现主营业务收入102亿元，利润12亿元，缴税7亿元，分别比上年增长36%、50%和75%。公司先后获得"国家863产业化基地"、"国家火炬计划重点高新技术企业"等称号。2010年4月，被国务院授予"全国劳动模范"称号。

董文志 威海建设集团第一建筑分公司经理。山东威海环翠区人。1956年3月出生。1975年7月参加工作。担任经理以来，积极开拓建筑市场，大胆创新管理模式，全面推行目标管理责任制，加强经济运行控制，严格责任考核兑现，全面实施质量兴业、科技兴业战略，使企业的经济效益大幅度提高。公司承建施工的威海国际商品交易中心等50多项重点工程先后获得"鲁班奖"、"泰山杯"、省优和市优工程等奖项。2010年4月，被国务院授予"全国劳动模范"称号。

·省部级先进个人·

（按姓氏笔画排列）

于胜涛 威海市旅游局党委书记、局长，威海援川工作前线指挥部指挥。山东文登人。1972年3月出生。1995年参加工作。1996年10月加入中国共产党。2008年8月任威海市援川工作前线指挥部指挥期间，组织援建及承建的项目全部率先通过山东省、四川省"安全文明工地"评选，并获得"四川省优质结构工程"、"四川省天府杯优质工程"及"绵阳市绵州杯优质工程"奖，其中安昌镇市政道路改造工程项目是全国18个省市援建工程中第一个获得"天府杯"金奖的项目，援建北川新县城的3个项目全部获得"山东省泰山杯优质工程"奖。2010年9月，被中华全国总工会授予"全国'五一'劳动奖章"。

王新华 文登市南海新区管理委员会副主任，小观镇党委副书记、镇长。1969年11月出生。山东文登人。1990年10月参加工作。1993年6月加入中国共产党。2010年1月被山东省委、省政府授予"全省优秀人民满意公务员"称号。

宋　敏 威海市建设工程质量造价监督管理站副站长，威海市援川工作前线指挥部综合协调组组长。山东威海环翠区人。1968年9月出生。1991年7月参加工作。2010年11月被山东省委、省政府授予"山东省对口支援北川灾后恢复重建工作先进个人"称号。

毕吉玲（女） 威海市地方史志办公室主任。山东威海环翠区人。1957年2月出生。1975年8月参加工作。1989年1月加入中国共产党。2010年12月被人力资源和社会保障部、中国地方志指导小组联合授予"全国地方志系统先进工作者"称号。

张　剑 时任威海市委市政府信访局局长。山东文登人。1953年11月出生。1970年12月参加工作。1978年6月加入中国共产党。2010年11月被山东省委、省政府授予"全省信访工作先进个人"称号，记一等功。

李忠伟 山东达因海洋生物制药股份有限公司副总经理。黑龙江依兰人。1956年2月出生。1976年7月参加工作。2010年4月被山东省委、省政府授予"山东省劳动模范" 称号。

张晓东 威海市公安局巡逻警察支队特勤大队大队长。山东威海环翠区人。1976年9月出生。1995年10月参加工作。2004年6月加入中国共产党。2010年11月被公安部授予"全国公安优秀教育训练工作者"称号。

陈福旭 威海市市政建设公用事业管理处处长，威海市援川工作前线指挥部副指挥。山东文登人。1971年10月出生。1992年8月参加工作。1992年7月加入中国共产党。2010年11月被山东省委、省政府授予"山东省对口支援北川灾后恢复重建工作先进个人"称号。

唐会启 威海市民政局副局长，威海市援川办副主任。山东荣成人。1965年1月出生。1979年12月参加工作。1992年4月加入中国共产党。2010年11月被山东省委、省政府授予"山东省对口支援北川灾后恢复重建工作先进个人" 称号。

贾国哲 九三学社威海市委员会主委，陕西省武功县人。1959年4月出生。1982年7月参加工作，1992年7月加入九三学社。2010年12月被九三学社山东省委员会授予"2007～2010年社会服务工作先进个人"称号。2010年9月，被九三学社中央委员会授予"优秀社员"称号。

戚恩雨 威海市公安局环翠分局党委委员、竹岛派出所社区民警。河北滦南县人。1961年6月出生，1979年11月参加工作。1983年1月加入中国共产党。2010年1月被山东省委、省政府授予"全省优秀人民满意公务员"称号，被山东省公安厅评为全省优秀人民警察。2月，被山东省公安厅记个人一等功，3月，被公安部授予"全国公安机关爱民模范"称号。

隋永华 威海市城乡建设委员会党委书记、主任，中共威海市委建设工委书记。山东文登人。1962年2月出生。1983年7月参加工作。1986年8月加入中国共产党。2010年11月被山东省委、省政府授予"山东省对口支援北川灾后恢复重建工作先进个人" 称号。

（各相关单位供稿）

编辑　王　瑛

外地传媒中的威海

专题报道目录

有关威海城中村改造的报道

表23

媒体名称	日　期	题　目
中国金融网	2010.1.25	城中村改造看威海 回迁房建高档社区拆一还二
中国新闻网	2010.1.26	威海城中村改造今年收尾 将建8490户回迁安置房
中国烟台	2010.6.28	烟台考察团威海考察城中村改造
搜狐网	2010.7.21	威海城中村改造 三年77个城中村华丽转身
《大众日报》	2010.7.24	威海："城中村"退出历史舞台
新华网(广州)	2010.9.27	威海城中村改造的"生活变奏曲"：笑了、靓了、富了
《齐鲁晚报》	2010.10.29	城中村改造为威海城市发展注入新活力
《人民日报》	2010.11.7	威海城中村改造群众利益第一
河南新闻网	2010.12.9	威海"取经"破解城中村改造难题
许昌网	2010.12.13	城中村改造的威海速度

有关威海农村环境整治的报道

表24

媒体名称	日　期	题　目
搜房网	2010.1.28	威海选派200名联络员助力农村环境综合整治
齐鲁新闻	2010.2.5	威海：整治农村环境 增加农民收入
山东广播新闻频道	2010.5.2	威海市农村环境整治创新路
《中国环境报》	2010.7.28	农村环境保护系列报道之六 威海市把新农村建设作为创建生态市的重要内容
网易新闻	2010.11.9	威海荣成70个村列入明年农村环境整治规划
中国广播网	2010.11.29	威海从农村环境整治入手修补城乡差距"短板"

韩国《华人商报》2010年刊发威海宣传稿件汇总

表25

（一）荣成

序号	日期	版面	题 目
1	1.9	第2版	荣成2艘2万5千吨级船舶交付使用（图片）
2	1.30	第3版	2009年荣成口岸花生及制品出口增六成
3	2.6	第3版	荣成黄海造船有限公司制造的大型超豪华客货轮“渤海翠珠”举行下水仪式（图片）
4	3.27	第3版	固铂公司增持14%固铂成山股份
5	4.24	第2版	港西边防携司法所开展外企员工法制教育（图片）
6	5.8	第3版	五一休假成山头、法华院、好当家高尔夫游客激增
7	5.29	第1版	荣成蔡家庄与韩国江口面缔结中韩友好村
8	5.29	第3版	荣成渔民捞上2吨重须鲸
9	6.5	第2版	“黄海造船”接单建造4艘豪华客滚船
10	6.26	第1版	荣成风电成规模5年发电6亿度
11	6.26	第5版	外国人住宿登记申报站落户石岛
12	6.26	第6版	首届中韩日国际友好文化学术论坛在赤山举行
13	7.17	第1版	荣成获山东省环境考核县级第一名
14	7.17	第7版	崖西镇林家沟荷花盛开引游人（图片）
15	7.31	第1版	荣成上半年吸引外商投资项目11个
16	7.31	第3版	威海市将利用世行贷款在乳山造林3457.8公顷
17	8.7	第4版	荣成市海蜇捕捞量大增（图片）
18	8.7	第6版	港西镇农民采摘无花果（图片）
19	8.14	第3版	荣成对东盟出口半年突破1亿美元
20	8.21	第1版	2010中国（荣成）汽车产业高峰论坛开幕
21	8.21	第3版	华泰汽车首款中高级柴油轿车下线
22	8.21	第4版	游客在荣成虎山镇葡萄园里采摘葡萄
23	10.16	第2版	山东省内在建最大吨位集装箱船在石岛下水
24	10.16	第3版	荣成市外贸进出口逆差缩小
25	10.16	第3版	人和镇渔民晾晒鱿鱼（图片）
26	11.6	第3版	荣成石岛动物毛皮价格上涨
27	11.13	第5版	荣成青山公园举办首届“园林杯”菊花展
28	11.20	第3版	龙眼港到韩国的海上航路开通
29	11.20	第7版	摄影爱好者赴荣成植物园拍摄枫叶（图片）

（二）文登

1	1.9	第2版	文登被选为“中国长寿之乡”
2	2.27	第7版	游客在文登葛家镇黄龙岘村的樱桃大棚里拍照留念（图片）
3	3.27	第1版	文登南海项目3月20日举行签约仪式
4	3.27	第3版	文登经济开发区威海天山国际发展基地奠基（图片）
5	5.8	第3版	五一假期界石镇樱桃园、葛家镇桃园吸引游客
6	5.15	第4版	高村镇沙柳村无公害桃子喜获丰收（图片）
7	6.5	第1版	昆嵛山樱桃节开幕
8	7.10	第3版	总投资额超4亿元的两大项目同日落户文登经济区
9	7.17	第1版	文登获山东省环境考核县级第二名
10	8.7	第1版	文登上半年投资1亿元以上大项目引进38个

续表25

11	8.7	第4版	文登汽车站室内部分完工（图片）
12	9.4	第4版、5版	文登，中国的长寿之乡
13	9.18	第1版	第一届国际养生产业高端论坛和第三届中国威海（文登）国际温泉节开幕
14	9.18	第5版	文登市产出一重达70公斤的南瓜王
15	10.1	第2版	文登26个重点项目集中签约
16	10.1	第2版	国际长寿美食节在文登开幕
17	10.23	第3版	文登艺术团赴韩国天安演出
18	11.6	第3版	高级汽车座椅生产企业在文登投入生产（图片）
19	11.13	第4版	文登市文化贸易区一角（图片）
20	11.27	第2版	文登南海新区成为省级高科技产业园区
21	11.27	第7版	汤泊温泉获评4A级旅游区
22	12.4	第2版	韩国客商参观文登天山国际发展基地
23	12.4	第4版	张家产镇东汤村村民晾晒粉皮（图片）
24	12.4	第7版	游客在文登南海卓达香水海马术俱乐部体验骑马乐趣（图片）
25	12.11	第3版	文登市金玲山庄新型大棚草莓长势良好（图片）
26	12.11	第7版	天气转冷，到文登泡温泉的游客大增（图片）
（三）乳山			
1	3.27	第3版	乳山成肯德基亚洲供货基地
2	4.10	第3版	山东双连刹车片进军美国（图片）
3	4.17	第7版	乳山大姜加冠地理标志（图片）
4	5.8	第3版	五一假期南黄镇梨园吸引众多赏花者
5	5.15	第1版	2010中国（乳山）母爱文化节开幕
6	7.3	第1版	中非合作论坛在乳山举行
7	7.17	第1版	乳山获山东省环境考核县级第三名
8	7.24	第8版	OP级帆船总决赛19日在乳山银滩成功举行
9	9.11	第6版	乳山发现首处地热资源
10	10.1	第2版	全球畜牧业“龙头”进驻乳山
11	11.6	第4版	乳山生姜大丰收
12	11.20	第3版	乳山市紫薯对德出口
（四）环翠区			
1	1.30	第5版	环翠区羊亭镇一男子“飞针”九个月绣成《中华腾飞》图（配图）
2	3.13	第1版	环翠区张村镇通过职业培训提供工作岗位（图片）
3	3.20	第7版	3月13日环翠区塔山居委会的10余名居民和塔山中学学生一起“穿龙尾”（图片）
4	5.8	第3版	五一假期仙姑顶游客激增
5	5.29	第7版	古陌岭紫槐花开（图片）
6	7.10	第1版	威海港上半年货运量持续增加（图片）
7	7.31	第7版	游客登幸福门观赏威海风景（图片）
8	9.18	第5版	新北洋的戴维德·桑德斯和威东船运的金成洙等14名专家喜获威海友谊奖
9	10.1	第3版	为迎接国庆黄金休假市区各大商场已做好准备
10	10.16	第2版	市区今冬居民供热不涨价
11	10.16	第5版	威海市遣返5名韩国籍不法滞留者
12	11.6	第1版	青荣城际铁路威海段建设启动
13	11.6	第5版	家住菊花顶的司季军用冰糕棍做书简刻录唐诗

续表25

14	11.6	第5版	韩商委托报案，环翠区警方端掉造假窝点
15	11.6	第7版	大群海鸥飞过中心渔港（图片）
16	11.13	第2版	威海广泰发明国内最早的A380机专用除冰车
17	11.27	第7版	金线顶新旅游码头正在建设（图片）
18	12.4	第5版	威海一中周围划出400停车位（图片）
（五）威海高技术产业开发区			
1	1.9	第6版	高区普润电子举办元旦晚会（图片）
2	1.23	第4版	高区初村镇环宇玩具公司制作老虎玩具（图片）
3	3.20	第1版	高区综合整治工程再掀搬迁拆迁新高潮
4	7.3	第1版	威韩商城农贸市场迁至昌鸿附近（图片）
5	7.31	第6版	海水浴场游客如云（图片）
6	8.7	第1版	双岛湾大桥修复通车（图片）
7	10.23	第5版	超过1千人在山大威海分校世宗学堂免费学韩语
8	12.4	第1版	韩国人才招聘说明会在海悦国际举行
（六）威海经济技术开发区			
1	2.6	第5版	2009年威海经区经济强势增长
2	4.3	第1版	经区车辆购置税办税服务处启用——第5个车管服务站进驻张村
3	2.27	第4版	威海船厂制造的3万吨级大型散装货轮交付给加拿大客户（图片）
4	4.17	第1版	东海船舶修造有限公司TIMB货船下水（图片）
5	4.24	第2版	威海市太平禅寺竣工落成
6	5.8	第2版	华润电力风能威海东兴风电场一期工程开工
7	5.8	第3版	五一假期华夏城游客爆满
8	5.8	第3版	北虎口村民花生播种忙（图片）
9	5.8	第5版	住在社区（皇冠花园）融入社区的韩国人柳在淑
10	5.15	第3版	山东新船重工全力提高国际竞争力（图片）
11	6.12	第1版	永旺威海购物中心进入试营业
12	6.26	第1版	永旺威海购物中心盛大开业
13	6.26	第7版	海上公园珍珠梅盛开（图片）
14	6.26	第2版	世高光电子靠产业升级加速发展
15	7.24	第3版	中世韩国国际学校教学楼竣工仪式
16	7.31	第4版	新船重工为德国船东建造的两艘货轮完工（图片）
17	8.14	第1版	威海首家大型游乐园“欢乐华夏”激情开园
18	9.4	第1版	韩企专场招聘会16日举行
19	9.4	第1版	三进船业资助贫困学子
20	9.18	第1版	韩企专场招聘会共招聘1370人
21	9.18	第2版	中国（威海）国际渔业博览会10月14日将在会展中心举行
22	9.18	第4版	经区19日将举办“无花果文化观光月”活动
23	10.1	第5版	皇冠社区“韩情脉脉”迎中秋
24	10.16	第1版	第三届中国（威海）国际渔博会14日开幕
25	11.6	第1版	韩国乐天玛特威海店即将开业
26	11.13	第2版	出口加工区管理局多措施破解“用工荒”
27	11.20	第2版	九龙明珠花园开盘仪式
28	12.4	第1版	乐天玛特威海店盛大开业
29	12.11	第2版	经区以服务促外企增资提效

续表25

（七）威海工业新区			
1	1.23	第2版	工业新区三角工业园预计1月底建成投产
2	10.1	第1版	工业新区总投资额达37亿元的11个项目竣工
3	10.16	第4版	草庙子镇果农摘苹果（图片）
4	10.23	第4版	威海新港加快发展步伐
5	12.11	第7版	工业新区小阮坝优越的生态环境吸引大量野鸭

典型报道荟萃

城中村改造看威海

伴随着各地大规模的城中村改造，“拆迁难”成了社会关注的焦点。然而，在威海，这一难题却得到了有效化解。其根源何在？市委书记王培廷的一段话对此作了注解：“赢得民心无难事。威海的拆迁工作之所以平稳有序，关键在于坚持富民优先，让群众成为城中村改造的最大受益者，充分享受人居城市的发展成果。”

得了实惠揣个明白

威海建立地级市20多年来，中心市区由14平方公里扩展到146平方公里，常住人口由不足7万人增至82万人，由此带来的城中村数量大量增加，其负效应也随着社会的发展而日益显现。

面对这一现实，威海市委、市政府决定，从发展大局出发，从群众利益出发，打一场城中村改造攻坚战，把“短板”补齐。

2007年底，该市作出了城中村改造的总体规划：按照“拆一片旧村，建一片新城，带一片产业，富一方百姓”的要求，用3年时间完成全部改造任务，让所有居住在市区的城中村居民真正过上城市化的生活。

在城中村改造中，为保障群众利益最大化，他们提出，回迁房要按高档社区标准建设，周边要全部绿化、美化、亮化、硬化，室内水、电、暖、气、电话、电视、宽带要全部接通，社区内学校、幼儿园、商业网点、卫生室、健身广场、文化室等公共服务设施要全部配套。同时规定，对居民的回迁房一律“拆一还二”，各村居还根据各自实际出台了奖励政策。这样，66个村居改造完成后，将一次性增加群众财产性收入120多亿元。

城中村改造带来的种种实惠，让群众同步分享。威海市规定，村居集体开发分成部分必须全部用于解决群众养老、医疗等社会保障；土地出让纯收益在扣除农业土地开发资金后，全部返还给村居集体，用于发展集体经济。高新区毕家疃村改造结束后，村里1.5万多平方米的门市房全部出租，租金用来为居民交纳各种社会保障金和改善福利。

为把好事办好，在威海，有一条不成文的规定：凡是涉及城中村改造的大小举措，让百姓说了算。西涝台村是一个有着750户住户的大村，为拿出一份让居民满意的拆迁方案，村委会采取问卷调查、入户走访等形式，拆迁方案前后修改了10多遍。

公平、公正、公开，是威海城中村改造坚持的重要原则。经济技术开发区拆迁改造过程“全透明”，村居班子会、全体党员会、居民代表会和全体居民会“四会”必开，一个都不能缺，最终该区群众自愿签订拆迁合同率、旧房拆除率、回迁房按时建成率均达到100%。

得了实惠，揣个明白，居民拆迁自然顺风顺水。田村是个有着945户人家的大村，仅用了10天时间就全部完成拆迁任务。风林村紧靠威海出口加工区，村民房租收入不菲，但当拆迁“一声令下”，全村没有出现一个“钉子户”。

上下同心八方聚力

威海城中村改造，坚持市场化方式运作。市里规定，参与开发商须与村居签订合同，明确约定回迁房的建筑质量和竣工时间。同时，市里出台了旧村改造项目相关意见，取消和免征收费项目16个，减半收取3个，缓缴5个，开发成本平均每平方米由此降低了400多元，极大调动了开发商的积极性。

城中村改造后的居民生活区　　李传强　摄

参与北葛拉、夏家疃、张家疃等5个村改造开发的华夏集团，一次性拿出1亿多元拆迁补偿费，并主动腾出集团公寓，用于安置拆迁群众。

与此同时，全市各级都把城中村改造作为推进城镇化的“一把手工程”，层层签订责任状，拆迁计划直接分解到镇街。市委书记王培廷、市长孙述涛多次召开专题会、协调会，并深入到村居拆迁现场进行指导和调度。市级领导分村包片、现场督导，每个村居派驻一名副处级干部作为联络员，帮助解决实际问题，赢得了群众的理解和支持。两年多来，全市没有因拆迁引发过一起治安和刑事案件。

把城中村改造作为自己分内的事，市区建设、规划、国土、房管等部门开辟“绿色通道”，简化程序、上门服务，所有审批和收费项目能快则快、能减则减、能免则免；水务、供电、燃气、供热等城市设施配套单位，不讲条件、不讲价钱，做到了城中村拆到哪里，管网就铺到哪里，回迁房一经启用，水电气暖全部碰头并网，宽带、有线电视全部接通。

上下同心，八方聚力，威海城中村改造进展顺利。到10月底，有1万多户居民已经回迁；2010年底，市区范围内66个村居的27136户、8.23万居民将全部乔迁新居。

城中村改造还加快了威海城市基础设施配套，市区原有的25条断头路全部打通，13条河道进行了整治美化。此外，通过城中村改造，新增的13800亩建设用地全部完成开发后，可吸纳城市人口70万人以上。届时，威海中心城市146平方公里范围内将全部实现真正意义的城市化。

（《大众日报》2010年1月24日
任松高　胡禄太　张军）

转变发展方式百城调研行·威海篇（上）

面朝大海绘蓝图

向南，是海；向东，是海；向北，还是海。

山东威海市，这座三面环海的城市，就像陆地衔在嘴里的一块翠玉，峭立在胶东半岛最东端，终日享受着海风的沐泽、海浪的洗礼。

这里是中国每天最早看到海上日出的地方，这里是中国近代海军的诞生地，这里有中国最大的水产品生产基地……

如果用家庭来比喻一座城市，威海称得上家底殷实。虽然地区生产总值不足2000亿元，恰恰处在山东17个地市中正中间的第9位；但如果以衡量一个地区整体实力水平的综合指标计算，按当时汇率，早在2006年威海的人均GDP已经突破1万美元；人均储蓄、人均收入尤其是农民人均纯收入都在山东省名列前茅。

威海有2个国家级开发区、1个出口加工区、3个国家一类开放港口；下辖的荣成、文登、乳山三个县级市，经济发展各具特色，全都进入全国百强行列。

而这一切建立在原本并不厚实的经济基础上。

——在铁路交通图上看，威海就像是被甩在网络外的一截绳子头，“你到中国任何地方都不会经过威海，除非你的目的地就是威海。”当人们坐17个小时的火车从北京来到这里，总是不免心生狐疑：这就是那个海景房广告里描绘的“回家”享受海风的周末之旅吗？

——威海港虽然有宝贵的大片未开发深水岸线，但由于陆路交通的不便，港口的腹地只能局限在狭小的地域，港口吞吐量多年来低位徘徊，港口的带动作用短期内无从谈起。

——兴办大工业所需的能源、原材料短缺，人均占有水资源仅有全国平均水平的40%。“别说煤炭、石油了，连石灰石都很少。”有人这么说。

1987年威海由烟台下辖的县级市升格为地级市后，也成为我国第15个沿海开放城市。为海而生的威海，终于因海而兴。

立市以后的威海，立足大海做足开放文章，将一个改革开放前的海防城市变成了胶东半岛的开放前沿。他们利用距离韩国只有93公里一水之隔的区位优势，1990年，威海开通了我国通往韩国的第一个客运轮渡。从此，“三来一补”、“内引外联”、“筑巢引凤”、“借船出海”，一个个“流行词汇”开始进入威海的经济词典中，记录着威海通过开放克服自身最大限度地集聚发展所需各类要素的探索。这些要素汇拢在一起，与“工业强市”、“五大产业群”等内在动力结合在一起，带动了当地民营经济的发展、加速了公有制企业的改革，促成了园区经济和加工贸易基地的形成，工业化、城市化的步伐大大提速。

“开放是我们的‘命根子’。过去20年威海得以快速发展是如此，应对国际金融危机是如此，未来的发展还是如此。我们的优势在开放、潜力在开放、出路在开放、希望在开放。”威海市委书记王培廷说。

2008年以来，百年不遇的国际金融危机冲击全球时，经济外向度已达51%的威海未能幸免。但开放型经济固有的弹性和韧性，海洋文化的进取和包容，照样给了威海从容应对危机的信心。

采访中记者几次听人还谈起同一个故事：抓住亚洲金融危机之后国际资本加快流动的机遇，威海大力承接产业转移，“光是1997年就一下子吸引来13个项目，相当于以往两年的招商成果”。这次国际金融危机虽然对地方经济造成更大冲击，但威海的决策者们仍然清醒地认识到，金融危机并没有改变当前国际产业资本转移和重组的格局，没有改变我国在国际分工中的地位和现阶段的比较优势。要继续准确把握大调整带来的大机遇，继续利用好发展模式转换带来的新一轮国际产业转移新的机遇，坚定地走开放经济之路。

如果说上世纪末的十多年，依靠对外开放，威海化解了地处陆路末梢的劣势，转变成开放前沿的优势，将区位优势转化成了经济优势，成就了威海从一个滨海小城到经济强市的跨越；新世纪后的十年，依然要靠开放，以开发开放促改革、促调整、促发展……

面对外贸进出口下滑等不利形势，威海坚决贯彻落实中央、山东省应对国际金融危机的一揽子计划和政策措施，统筹做好“保增长、调结构、促改革、惠民生”的各项工作，较快地扭转了经济增速下滑的局面，实现了漂亮的“V”型反转：2009年，地区生产总值同比增长12.8%；地方财政收入增长9.5%；社会消费品零售总额增长17.8%；固定资产投资增长23%。今年以来，各项经济指标继续高开高走，规模以上工业增加值、利润都有较大幅度增长，外贸进出口已经恢复到国际金融危机发生前的历史高位水平。

当然，经过一场国际金融危机的洗礼之后，也留给威海人更多的思索：如今，率先开放的先发优势趋于弱化、制度红利逐渐衰微、资源瓶颈进一步收紧、传统产业出口竞争力减弱，威海还能否增创新优势、实现经济社会的率先发展？威海新一轮增长的动力在哪里？威海如何在新形势新格局中，营造新的区域经济强势，在加快发展模式转变中走出一条因地制宜的可持续发展之路？

威海的发展优势是有目共睹的：

第一、拥有宜居环境带来的核心竞争力。

多数外地人对威海的认知，首先是这里令人羡慕的人居环境。这里的空气优良天数接近100%！海天如洗，绿树成荫，难怪这里的出租车司机遇到外地乘客，常常会指着自己车上"绿色威海、蓝色经济"的小标牌自豪地问：咱威海漂亮吧？

多年来，为了守护碧海蓝天这笔宝贵财富，威海放弃过大项目，淘汰过小项目。全国第一个"国家卫生城市"、第一个"国家环境保护模范城市群"、第一个"中国优秀旅游城市群"以及"国家园林城市"、"全国绿化模范城市"、"中国人居环境奖"、"联合国人居奖"等称号实至名归。在新一轮的竞争中，环境优势已经成为区域经济间最大的竞争力，其中威海的优势不言而喻。

第二、打造了一个与城市定位相符的相对完善的产业体系。

通过在承接国际产业转移中，发展区域特色产业，威海已初步形成了以运输设备、电子信息、电动机械、轻工纺织服装、食品医药五大产业为支柱的工业生产体系。2009年，这5个产业群共拥有企业1689家，产值占全部规模以上工业81.7%。在5个产业中，有4个属于轻工业，而以汽车轮胎为主的运输设备产业也属于重工业中的较低耗能产业。所谓重工业不"重"、轻工业更"轻"，威海工业经济结构的特点，与作为"小而特"、"小而精"的新型城市定位非常吻合。

威海还是全国最大的地毯、渔具、木工机床、汽车轮胎及打印机和传真机生产基地。这些细分产业有的竞争优势明显，有的区域特色鲜明，和五大产业共同构成了一个基本完整的工业体系。

第三、发展经济的基础条件日趋完善。

虽然一直到今天，铁路方面，威海只有通北京、济南和汉口3地的客运列车，但高速公路、空中航线、海上航班等正在织就一个立体化的区域交通网络。连接威海与胶东半岛另外两个重要经济城市青岛、烟台之间的城际轻轨项目一年前开工，成了威海最为关心的一件事，地理概念上的青烟威1小时经济圈就此呼之欲出。另外，随着大量风电项目和两个核电项目的上马，威海在新能源领域进行产业布局的同时，也有望解决自身的能源缺口，为经济发展提供动力。

优势明显，但弱势尚存、困扰仍多。经过多年高速增长，经济总量上去了，但在经济发展的质量和结构上，威海要做的文章还很多：

在经济版图上，产业结构不够合理、产业层次偏低、产业链短小、产业之间关联度弱；在区域版图上，与周边城市群的融入缓慢、经济能量向外辐射和接受辐射都有限；在开放版图上，亟待由注重利用国内外资金向利用国内外资源、技术、管理和智力并重转变；由扩大出口规模向追求出口质量、品牌转变；由以'引进来'为主向'引进来'和'走出去'并重转变"。

威海需要一个切入点，需要一次新的机会。

2009年4月胡锦涛总书记视察山东时强调指出："要大力发展海洋经济，科学开发海洋资源，培育海洋优势产业，打造山东半岛蓝色经济区。"山东省委、市政府作出打造山东半岛蓝色经济区的战略部署，今年4月，经国务院同意，山东半岛蓝色经济区成为全国海洋经济发展试点地区。

根据山东半岛蓝色经济区规划纲要，威海既是山东半岛蓝色经济区7个重点城市之一，又是胶东半岛高端产业聚集区4个重点城市之一，在山东半岛"一区三带"总体发展格局中举足轻重。

山东半岛蓝色经济区的建设，在恰当的时点上，为威海带来了转变发展方式的恰当机会，为威海在后国际金融危机时期重新定位、寻求超越，确定了全新发展坐标，提供了难得的机遇。

如果说上世纪八十、九十年代，我国通过确定经济特区、沿海开放城市等，还是以"点"的形式激活国内改革开放的一盘棋；那么，今天正在谋划的新一轮蓝色经济区域发展规划，将在 "面"上为威海新一轮发展和开放打开更广阔的空间。

蓝色经济区建设带来城市视野的全新转换。

"站在不同的高度观察，有不同的做法。先前可能就是站在威海看威海，或者最多是站在山东看威海，而现在则是站在全球看威海。"威海市委副书记、市长孙述涛说。

蓝色经济区建设带来产业路径的全新选择。

将千公里海岸线建设成为生态线、旅游线、经济线，以之为依托，打造高端产业聚集区和滨海生态人居示范区，打造滨海旅游文化产业带、临港物流产业带、临海现代制造业和现代海洋渔业产业带——威海蓝色经济区建设总体规划迅速出台。保护与开发并重、海陆统筹发展、推进产业高端化、突出威海特色，作为指导原则，将贯穿蓝色经济区建设的过程。

蓝色经济区建设更带来开放空间的全新突破。

上万平方公里的海上蓝色疆域面积，不仅将大大推动威海的海洋资源优势尽快转化为海洋经济优势，而且将胶东半岛的开放区域进一步延伸到整个东北亚并能更快地融入西太平洋经济，海洋经济的龙头城市对区域经济的辐射力、带动力和影响力将不可小视。

抓住时机，必将激活威海上万平方公里的海上蓝色疆域面积，推动威海的海洋资源优势尽快转化为海洋经济优势，增强区域经济的竞争力。

许多产业染上了"蓝色"。威海华东数控股份有限公司和德国希斯庄明有限公司合作成立了威海华东重工有限公司，希望借助便利的出海条件，进入国内重型装备市场。总经理宁有维兴致盎然地指点着现在还空空荡荡的3万平方米厂房：这儿，是加工尺径22米、高12.5米的重型车铣中心；这儿，是8米乘8米、长30米的龙门铣；这儿，是生产矿山机械和水泥机械的16米的滚齿机。这里能加工生产出最大达500吨重的设备，就从西边这条路运到2.5公里外的新船重工码头装船出海。

威海姓"海"。但正如一句威海的形象宣传片里所说：

威海，不仅仅是海。

（《经济日报》2010年7月26日 齐平 单保江 李亮）

转变发展方式百城调研行·威海篇（中）

产业布阵新航线

在山东省威海市，"转方式、调结构"是个热门话题。人们常把这项威海市委、市政府当前的中心工作简称为"转、调"。

其实，加快转变发展方式，对威海来说，并不是面对国际金融危机的权宜之计，而是多年来持之以恒的坚持追求。

经过高速的工业化和城市化发展，威海的三次产业结构已经由最初的"一、二、三"，演进为"二、三、一"。2009年，三次产业比重为7.1∶61.2∶31.7。相对于工业经济制造业迅猛发展的势头，服务业的发展滞后了。服务业增加值所占比重仍然低于全国平均水平8个多百分点。与其它城市相比，威海的第三产业总量偏小，比重偏低，在资本、技术、人力资源等方面处于弱势颇有不足。

拉长服务业这块"短板"，对威海来说，既是现实的选择，也是必然的要求。一方面，对于威海这样资源、能源短缺，环境要求门槛高的地方，发展对资源和能源消耗轻、而又具有高成长、高增值、高科技含量和强辐射性的现代服务业，进而实现现代服务业与现代制造业良性互动，将成为城市经济可持续发展的强有力支撑。另一方面，威海作为全国闻名的滨海旅游城市，自然资源丰富，名胜古迹众多，千里海岸线上，海、滩、湾、岛、山、泉俱佳，发展旅游业得天独厚。

"从高点起步"大力发展第三产业，已经成为威海上下的共识。威海市委、市政府明确提出，全力打造现代服务业，不断提高服务业在国民经济中的比重，实现经济增长由主要依靠第二产业带动向依靠第一、第二、第三产业协调发展的良好格局。

威海经济技术开发区从2008年开始建设的东方硅谷软件园，从做精一个园区、一个项目开始，将这里逐步建成服务外包领域人才培训、动漫软件、管理软件以及测试实验中心、呼叫服务后台处理等尖端业务的聚集之地，引领威海服务外包实现产业化。

出于对第三产业前景的看好，民间资本纷纷进入。华夏集团通过在制造业的发展积累了资本后，投资55亿多元，打造现代化旅游新城"华夏城"。走进园中，拾级而上，亭台楼阁、小桥流水已见雏形。据介绍，每逢周末夜晚，还将上演一个大型全景演艺节目，观众可以坐在旋转的太空船里欣赏以山水为背景的光影变幻。

近几年，威海的服务业投资的增速持续高于全社会固定资产投资的增速，2005以来平均每年增长28.4%，2009年已达到全市固定资产投资一半以上。

在加快转变经济结构的同时，威海市一方面以建设蓝色经济区、高端产业聚集区为总抓手，以高端、高质、高效为方向，大力发展高新技术产业。

见到威海市科学技术局局长高同璞的时候是个下午，他刚陪一位大学教授到荣成考察了鲍鱼育苗项目回到市里，跑了满脑门的汗。他告诉记者，威海很多科技创新都是靠这些院校的"外脑"实现的。威海的高校、院所比较少，科教资源并不富集。但威海高度重视科技创新在产业发展中的决定性作用，明确提出"自主创新是第一动力"，从2008年开始，已经是连续第三年确定为"自主创新年"，提出了建设高层次人才聚集区、产学研结合密集区、科技成果转化汇集区的"三区"目标。

在提高自主创新能力、建设创新型城市上，威海市委、市政府"提供一切能提供的有利发展环境"。一方面，对高层次人才的引进、高新技术产品的研发，以及企业的技术改造、信息化建设、上市融资、节能减排等，都有相应奖励和扶持，"虽然资金有限，但它体现出的导向作用是明显的。"另一方面，搭建院校资源与企业对接的平台，通过柔性引才、创新联盟等，有效地集结起创新元素为产业发展服务。比如产学研合作联盟，就是威海吸纳创新元素的创新之举。通过设立产学研结合专项资金，为加入联盟的高校和科研院所提供工作经费，以此推进科技成果产业化。

荣成市产业技术创新战略联盟活动周刚刚落下帷幕。活动组织者说，由于去年活动周期间落地的高速高密度电机、大型船用曲轴加工等项目都成功地实现了产业化，产生了强大的示范效应，今年参加活动的高校院所更加踊跃。今年他们邀请了28家科研院所的120多位专家，主题侧重调整提升食品加工产业和培植发展战略性新兴产业，参加活动周的科研单位则分别从各自的优势领域，针对威海市产业特点，发布了600多个项目，短短一周时间就签订了产业技术创新联盟合作协议、意向69份，"产学研合作创新，可以实现优势互补、资源共享，可以缩短研发周期，促进成果尽快转化，为企业发展赢得先机。一个联盟抵得上一所大学。"

2009年，威海市高新技术产业产值达到1700多亿元，同比增长18%以上，占规模以上工业总产值的比重提高2.6个百分点，达到33.91%；专利申请量达到3220件，授权量达到1180件；取得重要科技成果140项，其中达到国际领先或先进水平的有26项。

加快改造传统产业，针对多个产业存在的科技含量不高、产业链不长、产业关联度不够等问题，威海市委市政府按照产业链—产业群—制造业基地的发展思路，搭建各种平台，着力推进技术创新和产业集聚。

"既要顶天立地，又要铺天盖地"，体现了威海发展产业集群的思路。一个产业的竞争力大小，不仅取决于骨干企业的规模和实力，也在于骨干龙头企业的带头作用充分发挥，产业链条进一步拉长。这在纺织、造船等传统行业体现更为充分。

文登市是我国最大的工艺家纺生产基地。有4000多家生产企业，这个产业链中既有在全国占据行业龙头地位的大企业，也有大量中小企业。文登市中小企业局、家纺产业局局长徐方说，一方面他们积极支持艺达这样有实力的企业做大做强，并支持以他们为主体的行业的重组兼并；另一方面，对众多抵御风险能力弱、产品同质化严重的中小企业，则按照“自愿结合、产品相近、利益共享、风险共担”的原则，采取以大带小、以弱带强的形式，将3至5家家纺企业组成联合体。在联合体内，一个企业准备接的订单，其他合作企业都有责任参与考察客户的诚信度和资金实力；一个企业接到订单，如果量大时间紧，难以按时供货，其他合作企业都有责任帮助加工生产；一个企业在生产中遇到流动资金困难时，其他合作企业都有责任帮助解决。徐方说，联盟目前还是松散型的，逐渐要向紧密型联盟过渡，这样，大概用几年时间，文登家纺产业会更加强壮。

主要缘于第二产业和第三产业的快速崛起，威海第一产业在三次产业中所占的比重从设立地级市初期的49.4%下降到目前的7.9%。但第一产业本身依然特色鲜明，发展潜力巨大。比如在乳山有中国纬度最高的茶叶生产基地、胶东面积最大的大姜生产基地、江北产量最大的牡蛎生产基地；荣成的水产品产量、渔业总收入全国县级居首。

近年来威海突破第一产业的传统框架，全面整合资源，实施结构战略性调整，推动第一产业的产业化经营和国际化发展，促进了现代农业、渔业的快速崛起。

乳山市委书记傅广照介绍说，乳山顺应农产品“绿色、安全”的发展趋势，在农产品质量安全管理上狠下工夫。2007年，乳山开始打造农产品质量安全特区的尝试。他们从农药、农资等投入品开始，按照国际标准严格管控，同时建立农产品可追溯体系和质量问责机制，确保行政区域内所有农副产品投入无违禁、产品无公害，打造出绿色农产品品牌。

荣成海带、荣成大花生、乳山牡蛎……一系列地理标志产品保护，增强了威海产品在市场上的品牌竞争力。6月，距离牡蛎收获的时间还有近半年，但乳山市海阳所镇西黄岛村支部书记迟明雪家里人来人往，来自北京、广州等地的牡蛎销售商提前半年就来下订单了。迟明雪介绍说，“自打2008年‘乳山牡蛎’获得地理标志商标认证后，许多订货商在牡蛎播种前就扎在村里盯货源。”

发达的大农业，不仅受到大批销售商的青睐，而且吸引着投资者热切的目光。近两年来，仅乳山农业领域就先后吸引了100多亿元国内外资本。2009年，威海新引进农副产品深加工业项目15个，其中新开工9个，完成投资3.3亿元。

（《经济日报》2010年7月28日
齐平　李亮　单保江）

转变发展方式百城调研行·威海篇（下）

千舟竞发谋先机

同在山东，距离威海市不远的地方，在青岛，有海尔、海信、青啤等在国内外声名显赫的大企业；在烟台，有像汽车、手机、电脑等产值数百亿的产业集群。威海有什么呢？

在威海的采访中，记者看到了威海有像威高、新北洋、艺达这样各自行业里的领军企业，更有一大批虽名气不大，却在各自的领域大有作为的企业群，深深感到：威海的企业所处行业不同，发展路径各异，但共同的地域特色，给威海企业群注入了独特的成长基因，而它们在顽强地走出特色鲜明的转型发展之路的同时，也塑造着威海鲜明的城市性格。

22年前，威高集团以2.5万元周转金起家，在威海市田村福利院4间简陋的仓库里开始了艰难的创业之旅，仿佛不经意间在并不肥沃的土壤上播下一粒种子。22年间，威高集团经历了由一个乡镇小厂到行业龙头的蜕变，当年的那颗种子发生了惊人的裂变。如今，威高集团已成为我国最大的医疗器械制造商，产品品种达到300种3万多个规格。

特别让威海人津津乐道的是，威高集团集中力量进行技术攻关，多个产品打破国外的长期垄断。“我们的药物涂层心脏支架在国内上市后，将国外产品价格从4万元左右拉低到现在的1万多元。”威高集团董事长陈学利说。

8年前，为把产业尽快做大做强，北洋集团把专用打印机业务剥离出来，成立了山东新北洋信息技术股份有限公司。8年后，新北洋交上了一份骄人的市场答卷。新北洋已经成为我国铁路系统最大的客票打印机供应商，市场份额超过60%，是我国铁路行包公司唯一标签打印机供应商，也是我国邮政系统条码标签打印机的第一供应商，市场份额超过90%。去年，由山东新北洋信息技术股份有限公司自主研发的第二代身份证卡专用复印机正式推向市场。在该产品开发过程中，新北洋共申请专利13项，其中发明专利7项 。

在威海，像威高集团和新北洋这样的企业，正在不断成长为一个群体。它们不是普通公众视野内的明星企业，但在各自的领域做到位居前列。它们共同描绘着威海经济的蓝图，构成威海经济强劲的内生发展动力。

一路走，一路看。一幅幅威海企业成长群像逐步清晰起来，我们试图探寻它们共同内在特征，触摸它们共有基因图谱，也观察到了威海企业转变发展方式的一些特征。

其一，具有顽强的生命力和适应力。威海地处陆路交通的末梢，资源缺乏，企业成长的环境相对先天不足，加之过去曾是县级市又是海防前线，缺少大项目落地，缺少大型装备制造业。因此，威海的企业在由小到大、由弱到强的蜕变的过程中，要承受更大的压力，付出更大的努力。而恰恰因为经受了恶劣环境的考验，威海的企业群表现出顽强的生命力和适应力，根扎得很深，枝干长得很粗。

其二，走差异化发展的路径。“春江水暖鸭先知”，身处激烈的市场竞争中，威海的企业家更早地意识到，单纯靠普通产品总量扩张经营方式难以为继，走差异化发展道路，在“专”字上下功夫，成为许多企业的共同选择。

以威高集团为例，它按一个骨干产品建立一个分厂的原则，走专业化精细化的道路。每研发一种新系列的高科技产品就建立一个新公司，巩固和扩大专业化生产。目前，先后以心脏支架、医用针、骨科材料、人工肾、治疗型大输液、生物诊断试剂、缝合线、体外循环等系列产品为核心，建立了十多个新公司。

其三、善于借助外部的力量。在人才使用上，光威集团很早就树立了“不求所有、但求所用”的理念。他们先后聘请了10名两院院士担任研发顾问，请国内著名专家对公司生产进行管理。以开放的胸怀，巧借外力，光威集团有效弥补了自身的“短板”。

拥有强健的体质，威海的一大批企业在国际金融危机中，表现沉着，甚至出人意料。

2009年，威海三角集团轮胎总产量2200万条，同比增长12%；实现营业收入130亿元，同比增长12%；进出口总额9亿美元，每加工1吨橡胶综合能耗下降1.88%。

2009年，威海光威集团首条1000吨拓展碳纤维生产线实现稳定运行并通过国家发改委验收，产品达到国际先进水平。2012年全部建成投产后，年可实现销售收入100亿元。

2009年，文登家纺企业发展到829家，销售收入突破130亿元，成为山东省优质工艺家纺产品生产基地……

技术创新，先行一步。通过自主研发形成具有自主知识产权的核心技术能力，是三角轮胎在国际金融危机中表现出色的关键所在。在向全球市场挺进的过程中，三角的技术研发始终跟踪国际行业巨头的技术水准，不仅建立起了自己的研发队伍，建设起国家级技术开发中心和博士后科研工作站，而且形成了自己的研发体系，科研开发费用每年已占到销售收入的3%以上。

在威海，企业自主创新活动已不只是“浪花朵朵”，而是以万涓成河、百川归海之势迅猛发展……

2009年，威海市与中科院、哈工大等8所院校建立了产学研合作联盟；认定市级以上技术开发中心112家，“四级企业技术创新体系”初具规模；立足培植具有自主知识产权的技术和产品，创建了2个国家工程实验室和1个国家工程研究中心。

“中国地毯，山花烂漫”。什么是山花地毯最核心的竞争力？什么是山花地毯最宝贵的财富？是品牌。28年来，山花集团紧紧捂住“山花”这个牌子不放松，将其装扮得越来越靓丽。

如今，“中国驰名商标”、“中国名牌”、“中国行业标志性品牌”、“中国500最具价值品牌”等已被山花地毯集团收入囊中。山花地毯能拥有如此多耀眼光环，绝非偶然。28年来，山花地毯将品牌建设放在优先位置。围绕品牌建设，山花集团瞄准当代国际先进技术，不断对企业进行技术改造；跟踪国际市场的消费趋势，严格按国际高端市场对产品的要求组织生产；将绿色环保概念引入生产和销售的每个环节……

企业是最具有创新能力的经济社会细胞。事实证明，企业的主体作用发挥得越充分，一个城市就表现出越强的经济活力。当威海激发出每个“细胞”的活力时，最直接的效应便是形成“群峰争辉”的局面，而不再是往昔“群山无峰”的光景。

去年以来，构建蓝色经济区和高端产业聚集区的战略布局在威海大地迅速扩张。面对这一加快转变发展方式、再创发展新优势的大好良机，威海市的企业群在求“变”。

三角集团绿色、低碳、环保型绿色工业园，正在建设生产能力为560万套全钢载重子午胎生产线，2012年整个园区达产后总生产能力将达到4000万套以上，实现销售收入240亿元以上。

光威集团万吨碳纤维产业化园区，加快建设1000吨级碳纤维生产线，争取5年左右，碳纤维生产能力达到1万吨，主营业务收入达到100亿元。

华东数控集团重型数控机床工业园，主要是生产大型数控龙门车铣镗符合机床以及用于风电、核电、火电设备的重型数控机床。

……

“我们力争使威海的产业辐射能力进一步增强，产业关联度、集聚度显著提高，到2012年，主营业务过百亿的企业5家，过五十亿的企业10家。”威海市委书记王培廷说。

威海向前，面朝无际的大海；威海回身，背靠广阔的腹地。威海的企业群同时拥有内、外两个市场、两种优势。长期以来，相当一部分企业围着“订单”转，重视国际市场。如今，变化正在悄然出现。

艺达集团就尝到了“变”的甜头。“家纺企业利润本来就十分微薄，国际市场的不确定因素使企业承受更多的风险，出口利润只有3%至5%，但在国内市场，同类产品利润却能达到10%以上。”艺达集团党委副书记张鹏超说，2年前，艺达开始重点发展国内市场。他们将国内市场划分为十三大片区，每个片区都配备了业务骨干和专用车辆，同时在北京、上海、陕西、湖北等20多个省市自治区采取自营、加盟等形式开设了400余家专卖店。

新发展战略收到成效。目前艺达集团的销售总额中，外贸份额已下降到80%，内贸份额则由不足5%上升到20%。

一到十，十到百。在威海，大力开拓国内市场的企业已形成星火燎原之势。

他们，根植于威海独特的土壤上；他们，让威海的转型发展之路越走越宽阔；他们，形成了威海经济蓝图的“主体力量”。

（《经济日报》2010年7月29日
李亮　单保江　齐平）

由“派菜”到“点菜”
威海干部自主选学
蔚然成风

8月8日，是“双休日”，在山东威海市，许多干部却主动走进清华大学继续教育学院威海教学站、山东大学威海分校等培训单位，坐在课堂里当起“学生”来，抓紧为自己“充电”。这是威海市委组织部开展干部自主选学活动给干部教育培训工作带来的新变化。

新变化来自大胆创新改革。为适应形势新发展，满足干部培训新要求，2006年，威海市委组织部采取问卷调查、集体座谈、个别访谈等方式，广泛开展干部学习需求调研。摸透实情后，2007年，威海市改革原来“安排什么培训什么”、“教什么学什么”的传统培训方式，在全市推行干部自主选学，把学什么、到哪儿学、什么时间学的选择权交给干部，最大程度地满足干部个性化、差异化学习的培训需求，初步形成了干部自主选学培训的“威海模式”。去年6月，在中组部召开的教育培训工作交流会上，威海作为唯一的地级市单位发言。自主选学为什么受欢迎？威海市委书记王培廷对记者说：“因为这种方式把干部培训由‘大锅饭’变为‘自助餐’、由‘派菜’变‘点菜’，充分体现了‘尊重人、服务人、提高人’的现代培训理念。”

在威海市委组织部的一份自主选学“菜单”上，记者看到，经济建设、文化建设、社会建设、传统文化、心理健康、保健知识等成为干部可以选择“充电”的内容，有50多门。这份“菜单”交给干部，由每个人根据自己希望了解的知识、渴望掌握的理论、迫切需要解决的问题自主选择学习。

威海市委政策研究室副主任张修成说：“3年来我选修了法律、传统文化、经济学管理等课程。与时俱进是选修课程的一大共性，通过学习，进一步激发了我们关注改善民生、促进科学发展的责任感和紧迫感。自主选学既‘好学’，又‘好用’。针对当前企业用工难问题，今年3月，结合自己培训的新知识，撰写了题为《威海高新技术人才战略的启示》的调研报告，为不少企业破解用工难提供参考。”

“以前我就对国学很感兴趣，但传统培训中一直没有这门课程。自主选学后，我才有机会对国学进行系统学习。”威海市民航局政工处处长罗玉说：“听了清华大学张国刚教授讲授的《国学智慧与企业管理》，使我对国学有了更深入的了解，特别是如何把国学精髓更好地应用到企业管理中，受益匪浅。”

自主选学以其方式灵活、针对性强、内容丰富，使得95%以上的领导干部受益。威海市“保护中小企业发展行动”中，中小企业局等部门把应对国际金融危机作为主要选学方向，帮着企业寻找应对之策，展开系列扶持行动。

为了最大限度克服工学矛盾，方便干部选学，使之成为“便捷学习”和“快乐学习”。威海市规定主修课每门一般安排40学时，分散在四个季度，干部可根据个人实际确定，选修课每门一般不超过16学时，全部安排在双休日。威海市农业局干部李雪梅对记者说：“我们农业部门，每年三秋三夏季节最忙，这个时候如果让我们去学习的话，势必要耽误工作。现在通过自主选学，我们就可以闲时多学，忙时少学，效果挺好。”

威海市的干部培训，再也不是市委党校独家担当，而是面向社会，采取竞争方式确定培训机构。通过资格审查、质量评估、竞争择优等程序，确定了威海市委党校、山东大学威海分校、哈尔滨工业大学（威海）、清华大学继续教育学院威海教学站等培训机构承担培训课程任务。

自主选学推行3年来，威海市干部自主选学蔚然成风。以前威海市委党校每年的培训人数不足千人，现在增加到5000人左右。2009年，全市培训干部突破1万人次，三年来累计培训干部2.1万人次。培训对象不仅包括市直部门所有党政干部，还首次把部分重点企业中层以上管理人员纳入其中。

（《光明日报》2010年8月23日
赵秋丽　胡禄太）

威海的“蓝都”之梦

飞机掠过黄海之滨，从高空俯瞰胶东大地最东端，黄海宛如一轮碧蓝色弯月，怀抱着一颗润玉般的元宝。这，便是威海。

初冬时节，记者满怀好奇，探访这座城市的美丽。汽车沿滨海大道前行，一侧是鳞次栉比的高楼大厦，洋溢着现代气息；另一侧临海，是花木扶疏、雕塑点缀的“幸福长廊”。同仁彭辉热心承担东道主之责，不时指点着景观：这是“幸福门”，那是“威海之窗”……

“幸福门”，多好的寓意。威海人用自己的智慧和勤劳，在近千公里海岸线区域创造了那么多业绩：海洋经济大市、新兴工业城市、优秀旅游城市、生态园林城市、环保模范城市、人居范例城市、国家森林城市。去年，威海在全省第二个跻身人均GDP过万美元城市行列。

今天，面对转方式、调结构的历史契机，在坐拥种种辉煌之时，透过“威海之窗”，向着广袤无垠的大海，威海又看到了什么？

威海市委宣传部副部长胡禄太告诉记者：“威海正在转向建设‘蓝色休闲之都，世界宜居城市’。”

如今，俄罗斯游客越来越迷恋威海了。这里三面环海，一面靠山，去年优良天气达到351天，“春有百花秋有月，夏有凉风冬有雪”，最是避暑休闲好去处。俄罗斯游客包机、乘车、坐船，一批一批来到威海，住进海滨的可心宾馆、民居，到国际海水浴场、半月湾海水浴场享受细软的沙滩，温暾的海水，灿烂的阳光，清爽的海风。在威海，他们一住十几天、几十天、几个月。七八年前，威海市一年接待俄罗斯游客不

威海公园一角　　李传强　摄

满100人，今年则接待了1.6万多人次。

韩国人像串门、走亲戚一样常来、常往威海，这里是他们最近的中国邻居。他们或邀朋携友，或举家出动，到威海洗温泉、打高尔夫球、吃中国的“韩国料理”。城区46.3%的绿化覆盖面积、人均23.92%平方米的公园绿地面积，都令他们流连忘返。大街上，写有中韩两国名字的店铺、招牌随处可见。一年里，就有28万人次韩国人来威海，有3万多韩国人在威海做事、居住，成了“威海公民”。

今年，来威海的中外游客达1870多万人次。其中，7月份威海至刘公岛航线旅客船舶日航行500艘次，日运送旅客5万人次。仅7月31日一天，国际海水浴场就迎来6万人次游客。

这些数据的背后，是威海人思维方式导引行为方式的转变。

市旅游局副局长鞠院洪告诉记者，围绕建设“蓝色休闲之都，世界宜居城市”这个目标，威海旅游业正在由低端向高端、由单纯观光向休闲度假、由单纯景点向文化内涵、由点线开发向穿珠成链、由偏重资源开发向资源开发与市场营销并重转变。

他们围绕里口山、孙家疃、正棋山、朝阳港，建设城市旅游休憩带。天沐、呼雷汤、汤泊等8处温泉，由洗澡型转向洗浴、理疗、养生、食宿一体化。以海洋文化为主题，实施了金线顶滨海景观工程，融合人、船、海特色，囊括商业金融、文化娱乐、海洋观光、休闲度假、海洋公园等功能。以俚岛烟墩角、石岛楮岛等村为基点开发海草房民俗村。华夏集团利用自然山、水、船为背景，导演了360度大型山水实景特色演艺《神游华夏》节目。

休闲宜居，就是让人们放松身心，自由自在，吃得应心，玩得开心，住得舒心，来了不想走，走了还想来。

说起这些，威海人对他们今年举办的几项体育赛事津津乐道。

8月15日，帆船界世界最高规格赛事之一的“海御19 HOBIE帆船锦标赛”在威海举行，来自22个国家和地区的110支船队的220名运动员逐鹿碧波。

9月25日，“长距离铁人三项世界杯系列赛”在威海举行，24个国家和地区的387名运动员参与角逐。

……

一系列体育活动，为威海营造“休闲宜居”添薪加油，它向人们宣告：一个充满活力、健康向上的城市，是最适宜休闲居住的城市。

家住德州的“老板”王艳香，两年前在威海海滨买了一套房。谈到为何千里迢迢到此买“闲房”，王经理对记者说：“到威海，几乎找不着灰蒙蒙的天，喘口气都是新鲜的。现在，我工作累了来清闲几天；再过几年，就在这里养老啊。”

威海市民告诉记者，本市的房价在最近六七年上涨了两倍，有些地段甚至更多。

为了“最适合人类居住”的目标，威海人近乎苛刻地维护着自身的环境。市环保局副局长刘昌军给记者讲：这两年，市区城中村改造工程面多量大，运输中出现一些扬尘。市里发现后，立即召集环保、交通、环卫、城管、公安等部门专题研究解决办法，进行综合治理，效果显著。

走遍四海，还是威海——对威海来说，此言不虚。

（《大众日报》 2010年12月8日
朱殿封　魏东　任松高）

威海从农村环境整治入手修补城乡差距“短板”

山东威海市享有“世界宜居城市”美誉，城镇化水平超过60%，人均GDP超过1万美元。但威海也面临同全国其它地方一样的难题：全市2500多个村庄基础设施简陋、环境脏乱很差。城乡发展不均衡问题摆在威海市委书记王培廷面前：“这些年我们的经济发展速度很快，但农村发展相对滞后的现实我们不能回避，到了非突破不可的时候，发展中该补的短板和缺腿必须加速补上”。

5年来，威海通过政府补助、部门帮助、社会赞助为主，在每个村投入百万元整治环境；同时在国家城乡居住工程、城乡土地增减挂钩等一系列惠民政策扶助下，把旧村改造作为开发项目推向市场，用利益杠杆吸引鼓励社会资本，整个项目，不让村民花一分钱。

在威海文登市昆嵛山上的三瓣石村，山间小路变成了宽敞的水泥路，山脚下修起了停车场。一直抱怨自己住在半山腰、家里樱桃不好卖的村民徐承坤，因经营农家乐，家里收入一下子翻了好几倍：对我来说是“双收”：不用再去城里卖，人家直接到咱园子里摘着吃，带着走；还在我家吃饭，也是一种收入，我满足、幸福，确实幸福！

目前，威海市已累计对700多个村庄进行环境整治，曾经脏乱差的大小村庄旧貌换新颜，成为超市、医疗所、健身场、幼儿园、澡堂等一应俱全的农村社区，还有拿工资的保洁员专门打扫；一些条件较好的村，暖气和天然气管道还通到了村头。威海市委书记王培廷说，未来五年，威海所有的村庄将面貌一新：农民的生活相对于城市，从基础设施建设到收入水平还有很大的差距，我们尽量的缩小城乡差别，真正地带着感情为农村、为农民多办些实事、好事，使农民群众也能享受到现代化设施带来的新变化。

（中国广播网　2010年11月29日
沈剑华　柴安东　邢飞）
编辑　闫拥军

统计资料

自然、社会、经济主要指标

2010年威海市行政区划

表26　　　　单位：个

	合　计	环翠区	高技术产业开发区	经济技术开发区	工业新区	文登市	荣成市	乳山市
市辖区	1	1						
市辖县级市	3					1	1	1
镇	50	5	1	2	3	12	13	14
街道办事处	18	3	2	3		3	6	1
村民委员会	2514	131	36	67	169	684	826	601
居民委员会	395	100	36	31	5	79	125	19

威海市主要山脉

表27

名　称	所在地	主　峰	海拔高度（米）
昆嵛山	文登市	泰礴顶	923

威海市大型水库

表28

名　称	地　址	建成年月	总库容(亿立方米)	兴利库容(亿立方米)	最大坝高(米)
米山水库	文登市	1960.2	2.80	1.07	20.89
龙角山水库	乳山市	1960.6	1.07	0.60	23.00
八河水库	荣成市	2004.5	1.05	0.71	11.00

威海市主要河流

表29

名 称	发源地	长度（公里）	流域面积（平方公里）
母猪河	文登市	65	1115
黄垒河	牟平区	69	652
乳山河	乳山市	65	1016

威海市土地状况

表30

地 区	土地总面积（平方公里）	土地总面积（公顷）	耕地面积（公顷）	海岸线长度（公里）	人口密度（人/平方公里）
全市合计	5797	579698	196765	985.9	437
市 区	777	77673	17052	157.4	835
文登市	1829	182916	64668	155.9	352
荣成市	1526	152620	56400	487.0	439
乳山市	1665	166488	58645	185.6	344

注： 1.人口密度是按年末户籍人口计算所得。
2.市区包括大口径环翠区（含草庙子镇）、威海高技术产业开发区、威海经济技术开发区。

1953～2010年威海市分市（区）降水量

表31 单位：毫米

年 份	全市平均	市 区	文登市	荣成市	乳山市
1953			785.0		
1954			811.7		
1955			796.1		
1956			516.4		873.3
1957			705.0		726.1
1958			484.6		474.6
1959	1083.1	1034.2	1183.6	1013.0	1101.5
1960	906.7	935.6	1048.0	881.0	762.3
1961	942.4	870.9	857.5	933.1	1108.1
1962			984.4		882.0
1963			805.5		774.3
1964		893.5	1018.6		1506.7
1965	940.5	1192.7	934.4	812.1	822.7
1966	821.9	923.7	839.9	764.9	759.2
1967	698.7	546.2	774.6	883.6	590.5
1968	644.8	450.5	799.4	604.4	725.0
1969	705.7	606.6	783.9	729.4	702.5
1970	842.4	840.5	764.4	898.1	866.4
1971	847.7	923.7	972.8	725.3	769.3
1972	734.7	702.7	739.4	804.8	691.8
1973	906.8	817.4	901.7	975.8	932.8

续表31

单位：毫米

年份	全市平均	市区	文登市	荣成市	乳山市
1974	894.9	827.6	839.9	840.4	1071.6
1975	1101.7	1032.5	1099.2	1149.8	1125.2
1976	805.7	754.4	891.9	793.9	782.6
1977	695.4	671.5	818.0	692.9	599.1
1978	811.7	772.1	866.6	712.9	895.3
1979	802.6	647.5	915.8	767.8	879.1
1980	544.0	492.5	541.2	588.2	554.2
1981	457.1	532.2	528.7	272.0	495.4
1982	420.3	414.4	417.8	403.0	446.2
1983	605.5	639.2	617.7	620.2	545.0
1984	755.9	822.1	745.3	704.5	751.5
1985	1100.3	1114.8	925.9	1149.2	1211.4
1986	509.1	441.6	468.6	563.1	562.9
1987	758.3	632.5	740.2	710.7	949.6
1988	554.5	437.7	489.2	580.2	711.0
1989	656.8	630.8	692.6	711.3	592.5
1990	1073.5	878.7	1133.3	1157.4	1124.6
1991	534.5	585.9	594.4	454.7	502.9
1992	580.9	478.0	659.7	608.2	577.5
1993	682.8	547.2	749.6	741.8	692.5
1994	872.2	700.6	898.7	931.8	957.4
1995	645.9	645.7	734.0	617.6	585.7
1996	783.1	773.0	774.7	707.7	876.5
1997	836.6	924.3	837.6	870.7	712.7
1998	864.7	780.2	823.9	1051.9	802.4
1999	359.8	316.5	398.3	370.3	354.1
2000	549.2	460.2	581.7	558.9	595.8
2001	673.4	690.7	685.3	758.4	557.8
2002	611.5	604.5	681.8	613.9	545.8
2003	1020.9	692.1	1069.4	1191.3	1130.1
2004	748.2	766.7	779.7	621.2	825.2
2005	952.9	917.7	912.5	944.3	1037.2
2006	717.1	656.7	750.2	760.1	701.2
2007	1124.2	1233.8	1094.8	1068.8	1099.4
2008	893.0	878.8	1076.6	801.9	814.6
2009	724.5	678.8	677.1	804.0	737.9
2010	890.1	917.9	995.5	802.9	843.9

2010年威海市分市（区）各月平均气温

表32

单位：℃

月份	全市平均	市区	文登市	荣成市	乳山市
1月	-2.6	-1.8	-2.8	-2.6	-3.2
2月	-0.1	0.4	-0.5	0.0	-0.4

续表32

单位：℃

月　份	全市平均	市　区	文登市	荣成市	乳山市
3月	2.5	2.7	2.2	2.5	2.7
4月	8.2	8.6	7.8	8.0	8.4
5月	16.6	17.6	16.4	15.9	16.6
6月	21.1	21.2	21.4	20.5	21.4
7月	25.6	25.7	25.5	25.2	26.1
8月	25.0	25.0	24.9	24.8	25.3
9月	21.3	21.5	21.1	21.4	21.0
10月	14.1	14.8	13.8	14.3	13.5
11月	8.5	9.5	8.5	8.5	7.5
12月	1.2	1.9	1.0	0.9	0.8
全年平均	11.8	12.3	11.6	11.6	11.6

2010年威海市分市（区）各月降水量

表33

单位：毫米

月　份	全市平均	市　区	文登市	荣成市	乳山市
1月	16.2	21.4	17.4	16.2	9.9
2月	10.1	9.6	11.5	10.9	8.3
3月	60.1	57.7	60.1	74.9	47.8
4月	40.7	30.4	46.3	49.3	36.9
5月	57.3	60.2	57.1	39.8	72.1
6月	70.6	60.7	51.8	61.2	108.8
7月	125.7	149.7	131.8	49.6	171.6
8月	252.1	264.6	338.3	230.9	174.4
9月	211.1	195.3	207.7	228.5	212.9
10月	11.3	15.1	28.6	1.5	0.1
11月	2.2	3.1	4.6	1.2	0.0
12月	32.6	50.1	40.3	38.9	1.1
全年合计	890.1	917.9	995.5	802.9	843.9

2010年威海市分市（区）各月日照时数

表34

单位：小时

月　份	全市平均	市　区	文登市	荣成市	乳山市
1月	155.6	130.9	162.0	155.6	174.0
2月	133.3	131.2	142.6	134.5	125.0
3月	183.2	175.7	199.3	174.8	183.0
4月	206.7	200.9	211.6	205.0	209.4
5月	244.2	251.4	261.7	232.3	231.2
6月	235.0	242.7	258.0	214.8	224.3
7月	197.6	189.5	226.9	179.5	194.3

续表34

单位：小时

月　份	全市平均	市　区	文登市	荣成市	乳山市
8月	128.5	135.2	150.5	111.1	117.2
9月	164.0	162.2	172.5	162.9	158.3
10月	233.2	227.4	246.3	226.3	232.8
11月	200.9	197.6	218.4	195.5	192.1
12月	172.0	131.7	191.1	156.8	208.3
全年合计	2254.1	2176.4	2440.9	2149.1	2249.9

2010年威海市分市（区）总户数和人口数（户籍人口）

表35

	年末户籍总户数（户）	户籍总人（人）			其中：非农业人口（人）	年平均户籍人口数（人）
		合　计	男　性	女　性		
全　　市	917831	2536062	1270991	1265071	1299596	2532870
市　　区	215704	648480	321465	327015	482581	646921
环 翠 区	103183	319256	157867	161389	229735	318567
高 技 区	61283	180759	90023	90736	164216	181740
经 技 区	44184	127630	63254	64376	86757	125863
工业新区	30169	80620	40837	39783	11303	79978
文 登 市	225481	584793	293421	291372	243700	584362
荣 成 市	240536	670251	335488	334763	402451	669391
乳 山 市	212995	572753	290101	282652	161434	572970
大口径：						
环 翠 区	110237	340091	168188	171903	231608	339318
文 登 市	248596	644578	323937	320641	253130	643589

2010年威海市分市（区）人口自然变动情况（户籍人口）

表36

	出　生		死　亡		自然增长	
	人数(人)	出生率(‰)	人数(人)	死亡率(‰)	人数(人)	自然增长率(‰)
全　　市	18411	7.27	21716	8.57	−3305	−1.30
市　　区	6347	9.81	3398	5.25	2949	4.56
环 翠 区	3076	9.66	1893	5.94	1183	3.72
高 技 区	1772	9.75	533	2.93	1239	6.82
经 技 区	1342	10.66	814	6.47	528	4.19
工业新区	651	8.14	335	4.19	316	3.95
文 登 市	3851	6.59	5757	9.85	−1906	−3.26
荣 成 市	4307	6.43	6824	10.19	−2517	−3.76
乳 山 市	3412	5.95	5560	9.70	−2148	−3.75
大口径：						
环 翠 区	3233	9.53	2051	6.04	1182	3.49
文 登 市	4345	6.75	5934	9.22	−1589	−2.47

注：　1.表35、36资料为公安局户籍部门统计数据。

2.市区包括大口径环翠区（含草庙子镇）、威海高技术产业开发区、威海经济技术开发区。

2010年威海市社会经济发展情况

表37

指标名称	单 位	2010年	2009年	2010年为2009年(%)
一、人口（公安局户籍人口）				
年末总人口	万人	253.61	252.97	100.3
#非农业人口	万人	129.96	122.90	105.7
年平均人口	万人	253.29	252.60	100.3
年出生人数	人	18411	15610	117.9
年死亡人数	人	21716	18561	117.0
年末总户数	万户	91.78	91.99	99.8
二、核算指标				
威海市生产总值*	亿元	1944.70	1733.19	112.7
第一产业	亿元	153.94	136.34	101.3
第二产业	亿元	1087.03	1000.98	111.4
第三产业	亿元	703.73	595.86	117.7
三、农　业				
农林牧渔业总产值*	亿元	300.85	267.08	101.2
农业产值	亿元	79.08	66.44	100.0
林业产值	亿元	0.87	2.06	95.8
牧业产值	亿元	53.02	50.35	101.1
渔业产值	亿元	162.83	143.55	101.6
农林牧渔服务业产值	亿元	5.06	4.69	107.3
耕地面积	公顷	196765	196491	100.1
主要农产品产量				
粮食	万吨	106.26	104.42	101.8
夏粮	万吨	42.97	46.03	93.4
秋粮	万吨	63.29	58.39	108.4
花生	万吨	24.71	25.97	95.1
果品	万吨	86.69	74.16	116.9
蔬菜（含菜用瓜）	万吨	88.87	103.44	85.9
肉类总产量	万吨	12.27	12.30	99.7
#猪肉	万吨	9.33	9.35	99.8
牛羊奶产量	万吨	22.19	22.65	98.0
禽蛋产量	万吨	11.49	12.01	95.6
水产品产量	万吨	213.17	208.60	102.2
#海水产品产量	万吨	209.47	205.02	102.2
四、工　业				
企业单位数	个	18429	18049	
全部工业总产值	亿元	4621.96	5086.83	
五、交通、邮电、电力				
客运周转量（公路、海运、铁路）	亿人公里	73.32	70.34	104.2
货运周转量（公路、海运、铁路）	亿吨公里	237.86	184.44	129.0
港口货物吞吐量	万吨	4865.66	4118.40	118.1

注：　带“*”号指标产值的增幅为不变价增幅。

续表37

指标名称	单　位	2010年	2009年	2010年为2009年(%)
港口旅客发送人数	万人	165.07	146.00	113.1
邮电业务总量	亿元	81.76	67.30	121.5
固定电话交换机总容量	万门	103.50	103.50	100.0
固定电话用户数	万户	74.70	108.30	69.0
移动电话户数	万户	232.50	193.10	120.4
全年用电量	亿千瓦小时	86.24	75.30	114.5
#工业用电	亿千瓦小时	58.26	50.35	115.7
城乡居民生活用电	亿千瓦小时	12.69	12.09	105.0
六、固定资产投资				
固定资产投资额*	亿元	1168.18	1165.54	118.7
#房地产开发	亿元	269.80	209.51	128.8
#第一产业	亿元	35.45	28.88	109.6
第二产业	亿元	444.05	497.25	112.2
#工业	亿元	432.36	482.28	112.9
第三产业	亿元	688.68	639.40	123.8
本年新增固定资产	亿元	737.62	753.06	98.0
房屋施工面积	万平方米	3407.39	3197.69	106.5
房屋竣工面积	万平方米	639.09	1225.91	52.1
#住宅	万平方米	481.11	725.99	66.3
七、市政公共事业(威海市区)				
人均住宅使用面积	平方米	28.84	27.94	103.2
人均住宅居住面积	平方米	21.79	20.98	103.9
人均日生活用水量	升	122.34	124.47	98.3
自来水普及率	%	100.00	100.00	100.0
每万人拥有公共交通车辆	标台	17.01	16.90	100.7
燃气普及率	%	99.83	99.71	增0.12个百分点
人均公园绿地面积	平方米	24.45	24.12	101.4
建城区绿化覆盖率	%	47.12	46.50	增0.62个百分点
八、国内贸易				
社会消费品零售总额	亿元	683.99	576.00	118.7
九、对外经济贸易、旅游业				
外贸进出口总值	亿美元	139.16	106.13	131.1
外贸进口	亿美元	49.93	37.95	131.6
外贸出口	亿美元	89.23	68.18	130.9
实际到账外资	亿美元	5.55	5.50	100.8
接待海内外旅游者人数	万人次	2149.30	1870.90	114.9
#外国人	万人次	35.60	30.86	115.3
港澳台胞	万人次	1.67	1.40	118.7
十、财政、金融				
地方财政一般预算收入	亿元	118.27	102.52	115.4
地方财政一般预算支出	亿元	167.93	136.91	122.7
金融机构人民币存款年末余额*	亿元	1603.30	1380.80	116.1

注：　1.规模以上工业统计标准改变，由年营业收入500万元以上的改为年营业收入2000万元以上，与上年不可比。

2.带“*”指标数据已调整为可比口径，与上年不可比。

续表37

指标名称	单 位	2010年	2009年	2010年为2009年(%)
#城乡居民储蓄余额*	亿元	949.17	826.38	114.9
金融机构人民币贷款年末余额*	亿元	1121.73	953.05	117.7
十一、劳动工资、人民生活				
在岗职工年末人数	万人	39.59	38.85	101.9
在岗职工工资总额	亿元	124.59	104.99	118.7
在岗职工年平均工资	元	31911	27369	116.6
城镇居民人均可支配收入	元	22235	20117	110.5
农民人均纯收入	元	10517	9226	114.0
十二、教育、文化、卫生				
学校数				
高等学校分校	处	7	7	100.0
中等职业教育	处	33	39	84.6
中等技术、师范学校	处	8	7	114.3
技工学校	处	9	9	100.0
职业高中（职专）	处	16	20	80.0
成人中专	处	7	7	100.0
基础教育	处	555	578	96.0
普通高中	处	21	21	100.0
普通初中	处	90	90	100.0
小学	处	131	135	97.0
特殊教育	处	4	4	100.0
幼儿教育	处	309	328	94.2
在校学生数				
高等学校分校	人	60021	61031	98.3
中等职业教育	人	38484	41043	93.8
中等技术、师范学校	人	12510	10441	119.8
技工学校	人	11074	14340	77.2
职业高中（职专）	人	14900	16262	91.6
成人中专	人	5162	2868	180.0
基础教育	人	290930	296976	98.0
普通高中	人	40228	40531	99.3
普通初中	人	102195	109646	93.2
小学	人	98453	101488	97.0
特殊教育	人	394	408	96.6
幼儿教育	人	49660	44903	110.6
图书馆藏书	千册	1180	1125	104.9
卫生机构数	个	708	706	100.3
#医院	个	29	29	100.0
卫生机构病床位	张	17652	16901	104.4
#医院	张	10821	10509	103.0
卫生技术人员	人	18185	16709	108.8
#医生	人	7214	7283	99.1

注：　带“*”指标数据为与年初数据相比。

威海市历年生产总值

表38　　单位：亿元

年　份	威海市生产总值	第一产业	第二产业	工　业	建筑业	第三产业	人均生产总值(元)
1949	1.22	0.95	0.08	0.03	0.05	0.18	80
1950	1.27	0.99	0.06	0.04	0.02	0.21	82
1951	1.57	1.25	0.09	0.05	0.04	0.23	100
1952	1.71	1.38	0.10	0.06	0.04	0.23	106
1953	1.72	1.34	0.12	0.08	0.05	0.26	105
1954	1.80	1.40	0.14	0.10	0.04	0.26	107
1955	1.90	1.46	0.14	0.11	0.02	0.31	111
1956	1.99	1.57	0.15	0.14	0.01	0.27	114
1957	2.06	1.55	0.18	0.15	0.03	0.34	116
1958	1.92	1.45	0.26	0.22	0.04	0.21	106
1959	1.86	1.36	0.35	0.32	0.03	0.16	103
1960	1.56	0.97	0.39	0.38	0.01	0.20	88
1961	2.00	1.47	0.27	0.24	0.03	0.26	113
1962	2.36	1.76	0.28	0.24	0.04	0.32	131
1963	2.29	1.65	0.28	0.23	0.05	0.36	122
1964	2.82	1.89	0.46	0.25	0.21	0.47	147
1965	2.93	1.94	0.47	0.28	0.19	0.52	151
1966	3.21	2.19	0.50	0.31	0.19	0.53	163
1967	3.46	2.28	0.56	0.34	0.22	0.62	173
1968	3.59	2.33	0.59	0.37	0.22	0.66	178
1969	3.59	2.29	0.67	0.44	0.23	0.64	176
1970	4.00	2.63	0.75	0.53	0.22	0.63	192
1971	4.69	3.31	0.88	0.65	0.23	0.50	222
1972	5.14	3.63	1.00	0.82	0.18	0.51	242
1973	5.36	3.41	1.09	0.92	0.17	0.85	252
1974	5.77	3.81	1.10	0.95	0.15	0.86	269
1975	6.51	4.35	1.44	1.26	0.18	0.72	302
1976	7.11	4.28	1.84	1.64	0.20	0.99	328
1977	8.16	4.85	2.28	2.03	0.26	1.03	376
1978	9.54	5.34	2.68	2.45	0.23	1.52	440
1979	9.82	5.28	2.80	2.49	0.31	1.74	453
1980	12.02	6.36	3.76	3.37	0.39	1.90	551
1981	13.37	7.56	3.70	3.29	0.41	2.11	607
1982	13.44	6.89	4.32	3.91	0.41	2.23	604
1983	18.03	10.23	4.90	4.41	0.49	2.90	803
1984	21.69	11.40	6.56	5.81	0.75	3.73	962
1985	25.29	12.92	8.05	7.02	1.03	4.32	1117
1986	27.69	13.17	10.06	8.66	1.40	4.46	1211
1987	34.24	16.91	11.99	10.43	1.56	5.34	1480
1988	50.61	23.41	19.24	16.51	2.73	7.96	2168
1989	57.29	22.73	23.57	21.88	1.69	10.99	2436

续表38

单位：亿元

年　份	威海市生产总值	第一产业	第二产业			第三产业	人均生产总值(元)
				工　业	建筑业		
1990	72.01	29.45	30.68	27.06	3.62	11.89	3041
1991	87.56	33.44	38.29	33.06	5.23	15.83	3679
1992	127.42	43.17	55.44	45.44	10.00	28.82	5332
1993	175.44	50.48	80.09	66.42	13.67	44.87	7311
1994	262.73	72.00	123.06	107.78	15.27	67.67	10889
1995	318.93	91.39	136.18	116.03	20.15	91.36	13153
1996	375.87	97.26	172.26	148.29	23.97	106.35	15436
1997	423.63	97.84	202.74	177.42	25.32	123.06	17323
1998	461.15	95.96	229.18	208.42	20.77	136.01	18790
1999	489.15	83.97	245.55	223.94	21.61	159.63	19885
2000	545.42	87.00	286.10	268.88	17.22	172.33	22119
2001	595.25	89.91	317.34	297.24	20.10	188.00	24091
2002	663.21	92.41	363.00	335.55	27.45	207.80	26805
2003	765.36	95.28	437.89	403.54	34.35	232.18	30908
2004	880.04	102.06	514.56	469.80	44.76	263.42	35484
2005	1020.29	109.32	593.95	542.75	51.20	317.02	41018
2006	1190.80	116.58	696.93	640.42	56.51	377.29	47735
2007	1375.50	127.80	801.27	738.51	62.76	446.43	54923
2008	1546.33	132.28	890.64	813.98	76.66	523.41	61449
2009	1733.19	136.34	1000.98	910.66	90.32	595.87	68614
2010	1944.70	153.94	1087.03	982.13	104.91	703.73	76778

注： 1990～2000年和2001～2009年的威海市生产总值分别按第一次和第二次全国经济普查数据进行相应调整。

威海市1978～2010年工农业总产值

表39

单位：亿元

年　份	绝　对　值			构成(%)	
	合　计			农　业	工　业
		农　业	工　业		
1978	15.69	7.33	8.36	46.7	53.3
1979	16.64	7.85	8.79	47.2	52.8
1980	18.89	8.75	10.14	46.3	53.7
1981	21.21	10.18	11.03	48.0	52.0
1982	21.98	9.78	12.20	44.5	55.5
1983	27.16	12.92	14.24	47.6	52.4
1984	32.53	14.67	17.86	45.1	54.9
1985	39.30	16.50	22.80	42.0	58.0
1986	46.21	16.48	29.73	35.7	64.3
1987	61.85	21.16	40.69	34.2	65.8
1988	97.41	31.24	66.17	32.1	67.9
1989	126.99	32.32	94.67	25.5	74.5
1990	158.17	41.18	116.99	26.0	74.0
1991	193.10	49.09	144.01	25.4	74.6

续表39

单位：亿元

年份	绝对值			构成(%)	
	合计	农业	工业	农业	工业
1992	269.14	61.98	207.16	23.0	77.0
1993	460.41	81.64	378.77	17.7	82.3
1994	715.14	120.82	594.32	16.9	83.1
1995	852.95	149.17	703.78	17.5	82.5
	(728.38)		(579.21)		
1996	855.13	162.13	693.00	19.0	81.0
1997	948.26	160.06	788.20	16.9	83.1
1998	1088.48	153.58	934.90	14.1	85.9
1999	1142.96	132.99	1009.97	11.6	88.4
2000	1300.99	139.22	1161.77	10.7	89.3
2001	1406.53	142.56	1263.97	10.1	89.9
2002	1638.30	151.05	1487.25	9.2	90.8
2003	2060.24	165.83	1894.41	8.0	92.0
2004	2689.16	182.53	2506.63	6.8	93.2
2005	3333.20	204.74	3128.46	6.1	93.9
2006	3642.93	218.63	3424.30	6.0	94.0
2007	4154.14	242.88	3911.26	5.8	94.2
2008	4944.76	259.72	4685.04	5.3	94.7
2009	5353.91	267.08	5086.83	5.0	95.0
2010	4922.82	300.85	4621.96	6.1	93.9

注：　本表绝对值与结构按当年价格计算，1995年括号内数及以下年份按工业新规定计算。

2010年威海市企业景气指数

表40

指标名称	一季度	二季度	三季度	四季度
企业家信心指数	139.73	128.76	135.45	130.29
企业景气指数	126.89	136.82	138.63	133.00
生产总量指数	102.91	129.25	134.93	128.71
盈利（亏损）变化景气指数	91.08	106.21	114.43	111.04
流动资金景气指数	100.03	96.04	99.85	89.90
贷款拖欠景气指数	110.91	93.57	108.22	101.04
劳动力需求景气指数	131.99	130.45	131.11	120.26
固定资产投资景气指数	108.76	120.38	114.67	118.10
按行业门类分				
#工业企业景气指数	130.08	141.54	141.83	143.89
建筑业企业景气指数	108.00	124.00	124.00	116.00
交通运输、仓储及邮政业企业景气指数	120.06	114.80	120.06	109.54
批发和零售贸易业企业景气指数	154.17	153.63	161.96	142.21
房地产业企业景气指数	121.88	109.38	121.88	125.00
社会服务业企业景气指数	133.33	125.00	108.33	125.00
信息传输、计算机服务和软件业企业景气指数	133.33	183.33	183.33	183.33
住宿和餐饮业景气指数	114.29	142.86	147.62	119.05

2010年威海市社会消费品零售总额

表41　　　　单位：万元

项　　目	2010年	2009年	2010年为2009年(%)
社会消费品零售总额	6839866	5765291	118.6
按销售地区分			
市的零售额	4946799	4159165	118.9
县以下零售额	1893067	1606127	117.9
按行业分			
批发业	423419	361266	117.2
零售业	5811819	4893423	118.8
住宿业	113901	93247	122.1
餐饮业	490727	417356	117.6

2010年威海市分市（区）社会消费品零售总额

表42　　　　单位：万元

项　　目	2010年	2009年	2010年为2009年(%)
社会消费品零售总额	6839866	5765291	118.6
按市区分			
环翠区	1154173	975445	118.3
高技区	614872	521203	118.0
经技区	605815	510324	118.7
文登市	1648645	1387413	118.8
荣成市	1692781	1424492	118.8
乳山市	1123580	946414	118.7

威海市1987～2010年物价指数（上年=100）

表43

年　份	居民消费价格总指数		商品零售价格指数	
	市　区	文　登	市　区	文　登
1987	108.0	108.6	—	—
1988	116.8	118.0	—	—
1989	116.7	121.1	113.2	118.2
1990	106.2	102.0	105.4	101.5
1991	106.1	104.8	105.6	104.6
1992	115.7	107.1	113.2	105.2
1993	120.2	113.2	117.0	110.7
1994	125.8	122.7	120.5	117.8
1995	115.6	116.7	111.3	113.4
1996	111.9	107.1	107.8	104.5
1997	105.4	103.2	102.1	101.5
1998	99.2	101.2	96.4	93.2
1999	101.3	100.5	97.1	95.1
2000	99.6	100.4	99.6	100.1
2001	100.2	101.9	100.7	101.6
2002	98.3	99.4	100.2	98.8

续表43

年份	居民消费价格总指数		商品零售价格指数	
	市区	文登	市区	文登
2003	100.1	100.1	100.2	100.7
2004	101.8	103.3	100.9	102.3
2005	101.1	99.8	101.9	99.0
2006	101.0	101.4	102.2	101.7
2007	104.4	104.7	104.4	103.2
2008	104.6	105.1	105.9	106.1
2009	101.1	98.4	100.3	97.8
2010	102.7	102.3	103.6	103.4

2010年威海市居民家庭每百户拥有量情况

表44

项目	单位	市区
摩托车	辆	15
助力车	辆	9
家用汽车	辆	21
洗衣机	台	91
电冰箱	台	114
彩色电视机	台	136
家用电脑	台	91
组合音响	套	22
摄像机	台	7
照相机	架	77
钢琴	架	2
其他中高档乐器	架	19
微波炉	台	57
空调器	台	41
淋浴热水器	台	98
消毒碗柜	台	9
洗碗机	台	1
健身器材	件	4
普通电话	部	80
移动电话	部	201

2010年分市（区）农村住户调查资料

表45

指标名称	单位	合计	环翠区	文登市	荣成市	乳山市
调查户数	户	540	100	130	160	150
常住人口	人	1420	251	358	409	402
整半劳动力	人	1191	204	298	319	370
人均全年总收入	元	13891.90	12455.71	17801.12	13528.60	11676.90

续表45

指标名称	单 位	合 计	环翠区	文登市	荣成市	乳山市
工资性收入	元	4802.56	5500.34	3496.04	6960.83	3334.56
在非企业组织中劳动得到收入	元	636.14	660.50	577.42	578.34	732.04
在本乡地域内劳动得到收入	元	3476.09	4722.75	1304.36	6060.70	2002.11
外出从业得到收入	元	690.33	117.09	1614.26	321.79	600.41
家庭经营收入	元	8110.21	4375.40	13994.97	5344.07	8015.80
第一产业收入	元	6921.02	3249.26	12753.72	4912.04	6063.26
农业收入	元	4254.21	3046.48	6632.59	2729.81	4441.16
林业收入	元	30.68	0.28	112.01		8.44
牧业收入	元	2174.66	43.13	5642.57	1189.68	1419.34
渔业收入	元	461.48	159.36	366.56	992.55	194.32
第二产业收入	元	350.26	733.46	9.83	82.32	686.76
工业收入	元	280.70	728.68	9.83	19.56	507.91
建筑业收入	元	69.55	4.78		62.76	178.86
第三产业收入	元	838.93	392.69	1231.42	349.71	1265.78
其他产品收入	元	0.06			0.19	
第三产业服务性收入	元	838.88	392.69	1231.42	349.52	1265.78
财产性收入	元	584.99	1966.69	57.22	635.51	140.91
#利息	元	35.19	11.47	18.19	77.62	21.96
股息和红利	元	9.64		2.79	30.99	
租金	元	143.33	758.25		32.31	
土地征用补偿收入	元	312.54	1196.57	1.03	349.86	
其他	元	84.30	0.39	35.21	144.72	118.95
转移性收入	元	394.13	613.29	252.89	588.20	185.63
#家庭非常住人口寄回和带回的收入	元	41.93	73.11	10.34	83.82	7.96
城市亲友赠送收入	元	47.78	3.98	5.03	112.59	47.26
农村亲友赠送收入	元	59.05	65.84	135.42	45.35	0.75
粮食直接补贴收入	元	23.95	12.85	17.15	7.31	53.87
全年农民人均纯收入	元	10516.99	11152.02	10479.05	11301.20	9356.41
全年总支出	元	9713.38	7576.59	12928.41	10551.17	7332.04
家庭经营费用支出	元	3120.07	1069.69	6967.92	1950.51	2163.53
购置生产性固定资产支出	元	42.72	0.62	23.28	105.18	22.78
建造生产性固定资产雇工支出	元	0.42				1.49
税费支出	元	1.65	0.88	5.23	0.61	
生活消费支出	元	5727.68	5634.94	5637.81	6643.09	4934.26
财产性支出	元	22.08	0.20	1.84	23.13	52.68
转移性支出	元	798.76	870.26	292.32	1828.65	157.30
附：年末生产性固定资产原值	元	2943.69	2688.45	3202.51	3463.91	2343.28
年末粮食结存	公斤	781.70	198.63	769.20	1088.98	844.25
期末手存现金	元	1822.08	2761.44	2721.83	1595.01	665.32
期末存款余额	元	21070.55	22006.75	19442.71	16703.53	26378.76

市统计局提供

编辑　李洪格

附　　录

规范性文件选编

威海市人民政府关于调整城乡居民最低生活保障标准的通知

（2010 年 2 月 2 日　威政发〔2010〕6 号）

为切实保障城乡贫困居民基本生活权益，结合我市经济、社会发展水平，市政府决定对城乡居民最低生活保障标准进行调整。现将有关事项通知如下：

一、自 2010 年 1 月 1 日起，威海市区（含环翠区、高技术产业开发区、经济技术开发区、工业新区）的城市居民最低生活保障标准由每人每月 330 元调整为 345 元，荣成、文登、乳山三市可根据上述标准，结合各自实际确定具体标准；全市农村居民最低生活保障标准由每人每年 1200 元统一调整为 1400 元。

二、城乡居民最低生活保障标准调整后，城市居民最低生活保障资金来源和负担比例不变，即除市级财政负担环翠区城市居民最低生活保障资金的 40% 之外，其余全部由所在市区、开发区、工业新区财政负担；农村居民最低生活保障资金除省级对年收入 1000 元以下的农村低保对象每人每月 12 元的补助之外，其余全部纳入市、县、镇三级财政预算，其中市级负担 20%，县镇两级共同负担 80%（具体分担比例由各市区、开发区、工业新区自定）。

三、各级各有关部门要高度重视，切实把城乡居民最低生活保障工作作为改善民生、完善城乡社会救助体系、构建社会主义和谐社会的大事来抓，进一步完善公共财政职能，确保本级应负担的资金及时拨付到位，城乡居民最低生活保障金按时以社会化、货币化方式发放到户、到人。要进一步健全城乡居民最低生活保障标准自然增长机制，确保救助水平随着经济社会发展和城乡居民收入增长而不断提高。各级民政部门要加强资金管理，做到专户储存、专账管理、专款专用。各市区、开发区、工业新区城乡居民最低生活保障标准调整后，要及时通过媒体对外公布并报市政府备案。

威海市人民政府关于印发《威海市区经济适用住房货币补贴实施办法》的通知

（2010 年 2 月 22 日　威政发〔2010〕11 号）

第一条　为进一步完善住房保障体系，更好地解决城市低收入家庭的住房困难，根据国家和省有关规定，结合我市实际，制定本办法。

第二条　本办法所称经济适用住房货币补贴，是指政府向符合经济适用住房申请条件的家庭发放的，用于支持其在规定期限内自主购买商品住房的补贴资金。

第三条　威海市区（包括环翠区、高技术产业开发区、经济技术开发区和工业新区所辖区域，以下简称市区）范围内经济适用住房货币补贴的申请、使用和管理，适用本办法。

第四条　市住房保障和房产管理部门是市区经济适用住房货币补贴工作的主管部门，负责经济适用住房货币补贴监管工作。

环翠区、高技术产业开发区、经济技术开发区和工业新区（以下简称各区）的住房保障和房产管理主管部门具体负责各自辖区内经济适用住房货币补贴工作。

市财政、发展改革、规划、国土资源、民政和统计等部门应当按照各自职责，共同做好经济适用住房货币补贴工作。

第五条　实施经济适用住房货币补贴，应当根据实际需要和财政的负担能力，有计划地逐步推进。

第六条　经济适用住房货币补贴额按以下方式确定：

补贴额＝补贴建筑面积 × 补贴标准

市区经济适用住房货币补贴建筑面积为每户60平方米；补贴标准由市住房保障和房产管理部门、财政部门结合市区普通商品住房市场均价与经济适用住房政府指导价的差价、上年度城镇居民人均可支配收入水平和职工平均工资水平提出，报市政府批准后向社会公布。

第七条　年度经济适用住房货币补贴计划按下列步骤提出：

（一）各区住房保障和房产管理主管部门应当会同同级财政部门根据年度经济适用住房货币补贴标准和本辖区的实际情况，提出本年度经济适用住房货币补贴的总户数，于每年2月底前报市住房保障和房产管理部门。年度经济适用住房货币补贴计划保障的购房户数，原则上不低于上年度取得经济适用住房准购资格总户数的50%。

（二）市住房保障和房产管理部门会同市财政部门对各区提出的经济适用住房货币补贴总户数进行平衡、调整后，提出市区年度经济适用住房货币补贴总体计划，报市政府批准后，于每年3月底前向社会公布。

第八条　经济适用住房货币补贴所需资金，由各区负责筹集。筹集的经济适用住房货币补贴资金应专户储存，专项用于各自辖区经济适用住房货币补贴。

第九条　申请经济适用住房货币补贴的家庭，应当符合《威海市区城市住房保障低收入家庭认定暂行办法》规定的条件，并根据《威海市区经济适用住房销售和退出管理办法》的相关规定，取得《威海市区经济适用住房准购资格证》（以下简称《准购资格证》）。

第十条　取得《准购资格证》的申请人可以选择购买政府建设的经济适用住房，也可以选择申请经济适用住房货币补贴通过市场自主选购商品住房。

第十一条　申请经济适用住房货币补贴，应当按照下列程序办理：

（一）申请人应当在每年4月1日至5月31日期间，持《准购资格证》和有效身份证明到本人户籍所在区住房保障和房产管理主管部门办理申请手续。

（二）各区住房保障和房产管理主管部门应当在15日内对申请人提交的材料进行初审，并将符合条件的申请人情况及相关材料报市住房保障和房产管理部门。经初审符合条件的户数大于市政府公布的年度计划确定的各区补贴户数时，在申请日期截止后，各区应当采取电脑公开摇号的方式确定补贴对象；经电脑摇号未被列为补贴对象的申请人，可以在《准购资格证》有效期内继续申请经济适用住房货币补贴。

（三）市住房保障和房产管理部门应当在3日内对各区上报的申请材料进行复审。经复审符合条件的，市住房保障和房产管理部门应当向社会公示，公示期限为7天。经公示无异议的，由市住房保障和房产管理部门发放《威海市区购买经济适用住房货币补贴资格证》（以下简称《补贴资格证》）；经公示有异议的，市住房保障和房产管理部门应当组织相应的区住房保障和房产管理主管部门会同有关部门在15日之内予以复核。

经复审、复核不符合经济适用住房货币补贴申请条件的，不予发放《补贴资格证》并通知申请人。

第十二条　《补贴资格证》的有效期为1年，自发放之日起计算。

市住房保障和房产管理部门应当在每年《补贴资格证》发放工作完成后，将取得《补贴资格证》的申请人名单向社会公布。

第十三条　申请人在《补贴资格证》有效期内购买符合规定条件的住房的，方能领取经济适用住房货币补贴；申请人在《补贴资格证》有效期内未购买住房或者购买不符合规定条件的住房，视为放弃本次经济适用住房货币补贴领取资格。

第十四条　使用经济适用住房货币补贴购买的商品住房必须符合以下规定：

（一）位于市区内的楼房；

（二）能够办理《房屋所有权证》和《国有土地使用权证》；

（三）所购住房属于多层住宅（7层以下，含7层）的，建筑面积不超过80平方米；属于小高层和高层住宅的，建筑面积不超过90平方米。

第十五条　使用经济适用住房货币补贴购买的商品住房，由市住房保障和房产管理部门在《房屋所有权证》上注明“享受经济适用住房货币补贴”字样和补贴数额。

第十六条　已购房申请人应当在办理房屋所有权登记后，持《房屋所有权证》和《国有土地使用权证》到户籍所在区财政部门领取经济适用住房货币补贴，缴销《补贴资格证》。

各区财政部门应当定期向同级住房保障和房产管理主管部门通报辖区内经济适用住房货币补贴的发放情况。

第十七条　建立货币补贴资金退出激励机制，鼓励已具备购买普通商品住房条件的家庭，通过退回经济适用住房货币补贴的方式退出经济适用住房保障。购房家庭5年内将使用经济适用住房货币补贴购买的商品住房变更为普通商品住房的，将其已领取货币补贴资金的50%退还给政府；6至15年内变更为普通商品住房的，每推迟1年，退还政府的补贴金额增加5%；超过15年变更为普通商品住房的，货币补贴全额退还政府。

第十八条　依照本办法第十七条规定申请退出经济适用住房保障的购

房家庭，应当向原发放经济适用住房货币补贴的区财政部门退还货币补贴，并由区财政部门出具《退还经济适用住房货币补贴证明》。购房家庭凭《退还经济适用住房货币补贴证明》到市住房保障和房产管理部门办理《房屋所有权证》变更手续。

退还的经济适用住房货币补贴纳入经济适用住房货币补贴资金专户管理，不得挪作他用。

第十九条　未按规定退还经济适用住房货币补贴的家庭，已购住房不得上市交易，也不得购置其他商品住房。

第二十条　住房保障和房产管理、财政、监察、审计等部门要加强对经济适用住房货币补贴实施情况的监督检查，对弄虚作假、把关不严的，要严肃追究单位负责人和相关人员的责任。

对提交虚假资料骗取经济适用住房货币补贴的申请人，全额追回经济适用住房货币补贴；构成犯罪的，依法追究其刑事责任。

第二十一条　本办法自发布之日起施行。

威海市人民政府关于调整全市最低工资标准的通知

（2010年4月29日　威政发〔2010〕23号）

根据省政府《关于公布全省最低工资标准的通知》（鲁政字〔2010〕74号）、省人力资源和社会保障厅《关于发布全省小时最低工资标准的通知》（鲁人社发〔2010〕21号）精神，结合我市经济发展和职工工资水平增长等情况，市政府确定对全市最低工资标准进行调整。现就有关问题作如下通知：

一、调整后的全市月最低工资标准为920元；调整后的非全日制用工的小时最低工资标准为9.6元。

二、调整后的最低工资标准自2010年5月1日起执行，威政发〔2008〕6号文件同时废止。

三、要进一步做好最低工资标准及相关法律法规政策的宣传工作，加强对最低工资标准执行情况的监督检查，严肃查处违反最低工资法律法规政策的行为，切实维护劳动者的合法权益。

威海市人民政府关于印发《威海市区建筑垃圾管理办法》的通知

（2010年5月31日　威政发〔2010〕27号）

第一章　总　则

第一条　为加强城市建筑垃圾管理，维护城市市容和环境卫生，根据《城市市容和环境卫生管理条例》（国务院令第101号）、《城市建筑垃圾管理规定》（建设部令第139号）和《山东省城镇容貌和环境卫生管理办法》（省政府令第218号）等有关法律、法规和规章的规定，结合本市实际，制定本办法。

第二条　本办法适用于威海市城市规划区内建筑垃圾的产生、倾倒、运输、中转、回填、消纳和利用等活动。

本办法所称建筑垃圾，是指建设单位、施工单位新建、改建、扩建和拆除各类建筑物、构筑物、市政道路、桥梁、管网等以及居民装饰装修房屋过程中所产生的弃土、弃料及其它废弃物。

第三条　市城乡建设委是威海市区建筑垃圾管理工作的行政主管部门，并具体负责市直城建管理区范围内的建筑垃圾管理工作。环翠区、高技术产业开发区、经济技术开发区、工业新区市容环境卫生主管部门具体负责各自辖区内市直城建管理区以外区域的建筑垃圾管理工作。

经济和信息化、公安、国土资源、规划、交通运输、林业、环保、城管执法等部门按照各自职责，共同做好建筑垃圾管理工作。

第四条　建筑垃圾主管部门应当按照“属地负责、合理安排、统一管理、资源利用”的原则，会同规划、林业、国土资源、环保等部门，合理确定建筑垃圾临时消纳处置场所。单位或者个人申请利用建设工地、规划开发用地及其它需要回填的基坑、洼地、矿坑等场地作为建筑垃圾临时消纳场的，应当经建筑垃圾主管部门批准。

第五条　建筑垃圾临时消纳场的设置应当符合土地利用总体规划和城市总体规划，并具有相应的摊铺、碾压、除尘、照明等机械和设备，有排水、消防等设施，有健全的环境卫生、安全管理制度和生态保护措施并得到有效执行。

建筑垃圾临时消纳场达到预定容量后，应当按照规划要求及时采取开发建设、复垦或者绿化等措施进行处理。

第六条　建筑垃圾处置实行减量化、资源化、无害化和谁产生、谁承担处置责任的原则。

鼓励建筑垃圾综合利用，鼓励建设单位、施工单位优先采用建筑垃圾综合利用产品。

第二章　施工现场建筑垃圾管理

第七条　房屋、市政建设项目的土石方工程应当依法办理施工许可手续，未办理施工许可手续的土石方工程不得施工；投资额50万元以上的土石方工程应当依法进行招标。

第八条　产生建筑垃圾的单位在施工时应当遵守下列规定：

（一）在临街施工现场周围设置硬

质围挡；

（二）对车辆进出道路进行硬化；

（三）施工时采取防尘措施；

（四）保持驶离施工现场车辆的清洁；

（五）按规定排水，不得污染路面；

（六）工程停工、竣工后，及时清理和平整场地。

第九条　施工单位应当及时清运施工过程中产生的建筑垃圾；因特殊原因不能及时清运的应当妥善堆放，并采取防溢漏、防扬尘等措施，防止污染环境。

第三章　建筑垃圾处置核准

第十条　产生建筑垃圾的单位和个人，应当按照本办法规定履行处置建筑垃圾的义务。

第十一条　处置建筑垃圾的单位，应当按照本办法第三条规定的管辖范围，向建筑垃圾主管部门提出申请，获得城市建筑垃圾处置核准后，方可处置。

第十二条　申请处置建筑垃圾，应当具备下列条件：

（一）提交书面申请（包括建筑垃圾运输的时间、路线和处置地点名称、施工单位与运输单位签订的合同）；

（二）具有合法的道路运输；经营许可证、车辆行驶证；

（三）运输车辆具备全密闭运输机械装置或密闭苫盖装置，并安装行驶及装卸记录仪。

第十三条　建筑垃圾主管部门应当自接到申请后10个工作日内作出是否予以核准的决定。予以核准的，颁发《威海市城市建筑垃圾处置核准证》，并根据实际参与营运车辆的数量，按照一车一证的原则，配发《威海市城市建筑垃圾处置核准证》副本；不予核准的，应当书面告知申请人，并说明理由。

第十四条《威海市城市建筑垃圾处置核准证》应当载明以下事项：

（一）建筑垃圾处置单位的名称、住所、法定代表人；

（二）运输单位的名称、住所、法定代表人；

（三）建筑垃圾的种类、数量；

（四）运输车辆类型和核定载质量、机动车号牌；

（五）建筑垃圾产生地点和倾倒地点；

（六）运输车辆的行驶路线和时间；

（七）核准证的有效期限。

第十五条　禁止涂改、倒卖、出租、出借或以其他形式非法转让城市建筑垃圾处置核准证件。

第十六条　处置建筑垃圾的单位应当随车携带建筑垃圾处置核准证件，并按照规定的时间、路线、地点运输和倾倒。不得超出核准范围承运建筑垃圾。

第十七条　建筑垃圾应当倾倒于建筑垃圾主管部门确定的建筑垃圾临时消纳场或者运送至建筑垃圾综合利用企业。

第十八条　任何单位和个人不得将建筑垃圾混入生活垃圾，不得将危险废物混入建筑垃圾。

第十九条　居民应当将装饰装修房屋过程中产生的建筑垃圾与生活垃圾分别收集，并堆放到指定地点。

第四章　建筑垃圾综合利用

第二十条　市建筑垃圾主管部门应当会同有关部门根据市区建筑垃圾存量及增量预测情况，结合城乡环境综合整治，制定建筑垃圾科学治理和综合利用长期规划，合理规划建筑垃圾综合利用企业布局。

第二十一条　建筑垃圾综合利用企业使用建筑垃圾作为原料生产建材产品，符合税收减免优惠条件的，在取得《资源综合利用认定证书》后，可按照国家和省有关规定向税务机关申请相应的税收减免。

第二十二条　鼓励墙体材料生产企业积极引进以建筑垃圾为主要生产原料的新型墙体材料生产技术和设备，促进建筑垃圾的再生利用。

第二十三条　加大建筑垃圾综合利用产品推广力度，将建筑垃圾综合利用产品纳入政府采购目录，财政、城乡建设部门在城市公用设施和公共建筑建设中，在同等条件下，应当优先采用建筑垃圾综合利用产品。

在保证建筑质量和相关要求的前提下，任何单位、个人不得以任何理由拒绝采用建筑垃圾综合利用产品。

第二十四条　建筑垃圾主管部门应当建立建筑垃圾处置信息平台，通过新闻媒体、政府网站等载体及时公布建筑垃圾处置场地、工程回填、建筑垃圾综合利用等信息，及时合理地调配和处置各类建筑垃圾。

第二十五条　单位或者个人需要收纳建筑垃圾回填基坑、洼地及其它场地的，可以向当地建筑垃圾主管部门提出申请，由建筑垃圾主管部门审核后，通过建筑垃圾处置信息平台公布。

第五章　罚　则

第二十六条　建设单位违反本办法第七条规定，未取得施工许可证，擅自进行土石方工程施工的，由城乡建设行政主管部门依照《建设工程质量管理条例》等有关法律、法规和规章的规定予以处罚。

第二十七条　施工单位违反本办法第八条规定的，由市城管执法局责令停止违法行为，限期清理或者采取其他补救措施；逾期未清理或者采取其他补救措施的，可以处1000元以上2万元以下罚款。

第二十八条　施工单位未及时清运工程施工过程中产生的建筑垃圾，造成环境污染的，由市城管执法局责令限期改正，给予警告，处5000元以上5万元以下罚款。

第二十九条　任何单位和个人违反本办法规定，有下列情形之一的，由市城管执法局责令限期改正，给予警告，处以罚款：

（一）将建筑垃圾混入生活垃圾的；

（二）将危险废物混入建筑垃圾的；

（三）擅自设立弃置场受纳建筑垃圾的。

单位有前款第一项、第二项行为之一的，处3000元以下罚款；有前款第三项行为的，处5000元以上1万元以下罚款。个人有前款第一项、第二项行为之一的，处200元以下罚款；有前款第三项行为的，处3000元以下罚款。

第三十条　建筑垃圾储运消纳场受纳工业垃圾、生活垃圾和有毒有害垃圾的，由市城管执法局责令限期改正，给予警告，处5000元以上1万元以下罚款。

第三十一条　处置建筑垃圾的单

位在运输建筑垃圾过程中沿途丢弃、遗撒建筑垃圾的，由市城管执法局责令限期改正，给予警告，处5000元以上5万元以下罚款。

第三十二条　涂改、倒卖、出租、出借或者以其他形式非法转让城市建筑垃圾处置核准文件的，由市城管执法局责令限期改正，给予警告，处5000元以上2万元以下罚款。

第三十三条　违反本办法规定，有下列情形之一的，由市城管执法局责令限期改正，给予警告，对施工单位处1万元以上10万元以下罚款，对建设单位、运输建筑垃圾的单位或者个人处5000元以上3万元以下罚款：

（一）未经核准擅自处置建筑垃圾的；

（二）处置超出核准范围的建筑垃圾的。

第三十四条　任何单位和个人随意倾倒、抛撒或者堆放建筑垃圾的，由市城管执法局责令限期改正，给予警告，并对单位处5000元以上5万元以下罚款，对个人处200元以下罚款。

第三十五条　建筑垃圾运输车辆未采取覆盖、密闭措施防止建筑垃圾泄漏、遗撒的，由公安机关交通管理部门、城管执法部门或道路运输管理部门依照各自职权依法进行处罚。

第三十六条　建筑垃圾主管部门核发城市建筑垃圾处置核准文件，有下列情形之一的，对直接负责的主管人员和其他直接责任人员依法给予行政处分；构成犯罪的，依法追究刑事责任：

（一）对不符合法定条件的申请人核发城市建筑垃圾处置核准文件或者超越法定职权核发城市建筑垃圾处置核准文件的；

（二）对符合条件的申请人不予核发城市建筑垃圾处置核准文件或者不在法定期限内核发城市建筑垃圾处置核准文件的。

第三十七条　建筑垃圾行政管理部门的工作人员玩忽职守、滥用职权、营私舞弊的，依法给予行政处分；构成犯罪的，依法追究刑事责任。

第六章　附　则

第三十八条　本办法所称市直城建管理区范围为：西起古寨东路〔自古寨东路与环山路交界处（不含环山路），沿古寨东路西侧路沿石向北至AC3道路〕，东至海边，南起平度路—海滨南路—清华街〔将平度路向西延伸至环山路，自平度路与环山路交界处（不含环山路）沿平度路北侧路沿石，向东与海滨南路交叉，沿海滨南路东侧路沿石向南至清华街，沿清华街北侧路沿石向东至海边〕分界线，北至环翠区孙家疃镇与环翠区鲸园办事处、高区怡园办事处交界处之间区域。

第三十九条　本办法由市城乡建设委负责组织实施。

第四十条　本办法自2010年6月1日起施行。本市以前有关规定与本办法不一致的，以本办法为准。

威海市人民政府关于加强“城中村”改造后社区建设工作的意见

（2010年6月4日　威政发〔2010〕28号）

一、充分认识加强“城中村”改造后社区建设工作的重要意义

近年来，随着“城中村”改造工作的顺利推进，“城中村”原有村民陆续回迁，大量外来居民入住新建小区，“城中村”改造后社区日益成为各种利益关系的交汇点、各种社会矛盾的集聚点，迫切需要依托社区平台来强化社会管理，完善公共服务，确保基层社会和谐稳定。进一步做好“城中村”改造后社区建设工作，对于满足社区居民多层次、多样化的服务需求，提高我市城市建设管理的整体水平，为经济社会发展创造更加良好的社会环境，具有十分重要的意义。各级各有关部门要提高认识，从深入贯彻落实科学发展观的高度，把“城中村”改造后社区建设工作摆在重要位置，切实抓紧抓好，抓出成效。

二、积极稳妥地推进“城中村”改造后社区管理体制改革

要顺应“城中村”改造后社区建设的发展趋势和要求，立足当前，着眼长远，加强调查研究，有计划、有步骤地推进“城中村”改造后社区管理体制改革，努力构建起城乡统筹发展、自治水平较高、服务管理完善的现代和谐社区。各市区、开发区、工业新区（以下简称各市区）要成立专门工作班子，指导条件成熟的“城中村”进行集体经济产权制度改革，逐步将村集体经济组织改制为股份制企业或其他具有法人地位的经济组织，实现集体资产管理与社会事务管理相分离。村集体经济产权制度改革工作，要严格按照国家的有关法律、法规和政策进行，重点把握好村民资格认定、清产核资、资产量化、股权设置、股权界定、股权分配等关键环节，审慎细致地做好工作。要逐村制定改制方案和工作方案，无论采取何种改制模式，都要充分听取和尊重广大村民的意见，反复讨论协商，努力达成共识；要严格程序，阳光操作，保障村民的合法权益不受侵犯，确保群众满意。

在完成村集体经济产权制度改革的基础上，按照便于服务管理、便于开发利用社区资源、便于社区居民自治的原则，并考虑地域性、认同感等社区构成要素，对“城中村”改造后社区进行合理调整和划分。新设立的社区要及时成立社区居民委员会，原有的村民委员会同时撤销。要根据《威海市人民政府关于贯彻鲁政发〔2006〕94号文件进一步加强和改进社区工作的意见》（威政发〔2007〕47号）和《威海市人民政府办公室关于进一步解决城市社区居委会人员经费场所问题的实施的意见》（威政办发〔2008〕51号）的规定，按照城市社区建设的有关要求，统筹解决好新设立社区居民委员会的人员编制、工作经费、办公场所等问题，大力发展社区服务，建立新型基层管理体制，使社区居民委员会真正发挥好承担社会事务和服务社区居民的重要作用。要推进“城中村”村民由农村居民向城市居民的转变，逐步理顺关系，搞好政策对接。原则上，改制后的“城中村”社区居民在劳动就业、社会保障、转业安置、义务教育、医疗卫生、供水供电等方面，享受与城市居民同等待遇。这项工作要争取在两年内完成。

三、强化“城中村”村（居）民委员会的社会管理和公共服务职能

对目前尚不具备集体经济产权制度改革条件的“城中村”，要加强对村（居）民委员会的工作指导和监督，引导村（居）民委员会把满足社区居民需要作为工作的出发点和落脚点，积极承担起所辖区域内的社会事务管理和公共服务职责。不论是原村居民还是外来居民，村（居）民委员会都要及时将其纳入管理和服务范围，防止出现管理“真空”。村（居）民委员会除认真履行法律法规赋予的基本职能外，应当协助有关部门开展好社会保障、社会救助、社会治安、医疗卫生、计划生育、流动人口管理、环境整治等工作，实现政府公共服务在社区的全覆盖。要加强对“城中村”村（居）民委员会成员的教育培训，重点学习政治理论、社会管理、科技文化、法律法规等方面的知识，以及工作岗位必需的技能，提高社区工作者的政策理论水平和实际工作能力，加快社区工作者的职业化、专业化步伐。要规范、整合“城中村”改造后社区公共服务设施的功能作用，提倡“开放式办公、一站式服务”，合理设置服务窗口，优化工作流程，规范服务标准。各级各有关部门要充分尊重宪法和法律赋予村（居）民委员会的基层群众自治组织的性质、地位和权利，凡依法应由村（居）民委员会协助办理的事项，应当为村（居）民委员会提供必要的经费和工作条件；凡委托给村（居）民委员会办理的有关服务事项，应当实行权随责走、费随事转。对管辖区域较大、工作人员不足的村（居）民委员会，要及时充实人员并拨付必要的工作经费和生活补贴等费用，确保社会管理和公共服务正常运转。要健全党组织领导下的充满活力的基层群众自治机制，落实民主选举、民主决策、民主管理、民主监督，推进基层群众自治制度化、规范化、程序化。

四、认真落实加强“城中村”改造后社区建设的保障措施

加强“城中村”改造后社区建设工作，健全完善新型社区的管理模式和运行机制，是一项系统工作，也是提高我市社区建设水平、构建和谐威海的基础性工作。各级各有关部门要高度重视，切实采取措施，努力将“城中村”改造后社区建设工作提升到新的水平。一是加强组织领导。各市区要成立推进“村改居”社区建设工作协调小组，并逐级设立相应的协调、工作机构，主要领导要亲自抓，分管领导要具体抓。要切实加强指导和协调，及时研究和解决工作中存在的问题，确保工作顺利开展。二是制定工作方案。要本着点面结合、分类指导、逐步推进的原则，精心调查研究，逐村了解情况，充分听取群众意见，针对不同情况制定切实可行的工作方案，确保不出现任何问题。三是搞好协调配合。各级各有关部门要围绕加强“城中村”改造后社区建设工作的目标任务，制定具体工作计划，采取保障措施，明确职责分工和时限要求，狠抓各项计划和措施的落实。要加强沟通，密切配合，形成一级抓一级，层层抓落实的工作格局。四是加强监督检查。要把“城中村”改造后社区建设工作纳入年度目标绩效管理考核，加大考核力度，及时进行督导检查，确保圆满完成各项工作任务。

威海市人民政府关于发布2010年企业工资指导线的通知

（2010年6月19日　威政发〔2010〕32号）

根据国家收入分配政策和省政府《关于发布2010年企业工资指导线的通知》（鲁政字〔2010〕89号）精神，结合我市国民经济和社会发展实际，现发布2010年全市企业工资指导线，并就有关问题通知如下：

一、2010年全市企业工资指导线方案

以2009年全市在岗职工平均工资27369元为基数，确定2010年全市企业工资指导线为：

（一）企业职工货币工资增长基准线：16%；

（二）企业职工货币工资增长上线（预警线）：23%；

（三）企业职工货币工资增长下线：6.5%。

企业职工工资随经济效益增长的最低增长比例为，企业经济效益（实现利润、利税）每增长1%，职工工资至少增长0.4%。当企业职工工资增长总额超过实现利润总额时，可适当降低企业职工工资增长比例。

二、落实企业工资指导线的基本要求

（一）各类企业应依据工资指导线和本企业经济效益状况以及职工工资水平、劳动生产率和人工成本等指标情况，兼顾企业的承受能力、发展目标等因素，合理确定职工工资增长幅度。

（二）生产经营正常、经济效益增长的企业，应围绕工资指导线的基准线安排职工平均工资增长；生产经营较正常、经济效益一般的企业，可在基准线和下线之间合理安排工资增长；生产经营比较困难、上年亏损且当年可能出现亏损的企业可按下线安排工资增长，亦可暂不增加工资；职工工资水平相对偏低的企业（2009年企业职工平均工资低于全市企业在岗职工平均工资水平或低于当年同行业职工平均工资），且连续2年实现利润增长并赢利，预计2010年经济效益有一定增长的，职工工资增长不应低于基准线。

（三）竞争性国有和国有控股企业

（含国有相对控股企业，下同），本年度职工工资增长不得突破工资指导线的上线（预警线）；垄断企业及国家财政补贴的国有和国有控股企业，职工平均工资增长幅度不得突破基准线；上年企业职工平均工资高于全市职工平均工资3倍的，职工工资增长必须在基准线以下安排；上年企业职工平均工资高于全市职工平均工资3倍且经济效益下降幅度较大或亏损的，企业职工工资增长不得高于下线。

（四）各类企业在制定增加职工工资实施方案时，要合理确定经营管理人员（企业中层及中层以上职工）与普通职工工资增长的比例关系。职工平均工资不增长的，企业经营管理人员工资亦不能增长；企业在岗职工平均工资低于全市在岗职工平均工资的，经营管理人员工资增幅不得高于本企业职工工资增幅；要重点提高工资水平偏低的生产一线职工的工资水平，一线职工年度工资增长水平不得低于本企业职工平均工资增长水平。各类企业对提供正常劳动的职工支付的工资不得低于全市最低工资标准。

三、全面落实工资指导线制度，建立健全企业职工工资正常增长机制

工资指导线制度是社会主义市场经济条件下政府调控企业工资分配、引导企业职工工资合理增长的一项重要措施。落实工资指导线制度，促进企业职工工资合理增长，既有利于劳动者共享发展改革成果、扩大内需促进消费，也有利于发展和谐劳动关系、维护社会稳定。各级政府、有关部门和企业要高度重视，切实加强领导，精心组织实施。

（一）各类企业应当在企业工资指导线发布后30日内，通过集体协商方式制定具体实施方案，经职工代表大会讨论通过。国有和国有控股企业的实施方案，经主管或监管部门审核同意后，报同级人力资源社会保障行政部门备案（备案表附后）；其他企业的实施方案直接报同级人力资源社会保障行政部门备案。实施方案由企业向全体职工公示后实施。企业按照经备案审核后的实施方案实际发放的工资（薪金），可据实在成本中列支。

（二）各市区、开发区、工业新区要加强对企业落实年度工资指导线的政策指导和督促检查，按照“政府主导、多方协同、企业落实”的原则，引导企业依据年度工资指导线和相关法规政策，通过工资集体协商制订并落实职工工资增长目标，合理确定工资分配制度。要将企业落实工资指导线情况，作为评选和谐企业、和谐工业园区的必备条件。

（三）人力资源社会保障行政部门要做好企业工资指导线及相关法规政策的宣传工作，指导督促企业在生产发展、经济效益提高的基础上，合理安排工资增长。要加强对企业工资分配的动态监控，对当年经济效益增长但职工工资未达到最低增长比例的企业，要向其发出警示信息；对近两年职工工资水平过高、增长过快和不按规定执行工资指导线政策的国有及国有控股企业，要列入工资内外收入重点检查范围；对未及时将工资指导线实施方案报人力资源社会保障行政部门备案审核的企业，要依据《山东省企业工资支付规定》予以处理，切实维护劳动者的劳动报酬权益。

各市区、开发区、工业新区应根据本通知制定具体的实施意见，报市人力资源社会保障局备案。

威海市人民政府关于印发威海市房屋契税计税价格管理办法的通知

（2010年9月30　威政发〔2010〕43号）

第一章　总　则

第一条　为加强房屋契税计税价格管理，科学合理地确定契税计税价格，建立统一公开的契税计税价格核定工作体系，完善契税征管制度，堵塞征管漏洞，根据《中华人民共和国契税暂行条例》等有关法规、规章规定，结合本市实际，制定本办法。

第二条　依照本办法核定的契税计税价格是房屋权属发生转移时计算契税应纳税额的依据。

第三条　本办法所称房屋是指纳入契税计征对象的房屋，包括住宅、商业用房、办公用房、工业用房及依法应属于契税计征对象的其他房屋。

第四条　本市城市规划区以及工业新区的汪疃、苘山两镇范围内的契税计税价格管理适用本办法。

第五条　契税计税价格的确定应当有具有法定资质的房地产估价机构（以下简称估价机构）参与，遵循公开、公平、真实、合理的原则。

第六条　财政部门委托的估价机构评估的价格视为市场价格。

第七条　市财政部门是契税计税价格管理的主管部门，负责确定计税价格，并履行计税价格的监管职责。

第二章　计税价格确定方法

第八条　契税计税价格应确定为房屋权属发生转移时的成交价格，包括承受者应支付的货币、实物、无形资产或者其他经济利益。无成交价格的，按市场价格确定计税价格。

第九条　财政部门应当根据估价机构的估价结果核定计税价格。

第十条　估价机构进行房屋估价应当接受财政部门的委托，在委托的范围内估价。

第十一条　估价机构应当根据房屋的不同性质及用途等特点进行估价，严格遵守《房地产估价规范》。

第十二条　估价可采取下列方法：

（一）住宅性质（用途）的房屋主要采用市场比较法；

（二）商业性质（用途）的房屋主要采用市场比较法和收益计算法；

（三）办公性质（用途）的房屋主要采用市场比较法并根据情况需要辅助收益计算法进行验证；

（四）工业性质（用途）的房屋主要采用成本计算法；

（五）财政部门认可的其他方法。

第三章　计税价格管理

第十三条　建立房屋计税价格数据库，对计税价格实行数据库管理。

第十四条　推行计税价格精细化、具体化管理，建立每栋房屋的详细信息，包括房屋坐落、总层数、建成年代、结构、用途、配套、计税价格、上浮系数等。

第十五条　实行计税价格公开制度，保护和尊重公众的监督权和知情权。

第十六条　财政部门应当加强对计税价格的动态管理，根据市政府确定的土地价格浮动及房地产市场变化情况，对计税价格适时进行调整。

第四章　计征方法

第十七条　实行纳税申报制度，完善纳税程序，规范纳税行为。

第十八条　实行纳税申报成交价格与计税价格相比较，申报成交价格高于财政部门核定的计税价格的，按申报成交价格计征税款。申报成交价格明显低于财政部门核定的计税价格且无正当理由的，按财政部门核定的计税价格计征税款。

第十九条　未纳入数据库管理的房屋或者没有成交价格的房屋，所有权发生转移时按财政部门核定的计税价格计征税款。

第二十条　有关税收法规对契税计税价格另有专门规定的，按其规定确定计税价格计征税款。

第五章　争议处理

第二十一条　纳税人对财政部门核定的计税价格有异议的，可要求估价机构重新评估，以评估价格作为计税价格。

第二十二条　纳税人与财政部门因计税价格发生争议的，按照《中华人民共和国税收征收管理法》有关规定处理。

第六章　附　则

第二十三条　荣成市、文登市、乳山市契税计税价格管理参照本办法执行。

第二十四条　本办法由威海市财政局负责组织实施。

第二十五条　本办法自2010年10月1日起施行。

威海市人民政府关于加快构建农村现代经营服务新体系全面推进供销合作社改革发展的实施意见

（2010年10月15日　威政发〔2010〕45号）

一、明确新时期供销合作社改革发展的总体目标

当前，我市改革发展进入关键阶段，农村正在发生深刻变革。新形势、新任务对供销合作社改革发展提出了新的更高要求，也提供了新的历史机遇。今后一个时期，全市供销合作社改革发展总的目标要求是：坚持以邓小平理论和“三个代表”重要思想为指导，深入贯彻落实科学发展观，坚持为农服务宗旨，坚持社会主义市场经济改革方向，坚持合作制基本原则，以服务“三农”为主线，以改革创新为动力，以建立新型经营服务体系和组织体系为目标，将服务领域延伸到农民生产生活的方方面面，努力成为农业社会化服务的骨干力量、农村现代流通的主导力量、农民专业合作的带动力量，在统筹城乡经济社会发展中做出新的更大贡献。

二、切实加强农村现代经营服务新体系建设

紧紧围绕农民生产、生活，不断加大农村现代经营服务新体系建设力度，增强综合服务功能，提高为农服务水平。

（一）加快建立新型农产品经营服务体系。一是打造农产品标准化生产基地工程。要根据农产品质量安全区域化管理有关要求，以果蔬、花生等具有比较优势的产品为重点，做好新技术引进、试验、示范、推广工作，建设生产示范基地，带动、引导农民开展标准化生产、规模化经营。二是打造农村合作经济组织建设工程。支持各级供销合作社发挥优势，积极领办、引办、协办各类专业协会、专业合作社，带动全市农村专业合作经济组织发展。引导支持内部运转协调、具有一定规模的专业合作社，跨区域成立分支机构。按照合法规范、试点先行的原则，积极支持、引导、推动专业合作社开展内部资金互助，发展信用合作担保投资业务，探索推进农村融资服务体系建设。鼓励有条件的供销合作社开展农民专业合作社带头人、农产品经纪人等技能培训，并将其纳入农民培训计划。三是打造市场营销网络建设工程。立足国内、国际两个市场，鼓励支持各级供销合作社培育发展各类农产品经营公司、农副产品展示展销中心和批发交易市场，建立起畅通高效的农产品购销网络，搞活农产品流通。各级供销合作社要充分发挥组织协调功能，积极组织参加、牵头承办或协办相关展会，切实做好“农超对接”工作。

（二）全力打造新型农资经营服务体系。要以联采直供为手段，以资源优化整合为途径，强化统一配送，减少销售中间环节，加强行业自律，全面推进新型农资经营服务体系建设，把实惠送到千家万户，保障农业生产需要。各级供销合作社要大力重组、培育农资经营企业，将产业链向上下游延伸，与基层组织共同建立农资流通服务新秩序，实现可持续发展。支持供销合作社开展种子、农机具、成品油等商品经营，承担化肥、农药等重要物资的商业储备和救灾储备，不断拓展经营服务领域。

（三）突出发展日用消费品连锁经营网络。要主动借助外力，与日用品商业流通企业开展合作、优势互补，结合小城镇建设和农村环境综合整治，以县域为重点，以镇（街道）驻地为中心，向村庄延伸，改造、新建商业设施，发展现代经营业态，加快现代日用消费品流通网络建设。

（四）创新发展再生资源回收利用网络。鼓励各级供销合作社利用传统的废旧物资经营网络，以市场化为手段，加快资源整合，推进专业化分拣中心、区域再生资源回收集散市场和综合利用处理基地建设。根据居民分布和产业分布情况，结合新农村建设和农村环境整治的要求，合理布局回收网点，规范发展绿色废旧物资回收网点。支持有条件的供销合作社企业依法开展废旧家电、报废汽车等回收拆解业务，形成回收、分拣和加工利用一体化经营的再生资源回收利用体系，促进循环经济的发展。

（五）大力开展农村社区综合服务。鼓励支持供销合作社在镇（街道）驻地改造开发集日用品、农资、餐饮娱乐等多种经营服务于一体的综合商贸中心，打造小城镇建设的品牌和亮点。在村一级，按照“政府引导、供销合作社主办、多方参与、市场化运作”的原则，以经营性服务项目为主体，推进集经营性、公益性和中介性于一体的农村社区综合服务中心建设，发挥好供销合作社引领作用，努力构建农村公共服务平台。

三、切实加强供销合作社组织体系建设

（一）强化组织基础。开展“新时期优秀基层供销合作社创建活动”，加强分类指导，加大扶持力度，围绕构建农村现代经营服务新体系，选准切入点和突破口，搞好供销合作社基层组织恢复重建、膨胀发展。以直接组织农民、为农民提供有效服务为目标，确立全新的基层组织概念，用开放的思维、发展的视野，吸纳各类经济服务组织、农民经纪人等加入供销合作社，壮大供销合作事业组织基础。

（二）强化企业支撑。支持各级供销合作社发挥各自优势，优化整合有效资源，加快培育农产品、农资、日用品、再生资源、烟花爆竹、信用担保投资等行业骨干龙头企业，实现集群化发展。实施“项目兴社”战略，建立龙头企业项目库，以项目为载体和平台，因地制宜，培植增长点，实现新突破。

（三）强化联合社功能。要切实保障供销合作社组织机构的完整和队伍的稳定，加强联合社机关建设，健全理事会、监事会机构设置，保持领导班子稳定。各级政府要根据实际需要，确定供销合作社职能，将构建农村现代经营服务新体系的各项任务赋予供销合作社。在严格核定各级联合社人员的情况下，将所需经费列入同级财政预算。对未参照公务员法管理的联合社机关，由当地政府依据有关法律法规制定管理办法。

（四）强化体制机制创新。各级供销合作社出资企业要进一步明晰产权，明确责权利关系，实行社企分开，走市场化运作的路子，在保障出资人权利的同时，最大限度地激发经营活力。鼓励支持基层供销社在吸引能人办社、引进社会资本办社、体制整体转换办社等方面进行探索，释放发展活力，逐步办成真正的农民合作经济组织。要主动打破区划界限、层级束缚、市场分割和传统思维，从优势领域入手，以产权为核心、以资本为纽带、以项目为载体、以企业为主体，鼓励供销合作社上下联合、相互持股，提高产业集中度和市场竞争力。要积极实施“人才兴社”战略，改革用人机制，调动现有干部职工积极性；优化工作环境，鼓励大中专毕业生到供销合作社就业；完善激励机制，培养、引进各类经营管理与专业技术人才，造就一支适应新时期发展需要的干部职工队伍。要加强供销合作社文化建设，确立新时期供销合作社核心价值观。

四、切实加强对供销合作社改革发展的领导和支持

各级政府要将供销合作社改革发展列入重要议事日程，及时研究解决供销合作社改革发展中的困难和问题，为供销合作社改革发展创造有利环境。各有关部门要强化协调配合，提高行政效能，加大政策落实力度，集聚支持供销合作社改革发展的强大合力。

（一）依法维护供销合作社权益。各级供销合作社联合社理事会是本级社集体财产和所属企事业单位财产的所有权代表，任何部门和单位不得随意侵占、平调其财产，不得随意改变供销合作社及其所属企事业单位的隶属关系，保持供销合作社组织体系的完整性。因公益建设等需要拆迁或占用供销合作社资产，应按原有的规模和性质予以回迁和重建。进一步规范改制行为，切实防止社有资产流失。各级联合社要强化社有资产监管，切实履行出资人职责。基层供销社资产处置、权益转让及重大投融资计划等事项，须由县级联社审批，其改制后的剩余资产由县级联社代为行使所有权和管理权。

（二）妥善处理历史遗留问题。支持供销合作社多渠道消化经营性财务挂账，加快处置供销合作社拖欠的金融债务，特别是对停业、破产企业的呆坏账要尽快处置。要尊重历史，注重现实，根据实际使用情况，依照法律、法规和有关政策确定土地权属，加快供销合作社土地登记颁证工作。抓紧落实相关政策，切实解决好供销合作社企业职工基本养老保险、基本医疗保险问题，妥善处理好破产或困难企业职工的分流安置。各市区政府要从支持供销合作事业发展、增强为农服务功能出发，解决好社员股金专项贷款问题。

（三）强化财税和金融支持。要逐步加大对供销合作社改革发展的资金扶持力度，支持供销合作社加快构建农村现代经营服务新体系。要充分利用好市级供销合作社改革发展专项扶持资金，各市区也要借鉴市级做法，设立供销合作社改革发展专项扶持资金。对供销合作社使用的原国有划拨建设用地，经批准可采取出让、租赁方式处置，土地收益优先用于支付破产和改制企业职工安置费用、改善农村流通基础设施。为镇（街道）、村（居）商业网点配套的生产基地、生产性附属设施建设，免收城市基础设施配套费。金融机构要进一步加大信贷支持，鼓励供销合作社参与农村金融体系创新。支持供销合作社利用系统内安全统筹统保业务平台，在其领办的专业合作组织内部开展互助合作保险试点工作。鼓励符合条件的供销合作社参与组建村镇银行、小额贷款公司。支持供销合作社在条件具备时，组建为全市专业合

作社、涉农企业和基层供销社提供服务的融资担保公司，支持开展中小企业融资担保业务。各级政府关于促进中小企业发展的税收和融资优惠政策，同样适用于供销合作社所属企业。

（四）增强供销合作社为农服务功能。对供销合作社领办的农民专业合作社，要继续加大资金扶持力度。鼓励支持供销合作社参与农民专业合作社示范社建设，参与各级农业产业化、农业标准化示范、农业技术研发推广、“万村千乡”和“双百”市场工程、“农超对接”等项目，申报承担农业综合开发项目，积极争取国家农村物流服务体系发展专项资金、服务业发展专项资金、中小商贸企业发展专项资金，发展农村养老、家政等服务业。各级鼓励发展服务业的专项资金，要重点支持发展农村现代流通服务网络、开拓农村市场的项目。将供销合作社系统信息化网络建设项目，列入各级信息产业发展资金支持范围。对供销合作社建设农村现代经营服务新体系的项目用地，应纳入各级用地计划，给予重点支持。加强供销合作社系统重点行业协会建设，增强服务功能，强化行业自律，依法承接政府委托的职能。

威海市人民政府关于修改《威海市实施城市管理相对集中行政处罚权规定》的决定

（2010年11月10日　威政发〔2010〕53号）

根据工作需要，市政府决定对《威海市实施城市管理相对集中行政处罚权规定》（威政发〔2008〕32号）作如下修改：

一、将第二条第一款修改为：“在本市环翠区、高技术产业开发区、经济技术开发区、工业新区范围内实施城市管理相对集中行政处罚，适用本规定。”

二、将第三条修改为：“威海市城市管理行政执法局（以下简称城管执法局）是市政府实施城市管理相对集中行政处罚权工作的主管部门，具体行使市容环境卫生管理、城市规划管理、城市绿化管理、市政管理、环境保护管理、工商行政管理方面法律、法规、规章规定的全部或部分行政处罚权，履行法律、法规、规章和省、市人民政府规定的其他职责。”

三、删除第二十二条、第二十三条、第二十四条、第二十五条、第二十六条。

四、增加四条，分别作为第二十二条、第二十三条、第二十四条、第二十五条。

五、将第三十五条修改为：“在城市规划区内，未取得建设工程规划许可证或者未按照建设工程规划许可证的规定进行建设的，依据《中华人民共和国城乡规划法》第六十四条规定，责令停止建设；无法采取措施消除影响的，限期拆除。”

六、删除第五十八条、第五十九条、第六十条。

本决定自2010年11月10日起施行。《威海市实施城市管理相对集中行政处罚权规定》根据本决定作相应修改并对条文顺序作相应调整，重新公布。

威海市实施城市管理相对集中行政处罚权规定

第一章　总　则

第一条　为进一步提高我市城市管理水平，规范城市管理相对集中行政处罚权工作，根据《中华人民共和国行政处罚法》、《山东省人民政府关于在威海市开展城市管理相对集中行政处罚权工作的批复》等法律、法规、规章规定，结合我市实际，制定本规定。

第二条　在本市环翠区、高技术产业开发区、经济技术开发区、工业新区范围内实施城市管理相对集中行政处罚，适用本规定。

法律、法规、规章对有关的行政处罚内容有新的规定的，从其规定。

第三条　威海市城市管理行政执法局（以下简称城管执法局）是市政府实施城市管理相对集中行政处罚权工作的主管部门，具体行使市容环境卫生管理、城市规划管理、城市绿化管理、市政管理、环境保护管理、工商行政管理方面法律、法规、规章规定的全部或部分行政处罚权，履行法律、法规、规章和省、市人民政府规定的其他职责。

第四条　行政处罚权依法由城管执法局集中行使后，原相关行政执法部门不得再行使；继续行使的，作出的行政处罚决定无效，并追究该部门直接负责的主管人员和其他直接责任人员的法律责任。

市直相关执法部门应当指导和配合城管执法局开展业务工作，并协助城管执法局开展对行政执法人员的业务培训。

市直相关执法部门应当将由本部门负责实施的新发布的法律、法规、规章中涉及城市管理相对集中行政处罚权的内容及上级业务部门关于行政执法方面的新规定，及时告知城管执法局；对适合集中的新行政处罚权项目，由城管执法局报请市政府协调相关部门确定，依法实施。

第五条　城管执法局应当加强对执法人员的思想政治、职业道德、业务知识和遵纪守法教育，不断提高执法人员的综合素质。

第六条　城管执法局实施行政处罚和查处违法行为，应坚持查处与引导相结合、处罚与教育相结合、执法与服务相结合的原则。

第七条　执法人员查处违法行为

时，不得少于2人，并严格按照法律、法规、规章的规定，认真履行职责。

第八条 城管执法局应当严格按照《中华人民共和国行政处罚法》等法律、法规、规章的规定实施行政处罚，确保行政处罚决定事实清楚、证据确凿、适用依据正确、程序合法、内容适当。

第九条 对当事人的同一个违法行为，不得给予两次以上罚款的行政处罚。

第十条 执法人员实施行政处罚时，应当使用统一印制的法律文书。

实施罚款处罚的，应当实行罚缴分离制度；当场收缴罚款的，必须向当事人出具省财政部门统一制发的罚款收据；罚款和没收违法所得或者没收非法财物拍卖的款项，应当全部上缴市财政。

第十一条 城管执法局在查处违法行为时，对用于违法行为的工具和物品可能灭失或者以后难以取得的，在报经本机关负责人批准后，可以先行登记保存；对不当场登记保存以后难以取得的，可先予登记保存，并在24小时内补办批准手续。

第十二条 城管执法局依法对当事人的财物作出查封、扣押、没收或者先行登记保存决定的，必须书面通知当事人，并制作清单。

清单应当载明物品名称、规格、数量、单位、完好程度等事项，由执法人员和当事人核实后签名或盖章。清单一式两份，由城管执法局和当事人各执一份。

当事人拒绝签名或盖章的，必须由2名以上执法人员注明情况并签名或盖章，并于当日将查封、扣押、没收或先行登记保存的财物及清单交回城管执法局。

第十三条 城管执法局依法对当事人的财物先行登记保存的，应在7个工作日内作出处理决定。未在规定的期限内作出处理决定的，须将先行登记保存的财物退还当事人。对该财物造成损失的，应当依法赔偿。

被查封、扣押的工具和物品难以保存或在限定期限内无人认领的，由城管执法局会同财政部门依法处理。

第十四条 城管执法局在作出责令停产停业，吊销许可证或执照，对公民处以500元以上罚款、对法人或者其他组织处以2万元以上罚款等行政处罚决定之前，应当告知当事人有要求举行听证的权利；当事人要求听证的，城管执法局应当组织听证。

法律、法规或者规章对举行听证的罚款数额另有规定的，从其规定。

第十五条 城管执法局在执法过程中认为需要吊销许可证或执照的，应将有关的调查材料移送有关部门，由发证机关核实后予以吊销；发现超出自身处罚权限的违法行为或事件，应及时报告相关执法部门处理。

当事人的违法行为造成市政设施、园林绿化设施、环境卫生设施等公共设施损坏需要赔偿损失的，城管执法局应当通知有关管理部门按照价格行政主管部门核定的赔偿标准或组织评估后提出赔偿金额，由城管执法局作出赔偿决定。

第十六条 城管执法局作出责令停产停业、吊销许可证或执照、较大数额罚款等较重的行政处罚的，应当集体讨论决定。

第十七条 城管执法局应当建立执法人员轮岗交流制度和决策、执行、监督相分离的内部运行机制，实行行政执法责任制、评议考核制和错案责任追究制，不断提高行政执法水平。

第十八条 公民、法人和其他组织对城管执法局的行政处罚决定不服的，可以依法申请行政复议或者提起行政诉讼。

当事人逾期不申请复议，也不提起诉讼，又不履行处罚决定的，城管执法局可以依法强制执行或者申请人民法院强制执行。

行政复议和诉讼期间，行政处罚决定不停止执行。法律、法规另有规定的除外。

第十九条 对拒绝、妨碍或以其他暴力威胁等方式阻碍城管执法局及其执法人员依法执行公务，违反《中华人民共和国治安管理处罚法》的，由公安机关依法处理；构成犯罪的，依法追究刑事责任。

第二十条 执法人员在执法活动中徇私舞弊、玩忽职守、滥用职权的，依法给予行政处分；构成犯罪的，依法追究刑事责任。

第二十一条 城管执法局实施行政处罚时，应当纠正当事人的违法行为；对未能及时制止和纠正违法行为造成不良后果的，由城管执法局承担相应的法律和行政责任。

第二章 市容环境卫生管理

第二十二条 城镇容貌和环境卫生责任区的责任人未按照规定要求做好责任区内卫生保洁、清扫冰雪、清除乱贴乱画等城镇容貌和环境卫生工作的，依据《山东省城镇容貌和环境卫生管理办法》第四十九条规定，责令限期改正；逾期不改正的，给予通报批评。

第二十三条 有下列行为之一的，依据《山东省城镇容貌和环境卫生管理办法》第五十条规定，责令限期改正；逾期不改正的，依法予以处罚：

（一）超出建筑物外墙面对建筑物外走廊、阳（平）台进行封闭，或者其外形、规格、色彩不符合城镇容貌标准的；

（二）违反城镇容貌标准在建筑物外部安装空调、太阳能热水器、防盗网、遮阳罩等的；

（三）城镇道路两侧的经营者超出门窗或者外墙摆卖商品的；

（四）在城镇道路两侧的护栏、线杆、树木、绿篱等处吊挂杂物或者晾晒衣物的；

（五）擅自饲养鸡、鸭、鹅、兔、羊、猪等家禽家畜或者食用鸽，影响城镇容貌和环境卫生的；

（六）养犬人携犬出户未及时清除犬粪的；

（七）随地吐痰、便溺或者乱扔果皮、纸屑、烟蒂、口香糖、塑料袋、饮料瓶（盒）等废弃物的；

（八）不按照规定倾倒垃圾、污水或者粪便的；

（九）不按照规定从事烧烤经营的。

第二十四条 有下列行为之一的，依据《山东省城镇容貌和环境卫生管理办法》第五十一条规定，责令停止违法行为，限期清理、拆除或者采取其他补救措施；逾期未清理、拆除或者采取其他补救措施的，可以按照下列规定处以罚款：

（一）在建筑物顶部、阳台外或者

窗外擅自搭建鸽舍的，处以50元以上500元以下罚款；

（二）在城镇道路两侧建筑物的顶部、阳台外、窗外堆放、吊挂或者晾晒有碍城镇容貌的物品的，处以50元以上200元以下罚款；

（三）未及时清理路面杂物或者补装、更换井盖、沟盖、雨箅等相关设施的，处以1000元以上2万元以下罚款；

（四）未经批准擅自在城镇道路两侧或者公共场所堆放物料，影响城镇容貌的，处以500元以上5000元以下罚款；

（五）对运输砂石、土方、渣土、混凝土、灰浆等散体、流体物质或者生活垃圾、建筑垃圾的车辆，未采取覆盖、密闭措施，造成泄漏或者遗撒的，按照污染道路面积及污染程度处以每平方米20元以上50元以下罚款，但罚款总额不得超过3万元；

（六）再生资源回收企业或者个体经营者乱堆乱放或者焚烧废旧物品的，对单位处以500元以上5000元以下罚款，对个人处以50元以上200元以下罚款；

（七）施工单位违反施工现场作业管理规定，未在临街施工现场周围设置硬质围挡、未对车辆进出道路进行硬化、施工时未采取防尘措施、未及时清运渣土等建筑垃圾、未保持驶离施工现场车辆的清洁、未按规定排水致使污染路面、工程竣工或者停工后未及时清理和平整场地的，处以1000元以上2万元以下罚款；

（八）擅自设置大型户外广告，影响城镇容貌的，处以2000元以上2万元以下罚款；

（九）未经批准擅自在城镇建筑物、构筑物或者其他设施上张贴、张挂宣传品，或者利用实物造型、悬挂物、充气装置等载体设置宣传品，影响城镇容貌的，处以200元以上5000元以下罚款；

（十）擅自在建筑物、构筑物的外墙或者公共设施、路面、线杆、树木等处进行张贴、涂写、刻画的，处以100元以上1000元以下罚款；逾期未清除或者拒不接受处理的，可书面通知通信企业暂停其在张贴、涂写、刻画中标明的通信号码的使用；

（十一）在露天场所、垃圾收集容器内焚烧枝叶、垃圾或者其他废弃物的，处以50元以上200元以下罚款。

第二十五条　对不符合城镇容貌标准、环境卫生标准的建筑物或者设施，依据《山东省城镇容貌和环境卫生管理办法》第五十二条规定，责令有关单位和个人限期改造或者拆除；逾期未改造或者未拆除的，经市人民政府批准，依法组织强制拆除，并可处以1000元以上3万元以下罚款。

第二十六条　随意倾倒、抛洒、堆放城市生活垃圾的，依据建设部《城市生活垃圾管理办法》第四十二条规定，责令停止违法行为，限期改正，单位有以上行为的处以5000元以上5万元以下罚款，个人有以上行为的处以200元以下罚款。

第二十七条　将建筑垃圾混入生活垃圾的或者将危险废物混入建筑垃圾的，依据建设部《城市建筑垃圾管理规定》第二十条规定，责令限期改正，给予警告，单位有以上行为的处以3000元以下罚款，个人有以上行为的处以200元以下罚款。

擅自设立弃置场受纳建筑垃圾的，依据建设部《城市建筑垃圾管理规定》第二十条规定，责令限期改正，给予警告，单位有以上行为的处以5000元以上1万元以下罚款，个人有以上行为的处以3000元以下罚款。

第二十八条　建筑垃圾储运消纳场受纳工业垃圾、生活垃圾和有毒有害垃圾的，依据建设部《城市建筑垃圾管理规定》第二十一条规定，责令限期改正，给予警告，处以5000元以上1万元以下罚款。

第二十九条　施工单位未及时清运工程施工过程中产生的建筑垃圾，造成环境污染的，依据建设部《城市建筑垃圾管理规定》第二十二条规定，责令限期改正，给予警告，处以5000元以上5万元以下罚款。

施工单位将建筑垃圾交给个人或者未经核准从事建筑垃圾运输的单位处置的，依据建设部《城市建筑垃圾管理规定》第二十二条规定，责令限期改正，给予警告，处以1万元以上10万元以下罚款。

第三十条　处置建筑垃圾的单位在运输建筑垃圾过程中沿途丢弃、遗撒建筑垃圾的，依据建设部《城市建筑垃圾管理规定》第二十三条规定，责令限期改正，给予警告，处以5000元以上5万元以下罚款。

第三十一条　涂改、倒卖、出租、出借或者以其他形式非法转让城市建筑垃圾处置核准文件的，依据建设部《城市建筑垃圾管理规定》第二十四条规定，责令限期改正，给予警告，处以5000元以上2万元以下罚款。

第三十二条　未经核准擅自处置建筑垃圾的或处置超出核准范围的建筑垃圾的，依据建设部《城市建筑垃圾管理规定》第二十五条规定，责令限期改正，给予警告，对施工单位处以1万元以上10万元以下罚款，对建设单位、运输建筑垃圾的单位处以5000元以上3万元以下罚款。

第三十三条　随意倾倒、抛洒或者堆放建筑垃圾的，依据建设部《城市建筑垃圾管理规定》第二十六条规定，责令限期改正，给予警告，单位有以上行为的处以5000元以上5万元以下罚款，个人有以上行为的处以200元以下罚款。

第三章　城市规划管理

第三十四条　在城市规划区内，未取得建设工程规划许可证或者未按照建设工程规划许可证的规定进行建设的，依据《中华人民共和国城乡规划法》第六十四条规定，责令停止建设；无法采取措施消除影响的，限期拆除。

第三十五条　有下列行为之一的，依据《中华人民共和国城乡规划法》第六十六条规定，责令限期拆除，可以并处临时建设工程造价一倍以下罚款：

（一）未经批准进行临时建设的；

（二）未按照批准内容进行临时建设的；

（三）临时建筑物、构筑物超过批准期限不拆除的。

第三十六条　城管执法局作出责令停止建设或者限期拆除的决定后，当事人不停止建设或者逾期不拆除的，市人民政府可以责成城管执法局采取查封施工现场、强制拆除等措施。

第四章　城市绿化管理

第三十七条　有下列行为之一的，

依据《山东省城市绿化管理办法》第三十一条规定，责令停止侵害，可以并处罚款：

（一）损坏树木花草的，处以赔偿费1至3倍的罚款；

（二）擅自修剪树木的，处以200元以上1000元以下罚款；

（三）因擅自修剪造成树木死亡的，处以树木赔偿费3至5倍的罚款；

（四）擅自砍伐树木的，处以树木赔偿费3至5倍的罚款；

（五）砍伐、擅自移植古树名木或者因养护不善，致使古树名木受到损伤或死亡的，处以每株1万元以上3万元以下罚款；

（六）损坏绿化设施的，处以赔偿费1至3倍的罚款。

第三十八条　未经批准，擅自占用城市绿化用地的，依据《山东省城市绿化管理办法》第三十二条规定，责令限期退还、恢复原状，并可处以1万元以上10万元以下罚款。

第三十九条　在城市绿地范围内进行拦河截溪、取土采石、设置垃圾堆场、排放污水以及其他对城市生态环境造成破坏活动的，依据建设部《城市绿线管理办法》第十七条规定，责令改正，并处以1万元以上3万元以下罚款。

第五章　市政管理

第四十条　有下列行为之一的，依据《山东省城市建设管理条例》第四十九条规定，责令限期改正，并处以1000元以上2万元以下罚款：

（一）占用城市主要道路作为集贸市场和停车场及摆摊设点的；

（二）擅自挖掘城市道路，或者经批准挖掘城市道路后，未及时清理现场并恢复城市道路原状的；

（三）未对设置在城市道路上的各种管线的检查井、箱盖及城市道路附属设施出现的破损、移位或者丢失及时修复、正位或者补缺的；

（四）在集中供热区域内擅自建设分散供热设施的；

（五）在公共供水管道上直接装泵抽水的；

（六）擅自在城市供水、排水、供气、供热管道及设施安全距离范围内修筑建筑物、构筑物和堆放物品的；

（七）擅自建设城市雕塑的。

第四十一条　在城市道路范围内，有下列行为之一的，依据《城市道路管理条例》第四十二条规定，责令限期改正，可处以2万元以下罚款：

（一）擅自占用或者挖掘城市道路的；

（二）履带车、铁轮车或者超重、超高、超长车辆擅自在城市道路上行驶的；

（三）机动车在桥梁或者非指定的城市道路上试刹车的；

（四）擅自在城市道路上建设建筑物、构筑物的；

（五）在桥梁上架设压力在4公斤／平方厘米（0.4兆帕）以上的煤气管道、10千伏以上的高压电力线和其他易燃易爆管线的；

（六）擅自在桥梁或者路灯设施上设置广告牌或者其他挂浮物的；

（七）未对设在城市道路上的各种管线的检查井、箱盖或者城市道路附属设施的缺损及时补缺或者修复的；

（八）未在城市道路施工现场设置明显标志和安全防围设施的；

（九）占用城市道路期满或者经批准挖掘城市道路后，未及时清理现场的；

（十）依附于城市道路建设各种管线、杆线等设施，不按规定办理批准手续的；

（十一）紧急抢修埋设在城市道路下的管线，不按照规定补办批准手续的；

（十二）未按照批准的位置、面积、期限占用或者挖掘城市道路，或者需要移动位置、扩大面积、延长时间，未提前办理变更审批手续的。

第四十二条　有下列行为之一的，依据建设部《城市道路照明设施管理规定》第二十一条规定，责令限期改正，赔偿经济损失，并可处以1000元以下罚款；有违法所得的，并可处以1万元以上3万元以下罚款：

（一）擅自拆除、迁移、改动城市道路照明设施的；

（二）在城市道路设施附近堆放杂物、挖坑取土、兴建建筑物及有碍城市道路照明设施正常维护和安全运行活动的；

（三）擅自在城市道路照明灯杆上架设通讯线(缆)或者安置其他设施的；

（四）故意打、砸城市道路照明设施的；

（五）私自接用路灯电源的；

（六）偷盗城市道路照明设施的；

（七）不听劝阻和制止，非法占用城市道路照明设施的。

第四十三条　擅自占用或者毁坏市政公用设施、环卫设施、园林绿地等的，依据《山东省城市建设管理条例》第五十三条规定，责令限期退还，恢复原状，并处以1万元以上10万元以下罚款。

第四十四条　未办理有关手续向城市排水管网及其他设施排放污水的、向城市排水设施排放有毒、有害、易燃、易爆或者易堵塞管道的物质的，依据《山东省城市建设管理条例》第五十条规定，责令停止排放，采取补救措施，并处以1000元以上2万元以下罚款。

第四十五条　擅自建造建筑物、构筑物占压燃气输配管道的，依据《山东省燃气管理条例》第五十二条规定，责令限期拆除；逾期不拆除的，由市人民政府责成有关部门强制拆除，或者依法申请人民法院执行，所需费用由建设单位或者个人承担。

第六章　环境保护管理

第四十六条　在城市建成区内建设施工，违反下列规定的，依据《山东省实施〈中华人民共和国大气污染防治法〉办法》第四十一条规定，责令限期改正，处以3000元以下罚款；情节严重的，处以3000元以上2万元以下罚款；对逾期仍未达到环境保护规定的，可以责令其停工整顿：

（一）施工工地周边应当设置高度1.8米以上的围挡，不得高空抛撒建筑垃圾，对土堆、散料应当采取遮盖或者洒水措施；

（二）建筑垃圾应当及时清运，日产日清，装卸车不得凌空抛撒，车辆不得沾带泥土驶出施工工地；

（三）混凝土浇注量在一百立方米以上的建设项目施工工地，应当使用预搅拌混凝土；采用现场搅拌的，必须采取防止扬尘污染措施；

（四）拆迁造成扬尘的，应当随拆

随洒水；

（五）在道路上施工应当实行封闭式作业。施工弃土、废料必须及时清运。堆放施工弃土、散料的，应当采取洒水或者遮盖等措施防止扬尘污染。

第四十七条　未采取防燃、防尘措施，在人口集中地区存放煤炭、煤矸石、煤渣、煤灰、砂石、灰土等物料的，依据《中华人民共和国大气污染防治法》第四十六条规定，根据不同情节，责令停止违法行为，限期改正，给予警告或处以5万元以下罚款。

第四十八条　未采取密闭措施或者其他防护措施，运输、装卸或者贮存能够散发有毒有害气体或者粉尘物质的，依据《中华人民共和国大气污染防治法》第五十六条规定，责令停止违法行为，限期改正，可处以5万元以下罚款。

第四十九条　城市饮食服务业的经营者未采取有效污染防治措施，致使排放的油烟对附近居民的居住环境造成污染的，依据《中华人民共和国大气污染防治法》第五十六条规定，责令停止违法行为，限期改正，可处以5万元以下罚款。

第五十条　在人口集中地区和其他需要依法特殊保护的区域内，焚烧沥青、油毡、橡胶、塑料、皮革、垃圾以及其他产生有毒有害烟尘和恶臭气体的物质的，依据《中华人民共和国大气污染防治法》第五十七条第一款规定，责令停止违法行为，处以2万元以下罚款。

第五十一条　在人口集中地区、机场周围、交通干线附近以及市人民政府划定的区域内露天焚烧秸秆、落叶等产生烟尘污染的物质的，依据《中华人民共和国大气污染防治法》第五十七条第二款规定，责令停止违法行为；情节严重的，可处以200元以下罚款。

第五十二条　在城市市区进行建设施工或者从事其它产生扬尘污染的活动，未采取有效扬尘防治措施，致使大气环境受到污染的，依据《中华人民共和国大气污染防治法》第五十八条规定，限期改正，处以2万元以下罚款；对逾期仍未达到当地环境保护规定要求的，可以责令其停工整顿。

第五十三条　在城市市区内露天烧烤食品的，依据《山东省实施〈中华人民共和国大气污染防治法〉办法》第四十条规定，责令停止违法行为，限期改正，可处以500元以下罚款；情节严重的，可处以500元以上5万元以下罚款。

第五十四条　有下列行为之一的，依据《山东省环境噪声污染防治条例》第三十八条规定，予以处罚：

（一）非经公安机关批准排放偶发性强烈噪声的，给予警告；造成严重污染后果的，处以3000元以上1万元以下罚款；

（二）使用高音喇叭或者通过其他高噪声的方式招揽顾客，或者擅自使用车载高音喇叭巡回播放，造成环境噪声污染的，给予警告，责令改正；拒不改正的，处以500元以上1000元以下罚款；

（三）进行家庭娱乐、身体锻炼以及饲养动物产生噪声干扰他人正常休息生活，或者在午间和夜间从事产生噪声污染的装饰装修、货物装卸、生产加工等活动，或者在夜间和午间高声喊叫，严重干扰周围居民生活的，给予批评教育，责令改正；经批评教育仍不改正的，处以100元以上500元以下罚款。

第五十五条　对向城市水体倾倒工业废渣、城市生活垃圾和其他废弃物的，依据《中华人民共和国水污染防治法》第七十六条规定，责令停止违法行为，限期采取治理措施，消除污染，处以2万元以上20万元以下罚款；逾期不采取治理措施的，可以指定有治理能力的单位代为治理，所需费用由违法者承担。

第七章　工商行政管理

第五十六条　对在城市道路、公园、广场等公共场所从事经营活动的无照流动商贩和违反规定随意摆摊设点的，依据《无照经营查处取缔办法》第九条第（五）项、第十四条第一款规定，可以查封、扣押专门用于从事无照经营活动的工具、设备、原材料、产品（商品）等财物，并没收违法所得；不够刑事处罚的，并处以2万元以下罚款；无照经营行为规模较大、社会危害严重的，并处以2万元以上20万元以下罚款；无照经营行为危害人体健康、存在重大安全隐患、威胁公共安全、破坏环境资源的，没收专门用于从事无照经营的工具、设备、原材料、产品（商品）等财物，并处以5万元以上50万元以下罚款。

第八章　附　则

第五十七条　本规定自2010年11月10日起施行。

威海市人民政府关于印发《威海市公共机构节能管理办法》的通知

（2010年12月14日威政发〔2010〕59号）

第一章　总　则

第一条　为了推动全市公共机构节能，提高公共机构能源利用效率，发挥公共机构在全社会节能中的表率作用，推动全社会节约能源，根据《中华人民共和国节约能源法》、《公共机构节能条例》、《山东省公共机构节能管理办法》，结合我市实际，制定本办法。

第二条　威海市行政区域内公共机构节能管理工作，适用本办法。

第三条　本办法所称公共机构，是指威海市行政区域内全部或者部分使用财政性资金的国家机关、事业单位和团体组织。

第四条　市级机关事务管理机构在市政府管理节能工作的部门指导下，负责推进、指导、协调、监督全市的公共机构节能工作。

各市区、开发区和工业新区（以下简称各市区）机关事务管理机构，在同级管理节能工作的部门指导下，负责本级公共机构节能管理工作，并指导和监督下一级公共机构节能工作。

教育、科技、文化、卫生、体育等系统各级主管部门在同级机关事务管理部门的指导下，开展本系统内公共机构节能工作。

第五条 各级机关事务管理机构应当会同有关部门，开展公共机构节能宣传、教育和培训，普及节能知识，提高全员节能意识。

第六条 公共机构主要负责人对本单位节能工作全面负责。

公共机构应当建立健全节能管理规章制度，开展节能宣传教育和岗位培训，增强工作人员的节能意识，培养节能习惯，提高节能管理水平。

第七条 市级机关事务管理机构应当会同有关部门，制定公共机构节能考核评价办法，建立公共机构节能考核激励机制。对在公共机构节能工作中做出显著成绩的单位和个人，由市人力资源社会保障局、市级机关事务管理局按照有关规定予以表彰和奖励。

第八条 公共机构的节能工作应当接受社会监督。各级机关事务管理机构应当设立公开监督电话和信箱，任何单位和个人都有权举报公共机构浪费能源的行为，机关事务管理机构对举报应当及时调查处理。

第二章 节能规划

第九条 市级机关事务管理机构应当会同有关部门，根据全市经济和社会发展规划以及节能规划，制定全市公共机构节能中长期规划和市级公共机构节能规划，并按年度将本级公共机构节能规划确定的节能目标和指标分解落实到市级公共机构。

各市区机关事务管理机构应当根据全市公共机构节能中长期规划，结合实际，会同有关部门制定本级公共机构节能规划，并按年度将规划确定的节能目标和指标分解落实到本级公共机构和所辖镇（街道）公共机构。

第十条 公共机构节能规划应当包括指导思想和原则、用能现状和问题、节能目标和指标、节能重点环节、实施主体、保障措施等方面的内容。

第十一条 公共机构应当根据本级公共机构节能规划，结合本单位用能特点和上一年度用能状况，制定年度节能目标和实施方案，有针对性地采取节能管理或者节能改造措施，保证节能目标的完成。

公共机构应当将年度节能目标和实施方案报同级机关事务管理机构备案。

第三章 节能管理

第十二条 公共机构应当建立能源消费计量制度，区分用能种类、用能系统，实行能源消费分户、分类、分项计量，并对能源消耗状况进行实时监测，及时发现、纠正用能浪费现象。

第十三条 公共机构应当设置能源管理岗位，实行能源管理岗位责任制，开展节能宣传教育和岗位培训，重点用能系统、设备的操作岗位应当配备专业技术人员。要指定专人负责能源消费统计，如实记录能源消费计量原始数据，建立统计台账，并按规定的时限和格式上报统计数据。

公共机构应当于每年 3 月 1 日前，向同级机关事务管理机构报送上一年度能源消费状况报告。

第十四条 各级机关事务管理机构应当会同有关部门，按照管理权限，根据不同行业、不同系统公共机构能源消耗综合水平和特点，制定能源消耗定额，财政部门根据能源消耗定额制定能源消耗支出标准。

公共机构应当在能源消耗定额范围内使用能源，加强能源消耗支出管理；超出能源消耗定额使用能源的，应当向同级机关事务管理机构作出说明。

第十五条 公共机构应当按照国家有关强制采购或者优先采购的规定，采购列入节能产品、设备政府采购名录和环境标志产品政府采购名录中的产品、设备，不得采购国家明令淘汰的用能产品、设备。

第十六条 公共机构新建建筑和既有建筑维修改造应当严格执行国家和省有关建筑节能设计、施工、调试、竣工验收等方面的规定和标准，安装用热计量装置、室内温度调控装置和供热系统调控装置，优先选用节能效果显著的新材料、新产品、新工艺，安装和使用太阳能、地热能等可再生能源利用系统，设计和建造超低能耗建筑、零能耗建筑和绿色建筑。

第十七条 各级机关事务管理机构应当会同有关部门，推进本级公共机构办公用房的统一建设、购置、管理和使用，加强办公用房、办公设施设备等资源的集中整合，减少重复建设，提高利用效率，降低能源消耗。

第十八条 公共机构应当对既有建筑的围护结构、燃气灶具与采暖锅炉、中央空调、给水排水、电梯、配电与照明、监测与控制等设备和系统，按照国家规定的建筑节能标准和规范，进行节能改造。

第十九条 公共机构既有建筑节能改造应当在具备下列条件的基础上进行：

（一）经抗震、结构、防火安全评估，建筑能够继续安全使用 10 年以上；

（二）节能改造投资回收期不超过 5 年；

（三）有具备资质的检测机构出具的节能诊断报告；

（四）节能改造方案通过评审。

第二十条 公共机构既有建筑节能改造应当严格遵循项目管理程序。项目管理程序包括制定节能改造方案、委托专家论证、设计施工图文件、施工图审查、建设实施、竣工验收、专业机构评价等阶段。

第二十一条 公共机构应当根据有关规定，每 2 年由本单位或者委托专业节能服务机构进行一次能源审计，对本单位的用能系统、设备的运行以及用能情况进行技术和经济性评价，根据审计结果采取提高能源利用效率的措施。

各级机关事务管理机构应当会同有关部门，根据本级公共机构上报的年度能耗统计数据和监督检查情况，定期选择一定数量的高耗能公共机构进行重点审计。

第二十二条 能源审计应当包括下列内容：

（一）查阅建筑物竣工验收资料和用能系统、设备台账资料，检查节能设计标准的执行情况；

（二）核对能源消耗计量记录和财务账单，评估分类与分项的总能耗、人均能耗和单位建筑面积能耗；

（三）检查用能系统、设备的运行

状况，审查节能管理制度的执行情况；

（四）检查前一次能源审计合理使用能源建议的落实情况；

（五）查找存在节能潜力的用能环节或者部位，提出合理使用能源的建议；

（六）审查年度节能计划、能耗定额执行情况，核实公共机构超过能耗定额使用能源的说明；

（七）审查能源计量器具的运行情况，检查能耗统计数据的真实性、准确性。

第四章 节能措施

第二十三条 公共机构应当建立节能联络员工作制度，指定专人担任节能联络员，负责收集、整理、传递本单位节能工作的重要信息，协调督促按时报送能源消耗统计情况，分析汇总和及时反馈节能工作动态，提出推进本单位节能工作的意见和建议等。节能联络员应当接受节能培训。

第二十四条 公共机构应当逐步实行合同能源管理方式，委托节能服务机构对既有建筑进行节能诊断、设计、融资、改造和运行管理。

第二十五条 公共机构与物业服务企业订立物业服务合同时，应当载明节能管理的目标和要求，节能目标完成情况作为对物业服务企业服务质量评价的重要指标。

第二十六条 公共机构应当加强本单位用能系统和设备的运行调节、维护保养、巡视检查，推行低成本、无成本节能措施，加强用能管理：

（一）日常办公应当加强用电设备的管理，建立巡检制度，减少空调、计算机、复印机等用电设备的待机能耗；

（二）严格执行国家和省有关室内空调温度控制标准，除医院等特殊单位外，夏季室内空调温度设置不得低于26℃，冬季室内空调温度设置不得高于20℃，充分利用自然通风，改进运行管理，加强维护保养，中央空调系统应当每2年清洗一次；

（三）集中供热的建筑应当分步骤实行供热分户计量和按照用热量收费的制度；

（四）电梯系统应当实行智能化控制，合理设置电梯开启数量和时间，加强运行调节和维护保养。提倡高层建筑电梯分段运行或隔层停开，各级行政机关办公场所三层楼以下（含三层）原则上停开电梯；

（五）照明系统应当充分利用自然采光，使用高效节能照明灯具，优化照明系统设计，改进电路控制方式，推广应用智能调控装置，严格控制建筑物外部泛光照明以及外部装饰用照明；

（六）网络机房、食堂、开水间、锅炉房等部位的用能情况应当实行重点监测和科学管理，采取有效措施降低能耗。

第二十七条 公共机构应当按照节约型机关建设的要求，积极推进电子政务，加强内部信息化、网络化建设，推行无纸化办公，合理控制会议数量与规模，健全完善电视电话会议、网络视频会议等系统，提高工作效率，减少、制止能源浪费。

第二十八条 公共机构的公务用车应当按照标准配备，优先选用低能耗、低污染、使用清洁能源的车辆，并严格执行车辆报废制度。

公共机构应当严格公务用车使用管理，制定节能驾驶规范，实行定点加油、定点维修、定点保养制度，推行单车能耗核算制度，科学核定行驶里程油耗、维修保养费用支出，并予以公示。

鼓励公共机构工作人员利用公共交通工具、非机动交通工具出行。

第五章 监督和保障

第二十九条 各级财政部门应当积极支持公共机构节能工作，将公共机构节能经费纳入同级机关事务管理机构预算，用于节能技术和产品的示范与推广、节能改造、监督管理、宣传培训、表彰奖励、信息服务等活动，确保公共机构节能工作顺利开展。

第三十条 各级机关事务管理机构应当会同有关部门，加强对本级公共机构节能的监督检查。监督检查应当包括下列内容：

（一）年度节能目标和实施方案的制定、落实情况；

（二）能源消费计量、监测、统计和报告情况；

（三）能源消耗定额执行情况；

（四）节能管理规章制度建立情况；

（五）能源管理岗位设置以及能源管理岗位责任制落实情况；

（六）用能系统、设备节能运行情况；

（七）开展能源审计情况；

（八）公共机构建设项目的节能评估和审查情况；

（九）公务用车的配备、使用情况。

对于节能管理规章制度不健全、超出能源消耗定额使用能源情况严重的公共机构，应当进行重点监督检查。公共机构应当配合节能监督检查，如实说明有关情况，提供相关资料和数据，不得拒绝、阻碍。

第三十一条 公共机构违反规定使用能源造成能源浪费的，由同级机关事务管理机构会同有关部门下达节能整改意见书，公共机构应当及时予以落实。

第三十二条 公共机构有下列行为之一的，由同级机关事务管理机构会同有关部门责令限期改正；逾期不改正的，予以通报，并由有关机关对公共机构负责人依法给予处分：

（一）未制定年度节能目标和实施方案，或者未按照规定将年度节能目标和实施方案备案的；

（二）未实行能源消费计量制度，或者未区分用能种类、用能系统实行能源消费分户、分类、分项计量，并对能源消耗状况进行实时监测的；

（三）未建立、健全能源消费统计制度，未如实记录能源消费计量原始数据，建立统计台账的；

（四）未按要求报送上一年度能源消费状况报告，或者未建立公共机构节能联络员工作制度的；

（五）未设立能源管理岗位，或者未在重点用能系统、设备操作岗位配备专业技术人员的；

（六）超出能源消耗定额使用能源，未向同级机关事务管理机构作出说明的；

（七）未按照规定进行能源审计，或者未根据审计结果采取提高能源利用效率的措施的；

（八）未通过节能评估和审查的公共机构建设项目，或者以节能改造的名义改扩建办公楼和进行豪华装修的；

（九）拒绝、阻碍节能监督检查的。

第三十三条　公共机构违反规定超标准、超编制购置公务用车或者拒不报废高能耗、高污染车辆的，对直接负责的主管人员和其他直接责任人员依法给予处分，并由同级机关事务管理机构依照有关规定，对车辆采取收回、拍卖、责令退还等方式处理。

第三十四条　公共机构不执行节能产品、设备政府采购名录，未按照国家有关强制采购或者优先采购的规定采购列入节能产品、设备政府采购名录中的产品、设备，或者采购国家明令淘汰的用能产品、设备的，由政府采购监督管理部门给予警告，可以并处罚款；对直接负责的主管人员和其他直接责任人员依法给予处分，并予通报。

第三十五条　机关事务管理机构的工作人员在公共机构节能监督管理中滥用职权、玩忽职守、徇私舞弊的，依法给予处分；构成犯罪的，依法追究刑事责任。

第六章　附　则

第三十六条　本办法由威海市市级机关事务管理局负责解释。

第三十七条　本办法自2011年1月1日起施行。

劳动力市场工资指导价位

为进一步推动劳动力市场价格机制的形成，促进劳动力市场健康有序发展，引导企业逐步建立市场化的工资管理制度，2010年，在对全市211家企业52862名职工全年工资收入抽样调查的基础上，形成了单位负责人、专业技术人员、办事人员、商业服务业人员、农林牧渔水利生产人员、生产及运输设备操作人员等237个工种（职位），供用人单位和劳动者参考。

威海市人力资源和社会保障局

威海市2010年部分工种（职位）劳动力市场工资价位表
（单位负责人部分）

表46　　单位：元

序　号	工种或职业分类	价　位		
		低位数	中位数	高位数
1	企业董事	22000	48000	143250
2	厂长（经理）	13503	43200	255327
3	生产或经营经理	16740	38000	169315
4	财务经理	12877	32200	151007
5	行政经理	15028	42000	167084
6	人事经理	14882	29700	75524
7	销售和营销经理	11657	24000	108359
8	广告和公关经理	23060	25764	52517
9	采购经理	13714	27750	72286
10	研究和开发经理	14632	36000	83213
11	餐厅经理	15600	18000	60776
12	客房经理	16800	40000	84294

威海市2010年部分工种（职位）劳动力市场工资价位表
（专业技术人员部分）

表47　　单位：元

序　号	工种或职业分类	价　位		
		低位数	中位数	高位数
13	测绘工程技术人员	18907	33600	54450
14	矿山工程技术人员	15400	18200	22000

续表47　　单位：元

序　号	工种或职业分类	价　位		
		低位数	中位数	高位数
15	冶金工程技术人员	16668	19435	22000
16	化工工程技术人员	18321	29079	46412
17	医药工程技术人员	17849	21603	36800
18	机械工程技术人员	12000	29808	74172
19	机械设计工程技术人员	13171	25100	58605
20	机械制造工程技术人员	12000	25802	73856
21	仪器仪表工程技术人员	21549	27131	39282
22	设备工程技术人员	11935	13000	46077
23	其他机械工程技术人员	12467	22000	56091
24	电子工程技术人员	17555	26040	41680
25	电子元器件工程技术人员	16990	17730	24465
26	通信工程技术人员	19001	28000	47806
27	计算机与应用工程技术人员	11125	36000	77521
28	计算机硬件技术人员	20471	22673	59318
29	计算机软件技术人员	29530	62175	98923
30	计算机网络技术人员	15588	24898	74263
31	计算机系统分析技术人员	24796	28456	32116
32	其他计算机与应用工程技术人员	16732	21464	30078
33	电气工程技术人员	13000	31100	49578
34	电力工程技术人员	14240	20829	131572
35	汽车运用工程技术人员	12320	14084	15600
36	船舶运用工程技术人员	19034	21300	28177
37	船舶检验工程技术人员	20863	26402	29432
38	建筑工程技术人员	13288	24000	53164
39	林业工程技术人员	22321	29836	38400
40	纺织工程技术人员	15600	18000	47899
41	食品工程技术人员	12033	15000	31978
42	环境保护工程技术人员	21222	26473	29321
43	安全工程技术人员	15000	109138	118739
44	标准化、计量、质量工程技术人员	13390	34476	70006
45	其他工程技术人员	12980	24000	42535
46	农业技术人员	30000	39000	43260
47	西医医师	14400	26089	67138
48	中医医师	19869	22808	28800
49	药剂人员	15383	16156	20345
50	医疗技术人员	11452	18000	29537
51	护理人员	16637	39533	64678
52	其他卫生专业技术人员	18000	34710	40280
53	经济计划人员	12060	21081	38616
54	统计人员	12427	17029	39607
55	会计人员	11849	20892	63857
56	出纳人员	12762	21339	51740
57	审计人员	14530	18372	85708

续表47

单位：元

序 号	工种或职业分类	价 位		
		低位数	中位数	高位数
58	国际商务人员	12321	17955	27303
59	报关员	10107	16863	29685
60	房地产开发业务人员	12001	17000	62771
61	其他经济业务人员	12258	19324	40064
62	银行清算员	39699	45211	48847
63	银行信贷员	52378	56003	60235
64	银行国外业务员	39989	47781	52303
65	银行信用卡业务员	39781	45671	51231
66	银行储蓄员	30678	46759	49537
67	律师	39989	45678	59400
68	服装设计人员	17300	24000	218133
69	广告设计人员	15620	18200	19128
70	其他编辑	12345	21600	59771
71	播音员	19876	20048	23100
72	英语翻译	24400	40070	87083
73	图书资料与档案业务员	16767	28936	55986

威海市2010年部分工种（职位）劳动力市场工资价位表
（办事和有关人员部分）

表48

单位：元

序 号	工种或职业分类	价 位		
		低位数	中位数	高位数
74	行政业务办公人员	11263	18948	58259
75	其他行政业务人员	14682	22743	72550
76	秘书	12783	18000	56499
77	收发员	14655	22244	46540
78	打字员	12000	15720	21601
79	计算机操作员	12000	18311	39669
80	制图员	12500	15708	26915
81	其他行政事物人员	11549	16618	76325
82	保安员	14395	17752	30859
83	其他治安保卫人员	11662	18990	53745
84	消防人员	14155	19569	61897
85	邮政营业员	33582	43138	58886
86	投递员	31767	44309	52279
87	邮政储汇员	26926	41569	49621
88	其他邮政业务人员	26418	45577	70141
89	话务员	11618	22800	35616
90	其他电信业务人员	23349	34652	49156
91	市话测量员	23330	28000	36420
92	其他电信通信传输业务人员	88117	92897	99899
93	其他办事人员和有关人员	12693	15840	33661

威海市2010年部分工种（职位）劳动力市场工资价位表
（商业、服务业人员部分）

表49　　　　单位：元

序　号	工种或职业分类	价　位		
		低位数	中位数	高位数
94	营业员	11258	13859	25081
95	收银员	12469	16413	35507
96	其他营业人员	12180	15600	74454
97	推销员	12972	24000	45251
98	采购员	12815	24000	41487
99	其他采购人员	12564	15600	23399
100	医药商品购销员	21053	22255	26222
101	保管员	11888	16115	34854
102	理货员	12248	17663	24256
103	其他保管人员	12200	16200	26358
104	其他储运人员	14400	22400	28428
105	中式烹调师	14224	21843	38587
106	中式面点师	15840	28800	33800
107	其他中式烹饪人员	11820	15600	83572
108	西式烹调师	28560	38880	42480
109	营养配餐员	15962	21943	25526
110	餐厅服务员	13282	15840	24377
111	餐具清洗保管员	12400	14400	16409
112	其他餐厅服务人员	13211	15840	18693
113	其他餐饮服务人员	12704	15886	24063
114	前厅服务员	15480	18000	22800
115	客房服务员	11755	17280	23740
116	导游	11760	16000	21760
117	康乐服务员	13830	15840	18700
118	汽车运输调度员	18000	21925	61711
119	其他公路道路运输服务人员	11623	15240	16426
120	行包运输服务员	25972	26470	32477
121	车站货运员	14000	16088	19223
122	其他铁路客货运输服务人员	17630	20855	24993
123	船舶业务员	18280	25386	32386
124	港口客运员	10887	22456	28216
125	医疗卫生辅助服务人员	34892	35373	39499
126	职业指导师	18676	20379	22995
127	物业管理工	11496	13524	51683
128	供水供应工	16380	17989	19630
129	生活燃料供应工	16110	25728	32371
130	锅炉操作工	11888	15964	36244
131	其他供水、供热及生活燃料供应服务人员	23561	30324	42828
132	洗衣师	12153	17574	23600
133	家用电器产品维修工	14880	16530	16800

续表49　　单位：元

序　号	工种或职业分类	价　位		
		低位数	中位数	高位数
134	其他日用机电产品维修人员	14200	20040	22080
135	办公设备维修工	13000	19915	38000
136	其他办公设备维修人员	14000	21600	33600
137	垃圾清运工	11759	12321	14567
138	保洁员	13024	19620	29157
139	其他环境卫生人员	14986	18000	20880
140	其他社会 服务和居民生活服务人员	18990	22734	31560

威海市2010年部分工种（职位）劳动力市场工资价位表

（农林牧渔水利生产人员部分）

表50　　单位：元

序　号	工种或职业分类	价　位		
		低位数	中位数	高位数
141	花卉园艺工	13360	24000	25200
142	其他园艺作物生产人员	24533	29887	38400
143	水产养殖人员	17570	20000	38993
144	水产品加工人员	12112	13500	22442

威海市2010年部分工种（职位）劳动力市场工资价位表

（生产、运输设备操作人员部分）

表51　　单位：元

序　号	工种或职业分类	价　位		
		低位数	中位数	高位数
145	地质勘查人员	12941	19523	36054
146	矿山提升机操作工	15400	18430	22031
147	矿井通风工	15400	17400	22000
148	矿山安全监测工	15400	22000	29870
149	火工品管理工	11673	12552	15106
150	矿山救护工	15400	17800	19190
151	矿物开采辅助工	13170	17372	33375
152	矿物处理工	12281	18148	22682
153	盐业生产人员	17400	18196	26019
154	其他勘测及矿物开采人员	11324	26860	44853
155	炼铁人员	13400	15400	17430
156	碳素制品生产人员	11989	15297	25455
157	车工	13712	19800	35709
158	铣工	12882	15600	31513
159	刨插工	12435	14400	30701
160	磨工	12292	19600	29418
161	镗工	20180	25200	29571
162	钻床工	13792	18900	31074

续表51

单位：元

序　号	工种或职业分类	价　位		
		低位数	中位数	高位数
163	加工中心操作工	14652	20568	35404
164	制齿工	13200	18989	20426
165	抛磨光工	11813	14400	24397
166	锯床工	22154	27473	28211
167	铸造工	12693	23827	30809
168	锻造工	15430	19937	31338
169	冲压工	14742	19500	27082
170	剪切工	16789	19856	21654
171	焊工	14086	26951	45854
172	金属热处理工	13200	18000	22495
173	冷作钣金加工工	15702	28440	44647
174	涂装工	13200	16843	36812
175	电焊条制造工	15600	16600	17200
176	基础件装配工	14173	16572	19340
177	部件装配工	11626	16700	21779
178	装配钳工	12039	19166	48284
179	工具钳工	11874	15600	27594
180	动力设备装配工	11200	13200	21000
181	电气元件及设备装配工	16240	22605	25388
182	电子专用设备装配调试工	20350	23210	28000
183	仪器仪表装配工	11624	12978	27000
184	机修钳工	11462	21005	39219
185	汽车修理工	13200	18970	26994
186	船舶修理工	14900	21965	45045
187	仪器仪表修理工	20425	26416	34890
188	锅炉设备安装工	11430	25434	35412
189	电力工程内线安装工	21056	21546	67267
190	专业电力设备检修工	14899	22416	97864
191	常用电机检修工	15890	18085	20001
192	维修电工	13867	20374	34949
193	电子器件制造工	14295	17420	36888
194	电子元件制造工	13848	20142	58251
195	电子计算机维修工	32654	45329	55656
196	塑料制品加工工	11669	15000	21866
197	纺纱人员	13000	15000	26100
198	织造人员	13333	15500	21600
199	针织人员	21600	22600	23600
200	印染人员	12550	16000	36531
201	裁剪工	12333	16000	25831
202	缝纫工	11999	15600	26502
203	裁缝	11541	12722	21628
204	制鞋工	18000	20400	27000

续表51

单位：元

序 号	工种或职业分类	价 位		
		低位数	中位数	高位数
205	皮革加工工	12483	16890	30917
206	制粉工	12135	13140	19274
207	酿酒工	16728	21239	26707
208	冷食品制作工	11887	12540	15135
209	饮料制造工	11980	12530	13404
210	酱油酱类制作工	11888	12212	15000
211	食醋制作工	11788	13000	14000
212	糕点 装饰工	14000	16521	19221
213	豆制品制作工	12332	13111	14500
214	屠宰加工工	12040	13898	15002
215	肉、蛋食品加工工	12000	12800	15633
216	药品生产制造工	27600	37920	39960
217	纸制品制作工	16332	17979	19181
218	水泥制品工	11600	14454	16900
219	印刷操作工	13670	19006	25279
220	印后制作工	14200	15210	16989
221	地毯制作工	13602	25663	34515
222	土石方施工人员	18367	21331	24000
223	砌筑工	17475	27000	43089
224	钢筋工	16058	27300	40005
225	架子工	16897	31740	47938
226	防水工	11650	24000	26500
227	装饰、装修、油漆工	17390	28700	44482
228	机械电气工程设备安装工、管工	21094	35110	61249
229	电工	12804	27930	55872
230	木工	13724	29814	42764
231	汽车驾驶员	12868	18168	39493
232	船舶水手	14900	25300	57904
233	起重装卸机械驾驶员	13833	21500	32125
234	检验员	12401	17976	33219
235	计量员	12025	16250	33690
236	包装工	12123	19269	29482
237	简单体力劳动工	12793	19434	37239

市民生活便览

威海城区公交线路运行表

1路：（实验中学—工友集团　共34个站点）

实验中学—海港客运站（大地保险）—华联商厦—区政府（振华商厦）—亿特隆装饰城—海运学院—兰花办公用品—中信银行中信万通证券—骨科医院—农业银行（红升服装学校）—银座家居（广东三星装饰威海总部）—海警支队—戚家庄—会展中心—市劳动保障局—轮胎厂—金谷房地产—金鹰纽扣拉链厂—托罗西服—世纪大厦—华夏集团（时代广场）—火汽车站（豪业圣迪广场）—每美商城—蒿泊—迪沙医院—海大医院—鑫通汽修汽贸—公交一公司—泰威彩印—商业银行蒿泊支行—鲁宝钢材市场—新华家园（宋家洼）—海翔保健品公司—海马地毯—工友集团

2路：（家家悦金猴购物广场—莱海　共23个站点）

家家悦金猴购物广场—华联商厦—百货大楼—市立医院—金猴集团—山花大厦—西门—三联家电商场—交运驾校—万家疃—黄家沟（翠竹园）—王家庄—光威东站—旭斌房地产（市立医院高区分院）—环球渔具—华田小区—银球渔具—利达行钢构公司—二职中—柳沟—荣昌房地产（普阳综合门诊部）—张村—莱海

3路：（华联商厦—孙家疃　共16个站点）

华联商厦—市立第二医院—金蚂蚁五交化公司—眼耳鼻喉专科医院—小商品批发市场（兰花办公用品）—会计学校—兆龙酒店—新建开发小区—钦村—通哗门诊部—福长玻璃钢—刘公府酒店—远遥—环翠技校—毅翰电脑学校—孙家疃—（四氟制品厂—里遥—靖子—山东村）

4路：（华联商厦—王家村　共12个站点）

华联商厦—市立第二医院—鲸园小学—实验中学—区公安局—戚谷疃—白云宾馆—东山宾馆—海都大酒店—威海宾馆—合庆—王家村

5路：（实验中学—大川西　共18个站点）

实验中学—戚谷疃—武警支队—菊花顶西—市政府东门—鲸园小学—市政府（威海移动通信公司）—市立第二医院—环翠楼（仁济大药店）—百货大楼—中国人民保险公司—塔山宾馆—家家悦宜家花园店—出租公司—锦康时装设计制作中心—试验机厂—大川东—大川西

6路：（家家悦金猴购物广场—西涝台　共18个站点）

家家悦金猴购物广场—金蚂蚁五交化公司—眼耳鼻喉专科医院—小商品批发市场（兰花办公用品）—会计学校—翠景园小区—茂铭逸品康城—交运驾校—万家疃—黄家沟（翠竹园）—王家庄—光威东站—西郊建设集团—金城房地产—华荣实业公司—天霸防水—东涝台—西涝台

7路：（东城路—火炬大厦　共32个站点）

东城路—华联商厦—海港客运站（大地保险）—鲸园小学—市政府（威海移动通信公司）—金蚂蚁五交化公司—眼耳鼻喉专科医院—小商品批发市场（兰花办公用品）—会计学校—电视台（新闻大厦）—一中—车管所（体彩中心）—棱方圆家具城—哈工大—昌鸿生活小区—山大宿舍—金利通房产—威韩商城—好饰家装饰公司—山大分校—工商银行—青少年活动中心—国际海水浴场—惠园公寓—国际海景城—高区财税局—火炬大厦—三星电子—交警二大队—报业印刷中心—公交二公司—火炬大厦

9路：（陈家后沟—渔港　共18个站点）

陈家后沟—临时站点—天宫—西北山村—庙搆—税务局—长征小学—市政府（威海移动通信公司）—鲸园小学—海港客运站（大地保险）—华联商厦—区政府（振华商厦）— 亿特隆装饰城—海运学院—兰花办公用品—中信银行中信万通证券—渔港

10路：（凤林集—实验中学　共35个站点）

凤林集—凤林集团—威东日食品—亨泰房地产—齐鲁小商品批发市场—杨家滩南—杨家滩北—家世界装饰建材城—经区中国银行—中兴房地产—皇冠小区—庆威花园—泰昌房地产—富城大厦—银镝服装—轮胎厂—市劳动保障局—威海公园—威海公园北—银座家居（外运大厦）—中国人寿—梦海小区—国际商务大厦—二中—民族宗教中心—交通局（金海岸大酒店）—威海市商业银行（四〇四医院）—华联商厦—市立第二医院—鲸园小学—市政府东门—菊花顶西—武警支队—戚谷疃—实验中学

11路：（岳家庄—华能电厂　共13个站点）

岳家庄—谷家洼—蒿泊—蒿泊南—齐鲁小商品—亨泰房地产—清华紫光—泛亚国际—老集—城子—沟北村—威海南港区—海埠—华能电厂

12路：（火车站—火炬大厦　共

43个站点）

火车站—汽车站—华夏集团（时代广场）—世纪大厦—托罗西服—金鹰纽扣拉链厂—金谷房地产—轮胎厂—市劳动保障局—会展中心—戚家庄—海警支队—银座家居（广东三星装饰威海总部）—农业银行（红升服装学校）—骨科医院—中信银行中信万通证券—兰花办公用品—海运学院—亿特隆装饰城—迪尚国际—农贸市场—西门—三联家电商场—茂铭逸品康城—翠景园小区—电视台（新闻大厦）——中—车管所（体彩中心）—棱方圆家具城—哈工大—昌鸿生活小区—山大宿舍—金利通房产—威韩商城—联桥国际公司—双丰电子—联桥外语学校—张氏嘉禾服装—庆威大厦—大众报业印刷有限公司—迪尚凯尼公司—青青小城—火炬大厦

13路：（万福山庄居委会—环翠有线电视台　共15个站点）

万福山庄居委会—万福山庄—戚东夼村委会—临时站点—白云宾馆—戚谷疃—区公安局—环发大厦—审计局—海港客运站（大地保险）—华联商厦—区政府（振华商厦）—迪尚国际—市立医院南院区市肿瘤医院—环翠有线电视台

14路：（环翠有线电视台—孙家疃　共17个站点）

环翠有线电视台—市立医院南院区市肿瘤医院—农贸市场—西门—山花大厦—金猴集团—市立医院—环翠楼公园（仁济大药店）—市立第二医院—威海国际公司—渊源灯饰城—祥云公司—古陌隧道北—起重机厂—孙家疃村—孙家疃镇政府（蓝山海岸）—孙家疃

15路：（家家悦金猴购物广场—皂南台　共29个站点）

家家悦金猴购物广场—旅游码头—威海市商业银行（四〇四医院）—百货大楼—市立医院—金猴集团—山花大厦—西门—三联家电商场—交运驾校—万家疃—黄家沟（翠竹园）—王家庄—光威东站—旭斌房地产（市立医院高区分院）—环球渔具—华田小区—医用高分子—永利坚—中威橡胶公司—光威西站—后峰西—福鑫汽贸—新阳度假村—影视城—大光华国际学校—广泰生产工厂—裕台工业园—皂南台

16路：（实验中学环行　共19个站点）

实验中学—鲸园小学—市立第二医院—长征小学—威海市朝阳门诊部—朝阳小区—卧龙装饰材料市场—神道口小学—新建开发公司—兆龙酒店—翠景园小区—茂铭逸品康城—三联家电商场—西门—农贸市场—迪尚国际—区政府（振华商厦）—华联商厦—海港客运站（大地保险）—实验中学

17路：（家家悦金猴购物广场—金海滩依海嘉园　共20个站点）

家家悦金猴购物广场—海港客运站（大地保险）—鲸园小学—市立第二医院—长征小学—威海市朝阳门诊部—朝阳小区—卧龙装饰材料市场—神道口小学—新建开发小区—钦村—通哗门诊部—槐云村—体育馆—哈工大—昌鸿生活小区—山大宿舍—金利通房产—悦海山庄—金海滩依海嘉园

18路：（家家悦金猴购物广场—戚家夼　共11个站点）

家家悦金猴购物广场—华联商厦—百货大楼—蓝天妇科门诊部—迪尚国际—中国人民保险公司—塔山宾馆—家家悦宜家花园店—文笔峰商行—老年公寓—戚家夼

19路：（火炬大厦—实验中学　共34个站点）

火炬大厦—高区财税局—盛德世纪家园—泛海豪庭—金海湾医院—自由东方（弘理会计师事务所）—高区一中—东发园林小区—东涝台—天瑞颐顺园小区—华田小区—环球渔具—旭斌房地产（市立医院高区分院）—光威东站—王家庄—黄家沟（翠竹园）—幸福广场—交通学校—阮家寺—热电厂（消防支队）—行政审批中心——中—电视台（新闻大厦）—会计学校—小商品批发市场（兰花办公用品）—眼耳鼻喉专科医院—金蚂蚁五交化公司—市政府（威海移动通信公司）—鲸园小学—市政府东门—菊花顶西—武警支队—戚谷疃—实验中学

20路：（孙家疃—戚家庄　共19个站点）

孙家疃—孙家疃镇政府（蓝山海岸）—孙家疃村—戚谷疃北区—戚谷疃—实验中学—鲸园小学—市立第二医院—华联商厦—区政府（振华商厦）—亿特隆装饰城—海运学院—兰花办公用品—中信银行中信万通证券—骨科医院—农业银行（红升服装学校）—银座家居（广东三星装饰威海总部）—海警支队—戚家庄（海韵华府）

21路：（家家悦金猴购物广场—出口加工区　共31个站点）

家家悦金猴购物广场—华联商厦—区政府（振华商厦）—亿特隆装饰城—海运学院—兰花办公用品—中信银行中信万通证券—骨科医院—农业银行（红升服装学校）—银座家居（广东三星装饰威海总部）—海警支队—戚家庄—会展中心—市劳动保障局—轮胎厂—金谷房地产—汽运一公司—山东望海集团—银镝服装—森威房地产—皇冠小区—光华医院—经区中国银行—家世界装饰建材城—杨家滩北—九龙湾花园（安然工业园）—威建经区基地（国检保健中心）—威东日食品—凤林集团—凤林集—出口加工区

22路：（李家夼—万福山庄居委会　共20个站点）

李家夼—大岚寺生活小区—大岚寺村委（古寨幼儿园大岚寺部）—威建新村—三联家电商场—西门—山花大厦—金猴集团—市立医院—百货大楼—华联商厦—海港客运站（大地保险）—审计局—环发大厦—区公安局—戚谷疃南区—戚谷疃北区—巡警支队—万福山庄—万福山庄居委会

24路：（实验中学—老集　共30个站点）

实验中学—海港客运站（大地保险）—华联商厦—区政府（振华商厦）—亿特隆装饰城—海运学院—兰花办公

用品—中信银行中信万通证券—骨科医院—农业银行（红升服装学校）—银座家居（广东三星装饰威海总部）—海警支队—戚家庄—会展中心—市劳动保障局—轮胎厂—金谷房地产—金鹰纽扣拉链厂—托罗西服—世纪大厦—华夏集团（时代广场）—火汽车站（豪业圣迪广场）—每美商城—蒿泊—蒿泊南—齐鲁小商品批发市场—亨泰房地产—清华紫光—泛亚国际—老集

25路：（陈家后沟—戚家夼　共20个站点）

陈家后沟—临时站点—天宫—西北山村—要德火锅—眼耳鼻喉专科医院—金蚂蚁五交化公司—市立第二医院—环翠楼（仁济大药店）—蓝天妇科门诊部—迪尚国际—亿特隆装饰城—海运学院—兰花办公用品—中信银行中信万通证券—北竹岛生活小区—出租公司—文笔峰商行—老年公寓—戚家夼

26路：（实验中学—海轮公司　共36个站点）

实验中学—海港客运站（大地保险）—华联商厦—区政府（振华商厦）—亿特隆装饰城—海运学院—兰花办公用品—中信银行中信万通证券—骨科医院—农业银行（红升服装学校）—银座家居（广东三星装饰威海总部）—海警支队—戚家庄—会展中心—市劳动保障局—轮胎厂—金谷房地产—金鹰纽扣拉链厂—托罗西服—京鲁医药—皇冠小区—光华医院—经区中国银行—家世界装饰建材城—中兴房地产—安然工业园—净雅人才创业中心—齐鲁商城—新都小区—海大医院—鑫通汽修汽贸—公交一公司—泰威彩印—商业银行蒿泊支行—鲁宝钢材市场—蓝山小镇北门—海轮公司

27路：（家家悦金猴购物广场—望岛　共18个站点）

家家悦金猴购物广场—华联商厦—区政府（振华商厦）—亿特隆装饰城—海运学院—兰花办公用品—中信银行中信万通证券—骨科医院—农业银行（红升服装学校）—银座家居（广东三星装饰威海总部）—海警支队—戚家庄—会展中心—市劳动保障局—轮胎厂—金谷房地产—仙姑顶医院—望岛

28路：（华联商厦—魏桥南区　共32个站点）

华联商厦—百货大楼—市立医院—金猴集团—山花大厦—西门—三联家电商场—交运驾校—万家疃—黄家沟（翠竹园）—王家庄—光威东站—旭斌房地产（市立医院高区分院）—环球渔具—华田小区—银球渔具—利达行钢构公司—二职中—柳沟—荣昌房地产（普阳综合门诊部）—建盛广场—度假区商业中心—皂南台—裕台工业园—广泰生产工厂—广泰生产工厂南门—魏桥西门—后双岛北—魏桥电厂—和徐疃村—前双岛—魏桥南区

29路：（莱海—金海滩依海嘉园　共19个站点）

莱海—张村—荣昌房地产（普阳综合门诊部）—柳沟—二职中—利达行钢构公司—银球渔具—天瑞颐顺园小区—东涝台—东发园林小区—高区一中—山东华天灯饰超市—金猴花园—昌鸿小区西区—联桥国际公司—威韩商城—金利通房产—悦海山庄—金海滩依海嘉园

30路：（家家悦金猴购物广场—皂南台　共25个站点）

家家悦金猴购物广场—华联商厦—百货大楼—市立医院—金猴集团—山花大厦—西门—三联家电商场—交运驾校—万家疃—黄家沟（翠竹园）— 王家庄—光威东站—旭斌房地产（市立医院高区分院）—环球渔具—华田小区—银球渔具—利达行钢构公司—二职中—柳沟—荣昌房地产（普阳综合门诊部）—建盛广场—度假区商业中心—皂南台

31路：（朝阳小区—火车站　共27个站点）

朝阳小区—威海市朝阳门诊部—长征小学—市立第二医院—环翠楼（仁济大药店）—蓝天妇科门诊部—迪尚国际—中国人民保险公司—塔山宾馆—家家悦宜家花园店—出租公司—北竹岛生活小区—骨科医院—农业银行（红升服装学校）—银座家居（广东三星装饰威海总部）—海警支队—戚家庄—会展中心—市劳动保障局—轮胎厂—金谷房地产—金鹰纽扣拉链厂—托罗西服—世纪大厦—华夏集团（时代广场）—汽车站—火车站

32路：（火车站—南葛拉　共15个站点）

火（汽）车站（豪业圣迪广场）—每美商城—蒿泊—迪沙医院—海大医院—鑫通汽修汽贸—鑫通汽车城—羊角埠—威建奥华钢构—海日大酒店—范家埠（闽鲁建材）—闫家庄村北—闫家庄市场—竹园—南葛拉

33路：（万福山庄居委会—凤林老年公寓　共38个站点）

万福山庄居委会—万福山庄—戚东夼村委会—白云宾馆—戚谷疃—区公安局—环发大厦—审计局—鲸园小学—市立第二医院—华联商厦—区政府（振华商厦）—亿特隆装饰城—海运学院—兰花办公用品—中信银行中信万通证券—骨科医院—农业银行（红升服装学校）—银座家居（广东三星装饰威海总部）—海警支队—戚家庄—会展中心—市劳动保障局—轮胎厂—金谷房地产—金鹰纽扣拉链厂—托罗西服—世纪大厦—华夏集团（时代广场）—火汽车站（豪业圣迪广场）—每美商城—蒿泊—蒿泊南—新都小区—海源丽都—凤林工业园—凤林医院—凤林老年公寓

34路：（中国人民保险公司—小石岛休闲渔业　共31个站点）

中国人民保险公司—迪尚国际—农贸市场—西门—三联家电商场—交运驾校—万家疃—幸福广场—交通学校—阮家寺—热电厂（消防支队）—行政审批中心—车管所（体彩中心）—楼方圆家具城—哈工大—昌鸿生活小区—山大宿舍—金利通房产—威韩商城—联桥国际公司—双丰电子—联桥外语学校—张氏嘉禾服装—庆威大厦—大众报业印刷—迪尚凯尼公司—青青小城—火炬大厦—中汇大酒店—碧陆斯电子—小石岛休闲渔业

35路：（凤林集环行 共35个站点）

凤林集—出口加工区—冢里村—海轮公司—蓝山小镇北门—鲁宝钢材市场—商业银行蒿泊支行—公交一公司—鑫通汽修汽贸—海大医院—迪沙医院—蒿泊—每美商城—火汽车站（豪业圣迪广场）—华夏城—华夏集团东门—宅库村—河北村—交通学校—北山村（交通学校）—长峰站点—长峰桥—京鲁医药—德顺园—庆威花园—皇冠小区—中兴房地产—九龙湾北门—九龙湾花园（安然工业园）—国检保健中心—老集北—老集南—龙凤花园—凤林集团—凤林集

36路：（家家悦金猴购物广场—柳林村 共39个站点）

家家悦金猴购物广场—华联商厦—区政府（振华商厦）—亿特隆装饰城—海运学院—兰花办公用品—中信银行中信万通证券—骨科医院—农业银行（红升服装学校）—银座家居（广东三星装饰威海总部）—海警支队—戚家庄—会展中心—市劳动保障局—轮胎厂—金谷房地产—金鹰纽扣拉链厂—托罗西服—世纪大厦—华夏集团（时代广场）—火汽车站（豪业圣迪广场）—每美商城—蒿泊—迪沙医院—海大医院—鑫通汽修汽贸—公交一公司—泰威彩印—商业银行蒿泊支行—鲁宝钢材市场—新华家园（宋家洼）—海翔保健品公司—海马地毯—工友集团—起亚电子—柳林工业园—云山服装—啤酒厂—柳林村

37路：（陈家后沟—南曲阜 共42个站点）

陈家后沟—临时站点—天宫—西北山村—卧龙装饰材料市场—神道口小学—新建开发公司—兆龙酒店—翠景园小区—茂铭逸品康城—三联家电商场—西门—农贸市场—迪尚国际—亿特隆装饰城—海运学院—兰花办公用品—中信银行中信万通证券—骨科医院—农业银行（红升服装学校）—银座家居（广东三星装饰威海总部）—海警支队—戚家庄—会展中心—市劳动保障局—轮胎厂—金谷房地产—金鹰纽扣拉链厂—托罗西服—世纪大厦—华夏集团（时代广场）—火汽车站（豪业圣迪广场）—每美商城—蒿泊—迪沙医院—海大医院—鑫通汽修汽贸—公交一公司—泰威彩印—商业银行蒿泊支行—鲁宝钢材市场—南曲阜

38路：（华联商厦—后双岛 共32个站点）

华联商厦—百货大楼—市立医院—金猴集团—山花大厦—西门—三联家电商场—交运驾校—万家疃—黄家沟（翠竹园）—王家庄—光威东站—旭斌房地产（市立医院高区分院）—环球渔具—华田小区— 银球渔具—利达行钢构公司—二职中—柳沟—荣昌房地产（普阳综合门诊部）—建盛广场—度假区商业中心—皂南台—四季康城—皂河北—大光华学校—福满居公寓—魏桥北门—魏桥西门—富源聚胺脂—宇理服装—后双岛

39路：（家家悦金猴购物广场 后亭子 共42个站点）

家家悦金猴购物广场—华联商厦—区政府（振华商厦）—亿特隆装饰城—海运学院—民族宗教中心—二中—国际商务大厦—梦海小区—中国人寿—银座家居（外运大厦）—威海公园北—威海公园—市劳动保障局—轮胎厂—银镝服装—森威房地产—皇冠小区—光华医院—经区管委（乐天世纪城北）—火汽车站—每美商城—蒿泊—迪沙医院—海大医院—鑫通汽修汽贸—公交一公司—泰威彩印—商业银行蒿泊支行—鲁宝钢材市场—新华家园（宋家洼）—海翔保健品公司—海马地毯—工友集团—温泉镇政府—虎山—雅家庄—海源温泉度假村（五中）—温泉恒田洗浴中心—刘家台—罗家—后亭子

40路：（家家悦金猴购物广场—里口山 共44个站点）

家家悦金猴购物广场—华联商厦—百货大楼—市立医院—金猴集团—山花大厦—西门—三联家电商场—交运驾校—万家疃—黄家沟（翠竹园）—王家庄—光威东站—旭斌房地产（市立医院高区分院）—环球渔具—华田小区—医用高分子—永利坚—中威橡胶公司—光威西站—后峰西—福鑫汽贸—新阳度假村—影视城—大光华国际学校—广泰生产工厂—裕台工业园—皂南台—度假区商业中心—建盛广场—张村—慧园小区—姜南庄—华顺渔具—福德庄—中东建筑—光威山庄—精而美印刷—三亩地—村委—王家疃—刘家疃—姜家疃西—姜家疃

41路：（一中—黄金顶小区 共53个站点）

一中——中西—行政审批中心—热电厂（消防支队）—阮家寺—交通学校—翠竹园—柴峰小区—黄家沟市场—黄家沟（翠竹园）—万家疃—交运驾校—三联家电商场—西门—山花大厦—金猴集团—市立医院—蓝天妇科门诊部—迪尚国际—亿特隆装饰城—海运学院—兰花办公用品—中信银行中信万通证券—骨科医院—农业银行（红升服装学校）—银座家居（广东三星装饰威海总部）—海警支队—戚家庄—会展中心—市劳动保障局—轮胎厂—金谷房地产—金鹰纽扣拉链厂—托罗西服—世纪大厦—华夏集团（时代广场）—火汽车站（豪业圣迪广场）—每美商城—蒿泊—迪沙医院—海大医院—鑫通汽修汽贸—公交一公司—泰威彩印—商业银行蒿泊支行—鲁宝钢材市场—新华家园（宋家洼）—海翔保健品公司—海马地毯—工友集团—温泉镇政府—金泉小区—黄金顶小区

42路：（火车站—蓝星玻璃 共23个站点）

火汽车站—每美商城—蒿泊—迪沙医院—海大医院—鑫通汽修汽贸—公交一公司—泰威彩印—商业银行蒿泊支行—鲁宝钢材市场—新华家园（宋家洼）—海翔保健品公司—海马地毯—工友集团—温泉镇政府—金泉小区—汉道木业—威建新区基地—鲁海机械—向阳村—周家屯村—蓝星玻璃东—蓝星玻璃

43路：（朝阳小区—闫家庄市场 共38个站点）

朝阳小区—要德火锅—眼耳鼻喉专科医院—金蚂蚁五交化公司—市政府（威海移动通信公司）—市立第二医

院—华联商厦—区政府（振华商厦）—亿特隆装饰城—海运学院—兰花办公用品—中信银行中信万通证券—骨科医院—农业银行（红升服装学校）—银座家居（广东三星装饰威海总部）—海警支队—戚家庄—会展中心—市劳动保障局—轮胎厂—金谷房地产—金鹰纽扣拉链厂—托罗西服—世纪大厦—华夏集团（时代广场）—火汽车站（豪业圣迪广场）—每美商城—蒿泊—迪沙医院—海大医院—鑫通汽修汽贸—鑫通汽车城—羊角埠—威建奥华钢构—海日大酒店—范家埠（闽鲁建材）—闫家庄村北—闫家庄市场

44路：（火车站—西庄村　共16个站点）

火车站—杨家滩北—杨家滩南—蒿泊南—迪沙医院—海大医院—鑫通汽修汽贸—公交一公司—泰威彩印—南曲阜—西曲阜—东山口—西山口—五家疃—台下村—西庄村

47路：（绿洲新城—家家悦金猴购物广场　共30个站点）

绿洲新城—公交二公司—威建高区工业园—华东数控—新东方模具—金猴集团—光威集团—因塔思电子—万丰镁业—交警二大队—绿色产业—创新大厦—山东华天灯饰超市—金猴花园—盛德丽景茗都—春山华居—金城房地产—东河北—广泰公司—柴峰小区—翠竹园—万家疃—昌隆小区—三联家电商场—西门—农贸市场—迪尚国际—区政府（振华商厦）—华联商厦—家家悦金猴购物广场

48路：（家家悦金猴购物广场—黄家皂　共34个站点）

家家悦金猴购物广场—金蚂蚁五交化公司—眼耳鼻喉专科医院—小商品批发市场（兰花办公用品）—会计学校—电视台（新闻大厦）——中—车管所（体彩中心）—棱方圆家具城—哈工大—昌鸿生活小区—山大宿舍—金利通房产—威韩商城—联桥国际公司—昌鸿小区西区—盛德丽景茗都—春山华居—金城房地产—西郊建设集团—旭斌房地产（市立医院高区分院）—环球渔具—华田小区—银球渔具—利达行钢构公司—二职中—柳沟—荣昌房地产（普阳综合门诊部）—建盛广场—度假区商业中心—度假区步行街—西海湾花园—莱海—黄家皂

49路：（华联商厦—华夏技校　共24个站点）

华联商厦—区政府（振华商厦）—亿特隆装饰城—海运学院—兰花办公用品—中信银行中信万通证券—骨科医院—农业银行（红升服装学校）—银座家居（广东三星装饰威海总部）—海警支队—戚家庄—会展中心—市劳动保障局—轮胎厂—金谷房地产—金鹰纽扣拉链厂—宏兴印刷有限公司—北山村（交通学校）—海马机织—华夏集团东门—华夏塔机—华夏集团—华夏会馆—华夏城

50路：（华联商厦—华夏技校　共23个站点）

华联商厦—区政府（振华商厦）—亿特隆装饰城—海运学院—兰花办公用品—中信银行中信万通证券—骨科医院—农业银行（红升服装学校）—银座家居（广东三星装饰威海总部）—海警支队—戚家庄—会展中心—市劳动保障局—轮胎厂—金谷房地产—金鹰纽扣拉链厂—托罗西服—世纪大厦—华夏集团（时代广场）—华夏塔机—华夏集团—华夏会馆—华夏城

52路：（火车站—魏桥电厂　共46个站点）

火车站—汽车站—华夏集团（时代广场）—世纪大厦—托罗西服—金鹰纽扣拉链厂—金谷房地产—轮胎厂—市劳动保障局—会展中心—戚家庄—海警支队—银座家居（广东三星装饰威海总部）—农业银行（红升服装学校）—骨科医院—中信银行中信万通证券—兰花办公用品—海运学院—亿特隆装饰城—迪尚国际—农贸市场—西门—三联家电商场—交运驾校—万家疃—黄家沟（翠竹园）—王家庄—光威东站—旭斌房地产（市立医院高区分院）—环球渔具—华田小区—银球渔具—利达行钢构公司—二职中—柳沟—荣昌房地产（普阳综合门诊部）—建盛广场—度假区商业中心—皂南台—裕台工业园—福满居公寓—魏桥北门—魏桥西门—福源聚氨酯—后双岛北—魏桥电厂

53路：（华能电厂—家家悦金猴购物广场　共32个站点）

华能电厂—海埠—威海浩东包装有限公司（南港区）—沟北村—城子—外运东门（五洲太阳城）—外运南门（海警基地）—国检保健中心—九龙湾花园（安然工业园）—杨家滩北—二中—火汽车站（豪业圣迪广场）—华夏集团（时代广场）—世纪大厦—托罗西服—金鹰纽扣拉链厂—金谷房地产—轮胎厂—市劳动保障局—会展中心—戚家庄—海警支队—银座家居（广东三星装饰威海总部）—农业银行（红升服装学校）—骨科医院—中信银行中信万通证券—兰花办公用品—海运学院—亿特隆装饰城—区政府（振华商厦）—华联商厦—家家悦金猴购物广场

55路：（华联商厦—传染病医院　共22个站点）

华联商厦—家家悦金猴购物广场—实验小学—小商品市场—古寨小学—阮家寺—交通学校—翠竹园—柴峰小区—广泰公司—东河北—西郊建设集团—旭斌房地产（市立医院高区分院）—环球渔具—华田小区—银球渔具—利达行钢构公司—宏生静电喷涂—波宇丰印刷厂—东夼小区—光威渔线轮厂—传染病医院

56路：（家家悦金猴购物广场—柳林村　共33个站点）

家家悦金猴购物广场—华联商厦—区政府（振华商厦）—亿特隆装饰城—海运学院—兰花办公用品—中信银行中信万通证券—骨科医院—农业银行（红升服装学校）—银座家居（广东三星装饰威海总部）—海警支队—戚家庄—会展中心—市劳动保障局—轮胎厂—金谷房地产—金鹰纽扣拉链厂—托罗西服—世纪大厦—华夏集团（时代广场）—火汽车站（豪业圣迪广场）—每美商城—蒿泊—迪沙医院—海大医院—鑫通汽修汽贸—鑫通汽修城—量具厂（华东数控）—润丰玻璃—柳林工业园—云山服装—啤酒厂—柳

林村

58路：（华夏城—海上公园　共10个站点）

华夏城—华夏会馆—华夏集团—华夏塔机—华夏集团（时代广场）—火汽车站—二中—中兴房地产—皇冠小区—海上公园

91路：（市立二医院—沙龙王家　共37个站点）

市立第二医院—华联商厦—区政府（振华商厦）— 亿特隆装饰城—海运学院—兰花办公用品—中信银行中信万通证券—骨科医院—农业银行（红升服装学校）—银座家居（广东三星装饰威海总部）—海警支队—戚家庄—会展中心—市劳动保障局—轮胎厂—金谷房地产—金鹰纽扣拉链厂—托罗西服—世纪大厦—华夏集团（时代广场）—火汽车站（豪业圣迪广场）—每美商城—蒿泊—蒿泊南—齐鲁小商品—亨泰房地产—清华紫光—泛亚国际—老集—北虎口—庙口—西村—崮山—九家疃—张家滩—刘家滩—沙龙王家

92路：（蒿泊—北葛拉　共5个站点）

长峰桥—宅库—夏家疃—张家疃—北葛拉

95路：（双岛西山—家家悦金猴购物广场　共28个站点）

家家悦金猴购物广场—华联商厦—区政府（振华商厦）—迪尚国际—农贸市场—西门—三联家电商场—交运驾校—万家疃—黄家沟（翠竹园）—王家庄—光威东站—旭斌房地产（市立医院高区分院）—环球渔具—华田小区—银球渔具—利达行钢构公司—二职中—柳沟—荣昌房地产（普阳综合门诊部）—张村—莱海—黄家皂—大华木业—后双岛—和徐疃—千山路小学—双岛西山

（江　方）

威海城郊公交线路运行表

101路：（小商品市场—刘家台　共44个站点）

小商品市场—康威电子—神道口—古寨小学—净雅酒店—寨子—西门—农贸市场—天坛家居城—中国人民保险公司—海校—雅苑大酒店—大润发超市—中国联通（骨科医院）—银座家居—临时站点（天翔）—中国铁通—会展中心—三角轮胎—望岛—长峰—华宝地毯—华夏集团—汽车站—蒿泊—长城大修厂—华客隆—天东—公交一公司—荣源钢材—博通热电—宋家洼—工友集团—温泉医院—鑫泉集团—虎山—栾家店—雅家庄—山花集团—河西—嘉禾苑小区—温泉汤—盛美乳业—刘家台

103路：（华联—张家山　共30个站点）

华联—区政府—中国人民保险公司—海校—雅苑大酒店—大润发超市—中国联通（骨科医院）—银座家居—临时站点（天翔）—中国铁通—会展中心—三角轮胎—望岛—长峰—华宝地毯—华夏集团—汽车站—蒿泊—老集—北虎口—南虎口—西崮—东崮—邹家庄—汤河北—温泉汤—刘家台—小南山—下江家—张家山

104路：（小商品市场—罗家　共42个站点）

小商品市场—量具厂—五交化公司—市政府—华联商厦—区政府—中国人民保险公司—海校—雅苑大酒店—大润发超市—中国联通（骨科医院）—银座家居—临时站点（天翔）—中国铁通—会展中心—三角轮胎—望岛—长峰—华宝地毯—华夏集团—汽车站—蒿泊—长城大修厂—华客隆—天东—公交一公司—荣源钢材—博通热电—宋家洼—工友集团—温泉医院—鑫泉集团—虎山—栾家店—雅家庄—山花集团—河西—嘉禾苑小区—温泉汤—盛美乳业—双寺夼—罗家

105路：（小商品市场—泊于　共48个站点）

小商品市场—量具厂—五交化公司—市政府—华联商厦—区政府—中国人民保险公司—海校—雅苑大酒店—大润发超市—中国联通（骨科医院）—银座家居—临时站点（天翔）—中国铁通—会展中心—三角轮胎—望岛—长峰—华宝地毯—华夏集团—汽车站—蒿泊—长城大修厂—华客隆—天东—公交一公司—荣源钢材—博通热电—宋家洼—工友集团—温泉医院—鑫泉集团—虎山—栾家店—雅家庄—山花集团—河西—嘉禾苑小区—温泉汤—盛美乳业—双寺夼—逍遥—赵庄—金鸡—屯侯家—盐滩—海头院—泊于

106路：（小商品市场—蒲湾　共55个站点）

小商品市场—量具厂—五交化公司—市政府—华联商厦—区政府—中国人民保险公司—海校—雅苑大酒店—大润发超市—中国联通（骨科医院）—银座家居—临时站点（天翔）—中国铁通—会展中心—三角轮胎—望岛—长峰—华宝地毯—华夏集团—汽车站—蒿泊—长城大修厂—华客隆—天东—公交一公司—荣源钢材—博通热电—宋家洼—工友集团—温泉医院—鑫泉集团—虎山—栾家店—雅家庄—山花集团—河西—嘉禾苑小区—温泉汤—盛美乳业—亭子夼—江家口—黑石—柴里—孟家庄—东龙山—圈邓家—白马—刘官屯—崮庄—河北吴家—小邓格—大林格—泊于—蒲湾

107路：（小商品市场—泊于　共34个站点）

小商品市场—量具厂—五交化公司—市政府—华联商厦—区政府—中国人民保险公司—海校—雅苑大酒店—大润发超市—中国联通（骨科医院）—银座家居—临时站点（天翔）—中国铁通—会展中心—三角轮胎—望岛—长峰—华宝地毯—华夏集团—汽车站—蒿泊—老集—北虎口—庙口—崮山—河东—渠崖—爱于庄—鲍家—屯侯家—盐滩—海头院—泊于

108路：（小商品市场—洛西　共48个站点）

小商品市场—康威电子—神道口—古寨小学—净雅酒店—寨子—西门—农贸市场—天坛家居城—中国人民保险公司—海校—雅苑大酒店—大

润发超市—中国联通（骨科医院）—银座家居—临时站点（天翔）—中国铁通—会展中心—三角轮胎—望岛—长峰—华宝地毯—华夏集团—汽车站—蒿泊—长城大修厂—华客隆—天东—公交一公司—荣源钢材—博通热电—宋家洼—工友集团—温泉医院—鑫泉集团—虎山—栾家店—堂子—马夼—董家夼—于家夼—方吉—大院—仪河北—桥头—教里—后宅库—洛西

109路：（小商品市场—桥头　共46个站点）

小商品市场—量具厂—五交化公司—市政府—华联商厦—区政府—中国人民保险公司—海校—雅苑大酒店—大润发超市—中国联通（骨科医院）—银座家居—临时站点（天翔）—中国铁通—会展中心—三角轮胎—望岛—长峰—华宝地毯—华夏集团—汽车站—蒿泊—长城大修厂—华客隆—天东—公交一公司—荣源钢材—博通热电—宋家洼—工友集团—温泉医院—鑫泉集团—虎山—栾家店—雅家庄—山花集团—河西—嘉禾苑小区—温泉汤—盛美乳业—亭子夼—江家口—黑石—柴里—孟家庄—桥头

110路：（小商品市场—草庙子　共40个站点）

小商品市场—量具厂—五交化公司—市政府—华联商厦—区政府—中国人民保险公司—海校—雅苑大酒店—大润发超市—中国联通（骨科医院）—银座家居—临时站点（天翔）—中国铁通—会展中心—三角轮胎—望岛—长峰—华宝地毯—华夏集团—汽车站—蒿泊—长城大修厂—华客隆—天东—公交一公司—荣源钢材—博通热电—宋家洼—工友集团—起亚电子—运管处—柳林—冶口—丛家屯—打铁—徐家沟—褚家崖—林泉—草庙子

111路：（华联—百尺所　共24个站点）

华联—区政府—中国人民保险公司—海校—雅苑大酒店—大润发超市—中国联通（骨科医院）—银座家居—临时站点（天翔）—中国铁通—会展中心—三角轮胎—望岛—长峰—华宝地毯—华夏集团—汽车站—蒿泊—老集—城子—邵家庄—岭后—所前庄—百尺所

112路：（华联—皂埠　共27个站点）

华联—区政府—中国人民保险公司—海校—雅苑大酒店—大润发超市—中国联通（骨科医院）—银座家居—临时站点（天翔）—中国铁通—会展中心—三角轮胎—望岛—长峰—华宝地毯—华夏集团—汽车站—蒿泊—老集—北虎口—庙口—崮山—九家疃—刘家滩—张家滩—卫家滩—皂埠

113路：（华联—羊亭　共66个站点）

华联—百货大楼—市立医院—金猴集团—西门—寨子—万家疃—敬兰酒店—黄家沟—王家庄—光威集团—田村—环球渔具—华田小区—东夼—二职中—柳沟—张村—莱海—黄家皂—大华木业—后双岛—和徐疃—东风锻造厂—前双岛—魏桥二工业园—交校训练基地—瀚玉化纺—大西庄—港头—大北山—羊亭法庭—羊亭—人造毛皮厂—中阳—鲁东—羊亭工业园—北观—曲家河—北江疃—驾校考试基地—王家河—牛角沟—范家埠—徐家疃—天东—华客隆—长城大修厂—蒿泊—汽车站—华夏集团—华宝地毯—长峰—望岛—三角轮胎—会展中心—中国铁通—临时站点（天翔）—银座家居—中国联通（骨科医院）—大润发超市—雅苑大酒店—海校—中国人民保险公司—区政府—华联

114路：（华联—羊亭　共66个站点）

华联—区政府—中国人民保险公司—雅苑大酒店—海校—大润发超市—中国联通（骨科医院）—银座家居—临时站点（天翔）—中国铁通—会展中心—三角轮胎—望岛—长峰—华夏集团—汽车站—蒿泊—长城大修厂—华客隆—天东—徐家疃—范家埠—牛角沟—王家河—驾校考试基地—北江疃—曲家河—北观—羊亭工业园—鲁东—中阳—羊亭—羊亭法庭—大北山—港头—大西庄—瀚玉化纺—交校训练基地—魏桥二工业园—前双岛—东风锻造厂—和徐疃—后双岛—大华木业—黄家皂—莱海—张村—柳沟—二职中—东夼—华田小区—环球渔具—田村—光威集团—王家庄—黄家沟—敬兰酒店—万家疃—寨子—西门—金猴集团—市立医院—百货大楼—华联

115路：（华联—职业学院　共45个站点）

华联—区政府—中国人民保险公司—海校—雅苑大酒店—大润发超市—中国联通（骨科医院）—银座家居—中国铁通—会展中心—三角轮胎—望岛—长峰—华夏集团—汽车站—蒿泊—长城大修厂—华客隆—天东—徐家疃—范家埠—牛角沟—王家河—驾校考试基地—北江疃—曲家河—北观—羊亭工业园—鲁东—中阳—羊亭—羊亭法庭—大北山—港头—大西庄—瀚玉化纺—交校训练基地—鹿道口—廒上—店上—初村—鸣球集团—北山—省药品食品学院—职业学院

116路：（小商品市场—初村　共34个站点）

小商品市场—量具厂—五交化公司—市政府—华联商厦—区政府—天坛家居城—农贸市场—西门—寨子—万家疃—敬兰酒店—黄家沟—王家庄—光威集团—田村—环球渔具—华田小区—东夼—二职中—柳沟—张村—莱海—黄家皂—大华木业—后双岛—和徐疃—东风锻造厂—前双岛—魏桥二工业园—鹿道口—廒上—店上—初村

117路：（望海园—鸣球集团　共40个站点）

望海园—会展中心—中国铁通—临时站点（天翔）—银座家居—中国联通（骨科医院）—大润发超市—雅苑大酒店—海校—中国人民保险公司—区政府—百货大楼—市立医院—金猴集团—山花大厦—西门—寨子—万家疃—敬兰酒店—黄家沟—王家庄—光威集团—田村—环球渔具—华田小

区—医用高分子—永利坚—中威橡胶—后峰西—新阳度假村—影视城—北海—鼎新钢结构—丽都大酒店—庆威建材公司—职业学院—省药品食品学院—北山—佰昌饭店—鸣球集团

118路：（阮家寺—冶口　共37个站点）

阮家寺—交通学校—万家疃—寨子—西门—山花大厦—金猴集团—市立医院—百货大楼—区政府—中国人民保险公司—雅苑大酒店—海校—大润发超市—中国联通（骨科医院）—银座家居—临时站点（天翔）—中国铁通—会展中心—三角轮胎—望岛—长峰—华夏集团—汽车站—蒿泊—长城大修厂—华客隆—天东—公交一公司—荣源钢材—博通热电—宋家洼—工友集团—起亚电子—运管处—柳林—冶口

119路（华联—蓝星玻璃　共30个站点）

华联—区政府—中国人民保险公司—雅苑大酒店—海校—大润发超市—中国联通（骨科医院）—银座家居—临时站点（天翔）—中国铁通—会展中心—三角轮胎—望岛—长峰—华夏集团—汽车站—蒿泊—长城大修厂—华客隆—天东—公交一公司—荣源钢材—博通热电—宋家洼—工友集团—起亚电子—运管处—柳林—冶口—东七夼

121路：（小商品市场—后亭子　共44个站点）

小商品市场—康威电子—神道口—古寨小学—净雅酒店—寨子—西门—农贸市场—天坛家居城—中国人民保险公司—海校—雅苑大酒店—大润发超市—中国联通（骨科医院）—银座家居—临时站点（天翔）—中国铁通—会展中心—三角轮胎—望岛—长峰—华宝地毯—华夏集团—汽车站—蒿泊—长城大修厂—华客隆—天东—公交一公司—荣源钢材—博通热电—宋家洼—工友集团—温泉医院—鑫泉集团—虎山—栾家店—雅家庄—山花集团—河西—嘉禾苑小区—温泉汤—盛美乳业—后亭子

（鞠冰冰）

常用电话号码

表52　**特服电话**

火警电话	119	报警电话	110	交通肇事	122	医疗救护	120

特快专递	11185	中国联通客服热线	10060	中国联通IP电话	17909　17908
天气预报	12121	市长公开电话	12345	物价申报电话	12358
环保投诉举报电话	12369	消费者投诉服务专用号码	12315	市总工会职工求助热线	12351

出租汽车公司	5300470	汽车站问询处	5969369	海港客运站问询处	5233220
消费者协会	5212086	电力客户服务	5209110	有线电视维修	5231991
电业局	8008601188	凯顺航空运输服务	5210896	中铁快运	5212042
火车站问询处	5928593 5213255	民航威海客货代理	5223737 5202747	民航问事处	5317915　5317515 5237490　5210896

表53　**水电煤暖抢修**

自来水急修	5223831　5202110	威海市供热公司供暖抢修	5805430　5321494　5321492
威海市液化气公司销售维修中心	5802286	威海市煤气供应公司报警、抢险电话	5321111

表54　**医院药店**

威海市立医院办公室	5223946	威海市立医院急诊室	5223017
威海市职工医院办公室	5223083	威海市职工医院急诊室	5200424
中国人民解放军第四〇四医院	5231703　5231746	威海市佛顶山医院	5814543　5812017
威海市结核病防治所	5233254	高技区田村医院	5251325
威海市中医院办公室	5322773　5321426	威海市中医院急诊室	5321811　5329231　5311030
威海市妇幼保健院	5225165　5231358	威海市仙姑顶医院	5329482　5329021
威海市医药采购供应站药品部	5232480	威海市中心血站	5226282
威海卫第二人民医院	5322768	威海市环翠区妇幼保健站	5223520
威海市口腔医院	5230251	威海市精神病医院	5926028
威海市陆军医院	5231935		

表55

中介机构

房产中介			
威海市房地产交易中心	5216042	威海泽德经纬租赁有限公司	5327896
威海市城工房地产咨询有限公司	5230811	威海市长衡房地产咨询中心	5216819
威海市环翠区房地产交易所	5201292		
劳务中介			
威海市人才流动服务中心	5863607	威海经技区人才流动服务中心	5985715
戚家夼路金桥人才交流劳动介绍信息	5323149	国际交流服务中心	5221889　5221868
威海市国际合作公司	5316391		

威海汽车站发车班次时间表

表56

线　路	发车时间	车　型	线　路	发车时间	车　型
威海—北京	11:00、14:45、18:00	高卧 中卧	威海—福州	7:45	高卧
威海—上海	13:30、16:00	高卧	威海—哈尔滨	9:30	高卧
威海—天津	15:30	中卧 普卧	威海—太原	17:00	高卧
威海—濮阳	5:45	高级中客	威海—开封	13:00、17:30	高级大客
威海—安阳	15:30	中高 中大	威海—内黄	16:30	高级大客
威海—许昌	9:00	中级卧铺	威海—石家庄	15:30	高级大客
威海—商丘	7:45	高卧 中卧	威海—西安	12:30	高卧
威海—沈丘	9:00	高卧 普卧	威海—延吉	10:30	高卧
威海—南阳	8:00	高卧 中卧	威海—深圳	10:00	高卧
威海—鹿邑	12:15	中卧	威海—无锡	17:45	高卧
威海—郑州	8:30	高卧 中卧	威海—常州	16:30	高卧
威海—洛阳	7:00	高卧	威海—厦门	12:30	高卧
威海—平顶山	11:45	高卧	威海—滨州	6:30、8:15、15:15	中高 中中
威海—新乡	10:45	高卧 高级大客	威海－无棣	7:15	中高
威海—保定	9:30	高卧	威海—日照	6:15、8:00	中高 中中
威海—邯郸	9:15	普卧 中级中客	威海—五莲	7:30	高级中客
威海—阜阳	8:30	中卧	威海—莒县	6:45	中级中客
威海—临泉	7:30	中卧	威海—济宁	7:15、9:45	高级大客 中卧
威海—亳州	11:00	高卧	威海—泗水	9:00	高级中客
威海—合肥	7:45	中卧	威海—邹县	9:45	中级大客
威海—南京	8:45、17:30	高卧	威海—金乡	7:45	高级大客
威海—南通	8:15	中卧	威海—菏泽	8:30、10:00	中卧
威海—扬州	9:00	中卧	威海—曹县	10:30	高级大客 普卧
威海—淮安	6:45	中级中客	威海—鄄城	12:15	普卧
威海—新浦	7:30、8:30、12:30	高大 中高	威海—成武	10:15	高级大客 中卧
威海—杭州	17:00	高卧	威海—郓城	8:00	中卧
威海—盐城	9:15	普卧	威海—单县	8:15	高大 中大
威海—宁波	10:00	高卧	威海—莱芜	7:30	高级中客
威海—诸暨	12:00	高卧	威海—泰安	5:45	高大 中高
威海—水头	13:00	高卧	威海—楼德	8:00	高级中客
威海—瑞安	10:45	高卧 中卧	威海—州城	6:15	高级中客
威海—武汉	10:00	高卧 中卧	威海—新汶	6:15	高级中客

续表56

线　路	发车时间	车　型
威海—宁阳	6:45、8:15	高级中客
威海-肥城	5:45	高大
威海—枣庄	5:45、7:30	中高 中中
威海—山亭	8:00	高级中客
威海—滕州	9:30	中高 中中
威海—济南	7:30、8:30、9:30、10:30、13:30、15:15、16:15	沃尔沃
威海—济南	6:00、7:00、8:00、9:00、10:00、11:00、12:00、13:00、14:00、16:45	高级中客 中卧
威海—聊城	7:45、8:45、9:45、10:45	高大 中高
威海—樱桃园	13:30	高级中客
威海—临清	5:45、9:15	中高 中中
威海—寿张	8:15	中高 中中
威海—临沂	8:30、9:15、10:00	高级大客
威海—临沂	6:00、7:30、12:30、14:00、16:00	高级中客 中卧
威海—沂水	6:15、9:30	中中 中大
威海—临沭	8:15	高级中客
威海—费县	16:00	高级大客 中巴
威海—平邑	8:45	高级中客 中巴
威海—沂南	9:45	中级中客
威海—青岛（青岛长途站）	7:00、8:00、8:30 9:30、10:30、12:00 13:15、13:45、14:30 15:30、16:45	大型高级
威海—青岛（火车站汽车站）	6:00、9:00、10:00 11:00、12:20、15:00 16:00、17:15	大型高级
威海—平度	7:30、12:45	中级中客
威海—黄岛	8:00、12:15	高级中客
威海—莱西	7:15、11:30	高级中客 中巴
威海—即墨	6:15、12:45、14:45	中级中客
威海—胶南	13:00	中级中客
威海—胶州	7:15、13:30	高级中客 中级中客
威海—潍坊	7:30、8:30、14:00	高级大客 高级中客
威海—潍坊	9:00、9:45、12:25、12:50、13:15、13:40、14:05、14:30、14:55、15:20、15:45、16:10、16:35、17:00	依维柯
威海—青州	7:45	中级中客

线　路	发车时间	车　型
威海—诸城	6:30	高级中客
威海—临朐	7:15	中级中客
威海—高密	7:45	高级中客 中巴
威海—昌邑	13:30	高级中客
威海—寿光	8:45	中级中客
威海—烟台（高速）	6:00、6:30、7:00 7:30、8:00、8:30 9:00、9:20、9:40 10:00、10:20、10:40 11:00、11:20、11:40 12:10、12:40、13:10 13:40、14:10、14:40 15:00、15:20、15:40 16:00、16:20、16:40 17:00、17:20、17:40	大型高级
威海—烟台（牟平）	6:30、7:45、8:30 9:45、10:45、11:30 12:30、13:30、14:30 15:45、16:40、17:30	高级客车 中级客车
威海—莱阳	6:00、6:30、7:00、8:00、 9:10、9:50、11:15、11:45、12:15、12:30、12:45、14:15	高级中客 中级中客
威海—牟平	6:45、7:15、9:00、10:30、11:15、12:00、14:15、15:00、15:30、16:10、16:25、17:00	中级中客
威海—东村	5:45、6:30、7:30、8:00、8:30、10:00、11:00、11:30、12:00、12:30、13:00、13:30、15:15、16:00、16:30	中级中客
威海—大山	7:00、10:15、11:45	中级中客 中巴
威海—郭城	8:30、14:00	中级中客 中巴
威海—黄崖	6:45、12:15、13:00	中级中客 中巴
威海—碾头	11:15	中级中客
威海—蓬莱	8:00、13:40、16:00	高级中客 中级中客
威海—莱州	6:45、11:20、12:40、14:00	中级中客
威海—桃村	13:00	中级中客
威海—司马	10:30	中级中客
威海—行村	8:45、9:30、14:00、17:10	中级中客 中巴
威海—修家	8:15	中级中客

旅客列车办理客运营业站名时刻表

表57

济南	始发站	威海
威海	到达站	济南
快速 K8261	车次 站名	快速 K8262
23:55	济南	—— 16:10
1:01 03	淄博	59 14:56
	潍坊	46 13:31
	蓝村	11 12:08
	莱阳	11:03 10:59
4:43 53	桃村	23 10:09
5:49 51	乳山	12 9:10
6:47 50	文登	16 8:14
7:30	威海	7:35

济南	始发站	威海
威海	到达站	济南
快速 K8263	车次 站名	快速 K8264
12:40	济南	—— 6:30
13:13 26	章丘	
14:00 02	淄博	19 5:16
14:57 59	潍坊	
15:56 58	高密	32 3:25
16:19 21	胶州	3:00 2:58
16:39 45	蓝村	40 2:35
17:39 44	莱阳	30 1:26
18:20 28	桃村	50 0:38
19:22 24	乳山	39 23:37
20:20 22	文登	41 22:39
21:11 ——	威海	22:00

北京	始发站	威海
威海	到达站	北京
快速 K411	车次 站名	快速 K412
22:33	北京	—— 12:26
	廊坊	29 11:26
0:32 34	杨柳青	30 10:26
0:52 54	静海	
1:36 38	沧州	23 9:20
2:02 04	泊头	
	吴桥	28 8:26
2:59 3:01	德州	8:11 7:35
	晏城	30 6:27
4:51 5:07	济南东	54 5:41
6:09 16	淄博	35 4:33
6:42 48	青州	05 4:03
7:20 28	潍坊	31 3:28
8:29 35	胶州	06 2:00
9:47 51	莱阳	33 0:28
10:27 39	桃村	48 23:36
12:01 03	乳山	37 22:35
12:59 13:01	文登	39 21:37
13:41 ——	威海	20:58

编辑　王　瑛

威海	始发站	汉口
汉口	到达站	威海
直快 1064/5/4/5	车次 站名	直快 1066/3/6/3
8:35	威海	—— 5:04
9:14 17	文登	4:06 3:53
10:13 17	乳山	57 2:49
11:16 24	桃村	54 1:40
12:04 06	莱阳	1:01 0:55
13:16 24	蓝村	54 23:44
13:42 45	胶州	26 23:23
14:27 29	诸城	22 22:16
14:55 57	五莲	52 21:46
15:24 26	莒县	19 21:13
15:36 38	沂水	21:03 20:55
15:53 55	沂南	40 20:32
16:27 30	临沂北	20:04 19:57
17:25 35	郯城	19 19:13
18:07 21	新沂	18:48 18:30
18:48 52	邳州	57 17:53
19:53 20:15	徐州	17:05 16:57
22:14 20	淮北	21 15:15
23:36 42	涡阳	13:03 12:57
0:53 1:08	阜阳	12:00 11:44
2:46 48	潢川	9:28 9:26
4:00 05	麻城	09 8:07
5:37 ——	汉口	6:46

续表56

线　路	发车时间	车　型
威海—招远	6:45、7:45、11:30、13:00、14:00	中巴
威海—中荆	7:45、14:30	中巴
威海—穴坊	6:00、14:15	中级中客
威海—泉水	7:15、13:45	中级中客 中巴
威海—龙口	7:15、8:30、12:20、13:00、14:00	高级中客 中级中客
威海—东营	6:00、7:45、8:15、14:45	高级大客 中级中客
威海—德州	8:15、10:45	中高 中中
威海—淄博	8:15、10:15、13:45	高级大客 高级中客
威海—博山	15:00	中级中客
威海—淄川	11:00	中级中客
威海—沂源	8:00	中级中客

注：发车时间如有变动，请以票面为准。

索　　引

说明：

一．本索引各主题词按汉语拼音字母顺序排列。同音字按声调排列，首字相同者按第二字音序排列，依次类推。

二．索引名称后的数字表示内容所在的页码，数字后用拉丁字母 a、b、c 分别表示该页的左栏、中栏、右栏。

三．类目、分目和子目用黑体字标明；表格、插图及“特载”、“大事记”、“人物”、“外地传媒中的威海”、“统计资料”、“附录”的具体内容及随文图片不做索引。

四．索引词一般采用中心词和简称。

D

E

F

G

R

S

香港、澳门、台湾及海外特约发行商：经济导报社
地址：香港轩尼诗道342号10字楼
电话：852-25738217转图书部　传真：852-25738469
HONGKONG, MACAO, TAIWAN & OVERSEAS AUTHORIZED DISTRIBUTOR:
ECONOMIC INFORMATION & AGENCY, BOOKS DEPT
ADDRESS:
10/F, KUO WAH BLDG, 342 HENNESSY ROAD
HONGKONG
TEL: 852-25738217, FAX: 852-25738469

威海市地方史志办公室
地址：山东省威海市世昌大道45号（市政府8号楼）
电话：0631-5232023（传真）　5205659
邮编：264200
Http://www.whsq.gov.cn
E-mail: whszb@weihai.gov.cn

南海新区
Nanhai New Area

山东半岛蓝色经济区三大海洋经济新区之一

南海新区

实施国家发展战略
建设海洋经济新区

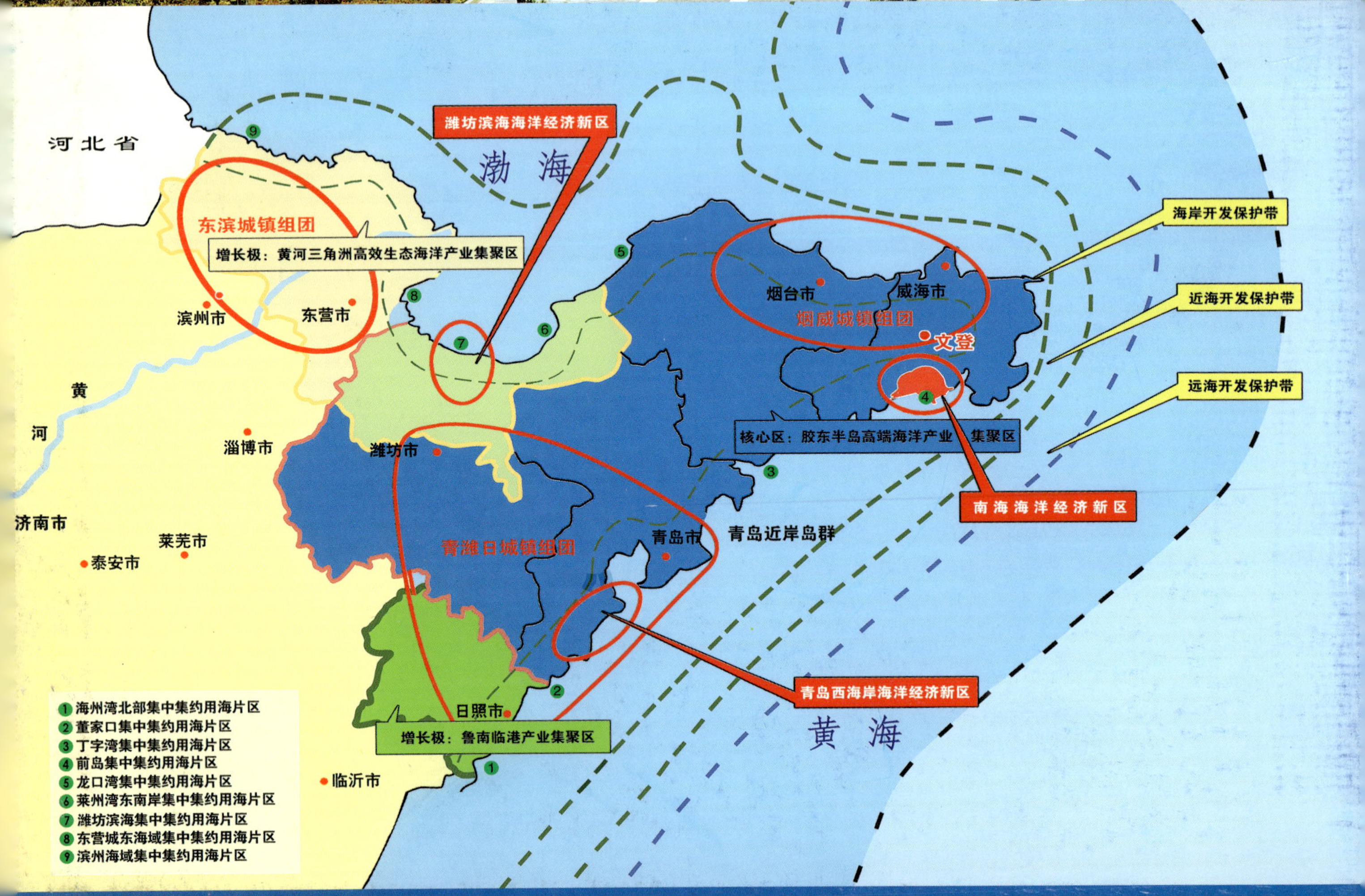

2011 年 1 月 4 日，国务院正式批复《山东半岛蓝色经济区发展规划》，将南海新区确定为全省重点建设的三个海洋经济新区之一，表明南海新区的开发建设已经成为国家战略的组成部分，为南海新区的跨越发展提供了千载难逢的历史机遇。